Administração Estratégica

Décima Quinta Edição

Administração Estratégica

Décima Quinta Edição

Artur A Thompson Jr.
University of Alabama

A. J. Strickland III
University of Alabama

John E. Gamble
University of South Alabama

Tradução
Roberto Galman
Katia Aparecida Roque

Revisão Técnica
Charles Kirschbaum
Professor do Centro Universitário da FEI
Doutor em Administração de Empresas pela EAESP-FGV

Tatiana Iwai
Professora de Graduação e pós-Graduação na Escola Superior
de Administração e Gestão - ESAG e UNIFMU/FIAM
Mestre em Administração de Empresas pela EAESP/FGV

McGraw Hill

São Paulo Rio de Janeiro Lisboa Bangkock Bogotá Caracas
Cidade do México Cingapura Londres Madri Milão Montreal Nova Delhi
Santiago Seul Sydney Taipé Toronto

Administração Estratégica
Tradução da Décima Quinta Edição

ISBN 978-85-86804-90-8

A reprodução total ou parcial deste volume por quaisquer formas ou meios, sem o consentimento escrito da editora, é ilegal e configura apropriação indevida dos direitos intelectuais e patrimoniais dos autores.

Copyrigth © 2008 de McGraw-Hill Interamericana do Brasil Ltda.
Todos os direitos desta primeira edição em português estão reservados.
Av. Engenheiro Luís Carlos Berrini 1253 10º andar
São Paulo – SP CEP 04571-010

Copyrigth © 2008 de McGraw-Hill Interamericana Editores, S.A. de C.V.
Todos os direitos reservados.
Prol. Paseo de la Reforma 1015 Torre A Piso 17, Col. Desarrollo Santa Fé,
Delegación Alvaro Obregón México 01376, D.F., México

Tradução do original em inglês *Crafting & Executing Strategy*
© 2007 de The McGraw-Hill Companies, Inc.
1221 Avenue of Americas, New York, NY, 10020
ISBN da obra original: 978-0-07-313721-6/0-07313721-9

Editora de Desenvolvimento: Gisélia Costa
Supervisora de Produção: Guacira Simonelli
Composição e Produção Editorial: ERJ Composição Editorial e Artes Gráficas Ltda.

Impresso sob demanda na Meta Brasil a pedido de Grupo A Educação.

Dados Internacionais de Catalogação na Publicação (CIP)
(Câmara Brasileira do Livro, SP, Brasil)

```
Thompson, Artur A., 1940-        .
   Administração estratégica / Artur A. Thompson
Jr., A.J Strickland III, John E. Gamble;
tradução Roberto Galman, Katia Aparecida Roque;
revisão técnica Charles Kirschbaum; Tatiana Iwai. --
Décima Quinta Edição -- São Paulo : McGraw-Hill, 2008.

   Título original: Crafting & Executing strategy
   Bibliografia
   ISBN 978-85-86804-90-8

   1. Administração de empresas 2. Planejamento
empresarial 3. Planejamento estratégico
I. Strickland, A. J.. II. Gamble, John E..
III. Kirschbaum, Charles. IV. Iwai, Tatiana.
V. Título

08-00097                                    CDD-658.4012
```

Índice para catálogo sistemático:
1.Administração estratégica : Empresas :
Administração executiva 658.4012

A McGraw-Hill tem forte compromisso com a qualidade e procura manter laços estreitos com seus leitores. Nosso principal objetivo é oferecer obras de qualidade a preços justos e um dos caminhos para atingir essa meta é ouvir o que os leitores têm a dizer. Portanto, se você tem dúvidas, críticas ou sugestões entre em contato conosco — preferencialmente por correio eletrônico (mh_brasil@mcgraw-hill.com) — e nos ajude a aprimorar nosso trabalho. Teremos prazer em conversar com você. Em Portugal useo endereço servico_clientes@mcgraw-hill.com.

A nossas famílias e particularmente a nossas esposas:
Hasseline, Kitty e Debra

Sobre os Autores

Arthur A. Thompson, Jr. é Ph.D. em economia pela Universidade do Tennessee, passou três anos na faculdade de economia no Virginia Tech e durante 24 anos fez parte do corpo docente da Faculdade de Comércio e Administração da Universidade do Alabama. Em 1974 e novamente em 1982, o Dr. Thompson tirou licença de um semestre e estudou como bolsista visitante na Escola de Administração de Harvard.

Suas áreas de especialização são estratégia de negócios, análise da concorrência e mercado e economia das empresas comerciais. Além de publicar mais de 30 artigos em vinte e cinco publicações especializadas e profissionais diferentes, ele foi autor e co-autor de cinco livros e seis exercícios de simulação com base em computador que foram utilizados em faculdades e universidades de todo o mundo.

O Dr. Thompson dedica grande parte de seu tempo fora do campus fazendo apresentações, criando programas de desenvolvimento administrativo, trabalhando em empresas e ajudando a operar uma empresa de simulação de negócios na qual ele é o sócio principal.

O Dr. Thompson e sua esposa têm duas filhas, dois netos e dois Yorkshire terriers.

O Dr. A. J. (Lonnie) Strickland nasceu na Geórgia do Norte e estudou na Universidade da Geórgia, onde formou-se em matemática e física em 1965. Em seguida, ingressou no Instituto de Tecnologia da Geórgia, onde formou-se em gerenciamento industrial. É Ph.D. em administração pela Universidade do Estado da Geórgia desde 1969. Atualmente, tem o cargo de Professor de Administração Estratégica da Faculdade Graduada de Administração da Universidade do Alabama.

O Dr. Strickland tem experiência em consultoria e desenvolvimento de executivos e atua na área de gerenciamento estratégico, concentrando-se na análise da indústria e da concorrência. Desenvolveu sistemas de planejamento estratégico para empresas como a Southern Company, BellSouth, South Central Bell, American Telephone and Telegraph, Gulf States Paper, Carraway Methodist Medical Center, Delco Remy, Mark IV Industries, Amoco Oil Company, USA Group, General Motors e Kimberly Clark Corporation (Medical Products). É palestrante conhecido na área de implementação da mudança estratégica e participa dos conselhos de administração de várias empresas.

John E. Gamble é, atualmente, Reitor Associado e Professor de Administração da Faculdade Mitchell de Administração da Universidade do Sul do Alabama. É especialista no ensino da administração estratégica. Ele também ministra um curso em gerenciamento estratégico na Alemanha, patrocinado pela Universidade de Ciências Aplicadas em Worms.

Os interesses de pesquisa do Dr. Gamble concentram-se nas questões estratégicas das áreas empresarial, de saúde e fabricação. Seu trabalho já foi publicado em várias publicações universitárias. É autor e co-autor de mais de 30 estudos de caso publicados em uma variedade de textos de marketing e administração estratégica. Já foi consultor em análise industrial e de mercado para clientes em uma combinação variada de mercados.

Professor Gamble é Doutor em Administração pela Universidade do Alabama desde 1995. Ele também é Bacharel e Mestre pela mesma universidade.

Prefácio

O objetivo deste livro é abordar, de forma efetiva e interessante, aquilo que todo aluno de nível superior ou MBA precisa saber sobre como criar e executar estratégias de negócios. Apresenta uma introdução *substancial* dos conceitos e das técnicas analíticas centrais, além de uma coleção de leituras oportunas e recentes que ampliam os importantes tópicos do gerenciamento do processo de criação e execução das estratégias de uma empresa.

Nos esforçamos ao máximo para melhorar e dar nova vida à explicação tradicional dos conceitos centrais e das ferramentas analíticas. Recentes descobertas de pesquisas, bem como práticas estratégicas atualizadas estão incorporadas para equilibrar a teoria e a prática. Uma infinidade de exemplos e exercícios de final de capítulo resultou em um texto com maior clareza e melhor eficácia em sala de aula. Mas nenhuma das modificações alterou o caráter fundamental que fez desse texto um sucesso ao longo dos anos. O conteúdo dos capítulos continua sendo atual e equilibrado, refletindo o melhor do pensamento acadêmico e o pragmatismo da administração estratégica no mundo real.

Complementando a apresentação do texto temos uma interessante seleção de 21 leituras, todas lançadas entre 2004 e 2005, selecionadas para ampliar os importantes tópicos abordados nos capítulos.

UM TEXTO COM CONTEÚDO ESPECÍFICO

Em nossa opinião, para que um livro sobre estratégia no nível de graduação, pós ou MBA seja qualificado como livro-texto ele deve:

- Explicar os conceitos centrais em linguagem que possa ser compreendida pelos alunos, e fornecer exemplos da relevância e do uso desses conceitos por empresas reais.
- Ter o cuidado de descrever de forma completa as ferramentas da análise estratégica, como são usadas e onde se ajustam ao processo gerencial de criar e executar estratégias.

- Ser atualizado e abrangente, com cobertura consistente das variações mais importantes dos mercados competitivos e das estratégias da empresa que são determinadas pela globalização e pela tecnologia da Internet.
- Concentrar-se completamente naquilo que todo aluno precisa saber sobre criação, implementação e execução de estratégias de negócios nos ambientes de mercado atuais.

Acreditamos que este livro atende a esses quatro critérios. As discussões de cada capítulo vão direto ao ponto quanto ao que os alunos realmente precisam saber. As explicações dos conceitos centrais e das ferramentas analíticas são suficientemente abrangentes para torná-las compreensíveis e úteis. A lógica é que explicações superficiais não têm impacto e quase nenhum valor educacional. Todos os capítulos trazem exemplos convincentes aos quais os alunos podem se referir com facilidade. Há um fluxo direto e integrado entre um capítulo e o capítulo seguinte. As mais recentes descobertas de pesquisa que dizem respeito a um primeiro curso de estratégia foram incluídas em cada capítulo. Adotamos deliberadamente um estilo de redação pragmático e real, não apenas para melhorar a comunicação com os alunos (os quais, em sua maior parte, em breve serão administradores na prática), mas também para mostrar aos leitores que o assunto trata diretamente daquilo que os administradores e as empresas fazem no mundo real.

ORGANIZAÇÃO, CONTEÚDO E RECURSOS DOS CAPÍTULOS

Os treze capítulos desta edição estão organizados de forma a incluir o pensamento mais recente e evidências da ciência administrativa, apresentações mais refinadas e um número extenso de exemplos atuais. Os mais recentes desenvolvimentos da teoria e prática do gerenciamento estratégico foram incluídos em cada capítulo para manter o conteúdo atualizado com o pensamento estratégico contemporâneo. O leitor encontrará cobertura atualizada da marcha contínua dos mercados e empresas para a globalização cada vez mais ampla, do escopo crescente e da importância estratégica das alianças colaborativas, da disseminação da mudança rápida para mais mercados e ambientes corporativos, e como a tecnologia on-line está impulsionando as mudanças fundamentais na estratégia e nas operações internas das empresas de todo o mundo.

Nenhum outro livro importante sobre estratégia chega perto de nossa abordagem da teoria fundamentada em recursos. A visão com base em recursos da empresa está integrada de forma abrangente à nossa abordagem da criação de estratégias para negócios únicos e múltiplos. Os Capítulos 3 a 9 enfatizam que a estratégia de uma empresa deve coincidir *tanto* com as circunstâncias de seu mercado externo *quanto* com seus recursos internos e capacidades competitivas. Além disso, os Capítulos 11, 12 e 13, que tratam dos diversos aspectos da execução de estratégia, têm uma forte perspectiva fundamentada em recursos que deixa claro como e por quê as tarefas de elaboração do capital intelectual e de criação das competências centrais e capacidades competitivas são absolutamente críticas para a execução bem-sucedida da estratégia e a excelência operacional.

Nenhum outro livro importante sobre estratégia chega perto de nossa abordagem sobre ética, valores e responsabilidade social nos negócios. No importante Capítulo 10, Estratégia, Ética e Responsabilidade Social, discutimos esses assuntos para atingir os seguintes objetivos: (1) alertar os alunos para o papel e a importância da incorporação da ética e responsabilidade social nos negócios e tomada de decisão e (2) abordar os requisitos de credenciamento da AACSB, que exigem que a ética de negócios esteja incorporada de forma visível e completa ao currículo central. Além disso, os Capítulos 1, 2, 11 e 13 trazem discussões sobre os papéis dos valores e da ética, fornecendo assim um tratamento abrangente sobre ética dos negócios e comportamento socialmente responsável, bem como sua aplicação à criação e execução das estratégias da empresa.

O resumo abaixo descreve rapidamente os recursos principais e enfatiza os tópicos de cada capítulo desta edição:

- O Capítulo 1 está concentrado nas questões centrais: "O que é estratégia?" e "Por que ela é importante?". Define o significado do termo *estratégia*, identifica seus diferentes elementos e explica por que os esforços da liderança para criar a estratégia de uma empresa resultam na busca pela vantagem competitiva. Após a pesquisa pioneira de Henry Mintzberg, enfatizamos como e por que a estratégia é parcialmente planejada e parcialmente reativa, e por que tende a evoluir com o tempo. Há uma discussão ampla sobre o significado do termo *modelo de negócios* e como ele se relaciona ao conceito de estratégia. O objetivo deste primeiro capítulo é incutir nos alunos que estratégia + boa execução da estratégia = boa administração. O capítulo é um acompanhamento perfeito para a palestra de primeiro dia de aula sobre o que é o curso e por que ele é importante.

- O Capítulo 2 mergulha no processo gerencial da criação e execução reais de uma estratégia — é ótimo para o segundo dia de aula. O ponto central é o processo de gerenciamento em cinco etapas, da criação e execução da estratégia: (1) formação de uma visão estratégica de para onde a companhia está indo e por quê, (2) definição dos objetivos e metas de desempenho que medem o progresso da empresa, (3) criação de uma estratégia para atingir essas metas e levar a empresa até seu destino no mercado, (4) implementação e execução da estratégia e (5) monitoramento do progresso e realização dos ajustes corretivos necessários. Os alunos são apresentados a conceitos centrais como visões estratégicas, declarações de missão, objetivos estratégicos *versus* objetivos financeiros e intenção estratégica. Uma seção destaca que *todos os administradores estão na equipe de criação e realização da estratégia de uma empresa*, e que o plano estratégico é uma coleção das estratégias criadas por diferentes gerentes em níveis diferentes da hierarquia organizacional. O capítulo termina com uma seção que foi substancialmente expandida sobre governança corporativa.

- O Capítulo 3 define as já conhecidas ferramentas analíticas e os conceitos da análise competitiva e da indústria, demonstrando a importância da adaptação da estratégia às circunstâncias do ambiente de mercado. A principal característica deste capítulo é uma apresentação do "modelo de cinco forças da concorrência" de Michael E. Porter que, em nossa opinião, é uma discussão mais clara e direta do que qualquer outro texto da área. A globalização e a tecnologia da internet são tratadas como forças motoras poderosas capazes de dar nova forma à concorrência de mercado — seus papéis como agentes de mudança tornaram-se fatores que devem ser reconhecidos pela maioria das empresas na maioria das indústrias quando estas constróem suas estratégias vencedoras.

- O Capítulo 4 estabelece a importância de realizar uma análise sólida da situação da empresa como a base para comparar a estratégia aos recursos organizacionais, às competências e às capacidades competitivas. As competências centrais, os recursos e capacidades organizacionais criam valor para o cliente e ajudam a construir a vantagem competitiva — este é o *estágio central* das discussões sobre os pontos fortes e fracos da companhia. A análise SWOT é uma forma simples e fácil de avaliar os recursos e a situação geral. Há uma cobertura muito mais clara da análise da cadeia de valor, do *benchmarking* e das avaliações da força competitiva, que são padrões para avaliar a posição de custo relativa de uma companhia e o posicionamento no mercado em relação aos concorrentes. *Uma tabela mostra como as principais taxas financeiras e operacionais são calculadas e como interpretá-las*; os alunos considerarão essa tabela útil para realizar os cálculos necessários para avaliar se a estratégia de uma empresa está tendo um bom desempenho financeiro.

- O Capítulo 5 trata da conquista da vantagem competitiva, com base em cinco estratégias competitivas gerais — liderança de baixo custo, diferenciação, fornecedor de melhor custo, diferenciação concentrada e provedor de baixo custo concentrado.
- O Capítulo 6 estende a cobertura do capítulo anterior e trata das *outras ações estratégicas* que uma empresa pode usar para complementar suas opções de estratégias competitivas básicas. Apresenta seções sobre usos das alianças estratégicas e parcerias colaborativas; estratégias de incorporação e aquisição; estratégias de integração vertical; estratégias de terceirização; estratégias ofensivas e defensivas e os diferentes tipos de estratégias de sites que podem ser empregadas pelas empresas para se posicionarem no mercado. A discussão sobre estratégias ofensivas foi totalmente revisada e apresenta uma seção nova sobre a estratégia oceano azul (*blue ocean*). A seção final deste capítulo oferece um tratamento mais abrangente das vantagens e desvantagens de ser um pioneiro.
- O Capítulo 7 explora toda a variedade de opções de estratégias para concorrer em mercados externos: estratégias de exportação, licenciamento e *franchising;* estratégia de vários países; estratégias globais e estratégias colaborativas que envolvem forte dependência de alianças estratégicas e *joint-ventures*. O foco é o treinamento em duas questões estratégicas exclusivas da concorrência multinacional: (1) personalizar as ofertas da empresa no mercado de cada país diferente para atender gostos e preferências de compradores locais, ou oferecer um produto principalmene padronizado em todo o mundo e (2) empregar essencialmente a mesma estratégia competitiva básica nos mercados de todos os países onde opera, ou modificar a abordagem competitiva da empresa para cada país de acordo com a necessidade, atendendo às condições de mercado e circunstâncias competitivas específicas encontradas. Há também uma cobertura dos conceitos de santuários de lucro e subsídio de vários mercados, formas de atingir a vantagem competitiva operando multinacionalmente, questões especiais da concorrência nos mercados dos países emergentes e as estratégias que as empresas locais de países emergentes podem utilizar como defesa contra os gigantes globais.
- A função do Capítulo 8 é enfatizar os pontos dos Capítulos 3 e 4 que afirmam que as estratégias vencedoras precisam coincidir com as condições do mercado, da concorrência, com os recursos e as capacidades da empresa. A primeira parte do capítulo aborda as opções amplas de estratégia para as empresas que concorrem em seis mercados e situações competitivas representativas: (1) indústrias emergentes; (2) indústrias em rápido crescimento; (3) mercados maduros de crescimento lento; (4) mercados estagnados ou em declínio; (5) mercados turbulentos de alta velocidade e (6) mercados fragmentados. A segunda parte do capítulo examina a estratégia adequada para os recursos e capacidades de quatro tipos representativos de empresas: (1) as que buscam crescimento rápido, (2) as em posições de líderes de mercado, (3) as empresas que ocupam a segunda posição e (4) as que estão em posições competitivas fracas ou que passam por condições de crise.

O nível de detalhamento com o qual esses dez exemplos concretos são abordados no Capítulo 8 deve permitir que o professor conduza os alunos à percepção dos motivos pelos quais a tarefa do gerenciamento é criar uma estratégia que esteja firmemente atrelada às circunstâncias internas e externas de uma empresa.

- Nosso tratamento substancial das estratégias de diversificação das empresas de vários negócios no Capítulo 9 começa traçando os diversos caminhos para a diversificação, explica como uma empresa pode usar a diversificação para criar ou compor a vantagem competitiva em suas unidades de negócios e examina as opções estratégicas que uma companhia já diversificada tem para melhorar seu desempenho geral. Na metade deste capítulo, o destaque analítico examina as técnicas e os procedimentos de avaliação da atração estratégica do portfólio de negócios de uma empresa — a atração relativa dos diversos negócios nos quais a empresa se diversificou, a força competitiva de uma empresa de vários mercados em cada uma de suas linhas de negócios, e os *ajustes de estratégias e recursos* entre os diferentes negócios de uma empresa diversificada. O capítulo conclui com um rápido levantamento das quatro principais alternativas estratégicas pós-diversificação de uma empresa: (1) ampliação da base de diversificação, (2) desmobilização de alguns negócios e redução para uma base de diversificação menor, (3) reestruturação da criação da linha de negócios de uma empresa e (4) diversificação multinacional.

- O Capítulo 10 reflete o que há de mais recente na literatura sobre (1) se e por que uma empresa tem o *dever* de operar de acordo com os padrões éticos e (2) se e por que uma empresa tem o *dever* ou a *obrigação* de contribuir para o aperfeiçoamento da sociedade, independentemente das necessidades e preferências dos clientes que ela atende. Existe um caso de negócios confiável de operação ética e/ou operação de forma socialmente responsável? A seção inicial do capítulo discute se os padrões éticos devem ser universais (escola do universalismo ético), ou se eles dependem de normas locais e circunstâncias situacionais (escola do relativismo ético), ou uma combinação de ambos (teoria dos contratos sociais integrativos). Em seguida há uma seção sobre as três categorias da moralidade administrativa (moral, imoral e amoral), uma seção sobre os motivadores das estratégias anti-éticas e do comportamento de negócios duvidoso, uma seção sobre as abordagens do gerenciamento da conduta ética de uma empresa, uma seção sobre a vinculação da estratégia a seus princípios éticos e valores centrais, uma seção sobre o conceito de uma "estratégia de responsabilidade social", e seções que exploram o caso de negócio do comportamento ética e socialmente responsável. O capítulo dará aos alunos algumas idéias sérias sobre as quais eles poderão pensar e, esperamos, os tornará muito mais eticamente conscientes. Ele foi escrito como um capítulo independente que pode ser estudado no início, metade ou final do curso.

- O módulo de três capítulos sobre execução da estratégia (Capítulos 11 a 13) tem por base uma estrutura conceitual pragmática e interessante: (1) a criação dos pontos fortes, dos recursos e das capacidades organizacionais necessárias para executar a estratégia de forma competente; (2) alocação de amplos recursos às atividades críticas para a estratégia; (3) garantia de que as políticas e os procedimentos facilitam em vez de impedirem a execução da estratégia; (4) instituição das melhores práticas e incentivo para o aperfeiçoamento contínuo do modo como as atividades da cadeia de valores são realizadas; (5) instalação de sistemas de informações e operacionais que permitem ao pessoal da empresa executar com mais eficiência suas funções estratégicas; (6) ligação direta entre recompensas e incentivos à concretização das metas de desempenho e à boa execução da estratégia; (7) adaptação do ambiente de trabalho e da cultura corporativa à estratégia; e (8) aplicação da liderança interna necessária para impulsionar a execução.

Você encontrará discussões totalmente revistas sobre a equipe da organização, como criar capacidades, incentivar uma cultura corporativa, liderar o processo de execução da estratégia e adotar as melhores práticas e o Seis Sigma para facilitar a mudança e atingir a excelência operacional.

O tema que se repete nesses Capítulos 11-13 diz respeito ao fato de que a estratégia de execução e implementação inclui a descoberta de ações, comportamentos e condições específicas necessários para a estratégia uniforme, a operação suportada pela estratégia e, em seguida, o acompanhamento para que as coisas sejam feitas e os resultados fornecidos – o objetivo é garantir que os alunos entendam que a fase de implementação/execução da estratégia é um exercício de gerenciamento do tipo "fazer as coisas acontecerem e fazer com que elas aconteçam do modo certo".

Nos esforçamos ao máximo para garantir que os treze capítulos atinjam o objetivo de abordar completamente os fundamentos de um curso em estratégia e veiculem o melhor pensamento de acadêmicos e praticantes. O número de exemplos de cada capítulo foi uma decisão consciente. As "Cápsulas de Estratégia em Ação" unem os conceitos centrais à prática de gerenciamento do mundo real. Fornecemos uma variedade interessante de exercícios de final de capítulo que podem ser usados como base para discussão em classe, atribuições escritas ou apresentações de equipe. Estamos confiantes de que você considerará excelente a apresentação do décimo terceiro capítulo no que diz respeito à cobertura, facilidade de leitura e exemplos convincentes. O teste final para este texto, obviamente, é o impacto pedagógico positivo que ele terá na sala de aula. Se este livro definir um estágio mais efetivo para as aulas ministradas, e conduzir os alunos à compreensão de que a disciplina da estratégia merece atenção, então ele terá cumprido seu objetivo.

A COLEÇÃO DE LEITURAS

Ao selecionar um conjunto de leituras para acompanhar as apresentações de cada capítulo, optamos por leituras que (1) fossem atuais, (2) complementassem a abordagem do capítulo, expandindo os tópicos com importância estratégica e (3) fossem bastante fáceis de ler e relativamente curtas. Ao mesmo tempo, tentamos ser altamente seletivos e resolvemos que um número controlável de leituras focadas se adaptava melhor aos objetivos de ensino/aprendizagem da maioria dos cursos sobre estratégia do que uma coleção mais abrangente. As vinte e uma leituras que escolhemos vieram de edições recentes das publicações *Business Strategy Review, Strategy & Leadership, Harvard Business Review, MIT Sloan Management Review, Business Horizons, Academy of Management Executive, Business Eythics Quarterly, Business and Society Review, Journal of business Strategy, The TQM Magazine* e *Ivey Business Journal*.

Além de fornecer uma visão introdutória da literatura sobre gerenciamento estratégico, as leituras são bem variadas. A primeira leitura do conhecido Costas Markides, *O Que É Estratégia e como Você Obtém Uma?* expande os diversos conceitos, as definições conflitantes que existem e o motivo pelo qual a estratégia diz respeito principalmente à tomada de algumas decisões difíceis com base em *poucos* parâmetros. O ensaio de Mark Lipton, *Continuando a Conversa (Sério!): Por Que as Visões Falham*, descreve porque é importante que os executivos vão além da articulação de uma visão, realmente forçando o pessoal a incorporar a visão ao modo como ela conduz suas operações. O artigo de Scott M. Shafer, H. Jeff Smith e Jane E. Linder, *O Poder dos Modelos de Negócios*, aborda algumas das incertezas sobre o que são esses modelos, como podem ser usados e por que têm uma função poderosa no gerenciamento corporativo. O artigo *The Balanced Scorecard: Adotar ou Não Adotar?* Examina os fatores que fazem com que as empresas adotem a abordagem dos marcadores balanceados e fornece seis lições para os gerentes que pensam em utilizar essa abordagem para medir o desempenho. O ensaio de Stan Abraham, *Esticando o Pensamento Estratégico*, é uma análise sólida do motivo pelo qual o pensamento estratégico é parte importante da função de todo gerente, e explica o que o pensamento estratégico envolve. Todos os cinco artigos estão vinculados ao material dos Capítulos 1 e 2.

Existem sete artigos cujo uso é apropriado para os Capítulos 3 a 9. O artigo com o título *Uma Nova Ferramenta para a Análise Estratégica: o Modelo de Oportunidade* oferece uma extensão valiosa da análise SWOT abordada no Capítulo 4. O artigo de George Salk, *Jogando Hardball: Por Que a Estratégia Ainda Importa*, é leitura obrigatória e abrirá os olhos dos leitores sobre o modo como as empresas jogam beisebol competitivo no mercado. O texto de W. Chan Kim e Renée Mauborgne, *Inovação de Valor: Um Salto no Oceano*, expande a abordagem estratégica *blue ocean* do Capítulo 6. O artigo de Don Potter, *Enfretando Competição de Baixo Nível,* oferece opções de estratégia para a concorrência efetiva contra concorrentes com custos e preços baixos. O ensaio de Peter J. Williamson, *Estratégias para o Novo Jogo Competitivo da Ásia* é o companheiro perfeito para o texto do Capítulo 7. O artigo de Costas Markides e Paul A. Geroski, *Corrida para Ser o Segundo: Conquistando os Setores do Futuro*, oferece idéias excelentes sobre as desvantagens dos *primeiros a mudarem* e as vantagens daqueles que *acompanham rapidamente* (tópicos abordados no Capítulo 6). A oportuna leitura *Estratégia de Terceirização: Oportunidades e Riscos* oferece perspectivas úteis sobre quando a terceirização faz sentido em termos estratégicos e quando não faz. A leitura de Gerry Kerr e James Darroch, *Insights para os Novos Conglomerados*, examina quatro maneiras pelas quais as empresas diversificadas podem tentar adicionar valor de acionista por meio de uma estratégia de vários negócios. Esta leitura adapta-se melhor ao Capítulo 9.

Seis leituras foram escolhidas para serem usadas com os três capítulos sobre execução da estratégia (Capítulos 11 a 13). O texto de Michael C. Mankius e Richard Steele, *Sintonizando uma Grande Estratégia com Um Grande Desempenho*, da *Harvard Business Review*, é um tratado notável sobre como evitar interrupções na execução da estratégia. Oferece um ponto de partida excelente para as tarefas de gerenciamento da implementação e execução da estratégia selecionada. O artigo de Lynda Gratton e Sumantra Ghoshal, *Além das Melhores Práticas,* descreve como as empresas com alto desempenho adotam os "processos de assinatura" que refletem seus valores; este artigo funciona muito bem com os Capítulos 12 ou 13. A leitura de Edward D. Arnheiter e John Maleyeff, *A Integração da Indústria e o Seis Sigma*, descreve cada sistema e os principais conceitos e técnicas nos quais sua implementação se baseia – funcionará muito bem como parte do material do Capítulo 12. A leitura de Edwin A. Locke, *Unindo Objetivos a Incentivos Financeiros*, reforça e expande a discussão do Capítulo 12 sobre como usar os incentivos para detalhar a causa da boa execução da estratégia. O artigo de Brian Leavy, *O Guia do Líder para Criar Uma Cultura,* aumenta significativamente a já revisada abordagem da cultura corporativa do Capítulo 13. Este grupo de leituras conclui com um artigo bastante provocativo de Sidney Finkelstein chamado *Os Sete Hábitos dos Executivos Extremamente Não-Eficazes*.

Existem duas leituras que complementam o Capítulo 10 para estratégia, ética e responsabilidade social. A leitura de Bert van de Ven e Ronald Jeurissem, *Competindo Responsavelmente,* examina o efeito das diferentes condições competitivas sobre o nível dos investimentos de uma empresa em responsabilidade social corporativa. O artigo de Jacquelyn B. Gates, *O Processo de Comprometimento com a Ética: Sustentabilidade através de Ética com Base em Valores*, aprofunda o papel dos valores corporativos para atingir a compatibilidade com o código de ética de uma companhia.

MATERIAIS DE APOIO AO ALUNO

Resumo dos Pontos Básicos

No final de cada capítulo há uma sinopse dos conceitos básicos, das ferramentas analíticas e dos principais tópicos discutidos no capítulo. Essas sinopses, juntamente com as notas laterais ao longo de cada capítulo, auxiliam os alunos a focalizar os princípios básicos da estratégia, compreender as mensagens de cada capítulo e preparar-se para os exames.

Exercícios de Final de Capítulo

Cada capítulo contém um conjunto de exercícios muito aprimorados que podem ser usados como base para discussão em classe, trabalhos de apresentação oral e/ou relatórios escritos resumidos. Alguns exercícios (e muitos dos Quadros Ilustrativos) qualificam-se como "mini-casos" que podem ser empregados para aproveitar o restante de uma aula, caso a apresentação sobre um capítulo leve menos tempo.

Um Site com Valor Agregado

A seção do aluno do site www.mhhe.com/thompson contém alguns dispositivos de auxílio, (tudo em inglês):

- Testes no Capítulo contendo 20 questões de auto-avaliação para medir a compreensão da matéria apresentada em cada um dos 13 capítulos.
- Um "Guia para Análise de Casos" contendo seções sobre o que é um caso, por que os casos são parte padronizada dos cursos de estratégia, preparação de um caso para discussão em classe, elaboração da análise de um caso por escrito, realização de uma apresentação oral e uso da análise de índices financeiros a fim de avaliar a posição financeira de uma empresa. Sugerimos que os alunos leiam esse Guia para a primeira discussão em classe de um caso.
- Um número selecionado de slides PowerPoint para cada capítulo.

MATERIAIS DE APOIO AO PROFESSOR

Manual do Instrutor

O Manual do Instrutor, em inglês, pode ser encontrado no site, na seção restrita para o Professor. Para ter acesso, o professor precisa cadastrar-se na Editora, pelo e-mail **divulgacao_brasil@mcgraw-hill.com**. O manual contém uma seção com sugestões para organizar e estruturar seu curso, exemplos de programas e conteúdo dos cursos, um conjunto de notas referentes às leituras de cada capítulo, uma cópia do banco de testes e comentários abrangentes para o ensino de cada um dos casos.

Banco de Testes

Existe um banco de testes (em inglês) preparado pelos co-autores contendo mais de 1.200 questões de múltipla escolha e questões com respostas resumidas.

Teste EZ

Uma versão informatizada do banco de testes, o Teste EZ, (em inglês) permite-lhe gerar exames de modo bem conveniente e acrescentar suas próprias perguntas.

Slides PowerPoint

Visando facilitar a preparação das preleções e para servir como apresentação dos capítulos, o professor terá acesso a centenas de slides coloridos (em língua inglesa) e de aparência primorosa mostrando conceitos básicos, procedimentos analíticos, pontos principais e todos os itens numerados nos capítulos do texto. Os slides foram criados pela professora Jana Kuzmicki da Troy State University.

Recursos para Criar um Conjunto de Casos Customizados

Usando os recursos da divisão Primis da McGraw-Hill os instrutores podem acessar o site www.mhhe.com/primis, navegar pelos casos que aparecem em nossas últimas quatro edições (em inglês) (bem como em outras fontes) e criar com rapidez um conjunto customizado de casos que podem ser disponibilizados em forma impressa ou em formato de e-livro. Encontram-se disponíveis sugestões de ensino para todos esses casos.

AGRADECIMENTOS

Um grande número de colegas e alunos em diversas universidades, pessoas que conhecemos na área empresarial e colaboradores da McGraw-Hill proporcionaram inspiração, incentivo e apoio durante a realização deste projeto. De modo idêntico a todos os autores de livros didáticos no campo da estratégia, estamos endividados intelectualmente com os vários acadêmicos cujas pesquisas e trabalhos abriram novos caminhos e fizeram avançar a disciplina da administração estratégica. Os revisores a seguir proporcionaram conselhos bem fundamentados e excelentes sugestões para aperfeiçoar os capítulos:

Lynne Patten, *Clark Atlanta University*
Nancy E. Landrum, *Morehead State University*
Jim Goes, *Walden University*
Jon Kalinowski, *Minnesota State University - Mankato*
Rodney M. Walter Jr., *Western Illinois University*
Judith D. Powell, *Virginia Union University*

Expressamos igualmente nossos agradecimentos a Seyda Deligonul, David Flanagan, Esmeralda Garbi, Mohsin Habib, Kim Hester, Jeffrey E. McGee, Diana J. Wong, F. William Brown, Anthony F. Chelte, Gregory G. Dess, Alan B. Eisner, John George, Carle M. Hunt, Theresa Marron-Grodsky, Sarah Marsh, Joshua D. Martin, William L. Moore, Donald Neubaum, George M. Puia, Amit Shah, Lois M. Shelton, Mark Weber, Steve Barndt, J. Michael Geringer, Ming-Fang Li, Richard Stackman, Stephen Tallman, Gerardo R. Ungson, James Boulgarides, Betty Diener, Daniel F. Jennings, David Kuhn, Kathryn Martell, Wilbur Mouton, Bobby Vaught, Tuck Bounds, Lee Burk, Ralph Catalonello, William Crittenden, Vince Luchsinger, Stan Mendenhall, John Moore, Will Mulvaney, Sandra Richard, Ralph Roberts, Thomas Turk, Gordon VonStroh, Fred Zimmerman, S. A. Billion, Charles Byles, Gerald L. Geisler, Rose Knotts, Joseph Rosenstein, James B. Thurman, Ivan Able, W. Harvey Hegarty, Roger Evered, Charles B. Saunders, Rhae M. Swisher, Claude I. Shell, R. Thomas Lenz, Michael C. White, Dennis Callahan, R. Duane Ireland, William E. Burr II, C. W. Millard, Richard Mann, Kurt Christensen, Neil W. Jacobs, Louis W. Fry, D. Robley Wood, George J. Gore e William R. Soukup. Estes revisores proporcionaram uma orientação valiosa para o rumo de nossas iniciativas visando o aprimoramento de edições anteriores.

Como sempre ocorre, apreciamos suas recomendações e idéias a respeito do livro. Seus comentários sobre a cobertura e o conteúdo serão levados a sério e sempre ficamos agradecidos pelo tempo empregado a fim de chamar nossa atenção para erros de impressão, falhas e outros problemas. Envie-nos um e-mail para athompso@cba.ua.edu, astrick@cba.ua.edu ou jgamble@usouthal.edu; ou escreva-nos para a Caixa Postal 870225, Department of Management and Marketing, The University of Alabama, Tuscaloosa, Alabama 35487-0225.

Arthur A. Thompson
A. J. Strickland
John E. Gamble

Sumário

Parte Um   Conceitos e Técnicas para a Elaboração e Execução de Estratégias

1. O que É Estratégia e Por Que Ela É Importante? 2
2. O Processo Gerencial de Elaboração e Execução de Estratégias 18
3. Avaliação do Ambiente Externo de uma Empresa 48
4. Avaliando os Recursos e a Posição Competitiva de uma Empresa 94
5. As Cinco Estratégias Competitivas Genéricas – Qual Delas Empregar 132
6. Complementando a Estratégia Competitiva Escolhida – Outras Escolhas Estratégicas Importantes 160
7. Concorrência nos Mercados Externos 194
8. Adequação da Estratégia para Adaptação a Situações Específicas do Setor e da Empresa 230
9. Diversificação - Estratégias para Gerenciar um Grupo de Empresas 266
10. Estratégia, Ética e Responsabilidade Social 316
11. Criando uma Organização Capaz de Executar Bem uma Estratégia 358
12. Gerenciamento de Operações Internas – Ações que Contribuem para a Execução da Boa Estratégia 388
13. Cultura Corporativa e Liderança – Segredos para a Boa Execução da Estratégia 414

Parte Dois   Leituras em Administração Estratégica

1. O Que É Estratégia e Como Saber se Você Tem Uma? 452
2. Unindo Discurso e Prática (de Verdade!) Por Que as Visões Falham 459
3. O Poder dos Business Models 465

4. O *Balanced Scorecard*: Adotar ou Não Adotar? 475
5. Expansão do Pensamento Estratégico 482
6. Uma Nova Ferramenta para Análise Estratégica: O Modelo de Oportunidade 489
7. Participando de um Jogo Duro: Por que a Estratégia ainda É Importante 496
8. Inovação do Valor: Um Salto no Oceano Azul 502
9. Enfrentando Competição de Baixo Custo 508
10. Estratégias para o Novo Jogo Competitivo da Ásia 515
11. A Corrida para Chegar em Segundo: A Conquista dos Setores do Futuro 521
12. Estratégias de Terceirização: Oportunidades e Riscos 528
13. Insights dos Novos Conglomerados 534
14. A Transformação de uma Grande Estratégia em um Grande Desempenho 551
15. Além das Melhores Práticas 561
16. A Integração do Gerenciamento Enxuto e do Seis Sigma 571
17. Unindo Metas a Incentivos Monetários 582
18. Roteiro do Líder para a Criação de uma Cultura de Inovação 587
19. Os Sete Hábitos de Executivos Notoriamente Mal-sucedidos 594
20. Concorrer Responsavelmente 600
21. O Processo de Compromisso Ético: Sustentabilidade por Meio da Ética Baseada em Valores 614

Notas

Índice de Nomes

Índice de Empresa

Índice de Assuntos

Sumário

Parte Um   Conceitos e Técnicas para a Elaboração e Execução de Estratégias   1

1. O que É Estratégia e Por que É Importante?   2

O Que Significa *Estratégia*?   3
- A Estratégia e o Empenho por Vantagem Competitiva   6
- Identificação da Estratégia de uma Empresa   7
- Por Que a Estratégia de uma Empresa Evolui ao Longo do Tempo   8
- A Estratégia de uma Empresa É em Parte Proativa e em Parte Reativa   9

Estratégia e Ética: Passando no Teste do Escrutínio Moral   10
O Relacionamento entre a Estratégia de uma Organização e seu Modelo de Negócio   12
O Que Torna uma Estratégia Vencedora?   13
Por que É Importante Elaborar e Executar Estratégias?   15
- Boa Estratégia + Execução da Boa Estratégia = Bom Gerenciamento   15

Quadros Ilustrativos
1.1 A Estratégia da Comcast para Revolucionar o Setor de TV a Cabo   5
1.2 Microsoft e Red Hat: Dois Modelos Empresariais Contrastantes   14

2. O Processo Gerencial de Elaboração e Execução de Estratégias   18

O Que o Processo de Criação e Execução de Estratégias Acarreta?   19
Desenvolvimento de uma Visão Estratégica: Fase 1 do Processo de Elaboração e Execução da Estratégia   20
- A Visão Estratégica É Diferente da Declaração de Missão Típica   23
- Comunicação da Visão Estratégica   25
- Vinculação da Visão/Missão aos Valores da Empresa   27

Fixação de Objetivos: Fase 2 do Processo de Elaboração e Execução da Estratégia   29
- Que Tipo de Objetivos Fixar: A Necessidade de uma Solução Equilibrada   31

Elaboração de Estratégia: Fase 3 do Processo de Criação e Execução da Estratégia   35
- Quem Participa na Elaboração da Estratégia de uma Empresa?   35
- A Hierarquia de Criação da Estratégia em uma Empresa   37
- Consolidação da Criação de Estratégias   40
- Visão Estratégica + Objetivos + Estratégia = Um Plano Estratégico   41

Implementação e Execução das Estratégias: Fase 4 do Processo de Criação
e Execução da Estratégia   42

Avaliação do Desempenho e Início dos Ajustes Corretivos: Fase 5 do Processo de Criação
e Execução da Estratégia   43

Gestão Corporativa: O Papel do Conselho de Administração no Processo de Criação
e Execução de Estratégias   44

Quadros Ilustrativos

2.1 Exemplos de Visões Estratégicas — Em Que Grau Possuem
as Qualificações Necessárias?   23

2.2 Os Dois Pontos de Inflexão Estratégicos da Intel   27

2.3 O Elo entre a Missão e os Valores Básicos do Yahoo   30

2.4 Exemplos de Objetivos de Empresas   33

3. Avaliação do Ambiente Externo de uma Empresa   48

Os Componentes Estrategicamente Relevantes do Ambiente
Externo de uma Empresa   49

Pensamento Estratégico sobre o Ambiente Setorial e Competitivo   51

1ª Pergunta: Quais as Características Econômicas Dominantes do Setor?   52

2ª Pergunta: Que Tipos de Forças Competitivas os Participantes do Setor
Estão Enfrentando?   54

Pressões Competitivas Associadas a Medidas Ágeis de Vendedores Concorrentes   55

Pressões Competitivas Associadas à Ameaça de Novos Entrantes   60

Pressões Competitivas dos Vendedores de Produtos Substitutos   64

*Pressões Competitivas Que Surgem do Poder de Negociação do Fornecedor
e da Colaboração entre Fornecedor e Vendedor*   66

*Pressões Competitivas Que Se Originam do Poder de Negociação do Comprador
e da Colaboração entre Vendedor e Comprador*   69

*A Intensidade Conjunta das Cinco Forças Competitivas Conduz a uma
Boa Lucratividade?*   72

3ª Pergunta: Que Fatores Estão Impelindo a Mudança no Setor e Que Impactos
Terão?   74

O Conceito de Forças Motrizes   74

Identificar as Forças Motrizes de um Setor   74

Avaliação do Impacto das Forças Motrizes   80

Elaboração de uma Estratégia Que Leve em Conta os Impactos das Forças Motrizes   81

4ª Pergunta: Que Posições de Mercado os Concorrentes Ocupam — Quem Possui uma
Posição Forte e Quem Não a Possui?   81

*Uso de Mapas do Grupo Estratégico para Avaliar as Posições de Mercado
dos Principais Concorrentes*   82

O Que Pode Ser Aprendido com os Mapas de Grupos Estratégicos?   83

5ª Pergunta: Que Ações Estratégicas os Concorrentes Provavelmente Empreenderão
em seguida?   85

Identificação das Estratégias, Forças e Fraquezas dos Recursos dos Concorrentes   85

Previsão dos Próximos Passos dos Concorrentes   86

6ª Pergunta: Quais os Fatores-chave para o Sucesso Competitivo Futuro?   87

7ª Pergunta: As Perspectivas para o Setor Oferecem à Organização uma Oportunidade Atraente? 89

Quadro Ilustrativo

3.1 Posições de Mercado Comparativas de Redes Varejistas Selecionadas: Uma Aplicação do Mapa do Grupo Estratégico 83

4. Avaliando os Recursos e a Posição Competitiva de uma Empresa 94

1ª Pergunta: Qual o Desempenho da Estratégia Atual da Empresa? 95

2ª Pergunta: Quais São os Recursos Fortes e Fracos da Empresa e Suas Oportunidades e Ameaças Externas? 97

Identificação dos Recursos Fortes e da Capacitação Competitiva da Empresa 97
Identificação dos Recursos Fortes e das Deficiências Competitivas da Empresa 104
Identificação das Oportunidades de Mercado 104
Identificação das Ameaças Externas à Lucratividade Futura de uma Empresa 106
O Que as Listas Swot Revelam? 107

3ª Pergunta: Os Preços e os Custos da Empresa São Competitivos? 109

O Conceito da Cadeia de Valor de uma Empresa 109
Por Que as Cadeias de Valor de Empresas Concorrentes Muitas Vezes Diferem 112
O Sistema da Cadeia de Valor para Todo um Setor 112
Custeio com Base em Atividades: Uma Ferramenta para Avaliar a Competitividade de Custo de uma Empresa 114
Benchmarking: Uma Ferramenta para Avaliar se os Custos da Cadeia de Valor de uma Empresa Estão sob Controle 116
Opções Estratégicas para Corrigir uma Desvantagem de Custo 118
Transformação de um Desempenho Proficiente das Atividades da Cadeia de Valor em Vantagem Competitiva 119

4ª Pergunta: A Empresa É Mais Forte ou Mais Fraca Que seus Concorrentes em Termos Competitivos? 121

Interpretação das Avaliações dos Recursos Fortes Competitivos 123

5ª Pergunta: Que Temas e Problemas Estratégicos Merecem Atenção Prioritária dos Administradores? 125

Quadros Ilustrativos

4.1 Custos Estimados da Cadeia de Valor para Gravação e Distribuição de CDs de Música por Meio de Varejistas Tradicionais de Música 115
4.2 Benchmarking e Conduta Ética 117

5. As Cinco Estratégias Competitivas Básicas 132

As Cinco Estratégias Competitivas Básicas 134
Estratégias de Liderança mediante Custo Baixo 135

As Duas Maneiras Principais para Obter uma Vantagem de Custo 135
As Chaves para Se Tornar o Líder em Custo Baixo 142

Quando uma Estratégia de Liderança de Custo Baixo Dá Mais Resultado 143

As Armadilhas de uma Estratégia de Liderança em Custo Baixo 144

Estratégias de Diferenciação Ampla 144

Tipos de Temas de Diferenciação 145

Em que Ponto da Cadeia de Valor Devem-se Criar os Atributos 145

As Quatro Melhores Maneiras para Obter Vantagem Competitiva por Meio de uma Estratégia de Diferenciação Ampla 146

A Importância do Valor Percebido e do Valor Sinalizado 147

Quando uma Estratégia de Diferenciação Dá o Melhor Resultado 148

As Armadilhas de uma Estratégia de Diferenciação 148

Estratégias do Fornecedor com o Melhor Custo 150

Quando uma Estratégia de Melhor Custo Dá Bom Resultado 151

O Grande Risco de uma Estratégia de Fornecedor de Melhor Custo 151

Estratégias Focalizadas (ou de Nicho de Mercado) 151

Uma Estratégia de Liderança Focada em Custos 153

Uma Estratégia Focada em Diferenciação 153

Quando uma Estratégia de Liderança Focada em Custos ou Focada em Diferenciação É Atraente 154

Os Riscos de uma Estratégia Focada em Custo Baixo ou em Diferenciação 156

Resumo das Características Contrastantes das Cinco Estratégias Competitivas Genéricas 156

Quadros Ilustrativos

5.1 Estratégia de Custo Baixo Adotada pela Nucor Corporation 136

5.2 Como o Wal-Mart Gerenciou Sua Cadeia de Valor para Conquistar uma Vantagem de Custo Baixo Considerável sobre as Redes de Supermercados Concorrentes 141

5.3 A Estratégia de Fornecedor com o Melhor Custo para a Linha Lexus da Toyota 152

5.4 Estratégia de Liderança em Custos Focada do Motel 6 154

5.5 A Estratégia de Diferenciação Focada Adotada pela Progressive Insurance no Seguro de Automóveis 155

6. Complementando a Estratégia Competitiva Escolhida 160

Estratégias Colaborativas: Alianças e Parcerias 163

Por que e como as Alianças Estratégicas São Vantajosas 164

Aproveitar os Benefícios das Alianças Estratégicas 166

Por Que Muitas Alianças São Instáveis ou Se Rompem 167

Os Perigos Estratégicos de uma Grande Dependência de Alianças e de Parcerias em Colaboração 167

Estratégias de Fusão e Aquisição 168

Estratégias de Integração Vertical: Operação em mais Estágios da Cadeia de Valor do Setor 171

As Vantagens de uma Estratégia de Integração Vertical 172

As Desvantagens de uma Estratégia de Integração Vertical 173

Estratégias de Terceirização: Diminuição das Fronteiras da Empresa 175

Quando as Estratégias de Terceirização São Vantajosas 175

O Grande Risco de uma Estratégia de Terceirização 177

Estratégias Ofensivas: Melhor Posição de Mercado e Criação de Vantagem Competitiva   177
- *Estratégia Eficaz: Um Tipo Especial de Ofensiva   180*
- *A Escolha de Quais Concorrentes Atacar   181*
- *Escolha da Base para o Ataque Competitivo   181*

Estratégias Defensivas: Proteção da Posição de Mercado e da Vantagem Competitiva   182
- *Bloqueio dos Caminhos Abertos aos Desafiantes   182*
- *Sinalização aos Desafiantes de que a Retaliação É Possível   182*

Estratégias para o Site   183
- *Estratégias para a Web Visando somente a Informações sobre o Produto: Como Evitar o Conflito de Canais   183*
- *Sites de Lojas Eletrônicas Como um Canal de Distribuição Secundário   184*
- *Estratégia de Vendas Tradicionais e On-line   184*
- *Estratégias para Empresas On-line   185*

A Escolha de Estratégias Apropriadas para as Áreas Funcionais   187

Vantagens e Desvantagens do Pioneiro   188
- *O Potencial para as Vantagens da Empresa Retardatária ou as Desvantagens do Pioneiro   189*
- *Ser ou Não Ser um Pioneiro   189*

Quadros Ilustrativos

6.1 Clear Channel Communications: O Uso de Fusões e Aquisições para Se Tornar um Líder no Mercado Global   170
6.2 Estratégias Tradicionais e On-line no Setor de Suprimentos de Escritório   186
6.3 A Batalha da Banda Larga para Consumidores: Pioneiros *versus* Retardatários   190

7. Concorrência nos Mercados Externos   194

Por Que as Empresas Se Expandem em Mercados Estrangeiros   196
- *A Diferença entre Concorrer Internacionalmente e Globalmente   196*

Diferenças entre os Países em Termos de Condições Culturais, Demográficas e de Mercado   197
- *Obtenção de Vantagem Competitiva com Base no Local Onde as Atividades Ocorrem   198*
- *Os Riscos de Mudanças Adversas na Taxa de Câmbio   199*
- *Políticas dos Governos Que Acolhem Produtores   200*

Os Conceitos de Concorrência em Diversos Países e de Concorrência Global   201

Opções de Estratégias para Entrar e Concorrer nos Mercados Externos   202
- *Estratégias de Exportação   203*
- *Estratégias de Licenciamento   203*
- *Estratégias de Franquia   204*
- *Estratégias Localizadas em Diversos Países ou uma Estratégia Global?   204*

A Busca por Vantagem Competitiva nos Mercados Externos   209
- *Usar a Localização para Obter Vantagem Competitiva   209*
- *Uso da Transferência de Competências e Capacidades entre Países para Obter Vantagem Competitiva   211*
- *Uso da Coordenação entre Países para Obter Vantagem Competitiva   212*

Santuários de Lucro, Subsídios entre Países e Ofensivas Estratégicas Globais   213
    Uso de Subsídios entre Mercados para Lançar uma Ofensiva Estratégica   214
    Estratégias Ofensivas Adequadas para Concorrer nos Mercados Externos   215
Alianças Estratégicas e *Joint-Ventures* com Parceiros Estrangeiros   217
    Os Riscos das Alianças Estratégicas com Parceiros Estrangeiros   218
    Quando uma Aliança com uma Empresa de Outro País Pode Ser Desnecessária   220
Estratégias que se Enquadram nos Mercados de Países Emergentes   220
    Opções de Estratégia   222
    Defesa contra os Gigantes Globais: Estratégias para as Empresas Locais em Mercados Emergentes   224

Quadros Ilustrativos

7.1. Estratégias em Diversos Países do Electronic Arts e da Coca-Cola   209
7.2. Seis Exemplos de Alianças Estratégicas entre Empresas de Países Diferentes   219
7.3. A Estratégia da Coca-Cola para Aumentar Suas Vendas na China e na Índia   221

8. Adequação da Estratégia para Adaptação a Situações Específicas do Setor e da Empresa   230

Estratégias para Concorrer em Setores Emergentes   231
    As Características Únicas de um Setor Emergente   232
    Opções de Estratégia para Setores Emergentes   233
Estratégias para Concorrer nos Mercados em Crescimento Rápido   234
Estratégias para Concorrer nos Setores Que Se Aproximam da Maturidade   236
    Como o Crescimento Mais Lento Altera as Condições de Mercado   236
    Estratégias Que Se Adaptam às Condições dos Mercados Que Se Tornam Maduros   237
    Armadilhas Estratégicas nos Setores em Fase de Maturidade   238
Estratégias para Concorrer nos Setores em Fase de Estagnação ou Declínio   239
    Estratégias de Estágio Final para os Setores em Fase de Declínio   241
Estratégias para Concorrer nos Mercados Turbulentos e de Alta Velocidade   241
    Modos de Enfrentar a Mudança Rápida   242
    Opções de Estratégia para Mercados em Mudança Rápida   242
Estratégias para Concorrer em Setores Fragmentados   245
    Razões para a Fragmentação da Oferta   245
    Condições Competitivas em um Setor Fragmentado   246
    Opções de Estratégia para Concorrer em um Setor Fragmentado   247
Estratégias para Apoiar o Crescimento Rápido da Empresa   249
    Os Riscos na Adoção de Muitos Horizontes de Estratégia   250
Estratégias para os Líderes do Setor   251
Estratégias para Empresas Posicionadas em Segundo Lugar   254
    Obstáculos para as Empresas com Participação de Mercado Pequena   254
    Estratégias Ofensivas para Obter Participação de Mercado   254
    Outros Métodos Estratégicos para as Empresas Posicionadas em Segundo Lugar   255

Estratégias para Empresas Fracas e Assoladas por Crises 257
   Estratégias de Reviravolta para Empresas em Crise 257
   Estratégias de Resultados para Empresas Fracas 260
   Liquidação: A Estratégia de Último Recurso 261
Os Dez Mandamentos para a Elaboração de Estratégias Empresariais Bem-Sucedidas 261

Quadros Ilustrativos

8.1 Estratégia Focada da Exertris no Setor Fragmentado de Equipamentos para Exercícios 248
8.2 A Estratégia da ESPN para Dominar o Setor de Entretenimento Esportivo 252
8.3 A Estratégia de Reviravolta da Sony — Dará Certo? 259

9. Diversificação 266

Quando Diversificar 269
Criação de Valor para os Acionistas: A Justificativa Fundamental para a Diversificação 269
Estratégias para Entrar em Novos Negócios 270
   Aquisição de uma Empresa 271
   Nova Unidade Interna 271
   Joint-Ventures 271
Escolha da Trajetória de Diversificação: Empresas Relacionadas *versus* Empresas Não Relacionadas 272
Os Argumentos para Diversificar em Empresas Relacionadas 272
   Identificação das Adequações Estratégicas ao Longo da Cadeia de Valor das Empresas 274
   Adequação Estratégica, Economias do Campo de Ação e Vantagem Competitiva 277
Os Argumentos para Diversificar em Empresas Não Relacionadas 279
   Os Méritos de uma Estratégia de Diversificação Não Relacionada 280
   Pontos Negativos da Diversificação Não Relacionada 283
Combinação entre as Estratégias Relacionada e Não Relacionada 284
Avaliação da Estratégia de uma Empresa Diversificada 285
   1º Passo: Avaliação da Atratividade do Setor 286
   2º Passo: Avaliação dos Recursos Fortes Competitivos da Unidade de Negócios 289
   3º Passo: Constatação do Potencial de Vantagem Competitiva das Adequações Estratégicas entre os Negócios 294
   4º Passo: Constatação da Adequação dos Recursos 294
   5º Passo: Avaliação das Perspectivas de Desempenho das Unidades Empresariais e Atribuição de Prioridade para a Alocação de Recursos 298
   6º Passo: Elaboração de Novas Ações Estratégicas para Melhorar o Desempenho Corporativo Geral 299
Após uma Empresa Diversificar-se: As Quatro Principais Alternativas de Estratégia 300
   Estratégias para Aumentar a Base de Negócios de uma Empresa Diversificada 300
   Estratégias de Venda de Unidades Visando Atuar em uma Base de Diversificação Mais Limitada 303
   Estratégias para Reestruturar o Conjunto de Negócios de uma Empresa 306
   Estratégias de Diversificação Multinacional 308

Quadros Ilustrativos

9.1. Diversificação Relacionada na L'Oréal, Johnson & Johnson, PepsiCo e Darden Restaurants 277
9.2. Diversificação Não Relacionada na General Electric, United Technologies, American Standard e Lancaster Colony 281
9.3. Gerenciamento da Diversificação na Johnson & Johnson: Os Benefícios das Adequações Estratégicas entre Negócios 302
9.4. A Estratégia de Redução da Lucent Technology 304
9.5. O Escopo Global de Quatro Proeminentes Corporações Multinacionais Diversificadas 309

10. Estratégia, Ética e Responsabilidade Social 316

O Que Queremos Dizer com *Ética dos Negócios*? 317
De Onde Vêm os Padrões Éticos — Eles São Universais ou Dependem de Normas e Situações Locais? 318
    A Escola do Universalismo Ético 318
    A Escola do Relativismo Ético 319
    Ética e Teoria dos Contratos Sociais Integrativos 322
As Três Categorias da Moralidade da Administração 323
    Evidências da Imoralidade Administrativa na Comunidade dos Negócios Globais 325
As Estratégias da Empresa Precisam Ser Éticas? 327
    Quais São os Motivadores das Estratégias e do Comportamento Comercial Antiético? 328
    Abordagens para o Gerenciamento da Conduta Ética de uma Empresa 333
Por que as Estratégias da Empresa Devem Ser Éticas? 338
    O Caso Moral para uma Estratégia Ética 338
    O Caso de Negócios de uma Estratégia Ética 338
A Vinculação da Estratégia de uma Empresa a Seus Princípios Éticos e Valores Centrais 341
Estratégia e Responsabilidade Social 342
    O Que Significa Responsabilidade Social? **342**
    Criando uma Estratégia de Responsabilidade Social: O Ponto de Partida para Demonstrar uma Consciência Social 345
    O Caso Moral da Responsabilidade Social Corporativa 346
    O Caso de Negócios para o Comportamento Socialmente Responsável 347
    Os Esforços Bem Intencionados de Executivos Podem Causar Controvérsia 349
    Quanta Atenção à Responsabilidade Social É Suficiente? 351
    Vinculando Alvos de Desempenho Social à Compensação dos Executivos 352

Ilustrações das Cápsulas

10.1 A Estratégia Eticamente Defeituosa da Marsh & McLennan 329
10.2 A Estratégia da Philip Morris EUA em Relação ao Cigarro: Ética ou Antiética? 334
10.3 Um Teste da Sua Ética de Negócios 340

11. Criando uma Organização Capaz de Executar Bem uma Estratégia 358

Uma Estrutura para Executar a Estratégia 361
Os Principais Componentes Gerenciais do Processo de Execução de Estratégia 361
Criação de uma Organização Capaz de Boa Execução da Estratégia 363
A Equipe da Organização 364
   Reunindo uma Equipe Forte de Gerenciamento 364
   Recrutamento e Manutenção de Funcionários Capacitados 365
Criação de Competências Centrais e Capacidades Competitivas 368
   O Processo de Três Estágios para o Desenvolvimento e Fortalecimento de Competências e Capacidades 368
   A Função Estratégica no Treinamento de Funcionários 371
   De Competências e Capacidades a Vantagem Competitiva 373
Aspectos Relacionados à Execução da Organização do Esforço de Trabalho 373
   Decisão de Quais Atividades da Cadeia de Valores Devem Ser Executadas Internamente e Quais Devem Ser Terceirizadas 373
   Transformando as Atividades Críticas para a Estratégia nos Principais Elementos da Estrutura Organizacional 376
   Determinação do Grau de Autoridade e Independência Concedidos a Cada Unidade e a Cada Funcionário 378
   Possibilitando Coordenação Interna entre as Unidades 381
   Possibilitando a Colaboração com Fornecedores Externos e Aliados Estratégicos 383
Tendências Organizacionais Atuais 383

Ilustrações das Cápsulas

11.1 Como a General Electric Desenvolve uma Equipe de Gerenciamento Talentosa e Inteligente 366
11.2 O Lendário Sistema de Produção da Toyota: Uma Capacidade Que Se Traduz em Vantagem Competitiva 372

12. Gerenciamento de Operações Internas 388

Angariar os Recursos Básicos para a Execução da Boa Estratégia 389
Instituir Políticas e Procedimentos Que Facilitem a Execução da Boa Estratégia 390
Adotar as Melhores Práticas e Esforçar-se para Aprimorar Continuamente o Desempenho 393
   Como Funciona o Processo de Identificação e Incorporação de Melhores Práticas 393
   Reengenharia do Processo de Negócio, Programas de Qualidade Seis Sigma e Gestão da Qualidade Total (GQT): Ferramentas para Promoção da Excelência Operacional 395
   Captura de Benefícios de Iniciativas para Melhorar Operações 399
Instalar Sistemas de Informação e Operação 401
   Instituindo Sistemas de Informações, Acompanhamento de Desempenho e Controles Adequados 402
   Exercendo Controles Adequados sobre Funcionários com Autoridade 403

Vincular Recompensas e Incentivos para a Boa Execução da Estratégia   404
   Facilitando Práticas de Estratégia Motivacional   404
   Ajuste do Equilíbrio Certo entre Recompensa e Punição   406
   Unindo o Sistema de Recompensa a Resultados de Desempenho Estrategicamente Relevantes   408

Ilustrações das Cápsulas
12.1 Política de Abatimento da Granite Construction: Um Modo Inovador de Dirigir Melhor a Execução da Estratégia   392
12.2 Uso do Seis Sigma para Promover Excelência Operacional na Whirlpool   398
12.3 O que as Empresas Fazem para Motivar e Recompensar os Funcionários   407
12.4 Nucor e Bank One: Duas Empresas Que Atrelam Incentivos Diretamente à Estratégia de Execução   409

13. Cultura Corporativa e Liderança   414

Incentivar uma Cultura Corporativa Que Promova a Boa Execução da Estratégia   415
   Identificação dos Recursos-chave da Cultura Corporativa de uma Empresa   416
   Culturas Fortes Versus Culturas Fracas   420
   Culturas Prejudiciais   422
   Culturas de Alto Desempenho   424
   Culturas Adaptativas   425
   Cultura: Aliada ou Obstáculo à Execução da Estratégia?   426
   Mudando uma Cultura Problemática   428
   Fundamentando a Cultura em Valores Centrais e Ética   434
   Estabelecimento de uma Estratégia – Ajuste Cultural em Empresas Multinacionais e Globais   437

Liderando o Processo de Execução da Estratégia   439
   Permanecer Informado sobre o Andamento dos Processos   439
   Colocando Pressão Construtiva na Organização para Atingir Bons Resultados e Excelência Operacional   441
   Liderando o Desenvolvimento de Melhores Competências e Capacidades   442
   Exibindo Integridade Ética e Liderando Iniciativas de Responsabilidade Social   443
   Liderando o Processo de Ajustes   445

Ilustrações das Cápsulas
13.1 As Culturas Corporativas da Google e Alberto-Culver   417
13.2 Mudando a Cultura na Divisão Norte-americana da Alberto-Culver   433

Parte Dois Leituras em Administração Estratégica   451

1. O Que É Estratégia e Como Saber Se Você Tem Uma?   452
   Costas, Markides, *London Business School*
2. Unindo Discurso e Prática (de Verdade!): Por Que as Visões Falham   459
   Mark Lipton, *New School University*

3. O Poder dos *Business Models* 465
   Jane C. Linder, *Accenture Institute for Strategic Change*
   H. Jeff Smith, *Wake Forest University*
   Scott M. Shafer, *Wake Forest University*

4. O *Balanced Scorecard:* Adotar ou Não Adotar? 475
   Christine Wiedman, *Richard Ivey School of Business*
   Kevin B. Hendricks, *Richard Ivey School of Business*
   Larry Menor, *Richard Ivey School of Business*

5. Expansão do Pensamento Estratégico 482
   Stan Abraham, *California Polytechnic, Pomona*

6. Uma Nova Ferramenta para Análise Estratégica: O Modelo de Oportunidade 489
   Donald Morris, *Eastern New México University*

7. Participando de um Jogo Duro: Por Que a Estratégia ainda É Importante 496
   George Stalk, *The Boston Consulting Group*

8. Inovação do Valor: Um Salto no Oceano Azul 502
   W. Chan Kim, *INSEAD*
   Renée Mauborgne, *INSEAD*

9. Enfrentando Competição de Baixo Custo 508
   Don Potter, *Strategy Street.com*

10. Estratégias para o Novo Jogo Competitivo da Ásia 515
    Peter J. Williamson, *INSEAD*

11. A Corrida para Chegar em Segundo: A Conquista dos Setores do Futuro 521
    Costas Markides, *London Business School*
    Paul A. Geroski, *London Business School*

12. Estratégias de Terceirização: Oportunidades e Riscos 528
    Brian Leavy, *Dublin City University Business School*

13. *Insights* dos Novos Conglomerados 534
    Gerry Kerr, *University of Windsor*
    James Durroch, *York University*

14. A Transformação de uma Grande Estratégia em um Grande Desempenho 551
    Michael C. Mankins, *Marakon Associates*
    Richard Steele, *Marakon Associates*

15. Além das Melhores Práticas 561
    Lynda Gratton, London Business School
    Sumantra Ghoshal, London Business School

16. A Integração do Gerenciamento Enxuto e do Seis Sigma 571
    Eduard D. Arnheiter, *Rensselaer Polytechnic Institute*
    John Maleyeff, *Rensselaer Polytechnic Institute*
17. Unindo Metas a Incentivos Monetários 582
    Edwin A. Locke, *University of Maryland*
18. Roteiro do Líder para a Criação de uma Cultura de Inovação 587
    Brian Leavy, *Dublin City University Business School*
19. Os Sete Hábitos de Executivos Notoriamente Mal-sucedidos 594
    Sydney Finkeslstein, *Dartmouth College*
20. Competir de Maneira Responsável 600
    Bert van de Ven, *University of Tilburg*
    Ronald Jeurissen, *Nyenrode Business University*
21. O Processo de Compromisso Ético: Sustentabilidade por Meio da Ética Baseada em Valores 614
    Jacquelyn B. Gates, Soaring, LLC

Notas 621

Índices 635

parte um 1

Conceitos e Técnicas para a Elaboração e Execução de Estratégias

capítulo um 1

O Que É Estratégia e Por Que É Importante?

Estratégia significa fazer escolhas claras a respeito de como competir.
— **Jack Welch**
Ex-CEO da General Electric

Estratégia é um compromisso para empreender um conjunto de ações em vez de outro.
— **Sharon Oster**
Professora da Yale University

O processo de desenvolvimento de excelentes estratégias é representado parte por planejamento e parte por tentativa e erro, até se alcançar algo que dê certo.
— **Costas Markides**
Professor da London Business School

Sem estratégia, a organização é semelhante a um navio sem leme.
— **Joel Ross e Michael Kami**
Autores e Consultores

Os administradores se defrontam com três perguntas básicas ao avaliar as perspectivas de negócios da empresa: Qual a situação atual da empresa? Para onde a empresa precisa ir a partir desse ponto? De que modo deve chegar lá? Conseguir uma resposta à questão "Qual a situação atual da empresa?" incentiva os gerentes a avaliar as condições do setor e as pressões competitivas, o desempenho atual da empresa e a posição no mercado, seus pontos fortes e sua capacitação e os pontos competitivos fracos. A pergunta "Para onde a empresa precisa se dirigir a partir desse ponto?" força os gerentes a fazer escolhas a respeito da direção que a empresa deve seguir — quais grupos de clientes novos e diferentes deve esforçar-se para satisfazer, quais posições de mercado deve delimitar, quais alterações são necessárias na estrutura. A pergunta "De que modo a empresa deve chegar lá?" desafia os gerentes a elaborar e executar uma estratégia capaz de deslocar a organização na direção almejada, aumentar o volume de negócios e melhorar seu desempenho financeiro e de mercado.

Neste capítulo inicial definimos o conceito de estratégia e descrevemos seus diversos aspectos. Indicamos os tipos de ações que determinam o que é uma estratégia empresarial, quais estratégias são parcialmente proativas e parcialmente reativas e por que tendem a evoluir ao longo do tempo. Examinamos o que diferencia uma estratégia vencedora de estratégias rotineiras ou falhas e por que a qualidade de uma estratégia determina se a empresa poderá obter vantagem competitiva ou suportar desvantagem competitiva. Ao término do capítulo você terá uma idéia bem clara do motivo pelo qual as tarefas de elaboração e execução de estratégias são funções básicas dos gerentes e por que a execução primorosa de uma estratégia excelente constitui a receita mais confiável para fazer com que a empresa tenha uma atuação destacada.

O QUE SIGNIFICA ESTRATÉGIA?

Estratégia é o plano de ação administrativo para conduzir as operações da empresa. Sua elaboração representa um *compromisso para adotar um conjunto específico de ações* por parte dos gerentes visando o crescimento da empresa, atrair e satisfazer os clientes, competir de modo bem-sucedido, conduzir operações e melhorar o desempenho financeiro e de mercado. Portanto, ela tem tudo a ver com o *modo* — *como* os gerentes pretendem fazer a empresa crescer, *como* conseguirão clientes fiéis e suplantarão os rivais, *como* cada área funcional (pesquisa e desenvolvimento, atividades da cadeia de suprimentos, produção, vendas

> **Conceito Central**
> A **estratégia** de uma empresa consiste nos passos competitivos e nas abordagens administrativas que os gerentes utilizam para o crescimento do negócio, para atrair e satisfazer aos clientes, para competir de modo bem-sucedido e alcançar os níveis almejados de desempenho organizacional.

e marketing, distribuição, finanças e recursos humanos) será operada e *como* o desempenho será melhorado. Ao optarem por uma estratégia, os administradores afirmam efetivamente: "Entre todas as diferentes abordagens e modos de competir que poderíamos ter escolhido, decidimos empregar esta combinação particular de métodos competitivos e operacionais para conduzir a empresa na direção almejada, fortalecer sua posição de mercado e competitividade e aumentar o desempenho". As escolhas estratégicas que uma empresa faz poucas vezes são decisões fáceis e algumas delas podem revelar-se errôneas — porém, isso não é desculpa para não optar por uma linha de ação concreta.[1]

Na maioria dos setores as empresas possuem liberdade considerável para escolher aquilo que foi dito até agora sobre estratégia[2]. Desse modo, alguns concorrentes empenham-se para melhorar seu desempenho e sua posição no mercado alcançando custos menores, enquanto outros buscam alcançar a superioridade do produto ou um atendimento personalizado ao cliente ou o desenvolvimento de competências e capacitações que os outros não conseguem igualar. Algumas empresas têm como alvo o segmento sofisticado do mercado, enquanto outras buscam operar no segmento médio ou popular; algumas optam por linhas de produto diversificadas, outras concentram suas energias em uma linha restrita de produtos. Certos concorrentes posicionam-se somente em uma parte das atividades da cadeia de produção/distribuição do setor (preferindo atuar apenas na fabricação, na distribuição atacadista ou no varejo), ao passo que outros encontram-se parcial ou totalmente integrados com operações variando da produção de componentes à fabricação e montagem, à distribuição atacadista ou varejo. Há empresas que limitam deliberadamente suas operações a mercados locais ou regionais; outras optam por concorrer em escala nacional, internacional (diversos países) ou global (todos ou a maioria dos principais mercados em todo o planeta). Algumas companhias decidem operar somente em um setor, enquanto outras diversificam-se de modo amplo ou limitado, em setores relacionados e não-relacionados por meio de aquisições, *joint-ventures*, alianças estratégicas ou empresas inovadoras (*start-ups*) internas.

Nas empresas que pretendem conquistar vendas e participação de mercado à custa dos concorrentes, os gerentes normalmente optam por estratégias ofensivas, com frequência novas iniciativas de um ou de outro tipo a fim de tornar a oferta de produtos mais diferenciada e atraente para os compradores. Empresas que já possuem uma posição consolidada no setor são mais propensas a estratégias que enfatizam ganhos graduais no mercado, fortalecendo sua posição mercadológica e defendendo-se contra as manobras mais recentes dos concorrentes e de outros acontecimentos que ameaçam sua tranqüilidade. As empresas que não assumem riscos preferem muitas vezes as estratégias conservadoras, optando por seguir os passos bem-sucedidos de companhias pioneiras cujos gerentes são mais empreendedores e estão dispostos a assumir os riscos de serem o primeiro a tomar um passo corajoso e talvez de importância fundamental que remodele o confronto entre os concorrentes no mercado.

Não faltam oportunidades para criar uma estratégia que se adapte com precisão à situação específica da empresa e seja perceptivelmente diferente das estratégias dos rivais. Na realidade, os administradores normalmente tentam fazer escolhas estratégicas a respeito dos principais elementos de sua estratégia que difiram das escolhas feitas pelos concorrentes — não integralmente diferentes, mas pelo menos diferentes em diversos aspectos importantes. Uma estratégia possui possibilidade de ser bem-sucedida quando fundamentada em ações e abordagens empresariais competitivas, visando (1) atrair os compradores, de modo que diferencie a empresa de seus concorrentes e (2) conquistar sua própria posição de mercado. Simplesmente copiar aquilo que as empresas bem-sucedidas no setor estão fazendo e tentar imitar sua posição de mercado raramente dá certo. É necessário que haja algum elemento distinto da estratégia, um elemento "aha!!", que atraia os clientes e produza uma vantagem competitiva. Estratégias copiadas de empresas no mesmo setor são exceção em vez de regra.

Para um exemplo concreto das ações e dos métodos que formam a estratégia, veja o Quadro Ilustrativo 1.1, que descreve a estratégia da Comcast para revolucionar o negócio de TV a cabo.

Quadro Ilustrativo 1.1
A Estratégia da Comcast para Revolucionar o Setor de TV a Cabo

Em 2004-2005 a gigante de TV a cabo Comcast deu os toques finais em uma estratégia ousada para alterar o modo como as pessoas viam televisão e para obter o crescimento de seus negócios introduzindo o serviço de telefone pela internet. Com um faturamento de 18 bilhões de dólares e quase 22 milhões dos 74 milhões de assinantes de TV a cabo nos Estados Unidos, a Comcast tornou-se líder do setor no mercado em 2002 quando adquiriu a AT&T Broadband, juntamente com seus 13 milhões de assinantes, por cerca de 50 bilhões de dólares. A estratégia da Comcast possuía os seguintes elementos:

- *Continuar a prover internet de alta velocidade ou o atendimento em banda larga aos clientes por meio de modems a cabo.* Com mais de 8 milhões de clientes que geravam um faturamento próximo a 5 bilhões de dólares anualmente, a Comcast já era o principal provedor de serviço de banda larga na América. A empresa havia aperfeiçoado recentemente seu serviço para permitir uma velocidade de download de até 6 megabits por segundo — consideravelmente mais rápido do que o serviço de banda larga tipo DSL disponível por linha telefônica.

- *Continuar a promover um serviço relativamente novo de vídeo sob demanda que permitia aos assinantes digitais assistir a programas de televisão sempre que desejassem.* O serviço permitia que os clientes usassem seus controles remotos para escolher em um menu de milhares de programas armazenados nos servidores da Comcast, do modo como foram transmitidos inicialmente, e incluía shows, notícias, esportes e filmes, todos em rede. Os espectadores com um dispositivo Comcast DVR em seus televisores podiam fazer uma pausa, interromper, reiniciar e gravar programas sem precisar gravá-los no momento da transmissão. A Comcast havia conseguido que mais de 10 milhões de seus assinantes de TV a cabo optassem pelo serviço digital e estava introduzindo a um ritmo acelerado o serviço de televisão digital de alta definição (HDTV) em outros mercados geográficos.

- *Promover um serviço de vídeo sob demanda por meio do qual os clientes digitais com um dispositivo em seus televisores poderiam solicitar e assistir a filmes pagos por exibição (pay-per-view) usando um menu em seu controle remoto.* A tecnologia da Comcast permitia aos espectadores acessar os programas que desejassem mediante alguns cliques no controle remoto. Em 2005 a empresa possuía quase 4 mil opções de programas e os clientes assistiam a cerca de 120 milhões de vídeos por mês.

- *Associar-se à Sony, à MGM e a outros para ampliar a oferta de filmes nos arquivos da Comcast.* Em 2004 a empresa concordou em desenvolver novos canais a cabo usando os arquivos da MGM e da Sony, que juntas possuíam 7.500 filmes e 42 mil shows de televisão — era preciso cerca de 300 filmes para alimentar um canal de 24 horas durante um mês.

- *Usar a tecnologia Voz sobre IP — Internet Protocol (VoIP) para oferecer aos assinantes serviço de telefone com base na internet a uma fração do custo cobrado por outros provedores.* O VoIP é uma tecnologia atraente de custo baixo considerada a tecnologia de comunicação mais significativamente nova desde a invenção do telefone. A Comcast estava no rumo certo para tornar seu serviço Comcast Digital Voice (CDV) disponível para 41 milhões de domicílios até o final de 2006. O CDV tinha muitas características sofisticadas, incluindo programação de chamadas, identificador de chamadas e conferência, colocando a Comcast em posição para conquistar os clientes das companhias telefônicas tradicionais.

- *Usar sua oferta de vídeo sob demanda e de CDV dos provedores de TV por satélite direto às residências.* Os provedores de TV por satélite, como a EchoStar e a DIRECTV, haviam utilizado taxas mensais menores para roubar clientes dos provedores de TV a cabo. A Comcast acreditava que a atração do vídeo sob demanda e do serviço CDV de custo reduzido suplantaria seu preço mais elevado. E os provedores de TV por satélite não possuíam a capacitação tecnológica a fim de prover conexão nos dois sentidos para residências (necessário para a oferta de vídeo sob demanda) ou acesso confiável de alta velocidade à internet.

- *Empregar uma equipe de vendas (cerca de 3.200 pessoas em 2005) para vender propaganda às empresas que estavam desviando uma parte de sua verba de publicidade de patrocínio de programas em rede para o de programas a cabo.* A propaganda gerou receitas de aproximadamente 1,6 bilhão de dólares e a Comcast possuía operações a cabo em 21 dos 25 maiores mercados.

- *Melhorar significativamente o atendimento aos clientes.* A maioria dos assinantes de TV a cabo estava insatisfeita com o nível do serviço de atendimento oferecido por suas empresas de TV a cabo locais. Os dirigentes da Comcast acreditavam que o atendimento seria um tema de grande relevância em função da necessidade de apoiar o vídeo sob demanda, os modems a cabo, a HDTV, o serviço telefônico e a gama de solicitações e problemas que tais serviços criavam. Em 2004 a Comcast empregava cerca de 12.500 pessoas para atender a um volume esperado de 200 milhões de chamadas telefônicas. O pessoal de atendimento aos clientes contratado recentemente recebia treinamento em sala de aula durante cinco semanas, seguidas por três semanas de atendimento a chamadas acompanhadas por um supervisor — isso custou à Comcast 7 dólares para cada chamada. A meta da empresa era atender 90% das chamadas no intervalo de 30 segundos.

Fontes: Informações disponíveis em www.comcast.com (Acesso em 6 ago. 2005); Gunter Marc, "Comcast Wants to Change the World, But Can It Learn to Answer the Phone?", *Fortune*, 16 de outubro de 2004, p. 140-156 e Stephanie N. Mehta, "The Future Is on the Line", *Fortune*, 26 de julho de 2004, p. 121-130.

A Estratégia e o Empenho por Vantagem Competitiva

O coração e a alma de qualquer estratégia são as ações e os movimentos dos administradores no mercado a fim de aperfeiçoar o desempenho financeiro da empresa, reforçar sua posição competitiva no longo prazo e obter vantagem em relação aos concorrentes. Uma estratégia criativa e diferenciada, que coloque a empresa em posição de destaque e resulte em uma vantagem competitiva, constitui o meio mais confiável para a obtenção de lucros acima da média. Concorrer no mercado tendo uma vantagem competitiva tende a ser mais lucrativo do que concorrer sem vantagem. Além disso, se a vantagem competitiva de uma empresa contiver a promessa de ser duradoura e contínua (e não apenas temporária), trará resultados muito melhores para a estratégia e a lucratividade futuras. É positivo quando a estratégia de uma empresa produz ao menos uma vantagem competitiva temporária, porém uma **vantagem competitiva sustentável** é certamente muito melhor. O que torna sustentável uma vantagem competitiva em oposição a uma temporária são as ações e os elementos da estratégia que fazem com que um número apreciável de compradores possua uma *preferência duradoura* pelos produtos ou serviços de uma empresa em comparação à oferta dos concorrentes. Vantagem competitiva é a chave para a lucratividade e o desempenho financeiro acima da média, porque as preferências dos compradores pela oferta de produtos traduzem-se em maiores volumes de venda (Wal-Mart) e/ou capacidade para fixar um preço maior (Häagen-Dazs), impulsionando maiores lucros, retorno do investimento e outros parâmetros de desempenho financeiro.

> **Conceito Central**
> Uma empresa obtém **vantagem competitiva sustentável** quando um número apreciável de compradores prefere seus produtos e serviços em comparação à oferta dos concorrentes e quando esta preferência for duradoura.

Quatro das abordagens mais freqüentemente usadas e dignas de confiança para diferenciar uma empresa de suas concorrentes, criar grande fidelidade dos clientes e conquistar uma estratégia competitiva sustentável vencedora são:

1. *Empenhar-se para ser o ofertante com o menor custo no setor, almejando uma vantagem competitiva fundamentada nos custos em relação aos concorrentes.* Wal-Mart e Southwest Airlines obtiveram posições de mercado fortes devido às vantagens de custo reduzido em relação a seus concorrentes e sua conseqüente capacidade de oferecer preços menores. Obter custos menores pode produzir vantagem competitiva duradoura quando estes concorrentes têm dificuldade para igualarem-se ao líder em custos baixos. Apesar de anos de tentativas, as lojas de desconto Kmart e Target deixaram de tentar igualar as práticas operacionais frugais, os sistemas de distribuição supereficientes e os métodos altamente aperfeiçoados da cadeia de suprimentos do Wal-Mart que lhe permitem obter mercadorias dos fabricantes a preços muito reduzidos.

2. *Suplantar os concorrentes com base em certas características diferenciadoras como melhor qualidade, oferta mais ampla de produtos, superioridade tecnológica ou valor excepcionalmente bom dos produtos.* As seguintes empresas adotam estratégias de diferenciação bem-sucedidas: Johnson & Johnson em produtos para bebês (confiabilidade do produto), Harley-Davidson (imagem de moço rebelde e estilo rei-da-estrada), Chanel e Rolex (prestígio dos produtos topo de linha), Mercedes-Benz e BMW (mecânica avançada e desempenho), L. L. Bean (alto valor) e Amazon.com (ampla oferta e conveniência). As estratégias de diferenciação podem ser poderosas enquanto uma empresa é suficientemente inovadora para impedir que os concorrentes argutos identifiquem maneiras de copiar as características da oferta de produtos diferenciadora.

3. *Concentrar-se em um nicho de mercado restrito e conquistar vantagem competitiva operando melhor que os concorrentes no atendimento das necessidades e preferências dos compradores que compõem o nicho.* Empresas de primeira linha que se valem de sucesso competitivo em um nicho de mercado especializado incluem o eBay em leilões on-line, a Jiffy Lube International na troca de óleo rápida, a McAfee em software de proteção contra

vírus, a Starbucks em cafés sofisticados e bebidas à base de café, o Whole Food Market em alimentos naturais e orgânicos e CNBC e The Weather Channel em TV a cabo.

4. *Desenvolver especialização e pontos fortes que proporcionem à empresa capacitação competitiva que os concorrentes não conseguem reproduzir facilmente ou suplantar sozinhos.* A FedEx possui qualificação superior para entrega de pequenas encomendas no dia seguinte. A Walt Disney possui uma capacitação difícil de ser superada na administração de parques temáticos e entretenimento para a família. Ao longo dos anos a Toyota tem desenvolvido um sistema de produção sofisticado que lhe permite produzir veículos confiáveis e em grande parte sem defeitos a um custo baixo. A IBM possui grande especialização para auxiliar os clientes corporativos a desenvolver e instalar sistemas informatizados de ponta. O Ritz-Carlton e o Four Seasons possuem capacitação única para oferecer a seus hóspedes uma gama de serviços personalizados. Com freqüência, a conquista de uma vantagem competitiva em relação aos concorrentes depende mais de obter especialização e capacitação competitivas valiosas do que de ter um produto diferenciado. Concorrentes sagazes podem quase sempre copiar as características de um produto popular ou inovador, entretanto, igualar a experiência, o *know-know* e a capacitação competitiva especializada que uma empresa desenvolveu e aperfeiçoou durante um longo período de tempo é substancialmente mais difícil e leva muito mais tempo.

A relação estreita entre vantagem competitiva e lucratividade significa que a busca por uma vantagem competitiva sustentável sempre ocupa o lugar central na elaboração da estratégia. A chave para a criação de uma estratégia bem-sucedida consiste em propor um ou mais elementos diferenciadores que atuam como ímã para atrair clientes e proporcionar uma vantagem competitiva duradoura. O que distingue realmente uma estratégia poderosa de uma comum ou ineficaz é a capacidade dos gerentes para forjar uma série de ações, no mercado e internamente, que destaque a empresa dos seus concorrentes, faça com que as situações favoreçam a empresa ao dar aos clientes razões para que prefiram seus produtos ou serviços e produza uma vantagem competitiva sustentável em relação aos concorrentes. Quanto maior e mais sustentável a vantagem competitiva, melhores as perspectivas para triunfar no mercado e obter lucros de longo prazo superiores. Sem uma estratégia que conduza a uma vantagem competitiva, uma empresa se arrisca a ser suplantada pelos concorrentes e/ou ficar restrita a um desempenho financeiro medíocre. Portanto, os gerentes não merecem uma condecoração por criar uma estratégia rotineira que resulte em um desempenho financeiro comum e em um posicionamento de mercado desprezível.

Identificação da Estratégia de uma Empresa

Os melhores indicadores da estratégia de uma empresa são suas ações no mercado e as afirmações dos altos dirigentes a respeito dos métodos atuais de negócios, dos planos futuros e do esforço para fortalecer sua competitividade e desempenho. A Figura 1.1 indica o que se deve observar para identificar os elementos de uma estratégia.

A tarefa de identificar uma estratégia da empresa resume-se principalmente na pesquisa de informações sobre as ações da companhia no mercado e seus métodos empresariais. No caso das empresas de capital aberto, a estratégia muitas vezes é discutida abertamente pelos executivos de alto escalão no relatório anual da companhia e no relatório enviado às autoridades do setor financeiro, nos comunicados de imprensa e nas notícias (veiculadas no site da empresa) e informações fornecidas aos investidores por meio do site. Para manter a confiança dos investidores e acionistas, a maior parte das empresas de capital aberto precisa ser razoavelmente transparente a respeito de suas estratégias. Os executivos normalmente apresentam os elementos-chave de suas estratégias em apresentações para analistas do mercado de ações (os slides algumas vezes são disponibilizados na seção de relacionamento com o investidor

Figura 1.1 **Identificação da Estratégia de uma Empresa — O Que Se Deve Observar**

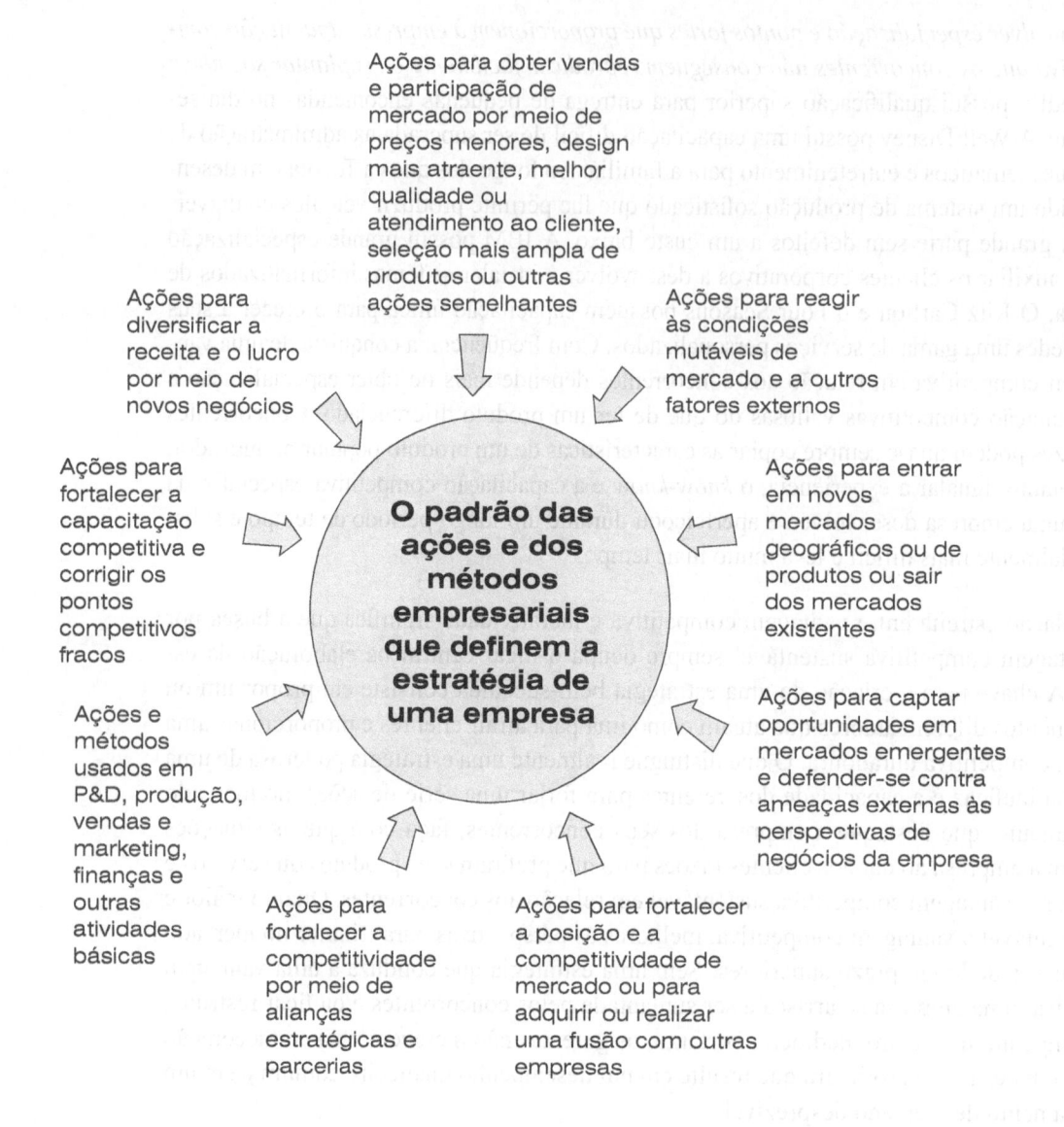

O padrão das ações e dos métodos empresariais que definem a estratégia de uma empresa

- Ações para obter vendas e participação de mercado por meio de preços menores, design mais atraente, melhor qualidade ou atendimento ao cliente, seleção mais ampla de produtos ou outras ações semelhantes
- Ações para reagir às condições mutáveis de mercado e a outros fatores externos
- Ações para entrar em novos mercados geográficos ou de produtos ou sair dos mercados existentes
- Ações para captar oportunidades em mercados emergentes e defender-se contra ameaças externas às perspectivas de negócios da empresa
- Ações para fortalecer a posição e a competitividade de mercado ou para adquirir ou realizar uma fusão com outras empresas
- Ações para fortalecer a competitividade por meio de alianças estratégicas e parcerias
- Ações e métodos usados em P&D, produção, vendas e marketing, finanças e outras atividades básicas
- Ações para fortalecer a capacitação competitiva e corrigir os pontos competitivos fracos
- Ações para diversificar a receita e o lucro por meio de novos negócios

do site da empresa), e histórias na mídia de negócios incluem muitas vezes aspectos das estratégias da empresa. Portanto, com exceção de alguns passos e alterações iminentes e que permanecem confidenciais e no estágio de planejamento, geralmente não há nada secreto ou que não possa ser descoberto a respeito da estratégia atual de uma empresa.

Por Que a Estratégia de uma Empresa Evolui ao Longo do Tempo

Independentemente de onde vem a estratégia — seja produto da alta gerência, seja o da colaboração de um grande número de indivíduos da empresa — é improvável que ela, conforme concebida originalmente, prove ser inteiramente adequada ao longo do tempo. Toda empresa precisa estar disposta e disponível para modificar sua estratégia em resposta a condições de mercados em transformação, avanço da tecnologia, as novas ações dos concorrentes, necessidades e preferências (instáveis) dos compradores, oportunidades em mercados emergentes, novas idéias para aperfeiçoar a estratégia e evidência crescente de que a estratégia não está operando bem. Portanto, *a estratégia de uma empresa é sempre uma atividade em evolução*.

A estratégia de uma empresa evolui a maior parte do tempo de modo incremental, a partir dos esforços constantes da administração para realizar uma sintonia fina desta ou daquela parte de a estratégia e do ajuste de certos elementos da estratégia em resposta aos eventos. Porém, ocasionalmente, tornam-se necessárias mudanças importantes, como no caso de a estratégia adotada falhar de modo evidente e a empresa se defrontar com uma crise financeira, quando as condições de mercado ou as preferências dos compradores se alterarem significativamente ou quando ocorrerem avanços tecnológicos importantes. Em alguns setores as condições mudam em um ritmo razoavelmente lento, tornando possível que os principais componentes de uma estratégia continuem válidos por períodos longos. Porém, nos setores em que as condições setoriais e competitivas mudam freqüentemente, e algumas vezes de modo considerável, o ciclo de vida de uma determinada estratégia é curto. Ambientes caracterizados por *mudança em alta velocidade* exigem que as empresas adaptem rapidamente suas estratégias[3]. Por exemplo, em setores com avanços tecnológicos em progressão rápida — como os de equipamentos médicos, eletrônica e dispositivos sem fio — muitas vezes é essencial ajustar um ou mais elementos-chave da estratégia diversas vezes por ano, algumas vezes até mesmo é preciso reinventar o método de proporcionar valor para os clientes. Empresas que atuam nos setores de varejo e turismo julgam ser necessário adaptar suas estratégias a movimentos repentinos de novos gastos ou de quedas acentuadas da demanda, atualizando muitas vezes as perspectivas de mercado e projeções financeiras no intervalo de alguns poucos meses.

Conceito Central
Circunstâncias instáveis e iniciativas constantes dos administradores para aperfeiçoar a estratégia fazem com que ela evolua ao longo do tempo — condição que torna a tarefa de elaborar uma estratégia uma atividade evolutiva, e não um evento único.

A estratégia de uma empresa é modelada parcialmente pela análise e escolha dos administradores e em parte pela necessidade de adaptação e de "aprender fazendo".

Porém, independentemente de a estratégia alterar-se de modo gradual ou acelerado, o importante é que sempre é temporária e experimental, em função de novas idéias para aperfeiçoamento propostas pelos administradores, condições setoriais e competitivas em alteração e quaisquer outros acontecimentos justifiquem ajustes na estratégia. Portanto, a estratégia em qualquer ponto é fluida, representando o resultado temporário de um processo em andamento que, por um lado, envolve iniciativas racionais e criativas dos gerentes para elaborar uma estratégia eficaz e, por outro, respostas constantes às mudanças no mercado e às novas experiências e tentativas. Adaptar-se a novas condições e perceber o que está operando suficientemente bem e o que precisa ser aperfeiçoado é, conseqüentemente, parte normal do processo de criação de uma estratégia, resultando em uma tarefa sempre em evolução.

A Estratégia de uma Empresa É em Parte Proativa e em Parte Reativa

A natureza em evolução da estratégia de uma empresa significa que a estratégia típica é uma mescla de (1) ações proativas para melhorar o desempenho financeiro da organização e garantir uma vantagem competitiva e (2) reações necessárias de acordo com os acontecimentos não previstos e às novas condições de mercado (veja a Figura 1.2)[4]. A maior parte da estratégia flui das ações iniciadas anteriormente e dos métodos empresariais que estão dando suficientemente certo para justificar continuidade, e de iniciativas recentes visando melhorar o desempenho financeiro e derrotar os concorrentes. Normalmente os gerentes alteram de modo proativo este ou aquele aspecto de sua estratégia, à medida que surgem novos conhecimentos a respeito de que partes estão ou não dando certo, e à medida que vislumbram novas idéias para o seu aperfeiçoamento. Essa parte do plano de ação dos administradores da empresa é deliberada e proativa, constituindo-se o assunto atual das mais recentes e melhores discussões científicas sobre estratégia.

Entretanto, é preciso estar sempre disposto a suplementar ou modificar todos os elementos proativos da estratégia por meio de reações a acontecimentos não previstos. Inevitavelmente, haverá ocasiões em que as condições competitivas e de mercado tomarão um rumo inesperado, que exigirão algum tipo de reação ou ajuste estratégico. Portanto, uma parte da estratégia de uma empresa sempre é elaborada apressadamente, surgindo como resposta às novas manobras

Figura 1.2 **A Estratégia de uma Empresa É uma Combinação de Iniciativas Proativas e de Ajustes Reativos**

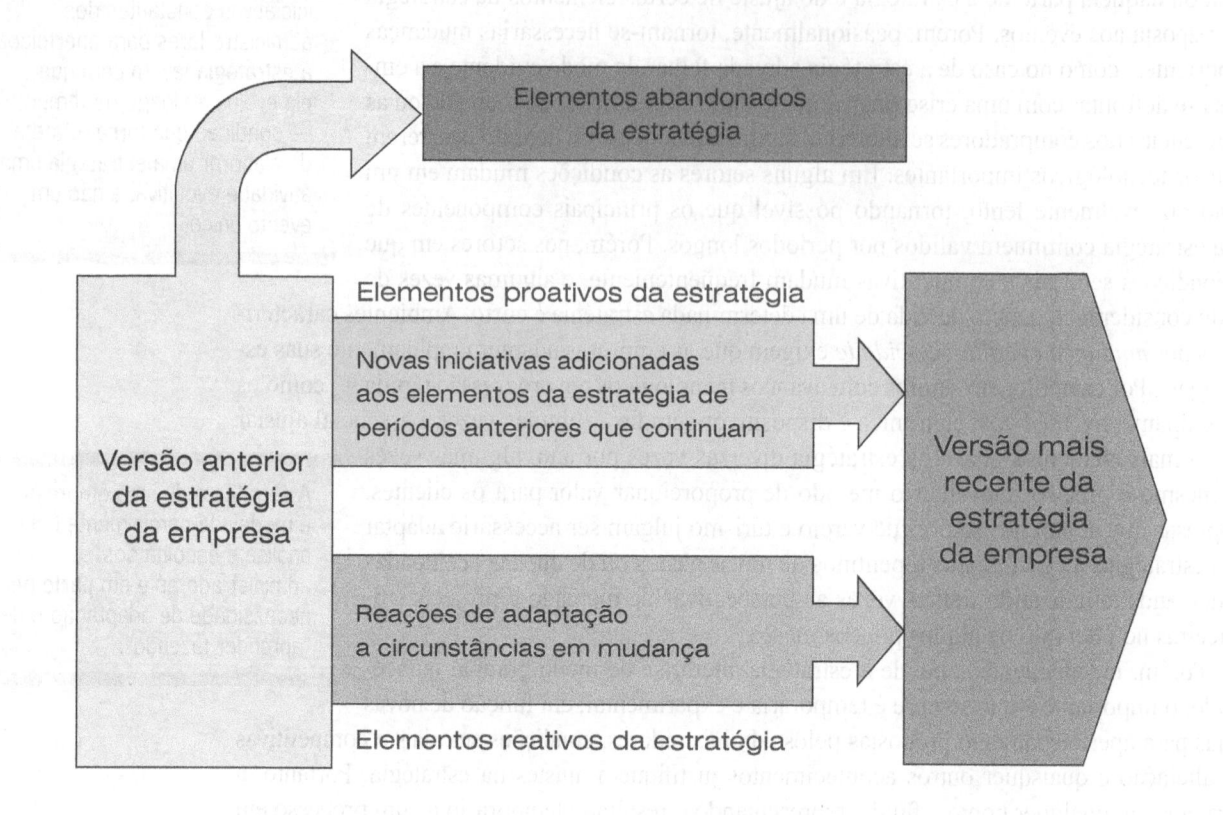

```
                              ┌─────────────────────┐
                              │ Elementos abandonados│
                              │    da estratégia    │
                              └─────────────────────┘
                                      ▲
┌─────────────┐  Elementos proativos da estratégia
│             │  ┌──────────────────────────┐
│             │  │ Novas iniciativas adicionadas│
│             │  │ aos elementos da estratégia de│──┐
│ Versão      │  │ períodos anteriores que continuam│  │   ┌──────────┐
│ anterior    │  └──────────────────────────┘  │   │ Versão   │
│ da estratégia│                                 ├──▶│ mais     │
│ da empresa  │                                 │   │ recente da│
│             │  ┌──────────────────────────┐  │   │ estratégia│
│             │  │ Reações de adaptação     │──┘   │ da empresa│
│             │  │ a circunstâncias em mudança│      └──────────┘
│             │  └──────────────────────────┘
└─────────────┘  Elementos reativos da estratégia
```

de empresas concorrentes, às mudanças inesperadas nas exigências e expectativas do cliente, aos avanços tecnológicos em mudança acelerada, às novas oportunidades de mercado, a uma conjuntura política ou econômica instável, ou a outros acontecimentos não previstos do ambiente externo. Esses ajustes visando a adaptação a uma estratégia compõem os elementos reativos de uma estratégia.

Conforme indicado na Figura 1.2, a estratégia de uma empresa evolui à medida que os gerentes abandonam elementos obsoletos ou ineficazes, decidem adotar um conjunto de *elementos proativos/pretendidos de uma estratégia* e em seguida adaptam-na, à medida que novas circunstâncias ocorrem, dando origem a *elementos reativos e de adaptação ou ajuste da estratégia*. A estratégia de uma empresa tende, portanto, a ser uma *combinação* de elementos proativos e reativos. No processo, alguns elementos acabam sendo abandonados porque se tornaram obsoletos ou ineficazes.

ESTRATÉGIA E ÉTICA: PASSANDO NO TESTE DO ESCRUTÍNIO MORAL

Ao escolherem entre as alternativas estratégicas, os administradores da empresa agem corretamente ao aprovar ações diretas e podem passar pelo teste do escrutínio moral. Simplesmente manter as ações estratégicas dentro dos limites daquilo que é legal não significa que a estratégia seja ética. Os padrões éticos e morais não são apenas os regidos pela legislação, envolvem preferencialmente temas relacionados a certo *versus* errado e *dever* — o que uma pessoa *deveria* fazer. Uma estratégia é ética apenas se (1) não acarreta ações e comportamentos que cruzem a fronteira entre "deveria fazer" e "não deveria fazer" (porque tais ações são desagradáveis, inescrupulosas ou prejudiciais para outras pessoas ou agressivas ao ambiente) e (2) permitir aos administradores cumprirem seus deveres éticos em todos os grupos de interesse (*stakeholders*) — proprietários/acionistas, funcionários, clientes, fornecedores, as comunidades em que opera e a sociedade em geral.

Conceito Central
Uma estratégia não pode ser considerada ética apenas por atuar dentro da lei. Para atender aos padrões da ética, uma estratégia precisa criar ações que podem passar pelo escrutínio moral e que são autênticas no sentido de não serem duvidosas, prejudiciais a outras pessoas ou agressivas ao ambiente.

Admite-se geralmente que nem sempre é fácil classificar determinado comportamento estratégico como definitivamente ético ou antiético. Muitas ações estratégicas recaem em uma zona obscura intermediária, e afirmar se são éticas ou antiéticas depende do grau de clareza com que os limites são definidos. Por exemplo, é ético os anunciantes de bebidas alcoólicas terem um público que chega a 50% de espectadores menores de idade? (Em 2003, preocupações crescentes sobre menores que bebem fizeram com que algumas empresas produtoras de cerveja e bebidas destiladas concordassem em colocar anúncios na mídia com um público formado pelo menos por 70% de adultos, maior que o padrão de 50%.) É ético um varejista de vestuário tentar manter preços atrativamente baixos adquirindo roupas de fabricantes estrangeiros que pagam salários ínfimos, usam trabalho infantil ou sujeitam os funcionários a condições de trabalho inseguras? Muitas pessoas dizem não, porém algumas poderiam argumentar que uma empresa não é antiética simplesmente porque não supervisiona as práticas empresariais de seus fornecedores. É ético para os fabricantes de uniformes e tênis para atletas e outros equipamentos esportivos pagar a técnicos grandes quantias de dinheiro a fim de induzi-los a usar os produtos do fabricante em seu esporte? (Os contratos de remuneração de muitos técnicos de equipes universitárias incluem pagamentos substanciais de fabricantes de vestuário e equipamento esportivo e as equipes acabam subseqüentemente vestindo os uniformes e usando os produtos desses fabricantes.) É ético os fabricantes de medicamentos que salvam vidas cobrar preços mais elevados em alguns países em comparação a outros? (Essa é uma prática razoavelmente comum que recentemente já foi alvo de escrutínio por aumentar os custos do tratamento de saúde.) É ético uma empresa não querer ver os danos que suas operações provocam no meio ambiente, muito embora estejam de acordo com a legislação ambiental em vigor — especialmente se possuir o *know-how* e os meios para atenuar alguns dos impactos ambientais realizando alterações de custo relativamente baixo em suas práticas operacionais?

Altos executivos com convicções éticas arraigadas geralmente são proativos ao unirem ação estratégica e ética: proíbem o desenvolvimento de oportunidades de negócios eticamente questionáveis e insistem para que todos os aspectos da estratégia da empresa reflitam padrões éticos elevados[5]. Eles deixam claro que esperam ações íntegras de todo o pessoal da empresa e fazem vigorar medidas a fim de monitorar o comportamento, impor códigos de conduta ética e proporcionar orientação aos empregados em relação às áreas obscuras. Seu compromisso com a condução dos negócios de forma ética é genuíno e não hipócrita.

Casos de impropriedade corporativa, lapsos éticos e práticas contábeis fraudulentas na Enron, WorldCom, Tyco, Adelphia, HeathSouth e outras não deixam espaço para dúvida quanto ao dano para a reputação e os negócios que pode resultar de falta de conduta ética, burlas corporativas e mesmo comportamento criminoso da parte do pessoal da empresa. Além do constrangimento e da avaliação negativa que acompanham a exposição das práticas antiéticas da empresa nas manchetes, a realidade é que muitos clientes e fornecedores são cautelosos ao realizar negócios com uma empresa que adota práticas desonestas ou que não deseja enxergar o comportamento ilegal ou antiético da parte dos funcionários. Em vez de se tornarem vítimas ou se prejudicarem, os clientes desconfiados transferirão rapidamente seus negócios para outras empresas e os fornecedores cautelosos procederão cuidadosamente. Além disso, pessoas com caráter e integridade não desejam trabalhar para uma empresa cujas estratégias são duvidosas ou cujos executivos não possuam caráter e integridade. As estratégias e comportamentos antiéticos trazem poucos benefícios duradouros e os riscos de efeitos negativos podem ser substanciais. Além disso, tais ações são totalmente erradas.

O RELACIONAMENTO ENTRE A ESTRATÉGIA DE UMA ORGANIZAÇÃO E SEU MODELO DE NEGÓCIO

Conceito Central
O *modelo de negócio* explica a razão pela qual a abordagem e a estratégia resultarão em lucro. Se não existe a capacidade de levar a uma boa lucratividade, a estratégia não é viável e a sobrevivência da empresa é posta em dúvida.

O **modelo de negócio** de uma empresa encontra-se relacionado de perto à estratégia. Embora o termo *modelo* evoque a imagem de idéias em uma torre de marfim, vagamente conectadas ao mundo real, tal imagem não se aplica aqui. O modelo de negócio é o plano de ação dos dirigentes para indicar como a estratégia será lucrativa. O plano de ação delineia os principais componentes do método, indica como a receita será gerada e justifica o motivo pelo qual a estratégia pode proporcionar valor aos clientes de um modo lucrativo[6]. O modelo de negócio de uma empresa explica, desse modo, por que sua abordagem e estratégia dos negócios gerarão amplas receitas para cobrir custos e obter lucro.

Os detalhes práticos do modelo de negócio de uma empresa têm a ver com a estratégia escolhida fazer sentido para os negócios. Há razão convincente para acreditar que a estratégia é capaz de produzir lucro? Como a empresa gerará sua receita? Esta receita será suficiente para cobrir os custos operacionais? Os clientes perceberão valor suficiente naquilo que a empresa faz por eles para pagar o preço adequado? O conceito do modelo de negócio é, conseqüentemente, focalizado de um modo mais dirigido do que o conceito de estratégia de negócios. A estratégia de uma empresa *relaciona-se amplamente a suas iniciativas competitivas e ao seu plano de ação para a administração da empresa* (porém, pode conduzir ou não à lucratividade). Entretanto, o modelo de negócio focaliza *como e por que a empresa gerará receitas suficientes para cobrir custos, produzir lucro e retorno do investimento atraentes*. Se não existe a capacidade para gerar bons lucros, a estratégia não é viável, o modelo de negócio é falho e a própria empresa está sob risco de falir.

Empresas que atuam há algum tempo e estão obtendo lucros aceitáveis possuem um modelo de negócio comprovado, porque existe prova real de que suas estratégias são capazes de gerar lucro. As que estão iniciando suas atividades ou perdendo dinheiro possuem modelos de negócio questionáveis; suas estratégias ainda não produziram lucros, o que faz com que seus planos de ação (que indicam como pretendem obter lucratividade e a viabilidade de seus empreendimentos) sejam colocados em dúvida.

As revistas e os jornais adotam um modelo de negócio com base na geração de um número suficiente de assinaturas e de um volume de propaganda para cobrir os custos de entrega de seus produtos aos leitores. As companhias de TV a cabo, as empresas de telefonia celular, os clubes de discos, as empresas de radiossatélite e os provedores de serviços para a internet também empregam um modelo de negócio com base em assinaturas. O modelo empresarial das redes de TV e das rádios implica oferecer programação gratuita para o público, porém cobram os anúncios em função do tamanho da audiência. O McDonald's inventou o modelo de negócio para o *fast-food* — refeições econômicas e de atendimento rápido em locais limpos e convenientes. O Wal-Mart aperfeiçoou o modelo de negócio de varejo em grande quantidade a preço baixo — um modelo também usado por Home Depot, Costco e Target. O modelo de negócio da Gillette para lâminas de barbear envolve a venda de um "produto principal" — o aparelho de barbear — a um preço baixo atrativo e então a obtenção de lucro com as compras sucessivas de lâminas. Os fabricantes de impressoras como Hewlett-Packard, Lexmark e Epson adotam um modelo de negócio muito parecido com o da Gillette — vendem impressoras a um preço baixo (virtualmente ao preço de equilíbrio) e obtêm grandes margens de lucro nas compras sucessivas dos refis de suprimentos, especialmente o toner. Multinacionais como Dell e Avon empregam um modelo de negócio de venda direta que ajuda a manter baixos os preços eliminando os custos de vendas por meio de distribuidores e varejistas. O Quadro Ilustrativo 1.2 discute os modelos de negócio contrastantes da Microsoft e da Red Hat.

O QUE TORNA UMA ESTRATÉGIA VENCEDORA?

Três perguntas podem ser formuladas para testar o mérito de uma estratégia em detrimento de outra e diferenciar uma estratégia vencedora de uma mediana ou falha:

1. *Com que exatidão a estratégia se enquadra na situação da empresa?* Para ser considerada vencedora, uma estratégia tem de ser bem ajustada às condições setoriais e competitivas, às melhores oportunidades que a empresa possui no mercado e a outros aspectos do ambiente externo da empresa. Precisa ser, ao mesmo tempo, compatível com os pontos fortes e os pontos fracos da empresa, com as competências e com a capacitação competitiva. A não ser que uma estratégia seja muito bem adequada aos aspectos externos e internos da situação geral de uma empresa, provavelmente produzirá resultados empresariais inferiores aos melhores possíveis.

> **Conceito Central**
> Uma estratégia vencedora precisa ajustar-se às situações externa e interna da empresa, criar vantagem competitiva sustentável e melhorar o desempenho da organização.

2. *A estratégia está ajudando a empresa a alcançar uma vantagem competitiva sustentável?* As estratégias vencedoras permitem que uma empresa obtenha vantagem competitiva duradoura. Quanto maior e mais duradoura é a vantagem competitiva que uma estratégia ajuda a formar, mais poderosa e atraente ela se torna.

3. *A estratégia está resultando em melhor desempenho da empresa?* Uma boa estratégia aumenta o desempenho. Dois tipos de melhoria do desempenho revelam em grande parte o calibre de uma estratégia: (*a*) ganhos em lucratividade e estabilidade financeira e (*b*) ganhos na força competitiva e na posição de mercado.

Após uma empresa comprometer-se com uma estratégia específica e decorrer tempo suficiente para avaliar com que exatidão está sendo aplicada e se está realmente produzindo vantagem competitiva e melhor desempenho, pode-se, então, avaliá-la. As estratégias com respostas fracas a uma ou mais das perguntas anteriores são claramente menos atraentes do que as que passam pelo teste dessas três perguntas com avaliação excelente.

Administradores também podem usar as mesmas perguntas para optar entre ações estratégicas alternativas analisando com que precisão cada opção se posiciona perante cada uma das três perguntas. A opção estratégica com a melhor possibilidade pode ser considerada a alternativa melhor ou mais atraente.

Outros critérios para o julgamento dos méritos de uma estratégia incluem a coerência interna e a unidade entre todas as partes da estratégia, o grau de risco que representa em comparação a estratégias alternativas e o grau em que é flexível e adaptável às circunstâncias em mudança. Esses critérios são relevantes e merecem consideração, mas poucas vezes suplantam a importância das três perguntas formuladas anteriormente.

Quadro Ilustrativo 1.2
Microsoft e Red Hat: Dois Modelos Empresariais Contrastantes

As estratégias de empresas concorrentes muitas vezes são fundamentadas em modelos empresariais flagrantemente diferentes. Considere, por exemplo, a Microsoft e a Red Hat, fabricantes de software de sistemas operacionais para computadores pessoais (PCs).

O modelo empresarial da Microsoft para obter lucro com seu sistema operacional Windows baseia-se nos seguintes fundamentos econômicos de receita-custo-lucro:

- Empregar um grupo de programadores altamente qualificados para desenvolver um código proprietário (código que não é livre); manter confidencial o código-fonte a fim de manter a operacionalidade interna do software proprietário.
- Vender o sistema operacional resultante e o "pacote" de software aos produtores e usuários de PCs a preços relativamente atraentes (cerca de 75 dólares para os fabricantes de PCs e aproximadamente 100 dólares para os usuários), empenhar-se para manter uma participação de mercado de 90% ou mais dos 150 milhões de PCs vendidos anualmente em escala mundial.
- Empenhar-se por vendas de volume elevado. A maior parte dos custos da Microsoft surge na fase inicial de desenvolvimento do software e, portanto, é fixa; os custos variáveis de fabricação e embalagem dos CDs fornecidos aos usuários são de apenas alguns dólares por unidade. Após atingir o volume do ponto de equilíbrio, as receitas da Microsoft provenientes das vendas adicionais são quase lucro puro.
- Oferecer um nível reduzido de suporte técnico para os usuários sem cobrança.
- Manter um fluxo dinâmico de receitas por meio da introdução periódica de versões de software da próxima geração, com características que induzirão os usuários de PCs a fazer o upgrade do sistema operacional adquirido anteriormente para a nova versão.

A Red Hat, uma empresa estabelecida para comercializar sua própria versão do sistema operacional de fonte aberta (open source) Linux, adota um modelo empresarial com base nos seguintes fundamentos econômicos de receita-custo-lucro:

- Apoiar-se na colaboração de programadores voluntários de todos os países que contribuem com partes pequenas do código para aperfeiçoar e refinar o sistema Linux. Os milhares de programadores, que trabalham com o Linux em suas horas vagas, formam uma comunidade global e realizam aquilo a que se propõem por apreciar fazê-lo, porque acreditam plenamente que todo software deveria ser livre (como a liberdade de opinião) e em alguns casos porque são anti-Microsoft e desejam participar para eliminar aquilo que encaram como monopólio da Microsoft.
- Agrupar e testar melhorias e novos aplicativos enviados pela comunidade formada por programadores voluntários de fonte aberta. O precursor do Linux, Linus Torvalds, e uma equipe de mais de 300 engenheiros e programadores de software da Red Hat avaliam quais sugestões recebidas merecem inclusão nas novas edições do Linux, sendo que a avaliação e a integração de novas propostas são os únicos custos imediatos de desenvolvimento do produto arcados pela Red Hat.
- Comercializar os produtos da família Red Hat aperfeiçoados e testados para grandes empresas e cobrar-lhes uma assinatura que inclui suporte 24 horas por dia sete dias por semana no intervalo de uma hora em sete idiomas. Proporcionar aos assinantes versões atualizadas do Linux a cada 12 a 18 meses a fim de manter a base de clientes.
- Tornar o código-fonte aberto e disponível para todos os usuários, permitindo-lhes criar uma versão personalizada do Linux.
- Aproveitar o conhecimento especializado exigido para usar o Linux em aplicações de multisservidor e multiprocessador proporcionando treinamento, consultoria, personalização de software e engenharia direcionada ao cliente, todos mediante pagamento de uma taxa, para os usuários Linux. A Red Hat oferece programas de treinamento Linux certificados em todos os níveis de especialização em mais de 60 locais no planeta — a certificação da Red Hat para o uso do Linux é considerada a melhor do mundo.

O modelo empresarial da Microsoft — vender código de software proprietário e proporcionar atendimento gratuito — constitui um método comprovado para obter lucro que gera bilhões de dólares anualmente. Em contraste, ainda não foi comprovado que o modelo empresarial da Red Hat ancorado na venda de assinaturas de software de fonte aberta para grandes corporações e na obtenção de receitas substanciais da venda de suporte técnico (incluído no custo da assinatura), treinamento, consultoria, personalização de software e engenharia gera receita suficiente para cobrir os custos e obter lucro. A Red Hat teve um prejuízo de 140 milhões de dólares com receitas de 79 milhões no exercício fiscal de 2002 e perdas de 6,6 milhões com receitas de 91 milhões no exercício fiscal de 2003, porém lucrou 14 milhões com receitas de 126 milhões no exercício fiscal de 2004. Os lucros originaram-se de uma mudança no modelo empresarial da Red Hat que envolveu maior ênfase em convencer as grandes corporações a adquirirem assinaturas das atualizações mais recentes do Linux. Em 2005 cerca de 75% das receitas da Red Hat foram provenientes de assinaturas feitas por grandes empresas em comparação a cerca de 53% em 2003.

Fonte: Documentos das empresas e informações divulgadas nos sites www.microsoft.com e www.redhat.com (acessados em 10 de agosto de 2005).

POR QUE É IMPORTANTE ELABORAR E EXECUTAR ESTRATÉGIAS?

Elaborar e executar estratégias são as tarefas gerenciais de maior prioridade por duas razões muito importantes. Primeiro, existe uma necessidade obrigatória de os gerentes *determinarem proativamente* ou *elaborarem* como os negócios serão conduzidos. Uma estratégia clara e racional constitui a prescrição dos dirigentes para a realização de negócios, seu mapa da estrada para a obtenção de vantagem competitiva, seu plano para agradar aos clientes e melhorar o desempenho financeiro. Triunfar no mercado requer uma estratégia bem concebida e oportuna, caracterizada usualmente por ofensivas estratégicas visando inovar mais que as outras, suplantá-las e assegurar uma vantagem competitiva sustentável, usando em seguida esse bom posicionamento no mercado para obter um melhor desempenho financeiro. Uma estratégia poderosa, que acarrete impacto positivo no mercado, pode levar uma empresa da posição de lentidão para a de liderança, abrindo caminho para que seus produtos/serviços tornem-se o padrão do setor. Empreendimentos de grande desempenho são quase sempre o produto da criação de uma estratégia inteligente, criativa e proativa que destaca sua empresa em relação aos concorrentes. As empresas não atingem o topo da classificação do setor ou permanecem nessa posição com estratégias de imitação ou elaboradas em torno de ações restritas para tentar melhor desempenho. E somente um número reduzido de empresas pode vangloriar-se de obter sucesso no mercado devido a acontecimentos favoráveis ou à boa sorte de ter descoberto o mercado certo, na ocasião certa, com o produto certo. Não pode haver dúvida de que a estratégia de uma empresa é importante — e muito.

Segundo, *um empreendimento focado em estratégias* tem maior probabilidade de obter lucros maiores que outro cujos dirigentes encaram a estratégia como secundária e atribuem suas prioridades a outras áreas. Não há como escapar do fato de que a qualidade de criação da estratégia administrativa e da execução da estratégia exercem um impacto muito positivo no aumento das receitas, dos lucros e do retorno do investimento. Uma empresa que não possui uma direção bem-definida, tem metas de desempenho vagas ou pouco exigentes, opera com uma estratégia desordenada ou falha ou não consegue executá-la de modo competente é uma empresa que apresenta desempenho financeiro insuficiente, cujos negócios possuem riscos a longo prazo e cujos dirigentes deixam muito a desejar. Em contraste, quando a elaboração e a execução de uma estratégia vencedora conduzem à abordagem geral dos dirigentes da operação da empresa, é muito maior a probabilidade de que as iniciativas e as atividades das diferentes divisões, departamentos, gerentes e grupos de trabalho sejam unificadas mediante um *esforço coordenado e coeso*. Mobilizar os recursos da empresa em uma iniciativa de toda a equipe para a boa execução da estratégia escolhida e a realização do desempenho almejado permite que a organização opere a plena capacidade. Complementando, o CEO de uma empresa assim sublinhou:

Nossos concorrentes estão familiarizados, principalmente, com os mesmos conceitos fundamentais, as técnicas e os métodos que adotamos, e possuem a mesma liberdade que exercemos para segui-los. Na maioria das vezes, a diferença entre seu nível de sucesso e o nosso reside na relativa generalidade e autodisciplina com as quais nós e eles desenvolvemos e executamos nossas estratégias para o futuro.

Boa Estratégia + Execução da Boa Estratégia = Bom Gerenciamento

Elaborar e executar estratégias constituem funções básicas dos dirigentes. Entre todas as tarefas que os gerentes realizam, nada afeta mais fundamentalmente o sucesso ou o fracasso final do que o grau de precisão com que a equipe administrativa ou gestora traça a direção da empresa, desenvolve de modo competitivo ações estratégicas eficazes e métodos de atuação e se compro-

> **Conceito Central**
> A execução excelente de uma estratégia excelente constitui o melhor teste de excelência administrativa — e a receita mais confiável para fazer com que as empresas se destaquem no mercado.

mete com aquilo que precisa ser feito internamente a fim de executar diariamente a estratégia e obter uma excelente operacionalidade. Realmente, *a boa estratégia e sua boa execução são os sinais mais confiáveis de bom gerenciamento*. Ninguém merece uma medalha de ouro por criar uma estratégia potencialmente brilhante, mas ao falhar em organizar os meios operacionais para realizá-la de maneira eficaz, a implementação e a execução fracas solapam o potencial da estratégia e preparam o caminho para uma diminuição da satisfação do cliente e do desempenho da empresa. A execução competente de uma estratégia medíocre também sequer merece aplauso entusiástico. O raciocínio de usar os duplos padrões da criação de uma boa estratégia e de sua execução, visando determinar se uma empresa é bem administrada, torna-se portanto convincente: *Quanto mais bem concebida a estratégia e quanto mais competente é sua execução, mais provável é que a empresa tenha um desempenho destacado no mercado.*

Ao longo de todos os capítulos deste livro e do conjunto de casos que os acompanham, o foco está na pergunta fundamental relativa à administração de uma empresa: O que os dirigentes devem fazer, e fazer bem, para tornar uma empresa vencedora no mercado? A resposta que surge, e que se torna a mensagem deste livro, é que gerenciar bem requer um bom pensamento estratégico e um bom gerenciamento da criação e do processo de execução de estratégias.

A missão deste livro é proporcionar uma visão de conjunto consistente com aquilo que todo aluno de administração de empresas precisa saber a respeito da elaboração e execução de estratégias. Isso requer examinar o que um bom pensamento estratégico significa, dominar os conceitos básicos e as ferramentas de análise estratégica, descrever os pormenores da elaboração e execução de estratégias e, ao longo dos casos, adquirir aptidões voltadas ao diagnóstico do grau de perfeição com que a criação de estratégias e a sua execução estão sendo realizadas em empresas reais. E, finalmente, entender como as empresas em questão podem melhorar seus métodos de elaboração e execução de suas estratégias. Esperamos convencê-lo, no mínimo, de que a capacitação para elaborar e executar estratégias é básica para um gerenciamento bem-sucedido e merece um lugar na caixa de ferramentas do administrador de empresas.

À medida que você estudar este livro, pondere sobre a seguinte observação feita pelo ensaísta e poeta Ralph Waldo Emerson: "O comércio é um jogo de aptidões do qual muitas pessoas participam, mas poucos jogam bem". Se o conteúdo deste livro ajudá-lo a tornar-se um participante mais preparado e equipá-lo para ter sucesso nos negócios, então sua jornada ao longo dessas páginas será realmente um tempo bem aproveitado.

Pontos-Chave

As tarefas de elaboração e execução das estratégias de uma empresa representam o ponto central na liderança de um empreendimento e do sucesso no mercado. A estratégia de uma empresa é o planejamento do jogo que os administradores utilizam para conquistar uma posição no mercado, conduzir suas operações, atrair e satisfazer clientes, concorrer de modo bem-sucedido e cumprir objetivos organizacionais. O impulso central da estratégia consiste em tomar providências para criar e reforçar a posição competitiva e o desempenho financeiro, ambos a longo prazo, obter vantagem competitiva em relação aos concorrentes e então tornar-se o meio para conseguir lucratividade acima da média. A estratégia normalmente evolui e se altera em função do tempo, originando-se de uma variedade de (1) ações proativas e direcionadas por parte dos gerentes da empresa e (2) reações, à medida que se tornam necessárias, a acontecimentos e novas condições de mercado não previstas.

O conceito de modelo de negócio de uma empresa encontra-se relacionado de perto ao conceito de estratégia. O modelo de negócio é o plano de ação em relação a como e por que a oferta de produtos e as abordagens competitivas gerarão um fluxo de receitas e terão uma estrutura de custos associada que produz lucro e retorno atraentes ao investimento. Na realidade, o modelo de negócio de uma empresa determina a lógica econômica para obter lucro em um negócio específico, tendo em vista a estratégia atual.

Uma estratégia vencedora enquadra-se às circunstâncias externas da empresa, a seus pontos fortes internos e à sua capacitação competitiva, cria vantagem competitiva e aumenta o desempenho da empresa.

Elaborar e executar estratégias são funções básicas dos administradores. Se uma empresa ganha ou perde no mercado é diretamente atribuível à qualidade da sua estratégia e ao grau de excelência com o qual é executada.

Exercícios

1. Visite o site da Red Hat (www.br.redhat.com) e verifique, na opção Empresa, se os demonstrativos financeiros recentes da companhia indicam que seu modelo empresarial está dando certo. Para informações mais completas, procure no site da matriz (em inglês — www.redhat.com). A empresa é suficientemente lucrativa para validar seu modelo empresarial e sua estratégia? O fluxo de receitas provenientes da venda de treinamento, consultoria e serviços de engenharia está crescendo ou diminuindo como porcentagem das receitas totais? A análise do desempenho financeiro recente da empresa indica que o modelo empresarial e a estratégia estão se alterando? Leia a declaração mais recente da empresa a respeito de seu modelo de negócio e por que adota o método de assinaturas (em comparação ao método da Microsoft de vender cópias de seu software operacional diretamente para produtores de PCs e pessoas físicas).

2. De sua perspectiva como usuário de serviço a cabo ou por satélite, a estratégia da Comcast, conforme descrita no Quadro Ilustrativo 1.1, parece ser bem adequada às condições setoriais e competitivas? A estratégia parece estar vinculada a manter uma vantagem de custos, oferecer características de diferenciação, atender às necessidades únicas de um nicho ou desenvolver pontos fortes e capacitação competitiva que os concorrentes não conseguem imitar? Você considera que a estratégia da Comcast evoluiu nos anos recentes? Por quê? O que existe na estratégia da Comcast que pode conduzir a uma vantagem competitiva sustentável?

3. Em 2003, a Levi Strauss & Company anunciou que fecharia suas duas últimas fábricas de vestuário para finalizar sua transição de fabricante de roupas para uma empresa de marketing, vendas e design. A partir de 2004, todo o vestuário Levi's seria produzido por terceiros, em países com salários baixos. Tão recentemente quanto 1990, a Levi Strauss havia produzido 90% de seu vestuário em fábricas de sua propriedade nos Estados Unidos, empregando mais de 20 mil trabalhadores industriais. Com o fechamento de todas as fábricas, a Levi Strauss & Company ofereceu o pagamento de uma indenização e treinamento para novas funções para os trabalhadores afetados e remuneração em dinheiro para pequenas comunidades onde suas fábricas estavam localizadas. Entretanto, a economia de muitas comunidades pequenas ainda não se recuperou e alguns ex-funcionários encontraram dificuldade para igualar seus níveis anteriores de remuneração e benefícios.

Analise a exposição das diretrizes de suprimentos globais e operacionais (Global Sourcing and Operating Guidelines) no site www.levistrauss.com/responsability/conduct (em inglês). A estratégia da empresa atende às obrigações éticas com todos os envolvidos — proprietários/acionistas, funcionários, clientes, fornecedores, comunidades em que opera e a sociedade de modo geral? A estratégia da Levi Strauss de terceirizar todas as suas operações de fabricação para países com salários baixos é aprovada no teste de escrutínio moral tendo em vista que 20 mil trabalhadores perderam seus empregos?

… capítulo dois

O Processo Gerencial de Elaboração e Execução de Estratégias

A não ser que mudemos nossa direção provavelmente chegaremos aonde estamos indo.
— **Antigo provérbio chinês**

Se pudermos saber onde estamos e algo a respeito de como chegamos a este ponto, poderemos ver para onde estamos nos dirigindo — e se os resultados encontrados naturalmente em nosso caminho são inaceitáveis, realizar mudanças oportunas.
— **Abraham Lincoln**

Se você não souber para onde está se dirigindo, qualquer estrada o levará até lá.
— **Corão**

A função dos dirigentes não consiste em ver a companhia como é atualmente... mas em que pode se tornar.
— **John W. Teets**
Ex-CEO

Elaborar e executar estratégias constitui o núcleo do gerenciamento de uma empresa. Porém, o que é exatamente o desenvolvimento de uma estratégia e sua execução eficaz? Quais são os vários componentes do processo de criação e execução de estratégias? E em que grau os colaboradores — além dos altos executivos — estão envolvidos no processo? Apresentamos neste capítulo uma visão consolidada dos pormenores gerenciais relativos à elaboração e à execução das estratégias de uma empresa. Dedicaremos atenção especial às responsabilidades dos dirigentes no estabelecimento do direcionamento — indicar uma rota estratégica, fixar metas de desempenho e escolher uma estratégia capaz de produzir os resultados desejados. Também examinaremos que tipos de decisões estratégicas são tomadas nos diversos níveis de cargos administrativos e os papéis e as responsabilidades do Conselho de Administração no processo de criação e execução de estratégias.

O QUE O PROCESSO DE CRIAÇÃO E EXECUÇÃO DE ESTRATÉGIAS ACARRETA?

O processo gerencial de elaboração e execução da estratégia de uma empresa inclui cinco fases inter-relacionadas e integradas:

1. *Desenvolver uma visão estratégica* quanto à direção que a empresa precisa seguir e qual deve ser seu foco em produtos/mercado/clientes/tecnologia futuros.

2. *Determinar objetivos* e usá-los como referencial para medir o desempenho e o progresso da empresa.

3. *Elaborar uma estratégia para cumprir os objetivos* e conduzir a empresa ao longo do percurso estratégico que os dirigentes traçaram.

4. *Implementar e executar de modo eficiente e eficaz a estratégia escolhida.*

5. *Avaliar o desempenho da empresa e dar início a ajustes corretivos* na direção, nos objetivos, na estratégia ou na execução de longo prazo diante da experiência presente, das condições em alteração, das novas idéias e das novas oportunidades.

A Figura 2.1 indica esse processo em cinco fases. Examinaremos cada fase em detalhes para estabelecer um pano de fundo para os capítulos seguintes e proporcionar-lhe uma visão de conjunto a respeito do que este livro analisa.

Figura 2.1 **Processo de Elaboração e Execução de Estratégias**

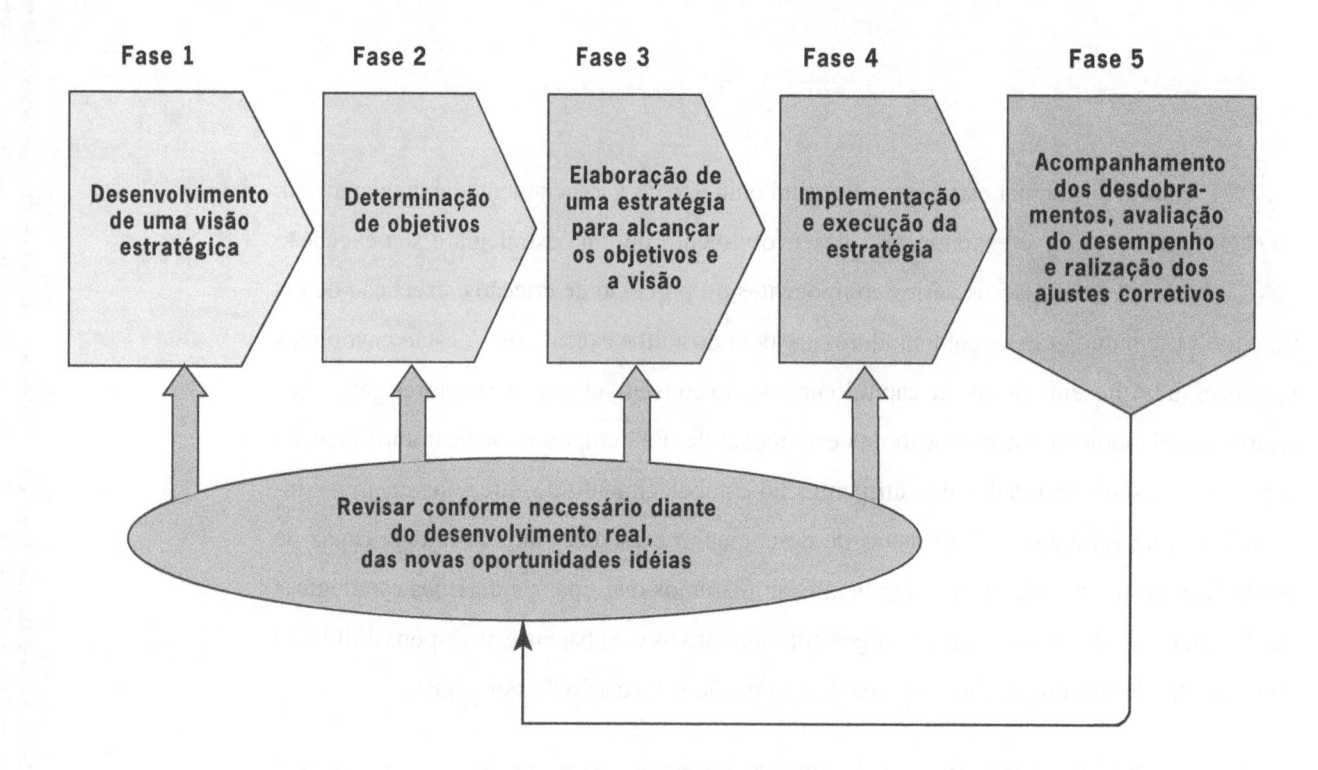

```
    Fase 1            Fase 2            Fase 3            Fase 4            Fase 5
Desenvolvimento   Determinação    Elaboração de    Implementação    Acompanhamento
de uma visão     de objetivos     uma estratégia   e execução da    dos desdobra-
estratégica                       para alcançar    estratégia       mentos, avaliação
                                  os objetivos e                    do desempenho
                                  a visão                           e ralização dos
                                                                    ajustes corretivos
```

Revisar conforme necessário diante do desenvolvimento real, das novas oportunidades idéias

DESENVOLVIMENTO DE UMA VISÃO ESTRATÉGICA: FASE 1 DO PROCESSO DE ELABORAÇÃO E EXECUÇÃO DA ESTRATÉGIA

Logo no início do processo de criação de uma estratégia, os executivos seniores de uma empresa precisam definir qual percurso a empresa deve seguir e quais alterações no foco em produto/mercado/cliente/tecnologia melhorará sua posição de mercado e perspectivas futuras. Decidir direcionar a empresa em uma determinada trajetória impulsiona os gerentes a tirar algumas conclusões cuidadosamente refletidas a respeito de como modificar a estrutura dos negócios e com qual posição de mercado devem se preocupar. Alguns fatores que determinam a direção a ser seguida precisam ser considerados ao se optar para onde ir e por que tal direcionamento tem um bom sentido empresarial — veja o Quadro 2.1.

As opiniões e conclusões dos executivos de alto escalão a respeito da direção e do foco futuro em produto/mercado/cliente/tecnologia constituem a **visão estratégica** da empresa. A visão estratégica delineia as aspirações dos dirigentes, proporcionando uma visão panorâmica sobre "para onde nos dirigimos" e uma justificativa convincente do motivo pelo qual isto faz sentido para a empresa. A visão estratégica alinha, portanto, uma organização em determinada direção, indica uma trajetória estratégica e molda a identidade organizacional. Uma visão estratégica claramente articulada comunica as aspirações dos dirigentes aos stakeholders e ajuda a orientar as energias do pessoal em uma direção comum. Por exemplo, a visão de Henry Ford de um carro em cada garagem teve força porque atraiu a imaginação das outras pessoas, auxiliou as iniciativas internas para mobilizar os recursos da Ford Motor Company e serviu como ponto de referência para avaliar o mérito das ações estratégias da empresa.

Conceito Central
A **visão estratégia** descreve a rota que a empresa pretende seguir para desenvolver e consolidar seus negócios. Indica o percurso estratégico da empresa em sua preparação para o futuro.

Quadro 2.1 Fatores a Considerar quanto ao Comprometimento da Empresa em uma Trajetória Específica

Considerações Externas	Considerações Internas
• A perspectiva para a empresa é promissora caso simplesmente mantenha seu foco em produto/mercado/cliente/tecnologia? Manter o percurso estratégico atual apresenta oportunidades atraentes de crescimento? • Existem mudanças acontecendo no panorama competitivo e no mercado que atuam para melhorar ou enfraquecer as perspectivas da empresa? • Quais novos grupos de clientes e/ou mercados geográficos, caso existam, a empresa deveria estar em posição de atender? • Por quais oportunidades em mercados emergentes a empresa deveria se interessar? Por quais não deveria ter interesse? • A empresa deveria planejar abandonar alguns de seus mercados, segmentos de mercado ou grupos de clientes que atende atualmente?	• Quais as ambições da empresa? Qual deveria ser sua posição no setor? • Os negócios atuais gerarão crescimento e lucratividade suficientes no futuro para satisfazer aos acionistas? • Quais pontos fortes organizacionais devem ser impulsionados em termos de agregar novos produtos ou serviços e obter novos negócios? • A empresa faz uso excessivo de seus recursos tentando concorrer em muitos mercados ou segmentos, alguns dos quais não lucrativos? • O foco tecnológico é muito amplo ou muito restrito? Existem mudanças necessárias?

Visões bem concebidas são *distintas* e *específicas* de determinada organização; elas evitam declarações de incentivo superficiais e genéricas do tipo "Iremos nos tornar um líder global e a primeira opção dos clientes em todo mercado que optamos por atender" — que poderia se aplicar a qualquer uma entre centenas de organizações[1]. E elas não são o produto de um comitê encarregado de apresentar uma visão inócua porém bem-intencionada que obtenha aprovação por consenso de stakeholders. Declarações de visão com palavras bonitas, sem possuir detalhes específicos a respeito do foco da empresa em produto/mercado/cliente/tecnologia, ficam muito aquém de uma visão com as qualificações necessárias. Uma visão estratégica indicando a proposta dos dirigentes para "ser o líder do mercado" ou "ser a primeira escolha dos clientes" ou "ser a mais inovadora" ou "ser reconhecida como a melhor empresa no setor" oferece orientação restrita sobre a direção de uma empresa e quais mudanças e desafios poderão encontrar no futuro.

Para que uma visão estratégica funcione como uma ferramenta gerencial valiosa, ela precisa (1) proporcionar um entendimento daquilo que os líderes desejam que sua empresa pareça e (2) oferecer aos gerentes um ponto de referência para tomarem decisões estratégicas e preparar-se para o futuro. Deve definir como os líderes da empresa pretendem conduzi-la para uma posição mais à frente daquela em que se encontra atualmente. Uma boa visão sempre precisa estar um pouco além, porém o caminho para alcançá-la é o que unifica os esforços do pessoal da empresa. O Quadro 2.2 relaciona algumas características de uma visão estratégica elaborada eficazmente.

Uma amostragem das visões estratégicas atualmente em uso indica uma gama que varia da forte e precisa à exageradamente genérica. Um número surpreendente de visões encontradas em sites e nos relatórios anuais das empresas é vago e pouco revelador, informando muito pouco sobre o foco da empresa em produto/mercado/cliente/tecnologia. Algumas soam bem, mas dizem pouco. Outras parecem com algo redigido por um comitê para obter o apoio de stakeholders diferentes. E algumas possuem uma quantidade tão pequena de aspectos específicos a ponto de aplicarem-se à maioria das empresas em qualquer setor. Muitas parecem material promocional — palavras pomposas que alguém escreveu porque está na moda as empresas terem uma visão oficial[2]. O Quadro 2.3 oferece uma lista das falhas

Quadro 2.2 **Características de uma Visão Estratégica Elaborada de Modo Eficaz**

Elaborada	Apresenta um quadro do tipo de empresa que os dirigentes estão tentando desenvolver e da(s) posição(ões) de mercado que a organização está se empenhando por acompanhar.
Direcionada	É voltada ao futuro; descreve o percurso estratégico que os administradores traçaram e os tipos de mudança no produto/mercado/cliente/tecnologia que ajudarão a empresa a preparar-se para o futuro.
Focalizada	É suficientemente específica a fim de proporcionar orientação aos gerentes para tomarem decisões e alocar recursos.
Flexível	Não é uma declaração em termos definitivos — a trajetória traçada pode ser ajustada à medida que se alterarem as circunstâncias de produto/mercado/cliente/tecnologia.
Viável	Encontra-se ao alcance daquilo que a empresa razoavelmente pode esperar em ocasiões futuras.
Desejável	Explica porque a trajetória escolhida representa bom senso empresarial e atende às expectativas a longo prazo dos stakeholders (especialmente acionistas, empregados e clientes).
Fácil de comunicar	Pode ser explicada em 5 a 10 minutos e, idealmente, pode ser reduzida a um slogan simples e de fácil memorização (como a famosa visão de Henry Ford de "Um carro em toda garagem").

Fonte: Parcialmente com base em Kotter, John P. *Leading Change*. Boston: Harvard Business School Press, 1996. p. 72.

mais comuns nas declarações de visão estratégica. As declarações de visão em um ou dois parágrafos que a maioria das empresas divulga para o público oferecem evidentemente apenas um vislumbre daquilo que os executivos estão de fato pensando e da trajetória estratégica que traçaram — os funcionários possuem quase sempre um entendimento muito melhor sobre para onde a empresa está indo e por que se encontra revelado na visão oficial. Porém, o propósito real de uma visão estratégica é ser utilizada como uma ferramenta gerencial a fim de proporcionar à organização um sentido de direção. Como toda ferramenta, pode ser usada de modo adequado ou impróprio, transmitindo ou não a trajetória estratégica da empresa.

Quadro 2.3 **Falhas Comuns nas Declarações de Visão das Empresas**

Vaga ou incompleta	Possui poucos detalhes a respeito da direção a seguir ou o que a empresa está fazendo a fim de preparar-se para o futuro.
Não almeja o futuro	Não indica a possibilidade ou o modo como os líderes pretendem alterar o foco atual em produto/mercado/cliente/tecnologia.
Muito ampla	É muito abrangente e inclusiva, chegando a indicar que a empresa pode seguir em quase toda direção, almejar quase toda oportunidade ou realizar quase todo negócio.
Insípida ou sem inspiração	Não possui força para motivar o quadro de funcionários ou inspirar a confiança dos acionistas a respeito da direção que a empresa tomará ou das perspectivas futuras.
Sem diferenciação	Não proporciona uma identidade única; pode aplicar-se a empresa de diversos setores (ou no mínimo a concorrentes que operam no mesmo setor ou mercado).
Muito dependente de superlativos	Não há indicação específica sobre o percurso estratégico da empresa, além da busca de elogios pomposos como o melhor, o mais bem-sucedido e reconhecido líder, o líder global ou em escala mundial ou a primeira opção dos clientes.

Fontes: Com base em informações de Davidson Hugh, *The Committed Enterprise: How to Make Vision and Values Work*. Oxford: Butterworth Heinemann, 2002; Capítulo 2; e Robert Michel, *Strategy Pure and Simple II*. Nova York: McGraw-Hill, 1992, Capítulos 2, 3 e 6.

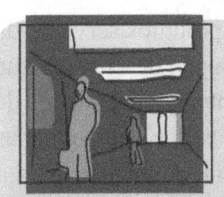

Quadro Ilustrativo 2.1
Exemplos de Visões Estratégicas — Em Que Grau Possuem as Qualificações Necessárias?

Utilizando as informações dos Quadros 2.2 e 2.3, comente as visões estratégicas e classifique-as de 1 (excelente) a 7 (precisa de melhoria substancial).

RED HAT
Ampliar nossa posição como o provedor mais confiável de Linux e de fonte aberta para as empresas. Pretendemos promover o crescimento do mercado para o Linux por meio da linha completa do software Red Hat Linux empresarial, uma plataforma sólida de gerenciamento da internet e suporte e serviços associados.

WELLS FARGO
Desejamos satisfazer todas as necessidades financeiras de nossos clientes, ajudá-los a obter sucesso nessa área, sermos o melhor provedor de serviços financeiros em todos os nossos mercados e sermos conhecidos como uma das melhores empresas da América.

HILTON HOTELS CORPORATION
Nosso objetivo é ser a primeira opção para os que viajam pelo mundo. O Hilton pretende levar em conta a excelente herança e a força de nossas marcas ao:
- Satisfazer constantemente nossos clientes
- Investir nas pessoas de nossas equipes
- Proporcionar produtos e serviços inovadores
- Aperfeiçoar constantemente o desempenho
- Aumentar o valor para o acionista
- Criar uma cultura de orgulho por trabalhar na empresa
- Reforçar a fidelidade de nossos clientes

DIVISÃO DE PRODUTOS DENTÁRIOS DA 3M CORPORATION
Tornar-se O principal fornecedor dos mercados dentários profissionais em escala global, oferecendo produtos de qualidade mundial e inovadores.

(*Nota:* Todos os colaboradores da divisão exibem crachás com essas palavras e sempre que um produto ou um procedimento novo estiver sendo considerado, os administradores perguntam: "Isto é representativo da companhia dentária líder?")

CATERPILLAR
Ser o líder global em valor para o cliente.

eBAY
Proporcionar uma plataforma comercial em escala global na qual todos podem negociar praticamente tudo.

H. J. HEINZ COMPANY
Ser a principal empresa de alimentos do mundo, oferecendo produtos nutritivos e de excelente sabor para pessoas em todos os lugares. Ser a principal empresa de alimentos não significa ser a maior, mas ser a melhor em termos de valor para o consumidor, serviço ao cliente, talento dos colaboradores e crescimento constante e planejado.

Fontes: Documentos e sites das empresas.

O Quadro Ilustrativo 2.1 oferece exemplos de visões estratégicas de diversas empresas proeminentes. Se possível, indique quais não possuem significado ou que transmitem boa impressão e quais são úteis do ponto de vista administrativo a fim de comunicar "para onde nos dirigimos e o tipo de empresa que estamos tentando nos tornar".

A Visão Estratégica É Diferente da Declaração de Missão Típica

A característica que define uma *visão estratégica* bem concebida é o que ela afirma a respeito da *trajetória estratégica futura* — "para onde nos dirigimos e qual será nosso foco futuro em relação a produto/mercado/cliente/tecnologia".

Em contraste, as *declarações de missão* que constam nos relatórios anuais das empresas e publicadas em seus sites proporcionam uma visão de conjunto resumida da finalidade empresarial e da razão da existência *atuais* da empresa e de sua cobertura geográfica ou posição como líder de mercado. Podem selecionar ou não os atuais produtos/serviços da empresa, as necessidades dos compradores que procura satisfazer, os grupos de clientes que atendem ou sua capacitação tecnológica ou empresarial. Porém, raramente as declarações de missão da empresa afirmam algo sobre para onde se dirige, as mudanças previstas em suas atividades ou suas aspirações; portanto, não possuem a qualidade essencial de apontar para o futuro que uma visão estratégica tem, ao especificar a direção e o foco em relação a produto/mercado/cliente/tecnologia.

Considere, por exemplo, a declaração de missão do Trader Joe's (uma rede de alimentos sofisticados):

> A missão do Trader Joe's consiste em oferecer a nossos clientes o melhor valor de alimentos e bebidas que podem encontrar em qualquer mercado e proporcionar-lhes as informações necessárias para decisões de compra fundamentadas. Proporcionamos essas informações dedicando-nos a suprir a maior qualidade em termos de satisfação do cliente, oferecida com um sentido de atenção, atitude amigável, orgulho individual e espírito da companhia.

Observe que a declaração de missão do Trader's Joe é excelente em termos de transmitir "quem somos, o que fazemos e por que estamos aqui", porém não indica "a que ponto queremos chegar". (Algumas empresas adotam a expressão *finalidade empresarial* em vez de *declaração de missão* para se descreverem; na prática, parece não existir uma diferença significativa entre as expressões *declaração da missão* e *finalidade empresarial* — a que for adotada é uma questão de preferência.)

> A diferença entre uma visão estratégica e uma declaração de missão é razoavelmente clara: a visão estratégica descreve o alcance dos negócios *futuros* da empresa ("para onde nos dirigimos") ao passo que a missão normalmente descreve seus negócios e finalidades *atuais* ("quem somos, o que fazemos e por que estamos presentes").

É importante diferenciar entre o conceito voltado ao futuro de uma visão estratégica e o tema aqui-e-agora da declaração da missão típica. Desse modo, para refletir a prática real, usaremos a expressão *declaração da missão* para nos referirmos a seus negócios *atuais* e à finalidade de sua existência. Idealmente, a declaração da missão deve ser suficientemente descritiva para *identificar os produtos/serviços da empresa e especificar as necessidades do comprador que procura satisfazer, os grupos de clientes ou os mercados que está se empenhando em atender e seu método para agradar aos clientes*. Não é grande o número de declarações de missão de empresas que revelam plenamente *todas* essas facetas (e algumas empresas redigiram suas declarações de missão de modo tão obscuro a ponto de ocultar aquilo a que se referem), porém a maioria dessas declarações consegue indicar razoavelmente "quem somos, o que fazemos e por que estamos aqui".

Um exemplo de declaração de missão bem específica é a da Administração de Saúde e Segurança Ocupacional (OSHA, na sigla em inglês) do governo dos Estados Unidos: "Garantir a segurança e a saúde dos trabalhadores dos Estados Unidos determinando e fiscalizando padrões; proporcionando treinamento, alcance extensivo e educação; estabelecendo parcerias e incentivando a melhoria contínua da segurança e da saúde no local de trabalho". A missão do Google, embora resumida, ainda assim capta a essência do negócio: "organizar a informação existente no mundo e torná-la universalmente acessível e útil". De modo análogo, a Blockbuster possui uma declaração de missão resumida que vai direto ao ponto: "Ajudar as pessoas a transformar noites comuns em noites EMOCIONANTES, sendo uma fonte completa de filmes e jogos".

Um exemplo de declaração de missão não muito reveladora é a da atual Ford Motor Company: "Somos uma família global com uma herança de que nos orgulhamos, comprometidos com toda a dedicação para proporcionar mobilidade às pessoas em todo o mundo. Prevemos as necessidades do consumidor e fornecemos produtos e serviços excepcionais que melhoram a vida das pessoas". Uma pessoa que nunca tenha ouvido falar da Ford não saberia, ao ler sua declaração de missão, que ela é uma produtora global de veículos automotores. De modo similar, a declaração de missão da Microsoft — "Ajudar as pessoas e as empresas em todo o mundo a exercerem seu pleno potencial" — nada informa sobre seus produtos ou a estrutura de sua empresa e poderia aplicar-se a muitas empresas em diversos setores diferentes. A Coca-Cola, que comercializa quase 400 marcas de bebidas em 200 países, também possui uma declaração de missão excessivamente genérica: "Beneficiar e refrescar todas as pessoas". Uma declaração de missão que oferece pouca indicação de "quem somos e o que fazemos" não possui um valor apreciável.

Muitas vezes as empresas redigem suas declarações de missão enfatizando a obtenção de lucro. Esta não é a orientação certa. O lucro é mais corretamente um *objetivo* e um *resultado* daquilo que uma empresa realiza. Adicionalmente, obter lucro representa a intenção óbvia de todo empreendimento comercial. BMW, McDonald's, Shell Oil, Procter & Gamble, Nintendo, Nokia, estão, cada uma delas, se empenhando a fim de conseguir lucro para os acionistas; porém, de modo evidente, os fundamentos econômicos de suas empresas são diferentes quando se trata de "quem somos e o que fazemos". É a resposta à questão "Obter lucro fazendo o quê e para quem?" que revela a substância verdadeira e o propósito empresarial verdadeiros. *Uma declaração de missão bem concebida diferencia a natureza empresarial da empresa daquela de outros empreendimentos com finalidade lucrativa, em uma linguagem suficientemente específica para revelar sua própria identidade.*

Comunicação da Visão Estratégica

Comunicar eficazmente a visão estratégica para outros níveis da hierarquia a fim de alcançar todos os funcionários é tão importante quanto escolher uma direção de longo prazo estrategicamente segura. As pessoas não somente têm necessidade de acreditar que os dirigentes sabem para onde estão tentando levar a empresa, como compreendem que mudanças são necessárias externa e internamente. Se os funcionários da linha de frente não compreenderem por que a trajetória estratégica traçada é razoável e benéfica, provavelmente não se alinharão com as iniciativas dos dirigentes para fazer com que a organização caminhe na direção pretendida.

Conquistar o apoio dos membros da organização para a visão quase sempre significa colocar por escrito "para onde nos dirigimos e por quê", distribuí-la para toda a organização e fazer com que os executivos expliquem-na pessoalmente e sua razão de ser para o maior número possível de pessoas. Idealmente, os executivos devem apresentar a visão da empresa de maneira que alcance e cative as pessoas. Uma visão estratégica que gere compromisso e seja convincente possui um enorme valor motivacional — pela mesma razão que um construtor fica mais inspirado "construindo uma grande catedral para os séculos futuros" do que "assentando pedras em pisos e paredes". Quando os gerentes conseguem expressar de modo claro e convincente para onde a empresa se dirige, os membros da organização começam a dizer: "Isto é interessante e possui muito mérito. Desejo envolver-me e fazer a minha parte a fim de colaborar para que tudo aconteça". Quanto mais uma visão evocar um apoio positivo e a empolgação, maior seu impacto em termos de despertar um esforço organizacional comprometido e fazer com que o pessoal se mova em uma direção comum[3]. Portanto, a capacidade dos executivos em traçar um quadro convincente e inspirador da jornada e do destino de uma empresa constitui elemento importante da liderança estratégica eficaz.

> **Conceito Central**
> Uma visão transmitida eficazmente representa uma ferramenta gerencial valiosa para a obtenção dos funcionários com as ações que fazem com que tome a direção pretendida.

Revelar a Essência da Visão em um Slogan A tarefa de transmitir eficazmente a visão para os colaboradores torna-se mais fácil quando o "para onde vamos" pode ser expresso em um slogan interessante ou facilmente lembrado. Algumas organizações resumiram sua visão em uma frase sucinta:

- Levi Strauss & Company: "Vestiremos todas as pessoas comercializando as roupas em estilo informal mais atraentes e amplamente usadas no mundo".
- Nike: "Proporcionar inovação e inspiração para todo atleta no mundo".

- Mayo Clinic: "A melhor atenção para todo paciente, todos os dias".
- Scotland Yard: "Tornar Londres a cidade mais segura do mundo".
- Greenpeace: "Impedir a deterioração do meio ambiente e oferecer soluções ambientais".
- Charles Schwab: "Oferecer aos clientes os serviços financeiros mais úteis e mais éticos no mundo".

> As visões estratégicas tornam-se reais somente quando a declaração de missão está inculcada na mente dos membros da organização e é traduzida logo em seguida em objetivos e estratégias bem definidos.

Criar um slogan breve para esclarecer o direcionamento e a finalidade de uma organização e então empregá-lo repetidamente como lembrete que informa "para onde nos dirigimos e por quê" ajuda a conquistar o interesse dos membros para suplantar quaisquer obstáculos que se encontrem na trajetória da empresa e manter seu foco.

Quebrar a Resistência a uma Nova Visão Estratégica É particularmente importante que os executivos ofereçam um motivo convincente para uma visão estratégica e um direcionamento da companhia extraordinariamente *novos*. Quando os colaboradores não compreendem ou aceitam a necessidade de redirecionar as iniciativas organizacionais, ficam propensos a resistir à mudança. Portanto, reiterar a base para a nova direção, equacionar diretamente as preocupações dos funcionários, acalmar os temores, aumentar o moral e providenciar relatórios de atualização e progresso à medida que os eventos ocorrem tornam-se parte da tarefa de mobilização de apoio para a visão e da obtenção de compromisso para as ações necessárias.

Simplesmente indicar a nova direção uma única vez não é suficiente. Os executivos precisam repetir com freqüência e convincentemente as razões para o novo rumo nas reuniões e nas publicações da empresa e precisam reforçar seus pronunciamentos com atualizações a respeito de como as informações mais recentes confirmam a escolha da direção e a validade da visão. A menos que e até quando um número cada vez maior de pessoas for persuadida dos méritos da nova visão dos dirigentes e a visão obtiver ampla aceitação, será um embate fazer com que a organização aceite a nova trajetória escolhida.

Reconhecer os Pontos de Inflexão Estratégicos Existe algumas vezes uma mudança na ordem de magnitude no ambiente de uma empresa que altera fundamentalmente suas perspectivas e exige uma revisão radical do percurso estratégico. Andrew Grove, ex-presidente do Conselho de Administração da Intel, denominou tais ocasiões pontos de inflexão estratégicos — o Quadro Ilustrativo 2.2 descreve as duas ocasiões em que a Intel defrontou-se com *pontos de inflexão estratégicos* e as alterações resultantes em sua visão estratégica. Conforme o exemplo da Intel demonstra convincentemente, quando uma organização atinge um ponto de inflexão estratégico, os dirigentes têm de tomar algumas decisões difíceis sobre o seu percurso. Muitas vezes trata-se de uma questão a respeito do que fazer para manter o sucesso e não apenas evitar um possível desastre. Reagir rapidamente às mudanças no mercado diminui as possibilidades de cair na armadilha de negócios estagnados ou em declínio ou deixar escapar oportunidades atraentes para um novo crescimento.

Compreender os Retornos de uma Declaração de Visão Clara Em resumo, uma visão estratégica bem concebida e transmitida convincentemente compensa sob diversos aspectos: (1) concretiza as próprias visões dos altos executivos sobre a direção de longo prazo da empresa; (2) reduz o risco de tomadas de decisão sem direcionamento; (3) é uma ferramenta para obter o apoio dos membros da organização visando mudanças internas que ajudarão a tornar a visão realidade; (4) proporciona uma orientação para os gerentes de escalão inferior criarem missões departamentais, fixarem objetivos e criarem estratégias funcionais que estejam em sincronia com a estratégia geral da empresa; e (5) ajuda uma organização a preparar-se para o futuro. Quando os administradores forem capazes de demonstrar progresso significativo na realização desses cinco benefícios, o primeiro passo na fixação do direcionamento organizacional terá sido completado com sucesso.

Quadro Ilustrativo 2.2
Os Dois Pontos de Inflexão Estratégicos da Intel

A Intel Corporation deparou-se com dois pontos de inflexão estratégicos ao longo dos últimos 20 anos. O primeiro surgiu em meados dos anos 1980 quando os chips de memória eram seu principal negócio e os fabricantes japoneses, com a pretensão de dominar esta área, começaram a diminuir seus preços 10% abaixo daqueles cobrados pela Intel e por outros fabricantes norte-americanos. Toda vez que as empresas igualavam pelo mesmo valor as reduções de preço dos japoneses, estes reagiam com outra redução de 10%. Os dirigentes da Intel analisaram algumas opções estratégicas para enfrentar a política de preços agressiva de seus rivais japoneses — construir uma fábrica gigantesca de chips de memória a fim de suplantar a vantagem de custo dos produtores japoneses, investir em pesquisa e desenvolvimento (P&D) para obter um produto mais avançado e ocupar nichos de mercado que não eram de interesse para os japoneses.

Naquela ocasião, Gordon Moore, presidente do Conselho e co-fundador da Intel, e Andrew Grove, CEO da Intel, concluíram juntos que nenhuma dessas opções era muito promissora e que a melhor solução a longo prazo era abandonar o negócio de chips de memória apesar de representar 70% das receitas da Intel. Grove, com a concordância de Moore e do Conselho de Administração, passou em seguida a empregar todas as energias da Intel à atividade de desenvolvimento de microprocessadores cada vez mais potentes para computadores pessoais. A Intel tinha inventado os microprocessadores no início da década de 1970, porém havia se concentrado recentemente em chips de memória devido à forte concorrência e à capacidade ociosa para o atendimento do mercado de microprocessadores.

A decisão corajosa de Grove de retirar-se do mercado de chips de memória resultou em uma baixa contábil de US$ 173 milhões em 1986 e o esforço supremo orientado aos microprocessadores produziu uma nova visão estratégica para a Intel — transformando-se no fornecedor mais importante de microprocessadores para o setor de computadores pessoais, tornando o PC o equipamento central no local de trabalho e na residência e a posição de líder inconteste no avanço da tecnologia aplicada aos PCs. A nova visão de Grove para a Intel e o percurso estratégico que traçou em 1985 produziram resultados espetaculares. Desde 1996 mais de 80% dos PCs existentes no mundo foram produzidos com microprocessadores Intel e a empresa tornou-se o fabricante de chips mais rentável no mundo.

A Intel deparou-se com um segundo ponto de inflexão em 1998, optando por um novo foco ao se transformar no principal fornecedor dos elementos básicos para a economia da internet e empenhando-se para tornar a internet mais útil. Iniciando em 1998 e reagindo à importância crescente da internet, o alto escalão da Intel patrocinou novas iniciativas de vulto visando direcionar atenção e recursos para a expansão das capacitações da plataforma de PCs e da internet. Foi esse ponto de inflexão estratégico que levou à mais recente visão estratégica — desempenhar um papel importante na conexão de um bilhão de computadores à internet em escala mundial, instalar milhões de servidores e criar infra-estrutura para a internet que apoiaria trilhões de dólares de comércio eletrônico, atuando como um meio de comunicação mundial.

Fonte: Andrew S. Grove. *Only the Paranoid Survive.* Nova York: Doubleday-Currency, 1996, documentos e comunicados de imprensa e informações divulgadas no site www.intel.com.

Vinculação da Visão/Missão aos Valores da Empresa

Muitas empresas desenvolveram uma declaração de valores a fim de orientar a busca de sua visão/missão, estratégia e modo operacional. Por **valores** (ou *valores centrais*, como são freqüentemente denominados) nos referimos às crenças, às características e ao modo de realização das tarefas que devem orientar a estratégia, a condução das operações e o comportamento do pessoal da empresa.

Valores, bons e ruins, existem em todas as organizações. Relacionam-se a tratamento justo, integridade, comportamento ético, inovação, trabalho em equipe, qualidade superior, atendimento de alto nível ao cliente, responsabilidade social e participação na comunidade. A maioria das empresas criou sua declaração de valores em torno de quatro a oito características que se espera que os colaboradores externem e que se supõem refletidas no modo como a empresa conduz suas operações.

> **Conceito Central**
> Os **valores** de uma empresa são as crenças, características e normas comportamentais que se espera sejam externadas pelo pessoal na condução dos negócios e na busca da estratégia.

Na Kodak os valores centrais são o respeito pela dignidade do indivíduo, a integridade a toda prova, a confiança inquestionável, a credibilidade constante, o aperfeiçoamento contínuo, a renovação pessoal e o reconhecimento sincero das conquistas individuais e da equipe. A Home Depot adota oito valores (espírito empreendedor, excelente atendimento ao cliente, retribuição à comunidade, respeito por todas as pessoas, fazer a coisa certa, cuidar das pessoas, fomentar relacionamentos duradouros e criar valor para o acionista) em seu empenho para ser o principal varejista de artigos para o lar no mundo, operando lojas de grandes dimensões com um amplo sortimento de produtos aos preços mais baixos e com colaboradores treinados, proporcionando aos clientes o melhor atendimento no setor. A Toyota defende o respeito e o desenvolvimento de seus funcionários, trabalho em equipe, obtenção da qualidade logo no início, aprendizado, aperfeiçoamento contínuo e promoção de mudança em sua busca por excelência na produção de veículos automotores a custo baixo e com qualidade elevada[4]. A DuPont ressalta quatro valores — segurança, ética, respeito pelas pessoas e monitoramento ambiental; os três primeiros têm sido adotados desde que a empresa foi fundada há 200 anos pela família DuPont. A Heinz adota o acrônimo PREMIER para identificar sete valores que "definem para o mundo e para nós mesmos quem somos e aquilo em que acreditamos":

- *P*aixão... ter paixão por vencer e pelas nossas marcas, produtos e pessoas, proporcionando valor superior a nossos acionistas.

- *R*isco, Tolerância ao... criar uma cultura na qual o empreendimento e a aceitação de um risco prudente são incentivados e reconhecidos.

- *E*xcelência... ser o melhor em qualidade e em tudo o que fazemos.

- *M*otivação... celebrar o sucesso, reconhecendo e premiando as conquistas das pessoas e das equipes.

- *I*novação... inovar em tudo, de produtos a processos.

- *E*mpowerment... dar condições para que nosso pessoal talentoso tome a iniciativa e faça o que é correto.

- *R*espeito... agir com integridade e respeito para com todos.

As empresas praticam o que defendem quando se trata de seus valores declarados? Algumas vezes não, outras vezes sim. Em um extremo existem valores de fachada; a declaração de valores é meramente um conjunto de palavras e sentenças bonitas que podem ser expressas da boca para fora pelos executivos do primeiro escalão, mas exercem pouco impacto discernível sobre o modo como o pessoal se comporta ou sobre como a empresa opera. Tais declarações de valores existem por estarem na moda e serem consideradas boas para a imagem da empresa. No outro extremo há empresas cujos executivos levam muito a sério os valores declarados — os valores são amplamente adotados pelo pessoal, estão inculcados na cultura corporativa e se refletem no modo como cada funcionário conduz e encara os negócios da empresa no cotidiano. Os dirigentes, nessa ponta do espectro da declaração de valores, acreditam verdadeiramente na importância de fundamentar as operações em valores e maneiras seguras na condução de negócios. Na visão deles, fazer com que os funcionários tenham responsabilidade em adotar os valores declarados é um modo de instilar o caráter, a identidade e as normas comportamentais desejados — os valores tornam-se o DNA da empresa.

Nas empresas em que os valores declarados são reais em vez de superficiais, os gerentes os veiculam à busca da visão estratégica e da missão adotando uma de duas maneiras. Quando os valores consolidados se encontram profundamente arraigados na cultura corporativa, os gerentes de alto nível são cuidadosos ao elaborar uma visão, uma missão e uma estratégia que combinem com os valores estabelecidos, reforçando como as normas comportamentais com base em valores contribuem para o sucesso dos negócios. Se a empresa passa a adotar uma visão ou estratégia diferente, os executivos preocupam-se em explicar como e por que os valores básicos continuam a ser relevantes. Poucas empresas possuindo um compromisso sincero com os valores centrais estabelecidos chegam a realizar ações que conflitem com os já arraigados.

Em empresas novas ou naquelas que possuem conjuntos de valores frágeis ou incompletos, os dirigentes de alto escalão consideram que valores, comportamentos e a conduta nos negócios devem caracterizar a empresa e ajudarão a impulsionar a visão e a estratégia. Em seguida, os valores e os comportamentos que complementam e apóiam a visão são esboçados e circulados entre gerentes e funcionários para discussão e possível modificação. Uma declaração final de valores que incorpore os comportamentos e as características desejados e que se vincule à visão/missão é então adotada oficialmente. Algumas empresas combinam sua visão e valores em uma única declaração ou documento, circulam para todos os membros da organização e, em muitos casos, divulgam as declarações de visão/missão e de valores no site da empresa. O Quadro Ilustrativo 2.3 descreve o elo entre a missão e os valores básicos do Yahoo.

Evidentemente surge às vezes um grande hiato entre os valores declarados e as práticas usuais de negócios. A Enron, por exemplo, alardeava quatro valores corporativos — respeito, integridade, comunicação e excelência — porém, alguns altos executivos participaram de manobras desonestas e fraudulentas que foram ocultadas por uma contabilidade "criativa". A falta de integridade por parte dos executivos da Enron e sua falha deliberada para comunicar-se de modo preciso com os acionistas e as entidades reguladoras nos demonstrativos financeiros apresentados aos órgãos competentes conduziram a empresa diretamente à falência dramática e à implosão ao longo de um período de seis semanas, juntamente com indiciamentos criminais, multas ou sentenças que condenaram à prisão mais de 12 executivos. Anteriormente uma das empresas de auditoria mais respeitadas no mundo, a Arthur Andersen era renomada por seu compromisso com os padrões mais elevados de integridade profissional, porém suas falhas gritantes na auditoria e os lapsos éticos na Enron, WorldCom e outras empresas acarretou o fim da Andersen — em 2002 foi indiciada por destruir documentos relacionados à Enron com o objetivo de prejudicar o trabalho dos investigadores.

FIXAÇÃO DE OBJETIVOS: FASE 2 DO PROCESSO DE ELABORAÇÃO E EXECUÇÃO DA ESTRATÉGIA

A finalidade gerencial da fixação de objetivos consiste em converter a visão estratégica em metas de desempenho específicas — resultados e conseqüências que se desejam obter. Objetivos representam um compromisso gerencial para obter determinados resultados e conseqüências. Objetivos bem formulados são *quantificáveis* ou *mensuráveis* e contêm uma *data-limite para cumprimento*. Como Bill Hewlett, co-fundador da Hewlett-Packard, observou astutamente: "Não é possível administrar aquilo que você não pode medir... E o que é medido acaba realizado"[5]. Objetivos concretos e mensuráveis são valiosos do ponto de vista gerencial porque atuam como referência para acompanhar o desempenho e o progresso de uma empresa — a empresa que cumpre ou suplanta continuamente suas metas de atuação geralmente obtém um melhor desempenho em termos gerais do que outra que freqüentemente deixa a desejar quanto ao cumprimento de objetivos. De fato, as experiências de inúmeras empresas e gerentes ensinam que especificar precisamente *quanto, que tipo* de resultado, *em que ocasião* e então avançar com ações e incentivos calculados para ajudar a cumprir os resultados almejados melhora o desempenho efetivo. Tal abordagem elimina definitivamente a determinação de metas vagas como "maximizar lucros", "reduzir custos", "tornar-se mais eficiente" ou "aumentar as vendas" que não especificam quanto nem em que ocasião. De modo similar, exortar o pessoal a esforçar-se e dar o melhor de si, e então conviver com os resultados possíveis, é claramente inadequado.

> **Conceito Central**
> *Objetivos* são as metas de desempenho de uma organização — os resultados e as conseqüências que os dirigentes pretendem alcançar. Funcionam como referência para medir o desempenho.

Quadro Ilustrativo 2.3
O Elo entre a Missão e os Valores Básicos do Yahoo

Nossa missão consiste em ser o serviço global pela internet mais essencial para usuários e empresas. O modo como realizamos essa missão é influenciado por um conjunto de valores centrais — os padrões que orientam as interações com os parceiros do Yahoo, os princípios que indicam como atendemos nossos clientes, os ideais que motivam o que fazemos e o modo de realizá-lo. Muitos de nossos valores foram colocados em prática por duas pessoas em um trailer há algum tempo; outros refletem expectativas à medida que nossa organização cresce. Todos eles representam aquilo que almejamos alcançar no dia-a-dia.

EXCELÊNCIA

Nosso compromisso é vencer com integridade. Sabemos que a liderança é difícil de conquistar e nunca deve ser aceita naturalmente. Almejamos um desempenho impecável e não transigimos com a qualidade. Buscamos os melhores talentos e promovemos seu desenvolvimento. Somos flexíveis e aprendemos com nossos erros.

INOVAÇÃO

Progredimos com base na criatividade e na engenhosidade. Buscamos inovações e idéias que podem mudar o mundo. Prevemos tendências do mercado e agimos rapidamente para aproveitá-las. Não temos receio em assumir riscos bem fundamentados e responsáveis.

FIXAÇÃO NO CLIENTE

Respeitamos nossos clientes acima de tudo e nunca nos esquecemos que nos procuram deliberadamente. Compartilhamos a responsabilidade pessoal de manter a fidelidade e a confiança dos clientes. Ouvimos nossos clientes e lhes respondemos e tentamos suplantar as suas expectativas.

TRABALHO EM EQUIPE

Nosso tratamento é com respeito mútuo e nos comunicamos abertamente. Incentivamos a colaboração, mantendo ao mesmo tempo a responsabilidade individual. Encorajamos o surgimento das melhores idéias de qualquer área da organização. Apreciamos o valor das perspectivas múltiplas e da especialização diversificada.

COMUNIDADE

Compartilhamos um sentido de missão visando exercer impacto na sociedade e damos liberdade de ação aos consumidores de maneira nunca antes fornecida. Temos o compromisso de atender à comunidade da internet e às nossas próprias comunidades.

ALEGRIA

Acreditamos que o humor é essencial para o sucesso. Aplaudimos a irreverência e não nos levamos muito a sério. Celebramos as conquistas. Cantamos.

O QUE O YAHOO NÃO VALORIZA

No final de sua declaração de valores o Yahoo enfatizou a determinação de 54 aspectos que não valoriza, incluindo burocracia, perda, suficientemente bom, arrogância, *status quo*, seguir a concorrência, formalidade, ajustes superficiais, transferir a responsabilidade, microgerenciamento, chefes de segunda-feira de manhã, perder a oportunidade, tolher as pessoas, bater cartão e "deveria, poderia e iria".

Fonte: http://docs.yahoo.com/info/values. Acesso em 20 ago. 2005.

O Imperativo de Fixar Objetivos Maleáveis Idealmente os gerentes devem usar o exercício de determinação de objetivos como uma ferramenta para *impulsionar a organização a desempenhar seu pleno potencial e produzir os melhores resultados possíveis*. Desafiar o pessoal a fazer de tudo e obter ganhos "esticados" de desempenho faz com que um empreendimento se torne mais inventivo, insista mais para melhorar seu desempenho financeiro e sua posição empresarial e ser mais direto e focalizado em suas ações. Objetivos maleáveis incentivam um desempenho excepcional e evitam o conformismo de ganhos modestos.

Conforme afirmou uma vez Mitchell Leibovitz, ex-CEO da rede varejista Pep Boys de peças e manutenção para automóveis: "Se você deseja obter resultados medíocres, adote objetivos medíocres". *Não existe um modo melhor para evitar resultados medíocres do que fixar objetivos ousados e usar incentivos monetários para motivar os membros da organização a cumprirem os alvos de desempenho.*

> Fixar objetivos ousados é uma ferramenta eficaz para evitar resultados medíocres.

Que Tipo de Objetivos Fixar: A Necessidade de uma Solução Equilibrada

Dois tipos muito distintos de avaliações do desempenho são necessários: os relacionados ao *desempenho financeiro* e aqueles relacionados ao *desempenho estratégico* — resultados que indicam se uma companhia está fortalecendo sua posição de mercado, sua vitalidade competitiva e suas perspectivas de negócios futuros. Exemplos de **objetivos financeiros** e **objetivos estratégicos** adotados comumente incluem:

> **Conceito Central**
> **Objetivos financeiros** relacionam-se às metas de desempenho financeiro estabelecidas. **Objetivos estratégicos** relacionam-se aos resultados das metas que indicam que uma empresa está consolidando sua posição no mercado, sua vitalidade competitiva e suas perspectivas de negócios futuros.

Objetivos Financeiros	Objetivos Estratégicos
• Aumento anual de x% das receitas anuais	• Obter uma participação de mercado de x%
• Aumento anual de x% no lucro após o imposto de renda	• Ter custos gerais menores que os dos rivais
• Aumento anual de x% do lucro por ação	• Suplantar os principais concorrentes em desempenho do produto ou da qualidade ou do atendimento ao cliente
• Aumento dos dividendos anuais	• Obter x% de receitas com a venda de novos produtos introduzidos nos últimos cinco anos
• Maiores margens de lucro	• Conquistar a liderança tecnológica
• Aumento de x% de retorno do capital empregado ou do retorno do investimento	• Possuir melhor seleção de produtos que os rivais
• Maior valor para o acionista sob a forma do aumento do preço da ação e de aumentos dos dividendos anuais	• Reforçar o apelo da marca
• Excelente classificação para pedido de crédito e para emissão de dívida	• Ter vendas nacionais ou globais e capacidade de distribuição maiores que as dos concorrentes
• Fluxos de caixa internos suficientes para financiar novos investimentos de capital	• Lançar continuamente no mercado produtos novos ou aperfeiçoados antes dos concorrentes
• Lucros estáveis durante períodos de recessão.	

É obrigatório alcançar resultados financeiros aceitáveis. Sem lucratividade e solidez financeira o empenho pela visão estratégica, bem como a integridade e sobrevivência de uma empresa a longo prazo ficam prejudicados. Além disso, lucros inferiores ao padrão e um balanço patrimonial fraco não somente alarmam os acionistas e credores, mas colocam em risco o cargo dos altos executivos. No entanto, um bom desempenho financeiro isoladamente não é suficiente. O desempenho estratégico é de igual ou maior importância — resultados que indicam se a posição de mercado e a competitividade de uma empresa estão se deteriorando, mantendo-se firmes ou melhorando.

A Questão do *Balanced Scorecard*: Melhor Desempenho Estratégico Incentiva Melhor Desempenho Financeiro

As medidas de desempenho financeiro são na realidade *indicadores retardatários* que refletem os resultados de decisões e atividades organizacionais anteriores[6]. Entretanto, o desempenho financeiro anterior ou atual não constitui um indicador confiável de suas perspectivas futuras — empresas com desempenho financeiro ruim muitas vezes dão uma reviravolta e atuam melhor, ao passo que aquelas com bom desempenho financeiro podem passar a enfrentar dificuldades. Os melhores e mais confiáveis *indicadores principais* do desempenho financeiro futuro e das perspectivas de negócios são resultados estratégicos que indicam se

> **Conceito Central**
> Uma empresa que se empenha e consegue obter resultados estratégicos que aumentam sua competitividade e solidez no mercado encontra-se em uma posição bem mais favorável para melhorar seu desempenho financeiro futuro.

a competitividade e a posição de mercado da empresa são mais fortes ou mais fracas. Por exemplo, se uma empresa determinou objetivos estratégicos agressivos e os está cumprindo, de tal modo que sua força competitiva e sua posição de mercado estão ascendentes, então existe razão para esperar que seu desempenho financeiro *futuro* seja melhor que o desempenho presente ou passado. Se uma empresa está perdendo terreno para os concorrentes e sua posição de mercado está piorando, resultados que refletem um desempenho estratégico fraco (e, muito provavelmente, incapacidade para cumprir seus objetivos estratégicos), a capacidade para manter sua atual lucratividade cai sob grande suspeita. Portanto, o grau em que os gerentes determinam, procuram atingir e cumprem objetivos estratégicos ousados tende a ser um indicador importante e confiável a respeito de seu desempenho financeiro futuro vir a melhorar ou paralisar-se.

Conseqüentemente, um *balanced scorecard* — que acompanhe o cumprimento dos objetivos financeiros e dos objetivos estratégicos — é a solução ótima[7]. Apenas acompanhar o desempenho financeiro não ressalta o fato de que o aspecto que capacita uma empresa a obter melhores resultados financeiros de suas operações é o cumprimento de objetivos estratégicos que aumentam sua competitividade e força no mercado. De fato, *a trajetória mais segura para aumentar a lucratividade em trimestres seguidos e ano após ano é buscar incansavelmente resultados estratégicos que fortaleçam a posição de mercado e produzam uma vantagem competitiva crescente.*

Aproximadamente 36% das empresas globais e mais de 100 organizações sem fins lucrativos e governamentais usaram o *balanced scorecard* em 2001[8]. Uma pesquisa mais recente com 708 companhias em cinco continentes constatou que 62% estavam adotando *balanced scorecard* para acompanhar o desempenho[9]. Organizações que adotaram o método do *balanced scorecard* para determinar objetivos e avaliar o desempenho incluem Exxon Mobil, CIGNA, United Parcel Service, Sears, Nova Scotia Power, BMW, AT&T Canada, Chemical Bank, DaimlerChrysler, DuPont, Motorola, Siemens, Wells Fargo, Wendy's, Saatchi & Saatchi, Duke Children's Hospital, Departamento do Exército dos EUA, Tennessee Valley Authority, Ministério da Defesa do Reino Unido, Universidade da Califórnia em San Diego e a Cidade de Charlotte, na Carolina do Norte[10].

O Quadro Ilustrativo 2.4 mostra objetivos selecionados de cinco empresas importantes — todas adotam uma combinação de objetivos estratégicos e financeiros.

Objetivos de Curto Prazo e de Longo Prazo São Necessários   Como regra, um conjunto de objetivos financeiros e estratégicos deve incluir metas de desempenho a prazos mais curtos e mais longos. Ter objetivos trimestrais e anuais concentra a atenção na realização de melhorias imediatas no desempenho. As metas a serem alcançadas entre três a cinco anos ensejam considerações sobre o que fazer *agora* a fim de que a empresa tenha um melhor desempenho mais tarde. Uma empresa que tem o objetivo de duplicar suas vendas no intervalo de cinco anos não pode esperar até o terceiro ou quarto ano para iniciar o crescimento de suas vendas ou de sua base de clientes. Ao especificarem metas de desempenho anuais (ou talvez trimestrais), os dirigentes indicam a *rapidez* com que metas de prazo mais longo devem ser analisadas. Os objetivos de longo prazo assumem particular importância porque geralmente atendem aos melhores interesses dos acionistas para que a empresa seja administrada visando um desempenho de longo prazo otimizado. Quando for o caso de optar entre o cumprimento de objetivos de longo prazo e dos objetivos de curto prazo, aqueles devem ter precedência (a não ser que o cumprimento de uma ou mais metas de desempenho de curto prazo tenha importância relevante). Os acionistas raramente ficam satisfeitos com as ações contínuas que sacrificam um melhor desempenho de longo prazo a fim de atingir metas trimestrais ou anuais.

Intenção Estratégica: Busca Incansável de um Objetivo Estratégico Ousado   Empresas muito ambiciosas freqüentemente estabelecem um objetivo estratégico de longo prazo

Quadro Ilustrativo 2.4
Exemplos de Objetivos de Empresas

NISSAN

Aumentar as vendas para 4,2 milhões de carros e caminhões até 2008 (em comparação a 3 milhões em 2003); reduzir em 20% os custos de compra e à metade o número de fornecedores; não contrair dívida líquida; manter um retorno do capital investido de 20%; manter uma margem operacional de 10% no mínimo.

McDONALD'S

Concentrar-se em proporcionar uma experiência excepcional para o cliente; instalar aproximadamente 350 novos restaurantes McDonald's; reduzir as despesas gerais e administrativas como porcentagem das receitas totais; alcançar um crescimento de 3% a 5% das vendas e da receita em âmbito sistêmico, um crescimento de 6% a 7% da receita operacional anual e retornos anuais do capital incremental investido na faixa de 17% a 19%.

H. J. HEINZ COMPANY

Atingir um crescimento de vendas de 4% a 6%, um crescimento de 7% a 10% na receita operacional, lucro por ação na faixa de US$ 2,35 a US$ 2,45 e fluxo de caixa operacional livre entre US$ 900 milhões e US$ 1 bilhão no exercício fiscal 2006; pagar dividendos de 45% a 50% dos lucros; aumentar o foco nas 15 marcas mais comercializadas da empresa e dar prioridade máxima na aplicação de recursos àquelas marcas que ocupam o primeiro e o segundo lugares na posição de mercado; continuar a introduzir produtos alimentícios novos e aperfeiçoados; aumentar o número de marcas Heinz adquirindo companhias com marcas que complementam as existentes; aumentar as vendas na Rússia, Indonésia, China e Índia em 50% no exercício fiscal 2006 para aproximadamente 6% das vendas totais e, no final do ano fiscal 2008, obter aproximadamente 50% das vendas e dos lucros na América do Norte, 30% na Europa e 20% em todos os demais mercados.

SEAGATE TECHNOLOGY

Consolidar a posição nº 1 no mercado geral de drivers para discos rígidos; incluir mais drives Seagate em produtos eletrônicos de consumo popular; captar participação de mercado da Western Digital na oferta de drives de discos para o Xbox da Microsoft; manter a liderança nos principais mercados e alcançar a liderança nos mercados emergentes; aumentar as receitas 10% por ano; manter margens brutas de 24% a 26%; manter as despesas operacionais internas em 13% a 13,5% da receita.

3M CORPORATION

Alcançar um crescimento orgânico das vendas de 5% a 8% mais 2% a 4% com as aquisições; crescimento anual do lucro por ação de 10% ou mais em média; um retorno de 20% a 25% do patrimônio líquido; um retorno de no mínimo 27% do capital investido; duplicar o número de idéias construtivas para novos produtos 3M e triplicar o valor dos produtos vencedores no mercado e formar a melhor organização de vendas e marketing existente no mundo.

Fontes: Informações divulgadas nos sites das empresas (acesso em 21 ago. 2005), *Automotive Intelligence News*, p. 5, 2 ago. 2005.

---

que assinala claramente a **intenção estratégica** de ser uma vencedora no mercado, muitas vezes contra fatores negativos de longo prazo[11]. A intenção estratégica de uma empresa pode ser tomar o lugar do atual líder do setor, tornando-se o líder em participação de mercado, proporcionando o melhor atendimento ao cliente entre todas as empresas no setor (ou no mundo) ou transformar uma nova tecnologia em produtos capazes de alterar o modo como as pessoas trabalham e vivem. A intenção estratégica da Nike durante os anos 1960 era suplantar a Adidas; esse objetivo adequava-se perfeitamente à finalidade básica de "experimentar a emoção de competir, vencer e destruir os concorrentes". A intenção estratégica da Canon para o equipamento de fotocópia era "superar a Xerox". Durante alguns anos a Toyota tem-se empenhado em vencer a General Motors como o maior produtor mundial de veículos automotores — e suplantou a Ford Motor Company no número total de veículos vendidos em 2003, passando a ocupar a segunda posição. A Toyota expressou sua intenção estratégica com um objetivo de participação de mercado global de 15% até 2010, um aumento tomando por base 5% em 1980 e 10% em 2003. A intenção estratégica da Starbucks consiste em tornar sua marca a mais reconhecida e respeitada no mundo.

> **Conceito Central**
> A empresa demonstra ter uma *intenção estratégica* quando almeja incansavelmente um objetivo estratégico ambicioso, concentrando a plena capacidade de seus recursos e ações competitivas para o cumprimento desse objetivo.

Empresas que estabelecem objetivos estratégicos ousados e possuem o compromisso firme de cumpri-los iniciam quase invariavelmente com intenções estratégicas que não são proporcionais à sua capacitação e domínio do mercado imediatos. Entretanto, buscam atingir incansavelmente sua meta estratégica, algumas vezes até obsessivamente. Agrupam a organização em torno de iniciativas para realizar a intenção estratégica. Fazem um esforço supremo para organizar os recursos e a capacitação para cercar de todos os lados seu alvo estratégico (que muitas vezes é a liderança no mercado global) o mais rápido que conseguem. Elaboram estratégias ofensivas poderosas calculadas para desequilibrar seus concorrentes, colocá-los na defensiva e forçá-los a um jogo contínuo de envolvimento. Tentam alterar deliberadamente a concorrência no mercado e fazer com que as regras mudem a seu favor. Como conseqüência, empreendimentos ambiciosos com intenções estratégicas além do seu alcance e recursos atuais são uma força que deve ser reconhecida. Muitas vezes provam ser o concorrente mais temível ao longo do tempo do que os rivais maiores e com muitos recursos financeiros, que possuem objetivos estratégicos e ambições de mercado modestos.

A Necessidade de Objetivos em Todos os Níveis Organizacionais A determinação de objetivos não deve limitar-se com o estabelecimento, pelos altos executivos, de alvos de desempenho para toda a empresa. Os objetivos precisam ser desmembrados para cada um dos ramos de atuação, linhas de produto, departamentos funcionais e unidades de trabalho individuais. Cada unidade organizacional deve fixar e almejar alvos que contribuam diretamente para os eventos e resultados desejados. A fixação de objetivos é, portanto, um processo de cima para baixo que precisa estender-se aos níveis organizacionais mais inferiores. E isso significa que cada unidade organizacional precisa determinar metas operacionais que apóiem — em vez de entrarem em conflito ou negarem — o cumprimento de objetivos estratégicos e financeiros para toda a empresa.

A situação ideal é quando cada unidade organizacional empenha-se em produzir resultados em sua área de responsabilidade que contribuem para o cumprimento das metas de desempenho e da visão estratégica. Tal coerência sinaliza que as unidades organizacionais conhecem seu papel estratégico e estão se esforçando para ajudar a empresa a percorrer a trajetória estratégica escolhida e produzir os resultados esperados.

A Fixação de Objetivos Precisa Ser de Cima para Baixo ao invés de Baixo para Cima A fim de compreender por que o processo de fixação de objetivos precisa ser mais de cima para baixo do que de baixo para cima, considere o exemplo a seguir. Suponha que os executivos de alto nível de uma corporação estabeleçam um objetivo de lucro corporativo de US$ 500 milhões para o próximo ano. Suponha também que, após discussão entre os dirigentes corporativos e os gerentes gerais das cinco áreas diferentes da empresa, é atribuído a cada unidade um objetivo de lucro de US$ 100 milhões por ano (ou seja, se as cinco áreas contribuírem cada uma com US$ 100 milhões de lucro, a corporação poderá cumprir seu objetivo de US$ 500 milhões). Chegou-se portanto a uma concordância quanto a um resultado concreto, o qual foi traduzido em compromissos de ação mensuráveis nos dois níveis da hierarquia gerencial. Suponha em seguida que o gerente geral da unidade de negócios A, após alguma análise e discussão com os gerentes das áreas funcionais, conclua que cumprir o objetivo de lucro de US$ 100 milhões exigirá a venda de 1 milhão de unidades ao preço médio de US$ 500 e a produção a um custo médio de US$ 400 (uma margem de lucro de US$ 100 vezes 1 milhão de unidades é igual a um lucro de US$ 100 milhões). Conseqüentemente, o gerente geral e o gerente industrial acertam um objetivo de produção de 1 milhão de unidades a um custo unitário de US$ 400 e o gerente geral e o gerente de marketing concordam com o objetivo de vendas de 1 milhão de unidades e um preço de venda almejado de US$ 500. O gerente de marketing, por sua vez, após consultarse com o pessoal de vendas regionais, desmembra o objetivo de 1 milhão de unidades em metas de vendas para cada território, para cada item da linha de produtos e para cada vendedor. Dessa forma, os objetivos e a estratégia devem ser estabelecidos primeiro no alto escalão, de modo que possa orientar a fixação de objetivos e a criação de estratégias nos níveis inferiores.

Um processo de cima para baixo na determinação inicial de metas de desempenho para toda a empresa que, em seguida, insista para que os alvos financeiro e estratégico estabelecidos para as unidades de negócios, departamentos funcionais e unidades operacionais fiquem vinculados diretamente aos objetivos corporativos possui duas vantagens substanciais: primeira, ajuda a obter *coesão* entre os objetivos e as estratégias de partes diferentes da organização e segunda, ajuda a *unificar as iniciativas internas* para conduzir a empresa na direção estratégica escolhida. Se o alto escalão permitir que o estabelecimento de objetivos se inicie nos níveis inferiores sem o benefício alvos de desempenho que atuem como um guia para toda a companhia, então as unidades organizacionais no nível inferior não possuirão uma base para vincular suas metas às da companhia. A fixação de objetivos de baixo para cima, com pouca ou nenhuma orientação do topo, sinaliza quase sempre ausência de liderança estratégica por parte dos altos executivos.

ELABORAÇÃO DE ESTRATÉGIA: FASE 3 DO PROCESSO DE CRIAÇÃO E EXECUÇÃO DA ESTRATÉGIA

A tarefa de elaborar uma estratégia envolve responder a uma série de perguntas: *como* fazer a empresa crescer, *como* satisfazer aos clientes, *como* suplantar os concorrentes, *como* reagir a condições de mercado em alteração, *como* gerenciar cada área funcional da empresa e desenvolver a capacitação necessária e *como* cumprir objetivos estratégicos e financeiros. Também significa exercer um empreendedorismo inteligente optar entre as diversas alternativas estratégicas — buscando proativamente oportunidades para fazer coisas novas ou fazer as coisas existentes de modo novo ou melhor[12]. Quanto mais rápido o ambiente de negócios de uma empresa estiver se alterando, mais crítica a necessidade de seus gerentes serem bons empreendedores ao diagnosticarem a direção e a intensidade das mudanças que ocorrem e reagirem mediante ajustes oportunos na estratégia. Os desenvolvedores de estratégias precisam prestar atenção a alertas iniciais de mudanças futuras e estar dispostos a experimentar modos ousados e diferentes para alterar sua posição de mercado na preparação para as novas condições de mercado. Quando surgem inesperadamente obstáculos na trajetória de uma companhia, compete aos dirigentes adaptarem-se de modo rápido e inovador. *Estratégias excelentes originam-se em parte (talvez predominantemente) ao se fazer as coisas de maneira diferente da dos concorrentes, no que for necessário — suplantando-os em inovação, sendo mais eficiente, mais imaginativo e adaptando-se com mais rapidez —, em vez de seguir o rebanho.* Uma boa estratégia é, portanto, inseparável de um bom empreendedorismo empresarial. Um não pode existir sem o outro.

Quem Participa na Elaboração da Estratégia de uma Empresa?

Os altos executivos obviamente exercem papel importante na criação de estratégias. O CEO possui a função de principal orientador, principal responsável pela fixação de objetivos e principal implementador de estratégias para toda a empresa. A responsabilidade final por *liderar* o processo de criação e execução de estratégias pertence ao CEO. Em algumas empresas ele funciona como o visionário e o principal arquiteto da estratégia, decidindo pessoalmente quais serão os elementos centrais, embora outras pessoas possam oferecer muito auxílio reunindo e analisando dados e o CEO possa buscar o conselho de outros executivos e funcionários selecionados para criar uma estratégia geral e decidir sobre passos importantes. Um método centrado no CEO para o desenvolvimento da estratégia é característico de empresas pequenas administradas pelo dono e, algumas vezes, grandes corporações fundadas pelo atual CEO ou que possuem CEOs com excelentes aptidões para a liderança em termos de estratégia. Meg Whitman do eBay, Andrea Jung da Avon, Jeffrey Immelt da General Electric e Howard Schultz da Starbucks são exemplos importantes de CEOs corporativos que tiveram atuação destacada na elaboração das estratégias de suas empresas.

Entretanto, na maior parte das empresas, a estratégia é o produto de muitas outras colaborações além daquela do CEO. Normalmente outros executivos seniores — gerentes de unidades de negócios, o diretor financeiro e os vice-presidentes de produção, marketing, recursos humanos e de outros departamentos funcionais — exercem papel influente e ajudam a moldar os principais componentes da estratégia. Normalmente o diretor financeiro é encarregado de elaborar e implementar uma estratégia financeira apropriada; o vice-presidente de produção assume a liderança no desenvolvimento da estratégia industrial; o vice-presidente de marketing implementa a estratégia de vendas e marketing; um gerente de marcas fica encarregado da estratégia para uma marca específica voltada à linha de produtos da empresa e assim por diante.

Porém, sob esse mesmo aspecto, é um erro encarar a criação da estratégia como uma função dos *dirigentes*, o terreno exclusivo dos proprietários-empreendedores, dos CEOs e de outros altos executivos. Quanto mais as operações abrangerem diferentes produtos, setores e áreas geográficas, mais os executivos da matriz possuirão pouca opção a não ser delegar autoridade considerável para a criação de estratégias a gerentes encarregados de subsidiárias, divisões, linhas de produto, escritórios regionais de vendas, centros de distribuição e fábricas. Os gerentes que atuam à frente das organizações, com autoridade sobre unidades operacionais específicas, encontram-se em melhor posição para avaliar a situação local em que as escolhas estratégicas devem ser feitas. Pode-se esperar que tenham familiaridade detalhada com o mercado local e as condições competitivas, as necessidades e expectativas dos clientes e de todos os demais aspectos em torno dos temas e opções estratégicos em sua área de autoridade. Isso lhes proporciona uma vantagem em relação aos executivos da matriz ao manter os aspectos da estratégia sensíveis ao mercado local e às condições competitivas.

Considere uma corporação como a Toshiba, com vendas de US$ 43 bilhões possuindo 300 subsidiárias, milhares de produtos e operações que se estendem por todo o globo. Embora os altos executivos da Toshiba possam estar envolvidos pessoalmente na elaboração da estratégia *geral* e criar ações estratégicas *importantes*, isto não significa que alguns poucos dirigentes na matriz da Toshiba possuam conhecimento ou entendimento suficientemente detalhados de todos os fatores relevantes para elaborar de modo inteligente as iniciativas estratégicas escolhidas para as 300 subsidiárias e os milhares de produtos. Eles simplesmente não têm conhecimento suficiente a respeito da situação em cada unidade organizacional da Toshiba a fim de decidir sobre todo detalhe estratégico e toda ação estratégica direta que ocorrem na organização em todo o mundo. Preferivelmente, há o envolvimento por parte de toda a equipe gerencial — altos executivos, gerentes de subsidiárias, gerentes de divisão e gerentes destacados em unidades geográficas como escritórios de vendas, centros de distribuição e fábricas — para elaborar as milhares de iniciativas estratégicas que acabam formando a estratégia global da Toshiba. O mesmo pode ser dito para a General Electric, que emprega 300 mil pessoas em áreas que variam de turbinas a jato a plásticos, equipamentos de geração de energia a utensílios, equipamento médico a transmissão por TV e locomotivas a serviços financeiros (entre muitas outras divisões) e que vende para clientes em mais de cem países.

Embora os gerentes das camadas inferiores na hierarquia obviamente tenham papel mais restrito e mais específico na criação de estratégias do que os gerentes próximos do topo, o importante é que na maioria das empresas atuais *todo gerente normalmente exerce um papel na criação de estratégias — variando de uma atuação restrita a uma de grande importância — para a área que ele chefia.*

Portanto, deve-se abandonar a idéia de que os estrategistas de uma organização situam-se no topo da hierarquia e que o pessoal de nível médio e da linha de frente simplesmente executa as diretrizes estratégicas. Nas empresas com operações de grande amplitude é necessário encarar a criação de estratégias *como uma iniciativa em colaboração ou de equipe* envolvendo gerentes (e algumas vezes funcionários específicos) em toda a hierarquia organizacional.

> **Conceito Central**
> Na maior parte das empresas a elaboração e a execução de uma estratégia é uma iniciativa de equipe em que cada gerente exerce um papel para a área que chefia. Constitui um erro visualizar a elaboração e a execução de uma estratégia como algo realizado apenas pelos gerentes de nível hierárquico elevado.

Na realidade, a necessidade de delegar autoridade para a elaboração de estratégias aos gerentes na linha hierárquica resultou em ser razoavelmente comum que elementos importantes da estratégia de uma companhia se originem das fileiras médias e inferiores da organização[13]. A Electronic Data Systems desenvolveu durante um ano uma revisão de suas estratégias envolvendo 2.500 de seus 55 mil funcionários e coordenada por um núcleo de 150 gerentes e encarregados de todo o mundo[14]. A J. M. Smucker, muito conhecida por suas geléias e gelatinas, formou um grupo de 140 funcionários (7% de sua equipe de 2 mil pessoas) que empregaram 25% de seu tempo ao longo de um período de seis meses tentando descobrir meios para impulsionar o crescimento da companhia. Envolver equipes para detalhar situações complexas e sugerir soluções estratégicas é um recurso muitas vezes usado no processo de criação de estratégias. Isso ocorre porque muitos temas são complexos ou abarcam múltiplas áreas de especialização e unidades operacionais, exigindo as contribuições de especialistas e a colaboração de gerentes de diferentes partes da organização. Um ponto valioso da elaboração de estratégias em colaboração é que a equipe encarregada de elaborar a estratégia pode incluir facilmente as próprias pessoas que também serão encarregadas de implementá-la e executá-la. Atribuir uma participação influente na elaboração da estratégia às mesmas pessoas que ajudarão a implementá-la e executá-la futuramente não enseja somente motivação e compromisso, mas significa também que essas pessoas podem ter a responsabilidade de viabilizar a estratégia e fazê-la operar — a desculpa "Não foi minha idéia fazer isso" não será aceita.

O Papel de Criação de Estratégias dos Empreendedores Internos Em algumas empresas os executivos de nível elevado adotam como prática usual incentivar os indivíduos e as equipes a desenvolver e defender propostas de novas linhas de produtos e de novos negócios. A idéia consiste em liberar os talentos e as energias de "empreendedores corporativos", permitindo-lhes experimentar idéias de negócios ainda não testadas e dar-lhes espaço para empenhar-se em novas iniciativas estratégicas. Os executivos julgam quais propostas merecem apoio e permitem que prossigam livremente. Portanto, elementos importantes da estratégia da empresa podem se originar por meio desses empreendedores e equipes internas que alcançam sucesso ao defender uma proposta até a fase de aprovação e então assumem o papel principal no lançamento de produtos, na responsabilidade pela entrada da companhia em novos mercados geográficos ou na direção de novas áreas de negócios. W. L. Gore and Associates, uma empresa privada famosa por sua película à prova de água Gore-Tex, é uma praticante audaciosa e muito bem-sucedida do método de empreendedorismo interno corporativo para a criação de estratégias. Gore tem a expectativa de que todos os funcionários passem a contribuir com melhorias e a mostrar inventividade. A colaboração originada do empreendedorismo interno de cada funcionário constitui uma consideração básica para determinar aumentos salariais, bônus sob a forma de aquisição de ações e promoções. O compromisso de Gore com o empreendedorismo interno produziu um conjunto de inovações do produto e novas iniciativas estratégicas que mantiveram a empresa dinâmica e em crescimento durante quase duas décadas.

A Hierarquia de Criação da Estratégia em uma Empresa

Conclui-se, portanto, que *a estratégia geral de uma empresa é um conjunto de iniciativas e ações estratégicas* criado pelos gerentes e por funcionários de destaque de toda a hierarquia organizacional. Quanto maiores e mais diversificadas as operações de um empreendimento, mais iniciativas estratégicas possui e mais gerentes exercem papel relevante na criação de estratégias. A Figura 2.2 mostra quem é geralmente responsável por determinar os elementos da estratégia geral de uma empresa.

Em empresas que atuam em vários ramos, nos quais estratégias diferentes têm de ser gerenciadas, a tarefa de criação de estratégias envolve quatro tipos ou níveis distintos, cada um dos quais envolvendo aspectos diferentes da estratégia geral:

1. A *estratégia corporativa* consiste no tipo de iniciativa para estabelecer posição em setores diferentes, as abordagens que os executivos corporativos adotam para elevar o desempenho global do conjunto de unidades em que a companhia se diversificou e a maneira para obter sinergia entre as unidades e transformá-la em vantagem competitiva. Os altos executivos normalmente possuem a responsabilidade de criar uma estratégia corporativa e escolher aquelas ações recomendadas que surgem do escalão abaixo. Certos dirigentes de unidades de negócios também podem exercer influência nas decisões estratégicas que afetam as empresas. Decisões estratégicas importantes geralmente são analisadas e aprovadas pelo Conselho de Administração. Examinaremos em detalhes o processo de criação de estratégias em empresas com linhas diversificadas de atuação no Capítulo 9.

2. A *estratégia empresarial* diz respeito às ações e aos métodos criados para originar um desempenho bem-sucedido em uma linha de negócios específica. O foco principal consiste em criar respostas para circunstâncias de mercado, obter vantagem competitiva e desenvolver uma forte capacitação competitiva. A coordenação do desenvolvimento da estratégia na unidade de negócio é responsabilidade do gerente encarregado pela unidade. O gerente possui pelo menos dois outros papéis relacionados à estratégia: (*a*) assegurar que as estratégias nos níveis inferiores sejam bem concebidas e combinadas adequadamente com a estratégia geral da empresa e (*b*) fazer com que os passos estratégicos empresariais sejam aprovados pelos diretores da corporação (e algumas vezes pelo Conselho de Administração) e mantê-los informados quanto aos temas estratégicos que surgem. Nas empresas com atuação diversificada os gerentes das unidades de negócios podem ter a obrigação adicional de assegurar que os objetivos e a estratégia da unidade de negócio tenham correspondência com os objetivos e temas estratégicos corporativos.

3. As *estratégias das áreas funcionais* dizem respeito às ações, aos métodos e às práticas empregadas no gerenciamento de funções ou processos empresariais específicos ou em atividades importantes da empresa. Uma estratégia de marketing, por exemplo, representa o plano estratégico gerencial para manter atualizada a linha de produtos e em sintonia com aquilo que os clientes buscam. As estratégias funcionais agregam detalhes específicos à estratégia empresarial. Além disso, têm por finalidade estabelecer ou fortalecer a capacitação de uma unidade de negócios a fim de desempenhar atividades críticas para a estratégia, de modo que ressalte a posição de mercado e o conceito que os clientes procuram. O principal papel de uma estratégia funcional consiste em apoiar a estratégia geral da empresa e a abordagem competitiva.

A responsabilidade pelas estratégias funcionais é normalmente delegada aos encarregados das respectivas funções, com o CEO dando a aprovação final e talvez até exercendo

Figura 2.2 **A Hierarquia na Criação da Estratégia de uma Empresa**

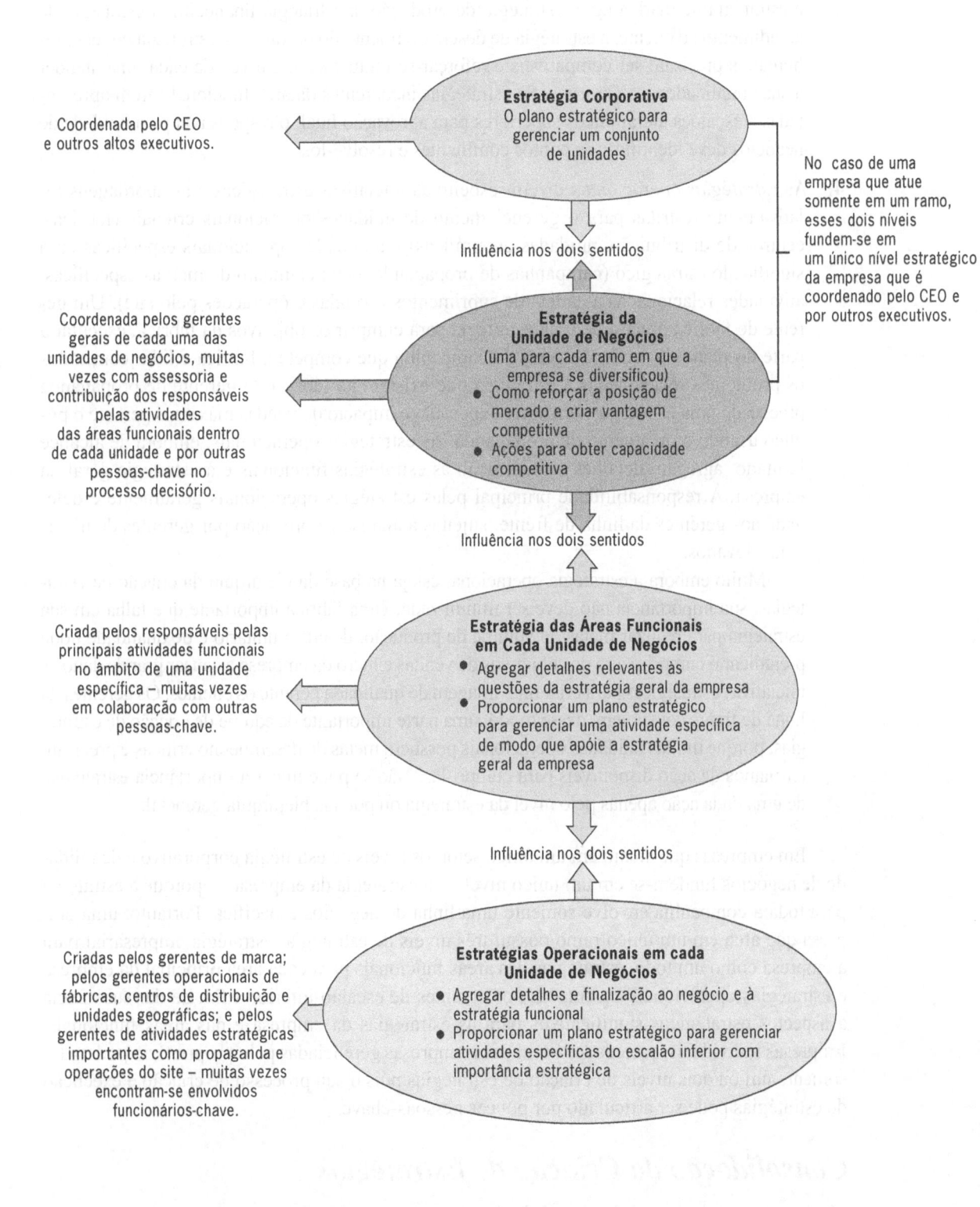

Coordenada pelo CEO e outros altos executivos.

Estratégia Corporativa
O plano estratégico para gerenciar um conjunto de unidades

No caso de uma empresa que atue somente em um ramo, esses dois níveis fundem-se em um único nível estratégico da empresa que é coordenado pelo CEO e por outros executivos.

Influência nos dois sentidos

Coordenada pelos gerentes gerais de cada uma das unidades de negócios, muitas vezes com assessoria e contribuição dos responsáveis pelas atividades das áreas funcionais dentro de cada unidade e por outras pessoas-chave no processo decisório.

Estratégia da Unidade de Negócios
(uma para cada ramo em que a empresa se diversificou)
- Como reforçar a posição de mercado e criar vantagem competitiva
- Ações para obter capacidade competitiva

Influência nos dois sentidos

Criada pelos responsáveis pelas principais atividades funcionais no âmbito de uma unidade específica – muitas vezes em colaboração com outras pessoas-chave.

Estratégia das Áreas Funcionais em Cada Unidade de Negócios
- Agregar detalhes relevantes às questões da estratégia geral da empresa
- Proporcionar um plano estratégico para gerenciar uma atividade específica de modo que apóie a estratégia geral da empresa

Influência nos dois sentidos

Criadas pelos gerentes de marca; pelos gerentes operacionais de fábricas, centros de distribuição e unidades geográficas; e pelos gerentes de atividades estratégicas importantes como propaganda e operações do site – muitas vezes encontram-se envolvidos funcionários-chave.

Estratégias Operacionais em cada Unidade de Negócios
- Agregar detalhes e finalização ao negócio e à estratégia funcional
- Proporcionar um plano estratégico para gerenciar atividades específicas do escalão inferior com importância estratégica

uma influência forte sobre o conteúdo dos elementos específicos das estratégias. Os gerentes funcionais precisam, em certo grau, colaborar e coordenar suas iniciativas a fim de evitar estratégias sem coordenação ou conflitantes. Para que a estratégia geral tenha impacto máximo, a estratégia de marketing, a estratégia de produção, a estratégia financeira, a estratégia de atendimento ao cliente, a estratégia de desenvolvimento do produto e a estratégia de recursos humanos precisam ser compatíveis e reforçar-se mutuamente em vez de cada uma atender a suas finalidades mais estritas. Se estratégias incoerentes da área funcional forem apresentadas a escalões hierárquicos superiores para aprovação final, o responsável pela unidade de negócios deve identificar os pontos conflitantes e resolvê-los.

4. As *estratégias operacionais* dizem respeito às iniciativas estratégicas e às abordagens relativamente restritas para o gerenciamento de unidades operacionais cruciais (fábricas, centros de distribuição, unidades geográficas) e atividades operacionais específicas com significado estratégico (campanhas de propaganda, gerenciamento de marcas específicas, atividades relacionadas à cadeia de suprimentos e vendas e operações pelo site). Um gerente de fábrica precisa de uma estratégia para cumprir os objetivos da fábrica, executar a parte do plano de produção geral da companhia que compete à fabrica e lidar com todos os problemas relacionadas à estratégia que existem na fábrica. O gerente de propaganda precisa de uma estratégia para obter exposição e impacto de vendas máximos perante o público usando o orçamento de propaganda. As estratégias operacionais, embora de alcance limitado, agregam detalhes e finalização às estratégias funcionais e à estratégia geral da empresa. A responsabilidade principal pelas estratégias operacionais geralmente é delegada aos gerentes da linha de frente, sujeitas à análise e aprovação por gerentes de níveis mais elevados.

Muito embora a estratégia operacional esteja na base da hierarquia da criação de estratégias, sua importância não deve ser minimizada. Uma fábrica importante que falha em sua estratégia para realizar metas de volume de produção, de custo unitário e de qualidade pode prejudicar o cumprimento dos objetivos de vendas e lucro da empresa e causar grande dano às iniciativas estratégicas para criar uma imagem de qualidade perante os clientes. Os gerentes da linha de frente constituem, desse modo, uma parte importante da equipe de criação de estratégias, porque muitas unidades operacionais possuem metas de desempenho críticas e precisam ter planos de ação disponíveis para cumpri-las. Não se pode julgar a importância estratégica de uma dada ação apenas pelo nível da estratégia ou por sua hierarquia gerencial.

Em empresas que atuam em um único setor, os níveis de estratégia corporativo e de unidade de negócios fundem-se em um único nível — a estratégia da empresa — porque a estratégia para toda a companhia envolve somente uma linha de negócios específica. Portanto, uma empresa que atua em um único ramo possui três níveis de estratégia: estratégia empresarial para a empresa como um todo, estratégias das áreas funcionais para cada área principal da empresa e estratégias operacionais executadas por gerentes de escalão inferior a fim de dar substância a aspectos estratégicos significativos para as estratégias da empresa e das áreas funcionais. Empresas individuais, sociedades limitadas e empresas gerenciadas pelo proprietário podem ter somente um ou dois níveis de criação de estratégias pois o seu processo de criação e execução de estratégias pode ser articulado por poucas pessoas-chave.

Consolidação da Criação de Estratégias

Idealmente, os elementos da estratégia devem ser coesos e reforçarem-se mutuamente, ajustando-se como as peças de um quebra-cabeça. Para obter tal unidade, o processo de criação de estratégias requer a liderança do alto escalão. Constitui responsabilidade dos executivos proporcionar orientação para a criação de estratégias e articular claramente temas fundamentais que balizam as iniciativas da criação de estratégias para os níveis inferiores. *Os gerentes de nível médio e da linha de frente não podem criar ações estratégicas unificadas sem compreender primeiro a orientação de longo prazo da empresa, e entender os principais componentes das estratégias gerais e de negócios que suas iniciativas devem apoiar e ressaltar.* Portanto, como regra geral, a criação de estratégias precisa começar no topo da organização e então seguir em sentido descendente pela hierarquia, indo do nível corporativo ao da unidade de negócios e em seguida para os níveis funcionais e operacionais associados. A coesão das estratégias exige que as estratégias no nível das unidades de negócios complementem e sejam compatíveis com a estratégia corporativa geral. De modo análogo, as estratégias funcionais e operacionais precisam complementar e apoiar a estratégia geral empresarial da qual fazem parte. Quando o processo de criação de estratégias for principalmente de cima para baixo, com iniciativas nos níveis inferiores para obter sugestões dos elementos no nível superior que devem complementar e apoiar, haverá menos potencial de conflito entre os diferentes níveis. A ausência de liderança estratégica forte do alto escalão prepara o terreno para um certo grau de desunião. A desordem estratégica que ocorre quando existe uma liderança fraca e poucas diretrizes estratégicas vindo dos executivos de alto escalão é parecida com o que ocorreria ao desempenho ofensivo de um time de futebol se um jogador decidisse não atuar em equipe e fizesse somente aquilo que julgasse o melhor em sua posição no campo. Na empresa, como no esporte, todos os criadores de estratégias fazem parte da mesma equipe e os diversos elementos distintos da estratégia geral criados nos vários níveis organizacionais precisam estar em sincronia. *Tudo que não seja um conjunto unificado de estratégias enfraquece a estratégia geral e pode prejudicar o desempenho da empresa.*

> **Conceito Central**
> A estratégia de uma companhia somente tem poder máximo quando seus vários elementos estão unidos.

Existem duas providências que os executivos do primeiro escalão podem tomar para fazer com que uma ação estratégica constante se dissemine pela hierarquia organizacional. Uma consiste em comunicar eficazmente a visão, os objetivos e os principais componentes da estratégia para os gerentes e colaboradores destacados na hierarquia. Quanto maior o número de pessoas na empresa que conhecem, compreendem e aceitam a orientação e a estratégia geral da empresa de longo prazo, menor o risco de que as unidades organizacionais adotem direções estratégicas conflitantes quando muitas pessoas receberem a atribuição de criar estratégias nos níveis operacionais. A segunda consiste em tomar todo o cuidado na análise das estratégias dos níveis inferiores para assegurar que tenham coerência e apoio das de nível superior. Todo conflito de estratégias precisa ser enfrentado e resolvido, seja modificando as estratégias dos níveis inferiores que tenham elementos conflitantes ou adaptando as de nível mais elevado a fim de acomodar aquilo que pode representar idéias e iniciativas mais atraentes que surgem de baixo. Portanto, o processo de sincronizar as iniciativas estratégicas para cima e para baixo na hierarquia organizacional não significa necessariamente que as estratégias de nível inferior precisam ser alteradas sempre que forem detectados conflitos e incoerências. Quando idéias mais atraentes originam-se em níveis organizacionais inferiores, faz sentido adaptar as estratégias de nível superior a fim de incluí-las.

Visão Estratégica + Objetivos + Estratégia = Um Plano Estratégico

Desenvolver uma visão e uma missão estratégicas, fixar objetivos e criar uma estratégia constituem tarefas básicas para determinar a direção a seguir; mapeiam para onde uma companhia se dirige, os resultados estratégicos e financeiros almejados, as medidas competitivas e as ações internas para atingir os resultados empresarias desejados. Juntos, constituem o **plano estratégico** para lidar com a concorrência, as ações esperadas dos principais participantes do setor e os desafios e temas que figuram como obstáculos para o sucesso da organização[15].

> **Conceito Central**
> O **plano estratégico** detalha a orientação futura, as metas de desempenho e a estratégia da empresa.

Nas empresas que realizam revisões periódicas da estratégia e desenvolvem planos estratégicos explícitos, estes últimos geralmente finalizam como documentos que circulam para a maioria dos gerentes e talvez para determinados colaboradores. As metas de desempenho de curto prazo formam a parte do plano estratégico pormenorizada e comunicada com mais freqüência aos gerentes e funcionários. Algumas empresas resumem os principais elementos de seus planos estratégicos no relatório anual para os acionistas, por meio de divulgação no site ou em comunicados para a mídia de negócios. Outras empresas, talvez por razões de sensibilidade competitiva, fazem somente declarações vagas e gerais sobre seus planos estratégicos. Nas empresas privadas de pequeno porte é raro haver planos estratégicos escritos. Os planos estratégicos das pequenas empresas tendem a se fixar no pensamento e nas diretrizes dos proprietários/executivos, e os aspectos do plano são revelados em reuniões e diálogos com o pessoal, conseguindo o entendimento e compromisso entre os gerentes e funcionários importantes a respeito de que direção tomar, o que realizar e como prosseguir.

IMPLEMENTAÇÃO E EXECUÇÃO DAS ESTRATÉGIAS: FASE 4 DO PROCESSO DE CRIAÇÃO E EXECUÇÃO DA ESTRATÉGIA

Gerenciar a implementação e a execução das estratégias é uma atividade orientada às operações e visa fazer as coisas acontecerem, tendo como meta o desempenho de atividades empresariais centrais para apoiar a estratégia. Trata-se facilmente da parte mais trabalhosa e demorada do processo de gerenciamento da estratégia. Converter planos estratégicos em ações e resultados testa a capacidade de um gerente para cuidar da mudança organizacional, motivar pessoas, estabelecer e reforçar a capacitação e a capacidade competitiva da empresa, criar e incentivar um clima de trabalho que apóie a estratégia e alcançar ou suplantar as metas de desempenho. As iniciativas para introduzir uma estratégia e executá-la com proficiência têm de ser introduzidas e gerenciadas em muitas frentes organizacionais.

A programação de ações para implementar e executar a estratégia escolhida surge da avaliação daquilo que a empresa terá de realizar diferentemente ou melhor, tendo em vista suas práticas operacionais e circunstâncias organizacionais específicas a fim de executar a estratégia de modo competente e atingir o desempenho financeiro e estratégico almejado. Cada gerente deve pensar em que resposta dar para a pergunta "O que deve ser feito em minha área a fim de executar minha parte no plano estratégico e que medidas devo tomar para que o processo continue?". O quanto de mudança interna for necessário depende do grau em que a estratégia é nova, até que ponto as práticas internas e a capacitação se afastam daquilo que a estratégia exige e em que intensidade o atual clima de trabalho/cultura apóia uma boa execução da estratégia. Dependendo de quanta mudança interna estiver envolvida, a implementação total e a execução eficaz da estratégia da empresa (ou de partes importantes dela) podem levar de muitos meses a muitos anos.

Na maioria das situações, gerenciar o processo de execução da estratégia inclui os seguintes aspectos principais:

- Admitir na organização pessoas com as aptidões e a especialização necessárias, estabelecer e fortalecer conscientemente capacitação e competência competitiva para apoiar a estratégia e organizar o esforço de trabalho.

- Alocar um grande número de recursos àquelas atividades críticas para o sucesso da estratégia.

- Assegurar que as políticas e os procedimentos facilitem, em vez de dificultar a execução eficaz.

- Utilizar as melhores práticas para executar as atividades centrais da empresa e incentivar melhorias contínuas. As unidades organizacionais devem reavaliar periodicamente como o trabalho está sendo executado e se empenhar diligentemente por mudanças e melhorias.

- Instalar sistemas operacionais e de informação que capacitem o pessoal da empresa a executar melhor seus papéis estratégicos diariamente.

- Motivar as pessoas a cumprir os objetivos almejados com dinamismo e, caso necessário, modificar suas obrigações e seu comportamento no trabalho para que melhor se ajustem aos requisitos de uma execução estratégica bem-sucedida.

- Vincular o reconhecimento e o incentivo diretamente ao cumprimento dos objetivos de desempenho e da boa execução da estratégia.

- Criar uma cultura e um clima de trabalho que conduzam à execução bem-sucedida da estratégia.

- Exercer a liderança interna necessária para que a implementação mova-se para a frente e continue melhorando a forma de realizar a estratégia. Quando forem encontrados obstáculos ou pontos negativos, os executivos precisam se empenhar para que sejam equacionados e retificados de modo oportuno e eficaz.

Uma boa execução da estratégia requer a busca diligente da excelência operacional. Trata-se de uma tarefa para toda a equipe gerencial. E o sucesso se apóia nas aptidões e na cooperação dos gerentes operacionais que podem obter as mudanças necessárias em suas unidades organizacionais e apresentar continuamente bons resultados. A implementação da estratégia pode ser considerada bem-sucedida se tudo é suficientemente bem realizado a ponto de a empresa atingir ou ultrapassar suas metas de desempenho estratégico e financeiro e revelar um bom progresso na realização da visão estratégica.

AVALIAÇÃO DO DESEMPENHO E INÍCIO DOS AJUSTES CORRETIVOS: FASE 5 DO PROCESSO DE CRIAÇÃO E EXECUÇÃO DA ESTRATÉGIA

A quinta fase do processo de gerenciamento da estratégia — monitorar os novos acontecimentos externos, avaliar o progresso da empresa e fazer ajustes corretivos — é o ponto crucial para decidir continuar ou alterar a visão, os objetivos ou os métodos de execução da estratégia. Enquanto o direcionamento e a estratégia parecerem bem ajustados ao setor e às condições da concorrência e as metas estratégicas estiverem sendo alcançadas, os executivos poderão facilmente decidir-se pela manutenção da rota. É suficiente conseguir a sintonia fina do plano estratégico e dar continuidade aos esforços para melhorar sua execução.

> **Conceito Central**
> A visão, os objetivos, a estratégia e o método de execução da estratégia nunca são definitivos; gerenciar a estratégia é um processo contínuo e não uma tarefa ocasional.

Porém, sempre que uma empresa se deparar com mudanças que causem ruptura em seu ambiente, deve-se colocar em discussão se o direcionamento e a estratégia são adequados. Se houve uma queda em sua posição de mercado ou não desempenhou a contento continuadamente, então os gerentes são obrigados a procurar as causas — relacionam-se a uma estratégia inapropriada, a uma má execução da estratégia ou a ambas? — e tomar medidas corretivas oportunas. O direcionamento, os objetivos e a estratégia precisam ser revistos sempre que as condições externas ou internas os justificarem. Deve-se ter a expectativa de que uma companhia alterará sua visão estratégica, seu direcionamento, seus objetivos e sua estratégia ao longo do tempo.

De modo análogo, não é incomum uma empresa constatar que um ou mais aspectos da implementação e execução da estratégia não estão indo tão bem quanto o pretendido. A execução proficiente de uma estratégia é sempre o produto de muito aprendizado organizacional. Ela acontece de modo diferenciado — ocorrendo rapidamente em algumas áreas e provando ser desgastante em outras. É normal e desejável avaliar periodicamente a execução da estratégia a fim de determinar quais aspectos estão operando bem e quais precisam melhorar. A execução bem-sucedida de uma estratégia inclui uma busca atenta para aperfeiçoar e realizar ajustes corretivos sempre que for útil fazê-los.

GESTÃO CORPORATIVA: O PAPEL DO CONSELHO DE ADMINISTRAÇÃO NO PROCESSO DE CRIAÇÃO E EXECUÇÃO DE ESTRATÉGIAS

Embora os dirigentes tenham a *principal responsabilidade* por elaborar e executar a estratégia de uma empresa, é dever do Conselho de Administração exercitar *intensa supervisão* e se empenhar para que as cinco tarefas do gerenciamento estratégico sejam realizadas de maneira que beneficie os *shareholders* (acionistas, no caso das empresas de propriedade de investidores) ou os *stakeholders* (no caso de organizações sem fins lucrativos). Ao supervisionar as ações de criação e execução das estratégias por parte dos dirigentes e assegurar que sejam não somente apropriadas mas também alinhadas ao modo de pensar dos interessados, o Conselho de Administração de uma empresa tem a seu encargo quatro obrigações importantes:

1. *Exercer função crítica e supervisionar o direcionamento, a estratégia e os métodos empresariais da empresa.* Os membros do Conselho precisam formular perguntas inquiridoras e valer-se de sua percepção acurada para fazer julgamentos independentes a respeito de as propostas de estratégias terem sido analisadas adequadamente e se as ações estratégicas propostas parecem ser mais promissoras que as alternativas. Se os executivos estão fazendo propostas de estratégias bem fundamentadas não há muitos motivos para que os membros do Conselho desafiem agressivamente ou desmembrem tudo que lhes foi apresentado. Formular perguntas incisivas geralmente é suficiente para testar se as propostas são convincentes. Entretanto, quando a estratégia está falhando e certamente quando ocorre um colapso abrupto na lucratividade, os membros do Conselho têm o dever de expressar suas preocupações sobre a validade da estratégia e/ou dos métodos operacionais. Neste caso, devem iniciar o debate sobre a trajetória estratégica da empresa, discutir com executivos importantes e outros membros do Conselho e, talvez, intervir diretamente como grupo a fim de alterar a liderança e, em última instância, sua estratégia e métodos empresariais.

2. *Avaliar o grau de perfeição das aptidões de criação e execução de estratégias dos executivos de alto nível.* O Conselho sempre é responsável por determinar se o atual CEO está realizando um bom trabalho de liderança estratégica (como base para conceder aumentos salariais e bônus e decidir sobre sua permanência ou substituição). Os Conselhos também precisam exercer o devido cuidado ao avaliar as aptidões de liderança estratégica de outros executivos na linha de sucessão do CEO. Quando o CEO atual deixar as funções ou assumir uma posição em outra empresa, o Conselho precisará eleger um sucessor, optando por alguém da organização ou decidindo que uma pessoa de fora mais qualificada torna-se necessária para eventualmente alterar de modo radical o percurso estratégico.

3. *Instituir um plano de remuneração para os executivos de alto nível que lhes traga reconhecimento pelas ações e resultados que atendam às necessidades dos stakeholders, e, mais especialmente, aquelas dos acionistas.* Um princípio básico da gestão corporativa é que os proprietários de uma corporação delegam autoridade operacional e controle administrativo aos executivos de alto escalão em troca de remuneração. Em seu papel como *agentes* dos

acionistas, os executivos possuem um dever claro e inequívoco de tomar decisões e operar a empresa de acordo com os interesses dos acionistas (porém isso não significa desrespeitar as necessidades de outros stakeholders, particularmente aqueles dos funcionários que também agem como agentes). A maioria dos Conselhos de Administração possui um comitê de remuneração, formado inteiramente por conselheiros externos, para desenvolver um plano de salários e incentivos que faz com que seja de interesse dos executivos operar a empresa de maneira que beneficie os proprietários; as recomendações do comitê de remuneração são apresentadas para aprovação a todos os membros do Conselho. Porém, além de criar planos de remuneração com a finalidade de alinhar as ações dos executivos aos interesses dos proprietários, o Conselho de Administração precisa dar um basta a benefícios e privilégios em proveito dos executivos que simplesmente enchem os bolsos. Numerosas reportagens na mídia relataram casos em que Conselhos de Administração concordaram com iniciativas oportunistas dos executivos visando assegurar uma remuneração excessiva — às vezes simplesmente inadmissível — de um tipo ou outro (empréstimos sem juros no valor de muitos milhões de dólares, uso pessoal da aeronave corporativa, "pacotes" de valor exagerado na demissão ou na aposentadoria, incentivos exagerados para a aquisição de ações e assim por diante).

4. *Supervisionar as práticas de contabilidade financeira e de preparo de relatórios financeiros.* Embora os executivos de alto escalão, particularmente o CEO e o diretor financeiro, sejam responsáveis principalmente por assegurar que os demonstrativos financeiros reflitam de modo razoável e preciso os resultados das operações da empresa, existe um princípio estabelecido de que os membros do Conselho possuem o dever intrínseco de proteger os acionistas supervisionando as práticas financeiras, assegurando que os princípios contábeis geralmente aceitos sejam usados apropriadamente na execução dos demonstrativos financeiros e determinando se estão em vigor controles financeiros a fim de evitar a fraude e o uso indevido de fundos. Praticamente todos os Conselhos de Administração monitoram as atividades de elaboração de relatórios financeiros nomeando um comitê de auditoria, sempre composto integralmente por conselheiros externos. Os membros do comitê de auditoria têm a principal responsabilidade por supervisionar os executivos financeiros da empresa e de manter diálogo com os auditores internos e externos visando assegurar relatórios financeiros precisos e controles financeiros adequados.

O número de empresas de destaque penalizadas em consequência das ações de CEOs ou diretores financeiros que usam linguagem abusiva ou que agem à margem das regras, a possibilidade de acionistas descontentes iniciarem processos judiciais alegando negligência dos executivos e os custos crescentes do seguro contra ações indevidas dos conselheiros ressaltam a responsabilidade do Conselho de Administração em supervisionar o processo de criação e execução de estratégias da empresa e assegurar que as ações dos dirigentes sejam apropriadas e responsáveis. Além disso, os proprietários de grandes blocos de ações (fundos mútuos e fundos de pensão), as autoridades reguladoras e a imprensa financeira exortam constantemente os membros do Conselho, especialmente os conselheiros externos, para que sejam ativos e diligentes na supervisão da estratégia da empresa e mantenham pulso firme no controle das ações dos executivos.

Toda corporação deveria ter um Conselho de Administração forte e independente que (1) esteja bem informado sobre o desempenho da empresa, (2) oriente e julgue o CEO e outros executivos de alto escalão, (3) possua coragem para impedir ações dos dirigentes que sejam inapropriadas ou excessivamente arriscadas, (4) garanta aos acionistas que o CEO esteja agindo de acordo com as expectativas do Conselho, (5) ofereça idéias e assessoria aos dirigentes e (6) esteja envolvido intensamente no debate dos prós e contras das principais decisões e ações[14]. Conselhos de Administração que não possuem autonomia para desafiar um CEO impetuoso ou com excesso de autoridade e que aceitam tacitamente tudo o que ele recomenda, sem procurar investigar e debater (talvez porque o Conselho tenha muitos protegidos do CEO), abdicam de seu dever de representar e proteger os interesses dos acionistas. Toda gestão corporativa eficaz é prejudicada quando Conselhos de Administração negligenciam sua responsabilidade de manter controle final sobre o direcionamento estratégico, os principais elementos de sua estratégia, os métodos empresariais que os dirigentes estão adotando para implementar e executar a estratégia, a remuneração dos executivos e o processo de preparação dos demonstrativos financeiros. Desse modo, muito embora a responsabilidade principal pela elaboração e execução de estratégias recaia sobre os dirigentes, os Conselhos de Administração exercem papel de supervisão muito importante neste processo.

Pontos-Chave

O processo gerencial de elaboração e execução da estratégia de uma empresa é formado por cinco fases inter-relacionadas e integradas:

1. *Desenvolvimento de uma visão estratégica* do objetivo a que a companhia precisa almejar e qual deve ser seu foco em produto/mercado/cliente/tecnologia. Este passo gerencial proporciona direcionamento de longo prazo, incute na organização um sentido de ação direcionada e comunica aos acionistas as aspirações da diretoria.

2. *Fixar objetivos* visando detalhar *quanto* de *cada tipo* de desempenho é esperado e *quando*. Os objetivos precisam exigir um esforço adicional da organização. Um método *balanced scorecard* para medir o desempenho acarreta a fixação de *objetivos financeiros* e *objetivos estratégicos*.

3. *Elaborar uma estratégia para cumprir os objetivos* e conduzir a empresa pelo percurso estratégico que os dirigentes traçaram. A elaboração de uma estratégia diz respeito principalmente às respostas que serão dadas às mudanças em processo no ambiente externo, criando ações competitivas e abordagens de mercado com a meta de produzir uma vantagem competitiva sustentável, dar origem a uma capacitação competitiva valiosa e agrupar as ações estratégicas iniciadas em várias partes da empresa. Quanto mais as operações de uma empresa abarcarem produtos, setores e áreas geográficas diferentes, mais a criação da estratégia se tornará um *trabalho em equipe* envolvendo gerentes e pessoal em muitos níveis organizacionais. A estratégia total que surge em tais empresas é na realidade um conjunto de ações estratégicas e de métodos empresariais iniciados parcialmente pelos altos executivos e em parte pelos gerentes operacionais da linha de frente. Quanto maiores e mais diversificadas as operações de um empreendimento, mais pontos de iniciativa estratégica possui e mais funcionários em níveis de gerenciamento com papel relevante na criação de estratégias. Uma empresa que atua em um único setor possui três níveis de estratégia — estratégia empresarial para a empresa como um todo, estratégias das áreas funcionais para cada área importante no interior da empresa e estratégias operacionais adotadas pelos gerentes de escalões inferiores a fim de criar aspectos estratégicos significativos para as estratégias empresarial e das áreas funcionais. Em empresas diversificadas que atuam em vários ramos, a tarefa de criação de estratégias envolve quatro tipos ou níveis distintos de estratégia: estratégia corporativa para a empresa como um todo, estratégia empresarial (uma para cada ramo em que a empresa se diversificou), estratégias das áreas funcionais no interior de cada unidade de negócios e estratégias operacionais. Normalmente a tarefa de criação de estratégias ocorre de cima para baixo, com as estratégias de nível superior servindo como um guia para desenvolver estratégias de nível inferior.

4. *Implementar e executar a estratégia escolhida de modo eficiente e eficaz.* Gerenciar a implementação e a execução da estratégia é uma atividade orientada às operações e visando fazer com que "as coisas aconteçam" tendo por meta moldar o desempenho das atividades dos principais negócios de um modo que apóie a estratégia. A maneira de os dirigentes lidarem com o processo de implementação da estratégia pode ser considerada bem-sucedida

se os eventos decorrem com uniformidade suficiente para permitir que a empresa cumpra ou suplante suas metas de desempenho financeiro e demonstre estar avançando para atingir a visão estratégica dos dirigentes.

5. *Avaliar o desempenho e iniciar ajustes corretivos* na visão, no direcionamento de longo prazo, nos objetivos, na estratégia, na execução diante da experiência real, nas condições em alteração, nas novas idéias e oportunidades. Esta fase do processo de gerenciamento da estratégia é o ponto de partida para decidir se é o caso de continuar ou mudar a visão, os objetivos, a estratégia e/ou métodos de execução da estratégia.

A visão estratégica, os objetivos e a estratégia constituem um *plano estratégico* para enfrentar as condições setoriais e competitivas, suplantar os concorrentes e lidar com os desafios e os temas que figuram como obstáculos para o sucesso da empresa.

Os Conselhos de Administração possuem o dever perante os acionistas de exercer papel vigilante na supervisão do modo como os dirigentes lidam com o processo de criação e execução de estratégias. O Conselho é obrigado a (1) avaliar criticamente e aprovar em última instância os planos de ação estratégica, (2) avaliar as aptidões de liderança estratégica do CEO e de outros executivos na linha de sucessão para substituí-lo, (3) instituir um plano de remuneração para os executivos do alto escalão que lhes traga reconhecimento pelas ações e resultados que atendam às necessidades dos stakeholders, mais especialmente aquelas dos acionistas e (4) assegurar que a empresa emita demonstrativos financeiros precisos e possua controles financeiros adequados.

Exercícios

1. Acesse a seção Investidores no site da Heinz, www.heinz.com, e leia a carta aos acionistas no relatório anual da empresa para o exercício fiscal 2003. A visão para a Heinz articulada pelo presidente do Conselho e CEO, William R. Johnson, é suficientemente clara e bem definida? Por quê? Os objetivos estão bem redigidos e são apropriados? E quanto à estratégia que Johnson define para a empresa? Se você fosse um acionista, ficaria satisfeito com o que Johnson lhe informou sobre o direcionamento, os alvos de desempenho e a estratégia da empresa?

2. Considere a seguinte declaração de missão da American Association of Retired People (AARP):

Declaração de Missão da AARP

- A AARP é uma organização sem fins lucrativos e sem orientação política que reúne pessoas com idade igual ou superior a 50 anos.
- A AARP se dedica a melhorar a qualidade de vida para todos à medida que envelhecemos. Estamos na vanguarda da mudança social e proporcionamos valor a nossos membros por meio de informação, defesa de interesses e atendimento.
- A AARP também oferece uma ampla gama de benefícios diferenciados, produtos e serviços especiais a nossos associados. Esses benefícios incluem o site www.aarp.org, *AARP The Magazine*, o boletim mensal *AARP Bulletin* e um jornal em língua espanhola, *Segunda Juventud*.
- Ativa em todos os Estados, no Distrito de Columbia, em Porto Rico e nas Ilhas Virgens (EUA), a AARP exalta a atitude de que a idade é apenas um número e que a vida é aquilo que você faz dela.

A declaração de missão da AARP é bem elaborada? Exerce a função adequada para indicar "quem somos, o que fazemos e por que estamos aqui"? Por quê?

3. Como você reagiria/redefiniria a visão estratégica da Caterpillar no Quadro Ilustrativo 2.1 para melhor exemplificar as características das declarações de visão eficazes apresentadas nos Quadros 2.2 e 2.3? Visite o site www.caterpillar.com para obter mais informações sobre a Caterpillar e indicar como uma visão estratégica mais aprimorada poderia ser expressa.

capítulo três

Avaliação do Ambiente Externo de uma Empresa

Análise é o ponto inicial crítico do pensamento estratégico.
— **Kenichi Ohmare**
Consultor e autor

Tudo é sempre diferente — a arte consiste em perceber que diferenças importam.
— **Lazslo Birinyi**
Gerente de investimento

Batalhas competitivas deveriam ser vistas não como embates únicos, mas como um jogo dinâmico com muitas rodadas de ações e contra-ações.
— **Anil K. Gupta**
Professor

Os gerentes não estão preparados para conduzir sabiamente uma empresa a direção diferente ou para alterar sua estratégia até possuírem um entendimento profundo dos fatores pertinentes que circundam a situação da empresa. Conforme assinalado no parágrafo inicial do Capítulo 1, uma das três questões centrais que precisam ser respondidas ao serem avaliadas as perspectivas empresariais da companhia resume-se em "Qual é a situação da empresa?". Dois aspectos da situação de uma empresa são especialmente pertinentes: (1) o ambiente setorial e competitivo em que a empresa opera e as forças que atuam para remodelar este ambiente e (2) a posição e a competitividade no mercado — seus recursos e capacitação, seus pontos fortes e fracos perante os concorrentes e suas janelas de oportunidade.

Um diagnóstico do ambiente externo e interno constitui pré-requisito para os gerentes obterem sucesso na elaboração de uma estratégia que possua excelente adequação à situação da companhia, seja capaz de criar vantagem competitiva e tenha condições de melhorar seu desempenho — os três critérios de uma estratégia vencedora. Conforme mostrado na Figura 3.1, a tarefa de elaborar uma estratégia deve, portanto, sempre iniciar pela situação externa e interna da empresa (como base para desenvolver a visão estratégica de direcionamento) e então prosseguir em direção a uma avaliação das estratégias alternativas e modelos empresariais mais promissores, culminando com a escolha de uma estratégia específica.

Este capítulo apresenta os conceitos e as ferramentas analíticas para analisar o ambiente externo de uma empresa que atua em um único setor ao se fazer escolhas estratégicas. Nos concentramos na arena competitiva na qual a companhia opera, os motivadores de mudanças no mercado e o que os concorrentes estão fazendo. No Capítulo 4 analisaremos os métodos de avaliação das circunstâncias internas e da competitividade de uma empresa.

OS COMPONENTES ESTRATEGICAMENTE RELEVANTES DO AMBIENTE EXTERNO DE UMA EMPRESA

Todas as organizações operam em um "macroambiente" moldado por influências que emanam da economia como um todo, da demografia populacional, dos valores da sociedade e dos estilos de vida, da legislação e regulação oficiais, de fatores tecnológicos e, mais perto de sua atuação, do

Figura 3.1 **Do Pensamento Estratégico sobre a Situação da Empresa à Escolha de uma Estratégia**

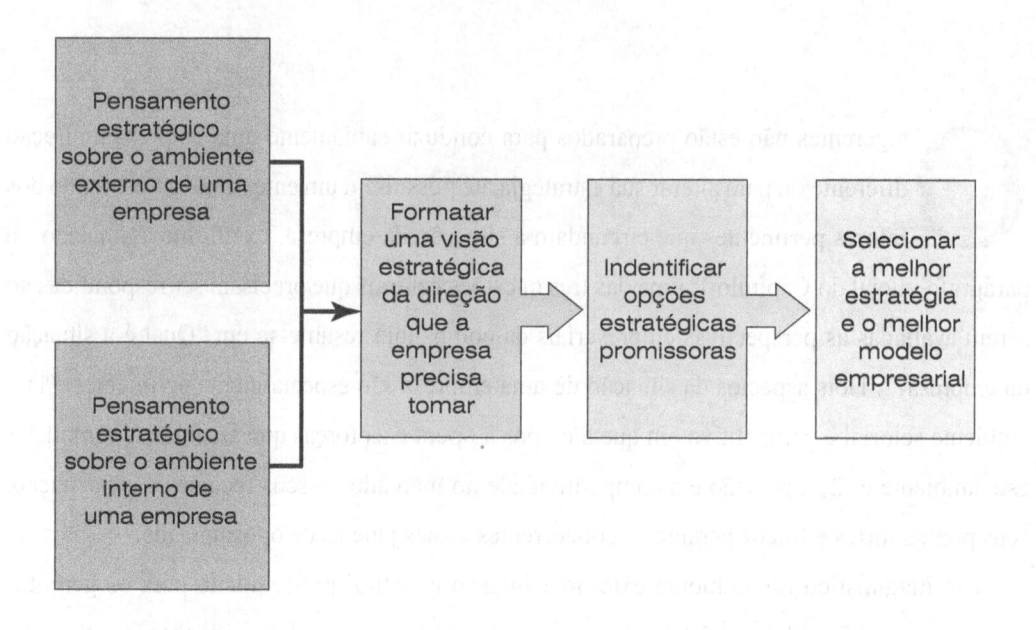

```
┌─────────────┐
│ Pensamento  │
│ estratégico │
│ sobre o     │
│ ambiente    │──┐
│ externo de  │  │   ┌─────────────┐   ┌─────────────┐   ┌─────────────┐
│ uma empresa │  │   │ Formatar    │   │             │   │ Selecionar  │
└─────────────┘  │   │ uma visão   │   │ Indentificar│   │ a melhor    │
                 ├──▶│ estratégica │──▶│ opções      │──▶│ estratégia  │
┌─────────────┐  │   │ da direção  │   │ estratégicas│   │ e o melhor  │
│ Pensamento  │  │   │ que a       │   │ promissoras │   │ modelo      │
│ estratégico │  │   │ empresa     │   │             │   │ empresarial │
│ sobre o     │──┘   │ precisa     │   └─────────────┘   └─────────────┘
│ ambiente    │      │ tomar       │
│ interno de  │      └─────────────┘
│ uma empresa │
└─────────────┘
```

setor e da arena competitiva em que opera (veja a Figura 3.2). Em termos estritos o macroambiente inclui *todos os fatores e influências relevantes* externos aos limites da empresa; por relevante queremos dizer suficientemente importante para exercer influência sobre as decisões que a companhia toma a respeito de seu direcionamento, seus objetivos, sua estratégia e seu modelo empresarial. Influências estrategicamente relevantes vindas do macroambiente externo podem algumas vezes exercer um grande impacto no direcionamento e na estratégia da organização. As oportunidades estratégicas dos fabricantes de cigarros para aumentar seu volume de negócios são fortemente limitadas por dispositivos legais antifumo e pelo estigma cultural crescente associado ao ato de fumar. As empresas de veículos automotores precisam adaptar suas estratégias (especialmente as relativas ao consumo de combustível de seus carros) à preocupação dos clientes com o preço da gasolina. A demografia de uma população que envelhece e expectativas de vida maiores estão exercendo impacto considerável nas perspectivas e estratégias de negócios das empresas que administram planos de saúde e das indústrias farmacêuticas. As empresas na maioria dos setores precisam elaborar estratégias que levem em consideração a legislação ambiental, o uso crescente da internet e da tecnologia de banda larga e os preços da energia. As empresas nos setores de alimentos processados, restaurantes, esportes e condicionamento físico devem prestar atenção especial às mudanças nos estilos de vida, aos hábitos alimentares, às preferências nas horas de lazer e às atitudes em relação à nutrição e aos exercícios físicos ao modelar suas estratégias.

Eventos no ambiente macroeconômico externo podem ocorrer de modo rápido ou lento, com ou sem conhecimento prévio. O impacto dos fatores constantes no círculo externo sobre a escolha da estratégia pode variar de grande a pequeno. Porém, mesmo se os fatores no macroambiente externo mudarem lentamente ou exercerem um impacto relativamente reduzido sobre uma empresa, a ponto de afetar pouco o direcionamento e a estratégia, haverá um número suficiente de tendências e eventos estrategicamente relevantes nos círculos externos para justificar uma atenção cuidadosa. À medida que os gerentes analisam o ambiente externo, precisam ficar alertas para acontecimentos importantes, avaliar seu impacto e influência e adaptar o direcionamento e a estratégia conforme o necessário.

Figura 3.2 **Os Componentes do Macroambiente**

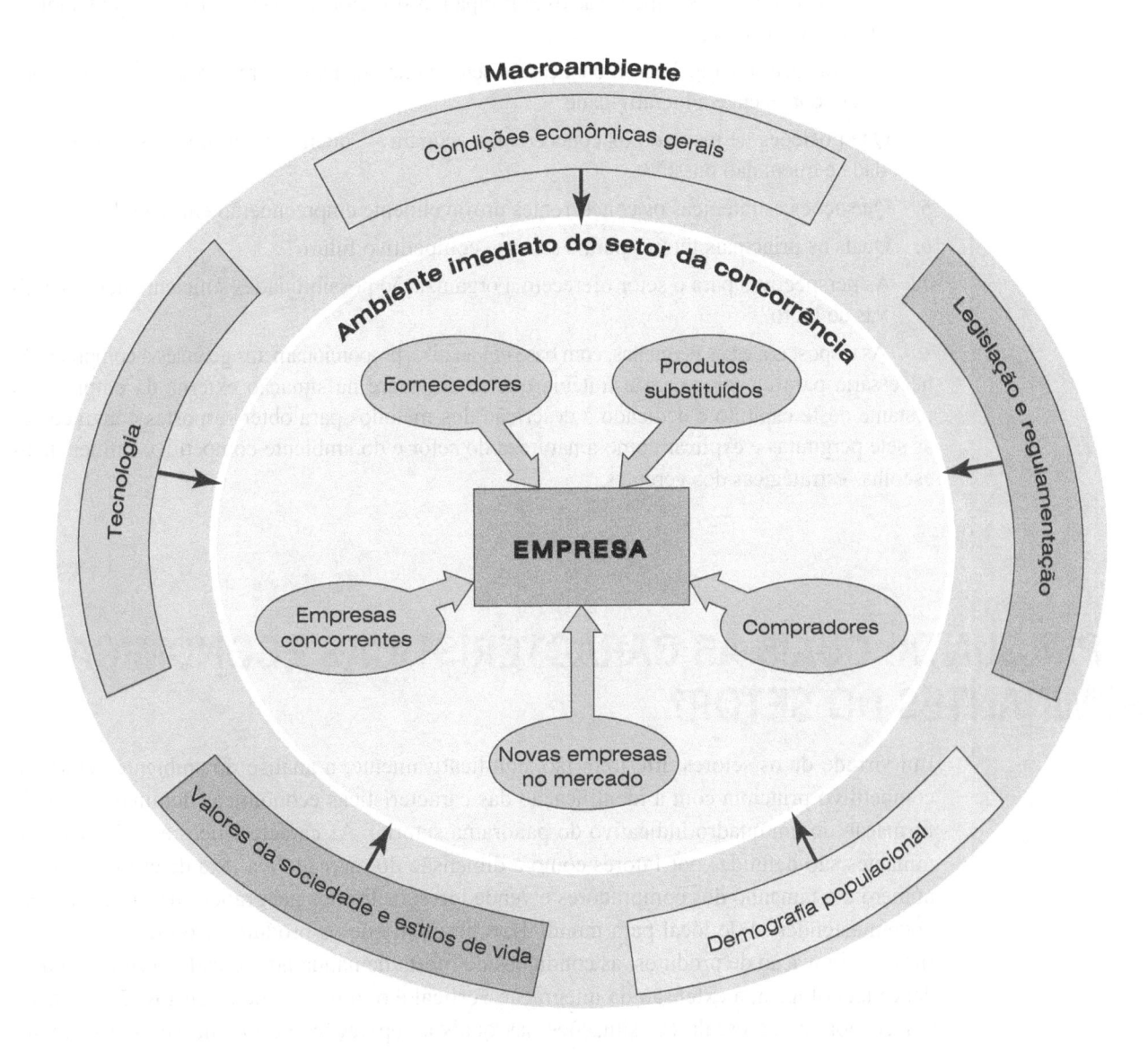

Macroambiente
- Condições econômicas gerais
- Legislação e regulamentação
- Demografia populacional
- Valores da sociedade e estilos de vida
- Tecnologia

Ambiente imediato do setor da concorrência
- Fornecedores
- Produtos substituídos
- Compradores
- Novas empresas no mercado
- Empresas concorrentes
- EMPRESA

No entanto, os fatores e as forças no macroambiente que exercem *maior* impacto na formação de uma estratégia pertencem ao ambiente imediato do setor e da concorrência — pressões competitivas, ações de concorrentes, o comportamento dos compradores, considerações relativas aos fornecedores e assim por diante. Conseqüentemente, é no setor da empresa e no seu ambiente competitivo que concentramos nossa atenção neste capítulo.

PENSAMENTO ESTRATÉGICO SOBRE O AMBIENTE SETORIAL E COMPETITIVO

Para obterem uma compreensão profunda do ambiente setorial e competitivo, os gerentes não precisam agrupar todas as informações que conseguirem encontrar e empregar muito tempo assinalando-as. A tarefa é mais focalizada. Pensar estrategicamente a respeito do ambiente setorial competitivo pressupõe empregar alguns conceitos e ferramentas analíticas a fim de obter respostas precisas a sete perguntas:

1. Quais as características econômicas dominantes do setor?
2. Que tipos de forças competitivas os participantes do setor estão enfrentando e qual a intensidade de cada força?
3. Que forças estão impelindo mudanças no setor e que impactos exercerão sobre a intensidade da concorrência e a lucratividade?
4. Que posições de mercado os concorrentes ocupam — quem possui uma posição consolidada e quem não possui?
5. Que ações estratégicas os concorrentes provavelmente empreenderão em seguida?
6. Quais os principais fatores para o sucesso competitivo futuro?
7. As perspectivas para o setor oferecem à organização possibilidades suficientemente atrativas de lucro?

As respostas a essas perguntas, com base em análise, proporcionam aos gerentes a compreensão necessária para elaborar uma estratégia que se enquadre na situação externa da empresa. O restante deste capítulo é dedicado à descrição dos métodos para obter respostas convincentes às sete perguntas e explicar como a natureza do setor e do ambiente competitivo influencia as escolhas estratégicas dos gerentes.

1ª PERGUNTA: QUAIS AS CARACTERÍSTICAS ECONÔMICAS DOMINANTES DO SETOR?

Em virtude de os setores diferirem tão significativamente, a análise do ambiente setorial e competitivo principia com a identificação das características econômicas dominantes e pela formação de um quadro indicativo do panorama setorial. As características econômicas dominantes são definidas por fatores como a dimensão do mercado e a taxa de crescimento, o número e o tamanho dos compradores e vendedores, os limites geográficos do mercado (que podem estender-se de local para mundial), o grau em que os produtos são diferenciados, o ritmo de inovação de produtos, as condições de oferta/demanda no mercado, o ritmo de mudança tecnológica, a extensão da integração vertical e o grau em que os custos são afetados por economias de escala (as situações nas quais as operações de grande volume resultam em custos unitários menores) e os efeitos da curva de aprendizado/experiência (as situações nas quais os custos diminuem à medida que a empresa obtém crescimento e experiência). O Quadro 3.1 oferece um resumo de que características econômicas devem ser observadas e as perguntas correspondentes a serem consideradas ao se descrever o panorama do setor.

Entender as características econômicas de um setor não somente prepara o cenário para a análise futura, mas também permite a compreensão dos tipos de ações estratégicas que os participantes do setor têm possibilidade de adotar. Por exemplo, nos setores caracterizados pelo avanço contínuo dos produtos, as companhias precisam investir em pesquisa e desenvolvimento (P&D) e desenvolver uma capacitação forte para a inovação contínua dos produtos — uma estratégia de inovação de produtos torna-se condição de sobrevivência em setores como os de videogames, celulares e medicamentos. Um setor que passou recentemente pelo estágio de crescimento rápido e pretende um crescimento de um dígito na demanda dos compradores tem probabilidade de experimentar eliminação competitiva de empresas e ênfase estratégica muito mais intensa na redução de custos e em melhor atendimento ao cliente.

Em setores como o de semicondutores, *efeitos consideráveis de curva de aprendizado/ experiência* na produção fazem com que os custos unitários diminuam cerca de 20% cada vez que dobra o volume *acumulado* de produção.

Quadro 3.1 **O Que Considerar para Identificar as Características Econômicas Dominantes**

Característica Econômica	Perguntas a serem respondidas
Tamanho do mercado e taxa de crescimento	• Qual o tamanho do setor e com que rapidez está crescendo? • O que a posição do setor no ciclo de vida (desenvolvimento inicial, crescimento rápido e decolagem, início da maturidade e crescimento lento, saturação e estagnação, declínio) revela sobre as perspectivas de crescimento?
Número de concorrentes	• O setor é fragmentado em muitas empresas pequenas ou concentrado e dominado por poucas empresas de grande porte? • O setor está passando por um período de consolidação que resultará em um número menor de concorrentes?
Alcance da rivalidade competitiva	• A área geográfica em que a maioria das empresas concorre é local, regional, nacional, multinacional ou global? • Ter uma presença nos mercados de países estrangeiros está se tornando mais importante para o sucesso competitivo a longo prazo?
Número de compradores	• A demanda do mercado é fragmentada entre muitos compradores? • Alguns compradores possuem poder de negociação por adquirir grandes quantidades?
Grau de diferenciação do produto	• Os produtos dos concorrentes estão apresentando maior ou menor diferenciação? • Os produtos cada vez mais semelhantes dos concorrentes estão causando maior competição de preços?
Inovação do produto	• O setor é caracterizado por ciclos de inovação rápida do produto e vida reduzida do produto? • Qual a importância da P&D e da inovação do produto? • Existem oportunidades para suplantar os principais concorrentes ou para ser o primeiro a lançar no mercado produtos da próxima geração?
Condição da oferta/demanda	• O excesso de capacidade produtiva está diminuindo os preços e as margens de lucro? • O setor possui um número excessivo de concorrentes? • A oferta reduzida está criando um mercado vendedor?
Ritmo de inovação tecnológica	• Que papel o avanço da tecnologia desempenha no setor? • O aperfeiçoamento contínuo de instalações/equipamentos é essencial devido a tecnologias de processo de produção que avançam rapidamente? • A maioria dos participantes no setor possui forte capacitação tecnológica?
Integração vertical	• A maior parte dos concorrentes opera em apenas um estágio do setor (produção de peças e componentes, fabricação e montagem, distribuição, varejo) ou alguns operam em diversos estágios? • Existe alguma vantagem ou desvantagem de custo associada à integração total ou parcial?
Economias de escala	• O setor é caracterizado por economias de escala em compras, fabricação, propaganda, transporte ou outras atividades? • As empresas com operações em grande escala possuem vantagem de custo importantes em relação às que atuam em pequena escala?
Efeitos de curva de aprendizado/experiência	• Certas atividades no setor são caracterizadas por efeitos consideráveis da curva de aprendizado/experiência ("aprender fazendo") de tal modo que os custos unitários diminuem à medida que aumenta a experiência da empresa na execução das atividades? • Algumas organizações possuem vantagens de custos significativas devido ao seu aprendizado/experiência na realização de atividades específicas?

Com um efeito de 20% na curva de experiência, se o primeiro 1 milhão de chips custar $100 por unidade, o custo unitário seria de $80 (80% de $100) para um volume de produção de 2 milhões, US$64 dólares (80% de US$80), para um volume de 4 milhões e assim por diante[1]. Quanto maior o efeito da curva de aprendizado/experiência, maior a vantagem do custo da empresa em função do maior volume de produção *acumulado*.

Portanto, quando um setor é caracterizado por efeitos marcantes da curva de aprendizado/experiência (ou por economias de escala), os participantes do setor possuem forte motivação para adotar estratégias de volume crescentes a fim de valer-se de economias de custo e manter sua competitividade. A não ser que as empresas de pequena escala tenham sucesso em operar com opções estratégicas que lhes permitam um volume de vendas suficientemente crescente para manter-se competitivas em termos de custos em relação aos concorrentes que operam com grandes volumes, é improvável que sobrevivam. Quanto maiores os efeitos da curva de aprendizado/experiência e/ou das economias de escala em um setor, mais obrigatório torna-se para os vendedores e os concorrentes conquistar vendas e participação de mercado adicionais — a empresa com maior volume de vendas obtém uma vantagem competitiva sustentável, por ter o produto de custo baixo.

2ª PERGUNTA: QUE TIPOS DE FORÇAS COMPETITIVAS OS PARTICIPANTES DO SETOR ESTÃO ENFRENTANDO?

O caráter, a combinação e as sutilezas das forças competitivas que operam em um setor nunca são os mesmos de outros setores. A ferramenta mais poderosa e mais amplamente usada para diagnosticar sistematicamente as principais pressões competitivas em um mercado e avaliar a intensidade e a importância de cada uma é o *modelo de concorrência das cinco forças*.[2] Esse modelo, exibido na Figura 3.3, sugere que a concorrência em um setor é composta por pressões competitivas que operam em cinco áreas de mercado:

1. Pressões competitivas associadas a manobras e medidas ágeis para obter a preferência dos compradores entre os *vendedores concorrentes* no setor.

2. Pressões competitivas associadas à ameaça de *novos entrantes* no mercado.

3. Pressões competitivas provenientes das tentativas de empresas em outros setores para conquistar compradores para seus próprios *produtos substitutos*.

4. Pressões competitivas originando-se do poder de negociação do *fornecedor* e da colaboração entre fornecedores e vendedor.

5. Pressões competitivas originando-se do poder de negociação do *comprador* e da colaboração entre vendedor e comprador.

O modo de utilização do modelo de cinco forças por parte de uma empresa para determinar a natureza e a força das pressões competitivas em um dado setor consiste em estruturar em três passos o quadro da concorrência:

- *1º Passo:* Identificar as pressões competitivas específicas associadas a cada uma das cinco forças.

- *2º Passo:* Avaliar a intensidade das pressões que incidem sobre cada uma das cinco forças (elevada, forte, moderada, normal ou fraca).

- *3º Passo:* Determinar se a intensidade conjunta das cinco forças competitivas conduz à obtenção de lucros atraentes.

Figura 3.3 **O modelo de Competição de Cinco Forças: Uma Ferramenta Analítica Importante**

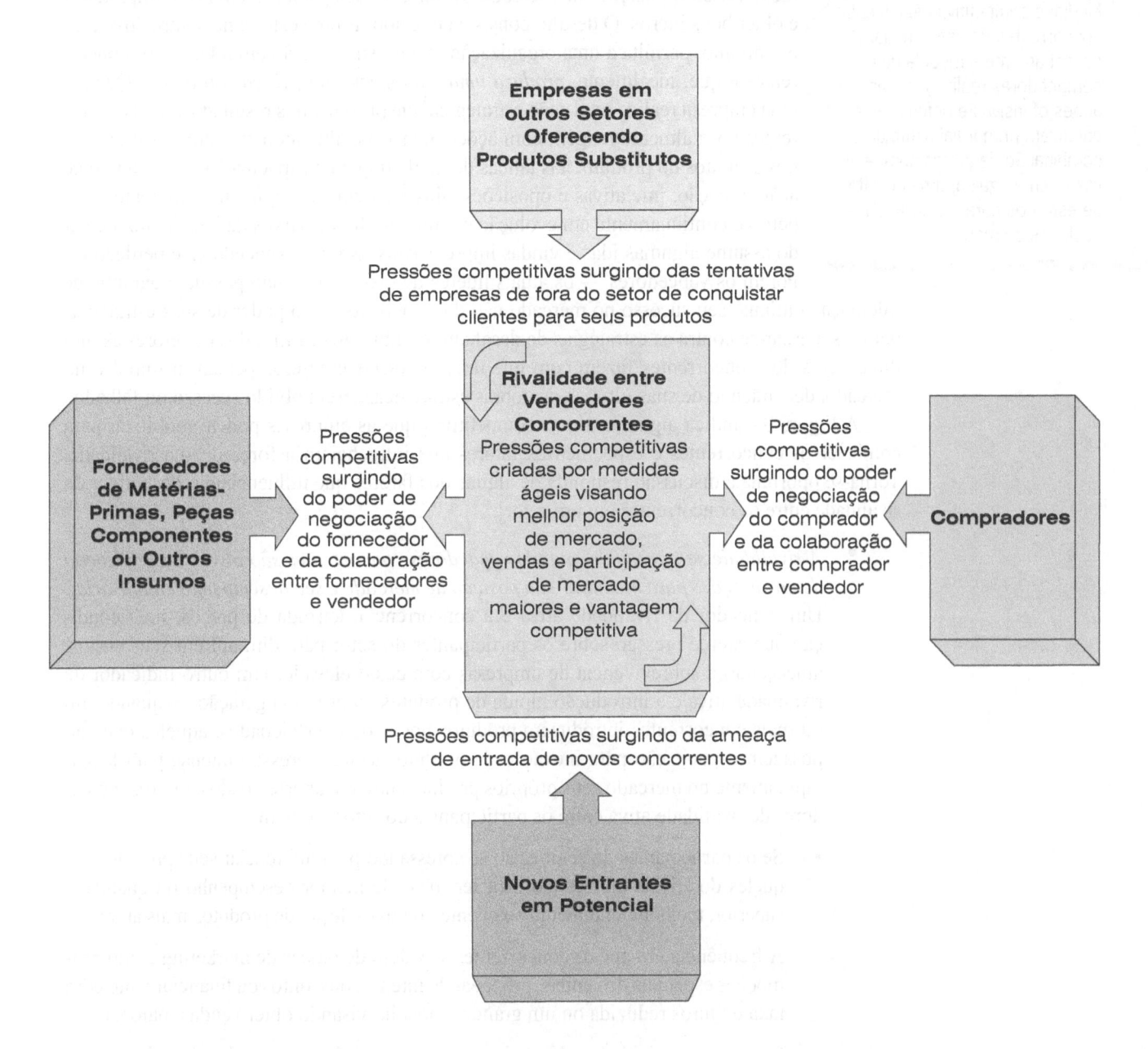

[Diagrama: No centro, "Rivalidade entre Vendedores Concorrentes — Pressões competitivas criadas por medidas ágeis visando melhor posição de mercado, vendas e participação de mercado maiores e vantagem competitiva". Acima: "Empresas em outros Setores Oferecendo Produtos Substitutos" → "Pressões competitivas surgindo das tentativas de empresas de fora do setor de conquistar clientes para seus produtos". À esquerda: "Fornecedores de Matérias-Primas, Peças Componentes ou Outros Insumos" → "Pressões competitivas surgindo do poder de negociação do fornecedor e da colaboração entre fornecedores e vendedor". À direita: "Compradores" → "Pressões competitivas surgindo do poder de negociação do comprador e da colaboração entre comprador e vendedor". Abaixo: "Novos Entrantes em Potencial" → "Pressões competitivas surgindo da ameaça de entrada de novos concorrentes".]

Fonte: Adaptado de Porter, Michael E., "How Competitive Forces Shape Strategy", *Harvard Business Review* 57, nº 2, p.137-145, mar./abr. 1979.

Pressões Competitivas Associadas a Medidas Ágeis de Vendedores Concorrentes

A mais intensa das cinco forças competitivas é quase sempre a de manobras e medidas ágeis que ocorre entre vendedores concorrentes de um produto ou serviço visando obter a preferência do comprador. Na realidade *o mercado é um campo de batalha competitivo* em que a adoção de medidas ágeis para obter a preferência do comprador não tem fim. Vendedores concorrentes

> **Conceito Central**
> Medidas competitivas ágeis entre concorrentes do setor mudam continuamente à medida que competidores realizam novas ações ofensivas e defensivas e enfatizam primordialmente uma combinação de armas competitivas e, em seguida, um conjunto de esforços para melhorar suas posições de mercado.

costumam empregar todas as armas disponíveis em seu arsenal corporativo para melhorar suas posições de mercado, fortalecer suas posições com os compradores e obter bons lucros. O desafio consiste em elaborar uma estratégia competitiva que, no mínimo, permita a uma organização manter sua posição em relação aos concorrentes e que, idealmente, *produza uma vantagem competitiva sobre eles*. Quando uma empresa realiza uma ação estratégica que produz bons resultados, seus concorrentes normalmente reagem com ações ofensivas, alterando sua ênfase estratégica nos atributos do produto, nas táticas de marketing e na capacitação. Esse padrão de ação e reação, iniciativas e oposições, ajuste e reajuste origina um ambiente competitivo continuamente em evolução em que os altos e baixos da batalha no mercado assume algumas idas e vindas imprevisíveis, gerando vencedores e perdedores. Porém os vencedores — os atuais líderes de mercado — não possuem garantia de liderança contínua; seu sucesso no mercado não dura mais do que o poder de suas estratégias para resguardar-se contra as estratégias de desafiantes ambiciosos. Em todos os setores as medidas ágeis dos concorrentes fazem com que uma ou várias empresas percam o impulso no mercado, dependendo de suas últimas manobras estratégicas terem obtido sucesso ou falhado.

A Figura 3.4 indica algumas armas competitivas que as empresas podem mobilizar para combater os concorrentes e especifica os fatores que influenciam a força de sua rivalidade. Torna-se oportuna a discussão resumida de alguns dos fatores que influenciam o desenrolar da rivalidade entre os concorrentes em um setor[3]:

- *A rivalidade se intensifica quando vendedores concorrentes são ativos na realização de novas ações para melhorar sua posição de mercado e seu desempenho empresarial.* Um indicador da rivalidade ativa é a concorrência acirrada de preços, uma condição que exerce pressão sobre os participantes do setor para diminuírem seus custos, ameaçando a sobrevivência de empresas com custo elevado. Um outro indicador de rivalidade ativa é a introdução rápida de produtos da próxima geração — quando um ou mais concorrentes introduzem produtos novos ou aperfeiçoados, aqueles que não possuem capacitação para inovação de produtos sentem pressão intensa para lançar rapidamente no mercado seus próprios produtos novos e aperfeiçoados. Outros indicadores de rivalidade ativa entre os participantes do setor incluem:

    - Se os participantes do setor estão se apressando para diferenciar seus produtos daqueles dos rivais oferecendo características de melhor desempenho ou qualidade superior, melhor atendimento ao cliente ou uma seleção de produtos mais ampla.

    - A freqüência em que os concorrentes se valem de táticas de marketing como promoções especiais de vendas, propaganda intensa, descontos ou financiamento com taxa de juros reduzida ou um grande empenho visando obter vendas maiores.

    - Com que proatividade os participantes do setor estão se empenhando a fim de formar redes de concessionários mais fortes, estabelecer posições em mercados externos ou então ampliar sua capacidade de distribuição e sua presença no mercado.

    - O grau de empenho com que as empresas tentam ganhar vantagem no mercado em relação às concorrentes desenvolvendo especialização e capacitação valiosas que outros se sentem pressionados para igualar.

    Em geral, as medidas ágeis de concorrência são proativas e razoavelmente intensas porque as empresas concorrentes encontram-se altamente motivadas para iniciar novas ações e manobras criativas a fim de reforçar suas posições de mercado e desempenho empresarial.

- *A rivalidade se intensifica à medida que aumenta o número de concorrentes e estes se assemelham em tamanho e capacitação.* A rivalidade não é tão forte em relação aos microprocessadores, pois o Advanced Micro Devices (AMD) é um dos poucos desafiadores da Intel, o mesmo ocorrendo nos restaurantes *fast-food*, nos quais numerosos

Figura 3.4 **Armas para Competir e Fatores Que Afetam a Intensidade da Rivalidade**

Armas Típicas para Enfrentar Concorrentes e Atrair Compradores

- Preços menores
- Mais ou diferentes características
- Melhor desempenho do produto
- Mais qualidade
- Imagem e atração da marca mais fortes
- Seleção mais ampla de modelos e estilos
- Rede de concessionários maior/melhor
- Financiamentos com taxas de juros baixas
- Maior volume de propaganda
- Maior capacitação para inovação de produto
- Melhor preparo para atendimento ao cliente
- Maior capacitação para oferecer produtos customizados aos clientes

Rivalidade entre Vendedores Concorrentes

Qual é a intensidade das pressões competitivas que surgem do empenho dos concorrentes para obter melhores posições de mercado, maior volume de vendas, participação de mercado e vantagens competitivas?

A rivalidade geralmente é mais forte quando:

- Vendedores concorrentes são proativos na realização de novas ações para melhorar sua posição no mercado e seu desempenho empresarial.
- A demanda dos compradores está crescendo lentamente.
- A demanda dos compradores diminui e os vendedores se deparam com capacidade ociosa e/ou estoque excessivo.
- O número de concorrentes aumenta e estes têm tamanho e capacidade competitiva aproximadamente igual.
- Os produtos rivais são commodities ou então pouco diferenciados.
- Os custos do comprador para mudar de marca são baixos.
- Um ou mais concorrentes encontram-se insatisfeitos com sua posição e participação de mercado atuais e tomam medidas agressivas para atrair mais clientes.
- Os concorrentes possuem estratégias e objetivos diferentes e localizam-se em países diferentes.
- Empresas fora do setor adquiriram recentemente concorrentes fracos e estão tentando transformá-los em participantes de peso.
- Um ou dois concorrentes possuem estratégias poderosas e os outros estão lutando arduamente para continuar competindo.

A rivalidade geralmente é mais fraca quando:

- Os participantes do setor tomam medidas com pouca freqüência ou de maneira não-agressiva para tirar vendas e participação de mercado dos concorrentes.
- A demanda dos compradores está crescendo rapidamente.
- Os produtos dos concorrentes são muito diferenciados e a fidelidade dos clientes é elevada.
- Os custos do comprador para trocar de marca são elevados.
- Existem menos de cinco vendedores ou tantos concorrentes a ponto de as ações de qualquer empresa exercerem pouco impacto direto sobre as operações dos demais.

vendedores são proativos em tomar medidas ágeis para conseguir compradores. Até certo ponto, quanto maior o número de concorrentes, maior a probabilidade de iniciativas estratégicas novas e criativas. Além disso, quando os rivais são quase iguais em tamanho e capacidade, em geral podem concorrer em um nível razoavelmente igual, dificultando para outras empresas conquistarem participação de mercado e confrontarem desafios de mercado.

- *A rivalidade geralmente é mais forte em mercados de crescimento lento e mais fraca em mercados de crescimento rápido.* A demanda rápida crescente produz novos negócios suficientes para que todos os participantes do setor cresçam. De fato, em um mercado de crescimento rápido, uma organização pode ficar ocupada apenas processando em tempo hábil os pedidos que chegam, estando muito menos preparada para direcionar recursos visando tomar clientes dos concorrentes. Porém, nos mercados em que o crescimento é lento ou a demanda dos compradores diminui inesperadamente, as empresas que pretendem expandir-se e aquelas com capacidade ociosa muitas vezes são rápidas para diminuir preços e iniciar outras táticas para aumentar vendas, provocando desse modo uma batalha por participação de mercado que pode resultar no desaparecimento das organizações fracas e ineficientes.

- *A rivalidade geralmente é mais fraca nos setores que, por possuírem muitos concorrentes, o impacto das ações de uma empresa tem pouca repercussão em todos os participantes; de modo análogo, muitas vezes o impacto é fraco quando existem menos de cinco concorrentes.* Um número progressivamente maior de concorrentes pode, de fato, começar a enfraquecer a rivalidade frontal. Um setor pode ter um número tão grande de rivais a ponto de o impacto das ações bem-sucedidas de qualquer uma das empresas ter pouca repercussão em muitos participantes. Na medida em que as ações estratégicas de uma empresa têm pouco impacto discernível sobre os negócios de seus vários concorrentes, os participantes do setor logo aprendem que não é imperativo reagir todas as vezes que um rival faz algo para melhorar sua posição de mercado — um resultado que enfraquece a intensidade das batalhas frontais por participação de mercado. A rivalidade também *tende* a ser fraca se um setor for formado por apenas dois, três ou quatro vendedores. Em um mercado com poucos concorrentes, cada um aprende logo que medidas agressivas para aumentar vendas e participação de mercado podem exercer um impacto adverso imediato sobre os negócios dos outros, provocando quase sempre retaliação e uma batalha arriscada por participação de mercado com possibilidade de diminuir os lucros de todos os envolvidos. Empresas com poucos concorrentes fortes passam a compreender, desse modo, os méritos das iniciativas *contidas* para subtrair vendas e participação de mercado dos concorrentes, em oposição a ofensivas de grande intensidade que resultam em uma corrida competitiva que diminui os lucros ou em uma guerra de preços. No entanto, é preciso ter cautela ao se concluir que a rivalidade é fraca somente porque existem poucos concorrentes. Embora possa eclodir uma guerra ocasional (a ferocidade da batalha atual entre a Red Hat e a Microsoft e a guerra que já dura décadas entre Coca-Cola e Pepsi são exemplos marcantes), a concorrência entre poucos normalmente produz uma abordagem do tipo viva-e-deixe-viver no âmbito da concorrência.

- *A rivalidade aumenta quando a demanda dos compradores diminui e os vendedores acabam tendo capacidade ociosa e/ou estoques excessivos.* As condições de uma oferta excessiva criam um "mercado comprador", aumentando a pressão competitiva sobre os concorrentes no setor e fazendo com que se empenhem por vendas lucrativas (muitas vezes por meio de descontos nos preços).

- *A rivalidade aumenta à medida que se torna menos custoso para os compradores mudar de marca.* Quanto menos oneroso for para os compradores transferir suas compras do vendedor de uma marca para o vendedor de outra, mais fácil será para os vendedores tomar clientes dos concorrentes. Porém, quanto maiores os custos dos compradores para trocar de marca, menos propensas estarão a fazê-lo. Mesmo se os consumidores considerarem uma ou mais marcas como mais atraentes, poderão não ficar inclinados a mudar devido ao tempo adicional e à inconveniência ou aos custos psicológicos de abandonar uma marca conhecida. Distribuidores e varejistas podem não mudar para as marcas de outros fabricantes porque vacilam em romper relacionamentos de longa data com fornecedores, incorrer em custos de suporte técnico ou em despesas de retreinamento para fazer a mudança, dar-se ao trabalho de testar a qualidade e a confiabilidade da nova marca ou aplicar recursos para o marketing (especialmente se a marca é menos conhecida). A Apple Computer, por exemplo, foi incapaz de convencer os usuários de PCs a mudar do Windows devido ao inconveniente de aprendizado do sistema operacional da Apple e porque um número grande de aplicativos baseados no Windows não se adapta a um MacIntosh devido à incompatibilidade do sistema operacional. Conseqüentemente, a não ser que os compradores estejam insatisfeitos com a marca que estão adquirindo, os custos elevados de mudança enfraquecem significativamente a rivalidade entre os concorrentes.

- *A rivalidade aumenta à medida que os produtos de vendedores concorrentes tornam-se mais padronizados e diminui quando os produtos de setores concorrentes tornam-se diferenciados de modo mais marcante.* Quando as ofertas de produtos são idênticas ou possuem pouca diferenciação, os compradores têm menos motivos para serem fiéis a uma marca — uma condição que facilita aos concorrentes convencer os compradores a mudar para seus produtos. E, em virtude de as marcas de vendedores diferentes terem atributos comparáveis, os compradores podem adquirir no mercado o produto mais conveniente e mudar de marca conforme desejarem. Em contraste, ofertas de produtos muito diferenciados resultam em uma grande fidelidade à marca por parte dos compradores, porque muitos compradores consideram os atributos de certas marcas mais adequados a suas necessidades. Uma grande fidelidade à marca dificulta aos vendedores atrair clientes dos concorrentes. A não ser que um número significativo de compradores esteja aberto a considerar atributos novos ou diferentes do produto concorrente, o alto grau de fidelidade à marca que acompanha uma forte diferenciação do produto vai contra a rivalidade acirrada entre vendedores concorrentes. *O grau de diferenciação do produto também afeta os custos de mudança.* Quando a oferta dos concorrentes é idêntica ou pouco diferenciada, em geral é fácil e barato mudar suas compras de um vendedor para outro. Produtos altamente diferenciados aumentam a probabilidade de os compradores virem a considerar oneroso mudar de marca.

- *A rivalidade é mais intensa quando as condições do setor seduzem os concorrentes a usar redução de preço ou outras armas competitivas para aumentar o volume unitário.* Quando um produto é perecível, sazonal ou oneroso para ser mantido em estoque, as pressões competitivas aumentam rapidamente sempre que uma ou mais empresas decidem diminuir preços e inundam o mercado com produtos. De modo idêntico, sempre que os custos fixos representam uma fração considerável do custo total, de modo que os custos unitários tendam a ser menores ao nível da capacidade total ou próxima dela, as empresas ficam sujeitas a uma pressão significativa para diminuir preços ou tentam aumentar as vendas sempre que estão operando abaixo da capacidade total. A capacidade não utilizada impõe a penalidade de um aumento significativo nos custos porque existem menos unidades para absorver os custos fixos. A pressão dos custos fixos elevados pode impelir as empresas concorrentes a concessões de preços, descontos, financiamento a taxas de juros baixas e a outras táticas para o aumento do volume.

- *A rivalidade aumenta quando um ou mais concorrentes tornam-se insatisfeitos com sua posição de mercado e tomam madidas para melhorar sua posição.* Empresas que estão perdendo terreno ou tenham problemas financeiros muitas vezes adotam estratégias agressivas (ou talvez desesperadas), que resultam em uma reviravolta e podem envolver descontos de preços, mais propaganda, aquisição ou fusão com outros concorrentes ou introdução de novos produtos — tais estratégias podem fazer com que as pressões competitivas aumentem.

- *A rivalidade torna-se mais volátil e imprevisível à medida que aumenta a diversidade dos concorrentes em termos de visão, intenção estratégica, objetivos, estratégias, recursos e país de origem.* Um grupo de vendedores em geral inclui um ou mais dissidentes dispostos a tentar métodos de atuação no mercado de alto risco ou de inobservância das regras, gerando desse modo um ambiente competitivo mais dinâmico e menos previsível. Mercados competitivos em escala global em geral incluem competidores com visões diferentes a respeito de para onde se dirige um setor e disposição para adotar métodos competitivos talvez radicalmente diferentes. Tentativas de outros concorrentes para conseguir uma posição forte nos mercados das demais empresas em geral tornam mais intensa a rivalidade, especialmente quando os agressores possuem custos menores ou produtos com características mais atraentes.

- *A rivalidade aumenta quando empresas fortes de fora do setor adquirem empresas fracas do setor e tomam medidas agressivas e bem financiadas para transformar seus concorrentes em participantes de destaque no mercado.* Um esforço conjunto para transformar um rival fraco em um líder de mercado implica quase sempre tomar iniciativas estratégicas bem financiadas a fim de melhorar consideravelmente a oferta de produtos, provocar o interesse dos compradores e conquistar uma participação de mercado muito maior — ações que, caso sejam bem-sucedidas, impõem uma pressão adicional aos concorrentes para opor-se utilizando-se de suas próprias ações estratégicas renovadas.

- *Uma estratégia competitiva forte e bem-sucedida adotada por uma empresa intensifica consideravelmente as pressões competitivas sobre seus concorrentes para desenvolver respostas estratégicas eficazes ou ser relegada ao status de perdedora.*

A rivalidade pode ser caracterizada como *sem princípios* ou *brutal* quando os concorrentes participam de guerras de preço prolongadas ou empregam habitualmente outras táticas agressivas mutuamente prejudiciais à lucratividade. A rivalidade pode ser considerada de *implacável* a *forte* quando a batalha por participação de mercado é tão acirrada a ponto de reduzir ao máximo a margem de lucro da maioria dos participantes no setor. A rivalidade pode ser caracterizada como *moderada* ou *normal* quando as manobras entre os participantes do setor, embora dinâmicas e saudáveis, ainda permitem que a maioria dos participantes tenha lucros aceitáveis. A rivalidade é *fraca* quando a maior parte das empresas no setor encontra-se relativamente satisfeita com o crescimento das vendas e sua participação de mercado, raramente lança ofensivas para tomar clientes de outras empresas e possui lucro e retorno de investimento comparavelmente atrativos.

Pressões Competitivas Associadas à Ameaça de Novos Entrantes

Diversos fatores determinam se a ameaça de entrada no mercado de novas empresas acarreta uma pressão competitiva considerável (veja a Figura 3.5). Um fator relaciona-se ao tamanho do conjunto dos prováveis candidatos à entrada e aos recursos que possuem. Como regra, quanto maior o número de candidatos, maior a ameaça de entrada potencial. Isso é especialmente verdadeiro quando alguns deles possuem amplos recursos e potencial para tornarem-se concorrentes de peso para a liderança de mercado. Freqüentemente as pressões competitivas mais fortes associadas à entrada potencial não se originam de companhias fora do setor, mas dos atuais participantes que buscam oportunidades de crescimento. *Os atuais participantes do setor muitas vezes são fortes candidatos a penetrar em segmentos de mercado ou em áreas geográficas onde não possuem atualmente presença no mercado.* As organizações já bem posicionadas em certas categorias de produtos ou áreas geográficas muitas vezes possuem os recursos, a capacitação e a capacidade competitiva para suplantar as barreiras à entrada em um segmento de mercado diferente ou em uma nova área geográfica.

Um segundo fator diz respeito à possibilidade de os prováveis candidatos à entrada defrontarem-se com grandes ou pequenas barreiras à entrada. Grandes barreiras reduzem a ameaça competitiva de entrada em potencial, ao passo que pequenos obstáculos tornam a entrada mais provável, especialmente se o setor está crescendo e oferece oportunidades de lucro atraentes. As barreiras mais amplamente encontradas que os candidatos à entrada precisam suplantar incluem[4]:

- *A presença de economias de escala consideráveis na produção ou em outras áreas operativas.* Quando as atuais empresas do mercado possuem vantagens de custo associadas a uma operação em grande escala, as organizações que não pertencem ao setor precisam iniciar atuando em grande escala (uma ação onerosa e talvez arriscada) ou aceitar a desvantagem nos custos e, conseqüentemente, diminuir a lucratividade. Tentar suplantar as desvantagens do tamanho pequeno atuando em grande escala, no início,

Figura 3.5 **Fatores Que Afetam a Ameaça de Entrada**

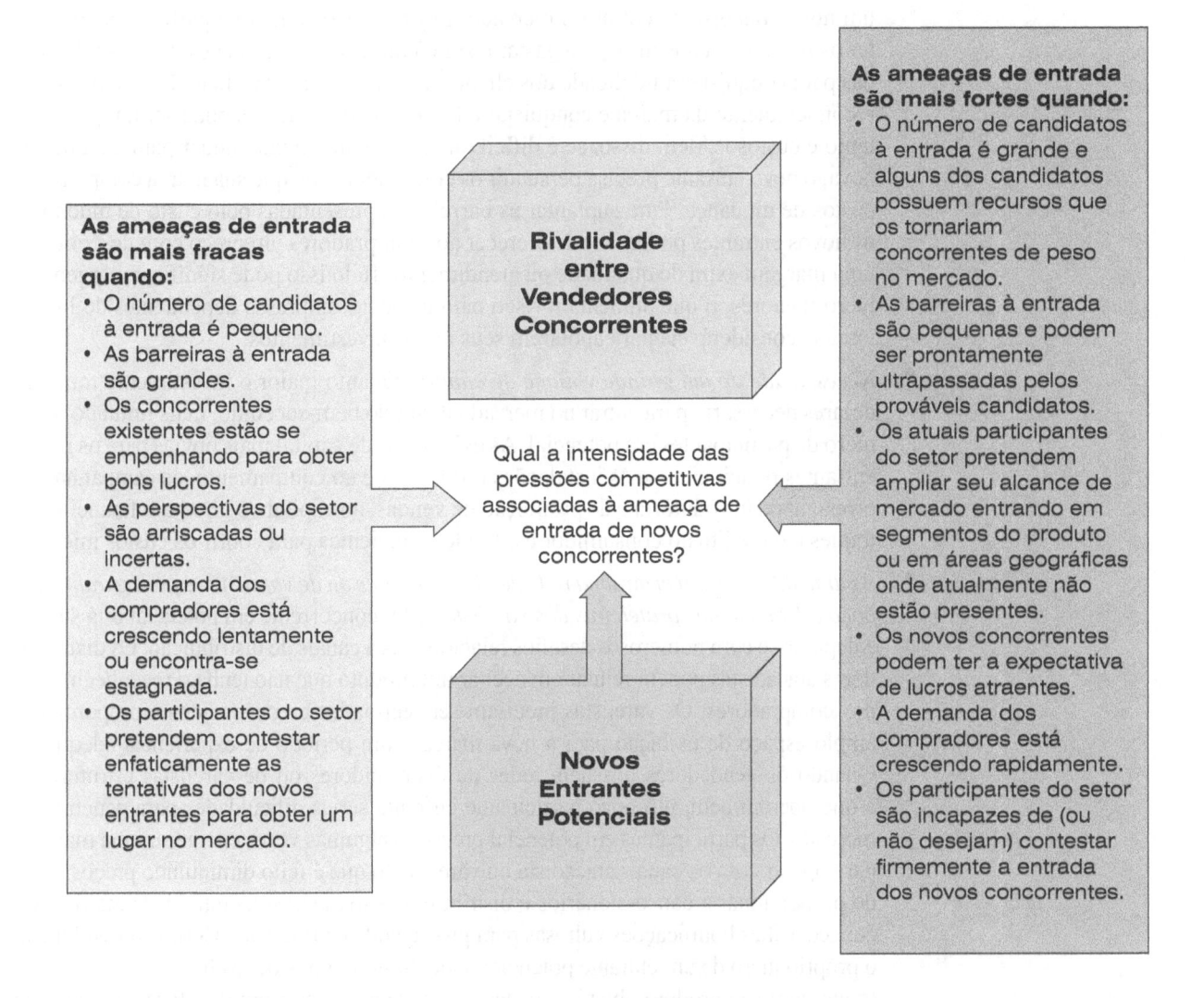

As ameaças de entrada são mais fracas quando:
- O número de candidatos à entrada é pequeno.
- As barreiras à entrada são grandes.
- Os concorrentes existentes estão se empenhando para obter bons lucros.
- As perspectivas do setor são arriscadas ou incertas.
- A demanda dos compradores está crescendo lentamente ou encontra-se estagnada.
- Os participantes do setor pretendem contestar enfaticamente as tentativas dos novos entrantes para obter um lugar no mercado.

Rivalidade entre Vendedores Concorrentes

Qual a intensidade das pressões competitivas associadas à ameaça de entrada de novos concorrentes?

Novos Entrantes Potenciais

As ameaças de entrada são mais fortes quando:
- O número de candidatos à entrada é grande e alguns dos candidatos possuem recursos que os tornariam concorrentes de peso no mercado.
- As barreiras à entrada são pequenas e podem ser prontamente ultrapassadas pelos prováveis candidatos.
- Os atuais participantes do setor pretendem ampliar seu alcance de mercado entrando em segmentos do produto ou em áreas geográficas onde atualmente não estão presentes.
- Os novos concorrentes podem ter a expectativa de lucros atraentes.
- A demanda dos compradores está crescendo rapidamente.
- Os participantes do setor são incapazes de (ou não desejam) contestar firmemente a entrada dos novos concorrentes.

pode resultar em problemas de excesso de capacidade a longo prazo para o novo entrante (até que o volume de vendas aumente) e ameaçar a participação de mercado das empresas existentes a ponto de optarem por manobras defensivas fortes (redução de preços, mais propaganda e ações similares de bloqueio) com o objetivo de manter suas posições e dificultar a atuação de um novo concorrente.

- *Desvantagens de custos e de recursos não relacionadas à escala de operação.* Além da obtenção de economias de escala, existem outras razões pelas quais as empresas podem ter custos unitários baixos difíceis de serem reproduzidos pelos novos concorrentes. Os atuais participantes podem ter vantagens de custo que se originam de efeitos da curva de aprendizado/experiência, da posse de patentes importantes ou de tecnologia protegida, de parcerias com os fornecedores de matérias-primas e componentes melhores e com o menor preço, de localizações favoráveis e de custos fixos baixos (porque possuem instalações mais antigas que foram quase totalmente depreciadas).

- *Forte preferência pela marca e grau elevado de fidelidade dos clientes.* Quanto mais forte a relação dos compradores com as marcas existentes, mais difícil se torna para um novo concorrente entrar no mercado. Em tais casos um novo participante precisa ter os recursos financeiros para gastar o suficiente em propaganda e promoção de vendas para conquistar a fidelidade dos clientes e criar sua própria clientela. Estabelecer o reconhecimento da marca e conquistar a fidelidade dos clientes pode ser um processo lento e custoso. Além disso, se é difícil ou custoso um cliente mudar para uma marca nova, o novo entrante precisa persuadir os compradores de que sua marca compensa os custos de mudança. Para suplantar as barreiras representadas pelo custo de mudança, os novos entrantes podem ter de oferecer aos compradores um preço com desconto ou uma margem extra de qualidade ou atendimento. Tudo isso pode significar margens de lucro menores, o que aumenta o risco para as novas empresas dependentes de lucros iniciais consideráveis para apoiarem seus novos investimentos.

- *Necessidade de um grande volume de capital.* Quanto maior o investimento total em dólares necessário para entrar no mercado de modo bem-sucedido, mais limitado o número de participantes em potencial. As exigências de capital mais óbvias para os novos entrantes relacionam-se às instalações produtivas e ao equipamento, às campanhas de propaganda introdutória e de promoção de vendas, ao capital de giro para financiar estoques e o crédito ao consumidor e a fundos suficientes para cobrir os custos iniciais.

- *As dificuldades para criar uma rede de distribuidores ou de varejistas e para garantir espaço adequado nas prateleiras dos varejistas.* Um concorrente em potencial está sujeito a deparar-se com numerosos desafios relacionados a canais de distribuição. Os distribuidores atacadistas podem relutar em aceitar um produto que não tenha o reconhecimento dos compradores. Os varejistas precisam ser recrutados e convencidos a proporcionar amplo espaço de exibição para a nova marca e um período de experiência adequado. Quando os vendedores possuem redes de distribuidores ou de varejistas estruturadas e que operam bem, um novo participante enfrenta sérias dificuldades para penetrar no mercado. Os participantes em potencial precisam algumas vezes encontrar uma maneira para operar com os canais atacadista ou varejista, o que é feito diminuindo preços a fim de proporcionar a concessionários e distribuidores margens e lucratividade maiores ou conceder-lhes bonificações vultosas para propaganda e promoção. Como conseqüência, o próprio lucro de um entrante potencial pode diminuir consideravelmente a não ser que (e até que) seu produto obtenha aceitação suficiente do consumidor, fazendo com que distribuidores e varejistas fiquem ansiosos por oferecê-lo.

- *Políticas regulatórias restritivas.* As agências oficiais podem limitar ou até mesmo barrar a entrada exigindo licenças e autorizações. Setores regulamentados como os de TV a cabo, telecomunicações, concessionárias de energia elétrica e de gás, transmissão de rádio e TV, venda de bebidas alcoólicas no varejo e ferrovias estão sujeitos à aprovação das autoridades para a entrada. Nos mercados internacionais os governos normalmente limitam a participação estrangeira e precisam aprovar todos os investimentos externos. Padrões rigorosos exigidos pelos governos nas áreas de segurança e poluição ambiental constituem barreiras por aumentar os custos de entrada.

- *Tarifas aduaneiras e restrições ao intercâmbio internacional.* Os governos em geral usam tarifas e restrições ao comércio exterior (regras antidumping, exigência de conteúdo local, cotas etc.) para criar barreiras à entrada de empresas estrangeiras e proteger os produtos internos da concorrência externa.

- *A capacidade e a disposição de os participantes no setor tomarem iniciativas importantes para bloquear a entrada bem-sucedida de um novo concorrente.* Mesmo se um entrante em potencial possui ou pode adquirir a capacitação e os recursos necessários para tentar a entrada, ainda assim precisa preocupar-se com a reação das empresas existentes[5]. Algumas vezes há pouco que os participantes podem fazer para colocar obstáculos no percurso de uma empresa nova no setor — por exemplo, os atuais restaurantes possuem poucas armas para desincentivar a inauguração de um novo estabelecimento ou para dissuadir as pessoas a conhecer o novo local. Porém, há ocasiões em que os participantes fazem tudo que podem a fim de criar dificuldades para uma nova organização, empregando redução de preços, mais propaganda, melhorias no produto e tudo o mais em que possam pensar para evitar que uma nova empresa consiga clientes. As companhias de TV a cabo lutam aguerridamente contra as empresas de TV por satélite; a Sony e a Nintendo criaram várias maneiras para impedir a entrada da Microsoft no setor de videogames com seu produto Xbox; os hotéis tentam impedir a inauguração de outros por meio de programas de fidelidade, renovação de suas instalações, acréscimo de serviços e assim por diante. Uma nova empresa precisa pensar duas vezes quando organizações participantes fortes enviarem sinais claros de que atrapalharão seus negócios.

Se as barreiras à entrada em um setor devem ser consideradas grandes ou pequenas depende dos recursos e da capacitação que os entrantes em potencial possuem. Empresas com recursos financeiros consideráveis, capacidade competitiva comprovada e uma marca respeitada podem ser capazes de suplantar com certa facilidade as barreiras à entrada no setor. Empreendimentos novos de pequeno porte podem considerar essas mesmas barreiras insuperáveis. Portanto, o grau de dificuldade com que os novos entrantes competem em igualdade de condições sempre possui correspondência com os recursos financeiros e a capacidade competitiva das empresas que provavelmente entrarão no mercado. Por exemplo, quando a Honda optou por entrar no mercado americano de cortadores de grama, concorrendo com Toro, Snapper, Craftsman, John Deere e outros, foi capaz de suplantar facilmente as barreiras à entrada porque tinha experiência de longa data com motores à gasolina e porque sua reputação muito conhecida por qualidade e durabilidade lhe proporcionou credibilidade imediata por parte dos compradores que pretendiam adquirir um novo cortador de grama. A Honda teve de investir relativamente pouco em propaganda para atrair compradores e conquistar uma posição de mercado, os distribuidores e concessionários estavam muito dispostos a comercializar a linha de cortadores de grama Honda e a empresa tinha o capital necessário para instalar uma linha de montagem nos Estados Unidos.

Ao avaliarem se a ameaça de uma entrada adicional é forte ou fraca, os líderes precisam observar (1) quão ameaçadoras são as barreiras à entrada para cada tipo de participante em potencial — empresas novas, empresas candidatas específicas em outros setores e participantes atuais do setor desejando ampliar seu alcance do mercado — e (2) quão atraentes são o crescimento e a perspectiva de lucro para os novos entrantes. Uma demanda crescente de mercado e lucros com grande potencial atuam como ímãs, motivando os novos entrantes em potencial a comprometer os recursos necessários para sobrepujar as barreiras à entrada[6]. Quando os lucros forem suficientemente atraentes, as barreiras à entrada provavelmente não serão um obstáculo. Conseguem limitar, no máximo, o conjunto de candidatos às empresas com as competências e os recursos necessários e a criatividade a fim de gerar uma estratégia para concorrer com as empresas existentes.

Portanto, *o melhor teste para saber se a entrada em potencial é uma força competitiva forte ou fraca no mercado consiste em perguntar se o crescimento do setor e as perspectivas de lucro exercem forte atração para candidatos à entrada.* Quando a resposta for negativa, a entrada em potencial será uma força competitiva fraca. Quando a resposta for afirmativa e existirem candidatos à entrada com especialização e recursos suficientes, então a entrada em potencial aumentará significativamente as pressões competitivas no mercado. Quanto mais forte a ameaça de entrada, mais as empresas existentes são levadas a procurar meios para fortificar suas posições contra os novos entrantes, adotando ações estratégicas não somente para proteger suas participações de mercado, mas também para tornar a entrada mais onerosa ou difícil.

Um aspecto adicional: *A ameaça de entrada altera-se à medida que as perspectivas do setor tornam-se maiores ou menores e as barreiras à entrada aumentam ou diminuem.* Por exemplo, na indústria farmacêutica o término da validade de uma patente importante de um medicamento amplamente prescrito garante virtualmente que um ou mais fabricantes de remédios entrarão no mercado oferecendo genéricos de sua própria fabricação. O uso crescente da internet para compras está facilitando cada vez

> Grandes barreiras ou ameaças fracas à entrada no presente nem sempre se traduzem em grandes barreiras ou ameaças fracas no futuro.

mais aos varejistas da web participarem da concorrência contra redes varejistas muito conhecidas como Sears, Circuit City e Barnes and Noble. Nos mercados internacionais as barreiras à entrada para as empresas estrangeiras tornam-se menores com a diminuição das tarifas à medida que os países receptores abrem seus mercados internos a estrangeiros, os distribuidores e concessionários domésticos procuram comercializar produtos estrangeiros com custo menor e os compradores do mercado interno tornam-se mais dispostos a adquirir marcas estrangeiras.

Pressões Competitivas dos Vendedores de Produtos Substitutos

As empresas em um setor ficam sujeitas à pressão competitiva das ações de empresas em um setor limítrofe próximo sempre que os compradores consideram os produtos dos dois setores bons substitutos. Por exemplo, os produtores de açúcar estão sujeitos a pressões competitivas advindas das iniciativas de vendas e marketing dos fabricantes de adoçantes artificiais. De modo similar, produtores de lentes de óculos e lentes de contato defrontam-se atualmente com pressões competitivas crescentes do interesse cada vez maior dos consumidores pela cirurgia corretiva a laser. Jornais estão sentindo a força competitiva do público em geral voltando-se aos canais de notícias a cabo para o noticiário tarde da noite e usando fontes na internet para obter informações sobre resultados de esportes, cotação de ações e oportunidades de emprego. Fabricantes de videoteipes e VCRs observaram a demanda evaporar-se à medida que um número cada vez maior de consumidores foi atraído para o uso de DVDs e gravadores/aparelhos de DVD como substitutos. Prestadores tradicionais de serviços de telefonia como BellSouth, AT&T, Verizon e Qwest estão sentindo uma enorme pressão competitiva dos provedores de telefones celulares à medida que um número crescente de consumidores considera esses aparelhos superiores aos telefones fixos.

O grau de intensidade das pressões competitivas exercidas por produtos substitutos depende de três fatores:

1. *Se os produtos substitutos encontram-se prontamente disponíveis e possuem preço atraente.* A presença de produtos substitutos prontamente disponíveis e com preço atraente cria pressão competitiva ao impor um teto nos preços que os participantes do setor podem cobrar[7]. Esse teto de preços impõe um limite nos lucros que os participantes do setor podem obter a não ser que encontrem maneiras para reduzir custos. Quando os produtos substitutos são mais baratos que o produto de um setor, os participantes ficam sujeitos a uma grande pressão para reduzir preços e encontrar maneiras de absorver as reduções de preço por meio da diminuição de custos.

2. *Se os compradores encaram os produtos substitutos como comparáveis ou melhores em termos de qualidade, desempenho e outros atributos relevantes.* A disponibilidade de produtos substitutos inevitavelmente convida os clientes a comparar desempenho, características, facilidade de uso e outros atributos, bem como o preço. Por exemplo, fabricantes de barcos para a prática de esqui estão se defrontando com forte concorrência de barcos para esqui aquático porque os entusiastas de esportes aquáticos encaram o esqui como um esporte agradável e menos oneroso. Os usuários de caixas de papelão comparam constantemente o desempenho de caixas plásticas e de latas de metal. Os usuários de câmeras analisam a conveniência e o desempenho de cada marca antes de decidir a substituição de uma câmera com filme por uma câmera digital. A concorrência de substitutos com bom desempenho acarreta pressões competitivas sobre os participantes do setor visando incorporar novas características e atributos de desempenho que tornam mais competitiva a oferta de seus produtos.

3. *Se os custos que os compradores incorrem a fim de mudar para os substitutos são altos ou baixos.* Custos elevados impedem a mudança para substitutos ao passo que custos reduzidos tornam mais fácil para os vendedores de substitutos atraentes cativar os compradores para adquirirem seus produtos[8]. Os custos de mudança típicos incluem o tempo e a inconveniência que podem estar envolvidos, os custos de equipamento adicional, o tempo e o custo para testar a qualidade e a confiabilidade do substituto, os custos psicológicos de interromper relacio-

Figura 3.6 **Fatores Que Afetam a Concorrência de Produtos Substitutos**

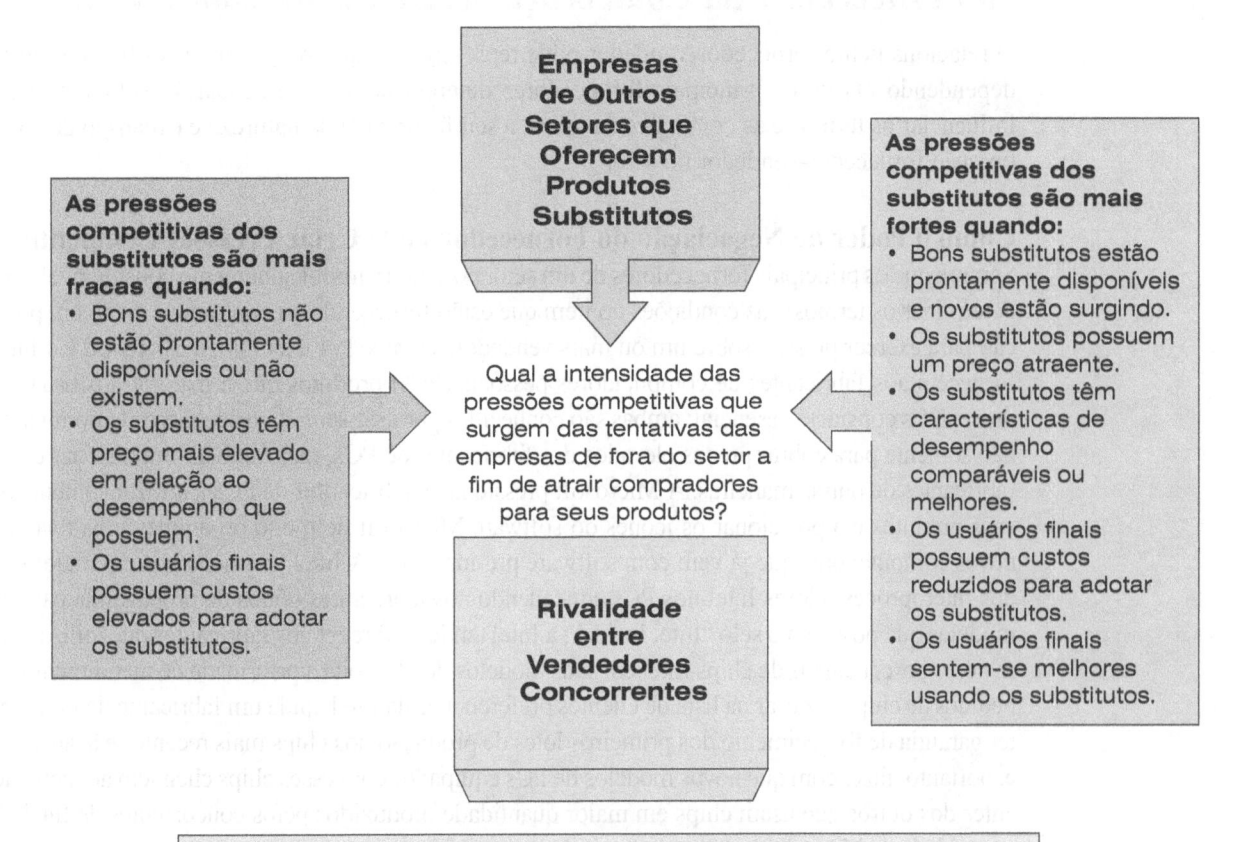

```
                    ┌─────────────────┐
                    │    Empresas     │
                    │   de Outros     │
                    │   Setores que   │
                    │    Oferecem     │
                    │    Produtos     │
                    │   Substitutos   │
                    └─────────────────┘
                             │
                             ▼
```

As pressões competitivas dos substitutos são mais fracas quando:
- Bons substitutos não estão prontamente disponíveis ou não existem.
- Os substitutos têm preço mais elevado em relação ao desempenho que possuem.
- Os usuários finais possuem custos elevados para adotar os substitutos.

Qual a intensidade das pressões competitivas que surgem das tentativas das empresas de fora do setor a fim de atrair compradores para seus produtos?

Rivalidade entre Vendedores Concorrentes

As pressões competitivas dos substitutos são mais fortes quando:
- Bons substitutos estão prontamente disponíveis e novos estão surgindo.
- Os substitutos possuem um preço atraente.
- Os substitutos têm características de desempenho comparáveis ou melhores.
- Os usuários finais possuem custos reduzidos para adotar os substitutos.
- Os usuários finais sentem-se melhores usando os substitutos.

Sinais de Que a Concorrência dos Substitutos É Forte
- As vendas dos substitutos estão aumentando mais rapidamente que as do setor analisado (uma indicação de que os vendedores de substitutos estão conquistando clientes do setor em questão).
- Os produtores de substitutos estão tomando medidas para aumentar a capacidade.
- Os lucros dos produtos de substitutos estão aumentando.

namentos antigos com fornecedores e estabelecer novos, os pagamentos por assistência técnica para fazer a mudança e os custos de retreinamento dos funcionários. Custos de mudança elevados podem enfraquecer materialmente as pressões competitivas a que os participantes do setor estão sujeitos, a não ser que os vendedores de produtos substitutos sejam bem-sucedidos em compensar os altos custos de mudança com descontos de preço atraentes ou melhorias adicionais de desempenho.

A Figura 3.6 resume as condições que determinam se as pressões competitivas dos produtos substitutos são fortes, moderadas ou fracas.

Como regra geral, quanto menor o preço dos substitutos, maior sua qualidade e desempenho e quanto menores os custos de mudança do usuário, mais intensas se tornam as pressões competitivas provocadas pelos produtos substitutos. Outros indicadores de mercado da força competitiva dos produtos substitutos incluem: (1) se as vendas dos substitutos estão crescendo mais rápido que as vendas do setor analisado (um sinal de que os vendedores de substitutos podem estar conquistando clientes do setor em questão), (2) se os produtores de substitutos estão tomando medidas para aumentar a capacidade e (3) se os lucros dos produtores de substitutos estão aumentando.

Pressões Competitivas Que Surgem do Poder de Negociação do Fornecedor e da Colaboração entre Fornecedor e Vendedor

O relacionamento fornecedor-vendedor pode representar uma força competitiva fraca ou forte dependendo (1) de os principais fornecedores deterem poder de negociação suficiente para influenciar os termos e as condições da oferta a seu favor e (2) da natureza e expansão da colaboração fornecedor-vendedor no setor.

Como o Poder de Negociação do Fornecedor Pode Criar Pressões Competitivas
Sempre que os principais fornecedores de um setor possuírem impulsionamento considerável para determinar os termos e as condições do item que estão fornecendo, encontram-se então em posição para exercer pressão sobre um ou mais vendedores rivais. Por exemplo, a Microsoft e a Intel fornecem aos fabricantes de computadores pessoais (PCs) produtos que a maioria dos usuários desses PCs considera essencial; ambas são conhecidas por usar seus status de mercado dominante não somente para cobrar preços elevados dos fabricantes de PCs, mas também impulsionar esses fabricantes de outras maneiras. A Microsoft pressiona os fabricantes de PCs a utilizar somente os seus produtos e a posicionar os ícones do software Microsoft de modo proeminente na tela dos novos computadores que já vêm com software pré-instalado. A Intel pressiona por um maior uso dos microprocessadores Intel nos PCs concedendo aos fabricantes bônus de propaganda para os modelos que possuem o selo "Intel Inside"; a Intel tende a oferecer aos fabricantes que utilizam as maiores porcentagens de chips Intel em seus modelos de PCs toda a prioridade no atendimento de pedidos de chips. Figurar na lista de clientes preferenciais da Intel ajuda um fabricante de PC a obter garantia de fornecimento dos primeiros lotes de produção dos chips mais recentes e avançados e, portanto, fazer com que novos modelos de PCs equipados com esses chips cheguem ao mercado antes dos outros que usam chips em maior quantidade produzidos pelos concorrentes da Intel. A capacidade da Microsoft e da Intel para pressionar os fabricantes de PCs a optarem por tratamento preferencial de algum tipo afeta, por sua vez, a concorrência entre os fabricantes de PCs.

Vale a pena citar diversos outros casos do poder de negociação do fornecedor. Os varejistas de pequeno porte defrontam-se na maioria das vezes com o poder dos fabricantes cujos produtos valem-se de marcas de prestígio e muito respeitadas; quando um fabricante sabe que um varejista tem necessidade de oferecer seu produto porque os consumidores esperam encontrá-lo nas prateleiras das lojas de varejo onde compram, o fabricante geralmente possui algum grau de poder de fixação de preços e também pode pressionar por uma localização favorável na prateleira. Os fabricantes de veículos automotores normalmente exercem poder considerável sobre os termos e condições adotadas no fornecimento de novos veículos a seus concessionários independentes. Os operadores de unidades franqueadas de redes como McDonald's, Dunkin'Donuts, Pizza Hut, Sylvan Learning Centers e Hampton Inns concordam freqüentemente em não apenas adquirir alguns de seus suprimentos do franqueador, a preços e termos favoráveis a este fornecedor, mas também em operar suas instalações da maneira imposta pelo franqueador.

O poder elevado de negociação do fornecedor representa um fator competitivo nos setores nos quais os candidatos foram capazes de organizar as equipes de trabalho de alguns participantes do setor, mas não de outros; aqueles participantes que precisam negociar salários, benefícios e condições de trabalho com sindicatos poderosos (que controlam a oferta de mão-de-obra), muitas vezes deparam-se com custos de mão-de-obra mais elevados do que seus concorrentes, com equipes de trabalho não sindicalizadas. Quanto maior a defasagem entre o custo da mão-de-obra sindicalizada e a não-sindicalizada em um setor, mais os participantes de um setor sindicalizado precisam apressar-se a fim de identificar maneiras para diminuir a pressão competitiva associada à sua desvantagem nos custos de mão-de-obra. Custos elevados de mão-de-obra estão provando ser um grande empecilho competitivo para redes de supermercados sindicalizadas como Kroger e Safeway na tentativa de lutar contra os ganhos de participação de mercado obtidos pelo Wal-Mart no varejo em supermercados — o Wal-Mart possui uma força de trabalho não sindicalizada e os preços dos artigos em seus supercenters tendem a ser 5% a 20% menores do que aqueles nas redes de supermercados sindicalizadas.

Os fatores que determinam se algum dos fornecedores de um setor encontra-se em posição de exercer um poder de negociação ou uma alavancagem substancial são muito claros[9]:

- *Quando o item fornecido é uma commodity que se encontra prontamente disponível em muitos fornecedores ao preço vigente no mercado.* Os fornecedores possuem pouco ou nenhum poder de negociação ou alavancagem sempre que os participantes da indústria têm condição para adquirir aquilo que precisam a preços competitivos de quaisquer fornecedores alternativos e dispostos a vender, talvez dividindo suas compras entre dois ou mais fornecedores a fim de promover uma concorrência acalorada pelos pedidos. Os fornecedores de commodities possuem poder de mercado somente quando os suprimentos possuem pouca oferta e os participantes do setor têm muita necessidade de assegurar os itens de que precisam a ponto de concordar com termos mais favoráveis para os fornecedores.

- *Quando alguns poucos grandes fornecedores são a fonte principal de um item específico.* Os principais fornecedores podem se valer da alavancagem de preços a não ser que tenham de suportar capacidade ociosa e então se apressem a fim de assegurar pedidos adicionais para seus produtos. Há mais dificuldade em obter concessões dos principais fornecedores com boa reputação e demanda forte, do que dos fornecedores que lutam para ampliar sua base de clientes ou utilizar mais plenamente sua capacidade de produção.

- *Quando for difícil ou oneroso para os participantes do setor mudarem suas compras de um fornecedor para outro ou mudarem para insumos substitutos atraentes.* Custos elevados de mudança sinalizam um poder de negociação considerável por parte dos fornecedores, ao passo que os custos reduzidos e a alta disponibilidade de insumos substitutos sinalizam um poder de negociação fraco. As engarrafadoras de refrigerantes, por exemplo, podem opor-se ao poder de negociação dos fornecedores de latas de alumínio mudando ou ameaçando mudar para um maior uso de recipientes de plástico ou introduzindo estilos mais atraentes de recipientes plásticos.

- *Quando há pouca oferta de determinados insumos necessários.* Os fornecedores de itens com oferta reduzida possuem certo grau de poder de fixação de preços, ao passo que a disponibilidade súbita de itens específicos enfraquece grandemente o poder de fixar preços e a alavancagem de negociação.

- *Quando determinados fornecedores oferecem um insumo diferenciado que melhora o desempenho ou a qualidade do produto do setor.* Quanto mais valioso for um determinado item em termos de melhoria de desempenho ou qualidade dos produtos dos participantes do setor ou do aumento de eficiência de seus processos de produção, maior a alavancagem de negociação que seus fornecedores têm probabilidade de possuir.

- *Quando determinados fornecedores oferecem equipamentos ou serviços que proporcionam eficiência considerável na redução de custos para os participantes do setor na operação de seus processos produtivos.* As empresas que fornecem um equipamento que reduz custos ou oferecem outros serviços valiosos ou necessários relacionados à produção têm probabilidade de possuir alavancagem de negociação. Os participantes do setor que não adquirem de tais fornecedores podem deparar-se com uma desvantagem de custos e, sob pressão competitiva, concordar com os termos favoráveis aos fornecedores.

- *Quando os fornecedores oferecem um item que representa uma fração considerável dos custos do produto do setor.* Quanto maior o custo de uma peça ou componente específico, maior a probabilidade de que o padrão da concorrência no mercado seja afetado pelas ações dos fornecedores no aumento ou na redução de seus preços.

- *Quando os participantes do setor são clientes importantes dos fornecedores.* Como regra geral os fornecedores possuem menor alavancagem de negociação quando suas vendas aos participantes de um setor específico representam uma grande porcentagem de suas vendas totais. Em tais casos a satisfação dos fornecedores relaciona-se de perto com a satisfação de seus principais clientes. Os fornecedores possuem então um grande incentivo para proteger e aumentar a competitividade de seus clientes por meio de preços razoáveis, qualidade excepcional e avanços contínuos na tecnologia dos itens fornecidos.

- *Quando é um bom negócio os participantes do setor se integrarem verticalmente e fabricarem sozinhos os itens que vinham comprando de fornecedores.* Produzir ou comprar geralmente se resume à possibilidade de os fornecedores especializados na produção de uma peça ou componente específico, para diferentes clientes, possuírem a especialização e as economias de escala para fornecer componentes igualmente bons ou superiores a um custo menor do que os participantes do setor poderiam conseguir por fabricação própria. Freqüentemente é difícil para os participantes do setor fabricarem sozinhos peças e componentes de modo mais econômico em comparação ao preço dos fornecedores que se especializam na fabricação de tais itens. Por exemplo, a maioria dos produtores de equipamentos mecânicos (cortadores de grama, rotavatores, removedor de folhas etc.) considera mais econômico comprar os motores pequenos de que precisam de fabricantes externos do que produzir seus próprios motores porque a quantidade de que necessitam é muito pequena para justificar o investimento em instalações industriais, dominar o processo de produção e obter economias de escala. As empresas especializadas na fabricação de motores pequenos, ao fornecerem muitos tipos de motores a todo o setor de equipamentos mecânicos, podem conseguir um volume de vendas suficientemente grande para valerem-se integralmente de economias de escala, tornarem-se proficientes em todas as técnicas de fabricação e manterem os custos em um nível baixo. Como regra geral os fornecedores estão a salvo da ameaça de seus clientes fabricarem sozinhos *até* que o volume de peças de um cliente torne-se suficientemente grande para que esse cliente justifique a integração vertical, levando à fabricação do componente. Os fornecedores também adquirem poder de negociação quando possuem os recursos e o incentivo de lucro para se integrarem ao setor dos clientes a quem fornecem e tornarem-se desse modo rivais poderosos.

A Figura 3.7 resume as condições que tendem a tornar o poder de negociação do fornecedor forte ou fraco.

De Que Modo as Parcerias Vendedor-Fornecedor Podem Criar Pressões Competitivas

Em um número cada vez maior de setores os vendedores estão estabelecendo parcerias estratégicas com fornecedores selecionados visando (1) reduzir os custos de estocagem e de logística (por exemplo, por meio de entregas *just-in-time*), (2) acelerar a disponibilidade de componentes da próxima geração, (3) melhorar a qualidade das peças e componentes fornecidos e reduzir o número de defeitos e (4) obter reduções de custo importantes para si mesmos e para seus fornecedores. Numerosas aplicações de tecnologia da internet encontram-se atualmente disponíveis permitindo o compartilhamento de dados em tempo real, a eliminação de documentos e a obtenção de economias de custo ao longo de toda a cadeia de suprimentos. Diversos benefícios de uma colaboração eficaz entre vendedor e fornecedor podem traduzir-se em vantagem competitiva para os participantes do setor que realizam o melhor trabalho no gerenciamento das relações na cadeia de suprimentos.

A Dell Computer tem utilizado a parceria estratégica com fornecedores importantes como um elemento-chave em sua estratégia para ser o fornecedor de PCs, servidores e estações de trabalho de marca com o custo mais baixo no mundo. Em virtude de a Dell haver gerenciado suas relações na cadeia de suprimentos de um modo que contribui para uma vantagem competitiva de custo baixo e qualidade elevada no suprimento de componentes, ela exerceu enorme pressão sobre seus concorrentes produtores de PCs para tentarem imitar suas práticas de gerenciamento da cadeia de supri-

Figura 3.7 **Fatores Que Afetam o Poder de Negociação dos Fornecedores**

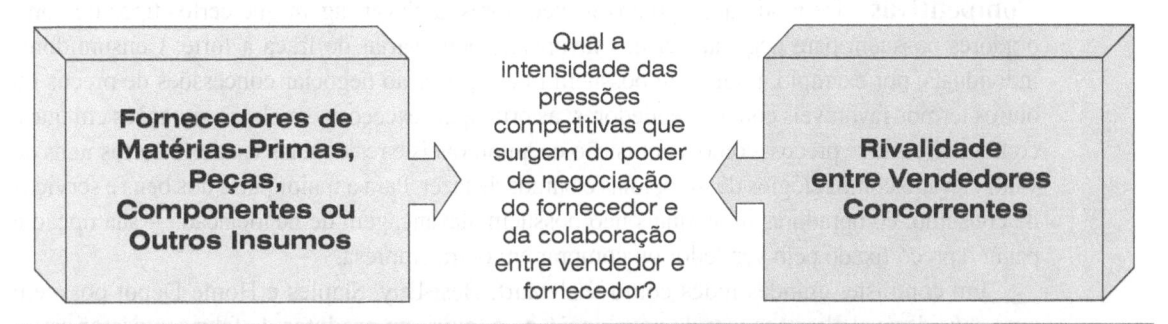

Fornecedores de Matérias-Primas, Peças, Componentes ou Outros Insumos → Qual a intensidade das pressões competitivas que surgem do poder de negociação do fornecedor e da colaboração entre vendedor e fornecedor? ← **Rivalidade entre Vendedores Concorrentes**

O poder de negociação do fornecedor é mais forte quando:
- Os participantes do setor incorrem em custos elevados a fim de mudar suas compras para fornecedores alternativos.
- Os insumos necessários possuem oferta reduzida (o que concede aos fornecedores maior alavancagem na fixação de preços).
- Um fornecedor possui um insumo diferenciado que aumenta qualidade ou o desempenho dos produtos dos vendedores ou é uma parte valiosa ou importante do processo produtivo dos vendedores.
- Existem apenas alguns poucos fornecedores de determinado insumo.
- Alguns fornecedores ameaçam atuar no setor dos participantes e talvez se tornem concorrentes poderosos.

O poder de negociação do fornecedor é mais fraco quando:
- O item fornecido é uma commodity prontamente disponível em muitos fornecedores ao preço de mercado em vigor.
- Os custos de mudança do vendedor para fornecedores alternativos são baixos.
- Existem bons insumos substitutos ou surgem novos.
- Existe uma grande disponibilidade momentânea de suprimentos (diminuindo consideravelmente desse modo o poder de fixação de preços dos fornecedores).
- Os participantes do setor representam uma grande parte das vendas totais dos fornecedores e as compras contínuas de volume elevado são importantes para a estabilidade dos fornecedores.
- Os participantes do setor representam uma ameaça, podendo adotar a integração vertical, prejudicando os negócios dos fornecedores ao optarem pela fabricação própria segundo as necessidades que possuem.
- A colaboração ou parceria do vendedor com fornecedores selecionados proporciona oportunidades para ambas as partes obterem vantagens atraentes.

mentos. As parcerias eficazes com os fornecedores por parte de um ou mais participantes do setor podem tornar-se, portanto, uma fonte importante de pressão competitiva para as demais empresas.

Quanto mais oportunidades existirem para iniciativas "ganha-ganha" entre a empresa e seus fornecedores, menos o relacionamento é caracterizado pela superioridade de uma das partes na negociação. Parcerias em colaboração entre uma empresa e um fornecedor tendem a durar enquanto o relacionamento estiver produzindo benefícios valiosos para ambas as partes. Somente se um parceiro fornecedor estiver sendo suplantado por fornecedores alternativos é que uma empresa provavelmente mudará de fornecedor, incorrendo em custos e despendendo esforços para criar um relacionamento de trabalho com um fornecedor diferente.

Pressões Competitivas Que Se Originam do Poder de Negociação do Comprador e da Colaboração entre Vendedor e Comprador

O fato de o relacionamento entre vendedor e comprador representar uma força competitiva fraca ou forte depende: (1) de alguns ou muitos compradores terem alavancagem de negociação suficiente para obter concessões de preço e de outros termos e condições de venda favoráveis e (2) da extensão e da importância competitiva das parcerias estratégicas entre vendedor e comprador no setor.

De Que Modo o Poder de Negociação do Comprador Pode Criar Pressões Competitivas

De modo análogo aos fornecedores, a alavancagem que certos tipos de compradores possuem para negociar termos favoráveis pode variar de fraca a forte. Consumidores individuais, por exemplo, raramente possuem muito poder ao negociar concessões de preços ou outros termos favoráveis com os vendedores; as principais exceções envolvem situações em que é comum discutir-se preços, como a aquisição de automóveis e residências usados e certos itens de valor elevado como relógios de luxo, jóias e barcos de lazer. Para a maior parte dos bens e serviços de consumo, compradores individuais não possuem alavancagem de negociação — sua opção é pagar o preço fixado pelo vendedor ou comprar em outra empresa.

Em contraste, grandes redes como Wal-Mart, Best Buy, Staples e Home Depot possuem uma considerável alavancagem de negociação ao adquirirem produtos de fabricantes por causa da necessidade que estes possuem de uma grande exposição no varejo e a localização mais atraente nas prateleiras. Os varejistas podem estocar duas ou três marcas concorrentes de um produto, porém raramente todas as marcas concorrentes e, portanto, a concorrência entre os fabricantes por visibilidade nas prateleiras dos varejistas que operam com muitas lojas populares permite que esses varejistas adquiram uma força de negociação significativa. Redes de supermercado importantes como Kroger, Safeway e Royal Ahold, que proporcionam acesso a milhões de compradores de mantimentos, possuem poder de negociação suficiente para exigir concessões promocionais e pagamentos dos fornecedores de produtos alimentícios para estocar certas marcas ou colocá-las na melhor posição nas prateleiras. Fabricantes de veículos automotores possuem poder de negociação elevada ao discutirem a compra de pneus novos com a Goodyear, a Michelin, a Bridgestone/Firestone, a Continental e a Pirelli não apenas por comprarem em grandes quantidades, mas também pelo fato de os fabricantes de pneus julgarem que obtêm vantagem ao fornecer pneus de reposição aos proprietários de veículos caso sua marca faça parte dos acessórios originais do veículo. Compradores de "prestígio" possuem um grau alto de poder na negociação com os vendedores porque a reputação de um vendedor ganha destaque ao ter compradores de prestígio em sua relação de clientes.

Mesmo se os compradores não adquirem em grandes quantidades ou não oferecem destaque ou prestígio no mercado a um vendedor, eles conseguem um grau de alavancagem de negociação nas seguintes circunstâncias[10]:

- *Quando os custos de mudança dos compradores para marcas concorrentes ou substitutas são relativamente pequenos.* Os compradores que podem mudar facilmente de marca ou utilizar diversas fontes supridoras possuem maior alavancagem de negociação do que os compradores que têm custos elevados para mudar. Quando os produtos de vendedores concorrentes são praticamente idênticos, torna-se relativamente fácil os compradores mudarem constantemente de vendedor a um custo reduzido ou inexistente; e os vendedores podem estar dispostos a fazer concessões para conquistar ou manter os negócios ofertados por um comprador.

- *Quando o número de compradores é pequeno ou quando um cliente é particularmente importante para um vendedor.* Quanto menor o número de compradores, maior a dificuldade para os vendedores identificarem compradores alternativos quando um cliente é conquistado por um concorrente. A perspectiva de perder um cliente difícil de substituir muitas vezes torna um vendedor mais propenso a fazer concessões de algum tipo.

- *Quando a demanda dos compradores é fraca e os vendedores apressam-se para assegurar vendas adicionais de seus produtos.* Uma demanda fraca ou decrescente cria um "mercado comprador"; inversamente, uma demanda forte ou em crescimento rápido cria um "mercado vendedor" e transfere para os vendedores o poder de negociação.

- *Quando os compradores estão bem informados sobre os produtos, os preços e os custos dos vendedores.* Quanto mais informações têm os compradores, melhor a posição de negociação em que se encontram. A disponibilidade crescente de informações sobre produtos na internet está proporcionando maior poder de negociação para as pessoas. Os compradores podem usar facilmente a internet para comparar preços e características de pacotes de viagem, procurar as melhores taxas de juro para hipotecas e empréstimos e encontrar os melhores preços para itens caros como câmeras digitais. Pessoas que buscam melhor preço podem procurar o preço mais baixo pela internet e usar esta informação para negociar um valor favorável com os varejistas locais; esse método está se tornando comum na compra de veículos automotores novos e usados. Além disso, a internet criou oportunidades para fabricantes, atacadistas, varejistas e algumas vezes pessoas físicas formarem grupos de compra on-line, unindo o seu poder de compra e conseguindo dos fornecedores melhores condições do que poderiam ser obtidas individualmente. Os grupos de compra espalhados geograficamente de um fabricante multinacional podem usar a tecnologia da internet para agrupar seus pedidos a fornecedores de peças e componentes e negociar descontos em função do volume. Os responsáveis por compras em algumas companhias estão se juntando em sites de terceiros para agrupar as compras corporativas a fim de obter melhores condições ou um tratamento especial.

- *Quando compradores ameaçam tomar uma atitude verossímil na área dos vendedores.* Empresas como Anheuser-Busch, Coors e Heinz passaram a fabricar latas a fim de ter poder de negociação ao comprarem o restante de suas necessidades de latas das fabricantes que, de outra forma, seriam poderosas. Os varejistas ganham poder de negociação estocando e promovendo suas próprias marcas juntamente com aquelas dos fabricantes. O Wal-Mart, por exemplo, optou por concorrer com a Procter & Gamble (P&G), seu maior fornecedor, usando sua própria marca de sabão em pó para lavar roupa (Sam's American Choice), que tem um preço 25% a 30% menor que o Tide da P&G.

- *Quando compradores decidem se comprarão o produto e em que ocasião.* Muitos consumidores, caso não estejam satisfeitos com as atuais ofertas de utensílios domésticos, banheiras ou home theaters podem estar em posição de postergar a compra até que os preços e as condições de financiamento melhorem. Se os clientes empresariais não estão satisfeitos com os preços ou as características de segurança dos sistemas de software pagos à vista, eles podem adiar a compra até que produtos da próxima geração tornem-se disponíveis ou tentar desenvolver seu próprio software. Se os alunos universitários julgam que os preços de livros didáticos novos são muito altos, podem adquirir livros usados.

A Figura 3.8 ressalta os fatores responsáveis por tornar o poder de negociação forte ou fraco.

Um aspecto final para se ter em mente é que *nem todos os compradores dos produtos de um setor possuem o mesmo grau de poder de negociação perante os vendedores* e alguns podem ser menos sensíveis do que outros em termos de diferenças de preço, qualidade ou atendimento. Por exemplo, os varejistas independentes de pneus possuem menor poder de negociação ao adquirirem pneus do que a Honda, a Ford e a DaimlerChrysler (que compram em quantidades muito maiores) e também são menos preocupados com a qualidade. Os fabricantes de veículos automotores são muito detalhistas quanto à qualidade e ao desempenho dos pneus por causa dos efeitos no desempenho do veículo e discutem muito com os fabricantes de pneus o preço e a qualidade. Os fabricantes de vestuário deparam-se com o grande poder de negociação de grandes varejistas como JCPenny, Macy's ou L. L. Bean, porém podem obter preços muito melhores vendendo para pequenas lojas de vestuário gerenciadas pelos proprietários.

De Que Modo as Parcerias Vendedor-Comprador Podem Criar Pressões Competitivas
Parcerias entre vendedores e compradores constituem um elemento cada vez mais importante do quadro competitivo no *relacionamento entre empresas* (em oposição ao relacionamento entre empresa e consumidor). Muitos vendedores que fornecem produtos para clientes empresariais constataram ser de interesse mútuo colaborar de perto em áreas como entregas *just-in-time*, processamento de pedidos, pagamento eletrônico de faturas e compartilhamento de dados. O Wal-Mart, por exemplo, informa os fornecedores com os quais se relaciona (como a Procter & Gamble) sobre as vendas diárias em cada uma de suas lojas para que os fabricantes

Figura 3.8 **Fatores Que Afetam o Poder de Negociação dos Compradores**

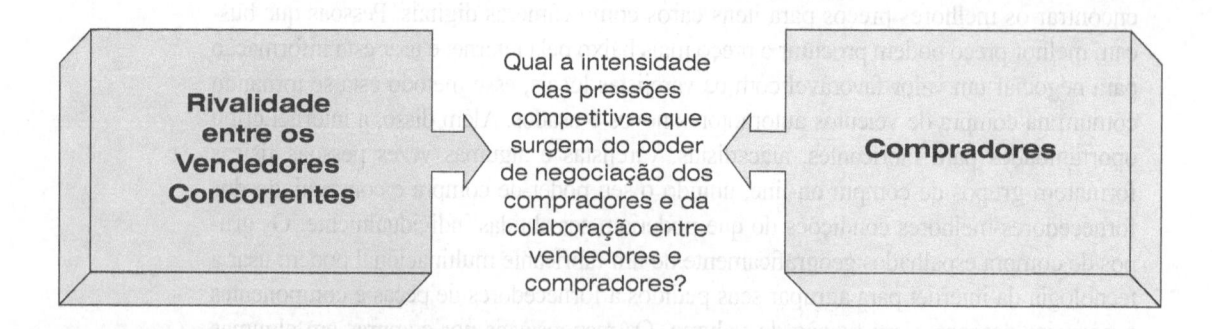

```
[Rivalidade entre os Vendedores Concorrentes]  →  Qual a intensidade das pressões competitivas que surgem do poder de negociação dos compradores e da colaboração entre vendedores e compradores?  ←  [Compradores]
```

O poder de negociação do comprador é maior quando:
- Os custos de mudança do comprador para marcas concorrentes ou produtos substitutos são pequenos.
- Os compradores são de grande porte e podem exigir concessões ao adquirirem grandes quantidades.
- As compras em grande volume feitas pelos compradores são importantes para os vendedores.
- A demanda dos compradores é fraca ou está diminuindo.
- Existem apenas poucos compradores, de modo que as compras de cada um são importantes para os vendedores.
- A identidade do comprador traz prestígio à lista de clientes do vendedor.
- A quantidade e a qualidade das informações disponíveis aos compradores tornam-se melhores.
- Os compradores têm a capacidade para postergar compras até uma ocasião futura caso não apreciem as atuais condições ofertadas pelos vendedores.
- Alguns compradores podem representar uma ameaça quanto a atuar na área de negócios dos vendedores e tornarem-se concorrentes importantes.

O poder de negociação do comprador é mais fraco quando:
- Os compradores adquirem o produto esporadicamente ou em pequenas quantidades.
- Os custos de mudança do comprador para marcas concorrentes são elevados.
- Ocorre um período de grande demanda por parte dos compradores que dá origem a um "mercado vendedor".
- A reputação da marca de um vendedor é importante para um comprador.
- Um produto específico de um vendedor oferece qualidade ou desempenho que é muito importante para o comprador e não tem correspondente em outras marcas.
- A colaboração ou a parceira do comprador com vendedores selecionados proporciona oportunidades atraentes de ganho para ambas as partes.

possam ter estoques suficientes nos centros de distribuição Wal-Mart a fim de manter as gôndolas de cada loja plenamente estocadas. A Dell fez uma parceria com seus maiores clientes de PCs a fim de criar sistemas on-line para mais de 50 mil clientes empresariais, proporcionando a seus colaboradores informações sobre configurações aprovadas do produto, preços globais, ordens de compra sem burocracia, acompanhamento em tempo real do pedido, faturamento, histórico de compras e outras ferramentas de eficiência. A Dell instala na fábrica o software de um cliente e inclui marcadores para minimizar o tempo de acesso; também ajuda os clientes a fazerem a atualização de seus sistemas de PCs para o hardware e software de próxima geração. As parcerias da Dell com seus clientes corporativos criaram uma pressão competitiva significativa sobre outros fabricantes de PCs.

A Intensidade Conjunta das Cinco Forças Competitivas Conduz a uma Boa Lucratividade?

Analisar cada uma das cinco forças competitivas proporciona um diagnóstico detalhado de como é a concorrência em determinado mercado. Depois de o estrategista ter obtido uma compreensão das pressões competitivas específicas que fazem parte de cada força e determinado se essas pressões constituem uma força competitiva intensa, moderada ou fraca, o próximo passo consiste em avaliar a intensidade conjunta das cinco forças e determinar se o estado da concorrência conduz a uma boa lucratividade. O impacto coletivo das cinco forças competitivas é mais intenso do que o "normal"? Algumas das forças competitivas são suficientemente intensas para solapar a rentabilidade do setor? As empresas nesse setor podem ter a expectativa razoável de obter lucros decentes diante de forças competitivas prevalecentes?

O Setor Possui ou Não Atração em Termos Competitivos? *Como regra geral, quanto mais intenso o impacto conjunto das cinco forças competitivas, menor a lucratividade combinada dos participantes do setor.* O caso mais extremo de um setor sem atração competitiva ocorre quando todas as cinco forças estão produzindo pressões competitivas: a rivalidade entre os vendedores é acentuada, pequenas barreiras à entrada permitem que novos rivais se estabeleçam no mercado, a concorrência dos substitutos é intensa e fornecedores e clientes são capazes de obter considerável alavancagem de negociações. Pressões, competitivas acirradas, vindas de todas as cinco direções, quase sempre conduzem a lucratividade a níveis inaceitavelmente baixos, gerando com freqüência prejuízos para muitos participantes do setor e levando alguns à falência. Porém um setor pode não ter atração competitiva mesmo quando apenas algumas das cinco forças competitivas são intensas. Pressões competitivas fortes de apenas duas ou três das cinco forças podem ser suficientes para anular as condições de uma boa lucratividade e fazer com que algumas empresas deixem de atuar na área. A produção de drives de disco, por exemplo, é brutalmente competitiva; a IBM anunciou há pouco a venda de sua unidade de drives de disco para a Hitachi, tendo uma perda de mais de US$2 bilhões ao sair da área. Condições competitivas especialmente intensas parecem ser a norma na produção de pneus e vestuário, dois setores em que as margens de lucro têm sido historicamente reduzidas.

> Quanto mais intensas as forças da concorrência, mais difícil para que os participantes do setor obtenham lucros atraentes.

Em contraste, quando o impacto coletivo das cinco forças competitivas é de moderado a fraco, um setor possui atração competitiva porque os participantes podem ter razoáveis esperanças de obter bons lucros e um retorno do investimento apreciável. O ambiente competitivo ideal para obter lucros maiores é aquele em que fornecedores e clientes possuem posições de negociação fracas, não há bons substitutos, barreiras elevadas bloqueiam a entrada adicional e a rivalidade entre os atuais vendedores gera somente pressões competitivas moderadas. A concorrência fraca é a melhor das situações possíveis para as companhias perdedoras porque geralmente até elas podem obter um lucro decente — se uma empresa não consegue lucro decente quando a concorrência é fraca, sua perspectiva empresarial de fato é péssima.

Na maioria dos setores, a intensidade coletiva das cinco forças situa-se em alguma posição próxima dos dois extremos – muito intensa e muito fraca – em geral variando de ligeiramente mais intensa do que o normal para ligeiramente mais fraca do que o normal e permitindo que organizações bem administradas com excelentes estratégias obtenham lucros atraentes.

A Combinação da Estratégia da Empresa com as Condições Competitivas Empregar o modelo das cinco forças passo a passo não somente auxilia os criadores de estratégias a avaliar se a intensidade da concorrência permite uma boa lucratividade, mas também promove pensamento estratégico fundamentado sobre como combinar a estratégia da empresa ao caráter competitivo específico do mercado. Combinar eficazmente a estratégia de uma organização às condições competitivas prevalecentes possui dois aspectos:

> A estratégia de uma empresa é cada vez mais eficaz quanto mais oferecer alguma proteção contra pressões competitivas e alterar a batalha competitiva a seu favor.

1. Procurar caminhos que protejam a empresa, o máximo possível, das diferentes pressões competitivas.

2. Iniciar ações planejadas para produzir vantagem competitiva sustentável e talvez até mesmo definir o modelo empresarial para o setor.

Porém avançar nesses dois *fronts* requer inicialmente a identificação das pressões competitivas, avaliando a intensidade de cada uma das cinco forças competitivas e obtendo conhecimento suficientemente profundo do estado da concorrência no setor para entender que estratégia adotar.

3ª PERGUNTA: QUE FATORES ESTÃO IMPELINDO A MUDANÇA NO SETOR E QUE IMPACTOS TERÃO?

As condições atuais em um setor não revelam necessariamente muito a respeito do modo estrategicamente relevante pelo qual o ambiente setorial está se alterando. Todos os setores são caracterizados por tendências e novos acontecimentos que, de modo gradual ou acelerado, produzem modificações bastante importantes para exigir uma resposta estratégica das empresas participantes. Uma hipótese difundida afirma que os setores passam por um ciclo de vida de decolagem, crescimento rápido, maturidade precoce e crescimento em desaceleração, saturação do mercado e estagnação ou declínio. Essa hipótese ajuda a explicar as mudanças no setor — porém está longe de ser completa[11]. Existem mais causas para as mudanças em um setor do que o avanço normal ao longo do ciclo de vida — elas precisam ser identificadas e seus impactos compreendidos.

O Conceito de Forças Motrizes

Conceito Central
As condições no setor mudam porque forças importantes *impelem* os participantes do setor (concorrentes, clientes ou fornecedores) a modificar suas ações; as **forças motrizes** em um setor são as *principais causas subjacentes* de mudança no setor e nas condições competitivas — elas exercem a maior influência no modo como o panorama setorial será alterado. Algumas forças motrizes originam-se no círculo externo do macroambiente e outras no círculo interno.

Embora seja importante acompanhar onde um setor se encontra no ciclo de vida, existe mais valor analítico na identificação dos outros fatores que podem ser até mesmo impulsionadores mais fortes da mudança setorial e competitiva. O aspecto a ser ressaltado é que o setor e as condições competitivas alteram-se porque as forças estão incentivando ou pressionando certos participantes (concorrentes, clientes, fornecedores) a alterar suas ações de modo relevante[12]. Os agentes de mudança mais poderosos são denominados *forças matrizes* por exercerem a maior influência na recomposição do panorama setorial e alterarem as condições competitivas. Algumas forças motrizes originam-se do círculo externo do macroambiente da empresa (veja a Figura 3.2), porém a maioria se origina no ambiente setorial e competitivo mais imediato.

A análise das forças motrizes desenvolve-se em três passos: (1) identificar as forças motrizes, (2) avaliar se os impulsionadores da mudança estão, no topo, agindo para tornar o setor mais ou menos atraente e (3) determinar que mudanças estratégicas são necessárias para fazer face aos impactos das forças motrizes. Todos os três passos merecem uma discussão adicional.

Identificar as Forças Motrizes de um Setor

Muitos acontecimentos podem afetar um setor de modo suficientemente intenso para serem considerados forças motrizes. Alguns impulsionadores da mudança são únicos e específicos de determinada situação em um setor, porém a maioria dos impulsionadores do setor e da mudança competitiva recai em uma das seguintes categorias[13]:

- *Capacitação e aplicativos novos que surgem na internet.* Desde o final da década de 1990 a internet passou a fazer parte das operações do dia-a-dia das empresas e do tecido social da vida em todo o planeta. O uso crescente da internet, a sua aceitação cada vez maior nas compras, o surgimento do serviço de alta velocidade e da tecnologia Voz sobre Protocolo da Internet (VoIP) e uma série sempre crescente de aplicativos e capacitações têm atuado como impulsionadores importantes em diversos setores.

As empresas estão empregando cada vez mais a internet para (1) colaborar de perto com fornecedores e organizar suas cadeias de suprimento e (2) renovar as operações internas e obter redução de custos. Os fabricantes podem usar seus sites para acessar diretamente os clientes em vez de distribuir seus produtos exclusivamente pelos canais atacadista e varejista. Empresas de todos os tipos podem usar lojas virtuais para ampliar seu alcance geográfico e disputar vendas em áreas onde não tinham uma presença anterior. A capacidade das organizações para chegar aos consumidores por meio da internet aumenta o número de concorrentes que uma empresa enfrenta e muitas vezes aumenta a rivalidade, confrontando vendedores que só atuam on-line com vendedores que atuam segundo os padrões usuais. A internet dá aos compradores capacidade sem precedentes para pesquisar as ofertas de produtos dos concorrentes e procurar no mercado o melhor valor. A capacidade cada vez maior dos consumidores para fazer o download de músicas por meio de compartilhamento de arquivos ou de lojas de música on-line alterou profundamente e remodelou o setor e as lojas tradicionais de tijolo e cimento. O uso disseminado do e-mail alterou para sempre a atividade de transmissão de fax e as receitas provenientes do envio de cartas registradas pelos serviços postais em todo o mundo. A videoconferência pela internet pode prejudicar a demanda por viagens de negócios. As ofertas de cursos on-line nas universidades têm o potencial de revolucionar a educação superior. A internet do futuro terá velocidade maior, aplicações espetaculares e mais de um bilhão de dispositivos conectados desempenhando uma variedade de funções, impulsionando desse modo mais mudanças setoriais e competitivas. Entretanto os impactos relacionados a ela variam de setor para setor. Os desafios consistem em avaliar precisamente como os avanços estão alterando o panorama de determinado setor e incluir esses impactos na equação da criação de estratégias.

- *Globalização crescente.* A concorrência começa a se deslocar de um foco principalmente regional ou nacional quando os participantes do setor começam a buscar clientes no mercado externo ou quando as atividades de produção passam a migrar para os países que possuem o menor custo. A globalização da concorrência começa de fato a impor-se quando uma ou mais empresas ambiciosas provocam uma corrida para a liderança no mercado mundial ao propor iniciativas visando a expansão de mercados externos. A globalização também pode ser provocada pelo surgimento da demanda dos consumidores em um número cada vez maior de países e pelas ações de autoridades governamentais para reduzir as barreiras ao intercâmbio ou abrir mercados anteriormente fechados aos concorrentes estrangeiros, como está ocorrendo em muitas partes da Europa, América Latina e Ásia. Diferenças significativas entre os países no custo da mão-de-obra oferecem aos fabricantes um grande incentivo para localizar fábricas de produtos que requerem mão-de-obra intensiva em países com salários baixos e usar essas fábricas para atender à demanda em escala mundial. Os salários na China, na Índia, em Cingapura, no México e no Brasil, por exemplo, são cerca de um quarto daqueles em vigor nos Estados Unidos, na Alemanha e no Japão. As forças da globalização algumas vezes atuam como um impulsionador tão forte a ponto de as empresas considerarem altamente vantajoso, ou mesmo necessário, disseminar seu alcance operacional em um número crescente de países. A globalização é um grande impulsionador da mudança setorial em indústrias como as de cartões de crédito, telefones celulares, câmeras digitais, equipamentos para golfe e esqui, veículos automotores, aço, petróleo, computadores pessoais, videogames, auditoria e publicação de livros didáticos.

- *Alterações na taxa de crescimento de um setor a longo prazo.* Mudanças no crescimento de um setor constituem uma força motriz para a alteração desse setor, afetando o equilíbrio entre a oferta e a demanda dos compradores, a entrada e a saída e o caráter e a intensidade da concorrência. Um surto repentino de demanda dos compradores provoca uma corrida entre as empresas já estabelecidas e as novas participantes para captar as novas oportunidades de vendas; organizações a participação de mercado secundária podem considerar uma reviravolta na demanda a oportunidade de ouro para lançar estratégias ofensivas a fim de ampliar sua base de clientes e avançar consideravelmente seu posicionamento. Uma diminuição no ritmo de crescimento da demanda significa quase sempre o presságio de rivalidade crescente e maiores esforços por parte de algumas empresas para manter suas altas taxas de crescimento capturando vendas e obtendo participação de mercado das mãos dos concorrentes. Se as vendas do setor tornarem-se repentinamente estagnadas ou começarem a diminuir após anos de aumento com taxas de dois dígitos, a concorrência certamente deverá intensificar-se à medida que os participantes se apressarem para conseguir os negócios disponíveis e as fusões e aquisições resultarem na consolidação do setor, que passa a ter um número menor de participantes com maior competitividade. As vendas estagnadas em geral incentivam as companhias de competitividade fraca e as orientadas ao crescimento a vender suas empresas para aquelas que decidem resistir até o fim; à medida que a demanda para os produtos do setor continuar a diminuir, os participantes remanescentes podem ser forçados a fechar as fábricas ineficientes e retroceder para uma base de produção menor, e todos esses fatores resultam em um cenário competitivo muito alterado.

- *Mudanças relativas a quem compra o produto e como as empresas o utilizam.* Alterações na configuração demográfica dos compradores e novas maneiras de uso do produto podem alterar o estado da concorrência quando: abrem caminho para a comercialização do produto de um setor por meio de uma combinação de concessionários e varejistas incentivam os produtores a ampliarem ou a diminuirem suas linhas de produto; fazem com que métodos diferentes de vendas e promoção sejam utilizados; e forçam ajustes nos serviços prestados aos clientes (crédito, assistência técnica, manutenção). A popularidade crescente do download de músicas da internet, o armazenamento de arquivos de música no disco rígido de PCs e a gravação de discos personalizados forçaram as gravadoras a reexaminar suas estratégias de distribuição e deram origem a perguntas a respeito do futuro das lojas de música tradicionais; ao mesmo tempo, estimularam a venda de gravadores e discos virgens. As expectativas de vida mais longa e as porcentagens crescentes de aposentados relativamente afluentes estão impulsionando mudanças em setores como os de planos de saúde, medicamentos, recreação e viagens de férias. A porcentagem crescente de residências com PCs e acesso à internet abre oportunidades para os bancos expandirem seus serviços de pagamento eletrônico de contas e para os varejistas transferirem on-line uma parte maior de seu atendimento aos clientes.

- *Inovação do produto.* A competição em um setor sempre é afetada por concorrentes que se apressam em ocupar a primeira posição na introdução de um produto novo ou na melhoria permanente dos produtos existentes. O fluxo contínuo de inovações do produto tende a alterar o padrão de concorrência em um setor ao atrair mais compradores novos, reincentivar o crescimento do setor e/ou criar uma diferenciação maior ou menor do produto entre os vendedores. Introduções bem-sucedidas de produtos novos reforçam as posições de mercado das empresas, geralmente à custa das empresas que se apegam a seus produtos antigos ou são lentas para lançar suas próprias versões do produto novo. A inovação do produto tem sido uma força motriz importante em setores como os de câmeras digitais, tacos de golfe, videogames, brinquedos e medicamentos.

- *Mudança tecnológica e inovação do processo de fabricação.* Os avanços na tecnologia podem alterar significativamente o cenário de um setor, tornando possível fabricar produtos novos e melhores a um custo menor e abrindo fronteiras totalmente novas no setor. Por exemplo a tecnologia Voz sobre Protocolo da Internet, ou Voz sobre IP (VoIP), deu origem a redes de telefone baseadas na internet e de custo baixo que estão atraindo um grande número de clientes que pertenciam às empresas de telefonia em todo o mundo (cuja tecnologia de custo mais elevado depende de conexões com fio por meio de fiação telefônica aérea e subterrânea). A tecnologia de tela plana para monitores de PC está destruindo a demanda por tubos de raios catódicos tradicionais. A tela de cristal líquido, a tecnologia de tela de plasma e a tecnologia de alta definição estão antecipando uma revolução no setor de televisões e fazendo com que o uso da tecnologia de raios catódicos torne-se secundário. A tecnologia MP3 está transformando a maneira como as pessoas ouvem música. A tecnologia digital está ocasionando enormes transformações nos setores de câmeras e filmes. A tecnologia de radiossatélite está permitindo que as empresas deste ramo, com programação em grande parte sem comerciais, atraiam milhões de ouvintes das estações de rádio tradicionais cujas receitas de comerciais dependem do tamanho da audiência. Os avanços tecnológicos também produzem mudanças significativamente competitivas na necessidade de capital, no tamanho mínimo de fábricas eficientes, nos canais de distribuição, na logística e nos efeitos da curva de aprendizado/experiência. Na indústria do aço os avanços na tecnologia de miniusinas (*minimills*) a arco elétrico (que envolve a reciclagem de sucata de aço para a fabricação de novos produtos) permitiram aos produtores de aço com miniusinas estado-da-arte a expandirem-se gradualmente para a produção de um número cada vez maior de produtos de aço, atraindo regularmente vendas e participação de mercado de produtores integrados com custo superior (que fabricam aço por meio de minério de ferro, coque e a tecnologia de alto-forno tradicional). A Nucor Corporation, líder da revolução de tecnologia de miniusinas nos Estados Unidos, iniciou operações em 1970 e estava à frente de avanços tecnológicos de miniusinas para tornar-se o maior produtor de aço dos Estados Unidos (em 2004) e classificar-se entre os produtores de menor custo no mundo. No intervalo de 30 anos os avanços em tecnologia de miniusinas mudaram a face da indústria do aço em escala mundial.

- *Inovação do marketing*. Quando as empresas obtêm sucesso na introdução de novas maneiras para *comercializar* seus produtos, elas podem provocar grande interesse dos compradores, ampliar a demanda do setor, aumentar a diferenciação do produto e diminuir os custos unitários — cada um deles ou todos podem alterar as posições competitivas dos concorrentes e forçar revisões da estratégia. O marketing on-line está abalando a concorrência de produtos eletrônicos (onde existem dezenas de varejistas on-line, oferecendo muitas vezes preços com grandes descontos) e de suprimentos para escritório (Office Depot, Staples e Office Max utilizam seus sites para vender artigos de escritório para corporações, pequenas empresas, escolas, universidades e órgãos do governo). Um número crescente de músicos está vendendo seus discos em seus próprios sites em vez de assinar contratos com estúdios de gravação que distribuem por meio de empresas on-line e tradicionais (lojas varejistas).

- *Entrada ou saída de empresas importantes*. A entrada de uma ou mais companhias estrangeiras em um mercado geográfico dominado anteriormente por empresas nacionais sempre altera as condições competitivas. De modo análogo, quando uma empresa nacional estabelecida pertencente a outro setor tenta a entrada por aquisição ou dando início a seu próprio empreendimento, geralmente aplica suas aptidões e recursos de algum modo inovador, orientando a concorrência para novas direções. A entrada de uma empresa importante muitas vezes acarreta uma nova concorrência, não apenas com novos entrantes, mas também com novas regras de competição. De modo similar, a saída de uma empresa importante altera a estrutura competitiva ao reduzir o número de líderes de mercado (aumentando talvez o domínio dos líderes que permanecem) e causando uma corrida para atrair os clientes da empresa que está saindo.

- *Difusão de know-how técnico entre mais empresas e mais países.* À medida que se difunde o conhecimento a respeito de como executar uma atividade específica ou se pratica determinada tecnologia, desaparece a vantagem competitiva das empresas que possuíam originalmente esse *know-how*. A difusão do conhecimento pode ocorrer por meio de publicações científicas periódicas, revistas especializadas, visitas às fábricas, comentários de fornecedores e clientes, troca de emprego dos colaboradores e fontes da internet. Isso também pode ocorrer quando aqueles que possuem conhecimento tecnológico licenciam outras empresas para usar esse conhecimento mediante o pagamento de um *royalty* ou juntam-se a uma organização interessada em transformar a tecnologia em um novo empreendimento. Com muita freqüência o *know-how* tecnológico pode ser adquirido simplesmente comprando uma companhia que possui as aptidões, as patentes ou a capacitação produtiva desejadas. Em anos recentes *a transferência de tecnologia rápida pelas fronteiras nacionais tem sido um fator predominante para tornar as indústrias mais competitivas globalmente*. À medida que empresas em todo o mundo ganham acesso a *know-how* técnico valioso, aumentam sua capacitação industrial por meio de um esforço a longo prazo para concorrer frontalmente com organizações estabelecidas. A transferência de tecnologia que cruza fronteiras tornou os setores anteriormente nacionais de automóveis, pneus, produtos eletrônicos de consumo, telecomunicações, computadores e outros crescentemente globais.

- *Mudanças de custo e eficiência.* Diferenças de custo que aumentam ou diminuem entre os principais concorrentes tendem a alterar consideravelmente a situação da concorrência. O custo reduzido das transmissões por fax ou e-mail tem ocasionado uma pressão competitiva crescente nas operações relativamente ineficientes e de alto custo da empresa de correio dos Estados Unidos — enviar um fax de uma página é mais econômico e muito mais rápido do que enviar uma carta de entrega rápida; enviar um e-mail é ainda mais rápido e mais econômico. Na indústria do aço os custos menores das empresas que utilizam fornos com descargas elétricas para reciclar sucata de aço em novos produtos forçaram os produtores tradicionais que fabricam aço usando minério de ferro e tecnologia de alto-forno a reformar suas usinas e deixar de fabricar aqueles produtos com os quais não podiam mais concorrer em termos de custos. Diferenças de custo cada vez menores na produção de telefones celulares com diversas funções estão transformando o mercado de telefones celulares em um mercado de *commodities* e fazendo com que mais compradores baseiem suas decisões de compra no preço.

- *Preferências cada vez maiores dos compradores por produtos diferenciados em vez de commodities (ou para um produto mais padronizado em vez de produtos altamente diferenciados).* Quando os gostos e as preferências dos compradores começam a divergir, os vendedores conseguem clientes fiéis ao oferecerem produtos que se destacam daqueles dos vendedores concorrentes. Em anos recentes as pessoas que bebem cerveja têm-se tornado menos fiéis a uma única marca e começaram a beber uma variedade de cervejas nacionais e importadas; como conseqüência, os fabricantes de cerveja introduziram diversas marcas novas e bebidas contendo malte com gosto e sabor diferentes. As preferências dos compradores por veículos automotores estão se tornando cada vez mais diversificadas, com poucos modelos gerando vendas superiores a 250 mil unidades anualmente. Quando ocorre uma mudança de produtos padronizados para diferenciados, o impulsionador da mudança é a competição entre concorrentes para diferenciar-se mutuamente de modo inteligente.

  Entretanto, os compradores decidem algumas vezes que um produto padronizado e de preço econômico atende a suas necessidades de modo idêntico ou melhor do que um produto de preço elevado com muitas características sofisticadas ou serviços personalizados. Os corretores on-line, por exemplo, têm utilizado comissões reduzidas para atrair muitos investidores dispostos a colocar suas próprias ordens de compra ou venda via internet. A aceitação cada vez maior da negociação on-line tem exercido pressões competitivas de vulto sobre os corretores tradicionais, cujo modelo empresarial sempre se concentrou em convencer os clientes do valor que significa solicitar aconselhamento personalizado de profissionais e pagar suas comissões onerosas para realizar negociações.

Mudanças pronunciadas em direção a uma maior padronização do produto geralmente dão origem a concorrência de preços e forçam os vendedores a diminuir seus próprios custos a fim de manter a lucratividade. A lição, nesse caso, é que a concorrência é impulsionada parcialmente pela possibilidade de as forças de mercado em atuação estarem agindo para aumentar ou diminuir a diferenciação do produto.

- *Reduções na incerteza ou do risco empresarial.* Um setor emergente normalmente é caracterizado por muita incerteza quanto ao tamanho do mercado, quanto tempo e dinheiro serão necessários para suplantar os problemas tecnológicos e que canais de distribuição e segmentos de compradores deverão ser enfatizados. Setores emergentes tendem a atrair somente companhias empreendedoras que assumem riscos. No entanto, ao longo do tempo, se o modelo empresarial dos pioneiros do setor provar ser lucrativo e a demanda do mercado para o produto parecer duradoura, as empresas mais conservadoras geralmente serão motivadas a entrar no mercado. Muitas vezes as empresas que entram tarde serão de grande porte e possuem solidez financeira, procurando investir em setores de crescimento atraente.

    Riscos empresarias menores e menos incerteza no setor também afetam a concorrência nos mercados internacionais. Nos estágios iniciais da entrada de uma companhia nos mercados estrangeiros, o conservadorismo prevalece e as empresas limitam sua exposição desvantajosa adotando estratégias menos arriscadas do tipo exportação, licenciamento, acordos conjuntos de marketing ou *joint-ventures* com empresas locais para efetivar a entrada. Em seguida, à medida que a experiência aumenta e os níveis de risco percebido diminuem, atuam de modo mais ousado e independente, fazendo aquisições, construindo suas próprias fábricas, empregando sua própria capacitação de vendas e marketing para obter posições competitivas fortes no mercado de cada país e começando a unir as estratégias em cada país para criar uma estratégia mais globalizada.

- *Influências da regulamentação e mudanças de políticas governamentais.* As ações regulatórias do governo podem muitas vezes forçar mudanças nas práticas e métodos estratégicos do setor. A desregulamentação tem provado ser uma força potente a favor da concorrência nos setores de avaliação comercial, bancos, gás natural, telecomunicações e energia elétrica. Os esforços do governo para reformular o Medicare, o programa da Previdência dos Estados Unidos que reembolsa despesas médicas e hospitalares de pessoas com mais de 65 anos, e o seguro-saúde tornaram-se forças motrizes poderosas no setor de saúde. Nos mercados internacionais os governos que atraem investimentos estrangeiros podem impulsionar mudanças competitivas abrindo seus mercados locais para a participação estrangeira ou fechando-os para proteger as empresas nacionais. Observe que essa força motriz origina-se de forças existentes no macroambiente de uma empresa.

- *Preocupações, atitudes e estilos de vida em mudança na sociedade.* Temas sociais emergentes e atitudes e estilos de vida em alteração podem ser grandes instigadores de transformações no setor. Uma atitude cada vez mais firme contra o fumo surgiu como impulsionador importante de mudanças na indústria do tabaco; preocupações a respeito do terrorismo estão exercendo um grande impacto no setor de viagens. Apenas para mencionar alguns exemplos, preocupações do consumidor quanto ao consumo de sal, açúcar, aditivos químicos, gordura saturada, colesterol, carboidratos e valor nutricional têm forçado os produtores de alimentos a reformular as técnicas de processamento dos alimentos, redirecionar as iniciativas de P&D para o uso de ingredientes mais saudáveis e concorrer no desenvolvimento de produtos nutritivos e de bom sabor. As preocupações quanto à segurança têm impulsionado mudanças no design dos automóveis, brinquedos e indústrias de equipamentos mecânicos que operam no ambiente externo. O interesse crescente no bem-estar físico deu origem a novos empreendimentos nos setores de equipamentos para exercícios, bicicletas, equipamentos para uso ao ar livre, academias de esportes e centros de recreação, suplementos nutricionais e vitamínicos e dietas com supervisão médica. Preocupações sociais a respeito da poluição do ar e da água têm forçado as indústrias a incluir gastos para controlar a poluição

Quadro 3.2 As Forças Motrizes Mais Comuns

1. Capacidade e aplicativos novos que surgem na internet
2. Globalização crescente
3. Alterações na taxa de crescimento de longo prazo de um setor
4. Mudanças relacionadas a quem compra o produto e como o utiliza
5. Inovação do produto
6. Mudança tecnológica e inovação do processo de fabricação
7. Inovação no marketing
8. Entrada e saída no mercado de empresas importantes
9. Difusão de *know-how* técnico por mais empresas e mais países
10. Mudanças no custo e na eficiência
11. Preferência crescente dos compradores por produtos diferenciados em vez de *commodities* (ou por um produto mais padronizado em vez de produtos grandemente diferenciados)
12. Diminuição da incerteza e do risco empresarial
13. Influências regulatórias e mudanças na política do governo
14. Mudanças relacionadas a preocupações, atitudes e estilos de vida existentes na sociedade

em seus custos. Preocupações, atitudes e estilos de vida em mudança na sociedade alteram o padrão da concorrência, favorecendo geralmente aqueles participantes que reagem de modo rápido e criativo com produtos direcionados às novas tendências e condições. De modo análogo à força motriz precedente, esta força motriz origina-se de fatores que agem no macroambiente da companhia.

O Quadro 3.2 relaciona essas 14 forças motrizes mais comuns.

O fato de existirem tantas forças motrizes diferentes explica por que é tão simplista considerar a mudança no setor somente em termos dos diferentes estágios do ciclo de vida de um setor e por que uma compreensão plena de todos os tipos de impulsionadores de mudança constitui uma parte fundamental da análise do setor. No entanto, embora muitos impulsionadores possam agir em determinado setor, no máximo três ou quatro têm possibilidade de ser forças motrizes verdadeiras suficientemente poderosas para se qualificarem como os *principais determinantes* do motivo e do modo pelo qual um setor está mudando. Os estrategistas da organização precisam resistir à tentação de designar cada mudança com que se deparam como uma força motriz; a tarefa analítica consiste em avaliar as forças do setor e a mudança competitiva com o cuidado suficiente para separar os fatores principais dos secundários.

Avaliação do Impacto das Forças Motrizes

> Uma parte importante da análise das forças motrizes consiste em determinar se o impacto conjunto dessas forças será o aumento ou a diminuição da demanda do mercado, a concorrência será mais ou menos intensa e resultará em maior ou menor lucratividade do setor.

Apenas identificar as forças motrizes não é suficiente. O segundo e mais importante passo na análise das forças motrizes consiste em determinar se as forças prevalecentes estão agindo, em sua totalidade, para tornar o ambiente setorial mais ou menos atraente. Nesse caso são necessárias respostas para três perguntas:

1. As forças motrizes estão agindo conjuntamente para fazer com que a demanda para o produto do setor aumente ou diminua?
2. As forças motrizes estão atuando para tornar a concorrência mais ou menos intensa?
3. Os impactos combinados das forças motrizes resultarão em uma maior ou menor lucratividade do setor?

Entender o impacto conjunto das forças motrizes em geral requer observar os efeitos prováveis de cada força separadamente, pois elas podem não estar impelindo a mudança na mesma direção. Por exemplo, duas forças motrizes podem estar agindo para aumentar a demanda pelo produto do setor, ao passo que uma força motriz pode estar atuando para diminuir a demanda. Se o efeito líquido sobre a demanda do setor é de aumento ou diminuição depende de quais forças motrizes são mais poderosas. O objetivo do analista nesse caso consiste em obter uma boa compreensão de que fatores externos estão moldando a mudança no setor e que diferença esses fatores farão.

Elaboração de uma Estratégia Que Leve em Conta os Impactos das Forças Motrizes

O terceiro passo da análise das forças motrizes — quando surge o verdadeiro retorno da elaboração de uma estratégia — está no fato de os gerentes tirarem algumas conclusões a respeito de quais ajustes na estratégia serão necessários para lidar com os impactos dessas forças. O valor real de se proceder a uma análise das forças motrizes reside em obter melhor compreensão de quais ajustes serão necessários para lidar com os impulsionadores da mudança no setor e os impactos que provavelmente exercerão na demanda do mercado, na intensidade da concorrência e na lucratividade. Em resumo, o desafio da criação de uma estratégia que se origina da análise das forças motrizes consiste em determinar o que fazer a fim de preparar-se para as mudanças setoriais e competitivas criadas pelas forças motrizes. De fato, sem uma compreensão das forças que impelem a mudança no setor e dos impactos que terão no ambiente e nos negócios da organização ao longo dos próximos três anos, os gerentes estarão mal preparados para elaborar uma estratégia adequada às condições emergentes. De modo similar, se os gerentes têm certeza quanto às implicações de uma ou mais forças motrizes ou se suas idéias são incompletas ou se afastam do objetivo central, torna-se difícil para eles elaborar uma estratégia que reaja às forças motrizes e às suas conseqüências para o setor. Portanto, a análise das forças motrizes não é algo que mereça pouca atenção; possui valor prático, sendo essencial para a tarefa de pensar em termos estratégicos para onde o setor se dirige e de como preparar-se para as mudanças no futuro.

> A análise das forças motrizes, quando feita adequadamente, incentiva os gerentes a pensar a respeito daquilo que se encontra próximo e do que a empresa precisa fazer a fim de se preparar para o que virá.

> O retorno real da análise das forças motrizes consiste em ajudar os gerentes a compreender que mudanças na estratégia são necessárias a fim de se prepararem para os impactos dessas forças.

4ª PERGUNTA: QUE POSIÇÕES DE MERCADO OS CONCORRENTES OCUPAM — QUEM POSSUI UMA POSIÇÃO FORTE E QUEM NÃO A POSSUI?

Em virtude de as empresas normalmente venderem em faixas diferentes de preço/qualidade, enfatizarem canais de distribuição diferentes, incorporarem características do produto que agradem a diferentes tipos de compradores, terem cobertura geográfica diferente e assim por diante, faz sentido algumas desfrutarem de posições de mercado mais fortes ou mais atraentes do que outras. Compreender quais empresas possuem uma posição forte e quais uma posição fraca constitui parte integral da análise da estrutura competitiva de um setor. A melhor técnica para indicar as posições de mercado dos concorrentes em um setor é a do mapeamento do grupo estratégico[14]. Essa ferramenta analítica é útil para comparar as posições de mercado de cada empresa separadamente ou para agrupá-las em posições idênticas quando um setor possui um número tão grande de concorrentes a ponto de não ser prático examinar cada um em profundidade.

> **Conceito Central**
> **Mapeamento do grupo estratégico** é uma técnica para indicar as diferentes posições de mercado ou competitivas que as empresas concorrentes ocupam no setor.

Uso de Mapas do Grupo Estratégico para Avaliar as Posições de Mercado dos Principais Concorrentes

Um **grupo estratégico** é formado por aqueles participantes do setor com abordagens e posições competitivas similares no mercado[15]. As empresas no mesmo grupo estratégico podem ser parecidas sob diversos aspectos: podem ter linhas de produtos comparáveis em extensão, vender na mesma faixa de preço/qualidade, dar destaque aos mesmos canais de distribuição, usar essencialmente os mesmos atributos do produto para satisfazer tipos similares de compradores, depender de métodos tecnológicos idênticos ou oferecer aos compradores atendimento e assistência técnica similares[16]. Um setor possui somente um grupo estratégico quando todos os vendedores adotam estratégias essencialmente idênticas e têm posições de mercado comparáveis. No outro extremo, um setor pode conter tantos grupos estratégicos quantos forem os concorrentes quando cada um adota uma abordagem competitiva marcadamente diferente e ocupa uma posição de mercado substancialmente diferente.

> **Conceito Central**
> *Grupo estratégico* é um conjunto de concorrentes no setor que possuem abordagens competitivas e posições de mercado similares.

O procedimento para elaborar um *mapa do grupo estratégico* é direto:

- Identificar as características competitivas que diferenciam as empresas no setor. As variáveis usuais são a faixa de preço/qualidade (alto, médio, baixo), a cobertura geográfica (local, regional, nacional, global), o grau de integração vertical (nenhum, parcial, total), a amplitude da linha de produtos (alta, reduzida), o uso de canais de distribuição (um, alguns, todos) e o grau de atendimento oferecido (sem luxo, limitado, integral).

- Indicar as empresas em um gráfico com uma variável em cada eixo utilizando pares dessas características diferenciadoras.

- Reunir no mesmo grupo estratégico as empresas que caem aproximadamente no mesmo espaço estratégico.

- Traçar círculos em torno de cada grupo estratégico fazendo-os proporcionais ao tamanho de participação nas receitas totais de venda do setor.

Esses passos resultam em um gráfico bidimensional como aquele para o setor de varejo mostrado no Quadro Ilustrativo 3.1.

Diversas diretrizes precisam ser observadas ao se mapear as posições dos grupos estratégicos no espaço de estratégia geral do setor[17]. Primeiro, as duas variáveis selecionadas como eixos para o mapa *não* devem ser altamente correlacionadas; caso o sejam, os círculos no mapa se localizarão em uma diagonal e aqueles que elaboram a estratégia não saberão mais sobre as posições relativas dos concorrentes do que saberiam levando em conta apenas uma das variáveis. Por exemplo, se as empresas com linhas de produto amplas usam diversos canais de distribuição e as com linhas reduzidas usam um único canal, então analisar as linhas de produtos amplas *versus* as reduzidas revela praticamente o mesmo sobre o posicionamento de cada empresa do que analisar canais de distribuição únicos *versus* múltiplos, isto é, uma das variáveis é redundante. Segundo, as variáveis escolhidas para os eixos do gráfico devem expor grandes diferenças no modo como os concorrentes se posicionam no mercado. Isso, evidentemente, significa que os analistas precisam identificar as características que diferenciam as empresas concorrentes e empregar essas diferenças como variáveis nos eixos e como base para decidir que empresa pertence a determinado grupo estratégico. Terceiro, as variáveis usadas nos eixos não precisam ser quantitativas ou contínuas; preferentemente, podem ser variáveis discretas ou definidas em termos de classes e combinações distintas. Quarto, ao se fazer com que as dimensões dos círculos nos mapas sejam proporcionais às vendas combinadas das empresas em cada grupo estratégico, o resultado é o mapa refletir os tamanhos relativos de cada grupo estratégico. Quinto, se mais de duas boas variáveis competitivas puderem ser empregadas nos eixos do gráfico, diversos mapas podem ser traçados a fim de proporcionar exposições diferentes às relações de posicionamento competitivo presentes

Quadro Ilustrativo 3.1
Posições de Mercado Comparativas de Redes Varejistas Selecionadas: Uma Aplicação do Mapa do Grupo Estratégico

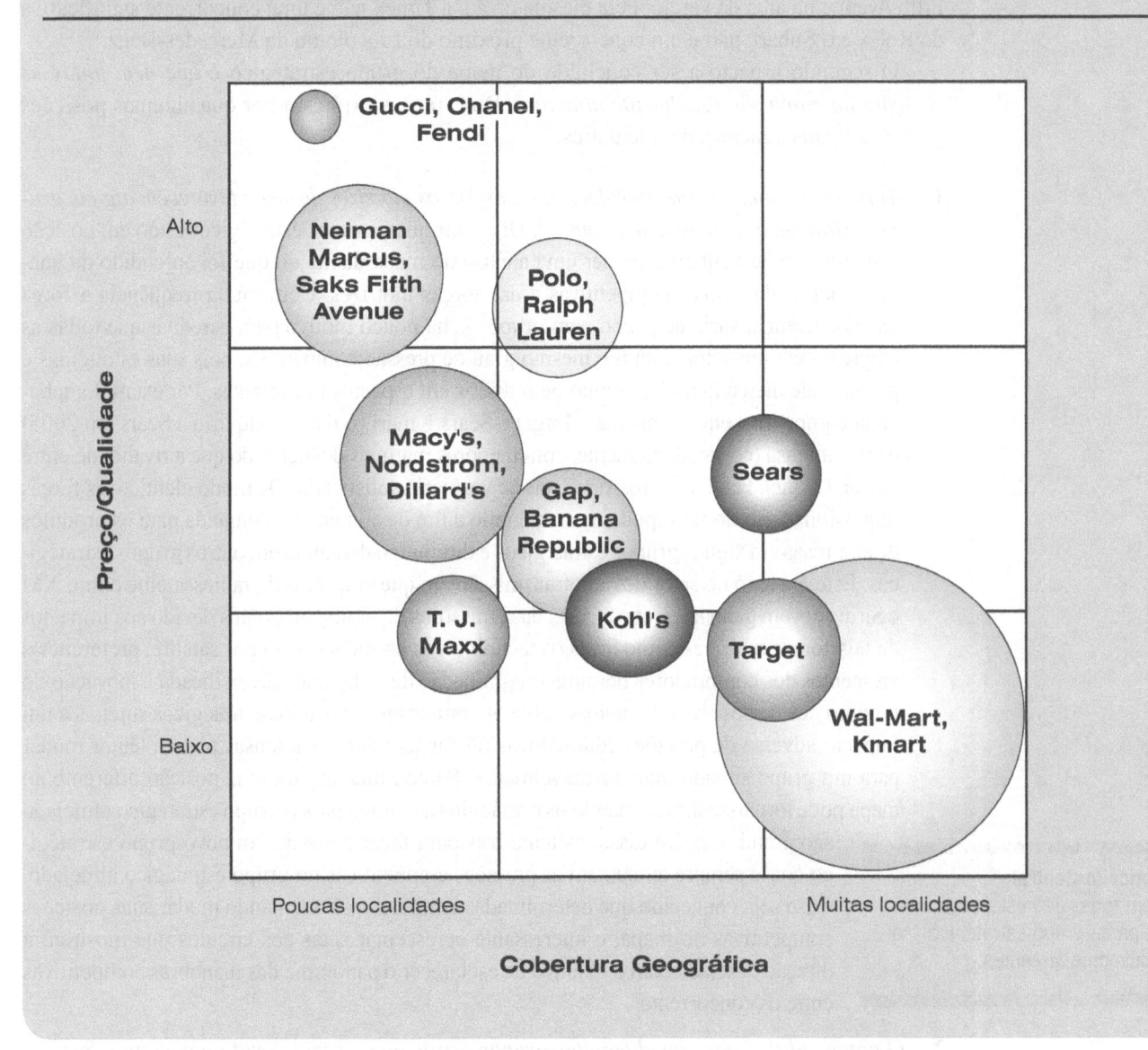

[Mapa de grupo estratégico com eixos Preço/Qualidade (Alto/Baixo) e Cobertura Geográfica (Poucas localidades / Muitas localidades), mostrando: Gucci, Chanel, Fendi; Neiman Marcus, Saks Fifth Avenue; Polo, Ralph Lauren; Macy's, Nordstrom, Dillard's; Gap, Banana Republic; Sears; T. J. Maxx; Kohl's; Target; Wal-Mart, Kmart.]

Nota: Os círculos são traçados de modo aproximadamente proporcional ao tamanho das redes, com base nas receitas.

na estrutura do setor. Em virtude de não haver necessariamente um mapa otimizado para indicar como as empresas concorrentes encontram-se posicionadas no mercado, é aconselhável experimentar diversos pares de variáveis competitivas.

O Que Pode Ser Aprendido com os Mapas de Grupos Estratégicos?

Os mapas de grupos estratégicos são relevantes sob diversos aspectos. O mais importante relaciona-se com os concorrentes que têm posição similar e são, portanto, concorrentes próximos e afastados. Em termos gerais, *quanto mais próximos os grupos estratégicos estão entre si no*

> **Mapas de grupos estratégicos revelam quais empresas são concorrentes próximas e quais são concorrentes distantes.**

mapa, mais fortes tendem a ser as rivalidades entre os grupos. Embora as empresas no mesmo grupo estratégico sejam as concorrentes mais próximas, outras concorrentes encontram-se nos grupos imediatamente contíguos[18]. Muitas vezes as empresas em grupos estratégicos muito distanciados no mapa dificilmente concorrem. Por exemplo, os clientes, a seleção de produtos e os preços do Wal-Mart são muito diferentes para considerá-lo concorrente próximo da Neiman Marcus ou da Saks Fifth Avenue na área de varejo. Pela mesma razão, a Timex não é uma concorrente significativa do Rolex e o Subaru não é um concorrente próximo do Lincoln ou da Mercedes-Benz.

O segundo aspecto a ser concluído do mapa do grupo estratégico é que *nem todas as posições no mapa são igualmente atraentes*. Duas razões explicam por que algumas posições podem ser mais atraentes do que outras:

1. *As pressões competitivas prevalecentes e as forças motrizes do setor favorecem alguns grupos estratégicos e prejudicam outros*[19]. Discernir quais grupos estratégicos estão em posição vantajosa ou desvantajosa requer uma análise do mapa diante do que foi aprendido da análise anterior das forças competitivas e das forças motrizes. Com muita freqüência a força da concorrência varia de grupo para grupo — há pouco motivo para acreditar que todas as empresas em um setor sintam o mesmo grau de pressão competitiva, pois suas estratégias e pressões de mercado podem muito bem diferir em aspectos importantes. Por exemplo, a batalha competitiva entre Wal-Mart, Target e Sears/Kmart (o Kmart adquiriu a Sears em 2005) é mais intensa (conseqüentemente, com menores margens de lucro) do que a rivalidade entre Gucci, Chanel, Fendi e outros varejistas de vestuário sofisticado. De modo idêntico, as forças impulsionadoras do setor podem estar agindo a fim de aumentar a demanda para os produtos de empresas em alguns grupos estratégicos e diminuir a demanda em outros grupos estratégicos. Este é o caso no setor de radiotransmissão em que empresas de radiossatélite como XM e Sirius devem ganhar terreno à custa das emissoras de rádio comerciais devido aos impactos de tais forças motrizes como avanços tecnológicos na transmissão por satélite, preferências crescentes dos compradores por uma programação de rádio mais diversificada e inovação do produto nos dispositivos de radiossatélite. As empresas em grupos estratégicos sujeitas a um impacto adverso de pressões competitivas ou forças motrizes intensas podem tentar mudar para um grupo situado mais favoravelmente. Porém, mudar para uma posição diferente no mapa pode tornar-se difícil quando os obstáculos à entrada para o grupo estratégico almejado são grandes. Além disso, as tentativas para fazer parte de um novo grupo estratégico quase sempre aumentam as pressões competitivas no grupo estratégico almejado. Caso seja conhecido que determinadas empresas estão tentando mudar suas posições competitivas no mapa, é interessante acrescentar setas aos círculos que mostram a direção desejada com o objetivo de esclarecer o panorama das manobras competitivas entre os concorrentes.

> **Conceito Central**
> Nem todas as posições em um mapa de grupo estratégico são igualmente atraentes.

2. *O potencial de lucro dos diferentes grupos estratégicos varia devido aos pontos fortes e fracos na posição de mercado de cada grupo.* As perspectivas de lucro das empresas em grupos estratégicos; distintos podem variar de boas para rotineiras e para ruins devido a vários fatores: taxas de crescimento diferentes para os principais segmentos de compradores atendidos por cada grupo; diferentes graus de rivalidade competitiva no interior dos grupos estratégicos; diferentes graus de exposição à concorrência relacionados a produtos de fora do setor; diferentes graus de poder de negociação dos fornecedores ou dos clientes de grupo a grupo.

Desse modo, parte da análise do mapa do grupo estratégico implica chegar a conclusões a respeito de onde no mapa encontra-se a "melhor" posição e por quê. Que companhias/grupos estratégicos parecem destinados a lutar em função de suas posições? O que explica o fato de algumas partes do mapa serem melhores do que outras?

5ª PERGUNTA: QUE AÇÕES ESTRATÉGICAS OS CONCORRENTES PROVAVELMENTE EMPREENDERÃO EM SEGUIDA?

A não ser que uma empresa preste atenção no que os concorrentes estão fazendo e conheça seus pontos fortes e fracos, ela acaba sem orientação na batalha competitiva. De modo idêntico ao que ocorre nos esportes, observar os oponentes é essencial. A *inteligência competitiva* a respeito das estratégias dos concorrentes, das ações e comunicados mais recentes, da força e da fraqueza de seus recursos, dos esforços para melhorar a situação e do pensamento e estilos de liderança de seus executivos é valiosa para prever os passos estratégicos que tomarão em seguida no mercado. Possuir boas informações e prever a direção estratégica e as ações prováveis dos principais concorrentes permite a uma empresa tomar medidas defensivas, elaborar suas próprias ações estratégicas com alguma confiança a respeito de que manobras no mercado esperar e explorar todas as possibilidades que surgem dos erros ou falhas na estratégia dos concorrentes.

> Bons relatórios de acompanhamento dos concorrentes proporcionam um auxílio valioso para prever que passos eles têm possibilidade de tomar em seguida e suplantá-los no mercado.

Identificação das Estratégias, Forças e Fraquezas dos Recursos dos Concorrentes

Controlar a estratégia de um concorrente inclui monitorar aquilo que ele está fazendo no mercado, o que seus dirigentes estão divulgando em comunicados de imprensa, as informações apresentadas nos sites da organização (especialmente comunicados de imprensa e as apresentações que os dirigentes fizeram para analistas do mercado de capitais) e documentos públicos, como os relatórios anuais e as informações prestadas às autoridades financeiras, artigos na mídia de negócios e os relatórios dos analistas do mercado de capitais. (A Figura 1.1 no Capítulo 1 indica o que observar para a identificação da estratégia de uma companhia.) Funcionários da empresa podem ser capazes de obter informações úteis nos estandes de um concorrente em feiras e conversas com os clientes, fornecedores e ex-empregados[20]. Muitas empresas possuem uma unidade de inteligência competitiva que analisa todas as informações disponíveis para elaborar perfis estratégicos atualizados dos concorrentes — suas atuais estratégias, recursos e capacitação competitiva, fraquezas competitivas, comunicados de imprensa e pronunciamentos recentes dos executivos. Tais perfis normalmente são atualizados em base regular e colocados à disposição para os gerentes e outros colaboradores importantes.

Aqueles que obtêm inteligência competitiva, no entanto, algumas vezes podem ultrapassar a linha tênue que separa a investigação honesta do comportamento antiético ou mesmo ilegal. Por exemplo, entrar em contato com os concorrentes para obter informações sobre preços, datas de lançamento de novos produtos ou níveis salariais é legal, porém não revelar durante esses contatos o vínculo que a pessoa tem com a empresa para a qual trabalha é antiético. Inquirir os representantes dos concorrentes em feiras e exposições é ético somente se a pessoa porta um crachá com indicação precisa da companhia à que pertence. Em certa ocasião a Avon Products obteve informações sobre sua maior rival, a Mary Kay Cosmetics (MKC), colocando seu pessoal para vasculhar os cestos de lixo do lado de fora da sede da MKC[21]. Quando os diretores da MKC souberam da ação e processaram a empresa, a Avon alegou não ter feito nada ilegal, pois uma decisão da Suprema Corte em 1998 havia determinado que o lixo deixado em propriedade pública (nesse caso, uma calçada) poderia ser levado por qualquer pessoa. A Avon chegou até a produzir um videoteipe da remoção do lixo deixado pela MKC. A Avon ganhou o processo judicial, porém a ação da empresa, embora legal, dificilmente se qualifica como ética.

Ao analisarem os concorrentes, os estrategistas da companhia devem fazer três avaliações:

1. Que concorrente possui a melhor estratégia? Quais concorrentes parecem ter estratégias erradas ou fracas?

2. Quais concorrentes encontram-se em equilíbrio para obter participação de mercado e quais parecem destinados a perder terreno?

3. Quais concorrentes têm possibilidade de classificarem-se entre os líderes do setor dentro de cinco anos? Um ou mais concorrentes em franca expansão possuem estratégias poderosas e recursos suficientes para suplantar o atual líder?

Os principais participantes *atuais* geralmente são fáceis de identificar, porém alguns dos líderes podem ser vítimas de fraquezas que fazem com que percam terreno; outros rivais importantes podem não possuir os recursos e a capacitação para permanecer como concorrentes fortes, tendo em vista as estratégias e a capacitação de outras empresas em franca expansão. Ao avaliarem quais concorrentes estão posicionados favorável ou desfavoravelmente para obter posição no mercado, os estrategistas precisam focalizar o motivo pelo qual existe potencial para que alguns desempenhem melhor ou pior do que outros. Geralmente as perspectivas de um concorrente dependem de ele pertencer a um grupo estratégico que está sendo favorecido ou prejudicado pelas pressões competitivas e forças motrizes, de sua estratégia haver resultado em vantagem ou desvantagem competitiva e de seus recursos e sua capacitação serem bem adequados para concorrer no futuro.

> Os atuais líderes do mercado não se tornam automaticamente os futuros líderes do mercado.

Previsão dos Próximos Passos dos Concorrentes

Prever os próximos passos estratégicos dos concorrentes é a parte mais difícil, porém a mais útil da análise da concorrência. Boas indicações a respeito de quais ações uma empresa específica tem possibilidade de adotar muitas vezes podem ser obtidas analisando seu desempenho atual no mercado, os problemas ou pontos fracos que precisa equacionar e à que pressão está sujeita para melhorar seu desempenho financeiro. Concorrentes satisfeitos têm possibilidade de continuar com sua estratégia atual, fazendo apenas uma sintonia fina. Concorrentes com dificuldades podem estar desempenhando de modo tão ruim a ponto de ser praticamente certa a adoção de novos passos estratégicos. Concorrentes ambiciosos que almejam uma melhor classificação no setor são fortes candidatos a lançar novas ofensivas estratégicas para valer-se de oportunidades em mercados emergentes e explorar as vulnerabilidades de concorrentes mais fracos.

Em virtude de as ações que um concorrente tem possibilidade de adotar, em geral, serem fundamentadas nas opiniões que seus executivos possuem sobre o futuro do setor e nas suas crenças a respeito da situação de sua empresa, faz sentido analisar detalhadamente os pronunciamentos dos executivos a respeito da destinação futura do setor e daquilo que será necessário para ser bem-sucedido, o que estão afirmando sobre a situação de sua organização, informações de fontes confidenciais a respeito do que estão fazendo, suas ações passadas e seus estilos de liderança. Outras considerações ao se tentar prever quais ações estratégicas os concorrentes podem adotar em seguida incluem as seguintes:

- Quais concorrentes precisam aumentar urgentemente o volume de unidades vendidas e sua participação de mercado? Quais opções estratégicas eles têm maior probabilidade de adotar: diminuir preços, agregar novos modelos e estilos, expandir suas redes de concessionários, entrar em mercados geográficos adicionais, aumentar a propaganda para obter melhor reconhecimento da marca, adquirir um concorrente mais fraco ou atribuir maior ênfase às vendas diretas via site?

- Quais concorrentes possuem um forte incentivo, juntamente com recursos, para fazer mudanças estratégicas importantes, talvez passando para uma posição diferente no mapa do grupo estratégico? Quais provavelmente estão empenhados em seguir a mesma estratégia básica somente com pequenos ajustes?

- Quais concorrentes são bons candidatos a uma aquisição? Quais concorrentes podem estar pensando em fazer uma aquisição e possuem condição financeira para fazê-la?

- Quais concorrentes têm possibilidade de entrar em novos mercados geográficos?
- Que concorrentes são fortes candidatos a aumentar sua oferta de produtos e a entrar em novos segmentos do produto em que não possuem presença atualmente?

Para terem sucesso na previsão dos próximos passos de um concorrente estrategistas precisam ter uma boa percepção da situação de cada um deles, de como seus gerentes pensam e de quais são suas melhores opções estratégicas. Realizar o trabalho necessário de detetive pode ser monótono e levar tempo, porém, observar os concorrentes suficientemente bem para prever seus próximos passos permite aos gerentes a elaboração de reações eficazes (talvez tomar a dianteira) e leva em conta as ações prováveis dos concorrentes ao elaborarem seu melhor plano de ação.

> Os gerentes que deixam de analisar os concorrentes de perto arriscam ser pegos de surpresa quando estes empreendem ações novas e talvez ousadas.

6ª PERGUNTA: QUAIS OS FATORES-CHAVE PARA O SUCESSO COMPETITIVO FUTURO?

Os fatores-chave de sucesso (FCS) de um setor são os competitivos, que afetam consideravelmente a capacidade dos participantes para prosperar no mercado — os elementos da estratégia específicos, os atributos do produto, os recursos, a capacitação, a capacidade competitiva e as realizações no mercado que indicam a diferença entre ser um concorrente forte e um fraco — e algumas vezes posicionarem-se entre o lucro e o prejuízo. Os FCS por sua própria natureza são tão relevantes para o sucesso competitivo futuro, a ponto de *todas as empresas* no setor precisarem prestar atenção cuidadosa a eles ou arriscarem-se a ser um perdedor no setor. Para indicar a importância dos FCS de uma outra maneira pode-se dizer que: o modo pelo qual a oferta de produtos, os recursos e a capacitação se comparam com os FCS de um setor determina qual sucesso financeiro e competitivo a organização terá. Identificar os FCS diante das condições prevalecentes e previstas do setor constitui, portanto, sempre uma consideração de máxima prioridade analítica e de elaboração de estratégias. Os estrategistas precisam compreender suficientemente bem o cenário do setor a fim de separar os fatores mais importantes para o sucesso competitivo daqueles que são menos importantes.

> **Conceito Central**
> Os ***fatores-chave de sucesso*** são os atributos do produto, as competências, a capacitação competitiva e as realizações no mercado que exercem o maior impacto sobre o sucesso competitivo futuro no mercado.

Na indústria da cerveja os FCS são a utilização plena da capacidade produtiva (para fazer com que a marca da empresa seja estocada e exposta favoravelmente nos estabelecimentos varejistas onde a cerveja é vendida) e a propaganda inteligente (para induzir os apreciadores de cerveja a comprar a marca da companhia e, portanto, dinamizar as vendas de cerveja pelos canais atacadistas/varejistas existentes). Na indústria de vestuário os FCS são o estilo atraente e a combinação de cores (para criar interesse do comprador) e a eficiência da produção a custo baixo (para permitir um preço atraente no varejo e grandes margens de lucro). Na indústria de latas de estanho e de alumínio, em virtude de o custo de transporte das latas ser substancial, um dos fatores é possuir instalações produtivas de latas localizadas perto dos consumidores. Os fatores-chave de sucesso variam, portanto, de setor para setor e mesmo de tempos em tempos no mesmo setor, à medida que as forças motrizes e as condições competitivas se alteram. O Quadro 3.3 relaciona os tipos mais comuns dos fatores-chave de sucesso de um setor.

Os fatores-chave de sucesso de um setor em geral podem ser deduzidos daquilo que foi aprendido da análise previamente descrita do ambiente setorial e competitivo. Os fatores mais importantes para o sucesso competitivo futuro originam-se diretamente das características dominantes do setor, de como é a concorrência, dos impactos das forças motrizes e das posições de mercado comparativas do participantes do setor e dos próximos passos prováveis dos principais concorrentes. Além disso, as respostas a três perguntas ajudam a identificar os fatores-chave de sucesso de um setor:

Quadro 3.3 Tipos Comuns de Fatores-Chave de Sucesso de um Setor

FCS relacionados à tecnologia	• A especialização em uma tecnologia específica ou na pesquisa científica (importante nos setores de medicamentos, de aplicações da internet, de comunicação móvel e na maioria dos setores de alta tecnologia). • Capacidade provada para melhorar os processos produtivos (importante nos setores em que a tecnologia em evolução permite eficiência produtiva e menores custos de produção).
FCS relacionados à produção	• Capacidade para atingir economias de escala e/ou aproveitar os efeitos da curva de aprendizado/experiência (importante para conseguir custos de produção baixos). • *Know-how* de controle de qualidade (importante nos setores em que os clientes insistem na confiabilidade do produto). • Grande utilização de ativos fixos (importante na indústria de capital intensivo e de custo fixo elevado). • Acesso a uma grande oferta de mão-de-obra especializada. • Produtividade elevada da mão-de-obra (importante para os produtos com grande conteúdo de mão-de-obra). • Custo baixo de projeto e engenharia do produto (reduz os custos de fabricação). • Capacitação para produzir ou montar produtos customizados de acordo com as especializações dos compradores.
FCS relacionados à distribuição	• Uma rede consolidada de distribuidores/atacadistas e revendedores. • Forte capacitação para vendas diretas pela internet e/ou possuir estabelecimentos varejistas de propriedade da empresa. • Capacidade para assegurar espaço de exibição favorável nas prateleiras dos varejistas.
FCS relacionados ao marketing	• Amplitude da linha de produtos e da variedade de produtos. • Uma marca muito conhecida e respeitada. • Assistência técnica rápida e precisa. • Atendimento ao cliente rápido e cortês. • Atendimento preciso dos pedidos dos compradores (poucos pedidos aguardando ou ausência de erros). • Garantias concedidas aos clientes (importantes na venda por correio e no varejo on-line, nas compras de valor elevado e no lançamento de produtos). • Propaganda inteligente.
FCS relacionados a aptidões e capacitação	• Uma mão-de-obra talentosa (importante em serviços profissionais como contabilidade e bancos de investimento). • Capacidade para distribuição em escala normal ou global. • Capacidade para inovação do produto (importante nos setores em que os concorrentes estão se apressando para chegar primeiro ao mercado com novas características ou desempenho do produto). • Capacitação para o design (importante nos setores de moda e vestuário). • Capacidade para entregas rápidas. • Capacitação para gerenciar a cadeia de suprimentos. • Forte capacitação para o comércio eletrônico — um site de consulta fácil e/ou aptidões para usar aplicações de tecnologia pela internet para organizar operações internas.
Outros tipos de FCS	• Custos baixos em geral (não apenas na fabricação) para atender às expectativas que os clientes possuem de um preço baixo. • Localizações convenientes (importante para muitas empresas varejistas). • Capacidade para proporcionar reparos e manutenção pós-venda rápidos. • Um balanço patrimonial sólido e acesso ao capital financeiro (importante em novos setores emergentes com grau elevado de risco empresarial e em setores de capital intensivo). • Proteção de patentes.

1. Em que base os compradores do produto do setor escolhem entre as marcas concorrentes dos vendedores? Em outras palavras, que atributos do produto são cruciais?
2. Em virtude da natureza da rivalidade e das forças competitivas prevalecentes no mercado, quais recursos e capacidade competitiva uma empresa precisa ter para obter sucesso?
3. Que falhas têm grande probabilidade de acarretar desvantagem competitiva importante?

Apenas raramente existem mais de cinco ou seis fatores importantes para o sucesso competitivo futuro. E, mesmo entre esses, dois ou três em geral suplantam os demais em importância. Os gerentes devem, portanto, ter em mente a finalidade da identificação dos fatores-chave de sucesso — determinar quais fatores são mais importantes para o sucesso competitivo futuro — e resistir à tentação de considerar um fator que possui apenas importância secundária como FCS. Elaborar uma lista de todo fator que tem pouca importância desvia a concentração dos dirigentes nos fatores verdadeiramente críticos para o sucesso competitivo de longo prazo.

Diagnosticar corretamente os FCS de um setor aumenta as possibilidades de elaborar uma estratégia sólida. A meta dos estrategistas da empresa deve ser criar uma estratégia direcionada a comparar-se favoravelmente todos os FCS futuros do setor e tentar ser *marcadamente melhor* do que os concorrentes em um (ou possivelmente dois) dos FCS. De fato, as organizações que se destacam ou têm um excelente desempenho em um FCS provavelmente têm uma posição de mercado mais forte — *ser muito melhor que os concorrentes em um ou dois fatores de sucesso tende a resultar em vantagem competitiva*. Portanto, utilizar os FCS de um setor como *pedras angulares* para a estratégia e tentar obter uma vantagem competitiva sustentável destacando-se em um FCS constitui abordagem proveitosa de estratégia competitiva[22].

Conceito Central
Uma estratégia forte incorpora a intenção de posicionar-se bem em todos os fatores-chave de sucesso de um setor e de ter um desempenho excepcional em um ou dois FCS.

7ª PERGUNTA: AS PERSPECTIVAS PARA O SETOR OFERECEM À ORGANIZAÇÃO UMA OPORTUNIDADE ATRAENTE?

O passo final na avaliação do ambiente competitivo e setorial consiste em utilizar a análise precedente para decidir se as perspectivas para o setor representam oportunidade suficientemente atraente para a realização de negócios. Os fatores importantes para servirem de base a uma tal conclusão incluem:

- O potencial de crescimento do setor.
- Se forças competitivas poderosas estão diminuindo a lucratividade do setor para níveis inferiores ao padrão e se a concorrência parece destinada a ficar mais forte ou mais fraca.
- Se a lucratividade do setor será afetada favorável ou desfavoravelmente pelas forças motrizes prevalecentes.
- Os graus de risco e incerteza no futuro do setor.
- Se o setor como um todo se depara com problemas sérios — temas regulatórios ou ambientais, demanda em estagnação, capacidade ociosa do setor, concorrência crescente e assim por diante.
- A posição competitiva da empresa no setor perante os concorrentes. (Ser um líder bem protegido ou um concorrente muito bem posicionado em um setor sem atratividade pode apresentar uma oportunidade adequada para uma boa lucratividade; no entanto, ter de lutar uma batalha árdua contra competidores muito mais fortes pode ser pouco promissor em termos de sucesso final no mercado ou de um bom retorno do investimento para os acionistas, muito embora o ambiente setorial seja atraente.)

- O potencial da organização para aproveitar as vulnerabilidades dos concorrentes mais fracos, talvez pela conversão de uma situação relativamente sem atração no *setor* em uma oportunidade potencialmente lucrativa para a *companhia*.

- Caso a empresa tenha força competitiva suficiente para defender-se ou enfrentar os fatores que tornam o setor sem atratividade.

- Caso a presença contínua nesse setor aumente substancialmente as chances de a empresa ser bem-sucedida em outros setores nos quais pode ter interesses comerciais.

Como uma proposição geral, *se as perspectivas de lucro de todo um setor forem acima da média, o ambiente setorial basicamente também será; caso as perspectivas de lucro do setor forem abaixo da média, as condições não serão atraentes*. No entanto, é um erro pensar a respeito de um setor específico como igualmente atraente ou sem atratividade para todos os participantes do setor ou para novos entrantes em potencial. A atratividade é relativa, não absoluta, e as conclusões devem surgir, de algum modo, das perspectivas de determinada empresa. Os setores atrativos para os participantes podem não ser atrativos para empresas fora do setor. Essas organizações podem analisar o ambiente de um setor e concluir que não é bom negócio participar dele, tendo em vista as barreiras existentes à entrada, a dificuldade para desafiar os atuais líderes de mercado com seus recursos e capacitação específicos e as oportunidades que possuem em outros setores. Uma companhia posicionada favoravelmente pode analisar um ambiente de negócios e descobrir inúmeras oportunidades que os concorrentes fracos não conseguem aproveitar.

> **Conceito Central**
> O grau em que um setor é atrativo não é o mesmo para todos os participantes do setor nem para todos os entrantes potenciais; a atratividade das oportunidades de um setor depende fortemente das forças oriundas dos recursos e das capacidades competitivas de uma empresa para capturá-las.

Quando uma empresa decide que um setor é fundamentalmente atraente e apresenta boas oportunidades, há uma boa justificativa para que invista agressivamente, visando aproveitar as oportunidades que vislumbra e melhorar sua posição competitiva a longo prazo. Quando um concorrente forte conclui que um setor é relativamente sem atratividade e não apresenta oportunidades, pode optar por simplesmente proteger sua posição atual, investir cautelosamente e buscar oportunidades em outros setores. Uma organização fraca sob o aspecto competitivo, em um setor sem atratividade, pode considerar que sua melhor opção é localizar um comprador, talvez um concorrente, para adquiri-la.

Pontos-Chave

Pensar estrategicamente sobre a situação externa de uma empresa envolve buscar respostas para as sete perguntas a seguir:

1. *Quais as características econômicas dominantes do setor?* Os setores diferem significativamente em termos de fatores como tamanho do mercado e taxa de crescimento, o número e o tamanho relativo de compradores e vendedores, o alcance geográfico da rivalidade competitiva, o grau de diferenciação do produto, a velocidade de inovação do produto e a expansão das economias de escala e dos efeitos da curva de aprendizado. Além de preparar o cenário para a análise que virá, identificar as características econômicas de um setor promove a compreensão dos tipos de ações estratégicas que os participantes têm probabilidade de utilizar.

2. *Com que tipos de forças competitivas os participantes do setor se defrontam e qual a intensidade de cada força?* A força da concorrência atua de cinco maneiras: (1) pressões competitivas que se originam de medidas ágeis e de manobras no mercado entre os concorrentes do setor, (2) pressões competitivas associadas às incursões no mercado feitas pelos vendedores de produtos substitutos, (3) pressões competitivas associadas à ameaça da presença de novos entrantes no mercado, (4) pressões competitivas originárias do poder de negociação do fornecedor e da colaboração entre fornecedor e vendedor e (5) pressões

competitivas originárias do poder de negociação do comprador e da colaboração entre vendedor e comprador. A natureza e a intensidade das pressões competitivas associadas a essas cinco forças têm de ser examinadas força por força para identificar as pressões competitivas específicas que cada uma engloba e decidir se constituem uma força competitiva forte ou fraca. O próximo passo na análise da concorrência consiste em avaliar a intensidade conjunta das cinco forças e determinar se conduz a uma boa lucratividade. Aplicar passo a passo o modelo das cinco forças não apenas ajuda os criadores de estratégias a avaliar se a intensidade da concorrência permite uma boa lucratividade, mas também promove um pensamento estratégico bem fundamentado a respeito de como melhor combinar a estratégia da organização com o caráter competitivo específico do mercado. Combinar eficazmente a estratégia de uma empresa com as pressões e as condições competitivas específicas que existem possui dois aspectos: (1) identificar maneiras que protejam a empresa do maior número possível de pressões competitivas e (2) iniciar ações direcionadas para produzir uma vantagem competitiva sustentável, deslocando desse modo a concorrência a favor da empresa, aplicando maior pressão competitiva nos concorrentes e talvez até mesmo definir o modelo empresarial para o setor.

3. *Que fatores estão impulsionando a mudança no setor e que impacto exercerão na intensidade competitiva e na lucratividade do setor?* As condições setoriais e competitivas alteram-se porque existem forças agindo para criar incentivos ou pressões para a mudança. A primeira fase consiste em identificar as forças que impulsionam a mudança no setor; as forças motrizes mais comuns incluem a internet e as aplicações da tecnologia da internet, a globalização da concorrência no setor, mudanças na taxa de crescimento de longo prazo do setor, alteração da composição dos compradores, inovação do produto, entrada ou saída de empresas importantes, alterações no custo ou na eficiência, preferências dos compradores que se alteram para produtos ou serviços padronizados *versus* diferenciados, influências regulamentais e mudanças na política do governo, mudança nos fatores relativos à sociedade e ao estilo de vida e diminuição da incerteza e do risco empresarial. A segunda fase da análise das forças motrizes consiste em determinar se essas forças, consideradas em conjunto, encontram-se atuando para tornar o ambiente setorial mais ou menos atraente. As forças motrizes fazem com que a demanda para o produto do setor aumente ou diminua? As forças motrizes estão agindo para tornar a concorrência mais ou menos intensa? As forças motrizes conduzirão a uma maior ou menor lucratividade do setor?

4. *Que posições no mercado os concorrentes do setor ocupam — quem possui uma posição forte e quem não a possui?* O mapeamento do grupo estratégico constitui uma ferramenta valiosa para compreender as similaridades, as diferenças, os pontos fortes e os pontos fracos inerentes à posição de mercado das empresas. Os concorrentes nos mesmos grupos estratégicos, ou em grupos próximos, competem de perto, ao passo que as organizações em grupos estratégicos distantes representam em geral pouca ou nenhuma ameaça imediata. A lição do mapeamento do grupo estratégico é que algumas posições no mapa são mais favoráveis do que outras. O potencial de lucro dos diferentes grupos estratégicos varia devido aos pontos fortes e fracos na posição de mercado de cada grupo. Freqüentemente, as forças motrizes do setor e as pressões competitivas favorecem alguns grupos estratégicos e prejudicam outros.

5. *Que ações estratégicas os concorrentes provavelmente empreenderão em seguida?* Este passo analítico envolve identificar as estratégias dos concorrentes, decidir quais serão competidores fortes e quais serão fracos, avaliar as opções competitivas dos concorrentes e prever seus próximos passos. Ter boas informações sobre a concorrência a fim de prever suas ações pode ajudar uma empresa a partir para o contra-ataque eficaz (talvez até tomar a dianteira) e permite levar em conta as ações prováveis dos rivais ao determinarem o melhor modo de agir para a sua empresa. Os líderes que deixam de analisar os concorrentes arriscam-se a ser pegos despreparados pelas ações estratégicas dos rivais.

6. *Quais os fatores-chave para o sucesso competitivo futuro?* Os fatores-chave de sucesso (FCS) de um setor são determinados elementos de estratégia, atributos do produto, capacidade competitiva e resultados nos negócios que indicam a diferença entre ser um concorrente forte ou fraco — e algumas vezes entre lucro e prejuízo. Os FCS por sua própria natureza são muito importantes para o sucesso competitivo fazendo com que *todas as empresas* no setor precisem ficar muito atentas para eles ou arriscar-se a ser um participante secundário. Diagnosticar corretamente os FCS de um setor aumenta as probabilidades de uma empresa elaborar uma estratégia forte. A meta dos estrategistas da organização deve ser criar uma estratégia que tenha por alvo comparar-se bem com todos os FCS do setor e tentar ser *particularmente melhor* do que os rivais em um (ou se possível dois) dos FCS. De fato, usar os FCSs do setor como pedras angulares para a estratégia da empresa e tentar obter uma vantagem competitiva sustentável destacando-se em um FCS específico constitui um método de estratégia competitiva proveitoso.

7. *As perspectivas para o setor proporcionam à empresa uma oportunidade suficientemente atraente para a lucratividade?* Se as perspectivas do lucro geral em um setor são acima da média, o ambiente no setor é basicamente atrativo; se as perspectivas de lucro são abaixo da média, as condições não são atraentes. As conclusões a respeito da atração do setor constituem um impulsionador importante da estratégia da organização. Quando uma empresa decide que um setor é fundamentalmente atrativo e apresenta boas oportunidades, pode-se justificar a realização de investimentos agressivos para aproveitar as oportunidades que ela vislumbra e melhorar sua posição competitiva a longo prazo no setor de atuação. Quando um concorrente forte conclui que um setor é relativamente sem atração e não apresenta oportunidades, pode optar por proteger sua posição atual, investindo cuidadosamente — caso venha a fazê-lo — e buscando oportunidades em outros setores. Uma empresa fraca em termos competitivos em um setor sem atratividade pode considerar como melhor opção identificar um comprador, talvez um concorrente, para adquiri-la. Às vezes um setor que não apresente atratividade em termos gerais ainda é muito atrativo para outra empresaem situação favorável quanto a aptidões e recursos para conseguir negócios que pertençam a concorrentes mais fracos.

Uma análise setorial e competitiva conduzida de modo competente em geral apresenta um relato nítido e facilmente compreensível sobre o ambiente externo da organização. Analistas diferentes podem ter julgamentos distintos sobre a intensidade competitiva, os impactos das forças motrizes, o modo como as condições do setor evoluirão, se existem boas perspectivas para a lucratividade do setor e o grau em que o ambiente setorial oferece à empresa oportunidade atraente de negócios. No entanto, embora nenhum método possa garantir que todos os analistas chegarão a conclusões idênticas a respeito da situação setorial, das condições competitivas e das perspectivas futuras de um setor, isso não justifica encontrar um atalho para uma análise estratégica rígida e optar por se basear na opinião e na observação casual. Os gerentes tornam-se melhores estrategistas quando sabem quais perguntas formular e quais ferramentas utilizar. É por esse motivo que este capítulo concentrou-se na sugestão das perguntas certas a serem formuladas, explicando conceitos e métodos analíticos e indicando aquilo que deve ser observado. Não existe um substituto para a realização de uma análise estratégica avançada sobre a situação externa de uma companhia — tudo que não faz parte dessa análise diminui a capacidade dos administradores para a elaboração de estratégias que se enquadram bem às condições setoriais e competitivas.

Exercícios

1. Sendo o proprietário de um empreendimento de *fast-food* que busca um empréstimo bancário para financiar a construção e operação de três novos estabelecimentos, você foi solicitado a apresentar ao gerente de financiamentos uma análise resumida do ambiente competitivo no setor. Trace um diagrama das cinco forças e discuta resumidamente a natureza e a intensidade de cada uma delas na área de *fast-food*. Faça a pesquisa que for necessária na internet a fim de ampliar sua compreensão da concorrência no setor de *fast-food* e realizar uma análise competente das cinco forças.

2. Tomando por base o mapa do grupo estratégico no Quadro Ilustrativo 3.1, responda às seguintes perguntas:
   - Quem são os concorrentes mais próximos da Polo Ralph Lauren?
   - Entre quais dois grupos estratégicos a concorrência é mais forte?
   - Por que considera-se que não há varejistas posicionados no lado superior direito do mapa?
   - Que empresa/grupo estratégico está sujeito à menor concorrência dos participantes de outros grupos estratégicos?

3. Naquilo que diz respeito à indústria de sorvetes, quais dos seguintes fatores poderiam qualificar-se como possíveis forças motrizes capazes de causar mudanças fundamentais na estrutura e no ambiente competitivo do setor?
   a. Aumentar as vendas de sorvetes de iogurte e de *sorbets*.
   b. O potencial de outros fabricantes de sorvete entrarem no mercado.
   c. Interesse crescente do consumidor nas alternativas de sobremesas com baixas calorias/pouca gordura/poucos carboidratos/sem adição de açúcar.
   d. Diminuição da compra de sorvetes pelos consumidores.
   e. Preços em elevação do leite, do açúcar e de outros ingredientes dos sorvetes.
   f. Decisão da Häagen-Dazs em aumentar os preços em 10%.
   g. Decisão da Ben & Jerry's de acrescentar cinco novos sabores à sua linha de produtos.

capítulo quatro

Avaliando os Recursos e a Posição Competitiva de uma Empresa

Antes de poderem traçar uma nova estratégia, os executivos precisam chegar a um entendimento comum da posição atual da empresa.
— **W. Chan Kim e Rene Mauborgne**

A questão real não é como está seu desempenho hoje em comparação ao passado, mas como você se compara a seus concorrentes.
— **Donald Kress**

As organizações obtêm sucesso no longo prazo em um mercado competitivo porque podem fazer certas coisas que seus clientes valorizam mais em comparação a seus concorrentes.
— **Robert Hayes, Gary Pisano e David Upton**

Somente as empresas capazes de agrupar continuamente ativos estratégicos de modo mais rápido e econômico do que seus concorrentes obterão retornos maiores de longo prazo.
— **C. C. Markides e P. J. Williamson**

No Capítulo 3 descrevemos como usar as ferramentas analíticas do setor e da competitividade para avaliar o ambiente externo de uma empresa e realizar o trabalho básico para compatibilizar a estratégia da empresa com sua situação externa. Neste capítulo discutimos as técnicas para avaliar a capacitação em termos de recursos, a posição de custo relativa e a força competitiva de uma empresa diante de seus concorrentes. O foco analítico será direcionado a cinco perguntas:

1. Qual o desempenho da estratégia atual da empresa?
2. Quais os recursos fortes e os fracos da empresa e suas oportunidades e ameaças externas?
3. Os preços e os custos da empresa são competitivos?
4. A empresa é mais forte ou mais fraca que seus principais concorrentes?
5. Que temas e problemas estratégicos merecem atenção prioritária dos dirigentes?

Descrevemos quatro ferramentas analíticas que deveriam ser usadas para buscar respostas a essas perguntas — análise SWOT, análise da cadeia de valor, benchmarking e a avaliação da força competitiva. Todas as quatro são técnicas valiosas para indicar a competitividade de uma empresa e para ajudar os gerentes da empresa a combinarem sua estratégia com as circunstâncias específicas da empresa.

1ª PERGUNTA: QUAL O DESEMPENHO DA ESTRATÉGIA ATUAL DA EMPRESA?

Ao avaliar qual o desempenho da estratégia atual da empresa, um gerente precisa iniciar com a determinação da estratégia. A Figura 4.1 mostra os principais componentes da estratégia de uma empresa que atua em um único ramo. O primeiro aspecto a ressaltar é a abordagem competitiva da empresa. A empresa está se empenhando para ser um líder em termos de custo baixo *ou* dando ênfase à oferta de produtos, destacando-se, assim, de seus concorrentes? Ela está concentrando esforços para o atendimento de um amplo espectro de clientes *ou* um nicho de mercado restrito? Uma outra consideração definidora da estratégia é o alcance competitivo da empresa no âmbito do setor — a sua cobertura do mercado geográfico e se opera apenas em um estágio da cadeia de produção/distribuição ou está integrada verticalmente em diversos estágios. Ainda uma boa indicação da estratégia da empresa é se a empresa realizou ações recentemente para melhorar sua posição e desempenho competitivos — por exemplo, reduzindo preços, aperfeiçoando o design, aumentando a propaganda, entrando em um novo mercado geográfico (nacional ou estrangeiro) ou

Figura 4.1 **Identificação dos Componentes da Estratégia de uma Empresa Que Atua em um Único Ramo**

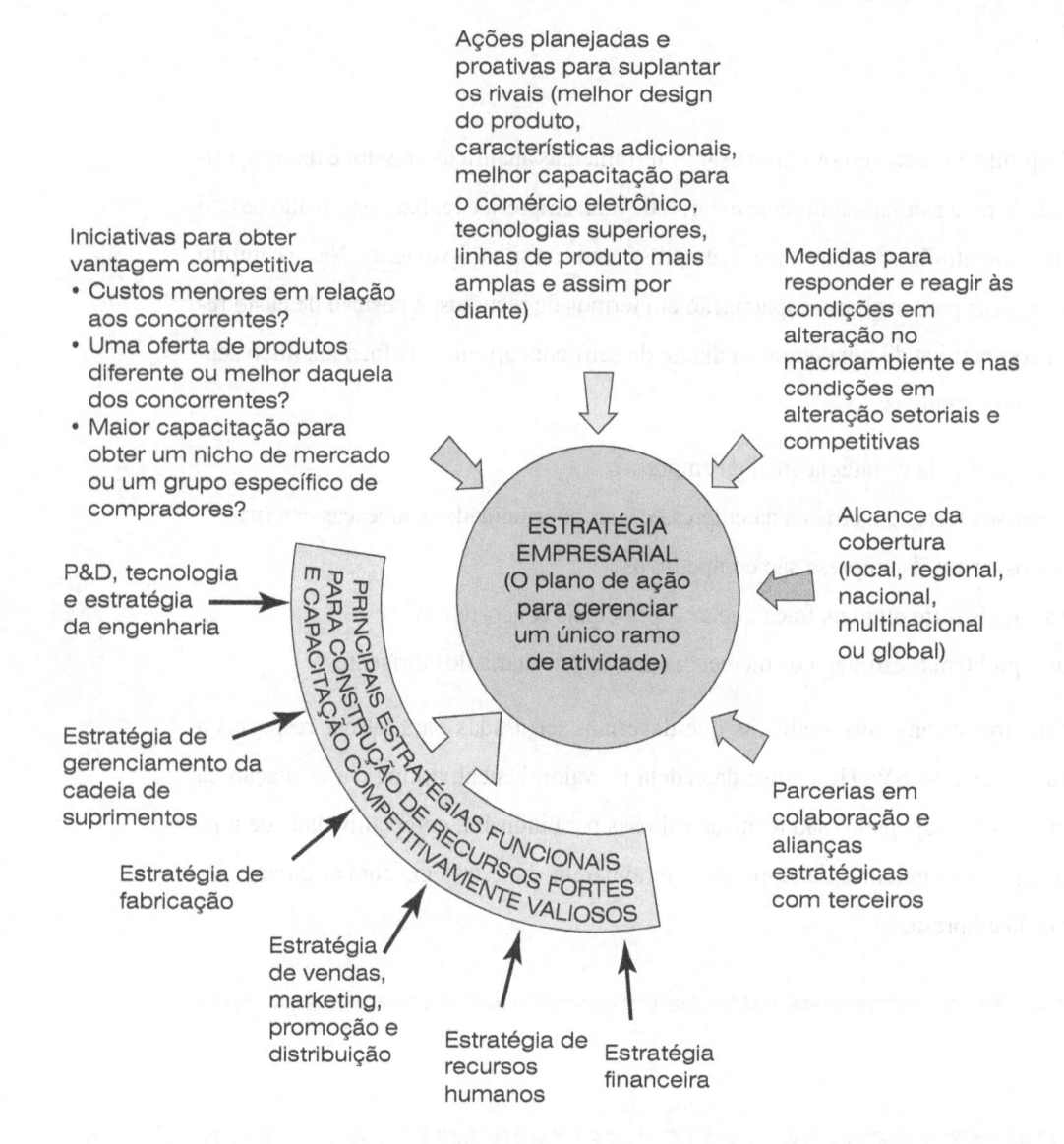

Ações planejadas e proativas para suplantar os rivais (melhor design do produto, características adicionais, melhor capacitação para o comércio eletrônico, tecnologias superiores, linhas de produto mais amplas e assim por diante)

Iniciativas para obter vantagem competitiva
- Custos menores em relação aos concorrentes?
- Uma oferta de produtos diferente ou melhor daquela dos concorrentes?
- Maior capacitação para obter um nicho de mercado ou um grupo específico de compradores?

Medidas para responder e reagir às condições em alteração no macroambiente e nas condições em alteração setoriais e competitivas

P&D, tecnologia e estratégia da engenharia

PRINCIPAIS ESTRATÉGIAS FUNCIONAIS PARA CONSTRUÇÃO DE RECURSOS FORTES E CAPACITAÇÃO COMPETITIVAMENTE VALIOSOS

ESTRATÉGIA EMPRESARIAL (O plano de ação para gerenciar um único ramo de atividade)

Alcance da cobertura (local, regional, nacional, multinacional ou global)

Estratégia de gerenciamento da cadeia de suprimentos

Estratégia de fabricação

Estratégia de vendas, marketing, promoção e distribuição

Estratégia de recursos humanos

Estratégia financeira

Parcerias em colaboração e alianças estratégicas com terceiros

com um concorrente. As estratégias funcionais em termos de P&D, produção, marketing, finanças, recursos humanos, tecnologia da informação e assim por diante contribuem com mais componentes para a estratégia da empresa.

Embora seja válido avaliar a estratégia sob um ponto de vista *qualitativo* (sua abrangência, coerência interna, justificativa e relevância), a melhor prova *quantitativa* do grau de desempenho da estratégia de uma organização origina-se de seus resultados. Os dois melhores indicadores empíricos são: (1) se a empresa está cumprindo seus objetivos financeiros e estratégicos propostos e (2) se está apresentando um desempenho acima da média no setor. O não-cumprimento persistente das metas e um desempenho fraco em relação aos concorrentes são sinais de alerta confiáveis de que existe um processo inadequado de elaboração de estratégias, uma execução das estratégias abaixo do nível de competência, ou ambos. Outros indicadores de como a estratégia de uma empresa está operando incluem:

- Se as vendas da empresa estão crescendo mais rapidamente, mais lentamente ou no mesmo ritmo que o mercado como um todo, resultando em uma participação de mercado crescente, decrescente ou estável.

- Se a empresa está atraindo novos clientes a um ritmo apreciável bem como mantendo os atuais.
- Se as margens de lucro da empresa estão aumentando ou diminuindo e como suas margens se comparam às das concorrentes.
- Tendências do lucro líquido e do retorno do investimento e como se comparam às mesmas tendências das outras empresas no setor.
- Se a solidez financeira geral e a classificação de crédito da empresa estão melhorando ou piorando.
- Se a empresa pode demonstrar um desempenho contínuo em medidas de desempenho interno como período médio de estocagem, produtividade dos funcionários, custo unitário, índice de defeitos, índice de sucateamento, pedidos atendidos erroneamente, custos de garantia e assim por diante.
- Como os acionistas "enxergam" a empresa com base nas tendências do preço das ações e no valor para o acionista (em relação às tendências dos preços das ações de outras empresas do setor).
- A imagem e a reputação da empresa perante seus clientes.
- O grau em que a empresa se compara aos concorrentes em termos de tecnologia, inovação do produto, atendimento ao cliente, qualidade do produto, preço, colocação rápida no mercado de produtos desenvolvidos recentemente e outros fatores relevantes nos quais os compradores baseiam sua escolha de marcas.

Quanto melhor o desempenho geral atual, menos provável a necessidade de mudanças radicais na estratégia. Quanto mais fraco o desempenho financeiro e a posição de mercado, mais a atual estratégia precisa ser questionada. Um desempenho fraco é quase sempre sinal de uma estratégia fraca, uma execução fraca ou ambas.

A Tabela 4.1 fornece uma compilação dos índices financeiros mais comumente usados para avaliar o desempenho financeiro e a solidez do balanço patrimonial de uma empresa.

> Quanto melhor o desempenho financeiro e a posição de mercado de uma empresa, maior a probabilidade de ter uma estratégia bem concebida e bem executada.

2ª PERGUNTA: QUAIS SÃO OS RECURSOS FORTES E FRACOS DA EMPRESA E SUAS OPORTUNIDADES E AMEAÇAS EXTERNAS?

Avaliar os recursos fortes (**strengths**) e fracos (**weaknesses**) e suas **o**portunidades e ameaças (**threats**) externas, conhecido como **análise SWOT**, proporciona uma boa visão de conjunto a respeito da situação geral da empresa ser fundamentalmente saudável ou precária. De modo igualmente importante, uma **análise SWOT** de primeira classe proporciona a base para a elaboração de uma estratégia que se vale dos recursos da empresa, almeja aproveitar diretamente as melhores oportunidades e defender-se contra as ameaças.

> **Conceito Central**
> A **análise SWOT** é uma ferramenta simples, porém poderosa, para estimar a capacitação e as deficiências das oportunidades de mercado e ameaças externas impeditivas a uma situação futura favorável da empresa.

Identificação dos Recursos Fortes e da Capacitação Competitiva da Empresa

Um *recurso forte* é algo que a empresa sabe fazer bem ou um atributo que aumenta sua competitividade no mercado. Recursos fortes podem assumir qualquer uma das seguintes formas:

Tabela 4.1 Principais Índices Financeiros: Como Calculá-los e o Que Significam

Índice	Como É Calculado	O Que Indica
Índices de lucratividade		
1. Margem de lucro bruto	$\dfrac{\text{Vendas} - \text{Custo das mercadorias}}{\text{Vendas}}$	Indica a porcentagem das receitas disponíveis para cobrir as despesas operacionais e obter lucro. Quanto maior melhor, e a tendência deve ser crescente.
2. Margem de lucro operacional	$\dfrac{\text{Vendas} - \text{Despesas operacionais}}{\text{Vendas}}$ ou $\dfrac{\text{Receita Operacional}}{\text{Vendas}}$	Indica a lucratividade das operações atuais sem levar em conta as despesas de juros e o imposto de renda. Quanto maior melhor e a tendência deve ser crescente.
3. Margem de lucro líquido	$\dfrac{\text{Lucro após o imposto de renda}}{\text{Vendas}}$	Indica o lucro após o imposto de renda por dólar de venda. Quanto maior melhor e a tendência deve ser crescente.
4. Retorno do ativo total	$\dfrac{\text{Lucro após o imposto de renda} + \text{Juros}}{\text{Ativo total}}$	Uma medida do retorno do investimento total na empresa. Os juros são acrescentados ao lucro após o imposto de renda para formar o numerador, pois o ativo total é financiado pelos credores bem como pelos acionistas. Quanto maior melhor e a tendência deve ser crescente.
5. Retorno do patrimônio líquido	$\dfrac{\text{Lucro após o imposto de renda}}{\text{Patrimônio líquido total}}$	Indica o retorno que os acionistas estão obtendo pelo seu investimento na empresa. Um retorno na faixa de 12% a 15% é médio, e a tendência deve ser crescente.
6. Lucro por ação	$\dfrac{\text{Lucro após o imposto de renda}}{\text{Número total de ações ordinárias}}$	Indica o lucro de cada ação ordinária emitida. A tendência deve ser crescente: quanto maior a porcentagem anual, melhor.
Índices de liquidez		
1. Índice de liquidez corrente	$\dfrac{\text{Ativo circulante}}{\text{Passivo circulante}}$	Indica a capacidade de uma empresa pagar o passivo circulante usando os ativos que podem ser convertidos em fundos de curto prazo. O índice deve ser obrigatoriamente maior que 1; um índice de 2 ou mais é melhor ainda.
2. Índice de liquidez seca (ou teste ácido)	$\dfrac{\text{Ativo circulante} - \text{Estoques}}{\text{Passivo circulante}}$	Indica a capacidade da empresa de pagar o passivo circulante sem depender da venda de seus estoques.
3. Capital de giro	Ativo circulante − Passivo circulante	Quanto maior o valor melhor, porque a empresa possui fundos disponíveis para (1) pagar pontualmente seu passivo circulante e (2) financiar o aumento do estoque, um maior volume de contas a receber e uma base mais ampla de operações sem recorrer a empréstimos ou obter mais capital acionário.
Índices de impulsionamento		
1. Índice dívidas / ativo	$\dfrac{\text{Dívidas totais}}{\text{Ativo total}}$	Indica a extensão em que os fundos emprestados foram empregados para financiar as operações da empresa. Índices baixos são melhores — os índices altos indicam um uso excessivo de empréstimos e um maior risco de falência.

(Continua)

Tabela 4.1 Continuação

Índice	Como É Calculado	O Que Indica
2. Índice de endividamento geral	$\dfrac{\text{Dívidas totais}}{\text{Patrimônio líquido total}}$	Geralmente deve ser menor que 1. Índices elevados (especialmente maiores que 1) sinalizam endividamento excessivo, menor classificação de crédito e um balanço patrimonial menos sólido.
3. Índice de dívidas de longo prazo / patrimônio líquido	$\dfrac{\text{Dívidas de longo prazo}}{\text{Patrimônio líquido total}}$	Indica o equilíbrio entre dívidas e patrimônio líquido na estrutura de capital de *longo prazo* da empresa.
4. Índice de cobertura dos juros	$\dfrac{\text{Lucro operacional}}{\text{Despesas de juros}}$	Indica a capacidade para pagar as despesas de juros anuais. Os financiadores geralmente insistem em um índice mínimo de 2, porém índices acima de 3 permitem uma melhor classificação de crédito.
Índices de atividade		
1. Período de estocagem	$\dfrac{\text{Vendas} \div 365}{\text{Estoques}}$	Indica a eficiência do gerenciamento dos estoques. Períodos de estocagem menores geralmente são melhores.
2. Rotação de estoques	$\dfrac{\text{Vendas}}{\text{Estoques}}$	Indica o número de vezes que o estoque gira por ano. Quanto maior melhor.
3. Período médio de recebimento	$\dfrac{\text{Contas a receber}}{\text{Vendas totais} \div 365}$	Indica o tempo médio que a empresa precisa esperar pelo pagamento após a realização de uma venda. Um período menor é melhor.
Outras medidas importantes de desempenho financeiro		
1. Rendimento dos dividendos das ações ordinárias	$\dfrac{\text{Dividendos anuais por ação}}{\text{Cotação atual da ação}}$	Uma medida do retorno que os acionistas recebem sob a forma de dividendos. Um rendimento "típico" encontra-se na faixa de 2% a 3%. O rendimento dos dividendos para as empresas de crescimento rápido muitas vezes é inferior a 1% (pode até ser 0); o rendimento dos dividendos para empresas de crescimento lento pode chegar ao patamar de 4% a 5%.
2. Índice preço / lucro (P/L)	$\dfrac{\text{Cotação atual da ação}}{\text{Lucro por ação}}$	Índices P/L acima de 20 indicam uma grande confiança do investidor nas perspectivas e no crescimento dos lucros da empresa; organizações cujos lucros futuros são incertos ou tendem a crescer de modo lento normalmente possuem índices inferiores a 12.
3. Índice de retorno dos dividendos	$\dfrac{\text{Dividendos anuais por ação}}{\text{Lucro por ação}}$	Indica a porcentagem do lucro após o imposto de renda paga como dividendo.
4. Fluxo de caixa interno	Lucro após o imposto de renda + Depreciação	Uma estimativa rápida e aproximada dos fundos que os negócios das empresas estão gerando após o pagamento das despesas operacionais, dos juros e do imposto de renda. Tais recursos podem ser usados para o pagamento de dividendos ou para financiar o investimento em bens de capital.

- *Uma habilidade, um conhecimento especializado ou uma capacitação competitiva importante* — habilidade para operar com custo baixo, especialização tecnológica para fabricar produtos sem defeito, capacidade comprovada para desenvolver e introduzir produtos inovadores, capacitação para gerenciamento avançado da cadeia de suprimentos, conhecimento especializado para lançar novos produtos no mercado rapidamente, grande especialização no comércio eletrônico, capacidade para prestar continuamente um bom atendimento ao cliente ou talento diferenciado na área de propaganda e promoção.

- *Ativos físicos valiosos* — fábricas e equipamentos estado-da-arte, localização atraente dos imóveis, excelentes habilidades para o merchandising de massa ou talento diferenciado para a propaganda e a promoção.

- *Ativos humanos valiosos e capital intelectual* — equipe de trabalho experiente e capaz, funcionários talentosos em áreas importantes, conhecimento avançado em tecnologia ou em outras áreas importantes do negócio, aprendizado coletivo como parte da organização e acumulado ao longo do tempo ou *know-how* gerencial[1].

- *Ativos organizacionais valiosos* — sistemas de controle de qualidade, tecnologia proprietária, patentes importantes, sistemas estado-da-arte para realizar negócios pela internet, posse de recursos naturais importantes, um quadro de representantes de atendimento ao cliente altamente treinados, uma rede consolidada de distribuidores ou varejistas, volumes apreciáveis de fundos e de títulos negociáveis, balanço patrimonial e classificação de crédito excelentes (permitindo desse modo o acesso da empresa a capital financeiro adicional) ou uma lista abrangente de e-mails de clientes.

- *Ativos intangíveis valiosos* — marca poderosa ou bem conhecida, reputação por liderança tecnológica ou fidelidade e um bom conceito por parte dos compradores.

- *Uma realização ou um atributo que coloque a empresa em uma posição de vantagem no mercado* — custos gerais baixos em comparação aos dos concorrentes, liderança em participação de mercado, produto de qualidade superior, linha de produtos mais diversificada que a dos concorrentes, ampla cobertura geográfica ou atendimento ao cliente de primeira ordem.

- *Alianças ou empreendimentos em cooperação valiosos sob o aspecto competitivo* — parcerias proveitosas com os fornecedores que reduzem custos e/ou melhoram a qualidade e o desempenho do produto; alianças ou *joint-ventures* que proporcionam acesso a tecnologias importantes, a *know-how* especializado ou a mercados geográficos.

Conceito Central
Os recursos fortes de uma empresa representam *ativos competitivos* e são fatores determinantes de sua competitividade e capacidade para o sucesso no mercado.

Os recursos fortes de uma empresa representam sua dotação de *ativos competitivos*. O grau de excelência desses recursos constitui um fator determinante importante de sua competitividade — seja a posse dos meios necessários para ser um concorrente forte no mercado, seja sua capacitação e vantagem competitiva modestas, relegando desse modo a empresa a uma posição secundária no setor [2]. Evidentemente os recursos fortes de uma organização podem capacitá-la ou não a melhorar sua posição competitiva e seu desempenho financeiro.

Avaliação da Competência e da Capacitação de uma Empresa — Que Atividades Ela Desempenha Bem?

Um dos aspectos mais importantes na avaliação dos recursos fortes de uma empresa tem relação com seu nível de competência para o desempenho de funções importantes como gerenciamento da cadeia de suprimentos, pesquisa e desenvolvimento (P&D), distribuição, vendas e marketing e atendimento ao cliente. Que atividades a empresa desempenha especialmente bem? E existem atividades que desempenha melhor que os concorrentes? A proficiência de uma empresa na condução dos diferentes aspectos de suas operações pode variar apenas de uma capacitação para desempenhar uma atividade, uma competência central a uma competência diferenciada:

1. **Competência** é algo que uma organização realiza bem. Quase sempre é produto da experiência, representando um acúmulo de aprendizado e a obtenção de proficiência no

desempenho de uma atividade interna. Em geral a competência de uma empresa origina-se de esforços concentrados a fim de desenvolver a capacitação organizacional para fazer algo, mesmo que seja de modo imperfeito ou ineficiente. Tais esforços envolvem a seleção de pessoas com o conhecimento e as habilidades necessários, aperfeiçoar ou ampliar a capacidade individual e, então, juntar os esforços e o produto do trabalho das pessoas em um esforço representado por um grupo cooperativo a fim de criar capacitação organizacional. Em seguida, à medida que aumentar a experiência de tal modo que a empresa obtenha proficiência para desempenhar a atividade continuamente bem e a um custo aceitável, a capacitação evolui para a competência real da empresa. Algumas competências relacionam-se a habilidades e especializações razoavelmente específicas (como o controle de estoque *just-in-time* ou a eficiência produtiva para operar com custos baixos ou escolher localizações para novas lojas ou criar um site de grande apelo e fácil acesso). As competências surgem da proficiência em uma única disciplina ou função e podem ser desempenhadas em um único departamento ou unidade organizacional. Outras competências são inerentemente multidisciplinares e abrangem várias funções — são o resultado da colaboração eficaz entre indivíduos com especializações distintas que trabalham em diferentes unidades organizacionais. Uma competência para a inovação contínua do produto, por exemplo, origina-se da junção dos esforços das pessoas e dos grupos com conhecimento de pesquisa de mercado, P&D de novos produtos, projeto e engenharia, fabricação a um custo econômico e testes de mercado.

> **Conceito Central**
> **Competência** é uma atividade que uma empresa aprendeu a desempenhar bem.

2. **Competência central** é uma atividade interna desempenhada de modo proficiente, sendo *fundamental* para a estratégia e a competitividade de uma empresa. Competência central é um recurso forte e valioso, devido ao papel central da atividade bem desempenhada na estratégia da empresa e da contribuição que traz para o sucesso da organização no mercado. Uma competência central pode relacionar-se a qualquer dos diversos aspectos das atividades de uma empresa: especialização a fim de integrar múltiplas tecnologias para criar famílias de novos produtos, *know-how* na criação de sistemas operacionais para um gerenciamento da cadeia de suprimentos mediante custos econômicos, capacitação para lançar no mercado produtos novos ou da próxima geração, boa capacidade para o atendimento pós-venda, habilidades para a fabricação de um produto de alta qualidade a um custo baixo ou a capacitação para processar pedidos dos clientes com precisão e rapidez. Uma empresa pode ter mais de uma competência central em seu conjunto de recursos, porém é rara aquela que possui mais de duas ou três competências centrais. Na maioria das vezes *uma competência central tem por fundamento o conhecimento, concentrando-se nas pessoas e no capital intelectual da empresa e não em seus ativos indicados no balanço patrimonial*. Além disso, uma competência central apresenta maior probabilidade de ter como alicerce combinações interdepartamentais de conhecimento e especialização, em vez de ser o produto de um único departamento ou grupo de trabalho. A 3M Corporation possui competência central em inovação do produto — seu histórico de introdução de novos produtos remonta a várias décadas e a introdução de novos produtos é fundamental para sua estratégia de crescimento. A Ben & Jerry's Homemade, uma subsidiária da Unilever, possui competência central na criação de sabores incomuns e em sua comercialização com nomes atraentes como Chunky Monkey, Wavy Gravy, Chubby Hubby, The Gobfather, Dublin Mudslide e Marsha Marsha Marshmallow.

> **Conceito Central**
> **Competência central** é uma atividade *importante competitivamente* que uma empresa desempenha melhor do que outras atividades internas.

3. **Competência diferenciada** é uma atividade valiosa competitivamente que uma empresa *desempenha melhor que seus concorrentes*. Competência diferenciada significa, portanto, uma proficiência até maior que uma competência central. Entretanto, aquilo que é especialmente importante a respeito da competência diferenciada é que a empresa possui *su-*

Conceito Central
Competência diferenciada é uma atividade competitivamente importante que uma empresa desempenha melhor que seus concorrentes, representando, portanto, superioridade competitiva superior.

perioridade competitiva no desempenho dessa atividade — representa um nível de proficiência que os concorrentes não possuem. Em virtude de a competência diferenciada representar uma capacitação única em relação às concorrentes, qualifica-se como um *recurso forte competitivamente superior* com potencial de vantagem competitiva. Isso é particularmente válido quando a competência diferenciada permite que uma empresa proporcione um valor excepcional aos clientes (na forma de custos e preços menores, melhor desempenho do produto ou atendimento excelente). A Toyota trabalhou diligentemente ao longo de várias décadas para estabelecer uma competência diferenciada na produção de veículos automotores de custo baixo e qualidade elevada; seu sistema de "produção enxuta" é muito superior àquele de qualquer outro fabricante de automóveis e a empresa está ampliando os limites de sua vantagem produtiva por meio de um novo tipo de linha de montagem — denominada linha Global Body — que custa 50% menos para instalar e pode ser alterada para acomodar um modelo novo a um custo 70% menor do que seu sistema de produção anterior[3]. A competência diferenciada da Starbucks em bebidas à base de café e no ambiente das lojas a lançou ao primeiro plano entre os varejistas de café.

As diferenças conceituais entre competência, competência central e competência diferenciada chamam a atenção para o fato de que os recursos fortes e as capacitações competitivas de uma empresa não são todos iguais[4]. Algumas competências e capacitações competitivas permitem meramente a sobrevivência no mercado porque a maioria dos concorrentes as possuem — de fato, não ter uma capacitação ou uma competência que os concorrentes possuem pode resultar em uma desvantagem competitiva. Se uma empresa de vestuário não possui a competência para fabricar seus produtos com um custo econômico, é improvável que sobreviva tendo em vista a natureza intensamente competitiva, em termos de preços, da indústria de vestuário. Todo varejista na internet tem de possuir uma competência central para criar um site atraente e fácil de consultar.

As competências centrais são recursos fortes mais importantes *competitivamente* do que as competências porque agregam poder à estratégia da empresa e exercem maior impacto positivo em sua posição de mercado e lucratividade. Competências diferenciadas são até mais importantes sob o aspecto competitivo. Uma competência diferenciada é um recurso competitivamente forte por três razões: (1) proporciona a uma empresa capacitação competitiva valiosa que não tem correspondência nos concorrentes, (2) possui o potencial para ser a pedra angular da estratégia da empresa e (3) pode produzir uma vantagem competitiva no mercado, pois representa um nível de proficiência superior ao dos concorrentes. Sempre é mais fácil para uma empresa criar vantagem competitiva quando possui competência diferenciada no desempenho de uma atividade importante para o sucesso no mercado, as empresas rivais não detêm competências comparáveis e é oneroso e demorado para os concorrentes imitarem a competência. Uma competência diferenciada é, portanto, potencialmente a mola mestra do sucesso de uma organização — a não ser que seja forjada por recursos mais poderosos possuídos pelos rivais.

Conceito Central
Competência diferenciada é um recurso forte competitivamente poderoso por três razões: (1) proporciona a uma empresa capacitação competitiva valiosa não igualada pelos concorrentes, (2) pode ressaltar e agregar um vigor real à estratégia de uma empresa e (3) é uma base para a vantagem competitiva sustentável.

Qual o Poder Competitivo de um Recurso Forte? Não é suficiente apenas compilar uma lista dos recursos e da capacitação competitiva da empresa. O mais marcante a respeito dos recursos fortes de uma empresa, individual e coletivamente, é o poder que possuem no mercado. O poder competitivo de um recurso forte é avaliado pelo número de testes em que a empresa é aprovada entre os quatro seguintes[5]:

1. *O recurso forte é difícil de copiar?* Quanto mais difícil e mais oneroso for imitar um recurso forte, maior o valor de seu potencial competitivo. Os recursos fortes tendem a ser

difíceis de copiar quando são únicos (localização excepcional das instalações, proteção de patentes), quando precisam ser acumulados ao longo do tempo, de modo que seja difícil de imitar (a marca, domínio de tecnologia) e quando exigem grandes volumes de capital (uma fábrica com custo baixo para produzir microprocessadores avançados). Os concorrentes do Wal-Mart fracassaram consideravelmente em suas tentativas nas últimas duas décadas para igualar a capacidade de distribuição supereficiente e estado-da-arte da empresa. Recursos fortes e capacitações difíceis de copiar são ativos competitivos valiosos, que aumentam a força de uma empresa no mercado e contribuem para a lucratividade sustentada.

2. *O recurso forte é duradouro no tempo — possui poder de permanecer?* Quanto mais tempo durar o valor competitivo de um produto forte, maior seu valor. Alguns recursos fortes perdem rapidamente sua posição no mercado devido à alta velocidade das novas tecnologias ou condições setoriais. O valor dos recursos fortes da Eastman Kodak em filmes e revelação de filmes está sendo suplantado rapidamente pela popularidade crescente das câmeras digitais. Os investimentos que os bancos comerciais fizeram em agências constituem um ativo que se deprecia aceleradamente por causa do uso de depósitos diretos, cartões de débito, caixas eletrônicos e operações bancárias por telefone e pela internet.

3. *O recurso forte é de fato superior em termos competitivos?* As empresas têm de precaver-se contra acreditar presunçosamente que suas competências centrais são competências diferenciadas ou que sua marca é mais poderosa que as outras. Quem de fato pode afirmar que a maestria do marketing voltado ao consumidor da Coca-Cola é melhor que o da Pepsi Cola ou que a marca Mercedes-Benz é mais poderosa que a da BMW ou da Lexus? Embora grande número de varejistas aleguem ser muito proficientes na seleção de produtos e no merchandising nas lojas, alguns encontram problemas no mercado por se deparar com concorrentes cuja competência em seleção do produto e merchandising nas lojas são melhores que os seus. O sistema operacional da Apple para seus PCs Macintosh é, sob a maioria dos aspectos, único no mundo (em comparação ao Windows XP), porém a Apple fracassou de modo retumbante na conversão de seu recurso forte (o projeto de seu sistema operacional) em sucesso competitivo, no mercado global de PCs — ocupa uma posição secundária com apenas 2% a 3% de participação de mercado em escala mundial.

4. *O recurso forte pode ser imitado pelos diferentes recursos fortes e capacitações competitivas dos concorrentes?* Muitas empresas aéreas investiram maciçamente no desenvolvimento de meios e capacitações para oferecer aos passageiros vôos seguros e confiáveis em horários convenientes, juntamente com uma gama de amenidades durante o vôo. Entretanto a Southwest Airlines e a JetBlue nos Estados Unidos e a Ryanair e a easyJet, na Europa têm sido muito bem-sucedidas em mobilizar seus recursos de modo que lhes permita fornecer serviços de aviação comercial a preços radicalmente inferiores. Os recursos fortes da Amazon.com no varejo on-line de livros diminuíram de modo considerável as perspectivas de negócios das livrarias tradicionais. O Whole Food Market possui um conjunto de recursos fortes que lhe permite comercializar uma gama impressionante de produtos alimentícios naturais e orgânicos em um ambiente de supermercado, exercendo desse modo uma forte pressão competitiva sobre Kroger, Safeway, Albertson's e outras redes importantes de supermercados. As marcas de prestígio Cadillac e Lincoln desgastaram-se porque Mercedes, BMW, Audi e Lexus empregaram seus recursos fortes para projetar, produzir e comercializar veículos de luxo mais atraentes.

A grande maioria das empresas não é muito bem dotada em termos de recursos fortes, muito menos com um ou mais recursos fortes superiores sob aspecto competitivo (ou competências diferenciadas), capaz de passar com distinção em todos os quatro testes. A maior parte das empresas possui uma mescla de recursos — um ou dois bem valiosos, alguns bons, muitos de satisfatórios a medíocres. As empresas de primeira linha em seu setor podem ter até duas competências centrais em seu conjunto de recursos fortes. Porém, somente algumas, geralmente os líderes do setor ou os desafiadores ambiciosos, possuem um recurso forte que de fato se qualifica como uma competência diferenciada. Assim mesmo uma empresa ainda consegue dominar os recursos fortes para ter sucesso competitivo sem possuir um recurso forte superior ou uma competência diferenciada. Uma empresa pode conseguir uma vitalidade competitiva considerável, talvez até mesmo uma vantagem competitiva, por meio de um conjunto de recursos fortes variando de bom para adequado que, em termos gerais, lhe dão um poder competitivo no mercado. Algumas redes de fast-food — por exemplo, Wendy's, Taco Bell e Subway — alcançaram uma posição de mercado respeitável concorrendo com o McDonald's usando seus recursos fortes satisfatórios e nenhuma competência diferenciada visível. O mesmo pode ser afirmado para o Lowe's, que concorre com o líder do setor Home Depot e bancos regionais como Compass, State Street, Keybank, PNC, BB&T e AmSouth que concorrem cada vez mais com os cinco grandes bancos dos Estados Unidos — JPMorgan Chase, Bank of America, Citibank, Wachovia e Wells Fargo.

> **Conceito Central**
> A capacitação de uma empresa para ter sucesso no mercado depende em grande parte do poder competitivo de seus recursos fortes — o conjunto de capacitações, competências e ativos competitivos sob seu controle.

Identificação dos Recursos Fortes e das Deficiências Competitivas da Empresa

Um *recurso fraco* ou uma *deficiência competitiva* é algo que a empresa não possui ou não desempenha bem (em comparação a outros) ou uma condição que a coloca em desvantagem no mercado. Os recursos fracos podem relacionar-se a (1) habilidades, especialização ou capital intelectual inferior ou não comprovado em áreas importantes da empresa, (2) deficiências em ativos físicos, organizacionais ou intangíveis importantes sob o aspecto competitivo ou (3) capacitações inexistentes ou competitivamente inferiores em áreas importantes. *Os recursos fracos internos são, portanto, imperfeições no equilíbrio de recursos de uma empresa e representam fraquezas competitivas*. Quase todas as organizações possuem fraquezas competitivas de algum tipo. Se os recursos fracos as tornam vulneráveis em termos competitivos, depende da importância que possuem no mercado e se são compensados pelos recursos fortes.

> **Conceito Central**
> Os recursos fortes de uma empresa representam os ativos competitivos; seus recursos fracos, as fraquezas competitivas.

A Tabela 4.2 relaciona os tipos de fatores a serem considerados na compilação dos recursos fortes e dos recursos fracos de uma empresa. Avaliar o equilíbrio das capacitações e deficiências de uma empresa é o mesmo que elaborar um *balanço estratégico*, em que os recursos fortes representam *ativos competitivos* e os recursos fracos as *fraquezas competitivas*. É claro que a condição ideal consiste no fato de os ativos competitivos suplantarem as fraquezas competitivas de uma empresa por ampla margem — um saldo 50/50 definitivamente não é a condição desejada!

Identificação das Oportunidades de Mercado

A oportunidade de mercado é um fator importante para moldar as estratégias. De fato, os gerentes não podem criar uma estratégia que se adapte à situação da empresa sem identificar primeiro suas oportunidades de mercado e avaliar o crescimento e o potencial de lucro que cada uma possui. Dependendo das circunstâncias, as oportunidades podem ser numerosas ou poucas, passageiras ou duradouras e variar de extremamente atrativas (obrigatórias de serem tentadas) a secundariamente interessantes (porque o crescimento e o potencial de lucros são questionáveis) a inadequadas (porque não existe uma boa combinação com os

Tabela 4.2 **O Que Observar para Identificar os Recursos Fortes, os Recursos Fracos, as Oportunidades e as Ameaças de uma Empresa**

Recursos Fortes e Capacitações Competitivas em Potencial	Recursos Fracos e Deficiências Competitivas em Potencial
<ul><li>Uma estratégia poderosa</li><li>Competências centrais em _____</li><li>Uma competência diferenciada em _____</li><li>Um produto altamente diferenciado daqueles dos concorrentes</li><li>Competências e capacitações que são bem adequadas aos principais fatores de sucesso do setor</li><li>Uma condição financeira sólida; amplos recursos financeiros para o crescimento da empresa</li><li>Imagem da marca / reputação da empresa fortes</li><li>Uma base de clientes atraente</li><li>Economia de escala e/ou curva de aprendizado / experiência como vantagem sobre os concorrentes</li><li>Tecnologia proprietária / habilidades tecnológicas superiores / patentes importantes</li><li>Capital intelectual superior em relação aos concorrentes</li><li>Vantagens de custo em relação aos concorrentes</li><li>Propaganda e promoção fortes</li><li>Capacitação para inovação do produto</li><li>Capacidade comprovada na melhoria dos processos de produção</li><li>Boa capacitação para o gerenciamento da cadeia de suprimentos</li><li>Boa capacitação de atendimento ao cliente</li><li>Melhor qualidade do produto em relação aos concorrentes</li><li>Ampla cobertura geográfica e/ou forte capacitação para distribuição global</li><li>Alianças / *joint ventures* com outras empresas que proporcionam acesso a tecnologia e competência valiosas e/ou mercados geográficos atraentes</li></ul>	<ul><li>Nenhuma direção estratégica clara</li><li>Recursos que não estão bem adequados aos principais fatores de sucesso do setor</li><li>Nenhuma competência central bem desenvolvida ou comprovada</li><li>Um balanço patrimonial fraco, com excesso de dívidas</li><li>Custos unitários gerais superiores aos dos principais concorrentes</li><li>Capacitação fraca ou sem comprovação de inovação do produto</li><li>Um produto / serviço com atributos rotineiros ou com características inferiores aos dos concorrentes</li><li>Linha de produtos muito restrita em relação à dos concorrentes</li><li>Imagem da marca ou reputação fraca</li><li>Rede de concessionários mais fraca que a dos principais concorrentes e/ou falta de capacidade adequada para distribuição global</li><li>Posição secundária em qualidade do produto, P&D e/ou *know-how* tecnológico</li><li>No grupo estratégico errado...</li><li>Perdendo participação de mercado porque...</li><li>Falta de profundidade administrativa</li><li>Capital intelectual inferior em relação aos principais concorrentes</li><li>Lucratividade abaixo do padrão porque...</li><li>Assolada por problemas operacionais internos ou possuindo instalações obsoletas</li><li>Concorrentes à frente na capacitação para o comércio eletrônico</li><li>Poucos recursos financeiros para o crescimento da empresa e para ter iniciativas promissoras</li><li>Capacitação produtiva excessivamente subutilizada</li></ul>
Oportunidades em Potencial de Mercado	**Ameaças Externas em Potencial para as Perspectivas Futuras da Empresa**
<ul><li>Possibilidades para conquistar participação de mercado dos concorrentes</li><li>Demanda em crescimento acelerado para o produto do setor</li><li>Atender grupos de clientes ou segmentos de mercado adicionais</li><li>Expandir em novos mercados geográficos</li><li>Ampliar a linha de produtos da empresa para atender a uma maior faixa de necessidades dos clientes</li><li>Usar as habilidades ou o *know-how* tecnológico existentes na empresa para lançar novas linhas de produto ou entrar em novos negócios</li><li>Vendas on-line</li><li>Menores barreiras ao intercâmbio em mercados estrangeiros atrativos</li><li>Aquisição de empresas concorrentes ou empresas com especialização tecnológica ou capacidade atraentes</li><li>Participar de alianças ou *joint ventures* para expandir a cobertura de mercado da empresa ou aumentar sua capacitação competitiva</li><li>Oportunidades para explorar novas tecnologias emergentes</li></ul>	<ul><li>Intensidade crescente da concorrência entre rivais do setor — pode diminuir as margens de lucro</li><li>Diminuição do crescimento do mercado</li><li>Entrada provável de novos concorrentes poderosos</li><li>Perda de vendas para produtos substitutos</li><li>Poder de negociação crescente de clientes ou fornecedores</li><li>Uma alteração das necessidades e preferências dos compradores, afastando-os do produto do setor</li><li>Alterações demográficas adversas que ameaçam diminuir a demanda pelo produto do setor</li><li>Vulnerabilidade a forças motrizes desfavoráveis no setor</li><li>Políticas comerciais restritivas da parte de governos estrangeiros</li><li>Novas exigências regulatórias onerosas</li></ul>

recursos fortes e capacitações). Uma lista de verificação das oportunidades de mercado em potencial faz parte da Tabela 4.2.

Embora oportunidades espantosamente grandes ou de "ouro" apareçam com certa freqüência nos mercados voláteis e em mudança rápida (em geral, por causa de avanços tecnológicos importantes ou de preferências do consumidor que se alteram de modo rápido), são difíceis de perceber antes que a maioria de todas as empresas no setor as identifique. Quanto mais voláteis e imprevisíveis forem as condições do mercado, mais limitada será a capacidade de vislumbrar oportunidades importantes bem antes dos concorrentes — existem muitas variáveis para que os gerentes as antevejam e identifiquem uma ou mais oportunidades e saiam na frente[6]. Nos mercados maduros aparecem esporadicamente situações de mercado atrativas, muitas vezes após longos períodos de calma — porém as condições futuras podem ser menos incertas, facilitando um bom reconhecimento do mercado e tornando as oportunidades emergentes mais fáceis de ser detectadas pelos participantes do setor. Entretanto, tanto nos mercados voláteis quanto nos estáveis, o surgimento de uma circunstância excepcional quase nunca fica sob o controle de uma única empresa ou é criada pelos seus executivos — surge, preferentemente, do alinhamento simultâneo de diversos fatores externos. Por exemplo, na China o surto de demanda recente por veículos foi provocado pela convergência de muitos fatores — maior renda disponível, aspirações da classe média em ascensão, um programa importante de construção de estradas pelo governo, o fim da oferta de moradia gratuita pelos empregadores e o crédito fácil[7]. As oportunidades de ouro quase sempre são aproveitadas rapidamente — e as organizações que sabem disso são aquelas que esperam atentamente, permanecem alertas e fazem um bom reconhecimento de mercado, preparando-se para aproveitar as condições em alteração, juntando pacientemente um arsenal de recursos competitivos valiosos — pessoal talentoso, *know-how* técnico, parcerias estratégicas e uma grande reserva de fundos para financiar a ação agressiva quando surgir a oportunidade[8].

> Uma empresa é sensata em não aproveitar uma oportunidade de mercado se não possui ou não pode adquirir os recursos para captá-la.

Ao avaliar as oportunidades de mercado de uma empresa e analisar sua atratividade, os gerentes precisam precaver-se para não considerar toda oportunidade do *setor* uma oportunidade da *empresa*. Nem toda empresa possui os recursos para aproveitar de modo bem-sucedido cada oportunidade em seu setor. Algumas empresas são mais capazes do que outras para valer-se de oportunidades específicas e algumas poucas podem ficar irremediavelmente sobrepujadas. *As oportunidades de mercado mais relevantes para uma empresa são aquelas que se adaptam bem à sua capacidade financeira e organizacional, proporcionam o melhor crescimento e lucratividade e apresentam o maior potencial de vantagem competitiva.*

Identificação das Ameaças Externas à Lucratividade Futura de uma Empresa

Muitas vezes determinados fatores no ambiente externo representam ameaças à lucratividade e competitividade de uma organização. As ameaças podem originar-se do surgimento de tecnologias mais econômicas, da introdução de produtos novos ou aperfeiçoados, da entrada no mercado de concorrentes estrangeiros com custo menor, de uma nova regulação que traz mais preocupações à empresa do que a seus concorrentes, da vulnerabilidade ao aumento na taxa de juros, do potencial de uma aquisição hostil do controle acionário, de alterações demográficas desfavoráveis, de mudanças adversas das taxas de câmbio, da sublevação política em um país estrangeiro onde a empresa possui instalações e assim por diante. Uma lista de ameaças em potencial à lucratividade futura de uma empresa e à posição de mercado é mostrada no Quadro 4.2.

Ameaças externas podem não significar mais do que um grau moderado de adversidade (todas as empresas precisam defrontar-se com alguns elementos ameaçadores ao realizarem negócios) ou podem ser tão impositivas de modo que tornem a situação e as perspectivas de uma empresa bem tênues. Em raras ocasiões os choques de mercado podem dar origem a uma ameaça de *morte súbita* que impele a empresa a uma crise imediata e a uma batalha para sobreviver. Muitas das principais empresas aéreas do mundo viram-se mergulhadas em uma crise financeira sem precedentes em virtude dos acontecimentos de 11 de setembro de 2001, de ataques terroristas, de preços do combustível em elevação, da concorrência crescente de empresas com tarifas menores, a mudança das preferências dos viajantes – que passaram a optar por preços menores em oposição a itens dispensáveis durante o vôo e custos de mão-de-obra fora do controle. É função dos dirigentes identificar as ameaças às perspectivas futuras da empresa e avaliar que ações estratégicas podem ser efetivadas para neutralizar ou diminuir seu impacto.

O Que as Listas SWOT Revelam?

A análise SWOT envolve mais do que fazer quatro listas. As duas partes mais importantes da análise SWOT são *tirar conclusões* a respeito da situação geral da empresa e *transformar essas conclusões em ações estratégicas* para melhor adequar a estratégia da organização a seus recursos fortes e oportunidades de mercado, a fim de corrigir os recursos fracos importantes e defender-se contra as ameaças externas. A Figura 4.2 indica os três passos da análise SWOT.

> Não basta fazer listas contendo os recursos fortes, os recursos fracos, as oportunidades e as ameaças de uma empresa; o resultado da análise SWOT surge das conclusões sobre a situação de uma empresa e as implicações para o aperfeiçoamento da estratégia que surgem das quatro listas.

O relato que as listas SWOT fazem a respeito da situação geral da empresa muitas vezes aparece revelado nas respostas aos seguintes conjuntos de perguntas:

- A empresa possui um conjunto atraente de recursos fortes? Possui alguma competência central ou uma competência diferenciada? Os recursos fortes e as capacitações da empresa encontram-se bem adequados aos principais fatores de sucesso do setor? Agregam um poder adequado à estratégia da empresa ou um número maior ou diferente de recursos fortes é necessário? Os atuais recursos fortes e capacitações terão importância no futuro?

- Quão sérias são as fraquezas e as deficiências competitivas da empresa? São em grande parte sem conseqüência e facilmente corrigíveis ou uma ou mais poderia ser fatal se não fosse corrigida logo? Algumas das fraquezas da empresa estão em áreas relacionadas aos principais fatores de sucesso do setor? Existem recursos fracos que, caso não sejam corrigidos, impedirão a empresa de almejar uma oportunidade atraente? A organização possui defasagens de recursos que precisam ser corrigidas para que tenha melhor posição na classificação do setor e/ou aumente sua lucratividade?

- Os recursos fortes e a capacitação competitiva (seus ativos competitivos) sobrepõem-se a seus recursos fracos e deficiências competitivas (suas fraquezas competitivas) por uma margem atraente?

- A empresa possui oportunidades de mercado atraentes que são bem adequadas a seus recursos fortes e capacitação competitiva? Possui ou não os recursos e a capacidade para almejar as oportunidades mais atraentes?

- As ameaças são alarmantes ou são algo que a organização parecer capaz de enfrentar e de que pode defender-se?

Figura 4.2 **Os Três Passos da Análise SWOT: Identificação, Conclusões e Tradução em Ação Estratégica**

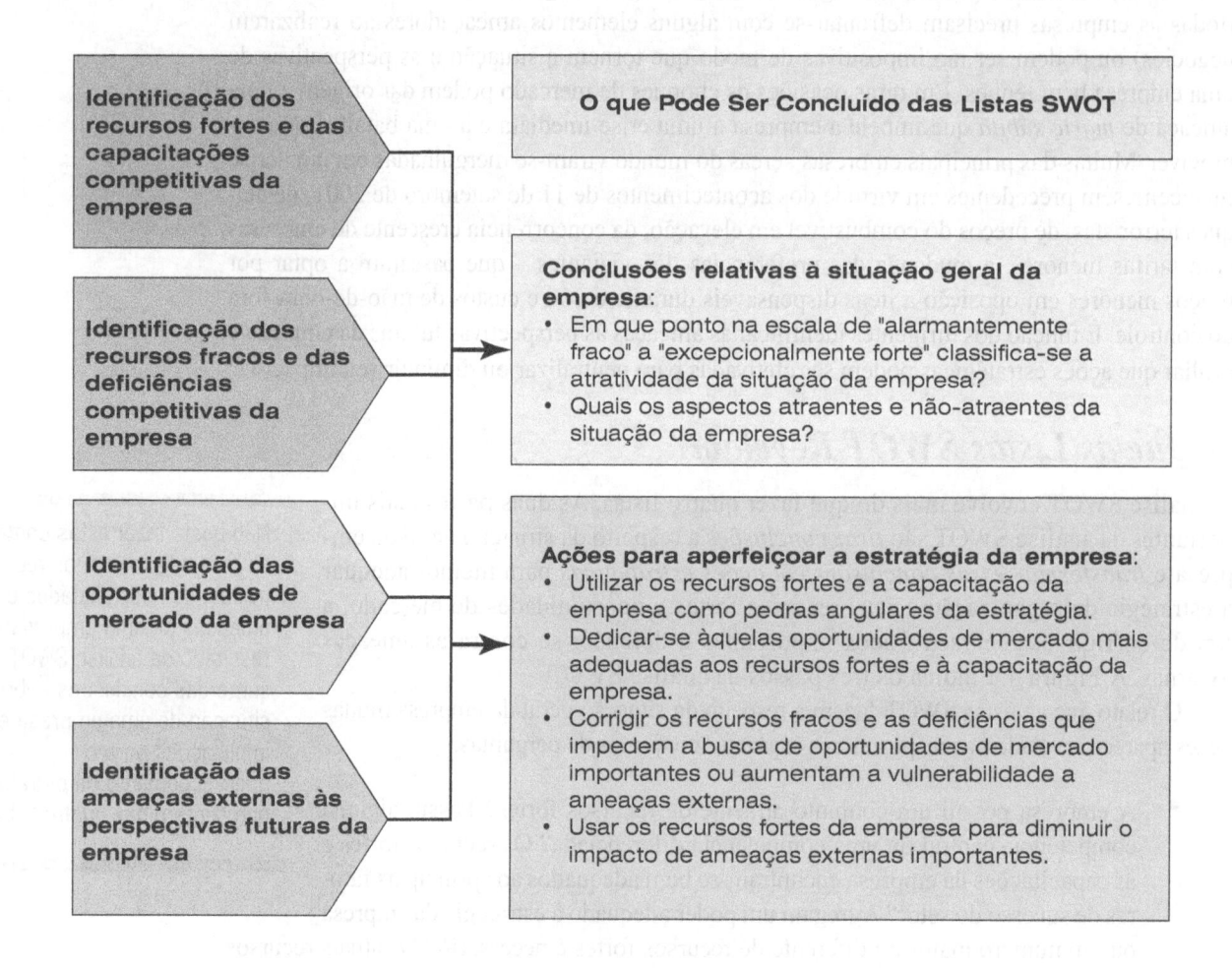

```
Identificação dos
recursos fortes e das
capacitações
competitivas da
empresa

Identificação dos                    O que Pode Ser Concluído das Listas SWOT
recursos fracos e das
deficiências
competitivas da              Conclusões relativas à situação geral da
empresa                      empresa:
                             • Em que ponto na escala de "alarmantemente
                               fraco" a "excepcionalmente forte" classifica-se a
                               atratividade da situação da empresa?
                             • Quais os aspectos atraentes e não-atraentes da
                               situação da empresa?

Identificação das            Ações para aperfeiçoar a estratégia da empresa:
oportunidades de             • Utilizar os recursos fortes e a capacitação da
mercado da empresa             empresa como pedras angulares da estratégia.
                             • Dedicar-se àquelas oportunidades de mercado mais
                               adequadas aos recursos fortes e à capacitação da
                               empresa.
                             • Corrigir os recursos fracos e as deficiências que
Identificação das              impedem a busca de oportunidades de mercado
ameaças externas às            importantes ou aumentam a vulnerabilidade a
perspectivas futuras da        ameaças externas.
empresa                      • Usar os recursos fortes da empresa para diminuir o
                               impacto de ameaças externas importantes.
```

- Levando todos os aspectos em consideração, qual a solidez da situação geral da empresa? Em que ponto em uma escala de 1 a 10 (1 sendo alarmantemente fraco e 10 excepcionalmente forte) a posição e a situação geral da empresa devem ser classificadas? Que aspectos desta situação são particularmente atraentes? Que aspectos merecem maior preocupação?

A parte final da análise SWOT consiste em transformar o diagnóstico da situação da empresa em ações para melhorar a estratégia e as perspectivas de negócios. As perguntas a seguir indicam as implicações que as listas SWOT têm para a ação estratégica:

- Que capacitações competitivas precisam ser reforçadas imediatamente a fim de agregar maior poder à estratégia da empresa e aumentar vendas e lucratividade? Que novos tipos de capacitações competitivas precisam ficar disponíveis para auxiliar a empresa a melhor responder a condições emergentes setoriais e competitivas? Que recursos e capacitações precisam receber maior ênfase e quais merecem menor ênfase? A organização deve enfatizar a alavancagem de seus recursos fortes e capacitações existentes ou precisa criar novos recursos fortes e capacitações?

- Que ações devem ser efetivadas para reduzir as fraquezas competitivas da empresa? Que recursos fracos ou deficiências competitivas precisam ser corrigidos urgentemente?

- Que oportunidades de mercado devem ter a maior prioridade em iniciativas estratégicas futuras (porque se adaptam bem aos recursos fortes e às capacitações competitivas da empresa, apresentam perspectivas atraentes de crescimento e lucro e/ou oferecem o melhor potencial para assegurar vantagem competitiva)? Que oportunidades deveriam ser desprezadas, pelo menos no momento atual (porque oferecem menos potencial de crescimento ou não são adequadas aos recursos e às capacitações)?

- O que a organização deveria estar fazendo a fim de precaver-se contra as ameaças à sua solidez?

Os recursos devem formar as pedras angulares da estratégia porque representam a melhor oportunidade para o sucesso da empresa no mercado[9]. Como regra geral, as estratégias que exigem muito de áreas em que a organização é mais fraca ou não comprovou sua capacidade são suspeitas e devem ser evitadas. Se uma empresa não possui recursos e a capacitação competitiva que sirvam como eixo para a elaboração de uma estratégia atraente, os gerentes precisam efetivar ações corretivas decisivas para aperfeiçoar os recursos organizacionais e a capacidade existentes e agregar outros conforme a necessidade ou consegui-los por meio de parcerias ou alianças estratégicas com empresas que possuem a especialização necessária. Gerentes precisam, de modo inteligível, procurar corrigir as fraquezas competitivas que tornam a empresa vulnerável, limitam a lucratividade ou não lhe permitem buscar uma oportunidade atrativa.

Ao mesmo tempo, a criação de uma estratégia fundamentada requer o exame cuidadoso das oportunidades de mercado disponíveis e o direcionamento da estratégia para captar aquelas oportunidades mais atraentes e adequadas às circunstâncias. Raramente uma empresa possui recursos numerosos para almejar simultaneamente todas as oportunidades de mercado disponíveis sem tentar fazer muitas coisas ao mesmo tempo. O quanto de atenção dedicar para se defender contra ameaças externas à posição de mercado e ao desempenho futuro da empresa depende do grau de vulnerabilidade, se existem ações defensivas atraentes que podem ser efetivadas para diminuir o impacto e se os custos de empreender tais ações representam o melhor uso dos recursos.

3ª PERGUNTA: OS PREÇOS E OS CUSTOS DA EMPRESA SÃO COMPETITIVOS?

Gerentes muitas vezes ficam impressionados quando um concorrente diminui seu preço para níveis "inacreditavelmente baixos" ou quando um novo participante do mercado assume uma posição forte mediante um preço muito baixo. Entretanto, o concorrente pode não estar praticando "*dumping*" (um termo econômico que significa venda a preços inferiores ao custo), abrindo seu caminho no mercado com um preço superbaixo ou adotando uma atitude desesperada para conquistar vendas — pode tão-somente ter custos substancialmente menores. Um dos sinais mais marcantes quanto à posição da empresa nos negócios ser forte ou precária é se os seus preços e custos são competitivos em relação aos dos concorrentes no setor. Para competir de modo bem-sucedido, os custos precisam estar *alinhados* àqueles dos concorrentes próximos.

> Quanto maiores os custos de uma empresa em relação aos dos concorrentes próximos, maior é sua vulnerabilidade competitiva.

As comparações preço-custo são especialmente importantes em um setor no qual o produto é uma *commodity*, em que o valor proporcionado aos compradores é o mesmo de vendedor para vendedor, a concorrência de preços normalmente é a força de mercado predominante e as empresas com custo baixo têm uma posição de controle. Entretanto, mesmo nos setores nos quais os produtos são diferenciados e a concorrência centraliza-se nos diferentes atributos das marcas concorrentes tanto quanto no preço, as organizações rivais precisam manter seus custos em equilíbrio e assegurar-se de que todos os custos adicionais em que incorrem e qualquer sobrepreço que cobrem criem um grande valor pelo qual os compradores estão dispostos a pagar mais.

Embora alguma disparidade de custos seja justificada desde que os produtos ou serviços de organizações que concorrem muito de perto sejam suficientemente diferenciadas, a posição de mercado de uma empresa com custo elevado torna-se crescentemente vulnerável quanto mais seus custos excedem aqueles dos concorrentes próximos.

Duas ferramentas analíticas são particularmente úteis para determinar se os preços e custos de uma empresa são competitivos: análise da cadeia de valor e benchmarking.

O Conceito da Cadeia de Valor de uma Empresa

Conceito Central
A **cadeia de valor** de uma empresa identifica as principais atividades que criam valor para o cliente e as atividades relacionadas de suporte.

As funções de toda empresa consistem em um conjunto de atividades efetivadas no decorrer do projeto, fabricação, marketing, entrega e suporte do produto ou serviço. Todas as diversas atividades que uma empresa desempenhadas internamente combinam-se para formar uma **cadeia de valor** — assim denominada porque a intenção subjacente das atividades de uma empresa é empreender ações que resultem em última instância na *criação de valor para os compradores*. A cadeia de valor inclui uma previsão para o lucro porque uma margem acima do custo de realização das atividades de valor em geral faz parte do preço (ou do custo total) pago pelos compradores — a não ser que um empreendimento tenha sucesso em criar e disponibilizar valor suficiente para os compradores, resultando em um lucro atraente, não consegue sobreviver durante muito tempo.

Conforme mostrado na Figura 4.3, a cadeia de valor de uma empresa é formada por duas categorias amplas de atividades: as *atividades principais* que se destacam na criação de valor para os clientes e as *atividades de suporte* necessárias para facilitar e melhorar o desempenho das atividades principais[10]. Por exemplo, as atividades principais de criação de valor para um fabricante de produtos de confeitaria incluem o gerenciamento da cadeia de suprimentos, desenvolvimento e teste de receitas, preparo, embalagem, vendas e marketing e distribuição; as atividades de suporte relacionadas incluem controle de qualidade, gerenciamento de recursos humanos e administração. As atividades principais e os custos de um atacadista têm a ver com seleção e compra de mercadorias, despacho dos fornecedores e armazenamento e distribuição aos clientes varejistas. As atividades principais para uma loja de departamentos incluem seleção e compra de mercadorias, layout da loja e exposição dos produtos, propaganda e atendimento ao cliente; suas atividades de suporte incluem seleção do local, contratação e treinamento, manutenção da loja mais o conjunto usual de atividades administrativas. As atividades principais e os custos de uma rede de hotéis são a seleção do local e a construção, reservas, operação de seus hotéis (entrada e saída de hóspedes, manutenção e limpeza dos apartamentos, restaurantes e atendimento nos apartamentos, convenções e reuniões) e o gerenciamento do conjunto de localizações dos hotéis; as atividades de suporte incluem contabilidade, contratação e treinamento de pessoal, propaganda, criação de uma marca e uma reputação e administração geral. O gerenciamento da cadeia de suprimentos é uma atividade para a Nissan e a Amazon.com, porém, é um componente da cadeia de valor no Google ou em uma emissora de rádio ou TV. Vendas e marketing são atividades dominantes na Procter & Gamble e na Sony, porém, possuem papéis secundários nas empresas que exploram petróleo e nas empresas que administram gasodutos. A entrega aos compradores é uma atividade crucial na Domino's Pizza, contudo, comparativamente insignificante na Starbuck's. Portanto, o que constitui uma atividade principal ou secundária varia de acordo com a natureza específica do ramo de uma empresa, significando que você deveria considerar a lista das atividades principais e de suporte da Figura 4.3 como ilustrativa e não definitiva.

As Atividades Principais e de Suporte de uma Empresa Identificam os Principais Componentes de Sua Estrutura de Custos Separar as operações da empresa em tipos diferentes de atividades principais e de suporte constitui o primeiro passo para compreender sua estrutura de custos. Cada atividade na cadeia de valor dá origem a custos e envolve ativos.

Figura 4.3 **A Cadeia de Valor de uma Empresa Representativa**

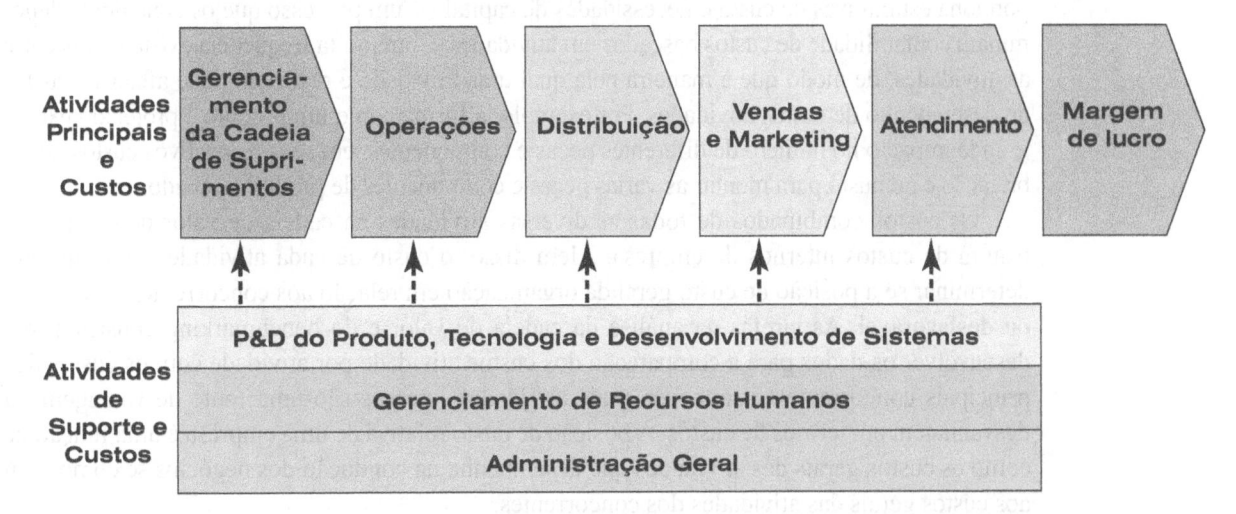

Atividades Principais e Custos: Gerenciamento da Cadeia de Suprimentos → Operações → Distribuição → Vendas e Marketing → Atendimento → Margem de lucro

Atividades de Suporte e Custos:
- P&D do Produto, Tecnologia e Desenvolvimento de Sistemas
- Gerenciamento de Recursos Humanos
- Administração Geral

ATIVIDADES PRINCIPAIS

- **Gerenciamento da cadeia de suprimentos** – atividades, custos e ativos associados à compra de combustível, luz elétrica, matérias-primas, peças e componentes, mercadorias e itens de consumo de fornecedores; recebimento, armazenagem e distribuição interna dos insumos entregues pelos fornecedores; inspeção e gerenciamento do estoque.

- **Operações** – atividades, custos e ativos associados à conversão dos insumos em produtos finais (produção, montagem, embalagem, manutenção dos equipamentos, instalações, operações, qualidade assegurada e proteção ambiental).

- **Distribuição** – atividades, custos e ativos relacionados com a distribuição física do produto aos compradores (armazenamento de produtos acabados, processamento de pedidos, separação e embalagem, despacho, operações do veículo de entrega, estabelecimento e continuidade de uma rede de concessionários e distribuidores).

- **Vendas e marketing** – atividades, custos e ativos relacionados às iniciativas da equipe de vendas, propaganda e promoção, pesquisa de mercado e planejamento e suporte do concessionário/distribuidor.

- **Serviço** – atividades, custos e ativos associados ao atendimento aos clientes, incluindo instalações, entrega de peças de reposição, manutenção, assistência técnica, respostas às solicitações e queixas dos clientes.

ATIVIDADES DE SUPORTE

- **P&D do produto, tecnologia e desenvolvimento de sistemas** – atividades, custos e ativos relacionados a P&D do produto, P&D do processo, melhoria do processo, projeto do equipamento, desenvolvimento de softwares, sistemas de telecomunicação, projeto e engenharia por computador, existência de um banco de dados e desenvolvimento de sistemas informatizados de suporte.

- **Gerenciamento de recursos humanos** – atividades, custos e ativos associados ao recrutamento, contratação, treinamento, desenvolvimento e remuneração de todas as categorias de pessoal; atividades de relações com os sindicatos e desenvolvimento de habilidades com base no conhecimento e de competência central.

- **Administração geral** – atividades, custos e ativos relacionados à administração geral, contabilidade e finanças, jurídico e temas regulatórios, segurança de informação gerencial, formação de alianças estratégicas e colaboração com parceiros estratégicos e outras funções básicas.

Fonte: Com base no livro de Michael E. Porter, *Competitive Advantage*, Nova York: Free Pres, 1985, p. 37-43.

Alocar os custos operacionais e os ativos da empresa a cada atividade individual na cadeia proporciona estimativas de custo e necessidades de capital — um processo que os contadores denominam contabilidade de custos baseados em atividades. Com muita freqüência existem elos entre as atividades, de modo que a maneira pela qual uma atividade é realizada pode afetar os custos de desempenho de outras atividades. Por exemplo, a forma como um produto é projetado exerce grande impacto no número de diferentes peças e componentes, em seus respectivos custos de fabricação e no custo para montar as várias peças e componentes de produto acabado.

Os custos combinados de todas as diversas atividades na cadeia de valor definem a estrutura de custos internos da empresa. Além disso, o custo de cada atividade contribui para determinar se a posição de custo geral da organização em relação aos concorrentes é favorável ou desfavorável. As tarefas da análise da cadeia de valor e do benchmarking consistem em desenvolver os dados para a comparação dos custos atividade por atividade com os custos dos principais concorrentes e conhecer quais atividades internas são uma fonte de vantagem ou desvantagem em termos de custos. A posição de custo relativa de uma empresa é uma função de como os custos gerais das atividades que desempenha na condução dos negócios se comparam aos custos gerais das atividades dos concorrentes.

Por Que as Cadeias de Valor de Empresas Concorrentes Muitas Vezes Diferem

A cadeia de valor de uma organização e a maneira pela qual ela desempenha cada atividade refletem a própria evolução da empresa e das operações internas, de sua estratégia, dos métodos que está utilizando para executá-la e dos aspectos econômicos subjacentes às próprias atividades[11]. Em virtude de esses fatores diferirem de empresa para empresa, as cadeias de valor diferem substancialmente — uma condição que dificulta a tarefa de avaliar as posições de custo relativas dos concorrentes. Por exemplo, as lojas Blockbuster e Musicland, que compram CDs dos estúdios de gravação e de distribuidores atacadistas e os revendem em seus próprios estabelecimentos, possuem cadeias de valor e estruturas de custo diferentes daquelas das lojas de música on-line, como iTunes da Apple e o Musicmatch, que vendem arquivos de música para download diretamente aos clientes. Empresas concorrentes podem diferir em seu grau de integração vertical. O componente "operações" da cadeia de valor para um fabricante que *produz* todas as suas peças e as monta em um produto acabado, difere do componente "operações" de um produtor rival que *compra* as peças necessárias de fornecedores externos e realiza somente "operações" de montagem. De modo análogo, existe uma diferença na cadeia de valor e nos custos entre uma empresa que almeja uma estratégia de custo baixo/preço baixo e um concorrente que está posicionado na ponta sofisticada do mercado. Os custos de determinadas atividades ao longo da cadeia de valor de custo baixo de uma empresa deveriam ser relativamente baixos, ao passo que a organização na ponta de produtos sofisticados pode, de modo compreensível, estar gastando relativamente mais para desempenhar aquelas atividades que criam maior qualidade e características adicionais de seus produtos.

Além disso, as diferenças de custo e preço entre empresas concorrentes podem se originar nas atividades realizadas por fornecedores ou pelos parceiros no canal de distribuição envolvidos na disponibilização do produto para os usuários finais. Fornecedores ou atacadistas/varejistas podem ter estruturas de custo ou margens de lucro excessivamente elevadas que prejudicam a competitividade de custos de uma organização, muito embora seus custos para as atividades realizadas internamente sejam competitivos. Por exemplo, ao determinarmos a competitividade de custos da Michelin em relação à Goodyear e à Bridgestone no suprimento de pneus de reposição para os proprietários de veículos, temos de analisar outros fatores além de os custos de fabricação da Michelin serem maiores ou menores que os da Goodyear ou da Bridgestone. Vamos supor que o proprietário de um automóvel disposto a comprar um jogo de pneus novos tenha de pagar $ 400 por um jogo de pneus Michelin e somente $ 350 por um jogo de pneus Goodyear ou Bridgestone. A desvantagem de $ 50 da Michelin não pode se originar apenas de custos de fabricação maiores (refletindo, talvez, os custos adicionais das iniciativas estratégicas da Michelin para produzir um pneu de melhor qualidade com mais características de desempenho), mas também de (1) diferenças naquilo que as três fabricantes de pneus pagam a seus fornecedores pelos materiais e componentes para a fabricação de pneus e (2) diferenças nas eficiências operacionais, nos custos e nos *mark-ups* dos canais atacadista/varejista da Michelin em comparação aos da Goodyear e da Bridgestone.

O Sistema da Cadeia de Valor para Todo um Setor

Conforme o exemplo da indústria de pneus torna claro, a cadeia de valor de uma empresa faz parte de um sistema maior que inclui as cadeias de valor de seus fornecedores e as de todos os canais de distribuição associados que usa a fim de disponibilizar seu produto ou serviço para os usuários finais[12]. As cadeias de valor dos fornecedores são relevantes porque desenvolvem atividades e incorrem em custos para criar e entregar os insumos adquiridos que são usados nas próprias atividades de criação de valor de uma organização. Os custos, as características de desempenho e a qualidade desses insumos influenciam os próprios custos e a capacidade de diferenciação do produto. Tudo que uma empresa puder fazer para ajudar seus fornecedores a diminuir os custos das atividades de sua cadeia de valor ou a melhorar a qualidade e o desempenho dos itens fornecidos, pode aumentar sua própria competitividade — uma razão muito convincente para trabalhar em colaboração com os fornecedores no gerenciamento das atividades da cadeia de valor[13].

As cadeias de valor dos parceiros em canais que atuam mais adiante e/ou os clientes para os quais uma empresa vende são relevantes porque (1) os custos e as margens dos distribuidores e varejistas de uma empresa constituem parte do preço que o cliente final paga e (2) as atividades que os parceiros de distribuição desempenham afetam a satisfação dos clientes. Por esses motivos as empresas normalmente trabalham em cooperação íntima com seus parceiros comerciais (seus clientes diretos) a fim de desempenhar atividades da cadeia de valor de modo mutuamente benéfico. Por exemplo, os fabricantes de veículos automotores trabalham em estreito contato com suas concessionárias de automóveis para manter os preços de seus veículos no varejo competitivos e para assegurar que os proprietários fiquem satisfeitos com os serviços de manutenção das concessionárias. Alguns produtores de latas de alumínio construíram fábricas ao lado de cervejarias e entregam as latas por meio de esteiras rolantes elevadas diretamente às linhas de preenchimento das latas; isto resultou em economias significativas na programação de produção, no despacho e nos custos de estocagem para os produtores de recipientes e cervejarias[14]. Muitos fornecedores de peças para automóveis construíram fábricas perto das linhas de montagem a fim de facilitar entregas *just-in-time*, reduzir os custos de armazenagem e despacho e promover uma colaboração íntima no projeto de peças e na programação da produção. Empresas de equipamentos de irrigação, fornecedores de equipamentos para colheita de uvas e produção de vinho e barris, fabricantes de garrafas de vinho, rolhas e etiquetas, possuem instalações na região vinífera da Califórnia para estarem próximos dos quase 700 produtores de vinho a quem fornecem[15]. A lição, nesse caso, é que as atividades da cadeia de valor de uma empresa muitas vezes possuem conexão íntima com as cadeias de valor de seus fornecedores e os parceiros comerciais ou os clientes para quem vendem.

> A competitividade de custos de uma empresa depende não somente dos custos das atividades desempenhadas internamente (sua própria cadeia de valor), mas também dos custos nas cadeias de valor de seus fornecedores e parceiros nos canais de comercialização.

Como conseqüência, *avaliar precisamente a competitividade de uma empresa com base na perspectiva dos consumidores, que são os usuários finais de seus produtos e serviços, exige, portanto, que os líderes entendam todo o sistema da cadeia de valor de um setor para disponibilizar um produto ou serviço aos clientes e não apenas a própria cadeia de valor da empresa.* Uma cadeia de valor típica de um setor que incorpore as cadeias de valor dos fornecedores e dos parceiros nos canais de distribuição (caso existam) é mostrada na Figura 4.4. No entanto, as cadeias de valor variam significativamente por setor. As principais atividades da cadeia de valor na indústria de papel e celulose (cultivo de árvores, corte

Figura 4.4 **Cadeia de Valor Representativa para Todo um Setor**

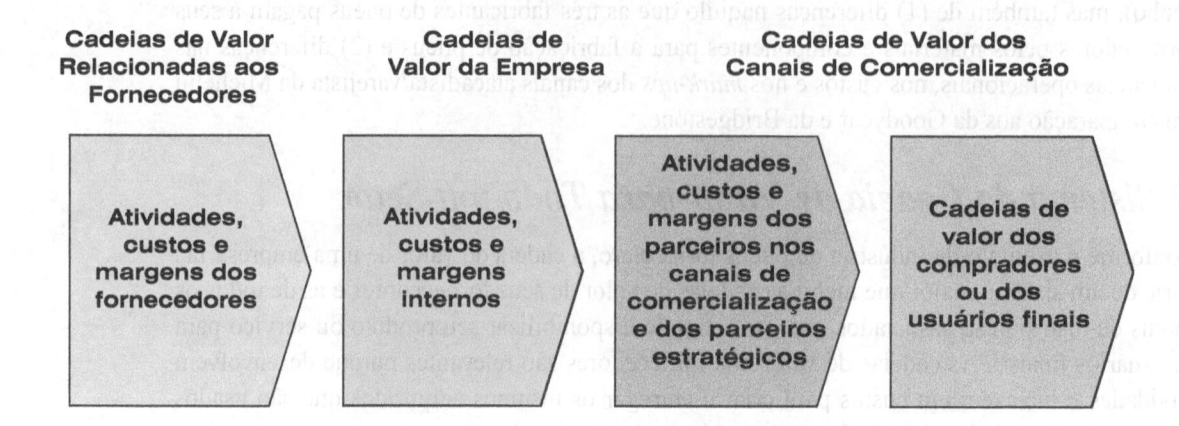

Cadeias de Valor Relacionadas aos Fornecedores	Cadeias de Valor da Empresa	Cadeias de Valor dos Canais de Comercialização	
Atividades, custos e margens dos fornecedores	Atividades, custos e margens internos	Atividades, custos e margens dos parceiros nos canais de comercialização e dos parceiros estratégicos	Cadeias de valor dos compradores ou dos usuários finais

Fonte: Parcialmente fundamentado na cadeia de valor de setor único apresentado na obra de Michael Porter, *Competitive Advantage*, Nova York: Free Press, 1985, p. 35.

da madeira, fábricas de celulose e fabricação de papel) diferem das principais atividades no setor de utensílios domésticos (fabricação de peças e componentes, montagem, distribuição no atacado e vendas no varejo). A cadeia de valor para a indústria de refrigerantes (processamento dos ingredientes básicos e fabricação do xarope, engarrafamento e preenchimento de latas, distribuição no atacado e vendas no varejo) difere do setor de softwares para computador (programação, gravação em discos, marketing e distribuição). Os produtores de torneiras para banheiros e cozinhas dependem consideravelmente das atividades de distribuidores atacadistas e de varejistas de materiais de construção para conseguir vender às empresas construtoras de residências e às pessoas que realizam reparos sozinhas, entretanto os produtores de máquinas para fabricação de papel internalizam suas atividades de distribuição vendendo diretamente às operadoras de fábricas de papel. O Quadro Ilustrativo 4.1 mostra os custos representativos para várias atividades realizadas pelos produtores de CDs de música.

Custeio com Base em Atividades: Uma Ferramenta para Avaliar a Competitividade de Custo de uma Empresa

Após a empresa ter identificado suas principais atividades da cadeia de valor, o próximo passo na avaliação de sua competitividade de custo envolve determinar os custos de execução de atividades da cadeia de produção específicas, usando o método que os contadores denominam custeio baseado em atividades[16]. A contabilidade tradicional identifica os custos de acordo com categorias amplas de despesas — salários, benefícios dos empregados, suprimentos, manutenção, água, energia elétrica e telecomunicações, viagens, depreciação, P&D, juros, administração geral e assim por diante. Porém a contabilidade de custos com base em atividades envolve estabelecer categorias de despesas para atividades específicas da cadeia de valor e alocar custos à atividade responsável por originar o custo. Talvez 25% das empresas que analisaram a viabilidade do custeio baseado em atividades adotaram esse método de contabilização.

Quadro Ilustrativo 4.1
Custos Estimados da Cadeia de Valor para Gravação e Distribuição de CDs de Música por Meio de Varejistas Tradicionais de Música

O demonstrativo a seguir apresenta os custos e *mark-ups* representativos associados à produção e distribuição de um CD de música com preço de 15 dólares em lojas varejistas (em oposição a lojas na internet).

Atividades e Custos da Cadeia de Valor para a Produção e Distribuição de um CD	
1. Custos de produção diretos da gravadora	$ 2,40
Artistas e repertório	$ 0,75
Fabricação do CD e embalagem	$ 1,65
2. Royalties	0,99
3. Despesas de marketing da gravadora	1,50
4. Custos fixos da gravadora	1,50
5. Custos totais da gravadora	6,39
6. Lucro operacional da gravadora	1,86
7. Preço de venda da gravadora para o distribuidor/atacadista	8,25
8. *Mark-up* médio do distribuidor atacadista para cobrir as atividades de distribuição e as margens de lucro	1,50
9. Preço médio de atacado cobrado do varejista	9,75
10. *Mark-up* médio no varejo sobre o custo de atacado	5,25
11. Preço médio para o consumidor no varejo	$ 15,00

Fonte: Demonstrativo com base em informações de "Fight the Power", um estudo de caso preparado por Adrian Aleyne, Babson College, 1999.

O grau em que os custos devem ser desmembrados em atividades específicas depende do valor que se obtém ao se desenvolverem comparações de custos entre as empresas para atividades definidas detalhadamente, em oposição a atividades definidas amplamente. Em termos gerais, as estimativas de custo são necessárias pelo menos para cada categoria ampla das atividades principais e secundárias, porém, classificações mais apuradas podem ser necessárias se uma organização descobre que possui desvantagem de custos em comparação aos concorrentes e deseja especificar a fonte exata ou a atividade que causa a desvantagem de custo. Também pode ser necessário desenvolver estimativas de custos para atividades desempenhadas nas partes competitivamente relevantes das cadeias de valor dos clientes, o que requer dirigir-se a fontes externas para obter informações confiáveis de custos.

Após desenvolver boas estimativas de custos para cada uma das principais atividades de sua cadeia de valor e talvez as estimativas de custo para as subatividades de cada atividade principal/secundária da cadeia de valor, uma empresa estará pronta para observar como seus custos para essas atividades comparam-se com os custos das outras empresas. É neste ponto que entra o benchmarking.

Tabela 4.3 **A Diferença entre a Contabilidade de Custos Tradicional e a Contabilidade de Custos Baseada em Atividades: Exemplo de uma Atividade da Cadeia de Suprimento**

Categorias da Contabilidade de Custos Tradicional para as Atividades da Cadeia de Suprimento		Custo da Realização de Atividades Específicas da Cadeia de Suprimentos Usando a Contabilidade de Custos Baseada em Atividades	
Salários	US$ 450.000	Avaliação da capacidade dos fornecedores	US$ 150.000
Benefícios aos empregados	95.000	Processamento dos pedidos de compra	92.000
Suprimentos	21.500	Colaboração com os fornecedores para as entregas *just-in-time*	180.000
Viagens	12.250	Compartilhamento de dados com fornecedores	69.000
Depreciação	19.000	Verificação da qualidade dos itens comprados	94.000
Outros custos fixos (espaço físico, luz, água etc)	112.000	Verificação das entregas de itens comprados	50.000
Diversas despesas operacionais	40.250	Resolução de disputas	15.000
		Administração interna	100.000
	US$ 750.000		US$ 750.000

Fonte: Elaborado com base em informações no artigo de Terrence P. Par, "A New Tool for Managing Costs", *Fortune*, 14 jun. 1993, p. 124-129.

Benchmarking: Uma Ferramenta para Avaliar se os Custos da Cadeia de Valor de uma Empresa Estão sob Controle

Conceito Central
Benchmarking é uma ferramenta poderosa para aprender como empresas obtêm os melhores resultados no desempenho de atividades específicas e passam a usar suas técnicas (ou "melhores práticas") para incrementar o custo e a eficácia das próprias atividades internas da empresa.

Muitas empresas estão utilizando atualmente o **benchmarking** de seus custos para a realização de uma determinada tarefa com os custos dos concorrentes (e/ou os custos de um não-concorrente que desempenha de modo eficiente e eficaz a mesma atividade em outro setor). *Benchmarking é uma ferramenta que permite a uma empresa determinar se o seu desempenho de uma determinada função ou atividade representa a "melhor prática" quando custo e eficácia forem levados em consideração.*

Benchmarking envolve comparar como empresas diferentes realizam diversas atividades da cadeia de valor — como os materiais são adquiridos, os fornecedores são pagos, os estoques gerenciados, os produtos montados, os empregados treinados, a folha de pagamento processada e a manutenção executada — e então fazer comparações entre as empresas dos custos dessas atividades[17]. Os objetivos do benchmarking consistem em identificar as melhores práticas para a realização de uma atividade, aprender como outras organizações obtiveram efetivamente menores custos de mão-de-obra ou melhores resultados no desempenho de atividades, e adotar medidas para melhorar a competitividade sempre que esta técnica indicar que seus custos e os resultados do desempenho de uma atividade não são tão eficientes quanto os de outras empresas (concorrentes ou não-concorrentes).

A Xerox tornou-se uma das primeiras empresas a usar o benchmarking quando, em 1979, os fabricantes japoneses iniciaram a venda de copiadoras de tamanho médio por $ 9.600 cada — menos que os custos de produção da Xerox[18]. Seus dirigentes suspeitaram que os concorrentes japoneses estavam praticando *dumping*, porém, enviaram uma equipe de gerentes de linha ao Japão, incluindo o responsável pela fabricação, para estudar os processos empresariais e os custos. Com a colaboração do parceiro de sua *joint-venture* no Japão, a Fuji-Xerox, que conhecia bem os concorrentes, a equipe constatou que os custos da Xerox eram excessivos devido a grandes ineficiências nos processos de fabricação e nas práticas empresariais da empresa. As constatações deram início a um grande esforço interno na Xerox para torná-la competitiva em termos de custos e induziu-a a começar o benchmarking de 67 de seus principais processos operacionais, comparando-os aos de empresas identificadas com as melhores práticas. A Xerox decidiu rapidamente não restringir suas iniciativas de benchmarking a seus concorrentes no ramo de equipamentos para escritórios, mas estendê-las a qualquer empresa considerada de classe mundial no desempenho de *qualquer atividade* relevante para os negócios da Xerox. Outras organizações adotaram logo em seguida o método da Xerox. Os gerentes da Toyota tiveram a idéia da entrega de estoques *just-in-time* estudando como os supermercados dos Estados Unidos reabasteciam suas prateleiras. A Southwest Airlines reduziu o tempo de permanência de seus aviões em cada escala programada estudando as equipes nos boxes dos circuitos de corridas automobilísticas. Mais de 80% das empresas listadas na *Fortune 500* supostamente usam o benchmarking para comparar-se aos concorrentes em termos de custo e de outras medidas competitivas importantes.

A parte difícil do benchmarking não é como fazê-lo, mas como ter acesso a informações sobre práticas e custos de outras organizações. Algumas vezes o benchmarking pode ser efetivado por meio de relatórios publicados, grupos setoriais e empresas de pesquisa setorial e conversando com analistas conhecedores do setor, clientes e fornecedores. Algumas vezes podem ser agendadas visitas às instalações de empresas concorrentes e não-concorrentes para observar como as coisas são feitas, formular perguntas, comparar práticas e processos, e, talvez, trocar informações sobre produtividade, número de funcionários, tempo exigido e outros componentes do custo — porém, o problema é que tais empresas, mesmo se concordarem com visitas às suas instalações e em responder a perguntas, dificilmente partilharão informações fundamentais de custos do ponto de vista competitivo. Além disso, comparar os custos de uma empresa aos de outra pode não envolver comparar maçã com maçã, caso as duas adotem princípios diferentes de contabilidade de custos para calcular os custos de atividades específicas.

> Realizar o benchmarking dos custos das atividades da empresa em relação aos dos concorrentes proporciona uma prova segura de que a empresa é competitiva em termos de custos.

No entanto, surgiu uma terceira e razoavelmente confiável fonte de informações de benchmarking. O enorme interesse das empresas para realizar o benchmarking dos custos e identificar as melhores práticas fez que as organizações de consultoria (por exemplo, Accenture, A. T. Kearney, Benchnet — The Benchmarking Exchange, Towers Perrin e Best Practices) e diversos conselhos e associações (por exemplo, American Productivity and Quality Center, Qual-serve Benchmarking Clearinghouse e o Conselho de Benchmarking do Strategic Planning Institute) agrupassem dados sobre benchmarking, distribuíssem informações sobre as melhores práticas e oferecessem dados comparativos de custos sem identificar os nomes das empresas. Fazer com que um grupo independente compile as informações e as divulgue ocultando os nomes das empresas evita a divulgação de dados fundamentais sob o aspecto competitivo e diminui o potencial de um comportamento antiético por parte do pessoal da empresa ao agrupar seus próprios dados sobre os concorrentes. O Quadro Ilustrativo 4.2 apresenta um código de conduta amplamente recomendado para a realização do benchmarking, para ajudar as empresas a evitarem quaisquer ações impróprias na coleta e na utilização de dados de benchmarking.

Opções Estratégicas para Corrigir uma Desvantagem de Custo

A análise da cadeia de valor e o benchmarking podem revelar muitas informações sobre a competitividade de custo de uma empresa. Examinar os custos das atividades da própria cadeia de valor e compará-los aos dos concorrentes indica quem tem uma determinada vantagem ou desvantagem de custo e que componentes de custo são responsáveis. Tais informações são vitais nas ações estratégicas a fim de eliminar uma desvantagem de custos ou criar uma vantagem de custos. Uma das percepções

Quadro Ilustrativo 4.2
Benchmarking e Conduta Ética

Em virtude de as discussões entre os parceiros de benchmarking poderem envolver dados sensíveis sob o aspecto competitivo, naturalmente levantando dúvidas a respeito de possível restrição de negócio (*restraint of trade*) ou de conduta empresarial imprópria, muitas organizações de benchmarking insistem com todas as pessoas e organizações envolvidas para que sigam um código de conduta fundamentado em um comportamento empresarial ético. Entre os códigos de conduta mais amplamente adotados, encontra-se aquele elaborado pelo American Productivity and Quality Center e defendido pelo Qualserve Benchmarking Clearinghouse; baseia-se nos seguintes princípios e diretrizes:

- Evitar discussões ou ações que poderiam conduzir a ou implicar um interesse na restrição de negócio, aos esquemas de alocação de mercados e/ou clientes, à fixação de preços, a acertos de negociação, a concorrências viciadas ou a suborno. Não discutir custos com concorrentes se os custos forem um elemento da política de preços.
- Abster-se da compra de segredos comerciais de outra empresa por qualquer meio que possa ser interpretado como impróprio incluindo a inobservância ou o estímulo à inobservância de todo dever de manter um segredo. Não divulgar ou empregar nenhum segredo comercial que possa ter sido obtido por meios impróprios ou que foi divulgado por outra pessoa em violação ao dever de manter sua confiabilidade ou limitar seu uso.
- Estar disposto a proporcionar o mesmo tipo e nível de informação que sua empresa solicita de seu parceiro de benchmarking quando ele a solicita.
- Comunicar-se integralmente e logo no início do relacionamento a fim de esclarecer expectativas, evitar incompreensão e estabelecer um interesse mútuo no intercâmbio de benchmarking.
- Ser honesto e íntegro.
- Considerar o intercâmbio de benchmarking como confidencial para as pessoas e empresas envolvidas. As informações não devem ser divulgadas fora das organizações participantes sem o consentimento prévio do parceiro de benchmarking que compartilhou as informações.
- Usar as informações obtidas por meio do benchmarking somente para as finalidades indicadas ao parceiro.
- O uso ou a comunicação do nome de um parceiro de benchmarking com os dados obtidos ou as práticas observadas requer a autorização prévia desse parceiro.
- Respeitar a cultura corporativa das empresas participantes e trabalhar no âmbito de procedimentos mutuamente aprovados.
- Usar os contratos de benchmarking designados pela empresa parceira caso este seja o procedimento preferido desta.
- Obter acordo mútuo com o contato de benchmarking sobre qualquer transparência de comunicação ou responsabilidade para terceiros.
- Aproveitar ao máximo o tempo de seu parceiro de benchmarking estando plenamente preparado para cada intercâmbio.
- Ajudar seus parceiros de benchmarking a prepararem-se entregando-lhes um questionário e uma programação antes das visitas de benchmarking.
- Fazer o acompanhamento de cada compromisso assumido com seu parceiro de benchmarking com pontualidade.
- Compreender como seu parceiro de benchmarking gostaria que as informações por ele divulgadas fossem tratadas e utilizadas e seguir tal indicação.

Nota: A identificação de empresas, organizações e contatos visitados é proibida sem aprovação antecipada da organização.
Fontes: American Productivity and Quality Center (www.apqc.org) e Qualserve Benchmarking Clearinghouse (www.awwa.org). Acesso em 14 set. 2005.

fundamentais da análise da cadeia de valor e do benchmarking é que *a competitividade de uma empresa em termos de custos depende da eficiência com que gerencia suas atividades da cadeia de valor em relação ao grau em que seus concorrentes gerenciam suas respectivas cadeias de valor*[19]. Existem três áreas principais na cadeia de valor global de uma empresa em que podem ocorrer diferenças importantes nos custos das organizações concorrentes: os próprios segmentos de atividade de uma empresa, os fornecedores da cadeia de valor do setor e os canais de comercialização da cadeia do setor.

Corrigindo uma Desvantagem de Custo Interna Quando a desvantagem de custo de uma empresa origina-se da realização das atividades internas da cadeia de valor a um custo maior que o dos principais concorrentes, então os gerentes podem optar por qualquer dos diversos métodos estratégicos para restaurar a competitividade dos custos da empresa[20]:

1. Implementar o uso das melhores práticas em toda a organização, particularmente para as atividades de custo elevado.
2. Tentar eliminar integralmente algumas atividades que geram custos, reformulando a cadeia de valor. Exemplos incluem eliminar atividades que geram pouco valor agregado, ou acessar diretamente os usuários finais, reduzindo os custos associados de parceiros de distribuição e de marketing. A Dell usou esse método para os PCs e as empresas aéreas começaram a evitar as agências de viagem, fazendo com que os passageiros adquiram seus bilhetes diretamente nos sites das empresas.
3. Realocar as atividades de custo elevado (tais como produção) para áreas geográficas — como a China, a América Latina ou a Europa Oriental — onde possam ser realizadas mais economicamente.
4. Observar se determinadas atividades realizadas internamente podem ser terceirizadas e desempenhadas por empresas especializadas de maneira mais econômica do que se realizadas internamente.
5. Investir em melhorias tecnológicas que aumentam a produtividade e diminuem custos (robótica, técnicas de produção flexível, redes eletrônicas de última geração).
6. Identificar opções para evitar as atividades ou os itens que possuem custos elevados — as fabricantes de chips para computadores normalmente desenvolvem seus projetos sem infringir as patentes mantidas por outras empresas, a fim de evitar o pagamento de royalties; as montadoras de automóveis substituíram metal por plástico e borracha de menor custo em muitas partes externas da carroceria.
7. Redesenhar o produto e/ou alguns de seus componentes a fim de facilitar a fabricação ou a montagem mais rápida e econômica.
8. Tentar compensar a desvantagem de custo interno, reduzindo custos nas partes sob responsabilidade dos fornecedores ou dos canais de comercialização da cadeia de valor do setor — geralmente em último recurso.

Corrigindo uma Desvantagem de Custo Relacionada ao Fornecedor As desvantagens de custos relacionadas aos fornecedores podem ser abordadas de diversas maneiras: pressionar esses fornecedores para que diminuam preços, passar a usar insumos substitutos com preço menor e colaborar de perto com fornecedores para identificar oportunidades mútuas de economia de custos[21]. Por exemplo, as entregas *just-in-time* de fornecedores podem diminuir o estoque e os custos de logística interna de uma empresa, da mesma maneira que também podem permitir que esses fornecedores economizem em custos de armazenamento, despacho e programação da produção — um resultado favorável para ambos. Em alguns casos, as organizações podem concluir que é mais econômico integrar verticalmente, produzindo internamente os itens providos por fornecedores com custo elevado. Se uma empresa propõe-se a obter economias em suas atividades da cadeia de suprimentos, então precisa alcançar economias de custo internamente ou em alguma parte do canal de comercialização da cadeia de valor do setor, a fim de compensar a desvantagem de custo relacionada ao fornecedor.

Corrigindo uma Desvantagem de Custo Associada a Atividades Desempenhadas por Parceiros do Canal de Comercialização Existem três maneiras principais para equacionar uma desvantagem de custos do canal de comercialização da cadeia de valor do setor:

1. Pressionar os distribuidores e outros parceiros do canal de comercialização a reduzir seus custos e *mark-ups*, a fim de tornar o preço final aos consumidores mais competitivo em relação aos preços dos concorrentes.

2. Operar em estreita colaboração com os parceiros do canal de comercialização para identificar oportunidades de redução de custos. Por exemplo, um fabricante de chocolate constatou que, enviando a granel seu chocolate em forma líquida em carros-tanque em vez de barras moldadas de 4,5 quilogramas, poderia não apenas reduzir os custos associados à remoção da embalagem e derretimento para seus clientes fabricantes de barras de chocolate, mas também eliminar seus próprios custos de moldagem e embalagem das barras.

3. Mudar para uma estratégia de distribuição mais econômica, incluindo a mudança para canais de distribuição mais econômicos (talvez vendas diretas pela internet) ou talvez se integrando para a frente, com canais de varejo de propriedade da empresa.

Se essas iniciativas falharem, a organização poderá tentar conviver com a desvantagem de custos ou tentar economias de custos em estágios anteriores da cadeia de valor.

Transformação de um Desempenho Proficiente das Atividades da Cadeia de Valor em Vantagem Competitiva

> Desempenhar as atividades da cadeia de valor de modo que capacite a empresa a suplantar as competências dos concorrentes ou derrotá-los nos custos, são duas boas maneiras de assegurar uma vantagem competitiva.

Uma empresa, que realiza um *trabalho de primeira ordem* no gerenciamento de suas atividades da cadeia de valor *em relação aos concorrentes*, possui uma boa probabilidade de conseguir uma vantagem competitiva sustentável. Conforme mostrado na Figura 4.5, realizar as atividades da cadeia de valor melhor que os concorrentes pode ocorrer por meio de uma ou ambas das seguintes medidas: (1) desenvolvendo de modo inteligente competências centrais e talvez uma competência diferenciada que os concorrentes não possuem ou lhes é difícil de igualar e que são fundamentais para criar valor para os clientes e/ou (2) apenas realizando um trabalho geral melhor que os concorrentes, ao diminuir seus custos combinados de desempenho de todas as diversas atividades da cadeia de valor, para obter no final uma vantagem de custo baixo.

A primeira dessas duas abordagens começa com o esforço gerencial de criar maior expertise organizacional no desempenho de certas atividades importantes da cadeia de valor, esforçando-se deliberadamente para desenvolver competências que agreguem a sua estratégia e competitividade. Se a gestão concentrar-se na criação de algumas capacitações selecionadas de sua estratégia e continuar a investir recursos para a obtenção de uma proficiência cada vez maior ao executá-las, então ao longo do tempo uma (ou talvez diversas) das competências poderá ser alçada ao nível de competência central. Posteriormente, após aprendizado organizacional adicional e investimentos para obter uma proficiência ainda maior, uma competência central poderia evoluir para uma competência diferenciada, dando à empresa superioridade no desempenho de uma atividade importante da cadeia de valor. Tal superioridade, caso proporcione à empresa uma força competitiva considerável no mercado, pode produzir uma vantagem competitiva substancial sobre os concorrentes e, mais importante ainda, provar ser difícil para eles igualarem-na ou compensarem com o uso de suas próprias competências. Como regra geral, é substancialmente mais difícil para os concorrentes conquistarem a melhor proficiência no setor ao realizar uma atividade importante na cadeia de valor, do que imitar as características e os atributos de um produto ou serviço com vendas elevadas[22]. Isto é especialmente verdadeiro quando uma organização com uma competência diferenciada evita tornar-se complacente e opera diligentemente para manter sua liderança no setor em termos de expertise e capacidade. A GlaxoSmithKline, uma das empresas farmacêuticas com maior capacitação competitiva no mundo, consolidou sua posição empresarial em torno do desempenho especializado de algumas poucas atividades de grande importância competitiva: P&D extensivo para conseguir a descoberta pioneira de novos medicamentos, um método cuidadosamente elaborado de administração das patentes, habilidade para obter aprovação rápida e integral dos testes clínicos por parte dos órgãos reguladores e capacidade extremamente elevada nas áreas de distribuição e equipe de vendas[23].

Figura 4.5 **Transformando o Desempenho das Atividades da Cadeia de Valor em Vantagem Competitiva**

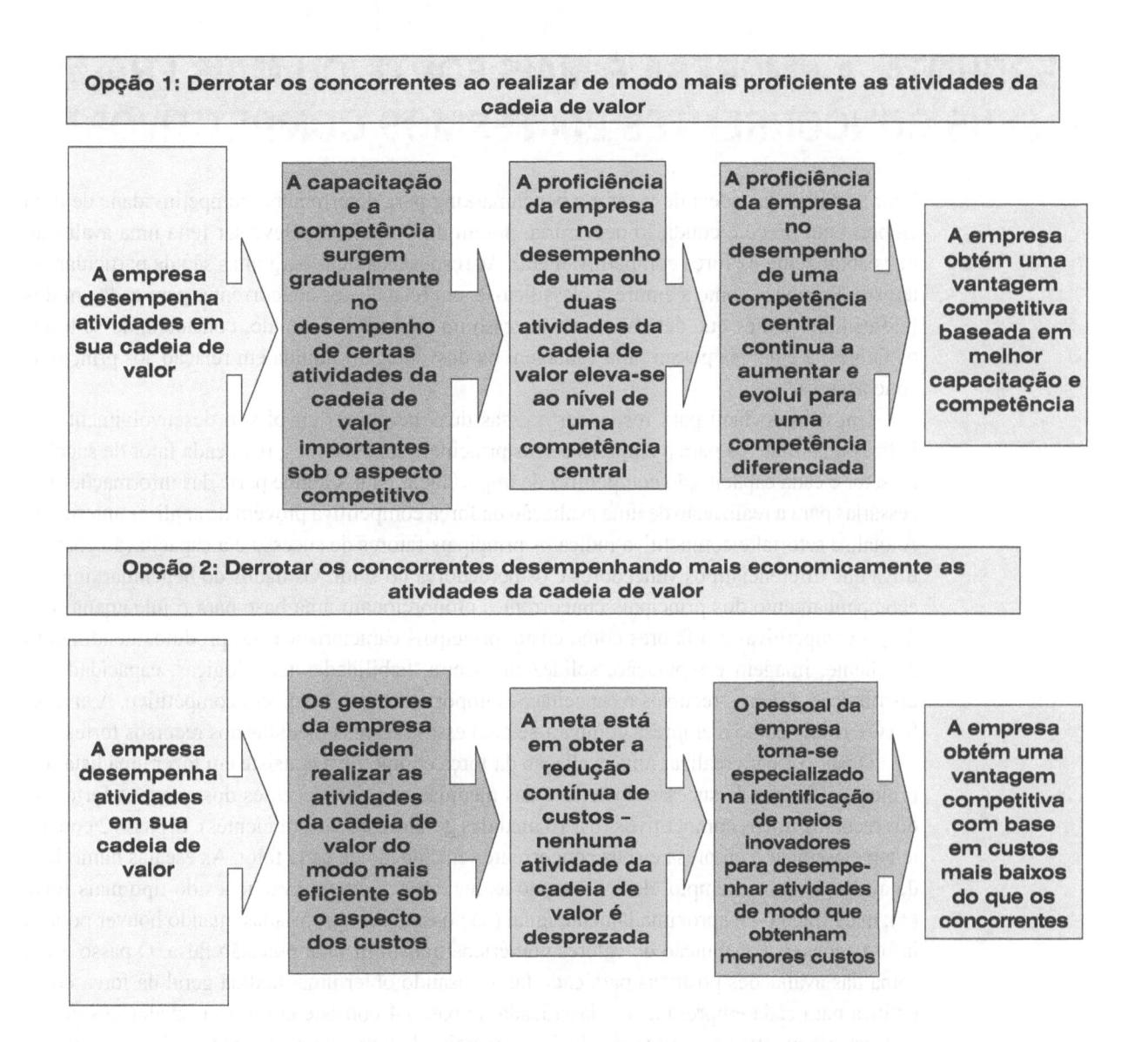

Opção 1: Derrotar os concorrentes ao realizar de modo mais proficiente as atividades da cadeia de valor

A empresa desempenha atividades em sua cadeia de valor → A capacitação e a competência surgem gradualmente no desempenho de certas atividades da cadeia de valor importantes sob o aspecto competitivo → A proficiência da empresa no desempenho de uma ou duas atividades da cadeia de valor eleva-se ao nível de uma competência central → A proficiência da empresa no desempenho de uma competência central continua a aumentar e evolui para uma competência diferenciada → A empresa obtém uma vantagem competitiva baseada em melhor capacitação e competência

Opção 2: Derrotar os concorrentes desempenhando mais economicamente as atividades da cadeia de valor

A empresa desempenha atividades em sua cadeia de valor → Os gestores da empresa decidem realizar as atividades da cadeia de valor do modo mais eficiente sob o aspecto dos custos → A meta está em obter a redução contínua de custos – nenhuma atividade da cadeia de valor é desprezada → O pessoal da empresa torna-se especializado na identificação de meios inovadores para desempenhar atividades de modo que obtenham menores custos → A empresa obtém uma vantagem competitiva com base em custos mais baixos do que os concorrentes

O gerenciamento inteligente da cadeia de valor da FedEx resultou em competência não igualada na entrega de encomendas no dia seguinte ao do envio.

A segunda abordagem da obtenção de vantagem competitiva envolve esforço administrativo para conseguir custos eficientes no desempenho das atividades na cadeia de valor. Tais esforços precisam ser contínuos e persistentes e têm de envolver cada atividade da cadeia de valor. A meta deve ser uma redução de custos contínua e não uma iniciativa única que pare e recomece. Nas organizações cujos gerentes possuem um compromisso verdadeiro com o desempenho a custo baixo das atividades da cadeia de valor, e obtêm sucesso ao envolver o pessoal para identificar meios de cortar custos, há uma oportunidade efetiva de conseguir uma vantagem de custo baixo sobre os concorrentes. Empresas como Wal-Mart, Dell,

Nucor Steel, Southwest Airlines, Toyota e a rede de supermercados francesa Carrefour foram muito bem-sucedidas no gerenciamento de suas cadeias de valor com custos baixos.

4ª PERGUNTA: A EMPRESA É MAIS FORTE OU MAIS FRACA QUE SEUS CONCORRENTES EM TERMOS COMPETITIVOS?

Usar a análise da cadeia de valor e o benchmarking para determinar a competitividade de uma empresa em preço é condição necessária, porém não suficiente. Deve ser feita uma avaliação mais abrangente da força competitiva geral. As respostas a duas perguntas são de particular interesse: Primeiro, como a empresa classifica-se em relação aos concorrentes para cada um dos fatores importantes que determinam o sucesso no mercado? Segundo, considerando-se todos os fatores, a empresa possui uma vantagem ou desvantagem líquida em relação aos principais concorrentes?

Um método fácil para responder a essas duas perguntas envolve o desenvolvimento de índices quantitativos para a empresa e seus principais concorrentes, para cada fator de sucesso no setor e cada capacitação competitiva de importância vital. Grande parte das informações necessárias para a realização de uma avaliação da força competitiva provém de análises anteriores. A análise setorial e competitiva indica os principais fatores de sucesso e a capacitação competitiva que diferenciam os vencedores e os perdedores no setor. Os dados do benchmarking e o acompanhamento dos principais concorrentes proporcionam uma base para o julgamento das forças competitivas em fatores como custo, principais características do produto, atendimento ao cliente, imagem e reputação, solidez financeira, habilidades tecnológicas, capacidade de distribuição e outros recursos e capacitações importantes sob o aspecto competitivo. A análise SWOT revela como a empresa compara-se com essas mesmas medidas dos recursos fortes.

O passo 1 para realizar uma avaliação da força competitiva consiste em fazer uma lista dos principais fatores de sucesso do setor e das medidas mais producentes dos recursos fortes ou dos recursos fracos competitivos (6 a 10 medidas geralmente são suficientes). O passo 2 consiste em classificar a empresa e seus concorrentes em função de cada fator. As escalas numéricas de avaliação (por exemplo, de 1 a 10) são as melhores, embora avaliações do tipo mais forte (+), mais fraco (-) e aproximadamente igual (=) possam ser apropriadas quando houver poucas informações, e a atribuição de valores numéricos transmitir uma precisão falsa. O passo 3 é a soma das avaliações positivas para cada fator, visando obter uma medida geral da força competitiva para cada empresa a ser classificada. O passo 4 consiste em usar as avaliações gerais da força competitiva para tirar conclusões a respeito do tamanho e da extensão da vantagem ou desvantagem competitiva líquida e tomar nota específica das áreas envolvendo recursos fortes e recursos fracos.

A Tabela 4.5 apresenta dois exemplos de avaliação da força competitiva usando a Cia. ABC, hipotética, contra quatro concorrentes. O primeiro exemplo emprega um *sistema de avaliação sem ponderação*. Com resultados sem pesos, cada medida de um fator de sucesso / recurso forte competitivo importante é considerada com a mesma importância (uma suposição um tanto dúbia). A organização que tiver o melhor resultado em determinada avaliação, possui uma vantagem competitiva implícita nesse fator; o tamanho de sua vantagem espelha-se na margem de diferença entre sua avaliação e aquelas atribuídas aos concorrentes — o resultado 9 para uma empresa comparado a resultados 5, 4 e 3, respectivamente, para as três outras indica uma maior vantagem do que um resultado de 9 *versus* resultados 8, 7 e 6. Somar os resultados da empresa para todas as medidas produz um resultado geral. Quanto maior o resultado geral, mais forte sua competitividade global em comparação aos concorrentes. Quanto maior a diferença entre o resultado geral e os resultados de concorrentes com *avaliação melhor*, maior sua *vantagem competitiva líquida* implícita. Inversamente, quanto maior a diferença entre o resultado geral de uma empresa e os resultados dos concorrentes com *classificação melhor*, maior sua *desvantagem competitiva líquida*

Tabela 4.5 **Exemplos de Avaliação da Força competitiva sem Ponderação e com Ponderação**

A. Uma Avaliação da Força Competitiva sem Ponderação

Medidas do Principal Fator de Sucesso / Recurso Forte	Cia. ABC	Concorrente 1	Concorrente2	Concorrente 3	Concorrente 4
Desempenho de qualidade / produto	8	5	10	1	6
Reputação / imagem	8	7	10	1	6
Capacidade de produção	2	10	4	5	1
Habilidades tecnológicas	10	1	7	3	8
Capacidade da rede de concessionários / distribuidores	9	4	10	5	1
Capacidade de inovação nos novos produtos	9	4	10	5	1
Recursos financeiros	5	10	7	3	1
Posição de custo relativa	5	10	3	1	4
Capacidade de atendimento ao cliente	5	7	10	1	4
Resultado geral sem ponderação	**61**	**58**	**71**	**25**	**32**

Classificação dos Recursos Fortes (Escala: 1 = Muito fraco; 10 = Muito forte)

B. Uma Avaliação da Força Competitiva com Ponderação (Escala de Avaliação: 1 = Muito fraco; 10 = Muito forte)

Medida do Principal Fator de Sucesso / Recurso Forte	Peso	Cia. ABC		Concorrente 1		Concorrente 2		Concorrente 3		Concorrente 4	
		Avaliação	Resultado	Avaliação	Resultado	Avaliação	Resultado	Avaliação	Resultado	Avaliação	Resultado
Desempenho de qualidade / produto	0,10	8	0,80	5	0,50	10	1,00	1	0,10	6	0,60
Reputação / imagem	0,10	8	0,80	7	0,70	10	1,00	1	0,10	6	0,60
Capacidade de produção	0,10	2	0,20	10	1,00	4	0,40	5	0,50	1	0,10
Habilidades tecnológicas	0,05	10	0,50	1	0,05	7	0,35	3	0,15	8	0,40
Capacidade da rede de concessionários / distribuidores	0,05	9	0,45	4	0,20	10	0,50	5	0,25	1	0,05
Capacidade de inovação nos novos produtos	0,05	9	0,45	4	0,20	10	0,50	5	0,25	1	0,05
Recursos financeiros	0,10	5	0,50	10	1,00	7	0,70	3	0,30	1	0,10
Posição de custo relativa	0,30	5	1,50	10	3,00	3	0,95	1	0,30	4	1,20
Capacidade de atendimento ao cliente	0,15	5	0,75	7	1,05	10	1,50	1	0,15	4	0,60
Soma dos pesos	1,00										
Resultado geral com ponderação		**61**	**5,95**	**58**	**7,70**	**71**	**6,85**	**25**	**2,10**	**32**	**3,70**

implícita. O resultado geral de 61 (veja a parte superior da Tabela 4.5) para a Cia. ABC sinaliza uma vantagem competitiva líquida muito maior sobre o Concorrente 4 (com um resultado de 32) do que sobre o Concorrente 1 (com um resultado de 58), porém, indica uma desvantagem competitiva líquida moderada sobre o Concorrente 2 (com um resultado geral de 71).

No entanto, um método melhor é o *sistema de avaliação ponderado* (mostrado na parte inferior da Tabela 4.5), porque as diferentes medidas de força competitiva não têm probabilidade de ser igualmente importantes. Em um setor no qual os produtos/serviços dos rivais são praticamente idênticos, por exemplo, ter custos unitários baixos em relação aos concorrentes, é quase sempre o determinante mais importante de força competitiva. Em um setor com diferenciação acentuada do produto, as medidas mais significativas da força competitiva podem ser o conhecimento da marca, o volume de propaganda, a atração do produto e a capacidade de distribuição. Em um sistema de avaliação ponderado, cada medida da força competitiva recebe um peso, baseado em sua importância conhecida, para dar origem ao sucesso competitivo. Um peso pode ser tão elevado quanto 0,75 (talvez até maior) em situações nas quais uma variável competitiva específica é predominantemente decisiva, ou um peso pode ser tão reduzido quanto 0,20, quando duas ou mais medidas de recursos fortes são mais importantes do que as restantes. Indicadores de força competitiva menor podem ter pesos de 0,05 ou 0,10. Independentemente de as diferenças entre os pesos de importância serem grandes ou pequenas, *a soma dos pesos precisa ser igual a 1,0*.

> Uma análise ponderada da capacizdade competitiva é conceitualmente mais forte do que uma análise sem ponderação, por causa da fragilidade inerente de se assumir que todos os indicadores usados na análise são igualmente importantes.

As medidas ponderadas dos recursos fortes são calculadas avaliando-se cada concorrente pela medida de cada recurso forte (usando a escala de avaliação de 1 a 10) e multiplicando-se a medida pelo peso correspondente (uma medida de 4 vezes um peso de 0,20 dá um resultado ponderado de 0,80). Novamente neste caso, a empresa com a medida mais elevada possui uma vantagem competitiva implícita nessa medida, e o tamanho de sua vantagem reflete-se na diferença entre sua medida e as medidas dos concorrentes. O peso correspondente à medida indica o grau de importância da vantagem. Somando-se as medidas ponderadas dos recursos fortes para todas as medidas, obtém-se um resultado geral dos recursos fortes. As comparações entre os resultados gerais ponderados indicam quais concorrentes ocupam as posições competitivas mais fortes e mais fracas e quem tem uma vantagem competitiva líquida em relação aos concorrentes.

Observe na Tabela 4.5 que os esquemas de avaliação sem ponderação e com ponderação produzem ordenamentos diferentes das empresas. No sistema ponderado, a Cia. ABC vai do segundo para o terceiro lugar em recursos fortes e o Concorrente 1 salta de terceiro para primeiro por causa das avaliações elevadas dos dois fatores mais importantes. Ponderar a importância das medidas dos recursos fortes pode, portanto, acarretar uma diferença significativa no resultado da avaliação.

Interpretação das Avaliações dos Recursos Fortes Competitivos

> Avaliações de valor elevado dos recursos fortes competitivos sinalizam uma posição competitiva forte e a posse de uma vantagem competitiva; avaliações de valor reduzido sinalizam uma posição fraca e uma desvantagem competitiva.

Avaliações dos recursos fortes competitivos oferecem conclusões úteis sobre a situação competitiva de uma empresa. Medidas mostram como uma organização compara-se aos concorrentes, fator por fator ou capacidade por capacidade, revelando desse modo onde é mais forte e mais fraca e em relação a quem. Além disso, os resultados gerais dos recursos fortes competitivos indicam como todos os diferentes fatores se somam — se uma empresa possui uma vantagem ou desvantagem competitiva líquida em relação a cada concorrente. A empresa com a maior avaliação de seus recursos fortes competitivos possui a melhor posição competitiva e o tamanho de sua vantagem competitiva líquida reflete-se no valor pelo qual seu resultado excede aqueles dos concorrentes.

Além disso, as avaliações dos recursos fortes proporcionam diretrizes para a criação de estratégias ofensivas e defensivas adequadas. Por exemplo, considere as avaliações e os resultados ponderados na parte inferior da Tabela 4.5. Se a Cia. ABC deseja partir para a ofensiva a fim de conquistar vendas e participação de mercado adicionais, tal ofensiva provavelmente precisa ser direcionada à atração de clientes dos Concorrentes 3 e 4 (que possuem avaliações gerais menores) em vez dos Concorrentes 1 e 2 (que possuem avaliações gerais maiores). Além disso, embora a Cia. ABC tenha melhores resultados para o desempenho em qualidade/produto (uma avaliação 8), reputação e imagem (uma avaliação 8), habilidades tecnológicas (uma avaliação 10), capacidade da rede de concessionários/distribuidores (uma avaliação 9) e capacidade de inovação nos novos produtos (uma avaliação 9), essas medidas de recursos fortes possuem pesos reduzidos, significando que a Cia. ABC possui recursos fortes nas áreas que não implicam muita força competitiva no mercado. Mesmo assim, suplanta o Concorrente 3 em todas as cinco áreas e possui custos menores que ele: na posição de custo relativo, a Cia. ABC tem uma avaliação de 5 *versus* 1 para o Concorrente — e a posição de custo relativo tem o maior peso em termos de importância entre todas as medidas dos recursos fortes. A Cia. ABC também possui maior força competitiva do que o Concorrente 3 no que diz respeito à capacidade de atendimento ao cliente (que tem o segundo maior peso em grau de importância). Portanto, pelo fato de os recursos fortes da Cia. ABC estarem nas próprias áreas onde o Concorrente 3 é fraco, a Cia. ABC encontra-se em uma boa posição para enfrentar o Concorrente 3 — pode até mesmo ser capaz de persuadir alguns clientes do Concorrente 3 a passarem a efetuar compras do produto da Cia. ABC.

Porém, ao preparar uma ofensiva para atrair clientes do Concorrente 3, a Cia. ABC deveria observar que o Concorrente 1 possui uma excelente posição de custo relativo — sua medida 10, combinada com um peso 3 para o custo relativo, significa que o Concorrente 1 possui custos significativamente menores em um setor no qual custos baixos são importantes sob o aspecto competitivo. O Concorrente 1 encontra-se, portanto, fortemente posicionado para retaliar contra a Cia. ABC, valendo-se de preços menores, se a estratégia ofensiva da Cia. ABC trouxer como resultado a conquista de clientes do Concorrente 1. Além disso, a posição de custo relativo muito forte do Concorrente 1 perante todas as demais empresas lhe confere a capacidade de usar sua vantagem de custo menor para praticar preços menores e conquistar vendas e participação de mercado à custa dessas empresas. Se a Cia. ABC quiser defender-se contra sua vulnerabilidade à diminuição potencial de preços do Concorrente 1, então precisará direcionar uma parte de sua estratégia à redução de custos.

> Os resultados da força competitiva de uma empresa ressaltam seus recursos fortes e recursos fracos em relação aos concorrentes e apontam diretamente para os tipos de ações ofensivas/defensivas que pode empregar para valer-se de seus recursos fortes competitivos e reduzir sua vulnerabilidade competitiva.

O foco, nesse caso, é que uma empresa com astúcia competitiva deve usar a avaliação de seus recursos fortes para decidir que passos estratégicos adotar — quais recursos fortes utilizar para atrair negócios que pertencem aos Concorrentes e que recursos fracos competitivos precisa tentar corrigir. Quando uma empresa possui recursos fortes competitivos importantes nas áreas em que um ou mais concorrentes são fracos, faz sentido considerar ações ofensivas para valer-se dos recursos fracos dos concorrentes. Quando uma empresa possui recursos fracos importantes nas áreas em que um ou mais concorrentes são fortes, faz sentido considerar ações defensivas para diminuir sua vulnerabilidade.

5ª PERGUNTA: QUE TEMAS E PROBLEMAS ESTRATÉGICOS MERECEM ATENÇÃO PRIORITÁRIA DOS ADMINISTRADORES?

O último e mais importante passo analítico consiste em focalizar os temas estratégicos que os gerentes precisam observar — e resolver — para a empresa ter mais sucesso financeiro e competitivo nos próximos anos. Este passo envolve levar em conta os resultados da análise setorial e competitiva e as avaliações da própria competitividade. A tarefa, neste caso, é conhecer com clareza exatamente quais desafios estratégicos e competitivos confrontam a empresa, quais fraquezas competitivas precisam ser equacionadas, que obstáculos impedem a melhoria de sua

> Focalizar os temas estratégicos com que a empresa se defronta e preparar uma "lista de preocupações" dos problemas e obstáculos cria uma agenda estratégica dos temas que merecem atenção imediata dos gestores.

posição competitiva no mercado e que problemas específicos merecem atenção prioritária dos gestores. *Apontar os aspectos precisos que devem preocupar os administradores determina a agenda para decidir que ações realizar a fim de melhorar o desempenho e as perspectivas de negócios da organização.*

A "lista de preocupações" de temas e problemas a serem equacionados inclui aspectos do tipo *como* evitar desafios de novos concorrentes estrangeiros no mercado, *como* enfrentar o desconto de preços dos rivais, *como* reduzir os custos elevados da empresa e abrir caminho para a redução de preços, *como* manter a atual taxa de crescimento da empresa diante da demanda decrescente, *se* deve ser ampliada a linha de produtos da empresa, *se* devem ser corrigidas as deficiências competitivas da empresa adquirindo um concorrente com os recursos fortes faltantes, *se* devem ser expandidas em mercados estrangeiros de modo rápido e cauteloso, *se* a empresa deve se reposicionar e fazer parte de um grupo estratégico distinto, *o que fazer* a respeito do interesse crescente dos compradores por produtos substitutos e *o que fazer* para enfrentar o problema da população que se torna idosa, afetando a base de clientes. Portanto, a lista de preocupações sempre se concentra em torno de aspectos do tipo "como...", "o que fazer..." e "se deve..." — a finalidade da lista de preocupações é identificar os temas/problemas específicos que os dirigentes precisam equacionar e não determinar que ações específicas realizar. Decidir o que fazer — que ações estratégicas empreender e que passos estratégicos efetivar — acontece posteriormente (quando for a ocasião de elaborar a estratégia e escolher entre as várias alternativas estratégicas).

> Decidir-se efetivamente por uma estratégia e por quais ações estratégicas adotar é aquilo que ocorre *após* a elaboração da lista de temas e problemas estratégicos que merecem atenção prioritária.

> Uma boa estratégia precisa conter elementos para lidar com todos os temas e obstáculos estratégicos que prejudicam o sucesso financeiro e competitivo nos anos futuros.

Se os itens da lista de preocupações são relativamente secundários, sugerindo que a estratégia da empresa está em grande parte no rumo certo e se enquadra razoavelmente bem na situação geral da organização, os gerentes poucas vezes precisam ir além de uma sintonia fina da estratégia atual. Se, no entanto, os temas e problemas que confrontam são sérios e indicam que a estratégia atual não é bem adequada para o futuro, a tarefa de elaborar uma estratégia melhor tem de passar a figurar como item prioritário na agenda dos dirigentes.

Pontos-Chave

Existem cinco perguntas fundamentais a se considerar na análise das próprias circunstâncias competitivas da empresa e de sua posição perante os principais concorrentes:

1. *Como está operando a estratégia da empresa?* Isso envolve avaliar a estratégia de um ponto de vista qualitativo (totalidade, coerência interna, justificativa e adequação à situação) e quantitativo (os resultados estratégicos e financeiros que a estratégia está produzindo). Quanto mais forte o desempenho geral atual de uma empresa, menos provável a necessidade de mudanças radicais na estratégia. Quanto mais fraco o desempenho, e/ou mais rápidas as mudanças em sua situação externa (o que pode ser concluído por meio da análise setorial e competitiva), mais sua estratégia atual precisa ser questionada.

2. *Quais são os recursos fortes e os recursos fracos da empresa e suas oportunidades e ameaças externas?* A análise SWOT oferece uma visão de conjunto da situação e constitui um componente essencial para a elaboração de uma estratégia bem adequada à situação da organização. As duas partes mais importantes da análise SWOT são (*a*) chegar a conclusões a respeito de que revelações a compilação dos recursos fortes, dos recursos fracos, das oportunidades e das ameaças são obtidas a respeito da situação geral da empresa e

(b) tomar medidas em função dessas conclusões para melhor ajustar a estratégia da empresa a seus recursos fortes e às oportunidades de mercado, corrigir os recursos fracos importantes e defender-se contra ameaças externas. Os recursos fortes, a competência e a capacitação competitiva de uma empresa são estrategicamente relevantes por serem os elementos formadores mais lógicos e atraentes para a trajetória; os recursos fracos são importantes, pois podem representar vulnerabilidades que precisam de correção. As oportunidades e ameaças externas são relevantes, porque uma boa estratégia almeja necessariamente aproveitar as oportunidades mais atrativas e a defesa contra ameaças à sua solidez.

3. *Os preços e os custos da empresa são competitivos?* Um sinal marcante da situação forte ou precária de uma organização está no fato de seus preços e custos serem competitivos com aqueles dos de seus concorrentes no setor. A análise da cadeia de valor e o benchmarking são ferramentas essenciais para determinar se a empresa está realizando certas funções e atividades a um custo econômico, se seus custos estão alinhados com os de seus concorrentes e decidir que atividades internas e processos empresariais precisam ser analisados, visando uma melhoria. A análise da cadeia de valor indica que o grau de competência com que uma empresa gerencia sua cadeia de valor em relação aos concorrentes é fundamental para criar uma vantagem competitiva com base em melhor capacitação competitiva ou custos menores.

4. *A empresa é mais forte ou mais fraca que seus principais concorrentes em termos competitivos?* As principais avaliações, nesse caso, envolvem como a organização se compara com os principais concorrentes nos principais fatores de sucesso do setor e outros determinantes importantes do sucesso competitivo e se (e por que) a empresa possui uma vantagem ou desvantagem competitiva. Avaliações quantitativas dos recursos fortes competitivos, usando o método apresentado na Tabela 4.5, indicam onde uma empresa é forte ou fraca competitivamente e oferecem uma percepção de sua capacidade para defender ou melhorar sua posição de mercado. Como regra geral, a estratégia competitiva de uma empresa deve ser elaborada com base em seus recursos fortes competitivos e deve almejar o apoio a áreas em que possui vulnerabilidade competitiva. Quando uma empresa possui recursos fortes competitivos em áreas nas quais um ou mais concorrentes são fracos, faz sentido considerar ações ofensivas para valer-se dos recursos fracos competitivos deles. Quando uma empresa tem recursos fracos competitivos importantes em áreas nas quais um ou mais concorrentes são fortes, faz sentido considerar ações defensivas para diminuir sua vulnerabilidade.

5. *Que temas e problemas estratégicos merecem atenção prioritária dos administradores?* Este passo analítico focaliza os temas e problemas estratégicos que representam um obstáculo para o sucesso da empresa. Envolve usar os resultados da análise setorial e competitiva e a análise da situação para identificar uma "lista de preocupações" dos temas a serem equacionados para que a organização tenha sucesso financeiro e competitivo nos anos futuros. A lista de preocupações centraliza-se em preocupações do tipo "como...", "o que fazer..." e "se deve..." — a finalidade da lista consiste em identificar os temas/problemas específicos que os dirigentes precisam equacionar. Decidir-se efetivamente por uma estratégia e quais ações específicas realizar é o que ocorre após a elaboração da lista de temas e problemas estratégicos que merece atenção prioritária dos dirigentes.

Uma boa análise da situação da empresa, de modo idêntico a uma boa análise setorial e competitiva, é precondição importante para criar uma boa estratégia. Uma avaliação da capacidade e dos recursos fortes competitivos de uma empresa, feita de modo competente, revela os recursos fortes e os recursos fracos da estratégia atual e qual o grau de atratividade e o motivo para a posição competitiva da empresa. Os dirigentes precisam ter tal conhecimento para elaborar uma estratégia que seja bem adequada às circunstâncias competitivas da organização.

Exercícios

1. Analise as informações contidas no Quadro Ilustrativo 4.1 a respeito dos custos das diferentes atividades na cadeia de valor associados à gravação e distribuição de CDs de música por meio de lojas de varejo tradicionais (lojas físicas). Após a análise, responda às seguintes perguntas:

    a. A popularidade crescente de efetuar o download de músicas da internet dá origem a uma nova cadeia de valor no setor de música que difere consideravelmente da cadeia de valor tradicional? Explique os motivos.

    b. Que custos são eliminados da cadeia de valor tradicional quando *os varejistas de música on-line* (Apple, Sony, Microsoft, Musicmatch, Napster, Cdigix e outros) vendem canções diretamente aos compradores on-line? (Nota: em 2005, as lojas de música on-line estavam vendendo títulos disponíveis por download de $ 0,79 a $ 0,99 por canção e por $ 9,99 para a maioria dos álbuns.)

    c. Que custos seriam eliminados da cadeia de valor tradicional ou evitados caso os estúdios de gravação vendessem arquivos para download contendo gravações de artistas diretamente para os compradores on-line?

    d. O que acontece à cadeia de valor tradicional se um número cada vez maior de apreciadores de música usam o software de compartilhamento de arquivos para fazer o download de músicas da internet a fim de ouvir música em seus PCs, nos aparelhos MP3 ou produzir seus próprios CDs? (Nota: estimou-se que, em 2004, cerca de 1 bilhão de canções estavam disponíveis para comercialização on-line e para compartilhamento de arquivos por meio de programas do tipo Kazaa, Grokster, Shareaza, BitTorent e eDonkey, apesar do fato de 4 mil pessoas terem sido processadas pelo Recording Industry Association of American por fazerem pirataria de música com copyright por meio de software de compartilhamento de arquivos.)

2. Usando as informações da Tabela 4.1 e as informações dos demonstrativos financeiros da Avon Products apresentados a seguir, calcule os seguintes índices para a empresa para 2003 e 2004:

    a. Margem de lucro bruto.

    b. Margem de lucro operacional.

    c. Margem de lucro líquido.

    d. Retorno do ativo total.

    e. Retorno do patrimônio líquido.

    f. Índice de endividamento geral.

    g. Índice de cobertura dos juros.

    h. Período de estocagem.

    i. Giro de estoques.

    j. Período médio de recebimento.

    Com base nesses índices, o desempenho financeiro da Avon melhorou, piorou ou permaneceu praticamente igual entre 2003 e 2004?

Avon Products Inc.
Demonstrativos do Resultado Consolidados
(em milhões de dólares, exceto para os dados sobre as ações)

	Exercício Concluído em 31 de Dezembro	
	2004	2003
Vendas líquidas	$ 7.656,20	$ 6.773,70
Outras receitas	91,60	71,40
Receita Total	7.747,80	6.845,10
Custos e despesas:		
Custo de vendas	2.911,70	2.611,80
Despesas de marketing, de distribuição e administração	3.610,30	3.194,40
Outros desembolsos, valor líquido	(3,20)	(3,90)
Lucro operacional	1.299,00	1.042,80
Despesas de juros	33,80	33,30
Receita de juros	(20,60)	(12,60)
Outras despesas (receitas), valor líquido	28,30	28,60
Total de outras despesas	41,50	49,30
Lucro antes do I.R. e da participação dos acionistas minoritários	1.187,50	993,50
Imposto de Renda (I.R.)	330,60	318,90
Lucro antes da participação dos acionistas minoritários	856,90	674,60
Participação dos acionistas minoritários	(10,80)	(9,80)
Lucro Líquido	$ 846,10	$ 664,80
Lucro por ação:		
Básico	$ 1,79	$ 1,41
Diluído	$ 1,77	$ 1,39
Média ponderada do número de ações emitidas (em milhões)		
Básico	472,35	471,08
Diluído	477,96	483,13

Avon Products Inc. Balanços Patrimoniais Consolidados
(em milhões de dólares)

	31 de Dezembro	
	2004	2003
Ativo circulante		
Caixa e bancos, incluindo ativos equivalentes a $ 401,20 e $ 373,80	$ 769,60	$ 694,00
Contas a receber (menos provisão para devedores duvidosos de $ 101,00 e $ 81,10)	599,10	553,20
Estoques	740,50	653,40
Despesas pagas antecipadamente e outros itens	397,20	325,50
Ativo circulante total	$ 2.506,40	$ 2.226,10
Imóveis, instalações industriais e equipamentos a preço de custo		
Terrenos	$ 61,70	$ 58,60
Edifícios (incluindo melhorias)	886,80	765,90
Equipamentos	1.006,70	904,40
	1.955,20	1.728,90
Menos depreciação acumulada	(940,40)	(873,30)
	1.014,80	855,60
Outros ativos	626,90	499,90
Ativo total	$ 4.148,10	$ 3.581,60
Passivo e patrimônio líquido		
Passivo circulante		
Financiamentos com prazo de até 1 ano	$ 51,70	$ 244,10
Contas a pagar	490,10	400,10
Provisão para o pagamento de salários	164,50	149,50
Outras provisões	360,10	332,60
Vendas e impostos diversos	154,40	139,50
Imposto de renda	304,70	341,20
Passivo circulante total	$ 1.525,50	$ 1.607,00
Financiamentos de longo prazo	$ 866,30	$ 877,70
Planos de benefícios dos empregados	620,60	502,10
Imposto de renda diferido	12,10	50,60
Outros passivos (incluindo participação dos acionistas minoritários no valor de $ 42,50 e $ 46,00)	173,40	172,90
Passivo total	$ 3.197,90	$ 3.210,30

(*Continua*)

	31 de Dezembro	
	2004	2003
Patrimônio líquido		
Ações ordinárias de valor nominal $ 0,25 (autorizadas: 1.500 ações; emitidas 728,61 e 722,25)	182,20	90,30
Capital integralizado adicional	1.356,80	1.188,40
Lucros retidos	2.693,50	2.202,40
Prejuízo geral acumulado	(679,50)	(729,40)
Ações readquiridas, a preço de custo (257,08 e 251,66 ações)	(2.602,80)	(2.380,40)
Patrimônio líquido total	950,20	371,30
Passivo + Patrimônio líquido total	$ 4.148,10	$ 3.581,60

Fonte: Avon Products, Inc., 2004.

capítulo cinco 5

As Cinco Estratégias Competitivas Básicas

Qual Delas Utilizar?

Estratégia competitiva tem relação com ser diferente. Significa optar deliberadamente pela realização de atividades de um modo diferente ou desempenhar atividades diferentes das dos concorrentes a fim de proporcionar um conjunto único de valor.
— **Michael E. Porter**

Estratégia... tem relação com analisar inicialmente e então experimentar, tentar, aprender e experimentar um pouco mais.
— **Ian C. McMillan e Rita Gunther McGrath**

Os vencedores nos negócios jogam duro e não pedem desculpas por fazê-lo. A melhor parte do jogo duro é observar seus concorrentes humilhados.
— **George Stalk Jr. e Rob Lachenauer**

A essência da estratégia reside na criação das vantagens competitivas futuras com maior rapidez, antes que os concorrentes imitem aquelas que você possui atualmente.
— **Gary Hamel e C. K. Prahalad**

Este capítulo descreve as *cinco opções de estratégias competitivas básicas* — quais das cinco empregar é a primeira e mais importante opção para elaboração de uma estratégia geral e o início de sua busca por vantagem competitiva. A **estratégia competitiva** de uma empresa lida exclusivamente com os aspectos específicos para concorrer de modo bem-sucedido — as iniciativas específicas para satisfazer os clientes, as ações ofensivas e defensivas para opor-se às manobras dos concorrentes, as respostas a todas as condições de mercado prevalecentes no momento, as iniciativas para consolidar a posição de mercado e a abordagem para assegurar uma vantagem competitiva perante os concorrentes. As empresas em todo o mundo usam a imaginação para conceber estratégias competitivas a fim de conquistar a preferência do cliente. Na maioria das empresas, o alvo é, simplesmente, realizar um trabalho significativamente melhor do que os concorrentes para oferecer aquilo que os compradores desejam e, portanto, garantir uma vantagem no mercado.

> **Conceito Central**
> Uma *estratégia competitiva* diz respeito aos aspectos específicos da estratégia para concorrer de modo bem-sucedido e assegurar uma vantagem competitiva sobre os concorrentes.

Uma empresa obtém vantagem competitiva sempre que possui algum tipo de vantagem na atração de clientes e no enfrentamento das forças competitivas. Há muitos caminhos para se alcançar vantagem competitiva, porém todos envolvem oferecer aos compradores aquilo que eles percebem como valor superior em comparação à oferta dos vendedores concorrentes. Valor superior pode significar um bom produto a um preço menor; um produto superior pelo qual vale a pena pagar um preço maior ou uma oferta de excelente valor que represente uma combinação atrativa de preço, características, qualidade, serviço e outros atributos atrativos. Proporcionar valor superior — seja qual for a forma — exige quase sempre desempenhar atividades na cadeia de valor de modo diferente do dos concorrentes e obter competências que não são prontamente igualadas.

> **Conceito Central**
> O objetivo de uma estratégia competitiva consiste em causar grande surpresa às empresas concorrentes ao realizar um trabalho melhor para satisfazer às necessidades e às preferências dos compradores.

AS CINCO ESTRATÉGIAS COMPETITIVAS BÁSICAS

Existem inúmeras variações das estratégias competitivas que as empresas utilizam, principalmente porque a abordagem estratégica de cada uma resulta em ações efetivadas especificamente para ajustar-se a suas próprias circunstâncias e ao ambiente setorial. A natureza única da estratégia de cada organização torna remota a possibilidade de que duas empresas — mesmo as pertencentes ao mesmo setor — empregarão estratégias exatamente iguais em todos os detalhes. Os gerentes em organizações diferentes sempre terão um ponto de vista ligeiramente distinto das condições futuras do mercado e a forma de alinhar melhor a estratégia de sua empresa àquelas condições; além disso, possuem noções diferentes de como pretendem suplantar os concorrentes e que opções estratégicas fazem mais sentido para sua empresa em particular. No entanto, quando se excluem os detalhes, as maiores e mais importantes diferenças se resumem a (1) se o alvo de mercado da empresa é amplo ou reduzido e (2) se a empresa busca alcançar uma vantagem competitiva relacionada a custos baixos ou à diferenciação do produto. Cinco abordagens distintas da estratégia competitiva se destacam:

1. *Uma estratégia de liderança mediante custo baixo* — tentar obter custos gerais menores que os dos concorrentes e ser atrativo para uma ampla base de clientes, geralmente praticando custos menores que os deles.

2. *Uma estratégia de diferenciação ampla* — tentar diferenciar a oferta de produtos daquela dos concorrentes de modo que agrade a um amplo espectro de compradores.

3. *Uma estratégia de fornecedor com o melhor custo* — proporcionar aos clientes mais valor por seu dinheiro ao incorporar atributos de produto que variam do bom ao excelente a um custo menor; a meta consiste em ter os menores (melhores) custos e preços em comparação aos concorrentes que oferecem produtos com atributos comparáveis.

Figura 5.1 **As Cinco Estratégias Competitivas Genéricas: Cada uma Demarca uma Posição de Mercado Diferente**

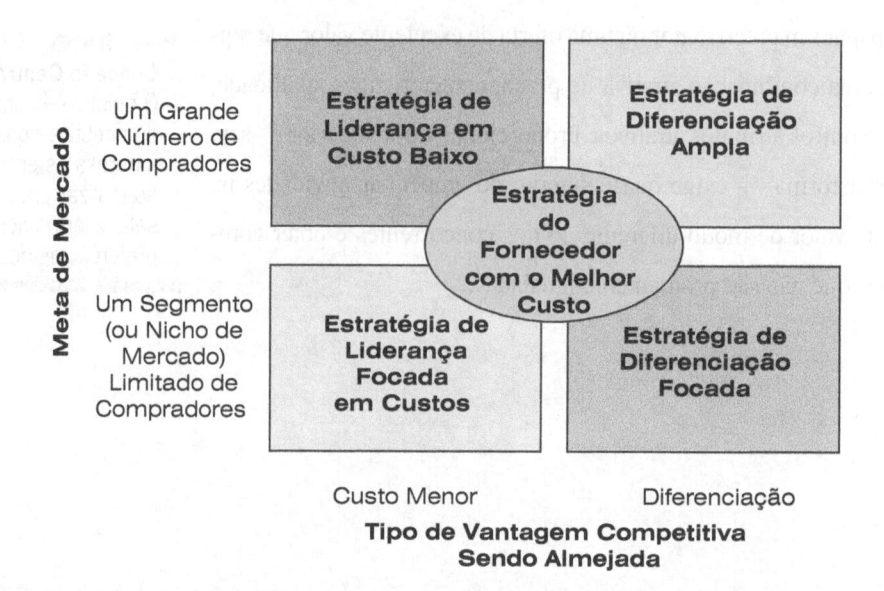

	Custo Menor	Diferenciação
Um Grande Número de Compradores	Estratégia de Liderança em Custo Baixo	Estratégia de Diferenciação Ampla
Um Segmento (ou Nicho de Mercado) Limitado de Compradores	Estratégia de Liderança Focada em Custos	Estratégia de Diferenciação Focada

(Ao centro: Estratégia do Fornecedor com o Melhor Custo)

Eixo vertical: **Meta de Mercado**
Eixo horizontal: **Tipo de Vantagem Competitiva Sendo Almejada**

Fonte: Esta é uma versão ampliada pelos autores de uma classificação em três estratégias discutidas na obra de Michael E. Porter, *Competitive Strategy: Techniques for Analyzing Industries and Competitors*. Nova York: Free Press, 1980, p. 35-40.

4. *Uma estratégia de liderança focada em custos (ou de nicho de mercado)* — concentra-se em um segmento de mercado restrito e em suplantar os concorrentes tendo custos menores e sendo capaz de vender aos clientes do nicho a um preço menor.

5. *Uma estratégia de diferenciação focada (ou nicho de mercado)* — concentra-se em um segmento de compradores restrito e em sobrepujar os concorrentes oferecendo aos clientes do nicho atributos customizados que atendem a suas preferências e exigências melhor do que outros.

Cada um desses métodos competitivos genéricos delimita uma posição de mercado diferente, conforme mostrado na Figura 5.1. Cada um envolve, de modo único, abordagens diferentes de concorrência e operação da empresa. O restante deste capítulo analisa os pormenores das cinco estratégias competitivas fundamentais e de como diferem.

ESTRATÉGIAS DE LIDERANÇA MEDIANTE CUSTO BAIXO

Empenhar-se para obter liderança de custo baixo constitui uma abordagem competitiva poderosa nos mercados com muitos compradores sensíveis aos preços. Uma empresa assume a liderança em custos baixos quando se torna o fornecedor com o custo mais baixo, em vez de ser apenas um entre possivelmente diversos concorrentes com custos baixos comparativos. A meta estratégica de um fornecedor com custo baixo consiste em reduzir os custos significativamente em relação aos concorrentes — porém não necessariamente o menor custo baixo possível em termos absolutos. Ao se empenhar em obter uma vantagem de custo, os gestores precisam tomar cuidado para incluir características e serviços que os compradores consideram essenciais — *uma oferta de produtos que tenha poucos detalhes interessantes solapa a atratividade do produto e pode afastar os clientes, mesmo que a empresa tenha um preço menor do que os produtos concorrentes*. Para obter eficácia máxima, as empresas que empregam a estratégia do fornecedor com custo baixo, precisam efetivar sua vantagem de custos de um modo difícil de ser copiado ou equiparado. Se os concorrentes considerarem relativamente fácil ou econômico imitar os métodos do líder em custo baixo, então a vantagem do líder durará muito pouco tempo para proporcionar uma vantagem valiosa no mercado.

Conceito Central
A base do líder em custo baixo para obter vantagem competitiva é possuir custos gerais menores que os dos concorrentes. Os líderes em custo baixo bem-sucedidos são excepcionalmente aptos para identificar meios que visem eliminar custos de sua empresa.

Uma empresa possui duas opções para transformar uma vantagem de custo baixo em um bom desempenho lucrativo. A opção 1 consiste em usar a vantagem do custo menor para praticar preços menores e atrair grande número de compradores sensíveis a preços para aumentar o lucro total. O estratagema para praticar de modo lucrativo preços mais baixos que os dos concorrentes baseia-se em manter o valor da redução de preços menor do que o valor da vantagem de custo da empresa (colhendo desse modo os benefícios de uma margem de lucro maior por unidade vendida e os lucros adicionais das vendas incrementais), ou gerar um volume maior suficiente para aumentar os lucros totais apesar de margens de lucro mais reduzidas (um volume maior pode compensar margens menores, desde que os preços menores resultem em vendas adicionais suficientes). A opção 2 consiste em manter o preço atual, satisfazer-se com a atual participação de mercado e usar a vantagem do custo menor para obter uma margem de lucro maior em cada unidade vendida, elevando desse modo os lucros totais e o retorno do investimento total da empresa.

O Quadro Ilustrativo 5.1 descreve a estratégia da Nucor Corporation para obter a liderança em custo baixo na produção de diversos produtos de aço.

As Duas Maneiras Principais para Obter uma Vantagem de Custo

Para conquistar uma vantagem de custo, os custos cumulativos de uma empresa, ao longo de toda sua cadeia de valor, precisam ser menores que os custos cumulativos dos concorrentes — e o meio para conseguir a vantagem de custo precisa ser duradouro. Existem duas maneiras para conseguir isso[2]:

Quadro Ilustrativo 5.1
Estratégia de Custo Baixo Adotada pela Nucor Corporation

A Nucor Corporation é o principal produtor dos seguintes produtos de aço processado em miniusinas: barras e ligas de aço-carbono, vigas, lâminas e placas; traves de aço e longarinas; aço laminado a frio; sistemas para construção metálica e estruturas de aço de calibre fino. A empresa possuía, em 2004, cerca de $10 bilhões em vendas, 9 mil empregados e capacidade de produção anual de cerca de 22 milhões de toneladas, tornando-a a maior produtora de aço dos Estados Unidos e uma das 10 maiores no mundo. A empresa havia adotado uma estratégia que a posicionou entre os produtores de aço de menor custo no mundo, permitindo-lhe sobrepujar constantemente os concorrentes em termos de desempenho financeiro e de mercado.

A estratégia de custo baixo da Nucor almeja dar-lhe uma vantagem de custo e de preço na indústria do aço, considerado uma *commodity*, e toda a parte da cadeia de valor da empresa recebe atenção. Os principais elementos da estratégia incluem:

- O uso de fornos a arco elétrico onde refugos de aço e minério de ferro de redução direta são derretidos e encaminhados a um fundidor e a um laminador para serem moldados em produtos de aço, eliminando deste modo diversos processos de produção da cadeia de valor usada por usinas de aço integradas tradicionais. A cadeia de valor de miniusina da Nucor torna desnecessários o carvão, o coque e o minério de ferro (eliminando fornos de coque, altos-fornos, fornos de oxigênio e fundidores de lingotes, requerendo menos empregados que as usinas integradas).
- Empenhar-se com afinco para a melhoria da eficiência de suas usinas e investir freqüentemente em equipamentos de última geração a fim de reduzir custos unitários. A Nucor é conhecida por sua liderança tecnológica e sua busca agressiva de inovações no processo produtivo.
- Selecionar cuidadosamente a localização das usinas a fim de minimizar os custos de despacho (de insumos e do produto final) e aproveitar as tarifas reduzidas de energia elétrica (fornos elétricos a arco utilizam muita energia). A Nucor tende a evitar a localização de suas usinas nas regiões em que os sindicatos trabalhistas exercem forte influência.
- Empregar uma equipe de trabalho não-sindicalizada que adota sistemas de remuneração que incentivam a atuação em equipe (freqüentemente combatidos pelos sindicatos). Os empregados e supervisores das áreas operacionais e de manutenção recebem bônus semanais com base na produtividade de seu grupo de trabalho. O valor do bônus baseia-se na capacidade do equipamento utilizado e varia de 80% a 150% do salário básico do empregado; nenhum bônus é pago se o equipamento não está operando. O programa de remuneração da Nucor aumentou a produtividade da mão-de-obra da empresa a níveis de aproximadamente o dobro da média do setor, oferecendo aos empregados produtivos uma remuneração anual que excede em 20% o que os empregados sindicalizados recebem. A Nucor tem sido capaz de atrair e reter empregados grandemente talentosos, produtivos e dedicados. Além disso, a cultura favorável da empresa e as equipes de trabalho autogerenciadas e orientadas a resultados permitem que a empresa empregue menos supervisores do que seria necessário com uma equipe de trabalho horista e sindicalizada.
- Enfatizar consideravelmente a qualidade do produto e possuir sistemas de qualidade rigorosos.
- Minimizar as despesas gerais e administrativas, mantendo um grupo reduzido na sede da empresa (menos de 125 empregados) e permitir somente quatro níveis de gerentes entre o CEO e o pessoal da produção. As salas da matriz são mobiliadas modestamente e localizadas em um edifício de custo de manutenção baixo. A empresa minimiza relatórios, fluxo de papéis e reuniões para manter os gerentes concentrados nas atividades que agregam valor. A Nucor é conhecida não apenas por sua estrutura organizacional direcionada, mas também por sua frugalidade nas despesas de viagem e entretenimento — os executivos graduados da empresa dão o exemplo viajando pela classe econômica, evitam hotéis caros e se abstêm de convidar clientes para jantares caros.

Em 2001-2003, quando muitos produtores de aço enfrentavam uma situação difícil por causa da pequena demanda por aço e preços muito reduzidos de concorrentes estrangeiros, a Nucor começou a adquirir instalações para fabricação de aço de concorrentes falidos a preços baixos, muitas vezes por 20% a 25% do custo de construção das usinas. Isto permitiu à Nucor ter um custo de depreciação bem menor do que concorrentes com usinas comparáveis.

A execução excepcional, por parte dos dirigentes da Nucor, de sua estratégia de custo baixo e de seu compromisso de reduzir custos em toda sua cadeia de valor, permitiu-lhe concorrer agressivamente em termos de preço, obter margens de lucro superiores às dos concorrentes e fazer com que a empresa crescesse a uma taxa consideravelmente mais rápida que a de seus concorrentes que operam usinas e aço integradas.

Fonte: Relatórios anuais, comunicados e site da empresa.

1. Suplantar os concorrentes na execução das atividades da cadeia de valor com custos mais baixos.
2. Revisar a cadeia de valor da empresa em todos os seus aspectos, a fim de eliminar ou evitar algumas atividades que geram custos.

Vamos examinar ambos os métodos para assegurar uma vantagem de custo.

Gerenciamento das Atividades da Cadeia de Valor mediante Custos Baixos

Para uma empresa gerenciar sua cadeia de valor a custos mais baixos que os de seus concorrentes, os administradores devem empreender uma iniciativa conjunta e contínua para identificar oportunidades de redução de custos em todas as partes da cadeia de valor. Nenhuma atividade pode prescindir da análise para diminuição de custos e espera-se que todos os funcionários da empresa usem seus talentos e engenhosidade a fim de propor meios inovadores e eficazes para manter os custos em nível baixo. Todos os meios para execução das atividades da cadeia de valor a um custo menor que o dos concorrentes precisam ser analisados. As tentativas de um melhor gerenciamento de custos envolvem comumente ações dos seguintes tipos:

1. *Empenhar-se para conseguir todas as economias de escala disponíveis.* As economias de escala originam-se da capacidade de diminuir os custos unitários, aumentando a escala de produção — por exemplo, quando uma fábrica grande é mais econômica de operar que uma de tamanho pequeno ou médio ou quando um grande armazém de distribuição possui um custo menor do que um pequeno. Muitas vezes, as economias de produção podem ser obtidas usando peças e componentes comuns em modelos diferentes e/ou reduzindo o número de modelos oferecidos (especialmente os de venda baixa) e, em seguida, programando lotes de produção maiores para um número menor de modelos. Nas indústrias globais, fabricar produtos distintos para o mercado de cada país, em vez de vender, em âmbito mundial, um produto em grande parte padronizado, tende a aumentar os custos unitários por causa do tempo empregado na mudança de modelos, de lotes de produção menores e da incapacidade para alcançar a escala de produção mais econômica para o modelo destinado a cada país.

2. *Aproveitar plenamente os efeitos da curva de aprendizado/experiência.* O custo de execução de uma atividade pode diminuir ao longo do tempo, à medida que aumenta o aprendizado e a experiência do pessoal da empresa. As economias da curva de aprendizado/experiência podem se originar da eliminação de erros e do domínio de novas tecnologias, usando as experiências e as sugestões dos colaboradores para instalar layouts mais eficientes na fábrica e aplicar métodos mais avançados de montagem. Maior rapidez e eficácia também surgem por escolher repetidamente locais para construir novas fábricas, estabelecimentos varejistas ou centros de distribuição. Fornecedores com custo baixo, que adotam um gerenciamento agressivo de custos, prestam atenção cuidadosa à obtenção dos benefícios do aprendizado e da experiência e manutenção desses benefícios para uso exclusivo na extensão que for possível.

3. *Tentar operar as instalações a plena capacidade.* A habilidade de uma empresa de operar a plena capacidade ou próximo dela exerce um grande impacto nos custos unitários, quando sua cadeia de valor inclui atividades de custos fixos substanciais. Porcentagens mais elevadas de utilização da capacidade permitem que a depreciação e outros custos fixos sejam alocados a um maior volume de unidades, diminuindo desse modo os custos fixos por unidade. Quanto mais intensiva em capital é a empresa ou maior a porcentagem dos custos fixos em relação aos custos totais, mais importante torna-se a operação a plena capacidade, porque existe uma penalidade severa para a subutilização da capacidade existente. Em tais casos, identificar meios para operar próximo à capacidade plena durante todo o ano pode ser uma fonte importante de vantagem de custo.

4. *Tomar iniciativas para aumentar o volume de vendas e, portanto, alocar custos do tipo P&D, propaganda e vendas e administrativos por mais unidades.* Quanto mais unidades

uma empresa vender, mais ela diminuirá seus custos unitários de P&D, vendas e marketing e custos fixos administrativos.

5. *Aumentar a eficiência da cadeia de suprimentos.* Muitas empresas buscam a redução de custos, estabelecendo parcerias com os fornecedores para organizar o processo de colocação de pedidos e de compras via sistemas on-line, reduzindo os custos de estocagem por meio do just-in-time, economizando no despacho e no manuseio de materiais e criando outras oportunidades de redução de custos. Uma empresa com uma competência central (ou, melhor ainda, uma competência diferenciada) no gerenciamento da cadeia de suprimentos a custo baixo consegue obter, algumas vezes, uma vantagem de custos considerável em relação a concorrentes menos aptos.

6. *Substituir o uso de matérias-primas ou peças e componentes de custo elevado por outras de custo reduzido.* Se os custos das matérias-primas e das peças são muito altos, uma empresa pode substituí-las por itens de custo menor ou talvez simplesmente eliminar do produto os componentes de custo elevado.

7. *Usar sistemas on-line e software sofisticado para obter eficiência operacional.* Compartilhamento de dados, iniciando com os pedidos dos clientes e indo até a produção dos componentes, juntamente com o planejamento dos recursos empresariais (ERP) e o software do sistema de execução da produção (MES), podem tornar a fabricação customizada tão econômica quanto a produção em massa — e, algumas vezes, mais barata. Os sistemas on-line e o software também podem reduzir significativamente o tempo de produção e os custos de mão-de-obra. A Lexmark usou o ERP e o MES para diminuir seu custo de produção de impressoras a jato de tinta de 4 horas para 24 minutos. A Southwest Airlines usa software proprietário para programar vôos e alocar tripulações de bordo com um custo eficaz.

8. *Adotar métodos operacionais que economizam mão-de-obra.* Exemplos de opções para uma empresa economizar custos de mão-de-obra incluem: instalar tecnologia que economiza mão-de-obra, mudar a produção de áreas geográficas onde os custos de mão-de-obra são elevados para áreas em que esses custos são menores, evitar a contratação de funcionários sindicalizados sempre que possível (devido a regras aplicáveis ao trabalho que diminuem a produtividade e às exigências dos sindicatos por escalas de remuneração acima do mercado e benefícios onerosos) e usar sistemas de remuneração por incentivos que promovem uma produtividade elevada.

9. *Usar o poder de negociação da empresa em relação aos fornecedores para obter concessões.* Muitas empresas de grande porte (por exemplo, Wal-Mart, Home Depot e as principais montadoras de automóveis do mundo) têm utilizado sua força de negociação para, ao adquirirem grandes volumes, obter bons preços de seus fornecedores em suas compras. Ter maior poder de compra que os concorrentes pode tornar-se uma vantagem de custo.

10. *Estar alerta para as vantagens de custo que se originam de terceirização e integração vertical.* A terceirização do desempenho de certas atividades da cadeia de valor pode ser mais econômica do que realizá-las internamente, se especialistas externos, por causa de sua especialização e do volume, puderem efetivar as atividades a um custo menor. De fato, a terceirização tornouse, em anos recentes, um método amplamente utilizado para a redução de custos. Pode haver ocasiões em que a integração das atividades dos fornecedores ou dos parceiros nos canais de distribuição permita que uma empresa evite fornecedores ou compradores, que exercem um impacto adverso nos custos por causa de seu considerável poder de negociação.

Além das possibilidades descritas para obter custos menores, os gestores também podem conseguir importantes economias de custo, optando deliberadamente por uma estratégia inerentemente econômica relacionada a uma oferta de produtos sem sofisticação. Por exemplo, uma empresa pode apoiar suas tentativas para desenvolver uma vantagem de custo durável em relação a seus concorrentes por meio de:

- Menos especificações ao adquirir materiais, peças e componentes. Desse modo, um fabricante de computadores pessoais (PCs) pode usar os discos rígidos, microprocessadores, monitores, drives de DVD e outros componentes, todos mais econômicos a fim de ter, no geral, custos de produção menores que os demais fabricantes de PCs.

- Distribuir o produto da empresa somente por canais de custo reduzido, evitando os de custo elevado.
- Optar pela utilização do método mais econômico para a entrega dos pedidos dos clientes (mesmo que isso resulte em prazos de entregas mais longos).
- Esses meios para manter os custos baixos relacionados à estratégia não envolvem de fato um gerenciamento superior ao dos concorrentes, porém podem, assim mesmo, contribuir materialmente para a empresa se tornar o líder em custo baixo do setor.

Reanalisar a Cadeia de Valor para Reduzir ou Eliminar Atividades Desnecessárias
Podem-se obter vantagens de custo consideráveis ao se identificar meios inovadores para diminuir ou evitar totalmente certas atividades da cadeia de valor que geram custos. Existem seis maneiras básicas pelas quais as empresas podem obter uma vantagem de custo, reconfigurando suas cadeias de valor:

1. *Evitar distribuidores e concessionários, vendendo diretamente aos clientes.* Vender diretamente e eliminar as atividades e os custos de distribuidores ou concessionários pode envolver (1) possuir a própria equipe de vendas diretas da empresa (o que aumenta os custos de manter e apoiar uma equipe de vendas, porém pode ser muito mais econômico do que ter acesso aos clientes por meio de distribuidores ou concessionários) e/ou (2) conduzir operações de vendas pelo site da empresa (as operações pelo site podem ser substancialmente mais econômicas do que os canais gerenciados por distribuidores ou concessionários). Os custos nas porções atacadistas/varejistas da cadeia de valor representam freqüentemente 35% a 50% do preço que os consumidores finais pagam. Existem diversos exemplos importantes mostrando como as empresas criaram um método de venda direta com a finalidade de eliminar custos da cadeia de valor. Os fabricantes de software permitem que os clientes façam o download de programas novos diretamente da internet, eliminando os custos de produzir e embalar CDs e evitando as diversas atividades, custos e mark-ups associados ao despacho e à distribuição de software por meio de canais atacadistas e varejistas. Ao eliminar todos esses custos e atividades da cadeia de valor, os fabricantes de software têm a flexibilidade de preços para aumentar suas margens de lucro e, mesmo assim, vender seus produtos abaixo dos níveis que os varejistas teriam de cobrar. As principais empresas aéreas vendem atualmente suas passagens diretamente aos passageiros por seus sites, agentes em balcões e sistemas de reserva por telefone, permitindo-lhes economizar centenas de milhões de dólares em comissões anteriormente pagas a agentes de viagem.

2. *Substituir certas atividades da cadeia de valor por tecnologia on-line mais rápida e mais econômica.* Nos últimos anos, a internet e as aplicações da tecnologia da internet tornaram-se ferramentas poderosas e difundidas para a realização de negócios e a remodelagem da cadeia de valor das empresas e do setor. Por exemplo, a tecnologia da internet revolucionou o gerenciamento da cadeia de suprimentos, transformando muitas atividades demoradas e de mão-de-obra intensiva em transações sem papel realizadas instantaneamente. O pessoal de compras de uma empresa pode — com apenas alguns cliques no mouse — verificar os estoques de materiais em relação aos pedidos que chegam dos clientes, os estoques dos fornecedores, os preços mais recentes para peças e componentes em sites de leilões e suprimento via internet e as escalas de entrega dos Correios. Vários conjuntos de software para compras pela internet direcionam o processo de compra ao eliminar documentos de papel do tipo solicitação de preços, pedidos de compra, aceitação de pedidos e avisos de despacho. Existem softwares permitindo que os detalhes relevantes dos pedidos que chegam dos clientes sejam compartilhados instantaneamente com os fornecedores das peças e

componentes necessários. Tudo isso facilita as entregas *just-in-time* de peças e componentes e a adequação destas às necessidades de programação de produção da fábrica, eliminando atividades desnecessárias e gerando economias para fornecedores e produtores. Os varejistas podem instalar sistemas on-line que transferem dados dos caixas e registram as vendas, para os fabricantes e seus fornecedores. Produtores podem usar sistemas on-line para cooperar de perto com fornecedores de peças e componentes a fim de criar novos produtos e diminuir o tempo para colocá-los em produção. Sistemas on-line permitem que as reclamações de garantia e os problemas de desempenho do produto sejam comunicados instantaneamente aos fornecedores envolvidos, de modo que acelerem as correções. Sistemas on-line possuem o efeito adicional de eliminar a burocracia corporativa e reduzir os custos fixos. Todo o processo de apoio de gerenciamento de dados (processamento de pedidos, faturamento, contabilidade de contas a receber e outros tipos de custos relacionados a atividades) pode ser realizado de modo rápido, preciso, com menos papelada e um número menor de pessoas.

3. *Organizar as operações, eliminando etapas do trabalho e atividades de baixo valor agregado*. Exemplos incluem o uso de desenho de projeto assistido por computador, padronização de peças e componentes dos modelos e estilos, fazer com que os fornecedores colaborem a fim de padronizar peças e componentes em módulos para que os produtos sejam montados em menos etapas e mudar para um projeto do produto fácil de fabricar. No Wal-Mart, alguns itens fornecidos pelos produtores são entregues diretamente às lojas em vez de ser encaminhados por meio dos centros de distribuição do Wal-Mart e seus caminhões; em outras situações, o Wal-Mart descarrega as mercadorias transportadas nos caminhões dos fabricantes, que chegam a seus centros de distribuição, diretamente nos seus caminhões que partem em direção a lojas específicas, sem a movimentação dos produtos no centro de distribuição. Muitas redes de supermercados reduziram consideravelmente as atividades de corte de carne, escolhendo os tipos de carne que são cortadas e embaladas no frigorífico e entregues em seguida a suas lojas prontas para venda.

4. *Realocar as instalações a fim de reduzir as atividades de envio e manuseio*. Fazer com que os fornecedores localizem suas instalações ao lado da fábrica da empresa ou localizar as fábricas ou armazéns da empresa perto dos clientes pode ajudar a reduzir ou a eliminar custos de envio e manuseio.

5. *Oferecer um produto sem sofisticação*. Restringir deliberadamente para o essencial a oferta de produtos de uma empresa pode ajudá-la a cortar custos associados a atributos refinados e a um conjunto de opções e extras. Atividades e custos também podem ser eliminados, incorporando ao produto um número menor de características de desempenho e de qualidade e oferecendo aos compradores menos serviços. Eliminar extras do tipo primeira classe, refeições e poltronas reservadas constitui uma técnica favorita das empresas aéreas com tarifas econômicas como Southwest, Ryanair (Europa), EasyJet (Europa) e Gol (Brasil).

6. *Oferecer uma linha de produtos limitada em oposição a uma linha completa*. Eliminar da linha de produtos itens de venda baixa e estar satisfeito em atender às necessidades da maioria dos compradores, em vez de todos os compradores, pode eliminar atividades e custos associados a numerosas versões do produto.

Exemplos de Empresas que Revisaram suas Cadeias de Valor a Fim de Reduzir Custos

O Iowa Beef Packers (IBP), atualmente uma subsidiária da Tyson Foods, foi pioneiro no

Quadro Ilustrativo 5.2
Como o Wal-Mart Gerenciou Sua Cadeia de Valor para Conquistar uma Vantagem de Custo Baixo Considerável sobre as Redes de Supermercados Concorrentes

O Wal-Mart conseguiu uma vantagem de custo e preço muito substancial sobre as redes de supermercados concorrentes, revisando partes da cadeia de valor dos produtos de primeira necessidade e gerenciando melhor que seus rivais as várias atividades da cadeia de valor. Sua vantagem de custo origina-se de uma série de iniciativas e práticas:

- Introdução de um compartilhamento extensivo de informações com os fornecedores via sistemas on-line, que comunicam as vendas registradas nos caixas diretamente a seus fornecedores dos itens, proporcionado-lhes deste modo informações em tempo real sobre a demanda e as preferências dos clientes (criando uma vantagem de custo de aproximadamente 6%). Constitui prática usual no Wal-Mart colaborar extensivamente com os fornecedores em todos os aspectos do processo de compra e entrega nas lojas a fim de obter economias de custos mutuamente benéficas. A Procter & Gamble, o maior fornecedor do Wal-Mart, avançou a ponto de integrar seu sistema de planejamento de recursos empresariais (ERP) ao do Wal-Mart.
- Adoção de um sistema de compras globalizado para alguns itens e centralização da maior parte das atividades de compra, visando a impulsionar o poder de compra da empresa (gerando uma vantagem de custo de aproximadamente 2,5%).
- Investimento em automação de última geração em seus centros de distribuição, operando eficientemente uma frota de caminhões, que faz entregas diárias para as lojas Wal-Mart, e adotando outras práticas de economia de custos em sua matriz, centros de distribuição e lojas (resultando em uma vantagem de custo de aproximadamente 4%).
- Empenho para otimizar o mix de produtos e conseguir um maior giro de vendas (resultando em uma vantagem de custo de aproximadamente 2%).
- Instalação de sistemas de segurança e de procedimentos de operação das lojas, que diminuem o índice de perdas de itens (gerando uma vantagem de custos de aproximadamente 0,5%).
- Negociação de valores mais baixos de aluguel com os proprietários dos imóveis em que instala suas lojas (gerando uma vantagem de custo de 2%).
- Gerenciamento e remuneração de sua equipe de trabalho de um modo que produza um custo de mão-de-obra menor (gerando uma vantagem de custo de aproximadamente 5%).

No total essas iniciativas voltadas à cadeia de valor permitem que o Wal-Mart tenha uma vantagem de custo de aproximadamente 22% sobre o Kroger, o Safeway e outras redes de supermercados importantes. Com essa vantagem de custo considerável, o Wal-Mart foi capaz de operar com preços mais baixos que seus concorrentes e tornar-se o principal varejista na área de supermercados em pouco mais de uma década.

Fonte: Elaborado pelos autores com base em informações no site www.wal-mart.com (Acesso em 15 de setembro de 2004) e no artigo "Strategy as Ecology" de Marco Iansiti e Roy Levien, *Harvard Business Review* 82, nº 3, p. 70, mar. 2004.

desenvolvimento de um sistema de cadeia de valor mais econômico no setor de frigoríficos[3]. A cadeia de custos tradicional envolvia a criação de gado em fazendas e ranchos em diversas localizações; o despacho de gado vivo para matadouros com mão-de-obra intensiva sindicalizada e, em seguida, o transporte de peças inteiras de carne para varejistas, cujos departamentos especializados faziam o corte em pedaços pequenos e os embalavam para venda nos locais usuais. O IBP reformulou a cadeia de valor tradicional, valendo-se de uma estratégia radicalmente diferente: construiu unidades industriais bastante automatizadas perto de fornecedores de gado. Perto das unidades, instalou grandes áreas de engorda, onde o gado se alimentava de cereais durante um curto período para que ganhasse peso antes de ser enviado ao matadouro. A carne era levada à unidade de processamento em cortes pequenos e de alto rendimento. Uma parte dos cortes sem gordura e os ossos eram acondicionados em embalagens plásticas a vácuo para corte adicional nos departamentos de carne dos supermercados, porém outra tinha a gordura e/ou os ossos removidos, colocada em bandejas envoltas em plástico prontas para exposição, agrupada em caixas e despachada aos varejistas. A estratégia do IBP foi aumentar o volume dos cortes pré-embalados e prontos para venda, que os varejistas poderiam tirar das caixas e colocá-los diretamente no local de exposição. Além disso, o IBP forneceu aos varejistas de carnes filés para congelamento rápido embalados individualmente, bem como assados e pré-cozidos e seleções de produtos à base de carne moída que poderiam ser preparados em questão de minutos. As despesas de transporte interno de gado do Iowa Beef, tradicionalmente um item de custo considerável, foram diminuídas significativamente, ao evitarem as perdas de peso que ocorriam quando animais vivos eram levados por grandes distâncias um pouco antes do abate. Foi obtida uma considerável redução do custo de transporte externo por não ter de se despachar cortes inteiros de carne, que tinha um fator de desperdício elevado. Os varejistas de carne tinham de realizar poucas operações de corte para estocar a carne. A reformulação da cadeia de valor do IBP foi tão bem-sucedida a ponto de a empresa tornar-se o maior fornecedor de carne nos Estados Unidos.

A Southwest Airlines reconfigurou a cadeia de valor tradicional das empresas aéreas para diminuir custos e, com isso, oferecer tarifas consideravelmente menores para os passageiros. Seu domínio do tempo de permanência junto aos portões de embarque (cerca de 25 minutos *versus* 45 minutos para os concorrentes) permite que seus aviões voem mais horas por dia. Isso significa ser capaz de programar mais vôos por dia com menos aeronaves, permitindo que a Southwest gere, em média, mais receitas por avião do que seus rivais. A Southwest não oferece refeições a bordo, poltronas reservadas, transferência de bagagens para vôos em conexão ou serviços de primeira classe, eliminando, desse modo, todas as atividades geradoras de custos associadas a essas características. O sistema de reservas on-line, rápido e de fácil acesso, facilita a emissão eletrônica de passagens e reduz a necessidade de pessoal nos centros de reserva por telefone e nos balcões dos aeroportos. Seu uso de equipamento automatizado de chek-in reduz a necessidade de pessoal nos terminais.

A Dell criou a melhor e mais eficiente cadeia de valor em termos de custo no setor global de computadores pessoais. Enquanto seus principais concorrentes (Hewlett-Packard, Lenovo, Sony e Toshiba) produzem modelos em grandes volumes e os comercializam por revendedores e varejistas independentes, a Dell decidiu vender diretamente aos usuários de PCs, fabricando seus produtos de acordo com as especificações dos clientes, à medida que os pedidos entram, e despachando-os aos clientes no intervalo de poucos dias após o recebimento do pedido. O método da cadeia de valor da Dell provou ser eficiente em termos de custo ao lidar com o ciclo de vida do produto acelerado no setor de PCs. A estratégia de produzir em função do pedido permite à empresa evitar um julgamento errado da demanda dos compradores para seus vários modelos e evita ficar sobrecarregada com componentes excessivos e produtos acabados que se tornam rapidamente obsoletos. Todas as peças e componentes são comprados dos fornecedores em base *just-in-time*, muitos dos quais entregam seus produtos às linhas de montagem da Dell diversas vezes por dia, em volumes adequados à programação de montagem diária da empresa. De modo idêntico, a estratégia de venda direta da Dell elimina os custos e as margens dos distribuidores/varejistas do marketing direto da cadeia de valor (embora algumas dessas economias sejam eliminadas pelo custo do marketing direto e das atividades de suporte ao cliente da Dell — funções que, de outro modo, seriam realizadas pelos distribuidores e varejistas). As parcerias com fornecedores que facilitam as entregas *just-in-time* de componentes e minimizam os custos de estocagem da Dell, juntamente com o uso extensivo das tecnologias de comércio eletrônico pela empresa, diminuem ainda mais seus custos. A abordagem da cadeia de valor feita pela Dell é amplamente considerada responsável por tê-la tornado o líder global em custo baixo no setor de PCs.

As Chaves para o Sucesso em Tornar-se o Líder em Custo Baixo

Para ter sucesso com a estratégia de liderança de custo baixo, os administradores da empresa precisam analisar cada atividade geradora de custos e determinar que fatores fazem com que os custos sejam altos ou baixos. Em seguida, devem usar esse conhecimento para manter baixos os custos unitários de cada atividade, buscando obter exaustivamente eficiências de custo em toda a cadeia de valor. Eles precisam ser proativos ao reestruturarem a cadeia de valor, a fim de eliminar etapas de trabalho não-essenciais e atividades de valor reduzido. Normalmente, os fabricantes de custo baixo trabalham diligentemente para criar culturas corporativas preocupadas com o custo, com ampla participação dos funcionários nos esforços para melhorar continuamente o custo e eliminar os benefícios e as vantagens dos executivos. Empenham-se para operar com equipes de trabalho excepcionalmente pequenas a fim de manter em um mínimo os custos administrativos. Muitos líderes de custo baixo bem-sucedidos também usam o benchmarking para comparar seus custos com os dos concorrentes e das empresas que executam atividades comparáveis em outros setores.

Entretanto, apesar de os fabricantes de custo baixo serem campeões de frugalidade, em geral são agressivos no investimento em recursos e funções que prometem eliminar custos da empresa. O Wal-Mart, um dos principais praticantes da liderança em custo baixo, emprega tecnologia de última geração em todas as suas operações — suas instalações de distribuição são um exemplo de automação, utiliza sistemas on-line para colocar pedidos nos fornecedores e gerenciar estoques, equipa suas lojas com sistemas avançados de acompanhamento das vendas e de emissão do cupom fiscal e envia seus dados das caixas para quatro mil fornecedores. Os sistemas de informação e comunicação e a capacidade do Wal-Mart são mais sofisticados do que os de praticamente qualquer outra rede varejista no mundo.

> O sucesso em obter uma vantagem de custo baixo em relação aos concorrentes surge de um melhor gerenciamento, ao se determinar como executar as atividades da cadeia de valor de modo mais eficiente em termos de custo, e eliminar ou reduzir atividades não essenciais da cadeia de valor.

Outras empresas conhecidas pelo uso bem-sucedido de estratégias de liderança em custo baixo incluem Lincoln Electric para equipamento de solda a arco voltaico, Briggs & Stratton para motores pequenos à gasolina, Bic para canetas esferográficas, Black & Decker para ferramentas elétricas, Stride Rite para calçados, Beaird-Poulan para serras elétricas e General Electric e Whirlpool para os principais utensílios domésticos.

Quando uma Estratégia de Liderança de Custo Baixo Dá Mais Resultado

Uma estratégia competitiva baseada na liderança em custo baixo é particularmente eficaz quando:

1. *A concorrência de preços entre os concorrentes é especialmente vigorosa.* Os fabricantes com custo baixo encontram-se em melhor posição para concorrer ofensivamente na base de preços, usar o apelo do preço menor para conquistar vendas (e participação de mercado), obter a preferência de compradores sensíveis ao preço, permanecer lucrativos diante de uma forte concorrência de preços e sobreviver a guerras de preço.

2. *Os produtos dos concorrentes são essencialmente idênticos e os suprimentos estão prontamente disponíveis em qualquer dos diversos competidores.* Produtos do tipo *commodity* e/ou grandes suprimentos preparam o cenário para uma concorrência de preços dinâmica; em tais mercados, são as empresas menos eficientes e com maior custo que têm os lucros mais prejudicados.

3. *Existem poucas maneiras de obter diferenciação de um produto, que possui valor para os compradores.* Quando as diferenças entre marcas não são muito importantes para os compradores, estes quase sempre são muito sensíveis a diferenças de preços e procuram o melhor preço no mercado.

4. *A maioria dos compradores usa o produto da mesma maneira.* Existindo características comuns dos usuários, um produto padronizado pode satisfazer as necessidades dos compradores, sendo que o preço baixo de venda, e não as características ou qualidades, torna-se o fator dominante na escolha do cliente pelo produto de um determinado vendedor.

5. *Os compradores incorrem em custos baixos ao mudarem suas compras de um vendedor para outro.* Custos reduzidos de mudança permitem aos compradores ter flexibilidade para mudar para vendedores com preço menor, que possuem produtos igualmente bons ou para produtos substitutos com preço atraente. Um líder em custo baixo encontra-se bem posicionado para usar o preço baixo para induzir seus clientes a não mudarem para marcas concorrentes ou produtos substitutos.

6. *Os compradores são de grande porte e possuem poder de negociação significativo para diminuir preços.* Fabricantes de custo baixo possuem uma proteção parcial da margem de lucro ao negociar com compradores de grande volume, pois os compradores poderosos raramente são capazes de negociar preços além do nível de sobrevivência do próximo vendedor com a melhor eficiência em termos de custos.

7. *Novos entrantes no setor usam preços baixos de lançamento a fim de atrair compradores e formar uma base de clientes.* O líder em custo baixo pode usar sua própria redução

> Um fabricante de custo baixo encontra-se na melhor posição para atrair a preferência de compradores sensíveis a preço, determinar o menor preço no mercado e assim mesmo obter lucro.

de preços para tornar mais difícil a um novo entrante conquistar clientes; o poder de fixar preços do fabricante de custo baixo age como uma barreira contra novas entradas.

Como regra geral, quanto mais os compradores são sensíveis ao preço, mais atraente torna-se a estratégia de custo baixo. A capacidade de uma empresa com custo baixo de determinar o menor preço no setor, e ainda obter lucro, cria barreiras protetoras em torno de sua posição de mercado.

As Armadilhas de uma Estratégia de Liderança em Custo Baixo

Talvez a maior armadilha de uma estratégia de liderança em custo baixo seja ficar entusiasmado com a redução de preços excessivamente agressiva e terminar obtendo uma lucratividade menor em vez de maior. Uma vantagem de custo baixo/preço baixo resulta em lucratividade superior somente se (1) os preços são diminuídos por um valor inferior ao da vantagem de custo ou (2) os ganhos adicionais em unidades vendidas são suficientemente grandes para gerar um lucro total maior, apesar das margens menores por unidade vendida. Uma empresa com uma vantagem de custo de 5% não pode diminuir os preços em 20%, obter um aumento de volume de 10% e ainda ter a expectativa de ganhar lucros maiores!

Uma segunda grande armadilha é não enfatizar as possibilidades de obter vantagens de custo que podem ser mantidas proprietárias ou que relegam os concorrentes a meros coadjuvantes. O valor da vantagem de custo depende de sua sustentabilidade. Essa, por sua vez, baseia-se na capacidade da empresa de conseguir sua vantagem de custo de um modo que seja difícil para os outros copiarem ou igualarem.

> A oferta de produtos de um fabricante de custo baixo precisa sempre conter atributos suficientes para ser atraente aos compradores em potencial — o preço baixo, em si, nem sempre agrada aos consumidores.

Uma terceira armadilha é tornar-se preocupado demais com redução de custos. O custo baixo não pode ser almejado de um modo tão fervoroso a ponto de os produtos da empresa ficarem com poucas características de apelo ao comprador. Além disso, uma empresa que se empenha com afinco em diminuir seus custos tem de precaver-se contra a má interpretação ou pouca consideração ao interesse crescente dos compradores por mais características ou serviços, a diminuição da sensibilidade dos compradores ao preço ou a novas situações que começam a alterar a maneira como os compradores usam o produto. Um adepto fiel do custo baixo arrisca-se a perder terreno no mercado, se os compradores começam a optar por produtos mais sofisticados ou com muitas características.

Mesmo que esses equívocos sejam evitados, uma abordagem competitiva de custo baixo ainda possui risco. Os avanços tecnológicos que reduzem custos, ou o surgimento de modelos da cadeia de valor com custo ainda menor, podem solapar a posição arduamente conquistada de um líder de custo baixo. O líder atual pode enfrentar dificuldade para adotar rapidamente as novas tecnologias ou os métodos da cadeia de valor, porque os grandes investimentos o deixam amarrado (ao menos temporariamente) a seu método atual de cadeia de valor.

ESTRATÉGIAS DE DIFERENCIAÇÃO AMPLA

> **Conceito Central**
> A essência de uma estratégia de diferenciação ampla precisa ser única de modo que proporcione valor a uma ampla gama de clientes.

As estratégias de diferenciação são atraentes sempre que as necessidades e preferências dos compradores são muito variadas para ser plenamente satisfeitas por um produto padronizado ou por vendedores com capacitações idênticas. Uma empresa, tentando o sucesso por meio de diferenciação, precisa estudar as necessidades e o comportamento dos compradores para saber aquilo que eles consideram possuir valor e o quanto estão dispostos a pagar por ele. Em seguida, precisa incorporar os atributos desejados pelos compradores à sua oferta de produtos ou serviços para diferenciá-la claramente dos concorrentes. A vantagem competitiva ocorre quando um número suficiente de compradores passa a se interessar fortemente pelos atributos diferenciados.

A diferenciação bem-sucedida permite que uma empresa:

- Fixe um preço elevado por seu produto; e/ou
- Aumente as vendas unitárias (porque compradores adicionais são atraídos em função das características diferenciadas); e/ou

- Obtenha a fidelidade dos compradores para a sua marca (porque alguns compradores sentem grande atração pelas características distintas e se comprometem com a empresa e seus produtos).

A diferenciação aumenta a lucratividade sempre que o preço extra conseguido pelo produto suplanta os custos adicionais para obtê-la. As estratégias de diferenciação de uma empresa falham quando os compradores não valorizam o caráter único da marca e quando a abordagem que a empresa emprega para a diferenciação é facilmente copiada ou igualada pelos concorrentes.

Tipos de Temas de Diferenciação

As organizações podem almejar a diferenciação sob diversos ângulos: um sabor único (Dr. Pepper, Listerine), características múltiplas (Microsoft Windows, Microsoft Office), ampla opção em um único local (Home Depot, Amazon.com), atendimento superior (FedEx), disponibilidade de peças de reposição (Caterpillar), projeto de engenharia e desempenho (Mercedes, BMW), prestígio e distinção (Rolex), confiabilidade do produto (Johnson & Johnson para produtos infantis); produção de alta qualidade (Karastan em tapetes, Michelin em pneus, Toyota e Honda em automóveis), liderança tecnológica (3M Corporation em produtos como adesivos e revestimentos), uma ampla gama de serviços (Charles Schwab na negociação de ações), uma linha completa de produtos (sopas Campbell) e forte imagem e reputação (Ralph Lauren e Starbucks).

Os métodos de diferenciação mais atraentes são aqueles difíceis, ou onerosos, de serem copiados. Os concorrentes preparados podem de fato clonar, após um certo tempo, qualquer produto, característica ou atributo. Se a Coca-Cola lançar um refrigerante sabor baunilha, a Pepsi poderá fazer o mesmo; se a Ford oferecer uma garantia integral de 75 mil quilômetros para seus veículos novos, a Volkswagen e a Nissan também poderão. Se a Nokia lançar telefones celulares com câmeras e acesso à internet, a Motorola e a Samsung poderão seguir a mesma linha. Como regra geral, a diferenciação resulta em uma vantagem competitiva mais duradoura e lucrativa quando se baseia em inovação do produto, superioridade técnica, qualidade e confiabilidade do produto, serviço integral ao cliente e capacitação competitiva única. Tais atributos diferenciadores tendem a ser difíceis para os concorrentes copiarem ou anularem lucrativamente, e os compradores os percebem como possuidores de valor.

> Características de diferenciação fáceis de copiar não conseguem produzir uma vantagem competitiva sustentável; a diferenciação com base em capacitação tende a ser mais sustentável.

Em Que Ponto da Cadeia de Valor Devem-se Criar os Atributos

A diferenciação não é algo criado nos departamentos de marketing e de propaganda, e nem é limitada aos conceitos abrangentes de qualidade e serviço. As oportunidades para diferenciação podem existir em atividades ao longo de toda a cadeia de valor de um setor; as possibilidades incluem:

- *Atividades da cadeia de suprimentos* que acabam afetando o desempenho ou a qualidade do produto final da empresa. A Starbucks consegue uma alta avaliação de seus cafés em parte por possuir especificações muito rigorosas dos grãos de café adquiridos dos fornecedores.

- *Atividades de P&D do produto* que têm como meta design aprimorado e melhores características de desempenho, maior número de usos e aplicações, sucessos mais frequentes do tipo primeiro a chegar ao mercado, maior variedade e seleção do produto, mais segurança para o usuário, maior capacidade de reciclagem ou melhor proteção ambiental.

- *P&D da produção e atividades relacionadas à tecnologia* que permitem a fabricação customizada a um custo eficiente tornam os métodos de produção mais seguros para o ambiente ou melhoram a qualidade, a confiabilidade e a aparência do produto. Muitos fabricantes desenvolveram sistemas de produção flexíveis, permitindo que modelos e versões diferentes do produto sejam fabricados na mesma linha de montagem. Ser capaz de oferecer aos compradores produtos sob medida pode ser uma capacidade de diferenciação poderosa.

- *Atividades de fabricação* que reduzem os defeitos do produto impedem falhas prematuras, estendem a vida do produto, permitem maior cobertura da garantia, resultam em maior conveniência para o usuário final ou melhoram a aparência do produto. A vantagem de qualidade que os fabricantes de veículos japoneses possuem origina-se parcialmente de sua capacitação distinta de executar as atividades da linha de montagem.

- *Atividades de distribuição e envio* que permitem menos falta do produto no estoque e nas prateleiras, entrega mais rápida aos clientes, processamento mais correto dos pedidos e/ou menores custos de envio.

- *Atividades de marketing, vendas e atendimento ao cliente* que resultem em assistência técnica superior para os compradores, serviços de manutenção e reparo mais rápidos, mais e melhores informações proporcionadas aos clientes, melhores condições de pagamento ou maior conveniência para os clientes.

Os líderes precisam ter compreensão adequada das fontes de diferenciação e das atividades de caráter único, avaliar os diversos métodos de diferenciação e criar meios permanentes para posicionar sua oferta de produtos à frente das marcas concorrentes.

As Quatro Melhores Maneiras para Obter Vantagem Competitiva por Meio de uma Estratégia de Diferenciação Ampla

Embora seja muito fácil entender que uma estratégia de diferenciação bem-sucedida precise acarretar criação de valor para o comprador, de modo não igualado pelos concorrentes, a questão principal na elaboração de uma estratégia de diferenciação é: qual das quatro maneiras básicas adotar para proporcionar um valor único ao comprador por meio de uma estratégia de diferenciação ampla. Em geral, a criação de uma estratégia competitiva sustentável por meio da diferenciação envolve adotar uma de quatro maneiras para proporcionar valor superior aos compradores.

Uma maneira consiste em *incorporar os atributos do produto e as características para o usuário que diminuem os custos gerais para o comprador da utilização do produto da empresa*. Tornar o produto de uma empresa mais econômico para o comprador é possível reduzindo o desperdício de materiais para o comprador (fornecendo componentes com as dimensões exatas), diminuindo as necessidades de estocagem de um comprador (oferecendo entregas *just-in-time*), aumentando os intervalos de manutenção e a confiabilidade do produto a fim de reduzir os custos de reparo e manutenção do comprador, usando sistemas on-line para minimizar os custos de compra e processamento de pedidos do comprador e oferecer assistência técnica gratuita. Os custos crescentes da gasolina aumentaram consideravelmente as iniciativas dos fabricantes de veículos automotores, em âmbito mundial, de lançar modelos com melhor economia de combustível, reduzindo os custos dos proprietários de veículos.

Uma segunda maneira consiste em *incorporar características que aumentam o desempenho do produto*[4]. Isso pode ser efetivado com atributos que oferecem aos compradores maior confiabilidade, facilidade de uso, conveniência ou durabilidade. Outras opções que aumentam o desempenho incluem tornar o produto da empresa mais limpo, seguro, silencioso ou sem a manutenção exigida pelas marcas concorrentes. Os fabricantes de telefones celulares estão se apressando para introduzir aparelhos da próxima geração com características e opções que determinam tendências.

Uma terceira maneira de conseguir uma vantagem competitiva com base na diferenciação está em incorporar características que aumentam a satisfação do comprador por meio de fatores não-econômicos ou intangíveis. O design do pneu Aquatread da Goodyear atrai os motoristas preocupados com segurança, atentos às rodovias escorregadias. Rolls-Royce, Ralph Lauren, Gucci, Tiffany, Cartier e Rolex possuem vantagens competitivas diferenciadoras relacionadas ao desejo dos compradores por status, imagem, prestígio, estilo sofisticado, qualidade superior e aquilo que a vida oferece de melhor. A L. L. Bean transmite segurança a seus clientes que compram pelo correio, proporcionando uma garantia incondicional sem limite de tempo: "Todos os nossos produtos garantem 100% de satisfação sob todos os aspectos. Caso isso não ocorra, devolva qualquer produto adquirido de nós. Nós o substituiremos, reembolsaremos o valor pago, creditaremos no seu cartão de crédito, ou conforme sua preferência".

> **Conceito Central**
> A base de uma empresa que adota a diferenciação para obter vantagem competitiva é oferecer um produto/serviço, cujos atributos diferem significativamente daqueles oferecidos pelos concorrentes ou com um conjunto de capacitações para proporcionar um valor ao cliente que os outros não possuem.

A quarta maneira consiste em *proporcionar valor aos clientes diferenciados com base na capacitação competitiva que os concorrentes não possuem ou não conseguem igualar*[5]. A importância de cultivar competências que agreguem intensidade aos recursos fortes e à competitividade da empresa passa a atuar nesse caso. A competência central e/ou diferenciada não somente ressalta a capacidade de uma empresa de concorrer de modo bem-sucedido no mercado, mas também pode ter papel único ao proporcionar valor aos compradores. Existem numerosos exemplos de organizações que se diferenciaram com base em suas capacitações. Em virtude de a Fox News e a CNN possuírem capacitação para alocar mais tempo às notícias acontecendo no mundo e fazer com que repórteres estejam presentes nos locais dos acontecimentos de modo muito rápido em comparação às principais redes, muitos telespectadores assistem às redes a cabo quando ocorre um fato importante. A Microsoft possui capacitação para projetar, criar, distribuir e divulgar uma gama de softwares para aplicação em PCs em comparação a seus concorrentes. A Avon e a Mary Kay Cosmetics se diferenciaram de outras empresas de cosméticos e de produtos para uso pessoal, formando uma equipe de vendas de centenas de milhares de pessoas para venda direta — suas representantes de vendas podem demonstrar produtos às compradoras interessadas, anotar pedidos no próprio local da visita e entregar os produtos na residência das clientes. Os fabricantes de automóveis japoneses possuem a capacidade de satisfazer mudanças de preferências dos consumidores em relação a estilo de veículos, porque podem lançar novos modelos no mercado mais rapidamente que as montadoras americanas e européias.

A Importância do Valor Percebido e do Valor Sinalizado

Os compradores poucas vezes pagam pelo valor que não percebem, não importa quão reais possam ser as características adicionais[6]. Portanto, o sobrepreço resultante de uma estratégia de diferenciação reflete *o valor realmente proporcionado* e *o valor percebido* pelo comprador (mesmo que não seja realmente oferecido). Os valores real e percebido podem diferir sempre que os compradores têm dificuldade para avaliar qual será sua experiência com o produto. O conhecimento incompleto por parte dos compradores, muitas vezes, faz com que julguem o valor com base em parâmetros como o preço (nos casos em que preço conota qualidade), embalagem atraente, campanhas de propaganda extensivas (isto é, o quanto o produto é bem conhecido), conteúdo dos anúncios e imagem, a qualidade das brochuras e das apresentações de vendas, as instalações do vendedor, a lista de clientes do vendedor, a participação de mercado da empresa, o tempo que a empresa existe e o profissionalismo, a aparência e a personalidade dos funcionários do vendedor. Tais parâmetros de valor podem ser tão importantes quanto o valor real (1) quando a natureza da diferenciação é subjetiva ou difícil de quantificar, (2) quando os compradores estão comprando pela primeira vez, (3) quando compras adicionais não são freqüentes e (4) quando os compradores não são sofisticados.

Quando uma Estratégia de Diferenciação Dá o Melhor Resultado

As estratégias de diferenciação tendem a apresentar um melhor resultado nas situações de mercado em que:

- *As necessidades e a utilização do produto pelos compradores são distintas.* Preferências diferentes do comprador oferecem aos concorrentes uma janela maior de oportunidade para atuar diferentemente e destacar-se em função dos atributos do produto que agradam a compradores específicos. Por exemplo, a diversidade de preferências dos consumidores pelas opções no cardápio, o ambiente, os preços e o atendimento permitem aos restaurantes uma flexibilidade excepcionalmente ampla para criar uma oferta de produtos diferenciados. Outras empresas que possuem muitas maneiras de diferenciar-se marcadamente dos concorrentes incluem as editoras de revistas, as montadoras de veículos automotores e os fabricantes de armários.

- *Existem muitas maneiras para diferenciar o produto ou serviço e muitos compradores percebem essas diferenças como valor.* Há muito espaço para os concorrentes do setor de varejo de vestuário estocarem diferentes estilos e qualidades de roupas, porém pouco espaço para os fabricantes de clipes de papel, papel para cópia ou açúcar diferenciar seus produtos. De modo semelhante, os vendedores de marcas diferentes de gasolina ou suco de laranja possuem pouca oportunidade de diferenciação comparativamente aos vendedores de aparelhos de televisão de alta definição, peças de mobiliário ou cereal para o café da manhã. A não ser que compradores diferentes tenham preferências distintas por certas características e atributos do produto, as oportunidades de diferenciação lucrativa são muito restritas.

- *Poucas empresas concorrentes estão adotando um método de diferenciação similar.* Os melhores métodos de diferenciação envolvem a tentativa de atrair os compradores com base nos atributos que outros não estão enfatizando. Uma empresa diferenciadora encontra menos rivalidade frontal, quando emprega seu método próprio para criar uma situação única e não tenta diferenciar mais que os concorrentes em relação a esses mesmos atributos — quando muitos concorrentes afirmam "Nosso produto tem melhor paladar que o deles" ou "Nosso produto deixa suas roupas mais limpas que o deles", o resultado provável é uma diferenciação fraca da marca e um "excesso de estratégia" — uma situação na qual os concorrentes acabam indo atrás dos mesmos compradores com ofertas muito similares.

- *Mudança tecnológica ocorre em ritmo acelerado e a concorrência gira em torno de características do produto em rápida evolução.* A inovação acelerada do produto e a introdução freqüente de novas versões proporcionam não somente espaço para as empresas adotarem trajetórias diferenciadoras distintas, mas também aumentam o interesse dos compradores. Nos aparelhos de videogame e nos jogos, no equipamento de golfe, nos PCs, nos telefones celulares e aparelhos de MP3, os concorrentes enfrentam uma batalha constante para se diferenciarem por meio da introdução dos melhores produtos das próximas gerações — as empresas que falham em introduzir produtos novos e aperfeiçoados e características de desempenho distintas perdem rapidamente sua posição no mercado. Na transmissão por redes de televisão, diversas emissoras sempre estão disputando o desenvolvimento de uma grade de programação que lhes dará um maior índice de audiência e preparará terreno para maiores preços de comerciais ou o aumento de receita de propaganda.

As Armadilhas de uma Estratégia de Diferenciação

As estratégias de diferenciação podem falhar por qualquer das razões a seguir. *Uma estratégia de diferenciação sempre está condenada quando os concorrentes são capazes de copiar rapidamente a maior parte ou todos os atributos atrativos em um produto.* A imitação rápida significa que nenhum competidor consegue a diferenciação, pois sempre que uma empresa introduz algum aspecto de diferenciação que atrai os compradores, os imitadores, que agem logo em seguida, reestabelecem rapidamente a similaridade. É por esse motivo que uma empresa precisa identificar fontes de diferenciação para conquistar uma vantagem competitiva sobre os concorrentes.

> **Conceito Central**
> Qualquer característica diferenciadora que dá bom resultado está sujeita à ação de imitadores.

Uma segunda armadilha é o fato de a estratégia de diferenciação produzir pouca receptividade no mercado, porque os compradores percebem pouco valor nos atributos únicos do produto da empresa. Portanto, mesmo que uma organização posicioe os atributos de sua marca com destaque, sua estratégia pode falhar em virtude das tentativas de diferenciação com base em algo que não proporcione valor adequado aos compradores (tal como diminuir o custo ou aumentar a satisfação do comprador). Sempre que muitos compradores em potencial examinarem a oferta de produtos diferenciados de uma empresa e concluírem "E daí?", a estratégia de diferenciação da empresa estará enfrentando uma grande dificuldade — os compradores provavelmente decidirão que o produto não vale o preço elevado e as vendas serão muito baixas.

A terceira grande armadilha de uma estratégia de diferenciação consiste em incorrer em gastos excessivos para diferenciar a oferta de produtos da empresa, prejudicando, dessa forma, a lucratividade. Os esforços para atingir a diferenciação quase sempre aumentam os custos. A chave para a diferenciação lucrativa consiste em manter os custos, para alcançar a diferenciação, abaixo do adicional de preço que os atributos de diferenciação podem impor no mercado (aumentando, desse modo, a margem de lucro por unidade vendida) ou compensar margens de lucro por unidades menores vendendo um número suficiente de unidades adicionais para aumentar o lucro total. Se uma organização ultrapassa os limites em suas iniciativas onerosas para obter diferenciação e, em seguida, descobre inesperadamente que os compradores não estão dispostos a pagar um adicional de preço para cobrir os custos maiores de diferenciação, fica aprisionada por margens de lucro inaceitavelmente pequenas ou mesmo prejuízos. A necessidade de conter os custos de diferenciação é o motivo pelo qual tantas empresas agregam poucos itens de diferenciação que aumentam a satisfação do comprador, porém são econômicos. Os restaurantes sofisticados, muitas vezes, oferecem estacionamento com manobristas. Os resorts de esqui proporcionam aos esquiadores café ou cidra aquecida de manhã e no fim da tarde. FedEx, UPS e muitos varejistas de venda por catálogo e online instalaram softwares que permitem aos clientes acompanhar os volumes em trânsito. Alguns hotéis e motéis oferecem café da manhã gratuito, instalações para exercícios físicos e aparelho para preparo de café no apartamento. As editoras estão utilizando seus sites a fim de divulgar materiais educacionais suplementares aos compradores de seus livros didáticos. Fabricantes de sabão em pó e de sabonetes adicionam aromas agradáveis a seus produtos.

Outras armadilhas e erros comuns ao se elaborar uma estratégia de diferenciação incluem[7]:

- *Diferenciação excessiva de modo que a qualidade do produto ou os níveis de serviço excedem as necessidades dos compradores.* Mesmo que os compradores apreciem os elementos diferenciadores, podem não considerá-los de valor suficiente para sua finalidade, que exija um pagamento extra para obtê-los. Muitos compradores deixam de comprar artigos top de linha, porque não possuem interesse particular em todos os atrativos desnecessários; para eles um modelo ou um estilo menos luxuoso faz mais sentido econômico.

- *Tentar cobrar um sobrepreço excessivo.* Mesmo que os compradores considerem certas características adicionais ou luxuosas interessantes, ainda assim podem concluir que o custo adicional é excessivo em relação ao valor que proporcionam. Uma empresa que diferencia precisa precaver-se contra o afastamento dos prováveis compradores ao adotar aquilo que é percebido como uma extorsão de preços. Normalmente, quanto maior o sobrepreço dos elementos extras diferenciadores, mais difícil se torna os compradores mudarem para concorrentes com oferta de preços menores.

- *Demonstrar timidez e não se empenhar para oferecer algo mais em termos de qualidade, atendimento ou características de desempenho em comparação aos produtos dos concorrentes.* Diferenças minúsculas entre as ofertas de produtos que competem entre si podem não ser visíveis ou importantes para os compradores. Se uma empresa quer gerar a fidelidade dos clientes, necessária para ganhar lucros maiores e tornar disponível uma vantagem competitiva baseada na diferenciação, então sua estratégia precisa resultar em uma diferenciação forte do produto e não em uma fraca. Nos mercados em que as empresas não fazem melhor do que obter uma diferenciação fraca do produto (porque os atributos das marcas são razoavelmente similares na mente de muitos compradores), a fidelidade dos clientes a uma marca é fraca, os custos dos compradores para mudar para marcas concorrentes são razoavelmente pequenos e nenhuma empresa possui uma vantagem de mercado suficiente a fim de poder cobrar um sobrepreço em relação às outras marcas.

A estratégia de um fabricante de custo baixo pode derrotar uma estratégia de diferenciação quando os compradores estão satisfeitos com um produto básico e não consideram que atributos adicionais justifiquem um preço maior.

ESTRATÉGIAS DO FORNECEDOR COM O MELHOR CUSTO

Conceito Central
A vantagem competitiva de um fornecedor de melhor custo é possuir custos menores que os dos concorrentes ao incorporar atributos sofisticados, colocando a empresa em uma posição de praticar preços menores que os dos concorrentes cujos produtos possuem atributos de refinamento similares.

As estratégias do fornecedor com o melhor custo almejam oferecer aos clientes *mais valor pelo dinheiro*. O objetivo consiste em proporcionar qualidade superior aos compradores, satisfazendo suas expectativas quanto aos principais atributos de qualidade/características/desempenho/serviço e ultrapassar as expectativas que possuem quanto aos preços (levando em conta o que os concorrentes estão cobrando por praticamente os mesmos atributos). *Uma empresa atinge o patamar de melhor custo se possui capacidade para incorporar atributos atraentes ou sofisticados a um custo menor.* Os atributos atraentes podem assumir a forma de características interessantes, bom desempenho, a excelente da qualidade do produto ou bom atendimento ao cliente. Quando uma organização tem os recursos fortes e a capacitação competitiva para incorporar esses atributos de primeira linha à sua oferta de produtos *a um custo menor que o dos rivais*, ela se vale da condição de melhor custo — é o fornecedor de custo baixo de um produto sofisticado.

Ser um fornecedor de melhor custo é diferente de ser um fornecedor de custo baixo, porque as características sofisticadas adicionais acarretam custos adicionais (que um fornecedor de custo baixo pode evitar oferecendo aos compradores um produto básico com poucos detalhes). Conforme a Figura 5.1 indica, as estratégias do fornecedor com o melhor custo delimitam um espaço médio entre almejar uma vantagem de custo baixo e uma vantagem de diferenciação e entre ser atrativo para o mercado amplo como um todo e um nicho restrito do mercado. Do ponto de vista de posicionamento competitivo, as estratégias de melhor custo são, portanto, um elemento *híbrido*, equilibrando uma ênfase estratégica no custo baixo *versus* uma ênfase estratégica na diferenciação (características oferecidas a um preço que constitui valor superior).

A vantagem competitiva de um fornecedor de melhor custo é sua capacidade de incluir atributos sofisticados a um custo menor que o dos concorrentes, cujos produtos possuem atributos comparáveis. Um fornecedor de melhor custo pode usar sua vantagem de custo baixo para vender a preços inferiores aos dos rivais, cujos produtos possuem atributos sofisticados similares — em geral, não é difícil conquistar clientes dos concorrentes, cobrando um preço maior para um item com características, qualidade, desempenho e/ou atributos de atendimento ao cliente altamente comparáveis. Para obter vantagem competitiva com uma estratégia de melhor custo é importante que uma empresa tenha os recursos e a capacidade para incorporar atributos sofisticados a um custo menor. Em outras palavras, ela precisa ser capaz de (1) incorporar características atraentes a um custo menor que o dos rivais, cujos produtos tenham características similares e (2) fabricar um produto de qualidade boa a excelente a um custo menor que o dos concorrentes com a mesma qualidade, (3) desenvolver um produto que proporcione um desempenho bom a excelente, a um custo menor que o dos concorrentes, cujos produtos também resultam em um desempenho bom a excelente ou (4) oferecer um serviço atraente ao cliente, a um custo menor que o dos concorrentes, que oferecem um serviço ao cliente comparativamente atraente.

O que torna uma estratégia de melhor custo tão atraente é ter a capacidade para incorporar atributos sofisticados a um custo menor que o dos concorrentes e, em seguida, usar a vantagem de custo baixo da empresa para vender a preços menores que os deles, cujos produtos possuem atributos sofisticados similares.

O mercado almejado para um fornecedor de melhor custo é o dos compradores conscientes do valor — compradores que buscam características adicionais atraentes a um preço baixo atraente. Os compradores que buscam encontrar valor (diferentemente daqueles que procuram somente preços muito reduzidos), muitas vezes, constituem uma parte considerável do mercado geral. Normalmente, os compradores conscientes do valor estão dispostos a pagar um preço razoável pelas características adicionais, porém se negam a pagar preços altos por itens que possuem características não-essenciais. É a intenção de atrair os *compradores conscientes do valor* em oposição aos *compradores conscientes do custo baixo* que diferencia o fornecedor de melhor custo do fornecedor de custo baixo — as duas estratégias têm por meta alvos de mercado que diferem de um modo perceptível.

Quando uma Estratégia de Melhor Custo Dá Bom Resultado

Uma estratégia do fornecedor de melhor custo dá bom resultado nos mercados em que a diversidade torna a diferenciação do produto a norma e muitos compradores também são sensíveis ao preço e ao valor. Isso ocorre porque um provedor de melhor custo pode posicionar-se perto do ponto intermediário do mercado com um produto de qualidade média a um preço abaixo da média ou um produto de alta qualidade a um preço médio ou ligeiramente superior. Muitas vezes, um número substancial de compradores prefere produtos da faixa intermediária em vez dos produtos econômicos e básicos dos produtores de custo baixo ou os produtos caros das empresas que se diferenciam com itens top de linha. Entretanto, a não ser que uma organização possua os recursos, o *know-how* e a capacidade para incorporar produtos sofisticados ou atributos do serviço a um custo menor, adotar uma estratégia de melhor custo não é recomendável — uma estratégia vencedora precisa sempre ser compatível com os recursos fortes e a capacidade da empresa.

O Quadro Ilustrativo 5.3 descreve como a Toyota aplicou os princípios da estratégia do fornecedor de melhor custo para a produção e o marketing de sua marca Lexus.

O Grande Risco de uma Estratégia de Fornecedor de Melhor Custo

A maior vulnerabilidade de uma organização ao adotar uma estratégia de fornecedor de melhor custo consiste em ficar preso entre as estratégias de empresas que usam os parâmetros de custo baixo e de diferenciação sofisticada. Os fornecedores de custo baixo podem ser capazes de conquistar clientes por meio da atração de um custo menor (apesar dos atributos menos atraentes de seu produto). As empresas que se diferenciam por meio de detalhes sofisticados podem ser capazes de atrair clientes devido aos melhores atributos do produto (muito embora seus produtos tenham um preço maior). Portanto, para ser bem-sucedido, um fornecedor de melhor custo precisa oferecer aos compradores atributos do produto *significativamente* melhores, a fim de justificar um preço acima do qual os líderes em preço estão cobrando. De modo análogo, deve conseguir custos *significativamente* menores na oferta de características sofisticadas, para melhor competir com base em um preço *significativamente* menor que as empresas diferenciadas de itens de luxo.

ESTRATÉGIAS FOCALIZADAS (OU DE NICHO DE MERCADO)

O que distingue as estratégias focalizadas das estratégias de liderança em custo baixo e de diferenciação ampla é a atenção concentrada em uma pequena parte do mercado total. O segmento almejado, ou nicho, pode ser definido por sua particularidade geográfica, suas exigências específicas no uso do produto ou por atributos especiais do produto que atraem somente os participantes do nicho. O Community Coffee, a maior empresa familiar de venda de cafés especiais no varejo nos Estados Unidos, é uma organização que se concentra em um nicho de mercado geográfico; apesar de usufruir uma participação de mercado nacional de apenas 1,1%, o Community

Quadro Ilustrativo 5.3
A Estratégia de Fornecedor com o Melhor Custo para a Linha Lexus da Toyota

A Toyota Motor Company é amplamente considerada um fornecedor de custo baixo entre os fabricantes mundiais de automóveis. Apesar de sua ênfase na qualidade do produto, a Toyota alcançou a liderança em custo baixo por ter desenvolvido habilidades consideráveis de gerenciamento eficiente da cadeia de suprimentos, capacitação de montagem a custo baixo e porque seus modelos estão posicionados na ponta inferior à média da faixa de preços, em que grandes volumes de produção levam a custos unitários baixos. Porém, quando a Toyota decidiu introduzir seus novos modelos Lexus para concorrer no mercado de carros de luxo, empregou uma estratégia clássica de fornecedor com o melhor custo. A Toyota adotou os quatro passos a seguir para elaborar e implementar sua estratégia da linha Lexus:

- Incluiu um conjunto de características de alto desempenho e sofisticadas nos modelos Lexus a fim de torná-los comparáveis em desempenho e luxo a outros modelos sofisticados e agradar aos compradores de Mercedes, BMW, Audi, Jaguar, Cadillac e Lincoln.
- Empregou sua capacidade para fabricar modelos Lexus de alta qualidade a custos menores que o de outros produtores de carros de luxo. A capacidade da cadeia de suprimentos e o *know-how* de montagem a custo baixo da Toyota permitiram-lhe incorporar características de desempenho baseadas em alta tecnologia e qualidade sofisticada aos modelos Lexus a um custo substancialmente menor do que os modelos Mercedes e BMW comparáveis.
- Usou seus custos de produção relativamente menores a fim de praticar preços menores do que os modelos Mercedes e BMW comparáveis. A Toyota acreditou que, com sua vantagem de custo, poderia fixar um preço pelos carros Lexus com itens de linha atraentes a um nível suficientemente baixo para atrair compradores de Mercedes e BMW sensíveis a preço e talvez induzir proprietários insatisfeitos das marcas Lincoln e Cadillac a mudar para o Lexus. A vantagem de preço do Lexus sobre Mercedes e BMW, algumas vezes, era muito significativa. Por exemplo, em 2006, o Lexus RX 330, um veículo utilitário esportivo de tamanho médio, tinha um preço que variava na faixa de 36 mil a 45 mil dólares (dependendo de como era equipado), ao passo que os veículos utilitários esportivos Mercedes classe M tinham preços que variavam na faixa de 50 mil a 65 mil dólares e um veículo utilitário esportivo BMW X5 poderia custar entre 42 mil e 70 mil dólares, dependendo do equipamento opcional escolhido.
- Estabeleceu uma nova rede de concessionárias Lexus, distinta daquela das concessionárias Toyota, empenhada em oferecer um atendimento ao cliente personalizado e atencioso inigualável no setor.

Os modelos Lexus têm-se classificado continuamente em primeiro lugar na pesquisa de qualidade amplamente divulgada da consultoria J. D. Power & Associates, e os preços dos modelos Lexus geralmente são menores em cerca de alguns milhares de dólares daqueles dos modelos Mercedes e BMW comparáveis — sinais claros de que a Toyota obteve sucesso ao se tornar um fornecedor com o melhor custo para a sua marca Lexus.

---

conquistou uma participação de 50% nos supermercados do sul de Louisiana concorrendo com Starbucks, Folger's, Maxwell House e outros varejistas selecionados de cafés especiais. A versão geográfica da Community Cofee de uma estratégia focalizada tem-lhe permitido conquistar vendas superiores a $100 milhões anualmente, atendendo às preferências dos apreciadores de café em uma região formada por 11 estados. Exemplos de empresas que se concentram em um nicho de mercado bem definido, compatível com produto ou segmento de mercado específico, incluem Animal Planet e History Channel (na TV a cabo), Google (nos sites de busca na internet), Porsche (nos carros esportivos), Cannondale (nas bicicletas top de linha), Domino's Pizza (na entrega de pizzas), Enterprise-Rent-a-Car (especializado em oferecer carros de aluguel para clientes de oficinas mecânicas), Bandag (especializada em recapeamento de pneus, que promove agressivamente seus serviços em mais de mil locais de parada de caminhões), CGA Inc. (especializada em prover seguro para cobrir o custo de prêmios lucrativos para uma única tacada vencedora em campeonatos de golfe), Match.com (o maior serviço on-line no mundo para promover encontros entre pessoas) e Avid Technologies (líder mundial em produtos de tecnologia digital para a criação de animação em 3D e edição de filmes, vídeos, transmissões de televisão, videogames e gravações em áudio). Microcervejarias, confeitarias locais, hotéis com café da manhã incluído e lojas varejistas gerenciadas pelos proprietários representam todos bons exemplos de empreendimento que organizaram suas operações para atender segmentos restritos ou regionais de clientes.

Uma Estratégia de Liderança Focada em Custos

Uma estratégia de liderança focada em custos tem por finalidade assegurar uma vantagem competitiva, atendendo a compradores no nicho de mercado almejado a um custo e a um preço menores que os dos concorrentes. Esta estratégia possui atração considerável quando uma empresa pode diminuir custos significativamente, limitando sua base de clientes a um segmento de compradores bem definido. As maneiras para obter uma vantagem de custo sobre os concorrentes que também vendem no nicho de mercado almejado são as mesmas para a liderança em custo baixo — gerenciar melhor que os concorrentes, mantendo os custos da cadeia de valor em um mínimo indispensável, buscar meios inovadores para reconfigurar a cadeia de valor da empresa e evitar ou reduzir certas atividades da cadeia de valor. A única diferença real entre uma estratégia de fornecedor de custo baixo e uma estratégia de liderança focada em custos é o tamanho do grupo de compradores que uma empresa está tentando atrair — a primeira envolve uma oferta de produtos que agrada amplamente à maioria de todos os grupos de compradores e de segmentos de mercado, ao passo que a segunda diz respeito a somente atender às necessidades dos compradores em um segmento de mercado limitado.

As estratégias de liderança focada em custos são razoavelmente comuns. Fabricantes de bens com marcas exclusivas são capazes de obter custos baixos no desenvolvimento do produto, marketing, distribuição e propaganda, concentrando-se na produção de itens genéricos que imitam produtos de marca e vendendo diretamente a redes varejistas que desejam uma marca própria para venda a compradores sensíveis a preço. Diversos fabricantes de pequeno porte de suprimentos para impressoras iniciaram a produção de imitações a custo baixo do toner de preço elevado vendido por Hewlett-Packard, Lexmark, Canon e Epson; fabricantes de imitações dissecam os cartuchos das empresas que vendem produtos com marca e, em seguida, fazem a reengenharia de uma versão similar que não violará as patentes. Os componentes para os toners de reposição reaproveitados são adquiridos de várias fontes externas e as imitações são então comercializadas a preços que chegam a ser 50% menores do que aqueles cobrados pelos toners com marca. Os fabricantes de toners foram seduzidos a focalizar esse mercado, porque os toners de reposição representam um negócio de muitos bilhões de dólares com um potencial de lucro considerável, tendo em vista seus custos baixos e o preço elevado das empresas que possuem uma marca consagrada. O Quadro Ilustrativo 5.4 descreve como o Motel 6 manteve seus custos baixos, atendendo viajantes que dão importância ao valor da diária.

Uma Estratégia Focada em Diferenciação

Uma estratégia de diferenciação focada tem por meta assegurar uma vantagem competitiva com uma oferta de produtos criada especialmente para agradar às preferências e às necessidades únicas de um grupo de compradores restrito e bem definido (em oposição a uma estratégia de diferenciação ampla direcionada a muitos grupos de compradores e segmentos de mercado). O uso bem-sucedido de uma estratégia de diferenciação focada depende da existência de um segmento de compradores que procuram atributos especiais do produto ou capacitações do vendedor e na competência de uma empresa para manter-se à parte dos concorrentes no mesmo nicho de mercado.

Empresas como Godiva Chocolates, Chanel, Gucci, Rolls-Royce, Häagen-Dazs e W. L. Gore (o fabricante do Gore-Tex) adotam estratégias focadas direcionadas a compradores sofisticados que desejam produtos e serviços com atributos de classe mundial. De fato, a maioria dos mercados contém um segmento de compradores dispostos a pagar um sobrepreço elevado pelos melhores produtos disponíveis, abrindo desse modo uma janela estratégica para que alguns concorrentes apliquem estratégias de diferenciação focada e direcionadas ao topo da pirâmide do mercado. Uma outra empresa diferenciadora bem-sucedida é o Trader Joe's, um "varejista de alimentos finos" com 150 lojas que é uma combinação de delicatessen e mercearia[8]. Os clientes compram no Trader Joe's tanto por diversão como para adquirir os artigos usuais de consumo alimentar — a loja expõe para venda delícias gastronômicas incomuns do tipo de molho à base de framboesa, hambúrgueres de salmão e arroz frito sabor jasmim,

> ## Quadro Ilustrativo 5.4
> ### Estratégia de Liderança em Custos Focada do Motel 6
>
> O Motel 6 atende os viajantes sensíveis a preço da diária, que desejam um lugar limpo e sem sofisticação para pernoitar. Para ser um fornecedor de custo baixo de apartamentos para pernoite, o Motel 6 (1) seleciona locais relativamente econômicos para construir suas unidades (geralmente perto das saídas de rodovias interestaduais e de locais com muito tráfego, porém suficientemente distantes para evitar pagar preços elevados pelos imóveis); (2) constrói somente as instalações básicas (não há restaurante ou bar e muito raramente uma piscina); (3) utiliza projetos de arquitetura padronizados que incluem materiais econômicos e técnicas de construção de baixo custo e (4) oferece mobiliário e decoração simples nos apartamentos. Esses métodos diminuem os custos de investimento e os custos operacionais. Sem restaurantes, bares e outros tipos de atendimento aos hóspedes, uma unidade do Motel 6 pode ser operada somente com o pessoal da recepção, as equipes de limpeza e a manutenção superficial das instalações e do imóvel.
>
> Para promover o conceito do Motel 6 aos viajantes que possuem só a necessidade de um pernoite, a rede usa comerciais diferenciados e reconhecíveis pelo rádio com locução de Tom Bodett, uma personalidade que grava os anúncios para transmissão em nível nacional; os comerciais descrevem os apartamentos limpos, as instalações sem sofisticação, a atmosfera simpática e o preço baixo para um pernoite (geralmente menos de $40 por noite).
>
> A base para a vantagem competitiva do Motel 6 são os custos menores que os dos concorrentes, podendo oferecer acomodações básicas e econômicas por uma noite aos viajantes com limite de gastos.

bem como os artigos padronizados normalmente encontrados em supermercados. O que diferencia o Trade Joe's não é apenas sua combinação única de novidades em alimentos e itens de consumo usual a preços competitivos, mas também sua capacidade para transformar uma visita à mercearia que poderia ser rotineira em uma extravagante caça ao tesouro.

O Quadro Ilustrativo 5.5 descreve a estratégia focada de diferenciação da Progressive Insurance.

Quando uma Estratégia de Liderança Focada em Custos ou Focada em Diferenciação É Atraente

Uma estratégia focada com o objetivo de assegurar uma vantagem competitiva com base em custo baixo ou em diferenciação torna-se cada vez mais atraente, à medida que um número maior das seguintes condições é atendido:

- O nicho de mercado almejado é suficientemente grande para ser lucrativo e oferece bom potencial de crescimento.

- Os líderes do setor não consideram o fato de ter uma presença no nicho crucial para seu próprio sucesso, caso em que as empresas que focalizam, muitas vezes, podem escapar de um confronto direto com alguns dos concorrentes de maior porte e mais fortes.

- É oneroso ou difícil para que os concorrentes em segmentos múltiplos organizem seus recursos para atender às necessidades específicas dos compradores que formam o nicho de mercado-alvo e satisfaçam ao mesmo tempo as expectativas de seus clientes usuais.

- O setor possui muitos nichos e segmentos distintos, permitindo deste modo que uma empresa que adota o foco escolha um nicho atraente do ponto de vista competitivo adequado a seus recursos fortes e capacitações. Igualmente, com mais nichos, há mais espaço para que essas empresas evitem concorrer pelos mesmos clientes.

Quadro Ilustrativo 5.5
A Estratégia de Diferenciação Focada Adotada pela Progressive Insurance no Seguro de Automóveis

A Progressive Insurance criou uma estratégia para o seguro de automóveis, direcionada a pessoas com histórico de infrações de trânsito que dirigem automóveis de grande desempenho, motoristas com histórico de acidentes, motociclistas, adolescentes e outras categorias de motoristas que foram denominadas de alto risco e de quem a maioria das seguradoras se afasta. A Progressive descobriu que alguns desses motoristas de alto risco são afluentes e têm pouco tempo disponível, tornando-os menos dispostos a pagar prêmios elevados pelo seguro de seus carros. Constataram que poderiam cobrar de tais motoristas prêmios suficientes para cobrir os riscos adicionais; isso diferenciava a Progressive de outras seguradoras, acelerando o processo de obtenção do seguro e diminuindo a dificuldade a que tais motoristas estavam sujeitos para obter cobertura de seguro. A Progressive foi pioneira ao introduzir o modelo de custo baixo de vendas diretas, que permite aos clientes adquirir seguro on-line e pelo telefone.

A Progressive também analisou os segmentos de mercado de seguros com cuidado suficiente para constatar que alguns proprietários de motocicletas não eram especialmente arriscados (pessoas de meia-idade que moravam nos subúrbios e que, algumas vezes, dirigiam-se ao trabalho ou usavam suas motos principalmente para viagens de lazer com seus amigos). A estratégia da Progressive permitiu-lhe tornar-se líder no mercado de seguros de carros de luxo para os clientes que apreciavam o método direto de operação da Progressive.

Os executivos, ao diferenciarem e promoverem ainda mais as políticas da Progressive, criaram equipes de inspetores de sinistros que compareciam aos locais dos acidentes e emitiam cheques para pagamentos de consertos no local. A Progressive introduziu relatórios de notificação de acidentes que podem ser comunicados durante 24 horas, atualmente um padrão no setor. Além disso, desenvolveu um sistema de prêmios sofisticados para poder avaliar de modo rápido e preciso o risco representado por cada cliente, e livrar-se de clientes que davam prejuízo.

Ao ser criativa e ter um desempenho excepcional no gerenciamento dos detalhes de seu ramo de atuação, a Progressive conseguiu uma participação de 7% no mercado de $150 bilhões de seguro de automóveis e possui as melhores margens desse setor.

Fontes: www.progressiveinsurance.com; Ian C. McMillan, Alexander van Putten e Rita Gunther McGrath, "Global Gamemanship", *Harvard Business Review* 81, n. 5, p. 68, maio 2003, e *Fortune*, p. 34, 16 maio 2005.

- Poucos ou nenhum outro rival estão tentando especializar-se no mesmo segmento-alvo — uma condição que diminui o risco de muitos participantes em um segmento.

- A empresa que adota a estratégia focada conta com excelente reputação e conceito e com a fidelidade dos clientes (acumulados por ter atendido às necessidades específicas e às preferências dos membros do nicho ao longo de muitos anos) dos quais pode valer-se para ajudar a afastar desafiantes ambiciosos dispostos a conquistar seus negócios.

As vantagens de focar todas as iniciativas competitivas de uma organização em um único nicho de mercado são consideráveis, especialmente para empresas de pequeno e médio portes que podem não ter amplitude de recursos para obter uma base de clientes ampla por meio de uma linha de produtos, estilos e seleção do produto que "inclua algo para todas as pessoas". O eBay obteve uma grande reputação e excelentes lucros para os acionistas focalizando sua atenção em leilões on-line — um nicho muito pequeno no mercado de leilões como um todo, que a estratégia focada do eBay transformou na peça dominante do setor de leilões globais. O Google capitalizou seu conhecimento especializado em programas de busca pela internet a fim de tornar-se uma das empresas com crescimento mais espetacular nos últimos dez anos. Dois empreendedores hippies, Ben Cohen e Jerry Greenfield, elevaram o Ben & Jerry's Homemade à posição de um grande empreendimento ao focarem suas energias e recursos unicamente no segmento ultra-sofisticado do mercado de sorvetes.

Os Riscos de uma Estratégia Focada em Custo Baixo ou em Diferenciação

A estratégia focada possui diversos riscos. Um deles é a possibilidade de os concorrentes identificarem maneiras eficazes de se igualar à capacidade da empresa focalizada em atender o nicho almejado — talvez criando produtos ou marcas especialmente projetados para agradar aos compradores no nicho almejado, ou adquirindo especialização e capacitações que compensem os recursos fortes da empresa que adota a focalização. No setor de hospedagem, grandes redes como Marriott e Hilton lançaram estratégias multimarcas que lhes permitem concorrer eficazmente e de modo simultâneo em diversos segmentos do ramo de hotelaria. A Marriott possui hotéis de primeira linha com uma gama completa de serviços e facilidades para atrair viajantes e pessoas em férias que se dirigem aos principais resorts; possui também hotéis J. W. Marriott geralmente localizados em áreas metropolitanas centrais que atendem a homens de negócios; a marca Courtyard by Marriott é para quem viaja a negócios e busca acomodações de preço moderado; os Marriott Residence Inns são projetados como uma residência para viajantes que permanecem cinco ou mais noites e os 530 Fairfield Inns atendem aos viajantes que buscam um hotel de qualidade por um preço acessível. O Hilton, de modo similar, possui um conjunto de marcas (Conrad Hotels, Doubletree Hotels, Embassy Suite Hotels, Hampton Inns, Hilton Hotels, Hilton Garden Inns e Homewood Suites) que lhe permite operar em diversos segmentos e concorrer frontalmente com redes hoteleiras que operam somente em um único segmento. As estratégias multimarcas são atraentes para grandes empresas como Marriott e Hilton precisamente porque possibilitam que uma organização penetre em um nicho de mercado e atraia negócios de empresas que empregam uma estratégia focada.

Um segundo risco de adotar uma estratégia focada é o potencial de as preferências e necessidades dos participantes do nicho mudarem ao longo do tempo para os atributos do produto desejados pela maioria dos compradores. Uma diminuição das diferenças nos segmentos de compradores reduz as barreiras à entrada no nicho de mercado de uma empresa que focaliza e oferece um convite aberto para os concorrentes em segmentos contíguos começarem a concorrer pelos clientes dessa empresa. Um terceiro risco é que o segmento pode tornar-se tão atraente a ponto de logo possuir muitos concorrentes, intensificando a rivalidade e diminuindo os lucros do segmento.

RESUMO DAS CARACTERÍSTICAS CONTRASTANTES DAS CINCO ESTRATÉGIAS COMPETITIVAS GENÉRICAS

Decidir qual estratégia competitiva genérica usar como modelo para apoiar o restante das estratégias da empresa não é um tema simples. Cada uma das cinco estratégias competitivas genéricas posiciona a empresa diferentemente em seu ambiente competitivo e de mercado. Cada uma estabelece um tema central de como a organização se empenhará para suplantar os concorrentes. Cada uma estabelece alguns limites ou diretrizes de atuação à medida que surgem as circunstâncias de mercado e são debatidas as idéias para melhorar a estratégia. Cada uma aponta para meios diferentes de experimentação e tentativas direcionadas à estratégia básica. Por exemplo, empregar uma estratégia de liderança em custo baixo significa experimentar maneiras de poder cortar custos e direcionar as atividades da cadeia de valor. Por outro lado, uma estratégia de diferenciação ampla significa fazer tentativas para agregar novas características diferenciadoras ou executar diferentemente atividades da cadeia de valor, desde que o resultado consista em agregar valor para os clientes de modo que estejam dispostos a pagar por ele. Cada uma resulta em diferenças em termos de linha de produto, ênfase na produção, ênfase no marketing e meios para a sustentabilidade da estratégia, conforme indicado na Tabela 5.1.

Quadro 5.1 Características Diferenciadoras das Cinco Estratégias Competitivas Genéricas

	Fornecedor de Custo Baixo	Diferenciação Ampla	Fornecedor de Melhor Custo	Fornecedor de Liderança Focada em Custos	Diferenciação Focada
Meta estratégica	• Um amplo segmento do mercado	• Um amplo segmento do mercado	• Compradores preocupados com o valor	• Um nicho de mercado restrito em que as necessidades e preferências são marcadamente diferentes	• Um nicho de mercado restrito em que as necessidades e preferências são marcadamente diferentes
Base da vantagem competitiva	• Custos gerais menores que os dos concorrentes	• Capacidade para oferecer aos compradores algo atraentemente diferente dos concorrentes	• Capacidade para proporcionar aos clientes mais valor pelo dinheiro	• Custos gerais menores que os dos concorrentes para o atendimento dos clientes do nicho	• Atributos que atraem especificamente os clientes do nicho
Linha de produtos	• Um bom produto básico com poucos atributos (qualidade aceitável e seleção limitada)	• Muitas variações do produto, ampla seleção; ênfase em características diferenciadoras	• Itens com atributos atraentes; determinadas características sofisticadas	• Características e atributos adequados aos gostos e às exigências dos clientes do nicho	• Características e atributos adequados aos gostos e às exigências dos clientes do nicho
Ênfase da produção	• Um empenho contínuo por redução de custos, sem sacrificar a qualidade aceitável e as características essenciais	• Acrescentar todas as características diferenciadoras pelas quais os clientes estão dispostos a pagar; empenhar-se pela superioridade do produto	• Acrescentar características sofisticadas e atributos atraentes a um custo menor que o dos concorrentes	• Empenho contínuo por redução de custos incorporando ao mesmo tempo características e atributos adequados às preferências dos clientes do nicho	• Produtos customizados e adequados aos gostos e às exigências dos clientes do nicho
Ênfase do marketing	• Tentar fazer parecer uma virtude as características do produto que resultam em custo menor	• Divulgar as características diferenciadoras	• Divulgar a oferta do melhor valor	• Comunicar as características atraentes de um produto econômico que atende às expectativas dos compradores do nicho	• Comunicar como a oferta de produtos atende da melhor maneira às expectativas dos compradores
Meios para dar sustentação à estratégia	• Preços econômicos / bom valor • Empenho para diminuir custos todos os anos em todas as áreas da empresa	• Enfatizar a inovação constante para manter-se à frente dos concorrentes imitadores • Concentrar-se em algumas poucas características diferenciadoras	• Especialização única no gerenciamento de custos baixos simultaneamente à incorporação de características e atributos sofisticados	• Comprometer-se a atender o nicho pelo menor custo geral; não manchar a imagem da empresa entrando em outros segmentos do mercado ou acrescentando outros produtos para ampliar a atração do mercado	• Comprometer-se a melhor atender o nicho que os concorrentes; não manchar a imagem da empresa entrando em outros segmentos do mercado acrescentando outros produtos para ampliar a atração do mercado

Desse modo, uma escolha de que estratégia genérica adotar acaba afetando diversos aspectos de como a empresa será operada e a maneira pela qual as atividades da cadeia de valor devem ser gerenciadas. Decidir que estratégia genérica empregar talvez seja o compromisso estratégico mais importante que uma empresa assuma, pois tende a direcionar o restante das ações estratégicas que uma organização decide efetivar.

Um dos maiores riscos na elaboração de uma estratégia competitiva é o fato de os gerentes, tendo de fazer uma escolha difícil entre os prós e contras de diversas estratégias genéricas, optarem por *estratégias centradas em um meio-termo* que representem um compromisso entre custos menores e maior diferenciação e entre um apelo de mercado amplo e limitado. Estratégias de compromisso ou de meio-termo raramente produzem uma vantagem competitiva sustentável ou uma posição competitiva diferenciada — uma estratégia bem executada do fornecedor com o melhor custo representa o único compromisso entre custo baixo e diferenciação que atinge o sucesso. Geralmente, as empresas com estratégias de compromisso terminam obtendo uma classificação intermediária no setor — possuem custos médios, algumas, porém, não muita diferenciação do produto em relação aos concorrentes, imagem e reputação médias e pouca perspectiva de liderança no setor. Possuir vantagem competitiva sobre os concorrentes é o único fator mais confiável para uma lucratividade acima da média. Portanto, somente se uma empresa assumir um compromisso firme e sem hesitação na adoção de uma das cinco estratégias competitivas genéricas possuirá alguma chance de obter a vantagem competitiva sustentável que tais estratégias podem proporcionar quando executadas adequadamente.

Pontos-Chave

No início do processo de elaboração de uma estratégia, os gestores precisam decidir qual das cinco estratégias competitivas básicas adotar — custo geral baixo, diferenciação ampla, melhor custo, foco no custo baixo ou foco na diferenciação.

Ao adotar uma estratégia de fornecedor de custo baixo e tentar obter uma vantagem de custo baixo sobre os concorrentes, uma empresa precisa desempenhar melhor em termos de gerenciamento da cadeia de valor a um custo eficaz e/ou identificar meios inovadores para eliminar ou evitar atividades que geram custos. As estratégias do fornecedor de custo baixo funcionam particularmente bem quando os produtos dos concorrentes são praticamente idênticos ou muito pouco diferenciados e os suprimentos encontram-se prontamente disponíveis nos diversos vendedores ansiosos por supri-los, quando não existem muitas maneiras para diferenciar que tenham valor para os compradores, quando muitos compradores são sensíveis a preço e procuram no mercado o menor preço e quando os custos de mudança dos compradores são baixos.

As estratégias de diferenciação ampla buscam produzir uma vantagem competitiva, incorporando atributos e características que diferenciam a oferta de um produto/serviço de uma empresa dos concorrentes em termos do que os compradores consideram de valor e que compensam ser pagos. A diferenciação bem-sucedida permite que uma empresa (1) determine um preço elevado para o seu produto, (2) aumente as vendas unitárias (porque compradores adicionais são conquistados em função das características diferenciadoras) e/ou (3) consiga a fidelidade dos compradores para sua marca (porque alguns compradores são fortemente atraídos pelas características diferenciadoras e vinculam-se à empresa e a seus produtos). As estratégias de diferenciação dão melhor resultado nos mercados com preferências diferentes do comprador, onde existem grandes janelas de oportunidade para diferenciar intensamente a oferta de produtos de uma empresa das outras marcas, nas situações em que um número pequeno de concorrentes está adotando um método semelhante de diferenciação e em circunstâncias em que as empresas estão se apressando para lançar o produto mais atraente da próxima geração. Uma estratégia de diferenciação está condenada ao fracasso quando os concorrentes são capazes de copiar rapidamente a maior parte ou quase todos os atributos atraentes do produto de uma organização, quando as iniciativas de diferenciação têm receptividade insatisfatória ou média no mercado, ou quando uma empresa diminui sua lucratividade ao gastar excessivamente para diferenciar sua oferta de produtos.

As estratégias do fornecedor de melhor custo combinam ênfase estratégica em custo baixo com ênfase estratégica em mais do que qualidade, serviço, características ou desempenho mínimos. A meta consiste em criar vantagem competitiva, proporcionando aos compradores mais valor pelo dinheiro — uma abordagem que iguala os concorrentes próximos nos principais atributos de qualidade/serviço/características/desempenho e derrotá-os nos custos de incorporação de tais atributos ao produto ou serviço. A estratégia de um fornecedor de melhor custo dá mais resultado quando a diversidade de compradores torna a diferenciação de produto a norma e onde muitos compradores também são sensíveis ao preço e ao valor.

Uma estratégia focalizada proporciona vantagem competitiva pela obtenção de custos menores que os dos concorrentes no atendimento aos clientes que pertencem ao nicho de mercado almejado. Ou pelo desenvolvimento da capacidade de oferecer aos compradores no nicho uma oferta diferenciada atraente que atenda a suas necessidades melhor do que as outras marcas. Uma estratégia focada de custo baixo ou focada em diferenciação torna-se cada vez mais atraente quando o nicho de mercado almejado é suficientemente grande para ser lucrativo e oferece um bom potencial de crescimento, quando é oneroso ou difícil para os concorrentes em múltiplos segmentos organizar suas funções a fim de atender às necessidades específicas do nicho de mercado e satisfazer ao mesmo tempo as expectativas de seus clientes usuais, quando existem um ou mais nichos que apresentam boa adequação aos recursos fortes e à capacidade de uma empresa focalizada e quando poucos outros estão tentando especializar-se no mesmo segmento do mercado-alvo.

Decidir que estratégia genérica adotar talvez seja o compromisso estratégico mais importante de uma empresa — tende a direcionar o restante das ações estratégicas que uma empresa decide implementar e determina toda a orientação para a obtenção de uma vantagem competitiva sobre os concorrentes.

Exercícios

1. Acesse www.google.com.br e pesquise "fornecedor de custo baixo". Identifique cinco empresas que estão tentando seguir uma estratégia de custo baixo em seus respectivos setores.

2. Usando a função de busca do site www.google.com.br, digite "fornecedor de melhor custo" e tente localizar três empresas que indicam estar adotando uma estratégia de fornecedor de melhor custo.

3. Acesse o site da BMW, www.bmw.com, clique no link para o Grupo BMW. O site oferece uma visão de conjunto das principais áreas funcionais da empresa, incluindo P&D e atividades de produção. Analise cada um dos links na página de Pesquisa & Desenvolvimento — Pessoas & Redes, Inovação & Tecnologia e Mobilidade & Tráfego — para entender melhor o método da empresa. Analise também as afirmativas em Produção que focalizam a produção de veículos e a produção sustentável. De que modo essas atividades contribuem para a estratégia de diferenciação da BMW e a posição única que a BMW alcançou na indústria automotiva?

4. Quais das cinco estratégias competitivas genéricas você considera que as empresas indicadas a seguir adotam (faça a pesquisa que for necessária nos diversos sites para chegar a uma resposta e justificá-la):
   a. A divisão Saturn da General Motors
   b. Abercrombie & Fitch
   c. Amazon.com
   d. Home Depot
   e. Mary Kay Cosmetics
   f. *USA Today*

capítulo seis

Complementando a Estratégia Competitiva Escolhida

Outras Escolhas Estratégicas Importantes

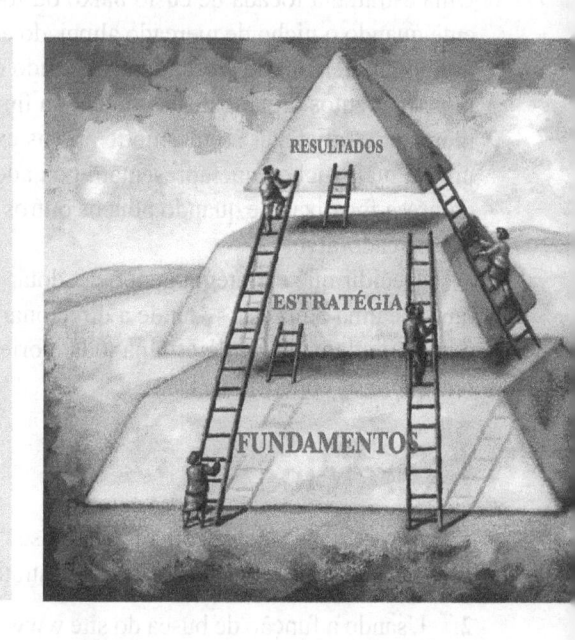

> Não forme uma parceria para corrigir um recurso fraco e não se associe a um parceiro que está tentando corrigir os seus. O único resultado de uma combinação de recursos desse tipo é a criação de outros recursos fracos.
> — **Michel Robert**

> As estratégias para conquistar uma colina não irão necessariamente mantê-la.
> — **Amar Bhide**

> A trajetória segura para o esquecimento consiste em permanecer no mesmo ponto.
> — **Bernard Fauber**

> Uma estratégia empresarial bem-sucedida tem a ver com estruturar ativamente o jogo do qual você participa e não simplesmente ter de adaptar-se àquele com que se depara.
> — **Adam M. Brandenburger e Barry J. Nalebuff**

Após uma empresa haver decidido qual das cinco estratégias genéricas adotar, a atenção se volta a todas aquelas *ações estratégicas* que podem complementar sua escolha de uma estratégia competitiva básica. Diversas decisões precisam ser tomadas:

- Que uso fazer das alianças estratégicas e das parcerias em colaboração.
- A possibilidade de apoiar a posição de mercado da empresa por meio de fusão ou aquisição.
- A possibilidade de integração da produção ou da distribuição, abrangendo mais estágios da cadeia de valor do setor.
- A possibilidade de terceirizar certas atividades da cadeia de valor ou de executá-las na própria empresa.
- A possibilidade e a ocasião de adotar ações ofensivas e defensivas.
- A opção por uma ou mais das diversas possibilidades de uso da internet como um canal de distribuição para o posicionamento da empresa no mercado virtual.

Este capítulo contém seções que discutem os prós e os contras de cada uma dessas opções estratégicas complementares. A penúltima seção do capítulo discute as necessidades de escolhas estratégicas para cada área funcional das atividades de uma empresa (P&D, produção, vendas e marketing, finanças e assim por diante) a fim de apoiar sua abordagem competitiva básica e suas ações estratégicas complementares. O capítulo conclui com uma análise sucinta da importância competitiva de fixar no tempo as ações estratégicas — quando é vantajoso ser um precursor e quando é melhor agir logo em seguida ou mais adiante.

A Figura 6.1 mostra o conjunto de ações estratégicas que uma organização possui para a elaboração de uma estratégia e a ordem pela qual as escolhas geralmente deveriam ser feitas. A parte da Figura 6.1 abaixo das cinco opções de estratégia competitiva genérica ilustra a estrutura deste capítulo e os tópicos que serão abordados.

Figura 6.1 **O Conjunto de Opções Estratégicas de uma Empresa**

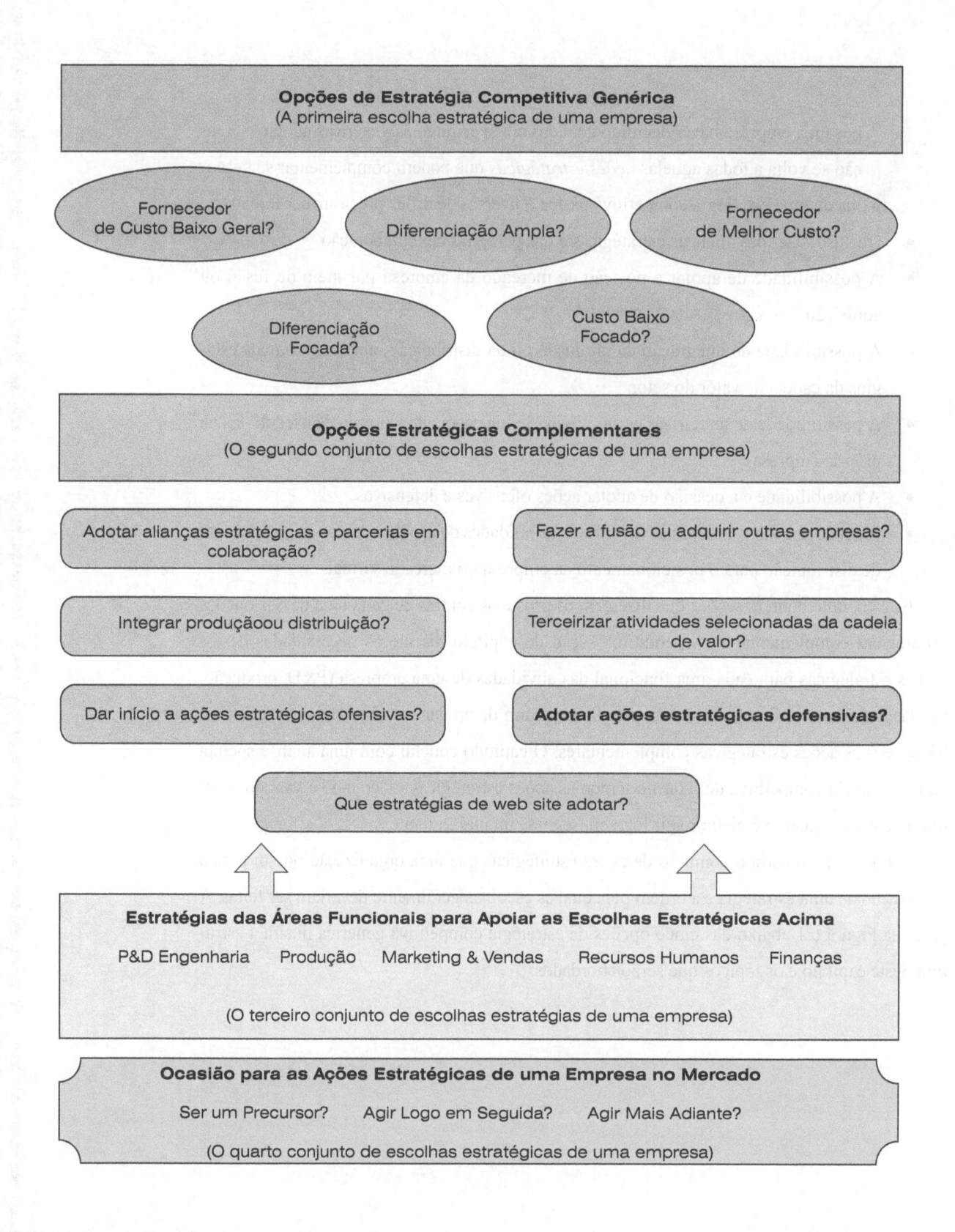

Opções de Estratégia Competitiva Genérica
(A primeira escolha estratégica de uma empresa)

- Fornecedor de Custo Baixo Geral?
- Diferenciação Ampla?
- Fornecedor de Melhor Custo?
- Diferenciação Focada?
- Custo Baixo Focado?

Opções Estratégicas Complementares
(O segundo conjunto de escolhas estratégicas de uma empresa)

- Adotar alianças estratégicas e parcerias em colaboração?
- Fazer a fusão ou adquirir outras empresas?
- Integrar produçãoou distribuição?
- Terceirizar atividades selecionadas da cadeia de valor?
- Dar início a ações estratégicas ofensivas?
- **Adotar ações estratégicas defensivas?**

Que estratégias de web site adotar?

Estratégias das Áreas Funcionais para Apoiar as Escolhas Estratégicas Acima

P&D Engenharia   Produção   Marketing & Vendas   Recursos Humanos   Finanças

(O terceiro conjunto de escolhas estratégias de uma empresa)

Ocasião para as Ações Estratégicas de uma Empresa no Mercado

Ser um Precursor?   Agir Logo em Seguida?   Agir Mais Adiante?

(O quarto conjunto de escolhas estratégicas de uma empresa)

ESTRATÉGIAS COLABORATIVAS: ALIANÇAS E PARCERIAS

Empresas em todos os tipos de setores e em todas as partes do mundo optaram por formar alianças estratégicas e parcerias a fim de complementar suas próprias iniciativas estratégicas e reforçar sua competitividade nos mercados local e internacional. Esta é uma mudança de direção em relação ao passado, quando a vasta maioria das empresas se contentava em agir sozinha, confiante de que já havia desenvolvido ou poderia desenvolver de modo independente os recursos e o *know-how* necessários para ser bem-sucedida em seus mercados. Porém, a globalização da economia mundial, os avanços revolucionários da tecnologia em uma ampla frente e oportunidades não exploradas na Ásia, América Latina e Europa — cujos mercados nacionais estão se abrindo, diminuindo a regulamentação e/ou passando por um processo de privatização — tornaram as parcerias estratégicas de todos os tipos essenciais para competir em uma escala geográfica ampla.

Muitas empresas encontram-se hoje empenhadas em duas corridas competitivas muito exigentes: (1) *a corrida global para conquistar uma presença no mercado em muitos mercados nacionais diferentes* e fazer parte do grupo de empresas reconhecidas como líderes no mercado global; e (2) *a corrida para aproveitar as oportunidades existentes na fronteira da tecnologia* e ter os recursos fortes e a capacidade empresarial para concorrer de modo bem-sucedido nos setores e mercados de produtos do futuro[1]. Mesmo as maiores e mais sólidas empresas, sob o ponto de vista financeiro, concluíram que participar simultaneamente das corridas para a liderança no mercado global e por uma posição nos setores do futuro requer habilidades, recursos, especialização tecnológica e capacitação competitiva mais diversificados e extensos do que conseguem reunir e gerenciar sozinhas. Essas empresas, juntamente com outras na mesma situação, determinaram que a maneira mais rápida para eliminar a defasagem consiste muitas vezes em formar alianças com outras que possuem os recursos fortes desejados. Conseqüentemente, formam alianças estratégicas ou parcerias em colaboração, nas quais duas ou mais organizações operam conjuntamente para obter resultados estratégicos mutuamente benéficos. Portanto, uma **aliança estratégica** é um acordo formal entre duas ou mais empresas distintas em que ocorre algum tipo de colaboração estrategicamente relevante, uma contribuição conjunta de recursos, risco partilhado, controle partilhado e dependência mútua. Muitas vezes, as alianças envolvem marketing conjunto, pesquisas conjuntas ou projetos para o desenvolvimento conjunto de novas tecnologias ou produtos. O relacionamento entre os parceiros pode ser contratual ou meramente colaborativo; o acerto comumente não chega a resultar em participação acionária entre os parceiros (embora existam algumas alianças estratégicas nas quais um ou mais aliados possuem participação minoritária em alguns dos outros membros da aliança). Cinco fatores formam uma aliança estratégica, diferente de um simples acerto empresarial conveniente[2]:

> **Conceito Central**
> **Alianças estratégicas** são arranjos em colaboração por meio dos quais duas ou mais empresas unem esforços para conseguir resultados estratégicos mutuamente benéficos.

1. É crítica para o cumprimento de um objetivo importante da empresa.
2. Ajuda a formar, manter ou ressaltar uma competência central ou uma vantagem competitiva.
3. Ajuda a impedir uma ameaça competitiva.
4. Ajuda a ter acesso a novas oportunidades importantes de mercado.
5. Diminui o risco significativo para os negócios de uma empresa.

A cooperação estratégica é um método muito valorizado, e de fato necessário, nos setores nos quais novos avanços tecnológicos estão ocorrendo em velocidade acelerada, com muitas opções diferentes e em que os avanços em uma tecnologia acabam afetando outras (muitas vezes tornando indistintas as fronteiras entre os setores). Sempre que os setores estão sujeitos a avanços tecnológicos muito velozes em diversas áreas simultaneamente, as organizações consideram praticamente essencial ter relações de cooperação com outras empresas para permanecer atualizadas em termos de tecnologia avançada e de desempenho do produto, mesmo em sua própria área de especialização.

Empresas, em muitos setores diferentes em todo o mundo, fizeram das alianças estratégicas uma parte fundamental de sua estratégia geral; só as empresas dos Estados Unidos anunciaram cerca de 68 mil alianças entre 1996 e 2003[3]. No setor de computadores pessoais (PCs), as alianças são comuns por causa dos diferentes componentes dos PCs e do software para operá-los fornecidos por tantas empresas diferentes — um grupo fornece os microprocessadores, um outro produz as placas-mães, outro os monitores, um outro os drives de disco, outro os chips de memória e assim por diante.

> O uso de alianças pelas empresas é muito difundido.

Além disso, suas instalações situam-se em vários locais diferentes como Estados Unidos, Japão, Taiwan, Cingapura, Malásia e partes da Europa. As alianças estratégicas entre empresas nos diversos segmentos do setor de PCs facilitam a colaboração próxima exigida para o desenvolvimento, a logística, a produção de produtos da nova geração e a ocasião do lançamentos de novos produtos.

A Toyota realizou parcerias estratégicas de longo prazo com muitos de seus fornecedores de peças e componentes automotivos a fim de obter custos menores e melhorar a qualidade e a confiabilidade de seus veículos. A Microsoft colabora muito de perto com programadores independentes de software para assegurar que seus programas sejam utilizados nas versões futuras do Windows. A Genetech, líder em biotecnologia e genética humana, possui uma estratégia de parceria para aumentar seu acesso a novos produtos e tecnologias bioterapêuticos e formou alianças com mais de 30 empresas para reforçar suas atividades de pesquisa e desenvolvimento (P&D). Durante o período 1998-2004, a Samsung Electronics, uma corporação sul-coreana com 54 bilhões de dólares de vendas, realizou mais de 50 alianças estratégicas importantes com empresas como Sony, Yahoo, Hewlett-Packard, Nokia, Motorola, Intel, Microsoft, Dell, Mitsubishi, Disney, IBM, Maytag e Rockwell Automation; as alianças envolveram investimentos conjuntos, esquemas de transferência de tecnologia, projetos conjuntos de P&D e acordos de fornecimento de peças e componentes, e todos eles facilitaram as iniciativas estratégicas da Samsung para transformar-se em uma empresa global e estabelecer-se como líder na indústria eletrônica mundial.

Estudos indicam que as grandes corporações normalmente possuem de 30 a 50 alianças e que algumas possuem centenas delas. Um estudo recente estimou que cerca de 35% das receitas corporativas em 2003 vieram de atividades envolvendo alianças estratégicas em comparação a 15% em 1995[4]. Um outro estudo indicou que a grande corporação típica dependia de alianças para 15% a 20% de suas receitas, ativos ou lucro[5]. As empresas que formaram muitas alianças possuem necessidade de administrá-las como um portfólio — encerrando aquelas que não têm mais utilidade ou que produziram resultados insatisfatórios, formando novas alianças promissoras e reestruturando certas alianças existentes a fim de corrigir problemas de desempenho e/ou redirecionar as iniciativas em colaboração[6].

Por Que e Como as Alianças Estratégicas São Vantajosas

As razões mais comuns por que as empresas fazem alianças estratégicas são apressar o desenvolvimento de novas tecnologias ou produtos promissores, suplantar deficiências de seu próprio *know-how* técnico e produtivo, agrupar o pessoal e o conhecimento especializado necessário para criar novos conjuntos de habilidades e capacitações, melhorar a eficiência da cadeia de suprimentos, obter economias de escala na produção e/ou no marketing e obter ou melhorar o acesso ao mercado por meio de acordos de marketing conjunto[7]. Ao aproximarem empresas com bases diferentes de habilidade e conhecimento, as alianças propiciam oportunidades de aprendizagem que ajudam as empresas parceiras a melhor impulsionar seus próprios recursos fortes[8]. Nos setores em que a tecnologia está avançando rapidamente, as alianças têm relação estreita com ciclos rápidos de aprendizagem, permanecendo atualizada com os eventos mais recentes e obtendo acesso rápido ao *know-how* e à capacidade tecnológica atual.

> As melhores alianças são fortemente seletivas, focalizando atividades específicas da cadeia de valor e obtendo um determinado benefício competitivo. Elas tendem a capacitar uma empresa a valer-se de seus recursos fortes e a aprender.

Existem diversas outras situações em que as organizações consideram as alianças estratégicas particularmente valiosas. Uma empresa que está se empenhando pela *liderança no mercado global* precisa de alianças para:

- Inserir-se rapidamente em mercados externos críticos e acelerar o processo de consolidação de presença marcante no mercado global.

- *Obter conhecimento minucioso sobre mercados e culturas desconhecidos* por meio de alianças com parceiros locais. Por exemplo, empresas norte-americanas, européias e japonesas desejosas de penetrar no mercado chinês em crescimento acelerado fizeram parcerias com empresas chinesas a fim de buscar ajuda para liberar os produtos na alfândega morosa e tipicamente corrupta, buscar orientá-las no labirinto da legislação chinesa, transmitir conhecimento dos mercados locais e fornecer auxílio para adaptar seus produtos às preferências de compra dos consumidores chineses, instalar capacidade produtiva local e assisti-las nas atividades de distribuição, marketing e promocionais. O governo chinês tem exigido há muito que organizações operando na China tenham uma empresa estatal como sócia minoritária ou talvez com até 50% de participação — apenas recentemente abriu mão dessa exigência, beneficiando organizações estrangeiras operando em setores selecionados da economia chinesa.

- *Ter acesso a habilidades e capacitações* valiosas que estão concentradas em locais geográficos específicos (tais como o *know-how* de criação de software nos Estados Unidos, design aplicado à moda na Itália e *know-how* produtivo eficiente no Japão e na China).

Uma empresa que está se apressando para *demarcar uma posição forte em um setor do futuro* precisa de alianças para:

- *Estabelecer uma ponta-de-lança mais sólida* para participar no setor almejado.

- *Dominar novas tecnologias e criar conhecimento especializado e capacidade* mais rápida do que seria possível por meio de iniciativas internas.

- *Proporcionar oportunidades mais amplas* no setor almejado, juntando a capacidade da própria empresa com o conhecimento especializado e os recursos dos parceiros.

As empresas aliadas podem aprender muito entre si ao realizarem pesquisa conjunta, partilharem *know-how* tecnológico e colaborarem em novas tecnologias e produtos complementares — o suficiente, algumas vezes, para permitir-lhes buscar por conta própria outras novas oportunidades[9]. Os produtores freqüentemente estabelecem alianças com fornecedores de peças e componentes para ganhar a eficiência de um melhor gerenciamento da cadeia de suprimentos e acelerar o lançamento de novos produtos no mercado. Ao juntar forças na produção de componentes e/ou na montagem final, as empresas podem ser capazes de obter economias de custo que não seriam realizáveis com seus próprios volumes pequenos — os produtores de automóveis alemães Volkswagen, Audi e Porsche formaram uma aliança estratégica para acelerar o desenvolvimento mútuo de um motor híbrido a gasolina-eletricidade e de um sistema de transmissão que cada um poderia incorporar a seus próprios modelos; BMW, General

> A atração competitiva das alianças reside em permitir que as empresas juntem competências e recursos mais valiosos em iniciativas conjuntas do que separadas.

Motors e Daimler-Chrysler formaram uma parceria similar. Ambas as alianças tinham por meta eliminar a defasagem com a Toyota, considerada a líder em motores híbridos eficientes no uso do combustível. A consultoria de sistemas de informação Accenture desenvolveu alianças estratégicas com fornecedores de tecnologia de primeira linha — SAP, Oracle, Siebel, Microsoft, BEA e Hewlett-Packard — para obter mais capacidade na criação e na integração de sistemas de informação para seus clientes corporativos. Johnson & Johnson e Merck fizeram uma aliança para comercializar o Pepcid AC; a Merck desenvolveu o remédio para a má digestão e a Johnson & Johnson atuou como vendedora — a aliança tornou os produtos Pepcid os medicamentos mais vendidos para indigestão e azia. United Airlines, American Airlines, Continental, Delta e Northwest criaram uma aliança para formar o Orbitz, um site de viagens na internet para concorrer frontalmente com Expedia e Travelocity, fortalecendo o acesso para viajantes e pessoas em férias que adquirem on-line passagens aéreas, locação de veículos, hotéis, cruzeiros e pacotes de viagem.

Aproveitar os Benefícios das Alianças Estratégicas

A extensão em que as empresas se beneficiam da formação de alianças e parcerias em colaboração parece ser uma função de seis fatores[10]:

1. *Escolher um bom parceiro.* Um bom parceiro não possui apenas a especialização e a capacitação desejadas, mas também partilha da visão da empresa a respeito da finalidade da aliança. A experiência indica que em geral é aconselhável evitar uma parceria na qual existe um forte potencial de concorrência direta em virtude de linhas de produto que coincidem ou outros conflitos de interesse — acordos para a comercialização conjunta dos produtos de cada parceiro possuem um grande potencial de conflito, a não ser que haja um bom entendimento entre o pessoal graduado. A experiência também indica que alianças entre empresas fortes e fracas raramente dão certo: a aliança provavelmente não oferecerá ao parceiro forte recursos ou habilidades úteis e há maior possibilidade de a aliança produzir resultados medíocres.

2. *Ser sensível às diferenças culturais.* A não ser que a empresa estrangeira demonstre respeito pela cultura local e pelas práticas comerciais locais, é improvável que surjam relacionamentos operacionais produtivos.

3. *Reconhecer que a aliança deve beneficiar ambos os lados.* As informações devem ser partilhadas e o relacionamento precisa permanecer franco e confiável. Muitas alianças fracassam, porque um ou ambos os parceiros ficam descontentes com aquilo que estão aprendendo. Igualmente, se qualquer um dos parceiros retiver informações ou tentar levar vantagem à custa de outro, o atrito resultante poderá eliminar rapidamente o valor de uma colaboração adicional.

4. *Assegurar que ambas as partes acatem seus compromissos.* Ambas as partes devem cumprir o que acordaram para que a aliança produza os benefícios pretendidos. A divisão de trabalho tem de ser considerada como sendo partilhada razoavelmente e a parte dos benefícios recebidos por ambos os lados deve ser percebida como adequada.

5. *Estruturar o processo de tomada de decisões, de tal modo que as ações possam ser tomadas rapidamente, quando necessário.* Em muitos casos, o ritmo acelerado das mudanças tecnológicas e competitivas demanda um processo de tomada de decisões igualmente rápido. Se as partes chegam a um impasse nas discussões ou na obtenção de aprovação interna da hierarquia mais acima, a aliança pode transformar-se em um peso de atraso e inação.

6. *Gerenciar o processo de aprendizagem e ajustar seguidamente o acordo da aliança ao longo do tempo para se ajustar às novas circunstâncias.* Uma das chaves para o sucesso de longa duração consiste em adaptar a natureza e a estrutura da aliança para torná-la sensível às condições de mercado em alteração, às tecnologias emergentes e às exigências mutáveis dos clientes. Parceiros inteligentes são rápidos para reconhecer

o mérito de um arranjo colaborativo adaptável, no qual ajustes são feitos para acomodar condições mutáveis de mercado e suplantar todos os problemas que surgirem para o estabelecimento de um relacionamento de trabalho eficaz. A maioria das alianças depara-se com algum tipo de problema no intervalo de alguns anos — aquelas suficientemente flexíveis para evoluir são mais aptas para se recuperar.

A maior parte das alianças cujo objetivo é compartilhar tecnologia ou permitir acesso ao mercado acabam sendo temporárias, concretizando sua finalidade após alguns anos, porque os benefícios do aprendizado mútuo ocorreram e porque as atividades de ambos os parceiros desenvolveram-se até o ponto em que estão prontos para prosseguir sozinhos. Em tais casos, é importante que cada parceiro aprenda de modo integral e rápido a respeito da tecnologia, das práticas empresariais e da capacidade organizacional do outro parceiro e transfira imediatamente para suas próprias operações idéias e práticas valiosas. Embora as alianças de longo prazo, algumas vezes, provem ser mutuamente benéficas, a maioria dos parceiros não hesita em terminar a aliança e prosseguir sozinho, quando terminam os retornos.

Alianças têm mais probabilidade de vida longa quando (1) envolvem colaboração com fornecedores ou aliados na distribuição, e a contribuição de cada parceiro envolve atividades em partes diferentes da cadeia de valor do setor ou (2) ambos os parceiros concluem que a continuidade da colaboração é de interesse mútuo, talvez porque estejam surgindo novas oportunidades de aprendizado ou talvez porque a colaboração adicional permitirá que cada um amplie seu alcance de mercado além do que poderia conseguir sozinho.

Por Que Muitas Alianças São Instáveis ou Se Rompem

A estabilidade de uma aliança depende do grau de sucesso com que os parceiros trabalham juntos, seu sucesso em reagir e adaptar-se às condições internas e externas mutáveis e sua intenção para renegociar o acordo, se as circunstâncias justificarem. Uma aliança bem-sucedida requer uma colaboração próxima, e não simplesmente uma troca de idéias. A não ser que os parceiros atribuam um valor elevado às habilidades, aos recursos e às contribuições que cada um traz para a aliança, e o acordo se mostre benéfico para ambos, ela está fadada ao fracasso. Um número surpreendentemente grande de alianças nunca faz jus às expectativas. Um estudo realizado em 1999 pela Accenture, uma consultoria de negócios globais, revelou que 61% das alianças eram fracassos inequívocos ou "se arrastavam". Em 2004, a McKinsey & Company estimou que a taxa de sucesso geral das alianças era em torno de 50%, com base na realização dos objetivos propostos[11]. Muitas alianças são desfeitas após alguns anos. O "índice de divórcios" elevados entre os aliados estratégicos possui diversas causas — objetivos e prioridades divergentes, inabilidade para trabalhar bem em conjunto (uma aliança entre a Disney e a Pixar rompeu-se por causa de conflitos entre executivos do primeiro escalão — em 2005, após um dos executivos discordantes ter-se aposentado, a Disney adquiriu a Pixar), mudanças de condições ambientais que tornam obsoleta a finalidade da aliança, o surgimento de possibilidades tecnológicas mais atraentes e a rivalidade no mercado entre um ou mais aliados[12]. A experiência indica que *as alianças possuem oportunidade razoável para auxiliar uma empresa a diminuir a desvantagem competitiva, porém muito raramente provaram ser uma opção estratégica para obtenção de uma vantagem competitiva duradoura sobre os concorrentes.*

Os Perigos Estratégicos de uma Grande Dependência de Alianças e de Parcerias em Colaboração

O calcanhar-de-aquiles das alianças e das parcerias em colaboração é a dependência para com uma outra empresa devido à especialização e à capacidade *essenciais*. Para ser um líder de mercado (e talvez até mesmo um sério participante do mercado), uma organização precisa, em última instância, desenvolver suas próprias capacitações nas áreas em que o controle estratégico interno é fundamental para proteger sua competitividade e criar vantagem competitiva. Além disso, algumas alianças possuem somente um potencial limitado, porque o parceiro retém suas habilidades e especializações mais valiosas; em tais casos, a aquisição ou a fusão com uma empresa que possui o *know-how* e os recursos desejados constitui uma solução melhor.

ESTRATÉGIAS DE FUSÃO E AQUISIÇÃO

Fusões e aquisições são opções estratégicas muito utilizadas — por exemplo, somente as empresas dos Estados Unidos realizaram 90 mil aquisições no período entre 1996 e 2003[13]. Fusões e aquisições são especialmente adequadas para as situações em que as alianças e parcerias não conseguem proporcionar a uma empresa acesso aos recursos e capacitações necessários[14]. Os vínculos acionários são mais permanentes do que os laços de parceria, permitindo que as operações dos participantes da fusão/aquisição se integrem intimamente e criando maior controle e autonomia internos. Uma *fusão* é uma reunião de iguais, e a nova empresa criada, muitas vezes, assume uma nova designação social. A *aquisição* é uma combinação pela qual uma empresa, a adquirente, compra e absorve as operações de uma outra, a adquirida. A diferença entre uma fusão e uma aquisição relaciona-se mais aos detalhes de participação acionária, controle dos dirigentes e acertos financeiros do que à estratégia e à vantagem competitiva. Os recursos, as competências e a capacitação competitiva do novo empreendimento acabam sendo praticamente iguais, seja a combinação resultado de aquisição ou fusão.

> Combinar as operações de duas empresas por meio de fusão ou aquisição é uma opção de estratégia atraente para obter economias operacionais, reforçar a capacitação e a competitividade da empresa resultante e permitir novas oportunidades de mercado.

Muitas fusões e aquisições são impulsionadas por estratégias que visam cumprir qualquer dos cinco objetivos estratégicos[15]:

1. *Criar uma operação mais eficiente em termos de custos, a partir das empresas combinadas.* Quando uma empresa adquire uma outra no mesmo setor, ocorre geralmente uma sobreposição de operações em número suficiente para permitir o fechamento de certas fábricas ineficientes ou a combinação parcial ou a redução das atividades de distribuição (quando centros próximos atendem algumas das mesmas áreas geográficas) ou a combinação e redução das equipes de vendas e das atividades de marketing (quando cada organização possui vendedores que atendem o mesmo cliente). As empresas combinadas também podem ser capazes de reduzir custos da cadeia de suprimentos por comprar em volumes maiores dos fornecedores usuais e por causa da colaboração mais próxima com os parceiros da cadeia de suprimentos. De modo análogo, em geral é factível obter economias de custo nas atividades administrativas, novamente por combinação e redução de atividades do tipo de finanças e contabilidade, tecnologia de informação e recursos humanos. A fusão que formou a DaimlerChrysler foi motivada em grande parte pelo fato de que a indústria automobilística tinha uma capacidade em âmbito mundial muito superior à necessária; os executivos do primeiro escalão da Daimler-Benz e da Chrysler acreditavam que a eficiência das duas empresas poderia ser suficientemente aumentada, fechando algumas fábricas e dispensando empregados, realinhando quais modelos eram produzidos em determinadas fábricas e obtendo mais eficiência combinando as atividades da cadeia de suprimentos, o projeto dos produtos e a administração. Um grande número de aquisições é feito com o objetivo de transformar duas ou mais empresas que possuíam custos elevados em um concorrente ágil com custos médios ou abaixo da média.

2. *Ampliar a cobertura geográfica de uma empresa.* Uma das maneiras melhores e mais rápidas para ampliar a cobertura geográfica de uma empresa consiste em adquirir concorrentes com operações nos locais desejados. E caso exista alguma sobreposição geográfica, então um benefício adicional é ser capaz de reduzir custos, eliminando instalações em duplicidade naquelas áreas geográficas onde existe uma sobreposição indesejável. Bancos como Wells Fargo, Bank of America, Wachovia e Suntrust realizaram expansão geográfica, fa-

zendo uma série de aquisições ao longo dos anos, permitindo-lhes estabelecer presença no mercado em um número sempre crescente de Estados e localidades. Muitas empresas usam aquisições para a expansão internacional; por exemplo, empresas de produtos alimentícios como Nestlé, Kraft, Unilever e Procter & Gamble — todas competindo por liderança no mercado global — fizeram das aquisições uma parte integrante de suas estratégias para ampliar seu alcance geográfico.

3. *Expandir os negócios da empresa para novas categorias de produto*. Muitas vezes, uma empresa possui hiatos em sua linha de produtos que precisam ser eliminados. A aquisição pode ser um meio mais rápido e mais dinâmico para ampliar a linha de produtos do que passar pela experiência de introduzir um produto novo para eliminar o hiato. A PepsiCo adquiriu a Quaker Oats principalmente para incluir o Gatorade na família Pepsi de bebidas. Embora a Coca-Cola tenha ampliado sua linha de bebidas, lançando seus próprios novos produtos (como Powerade e Dasani), também ampliou sua linha adquirindo a Fanta (refrigerantes carbonados sabor fruta), o Minute Maid (sucos e bebidas à base de sucos), a Odwalla (sucos) e a Hi-C (bebidas à base de frutas).

4. *Obter acesso a novas tecnologias ou a outros recursos e capacitação competitiva*. Fazer aquisições para apoiar o *know-how* de uma empresa ou preencher lacunas nos recursos é uma opção das organizações que se apressam para conquistar uma posição em um setor ou categoria de produto que está para ser criado. Fazer aquisições para eliminar hiatos significativos na especialização tecnológica permite que uma empresa evite atividades de P&D que demandam tempo e talvez sejam onerosas (o que pode não dar certo). A Cisco Systems adquiriu mais de 75 empresas de tecnologia para obter maior alcance tecnológico e amplitude da linha de produtos, reforçando desse modo sua posição como o maior fornecedor mundial de sistemas para criação da infra-estrutura da internet. A Intel realizou mais de 300 aquisições nos últimos cinco anos para expandir sua base tecnológica, obter capacidade para produzir e comercializar uma variedade de produtos relacionados à internet e à eletrônica e torná-la menos dependente da oferta de microprocessadores para PCs.

5. *Tentar inventar um novo setor e liderar a convergência de setores, cujas fronteiras estão se tornando tênues por meio de tecnologias em alteração e novas oportunidades de mercado.* Tais aquisições são o resultado da aposta feita pelos dirigentes no sentido de que dois ou mais setores estão convergindo para um único e, portanto, pode ser necessário estabelecer uma posição forte nos mercados em consolidação, agrupando os produtos e os recursos de diversas empresas diferentes. Exemplos incluem a fusão entre a AOL e a gigante da mídia Time Warner — uma ação apoiada na crença de que o conteúdo de entretenimento acabaria convergindo em um único setor (grande parte do qual seria distribuído pela internet) — e a aquisição pela News Corporation de empresas de TV por satélite para complementar sua participação nas emissoras de televisão (a rede Fox e as estações de TV em diversos países); TV a cabo (Fox News, Fox Sports e FX); entretenimento por filmes (Twentieth Century Fox e Fox Studios) e publicação de jornais, revistas e livros.

Numerosas empresas adotaram uma estratégia de aquisição para elevar-se de empreendimentos desconhecidos para posições de liderança no mercado. Durante os anos 1990, o North Carolina National Bank (NCNB) realizou uma série de aquisições para transformar-se em um importante banco regional. Entretanto, a visão estratégica do NCNB era tornar-se um banco com agências na maior parte dos Estados Unidos e, portanto, a instituição mudou seu nome para NationsBank. Em 1998, o NationsBank adquiriu o Bank of America por 66 bilhões de dólares e adotou seu nome. Em 2004, o Bank of America adquiriu o Fleet Boston Financial por 48 bilhões. Em seguida, em meados de 2005, o Bank of America investiu 35 bilhões para adquirir o MBNA,

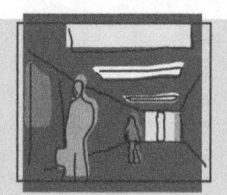

Quadro Ilustrativo 6.1
Clear Channel Communications: O Uso de Fusões e Aquisições para Se Tornar um Líder no Mercado Global

Em meados de 2006, a Clear Channel Communications era a quarta empresa de mídia no mundo, atrás da Disney, da Time Warner e da Viacom/CBS. Fundada em 1972 por Lowry Mays e Billy Joe McCombs, a empresa começou adquirindo uma estação de rádio de música country em San Antonio, no Texas, que não era lucrativa. Ao longo dos dez anos seguintes, Mays aprendeu a administrar o negócio de rádio e lentamente adquiriu outras estações de rádio em diversos estados. A abertura de seu capital, em 1984, ajudou a empresa a conseguir o capital acionário necessário para continuar adquirindo estações de rádio em mercados geográficos adicionais.

No final dos anos 1980, quando a Federal Communications Commission facilitou as regras relativas à capacidade de uma empresa ser proprietária de estações de rádio e de televisão, a Clear Channel ampliou sua estratégia e começou a comprar estações de TV de pequeno porte e com dificuldade de atuação. Em 1998, a Clear Channel havia adotado aquisições como estratégia para atingir uma posição de liderança no setor de estações de rádio e de televisão. Em termos nacionais, controlava, programava ou vendia tempo de transmissão para 69 estações AM, 135 estações FM e 18 canais de televisão em 48 mercados locais. O grande lance da Clear Channel foi iniciar a expansão internacional, principalmente adquirindo participação em estações de rádio em diversos países.

Em 1997, a Clear Channel valeu-se de aquisições para conseguir uma posição na propaganda em outdoors. Sua primeira aquisição foi a Eller Media Company, sediada em Phoenix, uma empresa de anúncios em outdoors com mais de 100 mil locais para afixar propaganda. Logo em seguida, ocorreram aquisições de empresas de propaganda em outdoors, as mais importantes sendo a ABC Outdoor em Milwaukee, Wisconsin, a Paxton Communications (com operações em Tampa e Orlando na Flórida), a Universal Outdoor, o More Group, com operações e 90 mil locais de propaganda em 24 países e o Ackerley Group.

Em outubro de 1999, a Clear Channel tomou uma decisão importante ao adquirir a AM-FM Inc. e mudou sua designação para Clear Channel Communications; a aquisição da AM-FM proporcionou à Clear Channel operações em 32 países, incluindo 830 estações de rádio, 19 canais de TV e mais de 425 mil locais de propaganda.

Aquisições adicionais foram efetivadas durante o período 2000-2003. A ênfase foi em comprar emissoras de rádio, de televisão e de propaganda em outdoors, o que tornou viável (1) diminuir custos compartilhando instalações e pessoal, (2) melhorar a programação e (3) vender comerciais para os clientes em pacotes, incluindo as três mídias simultaneamente. Reunir anúncios para duas ou três mídias não somente ajudou os clientes anunciantes da Clear Channel a distribuir suas mensagens mais eficazmente, mas também permitiu que a empresa combinasse suas atividades de venda e tivesse uma equipe de vendas unificada para todas as três mídias, obtendo economias de custo significativas e aumentando as margens de lucro. Em 2000, a Clear Channel ampliou ainda mais sua estratégia de mídia, adquirindo o SFX Entertainment, um dos maiores promotores, produtores e apresentadores do mundo de programas de entretenimento ao vivo.

No final de 2005, a Clear Channel era proprietária de estações de rádio e de televisão locais para anúncios em outdoors e meios de entretenimento em 66 países. Operava cerca de 1.200 emissoras de rádio e 40 canais de televisão e possuía participação acionária em mais de 240 estações de rádio em âmbito internacional. Também operava uma rede de rádio de programas de entrevistas com aproximadamente 180 milhões de ouvintes semanalmente. Além disso, a empresa era proprietária ou operava 820 mil locais para anúncios, incluindo outdoors, mobiliário de ruas e painéis móveis em torno do globo. No final de 2005, a empresa transformou sua divisão Clear Channel Entertainment (que era um promotor, produtor e vendedor importante de aproximadamente 32 mil eventos de entretenimento ao vivo anualmente e também era proprietário de empresas importantes de gerenciamento de atletas e de marketing de esportes) em uma entidade separada por meio de uma oferta pública de ações.

Fontes: Informações divulgadas no site www.clearchannel.com. Acesso em set. 2005, e *Business Week*, p. 56, 19 out. de 1999.

uma importante empresa de cartões de crédito. A partir de 2006 o Bank of America tinha uma rede de 5.900 agências em 20 estados e no Distrito de Columbia e administrava 140 dólares em saldos de cartões de crédito. Era o maior banco dos Estados Unidos em termos de depósitos, o segundo maior em ativos e a quinta empresa mais lucrativa no mundo (com lucros em 2005 de cerca de 17 bilhões).

O Quadro Ilustrativo 6.1 descreve como a Clear Channel Worldwide empregou as aquisições para consolidar uma posição global de liderança na propaganda em outdoors e na transmissão por rádio e televisão.

Muito freqüentemente, as fusões e aquisições não produzem os resultados esperados[16]. As economias de custo podem ser menores do que o previsto. Os ganhos de capacitação competitiva podem levar um tempo consideravelmente maior para ocorrer ou, pior ainda, podem nunca se materializar. As iniciativas para fundir as culturas corporativas podem encontrar obstáculos por causa da enorme resistência dos membros da organização. Gerentes e funcionários da empresa adquirida podem argumentar convincentemente que prentendem continuar a fazer certas coisas do modo como eram feitas antes da aquisição. Funcionários de destaque na empresa adquirida podem tornar-se rapidamente desencantados e demitir-se; o moral pode cair para níveis assustadoramente baixos, porque o pessoal que permaneceu discorda das novas mudanças instituídas. Diferenças de estilo de gerenciamento e de procedimentos operacionais podem tornar-se difíceis de equacionar. Gerentes nomeados para supervisionar a integração de uma empresa adquirida recentemente podem cometer erros ao decidirem que atividades deixar inalteradas e quais fundir em seus próprios sistemas e operações.

Algumas fusões/aquisições anteriormente elogiadas ainda não fizeram jus às expectativas — a fusão entre a America Online (AOL) e a Time Warner, a fusão entre Daimler-Benz e Chrysler, a aquisição da Compaq Computer pela Hewlett-Packard, a aquisição da Jaguar pela Ford e a aquisição da Sears pelo Kmart são exemplos marcantes. A fusão AOL-Time Warner se provou especialmente desastrosa, em parte porque o crescimento anteriormente rápido da AOL desapareceu, em parte por causa de um enorme choque de culturas corporativas e em parte porque a maioria dos benefícios esperados da convergência dos setores ainda não se materializou. A Ford pagou um preço elevado para adquirir a Jaguar, mas ainda não conseguiu tornar a marca Jaguar um fator importante no segmento de carros de luxo na concorrência com a Mercedes, a BMW e o Lexus. A Novell adquiriu o WordPerfect por 1,7 bilhão em ações no ano de 1994, porém a combinação nunca gerou o dinamismo suficiente para concorrer com o Microsoft Word e o Microsoft Office — a Novell vendeu o WordPerfect para a Corel por 124 milhões em dinheiro e em ações menos de dois anos mais tarde. Em 2001, o varejista de produtos eletrônicos Best Buy pagou 685 milhões para adquirir o Musicland, um varejista de música com 1.300 lojas enfrentando problemas, que incluía lojas com os nomes Musicland, Sam Goody, Suncoast, Media Play e On Cue. Entretanto as vendas do Musicland, já em declínio, diminuíram ainda mais. Em junho de 2003, a Best Buy "vendeu" o Musicland para uma empresa de investimentos da Flórida — não houve pagamento em dinheiro e o "comprador" recebeu ações do Best Buy para assumir o passivo do Musicland.

ESTRATÉGIAS DE INTEGRAÇÃO VERTICAL: OPERAÇÃO EM MAIS ESTÁGIOS DA CADEIA DE VALOR DO SETOR

A integração vertical amplia o alcance competitivo e operacional da empresa no âmbito do mesmo setor. Envolve expandir a faixa de atividades da empresa para a inclusão de fontes de fornecimento e/ou nos canais de distribuição que alcançam o usuário final. Desse modo, se um produtor investe em instalações para fabricar certos componentes, que adquiria anteriormente de fornecedores externos, permanece essencialmente no mesmo setor. A única alteração é que possui operações em dois estágios da cadeia de valor do setor. De modo similar, se um fabricante de tintas, a Sherwin-Williams, por exemplo, decidir integrar-se para a frente, no estágio de distribuição da cadeia, inaugurando 100 lojas varejistas para vender suas tintas diretamente aos consumidores, permanecerá no ramo de tintas, apesar de seu alcance competitivo ampliar-se da fabricação para o varejo.

As estratégias de integração vertical podem almejar a *integração plena* (participação em todos os estágios da cadeia de valor do setor) ou a *integração parcial* (consolidar posições em estágios selecionados da cadeia de valor total do setor). Uma empresa pode almejar a integração vertical iniciando suas próprias operações em outros estágios da cadeia de atividades do setor ou adquirindo uma empresa desempenhando as atividades que deseja realizar.

As Vantagens de uma Estratégia de Integração Vertical

> **Conceito Central**
> Uma estratégia de integração vertical possui atração somente se reforça significativamente a posição competitiva de uma empresa.

As duas melhores razões para investir os recursos da empresa na integração vertical consistem em reforçar a posição competitiva da empresa e/ou aumentar sua lucratividade[17]. A integração vertical de fato não traz retorno do ponto de vista de lucro ou de estratégia, a não ser que gere economias de custo suficientes ou aumento do lucro para justificar o investimento adicional, agregue valor material aos recursos fortes tecnológicos e competitivos da empresa ou ajude a diferenciar a oferta de produtos da empresa.

Integração da Cadeia de Suprimentos para Obter Maior Competitividade É mais difícil do que se pode imaginar a geração de economias de custo ou o aumento da lucratividade, integrando para trás (cadeia de suprimentos) em atividades como produção de peças e componentes (que poderiam alternativamente ser adquiridas de fornecedores especializados). Para que a integração para trás seja uma estratégia factível e lucrativa, uma organização precisa ser capaz de (1) obter as mesmas economias de escala que os fornecedores externos e (2) igualar ou suplantar a eficiência de produção dos fornecedores sem diminuir a qualidade. Nenhum dos resultados é fácil de alcançar. Para começar, as necessidades internas da organização, muitas vezes, são muito pequenas para se atingir a dimensão ótima de uma operação de custo baixo — por exemplo, se for necessário um volume de produção mínimo de 1 milhão de unidades para obter economias de produção em massa e as necessidades internas da empresa forem de apenas 250 mil unidades, então a organização está muito aquém da condição para conseguir as economias de escala dos fornecedores externos (que podem identificar prontamente compradores para 1 milhão de unidades ou mais). Além disso, igualar a eficiência produtiva acarreta muitos problemas quando os fornecedores possuem uma considerável experiência de fabricação própria, a tecnologia que adotam tem elementos difíceis de dominar ou o conhecimento especializado de P&D for necessário para desenvolver a próxima versão de peças e componentes ou acompanhar o ritmo da tecnologia em evolução.

Entretanto, após essas afirmativas, ainda existem ocasiões em que uma empresa pode melhorar sua posição de custo e sua competitividade, desempenhando internamente uma ampla gama de atividades da cadeia de valor. O melhor potencial para ter a capacidade de reduzir custos por meio de integração da cadeia de suprimentos existe nas situações em que os fornecedores possuem margens de lucro muito grandes, quando o item sendo fornecido é um componente com custo substancial e onde as habilidades tecnológicas necessárias são facilmente dominadas ou podem ser obtidas pela aquisição de um fornecedor com o *know-how* tecnológico desejado. Além disso, quando uma empresa possui *know-how* patenteado que tem o poder de afastar os concorrentes, então o desempenho interno das atividades da cadeia de valor relacionadas a esse *know-how* é benéfico, mesmo se tais atividades podem ser realizadas por outras empresas. Por exemplo, o Krispy Kreme Doughnuts adotou de modo bem-sucedido uma estratégia de integração vertical da cadeia de suprimentos, envolvendo a produção interna do equipamento para a produção de rosquinhas e dos ingredientes para a confecção das rosquinhas que as lojas da empresa e as franqueadas utilizam para produzir os Krispy Kreme — a empresa obteve lucros substanciais graças à produção interna desses itens em vez de adquiri-los de fornecedores. Além disso, a estratégia de integração vertical do Krispy Kreme fazia sentido em termos competitivos, porque seu equipamento de produção de rosquinhas e a receita para produzi-las eram patenteados; manter o *know-how* de seu equipamento de fabricação de rosquinhas e sua receita secreta fora do alcance de fornecedores externos ajudou o Krispy Kreme a proteger sua oferta do produto de prováveis imitadores.

A integração vertical na cadeia de suprimentos pode gerar uma vantagem competitiva com base na diferenciação, quando uma empresa, realizando atividades internamente em vez de usar fornecedores externos, acaba possuindo uma oferta de produtos/serviços de melhor qualidade, aumenta a qualidade de seu atendimento ao cliente ou, de outro modo, ressalta o desempenho de seu produto final. Em certas ocasiões, a integração em mais estágios ao longo da cadeia de valor da indústria pode aumentar a capacidade de diferenciação de uma empresa, permitindo que a empresa crie ou reforce suas competências centrais, domine melhor habilidades básicas ou tecnologias importantes para a estratégia ou acrescente características que proporcionam maior valor para o cliente. Outras vantagens potenciais da integração da cadeia de suprimentos incluem proteger a empresa da incerteza de ter dependência de fornecedores de componentes importantes ou de serviços de apoio e diminuir a vulnerabilidade de uma empresa perante fornecedores poderosos inclinados a aumentar preços em todas as oportunidades.

Integração na Cadeia de Comercialização para Aumentar a Competitividade O impulso estratégico para a integração das atividades da cadeia de distribuição consiste em ter melhor acesso aos usuários finais e mais visibilidade no mercado. Em muitos setores, agentes de venda independentes, atacadistas e varejistas comercializam marcas concorrentes do mesmo produto; sem ter compromisso com a marca de alguma empresa, eles tendem a oferecer tudo aquilo que vende e lhes proporcione os maiores lucros. Uma corretora independente de seguros, por exemplo, representa algumas seguradoras distintas — na tentativa de identificar a melhor combinação entre as necessidades de seguro de um cliente e as apólices das diversas seguradoras, existem muitas oportunidades para que os corretores independentes acabem promovendo apólices de determinadas seguradoras de preferência a outras. Uma seguradora pode concluir, portanto, que é melhor instalar seus próprios escritórios regionais de vendas com seus próprios agentes locais para promover exclusivamente suas apólices. De modo análogo, um fabricante pode frustar-se em suas tentativas para conseguir vendas e participação de mercado maiores ou livrar-se de estoques indesejáveis ou manter uma produção constante ou próxima à capacidade total, caso precise distribuir seus produtos por meio de distribuidores e/ou varejistas que possuem pouco compromisso com a promoção e a venda de sua marca em contraste aos produtos dos concorrentes. Em tais casos, pode ser vantajoso para um produtor integrar algumas atividades da cadeia de distribuição por meio do atacado ou do varejo via empresas distribuidoras próprias, ou uma rede de lojas varejistas, de propriedade da empresa. Por exemplo, a Goodyear e a Bridgestone optaram por integrar as atividades da cadeia de distribuição, atuando no varejo de pneus, em vez de usar distribuidores e varejistas importantes que mantinham em estoque marcas diferentes, porque esses distribuidores/varejistas independentes enfatizavam a marca de pneus nas quais tinham a margem de lucro mais elevada. Alguns fabricantes de utensílios domésticos e vestuário integraram as atividades da cadeia de distribuição, atuando no varejo, a fim de vender artigos de qualidade inferior, estoques excessivos e mercadorias de giro lento por meio de suas próprias lojas de marca localizadas em supermercados populares. Alguns produtores optaram por integrar as atividades da cadeia comercial, atuando no varejo, por meio da venda direta a clientes no site da empresa. Evitar os canais usuais de atacado/varejo, dando preferência a vendas diretas e a varejo na internet, pode ter apelo, caso diminua os custos de distribuição, gere uma vantagem de custo relativa sobre certos rivais e resulte em preços de venda menores para os usuários finais.

As Desvantagens de uma Estratégia de Integração Vertical

A integração vertical possui, no entanto, algumas desvantagens substanciais[18]. Do mesmo modo que aumenta o investimento de capital de uma empresa no setor, aumenta o risco empresarial (e se o crescimento e a lucratividade do setor deixarem a desejar?) e aumentam os interesses em jogo ao se manter em sua cadeia de valor integrada verticalmente (e se uma parte de sua tecnologia e de suas instalações produtivas se tornar obsoleta antes de se esgotar ou ser totalmente depreciada?). As empresas integradas verticalmente, que investiram maciçamente em uma tecnologia específica e/ou na fabricação de peças/componentes, muitas vezes são lentas para incorporar avanços tecnológicos ou métodos de produção mais eficientes em comparação a empresas parcialmente integradas ou que não se integraram. Isto ocorre porque as empresas menos integradas podem pressionar os fornecedores a vender somente as mais recentes e melhores peças e componentes (mesmo ameaçando mudar suas compras de um fornecedor para outro, caso surja a necessidade), ao passo que uma empresa integrada verticalmente, que depende de tecnologia mais antiga ou de instalações que fazem itens que não têm mais utilidade, está prestando atenção aos custos de uma desistência prematura. Segundo, a integração da cadeia de distribuição ou da cadeia de suprimentos faz com que uma empresa passe a depender de suas próprias atividades e fontes de suprimentos internas (que podem se tornar posteriormente mais custosas do que a terceirização) e resulta potencialmente em menos flexibilidade para lidar com as preferências de compra em alteração a um projeto do produto, que não inclua peças e componentes produzidas internamente. *No mundo atual de relacionamentos de trabalho próximos com fornecedores e sistemas de gerenciamento eficientes da cadeia de suprimentos, poucas empresas podem justificar a integração na cadeia de suprimentos, passando a atuar na área dos fornecedores, a fim de assegurar um fornecimento confiável de materiais e componentes ou reduzir os custos de produção.* Os melhores fornecedores de materiais e componentes mantêm-se atualizados com o avanço da tecnologia e procuram aumentar sua eficiência e manter seus custos e preços os mais baixos possíveis. Uma organização que adota uma estratégia de integração vertical e tenta produzir internamente muitas peças e componentes pode ter dificuldade para acompanhar os avanços tecnológicos e as práticas de produção de ponta para cada peça e componente usado na fabricação de seu produto.

Terceiro, a integração vertical acarreta todos os tipos de problemas de adequação da capacidade. Na produção de veículos automotores, por exemplo, a escala de operações mais eficiente para a fabricação de eixos é diferente do volume mais econômico para radiadores e também diferente para motores e transmissões. Instalar capacitação para produzir internamente somente o número certo de eixos, radiadores, motores e transmissões — e fazê-lo ao menor custo unitário para cada um — é mais fácil de afirmar do que de realizar. Se a capacitação interna para a produção de transmissões é deficiente, a diferença tem de ser adquirida externamente. Na hipótese de a capacitação interna para radiadores ser excessiva, deve-se encontrar clientes para o excesso produzido. E se são gerados subprodutos — conforme ocorre no processamento de muitos produtos químicos — eles exigem providências para o descarte. Conseqüentemente, a integração em diversos estágios de produção, de um modo que resulte nos menores custos viáveis, não é tão fácil quanto possa parecer.

Quarto, a integração da cadeia de distribuição ou da cadeia de suprimentos, muitas vezes, exige mudanças radicais de habilidades e da capacidade empresarial. A fabricação de peças e componentes, as operações de montagem, a distribuição no atacado e no varejo e as vendas diretas pela internet são áreas diferentes com fatores de sucesso básicos. Os líderes de uma empresa industrial devem analisar cuidadosamente se faz sentido, do ponto de vista dos negócios, investir tempo e dinheiro para desenvolver a especialização e as habilidades comerciais para a integração na cadeia de distribuição por meio do atacado e do varejo. Muitos fabricantes passam por apuros até aprender que as redes de atacado/varejo de propriedade da empresa causam muitas dores de cabeça, ajustam-se mal àquilo que já desempenham bem e nem sempre acrescentam o tipo de valor para sua atividade básica que eles julgavam que ocorreria. Vender a clientes pela internet acarreta ainda um outro conjunto de problemas — normalmente é mais fácil usar a internet para vender a empresas do que a consumidores.

Por fim, a integração da cadeia de suprimentos pela fabricação de peças e componentes pode prejudicar a flexibilidade operacional de uma empresa, quando chegar a ocasião de mudar o uso de certas peças e componentes. Projetar um componente produzido por um fornecedor é diferente de projetar um componente fabricado na empresa (o que pode significar dispensar empregados e dar baixa contábil no investimento relacionado a equipamentos e instalações). As empresas, que alteram freqüentemente os projetos e os modelos em resposta às mudanças na preferência dos compradores, percebem, muitas vezes, que a terceirização das peças e componentes necessários é menos onerosa e menos complicada do que produzi-los internamente. A maioria dos produtores de veículos, apesar de seu conhecimento especializado na tecnologia e na produção automotiva, concluiu que a aquisição de muitas de suas principais peças e componentes de indústrias especializadas resulta em maior qualidade, custos menores e maior flexibilidade do projeto comparado à opção da integração vertical.

Avaliação dos Prós e Contras da Integração Vertical. Portanto, de modo geral, uma estratégia de integração vertical pode apresentar pontos fortes e fracos importantes. O resultado depende de (1) a integração vertical poder aumentar o desempenho de atividades críticas para a estratégia, para diminuir custos, criar especialização, proteger o *know-how* exclusivo ou aumentar a diferenciação, (2) o impacto da integração vertical nos custos de investimento, na flexibilidade e no tempo de resposta e os custos administrativos de coordenação das operações em mais atividades da cadeia de valor e (3) a integração vertical aumentar substancialmente a competitividade e a lucratividade de uma empresa. *As estratégias de integração vertical são atraentes, de acordo com quais capacitações e atividades da cadeia de valor precisam ser verdadeiramente executadas na própria empresa e quais podem ser realizadas melhor ou mais economicamente por outras empresas.* Na ausência de benefícios reais, a integração para a frente ou para trás — da cadeia de distribuição ou da cadeia de suprimentos – não tende a ser uma opção estratégica atraente.

ESTRATÉGIAS DE TERCEIRIZAÇÃO: DIMINUIÇÃO DAS FRONTEIRAS DA EMPRESA

A **terceirização** envolve uma decisão consciente de abandonar as tentativas de executar internamente certas atividades da cadeia de valor e, como alternativa, optar por transferi-las a especialistas externos e a aliados estratégicos. Os dois grandes impulsionadores para a terceirização dizem respeito a (1) outras empresas poderem, muitas vezes, desempenhar melhor ou mais economicamente certas atividades e (2) a terceirização permite que uma empresa concentre todas as suas energias no centro de sua especialização (suas competências centrais), as mais críticas para o seu sucesso competitivo e financeiro.

> **Conceito Central**
> **Terceirização** envolve a transferência de certas atividades da cadeia de valor para fornecedores externos.

O interesse atual de muitas empresas para tornar a terceirização um componente essencial de sua estratégia global e de seu método de gerenciamento da cadeia de suprimentos representa um grande afastamento do modo como as empresas costumavam lidar com seus fornecedores e vendedores. Em anos anteriores, era comum as empresas manterem relacionamentos próximos com fornecedores e provedores, insistindo nos itens fabricados, de acordo com especificações precisas e negociando preços de modo insistente e demorado[19]. Embora uma empresa possa colocar pedidos repetidamente no mesmo fornecedor, não ocorria uma expectativa de que esse seria o caso: o preço determinava geralmente que fornecedor receberia um pedido e as empresas costumavam ameaçar mudar de fornecedor a fim de obter os menores preços possíveis. Para aumentarem seu poder de negociação e fazer que a ameaça tivesse credibilidade, era prática comum adquirirem peças e componentes de diversos fornecedores em vez de negociar com um único. Porém, atualmente, a maioria das empresas está abandonando tais métodos a favor de alianças e parcerias estratégicas com um pequeno número de fornecedores altamente capazes. Os relacionamentos cooperativos estão substituindo os contratuais e puramente orientados ao preço, porque as empresas constataram que muitas das vantagens da execução interna das atividades da cadeia de valor podem ser capturadas, e muitas das desvantagens podem ser evitadas, pela criação de parcerias próximas e de longo prazo com fornecedores e vendedores aptos e aproveitando a especialização e a capacidade que desenvolveram a um grande custo.

Quando as Estratégias de Terceirização São Vantajosas

Terceirizar partes da cadeia de valor, para diminuir as fronteiras dos negócios de uma empresa, faz sentido estratégico sempre que:

- *Uma atividade pode ser executada melhor ou mais economicamente por especialistas externos.* Muitos fabricantes de PCs, por exemplo, passaram da montagem interna de unidades para a adoção de empresas montadoras contratadas por causa das enormes economias de escala associadas à compra em grandes volumes de componentes de PCs. O fabricante de calçados alemão Birkenstock, ao terceirizar a distribuição de sapatos produzidos em suas duas fábricas na Alemanha para a UPS, diminuiu o tempo de entrega de pedidos para os varejistas de calçados nos Estados Unidos de sete para três semanas[20].

- *A atividade não é importante para a capacidade da empresa em obter vantagem competitiva sustentável e não diminuirá sua competência central, sua capacidade e seu know-how técnico.* A terceirização para especialistas dos serviços de manutenção, de processamento e armazenagem de dados, do gerenciamento dos benefícios para os empregados, das operações do site e de atividades de apoio administrativo similares tem-se tornado comum. A American Express, por exemplo, concluiu recentemente um acordo no valor de 4 bilhões, válido por sete anos, pelo qual a Divisão de Serviços da IBM abrigaria o site, os servidores, o armazenamento de dados e o atendimento aos clientes dessa empresa de cartões de crédito; a American Express indicou que economizaria muitas centenas de milhões de dólares, pagando somente pelos serviços de que precisasse e quando os necessitasse (em vez de financiar seu próprio quadro de pessoal em período integral). Algumas organizações começaram a terceirizar suas operações de call center para empresas sediadas no exterior, que podem utilizar suprimentos baratos e empregar pessoal com salários menores para responder às dúvidas dos clientes ou às solicitações de suporte técnico.

> **Conceito Central**
> Uma empresa em geral não deveria executar internamente nenhuma atividade da cadeia de valor que pudesse ser realizada de modo mais eficiente ou eficaz por outras organizações — à exceção de uma atividade específica ser estrategicamente crucial e o controle interno dessa atividade ser considerado essencial.

- *Reduz a exposição ao risco da empresa à mudança da tecnologia e/ou às preferências dos compradores.* Quando uma empresa terceiriza determinadas peças, componentes e serviços, seus fornecedores precisam ficar responsáveis pela incorporação de tecnologias de ponta e/ou realizar novos projetos e atualizações a fim de criar compatibilidade para a introdução de produtos da próxima geração. Se aquilo que um fornecedor oferece deixa de ter a preferência dos compradores ou não faz parte do projeto da próxima geração, são os negócios do fornecedor que acabam prejudicados em vez das próprias operações internas da empresa.

- *Aumenta a capacidade que uma empresa possui para competir.* As parcerias colaborativas com fornecedores de classe mundial, que possuem capital intelectual de ponta e são os primeiros a adotar a tecnologia mais recente, proporcionam a uma empresa acesso a peças e componentes cada vez melhores — tais inovações impulsionadas pelos fornecedores, quando incorporadas à própria oferta de produtos da empresa, dinamizam a capacidade de uma empresa para introduzir seus próprios produtos novos e aperfeiçoados.

- *Organiza as operações da empresa de modo que melhore a flexibilidade organizacional e diminua o tempo para lançar novos produtos no mercado.* A terceirização oferece a uma empresa a flexibilidade para mudar de fornecedor, no caso de seu atual fornecedor ser suplantado por fornecedores concorrentes. Na extensão em que seus fornecedores podem iniciar aceleradamente a produção de peças e componentes da próxima geração, uma empresa pode, logo em seguida, colocar no mercado com mais rapidez seus próprios produtos da próxima geração. Além disso, identificar novos fornecedores com a capacidade necessária já comprovada freqüentemente é mais rápido, mais fácil, menos arriscado e mais econômico do que reorganizar apressadamente as operações internas para substituir capacitações obsoletas ou tentar instalar e dominar novas tecnologias.

- *Permite a uma empresa agrupar diversos tipos de especialização de modo rápido e eficiente.* Uma organização pode obter quase sempre acesso mais fácil à capacidade e especialização de primeira classe associando-se a fornecedores que já as possuem do que tentar obtê-las desde o início com seu próprio pessoal.

- *Permite a uma empresa concentrar-se em seus negócios principais, alavancar seus recursos básicos e realizar até melhor aquelas atividades que já desempenha bem.*

Uma empresa pode criar e desenvolver melhor suas capacitações e competências essenciais quando concentra internamente todos os seus recursos e energias na execução dessas atividades, para desempenhar melhor que outras organizações. A Cisco Systems, por exemplo, concentra suas energias na criação de novas gerações de chaves, roteadores e outros equipamentos relacionados à internet, optando por terceirizar as atividades mais comuns na produção e montagem de seus roteadores e equipamento para fabricantes contratados que, juntos, operam 37 fábricas, todas monitoradas e supervisionadas de perto pelo pessoal da Cisco via sistemas on-line. Os fornecedores contratados pela Cisco trabalham tão próximos à empresa a ponto de despacharem produtos aos clientes Cisco, sem que um colaborador da empresa se envolva. O sistema de alianças economiza de 500 a 800 milhões anualmente[21].

As parcerias da Dell Computer com os fornecedores de componentes de PCs permitiram-lhe operar com somente três dias de estoque (apenas algumas horas de estocagem, no caso de alguns componentes), obter economias substanciais nos custos de estocagem e colocar no mercado PCs equipados com componentes da próxima geração em menos de uma semana após o início do envio dos novos componentes atualizados. Hewlett-Packard, IBM, Silicon Graphics (agora SGI) e outras empresas venderam fábricas para fornecedores e contrataram o fornecimento da produção. A Starbucks constatou que a aquisição de grãos de café de cultivadores independentes é muito mais vantajoso do que tentar a integração na cadeia de suprimentos de cultivo do café.

O Grande Risco de uma Estratégia de Terceirização

O maior perigo da terceirização é a empresa transferir para outras organizações atividades erradas e, portanto, diminuir suas próprias capacitações[22]. Em tais casos, uma empresa perde contato com as próprias atividades e especializações que determinam seu sucesso no longo prazo. Porém, a maioria das empresas está alerta para esse perigo e toma medidas para proteger-se da dependência excessiva de fornecedores externos. A Cisco Systems precaveu-se contra a perda de controle e protege sua especialização produtiva, criando os métodos de produção que seus fornecedores contratados precisam usar. A Cisco mantém patenteado o código-fonte para seus projetos, controlando desse modo o início de todos os aperfeiçoamentos e salvaguardando suas inovações de imitações. Além disso, a Cisco usa a internet para monitorar sem interrupção as operações industriais dos fornecedores contratados e pode, portanto, saber imediatamente quando surgem problemas e se deve envolver-se.

ESTRATÉGIAS OFENSIVAS: MELHOR POSIÇÃO DE MERCADO E CRIAÇÃO DE VANTAGEM COMPETITIVA

A grande maioria das empresas precisa, em certas ocasiões, atuar ofensivamente para melhorar sua posição de mercado e tentar criar uma vantagem competitiva ou ampliar uma existente. Empresas como a Dell, o Wal-Mart e a Toyota jogam duro, buscando conquistar agressivamente vantagem competitiva e tentando colher os benefícios que um posicionamento competitivo oferece — liderança na participação de mercado, margem de lucro excelente e crescimento rápido (em comparação aos concorrentes) e todos os fatores intangíveis de ser bem conhecida como uma empresa dinâmica e que joga para ganhar[23]. As melhores ofensivas tendem a incorporar diversos comportamentos e princípios: (1) focalizar persistentemente a criação de vantagem competitiva e, em seguida, empenhar-se para convertê-la em uma vantagem decisiva, (2) empregar o elemento surpresa em oposição a realizar aquilo que os concorrentes esperam e para o qual estão preparados, (3) aplicar recursos naquilo em que os concorrentes têm menos capacidade para defender-se e (4) demonstrar impaciência com o *status quo* e adotar um direcionamento forte para ações rápidas e decisivas a fim de aumentar a posição competitiva perante os concorrentes[24].

As estratégias ofensivas também são importantes quando uma empresa não possui escolha a não ser diminuir gradativamente a vantagem competitiva de concorrentes fortes e, quando é possível, obter participação de mercado lucrativa às suas custas apesar de todos os recursos fortes e capacitações que possam ter. O tempo necessário para uma ofensiva trazer bons resultados varia com as circunstâncias competitivas[25]. Pode ser pouco se os compradores reagem imediatamente imaginativa (conforme pode ocorrer com um corte de preço substancial, uma campanha publicitária ou um produto novo especialmente atraente). Assegurar uma vantagem competitiva pode leva muito mais tempo se a conquista da aceitação pelo consumidor de um produto inovador levar algum tempo ou se a empresa precisa de muitos anos para ter o domínio de uma nova tecnologia, instalar nova capacidade produtiva ou desenvolver e aperfeiçoar nova capacitação competitiva. Idealmente, uma ação ofensiva melhorará a posição de mercado de uma empresa ou resultará em uma vantagem competitiva com relativa rapidez; quanto mais tempo levar, mais provável que os concorrentes detectarão a ação, verão seu potencial e iniciarão uma contra-ação.

> **Conceito Central**
> São necessárias estratégias ofensivas bem-sucedidas para obter vantagem competitiva — boas estratégias defensivas podem ajudar a proteger a vantagem competitiva, porém raramente são a base para criá-las.

As principais opções de estratégia ofensiva incluem as seguintes:

1. *Oferecer um produto igualmente bom ou melhor a um preço menor.* Esta é a ofensiva clássica para melhorar a posição de mercado de uma empresa. A Advanced Micro Devices (AMD), disposta a aumentar suas vendas de microprocessadores para PCs, optou em diversas ocasiões por atacar frontalmente a Intel, oferecendo uma alternativa mais rápida aos chips Intel Pentium a um preço menor. Ao acreditar que a sobrevivência da empresa depende da eliminação da defasagem de desempenho entre os chips AMD e os chips Intel, os executivos da AMD dispuseram-se a correr o risco de que a Intel contra-atacasse com preços menores e acelerasse o desenvolvimento de chips da próxima geração. Preços menores podem produzir ganhos de participação de mercado, se os concorrentes não reagem com suas próprias diminuições de custo e se o desafiante convence os compradores de que seu produto é igualmente bom ou melhor. No entanto, tal estratégia aumenta os lucros totais somente se os ganhos em termos de vendas de unidades totais são suficientes para compensar o impacto dos preços menores e das margens mais reduzidas por unidade vendida. As ofensivas de corte de preços geralmente produzem melhor resultado quando uma empresa *consegue inicialmente uma vantagem de custo e então enfrenta os concorrentes com um preço menor*[26].

2. *Suplantar os concorrentes sendo o primeiro a adotar tecnologias da próxima geração ou o primeiro a comercializar produtos da próxima geração.* Em 2004-2005, a Microsoft conduziu uma ofensiva para lançar no mercado seu Xbox de próxima geração quatro a seis meses antes do que o PlayStation 3 da Sony, prevendo que essa defasagem ajudaria a convencer os adeptos de videogames a optarem pelo Xbox em vez de esperar que o novo PlayStation chegasse ao mercado em 2006.

3. *Realizar uma inovação contínua do produto para conquistar vendas e participação de mercado de concorrentes menos inovadores.* Iniciativas de caráter agressivo e constantes a fim de sobrepujar os produtos dos concorrentes, introduzindo produtos novos ou aperfeiçoados com características calculadas para atrair clientes dos concorrentes pode colocar estes concorrentes sob enorme pressão competitiva, especialmente quando sua capacidade de desenvolvimento de novos produtos é fraca ou suspeita. Porém, tais ofensivas somente dão certo se uma empresa possui habilidades para a inovação do produto e sempre tem um repositório de idéias constantemente bem recebidas no mercado.

4. *Adaptar e melhorar as boas idéias de outras empresas (concorrentes ou não)*[27]. A idéia de utensílios vendidos em armazéns e centros de produtos para o lar não teve origem com os fundadores

do Home Depot, Arthur Blank e Bernie Marcus; eles aproveitaram o conceito de vendas em grande escala de seu empregador anterior, o Handy Dan Home Improvement. Contudo, foram rápidos para melhorar o modelo e a estratégia empresariais do Handy Dan e conduzir o Home Depot ao próximo nível em termos de amplitude da linha de produtos e do atendimento ao cliente. O fabricante Hillenbrand melhorou consideravelmente sua posição de mercado, adaptando os métodos de produção adotados pela Toyota. A Ryanair teve sucesso como empresa aérea de custo baixo na Europa, imitando muitas das práticas operacionais da Southwest Airlines e aplicando-as em um mercado geográfico diferente. Empresas que jogam duro estão dispostas a aproveitar qualquer boa idéia que não esteja patenteada ou tenha proteção legal, torná-la sua própria e então usá-la agressivamente para criar vantagem competitiva[28].

5. *Atacar deliberadamente aqueles segmentos de mercado em que um concorrente importante obtém grandes lucros*[29]. A entrada recente da Dell Computer no mercado de impressoras e toners — o mercado em que o segundo fabricante de PCs, Hewlett-Packard (HP), obtém margens de lucro consideráveis e consegue a maioria de seus lucros — embora motivada principalmente pela intenção da Dell de ampliar sua linha de produtos e poupar dinheiro para seus clientes (por causa dos preços menores da Dell), representou uma ofensiva de grande intensidade para enfraquecer a posição de mercado da HP em impressoras. Na extensão em que a Dell poderia ser capaz de usar preços menores para atrair alguns clientes de impressoras HP, a ação prejudicaria o "santuário de lucro" da HP, afastaria a atenção dedicada pela HP às impressoras, reduziria os recursos financeiros que a empresa possui disponíveis para enfrentar a Dell no mercado global de PCs.

6. *Atacar os recursos fracos competitivos dos concorrentes. As ofensivas direcionadas aos recursos fracos dos concorrentes apresentam muitas opções*. Uma consiste em atrair os clientes daqueles concorrentes cujos produtos deixam a desejar em termos de qualidade, características ou desempenho. Se uma empresa possui boa capacidade de atendimento aos clientes, ela consegue fazer ofertas de vendas aos clientes daqueles concorrentes que oferecem um atendimento abaixo do padrão. Empresas agressivas, com um nome reconhecido e muita habilidade para o marketing, podem tomar iniciativas para conquistar clientes dos concorrentes com pouco reconhecimento da marca. Existe um apelo considerável na ênfase de vendas aos clientes em regiões geográficas onde um rival possui pouca participação de mercado ou exerce menos pressão competitiva. De modo análogo, pode ser atraente prestar especial atenção aos segmentos de clientes que um concorrente está negligenciando ou tem poucas condições de atender.

7. *Manobrar em torno dos concorrentes e concentrar-se na obtenção de espaços desocupados ou menos contestados no mercado*. Exemplos incluem adotar iniciativas para conseguir posições firmes em áreas geográficas, onde concorrentes próximos têm pouca ou nenhuma presença no mercado e tentar criar novos segmentos de mercado, introduzindo produtos com atributos e características de desempenho diferentes para atender melhor às necessidades de clientes selecionados.

8. *Usar táticas agressivas ou de "guerrilha" para conquistar vendas e participação de mercado de concorrentes complacentes ou pouco atentos*. Opções por "guerrilhas ofensivas" incluem reduzir deliberadamente um preço (para obter um pedido grande ou conquistar um cliente importante de um concorrente), surpreender os principais concorrentes com atividades promocionais esporádicas, porém intensas (oferecendo um desconto de 20% durante uma semana para atrair clientes de outras marcas) ou realizar campanhas especiais para atrair clientes de concorrentes que se defrontam com uma greve ou com problemas para atender à demanda dos clientes[30]. As ofensivas de guerrilha são particularmente bem adequadas a novos entrantes de pequeno porte, que não possuem recursos ou visibilidade no mercado para lançar um ataque bem estruturado aos líderes do setor.

9. *Lançar um ataque preventivo para assegurar uma posição vantajosa que os concorrentes são impedidos ou desestimulados a imitar*[31]. O que torna uma ação preventiva é sua natureza única

— quem atacar primeiro conseguirá obter ativos competitivos que outros não conseguem igualar de imediato. Exemplos de ações preventivas incluem: (1) assegurar os melhores distribuidores em uma região geográfica ou em um país específico, (2) mudar para obter a localização mais favorável em uma via pública, em um novo entroncamento ou interseção, em um novo shopping center, em um lugar de beleza natural, perto de meios de transporte econômicos ou de suprimento de matérias-primas ou de canais varejistas no mercado e assim por diante, (3) vincular os fornecedores mais confiáveis e de alta qualidade por meio de contratos de parceria exclusiva e de longo prazo ou mesmo de aquisições e (4) agir rapidamente para adquirir os ativos de concorrentes em dificuldades a preços muito favoráveis. Uma ação preventiva, para ser bem-sucedida, não precisa impedir totalmente os rivais de seguir a mesma orientação ou copiar; é preciso meramente proporcionar à empresa uma posição de destaque, de modo que ela não seja facilmente vítima de um ardil.

Estratégia Eficaz: Um Tipo Especial de Ofensiva

Uma estratégia eficaz procura obter vantagem competitiva considerável e duradoura, *desistindo de derrotar os concorrentes nos mercados existentes e, como alternativa, criando um novo setor ou segmento de mercado diferenciado (uma estratégia com grande abertura a novas possibilidades) que torna os atuais concorrentes em grande parte irrelevantes e permite a uma empresa criar e conquistar toda uma nova demanda*[32]. Essa estratégia encara o universo dos negócios como sendo formado por dois tipos distintos de espaço no mercado. Um é onde os limites do setor são definidos e aceitos, as regras competitivas do jogo são bem compreendidas por todos os participantes do setor e as empresas tentam desempenhar melhor que os concorrentes, conquistando uma parcela maior da demanda existente; em tais mercados uma concorrência dinâmica prejudica as perspectivas de uma empresa de crescimento rápido e lucratividade superior, pois todos agem rapidamente para imitar ou impedir o sucesso dos concorrentes. No segundo tipo de espaço de mercado, o setor de fato ainda não existe, ainda não foi afetado pela concorrência e oferece amplas oportunidades para um crescimento lucrativo e acelerado, se a organização puder adotar oferta de produtos e estratégia que lhe permita criar uma nova demanda em vez de lutar pela já existente. Um exemplo espetacular de tal espaço é o setor de leilões on-line que o eBay criou e agora domina.

Uma outra empresa que empregou uma estratégia eficaz é o Cirque du Soleil, que aumentou suas receitas 22 vezes durante o período de 1993-2003 na área de espetáculos circenses, um setor que estava vivendo havia 20 anos um declínio a longo prazo. De que modo o Cirque du Soleil conseguiu realizar essa façanha enfrentando o líder no setor Ringling Bros. and Barnum & Bailey? Reinventando o circo, criando um espaço no mercado muito diferenciado para suas apresentações (clubes noturnos de Las Vegas e ambientes de teatros) e atraindo todo um novo grupo de clientes — adultos e clientes corporativos — que não eram apreciadores dos circos tradicionais e estavam dispostos a pagar valores diversas vezes maiores do que o preço do ingresso de um circo convencional para usufruir de uma "experiência de entretenimento" que apresenta palhaços sofisticados e acrobacias de qualidade superior em uma atmosfera de uma grande tenda acolhedora. O Cirque du Soleil evitou conscienciosamente o uso de animais devido aos custos e à preocupação pelo seu tratamento nas organizações circenses tradicionais. A pesquisa de mercado do Cirque du Soleil levou os dirigentes a concluir que o apelo duradouro do circo tradicional se reduziu a apenas três fatores: os palhaços, os números clássicos de acrobacia e um cenário parecido com uma tenda. Em 2005, o Cirque du Soleil estava apresentando nove espetáculos diferentes, cada um com seu tema e roteiro; exibia-se perante públicos de cerca de 7 milhões de pessoas anualmente e havia atendido a 250 compromissos em 100 cidades para 50 milhões de espectadores.

Outros exemplos de empresas que obtiveram vantagens competitivas criando espaços de mercado mediante uma estratégia eficaz incluem AMC por The Weather Channel na TV a cabo, o Home Depot no varejo em grande escala de equipamentos e suprimentos para construção e a

FedEx na entrega de encomendas no dia seguinte. As empresas que criam espaços de mercado mediante estratégias eficazes geralmente conseguem sustentar sua vantagem competitiva conquistada de início sem encontrar desafio competitivo durante 10 a 15 anos por causa das barreiras elevadas à imitação e à forte percepção do nome que uma estratégia eficaz pode produzir.

A Escolha de Quais Concorrentes Atacar

As empresas que se valem de ofensivas precisam analisar quais concorrentes desafiar e também como estruturar esse desafio. Os seguintes são os melhores alvos para os ataques ofensivos[33]:

- *Líderes de mercado que são vulneráveis.* Os ataques ofensivos têm sentido, quando uma empresa que lidera em termos de tamanho e de participação de mercado não é um verdadeiro líder em termos de atender bem ao mercado. Sinais de vulnerabilidade do líder incluem compradores descontentes, uma linha de produtos inferior, uma estratégia competitiva fraca em relação à liderança em custo baixo ou diferenciação, compromisso emocional forte com uma tecnologia que se torna desatualizada, fábricas e equipamentos obsoletos, preocupação com a diversificação em outros setores e lucratividade medíocre ou declinante. As ofensivas para prejudicar as posições dos líderes de mercado representam uma promessa real quando o desafiante é capaz de reformular sua cadeia de valor ou inovar para ganhar uma nova vantagem competitiva baseada em custos ou em diferenciação[34]. Os ataques aos líderes, para serem julgados bem-sucedidos, não precisam ter como resultado tornar o agressor o novo líder; um desafiante pode "vencer" simplesmente tornando-se um participante mais forte que ocupe o segundo lugar. Recomenda-se cautela no desafio aos líderes de mercado fortes — existe um risco significativo de desperdiçar recursos valiosos em uma iniciativa fútil ou de precipitar uma batalha improdutiva em todo o setor por participação de mercado.

- *As empresas que ocupam o segundo lugar e possuem recursos fracos nas áreas em que o desafiante é forte.* Essas organizações representam um alvo especificamente atraente quando os recursos fortes e a capacitação competitiva de um desafiador são bem adequados para atacar os recursos fracos.

- *Empreendimentos enfrentando dificuldades que estão para falir.* Desafiar um concorrente pressionado, de modo que prejudique mais ainda sua solidez financeira e posição competitiva, pode enfraquecer sua determinação e acelerar sua saída do mercado.

- *Empresas de pequeno porte locais ou regionais com recursos limitados.* Em virtude de as pequenas empresas normalmente possuírem especialização e recursos limitados, um desafiante com capacitações mais amplas encontra-se bem posicionado para atacar os maiores e melhores clientes daquelas empresas. Particularmente as que estão crescendo com rapidez, têm necessidades cada vez mais sofisticadas e já podem estar pensando em mudar para um fornecedor com mais capacidade para atendimento integral.

Escolha da Base para o Ataque Competitivo

Como regra geral, desafiar os concorrentes com base competitiva onde eles são fortes constitui uma batalha árdua[35]. As iniciativas ofensivas que exploram os recursos fracos do concorrente apresentam melhores possibilidades de ter sucesso do que aquelas que desafiam os recursos fortes, especialmente se os recursos fracos representam vulnerabilidades importantes e os concorren fracos podem ser pegos de surpresa sem possuir defesa imediata[36].

> **Conceito Central**
> As melhores ofensivas usam os recursos fortes de uma empresa para atacar os concorrentes naquelas áreas competitivas nas quais são fracos.

As estratégias defensivas deveriam, como regra geral, ter o apoio dos ativos competitivos e dos recursos fortes de uma empresa — suas competências centrais, sua capacitação competitiva e recursos fortes como uma marca mais bem conhecida, uma vantagem de custo na produção ou na distribuição, maior capacidade tecnológica ou um produto superior. Se os recursos fortes do desafiante trazem-lhe uma vantagem competitiva sobre os concorrentes almejados, tanto melhor. Não levar em conta a necessidade de vincular uma ofensiva estratégica aos recursos fortes competitivos de uma empresa é como ir à guerra com um revólver de brinquedo — as perspectivas de sucesso são mínimas. Por exemplo, é tolice uma organização com custos relativamente elevados empregar uma ofensiva de diminuição de preços — as ofensivas de redução de preços são mais bem empregadas por empresas financeiramente sólidas, nas quais os custos são relativamente baixos em comparação àquelas desafiadas. De modo análogo, não é recomendável adotar uma ofensiva de inovação do produto sem ter especialização provada em P&D, no desenvolvimento de novos produtos e no lançamento acelerado de produtos novos ou aperfeiçoados no mercado.

ESTRATÉGIAS DEFENSIVAS: PROTEÇÃO DA POSIÇÃO DE MERCADO E DA VANTAGEM COMPETITIVA

> É igualmente importante discernir quando fortalecer a atual posição de mercado de uma empresa com ações defensivas de modo idêntico a tomar a iniciativa e iniciar ofensivas estratégicas.

Em um mercado competitivo, todas as empresas estão sujeitas aos desafios da concorrência. As finalidades das estratégias defensivas consistem em diminuir o risco de ser atacado, reduzir o impacto de qualquer ataque e influenciar os desafiantes a direcionarem seus ataques a outros rivais. Embora as estratégias defensivas geralmente não aumentem a vantagem competitiva de uma empresa, elas podem definitivamente ajudar a fortificar sua posição competitiva, proteger de imitação seus recursos e capacitações mais valiosos e defender toda vantagem competitiva que possa ter. As estratégias defensivas podem assumir qualquer das duas formas: ações para bloquear os desafiantes e sinalização da possibilidade de uma forte retaliação.

Bloqueio dos Caminhos Abertos aos Desafiantes

> Existem muitas maneiras de colocar obstáculos na trajetória de prováveis desafiantes.

O método mais freqüentemente empregado para defender a posição atual de uma empresa envolve ações que restringem as opções de um desafiante para o início de um ataque competitivo. Existem inúmeros obstáculos que podem ser colocados no caminho de desafiantes potenciais[37]. Uma empresa que se defende pode participar de alternativas tecnológicas como proteção contra rivais que atacam com uma tecnologia nova ou melhor. Essa empresa pode introduzir novas características, acrescentar novos modelos ou ampliar sua linha de produtos para atuar em brechas e nichos vagos, que se apresentam aos desafiantes que buscam oportunidades. Pode frustrar os esforços de concorrentes para afrontar com um preço menor, mantendo suas próprias opções de preços econômicos. Pode tentar desincentivar os compradores de experimentarem as marcas dos concorrentes, aumentando o período de garantia, oferecendo treinamento e serviços de apoio gratuitos, desenvolvendo capacidade para entregar peças de reposição aos usuários mais rapidamente que os concorrentes, oferecendo cupons e brindes aos clientes mais propensos a experimentar o produto e fazendo a divulgação antecipada de produtos novos a serem lançados ou alterações de preços a fim de induzir clientes a adiar a mudança. A empresa pode questionar a qualidade ou a segurança dos produtos dos concorrentes. Por fim, uma empresa que se defende pode conceder descontos por volume ou melhores condições de financiamento aos concessionários e distribuidores para desencorajá-los a comprar de outros fornecedores ou pode convencê-los a comercializar com *exclusividade* sua linha de produtos e forçar os concorrentes a usar outros canais de distribuição.

Sinalização aos Desafiantes de Que a Retaliação É Possível

O objetivo é sinalizar aos desafiantes que uma forte retaliação é possível no caso de um eventual ataque, dissuadindo assim os desafiantes do ataque, ou desviá-los para opções menos ameaçadoras. Ambas as metas podem ser atingidas, ao permitir que os desafiantes saibam que o custo será excessivo. As empresas que poderiam tornar-se desafiantes podem ser sinalizadas por:

- O anúncio público do compromisso dos dirigentes em manter a atual participação de mercado da empresa.
- O compromisso público da empresa com uma política de equalização dos termos ou preços dos concorrentes.
- A manutenção de uma reserva de fundos e de títulos negociáveis.
- Dar uma resposta contundente ocasional às ações dos concorrentes fracos para ressaltar a imagem da empresa como uma defensora aguerrida.

ESTRATÉGIAS PARA O SITE

Um dos maiores temas estratégicos com que se defrontam os executivos em todo o mundo é qual o papel específico que o site da empresa deveria desempenhar em sua estratégia competitiva. Em particular, em que grau uma organização deve usar a internet como um canal de distribuição para ter acesso a compradores? Uma empresa deveria usar seu site *somente como um meio para disseminar as informações sobre o produto* (com os parceiros tradicionais do canal de distribuição realizando todas as vendas aos usuários finais), como um *canal secundário ou sem importância* para vender diretamente aos compradores de seu produto, como o *canal de distribuição principal* para ter acesso a clientes ou como o *canal exclusivo* para negociar vendas com os clientes?[39] Vamos examinar cada uma dessas opções estratégicas.

> As empresas precisam equacionar o tema estratégico de como usar seus sites a fim de posicionar-se no mercado — se devem usar seus sites apenas para disseminar informações sobre o produto ou operar uma loja eletrônica para vender diretamente aos compradores on-line.

Estratégias para a Web Visando somente Informações sobre o Produto: Como Evitar o Conflito de Canais

Operar um site que contenha informações detalhadas sobre o produto, mas que dependa de cliques nos sites dos parceiros do canal de distribuição para as transações de vendas (ou que informe os usuários do site onde se encontram localizadas as lojas mais próximas), é uma opção atraente de posicionamento no mercado para fabricantes e/ou atacadistas, que fizeram grandes investimentos na formação e no aperfeiçoamento de redes de concessionárias varejistas e que se defrontam com possíveis problemas de conflito de canal caso tentem vender on-line em concorrência direta com suas concessionárias. Um fabricante ou atacadista que concorre agressivamente por vendas on-line para usuários finais está sinalizando um compromisso estratégico fraco com suas concessionárias e uma disposição para minar as vendas e o seu potencial de crescimento.

No grau em que parcerias fortes com atacadistas e/ou varejistas forem críticas para ter acesso ao usuário final, vender diretamente aos usuários finais por meio do site da empresa é uma possibilidade de negociação muito complicada. As iniciativas de um fabricante para usar seu site a fim de evitar suas concessionárias certamente incomodarão seus distribuidores atacadistas e concessionárias varejistas, os quais podem reagir dedicando mais atenção à venda de marcas de produtores concorrentes, que não vendem on-line. Em resumo, o fabricante pode estar sujeito a perder mais vendas, prejudicando suas concessionárias, do que obter ganhos com suas iniciativas de venda on-line. Além disso, as concessionárias podem estar em melhor posição do que um fabricante para empregar uma estratégia de venda tradicional e venda on-line, porque possuem uma presença local para complementar seu método de vendas on-line (o que os consumidores podem julgar atraente). Conseqüentemente, nos setores em que é essencial um forte apoio e uma atitude favorável da rede de concessionárias, os fabricantes podem concluir que seus sites deveriam ser criados visando uma parceria com as concessionárias em vez de competir com elas — de maneira idêntica à que os fabricantes de automóveis estão agindo com seus concessionários franqueadas.

Sites de Lojas Eletrônicas Como um Canal de Distribuição Secundário

Uma segunda opção estratégica consiste em usar as vendas on-line como um canal de distribuição relativamente secundário para conseguir vendas adicionais, obtendo experiência de venda on-line e fazendo pesquisa de marketing. Se um conflito de canal for um grande obstáculo para as vendas on-line, ou se apenas uma pequena fração dos clientes puder ser atraída para fazer compras on-line, então será recomendável que as empresas tentem realizar vendas on-line com a intenção estratégica de ganhar experiência, conhecer mais a respeito dos gostos e preferências do comprador, testar a reação a novos produtos, criar muita atenção no mercado para seus produtos e aumentar o volume geral de vendas em alguns pontos percentuais. Sony e Nike, por exemplo, vendem a maior parte de seus produtos em seus sites, sem provocar a resistência de suas concessionárias, pois a maioria dos compradores de seus produtos prefere realizar suas compras em lojas varejistas e não on-line. Essas empresas usam seus sites nem tanto para fazer vendas, mas para obter dados valiosos de pesquisa de marketing, por meio do acompanhamento dos padrões de navegação daqueles que acessam os sites. O comportamento e as ações das pessoas que navegam na internet representam uma verdadeira mina de ouro de informações para as empresas que procuram sentir o pulso do mercado e reagir mais precisamente às preferências e aos interesses do comprador.

Apesar do conflito de canal que existe quando um fabricante vende diretamente aos usuários finais em seu site, em concorrência frontal com seus aliados no canal de distribuição, ele pode ainda assim optar por procurar obter vendas on-line em seus web sites e tentar estabelecê-las como um canal de distribuição importante porque (1) suas margens de lucro são maiores do que as obtidas vendendo para seus clientes atacadistas/varejistas, (2) incentiva os compradores a visitarem o site da empresa, ajuda a educá-los para a facilidade e a conveniência de comprar on-line e, ao longo do tempo, faz com que um número cada vez maior de clientes comprem on-line (onde as margens de lucro da empresa são maiores) — o que acarreta um conflito no canal a curto prazo e torna potencialmente compensador concorrer com distribuidores aliados tradicionais e (3) vender diretamente aos usuários finais permite que um fabricante faça maior uso da produção e da montagem sob encomenda, a qual, se tem uma aceitação e satisfação crescente dos clientes, aumentaria o ritmo pelo qual as vendas migram dos aliados de distribuição para o site da empresa, e tal migração pode resultar em uma simplificação de sua cadeia de valor e em um aumento de suas margens de lucro.

Estratégia de Vendas Tradicionais e On-line

As estratégias de vendas tradicionais e on-line possuem dois grandes apelos estratégicos para atacadistas e varejistas: são um meio econômico para expandir o alcance geográfico de uma empresa e proporcionam aos clientes atuais e em potencial uma outra escolha para se comunicar com a organização, buscar informações sobre o produto, fazer compras ou resolver problemas na área de atendimento aos clientes. Os programadores de software, por exemplo, tiveram de depender da internet como um canal de distribuição altamente eficaz para complementar as vendas por meio de atacadistas e varejistas tradicionais. Vender on-line diretamente aos usuários finais possui a vantagem de eliminar os custos de produção e acondicionamento de CDs, bem como eliminar os custos e as margens de atacadistas e varejistas de software (freqüentemente 35% a 50% do preço de varejo). No entanto, os programadores de software ainda possuem forte motivação para continuar a distribuir seus produtos por atacadistas e varejistas (a fim de manter amplo acesso a usuários existentes e em potencial que, seja qual for a razão, podem ter relutância a comprar on-line). Redes de varejistas como Wal-Mart e Circuit City operam lojas on-line para seus produtos principalmente como uma conveniência para os clientes que desejam comprar on-line em vez de se dirigir a estabelecimentos na vizinhança.

Muitas empresas tradicionais podem entrar no varejo on-line a um custo relativamente baixo — tudo o que precisam é de uma loja na internet para processar e entregar os pedidos individuais dos clientes. Os distribuidores tradicionais (bem como os fabricantes que possuem lojas próprias) podem empregar estratégias tradicionais e on-line usando seus atuais centros de distribuição e/ou lojas varejistas para processar pedidos com base no estoque disponível e fazer as entregas. A Blockbuster, a maior rede mundial de lojas de locação de vídeos e DVDs, usa os estoques em suas lojas para atender aos pedidos de seus assinantes on-line que pagam uma taxa mensal por um número ilimitado de DVDs encaminhados por empresas de entrega rápida; utiliza as lojas locais para atender pedidos normalmente para entrega em 24 horas *versus* 48 horas para remessas feitas por um centro regional. A Walgreen's, uma rede importante de farmácias, permite que os clientes indiquem on-line os medicamentos constantes de uma receita médica e então retirem os remédios na janela do drive-through ou no balcão interno de uma loja local. No setor bancário, uma estratégia tradicional e on-line permite aos clientes usar agências locais e caixas eletrônicos para depositar cheques e sacar dinheiro, enquanto usam sistemas on-line para pagar contas, verificar o saldo bancário e transferir dinheiro. Muitos distribuidores industriais estão constatando quão eficiente pode ser os clientes colocarem seus pedidos pela internet em vez de telefonar-lhes ou esperar que o pessoal de vendas faça uma visita. O Quadro Ilustrativo 6.2 descreve como redes de suprimentos de escritório migraram de modo bem-sucedido de uma estratégia tradicional para uma estratégia de distribuição tradicional/on-line.

Estratégias para Empresas On-line

Uma organização que decide usar a internet como seu canal exclusivo para acesso aos compradores é essencialmente uma empresa on-line sob a perspectiva do cliente. A internet torna-se o veículo para negociar as vendas e prestar serviços ao cliente; exceto pela propaganda, a internet é o único ponto para todos os contatos comprador-vendedor. Muitas empresas consideradas pontocom puras optaram por essa abordagem estratégica — exemplos proeminentes incluem eBay, Yahoo, Amazon.com, Buy.com, Overstock.com e Priceline.com. Para que umaorganização tenha sucesso no uso da internet como canal exclusivo de distribuição, seu produto ou serviço precisa tornar e manter as compras on-line algo de grande atração e apelo.

Uma empresa que decide usar as vendas on-line como seu método exclusivo de vendas precisa levar em conta diversos temas estratégicos:

- *Como proporcionará valor único para os compradores.* As empresas on-line geralmente devem atrair compradores com base em preço baixo, conveniência, melhor informação sobre o produto, opções de fabricação de acordo com o pedido ou atendimento on-line atencioso.

- *Se vai procurar obter vantagem competitiva com base em custos menores, diferenciação ou melhor valor pelo dinheiro.* Para uma estratégia de vendas exclusivamente on-line ter sucesso em relação aos concorrentes que usam instalações tradicionais ou um mix das duas opções, a abordagem da cadeia de valor para vender on-line precisa ter uma vantagem de custo baixo, atributos diferenciadores valiosos do ponto de vista competitivo ou uma vantagem de fornecedor de melhor custo. Se a estratégia de uma empresa on-line consiste em atrair clientes vendendo a preços reduzidos, então precisa ter vantagens de custo naquelas atividades que desempenha e terceirizar as atividades restantes para especialistas com custo baixo. Se um vendedor on-line vai diferenciar-se com base em uma experiência de compra superior e serviço ao cliente de primeira linha, precisa concentrar-se em ter um site fácil de navegar, uma gama de funções e conveniências para os clientes, atendentes virtuais que possam responder a perguntas on-line e capacidade logística para entregar produtos rapidamente e receber mercadorias devolvidas. Se a empresa vai proporcionar mais valor pelo dinheiro, então precisa gerenciar as atividades da cadeia de valor, para oferecer produtos e serviços sofisticados a custos menores que os dos concorrentes.

Quadro Ilustrativo 6.2
Estratégias Tradicionais e On-line no Setor de Suprimentos de Escritório

O Office Depot pertence à primeira onda de varejistas a adotar estratégia que combina instalações tradicionais/on-line. Os dirigentes perceberam rapidamente a vantagem de permitir aos clientes empresariais o uso da internet para colocar pedidos em vez de utilizar o telefone, gerar um pedido de compra e pagar uma fatura — conseguindo ao mesmo tempo uma entrega no mesmo dia ou no dia seguinte de uma das lojas locais do Office Depot.

O Office Depot já possuía uma rede operativa de lojas varejistas, centros de entrega e armazéns, caminhões de entrega, gerentes de conta, escritórios de venda e call centers regionais que cuidavam dos grandes clientes empresariais. Além disso, possuía uma marca bastante reconhecida e poder de compra suficiente perante seus fornecedores para enfrentar concorrentes on-line com preços baixos, tentando atrair compradores de suprimentos de escritórios com base em preços ainda mais baixos. O investimento adicional do Office Depot para entrar na área do comércio eletrônico foi mínimo, pois tudo que precisou foi acrescentar um site, em que os clientes podiam ver imagens e descrições dos 14 mil itens que estocava, seus preços e disponibilidade no estoque. Os custos de marketing para tornar os clientes informados de sua opção de loja virtual foram inferiores a 10 milhões.

Os preços on-line do Office Depot eram os mesmos que os de suas lojas, a estratégia, portanto, era promover vendas na internet com base em atendimento, conveniência e menores custos para o cliente relacionados ao processamento de pedidos e à estocagem. Os clientes declararam que fazer negócios com o Office Depot on-line diminuiu seus custos de transação em até 80%; adicionalmente, a capacidade de entrega do Office Depot no mesmo dia ou no dia seguinte lhes permitia reduzir os estoques de suprimentos de escritório.

A empresa criou páginas customizadas para 37 mil clientes corporativos e de instituições educacionais, que ofereciam aos funcionários dos clientes graus de liberdade variados para a aquisição de suprimentos. Um escriturário poderia ser capaz de pedir somente papel para impressão, toners, discos de computador e clipes de papel até um limite predeterminado, ao passo que um vice-presidente teria carta-branca para comprar qualquer item que o Office Depot vendesse.

As vendas pelo site custavam ao Office Depot menos de $1 para cada $100 de artigos comprados em comparação a 2 dólares para pedidos por telefone ou por fax. E, em virtude de as vendas pela internet eliminarem a necessidade de digitar as transações, os erros no registro de pedidos foram praticamente eliminados e a devolução de produtos diminuiu 50%. O faturamento é feito eletronicamente.

Em 2005, mais de 50% dos principais clientes do Office Depot estavam comprando on-line a maior parte de seus suprimentos. As vendas on-line representaram quase $3 bilhões em 2004 (cerca de 24% das receitas totais do Office Depot) em comparação a $982 milhões em 2000, tornando a empresa o terceiro maior varejista on-line. Suas operações on-line foram lucrativas desde o início.

A estratégia bem-sucedida de instalações tradicionais/on-line do Office Depot fez com que seus dois maiores concorrentes — Staples e Office Max — adotassem igualmente essa estratégia. Em 2005, todas as três empresas estavam tendo sucesso cada vez maior com a venda on-line para clientes empresariais e usando lojas locais para processar pedidos e fazer entregas.

Fontes: Disponível em: <www.officedepot.com>. Acesso em 28 set. 2005; "Office Depot's e-Diva", *BusinessWeek Online* disponível em: www.businessweek.com. Acesso em 6 ago. 2001; Laura Lorek, "Office Depot Site Picks Up Speed", *Interactive Week* disponível em: www.zdnet.com/intweek. Acesso em 25 jun. 2001; "Why Office Depot Loves the Net", *BusinessWeek*, p. EB66 e EB68, 27 set. 1999, e *Fortune*, p. 17, 8 nov. 1999.

- *Fazer uma oferta de produtos ampla ou limitada.* Uma estratégia de compra em um único local como a Amazon.com (que oferece 30 milhões de itens em seus sites nos Estados Unidos, Grã-Bretanha, França, Alemanha, Dinamarca e Japão) possui o aspecto econômico atraente de ajudar a alocar custos operacionais fixos por um grande número de itens e uma grande base de clientes. Outros varejistas eletrônicos, como e-Loan e Holte.com, adotaram estratégias de foco clássico e atendem ao público almejado, definido com precisão, que deseja comprar um produto específico ou uma categoria de produtos.

- *Realizar as atividades de processamento de pedidos internamente ou terceirizá-las.* Construir armazéns centrais, abastecê-los com estoques adequados e desenvolver sistemas para selecionar, embalar e despachar pedidos individuais exige capital inicial considerável, porém pode resultar em custos unitários gerais menores do que contratando especialistas em processamento de pedidos que têm como atividade principal fornecer espaço em armazéns, estocagem de produtos e despacho de pedidos para os varejistas eletrônicos. No entanto, terceirizar as atividades de processamento de pedidos pode ser mais econômico, a não ser que o varejista eletrônico possua volume unitário elevado e capital para investir em sua própria capacidade de processamento de pedidos. A Buy.com, uma superloja on-line com mais de 30 mil itens, obtém produtos de fabricantes de marca e usa empresas externas para estocar e despachar esses produtos; desse modo, seu foco não é na fabricação ou no processamento de pedidos mas, preferencialmente, nas vendas.

- *O modo de conseguir mais visitas a seu site e então converter o acesso às páginas em receitas.* Os sites precisam ser divulgados de modo inteligente. A não ser que os internautas tenham informações sobre o site, como os que têm sua primeira visita e possuem motivação suficiente para retornar diversas vezes, o site provavelmente não gerará receitas adequadas. As campanhas de marketing que resultam apenas em um número muito grande de visitas e muita observação das páginas, poucas vezes são suficientes; o melhor teste de um marketing eficaz e a atração da oferta de produtos on-line de uma empresa é a proporção em que a observação das páginas é convertida em receitas (o índice "olhar-comprar"). Por exemplo, em 2001, o Yahoo recebeu visitas em cerca de 1,2 *bilhão* de páginas vistas diariamente, porém houve a geração de somente $2 milhões em receitas diárias; em contraste, as visitas ao site da corretora de valores Charles Schwab foram, em média, cerca de 40 *milhões* de páginas vistas diariamente, mas resultaram em uma média de $5 milhões de diários em receitas de comissões on-line.

A ESCOLHA DE ESTRATÉGIAS APROPRIADAS PARA AS ÁREAS FUNCIONAIS

A estratégia de uma empresa não se finaliza até que os gestores tenham feito escolhas estratégicas sobre como as várias áreas funcionais da empresa (P&D, produção, recursos humanos, vendas e marketing, finanças e assim por diante) serão gerenciadas em apoio à sua abordagem da estratégia competitiva básica e de outras ações competitivas importantes sendo adotadas. Normalmente, as escolhas de estratégias para as áreas funcionais classificam-se em terceiro lugar no leque de opções, conforme mostrado na Figura 6.1 (veja a página 162). Porém, é irrelevante se estratégias funcionais específicas feitas antes ou após as opções estratégicas complementares mostradas na Figura 6.1 — o aspecto realmente importante é saber quais são as estratégias funcionais e como se combinam para aumentar o sucesso das iniciativas estratégicas de nível mais elevado da empresa.

Sob muitos aspectos, a natureza das estratégias funcionais é ditada pela escolha da estratégia competitiva. Por exemplo, um fabricante que adota uma estratégia do fornecedor de custo baixo precisa de uma estratégia de P&D e de projeto do produto, que enfatize características econômicas e facilite a montagem econômica de uma estratégia de produção que inclua as economias de escala e as ações para conseguir uma produção a custo baixo (como produtividade elevada da mão-de-obra, gerenciamento eficiente da cadeia de suprimentos e processos de produção automatizados) e de uma estratégia de marketing com orçamento reduzido. Uma organização, que opte pela estratégia de diferenciação sofisticada, precisa de uma estratégia de produção direcionada a qualidade de alto nível, tendo por meta alardear as características diferenciadoras e usando a propaganda e uma marca confiável para "puxar" vendas por meio dos canais de distribuição escolhidos. Uma organização que adote estratégia focada em diferenciação precisa de uma estratégia de marketing que enfatize a obtenção de mais vendas no nicho. Por exemplo, a franquia Panera Bread, sediada no Missouri, tem obtido maior volume de negócios, fazendo com que mais pessoas sintam-se atraídas por pães frescos e especiais e seus cafés-confeitarias, mantendo em alto nível o interesse do comprador nesse tipo de panificação e protegendo seu nicho contra a invasão de outras empresas.

Além de informações muito gerais, é difícil afirmar precisamente qual deveria ser o conteúdo das estratégias das diferentes áreas funcionais sem conhecer inicialmente quais escolhas estratégicas de nível superior a empresa fez, o ambiente do setor em que opera, os recursos fortes que podem ser impulsionados e assim por diante. É suficiente afirmar neste ponto que o pessoal da empresa — gerentes e funcionários que possuem responsabilidade por criar estratégias em todos os níveis da hierarquia organizacional — precisa indicar com clareza quais estratégias de nível superior o alto escalão escolheu e então deve adequar correspondentemente as estratégias das áreas funcionais da organização.

VANTAGENS E DESVANTAGENS DO PIONEIRO

Conceito Central
Em virtude das vantagens e desvantagens de ser pioneiro, a vantagem competitiva pode surgir de quando se empreende uma ação, bem como de quando a ação é efetivada.

Quando efetivar uma ação estratégica, muitas vezes, é tão importante quanto *qual* ação empreender. A ocasião — o *quando* — é especialmente importante, quando existem *vantagens* ou *desvantagens do pioneiro*[40]. Ser o primeiro a iniciar uma ação estratégica pode resultar em um grande retorno quando (1) ser pioneiro ajuda a consolidar, perante os clientes, a imagem e a reputação de uma empresa, (2) a adoção logo no início de novas tecnologias, componentes de um novo tipo, canais de distribuição novos ou emergentes e outros fatores podem produzir uma vantagem de custo absoluta em relação aos concorrentes, (3) os clientes que compram pela primeira vez permanecem muito fiéis às empresas pioneiras ao realizar compras subseqüentes e (4) agir primeiro representa um ataque preventivo, tornando a imitação muito difícil ou improvável. Quanto maiores as vantagens do pioneiro, mais atrativo torna-se agir primeiro[41]. No comércio eletrônico, empresas como America Online, Amazon.com, Yahoo, eBay e Priceline. que foram as pioneiras no uso de tecnologia, solução em rede ou modelo empresarial novos, valeram-se de vantagens duradouras por ser pioneiras, conquistando a visibilidade e a reputação necessárias para permanecer como líderes de mercado. No entanto, pioneiros como Xerox em aparelhos de fax, eToys (um varejista de brinquedos on-line), Webvan e Peapod (mercearias on-line) e diversas outras empresas pontocom, nunca converteram seu status de pioneiro em nenhum tipo de vantagem competitiva. Os mercados, algumas vezes, são lentos para aceitar a oferta de produtos inovadores de um pioneiro; algumas vezes, uma organização que age logo em seguida e que possui mais recursos e melhor marketing pode ultrapassar facilmente o pioneiro (como a Microsoft foi capaz de fazer quando introduziu o Internet Explorer para concorrer com o Netscape, o pioneiro dos navegadores na internet, possuindo a maior participação de mercado); e, outras vezes, uma mudança tecnológica ou inovação do produto muito repentinas torna um pioneiro vulnerável à tecnologia ou aos produtos de próxima geração que surgem rapidamente. Portanto, ser apenas um pioneiro poucas vezes é suficiente para conseguir vantagem competitiva sustentável[42].

Para manter qualquer vantagem que possa beneficiar inicialmente um pioneiro, este precisa aprender rápido e continuar a agir agressivamente para capitalizar qualquer vantagem inicial como pioneiro. É de enorme ajuda se o pioneiro possuir muitos recursos financeiros, competência e capacitação competitiva importantes e gerentes preparados. Se as habilidades, o *know-how* e as ações do pioneiro forem facilmente copiados ou sobrepujados, as empresas que agirem logo em seguida conseguirão equiparar-se ou suplantar o pioneiro em um período relativamente curto de tempo. Aquilo que faz com que um pioneiro seja estrategicamente importante não é ser o primeiro empresa a fazer algo, mas ser o primeiro concorrente a agrupar a combinação de características, valor do cliente e um cálculo econômico confiável de receita/custo/lucro que lhe dá vantagem sobre os rivais na batalha por liderança de mercado[43]. Se o mercado aceita de imediato a oferta de um produto inovador do pioneiro, este precisa ter produção, marketing e capacidade de distribuição em grande escala, caso se proponha a afastar outras empresas que possuem essas capacitações. Se a tecnologia está avançando em ritmo acelerado, um pioneiro não pode ter a expectativa de manter sua liderança sem ter grande capacidade em P&D, projeto e desenvolvimento de novos produtos, e solidez financeira para financiar essas atividades.

O Potencial para as Vantagens da Empresa Retardatária ou as Desvantagens do Pioneiro

Existem casos em que de fato há *vantagens* por ser uma empresa que age logo depois. As vantagens do retardatário (ou as *desvantagens do pioneiro*) surgem em quatro casos:

- Quando a liderança do pioneiro é mais onerosa do que atuar como uma empresa imitadora e o líder consegue obter apenas poucos benefícios da curva de aprendizado/experiência — uma condição que permite a uma empresa, que age logo em seguida, conseguir custos menores que os do pioneiro.

- Quando os produtos de um inovador são um tanto elementares e não fazem jus às expectativas dos clientes, permitindo que uma empresa ágil conquiste clientes decepcionados com o líder ao oferecer produtos de melhor desempenho.

- Quando a demanda do mercado é cética a respeito dos benefícios de um novo produto ou tecnologia sendo introduzida por um pioneiro.

- Quando a evolução acelerada do mercado (devido a mudanças que ocorrem rapidamente na tecnologia ou nas necessidades e expectativas dos clientes) proporciona às empresas que agem rapidamente, e talvez até aos retardatários cautelosos, a abertura para suplantar os produtos do pioneiro por meio de produtos avançados mais atraentes.

Ser ou Não Ser um Pioneiro

Ao avaliar os prós e os contras de ser um pioneiro, *versus* uma empresa seguidora ágil, *versus* um seguidor mais lento, é importante se a corrida para a liderança de mercado em um setor específico é uma maratona ou uma corrida de pequena distância. Nas maratonas, um retardatário não é penalizado indevidamente — as vantagens do pioneiro podem ser efêmeras e há tempo suficiente para os seguidores ágeis e mesmo para aqueles mais lentos atingirem a meta[44]. Portanto, a velocidade pela qual a inovação pioneira tem probabilidade de adquirir popularidade mostra importância considerável, à medida que as empresas se debatem com o tema de buscar agressivamente uma oportunidade em um mercado emergente específico (como um pioneiro ou seguidor ágil) ou cautelosamente (como um seguidor mais lento). Por exemplo, levou 18 meses para que 10 milhões de usuários assinassem o Hotmail, 5 anos e meio para que o uso do telefone celular em escala mundial crescesse de 10 milhões para 100 milhões em todo o mundo, 7 anos para que os gravadores de videocassetes estivessem presentes em 1 milhão de lares nos Estados Unidos e quase 10 anos para que o número de assinantes residenciais de banda larga aumentasse para 100 milhões em nível mundial. A conclusão, neste caso, é que existe uma curva de penetração no mercado para toda oportunidade que surge; normalmente, a curva possui um ponto de inflexão no qual todas as partes do modelo empresarial se ajustam, a demanda dos clientes explode e o mercado deslancha. O ponto de inflexão pode acontecer logo no início em uma curva que cresce rapidamente (como o uso de e-mail) ou mais adiante em uma curva que cresce lentamente (como o uso de banda larga). Toda empresa que busca obter vantagem competitiva sendo pioneira precisa, portanto, formular algumas perguntas importantes:

- Deslanchar no mercado depende do desenvolvimento de produtos ou serviços complementares que não se encontram disponíveis atualmente?

- É preciso uma nova infra-estrutura antes que a demanda dos clientes possa aumentar?

- Os clientes precisarão aprender novas habilidades ou adotar novos comportamentos? Os clientes se depararão com custos de mudança elevados?

- Existem concorrentes influentes em posição para atrasar ou prejudicar as iniciativas de um pioneiro?

Quadro Ilustrativo 6.3
A Batalha da Banda Larga para Consumidores: Pioneiros *versus* Retardatários

Em 1998, um engenheiro dos laboratórios de pesquisa das empresas Bell descobriu como enviar sinais por um fio de cobre em alta velocidade usando tecnologia digital, criando desse modo a linha digital de assinantes (DSL, na sigla em inglês). Porém, as Bells regionais, que dominavam o mercado de telefonia local nos Estados Unidos, demonstraram pouco interesse ao longo dos 10 anos seguintes, acreditando que seria mais lucrativo alugar linhas T-1 para as empresas que precisassem de capacidade de transmissão rápida de dados e alugar uma segunda linha telefônica para as residências que desejassem uma conexão com a internet que não interrompesse seu serviço regular de telefonia. Além disso, os executivos das empresas telefônicas estavam céticos em relação à tecnologia DSL — havia muitos problemas técnicos para resolver e os primeiros usuários encontraram muitas disfunções irritantes. Muitos executivos duvidaram que seria de bom senso investir bilhões de dólares na infra-estrutura necessária para disponibilizar a DSL aos clientes residenciais e às pequenas empresas, tendo em vista o sucesso que estavam obtendo com o aluguel de linhas T-1 e de segundas linhas. Como conseqüência, as empresas Bell não iniciaram seriamente a comercialização da DSL até o final da década de 1990, dois anos após as empresas de TV a cabo iniciarem a venda de banda larga por cabo.

As empresas com operações a cabo ficaram muito felizes em ser as pioneiras na comercialização do serviço de banda larga por meio de seus cabos de cobre, principalmente porque seus negócios eram ameaçados pela tecnologia de TV por satélite e consideravam a banda larga um serviço inovador que poderiam oferecer e que as empresas por satélite não poderiam. (Fornecer o serviço de banda larga por satélite ainda não se tornou um fator no mercado, conquistando somente uma participação de 1% em 2003.) As empresas a cabo foram capazes de oferecer banda larga economicamente em seus fios de cobre, porque durante os anos 1980 e início dos 1990 a maioria das operadoras a cabo havia investido cerca de $60 bilhões para aperfeiçoar seus sistemas com tecnologia de fibra óptica a fim de prover tráfego nos dois sentidos, em vez de apenas sinais de TV em um sentido, e desse modo manter suas promessas às prefeituras de desenvolver sistemas a cabo "interativos", caso lhes fossem concedidas franquias. Embora os primeiros serviços interativos fossem ineficazes, os técnicos descobriram em meados da década de 1990 que os sistemas nos dois sentidos permitiam conexões de alta velocidade com a internet.

Com a excitação pela internet aumentando no final dos anos 1990, os executivos das operadoras a cabo consideraram o serviço de internet em alta velocidade algo muito simples e começaram a oferecê-lo aos clientes em 1998, assegurando cerca de 362 mil clientes no final do ano em comparação a somente 41 mil para a DSL. Parte do sucesso inicial da banda larga a cabo aconteceu em virtude de uma vantagem de custo nos modems — os executivos das operadoras a cabo, percebendo o potencial da banda larga a cabo muitos anos antes, tinham solicitado aos CableLabs para padronizarem a tecnologia de modems a cabo, uma medida que diminuiu os custos e tornou os modems a cabo comercializáveis em lojas de produtos eletrônicos para consumo. Os modems DSL eram substancialmente mais complicados e levou mais tempo para diminuiu os custos de muitas centenas de dólares por unidade para menos de $100 — em 2004, as empresas a cabo e de telefonia pagavam cerca de $50 pelo modem, porém os modems a cabo alcançaram esse valor bem antes.

À medida que a banda larga a cabo começou a atrair cada vez mais atenção no período 1998-2002, as Bells regionais continuaram a mover-se lentamente na implantação da DSL. Os problemas técnicos permaneciam e os primeiros usuários irritavam-se em virtude de muitas dificuldades de instalação e às vezes por ineficiência do serviço. Fornecer aos usuários um serviço conveniente e confiável provou não apenas ser um enorme desafio, mas alguns temas regulatórios também complicavam as operações. Mesmo em 2003, os executivos das empresas de telefonia tiveram dificuldade em justificar investimentos de bilhões de dólares para instalar o equipamento necessário e os sistemas de apoio para oferecer, comercializar, gerenciar e manter o serviço DSL na ampla escala de uma empresa Bell regional. A SBC Communications calculou que custaria pelo menos $6 bilhões de dólares para oferecer a DSL a seus clientes. A Verizon estimou que seriam necessários 3,5 milhões a 4 milhões de clientes para que a DSL fosse economicamente viável, um número que provavelmente não atingiria até o final de 2005.

Em 2003-2004, o acesso de alta velocidade à internet era um negócio em crescimento com excelente perspectiva — o número dos usuários de internet nos Estados Unidos que fizeram o upgrade para o serviço em alta velocidade aumentou em aproximadamente 500 mil por mês. Em 2005, a banda larga a cabo foi a escolha preferida — 70% dos usuários de banda larga nos Estados Unidos haviam optado por modems a cabo fornecidos pelas empresas de TV a cabo, sendo que os assinantes de modem a cabo suplantaram os assinantes de DSL na proporção de 30 milhões para 10,6 milhões. Seu início tardio tornou questionável se a DSL seria capaz de atingir o nível da banda larga a cabo no mercado dos Estados Unidos, embora os provedores de DSL conseguissem 1,4 milhão de assinaturas nos primeiros três meses de 2005 em comparação a 1,2 milhão de novos assinantes para o cabo. No restante do mundo, entretanto, a DSL foi a conexão de banda larga preferida — estimava-se que havia cerca de 200 milhões de assinantes de banda larga em escala mundial no final de 2005.

Fontes: Elaborado com base em artigo de Shawn Young e Peter Grant "How Phone Firms Lost to Cable in Consumer Broadband Market", publicado no *Wall Street Journal*, p. A1 e A6, 13 mar. 2003. Disponível no site da Cnet em <www.news.com>. Acesso em 22 set 2005.

Quando as respostas a todas essas perguntas são afirmativas, a empresa precisa ser cuidadosa para não canalizar muitos recursos para permanecer à frente da oportunidade de mercado — a corrida provavelmente tende mais para uma maratona de dez anos do que para uma corrida de velocidade de dois anos. Ser o primeiro desde a largada é competitivamente importante apenas quando ser pioneiro na introdução antecipada de uma tecnologia ou de um produto traz benefícios claros e substanciais para os pioneiros e primeiros compradores, conquistando desse modo seu apoio imediato, talvez proporcionando ao pioneiro a vantagem de obter a reputação de ser o primeiro e forçando os concorrentes a seguir rapidamente a liderança do pioneiro. Nos casos remanescentes, em que a corrida se aproxima mais de uma maratona, as empresas que acabam conquistando e dominando mercados novos quase nunca são os pioneiros que deram origem a esses mercados — há tempo para uma empresa agrupar os recursos necessários e avaliar a melhor ocasião e o método para entrar[45]. Além, ser um retardatário nos setores do futuro possui a vantagem de ter menos riscos e evitar os custos de ser o pioneiro.

Porém, embora uma empresa esteja certa em ser cautelosa a respeito de entrar em território virgem, onde florescem todos os tipos de riscos, raramente tem muito a ganhar por ser continuadamente uma retardatária, cuja principal preocupação consiste em evitar os erros dos pioneiros. Empresas retardatárias habituais, independentemente das circunstâncias, embora muitas vezes sejam capazes de sobreviver, podem vir a debater-se desesperadamente para acompanhar o ritmo dos concorrentes inovadores e empenhar-se para reter seus clientes. Para que um retardatário habitual alcance os pioneiros, precisa contar com a possibilidade de estes serem aprendizes lentos e complacentes, resultando em uma diminuição de sua liderança. Também precisa ter a expectativa de que os clientes serão lentos para preferir os produtos dos pioneiros, dando-lhe novamente tempo para atingir a meta. E precisa apresentar competências e capacitações suficientemente fortes para permitir-lhe suplantar a defasagem de modo razoavelmente rápido após empreender sua ação. Contar com percalços enfrentados por todos os pioneiros, ou então ser facilmente alcançado, em geral é a aposta errada, a qual põe em risco a posição competitiva de um retardatário.

O Quadro Ilustrativo 6.3 descreve os desafios que as empresas telefônicas retardatárias enfrentam a fim de vencer a batalha para fornecer acesso à internet de alta velocidade a clientes residenciais e suplantar as vantagens do pioneirismo das empresas a cabo.

Pontos-Chave

Após uma empresa haver selecionado qual das cinco estratégias competitivas básicas empregar para obter vantagem competitiva, precisa decidir se deve suplementar sua escolha de um método conforme mostrado na Figura 6.1.

Muitas organizações estão utilizando alianças estratégicas e parcerias colaborativas para ajudá-las na corrida para conquistar uma presença no mercado global ou ser líder nos setores do futuro. Alianças estratégicas são um meio atraente, flexível e, muitas vezes, com custo eficaz pelo qual as empresas podem obter acesso à tecnologia, especialização e capacidade empresarial que não possuem.

Fusões e aquisições constituem uma outra opção estratégica atraente para reforçar a competitividade de uma empresa. Quando as operações de duas organizações são combinadas por meio de fusão ou aquisição, a competitividade da nova empresa pode ser ressaltada por qualquer dos seguintes meios: custos menores, melhores habilidades tecnológicas, capacitação competitiva maior ou melhor, uma linha de produtos e serviços mais atraentes, cobertura geográfica mais ampla e/ou maiores recursos financeiros para investir em P&D, agregar capacidade ou expandir em novas áreas.

A integração vertical para a frente ou para trás — na cadeia de distribuição ou na cadeia produtiva — faz sentido somente se consolidar a posição da empresa por meio de redução de custos ou da criação de uma vantagem com base na diferenciação. Caso contrário, as desvantagens da integração vertical (maior investimento, maior risco empresarial, maior vulnerabilidade às mudanças tecnológicas e menor flexibilidade para fazer mudanças no produto) têm possibilidade de suplantar quaisquer vantagens.

Terceirizar partes da cadeia de valor anteriormente executadas pela empresa pode aumentar a competitividade sempre que uma atividade (1) pode ser executada melhor ou mais economicamente por especialistas externos, (2) não é importante para a capacidade de uma empresa obter vantagem competitiva sustentável e não restringir sua competência central, capacitação ou *know-how* técnico, (3) reduz a exposição ao risco da empresa à tecnologia em evolução ou às preferências instáveis do comprador, (4) estrutura as operações da empresa de modo que aumente a flexibilidade organizacional, diminua a duração do ciclo, acelere a tomada de decisões e reduza os custos de coordenação ou (5) permite que uma empresa se concentre em seu negócio principal e faça aquilo em que se destaca.

Um dos temas estratégicos mais pertinentes com que as empresas se defrontam tem relação com o uso da internet para posicioná-las no mercado — usar a internet *somente como um meio para divulgar informações sobre o produto* (com os parceiros do canal de distribuição tradicional realizando todas as vendas para os usuários finais) ou *como um canal secundário ou menos importante, como um entre diversos canais de distribuição importantes, como o principal canal de distribuição da empresa* ou *como o canal exclusivo da empresa para ter acesso aos clientes.*

As organizações possuem algumas opções de estratégias ofensivas para melhorar suas posições de mercado e tentar assegurar uma vantagem competitiva: oferecer um produto melhor ou igual a um preço menor, suplantar concorrentes sendo o primeiro a adotar tecnologias a introduzir produtos ou se empenhar por uma inovação sustentável do produto, atacar os recursos fracos dos concorrentes, procurar ocupar partes do mercado menos contestadas ou ainda não exploradas, usar táticas de ação rápida para conquistar vendas de concorrentes desprevenidos e lançar ataques preventivos. Uma estratégia de grande eficácia procura obter vantagem competitiva e duradoura, deixando de lado as iniciativas para derrotar os concorrentes nos mercados existentes e, como alternativa, criando um novo setor ou segmento de mercado diferente, que torne, os concorrentes atuais em grande parte irrelevantes e permita que uma empresa crie e consiga toda uma nova demanda.

As estratégias defensivas para proteger a posição da empresa em geral assumem a forma de realização de ações que colocam obstáculos no caminho de prováveis desafiantes e fortalecem a posição atual, ao mesmo tempo que efetivam ações para dissuadir os concorrentes de nem sequer tentarem atacar (ao sinalizarem que a batalha resultante será mais onerosa para o desafiante do que seu valor).

Depois de todas as escolhas estratégicas de nível superior terem sido feitas, os gestores podem voltar-se para a tarefa de elaboração de estratégias funcionais e de nível operacional para especificar os detalhes da estratégia empresarial geral e competitiva da empresa.

A ocasião das ações estratégicas também possui relevância na busca por vantagem competitiva. Os administradores da empresa são obrigados a considerar cuidadosamente as vantagens ou desvantagens relacionadas à condição de pioneiro em comparação a atuar em um segundo momento momento ou como retardatário.

Exercícios

1. Faça uma pesquisa na internet sobre "alianças estratégicas". Identifique pelo menos duas empresas em setores diferentes, que estão fazendo uso substancial de alianças estratégicas como parte central de suas estratégias. Identifique ainda com quem fizeram alianças e descreva as finalidades das alianças.

2. Pesquise na internet sobre "estratégia de aquisição". Identifique pelo menos duas empresas em setores diferentes que estão empregando aquisições para fortalecer suas posições de mercado. Identifique ainda algumas das empresas adquiridas e pesquise qual a finalidade das aquisições.

3. O Quadro Ilustrativo 6.3 descreve como as empresas a cabo usaram redes de fibra óptica para conseguir a vantagem de ser pioneiras em relação às de telefonia, no fornecimento de acesso de alta velocidade à internet para assinantes residenciais. As empresas telefônicas estão tentando alcançar as empresas a cabo no mercado de acesso de banda larga mediante o uso disseminado da DSL para assinantes de telefone. Além disso, as empresas telefônicas estão adotando as tecnologias de fibra nos imóveis (FTTP, na sigla em inglês) e redes sem fio externas (WLAN externas) para suplementar ou substituir a DSL. Faça pesquisas sobre FTTP e WLAN externas e discuta como o uso dessas tecnologias por empresas telefônicas poderia compensar o pioneirismo mantido atualmente pelas empresas a cabo no mercado de internet de alta velocidade.

4. Acesse o site de diversas empresas (como aquelas que aparecem na lista das 100 ou 500 maiores) e identifique duas que estejam utilizando cada uma das seguintes estratégias de site e explique por que o método é bem adequado ao modelo empresarial da empresa:

   a. Somente informações sobre o produto.
   b. *e-store* (loja eletrônica) como estratégia de distribuição secundária.
   c. Instalações tradicionais e internet.
   d. Empreendimento on-line.

capítulo sete

Concorrência nos Mercados Externos

Sua única escolha consiste em operar em um mundo moldado pela globalização e pela revolução da informação. Existem duas opções: adaptar-se ou desaparecer.
— **Andrew S. Grove**
Ex-presidente do Conselho de Administração da Intel Corporation

Você não escolhe tornar-se global. O mercado escolhe por você; ele o força a agir.
— **Alain Gomez**
CEO da Thomson S.A.

Os setores, na realidade, variam muito quanto às pressões que exercem em uma empresa para vender em escala internacional.
— **Niraj Dawar e Tony Frost**
Professores da Richard Ivey School of Business

Toda empresa que aspira à liderança do setor no século XXI, precisa raciocinar em termos de liderança de mercado global e não interno. A economia mundial está se globalizando a um ritmo acelerado, à medida que países anteriormente fechados às empresas estrangeiras abrem seus mercados, a internet diminui a importância da distância geográfica e empresas preocupadas com o crescimento se apressam em consolidar posições competitivas mais fortes em um número cada vez maior de países. As empresas em setores que já são competitivos globalmente, ou se encontram em processo de tornar-se globais, ou estão sendo pressionadas a criar uma estratégia que lhes permita concorrer de modo bem-sucedido nos mercados externos.

Este capítulo aborda as opções estratégicas para a expansão além das fronteiras nacionais e para concorrer nos mercados de alguns poucos ou de muitos países. O foco será dirigido a quatro temas exclusivos da concorrência em termos multinacionais:

1. Personalizar (customizar) a oferta da empresa em cada mercado nacional diferente para atender aos gostos e às preferências dos compradores locais ou oferecer um produto predominantemente padronizado em escala mundial.

2. Utilizar essencialmente a mesma estratégia competitiva básica em todos os países ou alterar a estratégia em função do país.

3. Definir a localização das instalações produtivas, os centros de distribuição e as operações de atendimento ao cliente, a fim de obter as melhores vantagens em termos de localização.

4. Transferir eficientemente os pontos fortes e a capacidade da empresa de um país para outro, em uma iniciativa para assegurar vantagem competitiva.

No processo de análise desses temas, introduziremos alguns conceitos básicos — concorrência em diversos países, concorrência global, santuários de lucro e subsídios entre mercados. O capítulo inclui seções sobre diferenças entre os países do ponto de vista cultural, demográfico e de condições de mercado; opções estratégicas para entrar e concorrer em mercados externos; o papel crescente das alianças com sócios estrangeiros; a importância de localizar operações nos países mais vantajosos e as circunstâncias especiais da concorrência em mercados emergentes como China, Índia, Brasil, Rússia e Europa Oriental.

POR QUE AS EMPRESAS SE EXPANDEM EM MERCADOS ESTRANGEIROS

Uma empresa pode optar por expandir para além de seu mercado interno com base em qualquer das quatro principais razões:

1. *Ganhar acesso a novos clientes.* Expandir em mercados externos oferece um potencial para maiores receitas, lucros e crescimento de longo prazo e torna-se uma opção particularmente atraente quando o mercado interno está maduro. Empresas como Cisco Systems, Dell, Sony, Nokia, Avon e Toyota, que estão se empenhando para conquistar a liderança global em seus respectivos setores, agem de modo rápido e agressivo para estender seu alcance de mercado a todos os cantos do mundo.

2. *Obter custos menores e aumentar a competitividade da empresa.* Muitas organizações são impulsionadas a vender em mais de um país, porque o volume de vendas no mercado interno não é suficientemente grande para conseguir economias de escala integrais na área produtiva, ou efeitos na curva de aprendizado/experiência, e, portanto, melhorar substancialmente sua competitividade em termos de custos. A dimensão relativamente pequena dos mercados nos países europeus explica por que empresas como Michelin, BMW e Nestlé começaram há muito tempo a vender seus produtos em toda a Europa e então passaram a atuar nos mercados da América do Norte e da América Latina.

3. *Para aproveitar sua competência central.* Uma empresa pode ser capaz de impulsionar sua competência e capacitação a fim de alcançar uma posição competitiva nos mercados estrangeiros, bem como somente no mercado interno. A competência e capacitação da Nokia em telefones celulares levaram-na a uma liderança no mercado global na área de telecomunicações sem fio. O Wal-Mart está se valendo de sua grande especialização no varejo de preço econômico para expandir na China, na América Latina e em partes da Europa — os executivos do Wal-Mart acreditam que a organização possui enormes oportunidades de crescimento na China.

4. *Diluir seu risco empresarial por uma base de mercado mais ampla.* Uma empresa dilui o risco empresarial operando em alguns países diferentes, em vez de depender inteiramente das operações em seu mercado interno. Desse modo, se as economias de certos países asiáticos ficarem desaquecidas por um período de tempo, uma empresa com operações em grande parte do mundo poderá obter sua base de vendas constantes na América Latina ou na Europa.

Em alguns poucos casos, empresas em setores fundamentados em recursos naturais (por exemplo, petróleo e gás, minerais, borracha e madeira), muitas vezes consideram necessário operar na área internacional em virtude da grande disponibilidade de matérias-primas nesses países.

A Diferença entre Concorrer Internacionalmente e Globalmente

Em geral, uma empresa começará a concorrer em escala internacional entrando em apenas um, ou talvez alguns, mercados externos selecionados. Concorrer em uma escala verdadeiramente global ocorre mais tarde, depois de ter estabelecido operações em diversos continentes e estar-se defrontando com concorrentes pela liderança do mercado global. Portanto, existe uma distinção significativa entre o alcance competitivo de uma empresa, que opera em alguns poucos países (talvez com ambições modestas para entrar em mais mercados internacionais), e outra que vende seus produtos em 50 a 100 países e está expandindo suas operações para outros locais todos os anos. A primeira é designada mais precisamente como *concorrente internacional*, ao passo que a segunda se qualifica como *concorrente global*. Na discussão a seguir, continuaremos a estabelecer essa distinção entre concorrências internacionais e globais.

DIFERENÇAS ENTRE OS PAÍSES EM TERMOS DE CONDIÇÕES CULTURAIS, DEMOGRÁFICAS E DE MERCADO

Independentemente da motivação de uma empresa para expandir-se fora de seu mercado interno, as estratégias que adota para concorrer nos mercados externos precisam ser motivadas pela situação. As condições culturais, demográficas e de mercado variam significativamente entre os países[1]. Culturas e estilos de vida são as áreas mais óbvias de diferença entre os países; a demografia e os níveis de renda vêm logo em seguida. Consumidores na Espanha não possuem os mesmos gostos, preferências e hábitos de compra do que os da Noruega; compradores diferem também na Grécia, no Chile, na Nova Zelândia e em Taiwan. Menos de 20% da população do Brasil, da Índia e da China possui poder aquisitivo equivalente a 25 mil. Consumidores de classe média representam uma parcela muito menor da população nesses e em outros países emergentes do que na América do Norte, no Japão e em grande parte da Europa Ocidental — a classe média da China é de aproximadamente 125 milhões em uma população de 1,3 bilhão[2].

Algumas vezes, as características adequadas de um produto em um país são inapropriadas em outro — por exemplo, nos Estados Unidos, dispositivos elétricos operam em sistemas de 110 volts, porém, em alguns países europeus, o padrão é o sistema de 240 volts, implicando uso de características e componentes elétricos diferentes. Na França, as consumidoras preferem máquinas de lavar roupa com tampa na parte superior; na maioria dos países europeus, as consumidoras preferem máquinas com tampa frontal. Os habitantes do Norte da Europa querem refrigeradores grandes, porque tendem a fazer compras uma vez por semana nos supermercados; os europeus do Sul contentam-se com refrigeradores pequenos, porque fazem compras diariamente. Em partes da Ásia, os refrigeradores são um símbolo de status e podem ser colocados na sala de estar, o que resulta em preferências por estilos e cores exuberantes — na Índia, azul-brilhante e vermelho são cores populares. Em outros países asiáticos, o espaço nas residências é limitado e muitos refrigeradores têm apenas 1,20 metro de altura, de modo que a parte superior pode ser usada para armazenar víveres. Em Hong Kong, a preferência é por utensílios compactos em estilo europeu, porém, em Taiwan, aparelhos grandes em estilo americano são mais populares. Na Itália, a maioria das pessoas usa máquina de lavar automática, mas prefere pendurar as roupas ao ar livre para secar em varal — existe uma tradição fortemente arraigada e uma crença cultural de que as roupas secadas ao sol ficam mais renovadas, o que praticamente elimina qualquer oportunidade de venda de secadoras de roupa na Itália. Na China, muitos pais relutam em adquirir computadores pessoais (PCs), mesmo aqueles com recursos, pois têm receio de que seus filhos deixarão de fazer seus trabalhos escolares para navegar na internet, jogar videogames pelo PC e baixar arquivos de música popular.

De modo similar, o crescimento do mercado varia em função do país. Em mercados emergentes como Índia, China, Brasil e Malásia, o potencial de crescimento é muito maior do que nas economias mais maduras da Grã-Bretanha, da Dinamarca, do Canadá e do Japão. Em automóveis, por exemplo, o potencial de crescimento do mercado é explosivo na China, onde as vendas de veículos novos, em 2005, foram menos de 5 milhões de unidades em um país com 1,3 bilhão de habitantes. Na Índia, existem canais eficientes e bem desenvolvidos para a distribuição de caminhões, motonetas, equipamentos agrícolas, mantimentos, produtos para higiene pessoal e outros produtos embalados para os 3 milhões de varejistas do país; ao passo que na China, a distribuição é principalmente local e não existe uma rede nacional para a distribuição da maioria dos produtos. O mercado é intensamente competitivo em alguns países e apenas moderadamente concorrencial em outros. As forças que impulsionam um setor podem ser de determinado tipo na Espanha, bem diferentes no Canadá e mais diferentes ainda na Turquia, Argentina ou Coréia do Sul.

Uma das maiores preocupações das empresas que concorrem em mercados estrangeiros é se devem customizar sua oferta de produtos em cada mercado externo distinto para atender aos gostos e às preferências dos compradores locais ou se devem oferecer um produto grandemente padronizado *em escala mundial*. Embora fabricar produtos que atendam de perto aos gostos locais possa torná-los mais atraentes para os compradores locais, customizar produtos em função do país pode aumentar os custos de produção e distribuição em virtude da maior variedade de projetos e componentes, lotes de produção menores e as complicações adicionais de manuseio de estoque e logística de distribuição. A maior padronização da oferta de produtos de uma empresa global pode conduzir, assim, a economias de escala e efeitos da curva de aprendizado/experiência, contribuindo para a obtenção de uma vantagem de custo baixo. *O impasse entre as pressões de mercado para localizar a oferta de produtos de uma organização em cada país, e as pressões competitivas para a diminuição de custos, constitui um dos grandes temas estratégicos que as empresas que competem em mercados externos precisam resolver.*

Além das diferenças básicas de ordem cultural e de mercado entre os países, uma empresa também deve prestar atenção especial às vantagens de localização, que se originam das variações de país para país em termos de custo de fabricação e de distribuição, dos riscos de alterações adversas das taxas de câmbio e das exigências econômicas e políticas dos governos estrangeiros.

Obtenção de Vantagem Competitiva com Base no Local Onde as Atividades Ocorrem

Diferenças de salários, produtividade dos trabalhadores, taxas de inflação, custos de energia, alíquotas dos impostos, regulamentação oficial e outros fatores originam variações consideráveis nos custos de fabricação de país para país. Fábricas em alguns países possuem importantes vantagens de custo de produção em virtude de custos menores dos insumos (especialmente mão-de-obra), regulamentação menos rigorosa, proximidade dos fornecedores ou recursos naturais diferenciados. Em tais casos, os países de custo baixo tornam-se locais de produção preferidos, com a maior parte da produção exportada a mercados em outras partes do mundo. As empresas que instalam fábricas em países de custo baixo (ou que contratam a fabricação de seus produtos com produtores desses países) possuem uma vantagem competitiva sobre os concorrentes com fábricas em países onde os custos são maiores. O papel competitivo dos custos de fabricação baixos torna-se mais evidente em países de salários baixos como China, Índia, Paquistão, Camboja, Vietnã, México, Brasil, Guatemala, Filipinas e diversos países na África, que se tornaram santuários de produção para bens industrializados com grande participação de mão-de-obra (especialmente têxteis e vestuário). Os custos da mão-de-obra na China eram em média de $ 0,70 por hora, em 2004-2005, em comparação a $ 1,50 na Rússia, $ 4,60 na Hungria, $ 4,90 em Portugal, $ 16,50 no Canadá, $ 21 nos Estados Unidos, $ 23 na Noruega e $ 25 na Alemanha[3]. A China está se tornando rapidamente a capital industrial do mundo — praticamente todas as principais empresas industriais possuem instalações na China e o país atraiu mais investimento estrangeiro direto em 2002 e 2003 do que qualquer outro país. De modo semelhante, preocupações a respeito de prazos de entrega reduzidos e de custos de transporte baixos tornam alguns países locais melhores do que outros para a instalação de centros de distribuição.

A qualidade do ambiente de negócios de um país também oferece vantagens de localização — os governos de alguns países estão ansiosos por atrair investimentos estrangeiros e fazem de tudo para criar um clima de negócios que as empresas estrangeiras considerarão favorável. A Irlanda constitui um bom exemplo, possuindo um dos ambientes mais favoráveis aos negócios no mundo. A Irlanda oferece às empresas imposto de renda muito baixo, possui um governo atento às necessidades da indústria e adota uma política agressiva de atração de instalações produtivas de alta tecnologia e empresas multinacionais. Tais políticas exerceram um impulso significativo para torná-la o país mais dinâmico e de maior crescimento na Europa durante a década de 1990. As políticas da Irlanda exerceram uma influência dominante para a decisão da Intel de escolher Leixlip, no Condado de Kildare, para sediar uma fábrica de produção de chips no valor de $ 2,5 bilhões que emprega 4 mil pessoas. Uma outra vantagem da localização é a existência de fornecedores de componentes e de bens de capital; os provedores de conhecimento especializado (universidades, centros de treinamento vocacional, instituições de pesquisa), as associações de classe e fabricantes de produtos complementares em uma área geográfica — tal conjunto pode ser uma fonte importante de economias de custo, além de facilitar colaboração íntima com os principais fornecedores.

Os Riscos de Mudanças Adversas na Taxa de Câmbio

A volatilidade das taxas de câmbio dificulta consideravelmente a questão das vantagens de custo geográficas. As taxas de câmbio das moedas variam muitas vezes de 20% a 40% para mais ou para menos, anualmente. Mudanças dessa magnitude podem simplesmente eliminar a vantagem de custo baixo de um país ou transformar uma localização anteriormente com custo alto em um local competitivo. Por exemplo, em meados dos anos 1980, quando o dólar estava valorizado em relação ao iene japonês (significando que US$ 1 equivaleria, por exemplo, a 125 ienes em oposição a somente 100 ienes), o fabricante de equipamentos pesados Komatsu foi capaz de praticar preços até 25% menores que os da Caterpillar (sediada nos Estados Unidos), fazendo com que esta perdesse vendas e participação de mercado. Porém, a partir de 1985, quando as taxas de câmbio começaram a variar e o dólar tornou-se constantemente desvalorizado em relação ao iene (significando que US$ 1 valia cada vez menos ienes e que um produto Komatsu produzido no Japão a um custo de 20 milhões de ienes equivalia a um custo em dólares muito maior do que anteriormente), a Komatsu teve de aumentar seus preços para os compradores nos Estados Unidos seis vezes ao longo de dois anos. Com sua competitividade em relação à Komatsu restaurada em virtude do dólar mais fraco e dos preços mais altos da Komatsu, a Caterpillar recobrou vendas e participação de mercado. *A lição das taxas de câmbio flutuantes é que as empresas exportadoras de produtos para o mercado externo sempre ganham em competitividade quando a moeda do país no qual os bens são produzidos está fraca. Os exportadores ficam em desvantagem quando a moeda do país, onde os produtos estão sendo fabricados, torna-se mais forte.* Mudanças consideráveis das taxas de câmbio no longo prazo alteram, portanto, as regras do jogo global, determinando que concorrentes dominam o mercado e que países proporcionam a localização ideal para um custo de produção baixo.

> **Conceito Central**
> Empresas com instalações produtivas em determinado país têm custos mais competitivos na exportação de produtos para mercados mundiais quando a moeda local está fraca (ou diminui de valor em relação a outras moedas); sua competitividade diminui quando a moeda local torna-se mais forte em relação às moedas dos países para os quais os produtos fabricados localmente estão sendo exportados.

A título de mais um exemplo dos riscos associados às taxas de câmbio flutuantes, considere o caso de uma empresa norte-americana que possui instalações produtivas no Brasil (onde a moeda é o real) e que exporta a maior parte dos produtos fabricados no Brasil para mercados na União Européia (onde a moeda é o euro). Para facilidade de cálculo, suponha que a taxa de câmbio seja de R$ 4 por 1 euro e que o produto sendo feito no Brasil possua um custo de produção de R$ 4 (ou 1 euro). Suponha em seguida que, por alguma razão, a taxa de câmbio mude de R$ 4 por euro para R$ 5 reais por euro (significando que o real teve uma desvalorização e, portanto, o euro é mais forte). Fabricar o produto no Brasil tornou-se agora mais competitivo em termos de custos, porque um produto brasileiro que custa R$ 4 reais para produzir teve sua cotação reduzida para 0,8 euro à nova taxa de câmbio. Se, em contraste, o valor do real tornar-se mais valorizado em relação ao euro — resultando em uma taxa de câmbio de R$ 3 para 1 euro — o mesmo produto que custa R$ 4 para produzir possuirá agora um custo de 1,33 euro. Sem margem de dúvida, a atração de fabricar um produto no Brasil e vendê-lo na Europa é muito maior quando o euro está valorizado (uma taxa de câmbio de 1 euro por R$ 5) do que quando o euro está fraco e a taxa de câmbio é de apenas R$ 3 reais por 1 euro.

Naquilo que diz respeito a indústrias sediadas nos Estados Unidos, a diminuição do valor do dólar americano em relação a outras moedas age para reduzir ou eliminar toda vantagem de custo que os fabricantes estrangeiros possam ter em relação aos produtores americanos e até motivar empresas estrangeiras a estabelecer unidades produtivas nos Estados Unidos. De modo semelhante, um euro fraco aumenta a competitividade de custo das empresas que fabricam produtos na Europa para exportação a mercados externos; um euro forte em relação a outras moedas diminui a competitividade das fábricas européias que fabricam produtos para exportação.

Em 2002, quando o real desvalorizou cerca de 25% em relação ao dólar, ao euro e a diversas outras moedas, a capacidade das empresas com fábricas no Brasil para concorrer nos mercados mundiais foi muito maior — evidentemente, nos anos seguintes, esse ganho repentino em termos de vantagem de custo poderia muito bem ser diminuído por aumentos constantes do real em relação a essas mesmas moedas. O risco reside neste ponto: *as taxas de câmbio das moedas são um tanto imprevisíveis, variando inicialmente em um sentido e em seguida em outro, portanto, a competitividade da unidade produtiva de toda empresa em qualquer país depende parcialmente da possibilidade de as alterações da taxa de câmbio exercerem um impacto favorável ou desfavorável sobre o custo.* As empresas que fabricam produtos para exportação em um país sempre aumentam sua competitividade de custos quando a moeda desse país torna-se desvalorizada em relação às moedas dos países para onde os produtos estão sendo exportados; e se deparam com uma menor competitividade de custos quando a moeda local se valoriza. Em contraste, as empresas nacionais sob pressão de bens importados com menor custo tornam-se mais competitivas em termos de custos quando sua moeda torna-se mais fraca em relação às moedas dos países onde os bens importados são produzidos — em outras palavras, um fabricante no Brasil considera um real mais fraco como uma *mudança favorável da taxa de câmbio*, porque tal alteração ajuda a tornar seus custos mais competitivos em relação àqueles dos concorrentes estrangeiros.

Conceito Central
As taxas de câmbio flutuantes representam riscos significativos para a competitividade de uma empresa nos mercados externos. Os exportadores ganham quando a moeda do país onde os produtos estão sendo fabricados torna-se desvalorizada e perdem quando a moeda fica mais forte. As empresas nacionais sob pressão de importações de custo baixo são beneficiadas quando seu governo toma medidas para desvalorizar a moeda em relação aos países onde os bens importados estão sendo produzidos.

Políticas dos Governos Que Acolhem Produtores

Os governos nacionais decretam todos os tipos de medidas que afetam as condições dos negócios e a operação de empresas estrangeiras em seus mercados. Os governos que acolhem fábricas podem impor a exigência de conteúdo nacional para os produtos fabricados dentro de suas fronteiras por empresas sediadas no exterior. Eles possuem regras e políticas que protegem as empresas locais de concorrentes estrangeiros e impõem restrições às exportações para assegurar suprimentos locais adequados, regulamentam os preços de produtos importados e fabricados localmente, aprovam procedimentos e exigências para a liberação deliberadamente burocrática alfandegária de bens importados e impõem tarifas ou cotas para as importações de determinados bens — até 2002, quando tornou-se membro da Organização Mundial de Comércio, a China impunha uma tarifa de 100% sobre a importação de veículos automotores. A União Européia impõe cotas para as importações de têxteis e vestuários da China como uma medida para proteger os fabricantes do sul da Europa. A Índia impõe imposto de propriedade de veículos novos cuja alíquota varia de 24% a 40% — uma política que diminui significativamente a demanda por novos veículos no país (embora a alíquota tenha se tornado menor que a de 50% vigente anteriormente). Os governos podem ou não ter sistemas tributários complexos, regulamentação ambiental rigorosa ou padrões de segurança no trabalho sujeitos à fiscalização severa. Algumas vezes, as empresas estrangeiras se defrontam com uma teia de exigências relacionadas a padrões técnicos, certificação do produto, aprovação prévia dos projetos de investimento de capital, saída de fundos do país e controle acionário minoritário (às vezes majoritário) das operações de uma empresa estrangeira por organizações ou investidores locais. Alguns governos podem ser hostis ou suspeitar das empresas estrangeiras que operam no interior de suas fronteiras. Certos governos oferecem subsídios e financiamentos a juros baixos a empresas locais para ajudá-las a competir com empresas sediadas no exterior. Outros governos, ansiosos por atrair novas fábricas e empregos, oferecem às empresas estrangeiras uma ajuda sob a forma de subsídios, acesso privilegiado ao mercado e assistência técnica. Todas essas possibilidades explicam por que os administradores de empresas, que optam por concorrer em mercados externos, precisam examinar de perto as políticas do país em relação aos negócios e às empresas estrangeiras em particular, ao decidir participar em determinados mercados nacionais ou não.

OS CONCEITOS DE CONCORRÊNCIA EM DIVERSOS PAÍSES E DE CONCORRÊNCIA GLOBAL

Existem diferenças importantes nos padrões da concorrência internacional dependendo do setor[4]. Em um extremo, situa-se a concorrência em diversos países, na qual existe variação de país para país nas condições de mercado e nas empresas que lutam pela liderança, fazendo com que uma concorrência por mercado em um país não esteja relacionada de perto à concorrência de mercado em outros países. As características de destaque da concorrência em diversos países são: (1) os compradores em países distintos sentem atração por atributos diferentes do produto, (2) os vendedores variam de país a país, e (3) as condições e as forças competitivas no setor em cada mercado nacional diferem em aspectos importantes. Considere, por exemplo, o setor bancário na Itália, no Brasil e no Japão — as exigências e as expectativas dos clientes dos bancos variam entre os três países, os principais concorrentes na Itália diferem daqueles do Brasil ou do Japão e a batalha competitiva que se desenrola entre os principais bancos na Itália não possui relação com a rivalidade que ocorre no Brasil ou no Japão. Portanto, na concorrência em diversos países, as empresas batalham pela preferência nacional e triunfar em um país não sinaliza necessariamente capacidade para obter bons resultados em outros países. Na concorrência em diversos países, o poder da estratégia e da capacitação de uma empresa pode não aumentar no mesmo grau sua competitividade nos outros países em que opera. Além disso, toda vantagem competitiva que uma empresa assegura em um país limita-se em grande parte a este país; os efeitos que se transferem a outros países são mínimos ou inexistentes. Os setores caracterizados pela concorrência em diversos países incluem transmissão por rádio e TV, crédito ao consumidor, seguro de vida, vestuário, fabricação de metais, diversos tipos de produtos alimentícios (café, cereais, pães, enlatados, congelados) e varejo.

> **Conceito Central**
> A *concorrência em diversos países* existe quando a concorrência em um mercado nacional não possui relação próxima com a concorrência em outro mercado nacional — não existe um mercado global ou mundial, apenas um conjunto de mercados nacionais independentes.

No outro extremo, encontra-se a **concorrência global**, na qual os preços e as condições competitivas nos mercados nacionais possuem forte ligação e a expressão *mercado global* possui um significado verdadeiro. Em um setor competitivo em termos globais, praticamente o mesmo grupo de empresas concorre em diversos países, mas especialmente naqueles em que os volumes de venda são grandes, e possuir uma presença competitiva é estrategicamente importante para consolidar uma posição global forte no setor. Portanto, a posição competitiva de uma empresa em um país afeta e é afetada por sua posição em outros países. Na concorrência global, a vantagem competitiva geral de uma empresa origina-se de todas as suas operações em escala mundial; a vantagem competitiva que ela cria no país em que está sediada é suplementada por vantagens que surgem de suas operações em outros países (ter fábricas em países de salários baixos, ser capaz de transferir especialização de país para país, ter capacidade para atender clientes que também possuem operações multinacionais e reconhecimento da marca em muitas partes do mundo). Empresas nos setores competitivos globais concorrem por liderança mundial. A concorrência global existe nos setores de veículos automotores, aparelhos de televisão, pneus, telefones celulares, computadores pessoais, copiadoras, relógios, câmeras digitais, bicicletas e aviões comerciais.

> **Conceito Central**
> A *concorrência global* existe apenas quando as condições competitivas nos mercados nacionais possuem ligação suficientemente forte para formar um verdadeiro mercado internacional e quando os principais concorrentes competem frontalmente em diversos países.

Um setor pode ter segmentos competitivos globalmente e segmentos em que a competição ocorre país por país[5]. No setor de hotéis/motéis, por exemplo, os segmentos de preço baixo e médio são caracterizados pela concorrência em diversos países — os concorrentes atendem viajantes principalmente dentro do próprio país. No entanto, nos segmentos empresarial e de luxo, a concorrência é mais globalizada. Empresas como Nikki, Marriott, Sheraton e Hilton possuem hotéis em muitas localizações internacionais, usam sistemas de reservas em escala mundial e estabelecem padrões comuns de qualidade e serviço para obter vantagens de marketing no atendimento a homens de negócios e a outros viajantes que fazem viagens internacionais freqüentes. Em lubrificantes, o segmento de motores marítimos é competitivo globalmente — os navios deslocam-se entre os portos e requerem a mesma quantidade de óleo em todos os lugares onde escalam. A reputação das marcas de lubrificantes marítimos possui um alcance global e produtores bem-sucedidos desse lubrificante (Exxon Mobil, BP Amoco e Shell) operam globalmente. No entanto, para os lubrificantes de motores de veículos, domina a concorrência em diversos países — os países possuem diferentes condições meteorológicas e padrões de direção, a produção de óleo do motor está sujeita a economias de escala limitadas, os custos de transporte são elevados e os canais de distribuição varejistas diferem marcadamente de país para país. As empresas nacionais — como Quaker State e Pennzoil nos Estados Unidos e Castrol na Grã-Bretanha — podem ser líderes em seus mercados internos, sem concorrer globalmente.

Também é importante reconhecer que um setor pode estar em transição de concorrência em diversos países para concorrência global. Em alguns dos atuais setores — cerveja e os principais utensílios domésticos são exemplos importantes —, os concorrentes internos que possuem liderança iniciaram a expansão em um número cada vez maior de mercados estrangeiros, muitas vezes adquirindo empresas ou marcas locais e as integrando em suas operações. À medida que alguns membros do setor começam a formar marcas globais e assumem presença global, outros membros do setor ficam pressionados para seguir a mesma trajetória estratégica, especialmente se o estabelecimento de operações multinacionais resultar em economias de escala importantes e em uma marca poderosa. À medida que o setor se consolida com a presença de poucos participantes, de tal modo que muitas das mesmas empresas se deparam com uma concorrência frontal em um número cada vez maior de mercados estrangeiros, a concorrência global começa a substituir a concorrência país a país.

Os gostos dos consumidores por algumas categorias importantes de produtos estão convergindo simultaneamente em todo o mundo. Uma menor diversidade de gostos e preferências abre caminho para que as empresas criem marcas globais e vendam essencialmente os mesmos produtos na maioria dos países do mundo. Mesmo nos setores onde os gostos do consumidor permanecem razoavelmente diferentes, as organizações estão aprendendo a usar a "produção customizada em massa" para criar economicamente versões diferentes de um produto e, portanto, satisfazer os gostos das pessoas em países distintos.

Além de levar em consideração as diferenças culturais e políticas óbvias entre os países, uma empresa precisa moldar sua abordagem estratégica de concorrência em mercados estrangeiros em função de seu setor ser caracterizado pela concorrência em diversos países, pela concorrência global ou pela transição de uma para outra.

OPÇÕES DE ESTRATÉGIAS PARA ENTRAR E CONCORRER NOS MERCADOS EXTERNOS

Existem muitas opções estratégicas generalizadas para uma empresa que decide expandir-se no exterior e concorrer internacional ou globalmente:

1. *Manter uma base de produção nacional (em um país) e exportar para os mercados externos* por meio de canais de distribuição de propriedade da empresa ou de controle estrangeiro.

2. *Licenciar organizações estrangeiras para o uso da tecnologia da empresa ou para produzir e distribuir seus produtos.*

3. *Adotar uma estratégia de franquia.*

4. *Seguir uma estratégia de atuação em diversos países*, variando o método estratégico da empresa (talvez pouco, talvez muito) de país para país, de acordo com as condições locais e os diferentes gostos e preferências dos compradores.

5. *Adotar uma estratégia global*, usando essencialmente o mesmo método de estratégia competitiva em todos os mercados nacionais onde a empresa tem presença.

6. *Usar alianças estratégicas ou joint-ventures com empresas estrangeiras como o principal veículo para entrar em mercados externos* e talvez empregá-las como um método estratégico constante direcionado a manter ou reforçar sua competitividade.

As seções a seguir discutem em mais detalhe as cinco primeiras opções; a sexta opção é apresentada numa seção à parte, mais à frente neste capítulo.

Estratégias de Exportação

Usar fábricas no país de origem como base de produção para exportar para mercados estrangeiros constitui uma excelente estratégia inicial para a conquista de vendas internacionais. Trata-se de um modo conservador para testar a área internacional. O volume de capital necessário para o início das exportações muitas vezes é mínimo; a capacidade de produção existente pode muito bem ser suficiente para fabricar produtos para exportação. Com uma estratégia de exportação, um fabricante pode limitar seu envolvimento em mercados estrangeiros, associando-se a atacadistas estrangeiros com experiência em importação para cuidarem de toda a função de distribuição e marketing em seus países ou regiões do mundo. No entanto, se for mais vantajoso manter o controle dessas funções, um fabricante pode estabelecer suas próprias organizações de distribuição e de vendas em alguns ou em todos os mercados estrangeiros almejados. De ambas as maneiras, produção e estratégia de exportação com base no país de origem ajuda a empresa a minimizar seus investimentos diretos em países estrangeiros. Tais estratégias são em geral preferidas por empresas chinesas, coreanas e italianas — os produtos são projetados e fabricados no país de origem e distribuídos em seguida por meio de canais locais nos países importadores; as principais funções executadas no exterior relacionam-se principalmente à criação de uma rede de distribuidores e, talvez, à realização das atividades de promoção de vendas e de difusão da marca.

A possibilidade de uma estratégia de exportação ser adotada de modo bem-sucedido no longo prazo depende da competitividade do custo relativo da base de produção no país de origem. Em alguns setores, as empresas conseguem economias de escala adicionais e/ou benefícios da curva de aprendizado/experiência, centralizando a produção em uma ou em diversas fábricas de grande porte, cuja capacidade de produção excede a demanda no mercado de qualquer país; obviamente, uma organização precisa exportar para valer-se de tais economias. No entanto, estratégia de exportação é vulnerável quando (1) os custos de produção no país de origem são substancialmente maiores do que nos países estrangeiros, onde os concorrentes possuem fábricas, (2) os custos para o envio do produto a mercados externos distantes são relativamente elevados ou (3) ocorrem mudanças adversas nas taxas de câmbio das moedas. A não ser que um exportador possa manter seu custo de produção e de envio competitivo em relação ao dos concorrentes e proteger-se de modo satisfatório contra mudanças desfavoráveis nas taxas de câmbio, seu sucesso será limitado.

Estratégias de Licenciamento

O licenciamento faz sentido quando uma empresa com *know-how* técnico valioso ou um produto patenteado único não possui a capacidade organizacional interna ou os recursos para entrar em mercados estrangeiros. O licenciamento também possui a vantagem de evitar os riscos de comprometer recursos em mercados externos desconhecidos, voláteis politicamente, instáveis economicamente ou arriscados. Ao licenciar a tecnologia ou os direitos de produção para empresas sediadas no exterior, a empresa não precisa arcar com os custos e os riscos de entrar por conta própria nos mercados externos, mas é capaz de gerar receita de royalties. A grande desvantagem do licenciamento é o risco de fornecer um *know-how* tecnológico valioso a empresas estrangeiras e dessa forma perder algum controle sobre o seu uso; monitorar licenciados e salvaguardar o *know-how* proprietário pode se mostrar muito difícil em algumas circunstâncias. Entretanto, se o potencial de royalties for considerável e as empresas para quem as licenças estiverem sendo concedidas forem simultaneamente confiáveis e de boa reputação, o licenciamento poderá ser uma opção muito atraente. Muitas empresas de software e laboratórios farmacêuticos estão adotando estratégias de licenciamento.

Estratégias de Franquia

Embora o licenciamento dê bons resultados para fabricantes e detentores de tecnologia proprietária, a franquia muitas vezes é mais adequada para as iniciativas de expansão global dos empreendimentos de serviço e de varejo. McDonald's, Yum! Brands (o controlador de Pizza Hut, KFC e Taco Bell), The UPS Store, Jani-King International (o maior franqueador de limpeza comercial do mundo), Roto-Rooter, 7-Eleven e Hilton Hotels, todos empregaram franquias para estabelecer uma presença nos mercados externos. A franquia tem praticamente as mesmas vantagens que o licenciamento. O franqueado arca com a maior parte dos custos e riscos; o franqueador precisa gastar apenas os recursos para controlar, treinar, apoiar e monitorar os franqueados. O grande problema com que o franqueador se defronta é manter o controle de qualidade; os franqueados estrangeiros nem sempre demonstram um compromisso sério com a manutenção da coerência e da padronização, especialmente quando a cultura local não enfatiza o mesmo tipo de preocupação com a qualidade. Outro problema que pode surgir diz respeito à permissão para os franqueados estrangeiros fazerem modificações no produto do franqueador, a fim de melhor satisfazer os gostos e as expectativas dos compradores locais. O McDonald's deveria permitir que suas unidades franqueadas no Japão alterassem ligeiramente o Big Mac para ajustar-se aos gostos dos japoneses? As unidades franqueadas do KFC na China devem ter permissão para utilizar temperos que agradem aos consumidores chineses? Ou os mesmos produtos deveriam ser exigidos de modo rigoroso e invariável de todos os franqueados no mundo?

Estratégias Localizadas em Diversos Países ou uma Estratégia Global?

A questão relativa à variação da abordagem competitiva da empresa para atender a condições de mercado específicas e às preferências do consumidor em cada país ou a adoção de essencialmente a mesma estratégia em todos os países constitui talvez o principal tema estratégico com que as organizações precisam se preocupar quando operam em dois ou mais mercados estrangeiros. A Figura 7.1 mostra as opções de uma empresa para equacionar o problema.

Conceito Central
Uma *estratégia localizada ou em diversos países* é aquela em que uma empresa varia sua oferta de produtos e sua abordagem competitiva de país para país visando lidar com preferências do comprador e condições de mercado distintas.

Métodos de Criação de Estratégias com Base em Pensamento Local e Ação Local Quanto maiores as diferenças nos gostos do comprador, nas tradições culturais e nas condições de mercado em países diferentes, maior a justificativa para um método de pensamento local e ação local para a formulação da estratégia. O método local ajusta a oferta de produtos e talvez a estratégia competitiva básica aos gostos do comprador e às condições de mercado em cada país onde decide concorrer. A força do emprego de um conjunto de *estratégias localizadas* ou *em diversos países* reside no fato de as ações e a abordagem dos negócios serem criadas deliberadamente para atender a gostos e expectativas diferentes dos compradores,

Figura 7.1 **As Opções Estratégicas de uma Empresa para Lidar com Variações de País para País nas Preferências do Comprador e nas Condições de Mercado**

Opções de Posição Estratégica	Formas de Lidar com Variações de País para País nas Preferências do Comprador e nas Condições de Mercado
Pensar Localmente Agir Localmente	**Empregar estratégias localizadas, uma para o mercado de cada país:** ■ Moldar a abordagem competitiva e a oferta de produtos da empresa para ajustar-se às condições de mercado e às preferências do comprador específicas em cada país. ■ Delegar a criação de estratégias a gerentes locais com conhecimento em primeira mão das condições locais.
Pensar Globalmente Agir Globalmente	**Empregar a mesma estratégia em escala mundial:** ■ Adotar o mesmo conteúdo básico para a estratégia competitiva (custo baixo, diferenciação, melhor custo ou focalizada) em todos os mercados — uma estratégia global. ■ Oferecer os mesmos produtos em nível mundial, apenas com algumas pequenas alterações de um país para outro, quando as condições do mercado local o exigirem. ■ Utilizar em escala mundial as mesmas capacidades, canais de distribuição e métodos de marketing. ■ Coordenar as ações estratégicas a partir da matriz.
Pensar Globalmente Agir Localmente	**Empregar uma combinação de estratégia global-local:** ■ Empregar essencialmente o mesmo conteúdo básico para estratégia competitiva (custo baixo, diferenciação, melhor custo ou focalizada) em todos os mercados. ■ Desenvolver capacidade para customizar as ofertas de produtos e vender versões diferentes do produto em países diferentes (talvez até mesmo com marcas diferentes). ■ Conceder aos gerentes locais a flexibilidade para adaptar o método global, conforme seja necessário para atender às preferências locais dos compradores e responder às condições locais de mercado e competição.

é ficar atento para assumir as posições de mercado mais atraentes em relação aos concorrentes locais. Uma abordagem do tipo pensar localmente, agir localmente, significa conceder aos gerentes locais flexibilidade considerável para a criação de estratégias. Significa ter fábricas que produzam diferentes versões do produto para diferentes mercados locais e adaptar o marketing e a distribuição para ajustar-se aos costumes e às culturas locais. Quanto maiores as variações de país para país, mais a estratégia geral de uma empresa torna-se um conjunto de suas estratégias localizadas em cada país, em vez de uma estratégia comum ou global.

Um método de criação de estratégia do tipo pensar localmente, agir localmente é essencial quando existem diferenças de país para país nas preferências e nos hábitos de compra dos clientes, quando ocorrem diferenças significativas de país para país nos canais de distribuição e nos métodos de marketing, quando os governos emitem regulamentação, exigindo que os produtos vendidos localmente atendam a determinadas especificações de produção ou padrões de desempenho rigorosos e quando as restrições ao intercâmbio comercial por parte dos governos são em tão grande número e tão complexas a ponto de impedir uma abordagem uniforme e coordenada do mercado em nível mundial. Com as estratégias localizadas, uma empresa muitas vezes possui versões diferentes do produto para países diferentes e, algumas vezes, as comercializa sob marcas diferentes. A Sony vende um walkman diferente na Noruega e na Suécia, a fim de melhor atender às preferências e aos hábitos um tanto distintos dos usuários em cada mercado. A Castrol, especializada em óleos lubrificantes, possui mais de 3 mil fórmulas diferentes de lubrificantes, muitos dos quais foram adaptados para climas diferentes e aplicações em equipamentos que caracterizam mercados em países distintos. Na indústria de produtos alimentícios, é comum as empresas variarem os ingredientes de seus produtos e vender as versões adaptadas com marcas locais a fim de atender a gostos e preferências alimentares específicos dos países. Os fabricantes de veículos automotores produzem rotineiramente veículos menores e que consomem menos combustível para os mercados na Europa, onde as estradas muitas vezes são mais estreitas e os preços da gasolina duas ou três vezes maiores do que o mercado norte-americano; os modelos que fabricam para o mercado asiático também são diferentes. A DaimlerChrysler, por exemplo, equipa todos os seus Jeep Grand Cherokee e muitos de seus carros Mercedes vendidos na Europa com motores diesel com consumo eficiente de combustível. Os Buicks, que a General Motors vende na China, são veículos compactos, ao passo que aqueles vendidos nos Estados Unidos são sedãs e veículos utilitários esportivos de maior porte.

No entanto, as estratégias do tipo pensar localmente, agir localmente possuem duas grandes desvantagens: prejudicam a transferência da competência e dos recursos de uma empresa para além das fronteiras nacionais (pois as estratégias em diferentes países podem ser alicerçadas em capacitações e competências variáveis) e não permitem a criação de uma vantagem específica e unificada — especialmente de custo baixo. Empresas com estratégias fortemente localizadas ou em diversos países defrontam-se com muitos obstáculos para obter a liderança em custo baixo, *a não ser que* encontrem maneiras para customizar seus produtos e *assim mesmo* ficar em uma posição para conseguir economias de escala e efeitos da curva de aprendizado/experiência. Empresas como a Dell Computer e a Toyota, por terem capacidade de produção customizada em massa, podem adaptar com custo eficaz suas ofertas de produtos para atender aos gostos dos compradores locais.

Métodos do Tipo Pensar Globalmente, Agir Globalmente para a Criação de Estratégias Embora as estratégias em diversos países ou localizadas sejam mais adequadas para setores onde predomina a concorrência em diversos países e um grau razoavelmente elevado de reação local seja obrigatório do ponto de vista competitivo, as estratégias globais são mais bem adequadas para setores competitivos globalmente. Uma *estratégia global* é aquela em que a abordagem da empresa é predominantemente a mesma em todos os países — ela vende os mesmos produtos com a mesma marca em todos os lugares, utiliza praticamente os mesmos canais de distribuição em todos os países e concorre com base nas mesmas capacitações e métodos de marketing idênticos em escala mundial. Embora a estratégia ou a oferta de produtos da empresa possa ser adaptada nos mínimos detalhes para ter compatibilidade com situações específicas em alguns países, o método competitivo básico (custo baixo, diferenciação, melhor custo ou focalizado) permanece praticamente idêntico em escala mundial, e os gerentes locais agem de acordo com a estratégia global. Um tema estratégico do tipo pensar globalmente, agir globalmente faz com que os gestores integrem e coordenem em nível mundial as ações estratégicas da empresa e se expandam para a maior parte ou mesmo para todos os países, onde

---

Conceito Central
Uma *estratégia global* é aquela em que a empresa adota a mesma abordagem competitiva básica em todos os países onde opera, vende produtos praticamente idênticos em todos os lugares, empenha-se na criação de marcas globais e coordena suas ações em nível mundial.

existe demanda significativa. Essa abordagem exerce uma ênfase estratégica considerável para a formação de uma marca *global* e para empenhar-se agressivamente na busca de oportunidades para transferir idéias, produtos novos e capacitações de um país para outro[6]. Realmente, com uma abordagem do tipo pensar globalmente, agir globalmente para a criação da estratégia, as operações de uma empresa em cada país podem ser consideradas experimentos que resultam em aprendizado e em capacitações que podem ser transferidos a outros mercados nacionais.

Sempre que as diferenças de país para país são suficientemente pequenas para se enquadrar no âmbito de uma estratégia global, esta é preferível a estratégias localizadas, porque a organização pode unificar mais rapidamente suas operações e estabelecer a imagem da marca e uma reputação uniformes de país para país. Além disso, com uma estratégia global, a empresa tem mais condições para assegurar vantagem competitiva sustentável de custo baixo ou com base na diferenciação em relação aos concorrentes nos mercados interno e externo, que se empenham por liderança no mercado mundial. A Figura 7.2 resume as diferenças básicas entre uma estratégia localizada em diversos países e uma estratégia global.

Abordagens do Tipo Pensar Globalmente, Agir Localmente para a Criação de Estratégias Freqüentemente, uma empresa pode adaptar-se a variações existentes em cada país nos gostos dos consumidores, costumes locais e condições de mercado por meio de uma abordagem de criação de uma estratégia do tipo pensar globalmente, agir localmente. Este método intermediário resulta na adoção do mesmo conteúdo competitivo básico (custo baixo, diferenciação, melhor custo ou focalizado) em cada país, mas permitindo aos gerentes locais a flexibilidade para (1) incorporar todas as variações específicas do país em termos de atributos do produto necessários para melhor satisfazer os compradores locais e (2) fazer todos os ajustes na produção, na distribuição e no marketing necessários para enquadrar-se às condições do mercado local e concorrer de modo bem-sucedido contra os concorrentes locais. Versões ligeiramente diferentes do produto vendidas com a mesma marca podem ser suficientes para satisfazer os gostos locais e pode ser viável incluí-las de um modo um tanto econômico durante o projeto e a fabricação. Por exemplo, a estratégia da Dell para PCs, de inserir componente de produção de acordo com o pedido, torna simples para a empresa reagir ao modo como os compradores, em diferentes partes do mundo, desejam seus PCs equipados. No entanto, a Dell não abriu mão de sua estratégia de venda direta aos clientes em vez da comercialização por varejistas locais, muito embora a maioria dos compradores em países como a China faça ressalvas à colocação de pedidos on-line e prefira inspecionar pessoalmente os PCs nas lojas antes de realizar uma compra.

Como regra geral, a maioria das organizações que opera em escala multinacional empenha-se em adotar uma estratégia global compatível com as necessidades dos clientes e com as condições de mercado. A Philips Electronics, empresa de produtos eletrônicos sediada nos Países Baixos, operou de modo bem-sucedido com estratégias localizadas durante muitos anos, porém começou recentemente a adotar uma estratégia unificada na União Européia e na América do Norte[7]. A Whirlpool tem globalizado sua estratégia de liderança em custo baixo na linha de utilidades domésticas durante mais de 15 anos, empenhando-se em padronizar peças e componentes e adotar estilos em escala mundial para o maior número possível de seus produtos para o lar. Entretanto, constatou ser necessário continuar produzindo versões significativamente diferentes de refrigeradores, máquinas de lavar roupa e utensílios de cozinha para consumidores em diferentes regiões do mundo, porque as necessidades e os gostos dos compradores locais de utensílios de tamanhos e estilos diferentes não convergiam suficientemente para permitir a padronização dos produtos Whirlpool em escala mundial. A General Motors tomou a iniciativa, em 2004, de insistir para que suas unidades em todo o mundo compartilhem peças básicas e trabalhem juntas para projetar veículos que possam ser vendidos, com pequenas variações, em qualquer lugar do mundo; ao reduzir de 270 para 50 os tipos de rádios instalados nos carros e caminhões, tinha a expectativa de economizar 40% nos custos de rádios.

O Quadro Ilustrativo 7.1 descreve como duas empresas localizam suas estratégias para concorrer em países em todo o mundo.

Figura 7.2 **Como uma Estratégia Localizada ou em Diversos Países Difere de uma Estratégia Global**

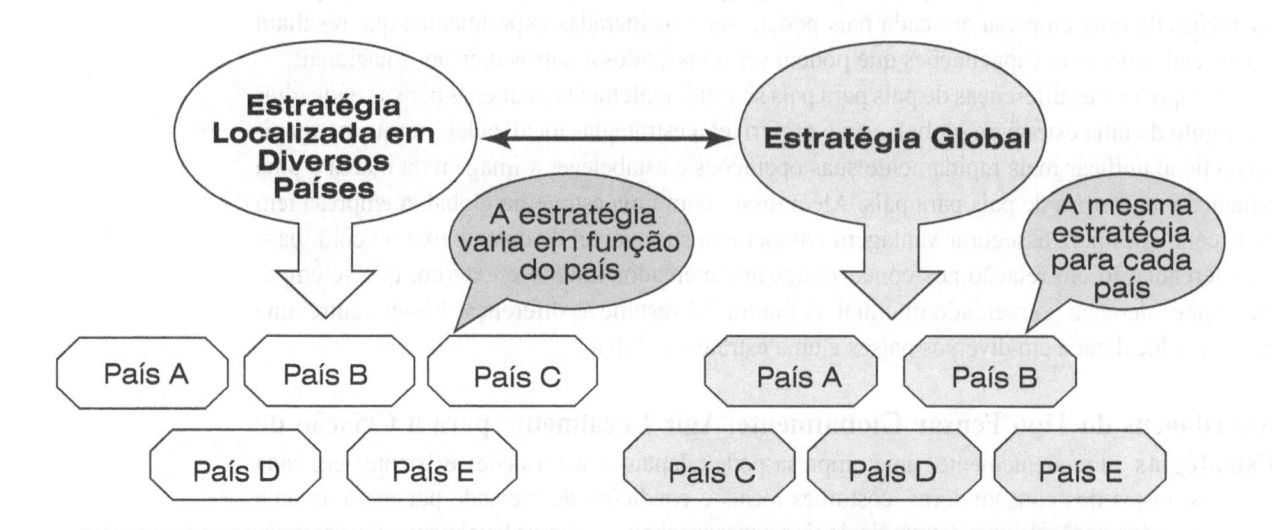

Estratégia Localizada em Diversos Países — A estratégia varia em função do país

País A, País B, País C, País D, País E

- Customizar a abordagem competitiva da empresa conforme necessário para ajustar-se às circunstâncias do mercado e dos negócios em cada país — grande atenção às condições locais.

- Vender versões diferentes do produto em países diferentes usando marcas distintas — adaptar as características do produto aos gastos e às preferências dos compradores em função do país.

- Instalar fábricas em muitos países, cada uma fabricando versões do produto para os mercados locais.

- Usar preferentemente fornecedores locais (algumas fontes locais podem ser exigidas pelo governo).

- Adaptar o marketing e a distribuição aos costumes e à cultura locais de cada país.

- Transferir capacitação e competência de país para país onde for viável.

- Conceder aos gerentes dos países ampla flexibilidade para a criação de estratégias e autonomia nas operações locais.

Estratégia Global — A mesma estratégia para cada país

País A, País B, País C, País D, País E

- Adotar a mesma estratégia competitiva básica em escala mundial (custo baixo, diferenciação, melhor custo, menor custo focalizado, diferenciação focalizada) com atendimento mínimo às condições locais.

- Vender os mesmos produtos com a mesma marca em escala global; empreender iniciativas para a criação de marcas globais em oposição ao fortalecimento das marcas locais/regionais vendidas nos mercados locais/regionais.

- Localizar fábricas com base na vantagem máxima de localização, usualmente nos países onde os custos de produção são os menores; porém as fábricas podem estar em vários locais se os custos de transporte são elevados ou outras vantagens de localização predominam.

- Comprar dos melhores fornecedores de qualquer parte do mundo.

- Coordenar o marketing e a distribuição em escala mundial; enfatizar a transferência rápida de novas idéias, produtos e capacitações para outros países.

- Coordenar as principais decisões estratégicas em nível mundial; esperar que os gerentes locais mantenham-se próximos da estratégia global.

Quadro Ilustrativo 7.1
Estratégias em Diversos Países do Electronic Arts e da Coca-Cola

ESTRATÉGIAS EM DIVERSOS PAÍSES DO ELECTRONIC ARTS PARA A VENDA DE VIDEOGAMES

O Electronic Arts (EA), o maior programador e vendedor de videogames do mundo, cria jogos adequados aos gostos diferentes dos apreciadores em diferentes países e também em diferentes idiomas. O EA possui dois principais estúdios de criação — um em Vancouver, British Columbia, e outro em Los Angeles — e estúdios de criação menores em San Francisco, Orlando, Londres e Tóquio. Essa dispersão de estúdios de criação ajuda o EA a criar jogos específicos para culturas diferentes — por exemplo, o estúdio de Londres foi o escolhido para criar os jogos de futebol populares da Fifa para agradar aos diferentes gostos europeus e imitar os estádios, a comunicação visual e a composição das equipes; o estúdio nos Estados Unidos foi encarregado de criar jogos envolvendo a liga de futebol americano, a liga de basquete e a corrida de carros Nascar. Nenhuma outra empresa de software possuía a capacidade do EA para localizar jogos ou lançar jogos em plataformas múltiplas, em diversos países e em vários idiomas. O jogo do EA *Harry Potter e a Câmara Secreta* foi lançado simultaneamente em 75 países, em 31 idiomas e em sete plataformas.

A ESTRATÉGIA EM DIVERSOS PAÍSES DA COCA-COLA PARA BEBIDAS

A Coca-Cola se empenha para atender à demanda dos gostos e culturas locais, oferecendo 300 marcas em cerca de 200 países. Sua rede de engarrafadoras e distribuidores é marcadamente local e os produtos e as marcas da empresa são formulados para agradar aos gostos locais. As maneiras pelas quais as unidades operacionais locais da Coca-Cola colocam os produtos no mercado, os recipientes usados e as mensagens promocionais da empresa são todos direcionados a ajustar-se à cultura local e adaptar-se às práticas comerciais locais. Diversos ingredientes e insumos dos produtos Coca-Cola são adquiridos localmente.

Fontes: Disponível em: < www.ea.com> e < www.coca-cola.com>. Acesso em: set. 2004.

A BUSCA POR VANTAGEM COMPETITIVA NOS MERCADOS EXTERNOS

Existem três maneiras importantes pelas quais uma empresa pode obter vantagem competitiva expandindo-se nos mercados externos (ou compensar as desvantagens no mercado interno). Primeiro, pode usar a localização para diminuir custos ou obter maior diferenciação do produto. Segundo, pode transferir de modo competitivo capacitação e competência valiosas de seu mercado interno para os mercados externos. E terceiro, pode usar a coordenação global de maneiras que um concorrente atuando apenas no mercado interno não consegue[8].

Usar a Localização para Obter Vantagem Competitiva

Para usar a localização a fim de obter vantagem competitiva, uma empresa precisa considerar dois aspectos: (1) se deve concentrar cada atividade que realiza em alguns poucos países selecionados ou dispersar o desempenho da atividade em muitos países e (2) em que países localizar determinadas atividades[9].

> As organizações que concorrem em âmbito multinacional podem obter vantagem competitiva nos mercados mundiais, localizando suas atividades da cadeia de valor em todos os países em que tal estratégia é mais vantajosa.

Quando Concentrar Atividades em Alguns Poucos Locais As empresas tendem a concentrar suas atividades em um número limitado de localidades nas seguintes circunstâncias:

- *Quando os custos de fabricação ou de outras atividades são significativamente menores em algumas localizações geográficas em comparação a outras*. Por exemplo, grande parte dos tênis é fabricada na Ásia (China e Coréia) em virtude do custo baixo da mão-de-obra; grande parte da produção de placas-mãe para PCs está localizada em Taiwan em decorrência dos custos baixos e da grande aptidão técnica da mão-de-obra nesse país.

- *Quando existem economias de escala significativas*. A existência de economias de escala importantes na produção de componentes ou na montagem final significa que uma empresa pode obter economias de custo substanciais, operando algumas fábricas superefícientes em oposição a muitas fábricas pequenas localizadas em vários pontos do globo. Economias substanciais de marketing e distribuição associadas a operações multinacionais também podem resultar em liderança em custo baixo. Nas situações em que alguns concorrentes pretendem o domínio global, ser o líder mundial com custo baixo é uma poderosa vantagem competitiva. Conquistar o status de líder em custo baixo, muitas vezes, exige que uma empresa tenha a maior participação mundial em termos de fabricação, com a produção localizada em uma ou em poucas fábricas de escala mundial em locais de custo baixo. Algumas organizações chegam a usar tais fábricas para produzir unidades vendidas com as marcas de concorrentes. A participação na fabricação (distinta da participação da marca ou da participação de mercado) é significativa, porque proporciona um acesso mais seguro a economias de escala relacionadas à produção. Os produtores japoneses de VCRs, fornos de microondas, televisores e aparelhos de DVD têm utilizado sua grande participação de fabricação para obter vantagem de custo baixo[10].

- *Quando existe uma curva de aprendizado muito inclinada associada ao desempenho de uma atividade em um único local*. Em alguns setores os efeitos da curva de aprendizado/experiência na fabricação ou na montagem de peças são tão intensos a ponto de uma empresa estabelecer uma ou duas fábricas de grande porte das quais atende ao mercado mundial. A chave para diminuir os efeitos da curva de aprendizado consiste em concentrar a produção em alguns poucos locais para aumentar o volume acumulado em uma fábrica (e, portanto, a experiência da equipe de trabalho da fábrica) o mais rapidamente possível.

- *Quando certas localizações possuem recursos superiores, permitem melhor coordenação das atividades relacionadas ou oferecem outras vantagens importantes*. Uma unidade de pesquisas ou uma indústria sofisticada pode estar localizada em determinado país em virtude do treinamento técnico do pessoal. A Samsung tornou-se líder em tecnologia de chip de memória, estabelecendo um importante centro de P&D no Vale do Silício e transferindo o *know-how* que obteve de volta para a matriz e suas fábricas na Coréia do Sul. Quando as práticas de estoque *just-in-time* proporcionam grandes economias de custo e/ou quando uma empresa de montagem possui parcerias de longo prazo com seus fornecedores, as unidades que fabricam peças podem localizar-se em torno de fábricas com linha de montagem final. Uma indústria de montagem pode estar localizada em um país graças à autorização do respectivo governo para importação mais livre de componentes produzidos por fábricas de peças centralizadas localizadas em outros países. Um centro de atendimento ao cliente ou um escritório de vendas pode ser instalado em determinado país para ajudar a criar bons relacionamentos com clientes importantes localizados nas proximidades.

Quando Realizar Atividades em Muitos Locais Há diversos casos em que a dispersão das atividades é mais vantajosa do que a concentração. As atividades relacionadas aos clientes — como distribuição, vendas, propaganda e serviço pós-venda — precisam ocorrer em geral próximas aos clientes. Isso significa localizar fisicamente a capacidade para desempenhar tais atividades nos países em que uma empresa global tenha clientes importantes (a não ser que os clientes em diversos países contíguos possam ser atendidos rapidamente a partir de uma localização central nas proximidades). Por exemplo, as empresas que produzem equipamentos de mineração e de prospecção de petróleo mantêm operações em muitas localizações internacionais para apoiar as necessidades dos clientes por manutenção e assistência técnica rápidas do equipamento. As quatro maiores empresas de auditoria do mundo possuem um grande número de escritórios internacionais para atender às operações no exterior de seus clientes multinacionais. Um concorrente global, que disperse eficazmente suas atividades relacionadas aos clientes, pode obter uma vantagem competitiva com base no atendimento nos mercados mundiais em relação aos concorrentes, cujas atividades relacionadas aos clientes são mais concentradas — esta é uma das razões por que as quatro grandes empresas de auditoria (PricewaterhouseCoopers, KPMG, Deloitte & Touche e Ernst & Young) obtiveram tanto sucesso comparativamente a organizações regionais e nacionais. Dispersar atividades em muitos locais também é vantajoso competitivamente quando custos de transporte elevados, custo elevado em virtude da grande escala e barreiras comerciais tornam muito oneroso operar a partir de uma localização central. Muitas empresas distribuem seus produtos a partir de diversos locais a fim de diminuir o tempo de entrega para os clientes. Além disso, é estrategicamente vantajoso dispersar atividades como proteção contra os riscos das taxas de câmbio flutuantes, das interrupções de fornecimento (em decorrência de greves, falhas mecânicas e atrasos no transporte) e acontecimentos políticos adversos. Tais riscos são maiores quando as atividades estão concentradas em um único local.

A razão clássica para localizar uma atividade em determinado país é o custo baixo[11]. Muito embora as empresas multinacionais e globais tenham fortes motivos para dispersar as atividades relacionadas aos clientes em diferentes locais internacionais, atividades como compra de materiais, fabricação de peças, montagem de produtos acabados, pesquisa tecnológica e desenvolvimento de novos produtos freqüentemente podem ser retiradas dos locais dos clientes e realizadas onde houver vantagens. Os componentes podem ser fabricados no México, a pesquisa tecnológica feita em Frankfurt, os novos produtos desenvolvidos e testados em Phoenix e unidades de montagem localizadas na Espanha, no Brasil, em Taiwan e na Carolina do Sul. O capital pode ser obtido em qualquer país e encontra-se disponível com as melhores condições.

Uso da Transferência de Competências e Capacidades entre Países para Obter Vantagem Competitiva

Uma das melhores maneiras para uma empresa com competências e pontos fortes reconhecidos assegurar vantagem competitiva consiste em usar seus recursos fortes consideráveis para penetrar em outros mercados externos. Uma organização, cujos recursos fortes provarem ser particularmente sólidos para concorrer de modo bem-sucedido em mercados externos penetrados recentemente, não só consegue mais vendas e lucros, mas também pode constatar que sua competitividade aumentou suficientemente para gerar vantagem competitiva e empenhar-se em liderança global nos mercados. Transferir competências, capacitações e recursos fortes de país para país contribui para o desenvolvimento de competências mais amplas ou mais detalhadas, ajudando uma empresa a conquistar um grande domínio em alguma área competitiva de valor. Domínio de alguma capacitação competitiva ou das atividades da cadeia de valor constitui uma base sólida para vantagem competitiva sustentável em relação a outros concorrentes multinacionais ou globais, e especialmente em relação a outros concorrentes locais. Uma base de clientes em um único país, muitas vezes, é muito pequena para apoiar o acúmulo de recursos necessários para tal atuação em profundidade; isto é particularmente verdadeiro quando o mercado está apenas surgindo e recursos sofisticados não têm sido exigidos ainda.

Whirlpool, fabricante com liderança global na produção de utensílios domésticos, com fábricas em 14 países e vendas em 170 países, utilizou a internet para criar uma plataforma tecnológica global, que lhe permite transferir inovações importantes nos produtos e processos de produção para outras regiões e marcas de modo rápido e eficaz. O Wal-Mart está expandindo suas operações de maneira consistente com uma estratégia que envolve a transferência de seu considerável conhecimento local na distribuição e varejo para operações nas lojas inauguradas recentemente na China, no Japão, na América Latina e na Europa. Seu status de maior possuidor de recursos e usuário mais sofisticado de *know-how* de distribuição/varejo foi de muito utilidade para a empresa atingir alto nível de vendas e lucratividade nos mercados externos. Entretanto, o Wal-Mart não está participando de uma corrida desenfreada para posicionar-se em muitos mercados externos; está estabelecendo, preferencialmente, uma presença marcante em mercados externos selecionados e aprendendo como ser bem-sucedido nesses mercados antes de tentar a entrada em outros países adequados a seu modelo empresarial.

No entanto, a transferência de recursos entre países não constitui uma receita garantida para o sucesso. A Philips Electronics vende mais TVs em cores e gravadores de DVD na Europa do que qualquer outra empresa; seu maior avanço tecnológico foi o CD, que inventou em 1982. A Philips possui vendas mundiais de aproximadamente 38 bilhões de euros, porém até 2005 havia tido prejuízo durante 17 anos consecutivos em suas vendas de produtos eletrônicos de consumo nos Estados Unidos, onde a TV em cores e o gravador DVD da empresa (comercializados com as marcas Magnavox e Philips) vendem lentamente. A Philips é notoriamente uma retardatária na introdução de novos produtos no mercado norte-americano e tem-se empenhado em desenvolver uma equipe de vendas capacitada que possa ter acesso aos varejistas de produtos eletrônicos nesse país e mudar sua imagem de marca popular.

Uso da Coordenação entre Países para Obter Vantagem Competitiva

Coordenar as atividades da empresa em diferentes países contribui para a vantagem competitiva sustentável de diversas maneiras[12]. Os concorrentes multinacionais e globais podem escolher onde e como desafiar concorrentes. Podem decidir retaliar contra um rival agressivo no mercado do país onde possui maior volume de vendas ou melhores margens de lucro, a fim de reduzir os recursos financeiros desse rival para concorrer nos mercados de outros países. Podem também decidir realizar uma ofensiva de corte de preços contra concorrentes fracos em seus mercados de origem, conquistando maior participação de mercado e subsidiando todo o prejuízo a curto prazo com os lucros nos mercados de outros países.

Se uma empresa aprende a fabricar seu produto mais eficientemente, por exemplo em sua fábrica no Brasil, a experiência acumulada pode ser comunicada rapidamente pela internet às unidades de montagem em outras localizações geográficas. O conhecimento obtido na comercialização do produto de uma empresa na Grã-Bretanha pode ser partilhado prontamente com pessoal da organização na Nova Zelândia ou na Austrália. Um produtor global ou multinacional pode deslocar a produção de uma fábrica de um país para outro, a fim de valer-se da flutuação nas taxas de câmbio, aumentar seu impulsionamento perante governos de países estrangeiros e reagir à alteração dos salários, à falta de componentes, aos custos de energia ou a mudanças em tarifas e cotas. A programação da produção pode ser coordenada em escala mundial; o despacho dos produtos pode ser deslocado de um centro de distribuição para outro se as vendas aumentam inesperadamente em uma localização e diminuem em outra.

Ao utilizarem sistemas on-line, as empresas podem obter prontamente idéias de produtos novos e aperfeiçoados dos clientes e do pessoal ao redor do globo, permitindo decisões fundamentadas a respeito daquilo que pode ser padronizado e do que deveria ser customizado. De modo análogo, os sistemas on-line permitem que as multinacionais envolvam seu melhor pessoal de engenharia e projeto (em qualquer localização onde estiverem) para criar coletivamente os produtos da próxima geração — é fácil para o pessoal da empresa em um local usar a internet a fim de colaborar de perto com o pessoal em outras localizações no desempenho de todos os tipos de atividades estrategicamente relevantes. A eficiência também pode ser alcançada deslocando a produção de um local onde esteja sobrecarregada para outro onde o pessoal encontra-se subutilizado. As iniciativas da Whirlpool para agrupar seu trabalho de P&D do produto e suas operações industriais na América do Norte, América Latina, Europa e Ásia permitiram-lhe acelerar a descoberta de características inovadoras dos utensílios, coordenar a introdução dessas características nos produtos comercializados em diferentes países e criar uma cadeia de suprimentos mundial com custo eficiente. As iniciativas conscientes da Whirlpool para integrar e coordenar suas várias operações ao redor do globo ajudaram a torná-la um fornecedor de custo baixo e também a colocar no mercado produtos inovadores, obtendo desse modo uma vantagem em termos de projeto e de introdução rápida de utensílios inovadores e com preços atrativos em todo o mundo.

Além disso, uma empresa multinacional que incorpora de modo constante os mesmos atributos diferenciadores a seus produtos em escala mundial tem maior potencial para criar uma marca global com força significativa no mercado. A reputação de qualidade que a Honda estabeleceu em todo o mundo, primeiro em motocicletas e, em seguida, em automóveis, deu-lhe uma vantagem competitiva no posicionamento dos cortadores de grama Honda na ponta superior do mercado para equipamentos elétricos para uso ao ar livre — o nome Honda recebe credibilidade imediata dos compradores de equipamentos elétricos e permitiu-lhe tornar-se um participante imediato do mercado sem todo o exagero e o custo de uma campanha publicitária de milhões de dólares para criar reconhecimento da marca.

SANTUÁRIOS DE LUCRO, SUBSÍDIOS ENTRE PAÍSES E OFENSIVAS ESTRATÉGICAS GLOBAIS

Santuários de lucro são mercados nacionais (ou regiões geográficas) nos quais uma empresa obtém lucros substanciais em virtude de uma posição de mercado forte ou protegida. O McDonald's atende cerca de 50 milhões de clientes diariamente em aproximadamente 32 mil locais em 119 países nos cinco continentes; não causa surpresa o fato de os Estados Unidos serem o maior santuário de lucro, que gerou 61,2% dos lucros em 2004, apesar de representar somente 34,2% das receitas de 2004. A Nike, que vende seus produtos em 160 países, possui dois grandes santuários de lucro: Estados Unidos (onde obteve 41,5% de seu lucro operacional em 2005) e Europa, Oriente Médio e África (onde obteve 34,8% do lucro operacional em 2005). A rede varejista Carrefour, que possui lojas em grande parte da Europa e nas Américas, também possui dois santuários de lucro principais; o maior deles encontra-se na França (que, em 2004, representou 49,2% das receitas e 60,8% do lucro antes dos juros e do imposto de renda) e o seu segundo maior é a Europa, excluindo a França (que, em 2004, representou 37,3% das receitas e 33,1% do lucro antes dos juros e do imposto de renda). O Japão é o principal santuário de lucro para a maioria das empresas japonesas, porque as barreiras ao intercâmbio comercial impostas pelo governo japonês impedem eficazmente que empresas estrangeiras concorram para conquistar grande participação nas vendas neste país. Empresas sediadas no Japão, protegidas da ameaça da concorrência estrangeira em seu mercado interno, podem cobrar com segurança preços mais elevados de seus clientes e obter, portanto, grandes lucros atraentes nas vendas. Na maior parte dos casos, o maior e mais importante santuário de lucro de uma empresa é seu mercado interno, porém empresas internacionais e globais também podem valer-se do status de santuário de lucro em outros países onde possuem posição competitiva forte, grande volume de vendas e margens de lucro atraentes. Organizações que concorrem globalmente têm possibilidade de possuir mais santuários de lucro do que as que concorrem em apenas alguns mercados nacionais; evidentemente, uma empresa que concorre somente no mercado interno pode ter apenas um santuário de lucro (veja a Figura 7.3).

> **Conceito Central**
> Empresas com *santuários de lucro* grandes e protegidos possuem vantagem competitiva em relação às que não possuem um santuário protegido. Organizações com diversos santuários de lucro têm vantagem competitiva em relação às empresas com um único santuário.

Figura 7.3 **Potencial de Santuário de Lucro dos Concorrentes Atuantes apenas no Mercado Interno, em Escala Internacional e Globalmente**

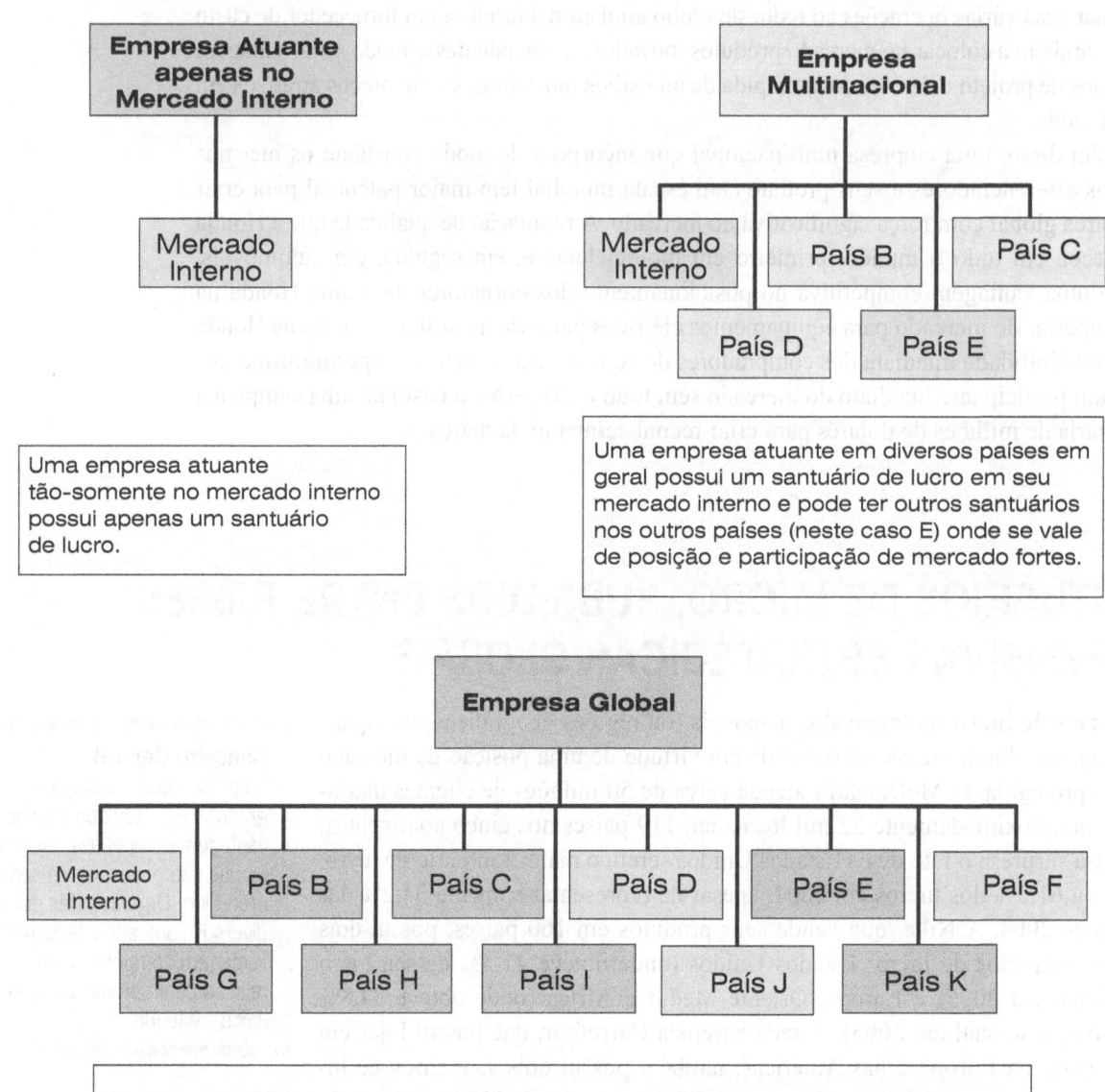

Empresa Atuante apenas no Mercado Interno
- Mercado Interno

Uma empresa atuante tão-somente no mercado interno possui apenas um santuário de lucro.

Empresa Multinacional
- Mercado Interno
- País B
- País C
- País D
- País E

Uma empresa atuante em diversos países em geral possui um santuário de lucro em seu mercado interno e pode ter outros santuários nos outros países (neste caso E) onde se vale de posição e participação de mercado fortes.

Empresa Global
- Mercado Interno
- País B
- País C
- País D
- País E
- País F
- País G
- País H
- País I
- País J
- País K

Uma organização competitiva globalmente em geral possui um santuário de lucro em seu mercado interno e freqüentemente tem outros santuários de lucro em outros países (por exemplo, D, F e J) onde é líder de mercado e possui uma posição competitiva forte.

Uso de Subsídios entre Mercados para Lançar uma Ofensiva Estratégica

Os santuários de lucro são ativos competitivos importantes, proporcionando força financeira para apoiar ofensivas estratégicas em mercados nacionais selecionados e incentivar o empenho de uma empresa pela liderança nos mercados globais. A capacidade financeira adicional acarretada pelos diversos santuários de lucro concede a um concorrente global, ou que atua em diversos países, a força financeira para lançar uma ofensiva de mercado contra um concorrente no mercado interno, cujo único santuário de lucro é o próprio mercado interno. Considere o caso de uma organização que atua apenas no mercado interno, concorrendo com uma empresa que possui muitos santuários de lucro e se empenha em obter liderança no mercado global. A empresa global tem a flexibilidade de diminuir seus preços no mercado interno daquela organização e conquistar participação de mercado à custa dela, subsidiando margens muito reduzidas, ou mesmo perdas, por meio dos excelentes lucros auferidos em seus santuários de lucro — uma prática denominada **subsídios entre mercados**. A empresa global pode ajustar o nível de sua redução de preços para penetrar e obter participação de mercado rapidamente ou reduzir ligeiramente os preços a fim de entrar de forma gradual no mercado (talvez ao longo de uma década ou mais) para não ameaçar as empresas locais de modo precipitado ou provocar medidas protecionistas por parte do governo. Se a empresa local retaliar com reduções de preço equivalentes, vai expor toda sua base de receita e de lucro a uma diminuição considerável, mesmo sendo líder no mercado local.

> **Conceito Central**
> O subsídio entre mercados – apoiar ofensivas competitivas em um mercado com recursos e lucros transferidos de operações em outros – constitui uma arma competitiva poderosa.

Estratégias Ofensivas Adequadas para Concorrer nos Mercados Externos

As empresas que concorrem em muitos mercados externos evidentemente podem criar uma estratégia ofensiva em qualquer das abordagens discutidas no Capítulo 6 — esses tipos de estratégias ofensivas são aplicáveis universalmente e igualmente adequadas para concorrer nos mercados externos e locais. Entretanto, existem três tipos adicionais de estratégias ofensivas que concorrem nos mercados estrangeiros[13].

- *Atacar os santuários de lucro de um concorrente estrangeiro.* Lançar uma ofensiva em um mercado onde um concorrente aufere seus melhores lucros pode colocá-lo na defensiva, forçando-o talvez a despender mais em marketing/propaganda, reduzir preços, dinamizar iniciativas visando inovação de produto ou efetivar ações que aumentem seus custos e diminuam os lucros. Se a ofensiva de uma empresa é bem-sucedida na redução dos lucros de um concorrente em seu principal santuário de lucro, os recursos financeiros do concorrente podem ser enfraquecidos de modo suficiente que permita que o atacante leve vantagem e ganhe impulso no mercado. Embora atacar o santuário de lucro viole o princípio de atacar os recursos fracos de um concorrente em vez de seus recursos fortes, pode ser válido quando existir vantagem especial na diminuição das margens de lucro de um rival, forçando-o a defender um mercado importante para sua segurança competitiva. Tal fato é especialmente compensador quando o atacante possui recursos fortes importantes e seus próprios santuários de lucro, nos quais pode se apoiar para basear sua ofensiva.

- *Adotar subsídio entre mercados para conquistar clientes e vendas de concorrentes selecionados em determinados mercados externos.* Isto pode ser uma ofensiva particularmente atraente para as empresas que concorrem em diversos mercados internacionais com muitos produtos (diversas marcas de cigarros ou diversas marcas de produtos alimentícios). Concorrer em diversos mercados internacionais permite à empresa o privilégio de usar os recursos, os lucros e os fluxos de caixa obtidos em determinados mercados (especialmente seus santuários de lucro) para apoiar ofensivas direcionadas à conquista de clientes de concorrentes selecionados naqueles países em que deseja entrar ou aumentar suas vendas e participação de mercado. Como alternativa, uma empresa cuja linha de produtos é formada por itens diferentes pode deslocar recursos de uma categoria de produtos na qual possui forte competitividade e muitos recursos (por exemplo, refrigerantes) a fim de fortalecer uma ofensiva naqueles países com excelentes perspectivas de crescimento em outra categoria de produto (por exemplo, água mineral ou sucos de fruta).

- *Vender produtos a preços mínimos (dumping) nos mercados de concorrentes estrangeiros.* Diz-se que uma empresa está praticando *dumping* quando vende seus produtos em mercados externos a preços (1) muito abaixo dos quais normalmente vende em seu mercado interno ou (2) muito abaixo de seu custo total por unidade. As empresas que se valem de *dumping* em geral mantêm seus preços de venda suficientemente altos para cobrir o custo variável por unidade, limitando desse modo suas perdas em cada unidade a uma certa porcentagem dos custos fixos unitários. O *dumping* pode ser uma estratégia ofensiva atraente em dois casos. Primeiro, quando diminui em tal nível o preço no país almejado que as empresas locais rapidamente passam a enfrentar grandes dificuldades financeiras e terminam falindo ou sendo alijadas do mercado — entretanto, para que o *dumping* traga retorno nesse caso, a empresa que o pratica precisa ter muito recursos financeiros para cobrir quaisquer perdas com a venda a preços abaixo do mercado, e as organizações locais atingidas precisam ser fracas financeiramente. O segundo caso em que o *dumping* torna-se uma estratégia atraente é quando uma empresa com capacidade produtiva disponível constata ser mais econômico continuar produzindo (desde que os preços de venda cubram o custo variável médio por unidade) do que incorrer nos custos associados à capacidade ociosa da fábrica. Ao manter suas fábricas operando a plena capacidade ou próximo dela, uma empresa praticante do *dumping* pode ser capaz de não apenas cobrir custos variáveis e obter vantagem nos custos fixos, mas também usar seus preços abaixo do mercado para conquistar clientes sensíveis a preço de concorrentes estrangeiros e, em seguida, cortejar atentamente esses novos clientes e manter a preferência quando os preços voltarem a subir gradualmente até atingir os níveis normais de mercado. Desse modo, o *dumping* pode ter utilidade como um modo para penetrar no mercado de determinado país e estabelecer uma base de clientes.

> **Conceito Central**
> Três estratégias ofensivas particularmente adequadas para concorrer em mercados externos envolvem (1) atacar os santuários de lucro de um concorrente estrangeiro, (2) adotar subsídio entre mercados e (3) praticar *dumping*.

No entanto, as estratégias de *dumping* correm um grande risco de retaliação por parte do governo do país importador em defesa das empresas locais afetadas. Na verdade, como o intercâmbio entre as nações aumentou consideravelmente ao longo dos últimos dez anos, a maioria dos governos filiou-se à Organização Mundial de Comércio (OMC), que incentiva as práticas de um comércio justo entre as nações e controla ativamente o *dumping*. A OMC permite que seus países membros tomem medidas contra o *dumping* sempre que houver dano material aos concorrentes locais. Em 2002, por exemplo, o governo norte-americano impôs tarifas de até 30% a determinados produtos de aço que produtores asiáticos e europeus alegadamente estariam vendendo a preços muito baixos no mercado americano. O Canadá investigou recentemente acusações de que empresas na Áustria, Bélgica, França, Alemanha, Polônia e China estavam praticando o *dumping* de pisos laminados no Canadá com prejuízo para os produtores locais, e concluiu que empresas da França e da China estavam realmente vendendo tais revestimentos no Canadá a preços excessivamente baixos[14]. Pode-se esperar que a maior parte dos governos adote retaliações contra o *dumping* por meio da imposição de tarifas especiais sobre os bens importados dos países das organizações culpadas. As empresas consideradas culpadas de *dumping* são pressionadas por seus governos para interromper a prática, em especial se as tarifas afetam adversamente organizações inocentes do país ou se a imposição de tarifas especiais é o prenúncio de uma guerra comercial.

Uma empresa disposta a empregar algum tipo de estratégia ofensiva em mercados estrangeiros deve tomar cuidado para observar os princípios para a adoção de estratégias ofensivas em geral. Por exemplo, em geral é mais indicado atacar os concorrentes nas áreas em que ocorre o confronto entre os recursos fortes competitivos do desafiante e os recursos fracos e as vulnerabilidades da empresa atacada. Como regra geral, tentar conquistar clientes de concorrentes estrangeiros, com estratégias direcionadas a derrotá-los onde são mais fortes, tem menor probabilidade de sucesso que utilizar aquelas que atacam os recursos fracos competitivos, especialmente quando o desafiante possui recursos fortes que lhe permitem explorar os recursos fracos dos concorrentes e quando seu ataque envolve um elemento-surpresa[15]. Quase sempre faz sentido estratégico usar a competência central e a melhor capacidade competitiva do desafiante para lançar a ofensiva. Assim, as ofensivas estratégicas nos mercados estrangeiros deveriam, como regra geral, ser alicerçadas na exploração da competência central e na melhor capacidade competitiva do desafiante. A condição ideal para uma ofensiva estratégica é quando os recursos fortes do atacante constituem uma vantagem competitiva em relação aos concorrentes estrangeiros almejados. As únicas duas exceções a esses princípios de estratégia ofensiva acontecem quando uma empresa fortemente competitiva com grandes recursos financeiros percebe um benefício considerável se atacar o santuário de lucro de um concorrente estrangeiro e/ou possuir capacidade para adotar o subsídio entre mercados — ambas as estratégias podem envolver o ataque aos recursos fortes de um concorrente estrangeiro. Ambas também estão baseadas nos recursos fortes importantes do desafiador, e não caem na armadilha de desafiar um concorrente fortemente competitivo com uma estratégia ofensiva com base em uma especialização não provada, ou em tecnologia inferior, ou em uma marca relativamente desconhecida, ou em outros recursos fracos.

ALIANÇAS ESTRATÉGICAS E *JOINT-VENTURES* COM PARCEIROS ESTRANGEIROS

Alianças estratégicas, *joint-ventures* e outros acordos de cooperação constituem um meio favorito e potencialmente proveitoso para penetrar em um mercado estrangeiro ou reforçar a competitividade de uma empresa nos mercados mundiais[16]. Historicamente, as organizações com mentalidade exportadora nos países industrializados buscaram alianças com empresas em países menos desenvolvidos para importar e vender seus produtos localmente — tais arranjos muitas vezes eram necessários para obter autorização de entrada por parte do governo de um país. Empresas japonesas e americanas estão formando ativamente alianças com empresas européias a fim de reforçar sua capacidade para concorrer na União Européia e aproveitar a abertura dos mercados da Europa Oriental. Muitas empresas norte-americanas e da Europa estão se aliando a empresas asiáticas em suas iniciativas para penetrar nos mercados da China, Índia, Malásia, Tailândia e de outros países asiáticos. Empresas na Europa, na América Latina e na Ásia estão usando alianças e *joint-ventures* como meios para fortalecer suas habilidades de competir em uma área geográfica mais ampla — por exemplo, em todos os países da União Européia ou continentes inteiros ou na maioria de outros mercados externos, onde existe uma demanda considerável para o produto do setor. Evidentemente, muitas empresas estrangeiras estão particularmente interessadas nas parcerias estratégicas que reforçarão sua capacidade de penetrar no mercado americano.

> Alianças entre empresas de países diferentes provaram ser um meio aceitável e viável para penetrar nos mercados de países estrangeiros.

No entanto, acordos de cooperação entre empresas locais e estrangeiras possuem apelo estratégico por razões que vão além de obter melhor acesso a mercados externos atraentes[17]. Um segundo grande apelo das alianças entre empresas de países diferentes consiste em obter economias de escala na produção e/ou no marketing — a redução de custos pode ser a diferença que permite a uma organização ser competitiva em termos de custo. Ao juntarem forças na produção de componentes, na montagem de modelos e no marketing de seus produtos, as empresas podem obter economias de custos que não seriam alcançáveis com seus próprios volumes pequenos. Uma terceira motivação para uma aliança entre empresas de países diferentes consiste em preencher lacunas na especialização técnica e/ou no conhecimento dos mercados locais (hábitos de compra e preferências de produtos dos consumidores, costumes locais e assim por diante). Os aliados aprendem muito entre si ao realizar pesquisa conjunta, compartilhar *know-how* tecnológico, estudar os respectivos métodos de produção e compreender como direcionar as vendas e os métodos de marketing para se adaptarem às culturas e tradições locais.

Realmente, um dos benefícios de uma aliança que traz vantagens para ambas as partes consiste em aprender com as aptidões, o *know-how* tecnológico e a capacidade dos parceiros da aliança e implantar o conhecimento e *know-how* desses parceiros em toda a organização.

Uma quarta motivação das alianças entre empresas de países diferentes consiste em compartilhar instalações de distribuição e redes de concessionários, reforçando acesso mútuo aos compradores. Um quinto benefício é que as alianças entre empresas de países diferentes podem direcionar suas energias competitivas mais para rivais mútuos e menos entre si; a parceria pode ajudá-las a diminuir a diferença com as empresas líderes. Um sexto motivador das alianças entre empresas de países diferentes surge quando organizações desejosas de entrar em um mercado estrangeiro concluem que as alianças representam um meio eficaz para aproveitar o conhecimento do mercado local de um parceiro e estabelecer relacionamentos eficazes com autoridades importantes no governo do país[18]. E, por fim, as alianças podem ser um meio particularmente útil para empresas em todo o mundo obterem aprovação de padrões técnicos importantes — foram usados para a adoção de padrões para aparelhos de DVD determinados dispositivos de PCs, tecnologias relacionadas à internet, televisão de alta definição e telefones celulares.

> As alianças entre empresas de países diferentes permitem que uma organização voltada ao crescimento amplie sua cobertura geográfica e reforce sua competitividade nos mercados externos, e, ao mesmo tempo, ofereça flexibilidade e permita que uma empresa retenha algum grau de autonomia e de controle operacional.

O que torna as alianças entre empresas de países diferentes um meio estratégico atraente para obter os benefícios indicados anteriormente (em comparação à aquisição ou fusão com empresas sediadas no exterior para obter praticamente os mesmos benefícios) é o fato de que participar de alianças e parcerias estratégicas para ter acesso ao mercado e/ou especialização de algum tipo permite a uma organização preservar sua independência (o que não ocorre no caso de uma fusão), reter poder de veto sobre o modo como a aliança opera e evitar o uso de recursos financeiros que podem ser escassos para financiar aquisições. Além disso, uma aliança oferece a flexibilidade de poder ser desfeita prontamente quando sua finalidade tiver sido cumprida ou se os benefícios provarem ser enganosos, ao passo que uma aquisição é um tipo de arranjo mais permanente (embora a empresa adquirida possa, evidentemente, ser vendida)[19].

O Quadro Ilustrativo 7.2 oferece seis exemplos de alianças estratégicas entre empresas de países diferentes.

Os Riscos das Alianças Estratégicas com Parceiros Estrangeiros

No entanto, alianças e *joint-ventures* com parceiros estrangeiros possuem suas armadilhas. As alianças entre empresas de países diferentes em geral têm de suplantar barreiras de idioma e culturais e equacionar como lidar com práticas operacionais diferentes (ou talvez conflitantes). A comunicação, a aquisição de confiança e os custos de coordenação são elevados em termos de tempo dos dirigentes[20]. Não é raro existir pouca química pessoal entre alguns dos principais executivos, dos quais depende o sucesso ou o fracasso da aliança — o relacionamento que tais pessoas precisam criar juntas pode nunca surgir. E mesmo se os aliados são capazes de desenvolver relacionamentos pessoais produtivos, ainda assim podem encontrar dificuldade para identificar meios mutuamente aceitáveis de lidar com assuntos importantes ou resolver diferenças. Há uma tendência natural de os aliados lutarem por uma colaboração eficaz em áreas competitivas sensíveis, criando desse modo suspeitas de ambos os lados a respeito de trocas de informação e de conhecimento especializado diretos. Ocasionalmente, pode haver um choque entre os egos dos executivos corporativos — uma aliança entre a Northwest Airlines e a KLM Royal Dutch Airlines resultou em um embate feroz entre os diretores de ambas as empresas (os quais, de acordo com alguns relatos, recusavam-se a conversar entre eles)[21]. Além disso, existe o problema espinhoso de fazer com que os parceiros da aliança analisem temas e cheguem a decisões com rapidez suficiente para manter-se atualizados com os avanços rápidos da tecnologia ou as condições de mercado que se alteram com muita rapidez.

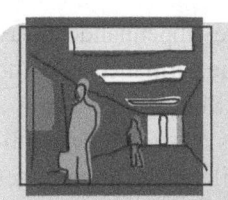

Quadro Ilustrativo 7.2
Seis Exemplos de Alianças Estratégicas entre Empresas de Países Diferentes

1. Duas empresas automobilísticas, Renault da França e Nissan do Japão, formaram uma aliança global de amplo alcance em 1999 e, posteriormente, reforçaram e expandiram a aliança em 2002. O objetivo inicial foi conquistar vendas para veículos Nissan novos introduzidos no mercado europeu, porém a aliança abrange hoje cooperação integral em todas as áreas importantes, incluindo o uso de plataformas comuns, o desenvolvimento e o uso conjunto de motores e transmissões, pesquisa de células e combustível, suprimentos e uso de fornecedores comuns e intercâmbio das melhores práticas. Quando a aliança foi formada em 1999, a Renault adquiriu uma participação acionária de 36,8% na Nissan; esse percentual foi aumentado para 44,4% em 2002 quando a aliança foi ampliada. Igualmente, em 2002, os parceiros formaram uma empresa administrativa estratégica com participações iguais, denominada Renault-Nissan, para coordenar iniciativas em cooperação.

2. Intel, o maior fabricante mundial de chips, formou alianças estratégicas com provedores importantes de software e fornecedores de hardware a fim de proporcionar maior capacidade de inovação e conhecimento especializado para sua arquitetura da família de microprocessadores e semicondutores. Os parceiros na iniciativa para aperfeiçoar os produtos Intel da próxima geração incluem SAP, Oracle, SAS, BEA, IBM, Hewlett-Packard, Dell, Microsoft, Cisco Systems e Alcatel. Uma das alianças entre a Intel e a Cisco envolve uma iniciativa em colaboração em Hong Kong a fim de formar a infra-estrutura da próxima geração para soluções do Código de Produto Eletrônico/Identificação por Radiofreqüência (EPC/RFID, na sigla em inglês) usadas para unir fabricantes e empresas de logística na região de Hong Kong com varejistas em todo o mundo. A Intel e a Alcatel, sediada na França (um importante provedor de acesso a produtos fixos e móveis de banda larga, vendidos em 130 países), formaram uma aliança em 2004 para levar adiante a definição, a padronização, o desenvolvimento, a integração e o marketing de soluções para os serviços de banda larga WiMAX. O WiMAX foi considerado uma solução econômica de banda larga sem fio ou móvel para instalação em mercados emergentes e países desenvolvidos quando, por razões econômicas ou técnicas, não era viável fornecer aos clientes urbanos ou rurais acesso à DSL com linha de banda larga.

3. A Verio, uma subsidiária da empresa japonesa NTT Communications e um dos principais provedores globais de serviços de computação para abrigar sites e de transferência de dados por IP, opera com a filosofia de que no atual mercado de tecnologia altamente competitivo e desafiador, as organizações precisam adquirir e partilhar aptidões, informações e tecnologia com líderes em tecnologia em todo o mundo. Acreditando que nenhuma empresa pode fornecer tudo para todos os clientes no setor de serviços de computação para abrigar sites, os executivos da Verio desenvolveram um modelo empresarial orientado a alianças que combina a competência central da empresa com as aptidões e os produtos dos parceiros em tecnologia. Os parceiros estratégicos da Verio incluem Accenture, Cisco Systems, Microsoft, Sun Microsystems, Oracle, Arsenal Digital Solutions (um provedor de back-up em fitas, recuperação de dados e serviços de armazenamento de dados), a Internet Security Services (um provedor de sistemas *firewall* e detecção de intrusão) e Mercantec (um desenvolvedor de software para uso em supermercados e lojas varejistas). Os dirigentes da Verio acreditam que seu portfólio de alianças estratégicas lhes permite usar tecnologias inovadoras e de primeira classe para fornecer a seus clientes transferência de dados rápida, eficiente e precisa e um conjunto completo de serviços de computação para abrigar sites na internet. Um painel independente formado por 12 membros selecionou recentemente a Verio como vencedora do prêmio de Melhor Visão Tecnológica por suas iniciativas no pioneirismo de novas tecnologias.

4. A Toyota e a First Automotive Works, a maior montadora da China, fizeram uma aliança em 2002 para a produção de sedãs de luxo, veículos esportivos utilitários e minicarros para o mercado chinês. A intenção era produzir 400 mil veículos anualmente até 2010, quantidade igual ao número que a Volkswagen, a empresa com a maior participação no mercado chinês, estava fabricando em 2002. A aliança previa um investimento conjunto de aproximadamente US$ 1,2 bilhão. Na ocasião do anúncio da aliança, a Toyota vinha atrás da Honda, da General Motors e da Volkswagen em termos de instalações na China. Conquistar uma participação maior do mercado chinês foi considerado crucial para concretizar seu objetivo estratégico de possuir uma participação de 15% do mercado automotivo mundial até 2010.

5. A Airbus Industrie foi formada por uma aliança entre empresas aeroespaciais da Grã-Bretanha, Espanha, Alemanha e França que incluiu British Aerospace, Daimler-Benz Aerospace e Aerospatiale. O objetivo da aliança era criar uma empresa européia produtora de aeronaves capaz de competir com a Boeing Corporation sediada nos Estados Unidos. A aliança provou ser muito bem-sucedida, levando para a Airbus o *know-how* e os recursos para competir frontalmente com a Boeing pela liderança mundial em aviões comerciais de grande porte (mais de cem passageiros).

6. General Motors, DaimlerChrysler e BMW fizeram uma aliança para desenvolver um motor híbrido à gasolina-elétrico mais simples e menos caro de produzir que a tecnologia de motor híbrido introduzida pela Toyota. A Toyota, líder mundial em motores híbridos, está se empenhando em estabelecer seu projeto como padrão para o setor, convencendo outras empresas automobilísticas a adotá-lo. Entretanto, a tecnologia preferida pela aliança General Motors/DaimlerChrysler/BMW alegadamente é menos custosa para produzir e mais fácil de configurar para caminhões grandes e veículos utilitários esportivos que a da Toyota (embora também tenha menos eficiência no consumo de combustível). A Volkswagen, maior produtora européia de veículos, formou uma aliança com a Porsche para efetivar o desenvolvimento de motores híbridos. A Ford Motor e a Honda, até agora, optaram por agir sozinhas no desenvolvimento da tecnologia de motores híbridos.

Fontes: Sites das empresas e comunicados de imprensa; Yves L. Doz e Gary Hamel, *Alliance Advantage: the art of creating value through partnering*. Boston, MA: Harvard Business School Press, 1998; e Norihiko Shirouzu e Jathon Sapsford, "As Hybrid Cars Gain Traction, Industry Battles over Designs", *The Wall Street Journal*, p. A1 e A9B, 19 out. 2005.

São necessárias muitas reuniões com grande número de pessoas se empenhando fortemente ao longo do tempo para decidir o que deve ser compartilhado, o que permanecerá como conhecimento proprietário e como os arranjos cooperativos vão operar. Muitas vezes, após a aliança perder o impulso, os parceiros descobrem que possuem objetivos e estratégias conflitantes, grandes diferenças de opinião a respeito de como prosseguir ou diferenças importantes em termos de valores corporativos e padrões éticos. As tensões aumentam, o relacionamento operacional perde intensidade e os benefícios esperados nunca se materializam[22].

Mesmo que a aliança se torne um sucesso vantajoso para ambas as partes, há o perigo de tornar-se excessivamente dependente de parceiros estrangeiros para o conhecimento especializado essencial e a capacidade competitiva. Se uma empresa tem como meta a liderança nos mercados globais e precisa desenvolver sua própria capacidade, em alguma ocasião uma fusão ou aquisição em outro país pode ter de ser substituir as alianças e *joint-ventures* com organizações de outros países. Uma das lições das alianças com empresas de outros países é que são mais eficazes para ajudar a estabelecer uma ponte para novas oportunidades nos mercados mundiais, do que para capacitar uma organização a conquistar e manter a liderança nos mercados globais. Líderes de mercados globais, embora se beneficiem com as alianças, em geral precisam precaver-se contra tornar-se excessivamente dependentes do auxílio que recebem dos parceiros da aliança, caso contrário deixam de ser senhores de seu próprio destino.

> As alianças estratégicas são mais eficazes para ajudar a estabelecer uma ponte para novas oportunidades no mercado mundial do que para conquistar e manter liderança global.

Quando uma Aliança com uma Empresa de Outro País Pode Ser Desnecessária

Multinacionais experientes que vendem em 50 a 100 (ou mais) países em todo o mundo consideram menos necessário fazer alianças com organizações de outros países que as empresas nos estágios iniciais de globalização de suas operações[23]. As multinacionais consideram essencial desenvolver gerentes seniores que compreendam como "o sistema" opera em diferentes países; elas também podem valer-se do talento gerencial e do *know-how* local apenas contratando gerentes locais experientes e, desse modo, evitando os riscos de alianças em colaboração com empresas locais. Se um empreendimento multinacional com experiência considerável na penetração de mercados de diferentes países quer evitar os riscos e os problemas resultantes de alianças com empresas locais, pode formar uma equipe gerencial capaz que possua gerentes de primeira linha com muita experiência internacional e gerentes locais. As responsabilidades de seus próprios gerentes com conhecimento dos negócios internacionais são (1) transferir tecnologia, práticas empresariais e a cultura corporativa para as operações da empresa no novo mercado nacional, e (2) atuar como meio para o fluxo de informações entre a sede corporativa e as operações locais. As responsabilidades dos gerentes locais são (1) contribuir com o entendimento necessário das condições do mercado local, hábitos de compra locais e métodos locais de condução dos negócios, e (2), em muitos casos, dirigir as operações locais.

Portanto, não se pode concluir que uma empresa precisa do conhecimento e dos recursos de um parceiro local para orientá-la no processo de entrada bem-sucedida nos mercados de países estrangeiros. Na realidade, multinacionais experientes descobrem muitas vezes que os parceiros locais nem sempre possuem conhecimento adequado do mercado local — grande parte da alegada experiência dos parceiros locais pode ser anterior ao surgimento das atuais tendências e condições do mercado e, algumas vezes, suas práticas operacionais podem estar ultrapassadas[24].

ESTRATÉGIAS QUE SE ENQUADRAM NOS MERCADOS DE PAÍSES EMERGENTES

As empresas que se empenham por liderança global têm de levar em conta a competição em mercados emergentes como os da China, da Índia, do Brasil, da Indonésia e do México — países onde os riscos empresariais são consideráveis, mas as oportunidades de crescimento são enormes,

Quadro Ilustrativo 7.3
A Estratégia da Coca-Cola para Aumentar Suas Vendas na China e na Índia

Em 2004, a Coca-Cola desenvolveu uma estratégia para aumentar consideravelmente sua penetração em mercados de países emergentes como a China e a Índia, onde o crescimento anual havia diminuído de aproximadamente 30% em 1994-1998 para 10% a 12% em 2001-2003. Antes de 2003, a Coca-Cola havia concentrado suas iniciativas de marketing na China e na Índia visando a produção de bebidas para jovens que buscavam status em áreas urbanas (cidades com população de 500 mil habitantes ou mais). Porém, à medida que o crescimento das vendas anuais diminuiu paulatinamente nessas áreas durante o período 1998-2003, os dirigentes da Coca-Cola decidiram que a empresa precisava de uma estratégia nova e mais ousada, tendo como alvo um número maior de áreas rurais desses países. Ela começou a promover as vendas de garrafas de vidro retornáveis de 200 ml de Coca-Cola em cidades menores e cidades distantes com população na faixa de 50 mil a 250 mil habitantes. As garrafas retornáveis (que poderiam ser reusadas cerca de 20 vezes) eram muito mais econômicas que as de plástico ou de alumínio, e as economias no custo da embalagem eram suficientes para diminuir o preço das garrafas com dose individual para um yuan na China e cinco rúpias na Índia, o equivalente em ambos os casos a cerca de US$ 0,12. Os resultados iniciais foram promissores. Apesar do fato de a renda disponível anual nessas áreas rurais ser muitas vezes inferior a US$ 1.000, os preços de um yuan e cinco rúpias mostraram-se atraentes. As vendas das garrafas pequenas de Coca-Cola para um distribuidor local em Anning, na China, logo representaram dois terços das vendas totais do distribuidor; um distribuidor local na Índia aumentou as vendas de 9 mil caixas em 2002 para 27 mil em 2003 e esperava realizar vendas de 45 mil em 2004. Os dirigentes da Coca-Cola tinham a expectativa de que a maior ênfase nas vendas rurais aumentaria sua taxa de crescimento na Ásia para perto de 20% e ajudaria a aumentar o crescimento do volume mundial na faixa de 3% a 5% em oposição à taxa de 1% obtida em 2003.

Entretanto, a Pepsi, que tinha uma participação de mercado de aproximadamente 27% na China, em comparação a 55% para a Coca-Cola, era cética quanto à estratégia rural da Coca-Cola e continuou com sua estratégia integralmente urbana de vender para os consumidores em 165 cidades da China com população superior a 1 milhão de habitantes.

Fontes: Com base em informações no artigo de Gabriel Kahn e Eric Bellman, "Coke´s Big Gamble in Asia: Digging Deeper in China, India", *The Wall Street Journal*, p. A1 e A4, 11 ago. 2004; e informações disponíveis em: www.cocacola.com. Acesso em: 20 set. 2004 e 6 out. 2005.

em especial à medida que suas economias se desenvolvem e o padrão de vida aumenta para níveis do mundo industrializado[25]. Agora que o mundo possui mais de 6 bilhões de pessoas, e um terço delas encontra-se na Índia e na China e mais centenas de milhões em outros países subdesenvolvidos da Ásia e da América Latina, uma empresa que aspira à liderança no mercado mundial (ou a um crescimento rápido e sustentável) não pode desprezar as oportunidades de mercado ou a base de talento tecnológico e gerencial que tais países oferecem. Por exemplo, em 2003 a população de 1,3 bilhão de pessoas na China consumiu quase 33% da produção anual de algodão do mundo, 51% da carne suína, 35% de todos os cigarros, 31% da produção de carvão, 27% da produção de aço, 19% da produção de alumínio, 23% de todos os aparelhos de televisão, 20% dos telefones celulares e 18% das máquinas de lavar roupa[26]. A China é o maior consumidor mundial de cobre, alumínio e cimento e o segundo maior importador de petróleo; é o maior mercado para telefones celulares e o segundo maior para PCs e está em vias de se tornar até 2010 o segundo maior mercado para veículos automotores.

O Quadro Ilustrativo 7.3 descreve a estratégia da Coca-Cola para aumentar suas vendas e participação de mercado na China.

No entanto, criar produtos para se ajustar às condições dos mercados de países emergentes muitas vezes envolve mais do que fazer pequenas alterações no produto e tornar-se mais familiarizado com as culturas locais[27]. A tentativa da Ford para vender o Ford Escort na Índia a um preço de US$ 21 mil — o preço de um carro de luxo, levando em conta que o modelo Maruti-Suzuki de grande aceitação era vendido naquela ocasião por US$ 10 mil ou menos e que menos de 10% dos domicílios indianos possuem poder aquisitivo anual maior que US$ 20 mil — defrontou-se com uma reação do mercado pouco entusiástica. O McDonald's teve de oferecer hambúrgueres de vegetais em certas regiões da Ásia e repensar seus preços, os quais muitas vezes são elevados pelos padrões locais e acessíveis apenas para aqueles com condição financeira. A Kellog teve de se empenhar para introduzir seus cereais de modo bem-sucedido, porque os consumidores em muitos países menos desenvolvidos não comem cereal no desjejum — mudar hábitos é difícil e caro. Em diversos países emergentes, a Coca-Cola constatou que a divulgação de sua imagem no mundo não sensibiliza a população local. Embalagens com uma porção única de detergentes, xampus, picles, xarope para tosse e óleo de cozinha são muito populares na Índia por permitir que os consumidores preservem recursos ao adquirir somente aquilo de que precisam imediatamente. Desse modo, muitas empresas descobrem que tentar adotar uma estratégia parecida com aquela usada nos mercados de países desenvolvidos é arriscado[28]. Experimentar algumas, talvez muitas, variações locais em geral é necessário para identificar uma estratégia que dá certo.

Opções de Estratégia

A seguir são apresentadas diversas opções de estratégia para criar aquela que se enquadre às circunstâncias algumas vezes incomuns ou desafiadoras presentes em mercados de países emergentes:

- *Preparar-se para concorrer com base em preço baixo*. Os consumidores em mercados emergentes freqüentemente se preocupam com o preço, o que pode acarretar uma vantagem aos concorrentes locais de custo baixo, a não ser que a empresa encontre meios para atrair os compradores com preços muito baixos, bem como com produtos melhores[29]. Por exemplo, quando a Unilever entrou no mercado de sabão em pó para roupa na Índia percebeu que 80% da população não tinha condições para comprar as marcas que estava vendendo (as marcas que vendia em países mais ricos). Para concorrer com um sabão em pó de preço baixo, produzido por uma empresa local, a Unilever utilizou uma fórmula de custo econômico que não irritava a pele, construiu novas instalações industriais a um custo baixo, embalou o sabão (com a marca Wheel) em porções para uso uma única vez, de modo que poderia ser vendido muito barato, distribuiu o produto a ambulantes locais usando carros tracionados manualmente e criou uma campanha de marketing econômico que incluiu painéis pintados em edifícios e demonstrações perto de lojas — a nova marca atingiu rapidamente $ 100 milhões em vendas e foi classificada em primeiro lugar na Índia com base nas vendas em dólares. A Unilever repetiu a estratégia posteriormente com embalagens de xampu e desodorantes a preços reduzidos na Índia e com um sabão em pó denominado Ala na América do Sul.

- *Estar preparado para alterar aspectos do modelo empresarial para enquadrar-se a situações locais (porém sem que a empresa venha a perder a vantagem de escala global e de marcas globais)*[30]. Por exemplo, quando a Dell entrou na China constatou que as pessoas e as empresas não estavam acostumadas a fazer pedidos pela internet (na América do Norte, mais de 50% das vendas da Dell em 2002-2005 foram on-line). Para adaptar-se, a Dell alterou seu modelo de vendas diretas a fim de apoiar-se com mais ênfase nos pedidos por telefone e por fax e decidiu ser paciente para convencer os clientes chineses a colocar pedidos pela internet. Além disso, numerosos departamentos do governo e empresas estatais chinesas insistiram para que os fornecedores de hardware encaminhassem suas propostas por meio de distribuidores e integradores de sistemas (em oposição a lidar diretamente com os vendedores da Dell, como faziam as grandes corporações em outros países). A Dell optou por usar intermediários para a venda de seus produtos a esse segmento de compradores (embora vendesse efetivamente por meio de sua própria equipe de vendas onde pudesse). Porém, a Dell foi cuidadosa em não abandonar aquelas partes de seu modelo empresarial que lhe proporcionavam uma vantagem em relação aos concorrentes. Quando o McDonald's entrou na Rússia na década de 1990, foi forçado a alterar sua prática de obter os insumos necessários de fornecedores externos, porque esses não estavam disponíveis; a fim de suprir suas lojas na Rússia e manter seu princípio básico de servir fast-food de qualidade constante, o McDonald's instalou sua própria cadeia de suprimentos integrada verticalmente (a carne bovina foi importada da Holanda, as batatas dos Estados Unidos), trabalhou com um número selecionado de padarias russas que produziam pães, trouxe especialistas em agricultura do Canadá e da Europa para aperfeiçoar as práticas de gestão dos agricultores russos, construiu seu próprio McComplex de 9.000 m^2 para produzir hambúrgueres, batatas, molho ketchup, mostarda e molho para o Big Mac e introduziu uma frota de caminhões para transportar os suprimentos aos restaurantes.

- *Tentar alterar o mercado local para melhor ajustar-se ao modo como a empresa realiza negócios em outros países.* Uma multinacional possui, muitas vezes, dinamismo de mercado suficiente para realizar muitas mudanças no modo como opera o mercado local em um país. Quando o STAR, sediado em Hong Kong, lançou seu primeiro canal de TV por satélite em 1991, provocou um grande impacto no mercado de televisão na Índia: o governo indiano perdeu seu monopólio de transmissão por TV, diversos outros canais de televisão por satélite direcionados ao público indiano surgiram rapidamente e a excitação provocada por canais adicionais deu início a um grande aumento na produção de televisores na Índia. Quando a Suzuki do Japão entrou na Índia em 1981, foi responsável por uma revolução na qualidade dos fabricantes de autopeças indianos. Fornecedores locais de peças e componentes juntaram-se aos fornecedores da Suzuki no Japão e trabalharam com especialistas japoneses para fabricar produtos de qualidade superior. Ao longo das duas décadas seguintes, as organizações indianas tornaram-se muito proficientes na fabricação de partes e componentes de primeira linha para veículos, ganharam mais prêmios por qualidade que as empresas em qualquer outro país com exceção do Japão e penetraram no mercado global como fornecedores para muitas montadoras na Ásia e em outras regiões do mundo.

- *Manter-se afastado daqueles mercados emergentes onde é impraticável ou não econômico alterar o modelo empresarial, a fim de adaptar-se às circunstâncias locais.*[32] O Home Depot evitou entrar na maioria dos países da América Latina, porque sua proposta de boa qualidade, preços baixos e serviço atencioso ao cliente se apóia em (1) boas rodovias e sistemas logísticos para minimizar os custos de estoque das lojas, (2) participação acionária dos empregados para ajudar a motivar o pessoal das lojas a proporcionar bom atendimento ao cliente e (3) custos elevados de mão-de-obra para a construção de residências e de serviços de manutenção a fim de incentivar os proprietários de casas a realizar projetos de construção por conta própria. Apoiar-se nesses fatores no mercado norte-americano trouxe resultados espetaculares para o Home Depot, porém a empresa constatou que não pode contar com esses fatores em grande parte da América Latina. Portanto, para penetrar no mercado do México, o Home Depot mudou para uma estratégia de aquisição: adquiriu dois varejistas de materiais de construção no México com mais de 40 lojas. Porém, não tentou administrá-las no estilo de suas lojas de grande porte nos Estados Unidos e não possui operações de varejo em nenhum outro país em desenvolvimento (embora esteja cogitando entrar na China).

As experiências das empresas ao entrarem nos mercados em desenvolvimento da China, da Índia, da Rússia e do Brasil indicam que a lucratividade poucas vezes ocorre de modo rápido ou fácil. Criar um mercado para os produtos da organização, muitas vezes, pode transformar-se em um processo de longo prazo que envolve reeducação dos consumidores, investimentos consideráveis em propaganda e promoção para alterar gostos e hábitos de compra, sistemas de transporte, canais de distribuição, mercados de mão-de-obra e mercados financeiros. Em tais casos, uma empresa precisa ser paciente, operar no contexto do sistema para melhorar a infra-estrutura e proporcionar a base para gerar receitas e lucros vultosos após as condições estarem maduras para deslanchar no mercado.

> A lucratividade nos mercados emergentes raramente acontece de modo rápido ou fácil — as empresas que entram precisam adaptar seus modelos empresariais e estratégias às condições locais e ser pacientes até obter lucros.

Figura 7.4 **Opções de Estratégias para Empresas Locais Que Concorrem com Empresas Globais**

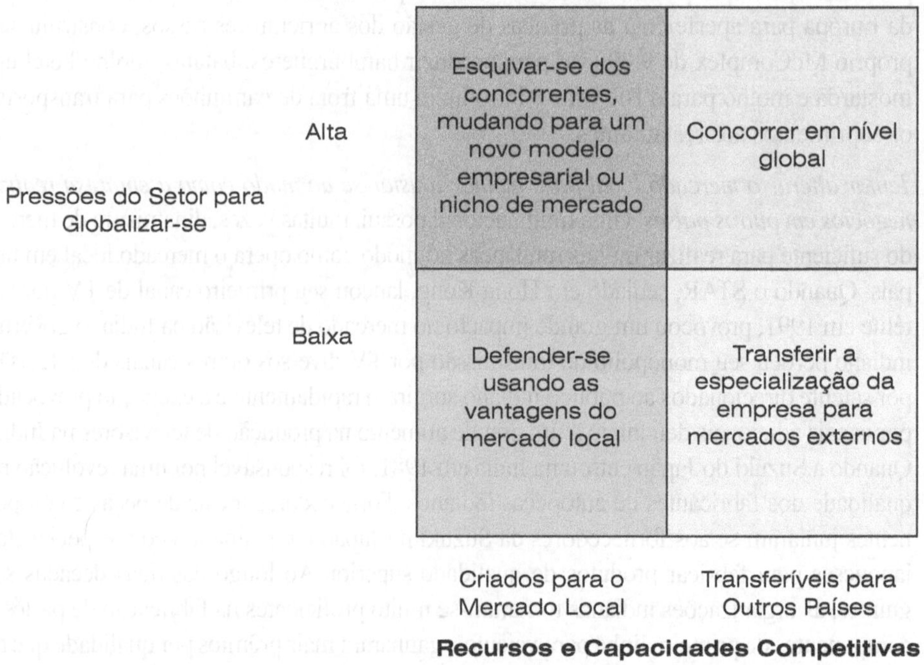

	Criados para o Mercado Local	Transferíveis para Outros Países
Alta	Esquivar-se dos concorrentes, mudando para um novo modelo empresarial ou nicho de mercado	Concorrer em nível global
Baixa	Defender-se usando as vantagens do mercado local	Transferir a especialização da empresa para mercados externos

Pressões do Setor para Globalizar-se

Recursos e Capacidades Competitivas

Fonte: Adaptado do ensaio de Niroj Dawar e Tony Frost, "Competing with Giants: Survival Strategies for Local Companies in Emerging Markets", *Harvard Business Review*, 77, n. 1, p. 122, jan./fev. 1999.

Defesa contra os Gigantes Globais: Estratégias para as Empresas Locais em Mercados Emergentes

Se multinacionais que buscam oportunidades e possuem muitos recursos pretendem entrar em mercados emergentes, que opções estratégicas as empresas locais podem usar para sobreviver? As perspectivas das empresas locais que se defrontam com gigantes globais não são necessariamente desfavoráveis. Elas podem adotar qualquer uma das quatro abordagens estratégicas genéricas dependendo de (1) se os seus ativos competitivos são adequados somente para o mercado interno ou podem ser transferidos para o exterior e (2) se a pressão do setor para adotar a concorrência global é forte ou fraca, conforme mostrado na Figura 7.4.

Utilizar Vantagens do Mercado Interno Quando a pressão para concorrer globalmente é baixa e uma empresa local possui pontos fortes competitivos bem ajustados ao mercado local, uma boa opção de estratégia consiste em concentrar-se nas vantagens que possui no mercado local, atender os clientes que preferem um toque local e aceitar a perda dos clientes atraídos pelas marcas globais[33]. Uma organização local pode ser capaz de aproveitar de modo inteligente sua orientação local — sua familiaridade com as preferências locais, seu conhecimento dos produtos tradicionais, seu relacionamento de longa data com os clientes. Em muitos casos, a empresa local possui uma vantagem de custo significativa em relação aos concorrentes globais (talvez devido a um projeto mais simples do produto ou menores custos fixos e operacionais), permitindo-lhe concorrer com base no preço. Seus concorrentes globais, muitas vezes, direcionam seus produtos aos compradores urbanos de renda média ou superior que tendem a demonstrar maior preocupação com a moda, que estão mais dispostos a experimentar novos produtos e sentem mais atração por marcas globais.

Uma outra abordagem competitiva consiste em atender o mercado local de modo que coloque dificuldades para os concorrentes globais. Um fabricante de pequeno porte de telefones celulares no Oriente Médio concorre de modo bem-sucedido com os gigantes do setor Nokia, Samsung e Motorola, vendendo um modelo projetado especialmente para muçulmanos — possui uma gravação do Corão, avisa as pessoas da hora das preces e tem uma bússola que os orienta em direção a Meca. Diversos fabricantes chineses de PCs foram capazes de reter clientes, concorrendo com o líder global Dell, porque os compradores chineses de PCs dão muita preferência a inspecionar pessoalmente os PCs antes de realizar uma compra; fabricantes locais de PCs com suas grandes redes varejistas, que permitem aos compradores potenciais verificar suas ofertas em lojas próximas, possuem uma vantagem competitiva para a conquista da preferência daqueles que compram um PC pela primeira vez em relação à Dell com sua estratégia empresarial de montagem por encomenda e venda direta (pela qual os clientes são incentivados a fazer seus pedidos on-line, por fax ou telefone). A Bajaj Auto, o maior produtor indiano de motonetas, defendeu seu mercado contra a Honda (que entrou no mercado indiano por meio de uma *joint-venture* com o parceiro local Hero para vender motonetas, motocicletas e outros veículos com base em sua tecnologia, qualidade e atração superiores), concentrando-se nos compradores que desejavam motonetas de custo baixo e duráveis, e acesso fácil à manutenção no interior do país. A Bajaj criou uma motoneta resistente e econômica para as estradas difíceis da Índia, aumentou seus investimentos em P&D para melhorar a confiabilidade e a qualidade e criou uma grande rede de distribuidores e de pequenas oficinas mecânicas à beira das rodovias, uma abordagem estratégica que lhe permitiu permanecer como líder com uma participação de mercado de 70% a 75% durante 2004, apesar das vendas crescentes das motocicletas e motonetas Hero Honda.

Transferências da Especialização da Empresa para Mercados em Outros Países Quando uma organização possui pontos fortes e capacitações adequadas para concorrer em outros mercados, lançar iniciativas para transferir sua especialização a mercados estrangeiros torna-se uma opção estratégica viável[34]. A Televisa, a maior empresa de mídia do México, usou sua especialização na cultura e no idioma espanhol para tornar-se o produtor mundial mais prolífico de novelas em espanhol. Jollibee Foods, uma empresa controlada por uma família que possui 56% do negócio de fast-food nas Filipinas, lutou contra a entrada do McDonald's melhorando inicialmente o atendimento e os padrões de serviço e, em seguida, usando sua especialização no tempero de hambúrgueres com alho e molho de soja e preparando refeições à base de macarrão e arroz com peixe a fim de abrir restaurantes para residentes asiáticos em Hong Kong, no Oriente Médio e na Califórnia.

Mudança para um Novo Modelo Empresarial ou Nicho de Mercado Quando as pressões do setor para globalizar são elevadas, qualquer das três opções a seguir faz mais sentido: (1) realocar a empresa para uma parte da cadeia de valor do setor, em que a especialização e os recursos da organização proporcionam vantagem competitiva, (2) participar de uma *joint-venture* com um parceiro globalmente competitivo ou (3) vender a empresa (ou ser adquirida por) a uma organização global que esteja entrando no mercado local e que julgue ser a empresa um bom veículo para a penetração[35]. Quando a Microsoft entrou na China, programadores locais de software passaram da clonagem dos produtos Windows para o desenvolvimento de aplicativos Windows customizados para o mercado chinês. Quando o mercado russo de PCs abriu-se para a IBM, a Compaq e a Hewlett-Packard, o fabricante local de PCs Vist concentrou-se na montagem de modelos de custo baixo, comercializando-os por meio de acordos de distribuição exclusiva com varejistas locais selecionados e abrindo centros de serviço integral, de propriedade da empresa, em dezenas de cidades russas. A Vist dedicou-se à fabricação de PCs de baixo custo, oferecendo garantia de longo prazo e atendendo compradores que tinham necessidade de serviço e suporte locais. A estratégia da Vist permitiu-lhe permanecer como líder de mercado com uma participação de 20%. Uma empresa de produtos eletrônicos sediada na Índia foi capaz de criar um nicho de mercado desenvolvendo uma caixa registradora completa, projetada especialmente para o 1,2 milhão de pequenos lojistas e que tolera calor, pó e interrupções de energia elétrica, o menor de seus três modelos sendo vendido por apenas 180 dólares[36].

Disputa em um Nível Global Se uma empresa local em um mercado emergente possui recursos e capacidades transferíveis, ela pode algumas vezes optar por iniciativas bem-sucedidas para enfrentar frontalmente as pressões da globalização e começar a concorrer em um nível global[37]. Lenovo, o maior fabricante de PCs da China, adquiriu recentemente a divisão de PCs da IBM, mudou sua matriz para Nova York, colocou a marca Lenovo nos PCs da IBM e lançou uma iniciativa para tornar-se um produtor global de PCs ao lado dos líderes Dell e Hewlett-Packard. Quando a General Motors (GM) decidiu terceirizar a produção de tampas de radiador para todos os seus veículos fabricados na América do Norte, a Sundaram Fasteners da Índia aproveitou a oportunidade; adquiriu uma das linhas de produção de tampas de radiador da GM, transferiu-a para a Índia e tornou-se o único fornecedor de tampas de radiador para a GM na América do Norte, vendendo 5 milhões de unidades por ano. Como participante da rede de fornecedores da GM, a Sundaram conheceu os padrões técnicos, adquiriu qualificação e tornou-se uma das primeiras empresas indianas a obter a certificação QS 9000, um padrão de qualidade que a GM exige atualmente de todos os seus fornecedores. A especialização adquirida pela Sundaram em padrões de qualidade permitiu-lhe aproveitar oportunidades de fornecimentos de peças automotivas no Japão e na Europa. O produtor de equipamentos de comunicação chinês Huawei conquistou uma participação de 16% no mercado global de roteadores para a internet, porque seus preços são até 50% menores do que os de líderes do setor como a Cisco Systems; o sucesso do Huawei na produção de equipamentos para redes permitiu-lhe expandir-se agressivamente fora da China em países como Rússia e Brasil, e obter a segunda participação de mercado mundial em equipamentos para redes banda larga[38]. Em 2005, as montadoras chinesas estavam preparando planos para iniciar a exportação de carros pequenos com consumo reduzido de combustível para os Estados Unidos e iniciar o processo a longo prazo de concorrer internacionalmente com as principais montadoras do mundo.

Pontos-Chave

A maioria dos temas de estratégia competitiva que se aplicam às empresas locais também se aplica às empresas que concorrem internacionalmente. Existem, entretanto, quatro temas estratégicos exclusivos da concorrência em países estrangeiros:

1. Customizar a oferta da empresa em cada mercado nacional diferente para ajustar-se aos gostos e às preferências dos compradores locais ou oferecer um produto acentuadamente padronizado em escala mundial.

2. Empregar essencialmente a mesma estratégia competitiva básica em todos os países ou alterar a estratégia país por país, para ajustar-se às condições de mercado específicas e às circunstâncias competitivas com que se depara.

3. Onde localizar as instalações industriais, os centros de distribuição e as operações de atendimento ao cliente da empresa a fim de obter o maior número de vantagens em termos de localização.

4. A possibilidade e de que modo transferir eficientemente os recursos fortes e a capacidade da empresa de um país para outro em uma iniciativa para assegurar vantagem competitiva.

A competitividade em diversos países refere-se a situações em que a concorrência em um mercado nacional é em grande parte independente daquela em outro mercado nacional — não existe um "mercado internacional", apenas um conjunto de mercados independentes em países (ou talvez em regiões). A concorrência global existe quando as condições competitivas em mercados nacionais estão suficientemente vinculadas para formar um verdadeiro mercado mundial e quando os principais concorrentes competem frontalmente em muitos países diferentes.

Ao se posicionar para concorrer em mercados estrangeiros, uma empresa possui três opções básicas para (1) uma abordagem de pensar localmente, agir localmente, (2) uma abordagem de pensar globalmente, agir globalmente e (3) uma combinação de pensar globalmente, agir localmente. Uma estratégia de pensar localmente, agir localmente ou em diversos países é apropriada para setores onde domina a concorrência em diversos países; uma abordagem de estratégia local faz com que uma empresa varie sua oferta de produtos e seu método competitivo em função do país a fim de ajustar-se a preferências dos compradores e condições de mercado distintas. Uma abordagem de pensar globalmente, agir globalmente (ou estratégia global) dá resultado nos mercados competitivos globais ou que estão começando a se globalizar; as estratégias globais envolvem adotar o mesmo método competitivo básico (custo baixo, diferenciação, melhor custo, focalizado) em todos os mercados e vender essencialmente os mesmos produtos com a mesma marca em todos os países onde a empresa opera. Uma abordagem de pensar globalmente, agir localmente pode ser usada quando é viável uma empresa empregar essencialmente a mesma estratégia competitiva básica em todos os mercados e assim mesmo customizar sua oferta de produtos e algum aspecto de suas operações para ajustar-se às circunstâncias de mercado.

Outras opções de estratégia para concorrer nos mercados mundiais incluem manter uma base de produção nacional (em um país) e exportar produtos para países estrangeiros; licenciar empresas estrangeiras para usar a tecnologia da empresa; produzir e distribuir os produtos da organização, adotando uma estratégia de franquia ou empregando alianças estratégicas ou outras parcerias em colaboração para entrar no mercado ou fortalecer a competitividade de uma empresa nos mercados mundiais.

As alianças estratégicas com parceiros estrangeiros são atraentes sob diversos ângulos: obtenção de maior acesso a mercados nacionais de interesse, realização de economias de escala na produção e/ou no marketing, eliminação de hiatos de especialização técnica e/ou de conhecimento dos mercados locais, economias de custos compartilhando instalações de distribuição e redes de concessionários, auxílio para chegar a um acordo quanto aos padrões técnicos e ajuda no enfrentamento do impacto das alianças que os concorrentes formaram. As alianças estratégicas em países estrangeiros estão remodelando rapidamente a concorrência nos mercados mundiais, colocando um grupo de empresas globais aliadas em oposição a outros grupos de empresas globais aliadas.

Existem três maneiras pelas quais uma organização pode obter vantagem competitiva (ou compensar as desvantagens locais) nos mercados globais. Uma delas envolve localizar diversas atividades da cadeia de valor entre países, de modo que diminua custos ou resulte em maior diferenciação do produto. Outra envolve a transferência eficiente e eficaz de capacitação e competência competitivamente valiosas de seus mercados internos para os mercados externos. Outra se apóia na capacidade de um concorrente multinacional ou global dar maior ênfase ou ampliar seus recursos fortes e sua capacidade e coordenar as atividades dispersas, de um modo que um concorrente exclusivamente local não possa.

Santuários de lucro são mercados nacionais nos quais uma empresa obtém lucros substanciais por causa de sua posição de mercado forte ou protegida. São ativos competitivos de valor. Uma empresa que possui diversos santuários de lucro tem a força financeira para apoiar as ofensivas competitivas em um mercado com recursos e lucros realocados de suas operações em outros mercados — uma prática denominada *subsídio entre mercados*. A capacidade das empresas com diversos santuários de lucro para empregar o subsídio entre mercados proporciona-lhes uma arma ofensiva poderosa e uma vantagem competitiva em relação às empresas com um único santuário.

As organizações que almejam a liderança global têm de levar em conta concorrer em mercados emergentes como os da China, da Índia, do Brasil, da Indonésia e do México — países onde os riscos empresariais são consideráveis, mas existem enormes oportunidades de crescimento. Para ter sucesso nesses mercados, a empresa muitas vezes precisa (1) concorrer com base em preço baixo, (2) estar preparada para alterar aspectos do modelo empresarial a fim de adaptar-se a circunstâncias locais (porém sem atingir o ponto em que a perde a vantagem de escala global e da marca global) e/ou (3) tentar mudar o mercado local para uma melhor adequação ao modo como realiza negócios em outros países. A lucratividade não tem possibilidade de ocorrer rápida ou facilmente nos mercados emergentes, em geral por causa dos investimentos necessários para alterar hábitos de compra ou gastos e/ou da necessidade de melhoria da infraestrutura. E podem existir ocasiões em que uma organização simplesmente deveria manter-se distante de certos mercados emergentes até que as condições para a entrada sejam mais adequadas a seu modelo empresarial e à sua estratégia.

As empresas locais nos mercados de países emergentes podem tentar concorrer com multinacionais (1) defendendo-se com base nas vantagens no mercado local, (2) transferindo sua especialização para mercados em outros países, (3) evitando os grandes rivais ao adotar um novo modelo empresarial ou atuando em um novo nicho de mercado ou (4) lançando iniciativas para elas próprias concorrerem em nível global.

Exercícios

1. Acesse o site da Companhia Vale do Rio Doce (www.cvrd.com.br) e busque informações sobre a Missão e Visão da empresa. A Vale pode ser avaliada como tendo uma estratégia global ou localizada em diversos países? Justifique suas respostas.

2. Suponha que você seja encarregado de desenvolver a estratégia para uma multinacional que vende produtos em cerca de 50 países diferentes. Um dos temas que precisa equacionar é se deve adotar uma estratégia em diversos países ou uma estratégia global.

    a. Se o produto de sua empresa é computadores pessoais, você considera que faria melhor sentido adotar uma estratégia em diversos países ou uma estratégia global? Por quê?

    b. Se o produto de sua empresa é sopas prontas desidratadas ou sopas enlatadas, uma estratégia em diversos países pareceria mais aconselhável que uma estratégia global? Por quê?

    c. Se o produto de sua empresa é máquinas de lavar roupa, faria sentido adotar uma estratégia em diversos países ou uma estratégia global? Por quê?

    d. Se o produto de sua empresa é ferramentas de trabalho básicas (martelos, chaves de fenda, alicates, chaves inglesas, serras), seria mais atraente uma estratégia em diversos países ou uma estratégia global? Por quê?

3. A Petrobras é uma das cinco maiores empresas brasileiras, com diversas áreas de atuação além do petróleo, incluindo postos de gasolina para distribuição direta ao consumidor, gás natural e até energia elétrica. Consulte o site da Petrobrás (www.petrobras.com.br) e analise a sua área de negócios internacionais, os países onde atua, onde obteve sucesso e onde teve de mudar de estratégia devido a limitações governamentais ou de outros tipos. Prepare um relatório sobre a atuação da Petrobrás globalmente e as estratégias e parcerias e seus resultados, do que você conseguir apreender das informações em seu site.

4. Empregando a discussão sobre estratégias deste capítulo para as empresas locais que concorrem com concorrentes globais e a Figura 7.4, desenvolva uma abordagem estratégica para uma indústria ou um provedor de serviços em sua comunidade que poderia ser forçado a concorrer com uma empresa global. Como a empresa local poderia beneficiar-se de uma vantagem no mercado interno? Faria sentido tentar transferir sua capacidade ou especialização para mercados em outros países? Ou mudar seu modelo empresarial ou nicho de mercado? Ou encarar o embate em um nível global? Justifique.

capítulo oito

Adequação da Estratégia para Adaptação a Situações Específicas do Setor e da Empresa

Estratégia se refere à combinação de escolhas a respeito do que fazer e do que não fazer em um sistema que cria a adaptação necessária entre aquilo que o ambiente precisa e o que a empresa realiza.
— **Costas Markides**

Concorrer no mercado é como uma guerra. Ocorrem ferimentos e mortes, e a melhor estratégia ganha.
— **John Collins**

É muito melhor você tornar obsoletos seus próprios produtos que permitir que um concorrente o faça.
— **Michael A. Cusamano e Richard W. Selby**

Em uma era turbulenta, a única vantagem digna de confiança é reinventar seu modelo empresarial antes que as circunstâncias o forcem.
— **Gary Hamel e Liisa Välikangas**

Os capítulos anteriores enfatizaram a análise e as opções que fazem parte da adequação da escolha da estratégia de uma empresa (1) às condições setoriais e competitivas e (2) a seus próprios recursos fortes e fracos, capacidade competitiva, oportunidades e ameaças e posição no mercado. Entretanto, há mais aspectos a serem revelados a respeito do modo para adequar as escolhas de estratégia às circunstâncias de uma empresa. Este capítulo examina a tarefa e criação de estratégias em dez situações em geral encontradas:

1. Empresas que concorrem em setores emergentes.
2. Empresas que concorrem em mercados de crescimento rápido.
3. Empresas que concorrem em setores que estão se consolidando.
4. Empresas que concorrem em setores estagnados ou em declínio.
5. Empresas que concorrem em mercados turbulentos e de alta velocidade.
6. Empresas que concorrem em setores fragmentados.
7. Empresas que se empenham em manter crescimento rápido.
8. Empresas em posições de liderança no setor.
9. Empresas que ocupam o segundo lugar.
10. Empresas em posições competitivas fracas ou assoladas por condições de crise.

Selecionamos essas situações a fim de dar explicações ainda mais detalhadas sobre os fatores que os administradores precisam considerar ao criar a estratégia de uma empresa. Ao terminar este capítulo, você terá uma melhor compreensão dos fatores que é preciso levar em conta ao escolher uma estratégia e quais são os prós e os contras de algumas das opções estratégicas inexploradas anteriormente que se encontram disponíveis para uma organização.

ESTRATÉGIAS PARA CONCORRER EM SETORES EMERGENTES

Um setor emergente é aquele em estágio formativo. Exemplos incluem comunicações telefônicas por Voz sobre Protocolo da Internet (VoIP), televisão de alta definição, auxílio para os idosos, educação on-line, alimentos orgânicos, publicação de livros eletrônicos (e-book) e operações bancárias eletrônicas. Muitas organizações, que se empenham para estabelecer uma base firme em um setor emergente, são empresas iniciantes que se dedicam ao aperfeiçoamento da tecnologia, ao estabelecimento de operações e ao alargamento da distribuição e obtenção de aceitação dos clientes. Temas importantes relativos ao design ou a problemas tecnológicos ainda podem ter de ser resolvidos. Modelos empresariais e estratégias das empresas em um setor emergente não foram aprovados — podem parecer promissores, entretanto podem, ou não, chegar a resultar em lucratividade atrativa.

As Características Únicas de um Setor Emergente

Concorrer em setores emergentes expõe os gerentes a certos desafios únicos de criação de estratégias[1]:

- Em virtude de um mercado estar em sua fase inicial, em geral existe muita especulação sobre como funcionará, em que ritmo crescerá e a dimensão que alcançará. As poucas informações históricas disponíveis são praticamente inúteis para fazer projeções de vendas e de lucro. Há muitas conjecturas a respeito da rapidez com que os compradores serão atraídos e quanto estarão dispostos a pagar. Por exemplo, há muita incerteza sobre quantos usuários terão disposição de mudar para a tecnologia de telefonia VoIP e com que rapidez tais mudanças ocorrerão.

- Em muitos casos, grande parte do *know-how* tecnológico existente nos produtos dos setores emergentes é proprietário e muito protegido, tendo sido desenvolvido por empresas pioneiras. Em tais casos, as patentes e a especialização técnica exclusiva são fatores básicos para assegurar vantagem competitiva. Em outros casos, numerosas empresas possuem acesso à tecnologia necessária e podem estar se empenhando para aperfeiçoá-la, muitas vezes em colaboração com outros. Ainda em outros casos, podem existir abordagens tecnológicas concorrentes, com muita incerteza quanto à possibilidade de que diversas tecnologias acabarão concorrendo entre si ou se uma abordagem acabará triunfando por causa de custos menores ou melhor desempenho — tal batalha ocorre atualmente no mercado emergente de motores híbridos à gasolina-eletricidade (no qual a demanda está aumentando muito por causa da maior eficiência do combustível sem perda de potência e aceleração). A Toyota foi pioneira em um projeto; uma aliança entre General Motors, DaimlerChrysler e BMW está-se dedicando a outro projeto; uma aliança entre Volkswagen e Porsche está desenvolvendo uma terceira tecnologia, e a Ford e a Honda possuem seus próprios projetos ligeiramente diferentes de motor híbrido.

- Do mesmo modo que podem existir incertezas em torno da tecnologia em um setor emergente, também pode não haver consenso no que diz respeito a quais atributos do produto provarão ser decisivos para conquistar a preferência do comprador. Portanto, a rivalidade se concentra nas iniciativas de cada empresa para fazer com que o mercado ratifique sua própria abordagem estratégica da tecnologia, do design do produto, do marketing e da distribuição. Tal rivalidade pode resultar em grandes diferenças na qualidade e no desempenho do produto dependendo da marca.

- Em virtude de em um setor emergente todos os compradores serem usuários pela primeira vez, a tarefa do marketing consiste em induzir a compra inicial e tranqüilizar os clientes quanto às características do produto, à confiabilidade do desempenho e às alegações conflitantes de empresas concorrentes.

- Muitos compradores em potencial têm a expectativa de que os produtos de primeira geração serão aperfeiçoados rapidamente e, portanto, postergam sua aquisição até que a tecnologia e o design do produto atinjam a maturidade e produtos de segunda ou terceira geração apareçam no mercado.

- As barreiras à entrada são relativamente poucas, mesmo para organizações empreendedoras iniciantes. Empresas de grande porte, bem conhecidas e que buscam oportunidades com grandes recursos e capacidade competitiva têm probabilidade de entrar se o setor tem a expectativa de crescimento explosivo ou se seu surgimento ameaça seus negócios atuais. Por exemplo, muitas empresas tradicionais de telefonia local, vislumbrando a ameaça poderosa da tecnologia de comunicação sem fio e da VoIP, optaram por ingressar no ramo de comunicação móvel e começam a oferecer uma opção VoIP aos usuários de linhas telefônicas.

- Efeitos consideráveis da curva de experiência/aprendizado podem estar presentes, permitindo reduções de preço significativas à medida que o volume aumentar e os custos diminuírem.

- Algumas vezes, as empresas encontram dificuldade para assegurar suprimentos de matérias-primas e componentes em quantidade adequada (até que os fornecedores estejam em condições de atender às necessidades do setor).

- Empresas subcapitalizadas, que se deparam com falta de fundos para apoiar um trabalho de P&D necessário e passar por vários anos difíceis até que o produto deslanche, acabam efetivando uma fusão com os concorrentes ou sendo adquiridas por empresas fora do setor financeiramente sólidas que pretendem investir em um mercado em crescimento.

Opções de Estratégia para Setores Emergentes

A falta de regras do jogo estabelecidas em um setor emergente concede aos participantes do setor liberdade para tentar uma variedade de abordagens estratégicas diferentes. Estratégias competitivas ajustadas a custo baixo ou à diferenciação em geral são viáveis. Focalizar faz sentido quando recursos e capacidades são limitados e o setor possui muitas fronteiras tecnológicas ou um excesso de segmentos de compradores para se dedicar de imediato. Estratégias de diferenciação amplas ou focalizadas, ajustadas à superioridade tecnológica ou do produto, normalmente oferecem a melhor possibilidade de vantagem competitiva logo no início.

> **Conceito Central**
> Empresas em um setor emergente possuem muita flexibilidade para tentar diferentes abordagens estratégicas.

Empresas em um setor emergente, além de escolherem uma estratégia competitiva, em geral precisam elaborar uma estratégia contendo um ou mais dos seguintes apectos[2]:

1. Empenho para aperfeiçoar a tecnologia, melhorar a qualidade do produto e desenvolver características adicionais de desempenho. Sobrepujar os concorrentes em termos de inovação, muitas vezes, é uma das melhores maneiras para obter a liderança no setor.

2. Considerar a fusão com outra empresa ou sua aquisição a fim de obter especialização adicional e juntar os recursos fortes.

3. À medida que a incerteza tecnológica desaparecer e surgir uma tecnologia dominante, tentar valer-se de todas as vantagens em ser pioneiro, adotando-a rapidamente. No entanto, embora haja justificativa em tentar ser o porta-estandarte do setor em tecnologia e o pioneiro no projeto dominante do produto, as empresas precisam acautelar-se para não fazer uma grande aposta em seu próprio método tecnológico preferido ou no projeto do produto, especialmente quando existem muitas tecnologias concorrentes, o trabalho de P&D é oneroso e os desdobramentos tecnológicos podem orientar-se rapidamente em novas direções.

4. Adquirir ou formar alianças com empresas que possuem especialização tecnológica relacionada ou complementar como um meio para auxiliar a sobrepujar os concorrentes com base na superioridade tecnológica.

5. Empenhar-se por novos grupos de clientes, por novas aplicações para os usuários e pela entrada em novas áreas geográficas (talvez se valendo de parcerias ou *joint-ventures* estratégicas caso haja limitação de recursos financeiros).

6. Tornar fácil e econômico para os primeiros compradores experimentar o produto de primeira geração do setor.

7. À medida que o produto torna-se conhecido para grande parte do mercado, alterar a ênfase da propaganda de criação da percepção do produto para uma freqüência de uso cada vez maior e para a obtenção de fidelidade à marca.

8. Usar redução de preços para atrair ao mercado o próximo segmento de compradores sensíveis ao preço.

9. Formar alianças estratégicas com os principais fornecedores sempre que o gerenciamento eficaz da cadeia de suprimentos proporcionar acesso importante a aptidões especializadas, capacidade tecnológica e materiais ou componentes importantes.

Empresas iniciantes em setores emergentes defrontam-se com quatro obstáculos estratégicos: (1) obter o capital para financiar as operações iniciais até que as vendas e as receitas deslanchem, os lucros surjam e os fluxos de caixa tornem-se positivos; (2) desenvolver uma estratégia para aproveitar o crescimento do setor (que segmentos do mercado e quais vantagens competitivas almejar?); (3) gerenciar a expansão rápida das instalações e das vendas de modo que a posicione para competir pela liderança do setor; e (4) defender-se dos concorrentes tentando aproveitar o sucesso que conseguiram[3]. Empresas em fase de ascensão podem ajudar a realizar suas pretensões selecionando membros com conhecimento para seus conselhos de administração e pela contratação de gerentes empreendedores com experiência na orientação de organizações iniciantes nos estágios inicial e de deslanche. *Uma empresa que desenvolva uma capacidade confiável, um modelo empresarial atraente e uma boa estratégia possui oportunidade de ouro para determinar as regras e estabelecer-se como o principal participante do setor.*

Entretanto, as iniciativas estratégicas para o crescimento e a liderança em participação de mercado logo de início em um setor emergente têm de ser comparadas com a necessidade de longo prazo para obter vantagem competitiva duradoura e posição de mercado defensável[4]. Aqueles mais bem posicionados em um setor emergente em crescimento rápido que apresenta sinais de boa lucratividade quase certamente terão de defender suas posições contra desafiantes ambiciosos, esforçando-se por sobrepujar os atuais líderes de mercado. Pode-se levar em conta a entrada de empresas bem financiadas de fora do setor, usando de estratégias ofensivas agressivas após as vendas no setor aumentarem, diminuir o risco percebido de investir no setor e o sucesso dos atuais participantes no setor se tornar visível. Algumas vezes, a entrada de muitas empresas, atraídas pelo crescimento e pelo potencial de lucros, inflaciona o mercado e força a consolidação do setor mediante um número menor de participantes. Retardatários com muitos recursos, ambicionando a liderança no setor, podem se tornar participantes importantes pela aquisição ou fusão das operações de concorrentes mais fracos e, então, usar seu talvez considerável reconhecimento da marca para atrair clientes e acumular participação de mercado. Desse modo, as estratégias dos primeiros líderes precisam ser direcionadas à concorrência no longo prazo e para ressaltar a criação de recursos, capacidades e reconhecimento do mercado necessários para dar sustentação aos primeiros sucessos e manter afastada a concorrência de empresas capazes e ambiciosas novatas no setor.

ESTRATÉGIAS PARA CONCORRER NOS MERCADOS EM CRESCIMENTO RÁPIDO

> Em mercados em crescimento rápido, as organizações precisam de uma estratégia baseada em uma expansão mais rápida do que a média, para que possam aumentar sua participação e melhorar a posição competitiva.

Empresas que têm a boa sorte de pertencer a um setor que cresce à taxa de dois dígitos possuem uma oportunidade de ouro para obter crescimento de dois dígitos em vendas e lucro. Se a demanda do mercado está se expandindo 20% ao ano, a empresa pode crescer 20% ao ano apenas fazendo um pouco mais do que aproveitar com satisfação a onda de expansão do mercado — só precisa ser suficientemente agressiva para assegurar um número de novos clientes a fim de obter uma elevação de 20% nas vendas, um feito estratégico não particularmente impressionante. O mais interessante, no entanto, é elaborar uma estratégia que permita às vendas crescerem de 25% a 30% quando o mercado como um todo estiver crescendo 20%, de tal modo que a participação de mercado e a posição competitiva da empresa melhorem, na média, em relação aos concorrentes. Se a estratégia de uma empresa resultar em um crescimento de vendas de apenas 12% em um mercado que cresce

20%, na realidade estará perdendo terreno no mercado — condição que sinaliza estratégia fraca e oferta de produtos sem atração. O aspecto a ser observado é que, em mercados em crescimento rápido, a empresa precisa direcionar sua estratégia para produzir ganhos de receita superiores à média, caso contrário, o melhor que pode almejar é manter sua posição no mercado (se for capaz de aumentar as vendas a uma taxa igual à média) — e sua posição de mercado pode realmente ficar prejudicada caso suas vendas aumentem menos que a média do mercado.

Para ser capaz de crescer a um ritmo que exceda a média do mercado, a empresa em geral precisa ter uma estratégia que incorpore um ou mais dos seguintes elementos:

- *Diminuir custos unitários a fim de permitir redução de preços que atraiam um grande número de clientes novos.* Praticar um preço menor sempre exerce forte atração em mercados nos quais os clientes são sensíveis a preço e os preços menores podem ajudar a aumentar a demanda por meio da atração de novos clientes no mercado. Entretanto, se os concorrentes também puderem abaixar seus preços, a organização precisará realmente diminuir seus custos unitários *mais rapidamente que os rivais*, para empregar sua vantagem de custo baixo para vender por um preço menor que o deles. Os fabricantes de telas de cristal líquido (LCD, na sigla em inglês) e de televisão de alta definição estão procurando obter agressivamente redução de custos a fim de reduzir o preço de seus aparelhos de televisão para menos de mil dólares e, portanto, tornar seus produtos mais acessíveis a um número maior de consumidores.

- *Empenhar-se por inovação rápida do produto visando posicionar a oferta fora do alcance dos concorrentes e incorporar atributos que agradem a um número crescente de clientes.* As estratégias de diferenciação, quando ajustadas aos atributos do produto que atraem um grande número de clientes, ajudam a suportar a reputação de uma empresa por superioridade do produto e a estabelecer a base para um aumento das vendas acima da taxa geral de crescimento do mercado. Se o mercado for do tipo no qual a tecnologia estiver avançando rapidamente e os ciclos de vida do produto forem curtos, tornar-se-á especialmente importante ser o primeiro a lançar no mercado produtos da próxima geração. Entretanto, as estratégias de inovação exigem capacitação em P&D, desenvolvimento e projeto do produto novo, maior agilidade organizacional para colocar rapidamente no mercado produtos novos e aperfeiçoados. Os fabricantes de LCD e de TV de alta definição, ao mesmo tempo que estão procurando obter redução de custo, empenham-se por conseguir todos os tipos de melhoria para ressaltar a qualidade e o desempenho do produto e aumentar o tamanho das telas para igualar ou superar a qualidade da imagem e a confiabilidade das TVs convencionais (com tubos de raios catódicos ultrapassados) e aumentar as vendas a um ritmo até mais veloz.

- *Obter acesso a canais de distribuição e pontos-de-venda adicionais.* Empenhar-se por um maior acesso aos canais de distribuição para atingir mais consumidores em potencial constitui uma abordagem estratégica particularmente boa para obter vendas acima da média. Porém, usualmente isso exige que uma empresa seja a primeira a posicionar-se nos novos canais de distribuição e a forçar os concorrentes a igualá-la.

- *Ampliar a cobertura geográfica da empresa.* Expandir-se para áreas, nacionais ou estrangeiras, onde a empresa não possui presença no mercado também pode ser um meio eficaz para alcançar mais consumidores em potencial e preparar o caminho para um aumento das vendas a uma taxa maior que a média do mercado como um todo.

- *Ampliar a linha de produtos para agregar novos modelos/estilos que agradem a uma gama maior de consumidores.* Oferecer aos consumidores uma seleção mais ampla pode ser um meio eficaz para atrair novos clientes em número suficiente para obter aumento de vendas acima da média. Os fabricantes de aparelhos MP3 e de telefones celulares estão agregando novos modelos para estimular a demanda dos compradores; a Starbucks está incluindo novas bebidas e outros itens no cardápio para obter mais circulação nas lojas, e as empresas que comercializam a tecnologia VoIP estão introduzindo rapidamente uma variedade mais ampla de planos a fim de aumentar sua atração para clientes com diferentes hábitos e necessidades de chamadas.

ESTRATÉGIAS PARA CONCORRER NOS SETORES QUE SE APROXIMAM DA MATURIDADE

Um *setor que se aproxima da maturidade* é aquele que está passando do crescimento rápido para um crescimento significativamente mais lento. Diz-se que um setor está *maduro* quando praticamente todos os consumidores em potencial já são usuários dos produtos do setor e o crescimento da demanda do mercado acompanha de perto aquele da população e da economia como um todo. Em um mercado maduro a demanda é formada principalmente por vendas de reposição aos usuários existentes, e o crescimento depende da capacidade do setor para atrair os poucos novos consumidores remanescentes e convencer os atuais a aumentar o uso do produto. Setores de bens de consumo maduros em geral possuem uma taxa de crescimento inferior a 5% — aproximadamente igual ao crescimento da base de clientes ou da economia como um todo.

Como o Crescimento Mais Lento Altera as Condições de Mercado

A transição de um setor para a maturidade não se inicia de acordo com uma programação facilmente prevista. A maturidade pode ser impedida pelo surgimento de novos avanços tecnológicos, inovação do produto ou outras forças motrizes que mantêm renovada a demanda do mercado. Entretanto, quando as taxas de crescimento efetivamente diminuírem, o início da maturidade de mercado em geral produzirá mudanças fundamentais no ambiente competitivo do setor[5]:

1. *O crescimento mais lento da demanda dos consumidores gera maior concorrência frontal por participação de mercado.* Empresas que desejam continuar numa trajetória de crescimento rápido começam a procurar maneiras de atrair os clientes dos concorrentes. São comuns campanhas de redução de preços, mais propaganda e outras táticas agressivas para conseguir participação de mercado.

2. *Consumidores tornam-se mais sofisticados, muitas vezes fazendo exigências nas compras adicionais.* Em virtude de os consumidores terem experiência com o produto e estarem familiarizados com as marcas concorrentes, estão mais capacitados para avaliar marcas diferentes e podem usar seu conhecimento para negociar preços melhores com os fornecedores.

3. *A concorrência, muitas vezes, resulta em maior ênfase no custo e no atendimento.* À medida que todos os vendedores começam a oferecer os atributos do produto que os consumidores preferem, as escolhas destes dependem cada vez mais de que o fabricante ofereça a melhor combinação entre preço e atendimento.

4. *As empresas enfrentam um problema de interrupção do crescimento para aumentar as instalações.* Taxas menores de crescimento do setor significam diminuição da capacidade de expansão para os fabricantes — agregar muita capacidade de produção em uma época em que o crescimento é lento pode criar condições de excesso de oferta que afetam adversamente os lucros dos fabricantes durante muito tempo no futuro. De modo análogo, as redes de varejo que se especializam no produto do setor precisam diminuir o número de novas lojas sendo inauguradas a fim de evitar a saturação de localidades com excesso de lojas.

5. *Inovação do produto e novas aplicações de uso são difíceis de ocorrer.* Produtores consideram cada vez mais difícil criar novas características do produto, identificar usos adicionais para o produto e manter o entusiasmo dos consumidores.

6. *Aumento da concorrência internacional.* Empresas nacionais voltadas ao crescimento começam a buscar oportunidades de vendas nos mercados externos. Algumas empresas, tentando encontrar uma maneira para diminuir custos, realocam fábricas para países com salários menores. A maior padronização dos produtos e a difusão do *know-how* tecnológico reduzem as barreiras à entrada e possibilitam às empresas estrangeiras empreendedoras tornarem-se concorrentes sérios no mercado em mais países. A liderança no setor passa para as empresas

que obtêm sucesso na obtenção de posições competitivas fortes na maior parte dos mercados geográficos do mundo e na conquista das maiores participações de mercado globais.

7. *A lucratividade do setor diminui temporária ou permanentemente.* Crescimento mais lento, maior concorrência, compradores mais sofisticados e períodos ocasionais de excesso de capacidade exercem pressão sobre as margens de lucro do setor. Empresas mais fracas e menos eficientes em geral são as mais atingidas.

8. *A competição acirrada induz a algumas fusões e aquisições entre concorrentes anteriores, impulsionando a consolidação do setor por meio de um número menor de participantes de maior porte.* Empresas ineficientes e aquelas com estratégias competitivas fracas podem conseguir resultados razoáveis em um setor em crescimento rápido com vendas em elevação. Entretanto, a concorrência de intensidade crescente que acompanha a maturidade do setor expõe a fraqueza competitiva e faz com que os concorrentes que ocupam o segundo e o terceiro lugares no setor entrem numa luta pela sobrevivência dos mais aptos.

Estratégias Que Se Adaptam às Condições dos Mercados Que Se Tornam Maduros

À medida que as características competitivas de um setor maduro começam a ganhar força, qualquer uma entre as diversas iniciativas estratégicas pode fortalecer a posição competitiva de uma empresa: reduzir a linha de produtos, incrementar a eficiência da cadeia de valor, diminuir custos, aumentar as vendas para os atuais clientes, adquirir empresas concorrentes, expandir-se em âmbito internacional e fortalecer suas competências[6].

Eliminação de Produtos e Modelos Secundários Uma ampla seleção de modelos, características e opções de produto, algumas vezes, tem valor competitivo durante o estágio de crescimento, quando as necessidades dos consumidores ainda estão latentes. Porém, tal variedade pode tornar-se muito onerosa à medida que a concorrência de preços aumentar e as margens de lucro diminuírem. Manter muitas versões do produto não contribui para a obtenção de economias no projeto, no estoque de peças e na produção nos níveis de fabricação e pode aumentar os custos de estocagem para distribuidores e varejistas. Além disso, os preços das versões de giro lento podem não cobrir seus verdadeiros custos. A eliminação de produtos secundários da linha permite economias de custo e maior concentração nos itens cujas margens são maiores e/ou onde uma empresa possui vantagem competitiva. A General Motors tem eliminado modelos e marcas de venda lenta de sua linha de produtos — eliminou toda a divisão Oldsmobile e comenta-se que está analisando a possibilidade de poder eliminar a linha Saab. Os editores de livros didáticos estão deixando de publicar aquelas obras que vendem apenas alguns milhares de exemplares anualmente (cujos lucros são mínimos na melhor das hipóteses) e como alternativa, concentrando seus recursos em textos que gerem vendas mínimas de 5 mil exemplares por edição.

Aumento da Eficiência da Cadeia de Valor As iniciativas para reinventar a cadeia de valor do setor podem produzir retorno em quatro frentes: custos menores, melhor qualidade do produto ou serviço, maior capacidade para produzir versões múltiplas ou customizadas do produto e ciclos menores entre o projeto e o lançamento. Fabricantes podem mecanizar as atividades de custo elevado, reprojetar as linhas de produção para melhorar a eficiência da mão-de-obra, permitir flexibilidade ao processo de montagem de modo que as versões customizadas do produto possam ser facilmente produzidas e aumentar o uso de tecnologia avançada (robótica, controles informatizados e montagem automatizada). Fornecedores de peças e componentes, fabricantes e distribuidores podem disponibilizar em colaboração sistemas on-line e técnicas de código de produtos para organizar atividades e obter economias de custo ao longo de toda a cadeia de valor — das atividades relacionadas ao fornecedor até a distribuição, o varejo e o atendimento ao cliente.

Redução de Custos   A concorrência de preços acirrada permite às empresas um incentivo extra para diminuir os custos unitários. Iniciativas de redução de custos podem cobrir um amplo domínio. Algumas das opções mais adotadas consistem em pressionar fornecedores por preços melhores, implementar práticas mais rígidas de gerenciamento da cadeia de suprimentos, eliminar da cadeia de valor atividades de valor reduzido, desenvolver projetos do produto mais econômicos, fazer a reengenharia dos processos internos usando a tecnologia de comércio eletrônico e mudar para formas de distribuição mais econômicas.

Aumento das Vendas para os Atuais Clientes   Em um mercado maduro crescer conquistando clientes dos concorrentes pode não ser tão atraente quanto aumentar as vendas para os atuais clientes. As estratégias para aumentar as compras dos clientes existentes podem envolver adicionar mais promoções de vendas, oferecer itens complementares e serviços auxiliares e identificar outras maneiras para os clientes usarem o produto. As lojas de conveniência, por exemplo, aumentaram as vendas médias por cliente acrescentando locação de vídeos, caixas eletrônicos, bombas de gasolina e balcões com artigos de delicatessen.

Aquisição de Empresas Concorrentes a Preços Reduzidos   Algumas vezes, uma empresa pode adquirir as instalações e os ativos de concorrentes em dificuldades por um valor reduzido. Aquisições a preço baixo podem ajudar a criar uma posição de custo reduzido, caso também apresentem oportunidades para maior eficiência operacional. Além disso, a base de clientes de uma empresa adquirida pode proporcionar maior cobertura de mercado e oportunidades para maiores economias de escala. Aquisições mais desejáveis são aquelas que aumentarão significativamente a força competitiva da empresa adquirente.

Expansão Internacional   Uma empresa, à medida que seu mercado interno amadurece, pode planejar a entrada em mercados estrangeiros nos quais ainda existe potencial de crescimento e as pressões competitivas não são tão fortes. Muitas multinacionais estão expandindo para mercados emergentes, como os da China, do Brasil, da Índia, da Argentina e das Filipinas, onde as perspectivas de crescimento no longo prazo são muito atraentes. Estratégias de expansão internacional também fazem sentido quando as aptidões, a reputação e o produto de uma empresa são prontamente transferíveis aos mercados estrangeiros. Por exemplo, muito embora o mercado de refrigerantes nos Estados Unidos esteja maduro, a Coca-Cola manteve seu crescimento aumentando suas iniciativas para penetrar em mercados emergentes onde as vendas de refrigerantes estão se ampliando rapidamente.

Obter Capacidades Novas ou Mais Flexíveis   As pressões crescentes da concorrência em um mercado em fase de maturidade ou já maduro muitas vezes podem ser combatidas reforçando a base de recursos e a capacidade competitiva da empresa. Isso pode significar agregar mais competências, aprofundar as capacitações existentes para torná-las mais difíceis de imitar ou empenhar-se para que as capacitações básicas sejam mais adaptáveis às necessidades e expectativas em alteração dos clientes. A Microsoft reagiu aos desafios de concorrentes como o Google e o Linux ampliando suas capacitações no software de programas de busca e reelaborando toda sua abordagem da programação de sistemas operacionais da próxima geração. A Chevron desenvolveu uma equipe para identificar as melhores práticas para aumentar a velocidade e a eficácia com as quais é capaz de transferir melhorias de eficiência de uma refinaria para outra.

Armadilhas Estratégicas nos Setores em Fase de Maturidade

Talvez o maior erro estratégico que uma empresa pode cometer, à medida que um setor atinge a maturidade, seja adotar um caminho intermediário entre custo baixo, diferenciação e focalização — acumulando iniciativas para obter um custo baixo com iniciativas para incorporar características diferenciadoras e iniciativas para concentrar-se em um mercado-alvo limitado. Tais comprometimentos estratégicos em geral deixam a organização *presa* a uma estratégia indistinta, pouco compromisso para que obtenha vantagem competitiva, com uma imagem mediana perante os consumidores e pouca possibilidade de passar para o grupo dos líderes do setor.

Outras armadilhas estratégicas incluem ser lento em criar uma defesa contra pressões competitivas crescentes, concentrar-se mais em proteger a lucratividade no curto prazo do que em criar ou manter uma posição competitiva de longo prazo, esperar muito para reagir aos cortes de preço dos concorrentes, expandir-se exageradamente diante de um crescimento declinante e excesso de gastos em propaganda e promoção de vendas resultando em desperdício de energia para combater a diminuição do crescimento e deixar de obter redução de custos suficientemente cedo ou com a agressividade necessária.

ESTRATÉGIAS PARA CONCORRER NOS SETORES EM FASE DE ESTAGNAÇÃO OU DECLÍNIO

Muitas empresas operam em setores nos quais a demanda está crescendo mais lentamente do que a média de toda a economia ou está até diminuindo. A demanda pelo produto de um setor pode diminuir por diversos motivos: (1) a tecnologia mais moderna acarreta produtos substitutos de melhor desempenho (monitores LCD finos substituem os tradicionais volumosos); aparelhos de DVD substituem VCRs; tecidos sem dobras substituem a necessidade por serviços de lavanderia) ou custos menores (produtos sintéticos mais baratos substituem o couro oneroso); (2) o conjunto de clientes diminui (os alimentos infantis têm menor demanda quando caem as taxas de natalidade); (3) estilos de vida e hábitos dos consumidores em alteração (fumar cigarros e usar chapéu saem de moda); (4) os custos crescentes de produtos complementares (os preços mais altos da gasolina diminuem as aquisições de veículos que consomem muito combustível)[7]. Os setores em declínio mais atraentes são aqueles nos quais as vendas estão diminuindo apenas lentamente, existem bolsões de demanda estável ou mesmo crescente e alguns nichos de mercado apresentam boas oportunidades de lucro. Porém, em alguns setores em fase de estagnação ou de declínio, a menor demanda dos consumidores dá origem a uma batalha competitiva desesperada entre os competidores do setor pelos negócios disponíveis, pela corrida de descontos de preços, promoções de vendas de custo elevado, capacidade ociosa cada vez maior e margens de lucro em rápido declínio. É muito importante identificar se a demanda diminui de modo gradual ou abrupto e se a concorrência se prova intensa ou moderada.

Empresas que concorrem em setores em fase de estagnação ou declínio precisam fazer uma escolha estratégica fundamental — permanecer compromissadas com o setor no longo prazo apesar das perspectivas restritas do setor ou empenhar-se por um estágio final da estratégia para sair do mercado de modo gradual ou rápido. Decidir permanecer no setor, apesar de uma demanda declinante no mercado, pode ter um mérito considerável. A demanda estagnada em si não é suficiente para tornar sem atração um setor. A demanda do mercado pode estar diminuindo lentamente. Alguns segmentos ainda podem apresentar boas oportunidades de lucro.

> É equivocado supor que as empresas em um setor declinante estejam fadadas a ter receitas e lucros declinantes.

Os fluxos de caixa resultantes das operações ainda podem permanecer fortemente positivos. Concorrentes poderosos podem até mesmo ser capazes de crescer e de aumentar os lucros, conquistando participação de mercado de concorrentes mais fracos[8]. Além disso, a aquisição ou a saída de empresas mais fracas cria oportunidades para as organizações remanescentes obterem maior participação de mercado. Por um lado, empenhar-se em se tornar a líder do mercado e ser uma das poucas remanescentes em um setor declinante pode resultar numa lucratividade acima da média, muito embora a demanda geral do mercado esteja estagnada ou diminuindo. Por outro, se o ambiente do mercado de um setor declinante é caracterizado por uma batalha intensa para a conquista de clientes e muita capacidade ociosa, acarretando perdas operacionais consideráveis para as empresas, uma saída logo no início faz muito mais sentido estratégico.

Se uma organização decide permanecer em um setor declinante porque o alto escalão está incentivado pelas oportunidades remanescentes ou vê mérito em se empenhar em liderança em termos de participação de mercado (ou mesmo ser uma das poucas empresas remanescentes no setor), suas três melhores alternativas estratégicas em geral são as seguintes[9]:

1. *Empenhar-se por uma estratégia focada nos segmentos de mercado de crescimento mais acelerado ou de declínio mais lento no setor.* Os mercados em fase de estagnação ou declínio, de modo análogo a outros, são formados por numerosos segmentos ou nichos. Freqüentemente um ou mais desses segmentos está crescendo de modo acelerado (ou pelo menos decaindo muito mais vagarosamente) apesar da estagnação no setor como um todo. Um concorrente perspicaz que se concentra nos segmentos de crescimento rápido e tem uma excelente atuação no atendimento das necessidades dos consumidores nestes segmentos, muitas vezes, pode livrar-se de vendas e lucros em estagnação e até mesmo obter uma vantagem competitiva importante. Por exemplo, Ben & Jerry's e Häagen-Dazs tiveram sucesso concentrando-se no segmento em expansão de sorvetes refinados ou especiais em um mercado sob outros aspectos estagnado; o crescimento da receita e das margens de lucro é substancialmente maior para os sorvetes sofisticados vendidos em supermercados e sorveterias. Empresas, que se concentram em um ou dois dos segmentos de mercado mais atraentes em um negócio declinante, podem facilmente decidir desprezar todos os demais segmentos — abandonando-os integralmente ou pelo menos deixando de investir neles de modo gradual ou acelerado. Entretanto, a chave consiste em *agir agressivamente* para estabelecer uma posição forte nas partes mais atraentes do setor em fase de estagnação ou declínio.

2. *Ressaltar a diferenciação com base na melhoria da qualidade e na inovação do produto.* Uma melhor qualidade ou inovação pode rejuvenescer a demanda, criando novos segmentos importantes onde há crescimento ou induzindo os consumidores a mudar de produto. A inovação bem-sucedida do produto abre caminho para a concorrência que evita igualar ou suplantar os rivais em preço. A diferenciação baseada na inovação bem-sucedida possui a vantagem adicional de ser difícil e onerosa de imitar pelas empresas rivais. A nova sopa Covent Garden teve sucesso ao introduzir sopas frescas embaladas para venda nos principais supermercados, nos quais a oferta usual de sopas é em lata ou em mistura. A Procter & Gamble aumentou as vendas de suas escovas dentais com sua nova linha Crest de escovas com pilhas e revitalizou o interesse por produtos para higiene dentária com uma série de inovações relacionadas ao branqueamento dos dentes. Fabricantes de pães estão enfrentando as vendas declinantes de pães brancos que usam farinha refinada, introduzindo todos os tipos de pães à base de grãos (que possuem valor nutricional muito maior).

3. *Empenhar-se por diminuir custos e tornar-se o líder do setor em custo baixo.* Empresas nos setores estagnados podem aumentar as margens de lucro e o retorno do investimento obtido uma redução de custos inovadora todos os anos. As ações potenciais de economias de custos incluem (*a*) eliminar da cadeia de valor as atividades secundariamente benéficas, (*b*) terceirizar funções e atividades que possam ser executadas mais economicamente por terceiros, (*c*) reelaborar os processos internos a fim de aproveitar tecnologias de comércio eletrônico que reduzem custos, (*d*) consolidar instalações produtivas subutilizadas, (*e*) agregar mais canais de distribuição para assegurar o volume unitário para a produção a custo baixo, (*f*) fechar pontos-de-venda de volume reduzido e de custo elevado, e (*g*) eliminar da oferta da empresa produtos secundários. A empresa sediada no Japão Asahi Glass (uma indústria de custo baixo que produz espelhos planos), a PotashCorp e a IMC Global (dois líderes de custo baixo na produção de potassa), a Alcan Aluminum, a Nucor Steel e a Safety Components International (um produtor de custo baixo de *air bags* para veículos automotores) tiveram sucesso na redução de custos em ambientes setoriais de difícil competitividade e em grande parte estagnados.

Essas três abordagens estratégicas não são mutuamente exclusivas[10]. Introduzir versões inovadoras de um produto pode criar um segmento de mercado de crescimento rápido. De modo similar, o empenho contínuo por maior eficiência operacional permite reduções de preço que criam segmentos em crescimento atentos a preço. Observe que os três temas derivam das cinco estratégias competitivas genéricas, ajustadas para se adaptarem às circunstâncias de um ambiente setorial difícil.

Estratégias de Estágio Final para os Setores em Fase de Declínio

Uma *estratégia de estágio final* pode optar por um de dois caminhos: (1) *estratégia de saída lenta* envolvendo uma diminuição gradual das operações associada a um objetivo de obter um fluxo de caixa máximo na empresa, mesmo que isso signifique o sacrifício da posição de mercado ou da lucratividade, e (2) *estratégia de saída rápida* ou de *venda rápida da empresa* para sair do setor durante os estágios iniciais do declínio e recuperar quanto for possível do investimento da empresa para aplicá-lo em outra área[11].

Uma Estratégia de Saída Lenta Com uma estratégia de saída lenta, *o principal objetivo consiste em gerar o maior volume de fundos durante o maior tempo possível*. Os dirigentes eliminam ou restringem severamente novos investimentos na empresa. As aplicações de capital em novos equipamentos ficam suspensas ou recebem pouca prioridade financeira (a não ser que as necessidades de reposição sejam urgentes); como alternativa, tomam-se iniciativas para estender a vida útil do equipamento existente e tentar operar com as atuais instalações o maior tempo possível. Fábricas antigas com custos elevados podem ser fechadas. O orçamento de operações é reduzido a um nível mínimo. Despesas promocionais podem ser cortadas gradualmente, a qualidade reduzida de um modo que não seja muito visível, serviços não-essenciais aos clientes eliminados e a manutenção das instalações realizada em um nível mínimo. Os aumentos resultantes de fluxo de caixa (e talvez até o lucro líquido e o retorno do investimento) compensam toda a queda de vendas que possa ocorrer. Uma demanda declinante é tolerável se volumes consideráveis de fundos podem ser obtidos durante esse período. Na ocasião em que os fluxos de caixa puderem diminuir para níveis modestos, à medida que os volumes de vendas caírem, a empresa poderá ser vendida ou fechada se nenhum comprador puder ser encontrado.

Uma Estratégia de Saída Rápida O desafio de uma estratégia de venda rápida da empresa consiste em identificar um comprador disposto a pagar um preço razoável pelos ativos da organização. Podem existir poucos compradores, pois há uma tendência de os investidores se afastarem da compra de uma empresa estagnada ou em fase terminal. E mesmo se aparecerem compradores dispostos, eles assumirão uma posição de negociação forte ao ficar claro que as perspectivas do setor estão desaparecendo. Quanto os compradores em potencial pagarão em geral é uma função do grau de rapidez com que esperam o declínio do setor, caso vejam oportunidades para renovar a demanda (ao menos temporariamente), acreditem que os custos possam ser reduzidos de maneira suficiente para ainda gerar margens de lucro ou fluxos de caixa atraentes, existam bolsões de demanda estável, em que os compradores não são muito sensíveis a preço e acreditam que a demanda de mercado declinante enfraquecerá a concorrência (o que poderia aumentar a lucratividade) ou acarretar uma concorrência acirrada para os negócios remanescentes (o que poderia pressionar as margens de lucro). Portanto, as expectativas dos compradores em potencial tenderão a direcionar o preço que estão dispostos a pagar pelos ativos de uma empresa que deseja ser adquirida rapidamente.

ESTRATÉGIAS PARA CONCORRER NOS MERCADOS TURBULENTOS E DE ALTA VELOCIDADE

Muitas organizações operam em setores caracterizados por mudança tecnológica rápida, ciclos de vida do produto reduzidos, entrada de novos concorrentes importantes e exigências e expectativas dos clientes em evolução rápida — todos acontecendo de uma maneira que cria condições de mercado de grande dinamismo. Em virtude de notícias deste ou daquele fato competitivo importante chegarem diariamente, é tarefa árdua apenas monitorar e avaliar os eventos que ocorrem. A mudança em alta velocidade é a condição prevalecente para hardware e software de computadores/servidores, videogames, redes, telecomunicações sem fio, equipamento médico, biotecnologia, medicamentos vendidos sob receita médica e varejo on-line.

Modos de Enfrentar a Mudança Rápida

O desafio básico da elaboração de uma estratégia em um ambiente de mercado turbulento é o gerenciamento da mudança[12]. Conforme mostra a Figura 8.1, uma empresa pode assumir qualquer das três posições estratégicas para lidar com a mudança em alta velocidade[13].

- *Reagir à mudança.* A empresa pode responder a um produto novo de um concorrente com o lançamento de um produto melhor. Pode opor-se a uma mudança inesperada nos gostos e na demanda dos consumidores, reprojetando ou reapresentando seu produto. Reagir é uma estratégia defensiva e, portanto, é improvável que crie uma oportunidade, porém, assim mesmo constitui um componente necessário no conjunto de opções de uma organização.

- *Prever a mudança.* A empresa pode fazer planos para lidar com as mudanças esperadas e seguir seus planos, à medida que elas ocorrem (fazendo os ajustes necessários, de acordo com a necessidade). A previsão acarreta olhar para o futuro a fim de analisar o que tem possibilidade de ocorrer e então preparar-se e posicionar-se para esse momento. Significa estudar o comportamento, as necessidades e as expectativas do consumidor a fim de entender como o mercado evoluirá e, em seguida, organizar antecipadamente os recursos necessários de produção e distribuição. De modo semelhante a reagir à mudança, prevê-la ainda é fundamentalmente defensivo, pois forças externas à empresa possuem condição de comando. A previsão, entretanto, pode proporcionar novas oportunidades e, portanto, representa maneira melhor para gerenciar a mudança do que apenas a pura reação.

- *Liderar a mudança.* Liderar a mudança acarreta iniciar e influenciar forças mercadológicas a que as outras empresas devem responder — trata-se de uma estratégia ofensiva direcionada a colocar uma organização em posição de comando. Liderar a mudança significa ser o primeiro a vender um novo produto ou serviço importante. Significa ser o líder tecnológico, lançando no mercado produtos da próxima geração antes dos concorrentes e ter produtos cujas características e atributos moldam as preferências e expectativas do cliente. Significa tentar determinar de modo proativo as regras do jogo.

Em termos de praticidade, a abordagem do gerenciamento da mudança por uma empresa deveria incorporar as três posições (embora não na mesma proporção). As organizações de melhor desempenho nos mercados de alta velocidade buscam constantemente liderar a mudança por meio de estratégias proativas que muitas vezes implicam a flexibilidade para seguir qualquer uma das diversas opções estratégicas, dependendo de como o mercado realmente evolui. Assim mesmo, um ambiente de mudança contínua faz com que toda empresa assuma o compromisso de prever o futuro e preparar-se para ele e reagir rapidamente a novos acontecimentos imprevisíveis ou incontroláveis.

> Um modo seguro para lidar com as condições de mercado turbulento consiste em tentar liderar a mudança com ações estratégicas proativas e, ao mesmo tempo, prever as mudanças que virão, bem como preparar-se para elas, e ser rápido em reagir aos acontecimentos inesperados.

Opções de Estratégia para Mercados em Mudança Rápida

O sucesso competitivo nos mercados em mudança rápida tende a se basear na capacidade de uma empresa de improvisar, experimentar, adaptar-se, reinventar-se e regenerar-se, à medida que o mercado e as condições competitivas mudam rapidamente e, algumas vezes, de modo imprevisível[14].

Figura 8.1 Enfrentando o Desafio da Mudança em Alta Velocidade

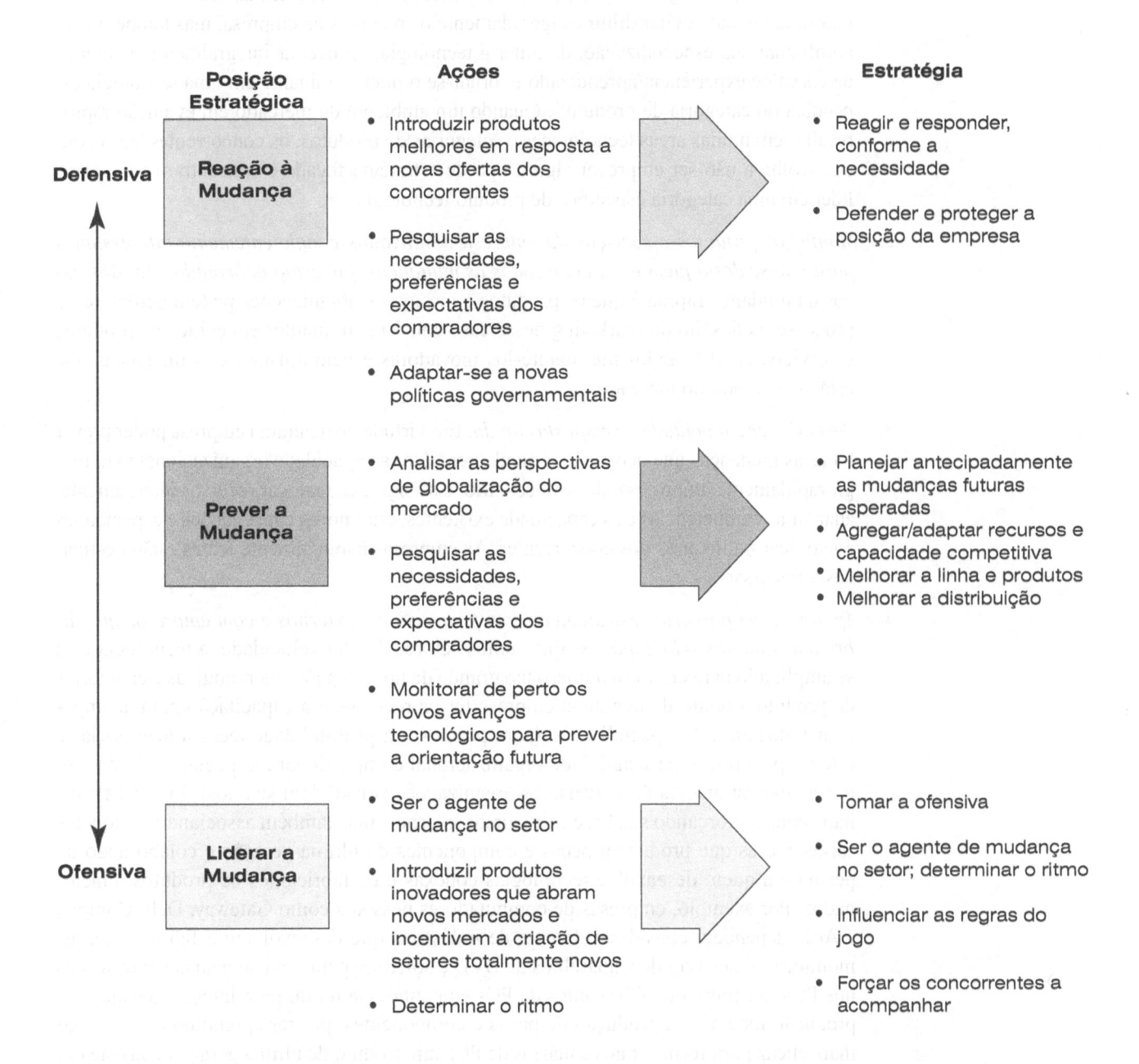

Posição Estratégica

Defensiva — **Reação à Mudança**

Ações:
- Introduzir produtos melhores em resposta a novas ofertas dos concorrentes
- Pesquisar as necessidades, preferências e expectativas dos compradores
- Adaptar-se a novas políticas governamentais

Estratégia:
- Reagir e responder, conforme a necessidade
- Defender e proteger a posição da empresa

Prever a Mudança

Ações:
- Analisar as perspectivas de globalização do mercado
- Pesquisar as necessidades, preferências e expectativas dos compradores
- Monitorar de perto os novos avanços tecnológicos para prever a orientação futura

Estratégia:
- Planejar antecipadamente as mudanças futuras esperadas
- Agregar/adaptar recursos e capacidade competitiva
- Melhorar a linha e produtos
- Melhorar a distribuição

Ofensiva — **Liderar a Mudança**

Ações:
- Ser o agente de mudança no setor
- Introduzir produtos inovadores que abram novos mercados e incentivem a criação de setores totalmente novos
- Determinar o ritmo

Estratégia:
- Tomar a ofensiva
- Ser o agente de mudança no setor; determinar o ritmo
- Influenciar as regras do jogo
- Forçar os concorrentes a acompanhar

Fonte: Adaptado de Shona L. Brown e Kathleen M. Eisenhardt, *Competing on the Edge: Strategy as Structured Chaos*. Boston, MA: Harvard Business School Press, 1998 p. 5.

Ela precisa remodelar constantemente sua estratégia e base para a vantagem competitiva. Embora o processo de alterar as ações ofensivas e defensivas no intervalo de alguns meses ou semanas, para manter a estratégia geral bem combinada às condições em mudança, seja ineficaz, a alternativa — uma estratégia de obsolescência rápida — é pior. Os cinco passos estratégicos, a seguir, parecem oferecer os melhores retornos:

1. *Investir agressivamente em P&D para manter-se na vanguarda do* know-how *tecnológico*. Transformar avanços tecnológicos em novos produtos inovadores (e acompanhando

bem de perto todos os avanços e características introduzidos pelos concorrentes) constitui uma necessidade nos setores em que a tecnologia é a força motriz da mudança. Porém, muitas vezes, é desejável concentrar-se nas iniciativas de P&D em algumas áreas críticas, não somente para evitar diluir exageradamente os recursos da empresa, mas também para aprofundar sua especialização, dominar a tecnologia, aproveitar integralmente os efeitos da curva de experiência/aprendizado e tornar-se o líder dominante em uma tecnologia específica ou categoria de produto[15]. Quando um ambiente de mercado em evolução rápida resultar em muitas áreas tecnológicas e categorias de produtos, os concorrentes terão pouca escolha a não ser empregar algum tipo de estratégia focada e concentrar-se em ser o líder em uma categoria específica de produto/tecnologia.

2. *Manter os produtos e serviços da empresa atualizados e suficientemente interessantes para que se destaquem em meio a todas as mudanças que estão ocorrendo.* Um dos riscos da mudança rápida é que os produtos e mesmo as organizações podem perder-se no processo. O desafio do marketing nesse caso consiste em manter em evidência produtos e serviços e, adicionalmente, mantê-los inovadores e bem ajustados às mudanças que estão ocorrendo no mercado.

3. *Desenvolver capacidade de resposta rápida.* Em virtude de nenhuma empresa poder prever todas as mudanças que ocorrerão, é fundamental ter a capacidade organizacional para reagir rapidamente, improvisando se necessário. Isso significa realocar recursos internamente, adaptar as competências e as capacidade existentes, criar novas capacitações e capacidades e não ficar muito atrás dos concorrentes. As empresas habitualmente lentas estão destinadas a fracassar.

4. *Apoiar-se em parcerias estratégicas com fornecedores externos e com empresas que fabricam produtos relacionados.* Em muitos setores de alta velocidade, a tecnologia está se ampliando para criar um número tão grande de novas opções tecnológicas e categorias de produto a ponto de nenhuma empresa ter os recursos e a capacitação para acompanhar todos eles. A especialização (para promover a profundidade técnica necessária) e o foco (para preservar a agilidade organizacional e impulsionar a especialização da empresa) são estratégias desejáveis. As organizações consolidam sua posição competitiva não apenas reforçando sua base de recursos internos, mas também associando-se àqueles fornecedores que produzem peças e componentes de última geração e colaborando de perto com quem desenvolve tecnologias conexas e os fabricantes de produtos relacionados. Por exemplo, empresas de computadores pessoais como Gateway, Dell, Compaq e Acer dependem consideravelmente de indústrias que desenvolvem e fabricam chips, monitores, discos rígidos, aparelhos de DVD e software para realizar avanços inovadores nos PCs. Nenhum dos fabricantes de PCs empenhou-se muito para integrar a cadeia de produção mediante a produção de peças e componentes, por ter aprendido que o modo mais eficaz para fornecer aos usuários de PCs um produto de última geração consiste em terceirizar os componentes mais recentes e avançados de fornecedores tecnologicamente sofisticados, que têm como função estar na vanguarda da especialização e que podem obter economias de escala mediante a produção em massa de componentes para muitos fabricantes de PCs. Uma estratégia de terceirização também permite a uma empresa ter a flexibilidade para substituir fornecedores que não acompanham a tecnologia ou as características do produto ou que deixam de ser competitivos em preço. O desafio gerencial, nesse caso, consiste em obter um bom equilíbrio entre uma excelente base de recursos internos que, por um lado, proteja a empresa de ficar à mercê de seus fornecedores e aliados e, por outro, mantenha a agilidade organizacional utilizando recursos e especialização de organizações capazes (e talvez as melhores no mundo).

5. *Iniciar ações novas a cada intervalo de alguns meses e não apenas quando uma resposta competitiva for necessária.* Em certo sentido, a mudança é motivada parcialmen-

te pelo decorrer do tempo em vez de unicamente pela ocorrência dos eventos. Uma empresa pode ser proativa adotando ações planejadas no tempo — introduzindo um produto novo ou aperfeiçoado a cada quatro meses, em vez de aguardar o mercado diminuir gradualmente ou um concorrente introduzir um modelo da próxima geração[16]. De modo similar, uma organização pode expandir-se em um novo mercado geográfico a cada seis meses em vez de esperar por uma nova oportunidade para se apresentar; ela também pode renovar as marcas existentes a cada dois anos em vez de esperar até que sua popularidade se dissolva. O ponto-chave para o uso bem-sucedido da programação de tempo como uma arma estratégica é o estabelecimento de um ritmo organizacional interno para a mudança e o planejamento das transições a intervalos de tempo, que façam sentido interna e externamente. A 3M Corporation adotou há muito um objetivo de ter 25% de suas receitas provenientes de produtos com menos de quatro anos de vida, uma força que estabeleceu o ritmo de mudança e criou um impulso permanente por novos produtos. Recentemente o CEO da empresa acelerou o ritmo de mudança aumentando a meta de 25% para 30%.

O *know-how* de ponta e a capacidade de ser pioneiro no mercado são ativos competitivos muito valiosos nos mercados em evolução rápida. Além disso, a concorrência dinâmica exige que uma organização responda rapidamente ao mercado e tenha recursos flexíveis e adaptáveis — a agilidade organizacional é um enorme ativo competitivo. Quando a estratégia parece não estar dando resultado, ela precisa agir rapidamente — investigando, experimentando, improvisando e tentando diversas vezes até se deparar com algo que sensibilize os consumidores e a coloque em sincronia com o mercado e as realidades competitivas.

ESTRATÉGIAS PARA CONCORRER EM SETORES FRAGMENTADOS

Algumas áreas possuem centenas, mesmo milhares, de empresas de pequeno e médio porte, muitas de propriedade de pessoas físicas e nenhuma com participação substancial nas vendas totais do setor[17]. A característica competitiva de destaque em um setor fragmentado é a ausência de líderes de mercado com participação de mercado considerável ou com amplo reconhecimento pelos consumidores. Exemplos de setores fragmentados incluem edição de livros, paisagismo e viveiro de plantas, incorporação de imóveis, lojas de conveniência, bancos, planos de saúde, vendas por catálogo, desenvolvimento de softwares, impressão customizada, armários para cozinha, transporte por caminhões, manutenção de veículos, restaurantes e fast food, contabilidade, fabricação e varejo de vestuário, caixas de papelão, hotéis e motéis e mobiliário.

Razões para a Fragmentação da Oferta

Qualquer uma das razões a seguir pode explicar por que a ponta da oferta de um setor engloba centenas ou mesmo milhares de empresas:

- *O produto ou serviço é entregue ou prestado em localidades próximas de modo que se torne convenientemente acessível aos residentes locais.* Empresas de varejo ou de serviços, por exemplo, são inerentemente locais — postos de gasolina e lavagem de carros, farmácias, lavanderias, casas de repouso, oficinas mecânicas, floriculturas e empresas de jardinagem. Sempre que necessário milhares de locais para atender adequadamente ao mercado, existem possibilidades para muitas empresas oferecerem produtos e serviços a residentes e empresas locais (e tais empreendimentos podem operar em apenas um local ou em diversos).

- *As preferências e exigências dos compradores são tão diversificadas que um número muito grande de empresas pode facilmente coexistir, tentando acomodar-se a gostos, expectativas e poder aquisitivo diferentes dos consumidores.* Isso é válido no mercado de vestuário, no qual existem milhares de fabricantes produzindo roupas de vários estilos e faixas de preço. Há um grande número de hotéis e restaurantes diferentes em cidades como Nova York, Londres, Buenos Aires, Cidade do México e Tóquio. O setor de desenvolvimento de software é fortemente fragmentado, porque existem muitos tipos de aplicações para o software e porque as necessidades e expectativas dos usuários de software são muito diversificadas — portanto, há muito espaço no mercado para uma empresa de software concentrar sua atenção ao atender um nicho de mercado específico.

- *Poucas barreiras à entrada permitem que empresas pequenas entrem de modo rápido e econômico.* Esse tende a ser o caso em muitas áreas do varejo, imóveis residenciais, apólices de seguro, salões de cabeleireiro e restaurantes.

- *Ausência de economias de escala permite que as empresas pequenas concorram em base igual de preço com empresas maiores.* Mercados de formulários para empresas, decoração de interiores, armários de cozinha e molduras para quadros são fragmentados, porque consumidores necessitam de quantidades relativamente pequenas de produtos customizados; como a demanda para uma versão específica do produto é pequena, os volumes de vendas não são adequados para apoiar a produção, a distribuição ou o marketing em uma escala que traga vantagens de custo para uma organização de grande porte. Uma farmácia de um proprietário local pode ter um custo competitivo com as operações das grandes redes de farmácias como Walgreen's ou Rite Aid ou CVS. Empresas pequenas de transporte de carga podem ter custos competitivos com aquelas que possuem uma grande frota de caminhões. Uma pizzaria local não se encontra em posição desvantajosa em termos de custos ao concorrer com redes como Pizza Hut, Domino's e Papa John's.

- *O escopo do mercado geográfico para o produto ou serviço do setor encontra-se em transição de nacional para global.* Um alargamento do escopo geográfico posiciona as empresas em um número cada vez maior de países no mesmo mercado competitivo (conforme ocorre no setor de vestuário, no qual um número crescente de fabricantes de roupas em todo o mundo está deslocando suas operações produtivas para países com salários baixos e despachando, em seguida, suas mercadorias para varejistas em diversos países).

- *As tecnologias incorporadas à cadeia de valor do setor estão se diversificando em tantas áreas novas e em trajetórias tão distintas que a especialização torna-se essencial apenas para se manter atualizado em qualquer área de especialização.* A ramificação da tecnologia explica o motivo pelo qual a produção de peças e componentes eletrônicos é fragmentada e por que existe fragmentação na pesquisa de medicamentos.

- *O setor é novo e possui um excesso de competidores.* Na maioria dos novos setores, nenhuma empresa chegou a desenvolver a base de recursos, a capacidade competitiva e o reconhecimento pelo mercado para obter uma participação de mercado significativa (conforme ocorre no varejo eletrônico).

Condições Competitivas em um Setor Fragmentado

A rivalidade competitiva nos setores fragmentados pode variar de moderadamente forte para acirrada. Pequenas barreiras tendem a tornar a entrada de novos concorrentes uma ameaça constante. A concorrência de substitutos pode ser ou não um fator importante. O tamanho relativamente pequeno das empresas em setores fragmentados as coloca em uma posição relativamente fraca para negociar com fornecedores e clientes poderosos, embora algumas vezes possam se tornar membros de uma cooperativa formada com o propósito de usar seu impulsionamento combinado, a fim de negociar melhores termos de vendas e de compras. Em tal ambiente, a melhor expectativa que uma organização pode ter consiste em cultivar uma base de clientes fiéis e crescer um pouco mais rapidamente que a média do setor.

Alguns setores fragmentados se consolidam ao longo do tempo à medida que diminui o crescimento e o mercado amadurece. A concorrência mais intensa que acompanha o crescimento menor resulta em eliminação das empresas fracas e ineficientes e em uma concentração de competidores de maior porte e mais visíveis. Outros setores permanecem divididos, porque isso faz sentido para o negócio das empresas. E ainda outros permanecem em um estado fragmentado, porque as empresas existentes não possuem os recursos ou a engenhosidade necessária para adotar uma estratégia suficientemente poderosa a fim de direcionar a consolidação do setor.

Opções de Estratégia para Concorrer em um Setor Fragmentado

Nos setores fragmentados, as organizações em geral possuem a liberdade estratégica para tentar atingir alvos de mercado amplos ou limitados e vantagens competitivas de custo baixo ou baseadas em diferenciação. Podem existir lado a lado muitas abordagens estratégicas diferentes (a não ser que o produto do setor seja grandemente padronizado, ou seja, uma *commodity* — como blocos de concreto, areia e cascalho ou caixas de papelão. Os ambientes de setores fragmentados usualmente são ideais para focalização em um nicho de mercado bem definido — uma área geográfica ou um grupo de consumidores ou um tipo de produto específico. Em um setor fragmentado devido a diversos gostos ou exigências dos consumidores, focar usualmente oferece mais potencial de vantagem competitiva do que tentar apresentar uma oferta de produtos que possui grande apelo no mercado.

Algumas das opções de estratégia mais adequadas para concorrer em um setor fragmentado incluem:

- *Construir e operar instalações seguindo um padrão* — Esta abordagem estratégica é empregada com freqüência em restaurantes e lojas de varejo que operam em diversos locais. Envolve a construção de lojas padronizadas em localizações favoráveis a um custo mínimo e, então, operá-las a um custo eficaz. Este é um método favorito para restaurantes fast food e lojas de conveniência de proprietários locais que atuam em diversas localizações, atendendo uma área de mercado limitada geograficamente. Redes de fast food importantes como Yum! Brands — o controlador de Pizza Hut, Taco Bell, KFC, Long John Silver's e os restaurantes A&W — e grandes redes de lojas de conveniências como 7-Eleven evidentemente aperfeiçoaram a estratégia de instalações seguindo um padrão.

- *Tornar-se um líder em custo baixo.* Quando a concorrência de preços é intensa e as margens de lucro estão sob pressão constante, as empresas podem dar ênfase a operações sem sofisticação, que apresentam custo fixo baixo, produtividade elevada/custo de mão-de-obra reduzido, orçamentos de capital restritos e um grande empenho para a obtenção de eficiência operacional total. Fabricantes de custo baixo bem-sucedidos em um setor fragmentado podem conceder descontos de preço e assim mesmo obter lucros acima da média do setor. Muitos varejistas eletrônicos concorrem com base em preços reduzidos; o mesmo se aplica a redes de motéis econômicos, como Econo Lodge, Super 8 e Days Inn.

- *Especialização por tipo de produto* — Quando produtos de um setor fragmentado incluem diversidade de estilos ou serviços, uma estratégia que focalize uma categoria de produto ou serviço pode ser eficaz. Algumas empresas no setor de móveis especializam-se em apenas um tipo de mobiliário do tipo camas de metal, rattan e vime, de jardim ou estilo americano colonial. Na manutenção de veículos, as organizações se especializam em conserto de transmissões, funilaria ou troca de óleo rápida.

- *Especialização por tipo de cliente* — Uma empresa pode delimitar um nicho de mercado em um setor fragmentado, atendendo aqueles clientes interessados em preços baixos,

Quadro Ilustrativo 8.1
Estratégia Focada da Exertris no Setor Fragmentado de Equipamentos para Exercícios

O setor de equipamentos para exercícios é fortemente fragmentado sob uma perspectiva global — existem centenas de empresas em todo o mundo que fabricam produtos para exercícios e *fitness* de algum tipo. Há uma grande oportunidade para empregar uma estratégia focada. Em 2001, três entusiastas do *fitness* na Grã-Bretanha inventaram uma maneira para tornar os exercícios mais interessantes. A idéia era criar uma bicicleta de exercícios equipada com um console de videogames, uma tela plana e um PC instalado que permitiam aos usuários participar de um jogo, enquanto faziam seus exercícios.

Após criar um protótipo e formar uma empresa denominada Exertris, os três empreendedores contataram uma organização de projeto de produtos para auxiliá-los a tornar o protótipo em um produto comercializável. Essa empresa percebeu rapidamente que a tarefa não era trivial e exigia um significativo desenvolvimento adicional do produto. Porém, estava entusiasmada pelo produto e investiu o capital para financiar o empreendimento na condição de sócio minoritário. Os sócios determinaram como meta apresentar seis protótipos em tempo hábil para uma importante feira de produtos de lazer programada para o Reino Unido alguns meses à frente. A empresa de projetos assumiu responsabilidade pela engenharia do produto, contratação de um fabricante e gerenciamento da cadeia de suprimentos; algumas outras tarefas especializadas foram terceirizadas. Os três co-fundadores concentraram-se no desenvolvimento do software de jogos, e o desempenho do usuário ao pedalar a bicicleta tinha conseqüências diretas sobre elementos específicos do jogo; por exemplo, a pessoa tinha de pedalar mais rapidamente para acionar o sistema de armamentos de uma nave espacial ou dispor as cartas em um jogo de paciência.

A bicicleta Exertris ganhou o prêmio de "melhor produto novo" na feira. Ela possuía quatro games (Gems, Orbit, Solitaire e Space Tripper) e novos jogos e características poderiam ser agregados à medida que o lançamento ocorresse. Os usuários poderiam jogar sozinhos ou competir com outros, com a opção de conceder vantagens iguais nos jogos com vários participantes. O método recomendado incluía um aquecimento automático e um período de descanso. A bicicleta possuía um apoio para os braços, um monitor e um assento que otimizava a postura. A tela LCD usava a computação gráfica em 3D mais avançada e o PC (posicionado sob o degrau) utilizava o Microsoft Windows XP e era compatível com monitores Polar para acompanhamentos dos batimentos cardíacos. Fones de ouvido eram opcionais e o painel do game e o controle das funções disponíveis, à prova de suor e fáceis de limpar.

A produção por fábricas controladas iniciou logo após a feira. Nos meses seguintes, a bicicleta Exertris foi bem recebida pelas academias de ginástica e pelos entusiastas por *fitness* (para quem a natureza compulsiva dos videogames quebrava a monotonia e fazia voar a duração dos exercícios). O primeiro salão interativo de *fitness* com 25 Bicicletas Interativas Exertris foi inaugurado na Grã-Bretanha em abril de 2003. Em 2005, a bicicleta de exercícios Exertris estava sendo vendida on-line na Grã-Bretanha pelo site da Amazon (www.amazon-leisure.co.uk) a um preço de 675 (ou cerca de US$ 1.150); o produto também podia ser adquirido na loja on-line da Broadcast Vision Entertainment. Entretanto, a estratégia da Exertris de focalização nesse nicho de equipamentos para exercícios produziu resultados inesperadamente fracos — as vendas foram muito mais lentas do que inicialmente esperadas.

Fontes: Informações divulgadas nos sites <www.betterproductdesign.com>, acesso em 14 out. 2005; <www.embedded-resources.com>, acesso em 14 out. 2005; e <www.broadcastvision.com>, acesso em 31 dez. 2005.

---

atributos diferenciados do produto, características customizadas, atendimento eficaz ou outros extras. Alguns restaurantes atendem clientes que levam as refeições para casa; outros se especializam em cozinha sofisticada e ainda outros atendem esportistas em seu bar. Hotéis que servem café da manhã atendem um tipo específico de viajante/pessoa em férias (e também focalizam uma área geográfica muito limitada).

- *Foco em uma área geográfica limitada* — Muito embora uma empresa em um setor fragmentado não possa obter grande parte das vendas do setor como um todo, assim mesmo pode tentar dominar uma área geográfica local ou regional. Concentrar os esforços em um território limitado pode produzir maior eficiência operacional, entrega e atendimento ao cliente rápidos, promover um forte reconhecimento da marca e permitir propaganda intensa, evitando ao mesmo tempo as deseconomias associadas ao alongamento das operações por uma área bem mais ampla. Diversos bancos, farmácias e lojas de artigos esportivos pertencentes a proprietários locais operam de modo bem-sucedido diversas localizações no interior de uma área geográfica limitada. Numerosos operadores de restaurantes locais obtiveram economias operacionais inaugurando de quatro a dez restaurantes (cada um com seu próprio tema e cardápio distintos) espalhados em uma única área metropolitana como Atlanta ou Denver ou Houston.

O Quadro Ilustrativo 8.1 descreve como uma empresa nova na Grã-Bretanha empregou uma estratégia focalizada do tipo nicho de produto no setor fragmentado de equipamentos para exercícios.

ESTRATÉGIAS PARA APOIAR O CRESCIMENTO RÁPIDO DA EMPRESA

As empresas que se empenham em aumentar suas receitas e seus lucros a taxas de dois dígitos em anos seguidos (ou a taxas que excedam a média geral do mercado, para crescer mais rápido que os concorrentes e conquistar participação de mercado) em geral precisam criar um *portfólio de iniciativas estratégicas*, abrangendo três horizontes:

- *Horizonte 1: Iniciativas estratégicas de "curto alcance" para fortalecer e ampliar a posição da empresa nos negócios existentes* — As iniciativas de curto alcance em geral incluem agregar novos itens à atual linha de produtos, expandindo em novas áreas geográficas, onde a organização ainda não possui uma presença no mercado, e tomando iniciativas para conquistar participação de mercado dos concorrentes. O objetivo consiste em aproveitar plenamente todo o potencial de crescimento existente nos atuais mercados da empresa.

- *Horizonte 2: Iniciativas estratégicas de "médio alcance" para alavancar os recursos e capacidades existentes, participando de novos negócios com potencial de crescimento promissor* — As empresas em crescimento precisam estar abertas às oportunidades para atuar em novos negócios, onde existe a possibilidade de crescimento rápido, e a experiência, o capital intelectual e o *know-how* tecnológico que possuem provarão ser valiosos para obter uma penetração de mercado rápida. Embora as iniciativas no Horizonte 2 possam ocupar uma posição secundária em relação às do Horizonte 1 enquanto houver muita possibilidade de crescimento nos atuais negócios da empresa, elas passarão a ocupar o primeiro plano à medida que o início da maturidade do mercado diminuir as perspectivas de crescimento da empresa em seus atuais negócios.

- *Horizonte 3: Iniciativas estratégicas de "longo alcance" para plantar as sementes de empreendimentos relacionados a empresas que ainda não existem* — As iniciativas de longo alcance podem acarretar a inversão de fundos em projetos de P&D de longo prazo, o estabelecimento de um fundo interno de capital de risco para o investimento em novas empresas promissoras que tentam criar os setores do futuro ou a aquisição de algumas empresas que estão experimentando tecnologias e idéias de produto que complementam os atuais negócios da organização. A Intel, por exemplo, instituiu um fundo de investimentos de risco no valor de muitos bilhões de dólares para investir em cem diferentes projetos e empresas novas com a intenção de plantar sementes para o futuro, ampliar sua base como um líder global no fornecimento de elementos básicos para PCs e a economia da internet em escala mundial. A Royal Dutch/Shell, com receitas superiores a US$ 140 bilhões e mais de cem mil empregados, investiu mais de US$ 20 milhões em idéias que vão contra as regras estabelecidas e mudam as regras do jogo de iniciativa de colaboradores com pensamento independente; o objetivo era introduzir um espírito novo de empreendedorismo na empresa e plantar as sementes de um crescimento mais rápido[19].

Figura 8.2 **Os Três Horizontes de Estratégia para Manter um Crescimento Rápido**

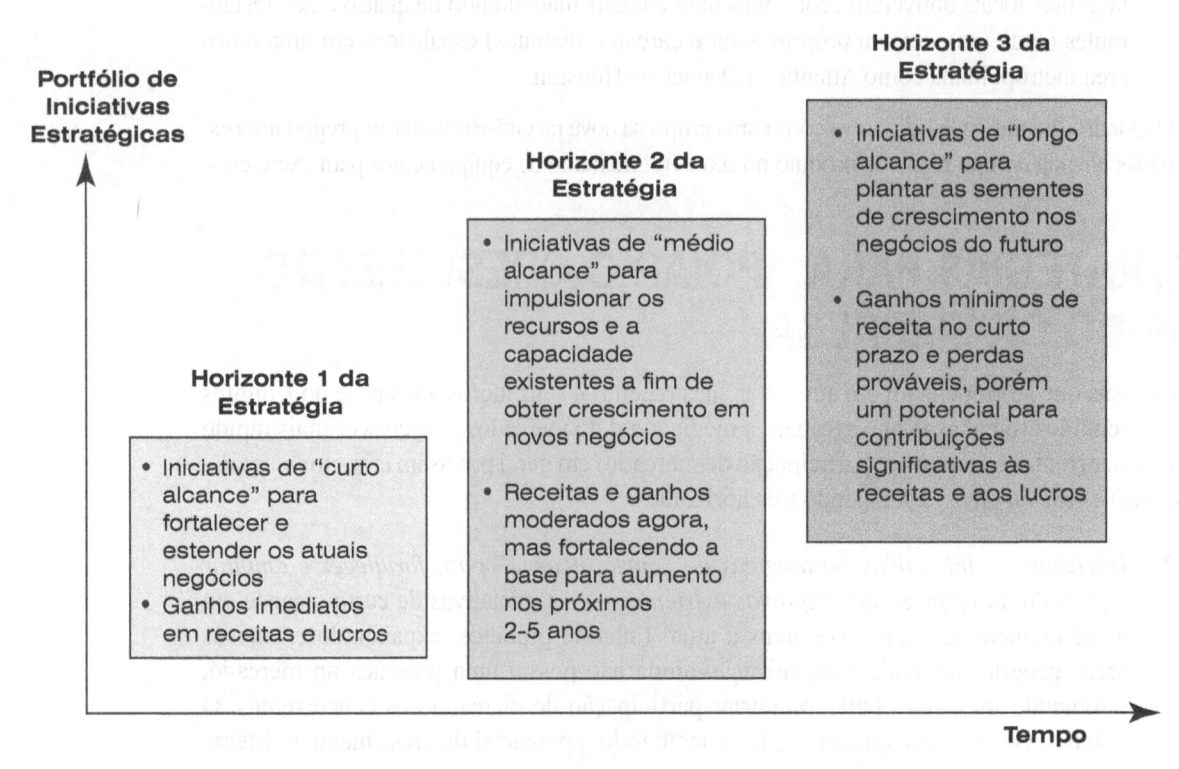

Portfólio de Iniciativas Estratégicas

Horizonte 1 da Estratégia
- Iniciativas de "curto alcance" para fortalecer e estender os atuais negócios
- Ganhos imediatos em receitas e lucros

Horizonte 2 da Estratégia
- Iniciativas de "médio alcance" para impulsionar os recursos e a capacidade existentes a fim de obter crescimento em novos negócios
- Receitas e ganhos moderados agora, mas fortalecendo a base para aumento nos próximos 2-5 anos

Horizonte 3 da Estratégia
- Iniciativas de "longo alcance" para plantar as sementes de crescimento nos negócios do futuro
- Ganhos mínimos de receita no curto prazo e perdas prováveis, porém um potencial para contribuições significativas às receitas e aos lucros

Tempo

Fonte: Adaptado de Eric D. Beinhocker, "Robust Adaptive Strategies", *Sloan Management Review*, 40, n. 3, p. 101, 1999.

Os três horizontes estratégicos encontram-se ilustrados na Figura 8.2. No entanto, não é fácil gerenciar tal portfólio de iniciativas estratégicas para manter o crescimento acelerado. A tendência da maioria das empresas consiste em focar as estratégias de Horizonte 1 e dedicar apenas uma atenção esporádica e desigual às estratégias de Horizontes 2 e 3. Porém, um estudo recente da McKinsey & Company de 30 das principais empresas em crescimento no mundo revelou um portfólio relativamente equilibrado de iniciativas estratégicas abrangendo todos os três horizontes. A lição dessas empresas é que manter o histórico de crescimento rápido intacto no longo prazo acarreta a criação de um número diversificado de estratégias, variando de incrementais de curto alcance, visando a ampliação dos negócios atuais, a iniciativas de longo alcance com um horizonte de retorno do crescimento de cinco a dez anos. Possuir uma mescla de iniciativas de curto, médio e longo alcances não apenas aumenta as possibilidades de acertar algumas vezes, mas também de proporcionar alguma proteção contra adversidades nos negócios atuais ou que foram iniciados recentemente.

Os Riscos na Adoção de Muitos Horizontes de Estratégia

Existem, evidentemente, riscos na adoção de um portfólio diversificado de estratégias visando um crescimento sustentado. Evidentemente, uma empresa não pode apostar em toda oportunidade que aparece à sua frente, a não ser que dilua excessivamente seus recursos. E as iniciativas de médio e de longo alcance podem fazer com que uma empresa afaste-se muito de sua competência central e acabe tentando concorrer em negócios para os quais está despreparada. Além disso, pode ser difícil obter vantagem competitiva em famílias de produtos e negócios de médio e de longo alcance, que não combinam bem com os atuais negócios e pontos fortes da empresa. Os retornos das iniciativas de longo alcance muitas vezes são enganosos; nem todas as sementes plantadas darão frutos e somente poucas poderão contribuir significativamente para o crescimento da receita e do lucro da empresa. As perdas com essas iniciativas de longo alcance que não dão certo podem prejudicar bastante os ganhos daquelas que provam ser eficazes, resultando em ganhos modestos e frustrantes em termos de lucros gerais.

ESTRATÉGIAS PARA OS LÍDERES DO SETOR

As posições competitivas para os líderes do setor em geral variam de "mais forte que a média" a "poderosa". Normalmente, os líderes são bem conhecidos e aqueles muito bem posicionados possuem estratégias comprovadas (ajustadas à liderança em custo baixo ou à diferenciação). Alguns dos líderes mais conhecidos em seus respectivos setores são Anheuser-Busch (cerveja), Starbucks (bebidas à base de café), Microsoft (software para computador), Callaway (clubes de golfe), McDonald's (fast food), Procter & Gamble (sabão em pó e sabonetes), Campbell's (sopas em lata), Gerber (alimentos infantis), Hewlett-Packard (impressoras), Sony (consoles de videogames), Black & Decker (ferramentas elétricas), Intel (semicondutores e conjuntos de chips), Wal-Mart e Carrefour (varejo econômico), Amazon.com (compras on-line), Apple (aparelhos de MP3) e Ocean Spray (arados).

A principal preocupação estratégica de um líder gira em torno de como se defender e fortalecer sua posição, tornando-se talvez o líder dominante em oposição a ser apenas mais um. No entanto, o empenho pela liderança no setor e por uma grande participação de mercado é importante principalmente em virtude da vantagem competitiva e da lucratividade que resultam da posição de maior empresa do setor. Três posições estratégicas contrastantes encontram-se disponíveis para os líderes do setor[21]:

1. *Estratégia de manter-se na ofensiva* — A meta principal de uma estratégia de manter-se na ofensiva consiste em ser pioneiro e um líder de mercado proativo[22]. Baseia-se no princípio de que usar todos os meios, agir logo e freqüentemente e forçar os concorrentes a sempre seguir o líder é o caminho mais seguro para destaque no setor e domínio potencial do mercado — conforme o dito popular, a melhor defesa é um bom ataque. Além disso, *um líder do setor com ações ofensivas dedica-se incansavelmente a obter uma vantagem competitiva em relação aos concorrentes e então ampliá-la ao longo do tempo para conquistar uma vantagem competitiva máxima*[23]. Ser a empresa que determina o padrão do setor requer, portanto, impaciência com a situação presente, tomar a iniciativa e exercer pioneirismo em termos de melhoria contínua e inovação — isso pode significar o primeiro a lançar um produto com avanços tecnológicos no mercado, produtos novos ou melhores, características de desempenho mais atraentes, melhoria de qualidade ou do atendimento ao cliente. Pode significar o empenho agressivo por identificar maneiras para cortar custos, estabelecer uma capacidade competitiva que os rivais não conseguem igualar ou tornar mais fácil e menos custoso para os clientes em potencial transferirem suas compras das empresas que ocupam o segundo lugar para os produtos do líder. Pode significar atacar agressivamente os santuários de lucro de concorrentes importantes, talvez com campanhas de propaganda agressivas ou redução de preços ou a oferta de condições especiais aos clientes[24].

> O princípio orientador à utilização por um líder do setor de uma estratégia de manter-se na ofensiva é ser um pioneiro impulsionado pela ação, impaciente com a situação presente.

Um líder de custo baixo precisa determinar os passos para a redução de custos, e um diferenciador deve tomar iniciativas constantemente para manter seu produto em destaque das marcas de concorrentes, a fim de ser o padrão em relação aos produtos dos concorrentes. A gama de opções para uma estratégia de manter-se na ofensiva poderosa também pode incluir iniciativas para ampliar a demanda geral do setor, incentivando a criação de famílias de produtos, tornando o produto mais adequado para os consumidores nos mercados de países emergentes, identificando novos usos para o produto, atraindo novos usuários e promovendo um uso mais freqüente.

Quadro Ilustrativo 8.2
A Estratégia da ESPN para Dominar o Setor de Entretenimento Esportivo

A ESPN, por meio de uma série de iniciativas ofensivas ao longo dos últimos dez anos, apostou em sua franquia de programação esportiva de TV a cabo em uma oferta dominante e difundida de entretenimento esportivo. A força motora da estratégia da ESPN tem sido manter-se na ofensiva (1) melhorando continuamente sua oferta de programas e (2) estendendo o uso da marca para diversos negócios de esportes avançados. Exemplos da oferta mais elaborada de produtos da ESPN incluem o Prêmio ESPY para grandes conquistas nos esportes, os X-Games (uma competição anual de esportes arriscados de inverno e de verão), a inclusão do programa *Monday Night Football* (iniciado em 2006), a produção de novos filmes para exibição na ESPN e a produção de seus próprios programas (como *ESPN Hollywood, Cold Pizza* e *Bound for Glory*). A atração da programação da ESPN foi tão intensa a ponto de ela ser capaz de cobrar das operadoras a cabo um valor estimado de US$ 2,80 por assinatura mensalmente, quase o dobro de outro canal a cabo mais popular (a CNN, por exemplo, conseguiu cobrar uma taxa mensal de aproximadamente US$ 0,40 por assinante).

Porém, o elemento mais importante da ofensiva estratégica da ESPN tem sido iniciar uma série de novos negócios com a marca ESPN — todos criados pela equipe gerencial talentosa e empreendedora da empresa. A ofensiva de extensão da marca produziu nove canais de televisão (os mais conhecidos são ESPN, ESPN2, ESPN Classic, ESPNews e ESPN Desportes); a rede de emissoras de rádio ESPN com 700 estações afiliadas; a ESPN.com (que, em 2005, atraiu cerca de 16 milhões de visitantes para assistir a sua ampla oferta de histórias e informações sobre esportes); *ESPN: The Magazine* (com uma base em crescimento rápido de 1,8 milhão de assinantes que poderia ao longo do tempo suplantar a base de 3,3 milhões de assinantes do líder de longa data *Sports Illustrated*); a ESPN Motion (um serviço de vídeo on-line); a ESPN360 (que oferece informação sobre esportes e programação de videoclipes direcionadas a provedores de banda larga — possuía 5 milhões de assinaturas em 2005 e estava disponível em 14 provedores de banda larga); Mobile ESPN (um serviço de telefones celulares com a marca ESPN provido em parceria com a Sprint Nextel); videogames com a marca ESPN (o criador de videogames Electronic Arts possui direitos de licenciamento válidos por 15 anos para usar o nome para uma série de games relacionados a esportes) e uma unidade de negócios que distribui a programação de esportes da ESPN em 11 idiomas para 180 países.

Em 2005, o império da ESPN era formado por cerca de 50 empresas diferentes que geravam receitas anuais superiores a US$ 5 bilhões e lucros operacionais anuais elevados de aproximadamente US$ 2 bilhões — cerca de 40% de suas receitas provinham de comerciais e 60% de assinaturas e taxas de distribuição. A ESPN, uma divisão da Disney, foi uma das operações mais rentáveis e de maior crescimento (a Disney também controlava a ABC Broadcasting).

Até o momento, a estratégia da ESPN de manter-se um passo à frente deixou os concorrentes menores em posição secundária. Entretanto a Comcast, a maior operadora de cabo dos Estados Unidos, com 22 milhões de assinaturas, estava tentando criar seu próprio canal de TV a cabo de esportes; a Comcast já possuía o Philadelphia 76rs, o Philadelphia Flyers e um conjunto de redes de esporte regionais em cidades entre Filadélfia, Chicago e Los Angeles. E a News Corporation de Rupert Murdoch, empenhada em expandir-se e formada por um conglomerado de mídia mundial cujas principais empresas incluíam Fox Broadcasting e DIRECTV, foi alvo de comentários quanto a estar analisando a fusão de seus 15 canais de esportes regionais nos Estados Unidos em um canal de esportes nacional.

Fonte: Elaborado com base em informações do artigo de Tom Lowry, "ESPN the Zone", *Business Week*, p. 66-78, 17 out. 2005.

Uma estratégia de manter-se na ofensiva não pode ser considerada bem-sucedida a não ser que resulte em um crescimento mais rápido das receitas e do lucro do que o setor como um todo e conquiste participação de mercado dos concorrentes — um líder cujo crescimento das vendas é somente de 5% em um mercado que cresce à taxa de 8% está perdendo terreno para alguns de seus concorrentes. Somente se a participação de mercado já for tão dominante a ponto de representar uma ameaça de ação antitruste (uma participação de mercado inferior a 60% usualmente é segura), um líder do setor deverá afastar-se deliberadamente da tentativa de obter ganhos de participação de mercado de uma forma agressiva.

O Quadro Ilustrativo 8.2 descreve a estratégia de manter-se na ofensiva da ESPN a fim de dominar o ramo de entretenimento esportivo.

2. *Estratégia de se fortalecer e defender* — A essência de "fortalecer-se e defender-se" consiste em tornar mais difícil para os desafiantes ganhar terreno e empresas novas entrarem.

As metas de uma defesa forte consistem em manter a atual participação de mercado, fortificar a atual posição de mercado e proteger toda vantagem competitiva que a empresa tiver. As ações defensivas específicas podem incluir:

- Tentar aumentar o custo competitivo para desafiantes e novos entrantes por meio de maiores gastos em propaganda, melhor atendimento ao cliente e maior investimentos em P&D.
- Introduzir mais versões ou marcas do produto para igualar os atributos do produto que as marcas desafiantes possuem ou preencher nichos vagos que os concorrentes poderiam ocupar.
- Agregar serviços personalizados e outros extras que aumentam a fidelidade dos clientes e tornam mais difícil ou mais oneroso para os clientes mudarem para produtos concorrentes.
- Manter os preços razoáveis e a qualidade atraente.
- Instalar mais capacidade antes que ocorra a demanda do mercado para desanimar os concorrentes menores a agregar mais capacidade.
- Investir o suficiente para permanecer com custos competitivos e tecnologicamente avançado.
- Patentear as alternativas tecnológicas viáveis.
- Assinar contratos de exclusividade com os melhores fornecedores e concessionários/distribuidores.

Uma estratégia de fortalecer e defender se adapta melhor a empresas que já obtiveram o domínio do mercado e não querem arriscar uma ação antitruste. Também é bem adaptada a situações em que uma organização deseja obter lucros e fluxo de caixa de sua posição atual, porque as perspectivas de crescimento são poucas ou porque mais ganhos em participação de mercado não parecem suficientemente lucrativos. Entretanto, uma estratégia de fortalecer-se e defender-se sempre acarreta tentar crescer no mesmo ritmo do mercado como um todo (para impedir a perda de participação de mercado) e exige o reinvestimento de capital suficiente na empresa a fim de proteger a capacidade de concorrência do líder.

3. *Estratégia de mostrar a força* — Neste caso, um líder dominante toma parte em um jogo duro (presumivelmente de uma maneira ética e legal sob o aspecto competitivo), quando rivais menores rompem o equilíbrio de uma situação com redução de preços ou criam novas ofensivas no mercado que ameacem diretamente sua posição. As respostas específicas podem incluir igualar e talvez suplantar rapidamente as reduções de preços, usar grandes campanhas promocionais para combater as ações dos desafiantes, visando ganhar participação de mercado e oferecer melhores condições a seus principais clientes. Os líderes dominantes também podem cortejar continuamente os distribuidores para dissuadi-los de vender os produtos dos rivais, oferecer ao pessoal de vendas informações documentadas sobre os pontos fracos dos produtos concorrentes ou tentar preencher quaisquer posições vagas em suas próprias empresas, fazendo ofertas atraentes aos melhores executivos dos rivais.

O líder também pode usar diversas técnicas de pressão para convencer os atuais clientes a não usar os produtos dos rivais. Isso pode variar de simplesmente comunicar de modo vigoroso sua insatisfação, caso os clientes optem por usar os produtos dos concorrentes, a convencê-los a concordar com acertos exclusivos em retorno por melhores preços ou cobrar-lhes um preço maior caso usem quaisquer dos produtos dos concorrentes. Como último recurso, um líder pode conceder a certos clientes descontos especiais ou tratamento preferencial se não usarem os produtos dos rivais.

Os riscos óbvios de uma estratégia de mostrar a força são de entrar em conflito com as leis que proíbem práticas monopolistas e concorrência desleal e usar táticas agressivas que gerem uma opinião pública adversa. A Microsoft pagou à Real Networks US$ 460 milhões em 2005 para chegar a um acordo em relação a todas as queixas antitruste dessa empresa e pôr um ponto final a uma disputa de longa data relacionada à intimidação constante dos produtores de PCs, para que incluíssem o Windows Media Player em vez do produto similar da Real como software padrão em seus PCs. Em 2005, a AMD entrou com uma ação antitruste contra a Intel, alegando que a empresa forçou de modo injusto e monopolista 38 empresas indicadas em três continentes como parte de iniciativas para fazê-las utilizar os chips Intel em vez dos produzidos pela AMD nos computadores que fabricavam ou vendiam. Conseqüentemente, uma empresa que usa seu poder a fim de proteger ou aumentar seu domínio do mercado precisa ser criteriosa, a não ser que venha a ultrapassar a linha que separa a flexibilidade da intimidação ética ou ilegalmente competitiva.

ESTRATÉGIAS PARA EMPRESAS POSICIONADAS EM SEGUNDO LUGAR

As empresas posicionadas em segundo lugar possuem participações de mercado menores que os líderes do setor. Algumas dessas, muitas vezes, atuam como desafiantes no mercado, adotam estratégias ofensivas para conquistar participação de mercado e obter uma posição mais forte. Outras empresas posicionadas em segundo lugar usam a focalização, buscando melhorar sua situação, concentrando sua atenção e atendendo uma porção limitada do mercado. Evidentemente, sempre há algumas empresas em qualquer setor que estão destinadas a permanecer sempre em segundo lugar, seja porque se satisfazem em seguir as ações dos líderes de mercado que determinam as tendências ou porque não possuem os recursos e os pontos fortes competitivos para atuar no mercado muito melhor do que já atuam. Porém, é um erro considerar as empresas posicionadas em segundo lugar como inerentemente menos lucrativas ou incapazes de manter sua posição em relação às maiores. Muitas organizações de pequeno e médio porte podem auferir bons lucros e ter boa reputação com os clientes.

Obstáculos para as Empresas com Participação de Mercado Pequena

Há ocasiões em que as empresas posicionadas em segundo lugar defrontam-se com obstáculos significativos ao competirem por liderança no mercado. Nos setores nos quais o tamanho é definitivamente um fator de sucesso importante, organizações com participação de mercado reduzida possuem quatro obstáculos para suplantar: (1) menor acesso a economias de escala na fabricação, na distribuição ou no marketing e na promoção de vendas, (2) dificuldade para obter o reconhecimento dos clientes (pois os produtos e as marcas dos líderes de mercado são muito mais bem conhecidos), (3) menos recursos para investir em propaganda na mídia de massa, e (4) fundos limitados para a expansão ou a aquisição de concorrentes[25]. Algumas empresas podem ser capazes de sobrepujar esses obstáculos. Outras podem não conseguir. Quando economias de escala significativas proporcionam aos concorrentes de grande volume uma vantagem de custo dominante, as empresas com pequena participação de mercado possuem apenas duas opções estratégicas viáveis: iniciar ações ofensivas direcionadas a obter um volume de vendas suficiente para aproximar-se das economias de escala e dos custos unitários menores dos rivais maiores, ou desistir do ramo (gradual ou rapidamente) em virtude da incapacidade para conseguir custos suficientemente baixos para concorrer de modo eficaz com os líderes do mercado.

Estratégias Ofensivas para Obter Participação de Mercado

Uma empresa posicionada em segundo lugar desejosa de cercar de todos os lados os líderes precisa agir no mercado caso queira obter muitos ganhos de participação — isso significa criar elementos diferenciados da estratégia que a coloquem em destaque e atraia a atenção dos compradores. Se um desafiante possui uma participação de mercado de 5% e precisa de uma de 15% a 20% para lutar pela liderança e obter bons lucros, requer uma abordagem criativa da concorrência do que apenas "Empenhar-se mais" ou "Seguir os passos dos atuais líderes do setor". Raramente uma organização posicionada em segundo lugar melhora significativamente sua posição competitiva imitando as estratégias das principais empresas. Uma regra básica da estratégia ofensiva é evitar atacar frontalmente o líder com uma estratégia de imitação, independentemente dos recursos e da capacidade duradoura que uma empresa desafiante possa ter[26]. Aquilo que um desafiante realmente precisa é de uma estratégia capaz de criar sua própria vantagem competitiva (e uma estratégia capaz de eliminar rapidamente quaisquer desvantagens competitivas importantes).

As melhores ofensivas baseadas em "poder e influência" para um desafiante ambicionando figurar entre os líderes em geral envolvem uma das seguintes abordagens:

1. Fazer uma série de aquisições de concorrentes menores a fim de expandir consideravelmente o alcance e a presença de mercado da empresa. O *crescimento por aquisição* talvez seja a estratégia mais freqüentemente utilizada por parte de organizações ambiciosas posicionadas em segundo lugar para formar um empreendimento que possua maior força competitiva e maior participação no mercado geral. Para uma empresa ter sucesso com essa abordagem estratégica, os executivos precisam assimilar rapidamente as operações das organizações adquiridas, eliminando a duplicação e a sobreposição, gerando eficiência e economia de custos e estruturando os recursos combinados de um modo que crie capacidade competitiva substancialmente mais forte. Muitos bancos e empresas de auditoria devem seu crescimento durante a última década à aquisição de bancos regionais e locais de menor porte. Do mesmo modo, algumas editoras de livros cresceram adquirindo editoras pequenas, e empresas de auditoria cresceram adquirindo organizações menores do ramo com clientes atrativos.

2. Encontrar meios inovadores para reduzir consideravelmente os custos e usar, em seguida, a atração dos preços menores para conquistar clientes de concorrentes com custos e preços mais elevados. Esta é uma ação ofensiva necessária quando uma empresa posicionada em segundo lugar possui custos mais elevados que empresas de grande porte (seja porque estas possuem economias de escala ou se beneficiaram dos efeitos da curva de experiência/aprendizado). Uma organização desafiante pode se empenhar por uma redução de custos agressiva, eliminando atividades secundárias em sua cadeia de valor, organizando os relacionamentos na cadeia de suprimentos, melhorando a eficiência operacional interna, usando várias técnicas de comércio eletrônico e realizando a fusão ou a aquisição de empresas concorrentes a fim de conseguir o tamanho necessário para obter maiores economias de escala.

3. Elaborar uma estratégia de diferenciação atraente baseada em qualidade acima da média, superioridade tecnológica, atendimento excepcional ao cliente, inovação rápida do produto ou opções convenientes de compras on-line.

4. Ser pioneiro em um setor tecnológico inovador — uma opção atraente caso um avanço tecnológico importante estiver ao alcance de um desafiante e os concorrentes não o estiverem seguindo de perto.

5. Ser o pioneiro a lançar no mercado produtos novos ou melhores e estabelecer uma reputação de liderança do produto. Uma estratégia de inovação do produto é atrativa se a empresa posicionada em segundo lugar possui os recursos necessários — capacidade em P&D de ponta e agilidade organizacional para a colocação rápida de produtos novos no mercado.

Outras opções de estratégia ofensiva, embora provavelmente menos eficazes, incluem (1) suplantar os líderes do mercado lentos na mudança, adaptando-se às condições de mercado e às expectativas dos clientes em evolução, e (2) formar alianças estratégicas produtivas com os principais distribuidores, concessionários ou vendedores de produtos complementares.

Sem uma estratégia ofensiva poderosa para conquistar maior participação de mercado, organizações posicionadas em segundo lugar precisam atacar gradativamente os líderes de mercado e conquistar vendas a um ritmo moderado ao longo do tempo.

Outros Métodos Estratégicos para as Empresas Posicionadas em Segundo Lugar

Existem cinco outras estratégias que as empresas posicionadas em segundo lugar podem adotar[27]. Embora nenhuma das cinco tenha possibilidade de transformá-las em líderes, todas são capazes de gerar lucros e retornos atraentes para os acionistas.

Estratégia de Nicho Vago Uma versão da estratégia focalizada, a estratégia de nicho vago envolve concentrar-se em grupos específicos de clientes ou em aplicações para uso final que os líderes de mercado evitaram ou negligenciaram. Um nicho vago ideal é de tamanho e alcance suficientes para ser lucrativo, possui algum potencial de crescimento, é bem adequado às próprias capacidades da empresa e por uma razão ou outra é difícil de ser atendido pelas empresas líderes. Dois exemplos em que as estratégias de nicho vago tiveram sucesso são (1) empresas aéreas regionais que atendem cidades com muito poucos passageiros para ocuparem os jatos de grande porte operados pelas principais empresas aéreas, e (2) produtores de alimentos saudáveis (como Health Valley, Hain e Tree of Life) que fornecem a lojas de produtos alimentícios locais — um segmento de mercado que até recentemente recebeu pouca atenção de empresas líderes como Kraft, Nestlé e Unilever.

Estratégia de Especialização Uma empresa especializada direciona suas iniciativas competitivas a uma tecnologia, um produto ou uma família de produtos, ou segmento de mercado (especialmente um no qual os compradores possuem necessidades especiais). A meta consiste em direcionar os recursos fortes e a capacidade da empresa em acumular vantagem competitiva por meio da liderança em uma área específica. Empresas menores que usam com sucesso essa estratégia focalizada incluem Formby's (especializada em corantes e produtos de acabamento para móveis de madeira, especialmente o acabamento final), Blue Diamond (cultivador e vendedor de amêndoas com sede na Califórnia), Cuddledown (produtor especializado em colchas de tecido sintético, colchões de penas e outros produtos de cama) e American Tobacco (líder em tabaco para mascar e inalar). Muitas empresas em setores de alta tecnologia concentram suas energias em ser o líder incontestado de um nicho tecnológico específico; sua vantagem competitiva é o conhecimento tecnológico aprofundado, especialização técnica grandemente valorizada pelos clientes e a capacidade para derrotar os concorrentes continuamente em termos de avanços tecnológicos pioneiros.

Estratégia do Produto Superior A abordagem, neste caso, consiste em usar uma estratégia focalizada com base em diferenciação ajustada à qualidade superior do produto ou a atributos únicos. As vendas e as ações de marketing têm como alvo direto consumidores preocupados com a qualidade e orientados ao desempenho. Elaboração impecável, qualidade de prestígio, inovações freqüentes do produto e/ou contato próximo com os clientes para solicitar informações que gerem o desenvolvimento de um melhor produto usualmente encontram-se na base de um método de produto superior. Alguns exemplos incluem Samuel Adams em cervejas, Tiffany em diamantes e joalheria, Chicago Cutlery em facas para cozinha de grande qualidade, Baccarat em cristais finos, Cannondale em bicicletas, Bally em sapatos e Patagônia em vestuário para adeptos de recreação ao ar livre.

Estratégia de Imagem Diferenciada Algumas empresas posicionadas em segundo lugar elaboram suas estratégias de modo que as destaque dos concorrentes. Pode ser usada uma variedade de estratégias de imagem diferenciada: criar uma reputação de cobrar os menores preços (Dollar General), proporcionar qualidade sofisticada a um bom preço (Orvis, Land's End e L. L. Bean), fazer de tudo para proporcionar um atendimento superior aos clientes (hotéis Four Seasons), incorporar atributos únicos ao produto (ovos enriquecidos Ômega-3), fabricar um produto com estilo diferenciado (Hummer da General Motors) ou elaborar uma propaganda incomumente criativa (comerciais da AFLAC na televisão). Outros exemplos incluem a estratégia do Dr. Pepper de chamar atenção para seu gosto diferente, a da Apple Computer ao tornar mais fácil e mais interessante para as pessoas o uso de seus PCs Macintosh e o uso diferenciado da cor rosa pela Mary Kay Cosmetics.

Estratégia dos Seguidores Satisfeitos Seguidores acomodados abstêm-se deliberadamente de realizar ações estratégicas que determinam tendências e de tentativas agressivas para atrais clientes dos líderes. Seguidores preferem abordagens que não provocarão retaliação competitiva, optando muitas vezes por estratégias focalizadas e de diferenciação que os mantêm distantes dos caminhos seguidos pelos líderes. Eles preferem a defesa ao ataque. E raramente praticam preços diferentes daqueles dos líderes. Permanecem satisfeitos em apenas manter sua posição de mercado, embora lutando algumas vezes para fazê-lo. Seguidores não possuem dúvidas estratégicas prementes com que se confrontar que vão além de "Que mudanças estratégicas os líderes estão iniciando e o que precisamos fazer para seguir o mesmo caminho e manter nossa atual posição?". Os vendedores de produtos com marcas próprias tendem a ser seguidores, imitando muitas das características introduzidas recentemente nos produtos de marca e ficam satisfeitos em vender para compradores sensíveis a preço em níveis ligeiramente inferiores daqueles das marcas bem conhecidas.

ESTRATÉGIAS PARA EMPRESAS FRACAS E ASSOLADAS POR CRISES

Uma empresa em uma posição competitiva fraca ou declinante possui quatro opções estratégicas básicas. Caso consiga os recursos financeiros, pode dar início a uma reviravolta ajustada a temas de "custo baixo" ou de diferenciação "nova", investindo dinheiro e talento suficientes na iniciativa para avançar ligeiramente na classificação do setor e tornar-se um participante respeitável no mercado no intervalo de aproximadamente cinco anos. A organização pode adotar uma estratégia de fortalecer-se e defender-se, usando variações e esforçando-se consideravelmente para manter no nível atual as vendas, a participação de mercado e a posição competitiva. Pode optar por uma estratégia de saída rápida e deixar de atuar no ramo, vendendo o controle para outra empresa ou descontinuando as operações se não puder encontrar um comprador. Ou pode empregar uma estratégia de estágio final ou de saída lenta, mantendo o reinvestimento no mínimo essencial e adotando ações para maximizar os fluxos de caixa de curto prazo em preparação para uma retirada disciplinada do mercado.

Estratégias de Reviravolta para Empresas em Crise

As estratégias de reviravolta são necessárias quando uma empresa, que vale a pena salvar, passa por uma crise. O objetivo consiste em bloquear e reverter as fontes de fraqueza competitiva e financeira o mais rapidamente possível. A primeira tarefa dos dirigentes na formulação de uma estratégia de reviravolta adequada consiste em diagnosticar aquilo que se encontra na raiz do mau desempenho. Trata-se de uma queda inesperada das vendas ocasionada por uma economia fraca? Uma estratégia competitiva mal escolhida? Execução ruim de uma estratégia que de outro modo seria viável? Custos operacionais elevados? Deficiência de recursos importantes? Um excesso de dívidas? O próximo passo consiste em decidir se a empresa pode ser salva ou se a situação é irremediável. Compreender aquilo que há de errado na empresa e o grau de seriedade de seus problemas estratégicos é essencial, porque diagnósticos diferentes conduzem a estratégias de reviravolta diferentes.

Algumas das causas mais comuns dos problemas empresariais relacionam-se a excesso de endividamento, estimativas exageradas do potencial de crescimento das vendas, desprezar os efeitos de redução do lucro de uma iniciativa excessivamente agressiva para "adquirir" participação de mercado mediante grandes reduções de preço, ter de suportar custos fixos elevados por causa de vendas fracas que não permitem a utilização próxima à capacidade plena, apostar nas iniciativas de P&D, mas não conseguir inovações eficazes, apostar em possibilidades remotas na área tecnológica, ser muito otimista a respeito da capacidade para penetrar em novos mercados, fazer mudanças freqüentes de estratégia (porque a anterior não deu certo) e ser vencido por concorrentes mais bem-sucedidos. Resolver esses tipos de problemas e conseguir uma reviravolta da empresa pode envolver qualquer uma das seguintes ações:

- Vender ativos a fim de conseguir fundos para salvar a parte remanescente da empresa.
- Revisar a estratégia existente.
- Tomar iniciativas para aumentar as receitas.

- Obter redução de custos.
- Usar uma combinação dessas medidas.

Venda de Ativos As estratégias de redução de ativos são essenciais quando o fluxo de caixa é uma consideração importante e quando o modo mais prático para gerar fundos é (1) pela venda de alguns dos ativos da empresa (fábricas e equipamentos, terrenos, patentes, estoques ou subsidiárias rentáveis) e (2) por meio de redução (eliminação de produtos secundários da linha de produtos, fechamento ou venda das fábricas mais antigas, redução do quadro de colaboradores, desistência de mercados distantes, redução dos serviços prestados aos clientes). Algumas vezes, as organizações assoladas por crises vendem ativos nem tanto para se livrar de operações que dão prejuízo, mas para obter fundos a fim de economizar e fortalecer as atividades remanescentes da empresa. Em tais casos, a escolha em geral é alienar os ativos relacionados aos negócios secundários para apoiar a renovação da estratégia nos negócios principais da empresa.

Revisão da Estratégia Quando o desempenho fraco é causado por uma má estratégia, a tarefa de refazê-la pode ser executada de acordo com diversas possibilidades: (1) mudar para um novo método competitivo a fim de retomar a posição de mercado da empresa, (2) reelaborar as estratégias relacionadas às operações internas e às áreas funcionais para melhor apoiar a mesma estratégia geral da empresa, (3) fazer a fusão com outra empresa no setor e criar uma estratégia ajustada aos recursos fortes da nova empresa objeto da fusão, e (4) atuar com um conjunto reduzido de produtos e clientes adequados mais próximos aos recursos fortes da empresa. A trajetória mais atraente depende das condições dominantes no setor, dos recursos fortes e fracos específicos da empresa, de sua capacidade competitiva em relação às concorrentes e da severidade da crise. Uma análise da situação do setor, dos principais concorrentes e da própria posição competitiva da empresa constitui um pré-requisito para a ação. Como regra geral, uma revisão bem-sucedida da estratégia precisa estar vinculada aos recursos fortes e à capacidade competitiva de curto prazo da empresa, direcionada para suas melhores oportunidades de mercado.

Aumento das Receitas As iniciativas de reviravolta que aumentam as receitas almejam um maior volume de vendas. As principais opções para aumentar a receita incluem redução de preços, mais propaganda, maior equipe de vendas, mais serviços para os clientes e melhorias no produto obtidas rapidamente. As tentativas de aumento de receitas e de volumes de venda são necessárias (1) quando há pouco ou nenhum espaço no orçamento operacional para cortar despesas e ainda manter-se no ponto de equilíbrio e (2) quando a chave para restaurar a lucratividade é a maior utilização da capacidade existente. Se os compradores não são especialmente sensíveis a preço (porque muitos se apegam fortemente a várias características de diferenciação na oferta de produtos), o meio mais rápido para aumentar as receitas no curto prazo pode ser aumentar os preços em vez de optar por uma diminuição de preços que aumente o volume. Um aumento de preços na faixa de 2% a 4% pode ser factível se os preços da empresa já são menores que os dos principais concorrentes.

Diminuição de Custos As estratégias de reviravolta que reduzem custos dão melhor resultado quando a cadeia de valor e a estrutura de custos de uma empresa em dificuldades são suficientemente flexíveis para permitir eliminação radical, quando as ineficiências operacionais são identificáveis e prontamente corrigíveis, quando os custos da empresa estão visivelmente elevados e quando a organização está relativamente próxima de seu ponto de equilíbrio. Para acompanhar a redução de custos, pode ocorrer uma ênfase maior no corte de custos fixos administrativos, eliminação das atividades não-essenciais e de baixo valor agregado na cadeia de valor da empresa, modernização da fábrica e dos equipamentos para obter maior produtividade, adiamento das inversões de capital não-essenciais e reestruturação das dívidas para reduzir as despesas financeiras e alongar o prazo das amortizações.

Quadro Ilustrativo 8.3
A Estratégia de Reviravolta da Sony — Dará Certo?

A eletrônica era anteriormente o principal negócio da Sony, porém esse negócio resultou em grandes prejuízos durante 2003-2004, forçando uma queda de 65% no valor da ação da empresa. Em épocas passadas, líder incontestes em TVs de alta qualidade, em 2005 a Sony ficou muito atrás da Samsung, da Panasonic e da Sharp em TVs de tela LCD plana e de plasma, em que as vendas cresciam mais aceleradamente. O iPod da Apple Computer passou a primeiro plano no mercado de música de aparelhos portáteis, no qual o Walkman da Sony exerceu o domínio por longo tempo.

No outono de 2005, os dirigentes da Sony anunciaram uma estratégia de reviravolta. Howard Stringer, que tinha dupla cidadania, americana e britânica, foi nomeado CEO da Sony no início de 2005, tornando-se o primeiro estrangeiro a dirigir a empresa. Stringer divulgou um plano cujo foco era o corte de 10 mil empregos (cerca de 6% do quadro de colaboradores da empresa), o fechamento de 11 das 65 fábricas e a redução ou eliminação de 15 operações de produtos eletrônicos não rentáveis até março de 2008 (as operações não lucrativas não foram identificadas). Essas iniciativas foram projetadas para uma redução de custos no valor de US$ 1,8 bilhão. Além da diminuição de custos, a Sony afirmou que se concentraria em aumentar suas vendas de "produtos vencedores" como o console de videogame PlayStation 3 da próxima geração, uma linha recém-introduzida de TVs Bravia LCD e os aparelhos de música Walkman MP3.

Os analistas não ficaram impressionados pelo plano de reviravolta. A Standard & Poor's reduziu a classificação de crédito da Sony, manifestando dúvidas sobre a estratégia de reviravolta da empresa e prevendo uma rentabilidade e um fluxo de caixa "substancialmente" menores no exercício fiscal de 2005. A Moody's incluiu a Sony em sua lista de empresas enfrentando dificuldades para uma diminuição na classificação de crédito. Outros analistas afirmaram que a estratégia de Stringer não possuía visão e criatividade, porque seguia a mesma linha da maioria das iniciativas organizacionais das corporações.

Fontes: Comunicados de imprensa da empresa; Yuri Kageyama, "Sony Announcing Turnaround Strategy", disponível em: <www.yahoo.com>, acesso em: 20 out. 2005; *Mainichi Daily News*, 14 out. 2005, disponível no Google News, acesso em: 20 out. 2005; e "Sony to Cut 10,000 Jobs", disponível em: < www.cnn.com>, acesso em: 20 out. 2005.

Iniciativas de Combinação As estratégias de reviravolta em combinação em geral são essenciais em situações difíceis que requerem ação rápida em um fronte amplo. De modo análogo, as ações em combinação freqüentemente ocorrem quando gerentes novos são contratados e recebem carta-branca para fazer todas as mudanças que julgarem adequadas. Quanto mais difíceis os problemas, maior a probabilidade de que as soluções envolvam diversas iniciativas estratégicas — veja o Quadro Ilustrativo 8.3.

As Possibilidades de uma Reviravolta Bem-Sucedida Não São Muitas As iniciativas visando uma reviravolta tendem a ser tentativas de alto risco; algumas levam a empresa de volta para uma boa lucratividade, porém a maioria não consegue. Um estudo considerado de referência cobrindo 64 organizações não constatou reviravoltas bem-sucedidas entre as mais problemáticas em oito setores básicos[28]. Muitas das empresas com problemas esperaram muito tempo para iniciar uma reviravolta. Outras se depararam com falta de fundos e de talento empresarial necessários para concorrer em um setor de crescimento lento caracterizado por uma luta acirrada por participação de mercado. Concorrentes mais bem posicionados apenas provaram ser muito fortes para derrotar em uma disputa demorada e frontal. Mesmo quando bem-sucedida, a reviravolta pode envolver numerosas tentativas e mudanças de dirigentes antes que a viabilidade competitiva e a lucratividade no longo prazo sejam por fim restauradas. Um estudo recente constatou que empresas com problemas que não tomaram medidas e optaram por aguardar pacientemente as épocas difíceis possuíam uma probabilidade de recuperação de somente 10%[29]. Esse mesmo estudo também constatou que, das organizações analisadas, as possibilidades de recuperação aumentavam 190% se a estratégia de reviravolta envolvesse a aquisição de ativos que fortaleciam os negócios das empresas em seus principais mercados; aquelas que adquiriam ativos ou empresas em seus principais mercados e, ao mesmo tempo, a venda de ativos de áreas secundárias aumentavam suas possibilidades de recuperação em 250%.

Estratégias de Resultados para Empresas Fracas

Quando as possibilidades de uma empresa efetivar de modo bem-sucedido uma reviravolta são mínimas, a opção mais inteligente pode ser deixar de tentar a restauração da competitividade e lucratividade e, como alternativa, empregar uma *estratégia de resultados* que vise gerar os fluxos de caixa maiores possíveis das operações pelo maior tempo possível. Uma iniciativa perdedora de transformar uma empresa competitivamente fraca em um participante viável no mercado possui pouca atração quando existem oportunidades para gerar volumes apreciáveis de fundos, gerenciando o negócio de maneira calculada para manter a situação presente ou até mesmo deixar a empresa deteriorar lentamente em um período longo.

Conforme ocorre na estratégia de saída lenta, uma estratégia de resultados acarreta cortar despesas operacionais ao máximo e despender um valor mínimo em projetos de capital para manter a empresa em atividade. O fluxo de caixa interno torna-se a principal medida do grau em que a empresa está operando bem e é dada prioridade máxima a medidas que gerem caixa. Portanto, custos promocionais e de propaganda são mantidos em níveis mínimos; os colaboradores que saem da empresa ou se aposentam podem não ser substituídos e a manutenção é feita com a preocupação de alongar a vida das atuais instalações e equipamentos. Muito embora uma estratégia de resultados tenha possibilidade de conduzir a um declínio gradual dos negócios ao longo do período, a capacidade de obter volumes consideráveis de fundos no intervalo de tempo intermediário torna tal resultado tolerável.

> O objetivo prioritário de uma estratégia de resultados consiste em maximizar os fluxos de caixa no curto prazo das operações.

As Condições Que Tornam uma Estratégia de Resultados Atraente Uma estratégia de resultados direcionada aos fluxos de caixa de uma empresa fraca constitui uma opção razoável nas seguintes circunstâncias[30]:

1. *Quando a demanda no setor está estagnada ou em declínio e há pouca esperança de que as condições de mercado em ambos os casos melhorem* — A popularidade crescente das câmeras digitais liquidou para sempre a demanda de mercado para câmeras com filme.

2. *Quando renovar a empresa seria muito oneroso ou na melhor das hipóteses teria lucratividade menor* — Um provedor com dificuldade de acesso à internet por *dial-up* tem probabilidade de obter mais benefício com uma estratégia de resultados do que por uma iniciativa condenada ao fracasso para fazer a empresa crescer diante da mudança irreversível para o serviço de banda larga de alta velocidade.

3. *Quando as tentativas para manter ou aumentar as vendas atuais da empresa estão se tornando cada vez mais custosas* — Um produtor de fumo para cachimbo e charutos que opere com prejuízo provavelmente não fará avanços na obtenção de vendas e participação de mercado dos fabricantes de primeira linha (que possuem mais recursos para concorrer pelos negócios que ainda se encontram disponíveis).

4. *Quando níveis menores de ações competitivas não resultam em um decréscimo imediato ou rápido de vendas* — Os fabricantes de telefones com fio provavelmente não terão uma queda acentuada nas vendas se aplicarem todos os seus orçamentos de P&D e de marketing em sistemas de telefone sem fio.

5. *Quando a empresa consegue realocar os recursos liberados para áreas de maior oportunidade* — Os fabricantes de produtos alimentícios com ingredientes "nocivos" (gordura saturada, gordura trans e açúcar) estarão em melhor condição se direcionarem seus recursos para o desenvolvimento, a produção e a venda de produtos "saudáveis" (aqueles sem gordura trans, mais fibras e tipos saudáveis de carboidratos).

6. *Quando o negócio não é um componente importante ou básico de um conjunto geral de empreendimentos de uma empresa diversificada* — Tirar recursos de um negócio secun-

dário e talvez apressar sua decadência é estrategicamente preferível a desviar recursos de um negócio de primeira linha ou básico (em que mesmo um declínio gradual pode não ser um resultado atraente).

Quanto maior o número dessas seis condições, mais ideal é a situação da empresa para adotar uma estratégia de resultados.

Liquidação: A Estratégia de Último Recurso

Algumas vezes uma empresa em crise já está muito deteriorada para ser salva e apresenta potencial de resultados insuficiente para ser interessante. Fechar uma organização assolada por uma crise e liquidar seus ativos representa algumas vezes a estratégia melhor e mais aconselhável. Porém, também é a alternativa estratégica mais desagradável e dolorosa em virtude das dificuldades de eliminação de cargos e dos efeitos econômicos nas comunidades locais do fechamento de empresas. Entretanto, em situações irremediáveis, uma iniciativa visando uma liquidação logo de início em geral atende melhor aos interesses do proprietário-acionista que uma falência inevitável. Prolongar a existência de uma causa perdida corrói ainda mais os recursos de uma organização e deixa menos ativos para serem salvos, sem mencionar o estresse adicional e o prejuízo potencial para a carreira de todas as pessoas envolvidas. O problema, evidentemente, consiste em diferenciar entre quando uma reviravolta é realizável e quando não é. É fácil os proprietários ou gerentes deixarem suas emoções ou seu orgulho sobreporem-se a um julgamento sereno quando uma empresa vê-se em situação tão difícil a ponto de uma reviravolta ser remota.

OS DEZ MANDAMENTOS PARA A ELABORAÇÃO DE ESTRATÉGIAS EMPRESARIAIS BEM-SUCEDIDAS

As experiências das empresas ao longo dos anos provam repetidamente que estratégias desastrosas podem ser evitadas, adotando-se bons princípios para a elaboração de estratégias. Resumimos as lições aprendidas com os erros estratégicos que as empresas cometem com mais freqüência e dez mandamentos que servem como guias úteis para o desenvolvimento de estratégias confiáveis:

1. *Atribuir prioridade máxima para a elaboração e a execução de ações estratégicas que melhorem a posição competitiva no longo prazo.* O mérito de atingir as metas de desempenho financeiro para um trimestre ou um ano desaparece rapidamente, porém uma posição competitiva cada vez mais forte se compensa ano após ano. Os acionistas nunca são bem atendidos por gerentes que permitem que considerações de curto prazo inviabilizem iniciativas estratégicas que apoiarão significativamente a posição e a força competitivas no longo prazo da empresa. A melhor maneira para assegurar a lucratividade no longo prazo é com uma estratégia que reforce a competitividade e a posição de mercado da empresa no longo prazo.

2. *Adaptar-se prontamente às condições de mercado que se alteram, às necessidades dos clientes que não foram atendidas, aos desejos dos consumidores por algo melhor, às alternativas tecnológicas emergentes e às novas iniciativas dos concorrentes.* Reagir tardiamente ou com muito pouco coloca muitas vezes a empresa na posição precária de ter de suplantar a desvantagem. Embora o empenho por uma trajetória constante tenha suas virtudes, adaptar a estratégia a circunstâncias em alteração é normal e necessário. Além disso, os compromissos estratégicos de longo prazo para obter qualidade máxima ou o menor custo devem ser interpretados em relação aos produtos dos concorrentes, bem como às necessidades e expectativas dos clientes; a empresa deve evitar empenhar-se para obter a maior qualidade ou o menor custo em termos absolutos, não importando como.

3. *Investir na criação de uma vantagem competitiva sustentável.* Ter uma vantagem competitiva constitui fator específico digno de confiança que contribui para a lucratividade acima da média.

Como regra geral, uma empresa deve agir agressivamente para obter vantagem competitiva e valer-se de uma defesa agressiva para protegê-la.

4. *Evitar estratégias capazes de alcançar sucesso apenas nas circunstâncias mais otimistas.* Esperar que os concorrentes adotem medidas de contra-ataque e ter a expectativa de períodos com condições de mercado desfavoráveis. Uma boa estratégia opera razoavelmente bem e produz resultados aceitáveis mesmo nas piores épocas.

5. *Considerar que atacar os pontos fracos competitivos usualmente é mais lucrativo e menos arriscado do que atacar os pontos fortes competitivos.* Atacar concorrentes capazes e engenhosos tem possibilidade de fracassar a não ser que o atacante tenha muitos recursos financeiros e uma base confiável de vantagem competitiva, apesar dos pontos fortes do concorrente sendo atacado.

6. *Empenhar-se por desenvolver defasagens significativas de qualidade ou serviço ou características de desempenho ao tentar estabelecer uma estratégia de diferenciação.* Diferenças pequenas entre as ofertas de produtos dos concorrentes podem não ser visíveis ou importantes para os consumidores.

7. *Ter cautela ao reduzir preços sem uma vantagem de custos estabelecida.* Reduções de preço correm o risco de os concorrentes virem a retalhar com suas próprias reduções iguais ou maiores.

8. *Não subestimar as reações e o compromisso das empresas concorrentes.* Os rivais apresentam grande periculosidade quando pressionados e sua posição está ameaçada.

9. *Evitar estratégias de posicionamento intermediárias que representam conciliação entre custos menores e maior diferenciação e entre atração de mercado ampla e restrita.* As estratégias de conciliação raramente produzem vantagem competitiva sustentável ou uma posição competitiva diferenciada — uma estratégia de produtos de melhor custo bem executada constitui a única exceção pela qual um meio-termo entre custo baixo e diferenciação tem sucesso. Empresas com estratégias de conciliação na maior parte das vezes conseguem custos médios, um produto médio, uma reputação média e nenhuma imagem diferenciada no mercado. Sem nenhum elemento de estratégia que lhes permita sobressair na mente dos consumidores, empresas com estratégias de conciliação estão destinadas a uma classificação intermediária no setor, com pouca perspectiva de alcançar a liderança no mercado.

10. *Ser audacioso ao adotar ações agressivas para conquistar participação de mercado dos concorrentes muitas vezes provoca retaliação sob a forma de maiores promoções de marketing e vendas, uma corrida desenfreada para ser o primeiro a lançar no mercado os produtos da próxima versão ou uma guerra de preços — prejudicando os lucros de todos.* Ações agressivas para obter maior participação de mercado dão ensejo a uma concorrência brutal, especialmente quando muitos participantes do setor, em dificuldade por terem estoques elevados e capacidade ociosa de produção, também estão se empenhando em aumentar as vendas.

Pontos-Chave

As lições deste capítulo são: (1) algumas opções estratégicas são mais adequadas para determinados ambientes setoriais e competitivos do que outros e (2) algumas opções estratégicas são mais adequadas para certas situações específicas da empresa do que outras. Elaborar uma estratégia que se adapte muito bem à situação de uma empresa envolve estar atento para quais alternativas de estratégia têm possibilidade de dar bom resultado e quais provavelmente não terão. Especificamente:

1. Em que tipo básico de ambiente setorial (emergente de crescimento acelerado, maduro/de crescimento lento, de alta velocidade/turbulento, fragmentado) a empresa opera? Que opções e posições estratégicas em geral são mais adequadas para esse tipo genérico de ambiente?

2. Que posição a empresa ocupa no setor (líder em segundo lugar ou fraco/em situação difícil)? Dada essa posição, que opções estratégicas merecem grande consideração e quais deveriam ser definitivamente descartadas?

Além disso, criar uma boa adequação da estratégia à situação envolve considerar todos os fatores situacionais externos e internos discutidos nos Capítulos 3 e 4 e, em seguida, revisar a correspondente lista de opções estratégicas, a fim de levar em conta as condições competitivas, as forças motrizes do setor, as ações esperadas dos concorrentes e os próprios recursos fortes e fracos da empresa. Listar os prós e contras das prováveis estratégias é quase sempre um passo que auxilia. Ao eliminar as alternativas estratégicas menos atraentes e analisar os prós e contras das mais atraentes, as respostas a quatro perguntas muitas vezes ajudam a indicar o melhor caminho:

1. Que tipo de vantagem competitiva a empresa pode obter em termos realistas tendo em vista seus recursos fortes, competências e capacitação competitiva? A empresa encontra-se em posição para liderar mudança no setor e fixar as regras pelas quais os rivais precisam concorrer?

2. Que alternativa estratégica equaciona melhor todos os temas e problemas que a empresa enfrenta?

3. Alguns concorrentes são particularmente vulneráveis, e, em caso afirmativo, que tipo de ofensiva será necessário para aproveitar essas vulnerabilidades? Os rivais contra-atacarão? O que pode ser feito para barrar suas iniciativas?

4. Existem ações defensivas necessárias para proteger-se contra as ações prováveis dos concorrentes ou outras ameaças externas à lucratividade futura da empresa?

Há quatro armadilhas a serem evitadas ao se escolher entre um conjunto de opções estratégicas:

1. Elaborar um plano estratégico excessivamente ambicioso — um que pressione de modo exagerado recursos e capacidades da empresa.

2. Selecionar uma estratégia que represente um afastamento radical ou o abandono da base fundamental do sucesso anterior da empresa — uma mudança radical de estratégia não precisa ser rejeitada automaticamente, mas deve ser tentada somente após a avaliação cuidadosa do risco.

3. Escolher uma estratégia que opere contra a cultura da organização.

4. Não ter predisposição para empenhar-se totalmente na adoção de uma das cinco estratégias competitivas — identificar e escolher características das diferentes estratégias acarreta em geral tantas conciliações entre custo baixo, melhor custo, diferenciação e focalização a ponto de a empresa não conseguir obter nenhum tipo de vantagem e acabar permanecendo em uma situação intermediária.

A Tabela 8.1 apresenta um formato genérico que visa esboçar um plano de ação estratégico para uma empresa que atua em um único ramo. Contém todos os elementos de um plano de ação estratégico abrangente que discutimos em várias seções nestes oito primeiros capítulos.

Tabela 8.1 **Formato de um Plano de Ação Estratégico**

1. Visão Estratégica e Missão	5. Estratégias Funcionais de Apoio
2. Objetivos Estratégicos	• Produção
• De curto prazo	• Marketing
• De longo prazo	• Finanças
3. Objetivos Financeiros	• Pessoal/Recursos Humanos
• De curto prazo	• Outros
• De longo prazo	
4. Estratégia Empresarial Geral	6. Ações Recomendadas para Melhorar o Desempenho da Empresa
	• Imediatas
	• De longo prazo

Exercícios

1. Encontram-se relacionados a seguir dez setores. Classifique cada um como (a) emergente, (b) em crescimento rápido, (c) maduro/em crescimento lento, (d) em estagnação/declinante, (e) em alta velocidade/turbulento, e (f) fragmentado. Pesquise na internet, se necessário, informações sobre as condições dos setores e uma conclusão sobre que classificação atribuir a cada um deles:

   a. Setor de ginástica e *fitness*.
   b. Setor de lavanderias.
   c. Setor avícola.
   d. Setor de câmeras com filmes e de revelação de filmes.
   e. Varejo de vinho, cerveja e bebidas alcoólicas.
   f. Setor de relógios.
   g. Setor de telefones celulares.
   h. Setor de música gravada (DVDs, CDs, fitas).
   i. Setor de softwares para computador.
   j. Setor de jornais.

2. A Toyota suplantou a Ford Motor Company em 2003, tornando-se a segunda maior fabricante mundial de veículos automotores, classificando-se após a General Motors. A Toyota é considerada detentora de aspirações de sobrepujar a General Motors como líder global no setor automobilístico nos próximos dez anos. Pesquise na internet ou em uma biblioteca a estratégia que a General Motors está adotando para manter seu status de líder do setor. Pesquise em seguida a estratégia da Toyota para suplantar a General Motors.

3. Reveja a discussão no Quadro Ilustrativo 8.1 a respeito da estratégia de diferenciação focada que a Exertris empregou no setor de equipamentos para exercícios. Responda às seguintes perguntas:

   a. Que razões você pode apresentar para o motivo de as vendas da bicicleta de exercícios Exertris não terem deslanchado?

   b. Que ações estratégicas você recomendaria aos co-fundadores da Exertris para aumentar substancialmente as vendas de sua bicicleta de exercícios equipada com videogames e vencer a visível apatia do mercado por seu produto? A empresa deveria levar em consideração a possibilidade de fazer mudanças em sua oferta de produtos? Que canais de distribuição deveria enfatizar? Que abordagens de propaganda e promoção deveriam ser consideradas? De que modo poderia incentivar os proprietários de academias de ginástica a comprar ou pelo menos experimentar suas bicicletas?

   c. A empresa deveria apenas desistir de sua inovação do produto (porque a bicicleta não tem possibilidade de algum dia obter boa receptividade no mercado)? Ou os co-fundadores deveriam tentar vender seu negócio em fase inicial para outra empresa de equipamentos de exercícios com uma linha de produtos mais ampla e maior cobertura geográfica?

4. Reveja as informações do Quadro Ilustrativo 8.3 a respeito de estratégia de reviravolta que a Sony adotou no outono de 2005. Acesse o site da empresa e verifique outras fontes na internet para entender como a estratégia da Sony para revitalizar seu negócio de produtos eletrônicos de consumo está se desenvolvendo. Sua pesquisa indica que a estratégia de reviravolta da Sony é um sucesso ou um fracasso, ou ainda é muito cedo para afirmar? Explique.

capítulo nove

Diversificação

Estratégias para Gerenciar um Grupo de Empresas

Adquirir ou não adquirir: eis a questão.
— **Robert J. Terry**

A adequação entre uma empresa controladora e suas subsidiárias é uma faca de dois gumes: uma boa adequação pode criar valor, ao passo que uma ruim pode destruí-lo.
— **Andrew Campbell, Michael Goold e Marcus Alexander**

Obter desempenho superior por meio da diversificação fundamenta-se, em grande parte, na afinidade.
— **Philippe Very**

Torne vencedores todos os negócios de sua empresa. Não fique com os perdedores.
— **Jack Welch**
Ex-CEO da General Electric

Avaliamos cada uma de nossas empresas em relação a critérios rígidos: crescimento, margem de lucro e índice de obstáculos para obter retorno do capital e se possuem capacidade para tornarem-se a número um ou a número dois em seu setor. Somos muito pragmáticos. Se uma empresa não contribui para nossa visão geral, tem de ser eliminada.
— **Richard Wambold**
CEO da Pactiv

Neste capítulo, passamos para um nível acima na hierarquia de elaboração de estratégias, indo da elaboração de apenas uma empresa à elaboração de um empreendimento diversificado. Em virtude de uma empresa diversificada ser um conjunto de unidades, a tarefa torna-se mais complicada. Em uma empresa única, os gerentes precisam elaborar um plano para concorrer de modo bem-sucedido em um ambiente de apenas um setor — o resultado é aquilo que denominamos no Capítulo 2 *estratégia empresarial* (ou *estratégia em nível de empresa*). Entretanto, em uma empresa diversificada, o desafio de elaboração de estratégias implica avaliar diversos ambientes setoriais e desenvolver um *conjunto* de estratégias empresariais, uma para cada setor em que a organização opera. E os executivos de alto escalão precisam ir um passo além e criar uma *estratégia corporativa*, abrangendo toda a empresa, para melhorar a atratividade e o desempenho de todas as unidades de negócios, a fim de formar um todo racional a partir de seu conjunto diversificado de unidades individuais.

Na maioria das empresas diversificadas, os executivos de nível corporativo delegam considerável autoridade para elaboração de estratégias aos dirigentes de cada unidade, em geral dando-lhes a flexibilidade para criar uma estratégia empresarial adequada a seu setor específico e às suas circunstâncias competitivas e fazendo com que tenham responsabilidade por produzir bons resultados. Porém, a tarefa de elaboração da estratégia geral ou corporativa compete integralmente aos executivos de alto escalão e envolve quatro aspectos:

1. *Escolher novos setores para entrar e decidir sobre a maneira de entrar* — As primeiras preocupações relacionadas à diversificação dizem respeito a quais novos setores penetrar e se a entrada deve ser por meio de uma empresa totalmente nova, adquirindo uma já atuante no setor almejado, ou formando uma *joint-venture* ou uma aliança estratégica com outra organização. Uma empresa pode diversificar-se, restringindo-se a alguns poucos setores ou atuando amplamente em muitos setores. A escolha da entrada em um setor por meio de uma unidade nova, por uma *joint-venture*, pela aquisição de um líder conceituado, ou de uma empresa que está começando a se destacar, ou de uma empresa com problemas com potencial de crescimento, determina que posição a organização planeja para si própria.

2. *Iniciar ações para elevar o desempenho combinado dos negócios em que a empresa entrou* — À medida que são criadas posições nos setores escolhidos, as estratégias corporativas normalmente se concentram em caminhos para reforçar as posições competitivas e os lucros a longo prazo dos negócios em que a empresa investiu. Organizações controladoras podem ajudar suas subsidiárias com recursos financeiros, oferecendo meios para suprir aptidões inexistentes ou *know-how* tecnológico ou conhecimento gerencial para um melhor desempenho em atividades importantes da cadeia de valor, e proporcionado novas alternativas para a redução de custos. Elas também podem adquirir uma outra empresa no mesmo setor e juntar as duas operações em uma organização mais forte ou adquirir novas empresas que complementem efetivamente as unidades existentes. De modo geral, uma empresa adotará estratégias de crescimento rápido em suas unidades mais promissoras, dará início a medidas visando uma reviravolta nas unidades de desempenho fraco com potencial e descartará aquelas não mais atrativas ou que não se enquadram nos planos de longo prazo dos dirigentes.

3. *Buscar oportunidades para alavancar relacionamentos e adequações estratégicas na cadeia de valor entre as empresas visando vantagem competitiva* — Uma empresa, que se diversifica em unidades com combinações da cadeia de valor importantes sob o aspecto competitivo (relacionadas a tecnologia, logística da cadeia de suprimentos, produção, canais de distribuição sobrepostos ou clientes comuns), obtém potencial de vantagem competitiva em relação às diversificadas em unidades cujas cadeias de valor não possuam nenhuma relação. Valer-se desse potencial exige que as estratégias corporativas empreguem um tempo considerável em capitalizar oportunidades entre as unidades, como transferir aptidões ou tecnologia de uma unidade para outra, reduzir custos compartilhando o uso de instalações e recursos comuns e usando as marcas bem conhecidas e a força da distribuição da organização para aumentar as vendas de produtos incorporados recentemente.

4. *Estabelecer prioridades de investimento e direcionar os recursos corporativos para as unidades de negócios mais atraentes* — As unidades de uma empresa diversificada em geral não são igualmente atrativas do ponto de vista de investimento de fundos adicionais. Compete aos dirigentes corporativos (*a*) decidir quanto às prioridades para investir capital nas diferentes unidades da empresa, (*b*) canalizar recursos para áreas nas quais o potencial de lucros é maior e não investir em áreas onde é menor, e (*c*) descartar as unidades empresariais com mau desempenho crônico ou que se encontram em um setor cada vez menos atraente. Alienar as unidades e os negócios com mau desempenho em setores sem atração libera investimentos improdutivos para reaplicação em unidades de negócios promissoras ou para o financiamento de aquisições atraentes.

A natureza exigente e demorada dessas quatro tarefas explica por que os executivos corporativos costumam não se dedicar a fundo aos detalhes de elaboração e implementação de estratégias em nível de unidades de negócios, preferindo delegar responsabilidade total pela estratégia empresarial ao gestor de cada unidade de negócios.

Na primeira parte deste capítulo, descrevemos os vários meios que uma empresa pode usar para se tornar diversificada e analisamos os prós e os contras das estratégias de diversificação relacionadas *versus* as não-relacionadas. A segunda parte do capítulo mostra como avaliar a atratividade do conjunto de negócios de uma empresa diversificada, decidir se possui uma boa estratégia de diversificação e identificar meios para melhorar seu desempenho futuro. Na última seção, analisamos as opções estratégicas disponíveis para as empresas já diversificadas.

QUANDO DIVERSIFICAR

Enquanto uma empresa está tentando com todos os seus recursos capitalizar as oportunidades de crescimento lucrativo em seu setor atual, não há urgência em buscar diversificação. Evidentemente, o grande risco é poder atuar em um único setor. Se a demanda para o produto do setor diminuir em função do aparecimento de tecnologias alternativas, produtos substitutos ou mudanças rápidas nas preferências dos consumidores, ou ainda se o setor tornar-se competitivamente sem atração e lucratividade, as perspectivas poderão reduzir-se rapidamente. Considere, por exemplo, o que as câmeras digitais fizeram para diminuir drasticamente as receitas das empresas dependentes da fabricação de filmes para câmeras e de revelação de filmes, o que a tecnologia de CDs e DVDs fez para a perspectiva dos fabricantes de fitas cassetes e discos de 3 ½ polegadas e o que as empresas de telefones celulares, com seus planos de tarifas especiais para chamadas interurbanas e a disponibilidade de Voz sobre Protocolo da Internet (VoIP) estão causando para as receitas de certos provedores de serviços interurbanos que dominavam o mercado.

Portanto, diversificar em novos setores sempre merece muita consideração quando uma empresa com uma única unidade se depara com oportunidades de mercado declinantes e vendas em estagnação no seu principal negócio — muitas das empresas de telecomunicações ao redor do mundo que operam com linhas terrestres encontram-se diversificando sua oferta de produtos para incluir serviços sem fio e VoIP. Entretanto, existem quatro outras situações nas quais uma organização torna-se candidata forte para a diversificação[1]:

1. Quando vislumbra oportunidades de expansão para setores cujas tecnologias e produtos complementam seus atuais negócios.

2. Quando pode impulsionar competências e capacitações existentes, expandindo-se em negócios onde esses mesmos recursos fortes são fatores importantes de sucesso e ativos competitivos valiosos.

3. Quando a diversificação para negócios fortemente relacionados cria possibilidades para a redução de custos.

4. Quando possui uma marca poderosa e muito conhecida que pode ser transferida para os produtos de outras unidades e, conseqüentemente, usada como um instrumento para aumentar as vendas e os lucros de tais unidades.

A decisão de diversificar apresenta amplas possibilidades. Uma empresa pode diversificar para negócios fortemente relacionados ou para negócios totalmente diferentes. Pode diversificar sua atual base de receitas e lucros em pequena escala (de modo que as novas unidades representem menos de 15% das receitas e dos lucros totais) ou em grande escala (de modo que as novas unidades produzam 30% ou mais das receitas e dos lucros). Ela pode atuar em uma ou duas novas unidades grandes ou em um número maior de unidades pequenas. Pode adquirir o status de organização atuante em múltiplos negócios e setores mediante a aquisição de uma empresa já existente em um negócio/setor que deseje entrar, o estabelecimento de uma nova subsidiária ou a formação de uma *joint-venture* com uma ou mais empresas para realizar novos negócios.

CRIAÇÃO DE VALOR PARA OS ACIONISTAS: A JUSTIFICATIVA FUNDAMENTAL PARA A DIVERSIFICAÇÃO

A diversificação deve fazer mais por uma organização do que diluir seu risco empresarial por vários setores. Em princípio, a diversificação não pode ser considerada um sucesso a não ser que resulte em *valor adicional para o acionista* — um valor que os acionistas não conseguem obter sozinhos, adquirindo ações de empresas de setores diferentes ou investindo em fundos mútuos para diversificar seus investimentos por diferentes setores.

Para que existam expectativas razoáveis de que as iniciativas de diversificação de uma empresa possam produzir valor agregado, um passo visando a diversificação em um novo negócio precisa ter aprovação em três testes[2]:

1. *Teste de atratividade do setor* — O setor a ser penetrado precisa ser suficientemente atrativo para gerar constantes bons retornos do investimento. A possibilidade de um setor ser atrativo depende principalmente da presença de condições setoriais e competitivas que conduzam à obtenção de lucros e de retorno de investimento tão bons ou melhores do que aqueles que a empresa está conseguindo em seu negócio atual. É difícil justificar a diversificação em um setor no qual as expectativas de lucro são *menores* do que nas atuais unidades de negócios da empresa.

2. *Teste do custo de entrada* — O custo para entrar no setor almejado não pode ser tão alto a ponto de diminuir o potencial de boa lucratividade. Entretanto, pode ocorrer uma situação na qual o resultado almejado é difícil de obter. Quanto mais atraentes forem as perspectivas do setor relacionadas ao crescimento e a uma boa lucratividade no longo prazo, mais onerosa poderá se tornar a entrada. As barreiras de entrada a novas empresas costumam ser elevadas em setores atraentes; caso houvesse poucas barreiras, um número constante de novas entradas no setor logo diminuiriam o potencial de lucratividade elevada. E comprar uma empresa bem posicionada em um setor atraente acarreta muitas vezes um custo de aquisição elevado que torna a aprovação no teste do custo de entrada menos provável. Suponha, por exemplo, que o preço de compra seja de $3 milhões e que a empresa esteja obtendo um lucro após o imposto de renda de $200 mil, tendo um patrimônio líquido de $1 milhão (um retorno anual de 20%). Um cálculo aritmético simples indica que o lucro deverá ser o triplo se o comprador (pagando $3 milhões) auferir o mesmo retorno de 20%. Elevar os lucros da empresa adquirida de $200 mil para $600 mil anualmente poderia levar muitos anos — e exigir investimento adicional que também gerasse para o comprador um retorno de 20%. Em virtude de os proprietários de uma empresa bem-sucedida e em fase de crescimento em geral exigirem um preço que reflita as perspectivas de lucro de seu negócio, uma tal aquisição facilmente pode não ser aprovada no teste do custo de entrada.

3. *O teste da melhor situação* — A diversificação em um novo negócio precisa oferecer um potencial para que as unidades existentes e a nova desempenhem melhor juntas, sob uma base corporativa única, do que desempenhariam operando como unidades independentes e isoladas. Por exemplo, vamos supor que a empresa A diversifique adquirindo a empresa B em outro setor. Se os lucros consolidados de A e B nos próximos anos não forem maiores do que cada uma teria auferido sozinha, a diversificação de A não proporcionará aos acionistas um valor agregado. Os acionistas da empresa A poderiam ter obtido o mesmo resultado 1 + 1 = 2 simplesmente comprando ações da empresa B. O valor do acionista não é criado pela diversificação, a não ser que produza um efeito 1 + 1 = 3 pelo qual empresas coligadas *desempenham melhor juntas* como parte da mesma empresa do que poderiam ter desempenhado como independentes.

Conceito Central
A criação de valor agregado para os acionistas por meio da diversificação requer a criação de uma empresa com diversas unidades na qual o todo é maior que a soma de suas partes.

Ações de diversificação que satisfazem aos três testes possuem o maior potencial para o crescimento do valor do acionista no longo prazo. Ações de diversificação aprovadas apenas em um ou dois testes são suspeitas.

ESTRATÉGIAS PARA ENTRAR EM NOVOS NEGÓCIOS

O modo de entrada em novos negócios pode assumir qualquer das três formas seguintes: aquisição, nova unidade interna ou *joint-ventures* com outras empresas.

Aquisição de uma Empresa

A aquisição é o modo mais difundido para diversificação em outro setor. Não somente é mais rápida do que tentar o início de uma operação totalmente nova, mas também oferece um modo eficaz para superar barreiras de entrada, tais como: obtenção de *know-how* tecnológico, estabelecimento de relações com os fornecedores, tornar-se suficientemente grande para igualar a eficiência e os custos unitários dos concorrentes, gastos vultosos na propaganda e na promoção introdutórias e uma distribuição adequada. Adquirir uma operação em atividade permite ao comprador passar diretamente para a tarefa de conseguir uma posição de mercado forte no setor almejado, em vez de atolar-se no percurso de criação de uma nova unidade e tentar desenvolver o conhecimento, os recursos, a escala de operações necessárias para se tornar um concorrente eficaz no intervalo de alguns anos.

O grande dilema com o qual se defronta uma organização com intenção de aquisição é se deve pagar um preço elevado por uma empresa bem-sucedida ou comprar uma em dificuldades a um preço reduzido[3]. Se a empresa adquirente possui pouco conhecimento do setor, porém amplos recursos financeiros, muitas vezes está em melhor posição comprando uma empresa capaz e fortemente posicionada — a não ser que o preço não seja aprovado no teste do custo de entrada. No entanto, quando o adquirente vislumbra maneiras promissoras para transformar uma empresa fraca em forte e possui os recursos, o *know-how* e a paciência, uma empresa em dificuldades pode ser o melhor investimento de longo prazo.

Nova Unidade Interna

Alcançar a diversificação por meio da criação de uma unidade envolve estabelecer uma nova subsidiária. Essa opção de entrada leva mais tempo do que a de aquisição e apresenta alguns obstáculos. Uma unidade recém-constituída não apenas tem de suplantar as barreiras de entrada, mas também precisa investir em nova capacidade de produção, desenvolver fontes de suprimentos, contratar e treinar funcionários, criar canais de distribuição, obter uma base de clientes e assim por diante. Em geral formar uma subsidiária para entrar em um novo negócio possui atração somente quando (1) a empresa controlada já possui internamente a maior parte ou todas as aptidões e recursos de que necessita para formar uma unidade e concorrer eficazmente, (2) existe muito tempo disponível para dar início ao negócio, (3) a entrada interna possui custos menores do que a entrada por aquisição, (4) o setor almejado é formado por muitas empresas relativamente pequenas, de modo que a nova unidade não precise concorrer frontalmente com concorrentes maiores e mais poderosos, (5) a nova capacidade de produção não provoca um impacto adverso no equilíbrio oferta-demanda do setor, e (6) as empresas participantes têm probabilidade de serem lentas ou ineficazes para reagir às iniciativas de uma nova unidade visando dividir o mercado[4].

> As maiores dificuldades para entrar em um setor formando uma nova unidade são os custos para suplantar as barreiras à entrada e o tempo adicional para obter uma posição competitiva forte e rentável.

Joint-Ventures

As *joint-ventures* acarretam a formação de uma entidade corporativa controlada por duas ou mais empresas, tendo como finalidade buscar uma oportunidade mutuamente atrativa. Os termos e condições de uma *joint-venture* dizem respeito à operação conjunta de um empreendimento de propriedade comum, o qual tende a tornar o acerto mais definitivo e talvez mais duradouro do que uma aliança estratégica — em uma aliança estratégica, o acerto entre os participantes diz respeito a colaboração limitada para uma finalidade limitada, e um parceiro pode simplesmente optar por desistir ou diminuir seu compromisso a qualquer momento.

Para entrar em um novo negócio, uma *joint-venture* pode ser útil em pelo menos três tipos de situações[5]. Primeiro, é um bom veículo para perseguir uma oportunidade muito complexa, não-econômica e arriscada para uma empresa almejar sozinha. Segundo, *joint-ventures* fazem sentido quando as oportunidades em um setor novo requerem uma faixa de capacitações e de *know-how* mais ampla do que uma empresa pode dominar. Muitas das oportunidades em telecomunicações baseadas em satélites, biotecnologia e sistemas em rede que incluem hardware, software e serviços exigem o desenvolvimento coordenado de inovações complementares e o equacionamento de uma teia intricada de fatores financeiros, técnicos, políticos e regulatórios simultaneamente. Em tais casos, juntar os recursos e a capacitação de duas ou mais empresas é o modo mais aconselhável e menos arriscado de prosseguir.

Terceiro, as empresas empregam algumas vezes *joint-ventures* para diversificar em um setor novo quando a decisão de diversificação acarreta ter operações em um país estrangeiro — diversos governos exigem das empresas estrangeiras que operam dentro de suas fronteiras ter um sócio local que possua participação minoritária, ou mesmo majoritária, nas operações locais. Além de atender às exigências de controle acionário impostas pelo governo do país receptor do investimento, as organizações em geral procuram um sócio local com especialização e outros recursos que ajudarão o sucesso da operação local estabelecida recentemente.

No entanto, conforme discutido nos Capítulo 6 e 7, associar-se a outra empresa — seja na forma de *joint-venture*, seja em uma aliança colaborativa — apresenta dificuldades significativas em virtude do potencial de objetivos conflitantes, discordâncias sobre o modo de melhor operar o empreendimento, choques culturais e assim por diante. *Joint-ventures* são, em geral, as menos duradouras entre as opções de entrada, durando usualmente apenas até que os sócios decidam seguir seus próprios caminhos.

ESCOLHA DA TRAJETÓRIA DE DIVERSIFICAÇÃO: EMPRESAS RELACIONADAS *VERSUS* EMPRESAS NÃO RELACIONADAS

Após uma organização decidir-se por diversificar, sua primeira grande decisão estratégica é se deve diversificar em empresas relacionadas, em empresas não relacionadas ou em uma mescla de ambas (veja a Figura 9.1). *As empresas são consideradas relacionadas quando suas cadeias de valor possuem relacionamentos competitivamente valiosos que apresentam oportunidades para que desempenhem melhor sob a mesma base corporativa do que operando como entidades isoladas*. A grande atração da diversificação relacionada consiste em criar valor para o acionista impulsionando esses relacionamentos entre as empresas, visando uma vantagem competitiva, permitindo que a empresa como um todo desempenhe melhor do que apenas a soma de suas empresas individuais. *Organizações são consideradas não relacionadas quando as atividades que englobam suas respectivas cadeias de valor são tão diferentes a ponto de não existirem relacionamentos competitivamente valiosos entre elas*.

Conceito Central
Empresas relacionadas possuem combinações competitivamente valiosas das cadeias de valor; *empresas não relacionadas* possuem cadeias de valor diferentes que não englobam relacionamentos competitivamente úteis.

As próximas duas seções deste capítulo analisam os detalhes da diversificação relacionada e não relacionada.

OS ARGUMENTOS PARA DIVERSIFICAR EM EMPRESAS RELACIONADAS

Uma estratégia de diversificação relacionada envolve posicionar a empresa em torno de organizações cujas cadeias de valor possuem adequações estratégicas competitivamente valiosas, conforme mostra a Figura 9.2. Existe **adequação estratégica** sempre que uma ou mais atividades, englobando as cadeias de valor de empresas diferentes, são suficientemente similares para apresentar oportunidades visando[6]:

- Transferir especialização, *know-how* tecnológico ou outras capacidades competitivamente valiosas de uma empresa para outra.

Figura 9.1 **Alternativas de Estratégias para uma Empresa Que Pretende Diversificar**

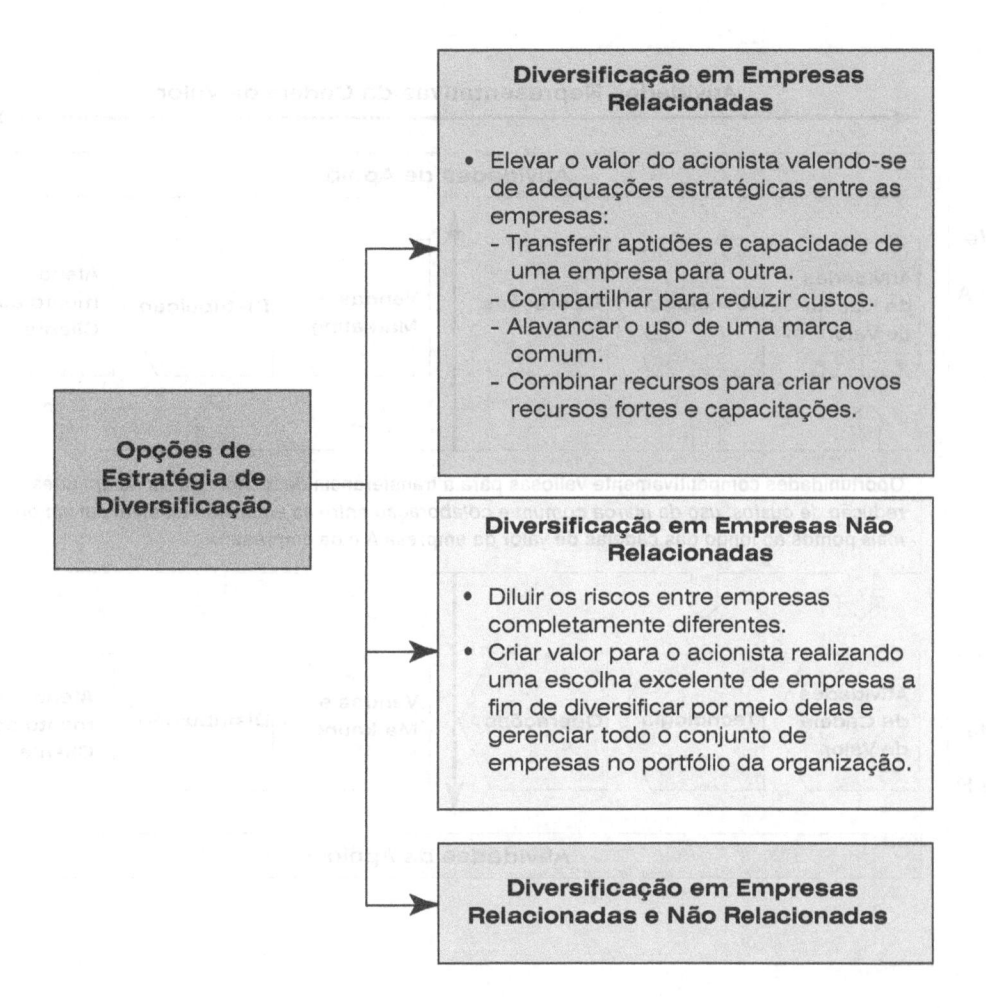

Opções de Estratégia de Diversificação

Diversificação em Empresas Relacionadas
- Elevar o valor do acionista valendo-se de adequações estratégicas entre as empresas:
  - Transferir aptidões e capacidade de uma empresa para outra.
  - Compartilhar para reduzir custos.
  - Alavancar o uso de uma marca comum.
  - Combinar recursos para criar novos recursos fortes e capacitações.

Diversificação em Empresas Não Relacionadas
- Diluir os riscos entre empresas completamente diferentes.
- Criar valor para o acionista realizando uma escolha excelente de empresas a fim de diversificar por meio delas e gerenciar todo o conjunto de empresas no portfólio da organização.

Diversificação em Empresas Relacionadas e Não Relacionadas

- Combinar as atividades de cadeias de valor relacionadas em uma única operação para obter custos menores. Por exemplo, muitas vezes é viável fabricar produtos de empresas diferentes em uma mesma fábrica ou usar os mesmos armazéns para envio ou distribuição ou ter uma única equipe de vendas para os produtos de empresas diferentes (porque são vendidos para os mesmos tipos de clientes).
- Explorar o uso comum de uma marca muito conhecida e respeitada. A marca Honda de motocicletas e automóveis adquiriu credibilidade e reconhecimento instantâneos ao entrar no ramo de cortadores de grama, permitindo-lhe conquistar uma participação de mercado significativa sem investir grandes somas em propaganda a fim de estabelecer uma identidade da marca para seus cortadores de grama. A reputação da Canon em equipamento fotográfico foi um ativo competitivo que facilitou a diversificação da empresa em equipamento reprográfico. A marca Sony em produtos eletrônicos de consumo tornou mais fácil e econômico para a empresa entrar no mercado de videogames com seu console PlayStation e sua linha de videogames PlayStation.
- Colaboração entre as empresas para criar recursos fortes e capacidade valiosos.

> **Conceito Central**
> A **adequação estratégica** existe quando as cadeias de valor de organizações diferentes apresentam oportunidades para a transferência de recursos entre as empresas, custos menores por meio da combinação do desempenho de atividades relacionadas da cadeia de valor, uso de uma marca muito respeitada e colaboração entre as empresas para criar capacidades competitivas novas ou mais fortes.

Figura 9.2 **Empresas Relacionadas Possuem Atividades Relacionadas na Cadeia de Valor e Adequações Estratégicas Competitivamente Valiosas**

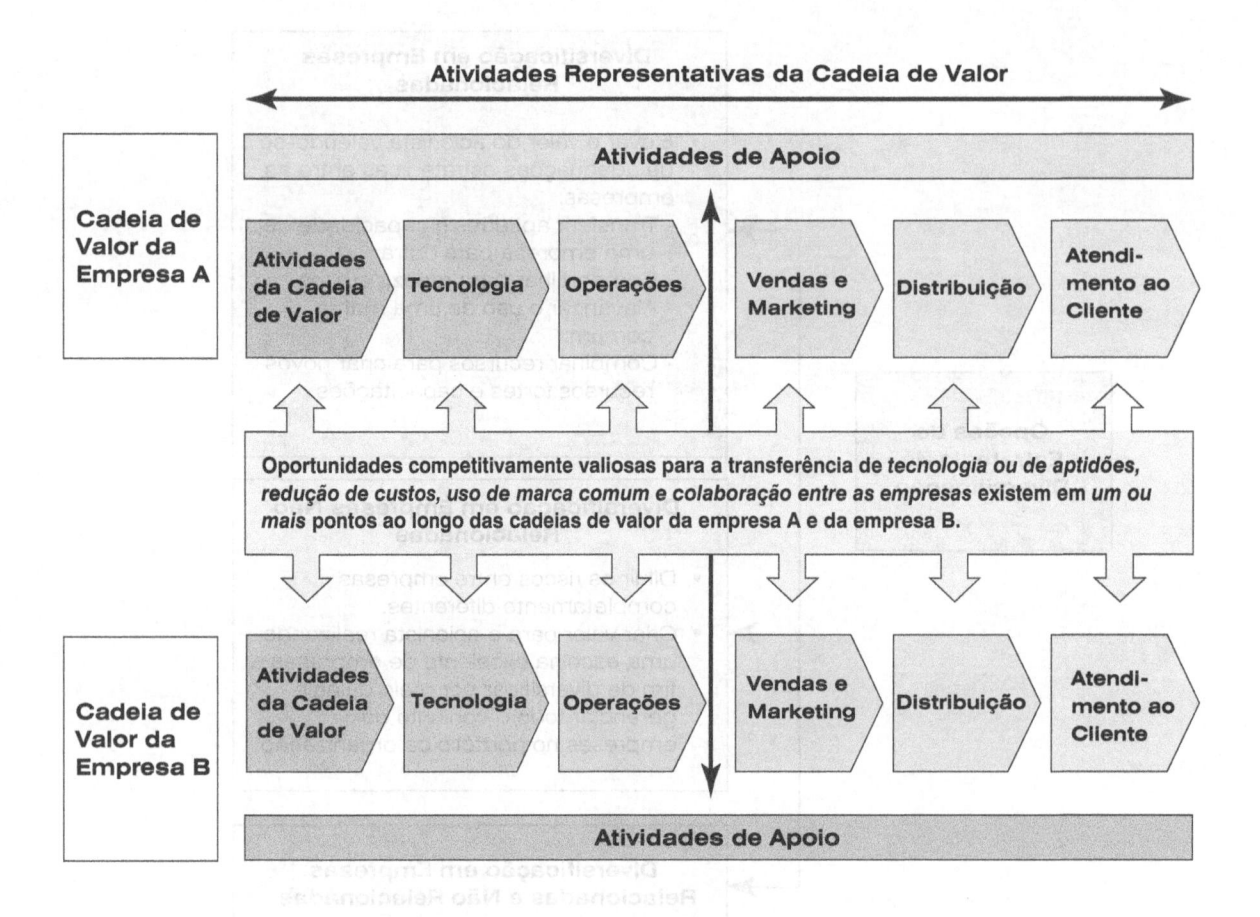

```
                    Atividades Representativas da Cadeia de Valor
                    ←─────────────────────────────────────────────→

                                  Atividades de Apoio
 ┌──────────┐
 │ Cadeia de│   Atividades    Tecnologia   Operações   Vendas e    Distribuição   Atendi-
 │ Valor da │   da Cadeia                              Marketing                   mento ao
 │ Empresa A│   de Valor                                                           Cliente
 └──────────┘
              Oportunidades competitivamente valiosas para a transferência de tecnologia ou de aptidões,
              redução de custos, uso de marca comum e colaboração entre as empresas existem em um ou
              mais pontos ao longo das cadeias de valor da empresa A e da empresa B.

 ┌──────────┐
 │ Cadeia de│   Atividades    Tecnologia   Operações   Vendas e    Distribuição   Atendi-
 │ Valor da │   da Cadeia                              Marketing                   mento ao
 │ Empresa B│   de Valor                                                           Cliente
 └──────────┘
                                  Atividades de Apoio
```

A diversificação relacionada possui, portanto, atração estratégica sob diversos ângulos. Permite que uma empresa colha os benefícios de vantagem competitiva de transferências de aptidões, custos menores, uma marca muito conceituada e/ou capacidade competitiva mais forte, e, assim mesmo, diluir o risco dos investidores entre negócios diferentes ao longo de uma ampla base. Além disso, a relação entre as diferentes empresas proporciona maior concentração no gerenciamento da diversificação e um grau de unidade estratégica útil nas diversas atividades empresariais da organização.

Identificação das Adequações Estratégicas ao Longo da Cadeia de Valor das Empresas

Adequações estratégicas entre empresas podem existir em qualquer ponto da cadeia de valor — em P&D e atividades tecnológicas, em atividades da cadeia de suprimentos e no relacionamento com fornecedores, na produção, em vendas e marketing, nas atividades de distribuição ou nas atividades de apoio administrativo.

Adequações Estratégicas em P&D e Atividades Tecnológicas Diversificar em empresas nas quais existe potencial para compartilhar uma tecnologia comum, aproveitar a gama completa de oportunidades de negócios associados a uma tecnologia específica e a seus derivados ou transferir *know-how* tecnológico de uma empresa para outra apresentam atração considerável. Organizações com os benefícios de tecnologia compartilhada podem desempenhar melhor juntas do que separadas, em virtude das economias de custo em potencial em P&D e períodos de tempo potencialmente menores para colocar novos produtos no mercado; igualmente, os avanços tecnológicos em uma empresa podem resultar em vendas maiores para ambas. As inovações tecnológicas têm estado por trás das iniciativas das empresas de TV a cabo para a diversificação em acesso de alta velocidade à internet (por meio de modems de cabo) e, além disso, para a provisão de serviço telefônico local e interurbano para clientes residenciais e comerciais por fio ou usando a tecnologia VoIP.

Adequações Estratégicas nas Atividades da Cadeia de Suprimentos As empresas que possuem adequações estratégicas da cadeia de valor podem desempenhar melhor juntas em virtude do potencial para a transferência de aptidões na compra de materiais, maior poder de barganha nas negociações com fornecedores comuns, os benefícios de uma maior colaboração com parceiros comuns da cadeia de suprimentos e/ou maior alavancagem com os transportadores ao assegurarem descontos por volume das peças e componentes recebidos. As parcerias estratégicas da Dell Computer com os principais fornecedores de microprocessadores, placas-mãe, drives de disco, chips de memória, telas planas, capacidade para operação sem fio, baterias de longa durabilidade e outros componentes relacionados ao PC têm sido um elemento importante da estratégia da empresa para diversificar-se em servidores, dispositivos de armazenamento de dados, aparelhos de MP3 e TVs de tela de cristal líquido — produtos que incluem muitos componentes comuns com os PCs e que podem ser supridos pelos mesmos parceiros estratégicos que fornecem componentes de PCs para a Dell.

Adequações Estratégicas Relacionadas à Produção As adequações estratégicas entre empresas nas atividades relacionadas à fabricação podem representar uma fonte importante de vantagem competitiva nas situações em que a especialização de uma organização, que adota a diversificação, em termos de qualidade de fabricação e métodos de produção eficientes possam ser transferidos para outra empresa. Quando a Emerson Electric diversificou no negócio de serras, transferiu sua especialização de fabricação com custo baixo para divisão recém-adquirida Beaird-Poulan; a transferência impulsionou a nova estratégia da Beaird-Poulain — ser o provedor de custo baixo de serras — e alterou fundamentalmente o modo como as serras eram projetadas e fabricadas. Um outro benefício de combinações relacionadas à produção nas cadeias de valor é a capacidade para consolidar a produção em um número menor de fábricas e reduzir significativamente os custos gerais de produção. Quando o produtor de trenós motorizados Bombardier diversificou em motocicletas, foi capaz de implantar linhas de montagem de motocicletas nas mesmas instalações industriais onde montava trenós motorizados. Quando a Smuckers adquiriu a divisão de creme de amendoim Jif da Procter & Gamble, foi capaz de combinar a produção de seus próprios produtos à base de creme de amendoim Smucker com aqueles da Jif; além disso, obteve maior alavancagem com os fornecedores na aquisição de insumos de amendoim.

Adequações Estratégicas Relacionadas à Distribuição Empresas com atividades de distribuição fortemente relacionadas podem desempenhar melhor juntas do que separadas, em virtude das economias de custo em potencial no compartilhamento das mesmas instalações de distribuição, ou usar muitos dos mesmos distribuidores atacadistas e concessionários varejistas para ter acesso aos clientes. Quando a Sunbeam adquiriu o Mr. Coffee, foi capaz de consolidar seus próprios centros de distribuição de utensílios domésticos de pequeno porte com aqueles do Mr. Coffee, gerando economias de custo consideráveis. De modo semelhante, em virtude de muitos produtos Sunbeam serem vendidos para muitos dos mesmos varejistas dos produtos Mr.Coffee (Wal-Mart, Kmart, Target, lojas de departamento, home centers, redes de lojas de ferragens, redes de supermercados e redes de farmácias), a Sunbeam foi capaz de convencer grande parte dos varejistas que vendiam seus produtos a também vender a linha Mr. Coffee e vice-versa.

Adequações Estratégicas nas Atividades de Vendas e Marketing Muitas oportunidades para economias de custo surgem da diversificação em negócios com atividades de vendas e marketing fortemente relacionadas. Os mesmos centros de distribuição podem ser usados para armazenagem e envio de produtos de empresas diferentes. Quando os produtos são vendidos diretamente aos mesmos clientes, os custos de venda muitas vezes podem ser reduzidos usando-se uma única equipe de vendas e evitando que dois vendedores atendam o mesmo cliente. Os produtos de empresas relacionadas podem ser promovidos no mesmo site e incluídos na mesma mídia de anúncios e nos mesmos folhetos. O serviço pós-venda e as oficinas de consertos de empresas relacionadas muitas vezes podem ser consolidados em uma única operação. Podem existir oportunidades para reduzir custos consolidando-se o processamento de pedidos e o faturamento e usando promoções relacionadas (cupons para abatimento de centavos, amostras grátis e ofertas iniciais, promoções sazonais especiais e assim por diante). Quando o fabricante global de ferramentas elétricas Black & Decker adquiriu o negócio de utensílios domésticos de pequeno porte da General Electric, foi capaz de usar sua própria equipe de vendas e instalações de distribuição globais para vender e distribuir a linha recém-adquirida de torradeiras, ferros de passar, mixers e máquinas de café, porque os tipos de clientes que estocavam suas ferramentas elétricas (lojas de desconto como Wal-Mart e Target, home centers e lojas de ferragens) também estocavam utensílios pequenos. A economia que a Black & Decker conseguiu para ambas as linhas de produtos foi substancial.

Uma segunda categoria de benefícios surge quando empresas distintas usam métodos similares de vendas e marketing; em tais casos, podem existir oportunidades competitivamente valiosas para a transferência das aptidões de venda, *merchandising*, propaganda e diferenciação do produto de uma empresa para outra. A linha de produtos da Procter & Gamble inclui o café Folgers, o sabão em pó Tide, o creme dental Crest, o sabonete Ivory, o papel higiênico Charmin, os aparelhos e lâminas de barbear Gillette, as pilhas Duracell, as escovas de dente Oral-B e o xampu Head & Shoulders. Todos esses produtos possuem concorrentes diferentes e exigências da cadeia de suprimentos e de produção diferentes, porém todos passam pelos mesmos sistemas de distribuição, são vendidos em ambientes comuns para os mesmos varejistas, são anunciados e promovidos da mesma maneira e exigem as mesmas aptidões de marketing e comercialização.

Adequações Estratégicas nas Atividades de Apoio Gerenciais e Administrativas Muitas vezes, empresas diferentes exigem tipos comparáveis de *know-how* gerencial, permitindo que o conhecimento gerencial criado em uma linha de negócios seja transferido para outra. Na General Electric (GE), os gerentes que estavam envolvidos na expansão da GE na Rússia foram capazes de acelerar a entrada em virtude das informações obtidas dos gerentes da GE envolvidos em expansões em outros mercados emergentes. As lições que os gerentes da GE aprenderam na China foram transferidas para os gerentes da GE na Rússia, permitindo-lhes prever que o governo russo exigiria que a GE instalasse capacidade de produção no país em vez de entrar no mercado por meio de exportações ou de licenciamento. Além disso, os gerentes da GE na Rússia foram mais capazes para desenvolver expectativas de desempenho realistas e tomar decisões imediatas diretas, pois a experiência na China e em outros países lhes alertou que (1) provavelmente haveria maiores custos no curto prazo durante os primeiros anos de operação e (2) caso a GE se dedicasse ao mercado russo no longo prazo e ajudasse no desenvolvimento econômico do país poderia ter expectativa de que, no final, ganharia liberdade para obter uma penetração lucrativa naquele mercado[8].

De modo análogo, empresas diferentes muitas vezes podem usar a mesma estrutura administrativa e de atendimento ao cliente. Por exemplo, uma concessionária de distribuição de eletricidade que se diversifica em gás natural, água, venda de utensílios, serviços de manutenção e de segurança residencial pode usar a mesma rede de dados de clientes, os mesmos call centers e escritórios locais, os mesmos sistemas contábeis para faturamento e controle

Quadro Ilustrativo 9.1
Diversificação Relacionada na L'Oréal, Johnson & Johnson, PepsiCo e Darden Restaurants

Tente identificar os relacionamentos das cadeias de valor que tornam os negócios das empresas a seguir relacionados de modo competitivamente relevante. Você deve considerar, em particular, se existem oportunidades entre as empresas para (1) transferir aptidões/tecnologia, (2) combinar atividades relacionadas da cadeia de valor para obter custos menores, (3) alavancar o uso de uma marca muito respeitada e/ou (4) estabelecer colaboração entre as organizações a fim de criar recursos fortes e capacidades.

L'ORÉAL
- Cosméticos Maybelline, Lancôme, Helena Rubenstein, Kiehl's, Garner e Shu Uemura.
- Produtos para o cabelo L'Oréal e Soft Sheen/Carson.
- Produtos profissionais para cuidados com os cabelos e a pele Redken, Matrix, L'Oréal Professional e Kerastase Paris.
- Fragrâncias Ralph Lauren e Giorgio Armani.
- Produtos Biotherm para cuidados com a pele.
- Dermocosméticos La Roche-Posay e Vichy Laboratories.

JOHNSON & JOHNSON
- Produtos para bebês (talco, xampu, óleo e loção).
- Band-Aid e outros produtos de primeiros socorros.
- Produtos para a saúde feminina (Stayfree, Carefree, Sure & Natural).
- Produtos para cuidados com a pele Neutrogena e Aveeno.
- Medicamentos vendidos sem receita médica (Tylenol, Motrin, Pepcid AC, Mylanta, Monistat).
- Medicamentos vendidos mediante receita médica.
- Próteses e outros dispositivos médicos.
- Produtos cirúrgicos e hospitalares.
- Lentes de contato Accuvue.

PEPSICO
- Refrigerantes (Pepsi, Diet Pepsi, PepsiOne, Mountain Dew, Mug, Slice).
- Sucos de fruta (Tropicana e Dole).
- Bebidas para esportistas (Gatorade).
- Outras bebidas (água mineral Aquafina, SoBe, chá pronto para beber Lipton, Frappucino — em parceria com a Starbucks, vendas internacionais de 7UP).
- Salgadinhos e biscoitos (Fritos, Lay's, Ruffles, Doritos, Tostitos, Santitas, Smart Food, pretzels Rold Gold, Cheetos, Grandma's cookies, Sun Chips, Cracker Jack, molhos Frito-Lay).
- Cereais, arroz e produtos para o café da manhã (farinha de aveia Quaker, Cap'n Crunch, Life, Rice-A-Roni, bolos de arroz Quaker, xaropes e compostos Aunt Jemina, aveia Quaker).

DARDEN RESTAURANTS
- Rede de restaurantes Olive Garden (temática italiana).
- Rede de restaurantes Red Lobster (temática frutos do mar).
- Rede de restaurantes Bahama Breeze (temática caribenha).

Fonte: Sites das empresas, relatórios anuais e informações prestadas às autoridades do mercado financeiro.

financeiro dos clientes e a mesma infra-estrutura de serviços aos clientes para apoiar todos os seus produtos e serviços.

O Quadro Ilustrativo 9.1 relaciona as áreas de cinco empresas que adotaram uma estratégia de diversificação relacionada.

Adequação Estratégica, Economias do Campo de Ação e Vantagem Competitiva

O que torna a diversificação relacionada uma estratégia atraente é a oportunidade para converter adequações estratégicas entre empresas em uma vantagem competitiva em relação aos concorrentes, cujas operações não oferecem benefícios comparáveis de adequação estratégica. Quanto maior a relação entre as coligadas de uma empresa diversificada, maior a capacidade de uma organização de converter adequações estratégicas em vantagem competitiva por meio de (1) transferências de aptidões, (2) combinação de atividades relacionadas da cadeia de valor para conseguir custos menores, (3) alavancagem do uso de uma marca muito respeitada e/ou (4) colaboração entre as empresas para criar novos recursos fortes e capacitações.

Economias de Escopo: Um Caminho para Obter Vantagem Competitiva Uma das vantagens competitivas mais importantes que uma estratégia de diversificação relacionada pode produzir é ter custos menores que os concorrentes. Empresas relacionadas, muitas vezes, apresentam oportunidades para eliminar ou reduzir os custos de realização de certas atividades da cadeia de valor; tais economias de custos são denominadas **economias de escopo** — conceito distinto de *economias de escala*. Economias de *escala* são economias de custo que resultam diretamente de uma operação de porte maior; por exemplo, os custos unitários podem ser menores em uma fábrica grande, menores em um grande centro de distribuição e menores para compras de componentes em grande volume do que para compras em pequeno volume. As economias de *escopo*, no entanto, originam-se diretamente de economias de custos de adequações estratégicas ao longo das cadeias de valor de empresas relacionadas. Tais economias encontram-se disponíveis apenas para um empreendimento formado por várias empresas e são o resultado de uma estratégia de diversificação relacionada que permite a organizações compartilhar tecnologia, realizar P&D juntas, usar instalações comuns de produção ou distribuição, compartilhar uma equipe de vendas ou uma rede de concessionários/distribuidores comum, usar a mesma marca estabelecida e/ou compartilhar a mesma infra-estrutura administrativa. *Quanto maiores as economias entre as empresas associadas de economia de custos de adequações estratégicas, maior o potencial para uma estratégia de diversificação relacionada proporcionar vantagem competitiva, com base em custos menores.*

> **Conceito Central**
> *Economias de escopo* são reduções de custo que resultam de operar em diversas empresas; tais economias originam-se diretamente de eficiências das adequações estratégicas ao longo das cadeias de valor das empresas relacionadas.

Da Vantagem Competitiva à Lucratividade e Ganhos Adicionais no Valor ao Acionista O potencial de vantagem competitiva que flui das economias de escopo e a obtenção de outros benefícios da adequação estratégica é o que permite a uma empresa tentar a diversificação relacionada para conseguir um desempenho financeiro 1 + 1 = 3 e os ganhos esperados no valor ao acionista. A lógica estratégica e empresarial é convincente: conseguir adequações estratégicas ao longo das cadeias de valor de suas empresas relacionadas proporciona a uma organização diversificada um caminho nítido para obter vantagem competitiva em relação a concorrentes não diversificados e a concorrentes, cujas próprias iniciativas de diversificação, não oferecem benefícios equivalentes de adequação estratégica[9]. Tal potencial de vantagem competitiva oferece a uma empresa uma base confiável para auferir lucros e um retorno do investimento que excede aquilo que as unidades de negócios da empresa poderiam obter como empreendimentos isolados. Converter o potencial de vantagem competitiva em maior lucratividade é o que impulsiona os ganhos do tipo 1 + 1 = 3 no valor ao acionista — o resultado necessário para aprovação no teste da melhor situação e provar o mérito empresarial da iniciativa de diversificação de uma empresa.

> **Conceito Central**
> Diversificar em empresas relacionadas, nas quais benefícios competitivamente valiosos das adequações estratégicas podem ser obtidos, coloca as empresas coligadas em posição para desempenhar melhor financeiramente como parte da mesma organização do que poderiam ter desempenhado como empreendimentos independentes, proporcionando desse modo um caminho nítido para o aumento do valor ao acionista.

Existem três aspectos em consideração neste ponto. Primeiro, conseguir adequações estratégicas entre as empresas por meio de uma estratégia de diversificação relacionada aumenta o valor do acionista, de modo que este não consegue realizá-lo simplesmente possuindo um portfólio de ações de empresas de setores diferentes. Segundo, a obtenção de adequações estratégicas entre as empresas é possível apenas por meio de uma estratégia de diversificação relacionada. Terceiro, os benefícios das adequações estratégicas entre empresas não ocorrem automaticamente quando uma organização diversifica em empresas relacionadas; *os benefícios se materializam somente depois de dirigentes terem realizado ações internas bem-sucedidas para consegui-los.*

Figura 9.3 **Empresas Não Relacionadas Possuem Cadeias de Valor Não Relacionadas e Não Apresentam Adequações Estratégicas**

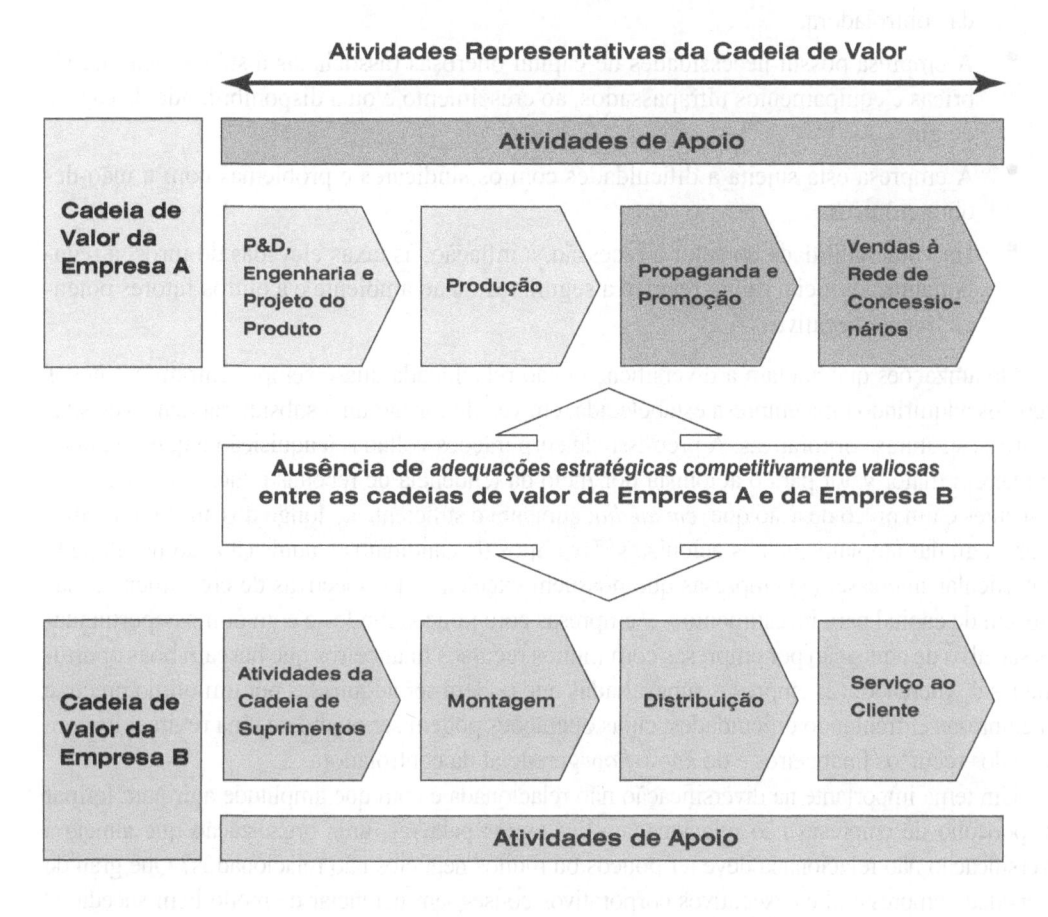

Atividades Representativas da Cadeia de Valor

Cadeia de Valor da Empresa A
- Atividades de Apoio
- P&D, Engenharia e Projeto do Produto
- Produção
- Propaganda e Promoção
- Vendas à Rede de Concessionários

Ausência de *adequações estratégicas competitivamente valiosas* entre as cadeias de valor da Empresa A e da Empresa B

Cadeia de Valor da Empresa B
- Atividades da Cadeia de Suprimentos
- Montagem
- Distribuição
- Serviço ao Cliente
- Atividades de Apoio

OS ARGUMENTOS PARA DIVERSIFICAR EM EMPRESAS NÃO RELACIONADAS

Uma estratégia de diversificação não relacionada não se foca na obtenção de adequações estratégicas entre as empresas e, alternativamente, concentra-se de forma direta na entrada e na operação em setores que permitem à organização como um todo aumentar suas receitas e seus lucros. As empresas que adotam uma estratégia de diversificação não relacionada exibem em geral uma predisposição para diversificar-se em *qualquer setor*, no qual os gerentes seniores vislumbram uma oportunidade para obter constantemente bons resultados financeiros — *a premissa básica da diversificação não relacionada é que toda empresa ou negócio que pode ser adquirido mediante boas condições financeiras e que possui um potencial satisfatório de crescimento e lucro, representa uma boa aquisição e uma boa oportunidade*. Com uma estratégia de diversificação não relacionada, a ênfase encontra-se na aprovação nos testes de atratividade e de custo de entrada e das perspectivas de cada empresa em termos de bom desempenho financeiro. Conforme indicado na Figura 9.3, não há um esforço deliberado para aprovação no teste da melhor situação para diversificação apenas nas empresas que possuem adequações estratégicas com as outras unidades da organização.

Portanto, com uma estratégia de diversificação não relacionada, os gerentes empregam muito tempo e dedicação selecionando candidatos à aquisição e avaliando os prós e contras, ou mantendo ou alienando as empresas existentes, usando critérios do tipo:

- A empresa deve atingir as metas corporativas de lucratividade e retorno sobre o investimento.

- A empresa pertence a um setor com potencial de crescimento atraente.
- A empresa é suficientemente grande a fim de contribuir *significativamente* para o lucro da controladora.
- A empresa possui necessidades de capital onerosas (associadas à substituição de fábricas e equipamentos ultrapassados, ao crescimento e/ou à disponibilidade de capital de giro).
- A empresa está sujeita a dificuldades com os sindicatos e problemas com a mão-de-obra crônicos.
- Há vulnerabilidade do setor à recessão, à inflação, às taxas elevadas de juros, à regulamentação oficial rígida relativa à segurança ou ao ambiente e a outros fatores potencialmente negativos.

Organizações que adotam a diversificação não relacionada quase sempre entram em novos negócios adquirindo uma empresa estabelecida, em vez de formar uma subsidiária dentro de suas próprias estruturas corporativas. A premissa de corporações voltadas à aquisição é que esta pode resultar em maior valor para o acionista por meio da tendência de receitas e lucros corporativos crescentes e um preço de ação que, *em média*, aumenta o suficiente ao longo dos anos para remunerar e agradar amplamente aos acionistas. Três tipos de candidatos à aquisição são usualmente de particular interesse: (1) empresas que possuem excelentes perspectivas de crescimento, mas carecem de capital para investimento — empresas com poucos fundos e com ótimas oportunidades são alvo de aquisição por empresas com muitos recursos financeiros que buscam boas oportunidades de mercado; (2) empresas subavaliadas que podem ser adquiridas por um ótimo preço; e (3) empresas enfrentando dificuldades, cujas operações podem ser objeto de uma reviravolta com ajuda dos recursos financeiros e do *know-how* gerencial da controladora.

Um tema importante na diversificação não relacionada é com que amplitude agir para formar um portfólio de empresas não relacionadas. Em outras palavras, uma organização que almeje a diversificação não relacionada deve ter poucos ou muitos negócios não relacionados? Que grau de diversidade empresarial os executivos corporativos conseguem gerenciar de modo bem-sucedido? Uma maneira razoável para equacionar o tema do grau de diversificação surge da resposta a duas perguntas: "Qual a diversificação mínima necessária para alcançar crescimento e lucratividade aceitáveis?" e "Qual a diversificação máxima que pode ser gerenciada tendo em vista a complexidade que acarreta?"[10]. O ponto ótimo da diversificação em geral se localiza entre esses dois extremos.

O Quadro Ilustrativo 9.2 relaciona os negócios de três empresas que adotaram a diversificação não relacionada. Elas freqüentemente são denominadas *conglomerados*, porque seus interesses empresariais têm grande abrangência pela atuação em setores diferentes.

Os Méritos de uma Estratégia de Diversificação Não Relacionada

Uma estratégia de diversificação não relacionada possui atração sob diversos ângulos:

1. O risco empresarial é diluído por um conjunto de setores realmente *diferentes*. Em comparação à diversificação relacionada, a diversificação não relacionada aproxima-se mais de perto da diversificação *pura* do risco financeiro e empresarial, porque os investimentos da empresa encontram-se diluídos em negócios, cujas tecnologias e atividades na cadeia de valor não possuem relacionamento próximo e cujos mercados são em grande parte desconectados[11].

2. Os recursos financeiros da empresa podem ser empregados visando maximizar a vantagem por meio de (*a*) investimento em quaisquer setores que oferecem as melhores perspectivas de lucro (em oposição a considerar apenas oportunidades em setores com atividades relacionadas da cadeia de valor), e (*b*) direcionamento dos fluxos de caixa dos negócios da empresa com menores perspectivas de crescimento e lucro para adquirir e expandir negócios com maior potencial.

Quadro Ilustrativo 9.2
Diversificação Não Relacionada na General Electric, United Technologies, American Standard e Lancaster Colony

A característica definidora da diversificação não relacionada é a existência de poucos relacionamentos competitivamente valiosos entre as empresas. Analise cuidadosamente a lista de organizações que pertencem à General Electric, United Technologies, American Standard e Lancaster Colony e constate se você pode confirmar o motivo pelo qual essas quatro empresas possuem estratégias de diversificação não relacionadas.

GENERAL ELECTRIC

- Materiais avançados (termoplásticos para engenharia, produtos à base de silicone e plataformas de tecnologia e amálgamas quartzo e cerâmica) — receitas de $8,3 bilhões em 2004.
- Financiamento comercial e ao consumidor (empréstimos, leasing operacional, programas de financiamento e serviços financeiros oferecidos a corporações, varejistas e consumidores em 38 países) — receitas de $39,2 bilhões em 2004.
- Utensílios de maior porte, produtos de iluminação e equipamento, sistemas e serviços industriais integrados — receitas de $13,8 bilhões em 2004.
- Seguro comercial e produtos e serviços de resseguro para seguradoras, empresas da lista *Fortune 1000*, auto-segurados, planos de saúde e outros grupos — receitas de $23,1 bilhões em 2004.
- Turbinas a jato para aeronaves civis e militares, locomotivas para trens de carga e de passageiros, sistemas motrizes para equipamentos de mineração e turbinas a gás para aplicações marítimas e industriais — receitas de $15,6 bilhões em 2004.
- Equipamento para geração de energia elétrica, transformadores, interruptores de circuito de alta voltagem, transformadores de distribuição e interruptores de circuito, capacitores, relays, reguladores, equipamentos para subestações, produtos para medição — receitas de $17,3 em 2004.
- Tecnologias de imagens médicas e da informação, diagnóstico médico, sistemas de monitoramento dos pacientes, pesquisa de doenças, desenvolvimento de medicamentos e biofármacos — receitas de $13,5 bilhões em 2004.
- NBC Universal — controla e opera a rede de televisão NBC, uma rede em língua espanhola (Telemundo), diversas redes de notícias e entretenimento (CNBC, MSNBC, Bravo, Canal Sci-Fi, USA Network), Universal Studios, diversas operações de produção para a televisão, um grupo de estações de televisão e parques temáticos — receitas de $12,9 bilhões em 2004.
- Programas de tratamento químico para água e sistemas de processamento industrial; sensores de precisão, sistemas de segurança para detecção de incêndios, controle de acesso a edifícios, vigilância por vídeo, detecção de explosivos e drogas e serviços imobiliários — receitas de $3,4 bilhões em 2004.
- Serviços de equipamentos, incluindo leasing de caminhões Penske; leasing operacional, empréstimos, vendas e serviços de gerenciamento de ativos para os proprietários de redes de computadores, caminhões, trailers, vagões ferroviários, equipamento de construção e contêineres — receitas de $8,5 bilhões em 2004.

UNITED TECHNOLOGIES

- Turbinas Pratt & Whitney para aeronaves — receitas de $9,3 bilhões em 2005.
- Equipamentos Carrier para aquecimento e ar-condicionado — receitas de $12,5 bilhões em 2005.
- Elevadores e escadas rolantes Otis — receitas de $9,6 bilhões em 2005.
- Helicópteros Sikorsky e sistemas aeroespaciais Hamilton Sunstrand — receitas de $7,2 bilhões em 2005.
- Sistemas Chubb de detecção e segurança — receitas de $4,3 bilhões em 2005.

AMERICAN STANDARD

- Caldeiras, bombas a vapor e aparelhos de ar-condicionado Trane e American Standard — receitas de $6 bilhões em 2005.
- Lavatórios, bacias, banheiras, torneiras, banheiras de hidromassagem e chuveiros American Standard, Ideal Standard e Porcher — receitas de $2,4 bilhões em 2005.
- Sistemas de frenagem e de controle para veículos comerciais e utilitários — receitas de $1,8 bilhão em 2005.

LANCASTER COLONY

- Alimentos selecionados: Cardini, Marzetti, Girard's e molhos para saladas Pheiffer; croutons Chatham Village; pães e bisnagas congeladas New York Brand, Sister Schubert e Mamma Bella; massas congeladas Reames e Aunt Vi's; macarrão com ovos Inn Maid e Amish, e caviar Romanoff — receitas de $674 milhões no exercício de 2005.
- Velas e artigos de vidro: velas Candle-lite; copos e itens para a mesa Indiana Glass e Fostoria; artigos para presentes Colony e vasos para flores Brody — receitas de $234 milhões no exercício de 2005.
- Produtos automotivos: tapetes de borracha para veículos Rubber Queen; acessórios de alumínio e plataformas Dee Zee para caminhões leves; tapetes para caminhões Protecta e diversos outros acessórios para caminhões — receitas de $224 milhões no exercício fiscal de 2005.

Fontes: Sites das empresas, relatórios anuais e informações prestadas às autoridades financeiras.

3. Na medida em que os gestores corporativos são excepcionalmente hábeis para identificar empresas com preços favoráveis e com um grande potencial de lucros, o valor ao acionista pode ser aumentado pela aquisição de empresas em sérias dificuldades a um preço baixo, transformando suas operações de um modo razoavelmente rápido mediante aplicação de fundos e de *know-how* gerencial disponibilizados pela empresa controladora e, então, usufruir dos maiores lucros gerados pelas empresas recém-adquiridas.

4. A lucratividade da empresa pode ser mais estável ao longo dos períodos favoráveis e desfavoráveis da economia, porque as condições de mercado em todos os setores não mudam de direção simultaneamente — em organizações amplamente diversificadas, existe a possibilidade de que as tendências de queda do mercado em alguns dos negócios sejam compensadas parcialmente por elevação cíclica em seus outros negócios, resultando desse modo em volatilidade um tanto menor dos lucros. (Na prática, entretanto, não há prova convincente de que os lucros consolidados das empresas com estratégias de diversificação não relacionadas sejam mais estáveis ou menos sujeitos a reversão nos períodos de recessão e de problemas econômicos do que os lucros das organizações com estratégias de diversificação relacionadas).

A diversificação não relacionada certamente merece consideração quando uma empresa está presa a um setor ou depende excessivamente dele, em especial quando não possui recursos ou capacidades competitivamente valiosos, que possa transferir a um setor próximo. Pode-se também optar pela diversificação não relacionada quando uma empresa prefere diluir os riscos dos negócios e não restringir-se a investir em um grupo de empresas muito relacionadas.

Criação de Valor ao Acionista por Meio da Diversificação Não Relacionada Em virtude da ausência de adequações estratégicas entre as empresas para obter vantagem competitiva, a tarefa de criar valor ao acionista por meio da diversificação não relacionada depende, em última instância, da percepção acurada dos executivos corporativos. Para ter sucesso na adoção de uma estratégia de diversificação não relacionada, visando produzir resultados financeiros em toda a empresa, além do que as empresas poderiam gerar operando como entidades isoladas, os executivos corporativos precisam:

- Realizar um excelente trabalho de diversificação em novos negócios que possam produzir constantemente bons lucros e retornos do investimento (obtendo aprovação no teste de atratividade).

- Realizar um excelente trabalho de negociação de preços de aquisição favoráveis (obtendo aprovação no teste de entrada).

- Realizar um bom trabalho supervisionando as subsidiárias e contribuindo para o seu gerenciamento — proporcionando aptidões especializadas para a resolução de problemas, sugestões criativas de estratégias e excelente orientação para a tomada de decisões aos dirigentes das várias subsidiárias — que resulte em desempenho das subsidiárias em um nível mais elevado do que seriam capazes de realizar por meio da dedicação apenas dos responsáveis pelas unidades de negócios (uma maneira positiva para ser aprovado no teste da melhor situação).

- Saber identificar a ocasião para deslocar recursos de empresas com poucas perspectivas de lucro para aquelas com possibilidades de crescimento e rentabilidade acima da média.

- Ter aptidão para discernir quando uma empresa precisa ser vendida (por estar na iminência de confrontar condições setoriais e competitivas adversas e provável declínio na lucratividade a longo prazo) e também identificar compradores que pagarão um preço maior do que o valor do investimento líquido na empresa (de modo que a venda de organizações alienadas resultarão em ganhos de capital para os acionistas, em vez de perdas de capital).

Na medida em que os executivos corporativos sejam capazes de elaborar e executar uma estratégia de diversificação não relacionada que produza os efeitos mencionados aqui em grau suficiente para resultar em um fluxo de dividendos e de ganhos de capital para os acionistas maior do que um resultado 1 + 1 = 2, pode-se provar que o valor para o acionista realmente aumentou.

Pontos Negativos da Diversificação Não Relacionada

As estratégias de diversificação não relacionada possuem dois fatores negativos que ofuscam os positivos: necessidades gerenciais prementes e potencial limitado de vantagem competitiva.

Necessidades Gerenciais Prementes Gerenciar de modo bem-sucedido um conjunto de negócios fundamentalmente diferentes, operando em setores fundamentalmente diferentes, é uma proposição excepcionalmente desafiadora para os gestores corporativos. Isso é difícil porque os principais executivos, embora talvez tendo trabalhado em um ou dois negócios da empresa, raras vezes possuem tempo e conhecimento para estar familiarizados com todas as circunstâncias em torno de cada um dos negócios para fornecer orientação de alto nível aos gerentes dos negócios. Realmente, quanto maior o número de negócios que uma empresa possui e quanto mais diversificados forem, mais difícil se torna para os gerentes corporativos (1) estar a par daquilo que acontece em cada setor e em cada subsidiária e, portanto, julgar se um negócio específico possui excelentes perspectivas ou está em via de ter dificuldades, (2) conhecer o suficiente a respeito dos assuntos e problemas com que se defronta cada subsidiária para escolher gerentes das unidades de negócios que possuem a combinação exigida de aptidões e *know-how* gerenciais, (3) ser capaz de conhecer a diferença entre as propostas estratégicas dos gerentes das unidades de negócios que são prudentes e aquelas arriscadas ou improváveis de acontecer, e (4) saber como agir se uma unidade enfrentar dificuldades e seus resultados diminuírem verticalmente de modo repentino[12].

> **Conceito Central**
> Os dois maiores fatores negativos da diversificação não relacionada são as dificuldades de gerenciar de modo competente muitos negócios diferentes e não possuir a fonte adicional de vantagem competitiva disponibilizada pela adequação estratégica entre os negócios.

Em uma empresa como a General Electric (veja o Quadro Ilustrativo 9.2) ou a Tyco International (que adquiriu mil negócios no período 1990-2001), os executivos corporativos estão se empenhando constantemente para atualizarem-se sobre novos acontecimentos no setor; o progresso e os planos de cada subsidiária muitas vezes depende de apresentações por gerentes dos negócios para que se saiba muitos dos detalhes. Como regra geral, quanto maior o número de negócios não relacionados em que a empresa se diversificou, mais os executivos ficam dependentes de apresentações dos gerentes responsáveis pelas unidades e de "gerenciar em função dos números", isto é, acompanhar de perto os resultados financeiros e operacionais de cada subsidiária, supondo que os dirigentes das várias subsidiárias têm sob controle grande parte dos parâmetros, de modo que os resultados financeiros e operacionais mais recentes sejam bons. Gerenciar em função dos números dá certo, se esses dirigentes são capazes e atingem constantemente as metas. No entanto, o problema surge quando começam a aparecer maus resultados em um negócio, apesar dos melhores esforços dos gerentes das unidades, e os líderes corporativos precisam de grande envolvimento para reverter o rumo de um negócio sobre o qual desconhecem detalhes. Como o ex-presidente do Conselho de uma das empresas da *Fortune 500* recomendou: "Nunca adquira uma organização que você não saiba administrar". Em virtude de todo negócio tender a apresentar muitas dificuldades, uma boa maneira para avaliar os méritos de uma aquisição em um setor não relacionado consiste em perguntar "Se o negócio passou por dificuldades, os dirigentes corporativos conhecem possivelmente os meios para ajudá-lo?". Quando a resposta é negativa (ou mesmo positiva com prováveis ressalvas), o crescimento via aquisição de negócios não relacionados é uma estratégia incerta[13]. Apenas um ou dois contratempos ou grandes erros estratégicos (julgar erroneamente a importância de certas forças competitivas, o impacto das forças motrizes ou os principais fatores de sucesso, deparar-se com problemas inesperados em um negócio recém-adquirido ou ser muito otimista quanto a reverter a situação de um negócio em dificuldades) podem causar queda abrupta dos lucros corporativos e fazer desabar o preço da ação da empresa controladora.

Portanto, supervisionar de modo competente um conjunto diferente de negócios pode acabar sendo mais difícil do que parece. Na prática, comparativamente, poucas empresas conseguiram realizar a tarefa. Há um número muito maior de empresas cujos executivos corporativos não conseguiram obter de modo constante bons resultados financeiros com uma estratégia de diversificação não relacionada do que empresas com executivos corporativos bem-sucedidos[14]. Simplesmente, é muito difícil esses executivos obterem ganhos do tipo 1 + 1 = 3 do valor do acionista com base em sua especialização para (a) escolher em que setores diversificar e quais negócios nesses setores adquirir, (b) deslocar recursos de negócios com mau desempenho para negócios de excelente desempenho e (c) proporcionar uma orientação de alto nível para a tomada de decisões aos gerentes gerais de suas subsidiárias. As chances são de que o resultado da diversificação não relacionada será de 1 + 1 = 2 ou menos.

> Depender inteiramente do conhecimento especializado dos executivos para gerenciar de modo adequado um conjunto de negócios não relacionados constitui *uma base muito mais fraca para o aumento do valor do acionista* do que uma estratégia de diversificação relacionada na qual o desempenho corporativo pode ser aprimorado por adequações estratégicas entre os negócios.

Potencial Limitado da Vantagem Competitiva   O segundo fator negativo de peso é que a *diversificação não relacionada não oferece potencial para vantagem competitiva além do que cada* negócio *individual pode gerar isoladamente*. Ao contrário de uma diversificação relacionada, não há adequações estratégicas entre os negócios que possam servir de base para a redução de custos, a transferência benéfica de aptidões e tecnologia, a alavancagem do uso de uma marca poderosa ou a colaboração para criar capacidades competitivas mutuamente benéficas e, portanto, *aumentar qualquer vantagem competitiva dos* negócios *individuais*. É evidente que uma empresa controladora empenhada em diversificação não relacionada pode aplicar em suas subsidiárias um capital necessário e talvez até mesmo o *know-how* gerencial para ajudar a resolver problemas em unidades de negócios específicas, porém em caso contrário possui pouco para oferecer em termos de aumentar a força competitiva de suas unidades de negócios individuais. *Sem o potencial da vantagem competitiva das adequações estratégicas, o desempenho consolidado de um grupo não relacionado de negócios acaba sendo restrito ou não superior ao que as unidades de negócios individuais poderiam conseguir caso fossem independentes.*

COMBINAÇÃO ENTRE AS ESTRATÉGIAS RELACIONADA E NÃO RELACIONADA

Não há nada que impeça uma empresa de diversificar-se ao mesmo tempo em negócios relacionados e não relacionados. Realmente, na prática o conjunto de negócios das empresas diversificadas varia consideravelmente. Algumas contam com *empreendimentos empresariais dominantes* — um negócio importante "central" representa 50% a 80% das receitas totais e um conjunto de pequenos negócios, relacionados ou não, representa o remanescente. Algumas empresas diversificadas são *limitadamente diversificadas* em torno de alguns (dois a cinco) negócios relacionados ou não. Outras são *amplamente diversificadas* em torno de um grande conjunto de negócios relacionados, não relacionados ou uma combinação de ambos. E alguns empreendimentos formados por vários negócios diversificaram em áreas não relacionadas, mas possuem um conjunto de negócios relacionados no âmbito de cada área — proporcionando-lhes desse modo um portfólio empresarial formado por *diversos grupos não relacionados de* negócios *relacionados*. Existe muito espaço para as empresas customizarem suas estratégias de diversificação, a fim de incorporar elementos de diversificação relacionada e não relacionada, conforme possa atender a suas próprias preferências de risco e de visão estratégica.

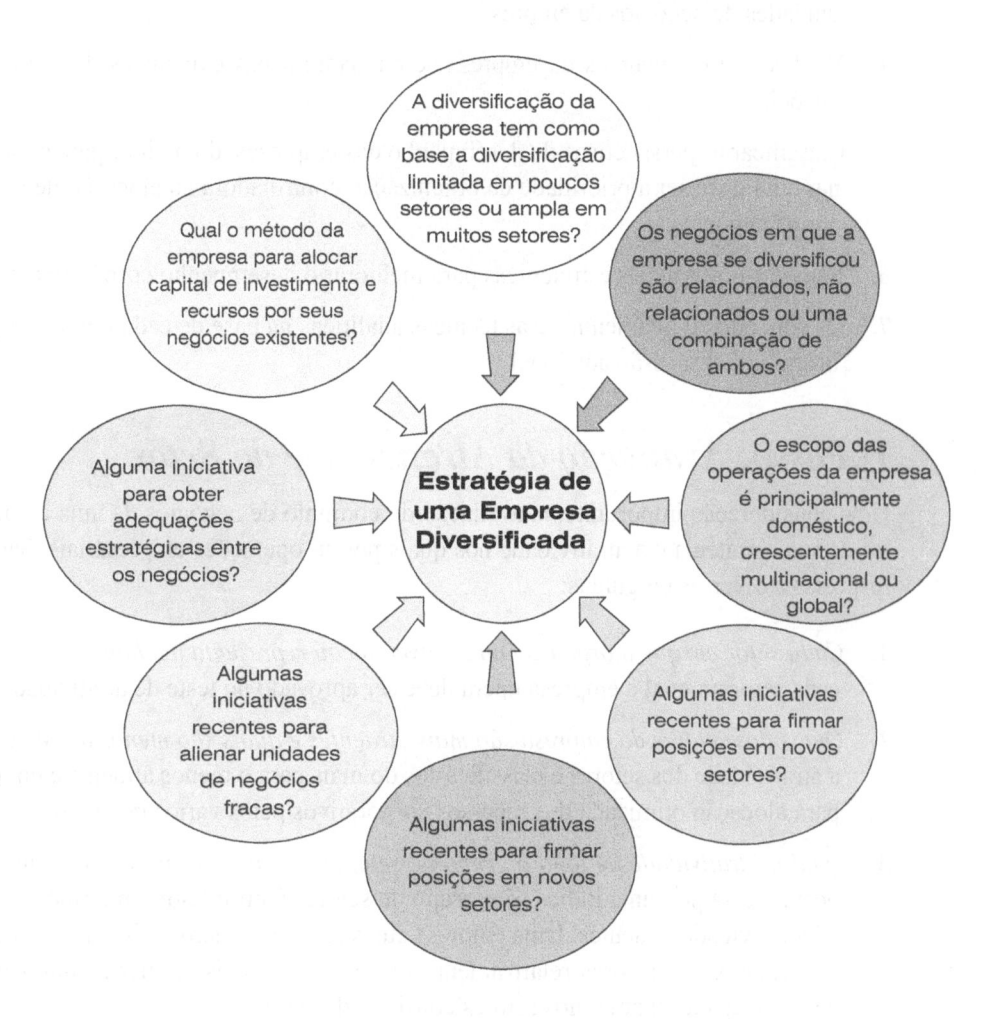

Figura 9.4 **Identificação da Estratégia de uma Empresa Diversificada**

Estratégia de uma Empresa Diversificada

- A diversificação da empresa tem como base a diversificação limitada em poucos setores ou ampla em muitos setores?
- Os negócios em que a empresa se diversificou são relacionados, não relacionados ou uma combinação de ambos?
- O escopo das operações da empresa é principalmente doméstico, crescentemente multinacional ou global?
- Algumas iniciativas recentes para firmar posições em novos setores?
- Algumas iniciativas recentes para firmar posições em novos setores?
- Algumas iniciativas recentes para alienar unidades de negócios fracas?
- Alguma iniciativa para obter adequações estratégicas entre os negócios?
- Qual o método da empresa para alocar capital de investimento e recursos por seus negócios existentes?

A Figura 9.4 indica o que buscar para identificar os principais elementos da estratégia de diversificação de uma empresa. Ter uma percepção clara da atual estratégia corporativa prepara o cenário para avaliar o grau de perfeição da estratégia e propor ações para melhorar o desempenho da organização.

AVALIAÇÃO DA ESTRATÉGIA DE UMA EMPRESA DIVERSIFICADA

A análise estratégica das empresas diversificadas baseia-se nos conceitos e métodos adotados por organizações que atuam em um único ramo. Entretanto, existem alguns aspectos adicionais a serem considerados e algumas novas ferramentas analíticas para dominar. O procedimento de avaliação dos pontos positivos e negativos da estratégia de uma empresa diversificada e de decisão de que ações empreender para melhorar seu desempenho envolve seis passos:

1. Avaliar a atratividade dos setores em que a empresa se diversificou, individualmente ou como um grupo.

2. Avaliar a força competitiva das unidades de negócios da empresa e determinar quantas são participantes fortes em seus respectivos setores.

3. Verificar o potencial de vantagem competitiva das adequações estratégicas entre as várias unidades de negócios da empresa.
4. Verificar se os recursos da empresa se enquadram nas exigências de sua atual linha de negócios.
5. Classificar as perspectivas de desempenho das empresas, do melhor para o pior, e determinar qual deve ser a prioridade da organização controladora na alocação de recursos a seus vários negócios.
6. Elaborar novas ações estratégicas para melhorar o desempenho corporativo geral.
7. Os conceitos fundamentais e as técnicas analíticas na base de cada um desses passos justificam uma discussão adicional.

1º Passo: Avaliação da Atratividade do Setor

Uma consideração importante na avaliação do conjunto de negócios de uma empresa e do valor de sua estratégia é a atratividade nos quais possui operações empresariais. São necessárias respostas a diversas perguntas:

1. *Cada setor em que a organização se diversificou representa um bom negócio?* Idealmente cada setor no qual a empresa opera deve ser aprovado no teste de atratividade.
2. *Quais dos setores da empresa são mais atraentes e quais são menos atraentes?* Comparar a atratividade dos setores e classificá-los do mais para o menos atraente é um pré-requisito para alocação otimizada dos recursos corporativos pelos vários negócios.
3. *Qual a atratividade de todo o grupo de setores nos quais a organização investiu?* A resposta a essa pergunta indica se o grupo de setores é promissor em termos de crescimento e lucratividade atraentes. Uma empresa cujas receitas e lucros originam-se principalmente de negócios em setores relativamente sem atração precisa tomar medidas para livrar-se desses negócios e atuar nos setores considerados atraentes.

Quanto mais atrativos são os setores (individualmente e como um grupo) em que uma empresa atua, melhores suas perspectivas de bom desempenho no longo prazo.

Cálculo dos Parâmetros de Atratividade para Cada um dos Setores em que a Empresa Se Diversificou Uma ferramenta analítica simples e confiável envolve o cálculo de parâmetros quantitativos de atratividade que pode ser usado para avaliar a atratividade de cada setor, classificando-os do mais para o menos atrativo, e fazer julgamentos sobre a atratividade de todos os setores como um grupo.

As seguintes medidas em geral são empregadas para avaliar a atratividade de um setor:

- *Dimensão do mercado e taxa de crescimento projetada* — Setores grandes são mais atrativos do que os pequenos, e setores de crescimento rápido tendem a ser mais atraentes do que os de crescimento lento, na igualdade das demais condições.
- *A intensidade da concorrência* — Setores em que as pressões competitivas são relativamente fracas são mais atrativos do que aqueles nos quais as pressões competitivas são fortes.
- *Oportunidades e ameaças emergentes* — Setores com oportunidades promissoras e ameaças mínimas no curto prazo são mais atraentes do que aqueles com poucas oportunidades e ameaças que se impõem.

- *A presença de adequações estratégicas entre os setores* — Quanto mais a cadeia de valor e as exigências de recursos de um setor se enquadram bem às atividades da cadeia de valor de outros setores nos quais a empresa possui operações, mais atrativo torna-se o setor para uma organização que busca a diversificação relacionada. No entanto, as adequações estratégicas entre os setores podem não ter conseqüência para uma empresa comprometida com uma estratégia de diversificação não relacionada.

- *Exigência de recursos* — Setores que possuem necessidade de recursos que estejam ao alcance da empresa são mais atraentes do que aqueles em que o capital e outras exigências poderiam pressionar recursos financeiros e capacidade organizacional.

- *Fatores sazonais e cíclicos* — Setores nos quais a demanda dos consumidores é relativamente estável durante todo o ano e não vulnerável aos altos e baixos econômicos tendem a ser mais atraentes do que aqueles nos quais existem grandes oscilações na demanda no intervalo de um ou mais anos. No entanto, a sazonalidade pode ser um fator positivo para uma empresa que atue em diversos setores, caso o período favorável em um setor corresponda ao período desfavorável em outro setor, ajudando desse modo a nivelar o nível de vendas mensal. De modo semelhante, a demanda cíclica do mercado em um setor pode ser atraente se o seu ciclo favorável ocorre em sentido oposto aos ciclos desfavoráveis do mercado em outro setor no qual a empresa opera, auxiliando desse modo a diminuir a volatilidade da receita e do lucro.

- *Fatores sociais, políticos, regulatórios e ambientais* — Setores com problemas significativos em áreas como saúde do consumidor, segurança ou poluição ambiental, ou que estão sujeitos a uma regulamentação excessiva, são menos atraentes do que aqueles em que tais problemas não constituem considerações importantes.

- *Lucratividade do setor* — Setores com boas margens de lucro e porcentagens elevadas de retorno sobre o investimento em geral são mais atrativos do que aqueles nos quais os lucros têm sido historicamente pequenos ou instáveis.

- *Incerteza do setor e risco empresarial* — Setores com menos incerteza e menos risco empresarial, em geral, são mais atraentes do que aqueles cujas perspectivas por alguma razão são mais incertos, especialmente quando o setor possui grandes exigências de recursos.

Após a identificação do conjunto de medidas de atratividade que se enquadram nas circunstâncias de uma empresa diversificada, cada uma dessas medidas recebe um peso que reflete sua importância relativa na determinação da atratividade de um setor — constitui uma metodologia fraca supor que as várias medidas de atratividade sejam igualmente importantes. A intensidade da concorrência em um setor deve ter quase sempre um peso elevado (por exemplo, 0,20 a 0,30). Considerações sobre adequação estratégica devem ter um peso elevado no caso de empresas de diversificação relacionadas, porém, para organizações de diversificação não relacionada, as adequações estratégicas com outros setores podem receber um peso pequeno ou mesmo ser eliminadas da lista de medidas de atratividade. Fatores sazonais e cíclicos em geral recebem um peso pequeno (ou talvez sejam até mesmo eliminados da análise) a não ser que uma empresa tenha se diversificado em setores caracterizados por demanda sazonal e/ou grande vulnerabilidade às oscilações cíclicas. A importância dos pesos precisa ter soma 1,0.

Em seguida, cada setor é avaliado por cada uma das medidas de atratividade escolhidas, usando uma escala de avaliação de 1 a 10 (na qual uma avaliação *alta* significa atratividade *alta* e uma avaliação *baixa* significa atratividade *baixa*). *Tenha em mente nesse caso que quanto mais intensamente competitivo for um setor, menor a avaliação de atratividade.* De modo análogo, quanto maiores as exigências de capital e de recursos associados à atuação em um setor específico, menor a avaliação da atratividade. E um setor que está sujeito

Tabela 9.1 Cálculo de Índices Ponderados de Atratividade do Setor

Medida de Atratividade do Setor	Importância do Peso	Setor A Avaliação / Índice	Setor B Avaliação / Índice	Setor C Avaliação / Índice	Setor D Avaliação / Índice
Tamanho do mercado e taxa de crescimento projetada	0,10	8/0,80	5/0,50	7/0,70	3/0,30
Intensidade da concorrência	0,25	8/2,00	7/1,75	3/0,75	2/0,50
Oportunidades e ameaças emergentes	0,10	2/0,20	9/0,90	4/0,40	5/0,50
Adequações estratégicas entre os setores	0,20	8/1,60	4/0,80	8/1,60	2/0,40
Exigências de recursos	0,10	9/0,90	7/0,70	10/1,00	5/0,50
Influências sazonais e cíclicas	0,05	9/0,45	8/0,40	10/0,50	5/0,25
Fatores sociais, políticos, regulatórios e ambientais	0,05	10/1,00	7/0,70	7/0,70	3/0,30
Lucratividade do setor	0,10	5/0,50	10/1,00	3/0,30	3/0,30
Incerteza e risco empresarial no setor	0,05	5/0,25	7/0,35	10/0,50	1/0,05
Soma dos pesos atribuídos	1,00				
Índices gerais de atratividade do setor		**7,70**	**7,10**	**5,45**	**3,10**

Escala de avaliação: 1 = Pouco atrativo para empresa; 10 = Muito atrativo para a empresa.

a uma regulamentação severa de controle da poluição ou que causa problemas à sociedade (como cigarros e bebidas alcoólicas) deve receber em geral uma classificação de atratividade baixa. Índices de atratividade ponderados são calculados em seguida multiplicando-se a avaliação do setor para cada medida pelo peso correspondente. Por exemplo, um índice de 8 vezes um peso de 0,25 resultou em uma atratividade ponderada de 2,00. A soma dos índices ponderados para todas as medidas de atratividade resulta no índice de atratividade geral do setor. Esse procedimento encontra-se exemplificado na Tabela 9.1.

Interpretação dos Índices de Atratividade do Setor Setores com um índice menor do que 5,0 não são aprovados no teste de atratividade. Se os índices de atratividade de um setor para uma empresa são todos superiores a 5,0, provavelmente é razoável concluir que o grupo de setores nos quais a organização opera é atrativo como um todo. Porém, o grupo de setores assume um grau de atratividade decididamente menor à medida que aumentar o número de setores com índices menores do que 5,0, especialmente se os setores com índices baixos representarem uma fração considerável das receitas da empresa.

Para que uma empresa diversificada desempenhe de modo excelente, uma parte substancial de suas receitas e lucros precisa ser gerada por unidades de negócios com índices de atratividade relativamente altos. É particularmente importante que os principais negócios de uma organização diversificada estejam em setores com boas perspectivas de crescimento e de lucratividade acima da média. Se uma grande fração das receitas e dos lucros da empresa origina-se de setores com crescimento lento, lucratividade baixa ou concorrência intensa, o desempenho geral da organização é reduzido. As unidades de negócios nos setores menos atraentes são candidatas em potencial para venda, a não ser que estejam posicionadas suficientemente bem para suplantar os aspectos sem atração de seus ambientes setoriais ou se são um componente estrategicamente importante do conjunto de negócios da empresa.

Dificuldades para Calcular os Índices de Atratividade dos Setores Há dois obstáculos para calcular os índices de atratividade do setor. Um consiste em decidir quais são os pesos apropriados para medidas da atratividade. Analistas diferentes podem ter não somente opiniões diferentes sobre que pesos são apropriados para diferentes medidas de atratividade, mas também pesos diferentes podem ser apropriados para empresas diferentes — com base em suas estratégias, metas de desempenho e circunstâncias financeiras. Por exemplo, atribuir um peso baixo às exigências de recursos do setor pode ser justificável para uma empresa com muitos fundos, ao passo que um peso alto pode ser mais apropriado para organizações em dificuldades financeiras. O segundo obstáculo é obter um domínio suficiente do setor para atribuir classificações precisas e objetivas. Em geral uma empresa consegue obter os dados estatísticos necessários para comparar seus setores em termos de fatores como tamanho do mercado, taxa de crescimento, influências sazonais e cíclicas e lucratividade do setor. As adequações entre os setores e as exigências de recursos são razoavelmente fáceis de inferir. Porém, a medida de atratividade para a qual o julgamento tem o maior peso é aquela da intensidade da concorrência. Nem sempre é fácil concluir se a concorrência em um setor é mais forte ou mais fraca do que em outro setor por causa dos tipos diferentes de influências competitivas que prevalecem e das diferenças em sua importância relativa. Na eventualidade de as informações disponíveis serem inadequadas para atribuir de modo confiável um valor de avaliação para um setor em uma medida de atratividade específica, é aconselhável usar um índice 5, que evita criar um viés para cima ou para baixo do índice de atratividade geral.

Entretanto, apesar dos obstáculos, o cálculo dos índices de atratividade do setor é um método sistemático e razoavelmente confiável para classificar os setores de uma empresa diversificada de mais atrativo a menos atrativo — números como aqueles mostrados para os quatro setores na Tabela 9.1 ajudam a definir com clareza e precisão a base para julgar que setores são mais atrativos e em que grau.

2º Passo: Avaliação dos Recursos Fortes Competitivos da Unidade de Negócios

O segundo passo na avaliação de uma empresa diversificada consiste em estabelecer a força do posicionamento competitivo de cada uma de suas unidades de negócios em seu respectivo setor. Avaliar os recursos fortes e a posição competitiva de cada unidade de negócios em seu setor revela não apenas suas possibilidades de sucesso, mas também proporciona uma base para classificar as unidades de mais fortes a mais fracas competitivamente e fazer uma estimativa dos pontos fortes competitivos de todas as unidades de negócios como um grupo.

Cálculo dos Índices de Recursos Fortes Competitivos para Cada Unidade de Negócios As medidas quantitativas dos pontos fortes competitivos de cada unidade de negócios podem ser calculadas usando-se um procedimento similar àquele para estimar a atratividade do setor. Os seguintes fatores são utilizados para quantificar os recursos fortes competitivos das subsidiárias de uma empresa diversificada:

- *Participação de mercado relativa* — A *participação de mercado relativa* é definida como a proporção de sua participação de mercado em relação àquela de seu maior concorrente no setor, sendo a participação de mercado medida em unidades e não em moeda. Por exemplo, se o negócio A possui a maior participação de mercado (40%) e seu maior concorrente possui 30%, a participação de mercado relativa de A é 1,33. (Observe que não apenas as unidades de negócios líderes em seus respectivos setores podem ter participações de mercado relativas maiores que 1,0.) Se o negócio B tem uma participação de mercado de 15% e o maior concorrente de B possui 30%, a participação de mercado relativa de B é 0,5. *Quanto menor do que 1,0 é a participação de mercado relativa de uma unidade de negócios, mais fraca é sua força competitiva e sua posição de mercado em relação aos concorrentes.* Uma participação de mercado de 10%, por exemplo, não sinaliza muitos recursos fortes competitivos se a participação do líder é 50% (uma participação de mercado relativa de 0,20), porém, uma participação de mercado de 10% é na realidade muito forte se a participação do líder é somente de 12% (uma participação de mercado rela-

> Usar a participação de mercado relativa para medir os recursos fortes competitivos é analiticamente superior do que adotar diretamente a participação de mercado em termos percentuais.

tiva de 0,83) — é por esse motivo que a participação de mercado relativa de um negócio é melhor medida da força competitiva do que a participação de mercado do negócio com base no valor ou em volume.

- *Custos em relação aos custos dos concorrentes* — As unidades de negócios que possuem custos baixos em relação aos dos principais concorrentes tendem a posicionarem-se mais fortemente em seus setores do que as unidades de negócios que enfrentam dificuldades para manter a paridade de custos. Supondo que os preços cobrados pelos concorrentes do setor sejam aproximadamente iguais, há motivo para esperar que as unidades de negócios com participação de mercado relativa maior possuam custos unitários menores do que os concorrentes com participação de mercado relativa menor, porque seu maior volume unitário oferece a possibilidade de economias obtidas com operações em maior escala e com os benefícios de quaisquer efeitos da curva de experiência/aprendizado. Um outro indicador de custo baixo pode ser a capacidade para gerenciar a cadeia de suprimentos de uma unidade de negócios. A única ocasião em que os pontos fortes competitivos de uma unidade de negócios podem não ser prejudicados pela existência de custos maiores do que os concorrentes é quando incorre em custos maiores a fim de diferenciar marcadamente sua oferta de produtos e seus clientes estiverem dispostos a pagar preços mais elevados pelas características diferenciadas.

- *Habilidade de igualar ou superar concorrentes em atributos-chave de produtos* — a competitividade de uma empresa depende em parte de ser capaz de satisfazer as expectativas dos clientes em relação a características de produto, desempenho, confiança, serviço e outros atributos importantes.

- *Capacidade para beneficiar-se de adequações estratégicas com negócios coligados* — Adequações estratégicas com outros negócios controlados pela mesma empresa aumentam a força competitiva de uma unidade de negócios e podem proporcionar vantagem competitiva.

- *Capacidade para exercer alavancagem nas negociações com os principais fornecedores ou clientes* — Possuir alavancagem nas negociações sinaliza força competitiva e pode ser uma fonte de vantagem competitiva.

- *Grau de excelência das alianças e das parcerias em colaboração com fornecedores e/ ou compradores* — Alianças e parcerias que operam bem podem sinalizar uma vantagem competitiva potencial em relação aos concorrentes e desse modo aumentar a força competitiva de um negócio. Alianças com os principais fornecedores, muitas vezes, são a base para a força competitiva no gerenciamento da cadeia de suprimentos.

- *Imagem e reputação da marca* — Uma marca forte é um ativo competitivo valioso na maioria dos setores.

- *Capacidades competitivas valiosas* — As unidades de negócios reconhecidas por sua liderança tecnológica, inovação do produto ou perícia de marketing em geral são concorrentes fortes em seu setor. As aptidões no gerenciamento da cadeia de suprimentos podem gerar vantagens de diferenciação valiosas em termos de custo ou produto. O mesmo se aplica à capacidade de produção diferenciada. Algumas vezes as unidades de negócios de uma empresa conquistam força competitiva por causa de seu conhecimento dos clientes e dos mercados e/ou de sua capacidade gerencial comprovada. *Um aspecto importante a destacar neste ponto é o grau de adequação com que os ativos competitivos de uma unidade de negócios se enquadram nos principais fatores de sucesso do setor.* Quanto mais os recursos fortes e a capacidade competitiva de uma unidade de negócios se enquadram nos principais fatores de sucesso do setor, mais forte tende a ser sua posição competitiva.

- *Lucratividade em relação aos concorrentes* — As unidade de negócios que obtêm constantemente retornos do investimento acima da média e possuem margens de lucro maiores que as de seus concorrentes ocupam em geral posições competitivas mais fortes. Além disso, a lucratividade acima da média sinaliza vantagem competitiva, ao passo que a lucratividade abaixo da média em geral indica desvantagem competitiva.

Tabela 9.2 **Cálculo dos Índices Ponderados de Força Competitiva para as Unidades de Negócios de uma Empresa Diversificada**

Medida de Força Competitiva	Importância do Peso	Empresa A no Setor A Avaliação / Índice	Empresa B no Setor B Avaliação / Índice	Empresa C no Setor C Avaliação / Índice	Empresa D no Setor D Avaliação / Índice
Participação de mercado relativa	0,15	10/1,50	1/0,15	6/0,90	2/0,30
Custos em relação aos custos dos concorrentes	0,20	7/1,40	2/0,40	5/1,00	3/0,60
Capacidade para igualar ou vencer concorrentes nos principais atributos do produto	0,05	9/0,45	4/0,20	8/0,40	4/0,20
Capacidade para beneficiar-se de adequações estratégicas com negócios coligados	0,20	8/1,60	4/0,80	8/0,80	2/0,60
Alavancagem de negociação com fornecedores / compradores; grau de excelência das alianças	0,05	9/0,90	3/0,30	6/0,30	2/0,10
Imagem e reputação da marca	0,10	9/0,90	2/0,20	6/0,30	5/0,50
Capacidades competitivas valiosas	0,15	7/1,05	2/0,20	7/0,70	3/0,45
Lucratividade em relação aos concorrentes	0,10	5/0,50	1/0,10	5/0,75	4/0,40
Soma dos pesos atribuídos	1,00			4/0,40	
Índices de atratividade geral do setor		**8,30**	**2,35**	**5/5,25**	**3,15**

Escala de avaliação: 1 = Muito fraco; 10 = Muito forte.

Após decidir-se por um conjunto de medidas dos recursos fortes competitivos que são bem adequadas às circunstâncias das várias unidades de negócios, precisam ser atribuídos os pesos que indicam a importância de cada medida. Podem-se apresentar argumentos para usar pesos diferentes para unidades de negócios distintas sempre que a importância das medidas dos recursos fortes diferir significativamente entre os negócios, porém, caso contrário, é mais simples escolher um único conjunto de pesos e evitar a complicação adicional de diversos pesos. Como anteriormente, a importância dos pesos precisa somar 1,0. Cada unidade de negócios é avaliada em seguida em cada uma das medidas dos recursos fortes escolhidos, usando uma escala de avaliação de 1 a 10 (na qual uma avaliação *alta* significa *força* competitiva e uma *baixa* indica *fraqueza* competitiva). Na eventualidade de as informações disponíveis serem muito inadequadas para atribuir de modo confiante um valor de avaliação a uma unidade de negócios em uma medida de recurso forte específico, é melhor usar o índice 5, o que evita um viés para cima ou para baixo do índice geral. Índices ponderados dos pontos fortes são calculados multiplicando a avaliação da unidade de negócios para cada ponto forte competitivo pelo peso atribuído. Por exemplo, um índice de 6 vezes o peso de 0,15 produz uma avaliação ponderada de 0,90. A soma das avaliações ponderadas para todos as medidas dos recursos fortes fornece uma avaliação quantitativa da força competitiva geral e do posicionamento competitivo de uma unidade de negócios. A Tabela 9.2 indica um exemplo dos cálculos para a avaliação dos recursos fortes competitivos de quatro empresas.

Interpretação dos Índices de Recursos Fortes Competitivos Unidades de negócios com avaliações de recursos fortes competitivos superiores a 6,7 (em uma escala de 1 a 10) são participantes fortes no mercado de seus setores. Empresas com avaliações na faixa de 3,3 a 6,7 possuem recursos fortes competitivos moderados em relação a seus concorrentes. Empresas com avaliações inferiores a 3,3 encontram-se em posições competitivamente fracas no mercado. Se as unidades de negócios de uma empresa diversificada possuem todas índices de recursos fortes competitivos superiores a 5,0, é plausível concluir que suas unidades de negócios são todas participantes fortes em seus respectivos setores. Porém, à medida que aumentar o número de unidades de negócios com índices abaixo de 5,0, há motivo para questionar se a empresa pode desempenhar bem com tantos negócios em posições competitivas relativamente fracas. Essa preocupação assume maior importância quando unidades de negócios com índices baixos representam uma fração considerável das receitas da empresa.

Uso de uma Matriz com Nove Espaços para Representar Simultaneamente a Atratividade do Setor e os Recursos Fortes Competitivos Os índices de atratividade do setor e de recursos fortes competitivos podem ser usados para representar as posições estratégicas de cada negócio em uma empresa diversificada. A atratividade do setor é representada no eixo vertical e os recursos fortes competitivos no eixo horizontal. Surge uma grade com nove espaços ao se dividir o eixo vertical em três regiões (atratividade alta, média e baixa) e o eixo horizontal em três regiões (força competitiva forte, média e fraca). Conforme mostra a Figura 9.5, a atratividade alta está associada a índices iguais ou maiores que 6,7 em uma escala de avaliação de 1 a 10, a atratividade média a índices de 3,3 a 6,7 e a atratividade baixa a índices inferiores a 3,3. De maneira semelhante, uma força competitiva alta é definida por um índice superior a 6,7, uma força média como índices de 3,3 a 6,7 e uma força baixa como índices inferiores a 3,3. *Cada unidade de negócios* é posicionada na matriz com nove espaços, de acordo com seu índice de atratividade geral e seu índice de força e, então, é mostrado como um círculo. O tamanho de cada círculo é proporcional à porcentagem de receitas que a empresa gera relativamente às receitas corporativas totais. Os círculos na Figura 9.5 foram localizados na grade usando os quatro índices de atratividade do setor indicados na Tabela 9.1 e os índices de força para os quatro negócios constantes da Tabela 9.2.

As posições das unidades de negócios na matriz de atratividade-força proporcionam uma orientação valiosa para a alocação dos recursos corporativos para as diversas unidades de negócios. *Em geral, as perspectivas de uma empresa diversificada para um bom desempenho global são realçadas, concentrando-se os recursos corporativos e a atenção estratégica naquelas unidades de negócios que possuem a maior força competitiva e encontram-se posicionadas em setores fortemente atrativos* — especificamente, as empresas nos três espaços na parte esquerda superior da matriz de atratividade-força, na qual a atratividade do setor e a força competitiva/posição de mercado são favoráveis. A recomendação estratégica geral para os negócios localizados nesses três espaços (por exemplo, o negócio A na Figura 9.5) é "crescer e consolidar" com os negócios no espaço alto-forte permanecendo prestes a obter alocação de recursos por parte da controladora.

Os próximos em prioridade são os negócios posicionados nos três espaços diagonais que se estendem da esquerda inferior para a direita superior (empresas B e C na Figura 9.5). Tais negócios em geral merecem prioridade média ou intermediária quanto à alocação de recursos da controladora. No entanto, alguns nos espaços diagonais de prioridade média podem ter perspectivas melhores ou piores do que outros. Por exemplo, um pequeno negócio no espaço superior direito da matriz (como o negócio B), apesar de estar em um setor grandemente atrativo, pode ter uma posição competitiva muito fraca em seu setor para justificar o investimento e os recursos necessários para transformá-lo em um participante forte no mercado e mudar sua posição para a esquerda na matriz com o decorrer do tempo. Se, entretanto, um negócio no espaço superior direito possui oportunidades atraentes para um crescimento rápido e um bom potencial para conquistar uma posição de mercado muito mais forte ao longo do tempo, ele pode fazer jus a um posicionamento preferencial quanto à alocação de recursos da controladora e obter o capital de que necessita para adotar uma estratégia de crescimento e consolidação — o objetivo estratégico nesse caso seria deslocar o negócio para a esquerda na matriz de atratividade-força ao longo do tempo.

Os negócios nos três espaços no canto inferior direito da matriz (como o negócio D na Figura 9.5) em geral possuem desempenho fraco e não são prioritários na obtenção de recursos corporativos. A maioria deles são bons candidatos à venda (para serem vendidos a outras empresas) ou gerenciados para que sejam obtidos fluxos de caixa máximos das operações — os fluxos de caixa dos negócios de desempenho baixo/potencial baixo podem então ser transferidos para financiar

Figura 9.5 **Uma Matriz da Força de Competitividade-Atração do Setor com Nove Espaços**

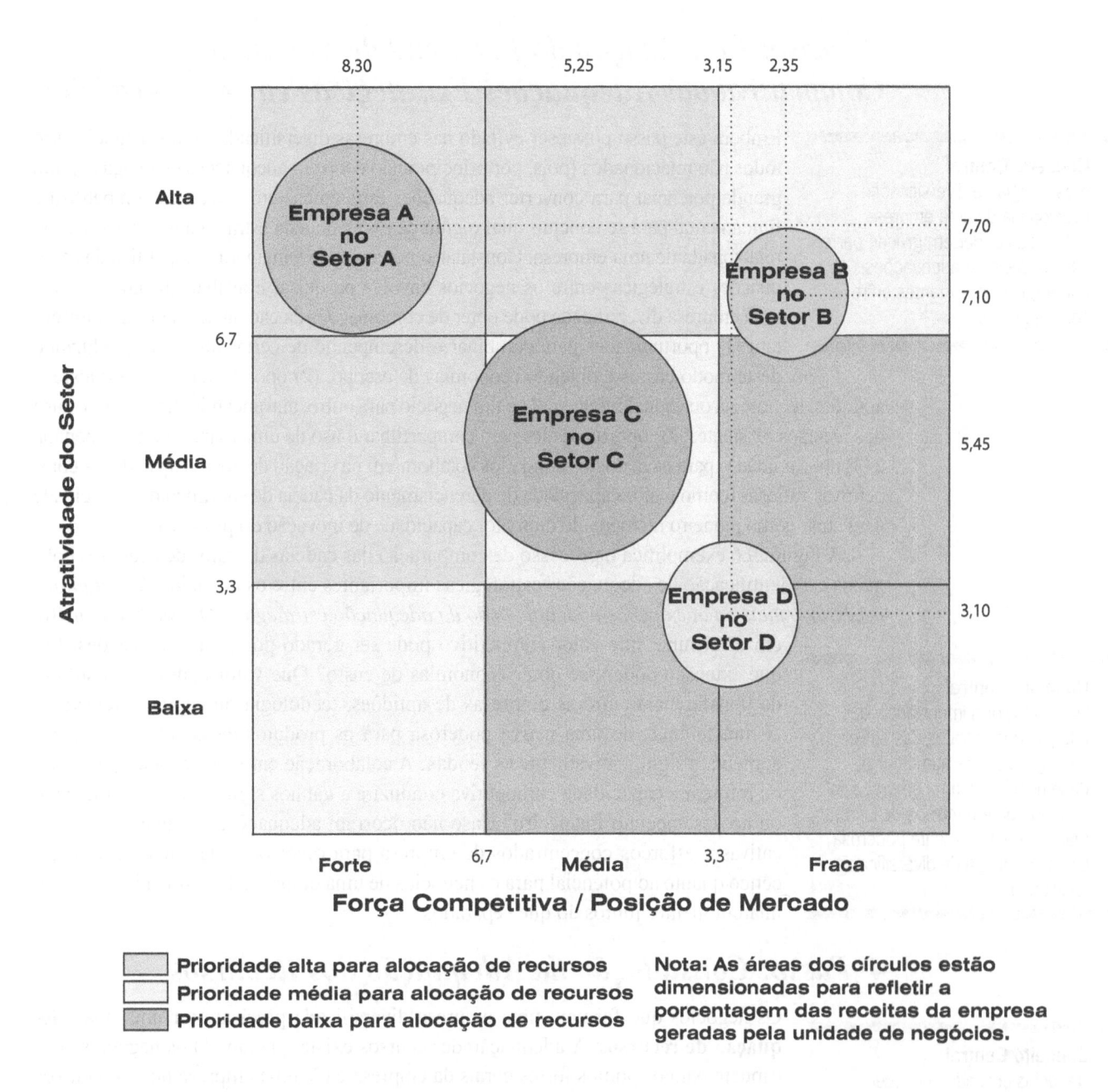

[Matriz com eixo vertical "Atratividade do Setor" (Alta, Média, Baixa com limites em 6,7 e 3,3) e eixo horizontal "Força Competitiva / Posição de Mercado" (Forte, Média, Fraca com limites em 6,7 e 3,3). Escalas superiores: 8,30 / 5,25 / 3,15 / 2,35. Escalas à direita: 7,70 / 7,10 / 5,45 / 3,10. Círculos representam: Empresa A no Setor A (alta atratividade, forte posição), Empresa B no Setor B (alta atratividade, fraca posição), Empresa C no Setor C (média atratividade, média posição), Empresa D no Setor D (baixa atratividade, média-fraca posição).]

Legenda:
- Prioridade alta para alocação de recursos
- Prioridade média para alocação de recursos
- Prioridade baixa para alocação de recursos

Nota: As áreas dos círculos estão dimensionadas para refletir a porcentagem das receitas da empresa geradas pela unidade de negócios.

a expansão das unidades de negócios com maiores oportunidades de mercado. Em casos excepcionais, em que um negócio localizado nos três espaços inferiores à direita seja assim mesmo lucrativo (o que poderia ocorrer caso estivesse no espaço baixo — médio) ou possua o potencial de bons lucros e retornos do investimento, justifica a permanência e a alocação de recursos suficientes para conseguir um melhor desempenho.

A matriz de atratividade-força com nove espaços proporciona uma lógica clara e convincente para explicar por que uma empresa diversificada precisa considerar a atratividade do setor e os pontos fortes dos negócios ao alocar recursos e capital de investimento a seus diferentes negócios. Podem-se apresentar bons argumentos para a concentração de recursos naqueles negócios que possuem graus mais elevados de atratividade e de força competitiva, ser muito seletivo ao realizar investimentos nos negócios com posições intermediárias na grade e retirar recursos daqueles que possuem menos atratividade e pontos fortes a não ser que ofereçam um potencial excepcional de lucro ou de fluxo de caixa.

3º Passo: Constatação do Potencial de Vantagem Competitiva das Adequações Estratégicas entre os Negócios

> **Conceito Central**
> A estratégia de diversificação relacionada de uma empresa obtém seu poder em grande parte da existência de adequações estratégicas importantes entre seus negócios.

Embora este passo possa ser evitado nas empresas diversificadas, cujos negócios são todos não relacionados (pois, por princípio não ocorrem adequações estratégicas), um grande potencial para converter adequações estratégicas em vantagem competitiva é fundamental para se concluir qual o grau de excelência da estratégia de diversificação relacionada de uma empresa. Constatar o potencial de vantagem competitiva das adequações estratégicas entre os negócios envolve pesquisar e avaliar quanto benefício uma empresa diversificada pode obter de combinações da cadeia de valor que apresentam (1) oportunidades para combinar o desempenho de certas atividades, reduzindo deste modo custos e obtendo economias de escopo, (2) oportunidades para transferir aptidões, tecnologia ou capital intelectual de um negócio para outro, alavancando desse modo o uso dos recursos existentes, (3) oportunidades para compartilhar o uso de uma marca muito respeitada e (4) oportunidades para os negócios coligados colaborarem na criação de novas capacidades competitivas valiosas (como maior capacidade de gerenciamento da cadeia de suprimentos, capacidade para atuar como pioneiro no mercado ou maior capacidade de inovação do produto).

A Figura 9.6 exemplifica o processo de comparação das cadeias de valor de negócios coligados e a identificação de adequações estratégicas importantes entre os negócios. *Entretanto, é necessário mais do que apenas a identificação da adequação estratégica. O teste real consiste*

> **Conceito Central**
> Quanto maior a importância das adequações estratégicas entre os negócios para aumentar o desempenho de uma empresa no mercado ou em termos de lucro, mais competitivamente poderosa é sua estratégia de diversificação relacionada.

em determinar que valor competitivo pode ser gerado por essas adequações. Em que extensão podem-se obter economias de custo? Que valor competitivo surgirá da transferência entre as empresas de aptidões, tecnologia ou capital intelectual? A transferência de uma marca poderosa para os produtos de negócios coligados aumentará significativamente as vendas? A colaboração entre os negócios para criar ou reforçar a capacidade competitiva conduzirá a ganhos significativos no mercado ou no desempenho financeiro? Caso não ocorram adequações estratégicas significativas e esforços concentrados da empresa para obter os benefícios, deve-se ser cético quanto ao potencial para os negócios de uma empresa diversificada desempenharem melhor juntos do que separados.

4º Passo: Constatação da Adequação dos Recursos

> **Conceito Central**
> Negócios coligados possuem adequação de recursos quando contribuem para os recursos fortes gerais e quando uma empresa tem recursos adequados para atender às necessidades.

Os negócios que formam uma empresa diversificada precisam ter uma boa **adequação de recursos**. A adequação de recursos existe quando (1) os negócios contribuem para os pontos fortes gerais da empresa e (2) uma empresa possui recursos adequados para manter todo o seu grupo de negócios sem diluir excessivamente sua atuação. Uma dimensão importante da adequação de recursos possui relação com a capacidade de uma empresa para gerar os fluxos de caixa internos suficientes para financiar as necessidades de capital de seus negócios, pagar seus dividendos, honrar suas dívidas e, sob outros aspectos, permanecer financeiramente sólida.

Adequação de Recursos Financeiros: Negócios Provedores de Fundos *versus* Negócios Sorvedores de Fundos Negócios diferentes possuem características distintas de fluxo de caixa e de investimento. Por exemplo, unidades de negócios em setores que crescem aceleradamente muitas vezes são **sorvedores de fundos** — assim denominadas porque os fluxos de caixa das operações internas não são suficientemente grandes para financiar sua expansão. Os negócios, em crescimento rápido, para acompanhar a demanda crescente dos consumidores, precisam freqüentemente de investimentos de capital consideráveis

Figura 9.6 **Identificação do Potencial de Vantagem Competitiva das Adequações Estratégicas entre os Negócios**

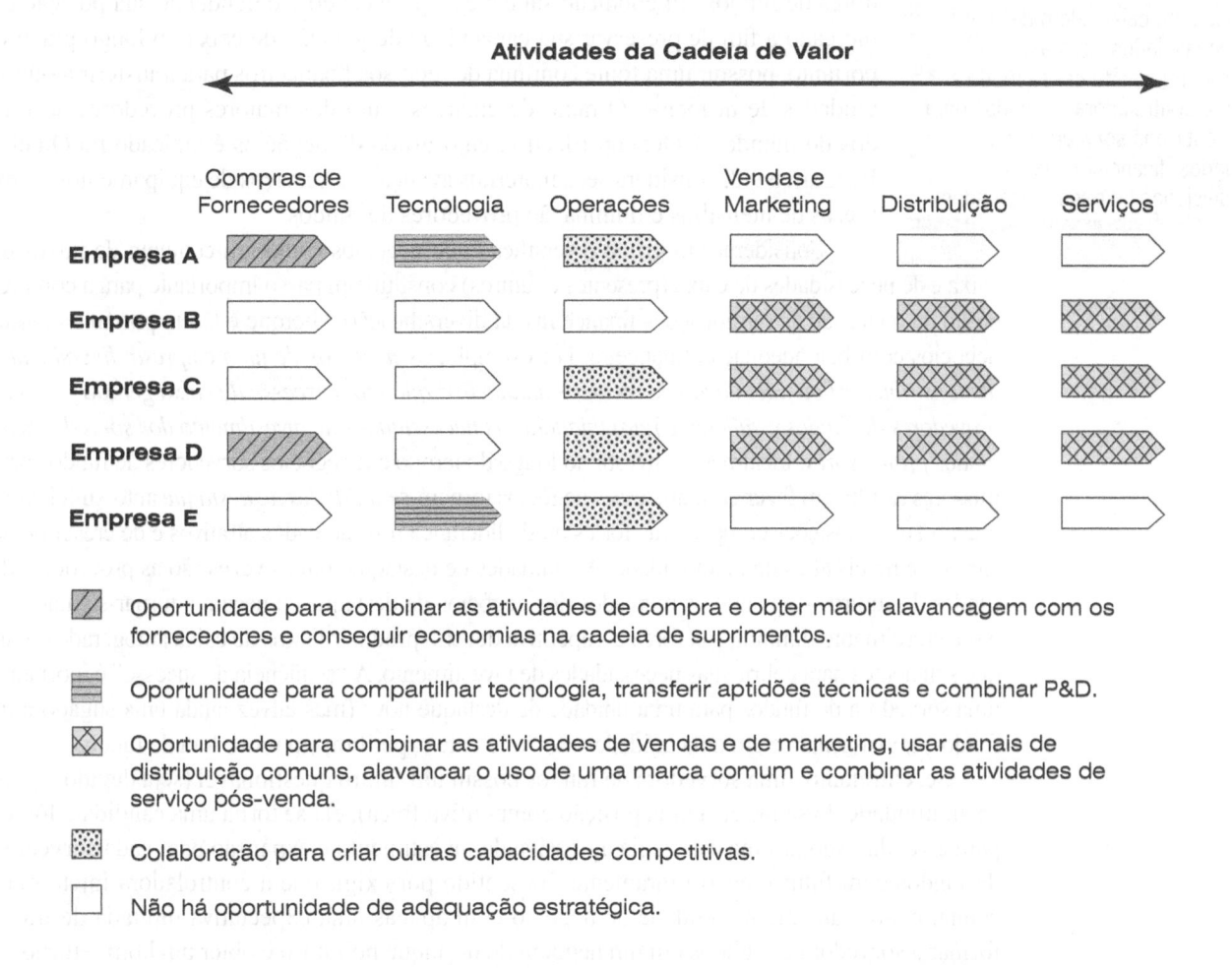

Atividades da Cadeia de Valor

	Compras de Fornecedores	Tecnologia	Operações	Vendas e Marketing	Distribuição	Serviços
Empresa A	▨	▤	▨	☐	☐	☐
Empresa B	☐	☐	☐	▩	▩	▩
Empresa C	☐	☐	▨	▩	▩	▩
Empresa D	▨	☐	▨	▩	▩	▩
Empresa E	☐	▤	▨	☐	☐	☐

▨ Oportunidade para combinar as atividades de compra e obter maior alavancagem com os fornecedores e conseguir economias na cadeia de suprimentos.

▤ Oportunidade para compartilhar tecnologia, transferir aptidões técnicas e combinar P&D.

▩ Oportunidade para combinar as atividades de vendas e de marketing, usar canais de distribuição comuns, alavancar o uso de uma marca comum e combinar as atividades de serviço pós-venda.

▨ Colaboração para criar outras capacidades competitivas.

☐ Não há oportunidade de adequação estratégica.

em base anual — para novas instalações e equipamentos, para desenvolvimento de novos produtos ou aperfeiçoamentos tecnológicos e para capital de giro adicional, a fim de apoiar o aumento do estoque e uma base maior de operações. Um negócio de um setor em crescimento acelerado torna-se um sorvedor de fundos até maior quando possui uma participação de mercado relativamente pequena e procura adotar uma estratégia para se tornar líder do setor. Em virtude de os recursos financeiros de um sorvedor de fundos precisarem ser disponibilizados pela controladora, gerentes corporativos têm de decidir se é um bom procedimento financeiro e estratégico continuar investindo dinheiro novo em um negócio que necessita continuamente de aportes de fundos.

> **Conceito Central**
> Um ***sorvedor*** de fundos gera fluxos de caixa muito pequenos para financiar integralmente suas operações e seu crescimento; um sorvedor de fundos precisa de aportes de fundos para ter capital de giro adicional e financiar novos investimentos de capital.

Em contraste, unidades de negócios com liderança na posição de mercado em setores maduros podem, entretanto, ser **provedores de fundos** — negócios que geram um superávit substancial de caixa acima do necessário para financiar adequadamente suas operações. Os líderes de mercado em setores de crescimento lento geram, muitas vezes, fluxos de caixa *positivos e elevados, além do necessário para o crescimento e o reinvestimento*, porque suas posições de liderança no setor tendem a proporcionar-lhes o volume de vendas e a reputação para auferir lucros atraentes e porque a natureza de crescimento lento de seu setor acarreta, muitas vezes, exigências modestas de investimento anual. Provedores de fundos, embora nem sempre atrativos do ponto de vista do crescimento, são empresas importantes sob a perspectiva de recursos financeiros. Os fluxos de caixa adicionais que geram podem ser usados para o pagamento de dividendos corporativos, para o financiamento de aquisições e para fornecer

> **Conceito Central**
> Um *provedor de fundos* gera fluxos de caixa, além de suas necessidades internas, proporcionando desse modo a uma controladora os fundos para investir nos sorvedores de fundos, financiar novas aquisições ou pagar dividendos.

fundos para investir nos sorvedores de fundos promissores da empresa. Faz sentido financeiro e estratégico as empresas diversificadas manterem os negócios provedores de fundos em condição saudável, fortalecendo e defendendo sua posição de mercado a fim de preservar sua capacidade de geração de caixa no longo prazo e, portanto, possuir uma fonte contínua de recursos financeiros para transferir a outras unidades de negócios. O ramo de cigarros é um dos maiores provedores de fundos do mundo. A General Electric, cujo grupo de negócios é indicado no Quadro Ilustrativo 9.2, considera seus materiais avançados, serviços de equipamentos e empresas de utensílios e iluminação provedores de fundos.

Considerar um grupo diversificado de negócios como um conjunto de fluxos de caixa e de necessidades de caixa (presentes e futuros) constitui um passo importante para a compreensão de quais são as ramificações financeiras da diversificação e porque é tão importante possuir negócios com boa adequação financeira. Por exemplo, *os negócios de uma empresa diversificada demonstram ter boa adequação de recursos financeiros quando o excesso de caixa gerado por seus provedores de fundos é suficiente para financiar as necessidades de investimento dos sorvedores de fundos promissores.* Idealmente, investir ao longo do tempo em negócios sorvedores de fundos promissores resulta em fazer com que esses negócios tornem-se *unidades de destaque* auto-suficientes, que possuem posições competitivas fortes ou de liderança nos mercados atrativos e de crescimento elevado e níveis altos de lucratividade. As unidades de destaque muitas vezes são as provedoras de fundos do futuro — quando os mercados dos negócios de destaque começam a tornar-se maduros e seu crescimento diminui, sua força competitiva deveria produzir fluxos de caixa autogerados mais que suficientes para cobrir suas necessidades de investimento. A "seqüência de sucesso" é, portanto, uma sorvedora de fundos para uma unidade de destaque nova (mas talvez ainda uma sugadora de fundos) transformar-se em uma unidade auto-suficiente e, por fim, em provedora de fundos.

Se, entretanto, uma sorvedora de fundos possui um futuro questionável (seja devido à pouca atratividade do setor, ou a uma posição competitiva fraca), ela se torna uma candidata lógica para a venda. Adotar uma estratégia agressiva de investimento e expansão para cada sorvedora de fundos com futuro incerto raramente faz sentido por exigir que a controladora injete mais capital continuamente na unidade de negócio com apenas uma expectativa limitada de transformar a sorvedora de fundos em um negócio de destaque no futuro e obter um bom retorno de seus investimentos. Tais unidades que absorvem recursos financeiros não conseguem aprovação no teste de adequação de recursos, porque prejudicam a capacidade da controladora para financiar adequadamente suas outras unidades. Vender uma sorvedora de fundos em geral é a melhor alternativa a não ser que (1) possua adequações estratégicas importantes com outras unidades de negócios ou (2) os aportes de capital necessários providos pela controladora sejam modestos em relação aos fundos disponíveis e exista uma boa possibilidade de transformar o negócio em um contribuinte confiável para o lucro, rendendo um bom retorno do capital investido.

Outros Testes de Adequação de Recursos

À parte as considerações sobre fluxos de caixa, existem outros quatro fatores a se considerar a fim de determinar se os negócios que formam o portfólio de uma empresa diversificada possuem boa adequação de recursos:

- *O negócio contribui adequadamente para atingir os alvos de desempenho da empresa?* Uma unidade de negócio possui boa adequação estratégica quando contribui para o cumprimento dos objetivos de desempenho corporativos (aumento do lucro por ação, retorno do investimento acima da média, reconhecimento como líder no setor etc.) e quando aumenta o valor para o acionista, ao ajudar a impulsionar aumentos no preço da ação da empresa. Uma unidade de negócio possui má adequação financeira caso absorva uma parcela desproporcional dos recursos financeiros da empresa, realize contribuições abaixo do padrão ou descontínuas para o lucro, seja indevidamente arriscada e o fracasso possa prejudicar todo o empreendimento ou permaneça muito pequena para fazer contribuição significativa para os lucros, muito embora desempenhe bem.

- *A empresa possui força financeira adequada para financiar suas diversas unidades de negócio e manter uma boa classificação de crédito?* A estratégia de uma empresa diversificada não consegue ser aprovada no teste de adequação de recursos quando seus recursos financeiros se espalham por tantas unidades de negócio, a ponto de sua classificação de crédito ficar prejudicada. Ocorre uma pressão financeira séria quando uma empresa toma emprestado montantes consideráveis para financiar novas aquisições, tendo de reduzir os gastos de capital nos negócios existentes e usar a maior parte de seus recursos financeiros para o pagamento de juros e amortizar os financiamentos. Time Warner, Royal Ahold e AT&T, por exemplo, estavam comprometidas financeiramente a tal ponto que tiveram de vender algumas de suas unidades de negócios para obter fundos, a fim de liquidar algumas obrigações financeiras onerosas e continuar financiando gastos de capital essenciais para as unidades de negócio remanescentes.

- *A empresa possui ou pode desenvolver os recursos fortes específicos e a capacidade competitiva necessários para ter sucesso em cada uma de suas unidades de negócio?*[15] Algumas vezes, os recursos fortes que a empresa acumulou em sua unidade de negócio principal acabam não se ajustando bem aos principais fatores de sucesso e à capacidade competitiva necessários para ter sucesso em uma ou mais unidades de negócio em que se diversificou. Por exemplo, a BTR, uma empresa com diversas unidades de negócio na Grã-Bretanha, constatou que seus recursos e aptidões gerenciais eram muito bem adequados para controlar negócios industriais, mas não para controlar seus negócios de distribuição (National Tyre Services e Summers Group com sede no Texas); como conseqüência, a BRT decidiu vender seus negócios de distribuição e concentrar-se exclusivamente na diversificação em torno de pequenos negócios industriais[16]. Uma empresa que atua no ramo de restaurantes e de varejo decidiu que sua capacidade de recursos na seleção de locais, no controle dos custos operacionais, na seleção e treinamento de gerentes e na logística da cadeia de suprimentos lhe permitiriam ter sucesso no ramo de hotelaria e na administração de imóveis; porém o que os dirigentes não perceberam foi que esses negócios possuíam alguns fatores de sucesso importantes significativamente diferentes — isto é, aptidões para controlar os custos de incorporações imobiliárias, manutenção de custos fixos reduzidos, marca do produto (hotéis) e capacidade para obter um volume de negócios suficiente, a fim de manter níveis elevados de utilização das instalações[17]. Desse modo, a falta de combinação entre os recursos fortes e os principais fatores de sucesso da empresa em uma unidade de negócio específica pode ser suficientemente séria para justificar a venda de um negócio existente ou a não-aquisição de um novo negócio. Em contraste, quando os recursos e a capacidade de uma empresa ajustam-se bem aos principais fatores de sucesso nas indústrias em que atualmente não atua, faz sentido pensar seriamente na aquisição de empresas nesses setores e expandir o conjunto de unidades de negócio da empresa.

- *Os negócios recém-adquiridos estão fortalecendo a base de recursos e a capacidade competitiva de uma empresa ou estão causando uma diluição de seus recursos competitivos e gerenciais?* Uma empresa diversificada necessita precaver-se contra pressionar excessivamente seus recursos fortes, condição que pode surgir quando (1) participa de muitas aquisições e os dirigentes são convocados para assimilar e supervisionar muitas unidades de negócios novas rapidamente, ou (2) quando não possui recursos em quantidade suficiente para realizar um trabalho eficaz de transferências de aptidões e capacitação de uma de suas unidades para outra (especialmente uma grande aquisição ou diversas menores). Quanto mais ampla a diversificação, maior a preocupação a respeito de a empresa ter capacitação gerencial suficiente para enfrentar a gama diversificada de problemas operacionais que seu grande conjunto de negócios apresenta. E quanto mais a estratégia de diversificação de uma empresa estiver relacionada à transferência de seu *know-how* ou tecnologia existentes para as novas unidades de negócios, maior sua necessidade para desenvolver um conjunto de recursos suficientemente grande e significativo a fim de suprir capacidade suficiente para criar vantagem competitiva a esses negócios[18]. Caso contrário, seus recursos fortes acabam sendo diluídos por muitos negócios e a oportunidade de vantagem competitiva acaba se perdendo.

Uma Observação Alertando sobre a Transferência de Recursos de um Negócio para Outro Somente porque uma empresa teve sucesso com um negócio não significa que pode gerenciar facilmente um novo negócio com necessidade similar de recursos e obter nova vitória. O conhecido varejista britânico Marks & Spencer, apesar de um grande número de capacidades importantes (capacidade para escolher excelente localizações para as lojas, uma cadeia de suprimentos que lhe proporciona ao mesmo tempo custos baixos e alta qualidade das mercadorias, empregados fiéis, excelente reputação com os consumidores e grande especialização gerencial) que o tornaram um dos principais varejistas da Grã-Bretanha durante cem anos, fracassou repetidamente em suas iniciativas para diversificar-se no varejo de lojas de departamentos nos Estados Unidos. Muito embora a Philip Morris (agora denominada Altria) houvesse acumulado capacidade de marketing voltado ao consumidor nos ramos de cigarros e de cerveja, fracassou nos refrigerantes e acabou vendendo sua aquisição da 7UP após diversos anos frustrantes concorrendo com rivais muito bem posicionados e capazes de administrar recursos como Coca-Cola e Pepsi-Cola. Em seguida, em 2002, decidiu vender sua cervejaria Miller Brewing, apesar de seu sucesso de longa data no marketing de cigarros e de sua subsidiária Kraft Foods, porque foi incapaz de aumentar a participação de mercado da Miller na concorrência frontal com o considerável domínio de marketing da Anheuser-Busch.

5º Passo: *Avaliação das Perspectivas de Desempenho das Unidades Empresariais e Atribuição de Prioridade para a Alocação de Recursos*

Depois de a estratégia de uma empresa diversificada ter sido avaliada do ponto de vista da atratividade do setor, da força competitiva, da adequação estratégica e da adequação dos recursos, o próximo passo consiste em classificar as perspectivas de desempenho dos negócios de melhor para pior e determinar quais deles merecem prioridade máxima para apoio de recursos e novo capital de investimento por parte da controladora.

As considerações mais importantes no julgamento do desempenho da unidade de negócios são o crescimento das vendas, o crescimento do lucro, a contribuição para o lucro da empresa e o retorno do capital investido na empresa. Algumas vezes, o fluxo de caixa é uma consideração importante. As informações sobre o desempenho anterior de cada unidade de negócio podem ser obtidas dos registros financeiros da empresa. Embora o desempenho anterior não seja necessariamente um bom prognóstico de desempenho futuro, sinaliza se uma unidade de negócio já possui um desempenho variando entre bom e excelente ou se tem problemas para resolver.

Além disso, as avaliações da atratividade/recursos fortes do negócio em um setor proporcionam uma base consistente para julgar as perspectivas desse negócio. Em geral, unidades de negócios fortes em setores atrativos têm perspectivas significativamente melhores do que negócios fracos em setores pouco atrativos. E, normalmente, a previsão de receitas e de lucros de negócios em setores de crescimento rápido é melhor do que negócios em setores de crescimento lento — uma exceção importante ocorre quando um negócio em um setor de crescimento lento possui força competitiva para conquistar vendas e participação de mercado de seus concorrentes e obtem desse modo um crescimento mais rápido do que o setor como um todo. Como regra geral, as análises anteriores consideradas em conjunto sinalizam que unidades empresariais têm possibilidade de bom desempenho no futuro e quais têm probabilidade de ser retardatárias. E isso já está muito próximo da classificação das perspectivas das unidades de negócios, a fim de chegar a conclusões a respeito de a empresa como um todo ser capaz de um desempenho excelente, medíocre ou fraco nos anos futuros.

Figura 9.7 **As Principais Opções Estratégias e Financeiras para a Alocação dos Recursos Financeiros de uma Empresa Diversificada**

Opções Estratégicas para a Alocação dos Recursos Financeiros da Empresa	Opções Financeiras para a Alocação dos Recursos Financeiros da Empresa
Investir para reforçar ou expandir os negócios existentes	Liquidar as dívidas de curto e de longo prazo existentes
Fazer aquisições para estabelecer posições em novos setores ou complementar os negócios existentes	Aumentar o pagamento de dividendos aos acionistas
	Recomprar ações ordinárias da empresa
Financiar projetos de P&D de longo alcance direcionados à obtenção de oportunidades de mercado para negócios novos ou existentes	Acumular reservas de caixa; investir em títulos negociáveis de curto prazo

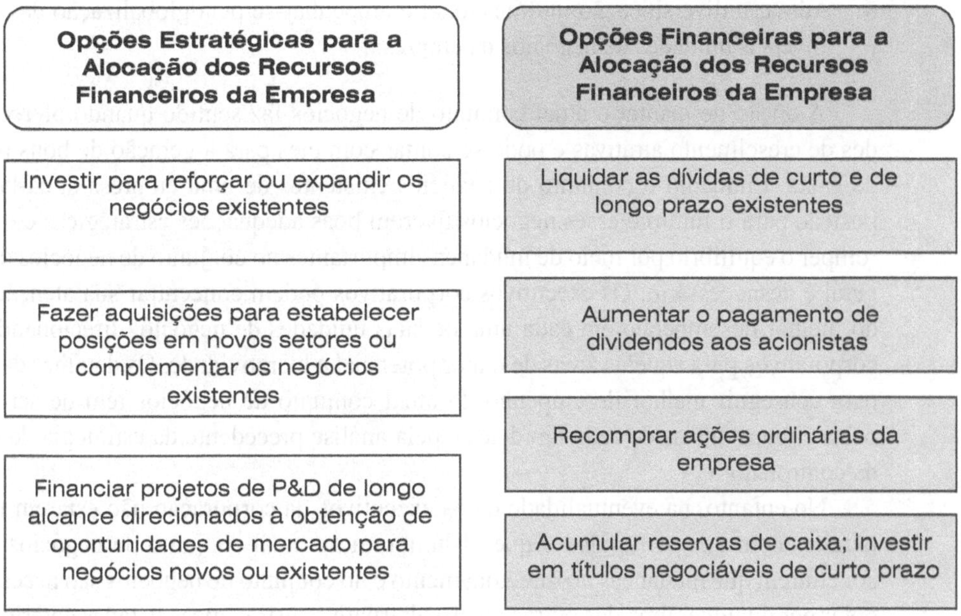

As classificações de desempenho futuro em geral determinam que prioridade a controladora deve atribuir a cada unidade de negócio em termos de alocação de recursos. A tarefa neste ponto consiste em decidir que unidades empresariais deveriam ter prioridade máxima para o aporte de recursos corporativos e de novo capital de investimento e quais devem ter menor prioridade. *Os negócios com as melhores perspectivas de lucro e crescimento e sólidas adequações de recursos devem encabeçar a lista de suporte corporativo de recursos.* Mais especificamente, os executivos precisam considerar se e como os recursos corporativos podem ser usados para aumentar a competitividade de unidades de negócios particulares. E devem também ser diligentes na distribuição de recursos entre áreas de baixas e altas oportunidades. Parar de investir em negócios marginais é um dos melhores meios para liberar ativos improdutivos e realocá-los. Excedentes de fundos de unidades de negócios provedoras também adicionam ao valor da empresa.

A Figura 9.7 mostra as principais opções estratégicas e financeiras para a alocação de recursos financeiros em uma empresa diversificada. Idealmente, uma empresa terá fundos suficientes para fazer o que é necessário estratégica e financeiramente. Caso contrário, a utilização estratégica dos recursos corporativos usualmente deve ter precedência, a não ser que exista uma razão convincente para reforçar o balanço patrimonial de uma empresa ou redirecionar recursos financeiros para agradar aos acionistas.

6º Passo: Elaboração de Novas Ações Estratégicas para Melhorar o Desempenho Corporativo Geral

O diagnóstico e as conclusões que surgem dos cinco passos analíticos anteriores determinam a agenda para a elaboração de ações estratégicas a fim de melhorar o desempenho geral de uma empresa diversificada. As opções estratégicas resumem-se em cinco categorias amplas de ações:

1. Manter o conjunto existente de negócios e aproveitar as oportunidades que essas unidades de negócio oferecem.

2. Ampliar o escopo dos negócios da empresa fazendo novas aquisições em setores novos.
3. Vender determinados negócios e passar a ter uma base menor de operações empresariais.
4. Reestruturar o conjunto de negócios da empresa e efetuar uma renovação total desses negócios.
5. Adotar a diversificação multinacional e empenhar-se pela globalização das operações em diversas unidades de negócios da empresa.

A opção de manter o atual conjunto de negócios faz sentido quando oferece oportunidades de crescimento atrativas e pode-se contar com eles para a geração de bons lucros e fluxos de caixa. Enquanto o conjunto de negócios existentes de uma empresa situá-la em uma boa posição para o futuro e esses negócios tiverem boas adequações estratégicas e/ou de recursos, romper o equilíbrio por meio de mudanças importantes no conjunto de negócios da empresa em geral é desnecessário. Os executivos corporativos podem concentrar sua atenção na obtenção do melhor desempenho em cada uma de suas unidades de negócio, direcionando os recursos corporativos para aquelas áreas de maior potencial e lucratividade. Os detalhes de "o que fazer" para conseguir melhor desempenho do atual conjunto de negócios têm de ser determinados pelas circunstâncias de cada um deles e pela análise precedente da estratégia de diversificação da controladora.

No entanto, na eventualidade de os executivos da corporação não estarem totalmente satisfeitos com as oportunidades que vislumbram no atual conjunto de negócios da empresa e concluírem que mudanças no direcionamento e no conjunto de negócios são necessárias, podem optar por qualquer uma das outras quatro alternativas estratégicas listadas anteriormente. Essas opções são discutidas na seção a seguir.

APÓS UMA EMPRESA DIVERSIFICAR-SE: AS QUATRO PRINCIPAIS ALTERNATIVAS DE ESTRATÉGIA

A diversificação não é absolutamente o capítulo final na evolução de estratégia de uma empresa. Depois de uma empresa ter ser diversificado em um conjunto de negócios relacionados ou não relacionados e concluir que algumas alterações são necessárias nos atuais negócios e na estratégia de diversificação, há quatro principais vertentes estratégicas que pode adotar (veja a Figura 9.8). Para melhor compreendermos os temas estratégicos com que se defrontam os gerentes corporativos no processo contínuo de gerenciamento de um grupo diversificado de negócios, precisamos fazer uma análise sucinta do dinamismo central de cada uma das quatro alternativas de estratégia pós-diversificação.

Estratégias para Aumentar a Base de Negócios de uma Empresa Diversificada

As empresas diversificadas consideram, algumas vezes, desejável assumir posições em setores novos, sejam eles relacionados ou não relacionados. Existem diversos fatores motivadores. Um deles é o crescimento lento que torna atrativo o aumento potencial de receitas e lucros de um negócio recém-adquirido. Um segundo é a vulnerabilidade a influências sazonais ou recessivas ou ameaças de novas tecnologias emergentes. Um terceiro é o potencial para a transferência de recursos e capacidades para outros negócios relacionados ou complementares. Um quarto são as condições em mudança rápida em um ou mais dos principais negócios da empresa acarretada por inovações tecnológicas, nova legislação ou novas inovações do produto que alteram as exigências e preferências dos consumidores. Por exemplo, a aprovação de legislação nos Estados Unidos permitindo que bancos, seguradoras e corretoras de ações atuem

Figura 9.8 **As Quatro Principais Alternativas Estratégicas de uma Empresa Depois de Diversificada**

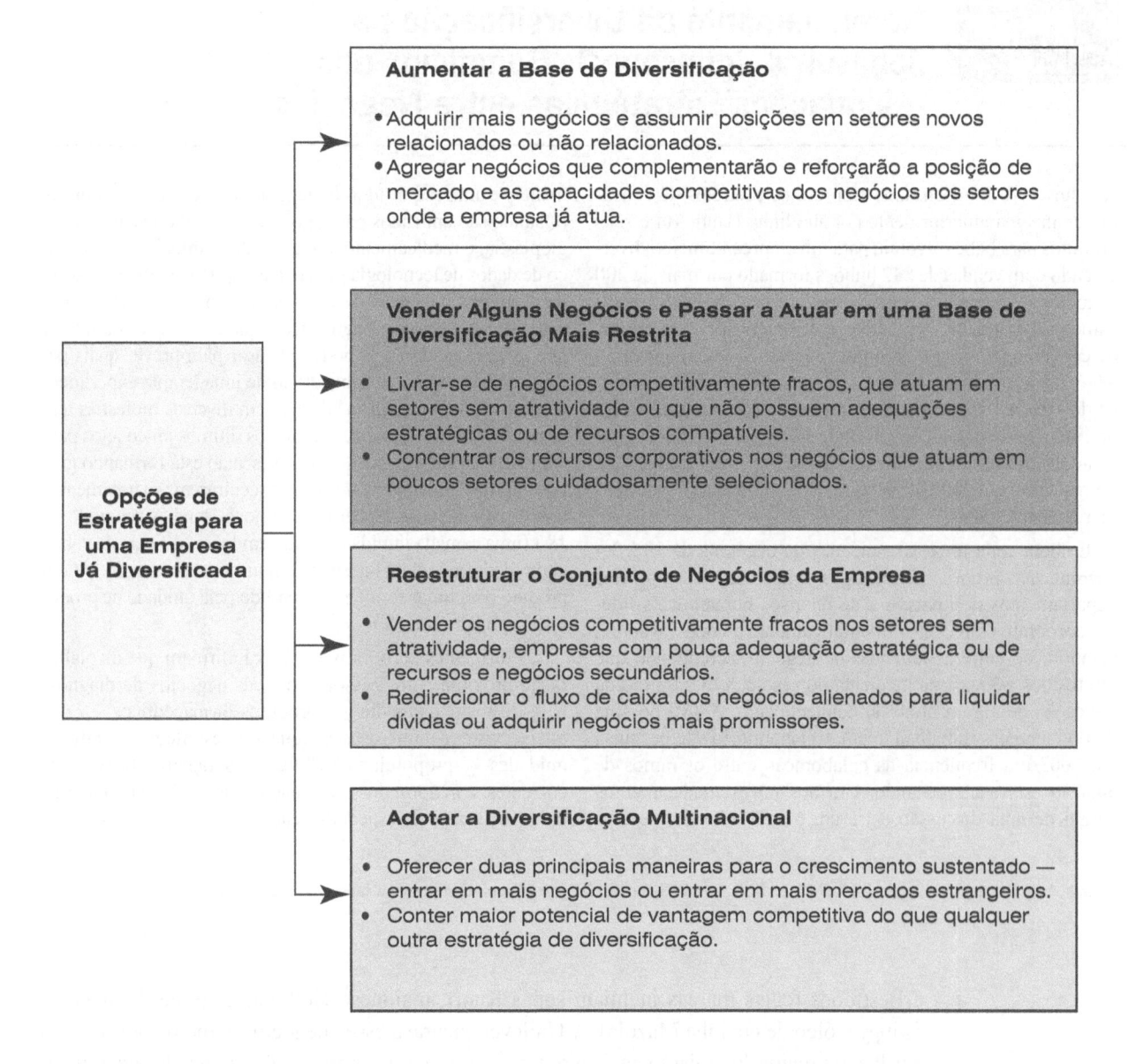

Opções de Estratégia para uma Empresa Já Diversificada

Aumentar a Base de Diversificação
- Adquirir mais negócios e assumir posições em setores novos relacionados ou não relacionados.
- Agregar negócios que complementarão e reforçarão a posição de mercado e as capacidades competitivas dos negócios nos setores onde a empresa já atua.

Vender Alguns Negócios e Passar a Atuar em uma Base de Diversificação Mais Restrita
- Livrar-se de negócios competitivamente fracos, que atuam em setores sem atratividade ou que não possuem adequações estratégicas ou de recursos compatíveis.
- Concentrar os recursos corporativos nos negócios que atuam em poucos setores cuidadosamente selecionados.

Reestruturar o Conjunto de Negócios da Empresa
- Vender os negócios competitivamente fracos nos setores sem atratividade, empresas com pouca adequação estratégica ou de recursos e negócios secundários.
- Redirecionar o fluxo de caixa dos negócios alienados para liquidar dívidas ou adquirir negócios mais promissores.

Adotar a Diversificação Multinacional
- Oferecer duas principais maneiras para o crescimento sustentado — entrar em mais negócios ou entrar em mais mercados estrangeiros.
- Conter maior potencial de vantagem competitiva do que qualquer outra estratégia de diversificação.

nos negócios das demais provocou um surto de aquisições e fusões para criar conglomerados financeiros, englobando todos os serviços capazes de atender às diversas necessidades financeiras dos clientes. O Citigroup, já ocupando a posição de maior banco dos Estados Unidos, com agências localizadas globalmente, adquiriu a Salomon Smith Barney, a fim de posicionar-se nas áreas de banco de investimento e de corretagem e adquiriu a seguradora de grande porte Travelers Group para permitir-lhe oferecer produtos de seguros aos clientes.

Um quinto fator motivador, e freqüentemente muito importante, para agregar novos negócios consiste em complementar e fortalecer a posição de mercado e as capacidades competitivas de um ou mais de seus atuais negócios. A aquisição recente da Gillette pela Procter & Gamble reforçou e ampliou a atuação da P&G nos produtos de cuidados pessoais e de uso residencial — os negócios da Gillette incluíam escovas de dentes Oral-B, barbeadores e lâminas Gillette, pilhas Duracell, barbeadores Braun e utilidades de pequena dimensão (máquinas de café, mixers, secadores de cabelo e escovas de dentes elétricas) e artigos de toalete (Right Guard, Foamy, Soft & Dry, White Rain e Dry Idea). A Unilever, um produtor importante de produtos alimentícios e de higiene pessoal, ampliou seu conjunto de negócios adquirindo SlimFast, Ben & Jerry's Homemade

Quadro Ilustrativo 9.3
Gerenciamento da Diversificação na Johnson & Johnson: Os Benefícios das Adequações Estratégicas entre Negócios

A Johnson & Johnson, uma empresa de produtos de consumo conhecida anteriormente por sua linha Band-Aid e seus produtos para bebês, evoluiu para um empreendimento diversificado com vendas de $42 bilhões formado por mais de 200 negócios operacionais organizados em três divisões: medicamentos, dispositivos médicos e de diagnóstico e produtos de consumo. Ao longo da última década, a J&J adquiriu 56 negócios a um custo de aproximadamente $30 bilhões; cerca de 10% a 15% do crescimento anual das receitas da J&J originou-se de aquisições. Grande parte do crescimento recente da empresa tem ocorrido na divisão farmacêutica, que representava em 2004 47% das receitas da J&J e 57% de seus lucros operacionais.

Embora cada uma das unidades de negócios da J&J determine suas próprias estratégias e opere com seus próprios departamentos de finanças e de recursos humanos, os líderes corporativos incentivam enfaticamente a cooperação e a colaboração entre as unidades de negócio, acreditando que muitos dos avanços da medicina no século XXI surgirão da aplicação de algum ramo do conhecimento. A J&J possuía 9.300 cientistas trabalhando em 40 laboratórios de pesquisa em 2003 e a freqüência da colaboração entre os ramos de atuação estava aumentando. Um dos novos medicamentos surgiu de uma discussão entre um pesquisador de medicamentos e um pesquisador do negócio de adesivos da empresa. (Quando são aplicados para apoiar artérias abertas após a angioplastia, o medicamento ajuda a evitar a infecção.) Um banco de dados de tecnologia genética compilado pelo laboratório de pesquisas genéticas da empresa foi compartilhado com o pessoal da divisão de diagnósticos, que desenvolveu um teste que as pessoas de P&D poderiam usar para prever quais pacientes obteriam o maior benefício de uma terapia experimental do câncer. Especialistas da J&J em diversas moléstias têm se reunido trimestralmente durante os últimos cinco anos para compartilhar informações, e o alto escalão está formando grupos interdisciplinares a fim de se concentrarem em tratamentos novos para doenças específicas. O novo Band-Aid líquido da J&J (uma camada líquida aplicada em locais difíceis de cobrir como dedos e juntas) baseia-se em um material usado em um produto para tratar ferimentos vendido pela unidade de produtos hospitalares da J&J.

Os dirigentes corporativos da J&J afirmam que a colaboração próxima entre pessoas em seus negócios de diagnóstico, dispositivos médicos e produtos farmacêuticos — nos quais existem numerosas adequações estratégicas entre as unidades — proporciona à J&J uma vantagem sobre os concorrentes, a maioria dos quais não consegue igualar a amplitude e o alcance da especialização.

Fontes: Amy Barret, "Staying on Top", *BusinessWeek*, p. 60-68, 5 maio 2003; e disponível em: <www.jnj.com>, acesso em: 19 out. 2005.

---

e Bestfoods (cujas marcas incluíam sopas Knorr, maionese Hellman's, creme de amendoim Skippy e óleo de cozinha Mazola). A Unilever encarava esses negócios como responsáveis por dar-lhe um maior dinamismo na concorrência com outras empresas diversificadas de alimentos e produtos para o lar, como Nestlé, Kraft, Procter & Gamble, Campbell Soup e General Mills.

Em geral, a expansão em novos negócios é feita adquirindo-se negócios já atuantes no setor almejado. Algumas empresas dependem de novas aquisições para obter uma parcela maior de crescimento em termos de receita e lucro e, portanto, estão sempre em fase de aquisição. A Cisco Systems alcançou o status de líder mundial de sistemas em rede para a internet, realizando 95 aquisições baseadas em tecnologia durante 1993-2005 para ampliar seu alcance de mercado de roteadores e direcionando-se para telefonia por Protocolo da Internet (IP), redes domiciliares, LAN sem fio, redes de armazenamento, segurança de redes, banda larga e sistemas ópticos e de banda larga. A Tyco International, refazendo-se recentemente das acusações de desvio de recursos por vários executivos do primeiro escalão, transformou-se de uma empresa obscura no início dos anos 1990 em um empreendimento industrial global com vendas de $40 bilhões e com operações em mais de cem países em 2005, realizando mais de mil aquisições; a diversificação amplamente distribuída da empresa inclui negócios nos ramos de eletrônica, componentes elétricos, sistemas de segurança e contra fogo, produtos para cuidados com a saúde, válvulas, sistemas submarinos de telecomunicações, plásticos e adesivos. A Tyco realizou mais de 700 aquisições de pequenas empresas somente no período de 1999-2001. Os negócios da Tyco, como um grupo, eram provedores de fundos, gerando em 2005 um fluxo de caixa livre combinado de aproximadamente $4,4 bilhões.

O Quadro Ilustrativo 9.3 descreve o modo como a Johnson & Johnson usou aquisições para diversificar-se muito além de suas operações com Band-Aid e produtos para bebês, a fim de tornar-se um participante importante nas áreas de produtos farmacêuticos, dispositivos médicos e diagnósticos médicos.

Estratégias de Venda de Unidades Visando Atuar em uma Base de Diversificação mais Limitada

Algumas empresas diversificadas encontraram dificuldade para gerenciar um grupo diversificado de negócios e optaram por aliená-los. Passar a atuar em uma base de diversificação mais limitada ocorre quando o alto escalão conclui que sua estratégia de diversificação foi muito longe e que a empresa pode melhorar seu desempenho no longo prazo, concentrando-se na obtenção de posições mais fortes em um número menor de negócios principais e setores. A Hewlett-Packard transferiu seus negócios de teste e medições para uma empresa distinta denominada Agilent Technologies para poder melhor concentrar-se em suas atividades relacionadas a PCs, estações de trabalho, servidores, impressoras, periféricos e produtos eletrônicos. A PepsiCo alienou seu grupo de negócios sorvedores de recursos, formado por KFC, Pizza Hut, Taco Bell e California Pizza Kitchens, a fim de canalizar mais recursos para facilitar seu negócio de refrigerantes (que estava perdendo participação de mercado para a Coca-Cola) e ativar o crescimento de sua unidade de negócio mais rentável de salgadinhos Frito-Lay. O Kmart vendeu o Office Max, a Sports Authority e as Borders Bookstores, a fim de concentrar novamente a atenção dos gestores e todos os recursos da empresa para recobrar o brilho de seus negócios de varejo, que estavam sendo totalmente suplantados pelo Wal-Mart e o Target. Em 2003-2004, a Tyco International iniciou um programa para vender cerca de 50 negócios, incluindo toda sua rede de telecomunicações por fibra óptica submarina e um conjunto de negócios de sua divisão de combate a incêndios e segurança; a iniciativa também envolveu a consolidação de 219 instalações de produção, vendas, distribuição e de outras funções, reduzindo em cerca de 7.200 empregados seu quadro de 260 mil colaboradores. A estratégia de alienação da Lucent Tecnhology encontra-se descrita no Quadro Ilustrativo 9.4.

> Concentrar recursos corporativos em alguns negócios principais e muito relacionados evita o erro de diversificar tão amplamente, a ponto de os recursos e a atenção dos dirigentes diluírem-se.

Há, porém, outras razões importantes para alienar um ou mais dos atuais negócios de uma empresa. Algumas vezes, é preciso considerar a venda de um negócio porque as condições de mercado em um setor anteriormente atrativo deterioraram-se gravemente. Um negócio pode tornar-se um sério candidato à alienação por não possuir uma adequação estratégica ou de recursos compatível, por ser um sorvedor de fundos em potencial a longo prazo questionável ou por ter um posicionamento fraco em seu setor com poucas perspectivas de um retorno razoável de seu investimento. Algumas vezes, uma empresa adquire negócios que, mais adiante, não apresentam os resultados esperados, muito embora os dirigentes terem se empenhado ao máximo para torná-los rentáveis — erros não podem ser evitados completamente, porque é difícil prever como a entrada em uma nova linha de negócios irá efetivamente se desenvolver. O desempenho inferior de algumas unidades de negócios são passíveis de ocorrer, originando desse modo dúvidas a respeito de aliená-las ou mantê-las e tentar uma reviravolta. Outras unidades de negócios, apesar do desempenho financeiro adequado, podem não combinar tão bem com o restante da empresa, conforme originalmente considerado.

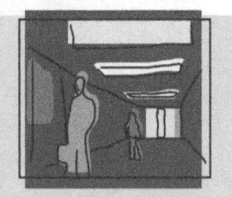

Quadro Ilustrativo 9.4
A Estratégia de Redução da Lucent Technology

No auge do surto das telecomunicações em 1999-2000, a Lucent Technology era uma empresa com $38,3 bilhões de receitas e 157 mil empregados; era a maior produtora de equipamento de telecomunicações nos Estados Unidos e um líder reconhecido em todo o mundo. A estratégia da empresa foi de firmar posições em algumas tecnologias e setores em pleno desenvolvimento e conseguir um crescimento anual de 20% nas receitas em cada um dos 11 diferentes grupos de negócios. Porém, quando os pedidos dos clientes para novos equipamentos começaram a desaparecer em 2000-2001, os lucros da Lucent cessaram e a empresa teve de confrontar o encargo de reduzir custos elevados, descontos de preços exagerados e inadimplência dos clientes em empréstimos no valor de $7,5 bilhões, que a Lucent concedeu para financiamento das aquisições. À medida que se tornou claro que as vendas e os preços dos equipamentos nunca retornariam aos níveis anteriores, os executivos da Lucent concluíram que a empresa ultrapassara os limites, tentando fazer muitas coisas e precisava reduzir seu conjunto de negócios.

Juntamente com iniciativas para cortar custos exagerados na famosa unidade de pesquisas Bell Labs da empresa, fazer grandes cortes de pessoal, racionalizar os sistemas de processamento de pedidos e faturamento, melhorar o balanço patrimonial e reter fundos encerrando o pagamento de dividendos, os líderes se empenharam em uma série de iniciativas de redução:

- Dos 40 negócios que a Lucent adquiriu desde 1996, 27 foram vendidos, fechados ou reestruturados como unidades independentes.
- A Lucent interrompeu todas as suas operações produtivas, optando por terceirizar tudo.
- Parou de produzir componentes para redes de telefone sem fio baseados na tecnologia do sistema global para comunicação móvel (GSM) — tecnologia dominante usada na Europa e em grande parte do mundo —, a fim de se concentrar mais plenamente em componentes sem fio usando a tecnologia de acesso ao código de divisão múltipla (CDMA) — uma tecnologia prevalente nos Estados Unidos e em alguns países em desenvolvimento. Em 2004, a Lucent possuía uma participação de mercado estimada em 45% e a divisão de componentes para CDMA era a principal geradora de receita e de lucro.
- As unidades de negócios com e sem fio foram combinadas para formar uma única organização unificada denominada Network Solutions.
- Todas as unidades de negócio remanescentes foram agrupadas em uma unidade denominada Lucent Wordlwide Services que se encarregou de projetar, implementar, integrar e gerenciar redes sofisticadas de voz e dados para provedores de serviços em 45 países.
- O papel dos Bell Labs foi reduzido para o apoio às iniciativas dos grupos Network Solutions e Worldwide Services.

As ações estratégicas da Lucent visando a redução das atividades determinaram uma seqüência de 13 trimestres seguidos de prejuízos. No exercício fiscal de 2004, a Lucent anunciou um lucro de $2 bilhões originário da continuidade das operações (igual a um lucro por ação de $0,47, mas ainda muito abaixo dos níveis de $0,93 em 2000 e $1,12 em 1999). Em maio de 2004, a Lucent anunciou sua primeira aquisição em quatro anos, adquirindo por $300 milhões um provedor de tecnologia de transmissão pela internet para ajudá-la a se tornar líder na tecnologia de telefonia pela internet. Ao entrar em 2006, a Lucent era uma empresa com vendas de aproximadamente $9 bilhões (em comparação a $38 bilhões em 1999) e um quadro de 30 mil colaboradores (*versus* 157 mil em 1999). O preço da ação da empresa, que alcançou a cotação máxima de $62 em 1999 antes de cair para menos de $1 em 2002, permaneceu na faixa de $3-4 durante a maior parte do tempo em 2004-2005, indicando um ceticismo contínuo dos investidores quanto às perspectivas da Lucent, apesar de ter-se limitado aos negócios onde possuía a maior eficácia.

Fontes: Shawn Young, "Less May Be More", *The Wall Street Journal*, p. R10, 23 out. 2004; e disponível em: <www.lucent.com> acesso em: 19 out. 2005.

Às vezes, uma iniciativa de diversificação que parece sensata do ponto de vista da adequação estratégica acaba tendo uma *integração cultural* ruim. Diversas empresas farmacêuticas passaram por essa experiência. Quando diversificaram para cosméticos e perfumes, descobriram que seus colaboradores nutriam pouco respeito pela natureza "frívola" de tais produtos em comparação à tarefa muito mais nobre de desenvolvimento de medicamentos avançados para curar os enfermos. A ausência de valores compartilhados e de compatibilidade cultural entre a pesquisa médica e a especialização em combinação química das empresas farmacêuticas, e a orientação para a moda e o marketing do ramo de cosméticos foi o fracasso daquilo que em outras circunstâncias era a diversificação em negócios com potencial de compartilhamento de tecnologia, adequação do desenvolvimento do produto e alguma sobreposição nos canais de distribuição.

Há evidências de que descartar negócios e limitar a base de diversificação de uma empresa melhora o desempenho corporativo[21]. As controladoras acabam, muitas vezes, vendendo negócios muito tarde ou a um preço muito baixo, sacrificando o valor para o acionista[22]. Um guia útil para determinar a possibilidade de alienar uma subsidiária consiste em indagar "Se não estivéssemos atualmente neste negócio, gostaríamos de entrar nele agora?"[23]. Quando a resposta é negativa ou provavelmente negativa, deve-se considerar a alienação. Um outro sinal indicando se um negócio deve tornar-se candidato para venda é se possui mais valor para uma outra empresa do que para a atual controladora; em tais casos, os acionistas estariam em melhor posição se vendessem o negócio e obtivessem um excelente preço do comprador, para quem isso representa uma adequação importante[24].

> Empresas diversificadas precisam alienar negócios com mau desempenho ou aqueles que não possuem adequação, a fim de expandir os já existentes e poder entrar em novos, nos quais as oportunidades são mais promissoras.

As Duas Opções para Alienar um Negócio: Vendê-lo ou Transformá-lo em uma Empresa Independente

Vender logo de início um negócio para outra empresa é de longe a opção mais freqüentemente usada para alienar um negócio. Porém, algumas vezes, um negócio selecionado para venda possui muitos recursos fortes para concorrer sozinho de modo bem-sucedido. Em tais casos, uma controladora pode optar por transformar o negócio indesejado em uma empresa independente sob os aspectos financeiro e gerencial, seja pela venda de ações ao público investidor por meio de uma abertura de capital, seja pela distribuição de ações da nova empresa entre os acionistas existentes da controladora. Quando uma controladora decide transformar um de seus negócios em uma empresa distinta, precisa decidir se deve ou não reter um controle parcial. Reter um controle parcial faz sentido quando a unidade a ser vendida possui um bom produto ou capacidade tecnológica que lhe proporcione boas perspectivas de lucro. Quando a 3Com decidiu vender seu negócio PalmPilot, que os investidores consideravam naquela ocasião um potencial de lucros promissor, optou por reter uma participação acionária substancial, a fim de proporcionar aos acionistas da 3Com uma maneira para participar de todo sucesso de mercado futuro que a PalmPilot (atualmente Palm Inc.) poderia desfrutar sozinha. Em 2001, quando a Philip Morris (hoje Altria) preocupou-se com o fato de sua subsidiária popular Kraft Foods estar enfrentando dificuldades em virtude de sua relação com a área de cigarros da Philip Morris (grupos antifumo estavam promovendo um boicote nacional do macarrão e do queijo Kraft e uma pesquisa de opinião da Harris revelou que aproximadamente 16% das pessoas familiarizadas com a Philip Morris haviam boicotado seus produtos), os executivos da Philip Morris optaram por transformar a Kraft Foods em uma empresa aberta, mas retiveram o controle acionário. A R. J. Reynolds também foi separada da Nabisco Foods em 1999 para distanciar a parte de operações de tabaco da empresa da parte de produtos alimentícios. (A Nabisco foi então adquirida pela Philip Morris em 2000 e integrada à Kraft Foods.) Em 2005, a Cendant anunciou que dividiria seus negócios diversificados em quatro empresas abertas distintas — uma para serviços de locação de veículos (formada pelos negócios de aluguel de carros Avis e Budget), outra para imóveis e hipotecas (que incluía Century 21, Coldwell Banker, ERA, Stheby's International Realty e NRT — um negócio de corretagem de imóveis residenciais), uma outra para hotelaria e hospedagem (formada pelas redes de hotéis e motéis Wyndam, Ramada, Days Inn, Howard Johnson, Travelodge, AmeriHost e Knights Inn, mais uma variedade de resorts para permanência compartilhada) e finalmente uma para viagens (formada por diversas agências de viagem, passagens on-line e sites para viagens de férias como Orbitz e Cheap Tickets e operações de locação de imóveis para férias, abrangendo cerca de 55 mil vilas e condomínios). A Cendant afirmou que o motivo para a divisão era que os acionistas obteriam mais valor, caso a operação dos negócios fosse independente — um sinal claro de que a estratégia de diversificação da Cendant não havia conseguido agregar valor para o acionista e que as partes valiam mais que o todo.

Vender um negócio requer identificar um comprador. Como regra geral, uma empresa que vende um negócio em dificuldades não deveria perguntar "Como podemos penhorar este negócio a terceiros e qual é o máximo que essa operação renderia?"[25]. Como alternativa, é mais inteligente indagar "Para que tipo de empresa esta unidade de negócio seria bem adequada e sob que condições seria considerada um bom negócio?". Empreendimentos, para os quais o negócio é bem adequado, têm probabilidade de pagar o preço mais elevado. Evidentemente, se um comprador disposto a pagar um preço aceitável não puder ser localizado, a empresa precisará decidir se mantém o negócio até que apareça um comprador, se irá transformá-lo em uma empresa distinta, ou, no caso de uma organização assolada por uma crise e que está perdendo muito dinheiro, simplesmente irá fechá-lo e liquidar os ativos remanescentes. A liquidação dos ativos é, obviamente, o último recurso.

Estratégias para Reestruturar o Conjunto de Negócios de uma Empresa

Conceito Central
A reestruturação envolve alienar alguns negócios e adquirir outros a fim de dar um perfil totalmente novo ao conjunto de negócios da empresa.

As estratégias de **reestruturação** envolvem alienar alguns negócios e adquirir outros, a fim de dar um perfil totalmente novo ao conjunto de negócios da empresa. Executar uma cirurgia radical no grupo de negócios de uma empresa é uma alternativa atraente de estratégia quando seu desempenho financeiro está sendo dificultado ou corroído por:

- Um número excessivo de negócios em setores de crescimento lento, declinantes, de margem reduzida ou então sem atração (uma condição indicada pelo número e o tamanho de negócios com índices de atratividade inferiores a 5 e localizados na parte inferior da matriz de atratividade-força — veja a Figura 9.5).

- Um número excessivo de negócios competitivamente fracos (uma condição indicada pelo número e o tamanho dos negócios com índices de força competitiva inferior a 5 e localizados na metade direita da matriz de atratividade-força).

- Diminuição constante na participação de mercado de uma ou mais unidades de negócios, que estão sendo atormentadas por concorrentes que possuem grande conhecimento do mercado.

- Um endividamento excessivo com despesas financeiras que corroem a lucratividade.

- Aquisições malfeitas que não fizeram jus às expectativas.

A reestruturação também pode ser obrigatória em virtude de novas tecnologias que ameaçam a sobrevivência de um ou mais dos negócios importantes de uma empresa diversificada ou pela nomeação de um novo CEO que decide redirecionar a empresa. Em certas ocasiões, a reestruturação pode ser provocada por circunstâncias especiais — conforme ocorre quando uma organização possui oportunidade única de realizar uma aquisição tão grande e importante a ponto de ter de vender diversos negócios existentes para financiar a nova aquisição ou quando uma empresa precisa vender alguns negócios para conseguir fundos para entrar em um setor potencialmente grande com tecnologias e produtos avançados.

As candidatas à alienação em uma iniciativa de reestruturação corporativa normalmente incluem não apenas unidades de negócio com desempenho variável ou aquelas em setores sem atração, mas também unidades de negócios que não possuem adequação estratégica com os negócios a serem retidos, negócios que são sorvedores de fundos ou que não possuem outras modalidades de adequação de recursos e negócios incompatíveis com a estratégia de diversificação revisada da empresa (muito embora possam ser lucrativos ou pertençam a um setor atraente). À medida que os negócios são alienados, a reestruturação corporativa em geral envolve o alinhamento das unidades remanescentes em grupos com melhor adequação estratégica, e, em seguida, o redirecionamento dos fluxos de caixa dos negócios alienados para liquidar dívidas ou fazer novas aquisições para fortalecer a posição empresarial da controladora nos setores que escolheu para enfatizar[26].

Ao longo da última década, a reestruturação corporativa tornou-se uma estratégia difundida em muitas empresas diversificadas, em especial aquelas que diversificam em muitos setores e linhas de atuação diferentes. Por exemplo, uma organização diversificada, enfrentando dificuldades ao longo de um período, vendeu quatro unidades de negócios, encerrou as atividades de outras quatro e agregou 25 novas linhas de negócios a seu portfólio (16 por aquisição e 9 por unidades iniciantes internas). A PerkinElmer usou uma série de alienações e novas aquisições em transformar-se de um provedor de serviços com margem reduzida para órgãos do governo, para uma empresa inovadora de alta tecnologia com operações em mais de 125 países e negócios em quatro grupos setoriais — ciências da saúde (pesquisa de medicamentos e testes clínicos), optoeletrônica, instrumentos médicos e serviços de controle de contenção de fluidos (para clientes nos setores aeroespacial, geração de energia e semicondutores). Em 2005, a PerkinElmer efetivou um segundo passo de reestruturação, alienando todo seu grupo de negócios de controle e contenção de fluidos para que pudesse concentrar-se em atividades de maior crescimento de ciências da saúde e de optoeletrônica; o CEO da empresa afirmou: "Embora os serviços relacionados a fluidos sejam um excelente negócio, não se enquadram em nossa estratégia de longo prazo"[27]. Antes de tomar uma iniciativa de reestruturação em 1995, a empresa britânica Hanson PLC possuía negócios com mais de $20 bilhões em receita em setores tão diversificados como os de cerveja, equipamento para exercícios, ferramentas para construção, tabaco, cimento, produtos químicos, mineração de carvão, eletricidade, banheiras de hidromassagem, utensílios de cozinha, pedras e cascalho, tijolos e asfalto. No início de 1997, a Hanson havia se reestruturado em um empreendimento com $3,8 bilhões de receita, concentrando-se mais limitadamente em cascalho, pedra britada, cimento, asfalto, tijolos e guindastes para construção; os negócios remanescentes foram divididos em quatro grupos e vendidos.

Durante os quatro primeiros anos de Jack Welch como CEO da General Electric (GE), a empresa vendeu 117 unidades de negócios, representando cerca de 20% dos ativos da GE; essas alienações, com diversas aquisições importantes, proporcionaram à GE 14 divisões de negócios principais e conduziram o desafio de Welch aos dirigentes das divisões da GE para que se tornassem o número um ou o número dois em seu setor. Dez anos após Welch ter assumido a posição de CEO, a GE era uma organização diferente, tendo vendido operações no valor de $9 bilhões, feito novas aquisições totalizando $24 bilhões e reduzido em cem mil pessoas seu quadro de colaboradores. Em seguida, durante o período 1990-2001, a GE continuou a reorganizar seu conjunto de negócios, adquirindo mais de 600 novas empresas, incluindo 108 em 1998 e 64 durante um período de 90 dias em 1999. A maior parte das aquisições ocorreu na Europa, na Ásia e na América Latina e tinham por meta transformar a GE em um empreendimento verdadeiramente global. Em 2003, Jeffrey Immelt, o novo CEO da GE, deu início a uma reestruturação adicional do conjunto de negócios por meio de três iniciativas: (1) investindo $10 bilhões para adquirir a Amersham, sediada na Grã-Bretanha, e ampliar a área de Sistemas Médicos da GE para produtos farmacêuticos diagnósticos e biociências, criando desse modo um negócio com receitas de $15 bilhões designado GE Healthcare; (2) adquirindo os ativos de entretenimento do conglomerado de mídia francês assolado por dívidas Vivendi Universal Entertainment (Universal Studios, cinco parques temáticos Universal, USA Network, Sci-Fi Channel, canal a cabo Trio e a emissora de televisão em língua espanhola Telemundo) e integrando suas operações na divisão NBC da GE (a proprietária da NBC, de 29 estações de televisão e das redes a cabo CNBC, MSNBC e Bravo), criando desse modo um negócio com $13 bilhões de receitas, posicionado para concorrer com Walt Disney, Time Warner, Fox e Viacom; e (3) iniciando um afastamento do ramo de seguros, por meio da venda de diversos negócios dessa divisão, e preparando-se para estruturar separadamente seus negócios remanescentes de seguro de vida e de hipotecas pelo lançamento de ações de uma nova empresa denominada Genworth Financial.

Em um estudo do desempenho das 200 maiores corporações dos Estados Unidos entre 1990 e 2000, a Mckinsey & Company constatou que as empresas que gerenciavam ativamente seus portfólios de negócios por meio de aquisições e alienações criaram um valor para o acionista substancialmente maior do que aquelas que mantiveram um conjunto fixo de negócios[28].

Estratégias de Diversificação Multinacional

As características diferenciadoras de uma estratégia de diversificação multinacional são uma *diversidade de* negócios e uma *diversidade de mercado nacionais*[29]. Tal diversidade torna a diversificação multinacional uma estratégia particularmente desafiadora e complexa para conceber e executar. Gerentes precisam desenvolver estratégias empresariais para cada setor (com tantas variações multinacionais quanto as condições em cada mercado nacional exigirem). Em seguida, devem buscar e gerenciar oportunidades para colaboração e coordenação entre os negócios e entre os países de modo calculado para resultar em vantagem competitiva e maior lucratividade.

Além disso, o alcance operacional geográfico dos negócios individuais em uma corporação multinacional diversificada (CMD) pode variar apenas de um país para alguns países, a muitos países, para global. Desse modo, cada unidade empresarial pertencente a uma CMD, muitas vezes, concorre em uma combinação diferente de mercados geográficos em relação ao que outros negócios fazem — adicionando um outro elemento de complexidade estratégica, e, talvez, um elemento de oportunidade.

O Quadro Ilustrativo 9.5 indica o escopo de quatro CMDs importantes.

A Atração da Diversificação Multinacional: Mais Oportunidades para o Crescimento Sustentado e Potencial Máximo de Vantagem Competitiva Apesar de sua complexidade, as estratégias de diversificação multinacional possuem grande atração. Elas incluem *dois caminhos principais* para o crescimento das receitas e dos lucros. Um consiste em crescer entrando em negócios adicionais, e o outro em crescer ampliando as operações dos negócios existentes em mercados nacionais adicionais. Além disso, uma estratégia de diversificação multinacional também inclui seis trajetórias atraentes para obter vantagem competitiva, *todas podendo ser adotadas simultaneamente*:

1. *Aproveitamento total das economias de escala e dos efeitos da curva de experiência/aprendizado.* Em alguns negócios, o volume de vendas necessário para a obtenção de economias de escala plenas e/ou benefício integral dos efeitos da curva de experiência/aprendizado é um tanto elevado, excedendo muitas vezes o volume que pode ser alcançado operando no interior das fronteiras de um único mercado nacional, especialmente um pequeno. *A capacidade para diminuir os custos unitários, ampliando as vendas para mercados nacionais adicionais, é uma das razões por que uma multinacional diversificada pode optar por adquirir um negócio e, em seguida, expandir rapidamente suas operações em um número cada vez maior de mercados estrangeiros.*

2. *Oportunidades para capitalizar economias de escopo entre* negócios. Diversificar em negócios relacionados que oferecem economias de escopo pode impulsionar o surgimento de uma vantagem de custo baixo em relação a concorrentes menos diversificados. Por exemplo, uma CDM que utiliza principalmente os mesmos distribuidores e concessionários em escala mundial pode diversificar-se em novos negócios, usando os mesmos canais de distribuição mundiais com uma despesa adicional relativamente pequena. As economias de custo das atividades de distribuição conjuntas podem ser substanciais. Além disso, com mais negócios vendendo mais produtos em mais países, uma CMD obtém mais alavancagem de negociação em suas compras de fornecedores, o mesmo ocorrendo em relação aos varejistas para assegurar espaço de exibição atrativo para seus produtos. Considere, por exemplo, o poder competitivo que a Sony obtém desses mesmos tipos de economias

Quadro Ilustrativo 9.5
O Escopo Global de Quatro Proeminentes Corporações Multinacionais Diversificadas

Empresa	Abordagem Global	Negócios nos Quais a Empresa Diversificou
Sony	Operações em mais de cem países e escritórios de vendas em mais de 200 países	Televisores, VCRs, aparelhos de DVD, aparelhos Walkman MP3, rádios, câmeras digitais e equipamentos de vídeo, PCs Vaio e monitores para computadores Trinitron; consoles de jogos PlayStation e software para videogames; música pré-gravada e software para videogames; música pré-gravada Columbia, Epic e Sony Classical; filmes Columbia TriStar; programas de televisão distribuídos para várias emissoras; complexos de entretenimento e seguros.
Nestlé	Operações em 70 países e escritórios de vendas em mais de 200 países	Bebidas (cafés Nescafé e Taster's Choice, Chá Nestea, águas minerais Perrier, Arrowhead & Calistoga); produtos lácteos (Carnation, Gloria, Neslac, Coffee Mate, sorvete e iogurte Nestlé); alimento para animais (Friskies, Alpo, Fancy Feast, Mighty Dog); produtos alimentícios e pratos congelados Contadina, Libby's e Stauffer's; produtos de chocolate e confeitos (Nestlé Crunch, Smarties, Baby Ruth, Butterfinger, KitKat); e medicamentos (produtos oftálmicos Alcon e produtos dermatológicos Galderma).
Siemens	Operações em 160 países e escritórios de vendas em mais de 190	Equipamentos e produtos de geração, transmissão e distribuição de energia elétrica; sistemas de fabricação automatizados; motores maquinaria e ferramentas industriais; construção e manutenção de fábricas; redes de comunicação corporativa; telefones; computadores, produtos para rede de computadores, serviços de consultoria; sistemas de transporte de massa, vagões ferroviários, produtos de iluminação (lâmpadas, luminárias, sistemas de iluminação para teatros e televisão); semicondutores; utensílios domésticos; aspiradores de pó; serviços financeiros, de aquisições e logísticos.
Samsung	Operações em mais de 60 países e vendas em mais de 200 países	Notebooks, drives de disco rígido, drives para CD/DVD-ROM, monitores, impressoras e aparelhos de fax; televisores (TVs de tela grande, TVs de tela de plasma e TVs de tela LCD); aparelhos de DVD e de MP3; telefones celulares e vários outros produtos de telecomunicação; compressores; utensílios domésticos; chips DRAM, chips de memória flash e chips de memória gráfica; fibras ópticas, cabos de fibra óptica e conectores de fibra óptica.

Fonte: Relatórios anuais das empresas e sites.

de escopo quando decidiu diversificar-se na área de videogames com sua linha de produtos PlayStation. A Sony possuía capacidade para conquistar vendas de videogames em todos os mercados estrangeiros onde atualmente vendia outras categorias de produtos eletrônicos (TVs, aparelhos de DVD, VCRs, rádios, aparelhos de CDs e camcorders). E possuía a força de marketing e a credibilidade da marca para persuadir os varejistas a dar espaço de exibição privilegiado e visibilidade aos produtos PlayStation da Sony. Esses benefícios de adequação estratégica ajudaram a Sony a suplantar líderes há longo tempo no setor como a Nintendo e a Sega e a defender sua liderança de mercado contra o novo Xbox da Microsoft.

3. *Oportunidades para transferir recursos competitivamente valiosos de um negócio para outro e de um país para outro.* Uma empresa que adota a diversificação relacionada para ganhar vantagem competitiva sobre concorrentes menos diversificados, transferindo recursos competitivamente valiosos de *um negócio para outro*. Uma multinacional pode obter vantagem competitiva sobre os concorrentes com cobertura geográfica mais limitada, transferindo recursos competitivamente valiosos de um país para outro. Uma estratégia de diversificação multinacional permite a adoção simultânea de ambas as fontes de vantagem competitiva.

4. *Capacidade para alavancar o uso de uma marca muito conhecida e competitivamente poderosa.* As multinacionais diversificadas, cujos negócios têm marcas conhecidas e respeitadas em todo o mundo, possuem um ativo estratégico valioso com potencial de vantagem competitiva. Por exemplo, o reconhecimento bem consolidado global da marca Sony lhe confere uma importante vantagem de marketing e de propaganda em relação aos concorrentes com marcas menos conhecidas. Quando a Sony entra em um novo mercado com a sua marca em suas famílias de produtos, pode exigir dos varejistas espaço de exibição privilegiado. Pode esperar conquistar vendas e participação de mercado simplesmente com base na confiança que os consumidores têm nos produtos com a marca Sony. Embora a Sony possa gastar dinheiro para tornar os consumidores conscientes da disponibilidade de seus novos produtos, não precisa despender quantia tão elevada para obter reconhecimento da marca e aceitação no mercado do que um concorrente menos conhecido gastaria com custos de marketing e propaganda para entrar nos mesmos mercados relativos a produto/negócios/país e tentar combater frontalmente a Sony. Além disso, se a Sony passar a atuar em um novo mercado estrangeiro pela primeira vez e tiver sucesso na venda de PlayStations e de videogames, será mais fácil vender aos consumidores desse país TVs, câmeras digitais, PCs e aparelhos de MP3 e outros produtos Sony e, além disso, os custos de propaganda relacionados têm probabilidade de ser menores do que seriam sem que a marca Sony já estivesse gravada firmemente na mente dos consumidores.

5. *Capacidade para aproveitar as oportunidades para colaboração e coordenação estratégica entre* negócios *e entre países*. Uma estratégia de diversificação multinacional permite uma coordenação competitivamente importante de certas atividades da cadeia de valor entre negócios e entre países. Por exemplo, ao canalizar os recursos corporativos diretamente a uma iniciativa de P&D/tecnologia combinada para todos os negócios relacionados, em contraste a permitir que cada unidade de negócios financie e direcione suas próprias iniciativas de P&D por mais que julgue adequado, uma CMD pode juntar sua especialização e esforços *em escala mundial* para introduzir tecnologias importantes, apressar melhorias no produto atuando entre negócios e entre países, acelerar o desenvolvimento de novos produtos que complementam os já existentes e tentar possibilidades tecnológicas promissoras para criar negócios totalmente novos — todos esses fatores contribuindo significativamente para a vantagem competitiva e um melhor desempenho corporativo[31]. A Honda tem obtido muito sucesso em acumular especialização de P&D em motores à gasolina e na transferência dos avanços tecnológicos resultantes para suas linhas de automóveis, motocicletas, motores de popa, limpadores de neve, cortadores de grama, cultivadores e geradores elétricos portáteis. Além disso, uma CMD pode reduzir custos por meio da coordenação entre negócios e entre países da aquisição de suprimentos dos fornecedores, da introdução em colaboração e do uso compartilhado de tecnologias de comércio eletrônico, de iniciativas de vendas on-line e de campanhas coordenadas de introdução de produtos e de promoção. As empresas menos diversificadas e menos globais em seu escopo têm menos oportunidades de colaboração entre negócios e entre países.

6. *Oportunidades para usar subsídios entre negócios ou entre países para suplantar os concorrentes*. Uma CMD bem-sucedida possui potencialmente recursos organizacionais valiosos e diversos santuários de lucro em determinados mercados estrangeiros e em certos negócios que lhe permitem realizar uma ofensiva de mercado. Em comparação, uma empresa doméstica atuando em um único ramo possui apenas um santuário de lucro — seu mercado interno. Um concorrente diversificado em um país pode ter santuários de lucro em diversos negócios, porém todos se localizam no mesmo mercado nacional. Uma multinacional que atue em um único ramo pode ter santuários de lucro em diversos mercados nacionais, porém todos no mesmo negócio. Todas as três são vulneráveis a uma ofensiva em seus santuários de lucro mais limitados por uma CMD agressiva disposta a diminuir seus preços ou a gastar de modo extravagante em propaganda para conquistar participação de mercado à custa daquelas empresas. A capacidade de uma CMD para empenhar-se em atingir continuamente os concorrentes com preços baixos durante anos seguidos pode refletir vantagem de custo que se origina de sua estratégia de diversificação relacionada ou de uma disposição para aceitar lucros reduzidos ou mesmo prejuízos no mercado sendo atacada por auferir lucros substanciais em seus outros santuários de lucro. Por exemplo, a estratégia de diversificação em escala global da Sony lhe proporciona recursos fortes competitivos únicos para sobrepujar a Nintendo e a Sega, nenhuma das quais é diversificada. Caso surja necessidade, a Sony pode manter preços baixos em seus PlayStations ou financiar promoções de grande visibilidade para seus videogames mais recentes, usando lucros de suas outras linhas de atuação para financiar sua ofensiva, visando conquistar participação de mercado da Nintendo e da Sega em videogames. A Sony pode, simultaneamente, aproveitar seus recursos consideráveis de P&D, sua capacidade para transferir tecnologia eletrônica de uma família de produtos para outra e sua especialização em inovação do produto para introduzir aparelhos de videogames cada vez melhores, talvez aparelhos que sejam multifuncionais e fazem mais do que simplesmente exibir videogames. Tais ações competitivas não ressaltam apenas a imagem da própria marca Sony, mas também tornam muito difícil para a Nintendo e a Sega igualar os preços, a propaganda e as iniciativas de desenvolvimento de produtos da Sony e ainda auferir lucros aceitáveis.

Os Efeitos Combinados dessas Vantagens São Poderosos Uma estratégia de diversificação em setores *relacionados* e, em seguida, concorrer *globalmente* em cada um desses setores possui, portanto, grande potencial para ser um vencedor no mercado por causa das oportunidades de crescimento de longo prazo que oferece e das múltiplas oportunidades de vantagem competitiva em nível corporativo que contém. Realmente, *uma estratégia de diversificação multinacional contém maior potencial de vantagem competitiva* (além daquilo que pode ser conseguido por meio da própria estratégia competitiva de um negócio específico) *do que outra estratégia de diversificação*. A chave estratégica da vantagem competitiva máxima consiste em uma CMD concentrar seus esforços de diversificação naqueles setores onde existe compartilhamento de recursos e oportunidades para transferências de recursos, e onde existem economias de escopo importantes e benefícios da marca. Quanto mais a estratégia de diversificação de uma empresa permitir esses tipos de benefícios associados a adequações estratégicas, maior é a probabilidade de tornar-se um concorrente mais poderoso e seu lucro e desempenho de crescimento têm possibilidade de ser melhores.

> **Conceito Central**
> Uma estratégia de diversificação multinacional possui maior potencial intrínseco para obter vantagem competitiva do que qualquer outra estratégia de diversificação.

Entretanto, é importante reconhecer que embora na teoria a capacidade de subsídios cruzados de uma CMD represente uma arma competitiva poderosa, na prática pode ser usada apenas em poucas ocasiões. Uma coisa é direcionar *ocasionalmente* uma parcela dos lucros e dos fluxos de caixa dos negócios existentes para ajudar a financiar a entrada em um novo negócio ou mercado estrangeiro, ou realizar uma ofensiva competitiva contra concorrentes selecionados. É algo muito diferente adotar *regularmente* táticas de subsídios cruzados e, portanto, enfraquecer

> **Conceito Central**
> Embora o subsídio cruzado seja uma arma competitiva poderosa, precisa ser empregado em poucas ocasiões a fim de evitar a redução da lucratividade geral de uma CMD.

o desempenho geral da empresa. Uma CMD encontra-se sob as mesmas pressões que qualquer outra organização para conseguir lucratividade constantemente aceitável em toda a sua operação. Em alguma ocasião, todos os negócios e todo mercado nacional precisam dar uma contribuição de lucro ou tornar-se um candidato para a retirada. Como regra geral, *as táticas de subsídio cruzado justificam-se somente quando existe uma boa perspectiva de que a diminuição no curto prazo da lucratividade corporativa será compensada por uma competitividade mais forte e uma lucratividade geral melhor no longo prazo.*

Pontos-Chave

A finalidade da diversificação consiste em agregar valor para o acionista. A diversificação aumenta valor para o acionista quando um grupo diversificado de negócios consegue melhor desempenhar com o apoio de uma única controladora do que conseguiria como empresas independentes e auto-suficientes — a meta não é somente obter um resultado 1 + 1 = 2, mas obter benefícios de desempenho importantes 1 + 1 = 3. A possibilidade de a entrada em um novo negócio ter potencial para aumentar o valor para o acionista depende de a entrada da empresa nesse negócio conseguir aprovação nos testes de atratividade, de custo de entrada e da melhor situação.

A entrada em novos negócios pode assumir qualquer uma de três formas: aquisição, nova unidade interna ou *joint-venture*/parceria estratégica. Cada uma possui seus prós e contras, porém a aquisição é a mais freqüentemente adotada; a criação interna de uma nova unidade leva o maior tempo para produzir resultados excelentes e a *joint-venture*/parceria estratégica, embora seja a segunda mais freqüentemente utilizada, é a menos duradoura.

Existem duas abordagens fundamentais da diversificação — em negócios relacionados e em negócios não relacionados. A justificativa para a diversificação *relacionada* é *estratégica*: a diversificação em negócios com adequações estratégicas ao longo de suas respectivas cadeias de valor aproveita os relacionamentos de aquisição estratégica para obter vantagem competitiva e então usá-la para conseguir o impacto desejado 1 + 1 = 3 no valor para o acionista.

A premissa básica da diversificação não relacionada é que toda empresa com boas perspectivas de lucro e que possa ser adquirida mediante boas condições financeiras representa um bom negócio de diversificação. As estratégias de diversificação não relacionada abrem mão do potencial de vantagem competitiva da adequação estratégica em retorno por vantagens do tipo (1) diluição do risco empresarial por uma variedade de setores e (2) proporcionar oportunidades de ganho financeiro (se as empresas candidatas à aquisição possuírem ativos subavaliados, tiverem um preço de ocasião e um bom potencial, tendo em vista o gerenciamento correto ou a necessidade de apoio de uma controladora financeiramente forte para aproveitar as oportunidades atrativas).

No entanto, quanto maior o número de negócios em que uma empresa se diversificou e quanto mais diferentes eles são, mais difícil se torna para os executivos corporativos selecionarem gerentes capazes para administrar cada negócio, conhecer quando as principais propostas estratégicas das unidades de negócios são consistentes ou decidir por um caminho de recuperação adequado quando uma unidade empresarial der um passo em falso.

Analisar o grau de excelência da estratégia de diversificação de uma empresa é um processo de seis passos:

1. *Avaliação da atratividade no longo prazo dos setores nos quais a empresa se diversificou.* A atratividade do setor precisa ser avaliada sob três aspectos: a atratividade de cada setor individualmente, a atratividade de cada setor em relação aos demais e a atratividade de todos os setores como um grupo.

2. *Avaliação dos recursos fortes competitivos relativos de cada uma das unidades de negócios da empresa.* Novamente neste caso, a avaliação quantitativa dos recursos fortes competi-

tivos é preferível a julgamentos subjetivos. A finalidade da avaliação dos recursos fortes competitivos de cada empresa consiste em obter uma compreensão clara de quais negócios são participantes fortes em seus setores, quais são participantes fracos e as razões subjacentes para seus recursos fortes ou fracos. As conclusões a respeito da atratividade do setor podem ser agrupadas às conclusões sobre os recursos fortes competitivos, elaborando uma matriz de atratividade-força competitiva do setor que ajuda a identificar as perspectivas de cada negócio e que prioridade deve ser atribuída a cada negócio para a alocação dos recursos corporativos e do capital de investimento.

3. *Verificar as adequações estratégicas entre negócios.* Um negócio é mais atrativo estrategicamente quando possui relacionamentos de cadeia de valor com suas unidades de negócios coligadas que oferecem potencial para: (*a*) obter economias de escopo ou eficiência na economia de custos, (*b*) transferir tecnologia, aptidões, *know-how* ou outras capacitâncias de um negócio para outro, (*c*) alavancar o uso de uma marca bem conhecida e confiável e (*d*) obter recursos fortes competitivos novos ou melhores e capacidade competitiva por meio de colaboração entre negócios. As adequações estratégicas entre negócios representam possibilidade significativa para gerar vantagem competitiva além do que um negócio pode conseguir sozinho.

4. *Verificar se os recursos fortes da empresa são adequados às exigências de seu atual conjunto de negócios.* A adequação de recursos existe quando (*a*) os negócios aumentam os pontos fortes de uma empresa, seja financeira seja estrategicamente, (*b*) uma empresa possui os recursos para apoiar adequadamente as necessidades de recursos de seus negócios como um grupo, sem ter de diluir excessivamente suas atividades e (*c*) existe uma combinação próxima entre os recursos de uma empresa e os principais fatores de sucesso em um setor. Um teste importante de adequação de recursos financeiros envolve determinar se uma organização possui muitas provedoras de fundos e poucas sorvedoras de fundos.

5. *Avaliar as perspectivas de desempenho dos* negócios *do melhor para o pior — e determinar qual deveria ser a prioridade da controladora na alocação de recursos a seus vários negócios.* As considerações mais importantes ao se avaliar o desempenho de uma unidade de *negócios* são o crescimento das vendas e do lucro, a contribuição para o lucro da empresa e o retorno do capital investido. Algumas vezes, a geração de fluxo de caixa é uma consideração importante. Em geral, unidades de negócios fortes em setores atraentes possuem perspectivas de desempenho significativamente melhores do que negócios fracos ou em setores sem atração. As subsidiárias com as melhores perspectivas de lucro e crescimento e com excelente adequação estratégica e de recursos geralmente devem estar no topo da lista para receber apoio da corporação.

6. *Criar novas iniciativas estratégicas para melhorar o desempenho corporativo geral.* Este passo acarreta a utilização dos resultados da análise precedente como base para planejar ações para fortalecer os negócios existentes, fazer novas aquisições, alienar negócios de desempenho fraco ou sem atração, reestruturar o conjunto de negócios da empresa, ampliar o escopo geográfico da organização multinacional ou globalmente e, sob outros aspectos, direcionar os recursos corporativos para áreas com maior oportunidade.

Depois de uma empresa ter se diversificado, a tarefa dos líderes corporativos consiste em gerenciar o conjunto de negócios, visando o desempenho máximo no longo prazo. Existem quatro caminhos estratégicos diferentes para melhorar o desempenho de uma empresa diversificada: (1) ampliar a base de negócios diversificando em negócios adicionais, (2) passar a atuar em uma base de diversificação mais limitada, alienando alguns de seus atuais negócios, (3) reestruturando a empresa e (4) diversificando-se multinacionalmente.

Exercícios

1. Considere o conjunto de empresas da General Electric (GE) indicado no Quadro Ilustrativo 9.2. Que problemas você julga que os altos executivos da GE encontraram ao tentar posicionar em primeiro lugar todos os negócios que a empresa controla? Como poderiam decidir sobre os méritos de agregar novos negócios ou alienar os de desempenho medíocre? Que tipos de sugestões eles poderiam dar aos gerentes de cada uma das unidades de negócios da GE?

2. A Walt Disney Company atua nos seguintes ramos:
   - Parques temáticos.
   - Navios de cruzeiro marítimo.
   - Resorts.
   - Produção de filmes, vídeos e peças teatrais (para crianças e adultos).
   - Emissoras de televisão (ABC, Disney Channel, Toon Disney, Classic Sports Network, ESPN e ESPN2, E!, Lifetime e redes A&E).
   - Emissora de rádio (Disney Radio).
   - Gravações musicais e vendas de arte de animação.
   - Franquia Anaheim Mighty Ducks NHL.
   - Franquia Anaheim Angels de beisebol-liga principal (participação acionária de 25%).
   - Publicação de livros e revistas.
   - Softwares interativos e sites na internet.
   - Lojas de varejo The Disney Store.

   Com relação a essa lista, você afirmaria que o conjunto de negócios da Walt Disney reflete uma estratégia de diversificação relacionada ou não relacionada? Justifique sua resposta em termos do grau em que as cadeias de valor dos diferentes negócios da Disney parecem ter relacionamentos competitivamente importantes entre os negócios.

3. A Newell Rubbermaid atua nos seguintes ramos:
   - Negócios de organização e limpeza: armazenamento, organização e produtos de limpeza Rubbermaid; gelo artificial Blue Ice; itens de armazenagem Roughneck; embalagens térmicas para alimentos Stain Shield e TakeAlongs e armazenamento para o comércio e produtos de limpeza Brute (25% das receitas anuais).
   - Negócios de produtos para o lar e para famílias: utensílios de cozinha Calphalon, Cookware Europe, carrinhos para bebês Graco, brinquedos e mobília para crianças Little Tikes e acessórios para cabelo Goody (20% das vendas anuais).
   - Decoração para o lar: janelas, persianas e ferragens Levolor e Kirsch nos Estados Unidos, apetrechos para o lar Swish, Gardinia e Harrison Drape na Europa (15% das receitas anuais).
   - Negócios de produtos para escritórios: marcadores Sharpie, marcadore Sanford, canetas esferográficas Eberhard Faber e Berol, canetas e lápis Paper Mate, canetas sofisticadas Waterman e Parker e Liquid Paper (25% das receitas anuais).

   Você afirmaria que a estratégia da Newell Rubbermaid é de diversificação relacionada, não relacionada ou uma mescla de ambas? Justifique

4. Consulte os sites das organizações a seguir e determine se elas estão seguindo uma estratégia de diversificação relacionada, não relacionada ou uma mescla de ambas:
   - Berkshire Hathaway
   - News Corporation
   - Dow Jones & Company
   - Kimberly Clark

capítulo dez 10

Estratégia, Ética e Responsabilidade Social

Quando moralidade e lucro se enfrentam, o lucro raramente perde.
— **Shirley Chisholm**
Ex-congressista

Mas eu fecharia meus olhos na guarita da sentinela para não ver nada de errado.
— **Rudyard Kipling**
Autor

Valores não podem ser apenas palavras em uma página. Para ser efetivos, devem dar forma à ação.
— **Jeffrey R. Immelt**
CEO da General Electric

Líderes devem ser mais do que indivíduos de caráter. Eles devem "conduzir" os outros ao comportamento ético.
— **Linda K. Trevi e Michael E. Brown**
Professores

Em casos de violação de integridade não há segredo. Não é necessário hesitar por um segundo sequer antes de demitir alguém, tampouco se lamentar por isso. Basta fazê-lo e estar certo de que a organização sabe qual é o motivo, para que as conseqüências de quebrar as regras não sejam esquecidas por mais ninguém.
— **Jack Welch**
Ex-CEO da General Electric

Existe uma, e apenas uma responsabilidade social das empresas — usar seus recursos e realizar atividades criadas para aumentar seus lucros, desde que as regras do jogo sejam cumpridas; ou seja, com concorrência livre e aberta, sem enganação ou fraudes.
— **Milton Friedman**
Prêmio Nobel de Economia

Corporações são entidades econômicas, certamente, mas também são instituições sociais que devem justificar sua existência pela sua contribuição geral para a sociedade.
— **Henry Mintzberg, Robert Simons e Kunal Basu**
Professores

Sem dúvida, uma empresa tem a responsabilidade de ter lucro e crescer — nas economias capitalistas ou de mercado, o dever fiduciário do gerenciamento de criar valor para os acionistas é uma questão sobre a qual não é necessário discutir. Tão claro quanto isso, uma empresa e seu pessoal também têm o dever de obedecer à lei e jogar pelas regras da concorrência leal. Mas também tem o dever de operar de acordo com as normas éticas das sociedades nas quais ela opera — ela deve ficar presa a algum padrão ou conduta ética? Tem o dever ou a obrigação de contribuir para o aperfeiçoamento da sociedade, independentemente das necessidades e preferências dos clientes a quem ela serve? Uma empresa deve exibir consciência social e dedicar parte de seus recursos para melhorar a sociedade?

O foco deste capítulo é o exame do vínculo, se houver, entre os esforços de uma empresa para criar e executar uma estratégia vencedora e seus deveres para (1) realizar suas atividades de forma ética e (2) demonstrar comportamento socialmente responsável, sendo uma pessoa jurídica comprometida e encaminhando os recursos corporativos para o aperfeiçoamento dos funcionários, das comunidades nas quais opera e da sociedade como um todo.

O QUE QUEREMOS DIZER COM *ÉTICA DOS NEGÓCIOS?*

A **ética dos negócios** é a aplicação dos princípios e padrões éticos ao comportamento da empresa[1]. A ética dos negócios não envolve, de fato, um conjunto de padrões éticos aplicáveis apenas às situações de negócios. Os princípios éticos nas empresas não são muito diferentes dos princípios éticos em geral. Por quê? Porque as ações de negócios têm de ser julgadas dentro do contexto dos padrões de certo e errado da sociedade, e não por um conjunto especial de regras que os homens de negócios decidem aplicar à sua conduta. Se a desonestidade é considerada antiética e imoral, então o comportamento desonesto nos negócios — esteja ele relacionado aos clientes, fornecedores, funcionários ou acionistas — qualifica-se igualmente como antiético e imoral. Se ser ético acarreta não prejudicar deliberadamente as outras pessoas, então o *recall* de um produto defeituoso ou perigoso é eticamente necessário, e a falta dele ou da correção do problema nas remessas futuras do produto também é uma conduta antiética. Se a sociedade considera o suborno antiético, então é antiético o pessoal de uma empresa subornar funcionários do governo para facilitar transações comerciais, ou conceder presentes e outros favores a clientes em potencial para ganhar ou conservar seus negócios.

Conceito Central
Ética dos negócios diz respeito à aplicação dos princípios e normas éticos gerais às ações e decisões de empresas e à conduta do pessoal da empresa.

DE ONDE VÊM OS PADRÕES ÉTICOS — ELES SÃO UNIVERSAIS OU DEPENDEM DE NORMAS E SITUAÇÕES LOCAIS?

As noções de certo e errado, justo e injusto, moral e imoral, ético e antiético estão presentes em todas as sociedades, organizações e indivíduos. Entretanto, três escolas de pensamento existem sobre a medida com a qual os padrões éticos atravessam culturas, e se as empresas multinacionais podem aplicar o mesmo conjunto de padrões éticos em uma ou em todas as localizações onde operam.

A Escola do Universalismo Ético

De acordo com a escola do **universalismo ético**, alguns conceitos de certo e errado são *universais*; em outras palavras, eles transcendem todas as culturas, sociedades e religiões[2]. Por exemplo, falar a verdade (ou não mentir, não ser deliberadamente fraudulento) é considerado certo pelas pessoas de todas as nações. Da mesma forma, demonstrar integridade de caráter, não enganar e tratar as pessoas com dignidade e respeito são conceitos que repercutem em todas as pessoas da maioria das culturas e religiões. Na maioria das sociedades, as pessoas acreditam que as empresas não devem pilhar ou degradar o meio ambiente ao realizar suas operações. Na maioria das sociedades, as pessoas concordam que não é ético expor conscientemente os trabalhadores a produtos químicos tóxicos e materiais que apresentem risco à saúde ou vender produtos conhecidos como inseguros ou prejudiciais aos usuários. *À medida que há um acordo moral comum sobre ações e comportamentos certos e errados em várias culturas e países, existe um conjunto de normas éticas universais pelas quais todas as sociedades, empresas e indivíduos podem ser responsabilizados*. Tais princípios ou normas éticos universais delimitam as ações e comportamentos que são incluídos nos limites daquilo que é certo ou não. Eles estabelecem os traços e comportamentos considerados virtuosos em que uma pessoa correta deve acreditar e exibir.

> **Conceito Central**
> De acordo com a escola do *universalismo ético*, os mesmos padrões do que é ético e do que é antiético repercutem entre pessoas da mesma sociedade, independentemente de tradições locais e normas culturais; assim, padrões éticos comuns podem ser usados para julgar a conduta do pessoal de empresas que operam em uma variedade de mercados e circunstâncias culturais.

Muitos especialistas em ética acreditam que os padrões morais mais importantes viajam através de países e culturas e, portanto, são *universais* — as normas universais incluem ser honesto e leal, respeitando os direitos dos outros, praticando a Regra de Ouro, evitando danos desnecessários a trabalhadores ou a usuários do produto ou serviço da empresa e respeitando o ambiente[3]. Em todos esses casos, onde há um acordo entre várias culturas quanto a quais ações e comportamentos estão dentro e fora dos limites éticos e morais, os seguidores do universalismo ético defendem que a conduta do pessoal das empresas que operam em uma variedade de mercados e circunstâncias culturais do país possa ser julgada em relação a um conjunto resultante de padrões éticos comuns.

A força do universalismo ético é que ele aproveita as visões coletivas de várias sociedades e culturas para criar algumas fronteiras claras sobre aquilo que constitui o comportamento de negócios ético e constitui o comportamento de negócios antiético, independentemente do mercado, do país ou da cultura na qual uma empresa ou seu pessoal estejam operando. Isso significa que sempre que os padrões morais básicos não variam de modo realmente significativo em relação às crenças, tradições e convicções religiosas locais ou com o tempo e circunstância, uma empresa multinacional pode aplicar um código de ética mais ou menos uniforme em todas as suas operações mundiais[4]. Ela pode evitar a ladeira escorregadia que é ter diferentes padrões éticos para os vários funcionários da empresa, dependendo do lugar no mundo onde atuam.

A Escola do Relativismo Ético

Além dos fundamentos universais exclusivos — honestidade, fidelidade, justiça, consideração pela segurança do trabalhador e respeito ao meio ambiente — existem variações significativas naquilo que as sociedades em geral concordam como sendo o certo e o errado na condução das atividades de negócios. Crenças religiosas divergentes, tradições históricas, costumes sociais e doutrinas políticas e econômicas vigentes (se um país tende mais à economia de mercado capitalista ou se é dominado por princípios socialistas ou comunistas) com freqüência produzem normas éticas que variam de um país para outro. A escola do **relativismo ético** sustenta que, quando há diferenças entre países ou culturas no que diz respeito àquilo que é considerado justo ou injusto, quanto ao que constitui consideração adequada aos direitos humanos e quanto ao que é considerado ético ou antiético nas situações de negócios, parece apropriado que os padrões morais locais tenham precedência sobre os padrões éticos de outro lugar — por exemplo, no mercado doméstico de uma empresa. A tese é que, seja o que for que uma cultura ache certo ou errado, isso será certo ou errado para aquela cultura[5]. Por esse motivo, a escola do relativismo ético argumenta que existem ocasiões importantes nas quais as normas culturais e as circunstâncias da situação determinam se algumas ações ou comportamentos são certos ou errados. Considere os seguintes exemplos.

> **Conceito Central**
> De acordo com a escola do **relativismo ético**, diferentes culturas e costumes de sociedades têm valores e padrões divergentes do que é certo e errado — assim, o que é ético ou não deve ser julgado à luz dos costumes e morais sociais e pode variar de uma cultura ou nação para outra.

O Uso do Trabalho de Menores Em nações industrializadas, o uso de trabalhadores menores de idade é considerado tabu; os ativistas sociais são inflexíveis quanto ao fato de o trabalho infantil ser antiético e afirmam que as empresas não devem empregar crianças menores de 18 anos como funcionários em período integral nem receber produtos de fornecedores estrangeiros que empregam trabalhadores menores. Muitos países têm aprovado leis que proíbem o uso do trabalho de menores e, no mínimo, regulamentam a contratação de pessoas menores de 18 anos. Entretanto, na Índia, Bangladesh, Botswana, Sri Lanka, Gana, Somália, Turquia e em outros 100 países é comum ver crianças como trabalhadores em potencial e até mesmo necessários[6]. Muitas famílias atingidas pela pobreza não podem subsistir sem a renda ganha pelos membros mais jovens, e mandar seus filhos para a escola em vez de fazê-los participar da força de trabalho não é uma opção realista. Em 2000, a Organização Internacional do Trabalho estimou que 211 milhões de crianças com idades entre 5 e 14 trabalhavam no mundo inteiro[7]. Se tais crianças não puderem trabalhar — devido a pressões impostas por grupos ativistas e por nações industrializadas — elas poderão ser forçadas a buscar trabalho em funções com salário menor em partes "ocultas" da economia de seus países, pedir esmola nas ruas, traficar drogas e até mesmo se prostituir[8]. Assim, se todas as empresas sucumbirem aos protestos de grupos de ativistas e organizações governamentais que, com base em seus valores e crenças, proclamam em altos brados que o trabalho do menor não é ético, alguns países poderão questionar se as empresas ou grupos protestantes realmente estarão fazendo algo de bom para a sociedade em geral?

O Pagamento de Subornos e Propinas Uma área particularmente espinhosa enfrentada pelas empresas multinacionais é o grau de variação existente entre os países em relação ao pagamento de subornos[9]. Em muitos países da Europa Oriental, África, América Latina e Ásia é comum pagar subornos a funcionários públicos para ganhar um contrato com o governo, obter uma licença ou permissão ou uma decisão administrativa[10]. Os gerentes sêniores da China quase sempre usam seu poder para obter propinas e oferecer subornos quando compram materiais ou outros produtos para suas empresas[11]. Em algumas nações em desenvolvimento, é difícil para qualquer empresa, estrangeira ou doméstica, movimentar bens através da alfândega sem pagar os funcionários de nível inferior[12]. Da mesma forma, em muitos países é normal fazer pagamentos a clientes em potencial para ganhar ou conservar seus negócios. Um artigo do *Wall Street Journal* reportou que de 30% a 60% de todas as transações comerciais da Europa Oriental envolviam o pagamento de subornos, e que os custos dos pagamentos de subornos, em média, eram de 2% a 8% da receita[13]. Três edições anuais recentes do *Global Corruption Report,* patrocinadas pela Transparência Internacional — com sede em Berlim — oferecem evidências confiáveis de que a corrupção entre os funcionários públicos e nas transações comerciais é amplamente difundida em todo o mundo[14]. Algumas pessoas justificam o pagamento de subornos e propinas alegando que subornar os funcionários do governo para liberar os bens na alfândega, dar propinas para os clientes para manter os negócios ou ganhar um pedido é simplesmente um pagamento por serviços prestados, assim como se dá gorjeta às pessoas que trabalham em um restaurante[15]. Mas esse argumento não tem muito fundamento, embora seja uma forma inteligente e pragmática de explicar o motivo pelo qual tais pagamentos facilitadores devem ser vistos como um custo normal e talvez inevitável ao se fazer negócios em alguns países.

As empresas que proíbem o pagamento de subornos e propinas em seus códigos de conduta ética e que se mantêm firmes quanto a essa proibição enfrentam um problema particularmente inquietante em países nos quais os pagamentos de subornos e propinas são costumes tão arraigados há décadas que não são considerados antiéticos pela população local[16]. A recusa em pagar subornos ou propinas (para cumprir o código de conduta ética da empresa) quase sempre significa perder negócios. Com freqüência, as vendas e os lucros são perdidos para empresas mais inescrupulosas, resultando em penalidade para as empresas e indivíduos com ética. Entretanto, o desprezo ao código de conduta ética e a continuidade do pagamento de subornos e propinas não apenas significa desrespeito à implantação e ao cumprimento do código de ética da empresa, como também à própria lei. As empresas norte-americanas estão proibidas pela Lei de Práticas Corruptas Estrangeiras (FCPA) de pagar subornos a funcionários do governo, partidos e candidatos políticos, entre outros, em todos os países nos quais realizam negócios; a FCPA exige que as empresas norte-americanas com operações no exterior adotem práticas contábeis que garantam a total divulgação das transações de uma empresa, para que sejam detectados os pagamentos ilegais. Em 1997, os 35 países membros da Organização para a Cooperação e o Desenvolvimento Econômico (OECD — Organization for Economic Cooperation and Development) adotaram uma convenção para combater o suborno nas transações comerciais internacionais; a Convenção Anti-Suborno obrigou os países a criminalizar os funcionários públicos estrangeiros, incluindo os pagamentos feitos a partidos políticos e representantes do partido. Até agora, porém, só houve execução simbólica da convenção da OECD e o pagamento de subornos nas transações comerciais globais continua sendo prática comum em muitos países.

O Relativismo Ético Se Traduz em Vários Conjuntos de Padrões Éticos A existência de diversas normas éticas, como as citadas anteriormente, explica por que os seguidores do relativismo ético defendem a idéia de que há algumas verdades absolutas em relação à ética de negócios e, portanto, algumas poucas verdades absolutas éticas para julgar de forma consistente a conduta de uma empresa nos diversos países e mercados. Sem dúvida, a tese do relativismo ético diz que, embora haja prescrições morais gerais que se aplicam em quase todas as sociedades e circunstâncias comerciais, existem muitas situações nas quais as normas éticas devem ser adaptadas para ajustarem-se aos costumes e às tradições locais e também às noções de justiça compartilhadas pelas partes envolvidas. Eles argumentam que um modelo geral para julgar a adequação ética das ações comerciais e os comportamentos do pessoal da empresa simplesmente não existe — em outras palavras, os problemas éticos das empresas não podem ser totalmente solucionados sem apelar para as convicções compartilhadas das partes em questão[17]. Os gerentes europeus e norte-americanos podem impor padrões de conduta comercial que dão mais peso a direitos humanos tão importantes quanto liberdade pessoal, segurança individual, participação política, a posse da propriedade e o direito à subsistência, bem como a obrigação de respeitar a dignidade de cada ser humano, padrões de segurança e saúde adequados para todos os funcionários e respeito ao meio ambiente. Os gerentes da China têm um comprometimento bem menor com esses tipos de direitos humanos. Os gerentes japoneses podem preferir padrões éticos que mostram respeito ao bem coletivo da sociedade. Os gerentes muçulmanos podem preferir aplicar padrões éticos compatíveis com os ensinamentos de Maomé. As empresas individuais podem reconhecer explicitamente a importância de os funcionários honrarem os valores e princípios de negócios defendidos pela própria empresa. Sem dúvida, existe mérito na visão da escola do relativismo ético de que aquilo que é certo ou errado, justo ou injusto, moral ou imoral, ético ou antiético nas situações de negócios depende parcialmente do contexto de costumes de cada país, das tradições religiosas e das normas da sociedade. Assim, existe uma certa verdade no argumento de que as empresas precisam de espaço para adaptar seus padrões éticos às situações locais. Uma empresa precisa ser muito cuidadosa ao exportar seus valores e sua ética natal para países estrangeiros nos quais ela opera — a ética da "fotocópia" é desrespeitosa a muitas culturas e negligencia o importante papel do espaço livre moral.

> De acordo com o relativismo ético, não pode haver um conjunto único de normas éticas autênticas para medir a conduta do pessoal da empresa.

Levado ao Extremo, o Relativismo Ético Não Resiste Embora a regra relativista de "em Roma, faça como os romanos" pareça razoável, ela apresenta um grande problema — quando o problema começa a ser empurrado, como sempre acontece — é *inevitável a ocorrência de padrões éticos desorientados*. Considere o seguinte exemplo: em 1992, os proprietários do SS *United States,* um antigo navio de luxo construído com amianto nos anos 1940, tiveram o navio rebocado para a Turquia, onde um contratado havia concordado em retirar o amianto por dois milhões (em comparação com um custo muito mais alto nos Estados Unidos, onde os padrões de segurança para a remoção do amianto eram muito mais rígidos)[18]. Quando os oficiais turcos bloquearam a remoção do amianto por causa dos riscos de câncer para os trabalhadores, os proprietários do navio o rebocaram para o porto de Sebastopol na República da Criméia, no Mar Negro, onde os padrões de remoção do amianto eram mais relaxados e um contratado havia concordado em remover mais de 500.000 pés quadrados de amianto cancerígeno por menos de dois milhões. Não existe base moral para defender que a exposição dos trabalhadores ao amianto cancerígeno é algo eticamente correto, independentemente das leis do país ou do valor que o país dá à segurança do trabalhador.

Uma empresa que adota o princípio do relativismo ético e mantém o pessoal da empresa ligado aos padrões éticos locais assume necessariamente que aquilo que prevalece como moralidade local é um guia adequado para o comportamento ético. Isso pode ser eticamente perigoso — leva à conclusão de que, se a cultura de um país aceita o suborno, a degradação ambiental ou exposição dos trabalhadores a condições perigosas (produtos químicos tóxicos ou danos físicos), pior para as pessoas honestas, para a proteção do meio ambiente e das condições de trabalho seguras. Tal posição é moralmente inaceitável. Embora o suborno dos funcionários do governo na China seja prática comum, quando a Lucent Technologies descobriu que os gerentes de suas operações chinesas haviam subornado funcionários do governo, demitiu toda a equipe do gerenciamento de primeiro escalão[19].

> Os gerentes de empresas multinacionais têm de descobrir como navegar na zona de indefinição que surge quando se opera em duas culturas com dois conjuntos de éticas.

Além disso, sob a perspectiva dos mercados globais, o relativismo ético resulta em um labirinto de padrões éticos conflitantes para as multinacionais que desejam abordar a verdadeira questão dos padrões éticos a serem implantados no nível da empresa. Por outro lado, as empresas multinacionais precisam educar e motivar seus funcionários no mundo inteiro para que respeitem os costumes e as tradições de outras nações, mas também para que cumpram o código particular da empresa em relação ao comportamento ético. Resolver tal diversidade ética sem nenhum tipo de orientação moral superior é algo complicado. Imagine, por exemplo, que uma multinacional, em nome do relativismo ético, assuma a posição de que está tudo bem para o pessoal da empresa pagar subornos e propinas em países nos quais isso é normal, mas proibir que o pessoal da empresa faça tais pagamentos nos países em que subornos e propinas são considerados antiéticos ou ilegais. Ou que a empresa diga que é eticamente correto usar trabalho infantil em suas fábricas em países onde tal prática é aceitável, sendo eticamente inapropriado empregar trabalho infantil no restante de suas fábricas. Assim, adotando padrões éticos conflitantes para operar em diferentes países, os administradores têm pouca base moral para implantar os padrões éticos em toda a empresa — ao contrário, a mensagem clara para os funcionários seria que a empresa não tem padrões éticos ou princípios próprios, preferindo deixar que suas práticas sejam governadas pelos países nos quais ela opera. Essa é uma base moral muito fraca para iniciar qualquer coisa.

Ética e Teoria dos Contratos Sociais Integrativos

Conceito Central
De acordo com a **teoria dos contratos sociais integrados**, os princípios éticos ou normas universais têm por base visões coletivas de várias culturas e sociedades que se combinam para formar um "contrato social" que todos os indivíduos, em todas as situações, têm o dever de observar. Dentro dos limites deste contrato social, as culturas ou os grupos locais podem especificar outras ações que não são permitidas. Entretanto, as normas éticas universais sempre têm precedência sobre as normas éticas locais.

A teoria do contrato social oferece uma posição intermediária entre visões opostas de universalismo (que o mesmo conjunto de padrões éticos deve se aplicar em todos os lugares) e relativismo (que os padrões éticos variam de acordo com o costume local)[20]. De acordo com a **teoria dos contratos sociais integrativos**, os padrões éticos que uma empresa mantém são governados por (1) um número limitado de princípios éticos universais que são amplamente reconhecidos por colocar limites éticos legítimos para ações e comportamentos em *todas* as situações e (2) as circunstâncias das culturas locais, tradições e valores compartilhados que prescrevem aquilo que constitui ou não comportamento eticamente permissível. Entretanto, as *normas éticas universais têm precedência sobre as normas éticas locais*. Em outras palavras, os princípios éticos universais aplicam-se às situações nas quais a maioria de todas as sociedades — dotada de racionalidade e conhecimento moral — tem um acordo moral comum sobre o que é errado e, portanto, impõe limites para ações e comportamentos que estão ou não dentro dos limites daquilo que é certo. *Esses acordos uniformes sobre o que é moralmente certo e errado formam um "contrato social" que vincula todos os indivíduos, grupos, organizações e empresas em termos do estabelecimento do que é certo e errado e criam a linha divisória entre comportamentos éticos e antiéticos*. Mas esses princípios éticos ou normas universais ainda deixam algum espaço moral para que as pessoas de determinado país (cultura local ou até mesmo uma empresa) façam interpretações específicas sobre quais outras ações podem ou não ser permissíveis dentro dos limites definidos pelos princípios éticos universais. Assim, embora empresas, indústrias, associações profissionais e outros grupos importantes para os negócios estejam contratualmente obrigados, com a sociedade, a observar as normas éticas universais, têm o critério de ir além destas normas universais e especificar outros comportamentos que estão fora dos limites e impõem outras limitações sobre o que é considerado ético. As profissões legais e médicas têm padrões em relação aos tipos de propaganda que são eticamente permissíveis e os tipos que não são. As empresas de produtos alimentícios estão começando a estabelecer orientações éticas para julgar o que é ou não propaganda apropriada para produtos alimentícios que são inerentemente prejudiciais à saúde e podem causar problemas de dieta ou de obesidade para as pessoas que os ingerem regularmente ou os consomem em grandes quantidades.

A força da teoria dos contratos sociais integrados é que ela acomoda as melhores partes do universalismo e do relativismo ético. É indiscutível o fato de que diferentes culturas têm impacto sobre o modo como os negócios são conduzidos nas diversas partes do mundo, e que essas diferenças culturais às vezes dão ensejo a diferentes normas éticas. Mas também é indiscutível o fato de que algumas normas éticas são mais autênticas ou universalmente aplicáveis do que outras. Isso significa que, em muitos casos de diferenças entre países, um lado pode ser mais "eticamente correto" ou "mais certo" do que outro. Em tais circunstâncias, a solução das diferenças entre culturas acarreta a aplicação de normas éticas universais, ou de primeira ordem, e a substituição das normas éticas locais, ou de segunda ordem. Um bom exemplo é o pagamento de subornos e propinas. Sim, os subornos e as propinas parecem ser comuns em alguns países, mas isso justifica seu pagamento? O simples fato de o suborno existir em um país não significa que ele é uma norma autêntica ou legítima. Praticamente todas as maiores religiões do mundo (cristianismo, budismo, confucionismo, hinduísmo, islamismo, judaísmo, shikismo e taoísmo) e todas as escolas morais do pensamento condenam o suborno e a corrupção[21]. O suborno é lugar-comum na Índia, mas entrevistas com CEOs indianos cujas empresas estão constantemente envolvidas nestes pagamentos indicaram insatisfação com a prática, e eles estão seguros quanto à sua impropriedade[22]. Assim, uma empresa multinacional poderia concluir que o padrão ético certo é recusar-se a fechar os olhos ao suborno e comissões recebidos pelo pessoal da empresa, independentemente do costume local e de quais sejam as conseqüências para as vendas.

A concessão da preferência automática às normas éticas locais do país apresenta problemas embaraçosos para os gerentes das empresas multinacionais quando os padrões éticos seguidos em um país estrangeiro são mais baixos do que aqueles de seu país natal, ou quando eles entram em conflito com o código de ética da empresa. Às vezes, não há um compromisso sobre o que é eticamente permissível e o que não é. *É isso exatamente o que sustenta a teoria dos contratos sociais integrados — as normas universais ou de primeira ordem sempre devem ter precedência sobre as normas locais ou de segunda ordem.* A teoria dos contratos sociais integrados oferece aos gestores das empresas multinacionais uma orientação clara para solucionar diferenças éticas entre os países: aquelas partes do código de ética da empresa que envolvem normas éticas universais devem ser implantadas em todo o mundo, mas dentro desses limites há espaço para a diversidade ética e a oportunidade para que as culturas do país exerçam uma *certa* influência na definição de seus próprios padrões éticos e morais. Tal abordagem desvia do caso, meio assustador, de uma empresa multinacional que se considera virtuosa tentando operar como padrão da verdade moral e impondo a interpretação de seu código de ética em todo o mundo a qualquer custo. Isso nos leva ao caso, igualmente assustador, da conduta de ética de uma empresa que não é melhor do que as normas éticas locais em situações nas quais as normas éticas permitem práticas que, em geral, são consideradas imorais ou quando as normas locais entram claramente em conflito com a conduta do código de ética de uma empresa. Mas mesmo com a orientação fornecida pela teoria dos contratos sociais integrados, existem muitos casos em que as diferenças das normas éticas entre os países criam áreas cinzentas nas quais é difícil delimitar uma linha entre as decisões, ações e práticas de negócios certas e erradas.

AS TRÊS CATEGORIAS DA MORALIDADE DA ADMINISTRAÇÃO

Três categorias de gestores se destacam em relação aos princípios éticos e morais nos negócios comerciais[23]:

- *O gestor moral* — Os líderes morais dedicam-se a elevados padrões de comportamento ético, tanto em suas ações quanto em suas expectativas de como os negócios da empresa devem ser conduzidos. Eles vêem a si mesmos como administradores do comportamento ético e acreditam que é importante exercer a liderança ética. Os gestores morais podem ser ambiciosos e ter uma urgência poderosa de sucesso, mas buscam o sucesso nos negócios dentro dos limites literais e subjetivos do que é ético e legal — em geral, encaram a lei como um mínimo de ética e têm o hábito de operar bem acima daquilo que é exigido por lei.

- *O gestor imoral* — Os líderes imorais não respeitam os padrões éticos nos negócios e não prestam atenção aos princípios éticos ao tomar decisões e conduzir os negócios da empresa. Sua filosofia reza que o bom pessoal de negócios não pode perder tempo procurando os interesses das outras pessoas e torturar-se em relação à "coisa certa a fazer". Nas mentes dos gerentes imorais, os caras bonzinhos ficam em segundo lugar e a natureza competitiva dos negócios exige que você atropele ou seja atropelado.

  Para eles, o mais importante é a busca incansável de seus próprios interesses — eles são exemplos vivos da ganância capitalista, que cuida apenas de seus próprios lucros e sucessos ou de suas organizações. Os gestores imorais podem até estar dispostos a causar um curto-circuito nos requisitos legais e regulamentares se acharem que podem agir sem ser descobertos. Eles estão sempre em busca de meios de evasão legal e maneiras criativas de contornar regras e regulamentações que bloqueiem ou restrinjam as ações que tomam por conta de seus próprios interesses ou de suas empresas. São, portanto, os caras maus — não têm escrúpulos, pouca ou nenhuma integridade e estão dispostos a fazer quase tudo que acreditam que possa lhes ser útil. Eles não se importam muito de serem vistos pelas outras pessoas como maus.

- *O gestor amoral* — Os líderes amorais assumem duas formas: intencionalmente amoral e o involuntariamente amoral. Os gestores intencionalmente amorais têm a forte opinião de que negócios e ética não se misturam. Eles não têm problemas em não levar em conta considerações éticas em suas decisões e ações, porque é perfeitamente legítimo que as empresas façam tudo o que quiserem, desde que permaneçam dentro dos limites legais e regulamentares — em outras palavras, se determinadas ações e comportamentos são legais e cumprem as regulamentações existentes, então elas se qualificam como permissíveis e não devem ser vistas como antiéticas. Os gestores intencionalmente amorais vêem o cumprimento de altos padrões éticos (fazer mais do que é exigido por lei) como algo muito "certinho" para o duro mundo competitivo dos negócios, embora a observação de algumas considerações éticas mais elevadas seja apropriada na vida fora dos negócios. Seu conceito de certo e errado tende a ser orientado pelo advogado — quanto podemos obter e podemos ir além desse limite? Assim, os gerentes intencionalmente amorais mantêm-se firmes na visão de que vale tudo, desde que as ações e os comportamentos não sejam claramente regulamentados pelos requisitos legais em vigor.

> **Conceito Central**
> Os gestores amorais acreditam que os negócios podem fazer tudo o que as leis e regulamentações atuais permitem sem serem constrangidos por considerações éticas — acham que aquilo que é permissível ou não é governado totalmente pelas leis e regulamentações em vigor e não por conceitos da sociedade sobre certo e errado.

Os gestores involuntariamente amorais também não dão muita atenção ao conceito da ética nos negócios, mas por motivos diferentes. Eles simplesmente são descuidados, negligentes ou desatentos para o fato de que determinados tipos de decisões de negócios ou atividades da empresa são ruins ou podem ter efeitos prejudiciais para outras pessoas — em resumo, eles fazem seus trabalhos da melhor maneira possível, sem pensar muito sobre a dimensão ética das decisões e ações de negócios. Não são eticamente conscientes no que diz respeito às questões de negócios, em parte ou principalmente porque nunca pararam para pensar se e em qual medida as decisões de negócios ou as ações da empresa criam impactos adversos sobre as outras pessoas. Os gestores involuntariamente amorais podem até ver a si mesmos como pessoas íntegras e pessoalmente éticas. Entretanto, assim como os intencionalmente amorais, eles mantêm a visão firme de que os negócios devem poder fazer o que a estrutura legal e regulamentadora atual permite que façam, sem ser atormentados por considerações éticas.

Diz-se que a população dos gestores pode ser distribuída em três tipos em uma curva em forma de sino: com os imorais e morais ocupando as duas pontas da curva, e os amorais (particularmente, os intencionalmente amorais) ocupando a metade da curva[24]. Além disso, dentro da população de gestores, existem evidências empíricas no sentido de que, embora o administrador médio possa ser amoral na maior parte do tempo, ele ou ela às vezes pode escorregar para um modo moral ou imoral com base em uma variedade de fatores e circunstâncias.

Evidências da Imoralidade Administrativa na Comunidade dos Negócios Globais

Existem evidências consideráveis que mostram que a grande maioria de gestores é amoral ou imoral. O *Global Corruption Report 2005* (Relatório sobre Corrupção Global de 2005), patrocinado pela Transparência Internacional, concluiu que a corrupção entre os funcionários públicos e nas transações de negócios é amplamente difundida no mundo. A Tabela 10.1 mostra alguns dos países onde acredita-se que a corrupção seja mais baixa e mais alta — mesmo nos países onde as práticas comerciais são consideradas menos corruptas, existe espaço para aperfeiçoamento, desde que os gestores observem as práticas de negócios éticas. A Tabela 10.2 apresenta dados que mostram a probabilidade percebida de que as empresas dos 21 maiores países exportadores estejam pagando subornos para ter negócios nos mercados dos 15 países em desenvolvimento — Argentina, Brasil,

Tabela 10.1 **Índice de Percepções da Corrupção, Países Selecionados, 2004**

País	Classificação CPI 2004*	Intervalo Alto-Baixo	Número de Pesquisas Utilizadas	País	Classificação CPI 2004*	Intervalo Alto-Baixo	Número de Pesquisas Utilizadas
Finlândia	9,7	9,,2—10,,0	9	Taiwan	5,6	4,7—6,0	15
Nova Zelândia	9,6	9,2—9,7	9	Itália	4,8	3,4—5,6	10
Dinamarca	9,5	8,7—9,8	10	África do Sul	4,6	3,4—5,8	11
Suécia	9,2	8,7—9,5	11	Coréia do Sul	4,5	2,2—5,8	14
Suíça	9,1	8,6—9,4	10	Brasil	3,9	3,5—4,8	11
Noruega	8,9	8,0—9,5	9	México	3,6	2,6—4,5	11
Austrália	8,8	6,7—9,5	15	Tailândia	3,6	2,5—4,5	14
Holanda	8,7	8,3—9,4	10	China	3,4	2,1—5,6	16
Reino Unido	8,6	7,8—9,2	12	Arábia Saudita	3,4	2,0—4,5	5
Canadá	8,5	6,5—9,4	12	Turquia	3,2	1,9—5,4	13
Alemanha	8,2	7,5—9,2	11	Índia	2,8	2,2—3,7	15
Hong Kong	8,0	3,5—9,4	13	Rússia	2,8	2,0—5,0	15
Estados Unidos	7,5	5,0—8,7	14	Filipinas	2,6	1,4—3,7	14
Chile	7,4	6,3—8,7	11	Vietnã	2,6	1,6—3,7	11
França	7,1	5,0—9,0	12	Argentina	2,5	1,7—3,7	11
Espanha	7,1	5,6—8,0	11	Venezuela	2,3	2,0—3,0	11
Japão	6,9	3,5—9,0	15	Paquistão	2,1	1,2—3,3	7
Israel	6,4	3,5—8,1	10	Nigéria	1,6	0,9—2,1	9
Uruguai	6,2	5,6—7,3	6	Bangladesh	1,5	0,3—2,4	5

* As classificações CPI variam entre 10 (altamente limpos) e 0 (altamente corruptos); os dados foram coletados entre 2002 e 2004 e refletem uma composição de 18 fontes de dados de 12 instituições, como indica o número de pesquisas usadas. A classificação CPI representa as percepções do grau de corrupção visto pelo pessoal de negócios, acadêmicos e analistas de risco. As classificações CPI foram reportadas para 146 países.
Fonte: Transparency International, *2005 Global Corruption Report*, www.globalcorruptionreport.org (acesso e m 31 de outubro de 2005), p. 235-38.

Tabela 10.2 **O Grau com o Qual as Empresas dos Principais Países Exportadores São Percebidas como Pagadoras de Subornos ao Fazer Negócios no Exterior**

Classificação/País	Índice de Pagadores de Suborno (10 = Baixo; 0 = Alto)	Classificação/País	Índice de Pagadores de Suborno (10 = Baixo; 0 = Alto)
1. Austrália	8,5	12. França	5,5
2. Suécia	8,4	13. Estados Unidos	5,3
3. Suíça	8,4	14. Japão	5,3
4. Áustria	8,2	15. Malásia	4,3
5. Canadá	8,1	16. Hong Kong	4,3
6. Holanda	7,8	17. Itália	4,1
7. Bélgica	7,8	18. Coréia do Sul	3,9
8. Grã-Bretanha	6,9	19. Taiwan	3,8
9. Cingapura	6,3	20. China (excluindo Hong Kong)	3,5
10. Alemanha	6,3	21. Rússia	3,2
11. Espanha	5,8		

Nota: O índice do pagador de suborno baseia-se em um questionário desenvolvido pela Transparency International e em uma pesquisa entre 835 líderes do setor privado em 15 países em desenvolvimento que representam 60% de todas as importações para os países que não estão na Organização para a Cooperação e o Desenvolvimento Econômico — a pesquisa real foi realizada pela Gallup International.

Fonte: Transparency International, *2003 Global Corruption Report*, www.globalcorruptionreport.org (acesso em 1º de novembro de 2005), p. 267.

Colômbia, Hungria, Índia, Indonésia, México, Marrocos, Nigéria, Filipinas, Polônia, Rússia, África do Sul, Coréia do Sul e Tailândia. O *Global Corruption Report 2003* (Relatório sobre Corrupção Global de 2003) citava dados que indicavam que o suborno ocorria com maior freqüência em (1) contratos de obras públicas e construção, (2) indústria de defesa e armamentos e (3) indústria de petróleo e gás. Em uma escala de 1 para 10, onde 10 indica o suborno que pode ser desprezado, até mesmo os setores da indústria mais "limpos" — agricultura, fabricação de iluminação e pesca — tinham classificações apenas "passáveis" de 5,9, indicando que os subornos são muito provavelmente uma ocorrência comum nesses setores também (consulte a Tabela 10.3).

A corrupção, obviamente, vai além de subornos e propinas. Por exemplo, em 2005 quatro fabricantes globais de chips (a Samsung e a Hynix Semiconductor da Coréia do Sul, a Infineon Technologies da Alemanha e a Micron Technology dos Estados Unidos) alegaram culpa na acusação de conspirar para fixar os preços dos chips de memória DRAM (Dynamic Random Access Memory) vendidos para empresas como Dell, Apple Computer e Hewlett-Packard — os chips DRAM geram vendas anuais mundiais de cerca de 26 bilhões de dólares e são usados em computadores, produtos eletrônicos e veículos motorizados[25]. Até agora, a investigação resultou em multas de 730 milhões, prisão de nove executivos e ações criminais pendentes para três outros funcionários pelo seu papel no cartel global; as empresas culpadas enfrentam centenas de milhões de dólares a mais em ações indenizatórias de clientes e processos movidos por associações de consumidores.

Uma comunidade de negócios globais que aparentemente está tão cheia de práticas comerciais antiéticas e imoralidade gerencial não é um bom prognóstico para concluir que muitas empresas baseiam suas estratégias em princípios éticos exemplares, ou para avaliar o vigor com o qual os gerentes da empresa tentam incutir comportamento ético no seu pessoal. E, como têm notado muitos professores de administração, existe um número considerável de alunos de administração amorais nas salas de aula. Assim, os esforços para erradicar práticas de negócios incertas e corruptas e implantar princípios éticos no processo gerencial de criar e executar a estratégia não devem produzir um clima global eticamente forte num futuro próximo, a não ser que haja um grande esforço para abordar e corrigir a negligência ética dos administradores de empresas.

Tabela 10.3 **Suborno nas Diferentes Indústrias**

Setor de Negócios	Classificação de Suborno (10 = Baixo; 0 = Alto)
Agricultura	5,9
Fabricação de iluminação	5,9
Pesca	5,9
Tecnologia da informação	5,1
Silvicultura	5,1
Aeroespacial civil	4,9
Bancos e finanças	4,7
Fabricação pesada	4,5
Farmacêutico/Médico	4,3
Transportes/armazenagem	4,3
Mineração	4,0
Geração/transmissão de energia	3,7
Telecomunicações	3,7
Imóveis/propriedades	3,5
Petróleo e gás	2,7
Armamento e defesa	1,9
Obras públicas/construção	1,3

Nota: As classificações de suborno para cada indústria baseiam-se em um questionário desenvolvido pela Transparência Internacional e em uma pesquisa entre 835 líderes do setor privado em 15 países em desenvolvimento, representando 60% de todas as importações para os países que não pertencem à Organização para a Cooperação e o Desenvolvimento Econômico — a pesquisa real foi realizada pela Gallup International.
Fonte: Transparency International, *2003 Global Corruption Report*, www.globalcorruptionreport.org (acesso em 1º de novembro de 2005), p. 268.

AS ESTRATÉGIAS DA EMPRESA PRECISAM SER ÉTICAS?

Os administradores de empresas formulam estratégias que são éticas em todos os aspectos, ou podem resolver utilizar estratégias que, por um motivo ou outro, têm componentes antiéticos ou pelo menos componentes pouco claros nesse sentido. Embora geralmente a maioria dos gestores de empresas tenha o cuidado de garantir que a estratégia esteja dentro dos limites da legalidade, as evidências disponíveis indicam que nem sempre são tão cuidadosos ao garantir a ética de todos os elementos de suas estratégias. Os executivos de primeiro escalão com fortes convicções éticas normalmente são proativos ao insistir em que todos os aspectos da estratégia da empresa fiquem dentro das fronteiras da ética. Por outro lado, os executivos de alto escalão que são imorais ou amorais podem usar estratégias duvidosas e práticas de negócios antiéticas ou limítrofes, particularmente se tiverem talento para criar esquemas para manter as ações eticamente questionáveis ocultas.

Durante os cinco últimos anos tem havido uma série constante de revelações sobre os gestores que desconsideraram os padrões éticos, que deliberadamente ignoraram limites e foram chamados pela mídia, legisladores e pelo sistema legal para dar esclarecimentos. A má conduta ética ocorreu na Enron, Tyco International, HealthSouth, Rite Aid, Citicorp, Bristol-Myers, Squibb, Adelphia, Royal Dutch/Shell, Parmalat, a gigante mexicana do petróleo Pemex, Marsh & McLennan e outros corretores de seguros, várias corretoras líderes e empresas de bancos de investimentos, além de uma infinidade de empresas de fundos mútuos. As conseqüências da criação de estratégias que passam no teste do exame moral se manifestam em quedas bruscas nos preços das ações das empresas culpadas que custam aos acionistas bilhões de dólares; os enormes problemas de relações públicas que as empresas acusadas enfrentam, o valor das multas aplicadas (quase sempre várias centenas de milhões de dólares); a crescente legião de acusações criminais e condenações dos executivos da empresa e o número de executivos que perdem seus empregos, são obrigados a se aposentar precocemente e/ou sofrem imenso constrangimento público. Todos esses escândalos resultam em maior atenção para as considerações legais e éticas ao criar estratégias. A Ilustração Cápsula 10.1 detalha a estratégia eticamente falha na corretora de seguros líder mundial, e as conseqüências para os envolvidos.

Quais São os Motivadores das Estratégias e do Comportamento Comercial Antiético?

A aparente infiltração de empresários imorais e amorais é um motivo óbvio pelo qual os princípios éticos são uma bússola moral ineficiente nas negociações comerciais, e motivo pelo qual as empresas podem recorrer a comportamento estratégico antiético. Mas além da máxima que diz "O negócio dos negócios é o negócio, não a ética", três outros motivadores importantes do comportamento de negócios antiético também se destacam[26]:

- O alto escalão (normalmente o Conselho Administrativo) não percebe a busca zelosa e obsessiva de ganhos pessoais, riquezas e outros interesses egoístas por parte de seus administradores.
- Fortes pressões sobre os gerentes da empresa para atingir metas de desempenho.
- Cultura da empresa que coloca a lucratividade e o bom desempenho dos negócios à frente do comportamento ético.

Excesso de Zelo na Busca do Ganho Pessoal, da Riqueza e dos Interesses Egoístas As pessoas obcecadas pelo acúmulo de riquezas, ganância, poder, status e outros interesses egoístas quase sempre colocam de lado os princípios éticos em sua busca pelo ganho próprio. Movidos por suas ambições, eles exibem poucos escrúpulos ao burlar as regras ou fazer o que for necessário para atingir seus objetivos. A primeira e única prioridade de tais ovos podres corporativos é procurar seus próprios interesses, e se subir a escada do sucesso significa ter poucos escrúpulos e ignorar o bem-estar alheio, que assim seja. Um desprezo geral à ética de negócios pode induzir a todo tipo de manobras estratégicas e comportamentos antiéticos nas empresas. Os altos executivos, diretores e a maioria dos acionistas da empresa de televisão a cabo Adelphia Communications roubaram a empresa em montantes que totalizaram bem mais de 1 bilhão de dólares, desviando centenas de milhões para financiar seu time de hóquei Buffalo Sabres, construir um campo de golfe particular e comprar direitos de madeira de lei — entre outras coisas — e levar a empresa à falência. Suas ações, que representam um dos maiores casos de pilhagem corporativa e manipulação dos negócios, ocorreram apesar da declaração pública da empresa sobre os princípios que ela observaria ao tentar cuidar dos clientes, funcionários, acionistas e das comunidades locais onde operava. Andrew Fastow, CFO da Enron, começou por conta própria a trabalhar como gerente de uma das parcerias fantasmas e como proprietário de parte de outra, ganhando uma compensação extra de $30 milhões por suas funções de gerente-proprietário nas duas sociedades; a diretoria da Enron concordou em suspender as regras de conflito de interesses da empresa criadas para protegê-la contra esse mesmo tipo de auto negociação de executivos (mas os diretores e talvez os superiores de Fastow não foram informados sobre quanto Fastow estava ganhando por fora).

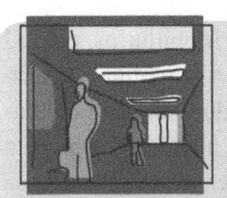

Quadro Ilustrativo 10.1
A Estratégia Eticamente Defeituosa da Marsh & McLennan

Em outubro de 2004, as manchetes do *Wall Street Journal* anunciaram que um cartel de corretores de seguros havia sido descoberto. Entre os principais estava a líder mundial da indústria Marsh & McLennan Companies Inc., com receitas em 2003 de $11,5 bilhões e uma participação de 20% no mercado norte-americano. A essência do plano da corretora era enganar os clientes corporativos fraudando os lances que os corretores solicitavam pelas apólices de seguros e, assim, recebendo grandes taxas (chamadas comissões de contingência) das principais empresas de seguros para que elas desviassem os negócios dessa forma. Dois membros da família do CEO Jeffrey Greenberg da Marsh & McLennan eram CEOs de grandes empresas de seguros para as quais a Marsh às vezes desviava os negócios. O pai de Greenberg foi CEO da gigante dos seguros AIG (que em 2003 teve receita no total de $81 bilhões e $28 bilhões de receita em prêmios de seguros), e o irmão mais novo de Greenberg foi CEO da ACE Ltd., a 24ª maior seguradora de propriedades dos Estados Unidos, com receitas em 2003 de $10,7 bilhões e prêmios de seguros acima de $5 bilhões no mundo inteiro. Antes de se associar à ACE, o irmão mais jovem de Greenberg havia sido presidente e diretor de operações da AIG, chefiada por seu pai.

Vários meses antes da descoberta do cartel, uma subsidiária da Marsh (a Putnam Investments) havia pagado uma multa de U$110 milhões por fraude de títulos e outra subsidiária da Marsh, a Mercer Consulting, foi colocada sob investigação pela Comissão de Valores Mobiliários (SEC) por envolvimento em práticas de extorsão que forçavam os gerentes de investimento a pagarem taxas para garantir o endosso da Mercer para seus serviços ao recomendar clientes para o fundo de pensão da Mercer.

O esquema de cartel surgiu da prática de grandes corporações de contratar os serviços de corretores como a Marsh & McLennan, Aon Corporation, A. J. Gallaher & Company, Wells Fargo ou a BB&T Insurance Services para gerenciarem seus riscos e assumir seguros de propriedade e acidentes em seus nomes. O trabalho da corretora era solicitar lances de diversas seguradoras e obter as melhores apólices aos menores preços para o cliente.

A estratégia de corretagem de seguros da Marsh era solicitar artificialmente lances altos de algumas empresas de seguros, para garantir que o lance de uma seguradora preferida em determinado acordo ganhasse a concorrência. Os corretores da Marsh ligavam para subscritores de várias seguradoras, incluindo quase sempre a AIG e a ACE, e pediam cotações "B" — lances que eram deliberadamente altos. As seguradoras que pediam cotações B sabiam que a Marsh queria que outra seguradora ganhasse o negócio, mas estavam dispostas a participar porque em outras solicitações de apólices a Marsh poderia acabar desviando o negócio para eles, por meio da mesma estratégia da Marsh. Às vezes, a Marsh até pedia às seguradoras que estavam fornecendo cotações B que participassem de uma reunião com o cliente da Marsh e apresentassem sua apólice para ajudar a aumentar a credibilidade de seu lance maior.

Como pagar comissões de contingências às corretoras com base no volume ou na lucratividade do negócio que a corretora enviava para elas era uma prática amplamente difundida entre as seguradoras, a estratégia de solicitação de cotações B da Marsh permitia direcionar negócios para as seguradoras que pagavam as maiores comissões de contingência – essas comissões somavam-se às taxas que a corretora ganhava do cliente corporativo pelos serviços prestados na condução do processo de concorrência para o cliente. Uma parte substancial das apólices que a Marsh desviava ilegalmente ia para duas empresas de seguros com sede nas Bermudas que a Marsh ajudou a fundar e nas quais ela também tinha participação proprietária (alguns executivos da Marsh também têm a propriedade indireta de ações de uma das empresas); sem dúvida, essas duas empresas de seguros receberam 30% a 40% de seus negócios totais das apólices desviadas para elas pela Marsh.

Na Marsh, o desvio de negócios para as seguradoras que pagam a mais alta comissão de contingência era um componente-chave da estratégia geral da empresa. As comissões de contingência da Marsh geraram receitas próximas a $1,5 bilhão no período entre 2001 e 2003, incluindo $845 milhões em 2003. Sem essas receitas de comissões, os $1,5 bilhão da Marsh em lucros líquidos teriam ficado próximos de 40% em 2003.

Poucos dias depois de as manchetes sobre o cartel terem explodido, o preço da ação da Marsh havia caído 48% (custando aos acionistas cerca de $11,5 bilhões em valor de mercado) e a empresa estava sob a ameaça de uma acusação criminal. Para protelar a acusação criminal (algo ao qual nenhuma empresa de seguros jamais sobreviveu), os membros da diretoria forçaram Jeffrey Greenberg a renunciar ao cargo de CEO. Outro alto executivo foi suspenso. As acusações criminais contra vários executivos da Marsh por seu papel no esquema de especulação de lances foram apresentadas várias semanas depois.

Em uma tentativa de liderar a reforma no setor, o sucessor de Greenberg rapidamente anunciou um novo modelo de negócios para a Marsh, o qual incluía a não-aceitação de nenhuma comissão de contingência das seguradoras. A nova estratégia da Marsh e o modelo de negócios envolviam a cobrança de taxas apenas de seus clientes corporativos pela solicitação de lances, a colocação de seus seguros e outras atividades que envolviam o gerenciamento dos riscos e das crises dos clientes. Isso eliminou o conflito de interesses da Marsh no recebimento de taxas de ambos os lados das transações que ela fazia em nome de seus clientes corporativos. A Marsh também comprometeu-se a fornecer divulgação antecipada aos clientes das taxas que ganharia resultantes de seus clientes (no passado tais taxas eram obscuras e incompletas). Mesmo assim, existiam indicações de que cerca de 10 ações, algumas envolvendo ações de classe, em breve seriam movidas contra a empresa.

Nesse meio tempo, todas as principais seguradoras de acidentes e propriedades comerciais estavam correndo para determinar se o seu pagamento de comissões de contingência era ético, uma vez que tais atividades deram aos corretores de seguros um incentivo financeiro para fazer seguro com empresas que pagavam as comissões de contingência maiores, e não com aquelas que tinham os melhores preços ou condições. Os acusadores do cartel haviam se referido às comissões de contingência como propinas.

Fontes: Monica Langley e Theo Francis, "Insurers Reel from Bust of a 'Cartel' ", *The Wall Street Journal,* 18 de outubro de 2004, págs. A1, A14; Monica Langley e Ian McDonald, "Marsh Averts Criminal Case with New CEO", *The Wall Street Journal,* 26 de outubro de 2004, págs A1, A10; Christopher Oster e Theo Francis, "Marsh and Aon Have Holdings in Two Insurers", *The Wall Street Journal,* 1º de novembro de 2004, pág. C1 e Marcia Vickers, "The Secret World of Marsh Mac", *BusinessWeek,* 1º de novembro de 2004, págs. 78—89.

De acordo com um processo civil da Comissão de Câmbio e Valores Mobiliários, o CEO da Tyco International, uma conhecida empresa de manufatura e serviços de $35,6 bilhões, conspirou com o CFO da empresa para roubar mais de $170 milhões, incluindo uma festa de aniversário realizada na Sardenha, uma ilha na costa da Itália, no valor de $2 milhões e paga pela empresa para a esposa do CEO; um apartamento de $7 milhões na Park Avenue para sua esposa e financiamentos secretos a juros baixos e sem juros para financiar negócios e investimentos particulares e comprar arte, iates, imóveis, jóias e casas de veraneio em New Hampshire, Connecticut, Massachusetts e Utah. Comenta-se que o CEO vivia sem pagar aluguel em um apartamento no valor de $31 milhões na Quinta Avenida que a Tyco comprou em seu nome, desviou milhões de dólares de contribuições para instituições de caridade para seu próprio nome usando fundos da Tyco, desviou fundos da empresa para financiar seus negócios e investimentos pessoais, e vendeu milhões de dólares em ações da Tyco para pagar à própria Tyco por meio das suas subsidiárias localizadas em jurisdições no exterior com segredo bancário. O CEO e o CFO da Tyco também foram acusados de conspirar para ganhar mais de $430 milhões com vendas de ações, uso de contabilidade questionável para ocultar suas ações e envolvimento em práticas contábeis enganosas para distorcer a condição financeira da empresa entre 1995 e 2002. No julgamento das acusações feitas pela SEC, o promotor disse ao júri em sua declaração inicial, "este caso diz respeito a mentir, enganar e roubar. Estas pessoas não ganharam o jogo — elas roubaram o jogo". Os advogados de defesa argumentaram que "cada uma das transações ... foi registrada com detalhes nos livros e registros da Tyco" e que os pacotes de pagamento multimilionários autorizados e divulgados foram merecidos pelo desempenho financeiro da empresa e pelos ganhos no preço da ação. Os dois executivos da Tyco foram condenados à prisão.

A Prudential Securities pagou um total de cerca de $2 bilhões nos anos 90 para resolver litígios relacionados a acusações de má conduta relacionadas a práticas que enganaram os investidores quanto aos riscos e às recompensas dos investimentos em parcerias limitadas. A Providian Financial Corporation, apesar do brilhante histórico de responsabilidade social e cidadania corporativa dizendo o contrário pagou $150 milhões em 2001 em acordos de acusações que diziam que sua estratégia incluía tentativas sistemáticas de enganar portadores de cartões de crédito. Dez conhecidas empresas de títulos mobiliários de Wall Street pagaram em 2003 $1,4 bilhão para defender-se de acusações de que fizeram pesquisas de ações enganosas para investidores, tentando aumentar os preços das ações das corporações clientes. Uma infinidade de empresas de fundos mútuos fez acordos confidenciais para comprar e vender regularmente ações para suas contas a preços de negociação especiais fora do horário que prejudicava os investidores de longo prazo que tiveram de pagar quase $2,0 bilhões em multas e restituição quando suas práticas antiéticas foram descobertas pelas autoridades entre 2002 e 2003. Salomon Smith Barney, Goldman Sachs, Credit Suisse First Boston e várias outras empresas financeiras receberam perto de $2 bilhões em multas e restituições pelo modo antiético como contribuíram para os escândalos da Enron e da WorldCom e pelas práticas obscuras de alocação de ações de oferta pública inicial para uma lista seleta de executivos corporativos que desviaram ou estavam em posição de desviar os negócios de banco de investimento à sua maneira.

Altas Pressões sobre os Gerentes de Empresas para Atender ou Ultrapassar as Metas de Lucros Quando as empresas lutam para atingir crescimentos ambiciosos dos lucros e atender às expectativas de desempenho anual e trimestral dos analistas e investidores de Wall Street, os gerentes quase sempre sentem a enorme pressão de fazer o que for necessário para sustentar a reputação da empresa e ter um bom desempenho financeiro. Os executivos de empresas de alto desempenho sabem que os investidores verão o mais ligeiro sinal de uma diminuição no crescimento dos lucros como uma bandeira vermelha que leva o preço da ação da empresa para baixo. A classificação de crédito da empresa poderia diminuir se ela usasse muita dívida para financiar seu crescimento. A pressão para observar a classificação e nunca perder um trimestre — para não frustrar as expectativas dos analistas de Wall Street e os investidores no instável mercado de ações — pede que os gerentes cortem os custos sempre que a poupança aparece imediatamente, tirem vendas extras das entregas adiantadas e se envolvam em outras manobras de curto prazo para manter os números. À medida que a pressão se acumula para manter bons números, o pessoal da empresa começa a relaxar as regras cada vez mais, até que os limites da conduta ética sejam desprezados[27]. Depois de cruzados os limites da ética em esforços para "atender ou superar os números", o limite para assumir compromissos éticos mais extremos torna-se menor.

Vários altos executivos da WorldCom (o que restou dela agora faz parte da Verizon Communications), uma empresa criada com aquisições em troca de ações da WorldCom, forjaram um esquema contábil fraudulento de $11 bilhões para ocultar os custos e inflacionar receitas e lucros ao longo de vários anos; dizia-se que o esquema havia ajudado a empresa a manter o preço de sua ação artificialmente alto para fazer aquisições adicionais, suportar sua carga de dívida de quase $30 bilhões e permitir que os executivos embolsassem suas lucrativas opções de ações. Na Qwest Communications, uma empresa criada pela incorporação de uma empresa iniciante no setor de telecomunicações e a U.S. West (uma das empresas regionais da Bell), a administração foi acusada de criar esquemas para contabilizar inadequadamente $2,4 bilhões em receita de uma variedade de fontes e acordos, inflacionando assim os lucros da empresa e dando a impressão de que a estratégia da empresa para criar uma empresa de telecomunicações do futuro estava caminhando quando, na verdade, ela estava titubeando seriamente nos bastidores. Os executivos da Top-level Qwest foram demitidos e em 2004 a nova administração concordou em pagar $250 milhões em multas por todos os crimes.

Na Bristol-Myers Squibb, o quinto maior fabricante de medicamentos do mundo, a administração aparentemente se envolveu em uma série de manobras de manipulação dos números para atender às metas de lucros, incluindo ações como:

- Oferecer descontos especiais de final de trimestre para induzir os distribuidores e as farmácias locais a fazerem estoque de determinados medicamentos vendidos com receita — uma prática conhecida como *enchimento de canal*.

- A emissão de alertas de aumento de preço de último minuto para estimular e reforçar os lucros operacionais.

- A definição de reservas excessivas para reestruturar as despesas e, em seguida, reverter algumas das despesas para suportar os lucros operacionais.

- Fazer vendas repetidas de ativos suficientemente pequenos para que os ganhos possam ser reportados como adições ao lucro operacional, em vez de serrem sinalizados como lucros de uma única vez. (Alguns contabilistas há muito tempo vêm usando uma regra prática que diz que uma transação que altera os lucros trimestralmente em menos de 5% é "imaterial" e não precisa ser divulgada nos relatórios financeiros da empresa.)

Tais manipulações de números eram chamadas de prática de "gerenciamento de lucros" na Bristol-Myers e, de acordo com um ex-executivo, "enviavam uma imensa mensagem para toda a organização de que os números deveriam ser atingidos a todo custo"[28].

Os executivos da empresa quase sempre sentem-se pressionados para atingir metas de desempenho financeiro, porque sua compensação depende muito do desempenho da empresa. No final dos anos 1990 era moda as diretorias garantirem generosos bônus, concessões de opções de ações e outros benefícios de compensação para executivos que atendiam às metas especificadas de desempenho. Essas recompensas eram tão grotescamente grandes que os executivos tinham fortes incentivos pessoais para contrariar as regras e envolverem-se em comportamentos que permitiam o cumprimento das metas. Grande parte dos problemas de contabilidade que originaram os recentes escândalos corporativos acarretou situações nas quais os executivos se beneficiaram muito com a contabilidade enganosa ou com outras atividades obscuras que permitiam que eles atingissem os números e recebessem prêmios de incentivo que variavam entre $10 milhões e $100 milhões. Na Bristol-Myers Squibb, por exemplo, a ligação entre pagamento e desempenho gerou fortes incentivos à quebra das regras. Cerca de 94% da compensação total de um alto executivo no valor de $18,5 milhões em 2001 veio das concessões de opções de ações, um bônus e pagamentos de incentivos de longo prazo ligados ao desempenho corporativo; cerca de 92% da compensação de $12,9 milhões de um segundo executivo tinha por base os incentivos[29].

O problema fundamental da síndrome "atinja os números e siga em frente" é que uma empresa não atende realmente seus clientes ou acionistas chegando a extremos em busca da lucratividade. Na análise final, os interesses do acionista são mais bem atendidos por um trabalho realmente bom de atendimento aos clientes (observando a regra de que os clientes mandam) e melhorando a competitividade da empresa no mercado — esses resultados são os motivadores mais confiáveis dos altos lucros e do valor agregado para o acionista. Ignorar a ética ou ser condescendente com ações claramente ilegais, colocando o lucro antes de mais nada, é algo que traz um risco excepcionalmente alto para os acionistas — a queda acentuada no preço da ação e a imagem de marca prejudicada que acompanham a descoberta do comportamento baixo deixa para os acionistas uma empresa que vale muito menos do que antes — e a tarefa de reconstrução pode ser árdua, exigindo tempo e recursos consideráveis.

Culturas Corporativas que Colocam o Lucro à Frente do Comportamento Ético Quando a cultura de uma empresa inclui um ambiente de trabalho corrupto ou amoral, as pessoas têm uma licença dada pela empresa para ignorar aquilo que é certo e envolverem-se em todo comportamento ou estratégia que acharem possível. Normas culturais como "Ninguém espera o cumprimento rígido de padrões éticos", "Todo o mundo faz isso" e "É político contrariar as regras para ter sucesso" permeiam o ambiente de trabalho[30]. Em tais empresas, as pessoas com conduta imoral ou amoral não dão muita atenção às ações estratégias éticas e à conduta correta nos negócios. Além disso, as pressões para a adaptação às normas culturais podem exigir que pessoas honradas cometam erros éticos e sucumbam às muitas oportunidades ao seu redor para se envolverem em práticas antiéticas.

Um exemplo perfeito de uma cultura corporativa que se desviou da ética é a Enron[31]. Os líderes da Enron incentivaram o pessoal da empresa a se concentrarem no lucro atual e serem inovadores e agressivos para descobrir o que poderia ser feito para aumentar a receita e os lucros atuais. Os funcionários deviam buscar oportunidades até o limite extremo. Os executivos da Enron viam a empresa como um laboratório de inovação; a empresa contratou o melhor e mais brilhante pessoal e os pressionava para serem criativos, para encararem os problemas e as oportunidades de novas maneiras e exibirem um sentido de urgência para que as coisas acontecessem. Os funcionários eram incentivados a fazerem a diferença e sua parte na criação de um ambiente empresarial no qual a criatividade florescia, as pessoas podiam atingir todo o seu potencial e todos tinham interesse no resultado. Os funcionários da Enron entenderam a mensagem — empurrar os limites e cumprir os números eram atividades vistas como habilidades de sobrevivência. O processo de avaliação formal anual da Enron ("*rank and yank*" — "classificar e empurrar"), no qual os 15% a 20% de funcionários com menor classificação tinham liberdade para sair ou eram incentivados a procurar outro emprego, deixava bastante claro que o que contava no mercado era atingir os alvos e ser *o* líder da mudança. O nome do jogo na Enron tornou-se criar maneiras inteligentes de aumentar receitas e lucros, mesmo que isso às vezes significasse operar fora das políticas estabelecidas e sem o conhecimento dos superiores. Na verdade, o comportamento fora da linha era comemorado se gerasse novos e lucrativos negócios. Os contratos de energia da Enron e suas atividades comerciais e de *hedging* ficaram cada vez mais complexos e diversos à medida que os funcionários buscavam primeiro esse caminho e, em seguida, outro para ajudar a fazer com que o desempenho financeiro da Enron parecesse bom.

Como conseqüência dos bem divulgados sucessos da Enron na criação de novos produtos e negócios e na alavancagem da especialização da empresa em negociações e hedging para novas arenas de mercado, ela começou a ser vista como excepcionalmente inovadora. Foi classificada por suas colegas corporativas como a empresa norte-americana mais inovadora durante três anos consecutivos nas pesquisas anuais da revista *Fortune*. Um clima de alto desempenho/altas recompensas começou a permear a cultura da Enron à medida que os melhores funcionários (ou seja, aqueles que produziam os melhores resultados de lucros) recebiam impressionantes incentivos e bônus (chegando a até $1 milhão para os negociadores e mais ainda para os executivos seniores). No Dia do Carro na Enron, uma variedade de carros esportes de luxo chegava para serem presenteados aos funcionários mais bem-sucedidos. Compreensivelmente, os funcionários queriam ser vistos como parte da equipe de estrelas da Enron e participar dos benefícios de ser um dos melhores e mais inteligentes funcionários. Quanto mais altas as recompensas monetárias, mais o pessoal ambicioso que a empresa contratava e promovia e a cultura competitiva e orientada para resultados combinavam-se para darem à Enron uma reputação não apenas de passar por cima da concorrência em cada oportunidade, mas também de prática de insensibilidade interna. A superagressividade da empresa e o estado de espírito de ganhar a qualquer custo alimentavam uma cultura que gradualmente e, portanto, mais rapidamente incentivava a erosão dos padrões éticos, eventualmente zombando dos valores declarados da empresa em relação à integridade e ao respeito. No outono de 2001 quando ficou claro que a Enron era um castelo de cartas escorado por contabilidade enganosa e uma infinidade de práticas ruins, a empresa implodiu em questão de semanas — a maior falência de todos os tempos custou aos investidores $64 bilhões de prejuízo (entre agosto de 2000, quando o preço da ação estava em seu quinto ano de alta, e novembro de 2001) e os funcionários da Enron perderam o dinheiro da sua aposentadoria, o qual havia sido quase totalmente investido em ações da Enron.

Mais recentemente, uma equipe que investigava um escândalo ético na gigante do petróleo Royal Dutch/Shell Group, que resultou no pagamento de multas de U$150 milhões, descobriu que uma cultura eticamente falha era um dos principais motivos pelos quais os gestores faziam previsões auspiciosas que não podiam ser cumpridas, além de ser o motivo pelo qual os executivos envolvidos em manobras para enganar os investidores aumentaram em 25% as reservas de gás e petróleo da Shell (equivalentes a 4,5 bilhões de barris de petróleo). A investigação revelou que os executivos de alto escalão da Shell sabiam que uma variedade de práticas internas, juntamente com estimativas pouco realistas e possíveis enviadas por gerentes extremamente preocupados com seus bônus do grupo de exploração e produção da Shell, estavam sendo usadas para superestimar as reservas. Um e-mail escrito por um alto executivo da área de exploração e produção da Shell (que foi pego em delitos éticos e mais tarde forçado a se demitir) dizia "eu estou ficando cansado de mentir sobre a extensão de nossas reservas e de diminuir as revisões que precisam ser feitas por causa de nossa contabilidade extremamente agressiva e otimista"[32].

A Ilustração A Cápsula 10.2 descreve a nova estratégia da Philip Morris EUA para aumentar as vendas de sua marca líder de cigarros Marlboro — julgue por si mesmo se a estratégia é ética ou duvidosa à luz das indiscutíveis ligações médicas entre o fumo e o câncer de pulmão.

Abordagens para o Gerenciamento da Conduta Ética de uma Empresa

A posição assumida por uma empresa ao lidar ou gerenciar a conduta ética em determinado ponto pode assumir quatro formas básicas[33]:

- A abordagem despreocupada ou descuidada.
- A abordagem de controle dos danos.
- A abordagem complacente.
- A abordagem da cultura ética.

As diferenças entre essas quatro abordagens são discutidas brevemente a seguir e resumidas na Tabela 10.4.

Quadro Ilustrativo 10.2
A Estratégia da Philip Morris EUA em Relação ao Cigarro: Ética ou Antiética?

No final de 2005, a Philip Morris EUA e sua matriz corporativa, o Altria Group Inc., realizaram um ano de promoções e festas para comemorar os 50 anos de venda dos cigarros Marlboro. A Marlboro detinha uma participação de 40% no mercado norte-americano de cigarros e também foi uma das maiores marcas mundiais de cigarros. Apesar das rígidas restrições à propaganda aprovadas pelos comerciantes de cigarros em 1998 e de um grande aumento nos impostos estaduais sobre a venda de cigarros desde o ano de 2002, as vendas e a participação de mercado da Marlboro estavam aumentando, graças a uma nova e pioneira estratégia de marketing.

A Marlboro tornou-se uma grande marca nos anos 1960 e 1970 por meio de uma estratégia de marketing de massa clássica ancorada por orçamentos anuais de publicidade de milhões de dólares. Os anúncios da Marlboro na TV, em revistas e outdoors sempre apresentavam um cowboy rústico vestindo Stetson, cavalgando em uma área montanhosa e fumando um Marlboro — conectando a marca ao Oeste norte-americano e dando à Marlboro uma imagem de marca distinta que podia ser instantaneamente reconhecida. A campanha da Marlboro foi um sucesso estrondoso, tornando-a uma das marcas mais conhecidas e valiosas do mundo.

Entretanto, após as restrições aos anúncios de 1998, a Philip Morris precisava mudar para uma estratégia de marketing diferente para aumentar as vendas da Marlboro. Ela optou por uma abordagem que visava a geração de todos os tipos de marketing para a marca Marlboro e criava uma variedade maior de fumantes leais do Marlboro (que com freqüência sentiam-se perseguidos por pressões e leis antifumo). A Philip Morris orientava os representantes de campo da empresa para estabelecerem promoções em bares locais nos quais os fumantes poderiam se inscrever para ofertas promocionais como descontos de preço nas compras de Marlboro, um programa Marlboro Miles que concedia pontos para cada maço comprado, e prêmios de loteria que incluíam dinheiro, viagens e roupas com a marca Marlboro; alguns prêmios podiam ser comprados com os pontos do programa Marlboro Miles. A marca também começou a patrocinar shows ao vivo e outros eventos para gerar assinaturas adicionais entre os expectadores. Um site foi criado para aumentar os chats na internet entre fiéis consumidores de Marlboro e para incentivar mais inscrições para as ofertas especiais e concursos (alguns com prêmios de até $1 milhão) — rapidamente uma comunidade se formou em torno da marca. Por meio de todas as assinaturas e ligações para um número 0800, a Philip Morris criou um banco de dados de fumantes do Marlboro que em 2005 já contava com 26 milhões de nomes. Usando mala direta e e-mail, a empresa enviava aos membros de seu banco de dados uma corrente constante de mensagens e ofertas, as quais variavam de cupons de aniversário para cafés da manhã gratuitos até descontos para assistir a shows locais, passar um dia em uma pista de corrida de cavalos ou ganhar uma viagem para o rancho da empresa em Montana (onde os ganhadores recebiam presentes, refeições de cinco pratos, massagens e drinks gratuitos e podiam andar de trenó na neve, pescar trutas ou cavalgar).

Nesse meio-tempo, a Philip Morris também tornou-se consideravelmente mais agressiva nas lojas de varejo, lançando uma iniciativa ofensiva para dar descontos e incentivos aos varejistas que utilizassem displays especiais nos corredores e sinalização para suas marcas de cigarros. Uma cadeia de 22 lojas de varejo reportou que, ao concordar em dar às marcas da Philip Morris cerca de 66% de seu espaço na prateleira de cigarros, acabou tendo de pagar cerca de $5,50 a menos por maço pelas suas compras do Marlboro do que pagava pelos maços de cigarros Camel fornecidos pelo concorrente R. J. Reynolds. Dizia-se que algumas lojas da Wal-Mart tinham dado à Philip Morris até 80% de seu espaço na prateleira de cigarros.

Assim, apesar do cerco das custas nas ações judiciais e do pagamento de bilhões aos governos como compensação pelos custos maiores com saúde associados ao fumo, a Philip Morris e outros fabricantes de cigarros estavam tendo lucros bastante saudáveis: as margens operacionais de quase 28% em 2005 (dos 26% em 2004) e a receita líquida de cerca de $11,4 bilhões de vendas dos $66,3 bilhões nos Estados Unidos e no exterior.

Entretanto, os órgãos de saúde foram muito críticos quanto às táticas da Philip Morris em relação ao Marlboro e o Departamento de Justiça dos Estados Unidos entrou com uma ação alegando, entre outras coisas, que a empresa comercializou Marlboro para menores de idade que estavam em seu banco de dados, uma acusação que foi negada pela empresa.

Fonte: Com base principalmente em informações de Nanette Byrnes, "Leader of the Packs", *BusinessWeek,* 31 de outubro de 2005, p. 56, 58.

A Abordagem Despreocupada A abordagem despreocupada prevalece nas empresas cujos executivos são imorais e involuntariamente amorais. Os executivos de primeiro escalão das empresas que usam essa abordagem têm a visão de que as noções de certo e errado em questões de negócios são definidas completamente pelo governo por meio das leis e regulamentações vigentes. Eles defendem que tentar aplicar padrões éticos acima e além daquilo que é legalmente exigido não é problema

Tabela 10.4 **Quatro Abordagens para o Gerenciamento da Ética nos Negócios**

	Abordagem Despreocupada	Abordagem de Controle dos Danos	Abordagem de Conformidade	Abordagem de Cultura Ética
Crenças básicas	• Negócios são negócios, não ética. • Tudo o que importa é se uma ação é legal. • A ética não tem lugar na condução dos negócios. • As empresas não devem ser moralmente responsáveis por suas ações.	• A empresa precisa fazer um gesto simbólico na direção dos padrões éticos (um código de ética).	• A empresa deve estar comprometida com padrões éticos e com o monitoramento do desempenho ético. • O comportamento antiético deve ser evitado e punido caso seja descoberto. • É importante ter uma reputação de adoção de altos padrões éticos.	• A ética é básica para a cultura. • O comportamento ético deve ser um valor corporativo arraigado e tornar-se um modo de vida. • Todos devem fazer o que dizem.
Abordagens de gerenciamento da ética	• Não há necessidade de tomar decisões relativas à ética nos negócios — se for legal está tudo certo. • Nenhuma intervenção relativa ao componente ético das decisões é necessária.	• A empresa deve agir para proteger-se contra os perigos de estratégias e comportamento antiéticos. • Ignore o comportamento antiético ou deixe-o impune, a menos que a situação seja extrema e exija uma ação.	• A empresa deve estabelecer um código de ética claro e abrangente. • A empresa deve fornecer treinamento em ética para todos os funcionários. • Tenha procedimentos formais de conformidade de ética, um escritório de conformidade de ética e um diretor de ética.	• O comportamento ético está enraizado e reforçado como parte da cultura. • Muita confiança na pressão do colega — "Não é assim que fazemos as coisas aqui". • Todos são guardiões da ética — é preciso tomar conta. • Os heróis da ética são celebrados; são contadas histórias de ética.
Desafios	• As conseqüências financeiras podem tornar-se inviáveis. • Alguns interessados são alienados.	• Podem surgir problemas de credibilidade com os interessados. • A empresa é suscetível a um escândalo ético. • A empresa tem uma reputação ética abaixo do padrão — os executivos e o pessoal da empresa não fazem o que dizem.	• Os membros da organização dependem das regras existentes para obterem orientação moral — incentivo à mentalidade de que aquilo que não é proibido é permitido. • As regras e orientações proliferam. • O local do controle moral reside no código e no sistema de cumprimento da ética, e não na própria responsabilidade moral do indivíduo para o comportamento ético.	• Os novos funcionários devem passar por um programa sério de indução à ética. • Os sistemas formais de gerenciamento da ética podem ser subutilizados. • A dependência de pressões de colegas e normas culturais para implantar os padrões éticos pode resultar na eliminação de algumas ou muitas das armadilhas de conformidade e, com o tempo, podem induzir ao relaxamento moral.

Fonte: Adaptado de Gedeon J. Rossouw e Leon J. van Vuuren, "Modes of Managing Morality: A Descriptive Model of Strategies for Managing Ethics", *Journal of Business Ethics* 46, n. 4 (setembro de 2003), p. 392-93.

porque os negócios têm o direito de conduzir suas questões da maneira que eles quiserem, desde que cumpram aquilo que é legalmente exigido. Assim, não há necessidade de gastar o tempo valioso do gerenciamento tentando prescrever e implantar padrões de conduta que vão além dos requisitos legais e regulamentares. Em empresas nas quais os gerentes de primeiro escalão são imorais, a visão que prevalece pode muito bem determinar que a negociação por debaixo dos panos pode ser boa se puder ser mantida oculta, ou se puder ser justificada com base no fato de que os outros também a praticam. Desse modo, as empresas em geral se envolvem em quase todas as práticas comerciais nas quais acreditam que podem se envolver, e as estratégias utilizadas podem incluir elementos que são limítrofes sob a perspectiva legal, ou eticamente obscuros e condenáveis.

> O principal objetivo da abordagem de controle de danos é proteger-se contra publicidade adversa e contra todas as conseqüências prejudiciais das manchetes na mídia, da investigação externa, das ameaças de ações, da ação punitiva do governo ou dos interessados raivosos.

A Abordagem do Controle de Danos O controle de danos é favorecido nas empresas cujos gestores são intencionalmente amorais, mas que têm medo de escândalos e dos resultados para as relações públicas que poderiam custar-lhes seus trabalhos e manchar suas carreiras. As empresas que usam essa abordagem, não querendo correr o risco de manchar as reputações do pessoal-chave ou da empresa, em geral fazem algumas concessões à ética de fachada, a ponto de adotar um código de ética — de modo que seus executivos possam apontar para ele como evidência dos esforços em boa-fé para evitar a estratégia ou conduta antiética por parte do pessoal da empresa. Mas o código de ética existe principalmente como belas palavras no papel, e o pessoal da empresa não opera dentro de um contexto ético forte — existe uma lacuna notável entre o que se fala e o que se faz em termos de ética. Rapidamente os funcionários recebem a mensagem de que quebrar as regras é tolerado e pode até mesmo ser recompensado se a empresa se beneficiar com suas ações.

Os executivos da empresa que praticam a abordagem do controle de danos têm a tendência de olhar para o outro lado quando ocorre comportamento obscuro ou de limite — a adoção de um tipo de "O que os olhos não vêem, o coração não sente" (exceto quando a exposição das ações da empresa coloca os executivos sob enorme pressão para corrigir alguns erros cometidos). Eles podem até concordar com ações questionáveis que ajudem a empresa a atingir as metas de lucros ou melhorar sua posição no mercado, como pressionar clientes para estocar produtos da empresa (saturação de canal), fazer pagamentos por debaixo dos panos para ganhar novos negócios, ocultar o recolhimento de produtos considerados pouco seguros, falar mal dos produtos dos concorrentes ou tentar manter os preços baixos terceirizando bens de fornecedores de baixa reputação em países que pagam baixos salários e usam trabalho escravo ou infantil. Mas em geral eles tomam cuidado para fazer tais coisas de forma que diminua os riscos à exposição ou consequências prejudiciais. Em geral isso inclui gestos simbólicos para policiar o cumprimento dos códigos de ética, além de forte dependência de interpretação própria para ajudar a livrar a empresa ou a si próprios de acusações de componentes antiéticos na estratégia da empresa ou de práticas antiéticas nas quais o pessoal da empresa estaria envolvido.

A Abordagem da Conformidade Tudo desde a conformidade leve até a forçada é favorecido em empresas cujos gestores (1) têm a tendência de ser meio amorais, mas estão muito preocupados em ter reputações eticamente corretas ou (2) são morais e vêem os métodos de conformidade rígidos como a melhor maneira de impor e implantar regras e altos padrões éticos. As empresas que adotam um modo de conformidade, em geral adotam um ou todos os procedimentos a seguir para exibir seu compromisso com a conduta ética: tornar o código de ética parte visível e regular das comunicações com os funcionários, implementar programas de treinamento em ética, apontar um diretor de ética ou porta-voz de ética, ter comitês de ética para dar orientação em questões relacionadas à ética, instituir procedimentos formais para investigar alegadas violações à ética, realizar auditorias de ética para medir e documentar a conformidade, conceder aos funcionários prêmios pelos esforços notáveis para criar um clima ético e melhorar o desempenho ético e/ou tentar impedir violações por meio de telefones para receber ligações anônimas reportando possíveis violações.

A ênfase aqui está em garantir o amplo cumprimento e medição do grau com o qual os padrões éticos são mantidos e observados. Entretanto, os violadores são disciplinados e às vezes estão sujeitos a reprimendas e punições públicas (incluindo a demissão), enviando assim um sinal claro para o pessoal da empresa de que a conformidade com os padrões éticos precisa ser levada a sério. O comprometimento da empresa em erradicar o comportamento antiético vem de um desejo de evitar o custo e os danos associados à conduta antiética ou uma busca pelo reconhecimento dos interessados (particularmente os clientes, funcionários e investidores eticamente conscientes) por ter uma alta reputação de comportamento ético. Um dos pontos fracos da abordagem de conformidade é que o controle moral reside no código de ética da empresa e no sistema de conformidade ética e não (1) nas fortes pressões dos colegas para o comportamento ético que vem de uma cultura corporativa ética altamente arraigada e (2) na responsabilidade moral do próprio indivíduo em relação ao comportamento ético[34].

A Abordagem da Cultura Ética Em algumas empresas, os executivos de primeiro escalão acreditam que os altos princípios éticos devem estar profundamente arraigados na cultura corporativa e funcionar como guias para "como fazemos as coisas por aqui". Uma empresa que usa a abordagem da cultura ética busca ganhar o apoio do funcionário para os padrões éticos da empresa, princípios de negócios e valores corporativos. Os princípios éticos constantes do código de ética da empresa e/ou de sua declaração de valores corporativos são vistos como parte integrante da identidade da empresa e das formas de operação — são a alma da empresa e são promovidos como parte dos negócios normais. A integridade da abordagem da cultura ética depende muito da integridade ética dos executivos que criam e nutrem a cultura — cabe a eles determinar o nível de exigência e exemplificar os padrões éticos com seus próprios comportamentos e decisões. Além disso, é essencial que a estratégia seja ética em todos os aspectos e que o comportamento ético esteja arraigado nos meios empregados pelo pessoal para executar a estratégia. Tal insistência em observar os padrões éticos é aquilo que cria um clima de trabalho ético e um local de trabalho no qual exibir integridade é a norma.

Muitas das armadilhas usadas na abordagem de cumprimento também se manifestam no modo de cultura ética, mas com a adição de mais um — a forte pressão dos colegas para o cumprimento das normas éticas. Assim, a responsabilidade pelo cumprimento da ética é amplamente disseminada em todos os níveis administrativos e com outros funcionários. As histórias sobre heróis morais anteriores e atuais são mantidas em circulação, e os feitos dos funcionários que exibem valores éticos e se dedicam a fazer o que falam são celebrados nos eventos internos. A mensagem de que a ética é importante — e muito importante — ressoa alto e bom som em toda a organização e em suas decisões e estratégia. Entretanto, um dos desafios a serem superados na abordagem da cultura ética é a forte dependência das pressões dos colegas e das normas culturais para implantar o cumprimento da ética, em vez da dependência da responsabilidade moral de cada indivíduo pelo comportamento ético — na falta da incessante pressão dos colegas ou dos fortes sistemas internos de conformidade, há o perigo de que com o tempo o pessoal da empresa possa se tornar negligente em relação a seus padrões éticos. Os procedimentos de cumprimento precisam fazer parte da abordagem de cultura ética para ajudar a enviar a mensagem de que o gerenciamento leva a sério a observação das normas éticas e que o comportamento fora dos limites éticos terá conseqüências negativas.

Por que uma Empresa Pode Alterar sua Abordagem de Gerenciamento da Ética
Independentemente da abordagem que eles usaram para gerenciar a conduta ética, os executivos de uma empresa podem achar que esgotaram o potencial de determinado modo de gerenciar a ética e que precisam se tornar mais rígidos em sua abordagem. Tais alterações em geral ocorrem quando as falhas éticas da empresa já chegaram às manchetes dos jornais e criaram uma situação embaraçosa para os executivos, ou quando o clima da empresa muda. Por exemplo, a recente abundância de escândalos corporativos, juntamente com a implantação agressiva de legislação anticorrupção, como a Lei Sarbanes-Oxley de 2002 (que aborda a governança corporativa e as práticas contábeis), fez com que inúmeros executivos e conselhos de administração "limpassem" seus atos nos relatórios contábeis e financeiros, revisassem seus padrões éticos e aumentassem a rigidez com os procedimentos de cumprimento da ética. Os gestores intencionalmente amorais que usam a abordagem despreocupada para o gerenciamento da ética podem correr menos riscos ao mudar para a abordagem de controle dos danos (ou, em nome da aparência, talvez um modo de conformidade "leve"). Os gestores de primeiro escalão que empregaram o modo de controle de danos podem ter sido motivados por experiências ruins ao tentar consertar as coisas e mudar para um modo de conformidade. Como resultado de tantos escândalos corporativos, as empresas que estão no modo de cumprimento podem chegar mais perto da abordagem de cultura ética.

POR QUE AS ESTRATÉGIAS DA EMPRESA DEVEM SER ÉTICAS?

Existem dois motivos pelos quais a estratégia de uma empresa deve ser ética: (1) porque uma estratégia que é antiética no todo ou em parte é moralmente errada e tem repercussão ruim sobre o caráter do pessoal da empresa que está envolvido e (2) porque uma estratégia ética é boa e do interesse dos acionistas.

O Caso Moral para uma Estratégia Ética

Os gestores avaliam com paixão o curso estratégico a ser tomado. A criação da estratégia ética em geral começa com executivos que têm eles próprios um caráter forte (ou seja, aqueles que são honestos, têm integridade e verdadeiramente se importam com o modo como conduzem os negócios da empresa). Os gerentes com altos princípios e padrões éticos em geral defendem um código de ética corporativo e real cumprimento da ética, e com freqüência estão verdadeiramente comprometidos com determinados valores corporativos e princípios de negócios. Eles fazem o que dizem ao exibir os valores declarados da empresa e são fiéis a seus princípios comerciais e padrões éticos. Eles entendem que há uma grande diferença entre adotar declarações de valores e códigos de ética que servem apenas como fachada e realmente criar a estratégia real e a conduta de negócios de uma empresa. Como conseqüência, os gerentes eticamente fortes optam conscientemente por ações estratégicas que podem passar no exame moral — eles não exibem nenhuma tolerância às estratégias que contêm componentes eticamente controversos.

O Caso de Negócios de uma Estratégia Ética

Existem sólidos motivos de negócios para a adoção de estratégias éticas mesmo quando a maioria dos gestores não tem caráter forte e não estão pessoalmente comprometidos com padrões éticos elevados. A busca de estratégias antiéticas não apenas danifica a reputação de uma empresa, como também pode ter conseqüências caras e abrangentes. Alguns dos custos podem ser vistos facilmente; outros estão ocultos e são difíceis de detectar — como mostra a Figura 10.1. Os custos

Figura 10.1   Os Custos Comerciais das Falhas Éticas

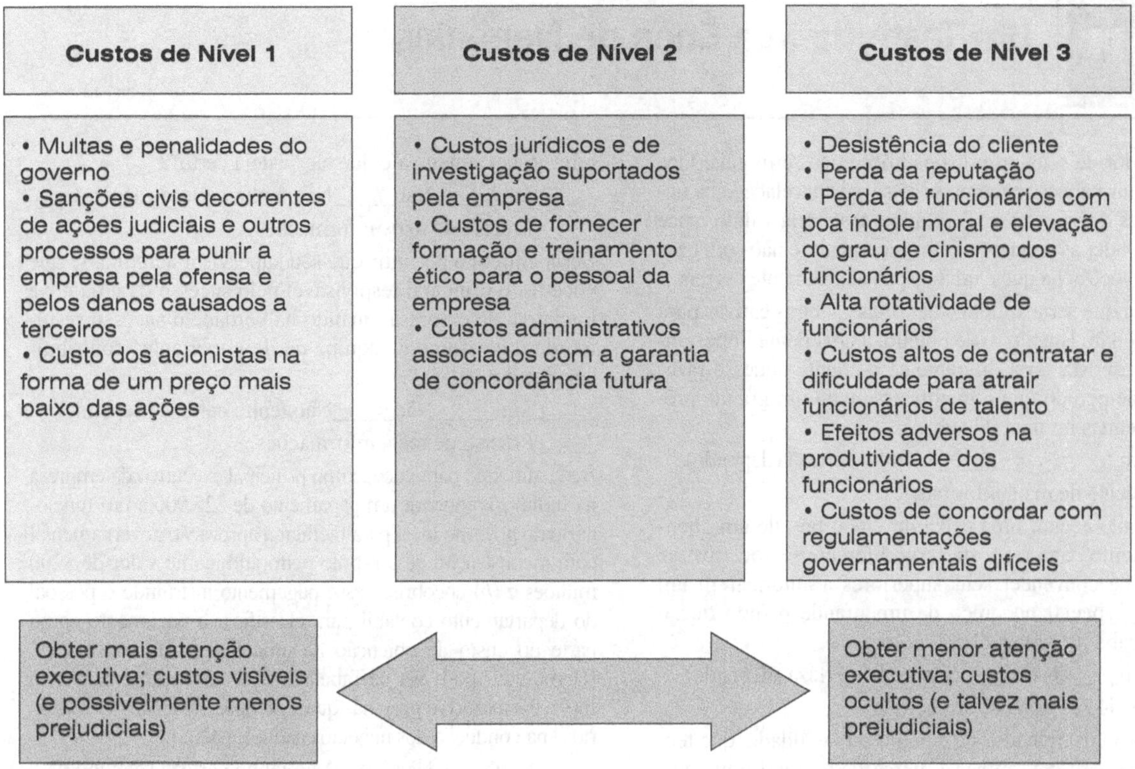

Custos de Nível 1
- Multas e penalidades do governo
- Sanções civis decorrentes de ações judiciais e outros processos para punir a empresa pela ofensa e pelos danos causados a terceiros
- Custo dos acionistas na forma de um preço mais baixo das ações

Custos de Nível 2
- Custos jurídicos e de investigação suportados pela empresa
- Custos de fornecer formação e treinamento ético para o pessoal da empresa
- Custos administrativos associados com a garantia de concordância futura

Custos de Nível 3
- Desistência do cliente
- Perda da reputação
- Perda de funcionários com boa índole moral e elevação do grau de cinismo dos funcionários
- Alta rotatividade de funcionários
- Custos altos de contratar e dificuldade para atrair funcionários de talento
- Efeitos adversos na produtividade dos funcionários
- Custos de concordar com regulamentações governamentais difíceis

Obter mais atenção executiva; custos visíveis (e possivelmente menos prejudiciais) ⟷ Obter menor atenção executiva; custos ocultos (e talvez mais prejudiciais)

Fonte: Adaptado de Terry Thomas, John R. Schermerhorn e John W. Dienhart, "Strategic Leadership of Ethical Behavior", Academy of Management Executive 18, n. 2 (maio de 2004), p. 58.

---

das multas e penalidades e todas as reduções no preço da ação são fáceis de calcular. Os custos da limpeza administrativa (ou Nível 2) na verdade ficam ocultos nos custos gerais dos negócios e podem ser difíceis de ser atribuídos a um delito ético de alguma pessoa. Os custos do Nível 3 não apenas podem ser difíceis de quantificar, mas também podem ser os mais devastadores — as conseqüências do fiasco da Enron deixaram a reputação da Arthur Andersen em frangalhos e levaram ao fim imediato da empresa de consultoria antes tão respeitada, e ainda não está provado se a Marsh & McLennan pode superar os problemas descritos no Quadro Ilustrativo 10.1. A Merck, que já foi uma das empresas farmacêuticas mais respeitadas do mundo, tem lutado contra a revelação de que os executivos de primeiro escalão esconderam deliberadamente o fato de que seu antiinflamatório Vioxx, retirado do mercado pela empresa em setembro de 2004, levaria a um risco muito maior de ataques cardíacos e derrames — cerca de 20 milhões de pessoas nos Estados Unidos vinham usando o Vioxx ao longo dos anos e os executivos da Merck teriam motivos para suspeitar, no início de 2000 (e talvez mais tarde), que o Vioxx tivesse efeitos colaterais perigosos[35].

A reabilitação da reputação abalada de uma empresa é demorada e cara. Os clientes fogem das empresas conhecidas por seu comportamento obscuro. As empresas com reputações de conduta antiética têm dificuldades consideráveis para recrutar e conservar funcionários de talento. A maioria das pessoas que trabalham duro e têm uma boa reputação de ética é rejeitada por um ambiente de trabalho no qual o comportamento antiético é desculpado; elas não querem ser pegas em uma situação comprometedora, nem querem que suas reputações pessoais sejam manchadas pelas ações de um funcionário ruim. Uma pesquisa realizada em 1997 revelou que 42% dos entrevistados

> A realização dos negócios de forma ética é do claro interesse de uma empresa.

Quadro Ilustrativo 10.3
Um Teste da Sua Ética de Negócios

Como medidor de seus próprios padrões éticos e morais, faça o teste a seguir para saber como você se sai em relação aos outros membros de sua classe. Para que o teste seja válido, você precisa responder às perguntas com sinceridade, e não com base naquilo que você acha que é uma resposta eticamente correta.

1. Você acha que seria antiético dar duas cadeiras cativas para o Campeonato Brasileiro de Futebol a um cliente importante? Sua resposta seria diferente se o cliente pudesse fazer um grande pedido que o qualificasse para um grande prêmio de vendas no final do ano?
   _____Sim _____Não _____Não tenho certeza (depende)
   _____Preciso de mais informações

2. Seria errado aceitar uma caixa de vinho fino de um cliente importante? Sua resposta seria diferente se você tivesse acabado de convencer seus superiores a autorizarem um desconto especial no preço de um grande pedido que o cliente acabasse de fazer?
   _____Sim _____Não _____Não tenho certeza (depende)
   _____Preciso de mais informações

3. É antiético um treinador de colégio ou faculdade, que tem autoridade para determinar a marca de vestuário ou equipamento esportivo usados por seu time, aceitar uma "taxa de talento" ou um tipo de pagamento semelhante de um fabricante de vestuário ou equipamento esportivo e, em seguida, escolher a marca da empresa que fez o pagamento? É antiético para o fabricante de vestuário ou equipamento esportivo fazer tais pagamentos esperando que o treinador retribua selecionando a marca da empresa? (Você responderia de forma diferente se outra pessoa fizesse isso?)
   _____Sim _____Não _____Não tenho certeza (depende)
   _____Preciso de mais informações

4. É antiético aceitar um convite de um fornecedor para passar um fim de semana esquiando no resort da empresa no Colorado? (Sua resposta seria diferente se você no momento estivesse considerando uma proposta daquele fornecedor para a venda de componentes no valor de $1 milhão?)
   _____Sim _____Não _____Não tenho certeza (depende)
   _____Preciso de mais informações

5. É antiético uma empresa de produtos alimentícios incorporar ingredientes com gordura trans a seus produtos, dado o fato de que as gorduras trans são prejudiciais aos consumidores e que ingredientes alternativos (um pouco mais caros) podem ser usados na produção do produto?
   _____Sim _____Não _____Não tenho certeza (depende)
   _____Preciso de mais informações

6. Seria errado ficar quieto se você, um analista financeiro júnior, tivesse calculado que o retorno projetado sobre um possível projeto fosse de 18% e seu chefe o informasse de que nenhum projeto poderia ser aprovado sem a perspectiva de um retorno de 25% e (b) lhe dissesse para calcular o retorno novamente até que ele "esteja certo"?
   _____Sim _____Não _____Não tenho certeza (depende)
   _____Preciso de mais informações

7. Seria antiético permitir que seu supervisor acreditasse que você foi o principal responsável pelo sucesso de uma nova iniciativa da empresa, quando na verdade o sucesso resultou de um esforço de equipe ou de importantes contribuições de um colega?
   _____Sim _____Não _____Não tenho certeza (depende)
   _____Preciso de mais informações

8. Seria antiético para você, como principal executivo da empresa na Índia (a) autorizar um pagamento de $25.000 a um funcionário do governo local para facilitar a aprovação governamental para a construção de um pólo petroquímico no valor de $200 milhões e (b) encobrisse esse pagamento instruindo o pessoal do departamento contábil para classificar o pagamento como parte do custo de obtenção de uma licença de construção? (Como você pode ver na Tabela 10.1, a corrupção é norma na Índia, e subornos e propinas quase sempre são custos "necessários" na condução dos negócios naquele país).
   _____Sim _____Não _____Não tenho certeza (depende)
   _____Preciso de mais informações

9. É antiético um fabricante de veículos motorizados resistir ao *recall* de alguns de seus veículos após o governo ter apresentado evidências confiáveis de que os veículos têm defeitos de segurança?
   _____Sim _____Não _____Não tenho certeza (depende)
   _____Preciso de mais informações

10. É antiético uma administradora de cartões de crédito tentar agressivamente conseguir novas contas quando, após um período sem juros ou com taxas de juros baixas sobre os saldos não pagos no mês a taxa de juros sobre os saldos pendentes passar para 1,5% ou mais ao mês (embora essas taxas de 18% ou mais ao ano sejam divulgadas em letras miúdas no contrato)?
    _____Sim _____Não _____Não tenho certeza (depende)
    _____Preciso de mais informações

11. É antiético colocar em seu currículo afirmações exageradas sobre suas credenciais e experiência, esperando melhorar suas chances de conseguir emprego em outra empresa?
    _____Sim _____Não _____Não tenho certeza (depende)
    _____Preciso de mais informações

12. É antiético uma empresa gastar o mínimo possível com controle da poluição quando, com um pouco de esforço e gastos extras, ela poderia reduzir substancialmente a quantidade de poluição causada por suas operações?
    _____Sim _____Não _____Não tenho certeza (depende)
    _____Preciso de mais informações

Respostas: As respostas para as perguntas 1, 2 e 4 provavelmente muda de não/não tenho certeza para um sim definitivo quando a segunda parte da circunstância entra em ação. Achamos que as respostas para as nove perguntas restantes sejam sim, embora seja possível argumentar que mais informações sobre as circunstâncias seriam necessárias para responder às perguntas 5, 7, 9 e 12.

levavam em conta a ética da empresa ao resolver se deveriam aceitar um trabalho[36]. Os credores em geral ficam desanimados com ações antiéticas de um financiado, por causa do potencial de fracasso comercial e do conseqüente risco de inadimplência sobre os empréstimos. Até certo ponto, portanto, as empresas reconhecem que a conduta e as estratégias éticas são um bom negócio. A maioria das empresas tem estratégias que passam no teste de ética e a maioria das empresas tem consciência de que suas reputações e seu bem-estar de longo prazo estão ligados à realização de seus negócios de uma forma que tenha a aprovação dos fornecedores, funcionários, investidores e da sociedade em geral.

Para testar sua própria ética de negócios e o ponto em que você está quanto à importância de as empresas terem uma estratégia ética, realize o teste da página anterior.

A VINCULAÇÃO DA ESTRATÉGIA DE UMA EMPRESA A SEUS PRINCÍPIOS ÉTICOS E VALORES CENTRAIS

Muitas empresas adotaram oficialmente um código de conduta ética e uma declaração dos valores da empresa — nos Estados Unidos, a Lei Sarbannes-Oxley sancionada em 2002 exige que as empresas com ações negociadas em bolsa tenham um código de ética ou expliquem por escrito à Comissão de Valores Mobiliários o motivo pelo qual elas não têm esse código. Mas existe uma grande diferença entre ter um código de ética e uma declaração de valor que soam como simples fachada e ter padrões éticos e valores corporativos que representam realmente a estratégia e a conduta comercial reais de uma empresa. Para que os padrões éticos e as declarações de valores centrais não sejam apenas fachada, os conselhos de diretoria e os executivos de primeiro escalão devem trabalhar incessantemente para garantir que sejam observados escrupulosamente na criação da estratégia da empresa e em cada faceta dos negócios. Em outras palavras, viver os princípios éticos e exibir os valores centrais nas ações e decisões é algo que deve se tornar um modo de vida na empresa.

Sem dúvida, o teste para saber se o código de ética e a declaração de valores centrais de uma empresa são apenas cosméticos é a medida na qual eles são adotados na criação da estratégia e na operação diária dos negócios. Cabe aos executivos de primeiro escalão fazer o que dizem e considerarem dois conjuntos de perguntas sempre que uma nova iniciativa estratégica é examinada:

- O que estamos propondo está em total conformidade com nosso código de conduta ética? Existe alguma coisa aqui que poderia ser considerada eticamente questionável?

- Está claro que essa ação proposta está em harmonia com nossos valores centrais? Existem conflitos ou preocupações evidentes?

A menos que perguntas dessa natureza sejam feitas — seja em discussões abertas seja por força do hábito nas mentes dos criadores de estratégias —, existe espaço para que as iniciativas estratégicas estejam desligadas do código de ética e dos valores centrais declarados da empresa. Se os executivos têm princípios éticos e acreditam em cumprir os valores centrais declarados da empresa, existem boas chances de que eles farão esses tipos de perguntas e rejeitarão as iniciativas estratégicas que não estejam à altura desses princípios e valores. Existem também boas chances de que as ações estratégicas sejam examinadas quanto à sua compatibilidade com padrões éticos e valores centrais, quando estes últimos estão tão arraigados na cultura e na conduta diária do pessoal a ponto de serem considerados automaticamente em tudo o que a empresa

Conceito Central
Mais atenção é dada à ligação entre estratégia e princípios éticos e valores centrais nas empresas chefiadas por executivos morais e onde os princípios éticos e os valores morais são um modo de vida.

faz. Entretanto, em empresas com ética e valores centrais de fachada, ou naquelas empresas chefiadas por gestores imorais ou amorais, toda a ligação entre estratégia, ética e valores pode vir principalmente do desejo de evitar riscos de constrangimento, escândalo e possíveis ações disciplinares caso os criadores de estratégias sejam responsabilizados pela aprovação de uma iniciativa estratégica antiética.

ESTRATÉGIA E RESPONSABILIDADE SOCIAL

A idéia de que as empresas têm a obrigação de patrocinar o aperfeiçoamento social, um tópico muito discutido nos últimos 40 anos, surgiu no século XIX quando empresas progressistas, após a revolução industrial, começaram a fornecer moradia e outras cortesias aos funcionários. A noção de que os executivos corporativos devem equilibrar os interesses de todos os interessados — sejam eles acionistas, funcionários, clientes, fornecedores, as comunidades nas quais operavam e a sociedade em geral — começou a surgir nos anos 1960. Um grupo de executivos das 200 maiores corporações da América, chamando a si mesmos de Mesa-Redonda dos Negócios, promoveu o conceito de responsabilidade social corporativa. Em 1981, a "Declaração de Responsabilidade Corporativa" da Mesa-Redonda dizia[37]:

> Equilibrar as expectativas dos acionistas em relação ao máximo de retorno e às outras prioridades é um dos problemas fundamentais enfrentados pelo gerenciamento corporativo. O acionista deve receber um bom retorno, mas as preocupações legítimas dos outros participantes (clientes, funcionários, comunidades, fornecedores e a sociedade em geral) também devem receber atenção apropriada ... [Os gerentes líderes] acreditam que considerando o equilíbrio das reivindicações legítimas de todos os seus constituintes uma corporação atenderá melhor ao interesse de seus acionistas.

Hoje, a responsabilidade social corporativa é um conceito que repercute na Europa Ocidental, nos Estados Unidos, no Canadá e nas nações em desenvolvimento como Brasil e Índia.

O Que Significa Responsabilidade Social?

Conceito Central
A noção de *responsabilidade social* no que tange aos negócios diz respeito ao *dever* de uma empresa de operar de forma honrada, fornecer boas condições de trabalho aos funcionários, ser um bom administrador do ambiente e trabalhar ativamente para melhorar a qualidade de vida nas comunidades locais onde ela opera e na sociedade em geral.

A essência do comportamento corporativo socialmente responsável é que uma empresa deve equilibrar as ações estratégicas para beneficiar os acionistas em relação ao *dever* de ser um bom cidadão corporativo. A tese é que os gerentes da empresa são obrigados a exibir uma *consciência social* na operação dos negócios e especificamente devem levar em conta o modo como as decisões do gerenciamento e as ações da empresa afetam o bem-estar de funcionários, comunidades locais, ambiente e sociedade em geral. Agindo de maneira socialmente responsável, portanto, é algo que abrange mais do que a simples participação nos projetos de serviços à comunidade e a doação em dinheiro a instituições de caridade e outras causas sociais merecedoras. A demonstração de responsabilidade social também acarreta ações que ganham confiança e respeito de todos os interessados — operando de maneira honrada e ética, lutando para tornar a empresa um grande lugar para trabalhar, demonstrando respeito verdadeiro pelo ambiente e tentando fazer a diferença para a melhoria da sociedade. Como descreve a Figura 10.2, o menu para demonstrar uma consciência social e escolher maneiras específicas de exercer a responsabilidade social inclui:

- *Esforços para empregar uma estratégia ética e observar princípios éticos na operação dos negócios* — Um compromisso sincero de observar os princípios éticos é necessário

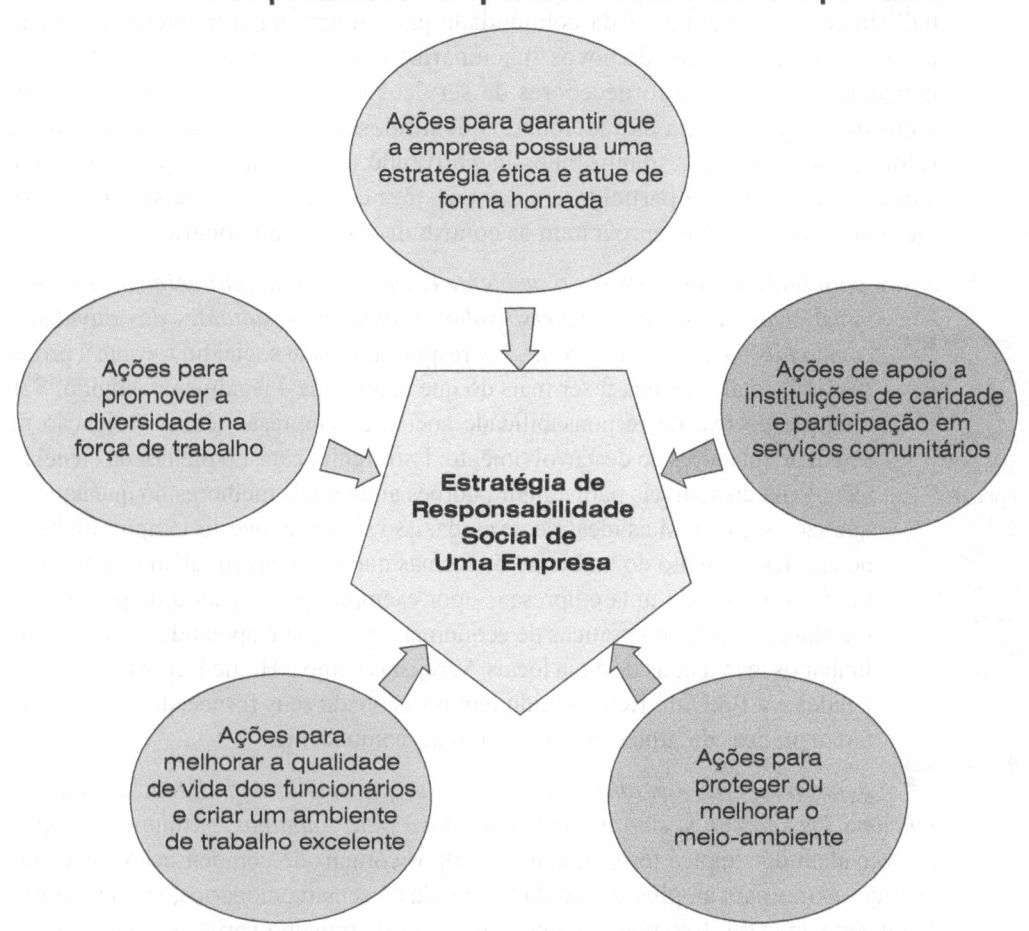

Figura 10.2 **Demonstrando Consciência Social: Os Cinco Componentes do Comportamento Corporativo Socialmente Responsável**

- Ações para garantir que a empresa possua uma estratégia ética e atue de forma honrada
- Ações para promover a diversidade na força de trabalho
- Ações de apoio a instituições de caridade e participação em serviços comunitários
- Ações para melhorar a qualidade de vida dos funcionários e criar um ambiente de trabalho excelente
- Ações para proteger ou melhorar o meio-ambiente

→ **Estratégia de Responsabilidade Social de Uma Empresa**

Fonte: Adaptado do material de Ronald Paul Hill, Debra Stephens e Iain Smith, "Corporate Social Responsibility: An Examination of Individual Firm Behavior", *Business and Society Review* 108, n. 3 (setembro de 2003), p. 348.

aqui simplesmente porque as estratégias e a conduta éticas não são compatíveis com o conceito da boa cidadania corporativa e do comportamento corporativo socialmente responsável.

- *Fazendo contribuições para instituições de caridade, doando dinheiro e tempo do pessoal da empresa para serviços à comunidade, apoiando diversas causas organizacionais e auxiliando para fazer a diferença na vida dos desamparados* — Algumas empresas cumprem suas obrigações de auxílio à comunidade e cidadania corporativa estendendo seus esforços a uma infinidade de atividades de caridade e voltadas para a comunidade; por exemplo, a Microsoft e a Johnson & Johnson apóiam uma ampla variedade de programas de arte comunitária, de bem-estar social e ambiental. Outros preferem concentrar mais suas energias. A McDonald's, por exemplo, concentra-se em patrocinar o programa Ronald McDonald House (que fornece um lar longe de casa para as famílias com crianças portadoras de doenças sérias que recebem tratamento em hospitais próximos), evitando abuso e negligência de crianças e participando das atividades de serviços à comunidade; em 2004 havia 240 Ronald McDonald Houses em 25 países e mais de 6 mil leitos disponíveis todas as noites. A British Telecom dá 1% de seus lucros diretamente às comunidades, principalmente para a educação — treinamento de professores, workshops nas escolas e tecnologia digital. A GlaxoSmithKline, líder em medicamentos vendidos com receita médica, e outras empresas farmacêuticas doam ou dão descontos em medicamentos para distribuição nas nações menos desenvolvidas. Inúmeras empresas relacionadas à saúde têm papel importante nas atividades comunitárias que promovem tratamentos efetivos de saúde. Muitas empresas trabalham com representantes da comunidade para minimizar o impacto da contratação de grande número de novos funcionários (o que poderia causar excesso de demanda nas escolas e fornecedores de serviços públicos locais) e fornecer serviços de colocação para os funcionários demitidos. Com freqüência, as empresas reforçam seus esforços filantrópicos incentivando os funcionários para dar apoio a causas de caridade e participarem das questões comunitárias, quase sempre por meio de programas que aproveitam as contribuições dos funcionários.

- *Ações para proteger ou melhorar o ambiente e, em particular, para minimizar ou eliminar qualquer impacto adverso sobre o ambiente resultantes das atividades comerciais da própria empresa* — A responsabilidade social no tocante à proteção ambiental significa fazer mais do que aquilo que é legalmente exigido. Sob uma perspectiva de responsabilidade social, as empresas têm a obrigação de serem orientadores do desenvolvimento. Isso significa usar o melhor da ciência e tecnologia disponíveis para atingir padrões ambientais melhores do que aqueles que são exigidos. Mais idealmente ainda, isso significa investir tempo e dinheiro no aperfeiçoamento do ambiente de formas que se estendem além dos próprios limites do setor de uma empresa — por exemplo, participando de projetos de reciclagem, adotando práticas de economia de energia e apoiando esforços para limpar os mananciais de água locais. Varejistas como a Home Depot nos Estados Unidos e a B&Q no Reino Unido têm pressionado seus fornecedores para adotarem práticas de proteção ambiental mais contundentes[38].

> Os líderes de negócios que desejam que suas empresas sejam encaradas como cidadãos corporativos exemplares devem não apenas garantir que operem eticamente, mas devem exibir pessoalmente uma consciência social na tomada de decisões que afetam os funcionários, o ambiente e as comunidades nas quais operam, bem como a sociedade em geral.

- *Ações para criar um ambiente de trabalho que amplia a qualidade de vida dos funcionários e fazem da empresa um ótimo lugar para trabalhar* — Inúmeras empresas vão além do simples fornecimento dos tipos comuns de compensação e exercem esforços extras para ampliar a qualidade de vida de seus funcionários, tanto no trabalho quanto em casa. Isso pode incluir atribuições de trabalho variadas e envolventes, programas e orientação de desenvolvimento de carreira, rápido avanço na carreira, incentivos de compensação atraentes, treinamento constante para garantir a facilidade de emprego futura, autoridade maior na tomada de decisões, creches no local de trabalho, horários de trabalho flexíveis para pais solteiros, instalações para exercícios físicos no local de trabalho, licenças especiais para cuidar de familiares doentes, oportunidades de trabalho em casa, salários iguais para todos os sexos, fábricas e escritórios bem decorados, programas especiais de segurança e outros.

- *Ações para criar uma força de trabalho diferenciada em relação a sexo, raça, origem nacional e talvez outros aspectos que pessoas diferentes trazem para o local de trabalho* — As maiores empresas dos Estados Unidos estabeleceram programas de diversidade da força de trabalho e algumas até garantem que seus locais de trabalho sejam atraentes para as minorias étnicas e incluam todos os grupos e perspectivas. A busca da diversidade da força de trabalho pode ser um bom negócio — a Johnson & Johnson, Pfizer e Coca-Cola acreditam que uma reputação de diversidade da força de trabalho torna mais fácil o recrutamento de funcionários (funcionários talentosos, com experiências diversas, quase sempre procuram tais empresas). Na Coca-Cola, onde o sucesso estratégico depende de fazer com que pessoas de todo o mundo tornem-se consumidores leais das bebidas da empresa, os esforços para criar uma personalidade pública de inclusão de pessoas de todas as raças, religiões, nacionalidades, interesses e talentos têm valor estratégico considerável. As empresas multinacionais estão particularmente inclinadas a fazer da diversidade da força de trabalho um componente estratégico visível; elas reconhecem que o respeito às diferenças individuais e a promoção da inclusão repercutem bem perante pessoas de todo o mundo. Em algumas poucas empresas a iniciativa da diversidade estende-se aos fornecedores — terceirizando itens de pequenos negócios de propriedade de mulheres e minorias étnicas.

Criando uma Estratégia de Responsabilidade Social: O Ponto de Partida para Demonstrar uma Consciência Social

Embora a luta pela responsabilidade social signifique escolher do menu apresentado na seção anterior, há muito espaço para que cada empresa faça sua própria declaração sobre as contribuições para a caridade a serem feitas, os tipos de projetos de serviços comunitários a serem enfatizados, as ações ambientais a serem apoiadas, como fazer da empresa um bom lugar para trabalhar, onde e como a diversidade da força de trabalho se encaixa no quadro geral e tudo o mais que ela puder fazer para apoiar causas e projetos meritórios que beneficiem a sociedade. A combinação particular de esforços socialmente responsáveis que uma empresa busca define sua **estratégia de responsabilidade social**. Entretanto, a menos que as iniciativas de responsabilidade social de uma empresa tornem-se parte da forma como ela opera no dia-a-dia dos negócios, as iniciativas têm pouca chance de dar certo e ser totalmente efetivas. Como disse o executivo da Royal Dutch/Shell, a responsabilidade social corporativa "não é um cosmético; ela deve estar arraigada em nossos valores. Ela deve fazer diferença na forma como fazemos negócios"[39]. Assim, algumas empresas estão integrando os objetivos da responsabilidade social a suas missões e às metas gerais de desempenho — elas vêem o desempenho social e a métrica ambiental como um componente essencial para o julgamento do desempenho futuro da empresa. Cerca de 2.500 empresas em todo o mundo não apenas estão articulando suas estratégias de responsabilidade e comprometimento social, como também estão emitindo relatórios anuais de responsabilidade social (parecidos com um relatório anual) que definem seus compromissos e o progresso que estão fazendo para que todo o mundo veja e avalie[40].

> **Conceito Central**
> A *estratégia de responsabilidade social* de uma empresa é definida pela combinação específica de atividades socialmente benéficas que ela escolhe suportar com suas contribuições em tempo, dinheiro e outros recursos.

Na Starbucks o comprometimento com a responsabilidade social está ligado à estratégia e às práticas operacionais da empresa pelo lema "Doar às nossas comunidades é a forma pela qual fazemos negócios"; o gerenciamento de primeiro escalão dá vida ao tema por meio das extensas atividades de incentivo à comunidade da empresa, dos esforços para proteger o bem-estar dos plantadores de café e de suas famílias (em particular, garantindo que eles recebam um preço justo), uma variedade de práticas de reciclagem e conservação ambiental e o apoio financeiro que dá às instituições de caridade e aos necessitados por meio da Starbucks Foundation. Na Green Mountain Coffee Roasters, a responsabilidade social inclui negociações justas com os fornecedores e tentar fazer algo sobre a pobreza dos pequenos plantadores de café; em suas negociações com fornecedores das cooperativas de pequenos agricultores do Peru, México e Sumatra, a Green Mountain paga preços de "negociação justos" para o café (em 2002, os preços mínimos de negociação justos eram de $1,26 por quilo para o café convencional e de $1,41 para o café orgânico, em comparação aos preços de mercado de 24 a 50 centavos por quilo). A Green Mountain também compra 25% de seu café diretamente dos agricultores, cortando intermediários e garantindo que os agricultores consigam um preço mais alto por seus esforços — o café é a segunda mercadoria mais negociada no mundo depois do petróleo, exigindo o trabalho de cerca de 20 milhões de pessoas, sendo que a maioria delas vive no nível da pobreza[41]. Na Whole Foods Market, uma cadeia de supermercados de $5 bilhões especializada em alimentos orgânicos e naturais, a ênfase na responsabilidade social está no apoio à agricultura orgânica e sustentável, reciclagem, práticas de

> Muitas empresas adaptam seus esforços estratégicos para operar de forma socialmente responsável e ajustar seus valores centrais e missão de negócios, fazendo assim sua própria declaração sobre "como fazemos negócios e como pretendemos cumprir nossos deveres para com todos os acionistas e a sociedade em geral".

criação de frutos do mar sustentável, em dar aos funcionários tempo de folga para participar na prestação de serviços à comunidade e na doação de 5% dos lucros após impostos em dinheiro ou produtos para causas de caridade. Na General Mills a responsabilidade social se concentra no serviço à comunidade e em melhorar as oportunidades de emprego para minorias e mulheres. A Stonyfield Farm, produtora de produtos de iogurte e sorvete emprega uma estratégia de responsabilidade social que se concentra no bem-estar, na boa nutrição e nas ações que visam o planeta (10% dos lucros são doados para ajudar a proteger e restaurar o planeta, e as tampinhas dos iogurtes são usadas como miniplacares para ajudar a educar as pessoas nas questões ambientais); além disso, a empresa dá ênfase ao desenvolvimento de uma cadeia de suprimento ambientalmente favorável, terceirizando agricultores que plantam produtos orgânicos e evitando o uso de hormônios artificiais na produção de leite. A Chick-Fil-A, uma cadeia de lanchonetes com sede em Atlanta e mais de 1.200 pontos-de-venda em 38 estados, tem uma fundação de caridade; apóia financeiramente 14 orfanatos e um acampamento de verão (para cerca de 1.600 pessoas de 22 estados e vários países); financia dois programas de bolsas de estudos (incluindo um para funcionários que já receberam mais de $20 milhões em bolsas de estudos); e mantém uma política de não trabalhar aos domingos para garantir que cada funcionário da Chick-Fil-A e a operadora de restaurantes tenha a oportunidade de freqüentar seus cultos, passar tempo com a família e amigos, ou simplesmente descansar no fim de semana[42]. A Toys "R" Us apóia iniciativas que tratam das questões do trabalho infantil e práticas de trabalho injustas em todo o mundo. A Community Pride Food Stores está auxiliando na revitalização do centro da cidade de Richmond, Virgínia, onde a empresa tem sua sede.

É comum que as empresas envolvidas na extração de recursos naturais, produção de energia elétrica, produtos florestais e de papel, veículos automotores e produtos químicos dêem maior ênfase ao tratamento das questões ambientais do que, por exemplo, as empresas de software e produtos eletrônicos ou mesmo os fabricantes de artigos de vestuário. As empresas cujo sucesso nos negócios depende muito do alto moral dos funcionários ou de atrair e conservar os funcionários melhores e mais inteligentes estão de alguma forma mais propensas a enfatizar o bem-estar de seus funcionários e incentivar um ambiente de trabalho positivo e de alta energia que permita a dedicação e o compromisso entusiasmado dos funcionários, colocando assim um significado real à afirmação "Nosso pessoal é nosso maior ativo". A Ernst & Young, uma das quatro maiores empresas de consultoria globais, enfatiza sua estratégia de diversidade da força de trabalho ("As Pessos em Primeiro Lugar"), a qual se concentra no respeito às diferenças, no incentivo à individualidade e na promoção da inclusão para que seus 105 mil funcionários em 140 países possam se sentir valorizados, engajados e capacitados para o desenvolvimento de formas criativas de servir aos clientes.

Assim, embora as estratégias e ações de todas as empresas socialmente responsáveis sejam iguais no sentido de agir nas cinco categorias de comportamento socialmente responsável mostrado na Figura 10.2, a versão de cada empresa para ser socialmente responsável é exclusiva.

O Caso Moral da Responsabilidade Social Corporativa

> Cada ação que uma empresa realiza pode ser interpretada como uma declaração daquilo que ela significa.

O caso moral que explica por que os negócios devem promover ativamente o aperfeiçoamento da sociedade e agir de forma que beneficie todos os interessados da empresa — não apenas os interesses dos acionistas — se resume ao fato de que essa é a coisa certa a ser feita. A decência comum, a consciência cívica e a contribuição para o bem-estar da sociedade devem ser esperados de todas as empresas. No clima social e político atual espera-se que a maioria dos líderes reconheça que as ações socialmente responsáveis são importantes e que as empresas têm o dever de serem bons cidadãos corporativos. Mas há outra escola de pensamento que postula que as empresas operam com base em um contrato social implícito com os membros da sociedade. De acordo com esse contrato, a sociedade concede a uma empresa o direito de realizar seus negócios e concorda em não restringir sem motivos sua busca por um lucro justo para os bens ou serviços que vende; em troca dessa "licença para operar", a empresa é obrigada a agir como um cidadão responsável e dar sua parcela justa de contribuição para promover o bem-estar geral. Tal visão coloca claramente sobre a empresa a carga moral de levar em conta a cidadania corporativa e fazer o que é melhor para os acionistas, dentro dos limites de operar de modo honrado, fornecer boas condições de trabalho aos funcionários, ser um bom administrador ambiental e exibir boa cidadania corporativa.

O Caso de Negócios para o Comportamento Socialmente Responsável

Sejam quais forem os méritos do caso moral do comportamento corporativo socialmente responsável, há muito se reconhece que eles estão no interesse das empresas em ser boas cidadãs e dedicarem parte de suas energias e recursos ao aperfeiçoamento dos funcionários, das comunidades nas quais operam e na sociedade em geral. Em resumo, existem vários motivos pelos quais o exercício da responsabilidade social é um bom negócio:

- *Ela gera benefícios internos (particularmente no que diz respeito ao recrutamento de funcionários, retenção da força de trabalho e custos de treinamento)* — As empresas com merecidas boas reputações por contribuir com tempo e dinheiro para o aperfeiçoamento da sociedade podem atrair e conservar mais os funcionários em relação a outras com reputações duvidosas. Alguns funcionários sentem-se melhores trabalhando para uma empresa comprometida com a melhoria da sociedade[43]. Isso pode contribuir para diminuir a rotatividade e melhorar a produtividade do funcionário. Outros benefícios econômicos diretos e indiretos incluem custos mais baixos de recrutamento e treinamento de equipe. Por exemplo, diz-se que a Starbucks desfruta de taxas muito mais baixas de rotatividade de funcionários por causa de seu pacote completo de benefícios para funcionários de período integral e meio período, dos esforços do gerenciamento para tornar a Starbucks um ótimo lugar para trabalhar e das práticas socialmente responsáveis da empresa. Quando, levando a sério a eficiência ecológica, um fabricante de papel reciclado descobriu como aumentar sua taxa de recuperação de fibras, ele economizou o equivalente a 20.000 toneladas de papel usado — um fator que ajudou a empresa a se tornar o produtor com menor custo do setor[44]. Vários mecanismos de *benchmarking* e medição mostraram que as iniciativas de diversidade da força de trabalho promovem o sucesso das empresas que estão por trás delas. Tornar uma empresa um ótimo local para trabalhar contribui no recrutamento de funcionários talentosos, possibilita mais criatividade e energia por parte dos funcionários, maior produtividade e comprometimento do funcionário em relação à missão/visão dos negócios da empresa e ao sucesso no mercado.

- *Ela reduz o risco de incidentes que prejudicam a reputação e podem levar a maior apoio do comprador* — As empresas podem ser penalizadas por funcionários, consumidores e acionistas pelas ações que não são consideradas socialmente responsáveis. Quando uma grande empresa de petróleo sofreu danos em sua reputação ambiental e social, o CEO disse

> Quanto maior o perfil público de uma empresa ou marca, maior o exame de suas atividades e mais alto o potencial de se tornar alvo da ação de um grupo de pressão.

várias vezes que o impacto mais negativo que a empresa sofreu — e aquele que o fez temer pelo futuro da empresa — foi que os jovens e brilhantes formandos das faculdades não se sentiam mais atraídos a trabalhar para a empresa[45]. Os grupos de ativistas das áreas de consumidores, ambiente e direitos humanos não demoram a criticar as empresas cujo comportamento é considerado por eles fora de linha, e eles passam suas mensagens pela mídia e internet. Os grupos de pressão podem gerar ampla publicidade negativa, promover boicotes e influenciar compradores de mesma opinião ou simpatizantes para que evitem os produtos de um transgressor. Pesquisas têm mostrado que os anúncios de boicote a produtos estão associados à diminuição no preço da ação da empresa[46]. A crítica sincera à Royal Dutch/Shell por parte de grupos ambientalistas e de direitos humanos e os boicotes associados foram os principais fatores para a decisão da empresa de ajustar-se às suas responsabilidades sociais. Durante muitos anos, a Nike recebeu críticas mordazes por não policiar as condições de trabalho escravo nas fábricas asiáticas de seus contratados, fazendo com que o CEO da Nike, Phil Knight, afirmasse que "a Nike tornou-se sinônimo de salários escravos, horas extras forçadas e abuso arbitrário"[47]. Em 1997, a Nike começou um extenso esforço para monitorar as condições nas 800 fábricas no exterior que terceirizavam seus tênis; Knight disse: "Bons tênis vêm de boas fábricas e boas fábricas têm boas relações trabalhistas". No entanto, a Nike tem sido continuamente incomodada por reivindicações de ativistas de direitos humanos dizendo que seus procedimentos de monitoramento eram falhos e que a empresa não estava fazendo o suficiente para corrigir a condição dos trabalhadores das fábricas. Por outro lado, à medida que o comportamento socialmente responsável de uma empresa ganha aplausos de consumidores e fortalece sua reputação, a empresa pode ganhar apoio adicional. Ben & Jerry's, Whole Foods Market, Stonyfield Farm e Body Shop definitivamente expandiram suas bases de clientes em virtude de suas visíveis e bem anunciadas atividades de empresas socialmente conscientes. Cada vez mais empresas estão reconhecendo o valor estratégico das estratégias de responsabilidade social que chegam a pessoas de todas as culturas e demografias — nos Estados Unidos, dizem que as mulheres têm poder de compra de $3,7 trilhões, aposentados e deficientes físicos perto de $4,1 trilhões, hispânicos quase $600 bilhões, afro-americanos perto de $500 bilhões e asiático-americanos cerca de $255 bilhões[48]. Assim, a busca de apelos para tais grupos pode compensar no caixa. Alguns observadores e executivos estão convencidos de que uma estratégia de responsabilidade social forte e visível dá a uma empresa vantagem de diferenciação dos concorrentes e apelo para aqueles consumidores que preferem fazer negócios com empresas que são cidadãs corporativas sólidas. Mesmo assim, existem evidências apenas limitadas de que os consumidores deixam seus hábitos para apoiar empresas socialmente responsáveis se isso significa pagar um preço mais alto ou comprar um produto inferior[49].

- *É interesse dos acionistas* — Estratégias de responsabilidade social bem-desenvolvidas funcionam a favor dos acionistas de várias maneiras. O comportamento de negócios socialmente responsável ajuda a evitar ações legais e regulamentares que poderiam ser caras ou difíceis. Um número cada vez maior de gerentes de fundos mútuos e de pensão está restringindo suas compras de ações às empresas que atendem aos critérios de responsabilidade social. De acordo com uma pesquisa, um a cada oito dólares de gerenciamento profissional nos Estados Unidos envolvia investimento socialmente responsável[50]. Além disso, o crescimento do investimento socialmente responsável e a identificação de empresas socialmente responsáveis levaram a um aumento substancial no número de empresas que publicam relatórios formais sobre suas atividades sociais e ambientais[51]. O preço das ações de empresas com classificação alta nos critérios sociais e de desempenho ambiental ficou de 35% a 45% melhor do que a média das 2.500 empresas incluídas no Índice Global Dow Jones[52]. Um estudo de dois anos com as principais empresas concluiu que o aperfeiçoamento da conformidade ambiental e o desenvolvimento de produtos ambientalmente amistosos podem ampliar os lucros por ação, a lucratividade e a probabilidade de conseguir contratos[53]. Quase 100 estudos examinaram o relacionamento entre a cidadania corporativa e o desempenho financeiro corporativo nos últimos 30 anos; a maioria indica um relacionamento positivo. Dos 80 estudos para examinar se o desempenho social de uma empresa é um bom previsor de seu desempenho financeiro, 42 concluíram

> Existe pouca evidência séria indicando que os acionistas são prejudicados de forma significativa pelas ações de uma empresa para ser socialmente responsável.

que sim, 4 concluíram que não e o restante reportou conclusões mistas ou incompletas[54]. Assim, na medida em que o comportamento socialmente responsável é um bom negócio, uma estratégia de responsabilidade social que inclua algum vigor e seja mais do que retórica está no melhor interesse dos acionistas.

Em resumo, as empresas que têm responsabilidade social podem melhorar seriamente suas reputações de negócios e eficiência operacional, reduzindo também sua exposição ao risco, além de incentivar a lealdade e a inovação. Em geral, as empresas que se dão ao trabalho de proteger o ambiente (além daquilo que é exigido por lei) e que são ativas nas questões comunitárias, apoiando generosamente as causas de caridade e os projetos que beneficiam a sociedade, têm mais chance de serem vistas como bons investimentos e boas empresas para trabalhar ou fazer negócios. Os acionistas podem ver o caso de negócios da responsabilidade social como algo sólido, embora certamente seja seu direito a preocupação com o fato de que o tempo e o dinheiro que suas empresas empregam para realizar a estratégia de responsabilidade social talvez ultrapassem os benefícios e reduzam o lucro em um montante injustificado.

As empresas, obviamente, às vezes são recompensadas pelo mau comportamento — uma empresa que consegue transferir os custos ambientais e outros custos associados a suas atividades para a sociedade, de modo geral consegue colher grandes lucros de curto prazo. Os principais produtores de cigarros durante muitos anos conseguiram ganhar lucros enormes transferindo os custos relacionados à saúde resultantes do hábito de fumar para outros e fugindo à responsabilidade pelo mal que seus produtos causavam a consumidores e ao público em geral. A maioria das empresas, obviamente, tenta escapar pagando os prejuízos sociais de suas operações enquanto podem. A suspensão de tais ações em geral depende (1) da eficácia dos grupos sociais ativistas na divulgação das conseqüências adversas da irresponsabilidade social de uma empresa e na orientação à opinião pública sobre algo que deve ser feito; (2) da aprovação de leis ou regulamentações para corrigir a desigualdade e (3) de ações de amplo espectro por parte dos compradores socialmente conscientes para fazer negócios com outra empresa.

Os Esforços Bem Intencionados de Executivos Podem Causar Controvérsia

Embora haja um acordo substancial quanto ao fato de as empresas terem obrigações com interessados que não são proprietários e com a sociedade em geral, e quanto ao fato de que essas obrigações devem estar previstas na estratégia geral da empresa e na conduta das operações dos negócios, existe um acordo bem menor sobre a medida com a qual os executivos "que fazem tudo certo" devem seguir suas visões pessoais de um mundo melhor usando os fundos da empresa. De acordo com uma dessas visões, todas as autorizações que os executivos financeiros dão para as chamadas iniciativas de responsabilidade social são efetivamente roubadas dos acionistas de uma empresa que podem, afinal de contas, resolver por eles mesmos quanto dar às instituições de caridade e outras causas merecedoras. Uma escola de pensamento similar diz que as empresas devem tomar cuidado ao assumir uma variedade de obrigações sociais, porque com isso são desviados recursos valiosos e a competitividade é enfraquecida. Muitos acadêmicos e empresários atendem de maneira mais adequada a suas responsabilidades sociais por meio de atividades de negócios convencionais, principalmente produzindo os bens e serviços necessários a preços que as pessoas podem pagar. Eles argumentam também que o uso do dinheiro de acionistas ou clientes em causas sociais não apenas atrapalha a tomada de decisão diluindo a concentração na missão da empresa, como também força os executivos da empresa a desempenharem o papel de engenheiros sociais — papel desempenhado mais apropriadamente pelas organizações assistenciais e sem fins lucrativos e pelos órgãos governamentais devidamente eleitos. Queremos realmente que os executivos corporativos resolvam como equilibrar melhor os diferentes interesses de todos e ajam como engenheiros sociais? Eles são competentes para fazerem tais julgamentos?

Veja o caso dos engarrafadores da Coca-Cola e da Pepsi. Os engarrafadores locais de ambas as marcas assinaram contratos com as escolas públicas para fornecerem milhões de dólares de apoio às escolas locais em troca dos direitos de distribuição das máquinas de refrigerante nas escolas[55]. Embora tais contratos pareçam ser uma proposta em que todos ganham, os protestos de pais preocupados com as dietas dos filhos e o comércio nas escolas tornaram tais contratos questionáveis. Os contrários a esses contratos alegam que é função do governo fornecer investimento adequado às escolas, e que o ambiente de aprendizagem das escolas locais deveria estar livre de comércio e dos esforços em favor próprio ocultos pelo fornecimento de apoio à educação.

Em setembro de 1997, a Mesa-Redonda de Negócios mudou sua posição de apoio à responsabilidade social e consideração equilibrada dos interesses do acionista para uma posição de ceticismo em relação a tais ações:

> A noção de que a diretoria deve equilibrar de alguma forma os interesses dos acionistas em relação aos interesses de outras partes interpreta de forma errada o papel dos diretores. Além disso, essa é uma noção impraticável porque ela deixaria a diretoria sem nenhum critério para solucionar conflitos de interesse dos acionistas e de outros interessados ou entre diferentes grupos de interessados[56].

A nova visão da Mesa-Redonda de Negócios implicava que o principal dever do gerenciamento e do conselho de administração seria para com os acionistas da corporação. Os clientes podem ser "reis" e os funcionários podem ser o "maior ativo" (pelo menos na retórica), mas os interesses dos acionistas são soberanos[57].

Entretanto, existem problemas reais com a separação entre o comportamento de negócios e o bem-estar da sociedade em geral[58]. O isolamento da empresa do restante da sociedade não é realista, visto que ambos estão muito ligados. Muitas decisões de negócios acabam tendo impacto sobre os acionistas não proprietários e a sociedade. Além disso, a noção de que as empresas devem ser gerenciadas exclusivamente para atender aos interesses de acionistas é um pouco forçada. Sem dúvida, a primeira prioridade de uma empresa deve ser o fornecimento de valor aos clientes. A menos que uma empresa faça um trabalho satisfatório para atender às necessidades e expectativas do comprador quanto a bens e serviços com preços atraentes, ela não sobreviverá. Embora os acionistas forneçam capital e certamente tenham o direito a um retorno sobre seu investimento, um número cada vez menor de acionistas está verdadeiramente comprometido com essas empresas. Os acionistas podem dispor de seus investimentos rapidamente ou ao primeiro sinal de uma alteração negativa no preço da ação. Os fundos mútuos compram e vendem ações diariamente, adicionando e retirando empresas sempre que acham adequado. Os negociadores diários compram e vendem em questão de horas. Tal compra e venda de ações nada mais é do que uma transação financeira e não resulta em nenhum fornecimento de capital para a empresa financiar operações, exceto quando significam a compra de cotas de ação recém-emitidas. Assim, por que os acionistas — um grupo distante das operações da empresa e que pouco acrescenta às suas operações, exceto quando novas ações são compradas — têm tanto poder sobre o modo como a empresa deve ser gerenciada? A maioria dos acionistas está realmente interessada ou conhece as empresas que possuem? Ou eles apenas têm a posse das ações pelos retornos financeiros que elas devem fornecer?

Embora haja preocupação legítima com o uso dos recursos da empresa para boas finalidades e com os motivos e competências dos executivos que agem como engenheiros sociais, é difícil argumentar que as empresas não têm obrigação para com os acionistas não proprietários ou a sociedade em geral. Se examinamos a categoria de atividades classificada como comportamento socialmente responsável (Figura 10.2), a princípio não existe realmente muita coisa a ser contestada pelos acionistas e outros interessados em relação às tentativas de fazer o bem por parte dos executivos. Certamente é legítimo as empresas quererem minimizar ou eliminar todos os impactos negativos de suas operações sobre o ambiente. É difícil argumentar contra os esforços para tornar a empresa um ótimo lugar para trabalhar ou para promover a diversidade da força de trabalho. Em relação às contribuições para as instituições de caridade, aos projetos de serviços à comunidade e outros, dificilmente encontraríamos uma empresa na qual o gasto em tais atividades está tão fora de controle que os acionistas teriam o direito de reclamar ou a competitividade da empresa estaria desgastada. O que provavelmente deve ser mais questionável na área da responsabilidade social são as atividades específicas nas quais uma empresa se envolve, ou suas tentativas de se comportar de maneira socialmente responsável.

Quanta Atenção à Responsabilidade Social É Suficiente?

Qual seria o equilíbrio apropriado entre a obrigação de criar valor para os acionistas e a obrigação de contribuir proativamente para o bem-estar social maior? Qual fração de recursos de uma empresa deveria ser buscada ao abordar as questões sociais e aperfeiçoar o bem-estar da sociedade e do ambiente? Algumas poucas empresas têm uma política para separar uma porcentagem específica de seus lucros (em geral 5% ou talvez 10%) para financiar sua estratégia de responsabilidade social; elas consideram justas essas porcentagens de retorno para a comunidade como um tipo de agradecimento ou um dízimo a ser pago para o aperfeiçoamento da sociedade. Outras empresas recuam diante de uma porcentagem específica de lucros ou receitas, porque isso significa aumentar o comprometimento em épocas boas e cortar novamente as iniciativas de responsabilidade social em épocas difíceis (até cortando totalmente as iniciativas de responsabilidade social se os lucros se transformarem temporariamente em prejuízos). Se a responsabilidade social é um compromisso constante e arraigado na cultura corporativa, e se ele pede ampla participação do pessoal, então uma parte considerável do financiamento da empresa para a estratégia de responsabilidade social precisa ser vista simplesmente como um custo regular e constante.

Entretanto, é difícil julgar até onde determinada empresa deve ir na busca de causas sociais em particular. Veja, por exemplo, o compromisso da Nike com o monitoramento das condições do local de trabalho de seus fornecedores contratados[59]. A escala dessa tarefa de monitoramento é significativa: em 2005, a Nike tinha mais de 800 fornecedores contratados, empregando mais de 600 mil pessoas em 50 países. Com que freqüência os locais deveriam ser monitorados? Como a empresa responderia ao uso de trabalho infantil? Se apenas crianças acima de determinada idade devem ser empregadas pelos fornecedores, estes ainda devem fornecer oportunidades de escola? Pela última contagem, a Nike tinha cerca de 80 pessoas envolvidas no monitoramento do site. O orçamento de monitoramento da Nike deveria ser de $2 milhões, $5 milhões, $10 milhões ou o que for preciso?

Considere outro exemplo: se os fabricantes de produtos farmacêuticos doarem ou derem desconto em seus medicamentos para pessoas de baixa renda nas nações menos desenvolvidas, quais medidas eles deverão adotar para saber se os medicamentos chegam aos destinatários certos e se eles não são desviados por funcionários corruptos do governo local e reexportados para mercados de outros países? Os fabricantes de medicamentos também devem auxiliar na distribuição e administração destes nesses países menos desenvolvidos? Quanto uma empresa fabricante de medicamentos deveria investir em P&D para desenvolver medicamentos para as doenças tropicais que ocorrem normalmente em países menos desenvolvidos, quando é improvável a recuperação de seus custos em um futuro próximo?

E quanto uma empresa deve alocar para contribuições a instituições de caridade? Ela não está cumprindo suas responsabilidades se as doações são menores do que 1% dos lucros? Uma empresa está exagerando se alocar 5% ou mesmo 10% de seus lucros para causas assistenciais de um tipo ou de outro? A questão aqui é que não existe nenhum padrão simples ou amplamente aceitável para julgar quando uma empresa foi ou não suficientemente longe para cumprir suas responsabilidades de cidadania.

Vinculando Alvos de Desempenho Social à Compensação dos Executivos

Talvez o modo mais garantido de conseguir um comprometimento genuíno com as iniciativas de responsabilidade social seja vincular o cumprimento de metas de desempenho social à compensação dos executivos. Se o conselho de administração de uma empresa encarar com seriedade a cidadania corporativa, então ele incorporará medidas do desempenho ambiental e social da empresa em sua avaliação dos executivos de primeiro escalão, particularmente o CEO. E se o CEO usar incentivos de compensação para conseguir mais suporte do pessoal de outros níveis da empresa para criar e executar efetivamente uma estratégia de responsabilidade social, com o tempo a empresa construirá uma cultura arraigada no comportamento social responsável é ético. De acordo com uma pesquisa, 80% dos CEOs entrevistados acreditam que a métrica do desempenho ambiental e social é parte válida da medição do desempenho geral de uma empresa. Na Verizon Communications, 10% do bônus anual dos primeiros 2.500 gerentes da empresa estão diretamente ligados ao cumprimento das metas de responsabilidade social; para o restante da equipe, existem prêmios de reconhecimento corporativo na forma de caixa para os funcionários que fizeram grandes contribuições para causas sociais. Os relatórios de responsabilidade social corporativa, emitidos anualmente por 2.500 empresas de todo o mundo, detalhando as iniciativas de responsabilidade social e os resultados atingidos, são uma boa base de compensação dos executivos e julgamento da eficácia de seu comprometimento com a responsabilidade social.

Pontos-Chave

A ética envolve conceitos de certo e errado, justo e injusto, moral e imoral. As convicções sobre o que é ético servem como bússola moral para orientar as ações e os comportamentos de indivíduos e organizações. Os princípios éticos nos negócios são muito diferentes dos princípios éticos gerais.

Existem três escolas de pensamento sobre os padrões éticos:

1. De acordo com a *escola do universalismo ético*, os mesmos padrões para o que é ético ou não faz sentido para as pessoas da maioria das sociedades, independentemente das tradições ou normas culturais locais; assim, os padrões éticos comuns podem ser usados para julgar a conduta do pessoal das empresas que operam em uma variedade de mercados de países e circunstâncias culturais.

2. De acordo com a *escola do relativismo ético,* diferentes culturas e costumes das sociedades têm valores e padrões divergentes em relação a certo e errado — assim, o que é ético ou não deve ser julgado à luz dos costumes e tradições locais e pode variar de uma cultura ou nação para outra.

3. De acordo com a *teoria dos contratos sociais integrados*, os princípios éticos ou normas universais que se baseiam nas visões coletivas de várias culturas e sociedades combinam-se para formar um "contrato social", que deve ser observado por todos os indivíduos em todas as situações. Dentro dos limites desse contrato social, as culturas locais podem especificar outras ações que não são permitidas; entretanto, as normas éticas universais sempre têm precedência sobre as normas éticas locais.

Três categorias de gestores se destacam no que diz respeito às convicções dominantes e compromissos com os princípios morais e éticos nos negócios: o gestor moral, o gestor imoral e o gestor amoral. Para alguns, a população de gestores é distribuída entre esses três tipos, formando uma curva com a forma de um sino, sendo que os imorais e morais ocupam as duas extremidades da curva, e os amorais, particularmente os intencionalmente amorais, ocupam a área maior do meio.

Os números aparentemente grandes de executivos imorais e amorais são um motivo óbvio pelo qual algumas empresas recorrem a um comportamento estratégico antiético. Três outros grandes motivadores do comportamento de negócios antiético também se destacam:

1. A busca superzelosa ou obsessiva de ganhos pessoais, riquezas e outros interesses egoístas.
2. Fortes pressões sobre os gerentes da empresa para cumprir ou ultrapassar as metas de lucros.
3. Uma cultura da empresa que coloca a lucratividade e o bom desempenho dos negócios acima do comportamento ético.

O posicionamento de uma empresa ao gerenciar ou lidar com uma conduta ética em determinado momento pode assumir uma entre quatro formas básicas:

1. A abordagem despreocupada.
2. A abordagem de controle de danos.
3. A abordagem de conformidade.
4. A abordagem de cultura ética.

Existem dois motivos pelos quais a estratégia de uma empresa deve ser ética: (1) porque uma estratégia antiética no todo ou em parte é moralmente errada e tem repercussões ruins sobre o caráter do pessoal da empresa envolvido e (2) porque uma estratégia ética é um bom negócio e interessa aos acionistas.

A expressão *responsabilidade social corporativa* diz respeito ao *dever* de uma empresa de operar de forma honrada, fornecer boas condições de trabalho aos funcionários, ser um bom administrador do ambiente e trabalhar ativamente para melhorar a qualidade de vida nas comunidades locais nas quais opera e na sociedade em geral. O menu de ações e comportamento para demonstrar a responsabilidade social inclui:

1. Uso de uma estratégia ética e observação de princípios éticos na administração dos negócios.
2. Contribuições para instituições de caridade, doação em dinheiro e tempo do pessoal da empresa para serviços comunitários, apoio a diversas causas meritórias e fazer a diferença nas vidas dos menos favorecidos. Os compromissos corporativos são reforçados ainda mais pelo incentivo aos funcionários para que apóiem atividades de caridade e comunitárias.
3. A proteção ou melhoria do ambiente e, em particular, a busca por minimizar ou eliminar qualquer impacto adverso sobre o ambiente que surja das próprias atividades comerciais da empresa.
4. Criação de um ambiente de trabalho que torna a empresa um ótimo lugar para trabalhar.
5. Contratação de uma força de trabalho diversificada em relação a sexo, raça, origem nacional e outros aspectos que diferentes pessoas trazem para o ambiente de trabalho.

Existe muito espaço para cada empresa ajustar sua estratégia de responsabilidade social de acordo com seus valores centrais e com a missão de negócios, criando assim sua própria declaração sobre "como fazemos negócios e como pretendemos cumprir nossos deveres para com todos os interessados e a sociedade em geral".

O aspecto moral da responsabilidade social se resume a um conceito simples: essa é a coisa certa a fazer. O aspecto de negócios da responsabilidade social diz que é do interesse das empresas esclarecidas a boa cidadania e o emprego de parte de suas energias e recursos no aperfeiçoamento dos interessados como funcionários, comunidades na qual a empresa opera e a sociedade em geral.

Exercícios

1. Dada a descrição da estratégia da Marsh & McLennan apresentada na Ilustração da Cápsula 10.1, seria justo caracterizar o pagamento de comissões de contingência a segurados de danos a propriedades como nada mais do que pequenas propinas disfarçadas? Por que sim ou por que não? Se você fosse gerente de uma empresa que contratasse os serviços de gerenciamento de risco da Marsh & McLennan, veria que a Marsh tem um conflito de interesses no direcionamento das apólices de seguros aos segurados nos quais a empresa tem interesse acionário? Dada a incursão ilegal e antiética da Marsh para manipular as concorrências de apólices de seguros para seus clientes corporativos, que tipo de multas e penalidades você imporia à empresa por seus crimes (assumindo que as autoridades pertinentes pedissem para você recomendar penalidades apropriadas). Para chegar a um número, lembre-se de que a Prudential Securities pagou um total de cerca de $2 bilhões nos anos 1990 para liquidar as ações legais que alegavam que a empresa enganou investidores sobre os riscos e recompensas de investimentos em sociedades limitadas. No ano de 2003, dez empresas de títulos de Wall Street pagaram $1,4 bilhão em ações civis pela emissão de pesquisas enganosas sobre ações aos investidores. Empresas conhecidas de fundos mútuos receberam multas e fizeram restituições no valor de quase $2 bilhões pelo envolvimento em negociação de ações após o horário permitido a preços previamente acertados e que eram contrários aos interesses dos acionistas de longo prazo. E várias instituições financeiras conhecidas, incluindo o Citigroup, a Merrill Lynch, Goldmans Sachs e o Credit Suisse First Boston concordaram em pagar vários bilhões de dólares em multas e restituições por seu papel em escândalos na Enron e WorldCom, e por alocar inapropriadamente ofertas públicas iniciais de ações. Usando as ferramentas de pesquisa da internet, determine quanto a Marsh & McLennan acabou pagando em multas e restituições por seu comportamento estratégico ilegal e antiético e avalie o nível de danos que a conduta do pessoal da empresa causou aos acionistas.

2. Veja a seguinte descrição de estratégias empregadas pelos principais estúdios de gravação[60]:

    Alguns artistas da Recording Artists' Coalition alegam que os cinco maiores estúdios de gravação do mundo — Universal, Sony, Time Warner, EMI/Virgin e Bertelsmann — empregam deliberadamente estratégias calculadas para se aproveitarem dos músicos que gravam com eles. Uma prática à qual eles estão sempre sujeitos é que as grandes gravadoras exigem que os artistas assinem contratos se comprometendo a fazer de seis a oito álbuns, uma obrigação que alguns artistas dizem que pode levar a um prazo indefinido de servidão ao contrato. Além disso, eles dizem que auditorias com freqüência detectam direitos autorais não pagos aos músicos sob contrato; de acordo com um advogado da indústria da música, as gravadoras adulteram os relatórios e deixam de pagar aos artistas de 10% a 40% em *royalties* e são "intencionalmente fraudulentas". Um autor recentemente declarou que o processo era "um sistema entrincheirado, cujos delitos fazem a Enron parecer amadora". Os cálculos de royalties se baseiam em fórmulas complexas e são pagos apenas após pagarem os custos de gravação e outras despesas e após todos os adiantamentos terem sido cobertos pelos lucros dos *royalties*.

    Um artigo da revista *Baffler* traça um acordo de gravação hipotético, porém típico, no qual uma jovem e promissora banda faz um adiantamento de $250.000 em royalties sobre um novo álbum. O álbum vende 250 mil cópias, rendendo $710.000 para a gravadora. Enquanto isso, após pagar $264.000 à gravadora em despesas que variam de taxas de gravação e orçamentos de vídeo até alimentação, guarda-roupa e custos do ônibus da tournée para eventos promocionais relacionados ao álbum, a banda acaba com um prejuízo de $14.000, deve dinheiro à gravadora e, portanto, não recebe *royalties* sobre os $710.000 de lucros que a gravadora recebe com a venda do trabalho da banda. Também é prática comum na indústria musical os estúdios de gravação pagarem propinas contratando promotores independentes para fazerem lobby e compensarem as estações de rádio que tocam determinados álbuns. As gravadoras quase sempre têm direito a danos por álbuns não entregues se um artista sai de um estúdio de gravação e vai para outro selo após sete anos. As gravadoras também conservam os direitos autorais eternamente sobre todas as músicas gravadas sob contrato, uma prática que segundo os artistas não é justa. A Dixie Chicks, após uma briga de um ano com a Sony em relação aos termos do contrato, acabou se recusando a gravar outro álbum. A Sony processou a banda por quebra de contrato, e teve uma contra-ação por parte da Dixie Chicks sob a alegação de "roubo sistemático" e não pagamento de *royalties*. As ações foram resolvidas com acordos. Um artista declarou: "as gravadoras são como cartéis".

Os estúdios de gravação defendem suas práticas estratégicas destacando que menos de 5% dos artistas contratados jamais fazem sucesso e que a gravadora perde dinheiro nos álbuns que não têm boa venda. De acordo com uma gravadora, apenas 1 entre 244 contratos assinados no período entre 1994 e 1996 foi negociado sem que os artistas fossem representados por um advogado, e praticamente todos os contratos renegociados após um álbum de sucesso adicionam condições favoráveis ao artista.

  a. Se você fosse um artista estaria feliz com algumas das práticas estratégicas dos estúdios de gravação? Você se sentiria à vontade assinando um contrato de gravação com estúdios que se envolvem em alguma dessas práticas?

  b. Quais, se houver, das práticas dos estúdios de gravação você acha que são antiéticas?

3. Recentemente foi divulgado que três das quatro maiores empresas contábeis públicas superfaturaram para os clientes as despesas de viagens. Pricewaterhouse Coopers, KPMG e Ernst & Young foram processadas por cobrarem sistematicamente de seus clientes o preço total de passagens aéreas, hotéis e despesas de aluguel de automóveis, embora eles recebam descontos de volume de até 40% de seus contratos com diversas agências de viagem. As grandes empresas de contabilidade, escritórios de advocacia e consultórios médicos nos últimos anos têm usado seu porte e volumes de compra para negociar descontos consideráveis sobre os custos de viagem iniciais; alguns desses contratos aparentemente exigiam que os descontos não fossem divulgados às outras partes, o que aparentemente incluía os clientes.

   Entretanto, os escritórios de contabilidade e advocacia há muito tempo têm o costume de cobrar de seus clientes as despesas de representação reais. As três empresas de contabilidade, de acordo com as ações, cobraram de seus clientes os chamados "preços cheios" de passagens aéreas, hospedagem e despesas com aluguel de automóveis, e não pelos valores com descontos. Eles embolsaram as diferenças na casa de vários milhões de dólares anualmente, além dos lucros. Vários clientes, após saberem das práticas de faturamento do "preço cheio" alegaram fraude e processaram as empresas.

   Você acha que as práticas de faturamento dos escritórios de contabilidade são antiéticas? Por que sim ou por que não?

4. Suponhamos que você se encontre na seguinte situação: ao preparar uma proposta para um contrato multimilionário em outro país, você conhece uma "consultora" que oferece ajuda no envio da proposta e na negociação com a empresa cliente. Ao conversar com a consultora você descobre que ela tem boas conexões nos círculos governamentais e comerciais locais e conhece extremamente bem pessoas importantes da empresa cliente. A consultora cita uma taxa de seis dígitos. Mais tarde, seus colegas locais dizem que o uso de tais consultores é normal nesse país — e que uma grande parte da taxa vai diretamente para as

pessoas que trabalham para a empresa cliente. Eles informam também que os licitantes que rejeitaram a ajuda de tais consultoras perderam os contratos para os concorrentes que os contrataram. O que você faria, assumindo que o código de ética de sua empresa proíbe expressamente qualquer forma de pagamento de propinas e subornos?

5. Vamos assumir que você seja o gerente de vendas de uma empresa européia que fabrica roupa para dormir. O pessoal da empresa descobre que os produtos químicos usados no tratamento antichamas da linha de pijamas infantis pode causa câncer caso seja absorvido pela pele. Depois dessa descoberta, os pijamas não são mais vendidos na União Européia e nos Estados Unidos, mas os executivos de sua empresa descobrem que os pijamas infantis em estoque e o material antichamas restante pode ser vendido para distribuidores de roupa para dormir em determinados países do Leste Europeu, onde não existem restrições ao uso do material. Seus superiores o instruem a tomar as providências necessárias para vender os estoques de pijamas retirados do mercado e materiais antichamas para os distribuidores do Leste Europeu. Você concordaria se achasse que seu emprego estaria ameaçado caso não o fizesse?

6. Na Salomon Smith Barney (subsidiária do Citigroup), na Credit Suisse First Boston (CSFB) e na Goldman Sachs (três dos maiores bancos de investimentos do mundo), parte da estratégia para garantir o negócio de banco de investimentos dos grandes clientes corporativos (a venda de novas emissões de ações ou títulos ou a consultoria sobre incorporações e aquisições) envolvia (a) mentir sobre as ações das empresas que eram clientes reais ou potenciais de seus serviços de banco de investimentos e (b) alocar ações difíceis de conseguir a novas ofertas públicas iniciais (IPOs) para selecionar executivos e diretores de empresas clientes existentes ou potenciais que, em seguida, ganhavam milhões de dólares em lucros quando a ação subia após o início da negociação pública[61]. O ex-CEO da WorldCom, Bernard Ebbers, ganhou mais de $11 milhões em lucros com a negociação ao longo de um período de quatro anos sobre as ações das IPOs recebidas da Salomon Smith Barney; a Salomon foi o banco de investimentos da WorldCom em várias negociações durante esse período. Jack Grubman, analista de sistemas mais bem pago da Salomon na época, apostou apaixonadamente nas ações da WorldCom e era visto como o maior chefe de torcida de Wall Street.

Para ajudar a impulsionar os negócios de clientes corporativos novos ou existentes, a CSFB estabeleceu contas de corretagem para os executivos corporativos que enviavam os negócios de bancos de investimentos da empresa para a CSFB. Aparentemente a estratégia da CSFB para adquirir mais negócios envolvia prometer aos CEO e/ou CFO das empresas que estavam prestes a tornarem-se públicas ou precisavam emitir novos títulos de longo prazo que, se a CSFB fosse escolhida para cuidar da IPO das ações ordinárias da empresa ou de uma nova emissão de títulos, a CSFB garantiria que eles receberiam ações ao preço de oferta inicial para todas as IPOs seguintes nas quais a CSFB participasse. No período entre 1999 e 2000 era comum a ação de uma nova e concorrida IPO aumentar de 100% a 500% acima do preço da oferta inicial nos primeiros dias ou semanas da negociação pública; em seguida, as ações alocadas a esses executivos eram vendidas por um lucro muito pequeno acima do preço da oferta inicial. De acordo com fontes que investigaram o caso, a CSFB aumentou o número de empresas cujos executivos podiam participar em suas ofertas IPOs de 26 empresas em janeiro de 1999 para 160 empresas no início de 2000; os executivos recebiam entre 200 e 1.000 cotas de ações para cada IPO na qual a CSFB participasse em 2000. As contas da CSFB para esses executivos geravam lucros reportados de cerca de $80 milhões para os participantes. Aparentemente era prática da CSFB cortar o acesso às IPOs para alguns executivos se suas empresas não trouxessem negócios com títulos adicionais para ela ou se esta concluísse que outras ofertas de títulos por parte dessas empresas eram pouco prováveis.

A Goldman Sachs também usou um esquema de alocação de IPOs para atrair negócios para o banco de investimentos, dando ações aos executivos de 21 empresas — entre os participantes estavam os CEOs da eBay, Yahoo e Ford Motor Company. O CEO da eBay participou em mais de 100 IPOs gerenciadas pela Goldman durante o período entre 1996 e 2000 e estava na diretoria da Goldman nessa época; a eBay pagou à Goldman Sachs $8 milhões em taxas de serviços durante o período entre 1996 e 2001.

a. Se você fosse um alto executivo da Salomon Smith Barney, CSFB ou Goldman Sachs teria orgulho em defender as ações de sua empresa?

b. Você diria que fez parte do grupo que criou ou aprovou a estratégia para ganhar novos negócios em alguma dessas três empresas?

c. É exato caracterizar as alocações de ações de IPOs a executivos corporativos "favorecidos" como subornos ou propinas?

capítulo onze 11

Criando uma Organização Capaz de Executar Bem uma Estratégia

O melhor plano de jogo do mundo nunca bloqueou ou atacou alguém.
— **Vince Lombardi**
Treinador de futebol membro do Hall of Fame

Quase sempre as estratégias falham porque não são bem executadas.
— **Larry Bossidy e Ram Charan**
CEO da Honeywell International, autor e consultor

Uma estratégia de segunda executada com perfeição sempre derrota uma estratégia de primeira mal-executada.
— **Richard M. Kovacevich**
Chairman e CEO da Wells Fargo

Toda estratégia, embora brilhante, precisa ser implementada adequadamente para surtir os resultados desejados.
— **Costas Markides**
Professor

As pessoas *não* são o ativo mais importante. As pessoas certas são.
— **Jim Collins**
Professor e autor

Organização é aquilo que você faz antes de realizar alguma coisa para que, quando a fizer, não fique tudo desorganizado.
— **A. A. Milne**
Autor

Depois que os administradores escolhem uma estratégia, a ênfase passa para a sua conversão em ações e bons resultados. Implantar a estratégia e fazer a empresa executá-la bem exige variados conjuntos de habilidades gerenciais. Embora a criação da estratégia seja uma atividade orientada ao mercado, sua implementação e execução são, principalmente, atividades orientadas a operações que giram em torno do gerenciamento de pessoas e processos de negócios. Embora a criação de estratégias bem-sucedidas dependa da visão de negócios, de uma análise sólida do setor e da concorrência, além de uma posição de mercado inteligente, a execução da estratégia bem-sucedida depende de trabalhar bem com e por meio das outras pessoas, criar e fortalecer capacidades competitivas, motivar e recompensar as pessoas de forma que dê suporte à estratégia e incentive uma disciplina de execução. A estratégia de execução é uma tarefa orientada a ações para fazer as coisas acontecerem, a qual testa a capacidade de um gestor de orientar a mudança organizacional, atingir o aperfeiçoamento contínuo de operações e processos de negócios, criar e nutrir uma cultura que dê base à estratégia e atender ou superar de forma consistente as metas de desempenho.

Administradores experientes são enfáticos ao declarar que é muito mais fácil desenvolver um plano estratégico sólido do que executar o plano e atingir os resultados desejados. De acordo com um executivo, "é bem mais fácil para nós resolver aonde queremos ir. A parte mais difícil é fazer com que a organização aja em relação a novas prioridades"[1]. *O fato de os executivos de primeiro escalão anunciarem uma nova estratégia não significa que os membros da empresa concordam com ela ou passam a implementá-la de forma entusiasmada.* Os executivos de primeiro escalão simplesmente orientam os subordinados imediatos a abandonar os velhos hábitos e assumir novos, e certamente eles não podem esperar que as ações e mudanças necessárias ocorram de forma rápida e levem aos resultados desejados. Alguns líderes e funcionários podem ser céticos sobre os méritos da estratégia, vendo-a como algo contrário aos melhores interesses da organização, com pouca chance de sucesso ou que ameace seus departamentos ou carreiras.

Além disso, funcionários diferentes podem interpretar a nova estratégia de forma diferente ou ter idéias diferentes sobre as modificações internas necessárias para a sua execução. Atitudes antiquadas, direitos adquiridos, inércia e práticas organizacionais arraigadas não se combinam quando os dirigentes resolvem adotar uma nova estratégia e iniciam os esforços para implementá-la — particularmente quando poucas pessoas estão envolvidas na criação da estratégia e quando o raciocínio da mudança estratégia precisa ser vendido para um número suficiente de membros da empresa para consolidar o *status quo*.

É preciso ter liderança gerencial para comunicar de forma convincente a nova estratégia e seus motivos, superar dúvidas e discordâncias, garantir o comprometimento e entusiasmo das partes envolvidas, identificar e criar consenso em todos os aspectos da implementação e execução e avançar colocando tudo no lugar. O pessoal da empresa precisa entender — em suas mentes e corações — o motivo pelo qual um novo direcionamento estratégico é necessário e aonde a nova estratégia os está levando[2]. A instituição da mudança, obviamente, é mais fácil quando os problemas da velha estratégia tornaram-se óbvios e/ou a empresa entrou em crise financeira.

Entretanto, o desafio da implementação bem-sucedida de novas iniciativas estratégicas vai bem além da adequação gerencial e supera a resistência à mudança. O que realmente torna a execução da estratégia um desafio mais difícil e demorado para o gerenciamento do que a criação da estratégia é a ampla variedade de atividades gerenciais que precisam ser realizadas, as várias maneiras pelas quais os gestores podem proceder e o número de questões complicadas que devem ser resolvidas. É preciso ter "capacidades gerenciais" para descobrir exatamente o que precisa ser feito para colocar em prática as novas iniciativas estratégicas e, além disso, a melhor maneira de fazê-lo de uma forma oportuna e que traga bons resultados. Capacidades de gerenciamento de pessoas são necessárias. Além disso, perseverança e acompanhamento são requisitos para lançar várias iniciativas e integrar os esforços de muitos grupos de trabalho diferentes em um todo que funcione perfeitamente. Dependendo da quantidade de criação de consenso e mudança organizacional envolvidos, o processo de implementação das mudanças de estratégia pode levar de vários meses a vários anos. Mais tempo ainda é preciso para atingir a verdadeira proficiência na execução da estratégia.

Assim como a criação da estratégia, a execução da estratégia é um trabalho para toda a equipe de gerenciamento, não apenas para alguns gestores de primeiro escalão. Embora o CEO de uma empresa e os chefes das principais unidades (divisões de negócios, departamentos funcionais e principais unidades operacionais) sejam, em última análise, responsáveis por verificar se a estratégia é executada com êxito, o processo em geral afeta todas as partes da empresa, desde a maior unidade operacional até o menor grupo de trabalho. Os administradores de primeiro escalão precisam se apoiar no suporte ativo e na cooperação dos de nível médio para passar as mudanças de estratégia para as áreas funcionais e unidades operacionais, bem como para verificar se a empresa realmente opera de acordo com a estratégia no dia-a-dia. Os de médio e baixo nível não apenas são responsáveis por iniciar e supervisionar o processo de execução em suas áreas de autoridade como também são cruciais para fazer com que os subordinados melhorem continuamente o modo como as atividades críticas para a estratégia da cadeia de valores são realizadas, produzindo resultados operacionais que permitam o cumprimento das metas de desempenho da companhia — seus papéis na equipe de execução de estratégia da companhia nem de longe são mínimos.

Conceito Central
A boa execução da estratégia exige um *esforço de equipe*. Todos os gestores têm responsabilidade na execução da estratégia em suas áreas de autoridade e todos os funcionários são participantes desse processo de execução.

A execução da estratégia, portanto, exige que cada um pense na resposta para a pergunta "O que minha área precisa fazer para implementar sua parte no plano estratégico e o que devo fazer para realizar essas coisas com eficácia e eficiência?". Quanto maior a organização ou mais espalhada em termos geográficos forem suas unidades operacionais, mais a execução da estratégia com êxito dependerá da cooperação e das capacidades de implementação dos gerentes operacionais capazes de levar as mudanças necessárias até os níveis mais inferiores da organização e, ao mesmo tempo, fornecer bons resultados. Apenas em organizações de pequeno porte os gestores de primeiro escalão se envolvem na necessidade de um esforço de equipe por parte do gerenciamento e organizam pessoalmente as etapas das ações necessárias para a boa execução da estratégia e da excelência operacional.

UMA ESTRUTURA PARA EXECUTAR A ESTRATÉGIA

A implementação e execução da estratégia implica descobrir como fazer tudo — as técnicas, ações e comportamentos específicos que são necessários para uma operação tranqüila de suporte à estratégia — e, em seguida, fazer o acompanhamento para executar as tarefas e entregar resultados. A idéia é fazer as coisas acontecerem e fazer com que isso ocorra do modo certo. A primeira etapa para implementar mudanças estratégicas é o gerenciamento comunicar o caso da mudança organizacional de modo tão claro e convincente para todos que o comprometimento e a determinação tomem conta dos funcionários e eles encontrem modos de implantar a estratégia, fazê-la funcionar e cumprir as metas de desempenho. A condição ideal é que os administradores criem entusiasmo suficiente para a estratégia e transformem o processo de implementação em uma cruzada em toda a companhia. *O tratamento do gerenciamento para o processo de implementação da estratégia pode ser considerado bem-sucedido se e quando a companhia atinge o desempenho estratégico e financeiro alvo e mostra um bom progresso ao transformar sua visão estratégica em realidade.*

O modo específico de executar uma estratégia — os itens exatos necessários na agenda de ações do gerenciamento — sempre precisa ser personalizado de acordo com a situação de cada companhia. Fazer pequenas mudanças em uma estratégia já existente não é a mesma coisa que implementar mudanças de estratégia radicais. Os botões a serem apertados para a execução com êxito de uma estratégia de baixo custo para um fornecedor são diferentes daqueles usados para executar uma estratégia de diferenciação de alto nível. A implementação e execução de uma nova estratégia para uma companhia que está em meio a uma crise financeira são diferentes daquelas usadas para melhorar a execução da estratégia em uma companhia na qual a execução já é muito boa. Além disso, alguns são mais propensos do que outros ao uso desta ou daquela abordagem para atingir os tipos desejados de mudanças organizacionais. Assim, não existe uma receita gerencial definitiva para uma execução de estratégia com êxito que inclua todas as situações da companhia e todos os tipos de estratégias ou que funcione para todos os tipos de gestores. Em vez disso, os modos específicos de implementar e executar uma estratégia — a lista de tarefas que constitui a agenda do gerenciamento para a ação — sempre devem ser personalizados de acordo com as circunstâncias próprias de uma companhia e representam o julgamento do gerenciamento sobre como melhor proceder.

OS PRINCIPAIS COMPONENTES GERENCIAIS DO PROCESSO DE EXECUÇÃO DE ESTRATÉGIA

Apesar da necessidade de adaptar as abordagens de execução de estratégia de uma companhia às características específicas de cada situação, determinadas bases gerenciais precisam ser abordadas independentemente das circunstâncias. Oito tarefas gerenciais aparecem repetidamente nos esforços das companhias para executar a estratégia (consulte a Figura 11.1):

1. Construção de uma organização com competências, capacidades e potencial em recursos para executar a estratégia com êxito.

2. Angariar dinheiro e pessoas suficientes por detrás do impulso de execução da estratégia.

3. Instituição de políticas e procedimentos que facilitem em vez de impedir a execução da estratégia.

4. Adoção das melhores práticas e incentivo ao aperfeiçoamento contínuo do modo como as atividades da cadeia de valores são executadas.

5. Instalação de sistemas de informações e operacionais que permitam ao pessoal da companhia realizar seus objetivos estratégicos com competência.

Figura 11.1 **Os Oito Componentes do Processo de Execução de Estratégia**

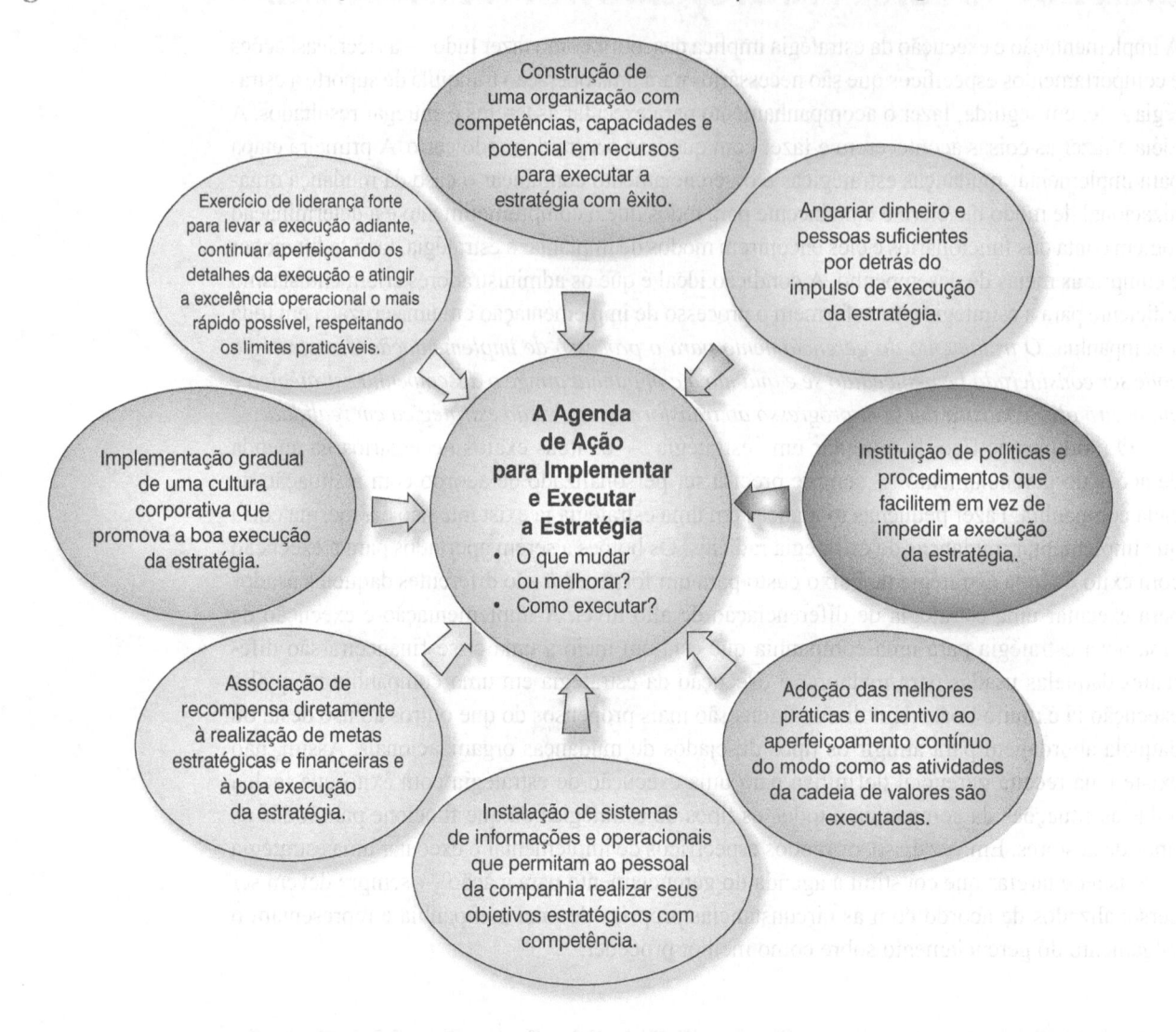

- Construção de uma organização com competências, capacidades e potencial em recursos para executar a estratégia com êxito.
- Angariar dinheiro e pessoas suficientes por detrás do impulso de execução da estratégia.
- Instituição de políticas e procedimentos que facilitem em vez de impedir a execução da estratégia.
- Adoção das melhores práticas e incentivo ao aperfeiçoamento contínuo do modo como as atividades da cadeia de valores são executadas.
- Instalação de sistemas de informações e operacionais que permitam ao pessoal da companhia realizar seus objetivos estratégicos com competência.
- Associação de recompensa diretamente à realização de metas estratégicas e financeiras e à boa execução da estratégia.
- Implementação gradual de uma cultura corporativa que promova a boa execução da estratégia.
- Exercício de liderança forte para levar a execução adiante, continuar aperfeiçoando os detalhes da execução e atingir a excelência operacional o mais rápido possível, respeitando os limites praticáveis.

A Agenda de Ação para Implementar e Executar a Estratégia
- O que mudar ou melhorar?
- Como executar?

6. Associação de recompensa diretamente à realização de metas estratégicas e financeiras e à boa execução da estratégia.
7. Implementação gradual de uma cultura corporativa que promova a boa execução da estratégia.
8. Exercício de liderança forte para levar a execução adiante, continuar aperfeiçoando os detalhes da execução e atingir a excelência operacional o mais rápido possível, respeitando os limites praticáveis.

A performance dos administradores na realização destas oito tarefas determinará se o resultado será um sucesso espetacular, um fracasso colossal ou um meio-termo.

Ao criar uma agenda de ações para a implementação e execução da estratégia, o ponto inicial para os gestores é *uma avaliação do que a empresa deve fazer de modo diferente e melhor para realizar a estratégia com sucesso*. Em seguida, eles devem considerar *exatamente como fazer as mudanças internas necessárias* o mais rápido possível. Os implementadores de estratégias bem-sucedidos têm aptidão para diagnosticar o que suas organizações precisam fazer para a boa execução da estratégia selecionada e descobrir como fazer as coisas —

> A falha nas estratégias ocorre quase sempre devido à má execução – medidas que deveriam ser tomadas são deixadas de lado.

eles são mestres em promover comportamentos orientados a resultados por parte do pessoal da companhia e depois prosseguir fazendo as coisas acontecerem dentro dos prazos estipulados[3].

Em grandes organizações com unidades operacionais espalhadas geograficamente, a agenda de ações dos executivos de primeiro escalão envolve principalmente a comunicação do caso aos outros, a criação de consenso sobre como proceder, a instalação de fortes aliados em posições nas quais eles possam estimular a implementação nas principais unidades organizacionais, incentivar e capacitar os subordinados para que mantenham o processo em movimento, estabelecer medidas de progresso e prazos, reconhecer e recompensar aqueles que atingem os marcos de implementação, orientar recursos para os lugares certos e liderar pessoalmente o processo de mudança estratégica. Assim, para uma execução bem-sucedida da estratégia, quanto maior a organização, maior a dependência das capacidades de cooperação e implementação dos gerentes operacionais, que podem levar as mudanças até os níveis inferiores da organização e entregar resultados. Em pequenas empresas, os principais executivos podem lidar diretamente com os gerentes e funcionários da linha de frente, organizar pessoalmente as etapas de ações e a seqüência de implementação, observar seu desenvolvimento em primeira mão, além de resolver a rigidez e rapidez com as quais o processo deve se desenrolar. Independentemente do tamanho da empresa e da escala das mudanças que a implementação envolve, os traços mais importantes para os líderes são uma idéia sólida e confiante do que deve ser feito e de como fazê-lo. Um controle firme dessas duas coisas é resultado da compreensão das circunstâncias da empresa e dos requisitos para a execução efetiva da estratégia. Em seguida, cabe aos líderes e ao pessoal da companhia envolvido nas áreas críticas para a estratégia entrar em ação e produzir os resultados desejados.

O Que É Abordado pelos Capítulos 11, 12 e 13 No restante deste capítulo e nos dois capítulos seguintes, discutiremos o que está envolvido na realização das oito tarefas gerenciais (mostradas na Figura 11.1) que dão forma ao processo de implementação e execução da estratégia. Este capítulo explora a criação de uma organização com as competências, capacidades e força de recursos para executar a estratégia com êxito. O Capítulo 12 examina a orientação dos recursos, instituição de políticas e procedimentos de facilitação de estratégias, adoção das práticas recomendadas, instalação de sistemas operacionais e associação de recompensas à realização de bons resultados. O Capítulo 13 trata da criação de uma cultura corporativa que suporte a estratégia e do exercício da liderança necessária para avançar no processo de execução.

CRIAÇÃO DE UMA ORGANIZAÇÃO CAPAZ DE BOA EXECUÇÃO DA ESTRATÉGIA

A execução eficaz de uma estratégia depende muito de pessoal competente, capacidades competitivas acima da média e organização interna efetiva. Assim, a criação de uma organização capacitada sempre possui alta prioridade na execução da estratégia. Como mostra a Figura 11.2, três tipos de ações para a criação de uma organização são prioritários:

1. *Organização da equipe* — reunião de uma equipe forte de gerenciamento, recrutamento e manutenção de funcionários com a experiência necessária, capacidades técnicas e capital intelectual.

2. *A criação de competências centrais e capacidades competitivas* — o desenvolvimento de competências para a execução de atividades da cadeia de valores críticas à estratégia e sua atualização de acordo com as condições de mercado e as expectativas do cliente.

3. *Estruturação da organização e esforço de trabalho* — organização das atividades e dos processos de negócios da cadeia de valores e decisão de quanta autoridade de tomada de decisão é passada para os gerentes de nível mais inferior e funcionários da linha de frente.

Figura 11.2 Os Três Componentes da Criação de uma Organização Capaz de Executar a Estratégia com Competência

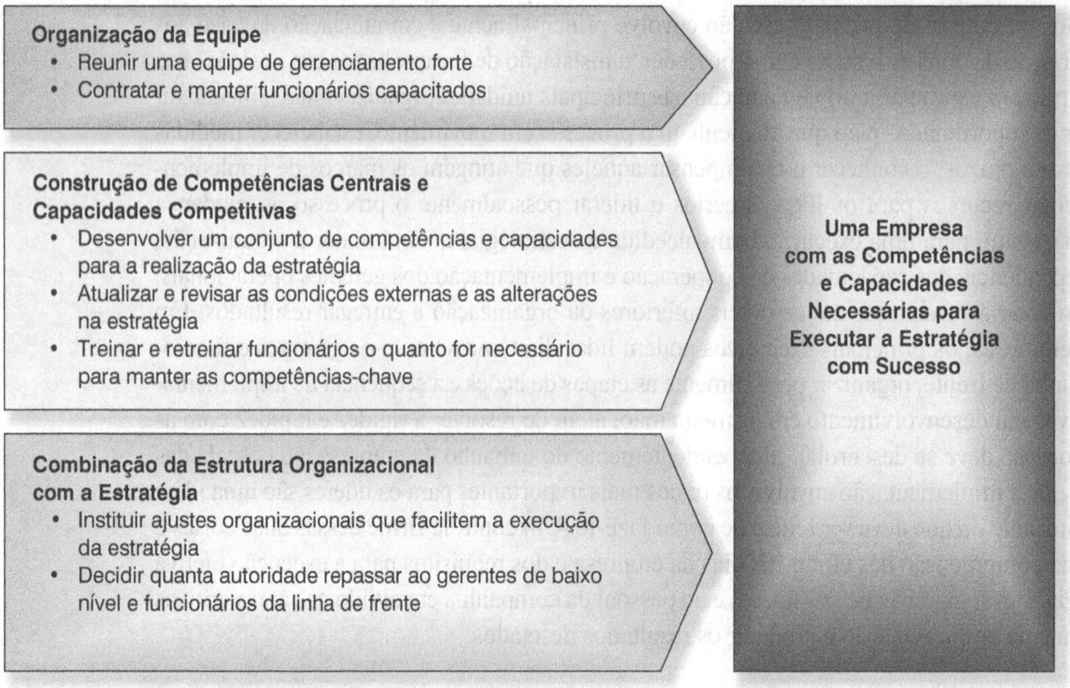

Organização da Equipe
- Reunir uma equipe de gerenciamento forte
- Contratar e manter funcionários capacitados

Construção de Competências Centrais e Capacidades Competitivas
- Desenvolver um conjunto de competências e capacidades para a realização da estratégia
- Atualizar e revisar as condições externas e as alterações na estratégia
- Treinar e retreinar funcionários o quanto for necessário para manter as competências-chave

Combinação da Estrutura Organizacional com a Estratégia
- Instituir ajustes organizacionais que facilitem a execução da estratégia
- Decidir quanta autoridade repassar ao gerentes de baixo nível e funcionários da linha de frente

→ Uma Empresa com as Competências e Capacidades Necessárias para Executar a Estratégia com Sucesso

A EQUIPE DA ORGANIZAÇÃO

Nenhuma companhia pode esperar realizar as atividades necessárias para a execução com êxito da estratégia sem atrair e manter funcionários que tenham capacidades e *capital intelectual adequados*.

Reunindo uma Equipe Forte de Gerenciamento

A montagem de uma equipe de gerenciamento capacitada é base da tarefa de construção da organização[4]. Embora diferentes estratégias e circunstâncias da companhia às vezes peçam profissionais com diferentes experiências, valores, crenças, estilos de gerenciamento e *know-how, o mais importante a ser considerado é o preenchimento das principais lacunas gerenciais com pessoal inteligente, de pensamento claro, bons para descobrir quais necessidades precisam ser atendidas, com poder para "fazer as coisas acontecerem" e entregar bons resultados*[5]. A tarefa de implementar e executar iniciativas estratégicas desafiadoras deve ser atribuída aos executivos que têm as capacidades e os talentos para lidar com elas, que sejam confiáveis para transformar suas decisões e ações em resultados que atendam ou ultrapassem os alvos de desempenho estabelecidos. É muito útil quando a equipe de gerenciamento de primeiro escalão de uma empresa tem várias pessoas que são particularmente boas como agentes da mudança — verdadeiros líderes que chefiam a mudança, sabem como fazer com que ela aconteça e amam cada segundo do processo[6]. Sem uma equipe de gerenciamento capacitada e orientada a resultados, o processo de execução da implementação acaba sendo prejudicado por prazos que não são cumpridos, esforços mal dirigidos ou perdidos e/ou inaptidão gerencial[7]. Executivos ruins são sérios impedimentos à obtenção de resultados ideais, porque eles não conseguem diferenciar entre idéias e aborda-

Conceito Central
Reunir uma equipe de gerenciamento de talento com a combinação certa de experiências, habilidades e capacidades para realizar o que é necessário ser feito é uma das primeiras etapas da implementação de uma estratégia.

gens que tenham mérito e aquelas que são mal direcionadas — a qualidade do trabalho realizado sob sua supervisão é prejudicada[8]. Por outro lado, os gestores com fortes capacidades de implementação de estratégia têm talento para fazer perguntas difíceis e incisivas. Eles conhecem os detalhes da empresa suficientemente bem para desfiarem e garantirem solidez das abordagens e decisões das pessoas ao redor, e podem discernir se os recursos que as pessoas estão pedindo para implantar a estratégia fazem sentido. Eles são bons para fazer as coisas por intermédio dos outros, em geral verificando se têm o pessoal certo sob sua direção e se essas pessoas estão fazendo os trabalhos corretos[9]. Eles acompanham os problemas de forma consistente, monitoram o progresso cuidadosamente, fazem ajustes quando necessário e não deixam detalhes importantes passarem despercebidos. Em resumo, eles entendem como orientar a mudança organizacional e têm o requisito da disciplina gerencial para a execução da estratégia de primeira classe.

Às vezes a equipe de gerenciamento de uma empresa é adequada; outras vezes, ela deve ser fortalecida ou expandida pela promoção de pessoal interno qualificado ou pela contratação de pessoal de fora, cujas experiências, talentos e estilos de liderança se ajustem à situação. Em situações de virada e crescimento rápido e nos casos em que uma companhia não tem pessoal interno com o *know-how* necessário, o preenchimento dos principais cargos do gerenciamento com pessoal externo é uma abordagem bastante utilizada para a criação de uma organização. Além disso, é importante pesquisar e substituir gestores que, por algum motivo, preferem o *status quo* e não querem ou não vêem como fazer as mudanças organizacionais[10]. Para que uma equipe de gerenciamento de primeiro escalão seja realmente efetiva, ela precisa consistir em pessoal que acredita na mudança e reconhece que ela é necessária, além de estar pronta para continuar o processo. Executivos ruins e teimosos precisam ser substituídos ou colocados de lado (passando-os para posições com menor influência, onde não possam prejudicar ou arruinar as iniciativas de execução da nova estratégia).

O objetivo dominante da construção de uma equipe de gerenciamento deve ser a montagem de uma *massa crítica* de gerentes talentosos que funcionem como agentes da mudança e aperfeiçoem a causa da execução de uma estratégia de primeira classe — o sucesso de cada gerente é ampliado (ou limitado) pela qualidade de seus colegas de gerenciamento e o grau com o qual eles trocam idéias livremente, discutem como melhorar as abordagens que têm mérito e combinam forças para abordar as questões e solucionar os problemas[11]. Quando um gerente de primeira classe tem ajuda e apoio dos outros da mesma classe, é possível criar um todo gerencial que é maior do que a soma dos esforços individuais — os gerentes talentosos que trabalham bem juntos como equipe podem produzir resultados organizacionais que são muito melhores do que aqueles de um ou dois gerentes principais que agem individualmente. A principal lição aqui é que *uma companhia precisa recrutar os executivos certos — e precisa se livrar dos executivos errados — antes de tentar orientar os esforços na direção desejada*[12].

O Quadro Ilustrativo 11.1 descreve a abordagem amplamente aclamada da General Electric para o desenvolvimento de uma equipe de gerenciamento de alta qualidade.

Recrutamento e Manutenção de Funcionários Capacitados

A montagem de uma equipe de gerenciamento capaz não é suficiente. A tarefa de criar uma equipe com os tipos certos de pessoas deve ser muito mais abrangente do que as funções gerenciais, para que as atividades da cadeia de valores sejam realizadas de forma competente. *A qualidade do pessoal sempre é um ingrediente essencial para a execução com êxito da estratégia — funcionários bem informados e engajados são a melhor fonte de idéias criativas da companhia para os detalhes dos aperfeiçoamentos operacionais que levam à excelência operacional.* Companhias como a Microsoft, McKinsey & Company, Southwest Airlines, Cisco Systems, Amazon.com, Procter & Gamble,

> **Conceito Central**
> Em muitas indústrias, a introdução de um banco de talentos e a criação de capital intelectual são mais importantes para a boa execução da estratégia do que investimentos adicionais em fábricas, equipamentos e projetos de capital.

Quadro Ilustrativo 11.1
Como a General Electric Desenvolve uma Equipe de Gerenciamento Talentosa e Inteligente

A General Electric (GE) é considerada por todos uma das companhias mais bem gerenciadas do mundo, em parte por causa de seu esforço concentrado para o desenvolvimento de gestores notáveis. No caso dos iniciantes, a GE tenta contratar pessoas talentosas com alto potencial para liderança executiva; em seguida, ela faz o máximo para expandir as capacidades de liderança, negócios e tomada de decisão de todos os seus gerentes. Quatro elementos-chave dos esforços da GE para criar um celeiro de talentos são:

- A GE adota a prática de transferir os gerentes entre as linhas de divisão, negócios ou funcionais por períodos longos. Tais transferências permitem que eles desenvolvam relacionamentos com colegas de outras partes da companhia, ajudam a quebrar o pensamento isolado dos "silos" de negócios e promovem o compartilhamento de idéias e práticas recomendadas em toda a empresa. Existe uma ênfase enorme na GE para a transferência de idéias e práticas recomendadas entre uma empresa e outra e para tornar a GE uma companhia "sem fronteiras".

- Ao selecionar executivos para as posições-chave, a GE tem forte inclinação pelos candidatos que demonstrem o que é chamado de os quatro E's — enorme *energia* pessoal, a capacidade de motivar e *energizar* os outros, *edge* (um código da GE para competitividade instintiva e capacidade de tomar decisões difíceis em tempo oportuno, dizendo sim ou não, e não talvez) e *execução* (a capacidade de levar as coisas até a conclusão). Também é dada atenção considerável à capacidade de solução de problemas, experiência em várias funções ou negócios e experiência para orientar o crescimento dos negócios (indicado por bons instintos de mercado, conhecimento profundo de determinados mercados, bom relacionamento com o cliente e conhecimento técnico).

- Todos os gerentes devem ser proficientes no que a GE chama de *exercício* — um processo pelo qual os líderes e funcionários se reúnem para enfrentar problemas assim que eles surgem, descobrir suas causas e encontrar soluções rápidas para que a empresa avance. O exercício é a forma da GE de treinar seus gestores para diagnosticar o que deve ser feito e como deve ser feito.

- A cada ano a GE envia cerca de 10 mil gerentes recém-contratados e antigos para seu Centro de Desenvolvimento em Liderança (em geral visto como um dos melhores centros de treinamento corporativo do mundo) para um curso de três semanas sobre a iniciativa de qualidade Six Sigma da companhia. Quase 10 mil especialistas "faixa preta master" e "faixa preta" em Six Sigma se formaram no programa para aplicar milhares de iniciativas de qualidade em toda a GE. O treinamento em Six Sigma é um requisito firme da promoção para qualquer posição profissional e gerencial e qualquer prêmio em opções de ações. O Centro de Desenvolvimento em Liderança da GE também oferece cursos avançados para gerentes seniores que podem se concentrar em um único tópico de gerenciamento por um mês. Todas as aulas envolvem gestores de diferentes negócios da GE e de diferentes partes do mundo. Alguns dos aprendizados mais valiosos surgem entre as sessões das aulas formais quando os gerentes de diferentes negócios da GE trocam idéias sobre o modo de melhorar os processos e atender o cliente. Esse compartilhamento de conhecimento não apenas difunde as práticas recomendadas em toda a empresa como também melhora o conhecimento de cada gerente da GE.

Todos os 85 mil líderes e profissionais da GE são graduados em um processo anual que os divide em cinco camadas: os primeiros 10%, os próximos 15%, os 50% intermediários, os próximos 15% e os últimos 10%. Todos da primeira camada recebem prêmios em ações, ninguém da quarta camada recebe cotas de ações e a maioria daqueles da quinta camada tornam-se candidatos a serem descartados. Os chefes de negócios são pressionados a se livrarem dos jogadores "C". O CEO da GE revisa pessoalmente o desempenho dos primeiros 3 mil gerentes. A compensação do executivo sênior é medida com base no compromisso para com o Six Sigma e nos resultados de negócios bem-sucedidos.

De acordo com Jack Welch, CEO da GE entre 1980 e 2001, "A realidade é que nós simplesmente não podemos selecionar quaisquer equipes que não sejam compostas de jogadores classe 'A'."

Fontes: Relatórios anuais de 1998 e 2003; www.ge.com; John A. Byrne, "How Jack Welch Runs GE", *BusinessWeek,* 8 de junho de 1998, p. 90; Miriam Leuchter, "Management Farm Teams", *Journal of Business Strategy,* maio de 1998, p. 29-32 e "The House that Jack Built", *The Economist,* 18 de setembro de 1999.

PepsiCo, Nike, Electronic Data Systems, Google e a Intel fazem um esforço conjunto para recrutar os melhores e mais brilhantes funcionários que conseguem encontrar e para mantê-los com excelentes pacotes de benefícios, oportunidades de avanço rápido, crescimento profissional e atribuições desafiadoras e interessantes. Ter um conjunto de "jogadores de primeira" com fortes conjuntos de capacidades e muito poder cerebral é algo essencial para seus negócios. A Microsoft contrata os mais brilhantes e talentosos programadores que consegue encontrar e os motiva com bons incentivos monetários e o desafio de trabalhar em projetos de design de software de última geração. A McKinsey & Company, uma das principais empresas de consultoria de gerenciamento do mundo, recruta apenas os melhores MBAs das 10 principais faculdades de administração do país; tal talento é essencial para a estratégia da McKinsey de realizar consultoria de alto nível para as principais corporações do mundo. As principais empresas de consultoria globais selecionam os candidatos não apenas com base em sua experiência contábil, mas também nas capacidades pessoais para se relacionarem com clientes e colegas. A Southwest Airlines se esforça ao máximo para contratar pessoas que se divertem e tornam o trabalho divertido; ela utiliza métodos especiais de entrevistas e seleção para avaliar se os candidatos para funções de contato com o cliente têm traços de personalidade expansivos que coincidam com a estratégia da empresa de criar uma atmosfera bem humorada, que valoriza a diversão no ambiente de vôo para os passageiros; ela é tão seletiva que apenas 3% das pessoas que se inscrevem são chamadas.

Nas companhias de alta tecnologia, o desafio é criar grupos de trabalho com pessoas criativas e cheias de energia que podem dar vida a idéias novas rapidamente e injetar na empresa o que um executivo da Dell Inc. chama de "hum"[13]. O lema "As pessoas são nosso ativo mais importante" pode parecer vazio, mas ele se ajusta às companhias de alta tecnologia. Além de verificar detalhadamente as capacidades funcionais e técnicas, a Dell testa nos candidatos a tolerância à ambigüidade e mudança, sua capacidade de trabalhar em equipes e habilidade de aprender rapidamente. Companhias como a Amazon.com, Google, Yahoo e Cisco Systems inovaram em recrutamento, contratação, cultivo, desenvolvimento e manutenção de funcionários talentosos — sendo que a maioria deles tem entre 20 e 30 anos de idade. A Cisco procura os primeiros 10%, atraindo funcionários de outras companhias e se esforçando para manter o pessoal-chave nas companhias que adquire, de modo que mantenha uma estrutura com estrelas que incluem engenheiros, programadores, gerentes, pessoal de vendas e suporte para executar sua estratégia e continuar sendo o principal provedor do mundo de produtos e tecnologia de infra-estrutura para a internet.

Nos casos em que o capital intelectual auxilia muito a execução da boa estratégia, as companhias instituíram várias práticas visando preencher as funções com o melhor pessoal que elas podem encontrar:

1. Empregar um esforço considerável na seleção e avaliação dos candidatos às funções, selecionando aqueles que têm conjuntos adequados de capacidades, energia, iniciativa, julgamento e aptidões para aprender e facilidade de adaptação para com o ambiente de trabalho e a cultura da companhia.

2. Colocar os funcionários em programas de treinamento que possuem continuidade por toda a carreira.

3. Fornecer atribuições desafiadoras, interessantes e exigentes em termos de capacidades aos funcionários promissores.

4. Trocar o pessoal de cargos que não apenas tenham ótimo conteúdo, mas também incluam fronteiras funcionais e geográficas. O fornecimento de oportunidades para que as pessoas adquiram experiência em uma variedade de cenários internacionais é considerado cada vez mais parte essencial do desenvolvimento de carreira em companhias multinacionais ou globais.

5. Incentivar os funcionários para que desafiem as maneiras existentes de fazer as coisas, sejam criativos e inovadores ao propor melhores maneiras de operar e dêem idéias para novos produtos ou negócios. As companhias bem-sucedidas trabalham muito para criar um ambiente no qual as idéias e sugestões surgem de baixo e onde os funcionários sentem que suas visões e sugestões são importantes.

6. Tornar o ambiente de trabalho estimulante e envolvente para que os funcionários considerem a companhia um ótimo local para trabalhar.

7. Tentar manter os funcionários talentosos e com alto desempenho por meio de promoções, aumentos de salários, bônus por desempenho, opções de ações e propriedade de patrimônio, pacotes de benefícios e outras vantagens.

> As melhores companhias recrutam e mantêm os funcionários talentosos — o objetivo é transformar toda a força de trabalho da companhia (líderes e todos os outros funcionários) em uma força de recursos genuína.

8. Treinar os funcionários com desempenho médio para que melhorem suas capacidades e habilidades, e demitir os funcionários com desempenho abaixo da média.

É muito difícil para uma companhia executar com competência sua estratégia e atingir a excelência operacional sem uma grande equipe de funcionários capacitados ativamente envolvidos no processo constante de realização de aperfeiçoamentos operacionais.

CRIAÇÃO DE COMPETÊNCIAS CENTRAIS E CAPACIDADES COMPETITIVAS

A necessidade de criar e fortalecer competências centrais e capacidades organizacionais que sejam valiosas em termos competitivos está entre as mais altas prioridades da criação da organização no processo de implementação e execução da estratégia. Embora os líderes identifiquem as competências e capacidades desejadas durante a criação da estratégia, a boa execução desta exige o posicionamento correto das competências e capacidades desejadas, sua atualização e, em seguida, modificação à medida que as condições do mercado evoluem. Às vezes uma companhia já tem uma idéia das competências e capacidades necessárias, caso em que os gerentes podem se concentrar no seu fortalecimento para promover uma melhor execução da estratégia. Entretanto, é mais comum que eles tenham que ampliar e aprofundar determinadas capacidades de forma significativa, ou mesmo adicionar competências completamente novas para implantar as iniciativas estratégicas e executá-las com competência.

Várias companhias importantes tiveram sucesso em estabelecer competências e capacidades centrais que foram importantes para torná-las empresas ganhadoras no mercado. A competência central da Intel está na criação e produção em massa de chips complexos para computadores pessoais, servidores e outros produtos eletrônicos. As competências centrais da Procter & Gamble estão em suas excelentes capacidades de marketing e distribuição e em suas capacidades de P&D em cinco tecnologias centrais — gorduras, óleos, química para pele, surfactantes e emulsificantes. A Ciba Specialty Chemicals tem competências baseadas em tecnologia que permitem que ela fabrique rapidamente produtos personalizados no que se refere à coloração, brilho e branqueamento, tratamento de água e processamento de papel, frescor e limpeza. A General Electric tem como competência central o desenvolvimento de gerentes profissionais com amplas capacidades para a solução de problemas e comprovada habilidade para criar negócios globais. A Disney tem competências centrais na operação dos parques temáticos e entretenimento para a família. A Dell Inc. tem as capacidades para entregar produtos de alta performance a seus clientes em questão de dias após a disponibilidade de componentes de próxima geração — e faz isso a custos baixos (ela aproveitou sua coleção de competências e capacidades para ser o líder global em PCs de baixo custo). O sucesso da Toyota no setor de veículos automotores é devido em grande parte ao seu lendário "sistema de produção", o qual foi criado e aperfeiçoado pela companhia, dando-lhe a capacidade de produzir veículos de alta qualidade a custos relativamente baixos.

O Processo de Três Estágios para o Desenvolvimento e Fortalecimento de Competências e Capacidades

A criação de competências centrais e capacidades competitivas é um exercício demorado e desafiador em termos gerenciais. Embora seja possível obter auxílio na criação da organização com base na experiência das melhores companhias do setor e do mundo em determinada atividade, a replicação e o aperfeiçoamento das competências e capacidades destas são mais difíceis — assim como é pouco provável que alguém se transforme em um bom jogador de golfe simplesmente estudando o que Tiger Woods faz. A implantação de uma nova capacidade é mais complicada do que a simples formação de uma nova equipe ou departamento para que se tornem altamente competentes na execução da atividade desejada, usando tudo o que aprenderam com outras companhias que têm competências ou capacidades semelhantes. Em vez disso, é preciso uma série de etapas organizacionais deliberadas e bem orquestradas para atingir a proficiência na realização de uma atividade. O processo de criação de capacidade tem três estágios:

> **Conceito Central**
> A criação de competências e capacidades é um processo de vários estágios que ocorre em meses e anos, e não algo realizado da noite para o dia.

Estágio 1 — Em primeiro lugar a organização deve desenvolver a *capacidade* de fazer alguma coisa, mesmo que de forma imperfeita ou ineficiente. Isso implica a seleção de pessoas com as habilidades e experiências necessárias, atualizando ou expandindo as capacidades individuais para, em seguida, moldar os esforços e produtos de trabalho de indivíduos em um esforço colaborativo para criar a capacidade organizacional.

Estágio 2 — À medida que a experiência aumenta e o pessoal da companhia aprende como realizar *bem a atividade de modo consistente e a um custo aceitável,* a habilidade evolui para uma *competência* ou *capacidade* testada e verdadeira.

Estágio 3 — Caso o pessoal da companhia continue refinando seu *know-how* e aperfeiçoando seu desempenho de uma atividade de forma que a companhia venha a se tornar *melhor do que os concorrentes* em sua execução, a competência central aumenta até se transformar em uma *competência distinta* (ou a capacidade se torna superior), fornecendo, assim, um caminho para a vantagem competitiva.

Muitas companhias podem passar pelos estágios 1 e 2 na execução de uma atividade crítica para a estratégia, mas comparativamente poucas atingem competência suficiente a ponto de se qualificarem para o terceiro estágio.

Gerenciamento do Processo Quatro traços relativos às competências centrais e capacidades competitivas são importantes para o gerenciamento bem-sucedido do processo de criação da organização[14]:

1. *As competências centrais e capacidades competitivas são pacotes de habilidades e* know-how *que, com freqüência, resultam dos esforços combinados de grupos de trabalho de várias funções e departamentos, que executam atividades complementares em locais diferentes da cadeia de valores da empresa.* Raramente uma competência central ou capacidade consiste em habilidades limitadas aos esforços de trabalho de um único departamento. Por exemplo, uma competência central para agilizar a entrada de novos produtos no mercado envolve os esforços colaborativos do pessoal de pesquisa e desenvolvimento (P&D), engenharia e design, compras, produção, marketing e distribuição. Da mesma forma, a capacidade de fornecer serviço superior ao cliente é um esforço de equipe entre pessoas dos centros de atendimento ao cliente (onde os pedidos são recebidos e as dúvidas respondidas), remessa e entrega, faturamento e contas a receber e suporte pós-venda. Atividades complexas (como criar e fabricar um veículo utilitário esportivo ou criar a capacidade de transações com cartão de crédito seguras pela internet) em geral envolvem várias habilidades componentes, disciplinas tecnológicas, competências e capacidades — algumas realizadas internamente e outras por fornecedores e associados. Uma parte importante da função de criação da organização é pensar em quais atividades e grupos devem ser vinculados e reforçados mutuamente e, em seguida, forjar a colaboração necessária internamente e com provedores de recursos externos.

2. *Normalmente uma competência ou capacidade central surge incrementalmente dos esforços da companhia para impulsionar habilidades que contribuíram para sucessos anteriores ou para responder a problemas do cliente, a novas oportunidades tecnológicas e de*

mercado e a manobras competitivas dos concorrentes. A migração de uma habilidade simples para uma competência central ou uma capacidade competitivamente valiosa em geral é um processo de criação de organização que leva meses e às vezes anos — definitivamente não é um evento que ocorre da noite para o dia.

3. *O segredo para transformar uma competência central em uma competência distinta (ou uma capacidade em uma capacidade competitivamente superior) é concentrar mais esforço e talento do que os concorrentes no aprofundamento e fortalecimento da competência ou capacidade, de modo que atinja o domínio necessário para obter a vantagem competitiva.* Isso não significa necessariamente gastar mais dinheiro nessas atividades do que os concorrentes, mas significa concentrar conscientemente mais talento nelas e lutar para atingir o status de melhor da indústria, senão o melhor do mundo. Para atingir o domínio com recursos financeiros escassos, companhias como a Cray e a Honda, nos setores de grandes computadores e motores a gasolina, respectivamente, aproveitaram a experiência de seu pool de talentos, formando novamente equipes de alta intensidade e reutilizando pessoal-chave em projetos especiais. As experiências dessas e de outras companhias indicam que o segredo para a criação com êxito de competências centrais e capacidades valiosas é a seleção de funcionários com talentos superiores, treinamento sucessivo e completo, influências culturais poderosas, colaboração efetiva entre as funções, capacitação, incentivos motivadores, prazos curtos e bons bancos de dados — não grandes orçamentos operacionais.

4. *As constantes mudanças nas necessidades dos clientes e condições competitivas quase sempre exigem mudanças e ajustes no portfólio de competências de uma companhia e no capital intelectual para manter suas capacidades sempre atualizadas com o que há de mais moderno.* Isso é particularmente importante nos setores de alta tecnologia e mercados rápidos, nos quais desenvolvimentos importantes ocorrem semanalmente. Como conseqüência, os gerentes sensatos das companhias trabalham prevendo mudanças nos requisitos de mercado e cliente, permanecendo à frente da curva para criar proativamente um pacote de competências e capacidades melhor do que seus concorrentes.

As ações gerenciais para desenvolver competências centrais e capacidades competitivas em geral assumem uma de duas formas: fortalecendo a base de habilidades, conhecimento e intelecto da companhia, ou coordenando e criando uma rede de esforços para os diversos grupos de trabalho e departamentos. As ações do primeiro tipo podem ser empreendidas em todos os níveis gerenciais, mas as ações do segundo tipo são mais bem orquestradas por gerentes seniores que não apenas apreciam o significado da execução da estratégia das competências e capacidades fortes, como também têm a influência para implantar a rede e cooperação necessárias entre indivíduos, grupos, departamentos e associados externos.

Uma questão da criação de organizações é se as competências e capacidades desejadas são desenvolvidas internamente ou se elas são terceirizadas por meio de parceria com fornecedores-chave ou formação de alianças estratégicas. A resposta depende do que pode ser delegado com segurança a fornecedores ou associados externos em relação às capacidades internas que são importantes para o sucesso de longo prazo da companhia. As duas formas, porém, pedem ação. A terceirização significa lançar iniciativas para identificar os provedores mais atraentes e estabelecer relacionamentos de colaboração. O desenvolvimento de capacidades internas significa orientar o pessoal com habilidades e experiência relevantes, criar uma rede de colaboração de habilidades individuais e atividades entre funções relacionadas, formando uma capacidade organizacional e criando os níveis desejados de competência por meio da repetição (a prática leva à perfeição)[15].

Às vezes a entediante tarefa de criar a organização interna pode ser abreviada com a compra de uma companhia que tem a capacidade necessária e integrando suas competências à cadeia de valores da empresa. Sem dúvida, uma necessidade premente de adquirir determinadas capacidades rapidamente é um dos motivos para adquirir outra companhia — uma aquisição que visa criar maior capacidade pode ser tão competitivamente valiosa quanto uma aquisição que visa adicionar novos produtos ou serviços à linha de negócios da companhia. As aquisições motivadas por capacidades são essenciais (1) quando uma oportunidade de mercado pode passar mais rapidamente do que é preciso para a criação de uma capacidade necessária internamente e (2) quando as condições da indústria, tecnologia ou concorrência mudam tão rapidamente que o tempo é essencial. Mas, em geral, não há um bom substituto para os esforços internos constantes de criar e fortalecer as competências e capacidades da companhia ao executar atividades da cadeia de valores que são críticas para a execução da estratégia.

Atualização e Reorganização das Competências e Capacidades como Condições Externas e Mudança da Estratégia da Empresa Os gestores não podem relaxar, nem mesmo quando as competências centrais e capacidades competitivas estão prontas e funcionando. As competências e capacidades que param de crescer podem prejudicar a competitividade, a menos que sejam renovadas, modificadas ou até mesmo interrompidas e substituídas em resposta a constantes mudanças de mercado e na estratégia da companhia. Sem dúvida é apropriado visualizar uma companhia como um *conjunto de competências e capacidades em constante evolução*, dada a criação de conhecimento e experiência ao longo do tempo combinada aos imperativos de manter as capacidades atualizadas com as estratégias e mudanças de mercado atuais. O desafio de criação da organização enfrentado pelo gerenciamento não é apenas resolver quando e como reajustar as competências e capacidades existentes, nem quando e como desenvolver outras novas. Embora seja grandiosa, idealmente essa tarefa produz uma organização dinâmica com "hum" e momento, bem como com competências distintas. A Toyota, aspirando a ultrapassar a General Motors como líder global em veículos automotores tem atualizado agressivamente suas capacidades na área de tecnologia de motores híbridos com eficiência de combustível e está ajustando constantemente seu famoso Sistema de Produção Toyota para ampliar suas já eficientes capacidades em manufatura de veículos de alta qualidade a preços relativamente baixos — consulte o Quadro Ilustrativo 11.2. Da mesma forma, a Honda, que há muito tempo tem uma competência central em tecnologia de motores a gasolina e projeto de pequenos motores, acelerou seus esforços para ampliar sua especialização e capacidade em motores híbridos para permanecer próxima à Toyota. Os canais de TV estão atualizando suas capacidades em tecnologia de transmissão, preparando-se para a próxima mudança de transmissão analógica para digital. A Microsoft refez totalmente o modo pelo qual seus programadores abordam a tarefa de escrever código para seus novos sistemas operacionais para PCs e servidores (a primeira onda aconteceu em 2006).

A Função Estratégica no Treinamento de Funcionários

O treinamento é importante quando uma companhia muda para uma estratégia que requer habilidades diferentes, capacidades competitivas, abordagens gerenciais e métodos operacionais. O treinamento também é importante estrategicamente nos esforços organizacionais para criar competências com base nas habilidades. Essa é uma atividade-chave nos negócios nos quais o *know-how* técnico muda tão rapidamente que uma companhia perde sua capacidade de competir, a menos que seu pessoal especializado tenha conhecimento e especialização de ponta. Os implementadores bem-sucedidos de estratégias verificam se a função de treinamento recebe fundos adequados e se ela é efetiva. Se a estratégia selecionada pede novas habilidades, melhor capacidade tecnológica ou criação e uso de novas capacidades, o treinamento deve ser colocado próximo ao topo da agenda de ação.

A importância estratégica do treinamento não é ignorada. Mais de 600 companhias estabeleceram "universidades" internas para liderar o esforço de treinamento, facilitar a contínua aprendizagem organizacional e ajudar a atualizar as competências e capacidades da companhia. Muitas companhias conduzem sessões de orientação para novos funcionários, financiam uma

Quadro Ilustrativo 11.2
O Lendário Sistema de Produção da Toyota: Uma Capacidade Que Se Traduz em Vantagem Competitiva

O centro da estratégia da Toyota em veículos motores é ultrapassar os concorrentes fabricando veículos de qualidade mundial a custos mais baixos e vendendo-os a níveis de preços competitivos. A execução dessa estratégia requer capacidade de manufatura de alta qualidade e gerenciamento supereficiente de pessoal, equipamento e materiais. A Toyota iniciou esforços conscientes para melhorar sua competência de manufatura há mais de 50 anos. Por meio de um incansável processo de tentativa e erro, a companhia assumiu gradualmente o que começou como uma coleção aleatória de técnicas e práticas e as integrou a um processo completo que se tornou conhecido como o Toyota Production System (TPS). O TPS orienta todas as operações de fábrica e as práticas de gerenciamento da cadeia de suprimentos da companhia. O TPS está fundamentado nos seguintes princípios, práticas e técnicas:

- *Fornecer peças e componentes* just-in-time *até o ponto de montagem do veículo.* A idéia é diminuir os detalhes da transferência de materiais de um ponto para outro e interromper todas as atividades por parte dos funcionários que não agregam valor (particularmente as atividades nas quais nada é feito ou montado).
- *Desenvolver pessoas que possam ter idéias exclusivas de aperfeiçoamentos da produção.*
- *Enfatizar o aperfeiçoamento contínuo.* Os funcionários devem usar suas mentes e desenvolver melhores maneiras de fazer as coisas, em vez de seguir as instruções mecanicamente. Os gerentes da Toyota dizem aos funcionários que o T de TPS também quer dizer "Thinking (Pensar)". A tese é que um ambiente de trabalho no qual as pessoas têm que pensar gera a sabedoria para detectar oportunidades de tornar as tarefas mais simples de serem executadas, aumentando a velocidade e eficiência com a qual as atividades são realizadas e melhorando constantemente a qualidade do produto.
- *Capacitar os funcionários para pararem a linha de montagem quando houver um problema ou defeito.* A Toyota vê os esforços do funcionário para expurgar defeitos e problemas imediatamente como algo que é crítico para todo o conceito de construção da qualidade no processo de produção. De acordo com o TPS, "Se a linha não parar, itens defeituosos inúteis passarão para o estágio seguinte. Se você não souber onde o problema ocorreu, não poderá fazer nada para consertá-lo". A ferramenta para suspender a linha de montagem é o quadro de luz elétrica *andon,* que é visível para todos do piso de produção.
- *Lidar com os defeitos apenas quando eles ocorrem.* A filosofia TPS diz que quando as coisas estão funcionando bem, elas não devem ser controladas; se a atenção é direcionada para a solução de problemas encontrados, o controle de qualidade juntamente com a linha de montagem podem ser tratados por um número bem menor de pessoas.
- *Pergunte a si mesmo "Por quê?" cinco vezes.* Embora os erros devam ser corrigidos sempre que ocorrerem, o valor de perguntar "Por quê?" cinco vezes permite identificar a causa do erro e corrigi-lo para que não ocorra novamente.
- *Organizar todas as funções em torno do movimento humano, para criar um sistema de produção/montagem sem nenhum desperdício de esforço.* O trabalho organizado dessa forma é chamado de trabalho padronizado e as pessoas são treinadas para observar seus procedimentos (os quais incluem o fornecimento de peças para cada processo da linha de montagem no momento adequado, o seqüenciamento do trabalho de maneira ideal e permite que os funcionários realizem seus trabalhos de forma contínua em uma seqüência definida de subprocessos).
- *Encontre um local onde as peças são fabricadas de modo barato e use esse preço como benchmark.*

O TPS utiliza termos exclusivos (como *kanban, takt time, jikoda, kaizen, heijunka, monozukuri, poka yoke* e *muda*) que facilitam a discussão precisa dos elementos específicos do TPS. Em 2003, a Toyota estabeleceu um Centro de Produção Global para treinar com eficiência grande número de especialistas em piso de fábrica nos métodos mais recentes de TPS e para aprimorar a operação de um número crescente de locais de produção em todo o mundo. É de conhecimento geral que o esforço constante da Toyota para refinar e melhorar seu renomado TPS concede capacidades de manufatura importantes que são invejadas por outros fabricantes de veículos automotores.

Fontes: Informações publicadas em www.toyotageorgetown.com e Taiichi Ohno, *Toyota Production System: Beyond Large-Scale Production* (Nova Iorque: Sheridan, 1988).

variedade de programas de treinamento para criação de competências e reembolsam os funcionários pelo custo dos cursos e outras despesas associadas à obtenção de formação adicional, cursos de desenvolvimento profissional e certificações profissionais de um tipo ou de outro. Várias companhias oferecem cursos de treinamento on-line para os funcionários 24 horas por dia. Cada vez mais, os funcionários de todos os níveis devem assumir papel ativo em seu próprio desenvolvimento profissional, assumindo a responsabilidade por manter suas habilidades e especialização atualizadas e em sincronia com as necessidades da companhia.

De Competências e Capacidades a Vantagem Competitiva

Embora competências centrais e fortes capacidades competitivas sejam um grande auxílio na execução da estratégia, elas são um modo igualmente importante para assegurar uma vantagem competitiva em relação aos concorrentes em situações nas quais é relativamente fácil que eles copiem estratégias inteligentes. Sempre que os concorrentes puderem duplicar facilmente recursos de uma estratégia bem-sucedida, tornando difícil ou impossível ultrapassar suas estratégias e derrotá-los no mercado com uma estratégia superior, a principal maneira de atingir uma vantagem competitiva duradoura é melhor execução das estratégias (derrotá-los executando determinadas atividades da cadeia de valores de forma superior). *A criação de competências centrais e capacidades competitivas que são difíceis ou caras de serem reproduzidas pelos concorrentes e que aproximam uma companhia da verdadeira excelência operacional, promove uma execução de estratégia com muito mais competência.* Além disso, como as competências centrais de ponta representam forças de recursos que quase sempre são demoradas e caras para serem igualadas ou ultrapassadas pelos concorrentes, toda vantagem competitiva produzida por eles tende a ser sustentável e abre caminho para um desempenho acima da média da companhia.

> **Conceito Central**
> A criação de competências e capacidades muito difíceis ou caras de ser reproduzidas tem uma recompensa enorme — melhor execução da estratégia e potencial de vantagem competitiva.

É fácil citar casos em que as companhias ganharam vantagem competitiva com base nas competências e capacidades superiores. As capacidades de produção da Toyota (consulte a Ilustração da Cápsula 11.2) permitiram que ela tivesse vantagem de mercado decisiva em relação a concorrentes como a General Motors, Ford, DaimlerChrysler e Volkswagen. Os concorrentes da Dell gastaram anos e milhões de dólares no que até agora foi um esforço inútil de igualar as capacidades de gerenciamento da cadeia de suprimentos com custo eficiente da Dell. A FedEx tem capacidades inigualáveis na entrega expressa confiável de documentos e pequenas encomendas. Várias mídias de notícias da área de negócios não conseguiram igualar a competência da Dow-Jones na coleta e relatório de notícias de negócios por meio do *The Wall Street Journal*.

ASPECTOS RELACIONADOS À EXECUÇÃO DA ORGANIZAÇÃO DO ESFORÇO DE TRABALHO

Existem algumas regras "difíceis e rápidas" para que a organização do esforço de trabalho ofereça suporte a uma boa execução de estratégia. O quadro organizacional de cada empresa é parcialmente um produto de sua situação específica, refletindo padrões organizacionais anteriores, circunstâncias internas diversas, julgamentos executivos sobre relacionamentos de relatórios e a política de quem recebe quais atribuições. Além disso, cada estratégia está fundamentada em seu próprio conjunto de fatores-chave para o sucesso e atividades da cadeia de valores. Entretanto, algumas considerações organizacionais são comuns a todas as companhias. Elas estão resumidas na Figura 11.3 e serão discutidas nas próximas seções.

Decisão de Quais Atividades da Cadeia de Valores Devem Ser Executadas Internamente e Quais Devem Ser Terceirizadas

As vantagens de contar com um componente terceirizado na estratégia de uma companhia já foram discutidas no Capítulo 6, mas também é preciso levar em conta o papel da terceirização na execução da estratégia. Além do fato de que uma pessoa externa à companhia pode

Figura 11.3 **Estruturação do Esforço de Trabalho para Promover a Execução da Estratégia com Êxito**

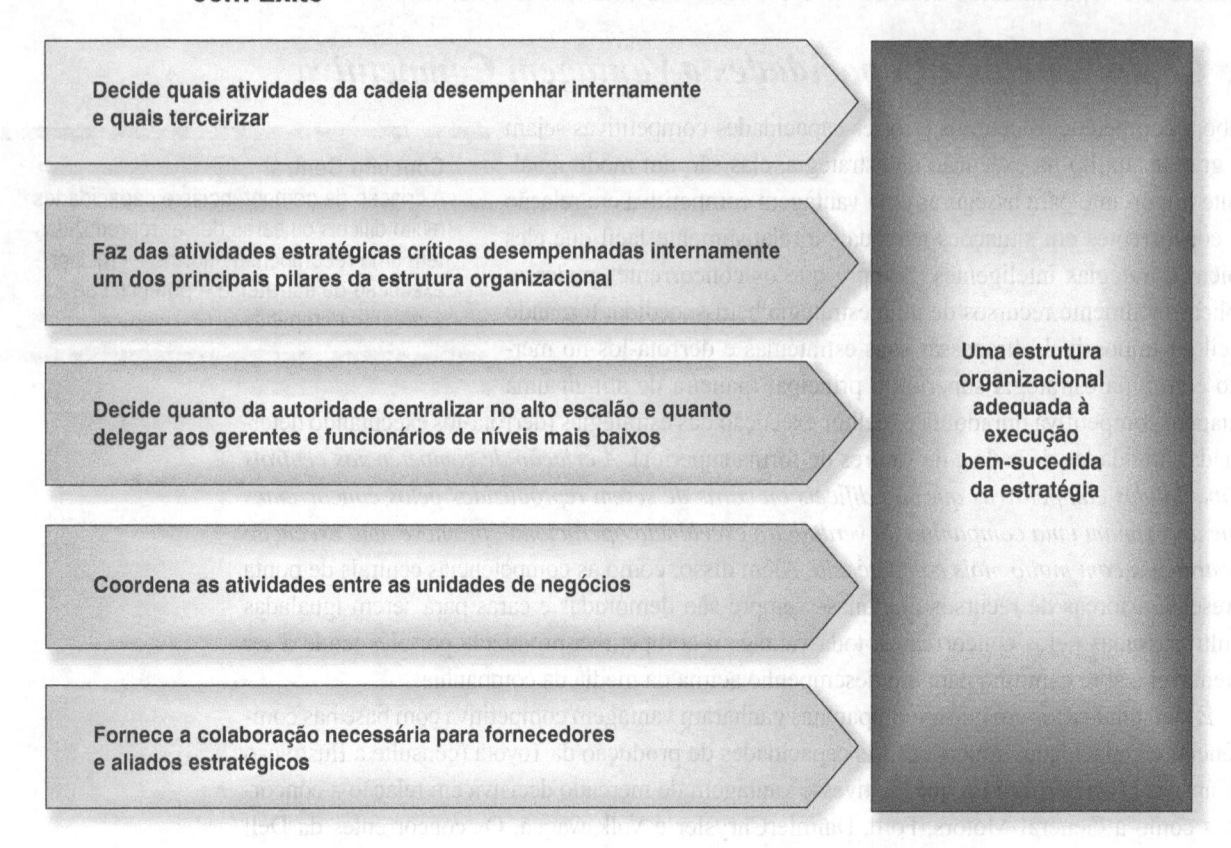

- Decide quais atividades da cadeia desempenhar internamente e quais terceirizar
- Faz das atividades estratégicas críticas desempenhadas internamente um dos principais pilares da estrutura organizacional
- Decide quanto da autoridade centralizar no alto escalão e quanto delegar aos gerentes e funcionários de níveis mais baixos
- Coordena as atividades entre as unidades de negócios
- Fornece a colaboração necessária para fornecedores e aliados estratégicos

→ Uma estrutura organizacional adequada à execução bem-sucedida da estratégia

executar determinadas atividades da cadeia de valores melhor ou de forma mais barata do que uma execução interna devido à sua experiência e ao seu *know-how* especializado, a terceirização também pode ter vários benefícios relacionados à organização. Os gerentes freqüentemente gastam muito tempo, energia mental e recursos negociando com grupos de suporte funcional e outras burocracias internas relacionadas aos serviços necessários, o que lhes tira o tempo para que se dediquem à execução competente das atividades críticas para a estratégia. Uma forma de reduzir tais distrações é terceirizar o desempenho de várias funções de suporte administrativo e talvez até mesmo de atividades centrais ou primárias selecionadas da cadeia de valores para terceiros, permitindo assim que a companhia *aumente seu foco estratégico e concentre todas as suas energias e recursos na execução mais competitiva das atividades da cadeia de valores que formam o núcleo de sua estratégia e para as quais ela pode criar valor único.* Por exemplo, a E. & J. Gallo Winery terceiriza 95% de sua produção de uva, deixando aos produtores o clima e outros riscos do cultivo da fruta, enquanto concentra todas as suas energias na produção e vendas do vinho[16]. Vários fabricantes de computadores pessoais (PCs) terceirizam a tarefa comum e altamente especializada da montagem do PC, concentrando suas energias no projeto do produto, vendas, marketing e distribuição.

Quando uma companhia utiliza a terceirização para obter um desempenho ainda melhor nas atividades verdadeiramente críticas para a estratégia em que sua especialização é mais necessária, três benefícios muito positivos podem ser alcançados:

1. *A companhia melhora suas chances de ultrapassar os concorrentes no desempenho das atividades críticas para a estratégia e de transformar uma competência central em uma competência distinta.* No mínimo, o foco maior na execução de algumas poucas atividades

da cadeia de valores deve fortalecer de forma significativa as competências centrais da companhia e promover desempenho mais inovador daquelas atividades — sendo que cada uma delas poderia diminuir custos ou melhorar sensivelmente as capacidades competitivas. A Eastman Kodak, Ford, Exxon Mobil, Merrill Lynch e Chevron terceirizaram suas atividades de processamento de dados para empresas de serviços de informática, acreditando que especialistas externos podem executar os serviços necessários com custos mais baixos e qualidade igual ou melhor. Um número relativamente grande de companhias terceirizam a operação de seus sites para empresas de projeto e hospedagem na Web. Muitas empresas que recebem consultas de clientes ou que fornecem suporte técnico 24 horas por dia, 7 dias na semana para usuários de seus produtos em todo o mundo descobriram que é consideravelmente menos dispendioso terceirizar essas funções para especialistas (quase sempre localizados em países nos quais o pessoal habilitado é encontrado com facilidade e os custos trabalhistas são bem menores) do que operar seus próprios *call centers*.

2. *A simplificação das operações internas que fluem da terceirização quase sempre tem efeito na diminuição de burocracias internas, nivelamento da estrutura da empresa, aceleração na tomada de decisões internas e diminuição do tempo necessário para responder às mudanças nas condições do mercado*[17]. No setor de produtos eletrônicos de consumo, no qual a tecnologia avançada orienta as inovações, a organização do esforço de trabalho na aceleração da entrada de produtos de próxima geração no mercado à frente da concorrência constitui uma capacidade competitiva crítica. Os fabricantes de veículos automotores descobriram que podem diminuir o ciclo de lançamento de novos modelos, melhorar sua qualidade e desempenho e diminuir os custos gerais de produção terceirizando a grande maioria de suas peças e componentes com fornecedores independentes e, em seguida, trabalhando junto com eles para aprimorar o design e funcionamento dos itens que são fornecidos, a fim de incorporar novas tecnologias com maior velocidade e melhorar a integração das peças e componentes individuais para formar sistemas de refrigeração, transmissão e elétricos.

3. *A terceirização do desempenho de determinadas atividades da cadeia de valores para fornecedores capacitados pode aumentar o arsenal de capacidades da companhia e contribuir para melhorar a execução da estratégia*. Ao criar, melhorar continuamente e finalmente nivelar suas parcerias com fornecedores capacitados, uma companhia aprimora suas capacidades organizacionais gerais e cria recursos fortes — forças que entregam valor aos clientes e conseqüentemente abrem caminho para o sucesso competitivo. Os fabricantes de refrigerantes e cervejas cultivam seus relacionamentos com engarrafadores e distribuidores para fortalecer o acesso aos mercados locais e criar lealdade, suporte e comprometimento para com os programas de marketing corporativo, sem os quais as vendas e seu próprio crescimento ficariam enfraquecidos. Da mesma forma, lanchonetes como McDonald's e Taco Bell consideram essencial trabalhar lado a lado com os franqueados no que se refere a limpeza, consistência da qualidade do produto, ambiente das lojas, cortesia e educação no atendimento, além de outros aspectos das operações das lojas. A menos que os franqueados cuidem constantemente do nível da satisfação do cliente para atrair negócios repetidos, as vendas e a posição competitiva de uma cadeia de lanchonetes cairão rapidamente. Companhias como a Boeing, Aerospatiale, Verizon Communications e Dell aprenderam que seus grupos centrais de P&D não podem igualar as capacidades inovadoras de uma rede bem gerenciada de parceiros de cadeia de suprimentos com capacidade de avanços tecnológicos, liderança no desenvolvimento de peças e componentes de próxima geração e fornecimento a um preço relativamente baixo[18].

Como regra geral, as companhias evitam terceirizar atividades da cadeia de valores nas quais precisam ter controle estratégico e operacional direto para criar competências centrais, atingir vantagem competitiva e gerenciar efetivamente os relacionamentos-chave entre cliente-fornecedor-distribuidor. A terceirização é mais usada nas atividades de menor importância estratégica

> **Conceito Central**
> A seleção sensata de quais atividades são realizadas internamente e quais são terceirizadas pode levar a várias vantagens para a execução da estratégia — custos mais baixos, maior foco estratégico, menos burocracia interna, tomada de decisão mais ágil e melhor arsenal de competências e capacidades.

— como atendimento às consultas do cliente e fornecimento de suporte técnico, folha de pagamentos, administração dos programas de benefícios dos funcionários, fornecimento de segurança corporativa, gerenciamento das relações com os acionistas, manutenção da frota de veículos, operação do site da empresa, realização de treinamento de funcionários e gerenciamento de uma variedade de informações e funções de processamento de dados.

Mesmo assim, várias companhias descobriram maneiras de depender com sucesso de fornecedores externos para realizar atividades da cadeia de valores com significado estratégico[19]. A Broadcom, líder global em chips para sistemas de comunicação por banda larga, terceiriza a fabricação de seus chips para a Taiwan Semiconductor, liberando assim o pessoal da companhia para que concentre todas as suas energias em P&D, design de novos chips e marketing. Durante anos a Polaroid Corporation comprou seus filmes da Eastman Kodak, seus itens eletrônicos da Texas Instruments e suas câmeras da Timex e de outros fornecedores, concentrando-se na produção de seus exclusivos pacotes de filmes com revelação automática e na criação de suas câmeras e filmes de próxima geração. A Nike concentra-se no design, marketing e distribuição a varejistas, enquanto terceiriza praticamente toda a produção de seus tênis e artigos esportivos. A Cisco Systems terceiriza praticamente toda a fabricação de seus roteadores, comutadores e outros equipamentos para a internet, embora proteja sua posição de mercado conservando controle interno rígido sobre o design de produto e monitorando as operações diárias de seus fornecedores de manufatura. Grande número de companhias de produtos eletrônicos terceirizam o projeto, engenharia, manufatura e remessa de seus produtos para companhias como a Flextronics e Solectron, ambas com grandes negócios como provedores desses serviços para empresas de todo o mundo. Assim, embora realizar as atividades centrais da cadeia de valor *internamente* faça sentido, pode haver ocasiões em que a terceirização de algumas delas funciona muito bem.

Os Perigos da Terceirização Excessiva Os críticos alegam que uma companhia pode exagerar na terceirização de modo que esvazie sua base de conhecimento e capacidades, ficando à mercê dos fornecedores externos e sem recursos fortes que permitam que ela seja dona de seu próprio destino[20]. Isso tem fundamento, mas a maioria das companhias já parece estar alerta para o perigo dos extremos da terceirização ou da falta de controle do trabalho realizado por fornecedores especializados ou no exterior. Muitas companhias recusam-se a terceirizar componentes-chave de um único fornecedor, optando por usar dois ou três fornecedores como forma de evitar a dependência ou dar muito poder de barganha a um único fornecedor. Além disso, elas avaliam regularmente seus fornecedores, visando não apenas analisar seu desempenho geral, mas também se devem trocar de fornecedor ou mesmo voltar a realizar a atividade internamente. Para evitar perda de controle, as companhias em geral trabalham de perto com os principais fornecedores, reunindo-se com freqüência e criando sistemas online para compartilhar dados e informações, colaborar em relação ao trabalho em andamento, monitorar o desempenho e documentar a integração rígida entre as atividades dos fornecedores e seus próprios requisitos e expectativas. Sem dúvida, os sistemas online sofisticados permitem que as companhias trabalhem em "tempo real" com fornecedores que estão a 10 mil quilômetros de distância, tornando possível a resposta rápida sempre que surgem problemas. Assim, a *verdadeira discussão sobre a terceirização não diz respeito ao risco de perda do controle por excesso de seu uso, mas sim ao fato de saber utilizá-la de forma que produza maior competitividade.*

Transformando as Atividades Críticas para a Estratégia nos Principais Elementos da Estrutura Organizacional

Em toda empresa, algumas atividades da cadeia de valor sempre são mais críticas para o sucesso estratégico e vantagem competitiva do que outras. Por exemplo, as empresas da área de hotelaria precisam ter boas atividades de check-in e check-out, arrumação e manutenção de equipamentos, alimentação e a criação de um ambiente agradável. Para um fabricante de chocolates, a compra de cacau de boa qualidade a preços baixos é vital e a redução dos custos de produção em uma fração de centavo em cada barra pode significar um aperfeiçoamento de sete dígitos nos lucros. Na corretagem de ações com desconto, as atividades críticas para a estratégia são o rápido acesso às informações, a execução precisa das ordens, a manutenção eficiente de registros e processamento de transações e o bom serviço ao cliente. Nos produtos químicos especializados, as atividades críticas são P&D, inovação de produto, colocação de novos produtos no mercado rapidamente, marketing efetivo e especialização no auxílio aos clientes. Onde isso acontece, é importante para o gerenciamento criar sua estrutura de organização em torno do desempenho competente dessas atividades, tornando-as o centro ou principal elemento do quadro organizacional.

O raciocínio para transformar as atividades críticas para a estratégia nos principais elementos da estrutura de uma empresa é mandatório: para que as atividades cruciais para o sucesso estratégico tenham recursos, influência na tomada de decisão e o impacto organizacional necessário, elas precisam ser a peça central do esquema organizacional. Em termos simples, a implementação de uma estratégia nova ou alterada pode implicar atividades-chave, competências ou capacidades novas ou diferentes e, portanto, pode exigir providências organizacionais novas ou diferentes. Se os ajustes organizacionais práticos não estão disponíveis, o desencontro resultante entre estratégia e estrutura pode abrir a porta para problemas de execução e desempenho[21]. Assim, tentar realizar uma estratégia nova com uma estrutura organizacional antiga, em geral, não é uma medida muito sensata.

Quais Tipos de Estruturas Organizacionais se Adaptam a Quais Estratégias? Em geral, aceita-se que um tipo de estrutura funcional é a melhor combinação organizacional quando uma companhia está em apenas um determinado setor de negócios (independentemente das estratégias competitivas escolhidas). Os principais elementos organizacionais dentro de um negócio geralmente são os *departamentos funcionais tradicionais* (P&D, engenharia e projeto, produção e operações, vendas e marketing, tecnologia da informação, finanças e contabilidade e recursos humanos) e os *departamentos de processo* (nos quais as pessoas de uma única unidade de trabalho têm a responsabilidade por todos os aspectos de determinado processo, como gerenciamento da cadeia de suprimentos, desenvolvimento de novos produtos, serviço ao cliente, controle de qualidade ou venda direta aos clientes por meio do site da companhia). Por exemplo, um fabricante de instrumentos técnicos pode se organizar com base na pesquisa e no desenvolvimento, engenharia, gerenciamento da cadeia de suprimentos, montagem, controle de qualidade, marketing, serviços técnicos e administração corporativa. Um hotel pode ter uma organização funcional baseada nas operações de recepção e administração corporativa, serviços de arrumação, manutenção, serviços de alimentação, serviços de convenções, eventos especiais e hóspedes, pessoal e treinamento e contabilidade. Um varejista que vende com desconto pode organizar unidades funcionais como compras, armazéns e distribuição, operações de loja, propaganda, merchandising e promoções, serviços ao cliente e serviços administrativos corporativos.

Em empresas com operações em diversos países em todo o mundo (ou com unidades organizacionais espalhadas geograficamente dentro de um país), os elementos principais também podem incluir *unidades organizacionais geográficas,* cada uma com responsabilidade por ganhos e perdas da área geográfica atribuída. Em empresas integradas verticalmente, os principais elementos são *unidades divisionais que realizam uma ou mais das grandes etapas ao longo da cadeia de valores* (produção de matéria-prima, fabricação de componentes, montagem, distribuição no atacado, operações de lojas de varejo); cada divisão da cadeia de valores pode operar como um centro de lucro com finalidades de medição do desempenho. Os principais elementos de uma companhia diversificada em geral são seus *negócios individuais,* sendo que cada unidade de negócios em geral opera como um centro de lucro independente e com sedes corporativas que realizam funções de suporte variadas para todas as suas unidades de negócios. Mas uma estrutura de unidade de negócios divisional pode representar problemas para uma companhia que busca a diversificação relacionada.

Determinação do Grau de Autoridade e Independência Concedidos a Cada Unidade e a Cada Funcionário

Ao executar a estratégia e realizar as operações diárias, as companhias devem resolver quanta autoridade será delegada aos gestores de cada empresa — particularmente aos chefes das subsidiárias de negócios; departamentos funcionais e de processo; e fábricas, escritórios de vendas, centros de distribuição e outras unidades operacionais — e a amplitude do poder de tomada de decisão que será concedido aos funcionários individuais na execução de seus trabalhos. Os dois extremos são *centralizar a tomada de decisão* no primeiro escalão (o CEO e alguns poucos líderes próximos a ele) ou *descentralizar a tomada de decisão* dando aos gerentes e funcionários um poder considerável de tomada de decisão em suas áreas de responsabilidade. Como mostra a Tabela 11.1, as duas abordagens se baseiam em princípios e crenças bastante diferentes, sendo que cada uma delas tem seus prós e contras.

Tomada de Decisão Centralizada: Prós e Contras *Em uma estrutura organizacional altamente centralizada, os principais executivos conservam a autoridade sobre a maioria das decisões estratégicas e operacionais e mantêm controle rígido perante os chefes das unidades de negócios, chefes de departamentos e gerentes das principais unidades operacionais; comparativamente pouca autoridade de decisão é concedida aos supervisores e funcionários de toda a empresa.*

Tabela 11.1 **Vantagens e Desvantagens da Tomada de Decisão Centralizada e Descentralizada**

Estruturas Organizacionais Centralizadas	Estruturas Organizacionais Descentralizadas
Princípios básicos • As decisões sobre a maioria das questões de importância devem ser delegadas aos gerentes superiores que têm experiência, especialização e julgamento para resolver o que é mais sensato ou qual é o melhor curso de ação. • Os supervisores da linha de frente e os outros funcionários não são confiáveis no que diz respeito à tomada das decisões corretas — porque raramente sabem o que é melhor para a empresa, uma vez que não têm tempo ou inclinação para gerenciar adequadamente as tarefas que estão executando (assim, deixar que eles resolvam "o que fazer" é arriscado). **Principal vantagem** • Corrige a questão da responsabilidade. **Principais desvantagens** • Aumenta os tempos de resposta, porque a burocracia do gerenciamento deve resolver sobre um curso de ação. • Não incentiva a responsabilidade entre os gerentes dos níveis mais inferiores e os outros funcionários. • Desencoraja os gerentes de níveis mais inferiores e os outros funcionários a exercerem qualquer iniciativa — eles devem aguardar até que lhes digam o que fazer.	**Princípios básicos** • A autoridade de tomada de decisão deve ser colocada nas mãos das pessoas mais próximas e mais familiarizadas com a situação, as quais devem ser treinadas no exercício do bom julgamento. • Uma companhia que aproveita o capital intelectual combinado de todos os seus funcionários pode superar uma companhia de comando e controle. **Principais vantagens** • Incentiva os gerentes de níveis mais inferiores e os outros funcionários a exercerem a iniciativa e agir de forma responsável. • Promove maior motivação e envolvimento na empresa por parte de um número maior de funcionários da companhia. • Estimula novas idéias e o pensamento crítico. • Permite tempos de reposta mais rápidos. • Acarreta menos níveis de gerenciamento. **Principais desvantagens** • Coloca em risco a organização se forem tomadas muitas decisões ruins nos níveis mais inferiores — o gerenciamento de primeiro escalão não tem o controle total. • Impede a coordenação entre as empresas e a captura de ajustes estratégicos em companhias diversificadas.

O paradigma de comando e controle das estruturas centralizadas se baseia na suposição básica de que o pessoal da linha de frente não tem tempo nem inclinação para dirigir e controlar adequadamente o trabalho que eles executam, e que eles não têm o conhecimento e julgamento para tomar decisões sensatas sobre como melhor fazê-lo — daí a necessidade de políticas e procedimentos gerencialmente prescritos, supervisão e controle rígidos. A tese das estruturas autoritárias é que a implementação rígida de procedimentos detalhados com base em uma visão gerencial rigorosa é a forma mais confiável de manter a execução diária da estratégia que está sendo controlada.

A principal vantagem de uma estrutura autoritária é o controle rígido por parte do gerente encarregado — é fácil saber quem é o responsável quando as coisas não dão certo. Mas existem algumas desvantagens sérias. As estruturas hierárquicas de comando e controle tornam uma empresa mais lenta ao responder às condições de mudança, devido ao tempo gasto para que o processo de revisão/aprovação percorra todas as esferas da burocracia do gerenciamento. Além disso, para trabalhar bem, a tomada de decisão centralizada exige que os gestores de primeiro escalão coletem e processem todas as informações importantes para a decisão. Quando o conhecimento pertinente reside nos níveis mais baixos da empresa (ou é técnico, detalhado ou difícil de ser expresso em palavras), é difícil e demorado obter todos os fatos e nuances e colocá-los na frente de um executivo de alto nível localizado longe do local da ação — a total compreensão da situação não pode ser transmitida facilmente de uma mente para outra. Assim, a tomada centralizada de decisão nem sempre é prática — quanto maior a companhia e mais espalhadas suas operações, maior a necessidade de concessão de autoridade na tomada de decisão a gerentes que estão mais próximos do local da ação.

> Existem desvantagens em ter um número pequeno de gerentes de primeiro escalão para gerenciar no nível micro os negócios, seja tomando as decisões pessoalmente, seja exigindo que os subordinados consigam aprovação antes de agir.

Tomada de Decisão Descentralizada: Prós e Contras *Em uma empresa altamente descentralizada, a autoridade de tomada de decisão é delegada ao nível organizacional mais baixo, que pode tomar decisões oportunas, informadas e competentes.* O objetivo é colocar a autoridade adequada da tomada de decisão nas mãos de pessoas que estão mais próximas e conhecem mais a situação, treinando-as para ponderar todos os fatores e exercer um bom julgamento. A tomada de decisão descentralizada significa que os gerentes de cada unidade organizacional recebem a principal responsabilidade pela decisão de como melhor executar a estratégia (bem como um papel na modelagem da estratégia para as unidades que chefiam). A descentralização, portanto, exige gerentes determinados para chefiarem cada unidade organizacional e mantê-los responsáveis pela criação e execução das estratégias apropriadas de suas unidades. Os gerentes que produzem resultados insatisfatórios reiteradamente precisam ser retirados.

A questão de capacitar líderes e funcionários de níveis mais inferiores para tomarem decisões relacionadas às operações diárias e à execução da estratégia se baseia na crença de que uma companhia que aproveita o capital intelectual combinado de todos os seus funcionários pode superar uma companhia de comando e controle[22]. A tomada de decisão descentralizada significa, por exemplo, que em uma companhia diversificada, os diversos chefes de unidades de negócios têm ampla autoridade para executar a estratégia de negócios aprovada com interferência comparativamente menor do que as sedes corporativas; além disso, os chefes das unidades de negócios delegam considerável amplitude de tomada de decisão a chefes de departamentos funcionais e de processos e a chefes de diversas unidades operacionais (fábricas, centros de distribuição, escritórios de vendas) na implementação e execução de suas estratégias. Por sua vez, as equipes de trabalho podem ser capacitadas a gerenciar e melhorar as atividades da cadeia de valor atribuídas a elas, e os funcionários que têm contato com os clientes podem ser capacitados a fazer o que for necessário para agradá-los. Na Starbucks, por exemplo, os funcionários são incentivados a exercer a iniciativa na promoção da satisfação do cliente — existe a história de

> O objetivo final da tomada de decisões descentralizada é colocar a autoridade nas mãos de pessoas ou equipes que estão mais próximas e têm mais conhecimento da situação.

um funcionário da loja que, quando o sistema computadorizado de caixa ficou offline, ofereceu com entusiasmo café de graça para os clientes que estavam aguardando[23]. *Com a tomada de decisão descentralizada, o gerenciamento de primeiro escalão mantém o controle limitando a autoridade arbitrária e responsabilizando o pessoal pelas decisões que eles tomam.*

As estruturas da empresa descentralizada têm muito a recomendar. A delegação de maior autoridade a líderes e subordinados cria uma estrutura organizacional mais horizontal com menos camadas de gerenciamento. Enquanto em uma estrutura vertical centralizada os gerentes e funcionários precisam subir a escada da autoridade para obter uma resposta, em uma estrutura horizontal descentralizada eles desenvolvem suas próprias respostas e planos de ação — tomar decisões em suas áreas de responsabilidade e ser responsável pelos resultados é parte integrante de seu trabalho. Delegar a autoridade da tomada de decisão aos gerentes de médio e baixo nível e, em seguida, às equipes de trabalho e aos funcionários individuais é algo que diminui os tempos de resposta organizacional e estimula novas idéias, pensamento criativo, inovação e maior envolvimento por parte dos gerentes e subordinados. Nas estruturas com funcionários capacitados, os trabalhos podem ser definidos de forma mais ampla, várias tarefas podem ser integradas em uma única função e as pessoas podem dirigir seus próprios trabalhos. Um número menor de gerentes é necessário pois a resolução de como fazer as coisas torna-se parte da função de cada pessoa da equipe. Além disso, os sistemas de comunicações online atuais facilitam e tornam relativamente barato o acesso aos dados para as pessoas de todos os níveis organizacionais, outros funcionários, gerentes, fornecedores e clientes. Eles podem ter acesso às informações de forma rápida (por meio da internet ou da intranet da companhia) e podem entrar em contato facilmente com superiores ou colegas para agir de forma responsável. Em geral existem ganhos verdadeiros no moral e na produtividade quando as pessoas recebem as ferramentas e informações de que precisam para operar de forma autodirecionada. A tomada de decisões descentralizada não apenas pode diminuir os tempos de resposta organizacionais, como também pode incentivar novas idéias, pensamento criativo, inovação e maior envolvimento por parte dos líderes e subordinados.

A última década viu uma crescente mudança de estruturas hierárquicas autoritárias e de várias camadas para estruturas mais planas e descentralizadas que enfatizam a capacitação do funcionário. Existe um forte e crescente consenso de que as estruturas organizacionais autoritárias e hierárquicas não são muito adequadas à implementação e à execução de estratégias em uma era em que as informações e comunicações instantâneas são a norma, com grande parte do ativo mais valioso da organização formado pelo capital intelectual e residindo no conhecimento e nas capacidades de seus funcionários. Muitas companhias, portanto, começaram a capacitar os gerentes e funcionários de nível mais inferior em todas as suas organizações, dando-lhes maior autoridade arbitrária para fazer ajustes estratégicos em suas áreas de responsabilidade e resolver o que precisa ser feito para implantar novas iniciativas estratégicas e executá-las com competência.

Mantendo o Controle em uma Estrutura Organizacional Descentralizada O processo de transferência da autoridade sobre a tomada de decisão para baixo na estrutura organizacional e a capacitação dos funcionários é por si só um desafio organizacional: *como exercer o controle adequado sobre as ações dos funcionários capacitados, para que a empresa não corra risco enquanto os benefícios da capacitação são realizados*[24]. Em geral para manter o controle organizacional sobre os funcionários capacitados basta colocar limites para a autoridade que eles podem exercer, responsabilizar as pessoas por suas ações, instituir incentivos de recompensa às pessoas por realizarem trabalhos que contribuem para o bom desempenho da companhia e criar uma cultura corporativa onde exista forte pressão dos colegas para que os indivíduos ajam com responsabilidade.

Capturando Ajustes Estratégicos em uma Estrutura Descentralizada As companhias descentralizadas que lutam para capturar os ajustes estratégicos entre as empresas precisam estar cientes de que estão dando aos chefes da empresa total poder para que eles operem de forma independente quando a colaboração entre as empresas é essencial para ganhar os benefícios do ajuste estratégico. Os ajustes estratégicos entre as empresas em geral precisam ser capturados, seja pela implantação de colaboração mais estreita entre as empresas, seja pela centralização do desempenho das funções que têm ajustes estratégicos no nível corporativo[25]. Por exemplo, se as empresas com tecnologias de processo e produto sobrepostas têm seus próprios departamentos de P&D independentes — cada um buscando suas próprias prioridades, projetos e agendas estratégicas —, fica difícil para a sede corporativa evitar a duplicação de esforços, capturar economias de escala ou de escopo, ou ampliar os esforços de P&D para seguir novos caminhos tecnológicos, famílias de produtos, aplicativos de usuário final e grupos de clientes. Quando existe ajuste de P&D entre as empresas, a melhor solução em geral é centralizar a função de P&D e ter um esforço de pesquisa e desenvolvimento corporativo que sirva aos interesses das empresas individuais e da companhia como um todo. Da mesma forma, a centralização das atividades relacionadas de negócios separados faz sentido quando existem oportunidades para compartilhar de uma força de vendas comum, usar canais de distribuição comuns, depender de uma organização de serviços de campo comuns para lidar com as solicitações do cliente ou fornecer serviços de manutenção e reparos, usar sistemas e abordagens comuns de comércio eletrônico e assim por diante.

A questão aqui é que os esforços para descentralizar a tomada de decisões e dar às unidades organizacionais espaço adicional para a condução das operações precisam ser equilibrados com a necessidade de manter controle e coordenação entre as unidades — a descentralização não significa delegar autoridade de forma que permita às unidades organizacionais e aos indivíduos realizarem suas próprias atividades. Existem inúmeros casos em que a autoridade da tomada de decisões deve ser conservada em níveis altos na organização e que a ampla coordenação entre as unidades deve ser reforçada com rigidez.

Possibilitando Coordenação Interna entre as Unidades

A maneira clássica de coordenar as atividades das unidades organizacionais é posicioná-las na hierarquia de modo que as mais próximas sejam reportadas a uma única pessoa (um chefe de departamento funcional, um gerente de processos, um chefe de área geográfica, um executivo sênior). Os gerentes mais graduados em geral têm o poder de coordenar, integrar e organizar a cooperação das unidades sob suas supervisões. Em tais estruturas, o CEO, o diretor operacional e os gerentes no nível de negócios acabam sendo o ponto central de coordenação, devido a suas posições de autoridade sobre toda a unidade. Quando uma empresa busca uma estratégia de diversificação relacionada, a coordenação das atividades relacionadas das unidades de negócios independentes quase sempre exige a autoridade centralizadora de um único executivo de nível corporativo. Da mesma forma, as companhias diversificadas normalmente centralizam funções de suporte à equipe como relações públicas, finanças e contabilidade, benefícios para os empregados e tecnologia da informação no nível corporativo para conter os custos das atividades de suporte e para facilitar o desempenho uniforme e coordenado de tais funções dentro de cada unidade de negócios.

Entretanto, a colaboração estreita entre unidades geralmente é necessária para criar competências centrais e capacidades competitivas em atividades estrategicamente importantes — como agilização da entrada de novos produtos no mercado e fornecimento de serviço superior ao cliente — que envolvem funcionários espalhados em várias unidades organizacionais internas (e talvez os funcionários de parceiros estratégicos externos ou fornecedores de artigos especializados). Uma grande fraqueza das estruturas tradicionais organizadas funcionalmente é que as atividades e capacidades estrategicamente importantes quase sempre acabam se espalhando através de muitos departamentos, e como resultado um grupo ou gestor é responsável. Considere, por exemplo, como as seguintes atividades críticas para a estratégia atravessam diferentes funções:

- *Atendimento de pedidos de clientes com exatidão e rapidez* — um processo que envolve o pessoal de vendas (o qual consegue o pedido); finanças (que podem ter que verificar as condições de crédito ou aprovar financiamento especial); produção (que deve produzir os bens e renovar os inventários do depósito quando necessário); depósito (que precisa verificar se os itens estão em estoque, retirar o pedido do depósito e embalá-lo para remessa) e a remessa (que precisa selecionar uma transportadora para a entrega dos bens e liberá-los para a transportadora)[26].

- *Lançamento rápido e constante de novos produtos* — um processo de várias funções que envolve o pessoal de P&D, projeto e engenharia, compras, fabricação, vendas e marketing.

- *Aperfeiçoamento da qualidade do produto* — um processo que envolve a colaboração do pessoal de P&D, projeto e engenharia, compras, produção interna de componentes, fabricação e montagem.

- *Gerenciamento da cadeia de suprimentos* — um processo colaborativo que inclui áreas funcionais como compras, gerenciamento do inventário, fabricação e montagem, depósito e remessa.

- *Criação da capacidade para realizar negócios pela internet* — um processo que envolve o pessoal de tecnologia da informação, gerenciamento da cadeia de suprimentos, produção, vendas e marketing, depósitos e remessa, serviço ao cliente, finanças e contabilidade.

- *Obtenção de retorno dos clientes e realização de modificações no produto para atender suas necessidades* — um processo que envolve o pessoal do serviço ao cliente e suporte pós-venda, P&D, projeto e engenharia, compras, fabricação, montagem e pesquisa de mercado.

A passagem de um departamento para outro aumenta o tempo de conclusão e freqüentemente aumenta os custos administrativos, uma vez que a coordenação das partes fragmentadas pode consumir horas de esforço de muita gente[27]. Essa não é uma falha fatal da empresa funcional — a organização em torno de funções específicas em geral funciona bem para atividades de suporte como finanças e contabilidade, gerenciamento de recursos humanos e engenharia, e também em atividades primárias como P&D, fabricação e marketing. Entretanto, a tendência de as partes de uma atividade crítica para a estratégia se espalharem em vários departamentos funcionais é um ponto fraco importante da organização funcional e contribui para o motivo pelo qual as competências e capacidades de uma companhia em geral incluem várias funções.

Muitas companhias descobriram que, em vez de continuar a espalhar as partes relacionadas de um processo de negócios crítico para a estratégia em vários departamentos funcionais e misturar tudo para integrar seus esforços, é melhor fazer a reengenharia do esforço de trabalho e colocar as pessoas que realizam cada parte nos departamentos funcionais em um grupo que funciona junto para executar todo o processo, criando assim os *departamentos de processo* (como serviço ao cliente ou desenvolvimento de novo produto ou gerenciamento da cadeia de suprimentos). Às vezes, os mecanismos de coordenação envolvem o uso de forças-tarefa de várias funções, relação de relatórios duplos, rede organizacional informal, cooperação voluntária, compensação de incentivos associados a medidas do desempenho do grupo e forte insistência do nível executivo para o trabalho de equipe e a cooperação entre departamentos (incluindo a remoção de gerentes teimosos que bloqueiam os esforços colaborativos). Em uma companhia européia, um alto executivo substituiu rapidamente os gerentes de diversas fábricas que não estavam totalmente comprometidos com a estreita colaboração para eliminar duplicidade de esforços no desenvolvimento de produtos e esforços de produção nas fábricas de vários países. Anteriormente, ao notar que as negociações entre os gerentes haviam empacado quanto a fechar ou não laboratórios e fábricas, o executivo havia se reunido com todos os líderes, perguntado se eles cooperariam para encontrar uma solução, discutido com eles quais opções não eram aceitáveis e dado um prazo para que encontrassem uma solução. Quando o trabalho em equipe solicitado não avançou, vários gerentes foram substituídos.

Possibilitando a Colaboração com Fornecedores Externos e Aliados Estratégicos

Alguém ou algum grupo deve ser autorizado a colaborar quando preciso com cada um dos maiores participantes externos envolvidos na execução da estratégia. A formação de alianças e relacionamentos cooperativos representa oportunidades imediatas e abre a porta para possibilidades futuras, mas nada valioso é realizado antes que o relacionamento cresça, desenvolva-se e floresça. A menos que o gerenciamento de primeiro escalão veja que uma ponte organizacional construtiva com parceiros estratégicos foi construída e que ocorram relacionamentos de trabalho produtivos, o valor das alianças se perde e o poder da companhia para executar sua estratégia é enfraquecido. Se os relacionamentos de trabalho estreitos com fornecedores são cruciais, então o gerenciamento da cadeia de suprimentos deve receber status formal no quadro organizacional e uma posição significativa na hierarquia da companhia. Se os relacionamentos com distribuidores, representantes e franquiados são importantes, alguém deve receber a tarefa de nutrir os relacionamentos com outros aliados de canal. Se o trabalho em paralelo com fornecedores de produtos e serviços complementares contribui para maior capacidade organizacional, então os arranjos organizacionais cooperativos precisam existir e devem ser gerenciados.

A criação das pontes organizacionais com aliados externos pode ser realizada apontando "gerentes de relacionamento" com responsabilidade para fazer com que parcerias ou alianças estratégicas específicas gerem os benefícios pretendidos. Os gerentes de relacionamento têm muitos papéis e funções: reunir as pessoas certas, promover um bom relacionamento, verificar se os planos de atividades específicas são desenvolvidos e executados, ajudar a ajustar os sistemas internos de procedimentos organizacionais e comunicações, desfazer diferenças operacionais e nutrir a cooperação interpessoal. Vários vínculos entre organizações devem ser estabelecidos e mantidos abertos para garantir comunicação e coordenação adequadas[28]. É preciso que haja um compartilhamento de informações suficiente para fazer com que o relacionamento funcione, além de discussões francas e periódicas sobre conflitos, áreas problemáticas e situações de mudança[29].

TENDÊNCIAS ORGANIZACIONAIS ATUAIS

Muitas companhias atuais estão remodelando suas estruturas hierárquicas tradicionais que eram construídas em torno da especialização funcional e da autoridade centralizada. Grande parte do movimento de *downsizing* corporativo no final dos anos 1980 e início dos anos 1990 visava transformar as estruturas organizacionais autoritárias e piramidais em estruturas planas e descentralizadas. A mudança foi provocada pela crescente percepção de que as hierarquias de comando e controle estavam resultando em uma desvantagem nos negócios nos quais as preferências do cliente estavam mudando de produtos padronizados para pedidos personalizados e recursos especiais, os ciclos de vida de produto estavam ficando mais curtos, os métodos de produção em massa personalizados estavam substituindo as técnicas padronizadas de produção em massa, os clientes queriam ser tratados como indivíduos, a mudança tecnológica estava em andamento e as condições de mercado eram fluidas. As hierarquias de gerenciamento em camadas com muitas verificações e controles, exigindo que as pessoas procurassem respostas e aprovação acima na estrutura organizacional, não estavam entregando um serviço adequado ao cliente nem adaptações oportunas às mudanças nas condições.

Os ajustes organizacionais e o *downsizing* de companhias entre 2001 e 2005 trouxeram outros refinamentos e mudanças para agilizar as atividades organizacionais e as ineficiências. Os objetivos precisavam tornar as companhias mais enxutas, planas e mais responsivas à mudança. Muitas companhias estão aproveitando as cinco ferramentas do design organizacional: (1) líderes e funcionários capacitados para agirem de acordo com seus próprios julgamentos, (2) novo projeto do processo de trabalho (para atingir maior agilidade e melhor coesão), (3) equipes de trabalho autodirigidas, (4) rápida incorporação de aplicações da tecnologia da Internet e (5) rede com parceiros externos para melhoria e criação de novas capacidades organizacionais. Uma considerável atenção do gerenciamento está sendo dedicada à criação de uma companhia capaz de superar os rivais com base nas forças superiores de recursos e nas capacidades competitivas — capacidades que são cada vez mais baseadas no capital intelectual e na colaboração entre as unidades.

Várias outras características organizacionais estão surgindo:

- Uso extenso da tecnologia da internet e das práticas de negócios por comércio eletrônico — dados em tempo real e sistemas de informações; maior dependência de sistemas online para transações de negócios com fornecedores e clientes; e comunicação e colaboração via internet com fornecedores, clientes e parceiros estratégicos.

- Um número menor de barreiras entre as diferentes classificações verticais de funcionários, entre funções e disciplinas, entre unidades de localizações geográficas diferentes e entre a companhia e seus fornecedores, distribuidores/representantes, parceiros estratégicos e clientes — um resultado obtido em parte devido ao uso difundido de sistemas online.

- Rápida disseminação de informações, rápida aprendizagem e rápidos tempos de resposta — também um resultado obtido em parte devido ao uso difundido de sistemas online.

- Esforços colaborativos entre pessoal de diferentes especialidades funcionais e localizações geográficas — essencial para a criação de competências e capacidades da empresa.

Pontos-Chave

A implementação e a execução da estratégia são atividades orientadas à operação que abordam o gerenciamento de pessoas e processos de negócios. A ênfase gerencial está na conversão de planos estratégicos em ações e bons resultados. *O tratamento do gerenciamento para o processo de implementação e execução da estratégia selecionada pode ser considerado bem-sucedido se e quando a companhia atinge a meta de desempenho estratégico e financeiro e mostre um bom progresso no caminho para a realização de sua visão estratégica.* Falhas no desempenho sinalizam estratégia ruim, execução fraca ou ambas.

O ponto de partida dos gerentes para a implementação e execução de uma estratégia nova ou diferente está em uma *avaliação do que a empresa deve fazer de modo diferente e melhor para realizar a estratégia com êxito.* Em seguida, eles devem considerar *exatamente como fazer as mudanças internas necessárias* o mais rapidamente possível.

Assim como na criação da estratégia, a sua execução é um trabalho para toda a equipe de gerenciamento da companhia e não apenas para alguns gerentes seniores. Os gerentes de primeiro escalão precisam depender do suporte ativo e da cooperação dos outros de médio e baixo escalão para transmitir as mudanças de estratégia para as áreas funcionais e unidades operacionais e para garantir que a organização realmente opere de acordo com a estratégia em termos diários.

Oito tarefas gerenciais surgem reiteradamente nos esforços de uma companhia para executar a estratégia:

1. Criação de uma organização com competências, capacidades e forças de recursos para executar a estratégia com êxito.

2. Direcionamento de dinheiro e pessoal suficientes para executar a estratégia.

3. Instituição de políticas e procedimentos que facilitem em vez de impedirem a execução da estratégia.

4. Adoção de melhores práticas e pressão para aperfeiçoamentos contínuos no modo como são executadas as atividades da cadeia de valores.

5. Instalação de sistemas de informações e operacionais que permitem ao pessoal da companhia realizar suas funções estratégicas com competência.

6. Associação de recompensas diretamente à realização de metas estratégicas e financeiras e à boa execução da estratégia.

7. Dar forma ao ambiente de trabalho e à cultura corporativa para se ajustarem à estratégia.

8. Exercer forte liderança para avançar a execução, continuar aprimorando seus detalhes e atingir a excelência operacional o mais rápido possível.

A criação de uma organização capaz de uma boa execução da estratégia acarreta três tipos de ações de criação organizacional: (1) *equipe* — montagem de uma equipe talentosa e eficiente e o recrutamento e manutenção de funcionários com experiência, capacidades técnicas e capital intelectual necessários; (2) *criação de competências centrais e capacidades competitivas* que permitirão a boa execução da estratégia e sua atualização à medida que as condições externas e de estratégia mudarem e (3) *estruturação da organização e do esforço de trabalho* — organizar as atividades da cadeia de valores e dos processos de negócios, e decidir quanta autoridade na tomada de decisão é passada para os gerentes e funcionários da linha de frente dos níveis mais baixos.

A criação das competências centrais e das capacidades competitivas é um exercício demorado e gerencialmente desafiador que envolve três estágios: (1) desenvolvimento da *capacidade* de realizar alguma atividade, embora de forma imperfeita ou ineficiente, selecionando pessoas com as habilidades e experiência exigidas, atualizando ou expandindo as capacidades individuais necessárias e moldando os esforços e produtos de trabalho dos indivíduos em um esforço de grupo colaborativo; (2) coordenação dos esforços de grupo para aprender como realizar a atividade de *forma consistente e com custo aceitável,* transformando assim a capacidade em uma *competência ou capacidade* testada e válida e (3) refinamento contínuo do *know-how* da empresa e melhoria do desempenho para que ela se torne *melhor do que os concorrentes* na realização da atividade, elevando, assim, a competência central (ou capacidade) até o ponto de se transformar em uma *competência distinta* (ou capacidade competitivamente superior) e abrir uma via para a vantagem competitiva. Muitas companhias conseguem passar pelos estágios 1 e 2 na execução de uma atividade crítica para a estratégia, mas comparativamente poucas atingem proficiência suficiente na execução de atividades críticas para a estratégia a ponto de se qualificarem para o terceiro estágio.

Fortes competências centrais e capacidades competitivas são uma importante via para assegurar uma vantagem competitiva em relação aos concorrentes em situações nas quais é relativamente fácil que eles copiem estratégias inteligentes. Sempre que os concorrentes podem duplicar facilmente os recursos estratégicos bem-sucedidos, dificultando ou impossibilitando *superar sua estratégia* e derrotá-los no mercado com uma tecnologia superior, a principal maneira de atingir vantagem competitiva é *superá-los na execução* (derrotá-los executando determinadas atividades da cadeia de valores de forma superior). *Uma das melhores e mais confiáveis maneiras de atingir uma vantagem competitiva duradoura é criar competências centrais e capacidades competitivas que sejam muito difíceis ou caras de serem imitadas pelos concorrentes, e que aproximam uma companhia da verdadeira excelência operacional.*

A estruturação da organização e a adequação do esforço de trabalho de forma que suporte a estratégia tem cinco aspectos: (1) decidir quais atividades da cadeia de valores serão executadas internamente e quais serão terceirizadas; (2) transformar as atividades críticas para a estratégia e realizadas internamente nos principais elementos da estrutura organizacional; (3) resolver quanta autoridade deve ser centralizada no alto escalão e quanta autoridade é delegada aos gerentes e funcionários dos níveis mais inferiores; (4) possibilitar coordenação e colaboração interna entre as unidades e fortalecer as competências e capacidades internas e (5) possibilitar a colaboração e coordenação necessárias com fornecedores e aliados estratégicos.

Exercícios

1. Como novo proprietário de uma loja local de sorvetes em um pequeno shopping próximo ao campus de uma universidade, você está pensando em como organizar seus negócios — se fabrica seu sorvete internamente ou terceiriza sua produção para um fabricante próximo cuja marca está na maioria dos supermercados locais, e quanta autoridade será delegada aos dois gerentes assistentes de loja e aos funcionários que trabalham no balcão e na caixa registradora. Você pretende vender 20 sabores de sorvetes.

    a. Quais são os prós e contras da contratação de uma companhia local para personalizar sua linha de produtos?

    b. Como você não pretende estar na loja durante todo o horário comercial, qual autoridade específica de tomada de decisão você delegaria aos dois gerentes assistentes da loja?

    c. Em que medida, se houver, os funcionários da loja — sendo que muitos deles serão alunos universitários trabalhando em meio período — serão capacitados para tomar decisões relacionadas à operação da loja (abertura e fechamento, manutenção das instalações limpas e atraentes, manutenção da área de trabalho atrás do balcão com estoque suficiente de copos, casquinhas, guardanapos e outros)?

    d. Você deve criar um manual de políticas e procedimentos para os gerentes assistentes e funcionários, ou deve simplesmente dar as instruções verbalmente e esperar que eles aprendam seus deveres e responsabilidades na prática?

    e. Como você pode manter o controle durante as horas em que não está na loja?

2. Entre na página corporativa da Home Depot (www.homedepot.com/corporate) e examine as informações do título About The Home Depot, Investor Relations, e Careers. Como a empresa Home Depot cria competências centrais e capacidades competitivas? Alguma das competências da Home Depot se qualifica como competência distinta? Use a discussão do capítulo sobre criação de competências centrais e capacidades competitivas como um guia para a preparação da sua resposta.

3. Usando o Google Scholar ou seu acesso ao EBSCO, InfoTrac ou outro banco de dados on-line com artigos de jornais e pesquisa na biblioteca de sua universidade, faça uma pesquisa nos textos recentes sobre equipes de trabalho autodirigidas ou capacitadas. De acordo com os artigos encontrados nos diversos jornais de gerenciamento, quais são as condições para o uso efetivo de tais equipes? Da mesma forma, como tais equipes deveriam ser organizadas ou estruturadas para garantir seu sucesso?

capítulo doze

Gerenciamento de Operações Internas
Ações Que Contribuem para a Execução da Boa Estratégia

Empresas vencedoras sabem como realizar melhor o seu trabalho.
— **Michael Hammer e James Champy**

Empresas que adotam como prioridade as melhores práticas são organizações perseverantes, ávidas e sedentas de aprendizado. Elas acreditam que todos deveriam sempre buscar a melhor alternativa. Empresas desse tipo são cheias de energia, curiosidade e espírito de perseverança.
— **Jack Welch**
Ex-CEO da General Electric

Se você quer pessoas motivadas para realizar um bom trabalho, dê a elas um bom trabalho a fazer.
— **Frederick Herzberg**

Você deve fornecer gratificações consideráveis ao desempenho excepcional... Seja um excelente pagador, nunca um mediano ou da faixa insuficiente.
— **Lawrence Bossidy**
CEO da Honeywell International

No Capítulo 11 foi enfatizada a importância de se consolidar as potencialidades da organização e estruturar as forças de trabalho de modo que desempenhe as atividades críticas para a estratégia, de maneira coordenada e altamente competente. Neste capítulo, serão discutidas cinco ações administrativas adicionais que contribuem para o sucesso das ações de execução da estratégia da empresa:

1. Angariar os recursos básicos para a execução da boa estratégia.
2. Instituir políticas e procedimentos que facilitem a execução da boa estratégia.
3. Adotar as melhores práticas e esforçar-se para aprimorar continuamente o desempenho da cadeia de atividades-chave.
4. Instalar sistemas de informação e operação que habilitem os funcionários a realizar seus papéis estratégicos de maneira eficiente.
5. Vincular bonificações e incentivos à realização dos objetivos estratégico-financeiros e à execução da boa estratégia.

ANGARIAR OS RECURSOS BÁSICOS PARA A EXECUÇÃO DA BOA ESTRATÉGIA

Ao dar início ao processo de implantação e execução de uma estratégia nova ou diferente, os gerentes têm de determinar quais recursos serão necessários e, posteriormente, considerar se os orçamentos atuais das unidades organizacionais são adequados ou não. Claramente, as unidades organizacionais devem ter orçamentos e recursos para executar suas funções no planejamento estratégico efetiva e eficientemente. O desenvolvimento de um orçamento orientado para a estratégia requer que a alta administração determine os fundos necessários para executar novas iniciativas estratégicas e fortalecer ou modificar as competências e capacidades da empresa. Essa etapa inclui a verificação cuidadosa das solicitações de novas contratações e aumentos quantitativos e qualitativos nas instalações e equipamentos, aprovando as medidas que prometem fazer uma contribuição amparada em custos para a execução da estratégia e rejeitando as demais. Caso os fluxos de caixa internos provem-se insuficientes para custear as iniciativas estratégicas planejadas, a administração deverá, então, levantar fundos adicionais mediante empréstimos ou a venda de ações adicionais para investidores.

A habilidade de uma empresa direcionar os recursos requeridos para apoiar novas iniciativas estratégicas e conduzi-las às unidades organizacionais apropriadas tem grande importância no processo de execução da estratégia. Fundos muito escassos (originando-se tanto de recursos financeiros restritos como da ação administrativa lenta para elevar adequadamente o orçamento das unidades organizacionais estrategicamente críticas) desaceleram o progresso e impedem os esforços das unidades da organização para executar suas parcelas do plano estratégico com perícia. Financiamento em excesso desperdiça os recursos da organização e prejudica o desempenho financeiro. Ambos os resultados requerem que os gestores estejam profundamente envolvidos nas propostas de revisão do orçamento e no direcionamento dos tipos apropriados de recursos para as unidades estrategicamente críticas da organização.

> **Conceito Central**
> As exigências de fundos de uma nova estratégia devem indicar como são feitas as alocações e o montante do orçamento operacional destinado a cada unidade. Alocar fundos insuficientes para as unidades organizacionais e atividades-chave para o sucesso estratégico impede a execução e o impulso para a excelência operacional.

Uma mudança na estratégia quase sempre requer realocações do orçamento e troca de recursos. Unidades importantes na estratégia anterior, mas que tenham papel menor na estratégia nova podem precisar passar por processo de *downsizing*. Unidades que passam a ter papel maior e mais crítico para a estratégia podem requerer mais pessoal, equipamentos novos, instalações adicionais e aumento acima da média em seus orçamentos operacionais. Pode haver a necessidade de direcionar mais recursos para o controle de qualidade, agregar funções a produtos novos, consolidar a imagem da marca, cortar custos ou retreinar funcionários. Os encarregados da implementação da estratégia precisam ser ativos e vigorosos ao realocar recursos, conferindo menor grau de importância a algumas funções e aumentando o de outras, não apenas para amplificar atividades com papel crítico na nova estratégia, mas também para evitar ineficiência e atingir as projeções de lucro. Eles têm de exercer seu poder para subsidiar recursos suficientes às novas iniciativas estratégicas a fim de fazer as coisas acontecerem, cabendo a eles, também, tomar a difícil decisão de "matar" os projetos e atividades que não mais se justificam.

Ações visíveis para realocar fundos operacionais e direcionar pessoas para novas unidades organizacionais sinalizam um compromisso sério com mudança na estratégia e freqüentemente são necessárias para catalisar o processo de implementação e lhe dar credibilidade. A Microsoft tem adotado a prática regular da realocação de centenas de programadores para iniciativas de programação novas de alta prioridade em um prazo de semanas ou, até mesmo, dias. Na Harris Corporation, onde a estratégia é difundir idéias de pesquisa em áreas comercialmente viáveis, a alta administração redireciona regularmente grupos de engenheiros de projetos governamentais para divisões de risco comercial novas. O crescimento abrupto de muitos mercados está levando empresas a abandonar a prática tradicional de orçamentos anuais ou semi-anuais e ciclos de alocação de recursos em favor de ciclos que combinem as mudanças estratégicas de uma empresa com eventos de desenvolvimento recente.

Quanto maior a mudança de estratégia (ou quanto mais obstáculos à execução de boa estratégia), maiores serão as prováveis realocações de recurso requeridas. A simples realização da "sintonia-fina" da execução da estratégia já existente de uma empresa raramente requer grandes movimentos de pessoas e capital de uma área para outra. As melhorias desejadas normalmente podem ser realizadas com aumentos de orçamento acima da média para as unidades organizacionais que lançam iniciativas novas e aumentos menores (ou até mesmo pequenos cortes) para as unidades organizacionais restantes. A exceção principal acontece quando toda a estratégia muda ou iniciativas de execução novas precisam ser feitas sem aumentar o total das despesas. Então, os administradores têm de abrir caminhos no orçamento existente, linha a linha e atividade a atividade, procurando meios de reduzir os custos em algumas áreas e redirecionar recursos para atividades de prioridade mais altas — onde são requeridas iniciativas de execução novas.

INSTITUIR POLÍTICAS E PROCEDIMENTOS QUE FACILITEM A EXECUÇÃO DA BOA ESTRATÉGIA

> **Conceito Central**
> Políticas e procedimentos bem concebidos contribuem para a execução da estratégia; os fora-de-sincronia são barreiras.

As políticas e procedimentos de uma empresa podem tanto ajudar a causa da execução da estratégia boa quanto caracterizar uma barreira a ela. No momento em que uma empresa decide inserir elementos de estratégia novos ou melhorar sua capacidade de execução de estratégia, os gerentes são fortemente aconselhados a realizar uma revisão cuidadosa das políticas e procedimentos existentes, revisando ou descartando de maneira proativa os que estão fora de sincronia com os objetivos organizacionais. Uma mudança de estratégia ou um impulso para melhor execução de estratégia, geralmente requerer algumas mudanças nas práticas de trabalho e no comportamento do pessoal da empresa. Um modo de promover tais mudanças é instituir um conjunto de políticas e procedimentos novo deliberadamente dirigido a guiar as ações e comportamento do pessoal da empresa em uma direção mais útil para execução da boa estratégia e para a excelência operacional.

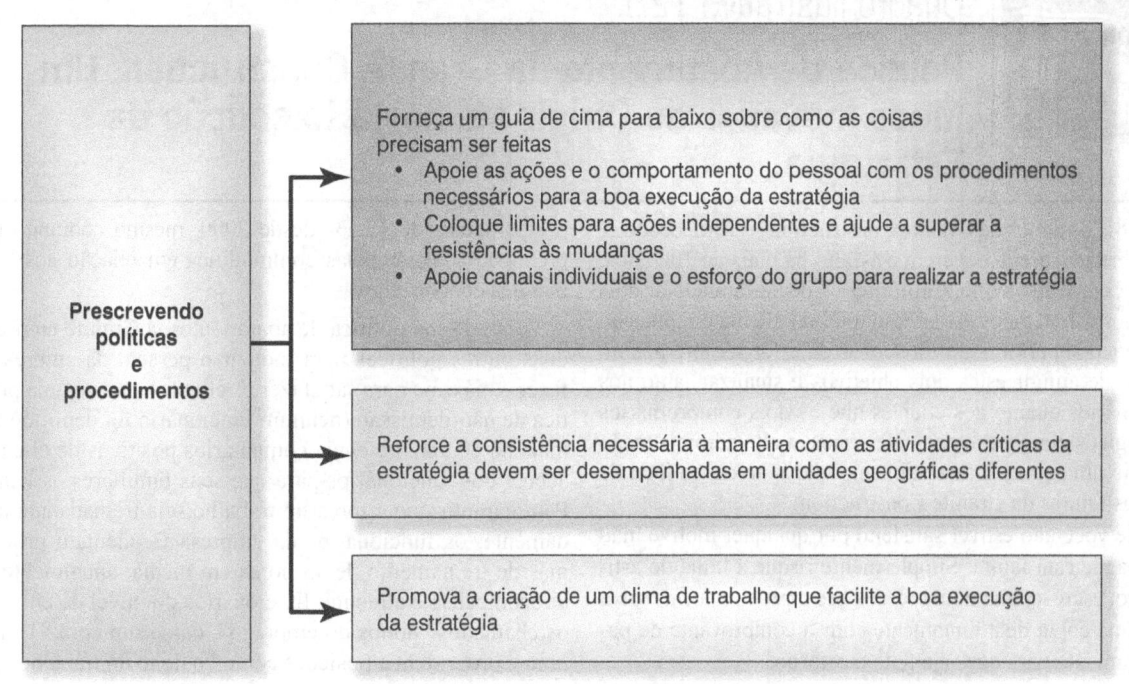

Figure 12.1 Como Políticas e Procedimentos Prescritos Facilitam a Execução da Estratégia

Prescrevendo políticas e procedimentos

- Forneça um guia de cima para baixo sobre como as coisas precisam ser feitas
  - Apoie as ações e o comportamento do pessoal com os procedimentos necessários para a boa execução da estratégia
  - Coloque limites para ações independentes e ajude a superar a resistências às mudanças
  - Apoie canais individuais e o esforço do grupo para realizar a estratégia

- Reforce a consistência necessária à maneira como as atividades críticas da estratégia devem ser desempenhadas em unidades geográficas diferentes

- Promova a criação de um clima de trabalho que facilite a boa execução da estratégia

Como mostrado na Figura 12.1, prescrever novas políticas e procedimentos operacionais atua no sentido de facilitar a execução da estratégia de três maneiras:

1. *Instituir políticas e procedimentos novos provê orientação de-cima-para-baixo em relação a como certas tarefas precisam ser executadas.* Pedir às pessoas para alterar hábitos e procedimentos preestabelecidos, naturalmente, sempre perturba a ordem interna das coisas. É normal que se desenvolvam bolsões de resistência e que as pessoas mostrem algum grau de tensão ou ansiedade em relação a como as mudanças irão afetá-las — especialmente quando tais mudanças podem eliminar cargos. Mas quando os meios existentes de realizar tarefas constituem uma barreira para a melhoria da execução da estratégia, ações e comportamentos têm de ser mudados. O papel da administração, no sentido de estabelecer e encorajar políticas e práticas operacionais, é pintar um conjunto de linhas imaginárias, criar limites ao comportamento independente e canalizar esforços individuais e em grupo por um caminho mais útil para a execução da estratégia. As políticas são um meio particularmente útil de subverter a tendência de algumas pessoas a resistirem à mudança — a maioria das pessoas reprime a violação da política da empresa ou a contestação de práticas e procedimentos recomendados sem autorização prévia ou justificativa convincente.

2. *Políticas e Procedimentos ajudam a impor a consistência necessária à maneira como atividades críticas de uma estratégia em particular são realizadas em unidades operacionais espalhadas geograficamente.* Padronização e conformidade estrita são, ocasionalmente, componentes desejáveis da execução da boa estratégia. A eliminação de diferenças significativas nas práticas operacionais das diferentes fábricas, pontos-de-vendas, centros de atendimento ao cliente ou pontos-de-vendas individuais em uma operação em cadeia ajuda a empresa a fornecer qualidade de produto e serviço aos clientes. A execução da boa estratégia quase sempre vincula a habilidade de reproduzir a qualidade do produto e o calibre do serviço ao cliente em cada localização onde a empresa realiza negócios — qualquer diferença ofusca a imagem da empresa e não satisfaz as expectativas do cliente.

Quadro Ilustrativo 12.1
Política de Abatimento da Granite Construction: Um Modo Inovador de Dirigir Melhor a Execução da Estratégia

Em 1987, os donos da Granite Construction — fornecedor de pedra britada, areia, concreto e asfalto há mais de 100 anos, sediada em Watsonville, Califórnia — decidiram adotar dois objetivos estratégicos: satisfação total do cliente e reputação de serviço superior. Para direcionar os esforços internos no sentido de atingir estes dois objetivos e sinalizar tanto aos funcionários quanto aos clientes que os dois compromissos estratégicos eram extremamente sérios, a alta administração instituiu uma política de abatimento que aparecia ao final de todas as faturas da Granite Construction:

> Se você não estiver satisfeito por qualquer motivo, não pague esta fatura. Simplesmente risque a linha do artigo, escreva uma nota breve sobre o problema e devolva uma cópia dela juntamente com o comprovante de pagamento para que seja feito o estorno.

Os clientes não precisavam telefonar para queixar-se e tampouco devolver o produto. Era-lhes dado total poder discricionário para decidir se e quanto pagar com base em seu nível de satisfação. A administração acreditava que, permitindo aos clientes que não pagassem pelos itens ou serviços que achassem deficientes, forneceria retorno sem erros e, ainda, estímulo para o pessoal da empresa corrigir quaisquer problemas rapidamente — a fim de evitar novos abatimentos.

A política de abatimentos teve o impacto desejado, focalizando a atenção do pessoal da empresa em evitar a ocorrência de novos abatimentos, aumentando significativamente a satisfação do cliente. A Granite desfruta de ganhos compostos anuais de 12,2% desde 2000, mesmo cobrando um prêmio 6% maior pelas commodities em relação aos seus maiores concorrentes.

Além de sua política de abatimentos, a Granite emprega duas outras políticas para induzir o pessoal da empresa a fazer o máximo para satisfazer os clientes. Possui uma política de não-demissão (nenhum funcionário foi demitido em mais de 80 anos) e envia comentários positivos de clientes acerca dos funcionários para que seus familiares os leiam. Para garantir que a força-de-trabalho seja treinada adequadamente, os funcionários da empresa freqüentam programas de treinamento de 43 horas em média, anualmente. E a recompensa é atraente: funcionários do nível de entrada, os chamados "donos do emprego", começam com $16 por hora e progridem a posições como "o dono do trabalho realizado" e "campeão de melhoria" (pagamento básico de $26 por hora); todos os funcionários têm direito a 12 massagens anuais, pagas pela empresa.

A Granite ganhou o prestigioso prêmio Malcolm Baldrige National Quality Award em 1992, cerca de cinco anos depois de ter instituído a política de abatimentos. A *Fortune* classificou a Granite como uma das 100 melhores empresas para se trabalhar na América do Norte em oito de nove anos no período de 1998 a 2006 (sua melhor classificação foi 16ª, em 2002, sendo a mais baixa a 90ª, em 2004). A empresa estava, também, na lista das "Empresas mais admiradas" da *Fortune* em 2005 e 2006.

Fonte: Com base em informações de Jim Collins, em "Turning Goals into Results: The Power of Catalytic Mechanisms", *Harvard Business Review* 77, n. 4 (julho-agosto 1999), pp. 72-73; Robert Levering e Milton Moskowitz, "The 100 Best Companies to Work For", *Fortune,* 4 de fevereiro de 2004, p. 73; Robert Levering e Milton Moskowitz, "The 100 Best Companies to Work For", *Fortune,* 12 de janeiro de 2005, p. 78; e www.fortune.com (acesso em 11 de novembro de 2005).

3. *Políticas e Procedimentos bem concebidos promovem a criação de um clima de trabalho que facilita a boa execução da estratégia.* Pelo fato de o descarte de políticas e procedimentos antigos em favor de novos invariavelmente alterar o clima interno de trabalho, os gerentes podem usar o processo de mudança de política como um poderoso impulso para mudar a cultura da empresa de maneira que produza uma sintonia mais intensa com a estratégia nova. O truque neste caso é, obviamente, conseguir uma política nova que chame a atenção de toda a organização de imediato, mudando rapidamente suas ações e comportamento e, então, adequando-se ao modo como as coisas são feitas — como a política de abatimentos da Granite Construction discutida no Quadro Ilustrativo 12.1.

Numa tentativa de direcionar "os membros da equipe" para maior qualidade e padrões de comportamento de serviço, o manual de políticas do McDonalds descreve procedimentos detalhados que se espera que o pessoal de cada unidade do McDonalds observe; por exemplo: "cozinheiros têm de virar os hambúrgueres, nunca sacudi-los", "se não forem comprados, os Big Macs deverão ser descartados dez minutos depois de prontos e as batatas fritas em sete" e "os caixas devem manter contato visual e sorrir para todos os clientes".

O objetivo estratégico da Nordstrom é assegurar que cada cliente tenha uma experiência de compras agradável em suas lojas de departamentos e retorne; para que o pessoal da loja dedique-se ao serviço ao cliente com excelência, a Nordstrom tem a política de promover apenas o pessoal cujos registros contenham evidência de "atos heróicos" para agradar aos clientes — especialmente clientes que tenham feito "solicitações infundadas" que requeiram esforços especiais. Para manter suas atividades de P&D à altura das necessidades e expectativas dos clientes, a Hewlett-Packard (HP) exige que o pessoal de P&D faça visitas regulares aos clientes para conhecer seus problemas e observar suas reações aos novos produtos da HP.

Um dos maiores problemas na criação de políticas refere-se a quais atividades precisam ser resolvidas mais energicamente e quais permitem uma ação independente por parte do pessoal autorizado. Poucas empresas precisam de manuais volumosos de política para direcionar o processo de execução da estratégia ou prescrever exatamente como as operações diárias devem ser conduzidas. Muitas políticas podem criar tantos obstáculos como políticas erradas ou ser tão confusas quanto a própria ausência de políticas. Há sabedoria em uma abordagem intermediária: *prescreva políticas suficientes para dar aos membros da organização direção clara no sentido de implantar a estratégia e colocar fronteiras em suas ações; então, autorize-os a agir dentro daquelas fronteiras, não importando o que eles acreditam fazer sentido*. Permitir que o pessoal da empresa atue em qualquer lugar dentro de tais "linhas imaginárias" é especialmente apropriado quando a criatividade e a iniciativa individual são mais essenciais para a boa execução da estratégia do que a padronização e conformidade estrita. Instituir políticas facilitadoras da estratégia pode, portanto, significar mais políticas, menos políticas ou diferentes políticas. Pode significar políticas que requeiram coisas a serem feitas de determinada maneira ou políticas que dão margem aos funcionários para executar as atividades que julgam mais adequadas.

ADOTAR AS MELHORES PRÁTICAS E ESFORÇAR-SE PARA APRIMORAR CONTINUAMENTE O DESEMPENHO

Os gerentes da empresa podem impulsionar significativamente a causa da execução competente da estratégia forçando as unidades da organização e o pessoal da empresa a identificar e adotar as melhores práticas para execução de atividades da cadeia de valor e, além disso, insistindo na melhoria contínua da forma como as operações internas são administradas. Uma das ferramentas mais amplamente usadas e eficazes para medir quão bem uma empresa está executando partes de sua estratégia requer a comparação do desempenho da empresa em certas atividades e processos de negócios com o melhor da indústria e o melhor do mundo[1]. Também pode ser útil examinar o desempenho do melhor funcionário da empresa em uma atividade, se a empresa tem várias unidades organizacionais diferentes que executem a mesma função. Identificar, analisar e compreender como as melhores empresas ou indivíduos executam atividades particulares da cadeia de valor e processos de negócio fornece unidades de medida úteis para julgar a eficácia e a eficiência de operações internas, bem como estabelecer padrões de desempenho para as unidades da empresa atingirem ou ultrapassarem.

> **Conceito Central**
> Esforços administrativos para identificar e adotar melhores práticas são uma ferramenta poderosa no sentido de promover excelência operacional e melhor execução de estratégia.

Como Funciona o Processo de Identificação e Incorporação de Melhores Práticas

A melhor prática é uma técnica para executar uma atividade ou processo de negócio que pelo menos uma empresa já demonstrou realizar particularmente bem. Para qualificar-se como uma melhor prática legítima, a técnica deve possuir um registro comprobatório de redução significativa de custos, melhoria da qualidade ou desempenho, redução de requisitos de tempo, melhoria

> **Conceito Central**
> A *melhor prática* é qualquer prática que pelo menos uma empresa provou realizar particularmente bem.

da segurança ou oferecer algum outro resultado operacional altamente positivo. Melhores práticas identificam, assim, um caminho para a excelência operacional. Para a melhor prática ser valiosa e adaptável, tem de demonstrar sucesso com o passar do tempo, oferecer resultados quantificáveis e altamente positivos e deve ser reprodutível.

Benchmarking é a espinha dorsal do processo de identificar, estudar e implementar práticas excelentes. O esforço de uma empresa para determinar o *benchmarking*, encontrar melhores práticas e, então, desenvolver dados que meçam o desempenho propriamente dito de uma atividade da empresa compara-se com o padrão de melhor prática. Informalmente, determinar o *benchmarking* envolve ser bastante humilde para admitir que outros já propuseram modos excelentes de executar atividades em particular; contudo, suficientemente sábio para tentar emparelhar e até mesmo ultrapassá-los. Mas, como mostra a Figura 12.2, a recompensa do *benchmarking* vem da adaptação das abordagens excepcionais implementadas por outras empresas na sua própria operação, impulsionando, talvez dramaticamente, a proficiência com que são executadas tarefas da cadeia de valor.

Entretanto, a determinação do *benchmarking* é tarefa mais complicada do que simplesmente identificar quais empresas têm o melhor desempenho e, então, tentar imitar suas abordagens — especialmente se estas empresas atuarem em outros ramos da indústria. Normalmente, as práticas excelentes de outras empresas têm de ser *adaptadas* para ajustarem-se a circunstâncias específicas do negócio da empresa e requisitos operacionais em específico. Visto que a maioria das empresas acredita que seu trabalho é único, o principal de qualquer iniciativa de melhor prática é quão bem a empresa desenvolve sua versão particular da melhor prática e a faz funcionar.

Na verdade, a melhor prática não se torna nada além de uma interessante história de sucesso se o pessoal da empresa não adiciona à tarefa de interpretação tudo o que puder ser aprendido em ação real e resultados. Os agentes da mudança devem ser funcionários da linha de frente, que estejam convencidos da necessidade de abandonar as maneiras antigas de fazer as coisas e mudar para um conjunto de práticas inteligentes. *Quanto mais as unidades organizacionais usarem práticas melhores para executar seu trabalho, melhor a empresa se moverá para executar suas atividades da cadeia de valor tão eficaz e eficientemente quanto for possível.* Isto é do que se trata a excelência operacional.

Legiões de empresas ao redor do mundo dedicam-se, atualmente, à determinação do *benchmarking* para aprimorar esforços de execução de estratégia e, idealmente, adquirir de seus concorrentes vantagem estratégica, operacional e financeira. Classificações de associações de comércio e organizações de interesses especiais representam esforços para coletar dados de melhor prática pertinente a uma indústria particular ou função de negócio e disponibilizar estas informações na forma de um banco de dados on-line — bons

Figura 12.2 **Da Determinação do *Benchmarking* e Implantação da Melhor Prática à Excelência Operacional**

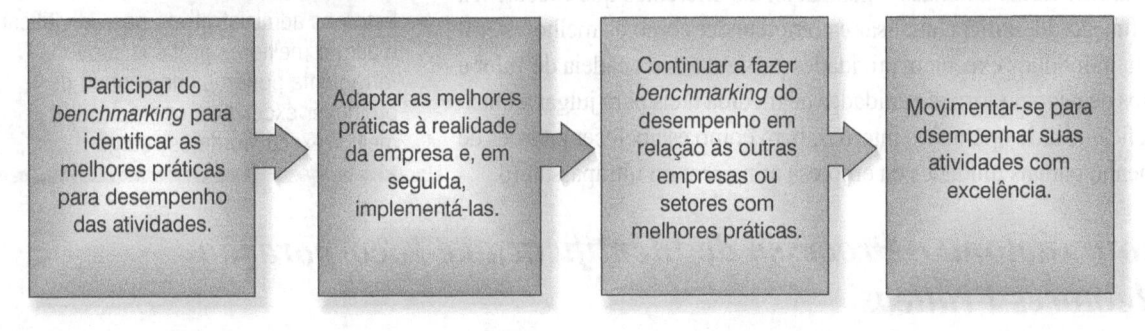

| Participar do *benchmarking* para identificar as melhores práticas para desempenho das atividades. | → | Adaptar as melhores práticas à realidade da empresa e, em seguida, implementá-las. | → | Continuar a fazer *benchmarking* do desempenho em relação às outras empresas ou setores com melhores práticas. | → | Movimentar-se para dsempenhar suas atividades com excelência. |

exemplos desta prática incluem a BenchNet (www.benchnet.com) da Benchmarking Exchange, Best Practices LLC (www.best-in-class.com) e a American Productivity and Quality Center (www.apqc.org). A determinação do *benchmarking* e a implantação da melhor prática emergiram claramente como ferramentas administrativas legítimas e valiosas para promover a excelência operacional.

Reengenharia do Processo de Negócio, Programas de Qualidade Seis Sigma e Gestão da Qualidade Total (GQT): Ferramentas para Promoção da Excelência Operacional

Em um esforço para atingir a excelência operacional, muitas empresas já confiaram, também, em três outras potentes ferramentas administrativas: reengenharia do processo de negócios, técnicas de controle de qualidade Seis Sigma e programas de Gestão da Qualidade Total (GQT ou TQM — sigla em inglês). Realmente, estas três ferramentas tornaram-se técnicas de visibilidade global por implementar estratégias direcionadas à redução de custos, fabricação livre de defeitos, qualidade de produto superior, serviço ao consumidor superior e satisfação total do cliente. As seções que se seguem descrevem como a reengenharia do processo de negócio, Seis Sigma, e GQT contribuem para a excelência operacional e a melhor execução da estratégia.

Reengenharia do Processo de Negócio Empresas que procuram meios de melhorar suas operações descobrem, às vezes, que a execução de atividades críticas da estratégia é obstruída por um arranjo organizacional em que partes da atividade são executadas por vários departamentos diferentes, sem que haja um gerente ou grupo responsável pelo bom desempenho da atividade como um todo. Isto pode ocorrer facilmente em atividades multifuncionais como atendimento ao cliente (que pode envolver pessoal de preenchimento de pedido, armazenamento e embarque, faturamento, contas a receber, reparo pós-venda e suporte técnico), desenvolvimento de novos produtos (que envolve, tipicamente, P&D, projeto e engenharia, compras, fabricação, vendas e marketing) e administração da cadeia de suprimentos (que envolve áreas como compras, administração de estoques, fabricação e montagem, armazenagem e despacho). Mesmo que o pessoal dos diferentes departamentos e áreas esteja inclinado a colaborar de perto, a atividade pode acabar não sendo executada adequada ou eficientemente do ponto de vista dos custos, visto que tal desempenho é afetado por adversidades.

Para resolver tais falhas de execução da estratégia, muitas empresas optaram, durante a última década, pela reengenharia, removendo partes das atividades críticas da estratégia de diferentes departamentos e unificando-as em um único departamento ou grupo de trabalho multifuncional. Reorganizar as pessoas que executavam partes isoladas do trabalho em um único grupo que tem responsabilidade por todo o processo e que pode ser responsável pela execução da atividade de maneira mais barata, melhor, e/ou mais de acordo com a estratégia é chamada "reengenharia do processo de negócios"[2].

Quando feita adequadamente, a reengenharia do processo de negócios produz benefícios operacionais extraordinários. Na seção de processamento de pedidos da divisão de interruptores da General Electric, o tempo decorrido entre o recebimento do pedido e a entrega foi reduzido de três semanas para três dias ao se consolidar seis unidades de produção em uma, dessa forma reduzindo a variedade de estoque anterior e as etapas de processamento, automatizando o sistema de projeto para substituir um processo de projeto manual do cliente e cortando as camadas organizacionais entre os gerentes e funcionários de três para uma. A produtividade aumentou 20% em um ano e os custos unitários de fabricação caíram 30%. A Northwest Water, empresa britânica de serviços públicos, usou a reengenharia do processo de negócios para eliminar 45 depósitos que serviam como base para equipes que instalavam e consertavam linhas de água e esgoto e equipamento. Atualmente as equipes trabalham diretamente em seus veículos, recebendo designação de tarefas e comunicando a conclusão do trabalho por intermédio de terminais de computador instalados em seus veículos. Os membros das equipes não são mais funcionários, e sim empreiteiros da Northwest Water. Estes esforços de reengenharia não só eliminaram a necessidade dos depósitos de trabalho como também permitiram à Northwest Water eliminar uma porcentagem considerável do pessoal administrativo e organizar a supervisão que administrava as equipes.

Desde o início de 1990, a reengenharia de atividades da cadeia de valor foi realizada no mundo inteiro por muitas empresas e em muitas indústrias, com resultados excelentes alcançados em algumas empresas. Enquanto a reengenharia produziu apenas resultados modestos em certos casos, normalmente por causa de inaptidão ou falta de compromisso, a reengenharia tem provado ser uma ferramenta útil pelo fato de agilizar o esforço de trabalho de uma empresa e aproximá-la da excelência operacional.

> **Conceito Central**
> O GQT requer a criação de uma cultura de qualidade total direcionada a melhorar o desempenho em cada tarefa e atividade da cadeia de valor, de forma contínua

Programas de Administração de Qualidade Total Gestão de Qualidade Total (GQT) é a filosofia de administrar um conjunto de práticas empresariais que enfatiza melhoria contínua em todas as fases das operações, precisão de 100% na execução de tarefas, envolvimento e capacitação dos funcionários de todos os níveis, projeto de trabalho com base em equipes, determinação do *benchmarking* e satisfação total do cliente. Enquanto o GQT concentra-se na produção de bens de qualidade que satisfaçam por completo às expectativas do cliente, alcança seus maiores êxitos quando também é estendido a esforços dos funcionários em todos os departamentos: faturamento, P&D, engenharia, contabilidade e registros e sistemas de informação — que carecem de pressão, de incentivos direcionados ao cliente para melhorar. Envolve a reforma da cultura empresarial e a mudança para um abrangente processo de melhoria de qualidade/contínuo que penetra em todas as facetas da organização. O GQT objetiva instalar entusiasmo e compromisso em fazer a coisa correta em todos os âmbitos da organização. O trabalho da administração é iluminar a busca, em toda a empresa, de maneiras de melhorar, busca esta que envolve todo o pessoal da empresa, excitando a iniciativa e fazendo uso da engenhosidade dos funcionários. A doutrina do GQT diz que não há "bom o bastante" e que todos têm a responsabilidade de tomar parte na melhoria contínua. GQT é, assim, uma corrida eterna. Sucesso vem com poucos passos à frente a cada dia, um processo que os japoneses conhecem por *kaizen*.

O GQT leva um tempo bastante longo para mostrar resultados consideráveis — benefícios significativos só aparecem dentro dos primeiros seis meses. O retorno em longo prazo do GQT, se vier, depende essencialmente do sucesso da administração na implantação de uma cultura dentro da qual as filosofias e práticas do GQT possam prosperar. O GQT é uma ferramenta administrativa que atraiu numerosos usuários e defensores durante várias décadas, e que pode fornecer bons resultados quando utilizada corretamente.

Controle de Qualidade Seis Sigma O controle de qualidade Seis Sigma consiste em um disciplinado sistema baseado em estatística que objetiva produzir não mais do que 3,4 defeitos por milhão de interações para qualquer processo de negócio — de fabricação a transações entre clientes[3]. O processo Seis Sigma "define, mede, analisa, melhora e controla" (DMAMC) é uma melhoria do sistema para processos existentes com resultados abaixo das expectativas e que necessitam de melhoria incremental. O processo Seis Sigma "define, mede, analisa, projeta e verifica" (DMAPV) é usado para desenvolver novos processos ou produtos com níveis de qualidade Seis Sigma. Ambos os processos Seis Sigma são executados por pessoal que tenha ganhado "cintos verdes" e "cintos pretos" Seis Sigma e sejam supervisionados por indivíduos que já tenham completado o treinamento "mestre cinto preto" Seis Sigma. De acordo com a Academia Seis Sigma, as pessoas que possuem cintos pretos podem economizar para as empresas aproximadamente $230.000 por projeto e completar de quatro a seis projetos por ano.

O pensamento estatístico que está por trás do Seis Sigma baseia-se nos três seguintes princípios: todo o trabalho é um processo, todos os processos têm variações e todos os processos criam dados que explicam tais variações. Para ilustrar como estes três princípios dirigem a métrica DMAMC, consideremos o caso de uma empresa de serviços de limpeza que quer melhorar a qualidade do trabalho feito por suas equipes e, assim, aumentar a satisfação dos clientes. A equipe Seis Sigma da empresa de serviços de limpeza pode procurar a melhoria da qualidade e a melhoria contínua pelo processo DMAMC como segue:

- *Definir.* Como o Seis Sigma visa reduzir defeitos, o primeiro passo é definir o que é um defeito. Membros da equipe Seis Sigma podem decidir que deixar riscas nas janelas é um defeito porque é uma fonte de insatisfação do cliente, por exemplo.

- *Medir.* O passo seguinte é coletar dados para descobrir por que, como e com que freqüência o defeito ocorre. Isso pode incluir um diagrama de fluxo do processo de maneiras específicas que as equipes executam a tarefa de observar clientes. Outra maneira de medir pode incluir o registro das ferramentas e produtos de limpeza que as equipes utilizam para limpar as janelas.

- *Analisar.* Depois que os dados são coletados e as estatísticas analisadas, a equipe Seis Sigma descobre que as ferramentas e técnicas de limpeza de certos funcionários são melhores do que as de outros porque suas ferramentas e procedimentos não deixam as janelas riscadas — uma melhor prática para evitar riscos nas janelas é então identificada e documentada.

- *Melhorar.* A equipe Seis Sigma implementa a melhor prática documentada como uma maneira padrão de limpar janelas.

- *Controlar.* A empresa ensina aos funcionários novos e antigos a técnica de melhor prática para limpeza de janelas. Ao longo do tempo, há melhoria significativa na satisfação do cliente e aumento do volume de negócios.

O processo Seis Sigma de DMAMC é um veículo particularmente bom para melhorar o desempenho quando há *variações amplas* em como uma atividade é executada[4]. Por exemplo, linhas aéreas que se esforçam para melhorar o desempenho de vôos têm mais a ganhar com ações para reduzir o número de vôos que estão atrasados em mais de 30 minutos do que com ações para reduzir o número de vôos que estão atrasados em menos de 5 minutos. De maneira análoga, uma empresa de serviços de entrega noturna pode ter um tempo médio de entrega de 16 horas, mas se o tempo real de entrega varia em torno da média de um valor baixo de 12 horas e um valor alto de 26 horas, de modo que 10% de seus pacotes sejam entregues ainda 6 horas depois, então a empresa tem um enorme problema de confiabilidade.

Desde a metade da década de 1990, milhares de empresas e organizações sem fins lucrativos em todo o mundo começaram a usar programas Seis Sigma para promover excelência operacional. Fabricantes como Motorola, Allied Signal, Caterpillar, DuPont, Xerox, Alcan Aluminum, BMW, Volkswagen, Nokia, Owens Corning e Emerson Electric empregaram técnicas Seis Sigma com grande vantagem para melhorar a qualidade da produção. A General Electric (GE), uma das empresas de maior sucesso na implantação do treinamento Seis Sigma e em busca da perfeição Seis Sigma, estimou benefícios da ordem de $10 bilhões de dólares durante os primeiros cinco anos de implantação. A GE iniciou o Seis Sigma em 1995, depois que a Motorola e a Allied Signal mostraram a trilha Seis Sigma. Um dos sucessos da GE foi na divisão de Iluminação, em que o Seis Sigma foi usado para cortar 98% dos defeitos de faturamento e reclamações — um benefício particular para o Wal-Mart, o maior cliente da divisão. A GE Capital Mortgage aumentou as chances de uma chamada ser atendida imediatamente por uma pessoa de 76% para 99%[5]. O Quadro Ilustrativo 12.2 descreve o uso do Seis Sigma no negócio de utensílios domésticos da GE na Whirlpool.

Quadro Ilustrativo 12.2
Uso do Seis Sigma para Promover Excelência Operacional na Whirlpool

A alta administração da Whirlpool Corporation — o maior fabricante mundial e distribuidor de utensílios domésticos em 2005 com 50 centros de fabricação e tecnologia ao redor do mundo e vendas em cerca de 170 países — sintetizou as atribuições da Whirlpool em "cada lar, em todos os lugares". Um dos principais objetivos dos gestores ao estabelecer esta visão é criar fidelidade inabalável do cliente para com a marca Whirlpool. A estratégia da Whirlpool para ganhar os corações e as mentes dos compradores de utensílios domésticos ao redor do mundo foi produzir e comercializar utensílios domésticos de alta qualidade e com características inovadoras que os clientes julgassem atrativas. Além disso, outra estratégia da Whirlpool foi oferecer uma larga faixa de modelos (reconhecendo que os gostos e as necessidades dos compradores diferem) e esforçar-se para obter eficiência de baixo custo produtivo, dessa forma habilitando a empresa a praticar preços competitivos. Executar esta estratégia nas operações norte-americanas (onde é líder de mercado), na América Latina (onde também é líder de mercado), na Europa (onde ocupa o terceiro lugar), e na Ásia (onde é a número um na Índia e tem ponto de apoio para grandes oportunidades em outros pontos) incluiu foco em melhoria contínua, capacidades industriais e um impulso em direção à excelência operacional. A fim de ordenar os esforços dos 68 mil funcionários executando a estratégia com sucesso, a administração desenvolveu um programa de excelência operacional abrangente, tendo o Seis Sigma como uma das peças centrais.

A iniciativa de Excelência Operacional, que começou na década de 1990, incorporou as técnicas Seis Sigma para melhorar a qualidade dos produtos da Whirlpool enquanto, ao mesmo tempo, diminuía os custos e reduzia o tempo necessário para introduzir inovações do produto no mercado. O programa Seis Sigma ajudou a Whirlpool a economizar $175 milhões em custos industriais nos seus três primeiros anos.

Para manter os ganhos em produtividade e a redução de custos, a Whirlpool incorporou práticas Seis Sigma em cada uma de suas instalações industriais mundiais e instaurou uma cultura com base na técnica Seis Sigma e habilidades e capacidades simples de fabricação. A partir de 2002, cada unidade operacional da Whirlpool começou a levar o Seis Sigma a um patamar acima, primeiro colocando as necessidades do cliente no centro de cada função — P&D, tecnologia, fabricação, comercialização e suporte administrativo — e esforçando-se para melhorar os níveis de qualidade consistentemente, ao passo que eliminava todos os custos desnecessários. A empresa sistematicamente revisou cada aspecto de seu negócio com a visão de que o pessoal da empresa deveria executar cada atividade, de cada nível, de maneira que adicionasse valor ao cliente, em direção à melhoria contínua.

A administração da Whirlpool acredita que o processo de Excelência Operacional foi um dos maiores contribuintes para manter a liderança mundial da empresa no ramo de utensílios.

Fonte: Informações publicadas em www.whirlpool.com (acessos em 25 de setembro de 2003 e 15 de novembro de 2005).

Entretanto, Seis Sigma não é apenas uma ferramenta de melhoria da qualidade para fabricantes. Em determinada empresa, o pessoal de vendas tipicamente oferecia banquetes aos clientes para fechar transações. Mas os custos de tal ato eram excessivamente altos, em muitos casos. Um projeto Seis Sigma que examinou dados de vendas descobriu que, embora o tempo com clientes fosse importante, banquetes e outros tipos de entretenimento não o eram. Os dados mostraram que o tempo de convivência com o cliente ajuda a fechar negócios, mas poderia ser gasto com uma simples xícara de café em vez de jogar golfe num clube ou levar os clientes para restaurantes caros. Além disso, a análise mostrou que tempo excessivo com os clientes é contraproducente. Um piquenique regular de clientes foi considerado prejudicial para a finalização de negociações porque foi marcado em um momento atribulado do ano, quando os clientes prefeririam não estar afastados de seus escritórios. Mudar a maneira pela qual clientes em potencial eram agradados resultou em um aumento de 10% nas vendas.

Um hospital de Milwaukee usou o Seis Sigma para acompanhar o processo de emissão de receitas médicas, visto que estas eram originadas da recomendação por escrito do médico, eram preenchidas pela farmácia do hospital e, então, administradas por enfermeiras. A análise DMAMC revelou que a maioria dos erros provinha da má interpretação da escrita do médico. O hospital implantou um programa que exige que os médicos digitem a receita em um computador, o que reduziu o número de erros dramaticamente.

Um problema feito sob medida para o Seis Sigma ocorre na indústria de seguros, em que é comum os melhores agentes venderem mais do que os agentes menos qualificados em uma ordem de dez para um — ou mais. Se os executivos de seguro oferecem uma viagem para o Havaí em uma competição mensal a fim de motivar os agentes de desempenho inferior, o resultado mais comum é motivar os agentes melhores a ser até mesmo mais produtivos e tornar o gap de desempenho ainda maior. Um projeto DMAMC Seis Sigma para reduzir a variação de desempenho dos agentes e corrigir o problema da grande quantidade de agentes com desempenho aquém do esperado começaria com a medição do desempenho de todos os agentes, descobrindo que os 20% melhores vendem sete vezes mais apólices que os 40% inferiores. A análise Seis Sigma consideraria, então, investigar o tempo gasto pelos agentes ao longo do dia, os fatores que distinguem os agentes de alto e baixo desempenho, informar-se a respeito de que técnicas de treinamento os especialistas utilizaram para converter agentes de desempenho baixo em agentes de alto desempenho e examinar como o processo de contratação poderia ser melhorado visando a evitar a contratação de pessoas de baixo desempenho, antes de tudo. O passo seguinte seria testar métodos de treinamento melhores ou traçar o perfil psicológico para identificar e eliminar prováveis candidatos de baixo desempenho e medir quais soluções alternativas realmente funcionam, quais não funcionam e por quê. Apenas as ações que provarem ser estatisticamente benéficas devem ser introduzidas em larga escala. O método DMAMC requer análise empírica para diagnosticar o problema (projetar, medir, analisar), testar soluções alternativas (melhorar) e, então, controlar o quão bem a atividade é executada, implantando ações que mostrem verdadeiramente solucionar o problema.

Uma empresa que, sistematicamente, aplica métodos Seis Sigma em sua cadeia de valor, atividade por atividade, pode dar passos largos, melhorando a proficiência com que sua estratégia é executada. Como no caso do GQT, obter compromisso administrativo, estabelecer uma cultura de qualidade e envolver completamente os funcionários são os três maiores desafios encontrados na implantação de programas de qualidade Seis Sigma[6].

A Diferença entre Reengenharia do Processo de Negócios e Programas de Melhoria Contínua como Seis Sigma e GQT A reengenharia do processo de negócio e os esforços de melhoria contínua, como GQT e Seis Sigma, visam melhorar a eficiência e reduzir custos, aumentar a qualidade do produto e a satisfação do cliente. A diferença essencial entre reengenharia do processo de negócios e programas de melhoria contínua é que a reengenharia visa *ganhos quantitativos* da ordem de 30% a 50% ou mais, enquanto os programas de qualidade total enfatizam *progresso incremental*, esforçando-se para obter ganhos polegada a polegada, eventuais, em um fluxo interminável. As duas abordagens para melhor desempenho das atividades da cadeia de valor e excelência operacional não são mutuamente exclusivas, e faz sentido usá-las conjuntamente. A reengenharia pode ser usada primeiro para produzir um bom projeto básico que gera melhorias rápidas e dramáticas ao executar um processo de negócio. Em seguida, os programas de qualidade total podem ser usados dando continuidade à reengenharia e/ou implantação de melhor prática, oferecendo melhoria gradual. Tal abordagem bilateral para implantação de excelência operacional é como uma maratona, na qual se correm os primeiros quatro quilômetros o mais rápido possível e, então, vai se adquirindo velocidade gradualmente no restante do percurso.

> A reengenharia do processo de negócios visa, de um lado, melhorias quantitativas; programas de melhoria contínua, como GQT e Seis Sigma, visam melhoria incremental contínua.

Captura de Benefícios de Iniciativas para Melhorar Operações

Geralmente, os maiores beneficiários do *benchmarking* e iniciativas de melhores práticas, reengenharia, GQT e Seis Sigma são empresas que vêem tais programas não como fins em si mesmos, mas como ferramentas de implantação e execução da estratégia da empresa de maneira mais eficiente. Os maiores retornos econômicos ocorrem quando os gerentes da empresa encaram os programas como algo que deve ser experimentado — idéias novas que podem melhorar situações. Na maioria destes casos, eles resultam em esforços para administrar melhor. Há uma lição importante a aprender. Práticas melhores, GQT, qualidade Seis Sigma e reengenharia, todas precisam ser vistas e usadas como parte de um esforço maior para executar a estratégia de maneira proficiente. Somente a estratégia pode indicar quais atividades da cadeia de valor importam e que alvos de desempenho fazem maior sentido. Na ausência de uma estrutura estratégica, falta aos gestores o contexto a que atrelar aquilo que realmente importa para o sucesso do desempenho da unidade de negócio.

Conceito Central
O propósito de usar *benchmarking*, melhores práticas, reengenharia do processo de negócio, GQT, Seis Sigma ou outros programas de melhoria operacional é melhorar o desempenho de atividades críticas da estratégia e a execução da estratégia.

A fim de obter mais da iniciativa para executar melhor a estratégia os gestores devem ter uma idéia clara sobre os resultados específicos que realmente importam. É um Seis Sigma ou uma taxa de defeitos menor, porcentagens de tempo de entrega, custos gerais baixos em relação aos concorrentes, altas porcentagens de clientes satisfeitos e poucas reclamações, tempo de ciclo mais curto, alta porcentagem de receitas de produtos introduzidos recentemente ou o quê? Melhor benchmarking da indústria e melhor desempenho da maior parte de todas as atividades em cadeia fornecem uma base realista para estabelecer o benchmarking de desempenho e parâmetros de alvos maiores.

Em seguida, vem a tarefa administrativa de construir uma cultura de qualidade total genuinamente comprometida a atingir os resultados de desempenho que o sucesso estratégico demanda. Os gestores podem dar os passos seguintes para perceber todo o valor das iniciativas GQT ou Seis Sigma[7]:

1. Compromisso visível, inequívoco e inflexível com a qualidade total e melhoria contínua, inclusive com visão de qualidade e objetivos específicos e mensuráveis para impulsionar as iniciativas.

2. Provocar as pessoas, no sentido de desempenhar comportamentos encorajadores da qualidade, mediante ações como:

    a. Escolher rigorosamente os candidatos aos cargos e contratar somente aqueles com atitudes e aptidões adequadas para desempenho amparado em qualidade.

    b. Oferecer treinamento de qualidade para a maioria dos funcionários.

    c. Usar equipes e exercícios de criação de equipes para reforçar e propiciar esforço individual (a criação de uma cultura de qualidade é facilitada quando as equipes tornam-se mais interdependentes, orientadas para multitarefas, e cada vez mais auto-administradas).

    d. Reconhecer e recompensar os esforços individuais e de equipe regular e sistematicamente.

    e. Enfatizar a prevenção (fazer certo a primeira vez), não a inspeção (instituir meios de corrigir equívocos).

3. Habilitar os funcionários de forma que a autoridade pela entrega de serviços bem-feitos ou melhoria dos produtos esteja nas mãos de realizadores em vez dos inspetores — *a melhoria da qualidade tem de ser vista como parte do trabalho de cada um.*

4. Usar sistemas on-line para divulgar a todos os participantes as melhores práticas e experiências atuais, acelerando sua difusão e adoção por toda a organização, e também permitindo troca de dados e opiniões sobre como melhorar as melhores práticas prevalecentes.

5. Propagar a idéia de que o desempenho pode e deve ser melhorado porque os concorrentes não ficam "de pernas para o ar" e os clientes estão sempre em busca de algo melhor.

Se as medidas de desempenho almejadas são apropriadas à estratégia e se todos os membros da organização (altos executivos, gerentes médios, equipe de profissionais e funcionários de linha) entrosam-se com base em uma cultura de excelência operacional, o clima de trabalho da empresa fica decididamente mais propício à execução da estratégia adequada. *Benchmarking*, implantação de melhor prática, reengenharia, GQT e iniciativas Seis Sigma podem melhorar significativamente o projeto de produto de uma empresa, tempo de ciclo, custos de produção, qualidade do produto, serviço, satisfação do cliente e outras atribuições operacionais, podendo até mesmo criar vantagem competitiva[8]. Não somente promover melhorias de tais iniciativas, mas fortalecer capacidades organizacionais, apesar de os benefícios que produzem tais medidas possuírem aspectos difíceis de precisar. Enquanto é relativamente fácil para os concorrentes empreender *benchmarking*, melhoria do processo e treinamento de qualidade, é muito mais difícil e demorado instalar uma cultura profundamente enraizada de excelência operacional (como acontece quando tais técnicas são religiosamente empregadas) e a alta administração assumir o compromisso duradouro para com a excelência operacional por toda a organização.

INSTALAR SISTEMAS DE INFORMAÇÃO E OPERAÇÃO

As estratégias da empresa não podem ser bem executadas sem vários sistemas internos para operações empresariais. A maioria da grandes empresas aéreas importantes não poderiam prover serviço agradável ao passageiro sem um sistema de reservas acessível ao usuário on-line, um sistema de controle preciso e veloz de movimentação de bagagem e um programa eficaz de manutenção de aeronaves para minimizar as falhas de equipamentos que ocasionam atrasos nas partidas das aeronaves. A FedEx tem sistemas de comunicação internos que permitem coordenar seus mais de 70 mil veículos, controlando uma média de 5,5 milhões de pacotes por dia. Seus sistemas líderes de operações de vôo permitem a um único controlador dirigir 200 de suas 650 aeronaves simultaneamente, com a possibilidade de anular planos de vôo caso surjam emergências. Além disso, a FedEx criou uma série de ferramentas de e-business para clientes que lhe permite transportar e rastrear pacotes on-line (tanto no site da FedEx quanto em suas próprias intranets), criar agendas de endereços, revisar histórico de remessas, gerar relatórios de clientes, simplificar o faturamento ao cliente, reduzir armazenamento interno e custos de administração de inventário, comprar bens e serviços de fornecedores e responder rapidamente a mudanças de demandas do cliente. Todos os sistemas da FedEx apóiam a estratégia da empresa de proporcionar negócios e indivíduos com larga experiência de serviços de entrega de pacotes (de entrega premium no dia seguinte à entrega econômica em cinco dias) e impulsionam sua competitividade em relação à United Parcel Service, Airborne Express e o U.S. Postal Service.

A Otis Elevator, o maior fabricante de elevadores do mundo, tem centros de serviços de comunicações 24 horas, chamado OtisLine, para coordenar seus esforços de manutenção em cerca de 1,5 milhão de elevadores e escadas rolantes instalados mundialmente. Monitores eletrônicos instalados no site de cada usuário podem detectar quando um elevador ou escada rolante tem qualquer um de 325 problemas e farão uma chamada automaticamente ao centro de serviço mais próximo. Operadores treinados atendem todas as chamadas de problemas, dão entrada de informações críticas na tela de um computador e podem enviar mecânicos treinados de 325 locais espalhados pelo mundo para o local com problema, assim que necessário. Todos os clientes têm acesso on-line a dados de desempenho de cada um de seus elevadores Otis. Mais de 80% dos mecânicos na América do Norte possuem telefones habilitados para a internet conectados ao e-service, que transporta as informações necessárias rapidamente e permite que os mecânicos atualizem os dados nos computadores da Otis para referência futura. O sistema OtisLine ajuda a manter os tempos de perda de energia elétrica inferiores a duas horas e meia. Todos os dados de dificuldade do atendimento são retransmitidos para o pessoal de projeto e de fabricação, permitindo-lhes alterar rapidamente especificações de projeto ou procedimentos de fabricação quando é necessário corrigir problemas repetitivos.

A Amazon.com despacha pedidos de clientes de armazéns completamente computadorizados que contêm cerca de 3 milhões de livros, CDs, brinquedos e utilidades domésticas.

Os armazéns são tão sofisticados tecnologicamente que requerem aproximadamente a mesma quantidade de linhas de código para operar que o site da Amazon. Usando algoritmos de separação complexos, os computadores iniciam o processo de separação do pedido enviando sinais aos receptores de telegrafia sem fio dos trabalhadores, informando-lhes que artigos separar das estantes e em que seqüência. Os computadores também geram dados sobre artigos separados em caixas erradas, tempos de itens em falta na esteira, velocidade da linha, produtividade do separador e pesos de embarque dos pedidos. Os sistemas são atualizados regularmente, e melhorias de produtividade são procuradas agressivamente. Em 2003, seis armazéns da Amazon puderam controlar três vezes mais o volume controlado em 1999 com custos médios de 10% das receitas (contra 20% em 1999); além disso, giraram o inventário anual mais de 20 vezes numa indústria cuja média anual era de 15 giros. A eficiência dos armazéns da Amazon e o custo por pedido atendido eram tão baixos, que uma das partes mais lucrativas do negócio da Amazon estava usando seus armazéns para as operações de e-commerce da Toys "R" Us e Target.

A maioria das companhias telefônicas, de utilidades elétricas e sistemas de transmissao de TV tem sistemas de monitoramento on-line para detectar problemas de transmissão dentro de segundos e aumentar a confiabilidade de seus serviços. Na eBay, há sistemas para monitoramento em tempo real de listagens novas, atividade da concorrência, tráfego do site e visitas de páginas. A Kaiser Permanente gastou $3 bilhões para digitalizar os registros médicos de seus 8,2 milhões de associados, de forma que administrasse o cuidado ao paciente mais eficazmente. A IBM criou um banco de dados de 36 mil perfis de funcionários que permite designar o consultor da IBM mais qualificado para os projetos de clientes. Em negócios como contabilidade pública e consultoria administrativa, em que grandes números de profissionais competentes são requeridos, as empresas desenvolveram sistemas que identificam quando é hora de certos funcionários participarem de programas de treinamento para atualizar suas habilidades e conhecimento. Muitas empresas catalogaram informação de melhor prática em suas intranets para promover transferência mais rápida e implantação em toda a organização[9].

Sistemas operacionais bem-concebidos não só habilitam melhor a execução da estratégia, como também fortalecem a capacidade organizacional — talvez o bastante para criar vantagem competitiva sobre os concorrentes. Por exemplo, uma empresa com uma estratégia de diferenciação fundamentada em qualidade superior adiciona capacidade se tem sistemas para treinar pessoal em técnicas de qualidade, acompanhando a qualidade do produto em cada passo da produção e assegurar que todos os bens despachados satisfazem os padrões de qualidade. Uma empresa que se esforce para ser um provedor de custo baixo é competitivamente mais forte se tem um sistema de *benchmarking* que identifique oportunidades para implementar melhores práticas e direcionar custos para fora do negócio. Empresas de crescimento rápido obtêm ajuda importante se têm capacitação, em vez de recrutar e treinar funcionários novos em grande quantidade e investir em infra-estrutura para controlar o crescimento rápido, como acontece. Quase sempre é melhor criar infra-estrutura e sistemas de apoio antes do necessário do que ter que "se virar" para alcançar a demanda do consumidor.

Conceito Central
Sistemas de suporte podem ser uma base para vantagem competitiva se resultam em capacitações sólidas, que os concorrentes não podem simular.

Instituindo Sistemas de Informações, Acompanhamento de Desempenho e Controles Adequados

Informação precisa e oportuna sobre operações diárias é essencial se os gestores vão medir quão bem o processo de execução da estratégia está procedendo. Sistemas de informação precisam cobrir cinco grandes áreas: (1) dados do cliente, (2) dados das operações, (3) dados do funcionário, (4) dados aliados fornecedor/sócio/colaborador e (5) dados de desempenho financeiro. Todos os indicadores-chave de desempenho estratégico têm de ser localizados e informados freqüentemente. Declarações de perdas e ganhos mensais e resumos estatísticos mensais estão sendo substituídos rapidamente por atualizações estatísticas diárias e até mesmo por minuto, monitoração que a tecnologia on-line torna possível. Muitas empresas de varejo automatizaram sistemas on-line que geram relatórios diários de vendas para cada loja e mantêm inventário minuto a minuto e registros de vendas de cada artigo. Fábricas geram, tipicamente, informações de produção diária e produtividade do trabalho em cada turno. Muitos varejistas e fabricantes têm sistemas de dados on-line que os conectam com seus fornecedores, os quais monitoram o estado dos estoques, acompanham remessas e entregas e medem taxas de defeito.

Sistemas de informação em tempo real permitem aos gestores maior presença em iniciativas de implantação e operações diárias, e que possibilitem sua intervenção se as coisas parecerem estar fora de curso. Rastrear indicadores-chave de desempenho, coleta de informações do pessoal em atividade, rápida identificação e diagnose de problemas, e tomar ação corretiva são todos parte integrante do processo de administrar a implantação de estratégia e execução e exercer controle adequado da organização. Várias empresas começaram a criar, recentemente, cartões eletrônicos para gerentes seniores que coletam estatísticas diária ou semanalmente de bancos de dados diferentes sobre estoque, vendas, custos e tendências de vendas; tais informações permitem a estes gestores verificar facilmente o que está acontecendo e tomar melhores decisões em tempo real. Empresas de telefonia têm sistemas de informação elaborados para medir a qualidade do sinal, tempo de conexão, interrupções, conexões erradas, erros de faturamento e outras medidas de confiabilidade que afetam o atendimento ao consumidor e sua satisfação. Para localizar e administrar a qualidade do serviço de passageiros, as linhas aéreas têm sistemas de informação para monitorar a demora no portão de embarque, partidas e chegadas no horário, tempo de manuseio de bagagem, reclamações de bagagem perdida, falta de estoque de comidas e bebidas, *overbooking* e demoras e falhas. A Continental Airlines tem um sistema on-line que alerta a empresa quando os aviões chegam com atraso e avalia se os vôos de conexão precisam ser ligeiramente atrasados para que passageiros e carrinhos de bagagem enviados ao portão de embarque diminuam o tempo necessário para que cheguem ao seu vôo de conexão. British Petroleum (BP) equipou vagões que transportam cargas perigosas com sensores e sistema de posicionamento global (GPS), de forma que possam acompanhar o estado, localização e outras informações sobre estas remessas por satélite e retransmitir os dados para a intranet de sua empresa. Empresas que confiam em pessoal autorizado para agir pronta e criativamente para agradar a clientes instalaram sistemas de informação on-line que o cliente monitora com algumas batidas de tecla, de forma que responda efetivamente investigações do cliente e forneça atendimento personalizado ao consumidor.

A informação estatística dá aos administradores uma percepção de números, instruções específicas, e as reuniões provêem a percepção para os mais recentes desenvolvimentos e assuntos emergentes, e os contatos pessoais adicionam a percepção da dimensão humana. Todos são bons barômetros. Os gerentes têm de identificar áreas problemáticas e desvios do plano antes de entrar em ação para pôr a empresa de volta ao curso, tanto melhorando as abordagens à execução da estratégia como refinando-a. Jeff Bezos, CEO da Amazon, é defensor ardente da "administração pelos números" — como ele mesmo diz "Decisões com base em Matemática sempre esbarram em opinião e julgamento. A dificuldade com a maioria das empresas é que elas tomam decisões com base em julgamentos quando se pode tomar decisões com base em dados"[10].

> **Conceito Central**
> Bons sistemas de informação e dados operacionais complementam-se para execução de estratégia competente e excelência operacional.

Exercendo Controles Adequados sobre Funcionários com Autoridade

Outro aspecto importante de administrar efetivamente e controlar o processo de execução da estratégia é monitorar o desempenho de funcionários autorizados para verificar se agem dentro dos limites especificados. Deixar funcionários por sua própria conta satisfazendo padrões de desempenho sem verificações e equilíbrios apropriados pode expor uma organização a risco excessivo. Existem centenas de exemplos de decisões de funcionários ou comportamento errados, às vezes custando à empresa somas enormes ou processos judiciários, além de gerar publicidade embaraçosa.

Os gestores não deveriam ter de dedicar muito de seu tempo para ter certeza de que as decisões e comportamento de funcionários autorizados não ultrapassem os limites — o que anularia o principal motivo da autorização e, na verdade, conduziria ao restabelecimento de uma burocracia administrativa marcada por supervisão constante e discreta. Os líderes ainda têm uma responsabilidade clara para exercer controle suficiente sobre funcionários autorizados e proteger a empresa contra comportamento inadequado e surpresas mal recebidas. Examinar estatísticas operacionais diárias e semanais é um dos meios importantes pelos quais os gestores podem monitorar os resultados que fluem das ações de subordinados autorizados; se os resultados parecerem bons, então será razoável assumir que a autorização está funcionando.

Mas monitoramento próximo de tempo real ou desempenho operacional diário é apenas uma das ferramentas de controle à disposição da administração. Outra alavanca valiosa de controle em empresas que confiam em funcionários autorizados, especialmente naquelas que usam grupos de trabalho auto-administrados ou outras equipes, é o controle baseado em observação. A maioria dos membros da equipe sente-se responsável pelo sucesso de todos e tende a ser relativamente intolerante com o comportamento de qualquer membro da equipe que enfraqueça o desempenho ou coloque as realizações em risco (especialmente quando o desempenho da equipe tem grande impacto na compensação de cada membro). Pelo fato de a avaliação por observação ser um dispositivo de controle tão poderoso, empresas organizadas em equipes podem remover algumas camadas da hierarquia administrativa e confiar na forte pressão da equipe para manter os membros "na linha". Isto é especialmente verdade quando uma empresa tem a capacidade de sistemas de informação para monitorar o desempenho da equipe diariamente ou em tempo real.

VINCULAR RECOMPENSAS E INCENTIVOS PARA A BOA EXECUÇÃO DA ESTRATÉGIA

É importante para a organização e os indivíduos se comprometerem a executar a estratégia e atingir objetivos de desempenho. Gerentes usam em geral uma variedade de técnicas de motivação e recompensas para obter o compromisso de toda a empresa para executar o plano estratégico. Um gerente tem de fazer mais que apenas conversar com cada um sobre como práticas estratégicas novas e objetivos de desempenho são importantes para o bom funcionamento da organização. Não importa quão inspiradora, a conversa não impulsiona as pessoas por muito tempo. Para adquirir o compromisso contínuo, enérgico de funcionários, a administração tem de ser diligente, projetando e usando incentivos motivacionais — monetários e não-monetários. Quanto mais um gerente entende o que motiva os subordinados e quanto mais confia em incentivos motivacionais como uma ferramenta por alcançar os resultados estratégicos e financeiros almejados, maior será o compromisso dos funcionários para a boa execução diária da estratégia e realização de objetivos de desempenho[11].

Conceito Central
Uma estrutura de prêmios corretamente projetada é a ferramenta mais poderosa da administração para mobilizar o compromisso organizacional e garantir a execução da estratégia.

Facilitando Práticas de Estratégia Motivacional

Incentivos financeiros geralmente encabeçam a lista de ferramentas de motivação para conseguir compromisso de lealdade do funcionário pela boa execução da estratégia e excelência operacional. Recompensas monetárias geralmente incluem alguma combinação de aumento do pagamento básico, gratificações de desempenho, planos de participação nos lucros, prêmios em ações, contribuições da empresa para o funcionário 401(k) ou planos de aposentadoria e incentivos por empreitada (no caso de trabalhadores de produção). Mas empresas prósperas e seus gestores regularmente fazem uso extenso de incentivos não-monetários, como palavras de elogio freqüentes (ou crítica construtiva), reconhecimento especial nas reuniões da empresa, relatório informativo, mais (ou menos) segurança no emprego, tarefas estimulantes, oportunidades de transferência para locais atraentes, aumento (ou diminuição) de autonomia e promoção rápida (ou o risco de ser descartado para cargos comuns e sem perspectivas). Além disso, as empresas usam um conjunto de outras abordagens motivacionais para tornar seus postos de trabalho mais atraentes e estimular maior comprometimento do funcionário para com o processo de execução da estratégia; os seguintes são alguns dos mais importantes[12]:

> **Conceito Central**
> Um dos maiores desafios de execução da estratégia da administração é empregar técnicas motivacionais que criem comprometimento incondicional à excelência operacional e atitudes vencedoras entre funcionários.

- *Prover prêmios atrativos de recuperação e benefícios adicionais* — As várias opções incluem cobertura total de prêmios de seguro médico; reembolso total de instrução para trabalho em títulos universitários; período de férias pago de três ou quatro semanas; cuidado de criança nas instalações principais; instalações de ginásio no local e terapeutas de massagem; oportunidades de descanso em instalações recreativas de propriedade da empresa (casas de praia, fazendas, condomínios); serviços pessoais de portaria; lanchonetes subsidiadas e almoços grátis; *casual dress* diariamente; serviços de viagem pessoais; licenças de viagem remuneradas; licenças-maternidade; licenças pagas para cuidar de familiares doentes; *telecommuting*; fim de semana comprimido (quatro dias de 10 horas em vez de cinco dias de 8 horas); horas de verão reduzidas; bolsas de estudos para filhos; gratificações no local por desempenho excepcional e serviços de recolocação.

- *Confiar em promoção interna sempre que possível* — Esta prática ajuda a unir os trabalhadores ao seu empregador e os empregadores aos seus trabalhadores; além de ser um incentivo para o bom desempenho. Promoção interna também ajuda a assegurar que as pessoas em posições de responsabilidade na verdade sabem algo sobre o negócio, tecnologia e operações que estão administrando.

- *Ter certeza de que as idéias e sugestões de funcionários são avaliadas e as com mérito são colocadas em prática prontamente* — Muitas empresas acham que suas melhores idéias para melhorias operacionais vêm das sugestões dos funcionários. Além disso, pesquisas indicam que os movimentos de muitas empresas para democratizar decisões e autorizar funcionários aumenta a motivação e a satisfação, bem como impulsiona sua produtividade. O uso de equipes auto-administradas tem o mesmo efeito.

- *Criação de uma atmosfera de trabalho na qual há sinceridade genuína, preocupação e respeito mútuo entre trabalhadores e entre administração e funcionários* — Um ambiente de trabalho "familiar" no qual as pessoas estão em uma base de primeiro-nome e camaradagem forte promove trabalho em equipe e colaboração na unidade.

- *Declaração da visão estratégica em termos de inspiração que faz os funcionários sentirem que tomam parte em algo que vale a pena em um sentido social maior* — Há forte motivação associada com dar às pessoas uma chance de ser parte de algo excitante e satisfatório. Trabalhos com propósito nobre tendem a estimular os funcionários. Na Pfizer, Merck e muitas outras empresas farmacêuticas, o estímulo é a noção de ajudar as pessoas doentes a melhorar e restabelecer a vida completa aos pacientes. Na Whole Foods Market (uma cadeia de supermercado de alimentos naturais) é o objetivo de ajudar os clientes a descobrir hábitos de comer bem e, assim, melhorar a saúde e a nutrição humanas.

- *Compartilhar informações com funcionários sobre desempenho financeiro, estratégia, medidas operacionais, condições de mercado e as ações dos concorrentes* — Revelação ampla e pronta comunicação enviam a mensagem de que os líderes confiam em seus funcionários. Manter os funcionários na escuridão os nega informações úteis para executar seu trabalho, lhes impede de ser "estudantes do negócio" e normalmente os desanima.

- *Ter instalações espetaculares* — Um local de trabalho com características atraentes e amenidades normalmente tem efeitos bastante positivos na moral e produtividade do funcionário.

- *Ser flexível na forma de abordar a administração de pessoas (motivação, compensação, reconhecimento, recrutamento) em ambientes multinacionais, multiculturais* — Normalmente há algum mérito em dar aos gerentes locais em operações estrangeiras oportunidade para adaptar sua motivação, compensação, reconhecimento e práticas de recrutamento para ajustar-se a costumes locais, hábitos, valores e práticas empresariais em vez de insistir em pessoal administrativo consistente com a prática mundial. Esta é uma área em que consistência é essencial, é preciso transmitir a mensagem de que a organização avalia as pessoas de todas as raças e diferentes culturas e que a discriminação de qualquer tipo não será tolerada.

Para exemplos específicos das táticas de motivação utilizadas por várias empresas proeminentes (muitas das quais aparecem na lista da *Fortune* "The 100 Best Companies to Work for in America"), veja o Quadro Ilustrativo 12.3.

Ajuste do Equilíbrio Certo entre Recompensa e Punição

Enquanto a maioria das abordagens para motivação, compensação e administração de pessoas aponta para o positivo, as empresas também aplicam recompensas positivas com o risco de punição. Na General Electric, na McKinsey & Company, várias empresas de contabilidade pública globais e outras empresas que procuram e esperam desempenho individual excepcional, há gerentes de política e profissionais que adotam a prática "para cima ou fora" com as pessoas cujo desempenho não é suficientemente bom para justificar promoção, às quais são negados primeiro gratificações e prêmios em ações e, eventualmente, são dispensadas. Várias empresas deliberadamente dão aos funcionários cargas de trabalho pesadas e prazos apertados — o pessoal é pressionado para atingir objetivos "esticados" e esperados por longas horas (noites e fins de semana, se for necessário). Na maioria das empresas, executivos seniores e pessoal-chave em unidades com desempenho baixo são pressionados para impulsionar o desempenho a níveis aceitáveis e mantê-lo, correndo o risco de serem substituídos.

Como regra geral, não é inteligente tirar a pressão para bom desempenho do indivíduo e do grupo ou reduzir a tensão, ansiedade e conseqüências adversas de quedas no desempenho. Não há nenhuma evidência de que o ambiente de trabalho sem pressão/sem conseqüência adversa leve à execução de estratégia superior ou excelência operacional. Como o CEO de um importante banco diz, "Aqui há uma política deliberada para criar um nível de ansiedade. Vencedores normalmente jogam como se estivessem com um ponto a menos"[13]. *Organizações de alto desempenho quase sempre têm uma estrutura de pessoas ambiciosas que apreciam a oportunidade de subir a escada do sucesso, amam desafios, prosperam em um ambiente orientado para desempenho e consideram competição e pressão adequadas para satisfazer a suas próprias expectativas de reconhecimento e realização.*

Porém, se as abordagens de motivação de uma organização e estrutura de recompensa induzirem a muita tensão, competitividade interna, insegurança no trabalho e conseqüências desagradáveis, o impacto no moral da mão-de-obra e na execução da estratégia poderá ser contraproducente. A evidência mostra que iniciativas administrativas para melhorar a execução da

Quadro Ilustrativo 12.3
O Que as Empresas Fazem para Motivar e Recompensar os Funcionários

As empresas propuseram uma variedade impressionante de práticas de motivação e de recompensa para ajudar a criar um ambiente de trabalho que energize os funcionários e promova a execução da melhor estratégia. Segue uma amostra do que as empresas estão fazendo:

- O Google tem um complexo de quatro edifícios, conhecido como o Googleplex, onde estão estabelecidos os cerca de mil funcionários que dispõem de comida grátis, sorvete ilimitado, piscina, mesas de ping-pong e massagem grátis — a administração construiu o Googleplex para ser "um ambiente de sonhos". Além disso, a empresa dá a seus funcionários a possibilidade de gastar 20% do seu tempo de trabalho em qualquer atividade externa.
- A Lincoln Electric, amplamente conhecida por seu esquema de pagamento por peça e plano de gratificação de incentivo, recompensa a produtividade individual pagando os trabalhadores por peça não-defeituosa produzida. Os trabalhadores devem corrigir problemas de qualidade em seu próprio ritmo. Os defeitos nos produtos usados pelos clientes podem ser identificados pelo próprio trabalhador que os causou. O plano de trabalho por peça da Lincoln motiva os trabalhadores a prestar atenção tanto à qualidade quanto ao volume produzido. Além disso, a empresa reserva uma porção significativa de seus lucros, acima de uma base pré-especificada, para gratificações ao funcionário. Para determinar o valor da gratificação, a Lincoln Electric qualifica cada trabalhador em quatro medidas de desempenho igualmente importantes: confiança, qualidade, produção e idéias e cooperação. Quanto mais alto o mérito de um funcionário, mais alta é a gratificação de incentivo que recebe; funcionários altamente avaliados em anos de boa lucratividade recebem gratificações de até 110% por peça.
- Na JM Family Enterprises, distribuidor da Toyota na Flórida, os funcionários adquirem um considerável arrendamento em Toyotas novos e são levados de avião para cruzeiros no iate da empresa, nas Bahamas. Os escritórios da empresa têm "adicionais" como um deck aquecido na piscina, um centro de esportes e um salão de manicure gratuitos. Funcionários adquirem receitas grátis e jantares feitos profissionalmente para viagem.
- A Amazon.com entrega prêmios Just Do It a funcionários que fazem algo que possivelmente ajudará a Amazon, sem pedir permissão de seu chefe. A ação tem de ser bem pensada, mas não necessariamente bem-sucedida.
- A Nordstrom, amplamente considerada por sua grande experiência em atendimento doméstico ao consumidor, habitualmente paga a seu pessoal de vendas a varejo um salário por hora mais alto do que as taxas pagas por outras cadeias de loja de departamentos, mais uma comissão por cada venda. Estimulado por uma cultura que encoraja o pessoal de vendas a fazer de tudo para satisfazer o cliente e procurar e promover novas idéias de moda, o pessoal de vendas da Nordstrom ganha, freqüentemente, duas vezes a receita média dos funcionários de vendas das lojas concorrentes. As regras da Nordstrom para funcionários são simples: "Regra nº1: Use seu bom julgamento em todas as situações. Não há nenhuma regra adicional".
- Na W. L. Gore (o fabricante de Gore-Tex), os funcionários conseguem escolher em que projeto/equipe trabalhar e a compensação de cada membro da equipe é fundamentada na classificação de outros membros ou sua contribuição para a empresa.
- Na Ukrop's Super Markets, uma cadeia de propriedade familiar, as lojas permanecem fechadas aos domingos, uma empresa paga 20% dos lucros antes dos impostos a funcionários na forma de gratificações trimestrais e paga também a mensalidade dos funcionários se eles visitam seu clube de saúde ao menos 30 vezes por trimestre.
- Na líder em biotecnologia Amgen, os funcionários recebem 16 feriados pagos, tempo de férias generoso, reembolso da taxa de matrícula para instrução até $10.000,00, massagens no local, lavagem de carro e a conveniência de fazer compras nos pontos-de-vendas dos fazendeiros locais.
- A Synovus, uma empresa de serviços financeiros e de cartão de crédito, adiciona até 20% anuais à compensação de cada funcionário por um "programa de construção saudável" que inclui o 401(k) e lucro compartilhado; além disso, mantém um torneio anual de pesca.
- Na especialista em chips de computador Xilinx, contratados novos recebem concessões de opções e de ações; o CEO responde prontamente a e-mails dos funcionários e, em tempos de dificuldades, paga salários 20% menores em vez de demitir funcionários.

Fontes: Listas da *Fortune*: Lists of the 100 best companies to work for in America, 2002, 2004 e 2005 (acesso em 14 de novembro de 2005); Jefferson Graham, "The Search Engine that Could," *USA Today,* 26 de agosto de, 2003, p. B3; e Fred Vogelstein, "Winning the Amazon Way", *Fortune* (26 de maio de 2003), p. 73.

estratégia deveriam incorporar mais elementos motivacionais positivos do que negativos, porque quando a cooperação é listada positivamente e recompensada, em vez de munir os funcionários de pedidos e desafios (implícitos ou explícitos), as pessoas tendem a responder com mais entusiasmo, dedicação, criatividade e iniciativa. Algo intermediário é geralmente ótimo — não só distribuindo recompensas decididamente positivas por satisfazer ou ultrapassar objetivos de desempenho, mas também impondo conseqüências suficientemente negativas quando o desempenho é aquém do esperado. Mas as conseqüências negativas de baixa realização nunca deveriam ser tão severas ou desmoralizantes a ponto de impedir um esforço renovado e determinado para superar os obstáculos existentes e atingir os objetivos nos períodos seguintes.

Unindo o Sistema de Recompensa a Resultados de Desempenho Estrategicamente Relevantes

O modo mais seguro de manter as pessoas focadas na execução da estratégia e na realização de objetivos de desempenho é recompensar generosamente e reconhecer os indivíduos e grupos que igualaram ou bateram o desempenho-alvo, negando recompensas e reconhecimento aos que não o fizeram. O uso de incentivos e recompensas é a ferramenta administrativa mais poderosa para comprometer o funcionário à execução de estratégia diligente, competente e operacionalmente excelente. Decisões sobre aumentos de salário, compensação de incentivo, promoções, tarefas fundamentais e os modos e meios de premiar, elogio ou reconhecimento, são dispositivos eficazes para chamar a atenção e gerar compromisso. Tais decisões raramente escapam ao escrutínio mais íntimo do funcionário, enquanto fornecem mais informações sobre o que é esperado e considerado um bom trabalho do que qualquer outro fator. Conseqüentemente, quando atingir ou ultrapassar objetivos estratégicos e financeiros torna-se a principal base para definir incentivos, ao avaliar o indivíduo e esforços de grupo e distribuir recompensas, o pessoal da empresa compreende rápido que está ao seu alcance fazer o melhor executando a estratégia competentemente e alcançando os objetivos de desempenho fundamentais. Na verdade, é pelo sistema de incentivos e recompensas da empresa que a mão-de-obra ratifica emocionalmente o compromisso para o esforço de execução da estratégia da empresa.

Conceito Central
Um sistema de recompensas adequadamente projetado alinha o bem-estar dos membros da organização às suas contribuições para execução de estratégia competente e a realização de objetivos de desempenho.

Idealmente, deveriam ser fixados objetivos de desempenho para cada unidade da organização, cada gerente, cada equipe ou grupo de trabalho e, talvez, para cada funcionário — objetivos que medem se a execução da estratégia está progredindo satisfatoriamente. Se a estratégia da empresa inclui ser um provedor de baixo custo, o sistema de incentivo tem de recompensar ações e realizações que resultam em custos mais baixos. Se a empresa tem uma estratégia de diferenciação pela qualidade superior e pelo serviço, o sistema de incentivo tem de recompensar resultados como as taxas de defeito Seis Sigma, necessidade pouco freqüente de reparo do produto, baixos índices de reclamação, processo de pedidos e entrega veloz e altos níveis de satisfação do cliente. Se o crescimento da empresa é atribuído a uma estratégia de inovação de produto, os incentivos devem estar acoplados a fatores como porcentagens de receitas e lucros vindos de produtos introduzidos recentemente.

A Ilustração 12.4 oferece dois exemplos reais de como empresas projetaram incentivos atrelados diretamente a resultados que refletem boa execução da estratégia.

A Importância de Fundamentar Incentivos em Alcançar Resultados, Não em Executar Deveres Designados Para criar um sistema de estratégia de apoio a recompensas e incentivos, a empresa tem de enfatizar que os indivíduos são recompensados por atingir resultados, não por apenas executar de maneira submissa tarefas designadas. Focalizar a atenção e energia dos ocupantes de cargos no que alcançar, em vez de no que fazer, torna

Quadro Ilustrativo 12.4
Nucor e Bank One: Duas Empresas Que Atrelam Incentivos Diretamente à Estratégia de Execução

A estratégia na Nucor Corporation, atualmente o maior produtor de aço dos Estados Unidos, é ser o produtor de produtos de aço a um baixo custo. Visto que os custos de mão-de-obra são uma fração significativa do custo total no ramo do aço, a implantação com sucesso da estratégia de ênfase em custo baixo da Nucor permite alcançar custos de mão-de-obra por tonelada de aço mais baixos que os das concorrentes. A administração da Nucor usa um sistema de incentivo para promover alta produtividade do trabalhador e orientar os custos de mão-de-obra por tonelada abaixo das concorrentes. A força de trabalho de cada usina é organizada em equipes de produção (cada uma designada para executar funções particulares), e são estabelecidos objetivos de produção semanais para cada equipe. São estabelecidas escalas de pagamento básicas a níveis comparáveis aos salários para trabalhos industriais semelhantes nas áreas onde a Nucor tem usinas, mas os trabalhadores podem ganhar uma gratificação de 1% para cada 1% que sua produção exceder níveis-alvo. Se uma equipe de produção exceder seu objetivo semanal de 10%, os membros da equipe receberão uma gratificação de 10% no seu próximo pagamento; se uma equipe exceder sua cota 20%, os membros da equipe ganharão uma gratificação de 20%. As gratificações, pagas a cada duas semanas, são baseadas nos níveis de produção atuais das duas semanas anteriores medidos em relação aos objetivos.

O plano de incentivo por peça da Nucor produziu resultados impressionantes. As equipes de produção fizeram um esforço excepcional; não é incomum para a maioria das equipes exceder seus objetivos-alvo semanais de produção de 20% a 50%. Quando adicionadas ao seu pagamento básico, as gratificações ganhas pelos trabalhadores da Nucor posicionam a sua mão-de-obra entre as mais bem pagas da indústria de aço norte-americana. De uma perspectiva administrativa, o sistema de incentivo resultou na Nucor ter níveis de produtividade de trabalho de 10% a 20% acima da média da mão-de-obra sindicalizada de vários de seus maiores concorrentes, que em troca deram à Nucor uma vantagem de custo de mão-de-obra significativa sobre a maioria dos concorrentes.

Na Bank One (recentemente adquirida pela JP Morgan Chase), a administração acreditou que seria estrategicamente importante melhorar suas avaliações de satisfação do cliente para aumentar a competitividade diante dos concorrentes. Foram estabelecidos objetivos de satisfação do cliente e sistemas de monitoramento em cada escritório de filial em funcionamento. Então, para motivar o pessoal do escritório a estar mais atento a agradar aos clientes e também sinalizar que a alta administração estava verdadeiramente comprometida em atingir níveis globais mais altos de satisfação ao cliente, a alta administração optou por acoplar escalas de pagamento maiores para avaliar a satisfação do cliente daquela filial — quanto mais alta a avaliação da filial, mais altas as escalas de pagamento. A mudança no tema "pagamento igual para trabalho igual" para "pagamento igual para desempenho igual" contribuiu significativamente para sua prioridade de satisfação do cliente.

---

o ambiente de trabalho orientado para resultados. É uma medida administrativamente equivocada vincular incentivos e recompensas a desempenho satisfatório de deveres e atividades, esperando que os subprodutos disso sejam os resultados empresariais desejados e realizações da empresa. Em qualquer trabalho, a execução de tarefas designadas não é equivalente a alcançar resultados planejados. Aparecer diligentemente para o trabalho e executá-lo satisfatoriamente, por si só, não garante resultados. Como qualquer estudante sabe, o fato de um instrutor ensinar e os estudantes comparecerem às aulas não necessariamente significa que estes estão aprendendo. A indústria da educação indubitavelmente assumiria um caráter diferente se os professores fossem recompensados pelo resultado do estudante que aprende e não simplesmente pela atividade de ensinar.

> É loucura recompensar um resultado com a esperança de obter outro.

Compensação de incentivo para altos executivos está tipicamente atrelada a medidas financeiras como renda e crescimento de salários, desempenho do preço das ações, retorno do investimento e valor do crédito e, talvez, medidas estratégicas como participação de mercado, qualidade do produto ou satisfação do cliente. Entretanto, incentivos para chefes de departamento, equipes, e trabalhadores individuais podem ser acoplados a resultados de desempenho relacionados mais intimamente à sua área estratégica de responsabilidade. Na fabricação, a compensação de incentivo pode ser acoplada à unidade de custos industriais, produção dentro do prazo e embarque, taxas de defeito,

> **Conceito Central**
> O papel do sistema de recompensas é alinhar o bem-estar dos membros da organização com a percepção da visão da empresa, de forma que os membros da organização se beneficiem ajudando a empresa a executar sua estratégia competentemente e satisfaçam completamente os clientes.

quantidade e duração das paradas de trabalho devido a discordâncias de mão-de-obra e falhas do equipamento e assim por diante. Em vendas e comercialização, pode haver incentivos por atingir o valor monetário de vendas ou objetivos em volume de unidades-alvo, participação de mercado, penetração de vendas em cada grupo de clientes-alvo, o destino de produtos introduzidos recentemente, a freqüência de reclamações de clientes, número de contas novas obtidas e satisfação do cliente. Qual desempenho medir para fundamentar a compensação de incentivo depende da situação — da prioridade colocada nos vários objetivos financeiros e estratégicos, as exigências para sucesso estratégico e competitivo e que resultados específicos são necessários em diferentes facetas do negócio para manter a execução da estratégia nos trilhos.

Diretrizes para o Projeto de Sistemas de Compensação de Incentivo Os conceitos e experiências da empresa discutidos acima fornecem as seguintes diretrizes, consagradas pelo uso, para criar um sistema de compensação de incentivo que ajude a guiar a execução da estratégia de sucesso:

1. *Faça do lucro do desempenho uma peça principal, não secundária, do pacote de compensação total.* O lucro deve ser pelo menos 10% a 12% do salário básico para ter impacto. Incentivos que chegam a 20% ou mais da compensação total chamam muita atenção, provavelmente para guiar verdadeiramente o esforço individual ou de equipe; incentivos que chegam a menos de 5% da compensação total têm comparativamente fraco impacto motivacional. Além disso, o lucro para indivíduos e equipes de alto desempenho deve ser significativamente maior do que o lucro para funcionários comuns, e o lucro para funcionários médios significativamente maior do que para funcionários abaixo da média.

2. *Tenha incentivos que se estendam a todos os gerentes e todos os trabalhadores, não só para a alta administração.* É um erro de cálculo total esperar que os gerentes de nível mais baixo e funcionários trabalhem mais duro para atingir níveis de desempenho de modo que apenas alguns executivos seniores possam obter recompensas lucrativas.

3. *Administre o sistema de recompensa com objetividade escrupulosa e justiça.* Se forem estabelecidos padrões de desempenho pouco realistas ou se as avaliações de desempenho individual/grupo não forem precisas e bem documentadas, a insatisfação com o sistema dominará quaisquer benefícios positivos.

4. *Acople os incentivos diretamente a resultados de desempenho vinculados à boa execução da estratégia e do desempenho financeiro.* Incentivos nunca devem ser pagos só porque imagina-se que as pessoas estão fazendo um trabalho "bom" ou porque "trabalham duro". Avaliação de desempenho com base em fatores não firmemente relacionados à boa execução da estratégia, indica que ou o plano estratégico está incompleto (porque objetivos de desempenho importantes foram omitidos) ou a agenda real de trabalho da administração é algo diferente dos objetivos estratégicos e financeiros declarados.

5. *Tenha certeza de que o desempenho visa resultados que se espera que cada indivíduo ou a equipe possa atingir e envolve resultados que o indivíduo ou a equipe pode influenciar pessoalmente.* O papel dos incentivos é melhorar o compromisso individual e canalizar o comportamento para ações benéficas.

6. *Mantenha o tempo entre alcançar o resultado esperado e o pagamento da recompensa tão curto quanto possível.* Empresas como Nucor e Continental Airlines descobriram que pagamentos semanais ou mensais para recompensar o desempenho é bem melhor que pagamentos anuais. A Nucor paga gratificações semanais com base em

níveis de produção da semana anterior; a Continental premia os funcionários com uma gratificação mensal cada mês que o desempenho de vôo no horário atinge ou ultrapassa uma porcentagem especificada para toda a empresa. Pagamentos de gratificação anual funcionam melhor para gerentes de alto nível e para situações em que o resultado desejado se relaciona com a rentabilidade geral da empresa ou desempenho vinculado ao preço da ação.

7. *Faça uso liberal de recompensas não-monetárias; não confie somente em recompensas monetárias.* Quando usado corretamente, o dinheiro é um grande motivador, mas também há vantagens consideráveis a serem ganhas mediante elogio, reconhecimento especial, distribuição de tarefas especiais e assim por diante.

8. *Evite esquadrinhar o sistema para achar meios de recompensar esforço em vez de resultados.* Sempre que o desempenho real está abaixo do desempenho almejado, é recomendado determinar se as causas são atribuíveis a desempenho abaixo do nível individual/grupo ou a circunstâncias além do controle do responsável. Devem ser feitas exceções dando recompensas a pessoas que se esforçaram ao máximo, foram além do esperado, ainda que tenham sido prejudicadas por circunstâncias além do seu controle. O problema em fazer exceções para circunstâncias desconhecidas, incontroláveis ou imprevisíveis é que, uma vez que desculpas deixam de justificar recompensas para resultados abaixo do esperado, a porta está aberta para todos os tipos de justificativas para o desempenho atual não ter atingido o desempenho almejado. Uma atitude "sem desculpas" é mais conveniente e, certamente, mais fácil de administrar.

Uma vez que os incentivos são projetados, têm de ser comunicados e explicados. Todos precisam entender como a compensação de incentivo é calculada e como o desempenho do indivíduo/grupo contribui para o desempenho da empresa. A pressão para atingir o desempenho estratégico e financeiro desejado, e continuamente melhorar a execução da estratégia, deve ser inflexível, com pouco (ou nenhum) espaço para recompensar desempenho abaixo do esperado. As pessoas em todos os níveis têm de ser mantidas responsáveis por levar a cabo suas partes designadas do plano estratégico, e têm de entender que suas recompensas estão fundamentadas no calibre dos resultados alcançados. Mas com a pressão para a execução devem vir recompensas significativas. Sem uma premiação ampla, o sistema desmorona e os líderes ficam sem opções para delegar pedidos de difícil realização, enquanto tentam pressionar ou passam a depender da benevolência dos funcionários.

> **Conceito Central**
> O padrão confiável para analisar se indivíduos, equipes e unidades organizacionais fizeram um bom trabalho, deve examinar se eles igualaram ou excederam os objetivos de desempenho que refletem a boa execução da estratégia.

Incentivos com Base no Desempenho e Recompensas em Empreendimentos Multinacionais

Em alguns países estrangeiros, pagamentos de incentivos vão de encontro às normas e aos costumes culturais locais. O professor Steven Kerr cita a palestra que deu a uma classe de educação executiva sobre necessidade de mais pagamento com base em desempenho e um gerente japonês protestou: "Você não deve subornar suas crianças para fazerem a lição de casa, você não deve subornar sua esposa para preparar o jantar e você não deve subornar seus funcionários para trabalharem para a empresa". Selecionar indivíduos e os elogiar por esforço excepcionalmente bom também pode ser um problema; a cultura japonesa considera o elogio público uma afronta para a harmonia do grupo. Em alguns países, funcionários têm preferência por recompensa não-monetária: mais tempo de lazer, títulos importantes, acesso a colônias de férias e recuperação de impostos. Assim, empresas multinacionais têm de criar algum grau de flexibilidade no projeto de incentivos e recompensas para acomodar tradições culturais diferentes e preferências locais.

Pontos-Chave

Os gestores, ao implementar e executar uma estratégia nova ou diferente têm de identificar as necessidades de recurso de cada iniciativa estratégica nova e, então, considerar se o padrão atual de distribuição de recurso e os orçamentos das várias subunidades são satisfatórios.

Sempre que uma empresa alterar sua estratégia, os administradores deverão revisar políticas existentes e procedimentos operacionais, revisar ou descartar de maneira proativa o que está fora de sincronia e reformular para facilitar a execução de iniciativas estratégicas novas. Prescrever políticas e procedimentos operacionais novos ou recentemente revisados ajuda a execução da estratégia ao (1) prover orientação de cima para baixo a gerentes operacionais, pessoal de supervisão e funcionários que expliquem como as tarefas precisam ser feitas e quais são as fronteiras em ações independentes e decisões; (2) exigir consistência em como são executadas atividades críticas particulares da estratégia em unidades operacionais geograficamente espalhadas; e (3) promover a criação de um clima de trabalho e cultura corporativa que incentive a boa execução da estratégia.

Execução competente da estratégia requer compromisso administrativo visível, atento a melhores práticas e melhoria contínua. Determinar o ponto de referência, a descoberta e a adoção de melhores práticas, a reengenharia do núcleo dos processos de negócio e iniciativas de melhoria contínua como administração da qualidade total (GQT) ou programa Seis Sigma — todos objetivam a eficiência melhorada, custos mais baixos, melhor qualidade do produto e maior satisfação do cliente. *Estas iniciativas são ferramentas importantes para aprender como executar uma estratégia com maior perícia.*

Não podem ser implementadas estratégias na empresa ou ser bem executadas sem vários sistemas de apoio para continuar as operações do negócio. Sistemas de apoio bem concebidos não só facilitam a execução da melhor estratégia, mas também fortalecem capacidades organizacionais suficientes para prover uma vantagem competitiva sobre os concorrentes. Informações em tempo real e sistemas de controle dão ajuda adicional para a execução da boa estratégia.

Práticas de apoio de motivação da estratégia e sistemas de recompensa são ferramentas poderosas da administração para obter compromisso do funcionário. A chave para criar um sistema de recompensa que promova a boa execução da estratégia é adotar medidas estrategicamente relevantes do desempenho para projetar incentivos, avaliar os esforços do indivíduo e do grupo e distribuir recompensas. Práticas de motivação positivas geralmente trabalham melhor do que as negativas, mas há lugar para ambas. Também há lugar para incentivos monetários e não-monetários.

Para um sistema de compensação de incentivo funcionar bem (1) o lucro monetário deve ser uma porcentagem principal do pacote de compensação, (2) o uso de incentivos deve se estender a todos os gerentes e funcionários, (3) o sistema deve ser administrado com cuidado e justiça, (4) os incentivos devem ser acoplados a objetivos de desempenho esclarecidos no plano estratégico, (5) os objetivos de desempenho de cada indivíduo devem envolver resultados influenciados pela própria pessoa, individualmente, (6) recompensas devem ser realizadas imediatamente após a determinação de bom desempenho, (7) recompensas monetárias devem ser suplementadas com uso liberal de recompensas não-monetárias e (8) deve-se evitar que o sistema recompense não-executores ou resultados abaixo da média. Empresas com operações em diversos países têm freqüentemente de incluir algum grau de flexibilidade no projeto de incentivos e recompensas para acomodar diferentes tradições culturais.

Exercícios

1. Vá ao Google ou outro dispositivo de busca na internet e, usando a procura avançada, digite "melhores práticas". Examine os resultados da procura para identificar pelo menos cinco organizações que possuem um conjunto de melhores práticas e estejam disponibilizando o conteúdo a funcionários. Explore pelo menos um dos sites para ter uma idéia do tipo de informação de melhor prática disponível.

2. Faça uma pesquisa na internet sobre programas de qualidade Seis Sigma. Examine os resultados da busca e (a) identifique pelo menos três empresas que ofereçam treinamento Seis Sigma e (b) procure listas de empresas que implantaram o programa Seis Sigma na sua procura por excelência operacional. Você deve citar 25 empresas que sejam usuárias do Seis Sigma, no mínimo. Prepare um relatório de uma página para seu professor detalhando as experiências e os benefícios que uma empresa recebeu pelo emprego de métodos Seis Sigma em suas operações.

3. Faça uma pesquisa na internet sobre "administração da qualidade total", "gestão da qualidade total" ou "gerenciamento da qualidade total". Examine os resultados da busca e (a) identifique 10 empresas que oferecem treinamento GQT, (b) identifique 5 livros sobre programas GQT, e (c) identifique listas de empresas que implantaram programas GQT na busca por excelência operacional — você deve citar pelo menos 20 empresas que sejam usuárias do GQT.

4. Consulte o número mais recente da *Exame*, ou outra revista que contenha a lista das "100 Melhores Empresas para Você Trabalhar" (ou use um site de busca para localizar a lista on-line) e identifique pelo menos cinco incentivos de compensação e práticas de trabalho que essas empresas usam para melhorar a motivação dos funcionários e recompensá-los por bom desempenho estratégico e financeiro. Escolha métodos de compensação e práticas de trabalho diferentes dos citados na Ilustração 12.3.

5. Revise os perfis e as aplicações dos mais recentes ganhadores do Prêmio de Nacional da Qualidade em www.fnq.org.br. Quais são os critérios de excelência? Na relação das empresas premiadas, pesquise no site de duas delas e tome nota do que achar relevante nas suas políticas e procedimentos, uso de melhores práticas, ênfase na melhoria contínua ou uso de recompensas e incentivos.

6. Usando o Google Acadêmico ou se tiver acesso a periódicos empresariais on-line na biblioteca de sua faculdade, procure a expressão "prêmio por desempenho" e prepare um relatório de uma a duas páginas para seu professor discutindo o sucesso (ou insucesso) do uso de planos de compensação de incentivo de algumas empresas. De acordo com sua pesquisa, que fatores parecem determinar se os planos de compensação de incentivo têm sucesso ou falham?

capítulo treze 13

Cultura Corporativa e Liderança
Segredos para a Boa Execução da Estratégia

As principais ferramentas que temos para mudar uma empresa são a estratégia, a estrutura e a cultura. Se eu pudesse escolher apenas duas, escolheria a estratégia e a cultura.
— **Wayne Leonard**
CEO, Entergy

A capacidade de uma organização para executar sua estratégia depende de sua infra-estrutura "hard" — a estrutura e os sistemas organizacionais — e de sua infra-estrutura "soft" — a cultura e suas normas.
— **Amar Bhide**

Uma liderança fraca pode causar estragos em uma estratégia sólida; a execução forçada, até de um plano ruim, pode trazer vitória.
— **Sun Zi**

A liderança é realizar, por meio de outras pessoas, algo que não aconteceria se você não estivesse lá... A liderança é poder mobilizar idéias e valores que energizam outras pessoas... Os líderes desenvolvem uma linha histórica que envolve outras pessoas.
— **Noel Tichy**

Ver as pessoas de perto é uma grande parte do modo como você orienta qualquer processo de mudança. Você precisa mostrar às pessoas uma visão positiva do futuro e dizer "podemos fazer isso".
— **Jeffrey R. Immelt**
CEO, General Electric

Nos dois capítulos anteriores examinamos seis das tarefas gerenciais importantes para a boa execução da estratégia e operação — criar uma organização capaz, orientar os recursos necessários e dirigi-los para unidades operacionais críticas para a estratégia, estabelecer políticas e procedimentos que facilitam a boa execução da estratégia, adotar as melhores práticas e pressionar o aperfeiçoamento contínuo no modo como as atividades da cadeia de valores são realizadas, criando sistemas operacionais internos que permitem melhor execução, e empregar práticas motivacionais e incentivos de compensação que ganham o comprometimento sincero dos funcionários para com o processo de execução da estratégia. Neste capítulo exploramos as duas tarefas administrativas restantes que moldam o resultado dos esforços para executar a estratégia de uma empresa: criação de uma cultura corporativa que suporte a estratégia e o exercício da liderança interna necessária para orientar a implementação das iniciativas estratégicas e atingir os mais altos patamares da excelência operacional.

INCENTIVAR UMA CULTURA CORPORATIVA QUE PROMOVA A BOA EXECUÇÃO DA ESTRATÉGIA

Toda empresa tem sua cultura própria e exclusiva. O caráter da cultura ou clima de trabalho de uma empresa é produto dos valores centrais e dos princípios de negócios que os executivos defendem, dos padrões daquilo que é eticamente aceitável e do que não é, das práticas de trabalho e dos comportamentos que definem "como fazemos as coisas por aqui", da abordagem do gerenciamento das pessoas e estilo de operação, da "química" e da "personalidade" que permeiam o ambiente de trabalho, e das histórias que são contadas repetidas vezes para ilustrar e reforçar os valores, práticas de negócios e tradições da empresa. A mistura das crenças declaradas, dos princípios de negócios, dos estilos de operação, dos comportamentos e atitudes arraigados e clima de trabalho definem a **cultura corporativa** de uma empresa. A cultura de uma empresa é importante porque ela influencia as ações e abordagens da empresa para a condução dos negócios — em um sentido muito real, a cultura é o "sistema operacional" ou DNA organizacional da empresa[1].

> **Conceito Central**
> **Cultura Corporativa** refere-se ao caráter do clima de trabalho interno e da personalidade de uma empresa – moldada por seus valores centrais, crenças, princípios comerciais, tradições, comportamentos arraigados, práticas de trabalho e estilos operacionais.

O âmago das culturas corporativas varia bastante. Por exemplo, a base da cultura do Wal-Mart é a dedicação à satisfação do cliente, a busca incansável de custos baixos e práticas operacionais econômicas, forte ética no trabalho, reuniões infalíveis todas as manhãs de sábados na sede da empresa para troca de idéias e exame dos problemas e comprometimento dos executivos em visitar lojas, ouvir clientes e pedir sugestões dos funcionários. A cultura da General Electric está fundamentada em uma atmosfera séria orientada a resultados (na qual todas as divisões de negócios da empresa são responsáveis em seguir o padrão de ser a número um ou dois em seus setores, bem como atingir bons resultados de negócios); extenso compartilhamento de idéias, melhores práticas e aprendizagem entre as empresas; uso das "sessões de trabalho" para identificar, debater e resolver questões urgentes; compromisso com a qualidade Seis Sigma e globalização. Na Occidental Petroleum, a cultura está fundamentada no empreendedorismo por parte dos funcionários; os funcionários capacitados da empresa são incentivados a serem inovadores, excederem em seus campos de especialização, responderem rapidamente a oportunidades estratégicas e aplicarem criativamente tecnologia de ponta, de forma que promova a excelência operacional e distinga a Occidental de seus concorrentes. Na Nordstrom, a cultura corporativa é centralizada no fornecimento de serviço excepcional a seus clientes; o lema da empresa é "Responder às solicitações exageradas dos clientes" — cada solicitação fora do comum é vista como uma oportunidade para um ato "heróico" por parte de um funcionário, a qual pode melhorar a reputação da empresa de fornecer um ambiente de compras agradável para o cliente. A Nordstrom enfatiza a promoção dos funcionários que se destacam por seus atos heróicos e dedicação ao serviço excepcional; a empresa motiva seu pessoal de vendas com um sistema de compensação com base em comissão, o que permite aos melhores vendedores da Nordstrom ganharem mais do que o dobro do que as outras lojas de departamentos pagam.

O Quadro Ilustrativo 13.1 diz respeito ao modo como a Google e a Alberto-Culver descrevem suas culturas corporativas.

Identificação dos Recursos-Chave da Cultura Corporativa de uma Empresa

A cultura corporativa reflete o caráter ou "personalidade" de seu ambiente de trabalho — os fatores que fundamentam o modo como a empresa tenta realizar seus negócios e os comportamentos mais conceituados. Os principais itens que devem ser buscados incluem:

- *Os valores, princípios de negócios e padrões éticos que o gerenciamento prega e pratica.* As ações falam muito mais alto do que as palavras, neste caso.

- *A abordagem da empresa para o gerenciamento de pessoal* e as políticas, procedimentos e práticas operacionais oficiais que delimitam o comportamento do pessoal.

- *O espírito e o caráter que permeiam o clima de trabalho.* O ambiente de trabalho é vibrante e divertido, metódico e estritamente comercial, tenso ou altamente competitivo e politizado? As pessoas são entusiasmadas com seu trabalho e estão emocionalmente conectadas aos negócios da empresa, ou estão lá apenas para receber o salário? Existe ênfase na criatividade do funcionário capacitado ou as pessoas têm pouco critério sobre o modo como os trabalhos são feitos?

- *Como gerentes e funcionários interagem e se relacionam.* Quanta confiança existe na equipe de trabalho e na comunicação aberta? Em que medida existe uma boa camaradagem? As pessoas são chamadas pelos seus nomes? Os colegas passam pouco ou muito tempo juntos fora do local de trabalho? Quais são os códigos de vestimenta (estilos aceitos de vestuário e se existem dias de roupa casual)?

- *A força da pressão dos colegas para fazerem as coisas de determinadas maneiras e de acordo com as normas esperadas.* Quais ações e comportamentos são aprovados (e recompensados pelo gerenciamento na forma de compensação e promoção) e quais são reprovados?

Quadro Ilustrativo 13.1
As Culturas Corporativas da Google e Alberto-Culver

GOOGLE

Fundado em 1998 por Larry Page e Sergey Brin, dois alunos Ph.D. em ciência da computação pela Universidade de Stanford, o Google tornou-se renomado no mundo inteiro por sua tecnologia de mecanismo de pesquisa. O Google.com é um dos cinco sites mais conhecidos da internet, atraindo mais de 380 milhões de visitantes exclusivos todos os meses de todo o mundo. O Google tem algumas maneiras exclusivas de operar e sua cultura é bastante peculiar. A empresa descreve sua cultura da seguinte maneira:

Embora esteja crescendo rapidamente, o Google ainda mantém a sensação de empresa pequena. Na sede Googleplex quase todos almoçam no Google café (conhecido como "Charlie's Place" — O Lugar do Charlie), sentados e conversando com os Googlers de todos os diferentes departamentos. Os assuntos variam do trivial ao técnico e, mesmo que estejam discutindo sobre jogos de computadores, criptografia ou software para servidores de anúncios, não é surpresa ouvir alguém dizer "Esse é um produto que eu ajudei a desenvolver antes de vir para o Google".

A ênfase do Google em inovação e comprometimento com contenção de custos significa que cada funcionário é um contribuinte prático. Existe pouca hierarquia corporativa e todos possuem várias funções. O webmaster internacional que cria os logotipos de festas de final de ano da Google passa uma semana traduzindo todo o site para o coreano. O engenheiro-chefe de operações também é um neurocirurgião licenciado. Como todos sabem que são igualmente importantes para o sucesso do Google, ninguém hesita em atropelar um executivo corporativo durante um jogo de hóquei sobre patins.

A política de contratação do Google é agressivamente não-discriminatória e favorece a capacidade acima da experiência. O resultado é uma equipe que reflete a audiência global atendida pelo mecanismo de pesquisa. O Google tem escritórios no mundo inteiro e os seus centros de engenharia estão recrutando talentos locais em lugares como Zurique e Bangalore. Dezenas de idiomas são falados pelos integrantes da equipe do Google, de turco a telugu. Quando não estão trabalhando, os interesses dos Googlers vão de *cross-country* em bicicleta até enologia, de voar a jogar frisbee. À medida que o Google expande sua equipe de desenvolvimento, continua procurando aqueles que compartilham de um comprometimento obsessivo com a criação da perfeição de pesquisa, e se divertem muito fazendo isso.

ALBERTO-CULVER

A Alberto-Culver Company, com receitas no ano fiscal de 2005 de cerca de $ 3,5 bilhões, produz e vende os produtos para cabelos Alberto VO_5, TRESemmé, Consort e Just for Me; cosméticos para pele e cabelos St. Ives e marcas como Molly McButter, Mrs. Dash, Sugar Twin e Static Guard. As marcas da Alberto-Culver são vendidas em 120 países. Com mais de 3.250 lojas e 1.250 consultores de vendas profissionais, sua Sally Beauty Company é a maior comerciante de produtos de beleza profissionais do mundo.

Na seção de carreiras de seu site, a empresa descreve sua cultura com as seguintes palavras:

Para nós, construir carreiras é tão importante quanto construir marcas. Acreditamos que pessoas apaixonadas criam um crescimento poderoso. Acreditamos também em um ambiente de trabalho criado sobre valores, e que nosso melhor pessoal exibe esses mesmos valores em suas famílias e suas comunidades. Acreditamos no reconhecimento e na recompensa da realização e em celebrar nossas vitórias.

Acreditamos que as melhores idéias abrem seus caminhos — rapidamente — para cima na organização, e não para baixo. Acreditamos que devemos aproveitar cada um de seus talentos em equipes e atividades de várias funções, e não apenas em atribuir um papel a você.

Acreditamos na comunicação aberta. Acreditamos que você pode melhorar aquilo que mede e, portanto, fazemos levantamentos e verificações locais o tempo todo. Pelo mesmo motivo, todos têm objetivos específicos para que suas expectativas estejam alinhadas às expectativas de seus gerentes e da empresa.

Acreditamos que a vitória é uma realização de equipe. Acreditamos no desenvolvimento pessoal. Acreditamos que se você falar conosco compreenderá nosso entusiasmo e vai querer fazer parte da equipe da Alberto-Culver.

Fontes: Informações postadas em www.google.com e www.alberto.com (acesso em 16 de novembro de 2005).

- *Tradições reverenciadas da empresa e histórias sempre repetidas.* As pessoas falam muito sobre "atos heróicos" e em "como fazemos as coisas por aqui"?
- *A maneira pela qual a empresa trata os interessados externos (particularmente fornecedores e comunidades locais nas quais opera).* Ela trata seus fornecedores como

parceiros de negócios ou prefere o tratamento mais tradicional e limitado? Seu comprometimento com a cidadania corporativa é forte e genuíno?

Algumas das forças sociológicas estão aparentes e outras operam de modo bastante sutil. Os valores, crenças e práticas básicos da cultura de uma empresa podem vir de qualquer parte da hierarquia organizacional, quase sempre representando a filosofia de negócios e o estilo gerencial dos executivos influentes, mas também resultantes de ações exemplares por parte do pessoal e de um consenso sobre "como devemos fazer as coisas por aqui"[2]. Em geral, os principais elementos da cultura originam-se com um fundador ou com determinados líderes fortes que os articularam como um conjunto de princípios de negócios, políticas, abordagens operacionais e formas de lidar com funcionários, clientes, fornecedores, acionistas e comunidades locais nas quais opera. Com o tempo, essa base pode se arraigar, tornar-se incorporada no modo como a empresa conduz seus negócios, vir a ser aceita por gerentes e funcionários e, em seguida, persistir, à medida que os novos funcionários são incentivados a adotar e seguir os valores, comportamentos e práticas de trabalho professados.

O Papel das Histórias Com freqüência, parte significativa da cultura de uma empresa é capturada nas histórias contadas repetidas vezes para ilustrar aos novatos a importância de determinados valores e a profundidade do comprometimento que o pessoal exibe. Um dos contos folclóricos da FedEx, renomada em todo o mundo pela confiabilidade de sua garantia de entrega de encomendas no dia seguinte, fala de um entregador que havia recebido a chave errada para uma caixa da FedEx. Em vez de deixar os pacotes sobre a caixa até o dia seguinte, quando a chave correta estaria disponível, o entregador desaparafusou a caixa da base, carregou-a no caminhão e a levou de volta ao posto. Lá, a caixa foi aberta, e o conteúdo removido e enviado ao seu destino até o dia seguinte. A Nordstrom mantém um álbum de recortes para comemorar os atos heróicos de seus funcionários e o utiliza como lembrete regular dos comportamentos extraordinários para a função que os funcionários são incentivados a exibir. Na Frito-Lay há dezenas de histórias sobre motoristas de caminhão que fizeram sacrifícios extremos para superar condições climáticas adversas e fazer as entregas programadas aos clientes do varejo, mantendo as prateleiras das lojas abastecidas com os produtos da empresa. Na Microsoft existem histórias de programadores que trabalharam muitas horas, dos altos e baixos emocionais envolvidos na descoberta e solução de problemas de código, na alegria de concluir um programa complexo dentro do prazo, da satisfação de trabalhar em projetos de ponta, das recompensas de fazer parte de uma equipe responsável por um novo software muito conhecido e pela tradição de concorrência agressiva. Tais histórias servem à valiosa finalidade de ilustrar os tipos de comportamento que a empresa incentiva e reverencia. Além disso, cada vez que uma dessas histórias é contada, um pouco mais de pressão é colocado sobre o pessoal da empresa para que eles exibam os valores centrais e contribuam para manter vivas as tradições da empresa.

Perpetuando a Cultura Após serem estabelecidas, as culturas de empresa são perpetuadas de seis formas importantes: (1) fazendo a triagem e seleção de novos funcionários que responderão bem à cultura, (2) pela doutrinação sistemática de novos membros sobre os fundamentos da cultura, (3) pelos esforços dos membros seniores do grupo para reiterar os valores centrais nas conversações e pronunciamentos diários, (4) contando e recontando as lendas da empresa, (5) por meio de cerimônias regulares que homenageiam os membros que exibem os comportamentos culturais desejados e (6) recompensando visivelmente aqueles que exibem normas culturais e penalizando aqueles que não as exibem[3]. *Quanto maior o número de funcionários que uma empresa contrata, mais importante torna-se a triagem dos candidatos a emprego em cada detalhe para saber se seus valores, crenças e personalidades coincidem com a cultura em termos de capacidade técnica e experiência.* Por exemplo, uma empresa que enfatiza a operação com integridade e justiça precisa contratar pessoal que tenha integridade e dê alto valor às negociações justas. Uma empresa cuja cultura envolva criatividade, inovação de produto e liderança em mudanças, precisa selecionar os novos contratados de acordo com a capacidade que eles têm em pensar diferente, gerar novas idéias e prosperar em um clima de rápida mudança e ambigüidade. A Southwest Airlines — cujos dois valores centrais, "LUV" e diversão, permeiam o ambiente de trabalho, e cujo objetivo é garantir que os passageiros tenham uma experiência de vôo positiva e agradável — se esforça ao máximo para contratar comissários de bordo e pessoal de terra espirituoso, alegre, sociável e que exiba atitudes de quem trabalha com prazer. As empresas de maior crescimento arriscam-se a criar uma cultura ao acaso, em vez de criá-la quando correm para contratar funcionários principalmente por seus talentos e credenciais, negligenciando uma triagem dos candidatos cujos valores, filosofias e personalidades não se ajustam bem ao caráter, à visão e à estratégia organizacionais que estão sendo articulados pelos executivos de primeiro escalão.

Como regra, as empresas prestam atenção à tarefa de contratar pessoas que se ajustam e que acolherão a cultura dominante. Em geral, os candidatos tendem a aceitar trabalhos em empresas nas quais a atmosfera os deixa à vontade, bem como as pessoas com as quais eles trabalharão. Os funcionários que não encontram isso em uma empresa tendem a sair rapidamente, enquanto os que prosperam e gostam do ambiente de trabalho ficam, eventualmente sendo promovidos para posições de maior responsabilidade. Quanto mais tempo as pessoas permanecerem na organização, mais elas adotarão e espelharão a cultura corporativa — seus valores e crenças tendem a ser moldados por mentores, colegas de trabalho, programas de treinamento e estrutura de recompensas. Normalmente, os funcionários que trabalham em uma empresa há muito tempo têm papel importante para passar a cultura aos novos funcionários.

Forças Que Fazem a Cultura de uma Empresa Evoluir Entretanto, nem mesmo as culturas estáveis são estáticas, elas evoluem, assim como a estratégia e a estrutura organizacional. Novos desafios do mercado, tecnologias revolucionárias e mudança das condições internas — particularmente a erosão dos *prospects* de negócios, uma crise interna ou a rotatividade dos executivos de primeiro escalão — tendem a gerar novas formas de atuação e, por sua vez, a evolução cultural. Um CEO recém-chegado que resolva sacudir a empresa e levá-la em novas direções quase sempre aciona uma mudança cultural de grandes proporções. Da mesma forma, a diversificação para novos negócios, a expansão para outros países, o rápido crescimento, a entrada de novos funcionários e incorporação ou aquisição de outra empresa podem precipitar mudanças culturais de um tipo ou de outro.

Subculturas da Empresa: Os Problemas Impostos por Novas Aquisições e Operações Multinacionais Embora seja comum falar sobre cultura corporativa no singular, as empresas podem ter várias culturas (ou subculturas)[4]. Os valores, crenças e práticas dentro de uma empresa às vezes podem variar significativamente por departamento, localização geográfica, divisão ou unidade de negócios. As subculturas de uma empresa podem não se combinar bem, se adotam filosofias de negócios ou abordagens operacionais conflitantes, se os principais executivos empregam abordagens diferentes para o gerenciamento de pessoal, ou se diferenças importantes entre a cultura de uma empresa e as de empresas recém-adquiridas ainda não são aparadas. *As empresas globais e multinacionais tendem a ser pelo menos parcialmente multiculturais,* porque as unidades organizacionais em vários países têm histórias operacionais e ambientes de trabalho diferentes, bem como membros que cresceram de acordo com costumes sociais e tradições diferentes, e que têm conjuntos de valores e crenças diferentes. O gerente de recursos humanos de uma empresa farmacêutica global que assumiu um cargo no Extremo Oriente descobriu surpreendido que um dos maiores desafios foi convencer os gerentes de sua empresa na China, Coréia, Malásia e Taiwan a aceitarem promoções — seus valores culturais faziam com que eles não acreditassem na competição com colegas em busca de recompensas de carreira ou ganhos pessoais, nem gostavam de quebrar laços com as comunidades locais para assumir responsabilidades em outros países[5]. Muitas empresas que incorporaram empresas estrangeiras tiveram que lidar com as diferenças de idioma e diferenças culturais com base nos costumes.

No entanto, a existência de subculturas não exclui áreas comuns e compatibilidades importantes. Por exemplo, os traços culturais da General Electric de falta de fronteiras, trabalho e qualidade Seis Sigma podem ser implantados e praticados com sucesso em diferentes países. A AES, uma empresa global de energia com operações em mais de 25 países, descobriu que os quatro valores centrais de integridade, justiça, diversão e responsabilidade social nos quais se baseia sua cultura são adotados facilmente pelas pessoas da maioria dos países. Além disso, a AES tenta definir e praticar seus valores culturais da mesma maneira em todas as localidades sendo, ao mesmo tempo, sensível às diferenças entre os diversos grupos de pessoas em todo o mundo; os gerentes de primeiro escalão da AES expressam a visão de que as pessoas de todo o mundo são mais semelhantes do que diferentes e que a cultura da empresa é tão significativa em Buenos Aires quanto no Casaquistão ou na Virgínia.

No mundo globalizado atual, as empresas multinacionais estão aprendendo a fazer com que os traços culturais críticos para a estratégia viajem através das fronteiras dos países e criem uma cultura uniforme e prática em todo o mundo. Da mesma forma, estão bastante alertas para a importância da compatibilidade cultural ao fazer aquisições e para a necessidade de abordar o modo como as culturas de empresas recém-adquiridas são incorporadas e integradas — a devida atenção quase sempre é tão importante quanto o aspecto financeiro, quando se resolve ir em frente em uma aquisição ou incorporação. Em várias ocasiões, organizações resolveram deixar de adquirir determinadas empresas por causa de conflitos culturais que, segundo elas, seriam difíceis de resolver.

Culturas Fortes versus *Culturas Fracas*

As culturas das empresas variam muito em força e influência. Algumas estão fortemente incorporadas e têm grande impacto sobre as práticas e as normas comportamentais de uma empresa. Outras são fracas e têm pouca influência sobre as operações da empresa.

Empresas de Cultura Forte A marca de uma empresa de cultura forte é a presença dominante de determinados valores profundamente arraigados e abordagens operacionais que "regulam" a conduta dos negócios e o clima do seu local de trabalho[6]. As culturas fortes surgem ao longo de anos (às vezes décadas) e nunca são um fenômeno que ocorre da noite para o dia. Em empresas de cultura forte, os gerentes de primeiro escalão reiteram esses princípios e valores para os membros da organização e explicam como eles se relacionam ao ambiente de negócios. Porém, o mais importante é que fazem um esforço consciente para exibir esses princípios em suas próprias ações e comportamento — eles fazem o que dizem e *insistem em que os valores da empresa e os princípios de negócios se reflitam nas decisões e ações tomadas por todo o pessoal*. A expectativa inequívoca de que o pessoal agirá e se comportará de acordo com os valores e as formas de fazer negócios adotadas leva a dois resultados importantes: (1) Com o tempo, os valores são compartilhados amplamente por todos os funcionários — as pessoas que não gostam da cultura tendem a sair — e (2) os indivíduos encontram forte pressão dos colegas para observar as normas e os comportamentos culturalmente aprovados. Assim, uma cultura corporativa fortemente implantada acaba tendo uma influência poderosa sobre o "modo como fazemos as coisas por aqui", porque muitos funcionários da empresa estão aceitando as tradições culturais e porque essa aceitação é re-

> **Conceito Central**
> Em uma empresa de cultura forte, os comportamentos e as formas de fazer as coisas culturalmente aprovadas são nutridos enquanto os comportamentos e práticas de trabalho culturalmente desaprovados são rejeitados.

forçada pelas expectativas do gerenciamento e pela pressão dos colegas para que se cumpram as normas culturais. Como as tradições e normas têm influência tão dominante nas empresas de culturas fortes, o caráter da cultura torna-se a alma ou psique da empresa.

Três fatores contribuem para o desenvolvimento de culturas fortes: (1) um fundador ou líder forte que estabelece valores, princípios e práticas que sejam consistentes e sensíveis quanto às necessidades do cliente, condições competitivas e requisitos estratégicos, (2) um comprometimento da empresa sincero e duradouro para com a operação dos negócios de acordo com essas tradições estabelecidas, criando assim um ambiente interno que suporte a tomada de decisões e as estratégias baseadas nas normas culturais e (3) uma preocupação genuína com o bem-estar dos três maiores constituintes da organização — clientes, funcionários e acionistas. A continuidade da liderança, o tamanho pequeno do grupo, a participação estável no grupo, a concentração geográfica e o sucesso organizacional considerável contribuem para o surgimento e a sustentação de uma cultura forte[7].

Uma cultura forte é implantada ao longo do tempo. Quase sempre existe uma boa estratégia — ajuste da cultura (que parcialmente conta para o sucesso da organização). Os desencontros entre estratégia e cultura em uma empresa de cultura forte tendem a ocorrer quando o ambiente de negócios de uma empresa passa por mudanças significativas, exigindo uma revisão estratégica drástica que entra em choque com a cultura entrincheirada. Um conflito entre estratégia e cultura também pode ocorrer em uma empresa de cultura forte cujos negócios foram gradualmente erodidos; quando um novo líder é contratado para revitalizar as operações da empresa, ele ou ela pode levar a empresa em uma direção estratégica que exige normas comportamentais e culturais que são substancialmente diferentes. Em tais casos, um grande esforço de mudança de cultura precisa ser iniciado.

Em empresas de cultura forte, os valores e as normas comportamentais estão tão arraigados que podem resistir às mudanças de lideranças de primeiro escalão — embora sua força possa diminuir com o tempo se os novos CEOs pararem de nutri-los ou mudarem agressivamente para instituir ajustes culturais. As normas culturais em uma empresa de cultura forte podem não mudar tanto à medida que a estratégia evolui e a organização age para fazer ajustes, seja porque as novas

> Em uma empresa de cultura forte, os valores e as normas comportamentais são como erva daninha: profundamente arraigados e difíceis de serem extirpados.

estratégias são compatíveis com a cultura atual, seja porque os traços dominantes da cultura são neutros em relação a elas e compatíveis com as versões em evolução da estratégia da empresa.

Empresas de Cultura Fraca Em contraste direto com as empresas de cultura forte, as empresas de cultura fraca não têm valores e princípios que sejam difundidos consistentemente ou amplamente compartilhados (em geral porque a empresa vem tendo uma série de CEOs com diferentes valores e visões sobre como os negócios devem ser realizados). Como conseqüência, a empresa tem algumas tradições amplamente reverenciadas e poucas normas induzidas pela cultura são evidentes nas práticas operacionais. Como os executivos de primeiro escalão de uma empresa de cultura fraca não adotam repetidamente nenhuma filosofia de negócios em particular, não exibem comprometimento de longo prazo com determinados valores, nem exaltam determinadas práticas e normas comportamentais, os indivíduos encontram pouca pressão dos colegas para fazer as coisas de determinadas maneiras. Além disso, uma cultura de empresa fraca não cria nenhuma aliança forte entre os funcionários em relação àquilo que a empresa representa ou à operação de negócios de maneiras bem definidas. Embora funcionários individuais possam ter vínculos de identificação e lealdade para com seu departamento, seus colegas, seus sindicatos ou seus chefes, não existe paixão pela empresa nem comprometimento emocional com aquilo que ela está tentando realizar — uma condição que quase sempre faz com que muitos funcionários vejam suas empresas apenas como um lugar de trabalho, e seus trabalhos apenas como um meio de vida. Com freqüência, a fraqueza cultural vem das subculturas moderadamente entrincheiradas que bloqueiam o surgimento de um clima de trabalho bem definido em toda a empresa.

Como conseqüência, *as culturas fracas auxiliam em pouco ou nada a execução da estratégia,* porque não há tradições, crenças, valores, vínculos comuns ou normas comportamentais que o gerenciamento possa usar como impulsos para mobilizar o comprometimento para com a execução da estratégia selecionada. A única vantagem de uma cultura fraca é que ela em geral não impõe uma barreira forte à execução da estratégia, mas o lado negativo de não fornecer nenhum suporte significa que a criação da cultura tem de estar em primeiro lugar na agenda de ações do gerenciamento. Na falta de um clima de trabalho que canalize a energia organizacional na direção da boa execução da estratégia, os gerentes ficam com as opções de usar os incentivos de compensação e outros dispositivos motivacionais para mobilizar o comprometimento do funcionário ou tentar estabelecer raízes culturais que, no tempo certo, começarão a nutrir o processo de execução da estratégia.

Culturas Prejudiciais

A característica distintiva de uma cultura corporativa prejudicial é a presença de traços culturais contraproducentes que têm impacto adverso sobre o clima de trabalho e no desempenho da empresa[8]. Os quatro traços a seguir não são particularmente saudáveis:

1. Um ambiente interno altamente politizado, no qual muitas questões são resolvidas e decisões são tomadas com base nos indivíduos ou grupos que têm mais influência política para alcançar a vitória.

2. A hostilidade à mudança e desconfiança geral das pessoas que lideram novas maneiras de fazer as coisas.

3. Um estado de espírito isolacionista de "não foi inventado aqui" que torna o pessoal da empresa avesso a olhar para fora da empresa, procurando práticas recomendadas, novas abordagens gerenciais e idéias inovadoras.

4. Desrespeito aos altos padrões éticos e busca excessiva de riqueza e status por parte dos principais executivos.

Culturas Politizadas O que torna um ambiente interno politizado tão prejudicial é que a luta interna consome muita energia da organização, e quase sempre o que é melhor para a empresa fica atrás das manobras políticas. Nas empresas onde a política interna permeia o clima de trabalho, os gerentes que constroem o império guardam cuidadosamente suas prerrogativas de tomada de decisão. Eles têm suas próprias agendas e operam as unidades de trabalho que estão sob sua supervisão como "feudos" autônomos, e as posições por eles adotadas diante dos problemas em geral visam proteger ou expandir seus feudos. A colaboração com outras unidades organizacionais é vista com suspeita (o que eles querem? como "nós" podemos proteger "nossos" flancos?), e a cooperação entre unidades ocorre com má vontade. Quando uma proposta importante chega à frente, os defensores tentam forçá-la adiante e os oponentes tentam alterá-la de formas significativas ou derrotá-la totalmente. O suporte ou a oposição de executivos politicamente influentes e/ou coalizões entre departamentos com interesses em determinado resultado geralmente têm peso na decisão de quais ações são adotadas pela empresa. Todas essas manobras partem de esforços para executar a estratégia com real proficiência e frustra o pessoal que é menos político e tem mais inclinação a fazer aquilo que está no melhor interesse da empresa.

Culturas Resistentes à Mudança Em culturas menos adaptáveis, em que o ceticismo sobre a importância de novos desenvolvimentos e a resistência à mudança são a norma, os gerentes preferem aguardar até que a neblina da incerteza desapareça antes de mudar para um novo curso, fazer ajustes fundamentais em suas linhas de produtos, ou adotar uma tecnologia nova e importante. Eles acreditam em manobras cuidadosas e conservadoras, preferindo seguir os outros a agir decisivamente para estar à frente da mudança. As culturas resistentes à mudança premiam aqueles que não cometem erros, forçando os gerentes a adotarem opções seguras e conservadoras que terão apenas um leve efeito sobre o *status quo*, a protegerem ou impulsionarem suas próprias carreiras e a cuidarem dos interesses de seus grupos de trabalho imediato.

As culturas resistentes à mudança incentivam vários comportamentos indesejáveis e prejudiciais — evitar riscos, não fazer propostas audaciosas para buscar oportunidades novas, abordagem negligente à inovação de produto e aperfeiçoamento contínuo na execução das atividades da cadeia de valores, e acompanhar, em vez de liderar, a mudança de mercado. Nas culturas resistentes à mudança, a notícia se espalha rápido sobre propostas de fazer as coisas de modo diferente, e as pessoas que as lideram podem parecer meio aborrecidas ou problemáticas. Os executivos que não valorizam os gerentes ou funcionários com iniciativa e novas idéias desencorajam a inovação de produto, a experimentação e os esforços de aperfeiçoamento. Ao mesmo tempo, as empresas resistentes à mudança têm pouco apetite para serem os primeiros ou os mais rápidos, acreditando que estar na frente da mudança é muito arriscado, e que agir muito rapidamente aumenta a vulnerabilidade a erros dispendiosos. Elas estão mais inclinadas a adotar uma posição de esperar para ver, analisar cuidadosamente várias respostas alternativas, aprender com os erros dos primeiros a mudar e, em seguida, avançar cuidadosamente e de forma conservadora com as iniciativas que são consideradas seguras. A hostilidade à mudança é encontrada com mais freqüência em empresas com burocracias de gerenciamento de várias camadas que desfrutaram de sucesso de mercado considerável em anos passados e estão atreladas à síndrome "fazemos dessa forma há anos".

Quando tais empresas encontram ambientes de negócios com mudança acelerada, alterar lentamente as maneiras de fazer as coisas pode se tornar uma desvantagem e não uma vantagem. General Motors, IBM, Sears e Eastman Kodak são exemplos clássicos de empresas cujas burocracias resistentes à mudança foram lentas em responder a mudanças fundamentais em seus mercados, ficando ligadas às culturas e tradições que lhes trouxeram êxito. Elas relutaram em alterar as práticas operacionais e modificar suas abordagens de negócios. À medida que as estratégias de mudança gradual ganharam da inovação audaciosa e da liderança na mudança, as quatro empresas perderam participação de mercado para concorrentes que foram rápidas em instituir mudanças mais ajustadas à evolução das condições de mercado e às preferências do comprador. Essas empresas agora lutam para recuperar o terreno perdido com culturas e comportamentos mais adequados ao sucesso do mercado — os tipos de ajustes que fizeram com que tivessem sucesso antigamente.

Culturas Insulares e Introspectivas Às vezes, uma empresa reina como líder do setor ou desfruta de grande sucesso de mercado por tanto tempo que seu pessoal começa a acreditar que eles têm todas as respostas ou podem desenvolvê-las por conta própria. Existe uma forte tendência em negligenciar aquilo que os clientes estão dizendo e o modo como suas expectativas e necessidades estão mudando. Tal confiança na correção de metodologias, habilidades e capacidades da empresa cria arrogância — o pessoal da empresa diminui os méritos daquilo que as pessoas de fora estão fazendo e daquilo que pode ser aprendido com o estudo dos melhores da classe. O *benchmarking* e a busca de práticas recomendadas externas são vistos como práticas de pouco retorno. Todos os ganhos de participação de mercado por parte de concorrentes com mais sucesso são vistos como revezes temporários, a serem revertidos em breve pelas próximas iniciativas da empresa (as quais, como já foi previsto com confiança, serão um sucesso de mercado instantâneo perante os clientes).

O pensamento insular, as soluções orientadas internamente e um estado de espírito "deve ser inventado aqui" permeiam a cultura corporativa. A cultura corporativa focalizada para dentro dá ensejo a gerenciamento repetitivo e falha em recrutar pessoal que pode oferecer pensamento novo e perspectivas voltadas para fora. O grande risco do pensamento cultural insular é que a empresa subestime as competências e realizações das empresas rivais e superestime seu próprio progresso — com a resultante perda de vantagem competitiva ao longo do tempo.

Culturas Antiéticas e Movidas pela Ganância As empresas que têm pouco respeito pelos padrões éticos ou que são administradas por executivos movidos pela ganância e autogratificação são escândalos em estado latente. O colapso da Enron em 2001 foi em grande parte produto de uma cultura corporativa eticamente disfuncional — embora a cultura adotasse os pontos positivos da inovação de produto, risco agressivo e ambição para liderar a mudança global no setor de energia, seus executivos mostravam os pontos negativos da arrogância, ego inflado, ganância e a mentalidade "os fins justificam os meios", ao tentar esticar as metas de receita e lucratividade[9]. Vários gerentes seniores da Enron estavam dispostos a fechar os olhos ao comportamento antiético, a cruzarem eles mesmos a linha para o comportamento antiético (às vezes criminosos), e deliberadamente estender os princípios contábeis geralmente aceitos para fazer o desempenho financeiro da Enron parecer muito melhor do que ele realmente era. No final, a Enron saiu do controle porque alguns executivos de primeiro escalão preferiram trilhar caminhos antiéticos e ilegais para buscar as metas de receita corporativa e lucratividade — em uma empresa que pregava publicamente a integridade e outros valores corporativos notáveis, mas que era relapsa em garantir que os principais executivos fizessem o que diziam. Culturas antiéticas e a ganância dos executivos também produziram escândalos na WorldCom, Qwest, HealthSouth, Adelphia, Tyco, McWane, Parmalat, Rite Aid, Hollinger International, Refco e Marsh & McLennan, com executivos acusados e/ou condenados por comportamento criminoso. O escritório de Promotoria Geral dos Estados Unidos preferiu não acionar a empresa de contabilidade KPMG por atos criminosos "sistemáticos" de abrigos fiscais ilegais de mercado para clientes ricos (os quais a KPMG tentava poderosamente encobrir) porque uma ação criminal contra a empresa resultaria no seu colapso imediato e diminuiria o número de empresas contábeis públicas globais de quatro para apenas três; em vez disso, as acusações criminais foram feitas contra os executivos da empresa, considerados os mais responsáveis. Em 2005, os promotores norte-americanos preferiram não impor acusações criminais contra a Royal Dutch Petroleum (Shell Oil) por relatórios repetidos e intencionais de reservas aumentadas de petróleo encaminhados à Comissão de Valores Mobiliários dos Estados Unidos, e decidiram não processar a Tommy Hilfiger USA por várias infrações à legislação fiscal — mas as duas empresas concordaram em assinar acordos de não-instauração de processo, sendo que os termos desses acordos não foram divulgados, mas certamente envolviam multas e um comprometimento de longo prazo da empresa de cessar determinadas atividades e renúncia.

Culturas de Alto Desempenho

Algumas empresas têm culturas de alto desempenho, nas quais os traços culturais que se destacam são um sentimento de que é possível fazer, orgulho em fazer as coisas certas, falta de desculpas para a irresponsabilidade e um clima de trabalho orientado a resultados que permeia toda a empresa, no qual as pessoas se esforçam para cumprir ou exceder os objetivos. Nas culturas de alto desempenho existe um forte sentido de envolvimento por parte do pessoal da empresa e ênfase na iniciativa e criatividade individual. As expectativas de desempenho são delineadas claramente para a empresa como um todo, para cada unidade organizacional e para cada indivíduo. As questões e os problemas são prontamente abordados — existe uma forte tendência à proatividade em vez da reatividade. Existe um foco estreito naquilo que precisa ser feito. A expectativa clara e inflexível é que todo o pessoal, dos executivos seniores até os funcionários da linha de frente, exibirá comportamentos de alto desempenho e paixão para fazer a empresa ser bem-sucedida. Existe respeito pelas contribuições de indivíduos e grupos.

Uma cultura de alto desempenho é um contribuinte valioso para a boa execução da estratégia e a excelência operacional. As culturas de alto desempenho e orientadas a resultados são permeadas por um espírito de realização e têm um bom histórico de cumprimento ou superação das metas de desempenho.

O desafio ao criar uma cultura de alto desempenho é inspirar a alta lealdade e dedicação por parte dos funcionários, de modo que eles se energizem e se preocupem em se esforçar ao máximo para fazer as coisas certas e serem extraordinariamente produtivos. Os gerentes precisam reforçar o comportamento construtivo, recompensar os funcionários que apresentam melhor desempenho e expurgar hábitos e comportamentos que atrapalham a alta produtividade e os bons resultados. Eles devem trabalhar sabendo os pontos fortes e fracos de seus subordinados, de modo que combinem melhor talento e tarefa e permitam que as pessoas façam contribuições significativas fazendo o que elas fazem de melhor[10]. Eles precisam enfatizar a prática de corrigir e aprender com os erros, e devem dar ênfase incansável ao avanço e progresso — na verdade, é preciso haver uma abordagem disciplinada e concentrada no desempenho para gerenciar a organização.

Culturas Adaptativas

O marco das culturas corporativas adaptativas é a disposição dos membros da organização em aceitar a mudança e assumir o desafio de introduzir e executar novas estratégias[11]. O pessoal compartilha uma sensação de confiança de que a organização pode lidar com quaisquer ameaças e oportunidades que venham a surgir; são receptivos ao risco, à experimentação e à inovação. Em contraste direto com as culturas resistentes à mudança, as culturas adaptativas suportam muitos gerentes e funcionários de todos os escalões ou ajudam a iniciar a mudança útil. O empreendedorismo interno por parte de indivíduos e grupos é incentivado e recompensado. Os executivos seniores buscam, suportam e promovem indivíduos que exercem a iniciativa, detectam oportunidades de aperfeiçoamento e exibem capacidades de implementá-las. Os gerentes avaliam livremente idéias e sugestões, financiam iniciativas de desenvolvimento de produtos novos ou melhores e assumem riscos prudentes para seguir oportunidades em mercados emergentes. Assim como nas culturas de alto desempenho, a empresa adaptativa exibe uma abordagem proativa para identificar questões, avaliar as implicações e opções e rapidamente avançar com soluções práticas. As estratégias e práticas operacionais tradicionais são modificadas de acordo com a necessidade de ajuste ou aproveitamento das mudanças no ambiente de negócios.

> **Conceito Central**
> Nas culturas adaptativas, existe um espírito de fazer o que é necessário para garantir o sucesso organizacional de longo prazo, desde que os novos comportamentos e práticas operacionais que o gestor está pedindo sejam vistos como legítimos e consistentes com os valores centrais e princípios de negócios nos quais se baseia a cultura.

Mas por que a mudança é adotada com tanta boa vontade em uma cultura adaptativa? Por que os membros da organização não temem que a mudança os afete? Por que uma cultura adaptativa não se torna desligada das mudanças constantes na estratégia, práticas operacionais e normas comportamentais? As respostas estão em dois traços distintos e dominantes de uma cultura adaptativa: (1) Todas as mudanças nas práticas e comportamentos operacionais *não* devem comprometer os valores centrais e os princípios de negócios antigos e (2) as mudanças instituídas devem satisfazer os interesses legítimos dos envolvidos — clientes, funcionários, acionistas, fornecedores e as comunidades nas quais a empresa opera[12]. Em outras palavras, o que sustenta uma cultura adaptativa é o fato de que os membros percebem as mudanças que o gerenciamento está tentando instituir como legítimas e de acordo com os valores centrais e princípios de negócios que formam o coração e a alma da cultura.

Assim, para que uma cultura adaptativa permaneça intacta ao longo do tempo, o gerenciamento de primeiro escalão deve orquestrar as mudanças organizacionais de forma que (1) demonstre cuidado genuíno com o bem-estar de todas as principais partes constituintes e (2) tente atender a todos os seus interesses legítimos simultaneamente. A menos que a justiça para com todas as partes constituintes seja um princípio de tomada de decisão, e que o comprometimento em fazer a coisa certa esteja evidente para os membros da organização, as mudanças não serão vistas como legítimas e, portanto, não serão facilmente aceitas e implementadas de forma sincera[13]. Fazer mudanças que vão agradar aos clientes e que protegerão ou ampliarão o bem-estar no longo prazo da empresa é algo que geralmente é visto como legítimo e quase sempre é aceito como a melhor maneira de dar atenção aos interesses de funcionários, acionistas, fornecedores e comunidades. Nas empresas que têm culturas adaptativas, a preocupação do gerenciamento para com o bem-estar dos funcionários quase sempre é um grande fator para obter o suporte dos funcionários para a mudança — o pessoal da empresa em geral é receptivo à mudança, desde que os funcionários entendam que as mudanças de suas atribuições de função fazem parte do processo de adaptação às novas condições, e que sua segurança no emprego não será ameaçada, a menos que os negócios da empresa mudem inesperadamente de direção. Nos casos em que o *downsizing* da força de trabalho se faz necessário, a preocupação do gerenciamento com os funcionários diz que a separação deve ser feita de forma humana, tornando a partida do funcionário o menos dolorosa possível. Os esforços do gerenciamento para tornar o processo de adaptação à mudança justo e igual para clientes, funcionários, acionistas, fornecedores e comunidades nas quais a empresa opera, mantendo os impactos adversos no menor nível possível, gera aceitação e apoio para a mudança entre todas as partes interessadas.

> As culturas adaptativas são excepcionalmente adequadas às empresas que têm estratégias e ambientes de mercado que sofrem mudança rápida.

As empresas de tecnologia, de software e as atuais ponto.com são bons exemplos de organizações com culturas adaptativas. Tais empresas prosperam na mudança — realizando, liderando e capitalizando com a mudança (mas, às vezes, também sucumbindo à mudança quando fazem a manobra errada ou são derrotadas por tecnologias melhores ou modelos de negócios superiores). Empresas como Google, Intel, Cisco Systems, eBay, Nokia, Amazon.com e Dell cultivam a capacidade de agir e reagir rapidamente. Elas são ávidas praticantes do empreendedorismo e da inovação, com demonstrada disposição para assumir riscos audaciosos na criação de produtos, negócios e indústrias totalmente novos. Para criar e nutrir uma cultura que possa se adaptar rapidamente à mudança nas condições de negócios voláteis de hoje, as empresas contam com pessoal proativo, que enfrenta o desafio da mudança e tem talento para a adaptação.

Em ambientes de negócios de mudança rápida, uma cultura corporativa receptiva à alteração de práticas e comportamentos organizacionais é uma necessidade vital. Entretanto, as culturas adaptativas funcionam para vantagem de todas as empresas, não apenas nos ambientes de mudança rápida. Cada empresa opera em um mercado e o clima de negócios que se altera em uma ou outra medida, por sua vez, exige respostas operacionais internas e novos comportamentos por parte dos membros da organização. *À medida que a estratégia da empresa evolui, uma cultura adaptativa é um aliado definitivo no processo de implementação e execução da estratégia em comparação às culturas que precisam ser persuadidas e atraídas pela mudança.*

Cultura: Aliada ou Obstáculo à Execução da Estratégia?

A cultura atual e o clima de trabalho de uma empresa podem ou não ser compatíveis com aquilo que é necessário para a efetiva implementação e execução da estratégia escolhida. *Quando o clima de trabalho atual de uma empresa promove atitudes e comportamentos adequados à execução da estratégia, a cultura funciona como um valioso aliado ao processo de execução da estratégia.* Quando a cultura está em conflito com algum aspecto do direcionamento da empresa, das metas de desempenho ou da estratégia, a cultura torna-se um grande obstáculo[14].

Como a Cultura de uma Empresa Pode Promover a Melhor Execução da Estratégia Uma cultura fundamentada em valores, práticas e normas comportamentais que suportam a estratégia aumenta significativamente o poder e a eficácia do esforço de sua execução. Por exemplo, uma cultura na qual a frugalidade e economia são valores amplamente compartilhados por membros organizacionais, incentiva as ações do funcionário para identificar oportunidades de economia de custo — o próprio comportamento necessário para a execução bem-sucedida de uma estratégia de liderança com custo baixo. Uma cultura construída em torno de princípios de negócios para agradar aos clientes, tratamento justo, excelência operacional e capacitação do funcionário promove comportamentos e iniciativas que facilitam a execução de estratégias visando a alta qualidade de produto e o serviço superior ao cliente. Em uma cul-

> **Conceito Central**
> Quanto mais adequada é a relação entre cultura e estratégia, mais a cultura direciona o pessoal da empresa na exibição de comportamentos e adoção de práticas operacionais que promovam a boa execução da estratégia.

tura na qual o clima de trabalho é permeado por tomar a iniciativa, desafiar o *status quo*, exibir criatividade, adotar a mudança e colaborar com os membros da equipe, a empresa incentiva a liderança do mercado — resultados que levam à execução bem-sucedida da inovação de produtos e das estratégias de liderança tecnológica[15]. O bom alinhamento entre as normas culturais arraigadas e os comportamentos necessários para a boa execução da estratégia transformam a cultura em um aliado valioso no processo de execução. Quando a estratégia e a cultura estão desalinhadas, alguns dos próprios comportamentos necessários para executar a estratégia com sucesso percorrem o caminho contrário aos comportamentos e valores incorporados na cultura dominante. Tal conflito quase sempre produz um bloqueio dos empregados cujas ações e comportamentos estão fortemente ligados à cultura atual. A resistência criada pela cultura para as ações e comportamentos necessários para a boa execução, se forte e disseminada, impõe uma barreira formidável que precisa ser esclarecida para que a execução da estratégia vá longe.

Um ajuste compacto entre cultura e estratégia melhora o esforço de execução da estratégia de uma empresa de três maneiras[16]:

1. *Uma cultura que incentiva ações, comportamentos e práticas de trabalho que dão suporte à execução da boa estratégia não apenas fornece ao pessoal da empresa uma clara orientação quanto ao "modo como fazemos as coisas por aqui", mas também ajuda a criar pressão significativa por parte dos colegas para o cumprimento das normas culturalmente aceitáveis.* Quanto mais forte o discurso dos executivos de primeiro escalão sobre "como precisamos fazer as coisas por aqui" e quanto mais forte for a pressão de colegas, mais a cultura influenciará as pessoas para que elas exibam comportamentos e observem práticas operacionais que suportam a execução da boa estratégia.

2. *Uma cultura profundamente incorporada e perfeitamente adequada à estratégia auxilia a causa da execução competente da estratégia, direcionando o pessoal da empresa para comportamentos culturalmente aprovados e práticas de trabalho, simplificando bastante o arraigamento de qualquer prática operacional que não esteja adequada.* Por isso é do interesse do gerenciamento criar e nutrir uma cultura profundamente arraigada, na qual os comportamentos e as práticas operacionais arraigados dominam a energia organizacional que impulsiona a execução da boa estratégia.

3. *Uma cultura incorporada com valores e comportamentos que facilitam a execução da estratégia promove forte identificação e comprometimento dos funcionários com a visão, as metas de desempenho e a estratégia da empresa.* Quando a cultura de uma empresa está fundamentada em muitos comportamentos necessários para a execução da estratégia, os funcionários sentem-se verdadeiramente melhores em relação a seus trabalhos, à empresa na qual trabalham e aos méritos daquilo que a empresa está tentando realizar. Como consequência, um número maior de funcionários da empresa demonstra certa paixão por seu trabalho e emprega grandes esforços para executar a estratégia e atingir as metas de desempenho. Tudo isso ajuda a aproximar mais a empresa da realização de sua visão estratégia e, do ponto de vista dos funcionários, torna-a um lugar mais simpático para trabalhar.

Esses aspectos do alinhamento entre cultura e estratégia dizem algo importante sobre a tarefa de gerenciar o processo de execução da estratégia: *o alinhamento da cultura corporativa aos requisitos para a execução perfeita da estratégia merece toda a atenção dos executivos de*

Conceito Central
É do melhor interesse do gerenciamento dedicar esforço considerável para incorporar uma cultura corporativa que incentive comportamentos e práticas de trabalho que levam à execução da boa estratégia — um ajuste perfeito entre estratégia e cultura nutre comportamentos culturalmente aprovados e derruba os comportamentos culturalmente desaprovados.

primeiro escalão. O objetivo da criação de cultura é proporcionar um ambiente de trabalho e estilo de operação que mobilizam a energia e o comportamento do pessoal da empresa para executar a estratégia com competência. Quanto mais o gerenciamento puder incorporar metodologias de apoio à estratégia, mais ele poderá depender da cultura para direcionar o pessoal da empresa automaticamente na direção de comportamentos e práticas de negócios que auxiliam a execução da boa estratégia e, ao mesmo tempo, eliminar as metodologias que a impedem.

Além disso, os gerentes culturalmente astutos que nutrem o ambiente cultural correto não apenas aumentam o poder de seu esforço pela execução competente da estratégia, como também promovem a forte identificação e o compromisso dos funcionários com a visão da empresa, metas de desempenho e estratégia. Cultura e estratégia bem ajustadas dão aos funcionários a dedicação emocional à cultura para que se sintam melhores em relação a seus trabalhos, à empresa na qual trabalham e aos méritos daquilo que a empresa está tentando realizar. Como conseqüência, seu moral é maior e sua produtividade também. Além disso, mais funcionários da empresa demonstram paixão por seu trabalho e se esforçam ao máximo para fazer com que a estratégia tenha sucesso e atinja as metas de desempenho. Tudo isso ajuda a deixar a empresa mais próxima da realização de sua visão estratégica e, do ponto de vista do funcionário, faz com que se torne um lugar melhor para trabalhar.

Os Perigos do Conflito entre Estratégia e Cultura Os conflitos entre comportamentos aprovados pela cultura e comportamentos necessários para a execução da boa estratégia representam um dilema real para o pessoal da empresa. Eles devem ser leais à cultura e às tradições da empresa (às quais podem estar ligados emocionalmente) e, portanto, resistirem ou serem indiferentes às ações e aos comportamentos que promoverão a execução da melhor estratégia — uma opção que certamente enfraquecerá a motivação para a execução da boa estratégia? Ou devem prosseguir com o esforço de execução da estratégia e se envolver em ações e comportamentos que são contrários à cultura — uma opção que provavelmente prejudicará o moral e levará a comprometimento não tão sincero com os esforços de execução da estratégia do gerenciamento? Nenhuma das opções leva a resultados desejados, e a solução é óbvia: eliminar o conflito.

Quando a cultura de uma empresa está fora de sincronia com as ações e os comportamentos necessários para executar a estratégia com sucesso, a cultura precisa ser modificada tão rápido quanto possível — isso, obviamente, presume que um ou mais aspectos da cultura estão fora de sincronia, e não as abordagens de execução da estratégia que o gerenciamento deseja instituir. Às vezes, corrigir um conflito entre estratégia e cultura pode significar reformar a abordagem de uma empresa para executar a estratégia e produzir um bom ajuste cultural. Em geral, isso significa alterar os aspectos da cultura inadequada para arraigar novos comportamentos e práticas de negócios que permitirão a execução ideal da estratégia. Quanto mais entrincheirados forem os aspectos desencontrados da cultura, maior será a dificuldade de implementação e execução de novas ou diferentes estratégias, até que surja o melhor alinhamento entre estratégia e cultura. Um conflito entre estratégia e cultura considerável e prolongado enfraquece e pode até frustrar os esforços gerenciais para fazer com que a estratégia funcione.

Mudando uma Cultura Problemática

É difícil mudar uma cultura que já está estabelecida.

A mudança de uma cultura de empresa que impede a execução adequada da estratégia está entre as tarefas mais difíceis do gerenciamento, por causa da pesada âncora representada pelos comportamentos e metodologias arraigados. É natural que o pessoal da empresa fique apegado a práticas familiares e fiquem cautelosos, senão hostis, quanto a novas abordagens de metodologias. Conseqüentemente, é preciso uma ação conjunta do gerenciamento por um período para extirpar determinados comportamentos indesejados e substituir uma cultura fora de sincronia por comportamentos e metodologias diferentes que devem levar à execução da estratégia. *O único fator mais visível que distingue esforços bem-sucedidos de mudança de cultura das tentativas fracassadas é a liderança competente do gerenciamento de primeiro escalão.* É preciso muito poder para forçar grandes mudanças culturais e superar a resistência das culturas entrincheiradas — e apenas os altos executivos têm muito poder, particularmente o CEO. Entretanto, embora o gerenciamento de primeiro escalão deva liderar o esforço, o suporte de direcionamento para uma nova cultura e, mais importante, a instilação de novos comportamentos culturais são tarefas de toda a equipe de gerenciamento. Os gerentes de médio escalão e os supervisores têm papel importante na implementação das novas práticas de trabalho e abordagens operacionais, ajudando a ganhar a aceitação e suporte de todos para as mudanças, e instaurando as normas comportamentais desejadas.

Como mostra a Figura 13.1, a primeira etapa para resolver uma cultura de problemas é a identificação pelo gerenciamento de primeiro escalão das facetas da cultura atual que são disfuncionais e impõem obstáculos à execução de novas iniciativas estratégicas e ao cumprimento das metas de desempenho da empresa. Em segundo lugar, os gerentes têm de definir claramente os novos comportamentos e recursos desejados da cultura que desejam criar. Em terceiro lugar, eles têm de convencer o pessoal do motivo pelo qual a cultura atual apresenta problemas e por que e como os novos comportamentos e abordagens operacionais melhorarão o desempenho da empresa — o caso da mudança cultural e seus benefícios precisam ser persuasivos. Finalmente, e o mais importante, tudo o que se fala sobre remodelagem da cultura atual tem de ser seguido rigidamente por ações visíveis e fortes para promover os novos comportamentos desejados e práticas de trabalho — as ações que o pessoal da empresa interpretará como determinado comprometimento do gerenciamento de primeiro escalão para alterar a cultura e instalar um clima de trabalho e maneiras de operar diferentes.

Tornando a Mudança de Cultura Atraente O gerenciamento pode iniciar uma grande mudança da cultura corporativa convencendo o pessoal sobre a necessidade de implementação de

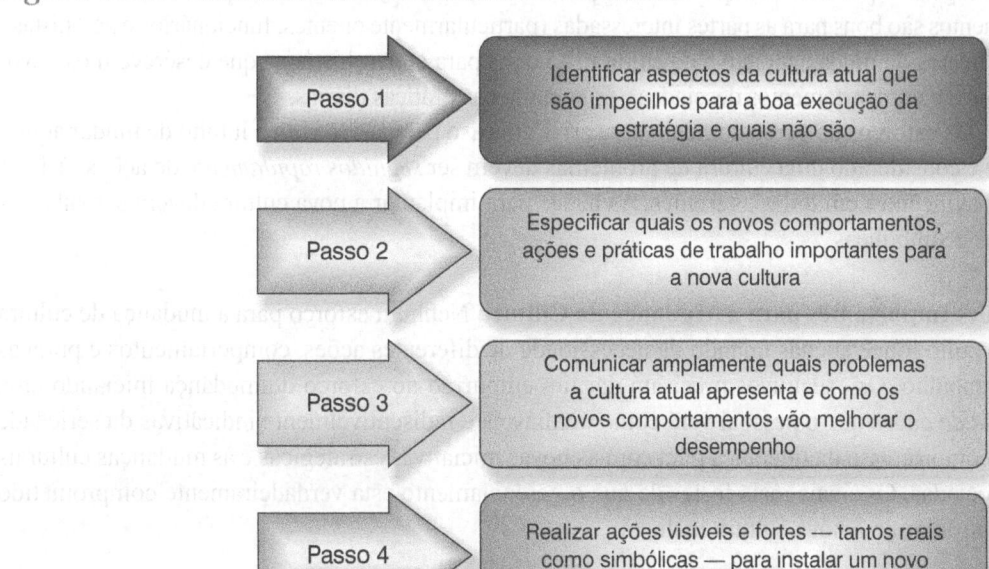

Figura 13.1 **Mudando uma Cultura de Problemas**

Passo 1	Identificar aspectos da cultura atual que são impecilhos para a boa execução da estratégia e quais não são
Passo 2	Especificar quais os novos comportamentos, ações e práticas de trabalho importantes para a nova cultura
Passo 3	Comunicar amplamente quais problemas a cultura atual apresenta e como os novos comportamentos vão melhorar o desempenho
Passo 4	Realizar ações visíveis e fortes — tantos reais como simbólicas — para instalar um novo conjunto de práticas e normas

comportamentos e práticas de trabalho com novo estilo. Isso significa criar um caso atraente para explicar por que o novo direcionamento estratégico e os esforços de remodelagem da cultura são interessantes para a organização, e por que o pessoal deve se unir verdadeiramente em um esforço para fazer as coisas de maneira diferente. Os céticos e os líderes de opinião precisam ser convencidos de que não está tudo bem com o *status quo*. Isso pode ser feito de várias maneiras:

- Explicando por que a estratégia atual precisa ser modificada e como as novas iniciativas estratégicas que estão sendo empreendidas suportarão a competitividade e o desempenho da empresa. Para justificar a alteração da antiga estratégia, em geral é preciso apontar suas desvantagens — porque as vendas estão crescendo lentamente, porque os concorrentes estão se saindo muito melhor, porque um número muito grande de clientes está optando pelos produtos concorrentes, porque os custos são muito altos, porque o preço da empresa precisa cair e assim por diante. Pode haver mérito em manter os eventos nos quais os gerentes e e pessoal-chave são forçados a ouvir clientes insatisfeitos, as reclamações de aliados estratégicos, funcionários alienados ou acionistas desencantados.

- Citando por que e como determinadas normas comportamentais e práticas de trabalho da cultura atual impõem obstáculos à boa execução das novas iniciativas estratégicas.

- Explicando como determinados comportamentos e práticas de trabalho novos que devem ser introduzidos terão funções importantes na nova cultura serão mais vantajosos e produzirão melhores resultados.

É essencial que o CEO e outros executivos de primeiro escalão falem pessoalmente com o pessoal de toda a empresa sobre os motivos para modificar as práticas de trabalho e os comportamentos relacionados à cultura. Os executivos seniores e chefes de departamento têm papel de liderança importante ao explicar os comportamentos, as práticas e as abordagens operacionais que devem ser introduzidos e por que eles são benéficos — e as explicações provavelmente serão repetidas muitas vezes. Para que o esforço de mudança da cultura tenha êxito, os supervisores da linha de frente e os líderes de opinião dos funcionários devem endossar a causa, o que significa convencê-los dos méritos da *prática* e da *implantação* de normas culturais nos níveis mais baixos da organização. Até que uma grande maioria de funcionários aceite a necessidade de uma nova cultura e concordem que práticas de trabalho e comportamentos diferentes são necessários, existe mais trabalho a ser feito para convencer o pessoal sobre os motivos da mudança de cultura. A criação de um amplo suporte organizacional exige que se aproveite cada oportunidade de repetir as mensagens explicando por que as novas práticas de trabalho, abordagens operacionais e comportamentos são bons para as partes interessadas (particularmente clientes, funcionários e acionistas). Os líderes da mudança efetiva de cultura são bons para contar histórias que descrevem os novos valores e comportamentos desejados e conectá-los às práticas diárias.

Os esforços do gerenciamento para criar um caso persuasivo com o intuito de mudar aquilo que é considerado uma cultura de problemas devem ser *seguidos rapidamente* de ações visíveis e convincentes em todas as frentes. As ações para implantar a nova cultura devem ser substantivas e simbólicas.

Ações Importantes para a Mudança de Cultura Nenhum esforço para a mudança de cultura irá muito longe apenas falando da necessidade de diferentes ações, comportamentos e práticas de trabalho. Os executivos precisam dar um empurrão no esforço de mudança iniciando uma *série de ações* que o pessoal verá como confiáveis e indiscutivelmente indicativas da seriedade do compromisso da liderança para com as novas iniciativas estratégicas e às mudanças culturais associadas. Os sinais mais fortes de que o gerenciamento está verdadeiramente comprometido em instalar uma nova cultura incluem:

1. Substituição de executivos-chave que estejam fortemente associados à cultura antiga e estejam bloqueando as mudanças organizacionais e culturais necessárias.

2. Promoção de indivíduos que sabidamente possuem os traços culturais desejados, que estejam dispostos a defender a mudança para uma cultura diferente e que possam servir como modelo para o comportamento cultural desejado.

3. Indicação de pessoal externo com os atributos culturais desejados para posições importantes — a contratação de gerentes de nova geração para servir como modelo e ajudar a liderar o movimento de mudança da cultura envia uma mensagem inequívoca de que uma nova era está começando, e reforça para o pessoal que já entrou no esforço de mudança de cultura.

4. Triagem cuidadosa de todos os candidatos para novas posições, contratando apenas aqueles que parecem se ajustar à nova cultura — isso ajuda a criar uma massa crítica de pessoas para ajudar a virar a maré a favor da nova cultura.

5. A obrigação de que todo o pessoal da empresa participe de programas de treinamento para a nova cultura, para aprender mais sobre as novas práticas de trabalho e abordagens operacionais, e para melhorar a compreensão das ações e comportamentos esperados relacionados à cultura.

6. Esforço para implementar o novo estilo de prática de trabalho e procedimentos operacionais.

7. Criação de incentivos de compensação que aumentem o pagamento das equipes e indivíduos que demonstrem os comportamentos culturais desejados e atinjam o bolso dos mais resistentes à mudança — o pessoal da empresa está muito mais inclinado a exibir os tipos desejados de ações e comportamentos quando isso é do seu interesse financeiro.

8. A concessão de pagamento generoso incentiva os indivíduos que se adiantam, lideram a adoção das práticas de trabalho desejadas, demonstram comportamentos com novos estilos e atingem os resultados de definição do ritmo.

9. A revisão de políticas e procedimentos de formas que ajudarão a liderar a mudança cultural.

Os executivos devem tomar o cuidado de lançar ações suficientes para a mudança da cultura desde o início, para não deixar dúvidas de que o gerenciamento leva a sério a mudança da cultura atual e que ela é inevitável. Para convencer os que têm dúvidas e os céticos de que eles não podem simplesmente esperar que a iniciativa de mudança da cultura morra em breve, a série de ações iniciada pelo gerenciamento de primeiro escalão deve criar muitas conversas pelos corredores em toda a empresa, fazer com que o início do processo de mudança seja rápido e seguido por esforços incansáveis para estabelecer firmemente as novas práticas de trabalho e estilo de operação como padrão.

Ações Simbólicas para a Mudança de Cultura As ações gerenciais simbólicas são necessárias para alterar uma cultura de problemas e reforçar o ajuste entre estratégia e cultura. As ações simbólicas mais importantes são aquelas que os executivos de primeiro escalão adotam para *liderar pelo exemplo*. Assim, se a estratégia da organização envolver um empenho para tornar-se o produtor de menor custo da indústria, os gerentes seniores deverão exibir simplicidade em suas ações e decisões: decorações menos caras no escritório executivo, contas de despesas e verbas de entretenimento conservadoras, equipe enxuta no escritório corporativo, exame detalhado das solicitações de orçamento e assim por diante. Na Wal-Mart, os escritórios de todos os executivos são decorados com simplicidade; os executivos em geral são frugais em suas ações e zelosos em seus próprios esforços para controlar os custos e promover maior eficiência. Na Nucor, um dos maiores produtores de baixo custo do mundo de produtos de aço, os executivos voam em classe econômica e usam táxis nos aeroportos, em vez de limusines. Se o imperativo da mudança de cultura deve estar voltado às necessidades do cliente e em satisfazê-los, o CEO pode estimular maior conscientização do cliente, exigindo que todos os chefes e executivos gastem parte significativa de cada semana falando com eles sobre suas necessidades. Os executivos de primeiro escalão devem estar alertas para o fato de que o pessoal estará observando suas ações e decisões para saber se estão fazendo o que dizem. Assim, eles precisam ter certeza de que suas decisões atuais serão interpretadas de forma consistente com os valores e comportamentos da nova cultura[17].

Outra categoria de ações simbólicas incluem a realização de eventos cerimoniais para destacar e homenagear as pessoas cujas ações e desempenho exemplifiquem aquilo que é necessário na nova cultura. São realizados eventos para comemorar o sucesso da mudança de cultura (e todos os outros resultados que o gerenciamento gostaria de ver acontecer novamente). Os executivos sensíveis a seu papel na promoção das combinações entre estratégia e cultura criam o hábito de aparecer em funções cerimoniais para homenagear indivíduos e grupos que entram no programa. Eles aparecem em programas de treinamento de funcionários para enfatizar as prioridades estratégicas, valores, princípios éticos e normas culturais. Cada reunião do grupo é vista como uma oportunidade de repetir e arraigar valores, homenagear boas ações, expor os méritos da nova cultura e citar exemplos de como as práticas de trabalho e abordagens operacionais têm funcionado bem.

O uso de símbolos na criação de cultura é prática difundida. Muitas universidades dão prêmios aos professores que se destacam todos os anos para simbolizar seu comprometimento com o bom ensino e sua estima pelos instrutores que exibem talentos excepcionais em classe. Inúmeras empresas têm prêmios para o funcionário do mês. Os militares têm um costume antigo de premiar com faixas e medalhas as ações exemplares. A Mary Kay Cosmetics concede uma variedade de prêmios — de faixas a automóveis rosa — para as consultores de beleza que atingem diversos níveis de vendas.

Quanto Tempo Leva para Mudar uma Cultura de Problemas? Semear e ver crescer as sementes de uma nova cultura é algo que exige esforço e determinação por parte do CEO e de outros gestores seniores. Não é essencial carisma ou magnetismo pessoal, mas sim um esforço sustentado e persistente para reforçar a cultura em todas as oportunidades por meio de palavras e ações. Mudar uma cultura de problemas nunca é um exercício de curto prazo. É preciso tempo para que uma nova cultura surja e prevaleça. As transformações da noite para o dia simplesmente não existem. É preciso ainda mais tempo para que uma nova cultura torne-se profundamente incorporada. Quanto maior for a organização e a mudança cultural necessária para produzir um ajuste entre estratégia e cultura, mais tempo levará. Em empresas grandes, corrigir uma cultura de problemas e instalar um novo conjunto de atributos e comportamentos é algo que pode levar de dois a cinco anos. Na verdade, em geral é mais difícil reformar uma cultura problemática entrincheirada do que instalar uma cultura que suporte a estratégia desde o início em uma organização nova. Às vezes, os executivos têm êxito ao mudar os valores e comportamentos de pequenos grupos de gerentes e mesmo de departamentos e divisões inteiros, apenas para descobrir que as mudanças foram desgastadas ou anuladas por ações do restante da organização — aquilo que é comunicado, elogiado, suportado e penalizado por uma maioria entrincheirada mina a nova cultura emergente e suspende seu progresso. Os executivos, apesar de uma série de ações bem-intencionadas para reformar uma cultura de problemas, podem falhar ao tentar eliminar os traços culturais incorporados quando o ceticismo difundido dos funcionários em relação às novas orientações e ao esforço de mudança da cultura geram resistência aos comportamentos culturais e práticas operacionais defendidos pelo gerenciamento de primeiro escalão. Por esse motivo o gerenciamento deve aproveitar cada oportunidade para convencer os funcionários sobre a necessidade de mudança da cultura e comunicar as novas atitudes, comportamentos e práticas operacionais que beneficiarão os interesses de todas as partes da organização.

A Alberto-Culber foi uma empresa que alcançou êxito ao corrigir a cultura de problemas — ver Quadro Ilustrativo 13.2.

Quadro Ilustrativo 13.2
Mudando a Cultura na Divisão Norte-Americana da Alberto-Culver

Em 1993, Carol Bernick — vice-conselheira da Alberto-Culver, presidente de sua divisão norte-americana e filha dos fundadores da empresa — concluiu que a cultura de sua divisão tinha quatro problemas: os funcionários aguardavam as ordens de seus chefes; eles trabalhavam, mas agradavam a seus chefes antes de agradarem aos clientes; algumas políticas da empresa não eram amistosas à família; e havia muita burocracia. O que era necessário, na opinião de Bernick, era uma cultura na qual os funcionários tivessem senso de propriedade e urgência de fazer as coisas, gostassem da inovação e estivessem dispostos a assumir riscos.

O gerenciamento da Alberto-Culver adotou uma série de ações para introduzir e arraigar os atributos culturais desejados:

- Em 1993, uma nova posição chamada líder de desenvolvimento de crescimento (GDL) foi criada para ajudar a organizar a tarefa de corrigir a cultura em todos os níveis (havia 70 GDLs na divisão norte-americana da Alberto-Culver). Os GDLs vieram de todos os níveis da escada gerencial e foram escolhidos por qualidades como empatia, capacidade de comunicação, atitude positiva e capacidade de ficar calmo e se divertir. Os GDLs executaram suas funções normais além de assumir as funções de GDL; ser escolhido era considerado uma honra. Cada GDL aconselhava cerca de 12 pessoas, do ponto de vista de carreira e família. Os GDLs encontravam-se semanalmente com os executivos seniores, recolhendo as perguntas e questões das pessoas e, em seguida, compartilhando com seus grupos os tópicos e soluções que eram discutidos. Os GDLs levavam um membro do grupo como convidado de cada reunião. A cada ano uma reunião era dedicada a identificar "macros e irritações" — os participantes eram divididos em quatro subgrupos e tinham 15 minutos para identificar os quatro maiores desafios (os macros) e os quatro aspectos mais aborrecidos da vida da empresa (as irritações); todo o grupo votava em quatro desafios que mereciam a atenção. Em seguida, os desafios selecionados eram abordados e feitas atribuições de acompanhamento dos resultados.
- A mudança da cultura foi transformada em um ponto crucial em toda a empresa a partir de 1995, com uma apresentação para os funcionários chamada Estado da Empresa. A apresentação mostra o lugar onde a empresa estava e onde ela queria estar. Em seguida, a apresentação Estado da Empresa tornou-se um evento anual.
- O gerenciamento criou maneiras de medir os ganhos da mudança da cultura. Um deles envolvia uma pesquisa anual com todos os funcionários para avaliar o progresso em relação aos objetivos culturais e para obter retorno de 360 graus — a pesquisa de 2000 tinha 180 perguntas, incluindo 33 relacionadas ao desempenho do GDL de cada entrevistado. Uma celebração com fogueira foi realizada no estacionamento para anunciar que a burocracia seria cortada em 30%.
- Uma lista dos 10 imperativos culturais foi formalizada em 1998 — honestidade, propriedade, confiança, orientação ao cliente, comprometimento, diversão, inovação, risco, agilidade, urgência e trabalho em equipe. Esses imperativos se tornaram conhecidos internamente como HOT CC FIRST.
- Foram instituídas inúmeras celebrações e programas de recompensas. A maioria das celebrações é programada, mas algumas são espontâneas (uma festa de agradecimento de improviso por um exercício fiscal). Os prêmios Business Builder (iniciados em 1997) são concedidos a indivíduos e equipes que têm impacto significativo sobre o crescimento e a lucratividade da empresa. Os GDLs com melhor classificação nas pesquisas anuais de funcionários recebem ações da empresa. A empresa reconhece todos os aniversários de trabalho e marcos pessoais com presentes "apropriados à Alberto"; os funcionários reconhecidos da empresa às vezes dão presentes de agradecimento a seus GDLs. De acordo com Carol Bernick, "se você quiser que algo cresça, despeje champagne. Fizemos um esforço imenso — talvez até um esforço além da conta — para celebrar nossos sucessos e, sem dúvida, tudo o que gostaríamos que acontecesse novamente".

O esforço de mudança da cultura na Alberto-Culver North America foi visto como um grande contribuinte para melhorar o desempenho. De 1993 (quando o esforço começou) até 2001, as vendas da divisão aumentaram de pouco mais de $350 milhões para mais de $600 milhões e os lucros antes de impostos aumentaram de $20 milhões para quase $50 milhões. Carol Bernick foi promovida a conselheira do conselho da administração da Alberto-Culver em 2004.

Fonte: Fundamentado em informações de Carol Lavin Bernick, "When Your Culture Needs a Makeover", *Harvard Business Review* 79, n. 6 (junho de 2001), p. 61 e informações postadas no site da empresa www.alberto.com (acesso em 10 de novembro de 2005).

Fundamentando a Cultura em Valores Centrais e Ética

A base da cultura corporativa de uma empresa quase sempre está em sua dedicação a determinados valores centrais e no padrão definido de comportamento ético. A importância de moldar a cultura de acordo com valores centrais e comportamentos éticos é o motivo pelo qual tantas empresas desenvolveram uma declaração formal de valores e um código de ética — consulte a Tabela 13.1 para obter os valores centrais e o assunto geralmente abordado nos códigos de ética. Muitas empresas hoje veiculam seus valores e códigos de ética para as partes interessadas em seus relatórios anuais e sites. A tendência de conscientizar os interessados sobre o comprometimento da empresa com os valores centrais e a conduta comercial ética pode ser atribuída a três fatores: (1) maior compreensão do gerenciamento para o papel que essas declarações têm na construção da cultura, (2) foco renovado nos padrões éticos que surgem dos inúmeros escândalos corporativos que foram manchetes entre 2001 e 2005 e (3) a fração considerável de consumidores e fornecedores que preferem fazer negócios com empresas éticas.

Conceito Central
A cultura de uma empresa está fundamentada e é moldada pelos seus valores centrais e pelo comportamento ético definido.

Na Darden Restaurants — a maior empresa mundial de refeições informais, que emprega mais de 15 mil pessoas e serve 300 milhões de refeições anualmente em 1.400 restaurantes Red Lobster, Olive Garden, Bahama Breeze, Smokey Bones Barbeque & Grill e Seasons 52 na América do Norte — os valores centrais estão operando com integridade e justiça, cuidado e respeito, senso de serviço, trabalho de equipe, excelência, sempre aprendendo e ensinando, com boa vontade e respeito à diversidade da força de trabalho. Os executivos seniores da Darden

Tabela 13.1 **Conteúdo Representativo das Declarações de Valores da Empresa e Códigos de Ética**

Valores Centrais Típicos	Áreas Cobertas pelos Códigos de Ética
• Atender e encantar os clientes • Dedicação ao serviço superior ao cliente, qualidade de primeira, inovação de produto e/ou liderança tecnológica • Comprometimento com a excelência e resultados • Demonstrar qualidades como integridade, justiça, confiança, orgulho do ofício, comportamento Regra de Ouro, respeito aos colegas e comportamento ético • Criatividade, exercer a iniciativa e aceitar responsabilidades • Trabalho em equipe e atitudes cooperativas • Tratamento justo dos fornecedores • Tornar a empresa um ótimo lugar para trabalhar • Comprometimento em se divertir e criar um ambiente de trabalho divertido • Orientar os investimentos dos acionistas e permanecer comprometido com lucros e crescimento • Exercer a responsabilidade social e ser um bom cidadão da comunidade • Cuidado com a proteção do ambiente • Ter uma força de trabalho diversa	• Esperar que todo o pessoal da empresa exiba honestidade e integridade em suas ações e evitar conflitos de interesse • Tornar obrigatório o total cumprimento de todas as leis e regulamentações especificamente: — Leis antitruste que proíbem práticas anti-competitivas, conspirações para corrigir tentativas de monopólio — Lei das Práticas Corruptas Estrangeiras — Leis de valores mobiliários e proibições contra negociações internas — Regulamentações ambientais e de segurança no ambiente de trabalho — Regulamentações contra discriminação e assédio sexual —Contribuições políticas e atividades de *lobby* • Proibição de dar ou aceitar subornos, propinas ou presentes • Envolvimento em práticas justas de vendas e marketing • Não lidar com fornecedores que empregam trabalho infantil ou se envolvem em outras práticas duvidosas • Não adquirir nem usar informações confidenciais sobre a concorrência e rivais • Evitar o uso do ativo, recursos e propriedades da empresa com finalidades pessoais ou outras finalidades inadequadas • Responsabilidade de proteger as informações proprietárias e não divulgar segredos comerciais

acreditam que a prática desses valores pela empresa tem sido fundamental para a criação de uma cultura caracterizada pela confiança, oportunidades de trabalho e carreira interessantes para os funcionários e paixão em fornecer "uma incrível experiência de gastronomia para cada cliente, sempre e em todos os nossos restaurantes"[18].

Obviamente, às vezes os valores centrais declarados e o código de ética de uma empresa são alegorias e existem principalmente para impressionar o pessoal de fora e ajudar a criar uma imagem positiva para a empresa. Mas, em geral, eles foram desenvolvidos para dar forma à cultura. Muitos executivos querem que o clima de trabalho retrate determinados valores e padrões éticos, em parte porque eles estão pessoalmente comprometidos com esses valores e padrões, mas principalmente porque eles estão convencidos de que a sua adoção fará com que a empresa tenha um desempenho muito melhor *e* aprimore sua imagem. Como já foi discutido, as normas culturais relacionadas a valores promovem a melhor execução da estratégia e mobilizam o pessoal para atingir os objetivos traçados e a visão estratégica da empresa. Assim, uma cultura corporativa fundamentada em valores centrais bem escolhidos e altos padrões éticos contribui de forma poderosa para o sucesso estratégico de longo prazo de uma empresa[19]. E, não por acaso, os valores e padrões éticos fortemente arraigados reduzem a probabilidade de lapsos no comportamento ético e socialmente aprovado que marcam a reputação de uma empresa e colocam em risco seu desempenho financeiro e sua posição de mercado.

> A declaração de valores de uma empresa e o código de ética comunicam as expectativas de como os funcionários devem se conduzir no local de trabalho.

A Função de Criação de Cultura dos Valores e Códigos de Ética Nas empresas onde os executivos acreditam nos méritos da prática de valores e padrões éticos que foram adotados, *os valores centrais declarados e os princípios éticos são os marcos da cultura corporativa.* Como descreve a Figura 13.2, os valores centrais declarados de uma empresa e os princípios éticos têm duas funções no processo de criação da cultura. A primeira: uma empresa que trabalha muito para colocar em prática seus valores centrais e princípios éticos declarados incentiva um clima de trabalho no qual o pessoal compartilha de convicções comuns e fortemente mantidas sobre o modo como os negócios devem ser conduzidos. Em segundo lugar, os valores e princípios éticos declarados fornecem ao pessoal orientação sobre o modo pelo

Figura 13.2 **As Duas Funções de Criação de Cultura dos Valores Centrais e Padrões Éticos de uma Empresa**

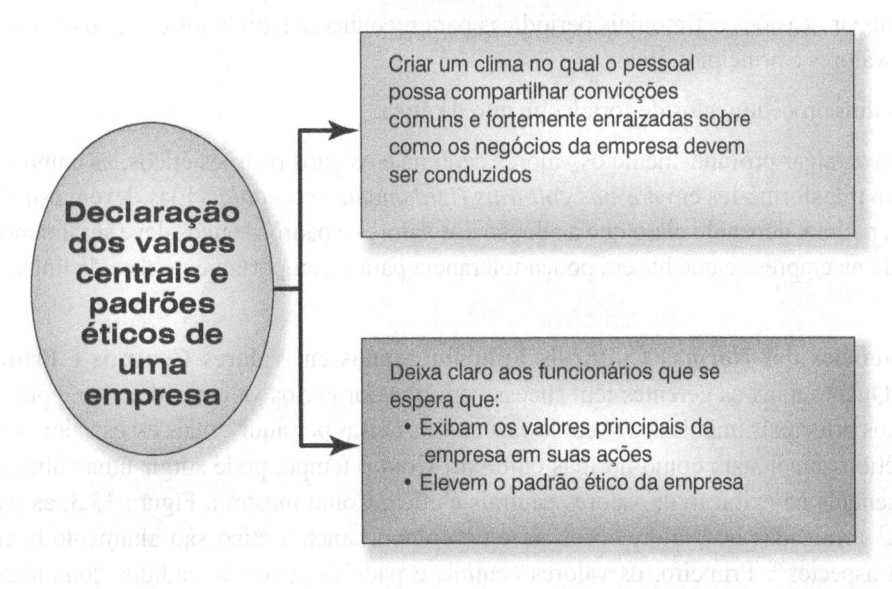

Declaração dos valores centrais e padrões éticos de uma empresa
- Criar um clima no qual o pessoal possa compartilhar convicções comuns e fortemente enraizadas sobre como os negócios da empresa devem ser conduzidos
- Deixa claro aos funcionários que se espera que:
  • Exibam os valores principais da empresa em suas ações
  • Elevem o padrão ético da empresa

qual eles realizam seu trabalho — quais comportamentos e metodologias são aprovados (e esperados) e quais estão fora dos limites.

Transformando Valores Centrais e Padrões Éticos em Normas Culturais Depois que os valores e padrões éticos foram adotados formalmente, eles devem ser institucionalizados nas políticas e práticas da empresa e incorporados à conduta do pessoal. Isso pode ser feito de várias maneiras diferentes[20]. As empresas que seguem a tradição com um rico folclore dependem muito da doutrinação oral e do poder da tradição para instalar valores e implantar a conduta ética. Porém, a maioria das empresas utiliza uma variedade de técnicas para incutir os valores centrais e padrões éticos, usando alguns ou todos os seguintes itens:

1. Dar atenção explícita aos valores e à ética de recrutamento e contratação para fazer a triagem e descartar candidatos que não exibem traços de caráter compatíveis.

2. Incorporar a declaração de valores e o código de ética aos programas de orientação de novos funcionários e cursos de treinamento para gerentes e funcionários.

3. Fazer com que os executivos seniores reiterem com freqüência a importância e o papel dos valores da empresa e princípios éticos nos eventos e comunicações internas aos funcionários.

4. Usar declarações de valores e códigos de conduta ética como *benchmarks* para julgar a adequação das políticas da empresa e das práticas operacionais.

5. Fazer do emprego dos valores centrais e dos princípios éticos um grande fator de avaliação do desempenho profissional de cada pessoa — não há melhor maneira de chamar a atenção e ter o comprometimento do pessoal do que usar o grau com o qual os indivíduos observam os valores centrais e padrões éticos como base de aumentos de salário e promoções.

6. Verificar se os gerentes, do CEO até os supervisores da linha de frente, são diligentes ao enfatizar a importância da conduta ética e observação dos valores centrais. Os gerentes de linha de todos os níveis devem dar atenção séria e contínua à explicação de como os valores e o código de ética se aplicam a suas áreas.

7. Incentivar todos para usarem sua influência e reforçar o cumprimento dos valores centrais e padrões éticos — as fortes pressões dos colegas para o emprego dos valores centrais e padrões éticos são um impedimento ao comportamento fora da linha.

8. Realizar ocasiões cerimoniais periódicas para reconhecer indivíduos e grupos que exibem os valores e princípios éticos.

9. Instituir procedimentos de fortalecimento da ética.

10. Para arraigar profundamente os valores centrais e os altos padrões éticos, as empresas devem transformá-los em *normas culturais rigidamente executadas*. Elas devem estabelecer um padrão, deixando claro que a adoção dos valores e padrões éticos deve ser um modo de vida na empresa e que haverá pouca tolerância para o comportamento fora da linha.

Os Benefícios das Normas Culturais Fundamentadas em Valores Centrais e Princípios Éticos Quanto mais os gerentes têm sucesso em transformar os valores adotados e princípios éticos nos principais impulsos de "como fazemos as coisas por aqui", mais esses valores e princípios éticos funcionam como normas culturais. Com o tempo, pode surgir uma cultura forte fundamentada na exibição de valores centrais e ética. Como mostra a Figura 13.3, as *normas culturais* arraigadas nos valores centrais e no comportamento ético são altamente benéficas em três aspectos[21]. Primeiro, os valores centrais e padrões éticos defendidos comunicam de forma exata as boas intenções da empresa e validam a integridade e o caráter superior de seus princípios de negócios e métodos operacionais. Não existe nada mascarado ou falso sobre a

Figura 13.3 **Os Benefícios das Normas Culturais Fortemente Fundamentadas em Valores Centrais e Princípios Éticos**

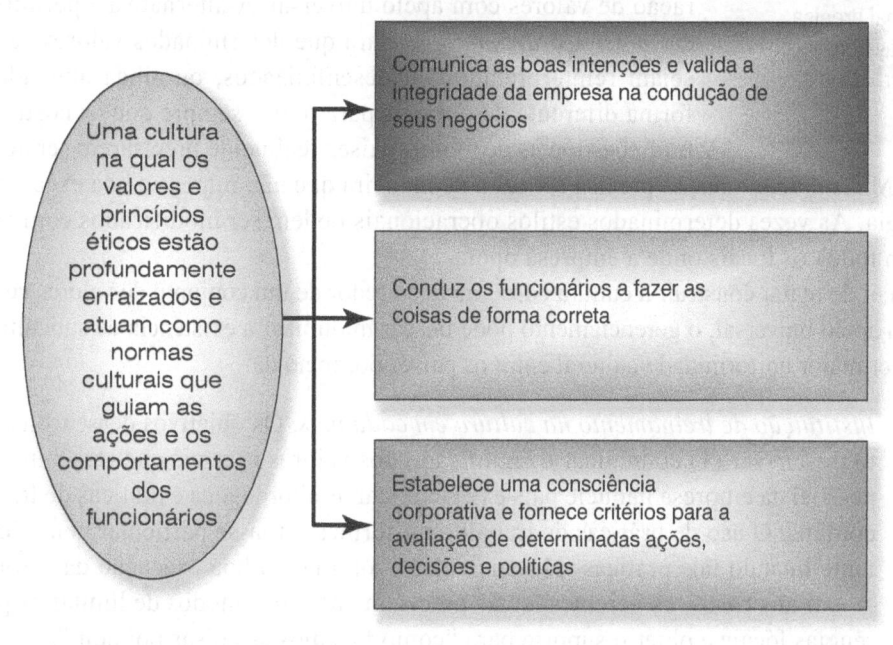

Uma cultura na qual os valores e princípios éticos estão profundamente enraizados e atuam como normas culturais que guiam as ações e os comportamentos dos funcionários

- Comunica as boas intenções e valida a integridade da empresa na condução de seus negócios
- Conduz os funcionários a fazer as coisas de forma correta
- Estabelece uma consciência corporativa e fornece critérios para a avaliação de determinadas ações, decisões e políticas

declaração de valores e o código de ética da empresa — o pessoal realmente luta para praticar aquilo que é pregado. Em segundo lugar, as normas culturais fundamentadas na ética e nos valores orientam o pessoal para fazer o que é certo e fazer as coisas de modo correto. Em terceiro lugar, elas estabelecem uma "consciência corporativa" e fornecem as medidas para avaliar a adequação de determinadas ações, decisões e políticas.

Estabelecimento de uma Estratégia — Ajuste Cultural em Empresas Multinacionais e Globais

Nas empresas multinacionais e globais, o estabelecimento de um ajuste rígido entre estratégia e cultura é complicado pelas circunstâncias diversas da sociedade que cerca as operações nos diferentes países. A natureza das economias locais, as condições de vida, as rendas *per capita* e os estilos de vida podem dar margem a considerável diversidade na força de trabalho e nas subculturas dentro da cultura corporativa de uma empresa. Liderar iniciativas de mudança de cultura entre países é algo que requer sensibilidade para as diferenças das circunstâncias legais; os gerentes devem distinguir quando as subculturas locais precisam ser acomodadas e quando as diferenças da cultura corporativa nos vários países podem e devem ser restritas[22]. A diversidade entre fronteiras na cultura corporativa de empresas internacionais é mais tolerável se a empresa busca uma estratégia de vários países e se a cultura da empresa em cada país está bem alinhada à sua estratégia naquele país. Mas as diferenças entre países na cultura de uma empresa podem impedir a execução de uma estratégia global e devem ser tratadas.

Como já foi discutido, *o truque é estabelecer uma estratégia prática de ajuste entre estratégia e cultura nas empresas multinacionais para fundamentar a cultura em valores e práticas operacionais que suportem a estratégia e viajem bem através das fronteiras dos países*, além de atingir um consenso com gerentes e trabalhadores de diferentes áreas do mundo, apesar dos variados costumes e tradições locais. Uma empresa multinacional com

> **Conceito Central**
> Uma empresa multinacional precisa criar sua cultura corporativa em torno de valores e práticas operacionais que cruzam fronteiras

desajuste entre sua estratégia e cultura em determinados países nos quais opera pode abordar o problema reescrevendo sua declaração de valores com apelo universal. A alternativa é permitir *um certo espaço de manobra* para que determinados valores centrais sejam reinterpretados ou desenfatizados, ou ainda aplicados de forma diferente de um país para outro, sempre que os costumes e tradições locais de alguns países realmente precisarem ser acomodados. Mas tal acomodação precisa ser feita de maneira que não impeça a boa execução da estratégia. Às vezes determinados estilos operacionais podem ser modificados com vantagem em todos os locais onde a empresa opera.

Além de tentar construir a cultura corporativa ao redor de um conjunto de valores centrais que têm apelo universal, o gerenciamento pode buscar minimizar a existência de subculturas e promover maior uniformidade cultural entre os países por meio de:

- *Instituição de treinamento na cultura em cada país.* Os objetivos desse treinamento devem ser (1) comunicar o significado dos valores centrais que ressoam com o pessoal da empresa naquele país e (2) explicar as abordagens e práticas de trabalho comuns. O uso de práticas de trabalho uniformes torna-se particularmente importante quando tais práticas são eficientes e auxiliam a boa execução da estratégia — em tais casos, os gerentes locais precisam encontrar modos de limitar as preferências locais e obter o suporte para "como fazemos as coisas por aqui".

- *Criação de um clima cultural no qual a norma é adotar as práticas recomendadas, usar os procedimentos de trabalho comuns e buscar a excelência operacional.* As empresas podem achar que uma cultura corporativa com base em valores é menos crucial para a boa execução da estratégia do que uma cultura orientada a resultados e com base nas operações nas quais a norma cultural dominante seja um esforço comum para fazer as coisas da melhor maneira possível, atingir o aperfeiçoamento contínuo e atender ou exceder as metas de desempenho. Uma cultura orientada a resultados e estimulada pela excelência operacional e pelo cumprimento de objetivos estendidos evita muitos dos problemas que surgem quando se tenta fazer com que pessoas de sociedades e tradições diferentes adotem valores comuns.

- *Dar aos gerentes locais a flexibilidade de modificar as abordagens de gerenciamento de pessoas ou os estilos operacionais.* Em algumas situações, a adesão às tradições culturais no nível da empresa simplesmente não funciona bem. Entretanto, as modificações locais precisam ser raras e realizadas de forma que não mine o estabelecimento de uma cultura corporativa predominantemente uniforme.

- *Dar aos gerentes locais autoridade distinta para usar incentivos de compensação e motivacionais diferentes para induzir o pessoal local a adotar e praticar os comportamentos culturais desejados.* O pessoal dos diferentes países pode responder melhor a algumas estruturas de compensação e sistemas de recompensa do que a outros.

Em geral, um alto grau de homogeneidade entre os países de uma cultura corporativa da empresa é desejável e precisa ser buscado, particularmente no que diz respeito a arraigar os valores centrais universais e a execução no nível da empresa de padrões éticos como pagamento de subornos e propinas, uso de trabalho infantil e administração ambiental. Uma variação muito grande na cultura entre os países não apenas dificulta o uso da cultura para ajudar a impulsionar o processo de execução da estratégia, como também funciona contra o estabelecimento de um estado de espírito de uma única empresa e identidade corporativa consistente.

LIDERANDO O PROCESSO DE EXECUÇÃO DA ESTRATÉGIA

A ladainha para gerenciar o processo da estratégia é simples: criar um plano estratégico sólido e implementá-lo, executá-lo ao máximo, ajustá-lo quando necessário e ganhar! Mas os desafios da liderança são significativos e adversos. Exercer a liderança responsável, ser a "centelha", colocar as coisas no prumo e atingir resultados colocam o gerente em uma variedade de funções de liderança ao comandar o processo de execução da estratégia: aquele que adquire e aloca, cria capacidades, motiva, cria políticas e as aplica, motiva a torcida, soluciona crises, toma decisões e chefia tarefas, apenas para mencionar algumas. Existem momentos em que liderar o processo de execução da estratégia exige orgulho e autoritarismo, momentos em que é melhor ser um ouvinte atento e um tomador de decisões de comprometimento, momentos em que é melhor delegar os problemas para o pessoal que está mais próximo da ação e momentos em que é apropriado direcionar e ensinar. Muitas ocasiões pedem que o gerente encarregado assuma uma função altamente visível e passe longas horas orientando o processo, enquanto outras pedem apenas um breve desempenho cerimonial e a delegação dos detalhes aos subordinados.

Em sua maior parte, a liderança do processo de execução da estratégia é uma responsabilidade de cima para baixo orientada pela obrigação de fazer as coisas do jeito certo e mostrar bons resultados. Ela deve começar com um diagnóstico sensível dos requisitos para a boa execução da estratégia, dadas as circunstâncias da empresa. Em seguida, vem o diagnóstico das capacidades e preparação para executar as iniciativas estratégicas e decisões necessárias para realizar as estratégias e atingir os resultados visados[23]. Em geral, a liderança do esforço para a boa execução da estratégia e excelência operacional pede cinco ações por parte do gerente encarregado:

1. Ter visão geral do que está acontecendo, monitorando de perto o progresso, investigando as questões e aprendendo quais obstáculos estão no caminho da boa execução.

2. Colocar pressão construtiva na organização para atingir bons resultados e excelência operacional.

3. Liderar o desenvolvimento de competências centrais e capacidades competitivas mais fortes.

4. Demonstrar integridade ética e liderar as iniciativas de responsabilidade social.

5. Forçar ações corretivas para melhorar a execução da estratégia e atingir os resultados desejados.

Permanecer Informado sobre o Andamento dos Processos

Para permanecer informado sobre o processo de execução da estratégia, um gerente precisa desenvolver uma ampla rede de contatos e fontes de informações, tanto formais quanto informais. Os canais normais incluem conversar com os principais subordinados, participar de reuniões e consultar os apresentadores, ler revisões dos últimos resultados operacionais, falar com os clientes, observar as reações competitivas das empresas concorrentes, trocar e-mail e conversar por telefone com pessoas de locais afastados, fazer visitas e ouvir todos os funcionários. Entretanto, algumas informações são mais confiáveis do que outras, e as visões e perspectivas oferecidas por diferentes pessoas pode variar muito. As apresentações e *briefings* de subordinados podem ser coloridos com fatos que podem se tornar realidade ou boa análise, em vez de representar a verdade nua e crua. As más notícias às vezes são filtradas, minimizadas ou distorcidas por pessoal que busca cumprir suas próprias agendas e, em alguns casos, não são reportadas à medida que os subordinados demoram em veicular as falhas e problemas, esperando que eles possam resolver tudo a tempo. Assim, os gerentes precisam decidir quais informações são confiáveis e obter uma idéia exata da situação. Eles precisam confirmar se as coisas estão no caminho certo, identificar problemas, aprender quais são os obstáculos no caminho da boa execução da estratégia, avaliar friamente se a organização tem o talento e a atitude necessários para impulsionar as mudanças necessárias e desenvolver uma base para determinar se eles podem fazer alguma coisa para mover o processo pessoalmente[24].

Uma das melhores maneiras pela qual os executivos podem estar sempre informados sobre o processo de execução da estratégia é visitar regularmente o campo e falar com muitas pessoas de níveis diferentes — uma técnica quase sempre rotulada como **gerenciar andando por aí** (Management by walking around — MBWA). Os executivos da Wal-Mart por muito tempo passaram dois ou três dias visitando as lojas da Wal-Mart e conversando com os gerentes e funcionários. Sam Walton, fundador da Wal-Mart, insistia em que "o segredo é entrar na loja e ouvir aquilo que os outros têm a dizer". Jack Welch, o CEO efetivo da General Electric (GE) entre 1980 e 2001, não apenas passava vários dias todos os meses visitando as operações da GE e falando com os principais clientes, mas também organizava sua agenda para trocar informações e idéias com os gerentes da GE de todo o mundo que estavam assistindo a aulas no centro de desenvolvimento de liderança da empresa, próximo à sede.

> **Conceito Central**
> O *Gerenciamento andando por aí (MBWA)* é uma das técnicas usadas pelos líderes eficientes para estarem sempre informados sobre o progresso do processo de execução da estratégia.

Quase sempre, os clientes e fornecedores podem fornecer perspectivas valiosas sobre como o processo de execução da estratégia de uma empresa está indo. Joe Tucci, CEO da empresa líder em armazenamento de dados, EMC, quando confrontado com uma queda inesperada nas vendas da empresa em 2001, e incerto se a situação difícil representava uma queda brusca temporária ou uma mudança de mercado estrutural, foi direto à fonte buscar informações: os CEOs e CFOs a quem se reportavam os CIOs das empresas clientes e os consultores que os aconselhavam. As informações que ele obteve foram esclarecedoras — as mudanças de mercado fundamentais estavam ocorrendo e as regras do envolvimento de mercado agora pediam grandes mudanças de estratégia na EMC, seguidas por rápida implementação.

Para manter o pulso firme, os gerentes de algumas empresas realizaram reuniões semanais (quase sempre nas tardes de sexta-feira) para criar uma oportunidade regular e fazer com que as informações fluíssem livremente entre todos os funcionários e executivos. Muitos executivos da área de manufatura fazem questão de andar pela fábrica conversando com os trabalhadores e reunindo-se regularmente com os representantes sindicais. Alguns gerentes operam em cubículos abertos em grandes espaços, para que possam interagir de forma fácil e freqüente com os colegas. Jeff Bezos, CEO da Amazon.com, é conhecido por sua prática de MBWA, disparando uma bateria de perguntas quando percorre as instalações da empresa, insistindo para que os gerentes da Amazon estejam sempre junto ao pessoal, evitando o pensamento abstrato e o desligamento do que está realmente acontecendo[25].

A maioria dos gerentes pratica o MBWA, dando grande importância ao tempo gasto com o pessoal nas diversas instalações e reunindo informações e opiniões em primeira mão de diversas fontes sobre como estão indo os diversos aspectos do processo de execução da estratégia. Eles acreditam que as visitas às instalações e os contatos pessoais dão uma boa idéia do progresso que está sendo feito, dos problemas encontrados e dos recursos adicionais ou diferentes abordagens que se façam necessárias. Tão importante quanto isso é o fato de que o MBWA oferece oportunidades de falar informalmente com diferentes pessoas de diferentes níveis organizacionais, dar incentivo, levantar o moral, mudar a atenção das antigas para as novas prioridades e criar interesse — tudo isso gera energia positiva e ajuda a mobilizar os esforços organizacionais da execução da estratégia.

Colocando Pressão Construtiva na Organização para Atingir Bons Resultados e Excelência Operacional

Os gerentes precisam ser os primeiros a mobilizar a energia organizacional por trás do volante para a boa execução da estratégia e da excelência operacional. Parte do requisito da liderança implica nutrir um clima de trabalho orientado aos resultados, em que os padrões de desempenho são altos e um espírito de realização permeia tudo. O resultado aspirado é uma organização com um bom histórico de alcance ou superação das metas de desempenho traçadas. Em uma cultura de alto desempenho, uma pressão construtiva para atingir bons resultados é um contribuinte valioso para a boa execução da estratégia e excelência operacional. Se o gerenciamento quer impulsionar o esforço de execução da estratégia estimulando um clima de trabalho orientado a resultados, então os executivos seniores precisam tomar a dianteira na promoção de determinados incentivos culturais: um forte sentido de envolvimento por parte do pessoal, ênfase na iniciativa e criatividade individual, respeito pela contribuição dos indivíduos e grupos e orgulho de fazer as coisas certas.

Os líderes organizacionais que têm sucesso ao criar um clima de trabalho orientado a resultados em geral são intensamente orientados a pessoas e são usuários capacitados das práticas de gerenciamento que conseguem o comprometimento emocional do pessoal da empresa e os inspira a fazer o melhor[26]. Eles entendem que tratar bem os funcionários em geral leva à melhora do trabalho em equipe, moral maior, mais lealdade e mais comprometimento dos funcionários em contribuir. Tudo isso incentiva um espírito que energiza os membros da organização a participarem para atingir a excelência operacional e a execução perfeita da estratégia.

A liderança bem-sucedida do esforço para fomentar um espírito de alta realização na cultura em geral resulta em ações de liderança e práticas gerenciais do tipo:

- *Tratar os funcionários com dignidade e respeito.* Com freqüência, isso inclui um forte comprometimento da empresa para com o treinamento completo de cada funcionário, oferecendo oportunidades atraentes, enfatizando a promoção interna e um alto grau de segurança no emprego. Algumas empresas simbolizam o valor dos funcionários individuais e a importância de suas contribuições chamando-os de membros do elenco (Disney), membros da tripulação (McDonald's), colegas (Kinko's e CDW Computer Centers), proprietários do emprego (Granite Construction), parceiros (Starbucks) ou associados (Wal-Mart, Lenscrafters, W. L. Gore, Edward Jones, Publix Supermarkets e Marriott International). Em várias empresas, os gerentes de todos os níveis são responsáveis pelo desenvolvimento das pessoas que se reportam a eles.

- *Fazer campeãs as pessoas cujos desempenhos são vencedores.* Isto deve ser feito de maneiras que promovam o trabalho em equipe e a colaboração entre unidades, ao contrário de criar uma competição prejudicial entre os funcionários. Os prováveis campeões que defendem as idéias radicais ou diferentes não devem ser vistos como destrutivos ou problemáticos. Os melhores campeões e agentes de mudança são persistentes, competitivos, tenazes, comprometidos e fanáticos em ver suas idéias se transformando em sucesso. É particularmente importante que as pessoas que defendem uma idéia malsucedida não sejam punidas ou isoladas, mas sim incentivadas a tentar novamente — incentivar muitas "tentativas" é importante, uma vez que muitas idéias não darão certo.

- *Incentivar os funcionários para usarem iniciativa e criatividade ao executarem seus trabalhos.* A excelência operacional exige que todos contribuam com idéias, exerçam a iniciativa e busquem o aperfeiçoamento contínuo. O truque de liderança é manter viva uma idéia de urgência no negócio, para que as pessoas vejam a mudança e inovação como necessidades. Além disso, as pessoas com idéias independentes ou propostas fora do comum precisam ser toleradas e ter espaço para operar, qualquer coisa menor do que isso tende a silenciar a criatividade e iniciativa.

- *Definindo objetivos.* Os gerentes devem comunicar claramente a expectativa de que o pessoal deve dar seu melhor para atingir as metas de desempenho.

- *Usando as ferramentas de benchmarking, as melhores práticas, reengenharia de processos de negócios, TQM e qualidade Seis Sigma para concentrar a atenção na excelência operacional.* Essas são abordagens comprovadas para obter os melhores resultados operacionais e facilitar a melhor execução da estratégia.

- *Usando toda a variedade de técnicas motivacionais e incentivos de compensação para inspirar o pessoal da empresa, nutrir um clima de trabalho orientado a resultados e implantar os padrões de alto desempenho.* Os gerentes não podem obrigar os aperfeiçoamentos inovadores simplesmente exortando as pessoas a serem "criativas", nem podem fazer progresso contínuo na direção da excelência operacional com orientações para "tentar mais". Em vez disso, têm de incentivar uma cultura na qual as idéias inovadoras e a experimentação de novas maneiras de fazer as coisas pode florescer e prosperar. Os indivíduos e grupos precisam ser fortemente incentivados a realizar o *brainstorm*, deixar que sua imaginação vôe em todas as direções e chegue a propostas de melhoria nas metodologias. Isso significa dar ao pessoal da empresa autonomia suficiente para se destacar, exceder e contribuir. E isso significa que as recompensas para os defensores bem-sucedidos de novas idéias e melhorias operacionais devem ser grandes e visíveis.

- *Celebrando os sucessos individuais, do grupo e da empresa.* O gerenciamento de primeiro escalão não deve perder nenhuma oportunidade de expressar respeito pelos funcionários individuais e sua apreciação do esforço individual e de grupo extraordinário[27]. Empresas como a Mary Kay Cosmetics, Tupperware e McDonald's buscam ativamente motivos e oportunidades para dar broches, botões, crachás e medalhas a serem exibidos por aqueles que têm desempenho médio — a idéia é expressar apreciação e dar impulso emocional às pessoas que se destacam em fazer as coisas comuns. A General Electric e a 3M Corporation fazem questão de honrar cerimoniosamente os indivíduos que acreditam tão fortemente em suas idéias que assumem a carga da burocracia, manobram seus projetos através do sistema, e as transformam em serviços aperfeiçoados, novos produtos ou mesmo novos negócios.

Embora os esforços de liderança para implantar uma cultura de desempenho orientada a resultados em geral acentuem o positivo, também existem reforços negativos. Os gerentes cujas unidades têm mau desempenho repetidamente precisam ser substituídos. Os funcionários e pessoas com baixo desempenho que rejeitam a ênfase cultural orientada a resultados precisam ser demitidos ou pelo menos transferidos para outras posições. Os funcionários com desempenho médio precisam ser avisados sobre seu potencial de carreira limitado, a menos que mostrem mais progresso na forma de esforço adicional, melhores habilidades e melhor capacidade de fornecer bons resultados.

Liderando o Desenvolvimento de Melhores Competências e Capacidades

Uma terceira via para a melhor execução da estratégia e excelência operacional é fortalecer proativamente as competências centrais e capacidades competitivas para melhorar o desempenho das atividades da cadeia de valores e abrir o caminho para melhores resultados financeiros. Com freqüência, isso exige a intervenção do alto gerenciamento por dois motivos. Primeiro, os gerentes seniores têm mais chance de reconhecer e apreciar o significado das capacidades mais fortes para a execução da estratégia; isso é particularmente verdadeiro nas empresas multinacionais nas quais os principais executivos estão em melhor posição de detectar oportunidades para alavancar competências existentes e capacidades competitivas através de todas as fronteiras geográficas. Em segundo lugar, os gerentes seniores em geral precisam *liderar* o esforço de fortalecimento porque as competências centrais e capacidades competitivas residem nos esforços combinados dos diferentes grupos de trabalho, departamento e aliados estratégicos, e apenas os gerentes seniores têm a influência organizacional para reforçar a rede e colaboração necessárias.

Além de liderar esforços para fortalecer as competências e capacidades *existentes*, os líderes de estratégia eficientes tentam prever as mudanças nos requisitos cliente/mercado e criarem proativamente *novas* competências e capacidades que ofereçam uma vantagem competitiva. Novamente, os gerentes seniores estão em melhor posição para ver a necessidade e o potencial de novas capacidades e, em seguida, desempenhar papel central no processo de criação destas, além de ampliação de recursos. A criação proativa de novas competências e capacidades antes dos concorrentes para ter vantagem competitiva constitui liderança estratégica do melhor tipo, mas o fortalecimento da base de recursos da empresa em reação a recém-desenvolvidas capacidades de pioneirismo ocorre com maior freqüência.

Exibindo Integridade Ética e Liderando Iniciativas de Responsabilidade Social

Para que uma organização evite as armadilhas de escândalo e desgraça e exiba de forma consistente a intenção de realizar seus negócios com princípios, o CEO e aqueles que estão ao seu redor devem estar comprometidos de forma aberta e inabalável com a conduta ética e resgatar socialmente princípios e valores centrais. Liderar o esforço para operar os negócios com princípios éticos abrange três aspectos. Antes de mais nada, o CEO e outros executivos seniores devem dar um excelente exemplo com seu próprio comportamento ético, demonstrando caráter e integridade pessoal em suas ações e decisões. O comportamento dos executivos seniores envia uma mensagem clara para o pessoal em relação a quais são os padrões "reais" da conduta pessoal. Além disso, a estratégia e as decisões operacionais precisam ser vistas como éticas — as ações sempre falam mais alto do que as palavras no código de ética de uma empresa. Em segundo lugar, o gerenciamento de primeiro escalão deve declarar o apoio inequívoco ao código de ética da empresa e assumir um posicionamento inflexível, na expectativa de que o pessoal tenha conduta ética em todos os momentos. Isso significa iterar e reiterar para os funcionários que é seu dever observar os códigos de ética da empresa. Em terceiro lugar, o gerenciamento de primeiro escalão deve estar preparado para agir como árbitro final de disputas; isso significa retirar o pessoal das posições-chave ou demiti-los quando são culpados de infrações. Isso também significa reprimir aqueles que se descuidaram do monitoramento e cumprimento ético. A falta de ação imediata e decisiva para punir a má conduta ética é interpretada como falta de comprometimento real.

Estabelecimento de um Processo de Cumprimento Efetivo da Ética Se os executivos de uma empresa pretendem realmente que o pessoal se comporte eticamente, eles devem supervisionar pessoalmente a implantação de procedimentos fortes e efetivos de cumprimento dos padrões éticos e lidar com infrações. Mesmo em uma empresa eticamente forte, pode haver maçãs ruins — e algumas das maçãs podem ser executivos. Assim, raramente é suficiente depender das exortações dos executivos seniores ou de uma cultura com princípios éticos para produzir o cumprimento da ética.

A ação executiva para instituir o cumprimento ético formal e mecanismos de cumprimento pode resultar na formação de um comitê ético para orientar as questões pertinentes, indicando executivos de ética para chefiar o esforço de cumprimento, estabelecer uma linha direta de ética ou um site para que os funcionários possam reportar anonimamente uma possível infração ou obter consultoria confidencial sobre uma situação problemática relacionada à ética, ter uma auditoria anual para medir a extensão do comportamento ético e identificar áreas problemáticas. Os executivos seniores precisam realizar cinco passos para realmente fazer cumprir o comportamento ético[28]:

1. Ter programas obrigatórios de treinamento em ética para os funcionários. O pessoal da empresa precisa ser educado sobre o que é ético ou não e receber orientação sobre as áreas de dúvida. Programas especiais de treinamento são necessários para o pessoal de áreas vulneráveis como aquisição, vendas e lobby. O pessoal da empresa atribuído às subsidiárias em outros países pode cair em armadilhas de dilemas éticos, se o suborno e a corrupção dos oficiais públicos são práticas comuns ou se fornecedores ou clientes estão acostumados a propinas de algum tipo.

2. Incentivar abertamente o pessoal da empresa para que reportem possíveis infrações por meio de ligações anônimas para uma linha direta ou e-mails enviados a um endereço designado. Idealmente, a cultura da empresa terá princípios suficientemente éticos para que a maioria do pessoal sinta que suas obrigações e deveres são reportar possíveis infrações à ética (nem tanto para causar problemas a alguém, mas para evitar danos futuros e ajudar a evitar as conseqüências extremas de um escândalo). Além disso, todos devem ser incentivados a levantar questões sobre áreas eticamente duvidosas e obter consultoria confidencial de especialistas em ética.

3. Realizar uma auditoria anual dos esforços de cada gerente em manter os padrões éticos e exigir relatórios formais sobre as suas ações para corrigir a conduta deficiente.

4. Exigir que todos os funcionários assinem uma declaração todos os anos, confirmando que tenham cumprido o código de ética da empresa.

5. Verificar se as infrações à ética têm punições apropriadas, incluindo a demissão, caso a infração seja suficientemente notória.

Embora essas ações possam parecer extremas, elas deixam pouco espaço para dúvidas sobre a seriedade do comprometimento executivo para com o cumprimento da ética. O incentivo aberto ao relatório de possíveis infrações à ética aumenta a conscientização sobre a operação dentro de limites éticos. E, embora os infratores tenham de ser disciplinados, *a principal finalidade dos diversos meios de cumprimento é incentivá-los, em vez de punir*. A maioria do pessoal pensará duas vezes antes de se envolver em conduta antiética quando suas ações podem ser reportadas por colegas observadores. O mesmo vale quando sabem que suas ações serão auditadas e/ou quando precisam assinar declarações certificando o cumprimento do código de ética.

Os executivos de primeiro escalão de empresas multinacionais enfrentam grandes desafios ao implantar padrões éticos rígidos no nível da empresa, porque aquilo que é considerado ético quase sempre varia substancialmente ou sutilmente de um país para outro. Existem sombras e variações para aquilo que as sociedades geralmente aceitam como certo e errado, com base nas circunstâncias, costumes locais e convicções religiosas predominantes. E, certamente, existem variações entre os países no *grau* com que determinados comportamentos são considerados antiéticos[29]. Assim, as empresas transnacionais precisam tomar uma decisão fundamental relativa a tentar implantar padrões éticos comuns em todas as suas operações em todos os países ou se permitem que algumas regras sejam quebradas em alguns casos.

Liderando as Iniciativas de Responsabilidade Social O exercício da responsabilidade social, assim como a observação dos princípios éticos, exige liderança dos executivos de primeiro escalão. *O que separa as empresas que realizam um esforço sincero para fazer sua parte no exercício da boa cidadania corporativa das empresas que se satisfazem em fazer apenas o que é exigido legalmente, são os líderes que acreditam fortemente que não basta ter lucro. Tais líderes estão comprometidos com um padrão de desempenho mais alto que inclui métrica social e ambiental, bem como métrica financeira e estratégica.* Assim, depende do CEO e de outros executivos seniores insistir para que a empresa deixe de lado a retórica e alegoria da cidadania corporativa e implemente iniciativas de responsabilidade social.

> Os CEOs que estão comprometidos com um valor central de responsabilidade social corporativa e vão além da retórica florescem e conseguem o suporte total do pessoal da empresa que executa as iniciativas de responsabilidade social.

Entre as responsabilidades da liderança do CEO e de outros gerentes seniores estão, portanto, *estar à frente*, acenar com o sinalizador do comportamento socialmente responsável para que todos vejam, guiar o suporte do pessoal e fazer das iniciativas de responsabilidade social parte diária do modo como a empresa realiza seus negócios. Os executivos de primeiro escalão precisam usar métrica social e ambiental ao avaliar o desempenho e, idealmente, o conselho da administração da empresa preferirá vincular o desempenho social e ambiental da empresa à compensação dos executivos — um modo seguro de ter certeza de que os esforços de responsabilidade social são mais do que fachada. Para ajudar a garantir o comprometimento dos gerentes seniores, a Verizon Communications vincula 10% dos bônus anuais dos principais 2.500 gerentes diretamente à realização de metas de responsabilidade social. Uma pesquisa concluiu que mais de 60% dos gerentes seniores acreditavam que uma parte da compensação dos executivos estaria ligada ao desempenho da empresa nas medidas sociais e ambientais. A força do compromisso do primeiro escalão — em geral o CEO e a diretoria —, em última análise, determina se uma empresa implementará e executará uma estratégia completa de responsabilidade social que adote uma combinação personalizada de ações para proteger o ambiente (além daquilo que é exigido por lei), participará ativamente nas questões comunitárias, dará apoio generoso a causas beneficentes e projetos que beneficiem a sociedade e terá um impacto positivo sobre a diversidade da força de trabalho e o bem-estar geral dos funcionários. Um dos sinais mais confiáveis de que os executivos estão liderando um esforço autêntico para executar iniciativas produtivas de responsabilidade social é se a empresa produz um relatório anual sobre seus esforços de responsabilidade social que cite evidências quantitativas e qualitativas das realizações.

Liderando o Processo de Ajustes

O desafio da liderança ao realizar ajustes de correção tem duas etapas: decidir quando os ajustes são necessários e decidir quais ajustes devem ser feitos. Ambas são decisões normais e necessárias para gerenciar o processo de execução da estratégia, uma vez que nenhum esquema de implementação e execução pode prever todos os eventos e problemas que surgirão. Chega um momento em que todos os gerentes de empresas precisam ajustar ou revisar as abordagens de execução da estratégia ou forçar melhores resultados. Sem dúvida, quando o esforço de execução de estratégia de uma empresa não está surtindo bons resultados nem fazendo progresso mensurável na direção da excelência operacional, é responsabilidade do líder entrar em ação e forçar ações corretivas.

O *processo* de fazer ajustes de correção varia de acordo com a situação. Em uma crise, é típico que os líderes disponham de subordinados-chave que coletam informações, identificam e avaliam opções (usando os números apropriados) e talvez preparam um conjunto preliminar de ações recomendadas para consideração. Em seguida, o líder organizacional se reúne com os subordinados-chave e preside pessoalmente as discussões posteriores das respostas propostas, tentando criar um consenso rápido entre os membros do círculo mais interno de executivos. Se não houver consenso e a ação for necessária imediatamente, a carga recairá sobre o gerente encarregado de escolher a resposta e dar urgência a seu suporte.

Quando a situação permite que os gerentes procedam mais deliberadamente ao resolver quando e quais mudanças devem ser feitas, a maioria dos gerentes parece preferir um processo de comprometimento com a solidificação incremental de determinado curso de ação[30]. O processo pelo qual os gerentes passam ao decidir sobre ajustes de correção é essencialmente o mesmo para as mudanças protivas e reativas: eles sentem as necessidades, coletam informações, ampliam e aprofundam sua compreensão da situação, desenvolvem opções e exploram seus prós e contras, desenvolvem propostas de ação geral, soluções parciais (nível de conforto), lutam para chegar ao consenso e finalmente adotam de modo formal um curso de ação aprovado[31]. A decisão sobre quais mudanças corretivas devem ser iniciadas pode levar algumas horas, alguns dias, algumas semanas ou mesmo alguns meses se a situação é particularmente complicada.

O sucesso ao iniciar ações corretivas em geral depende de uma análise completa da situação, do exercício do bom julgamento ao resolver quais ações devem ser adotadas e da boa implementação das ações corretivas que são iniciadas. Os gerentes bem-sucedidos são habilidosos para levar uma organização de volta ao caminho muito rapidamente; eles (e suas equipes) são bons em julgar quais ações devem ser adotadas e ajustá-las até chegar a uma conclusão bem-sucedida. Os gerentes que apresentam dificuldade para mostrar progresso mensurável na geração de bons resultados e melhoria do desempenho de atividades da cadeia de valores que são críticas para a estratégia são candidatos a serem substituídos.

Os desafios de liderar um esforço de execução de estratégia bem-sucedido são, sem dúvida nenhuma, substanciais[32]. Mas o trabalho é definitivamente possível. Como cada instância da execução da estratégia ocorre em circunstâncias organizacionais diferentes, a agenda gerencial para a execução da estratégia sempre precisa ser específica de cada situação — não há um procedimento genérico a ser seguido. E, como já dissemos no início do Capítulo 11, a execução da estratégia é uma tarefa orientada a ações e fazer as coisas acontecerem que desafia a capacidade de um gerente em liderar e mudar diretamente a organização, criar ou reinventar os processos de negócios, gerenciar e motivar as pessoas e atingir as metas de desempenho. Se agora você consegue entender melhor quais são os desafios, quais abordagens estão disponíveis, quais questões precisam ser consideradas e por que a agenda de ações da implementação e execução da estratégia passa por tantos aspectos do trabalho administrativo e gerencial, então podemos considerar a discussão dos Capítulos 11, 12 e 13 como um sucesso.

Uma Última Palavra sobre Gerenciamento do Processo de Criação e Execução de uma Estratégia Na prática é difícil separar os requisitos de liderança da execução da estratégia das outras partes do processo estratégico. Como enfatizamos no Capítulo 1, o trabalho de criar, implementar e executar a estratégia é um processo de cinco fases com muitas voltas e reciclagem para ajustar as visões estratégias, objetivos, capacidades, abordagens de implementação e culturas, combinando-as e adaptando-as às mudanças de circunstâncias. O processo é contínuo e os atos conceitualmente separados de criar e executar a estratégia se misturam nas situações reais. Os melhores testes da boa liderança estratégica identificam se a empresa tem uma boa estratégia e se o esforço de execução da estratégia está entregando os resultados esperados. Se essas duas condições existem, há chances excelentes de que a empresa tenha uma boa liderança estratégica.

Pontos-Chave

O caráter da cultura de uma empresa é um produto dos valores centrais e princípios de negócios defendidos pelos executivos, dos padrões do que é eticamente aceitável ou não, das práticas de trabalho e dos comportamentos que definem "como fazemos as coisas por aqui", de sua abordagem do gerenciamento de pessoas e do estilo de operação, da "química" e da "personalidade" que permeia seu ambiente de trabalho e das histórias que são contadas repetidas vezes para ilustrar e reforçar os valores da empresa, as práticas de negócios e as tradições. A cultura de uma empresa é importante porque ela influencia as ações e abordagens da organização na condução dos negócios — em um sentido bastante real, a cultura é o "sistema operacional" da empresa ou o DNA organizacional.

A psique das culturas corporativas varia muito. Além disso, elas variam amplamente em força e influência. Algumas estão fortemente incorporadas e têm amplo impacto sobre as práticas e normas comportamentais de uma empresa. Outras são fracas e têm comparativamente pouca influência sobre as operações. Existem quatro tipos de culturas prejudiciais: (1) aquelas que são altamente políticas e caracterizadas pela criação de um império, (2) aquelas que são resistentes à mudança, (3) aquelas que são insulares e introvertidas e (4) aquelas que não têm princípios éticos e são movidas pela ganância. As culturas de alto desempenho e culturas adaptativas têm recursos positivos que conduzem à boa execução da estratégia.

Uma cultura fundamentada em valores, práticas e normas comportamentais para a boa execução da estratégia ajuda a energizar as pessoas por toda a empresa para que façam seus trabalhos de modo que suporte a estratégia, aumentando significativamente o poder do esforço de execução e as chances de atingir os resultados objetivados. Mas quando a cultura entra em conflito com algum aspecto do direcionamento, alvos de desempenho ou a estratégia da empresa, a cultura torna-se um estorvo. Assim, uma parte importante do gerenciamento do processo de execução da estratégia é estabelecer e nutrir um bom alinhamento entre cultura e estratégia.

A cultura atual e o clima de trabalho podem ou não ser compatíveis com aquilo que é necessário para a implementação e execução efetiva da estratégia escolhida. *Quando o clima de trabalho atual promove atitudes e comportamentos adequados à execução da estratégia, sua cultura funciona como um aliado valioso do processo de execução da estratégia.* Quando a cultura está em conflito com algum aspecto do direcionamento, das metas de desempenho ou da estratégia, a cultura torna-se um estorvo.

A mudança da cultura de uma empresa, particularmente uma cultura forte com traços que não se ajustam aos novos requisitos da estratégia, é um desafio difícil e quase sempre demorado. A mudança de cultura exige liderança competente do primeiro escalão. Ela requer ações simbólicas e ações substantivas que indiquem claramente o comprometimento por parte do gerenciamento de primeiro escalão. Quanto mais esses comportamentos e ações orientados à cultura se ajustam ao que é necessário para a boa execução da estratégia, menos os gerentes precisam depender de políticas, regras, procedimentos e supervisão para verificar o que as pessoas devem ou não fazer.

A raiz da cultura corporativa de uma empresa quase sempre é resultado da sua dedicação a determinados valores centrais e aos padrões que ela define para o comportamento ético. Obviamente, os valores centrais e código de ética declarados de uma empresa são alegóricos, existindo principalmente para impressionar as pessoas de fora e ajudar a criar uma imagem positiva. Porém, o mais comum é que eles sejam desenvolvidos para dar forma à cultura. Se o gerenciamento pratica o que prega, os valores centrais e padrões éticos de uma empresa nutrem a cultura corporativa de três maneiras altamente positivas: (1) eles comunicam as boas intenções da empresa e validam a integridade e caráter superior de seus princípios de negócios e métodos operacionais; (2) eles orientam o pessoal da empresa para fazer a coisa certa e fazer as coisas do jeito certo e (3) estabelecem uma consciência corporativa que mede a adequação de determinadas ações, decisões e políticas. As empresas que realmente se importam com o modo como conduzem seus negócios criam um marco, tornando inequivocamente claro que o pessoal deve honrar seus valores e padrões éticos — o modo como os indivíduos demonstram os valores centrais e seguem os padrões éticos geralmente faz parte das avaliações do desempenho no trabalho. As pressões dos colegas para o cumprimento das normas culturais são bastante fortes, agindo como um impedimento importante para o comportamento fora da linha.

A liderança para a boa execução da estratégia e excelência operacional pede cinco ações por parte do gerente encarregado:

1. Permanecer informado sobre o que está acontecendo, monitorando de perto o progresso, pesquisando os problemas e aprendendo quais são os obstáculos que estão no caminho da boa execução.
2. Exercer pressão construtiva sobre a organização para atingir bons resultados e excelência operacional.
3. Liderar o desenvolvimento de competências centrais e capacidades competitivas mais fortes.
4. Exibir integridade ética e liderar as iniciativas de responsabilidade social.
5. Empreender ações corretivas para melhorar a execução da estratégia e atingir os resultados programados.

Exercícios

1. Visite o site da Herman Miller (www.hermanmiller.com) e leia o que a empresa tem a dizer sobre sua cultura corporativa em suas seções de carreira. Você acha que essa declaração é apenas relações públicas ou, com base em outras coisas que sabe sobre a Herman Miller Company deste site na Web, existem motivos para crer que o gerenciamento verdadeiramente criou uma cultura que dá vida aos valores e princípios declarados?

2. Vá à seção de carreiras do site da Qualcomm (www.qualcomm.com) e veja o que essa empresa, uma das mais conhecidas em tecnologia de comunicações móveis, tem a dizer sobre a vida na Qualcomm. O que há nele é apenas propaganda para recrutamento, ou ele veicula o tipo de clima de trabalho que o gerenciamento está realmente tentando criar? Se você fosse um executivo sênior da Qualcomm, veria mérito em criar e nutrir uma cultura como aquela que é descrita na seção "Life at Qualcomm"? Tal cultura representaria um ajuste correto com os negócios de alta tecnologia e a estratégia da Qualcomm? (Você pode ter uma visão geral da estratégia da Qualcomm explorando a seção para investidores e alguns dos *press releases* mais recentes). A sua resposta é consistente com o que é apresentado no menu "Awards and Honors" na parte "About Qualcomm" do site na Web?

3. Vá até o site da Johnson & Johnson (www.jnj.com) e leia o "J&J Credo", que define as responsabilidades da empresa para com clientes, funcionários, comunidade e acionistas. Em seguida, leia a seção "Our Company". Por que você acha que o credo resultou em inúmeros prêmios e elogios que reconhecem a empresa como um bom cidadão corporativo?

4. Realize uma pesquisa na internet ou use os recursos da biblioteca de sua universidade para identificar pelo menos cinco empresas cuja liderança estratégica do CEO tem sido falha desde 2000. Três empresas candidatas que você pode pesquisar são a Adelphia Communications, AIG e HealthSouth. Em seguida determine, se houver, os cinco fatores discutidos na seção deste capítulo "Liderando o Processo de Execução da Estratégia" que agiram no fracasso dos CEOs.

5. A Dell Inc. tem sido listada como uma das empresas mais admiradas da *Fortune* há vários anos. Clique no link "About Dell" no site www.dell.com. Qual é sua avaliação da extensa discussão da empresa sobre responsabilidade, preocupação com o ambiente e envolvimento comunitário? Esses programas parecem ter o suporte do gerenciamento de primeiro escalão? Existem evidências de que essa é mais do que uma iniciativa de relações públicas?

6. Examine o material do Quadro Ilustrativo 13.1 sobre a cultura corporativa da Google; em seguida, vá até o site da empresa, clique no link Sobre o Google e no link Informação Corporativa. Leia 10 Coisas sobre o Google que você precisa saber na seção Nossa Filosofia. Quais relacionamentos você vê entre essas 10 coisas e a descrição da Google para sua cultura? Elas estão intimamente conectadas? Explique os motivos para as respostas.

parte dois 2

Leituras em
Administração Estratégica

Leitura 1

O Que É Estratégia e Como Saber se Você Tem Uma?

Costas Markides
London Business School

O que é estratégia, realmente? Apesar da evidente importância de uma estratégia de qualidade superior para o sucesso de uma organização e das décadas de pesquisa sobre o assunto, há pouca concordância, no meio acadêmico, quanto ao que é realmente uma estratégia. Da noção de estratégia como antevisão, diversas definições possíveis lutam para conquistar legitimidade. A ausência de uma definição aceitável tornou a área suscetível a uma invasão de slogans e termos glamourosos que só aumentam a confusão e o desconforto.

Ocorre que tal confusão não se restringe aos acadêmicos. Se questionados, a maioria dos executivos definiria estratégia da seguinte maneira: "como eu posso atingir os objetivos da minha empresa". Muito embora esta definição seja tecnicamente correta, no entanto, ela é tão genérica e, praticamente, desprovida de significado.

Não é necessário dizer que a referida situação é deplorável. Talvez nada possa exemplificar o panorama trágico (ou tragicômico?) relacionado à estratégia do que o relato a seguir.

Em novembro de 1996, o mais proeminente acadêmico em estratégia, Michael Porter, de Harvard, publicou um artigo na *Harvard Business Review* pomposamente intitulado "O Que É Estratégia?" (*Harvard Business Review*, nov.-dez. 1996). Passaram-se somente alguns meses e outro acadêmico famoso, Gary Hamel, da London Business School, escreveu um artigo cujo título era igualmente impressionante:

"What Is the Strategy and how do You Know if You Have One", Costas Markides, *Business Strategy Review*, vol. 15, 2ª ed. (verão de 2004), p. 5-12. Copyright ©2004 por Blackwell Publishing Ltd. Usado sob permissão.

"Em Busca da Estratégia" (London Business School, *working paper*, 1997).

O fato de 40 anos de pesquisa acadêmica sobre o assunto terem transcorridos, e de dois dos mais proeminentes acadêmicos da área terem sentido a necessidade de principiar esforços voltados à elaboração de pesquisas sobre estratégia, demonstra quanta confusão criou-se em relação a uma decisão administrativa das mais cruciais.

Embora parte da confusão seja indubitavelmente causada por si mesma, grande parte é, também, decorrente de uma notável falta de entendimento do conteúdo da estratégia. Gostaria de propor uma visão baseada em minhas pesquisas com empresas que inovaram-se estrategicamente. Elas não somente desenvolveram estratégias fundamentalmente diferentes das de seus concorrentes, mas provaram-se enormemente bem-sucedidas.

Com base nessas pesquisas, gostaria de propor que há certos princípios simples, mas fundamentais, que alicerçam toda estratégia bem-sucedida. Quando se vai além das suas diferenças visíveis e se examinam mais profundamente suas raízes, não se pode ignorar o fato de que todas estratégias bem-sucedidas compartilham dos mesmos princípios ou substratos similares. Desse modo, o substrato da estratégia bem-sucedida da Microsoft é o mesmo da estratégia que impulsionou a Sears rumo à liderança da indústria, cem anos atrás. Meu argumento é que, ao conhecer tais princípios básicos, uma organização pode usá-los para desenvolver sua própria estratégia de sucesso. Os blocos de construção são os seguintes:

> *O substrato da estratégia bem-sucedida da Microsoft é idêntico ao que impulsionou a Sears rumo à liderança da indústria há cem anos.*

A ESTRATÉGIA PRECISA OPTAR POR ALGUNS PARÂMETROS

No ambiente incerto e em constante mudança dos dias atuais, a estratégia ocupa-se de tomar algumas decisões difíceis sobre *alguns* parâmetros. É absolutamente fundamental que a firma decida sobre esses parâmetros pois eles se tornam os limites dentro dos quais as pessoas têm liberdade e autonomia para operar e experimentar as estratégias. Eles também definem a *posição estratégica* da empresa em sua indústria. Sem decisões claras sobre esses parâmetros, a empresa ficará à deriva, como um navio sem leme em alto-mar.

Quais São Esses Parâmetros?

A empresa precisa tomar decisões a respeito de três importantes questões: *quem* serão os clientes-alvo e a quem ela *não* se voltará; *quais* produtos ou serviços ela oferecerá aos seus clientes-alvo e o que *não* lhes oferecerá e *como* realizará tudo isto — quais atividades executará e quais não executará.

> *Uma empresa será bem-sucedida se escolher uma posição estratégica distintiva (ou seja, diferente da dos concorrentes).*

Tais decisões não são fáceis de tomar, e cada pergunta oferece muitas respostas possíveis, todas baseadas em pressupostos racionais e lógicos. Assim, essas decisões inevitavelmente serão precedidos por discussões, discordâncias, politicagem e impasses. Contudo, ao fim do processo, a empresa não pode ser tudo para todos; desse modo, decisões claras e explícitas precisam ser tomadas. Estas escolhas podem se demonstrar erradas, mas isto não deve ser utilizado como justificativa para a falta de decisão.

É absolutamente fundamental que a empresa faça escolhas claras e explícitas sobre essas três dimensões, pois essas escolhas serão os parâmetros dentro dos quais as pessoas obtêm permissão para operar com autonomia. Sem estes parâmetros claros, o resultado final pode ser caótico. De maneira análoga, seria tolo e perigoso permitir a tomada de iniciativas sem nenhum parâmetro claro para nortear as ações.

A empresa não somente precisa fazer escolhas claras sobre esses parâmetros como também tentar fazer escolhas diferentes das de seus concorrentes; ela será bem-sucedida se escolher uma posição estratégica *distintiva* (ou seja, diferente da de seus competidores). Certamente, pode ser impossível produzir respostas que sejam 100% diferentes das dos concorrentes, mas a aspiração deve ser a de criar o máximo de diferenciação possível.

Em virtude da importância de produzir respostas claras a essas três questões, a pergunta é: quem produz as possíveis respostas e decide o que fazer a partir das inúmeras possibilidades e por quanto tempo as decisões permanecerão imutáveis?

Quem Produz Idéias?

Em um contexto organizacional adequado, idéias estratégicas (sobre quem será o alvo, o que vender e como fazê-lo) podem vir de qualquer pessoa, de lugar ou hora. Podem surgir pelo método de tentativa-e-erro, ou porque alguém tem uma "intuição", ou "teve sorte" e deu de encontro com uma boa idéia. Elas podem, até mesmo, surgir em uma sessão formal de planejamento estratégico. (Por mais desdenhosos que possamos ser em relação ao processo de planejamento formal das corporações modernas, ainda existe a possibilidade de algumas boas idéias dele surgirem). Independentemente de como as idéias sejam concebidas, é improvável que sejam perfeitas logo de início; portanto, a empresa precisa estar disposta e preparada para modificar suas idéias estratégicas à medida que recebe *feedback* do mercado.

Em geral, há inúmeras táticas à nossa disposição para aumentar a criatividade — no que se refere à geração de idéias. Relacionemos algumas:

- Estimular todas as pessoas a questionar os pressupostos e crenças implícitas da empresa (suas "vacas sagradas") em relação a quem são realmente seus clientes, o que de fato lhes está oferecendo e como tais tarefas são desempenhadas. Além disso, estimular um questionamento fundamental: "Em que negócio estamos?"
- Facilitar esse questionamento, criar uma crise positiva. Se for feito corretamente, isto a imergirá em um tanque de pensamento ativo; se for feito incorreta-

mente, desmotivará todos e criará confusão e descrédito em toda a empresa.

Desenvolver processos para coletar e utilizar idéias de todos — funcionários, clientes, distribuidores etc. No Lan & Spar Bank, por exemplo, todo funcionário é estimulado a colaborar com idéias mediante um caderno de anotações (*workbook*) estratégicas; a Schlumberger tem uma unidade de novos negócios interna; o Bank One possui uma central de atendimento ao cliente específica, na qual todos os clientes são estimulados a telefonar e expressar suas reclamações; no supermercado que freqüento há uma caixa que recebe sugestões de clientes. Diferentes organizações recorrem a várias táticas, mas a essência é a mesma: possibilitar que as pessoas contribuam com idéias e criar canais para que as transmitam aos tomadores de decisões das empresas.

- Instituir pluralidade de pensamento nos processos de planejamento formais. Isto pode ser feito não somente com uma equipe diversificada de pessoas, mas também utilizando-se do máximo possível de enfoques de pensamento.
- Institucionalizar uma cultura de inovação. A empresa precisa criar um ambiente organizacional (cultura/estrutura/incentivo/pessoas) que promova e apóie comportamentos inovadores.

Esta não é uma lista exaustiva de táticas que poderiam ser usadas para aumentar a criatividade na elaboração da estratégia. Tenho certeza de que outros processos e táticas existem ou podem ser idealizados; contudo, o princípio permanece o mesmo: nesta fase de produção de uma estratégia inovadora, a meta deve ser gerar o máximo possível de idéias estratégicas, a fim de podermos nos dar ao luxo de escolher.

Quem Decide?

Embora qualquer pessoa possa produzir novas idéias estratégicas (e todos devem ser *encorajados* a fazê-lo), cabe à alta administração fazer as escolhas finais.

Ultimamente, têm ocorrido muitos apelos para que se torne "democrático" e "flexível" o processo de desenvolvimento da estratégia, de modo que introduza, no processo, todos os integrantes da empresa. A idéia central, aqui, é a de que a probabilidade de se conceber idéias verdadeiramente inovadoras torna-se maior se muitas pessoas — em vez de cinco ou dez gerentes-sênior — puserem a mente a funcionar.

Mas a tarefa de escolher as idéias a serem seguidas precisa ficar a cargo da alta administração. Do contrário, o resultado será o caos, a confusão e, por fim, uma força de trabalho desmotivada.

Escolher é difícil; ninguém sabe ao certo se uma idéia em particular funcionará, e tampouco se as escolhas feitas são realmente as mais apropriadas. Pode-se reduzir a incerteza nesta etapa avaliando-se cada idéia de maneira rigorosa ou a experimentando limitadamente para verificar se funciona. Entretanto, é crucial entender que a incerteza pode ser reduzida, mas não limitada. Independentemente de quanta experimentação realizemos e quanta reflexão lhe dediquemos, chegará o momento em que se precisará decidir por uma maneira ou outra. Escolhas têm de ser feitas, e podem vir a ser equivocadas; porém, a falta de certeza não é desculpa para a indecisão.

A empresa não somente deve escolher o que fazer, mas também deixar claro o que *não* fará. O pior erro estratégico é escolher algo, mas manter opções abertas para fazer, também, outras coisas. Imagine uma empresa em que o CEO proclama que "nossa estratégia é límpida como o cristal: faremos A, B e C", e em que, simultaneamente, os funcionários a observam fazendo tanto X, Y e Z quanto A, B e C. Aos seus olhos, isto significa, de duas coisas, uma: ou realmente não temos uma estratégia, ou a alta administração está completamente confusa. De qualquer forma, toda a empresa fica desmotivada e a confiança na alta administração, diminuída. Empresas que pregam uma coisa e praticam outra são as que deixaram de fazer escolhas claras a respeito do que farão ou não com suas estratégias.

As difíceis escolhas feitas pela Canon ao atacar a Xerox realçam a importância de se escolher explicitamente o que fazer e o que não fazer. No momento do ataque, a Xerox predominava sobre o mercado de copiadoras ao seguir uma estratégia bem-definida e bem-sucedida, cujo principal elemento era ter segmentado o mercado por volume. A Xerox decidira voltar-se ao mercado de reprodução corporativa, concentrando-se em copiadoras projetadas para atender às necessidades de alta velocidade e volumes elevados. Isto, inevitavelmente, definia seus clientes como grandes corporações, o que, por sua vez, determinava o seu método de distribuição — a equipe de vendas diretas. Simultaneamente, a Xerox decidira arrendar (em vez de vender) suas máquinas, uma escolha estratégica que funcionara bem nas batalhas anteriores da empresa com a 3M. A estratégia demonstrou-se tão bem-sucedida que diversos novos competidores, entre eles a IBM e a Kodak, tentaram entrar no mercado adotando a mesma tática ou táticas similares.

> *Nesta etapa de elaboração de uma estratégia inovadora, a meta deve ser gerar o máximo possível de idéias estratégicas a fim de podermos nos dar ao luxo de escolher. A menos que tenhamos uma abordagem holística e de amplo cenário ao projetar as atividades de nossa empresa, nossos esforços serão em vão.*

A Canon, por outro lado, optou por jogar diferentemente. Tendo determinado, no início da década de 1960, diversificar das câmeras fotográficas para as copiadoras, a empresa segmentou o mercado por usuário final e decidiu estabelecer como alvo os negócios de pequeno e médio porte enquanto também produzia copiadoras para PC de consumidores individuais. Simultaneamente, ela decidiu vender suas máquinas por meio de uma rede de distribuidores em vez de arrendá-las. E, enquanto a Xerox enfatizava a velocidade de suas máquinas, a Canon optou por se concentrar em qualidade e preço como diferenciais.

Resumidamente: onde o assalto da IBM e da Kodak sobre o mercado de copiadoras fracassou, o da Canon foi bem-sucedido. Depois de 20 anos atacando a Xerox, a Canon sagrou-se líder do mercado em termos de volume.

Há muitas razões por trás de seu sucesso. Note, entretanto, que exatamente como fizera a Xerox 20 anos antes, a Canon criou para si uma *posição estratégica distintiva* na indústria, diferente da posição da Xerox. Enquanto esta se voltou às grandes corporações como seus clientes, a Canon foi atrás das pequenas empresas e de consumidores individuais; enquanto a Xerox enfatizava a velocidade de suas máquinas, a Canon focalizava a qualidade e o preço; e enquanto a Xerox usava uma equipe de vendas diretas para arrendar suas máquinas, a Canon usava sua rede de distribuidores para vender suas copiadoras. Em vez de tentar derrotar a Xerox em seu próprio campo, a Canon triunfou ao criar uma posição estratégica particular.

Como no caso da Xerox, essas *não* eram as únicas escolhas disponíveis à Canon. Sérias discussões e discordâncias sobre tais escolhas devem indubitavelmente ter ocorrido na Canon. No entanto, escolhas foram feitas e uma estratégia clara, com limites nítidos e bem-definidos, foi posta em vigor.

À semelhança do que ocorreu no caso da Xerox, a Canon foi bem-sucedida porque escolheu uma posição estratégica única e bem-definida na indústria, com clientes, atividades e produtos distintos.

A ESTRATÉGIA PRECISA COLOCAR TODAS AS ESCOLHAS JUNTAS PARA CRIAR UM MOSAICO QUE SE REFORCE

Escolher o que fazer ou não é, certamente, um elemento importante da estratégia. Entretanto, ela é muito mais do que isto. A estratégia preocupa-se em *combinar* essas escolhas em um sistema que *crie* o *ajuste* necessário entre aquilo que o ambiente necessita e aquilo que a empresa produz. A combinação das escolhas da empresa em um sistema harmonioso é o que importa, e não as escolhas tomadas individualmente.

A importância de conceitualizar a empresa *como uma combinação de atividades* não pode ser excessivamente enfatizada. Nesta perspectiva, a empresa é um sistema complexo de atividades inter-relacionadas e interdependentes, cada uma das quais afetando-se mutuamente: as decisões e ações em uma parte dos negócios atingem outras partes, direta ou indiretamente. Isto significa que, a menos que sigamos uma abordagem holística e de amplo cenário ao projetar as atividades de nossa empresa, nossos esforços serão em vão. Mesmo que cada atividade individual seja meticulosamente efetuada, o todo pode ser afetado se não são consideradas tais interdependências. Os numerosos "ótimos" locais podem solapar o "ótimo" global.

O problema é que os seres humanos não podem compreender, de fato, toda a complexidade implicada em cada empresa; por isso, tendem a concentrar-se em um ou dois aspectos do sistema e tentar otimizar esses subsistemas independentemente. Ao fazê-lo, são ignoradas as interdependências do sistema e, portanto, as coisas tornam-se ainda piores. Uma vez que tempo é necessário para que o esforço de nossas ações produza resultados, somos impedidos de perceber que nós mesmos somos a fonte de nossos problemas. Quando os efeitos de longo prazo de nossas ações pontuais aparecem, culpamos outras pessoas e, especialmente, forças externas por nossos problemas ("não tínhamos nenhuma previsão", "a demanda é imprevisível", "a economia não está crescendo" e assim por diante).

Ao projetar o sistema de atividades de uma empresa, os gerentes precisam ter em mente quatro princípios:

Primeiro, as atividades individuais precisam ser aquelas demandadas pelo mercado.

Segundo, as atividades que decidimos executar precisam se encaixar.

Terceiro, as atividades não precisam somente de encaixe, mas também de *equilíbrio* mútuo.

Quarto, ao projetar essas atividades é importante ter em mente que o conjunto dessas formará um sistema inter-relacionado.

Não somente devemos conferir atenção especial às inter-relações deste sistema como também estar cientes de que sua *estrutura* impulsionará seu comportamento. O que as pessoas fazem em uma empresa é condicionado por esta estrutura subjacente; portanto, se quisermos mudar o comportamento, precisaremos mudar a estrutura do sistema.

A ESTRATÉGIA PRECISA SE AJUSTAR SEM PERDER A FLEXIBILIDADE

O estabelecimento do bom ajuste entre aquilo que o mercado precisa e o que a firma faz pode ser comprometido se o ambiente sofrer alterações e a empresa não responder a isso de maneira adequada. Todos estamos familiarizados com a história da rã.

Quando uma rã é atirada em uma panela com água fervente, ela salta para fora; por outro lado, se a mesma rã é colocada em uma panela com água fria e esta começar a ferver lentamente, a rã permanece na panela e morre cozida.

Da mesma maneira, se uma empresa não reagir às constantes mudanças que se desenvolvem em seu ambiente, será cozida até morrer.

Isto significa que a empresa precisa desenvolver o ajuste necessário com seu ambiente atual e, ao mesmo tempo, permanecer suficientemente flexível para responder (ou até mesmo criar) às mudanças neste. Mas o que significa dizer que a empresa *precisa manter-se flexível?*

A maneira pela qual uso o termo neste texto implica três fatos: primeiro, a empresa deve ser capaz de identificar as mudanças em seu ambiente *suficientemente cedo*; em seguida, precisa ter o preparo *cultural* para assimilar a mudança e oferecê-la uma resposta; por último, deve ter as *habilidades* e *competências* necessárias para competir em qualquer ambiente que venha a surgir depois da mudança. Desse modo, a flexibilidade tem, em si, um elemento cultural (estar disposto a mudar), bem como um elemento de competência (ser capaz de mudar).

A ESTRATÉGIA PRECISA SER SUSTENTADA PELO AMBIENTE ORGANIZACIONAL APROPRIADO

Qualquer estratégia, por mais brilhante que seja, precisa ser implementada apropriadamente para produzir os resultados desejados. Entretanto, a implementação não se desenvolve no vácuo, mas em um *ambiente organizacional*, o qual, nós, como gerentes, criamos e que produz o comportamento observado. Então, para garantir que os funcionários tenham o comportamento estratégico desejado, a empresa precisa primeiro criar o ambiente apropriado – ou seja, que promova e apóie a estratégia escolhida.

Por "ambiente", refiro-me a quatro elementos: a cultura da empresa, seus incentivos, sua estrutura e seu pessoal. (O que eu chamo aqui de "ambiente" é amplamente conhecido como Modelo 7-S, desenvolvido pela McKinsey and Co. Os 7-S são: estilo (*style*), estratégia (*strategy*), estrutura (*structure*), sistemas (*systems*), habilidades (*skills*), pessoal (*staff*) e metas compartilhadas (*shared goals*). Uma empresa que quer colocar em ação determinada estratégia precisa, antes, se perguntar: "Qual tipo de cultura, incentivos, estrutura e pessoal necessitamos para implementar a estratégia?".

Em outras palavras, para criar uma estratégia superior a empresa precisa pensar além dos clientes, produtos e atividades: deve, também, decidir quais ambientes subjacentes criar e como fazê-lo de forma que facilite a implementação de sua estratégia.

Entretanto, não basta decidir que tipo de cultura, estrutura, incentivos e pessoal ter. O desafio para a estratégia é desenvolver esses quatro elementos do ambiente organizacional e, depois, juntá-los de modo que, de um lado, apóiem-se e se complementem mutuamente e, de outro, apóiem-se coletivamente e promovam a estratégia escolhida. À semelhança do que ocorreu com as atividades que descrevi anteriormente, este é o verdadeiro desafio da estratégia: não somente criar as partes individuais corretas, mas combiná-las a fim de estabelecer um sistema forte e consistente.

> *Uma empresa precisa, antes, criar o ambiente apropriado à promoção e ao apoio da estratégia escolhida.*

A obtenção de ajustes internos e externos trará somente sucessos de curto prazo. Inevitavelmente, o ajuste trará satisfação, excesso de confiança e culminará em inércia. Portanto, enquanto a empresa se volta a obter o ajuste, precisa também criar uma folga suficiente no sistema de forma que, quando crescer ou o ambiente externo se alterar, seu ambiente organizacional possa manter-se flexível e responsivo.

Finalmente, se as condições de negócios obrigam a uma mudança estratégica de direção, seu próprio contexto precisa modificá-las, o que é extremamente difícil. É preciso mudar não somente as peças individuais que compõem o ambiente organizacional, mas também juntá-las para que formem um ambiente global que se ajuste à nova estratégia.

NENHUMA ESTRATÉGIA PERMANECE EXCLUSIVA PARA SEMPRE

Não há dúvida de que o sucesso se origina da exploração de uma posição estratégica distintiva ou exclusiva. Infelizmente, nenhuma posição será exclusiva ou atraente para sempre. Posições atraentes não somente são imitadas por competidores acirrados como também — e, talvez, mais importante — *novas* posições estratégicas continuam a surgir a todo o tempo. Essa é simplesmente uma nova e viável combinação de "quem — o quê — como" — talvez um segmento de clientes (um novo "quem") ou uma proposição de valor (um novo "o quê") ou uma maneira de distribuir ou produzir (um novo "como"). Ao longo do tempo, essas novas posições podem crescer a ponto de desafiar a atratividade de nossa posição.

É possível observar a ocorrência desse fenômeno de indústria em indústria. Empresas colossais de outrora, que construíram seu sucesso sobre aparentes posições estratégicas inexpugnáveis, vêem-se humilhadas por empresas relativamente desconhecidas que baseiam seus ataques na criação e exploração de novas posições estratégicas na indústria.

Novas posições estratégicas – ou seja, novas combinações de "quem — o quê — como" – surgem o tempo todo. À medida que as indústrias se modificam, essas surgem para desafiar a supremacia das existentes. Condições mutáveis da indústria, necessidades ou preferências dos clientes em constante alteração, reações dos competidores e as evolutivas competências da própria empresa originam novas oportunidades e um manual para novas maneiras de jogar. A menos que a empresa questione continuamente seus comportamentos e normas convencionais, ela jamais descobrirá quais novidades tornaram-se disponíveis; assim, perderá essas novas combinações e outros participantes, mais ágeis, vão entrar em cena e explorar as brechas restantes. Portanto, uma empresa jamais deve dar-se por satisfeita com o que tem. Enquanto defende sua posição, deve perseguir continuamente mudanças de posicionamento e novas oportunidades das quais possa se aproveitar.

> *Se as condições de negócios obrigam a uma mudança estratégica de direção, o contexto interno da organização também precisa se modificar.*

Por mais simples que isto possa parecer, contrasta intensamente com a maneira pela qual a maioria das empresas compete em suas indústrias: assimilam as regras do jogo como lhes são apresentadas e passam o tempo todo tentando tornar-se *melhores* do que as outras em suas respectivas posições — usualmente, por estratégias de custo e diferenciação.

Pouca ou nenhuma ênfase é dada à diferenciação. Isto é evidenciado pelo fato de que a maioria das empresas que inovam estrategicamente tende a ser participante de pequenos nichos ou novos ingressantes no mercado. É raro encontrar um inovador estratégico que também seja um grande participante da indústria — o que sugere as dificuldades de arriscar o certo pelo incerto.

Há muitas razões pelas quais as empresas estabelecidas acham difícil tornar-se inovadoras estratégicas. Em comparação com as novas ingressantes ou participantes de nichos, as líderes sentem o peso da inércia *estrutural* e *cultural*, das políticas internas, da complacência, do medo de canibalizar produtos existentes, do medo de destruir competências existentes, da satisfação com o *status quo* e da falta geral de incentivos para abandonar o presente certo em troca de um futuro incerto. Além disso, desde que haja um número menor de líderes da indústria do que ingressantes em potencial, as chances de a inovadora surgir das fileiras das líderes são inevitavelmente pequenas.

Apesar desses obstáculos, as empresas estabelecidas não podem se dar ao luxo de não inovar estrategicamente. Conforme já apontado, mudanças dramáticas no destino de uma empresa somente podem se desenvolver se ela é bem-sucedida em não apenas jogar seu jogo melhor do que suas rivais, mas também em projetar um jogo diferente do jogado por seus concorrentes.

> *A inovação estratégica pode pegar empresas de terceira categoria e elevá-las à liderança da indústria, bem como acabar com líderes estabelecidas da indústria.*

A inovação estratégica tem potencial para elevar empresas de terceira categoria ao status de líderes da indústria e acabar com líderes estabelecidas da indústria em um curto intervalo de tempo. Mesmo que as participantes estabelecidas não queiram inovar estrategicamente (por medo de destruir suas lucrativas posições), alguém o fará; neste caso, elas também poderiam lançar um ataque preventivo para que isso não ocorra.

A cultura que as participantes estabelecidas precisam desenvolver é: *estratégias não são moldadas em concreto*. Uma empresa precisa manter-se flexível e preparada para ajustar sua estratégia, se o *feedback* do mercado não é favorável. O mais importante é que tem de questionar continuamente a maneira segundo a qual está operando em sua posição atual *enquanto* combate os competidores existentes.

O questionamento contínuo de uma posição estratégica consagrada serve a dois propósitos centrais: primeiro, permite à empresa identificar suficientemente cedo se sua posição no negócio está perdendo atratividade para concorrentes (desse modo, possibilita decidir o que fazer a respeito); em segundo lugar — e mais importante —, dá à empresa a oportunidade de explorar proativamente o cenário emergente e, com sorte, de ser a primeira a descobrir posições estratégicas novas e atraentes das quais possa se beneficiar.

Isso não garante coisa alguma: questionar respostas convencionalmente aceitas não conduzirá automaticamente a minas de ouro inexploradas. Mas a possibilidade remota de descobrir algo novo jamais surgirá sem que perguntas sejam feitas.

Fontes

Ansoff, H. Igor, *Implanting Strategic Management*, Prentice Hall, 1984, (2ª ed., 1990).

Markides, Costas, *Diversification, Refocusing and Economic Performance*, MIT Press, 1995.

_____, *All the Right Moves*, Harvard Business School Press, 1999.

_____, "Strategic innovation", *Sloan Management Review*, primavera 1997.

_____, "Strategic innovation in established companies", *Sloan Management Review*, primavera 1998.

Mintzberg, Henry, *The Rise and Fall of Strategic Planning*, Prentice Hall, 1994.

Nadler, David e **Tushman, Michael**, *Competing by Design: The Power of Organizational Architecture*, Nova York: Oxford University Press, 1997.

Slywotzky, Adrian J., *Value Migration: How to Think Several Moves Ahead of the Competition*, Harvard Business School Press, 1996.

Leitura 2

Unindo Discurso e Prática (de Verdade!): Por Que as Visões Falham

Mark Lipton
New School University

Líderes podem ser capazes de articular a visão, mas poucos de fato vivem-na a cada dia. Contudo, como este autor escreve, o líder que vive, respira e elabora a visão dentro da empresa inspira a todos um alto desempenho, todos os dias.

Alguns executivos não relutam em dizer que a visão é um conceito esponjoso (no sentido de que pode abarcar muitas coisas) e quase impossível de quantificar. Mas as pesquisas e experiências de décadas passadas apresentam a controvérsia de que o processo da visão tem um profundo impacto no desempenho organizacional. Da mesma forma, o desempenho é mensurável. Assim, qual é o problema? Ou ainda, por que fazer muitos CEOs *acreditarem* na necessidade da visão e *falharem* no processo para a desenvolver e executar? A razão é que há um cinismo sobre a visão das coisas, e é menos falha de visão do que falha de liderança. Chamo isso de O Abismo entre Acreditar e Fazer: enquanto há muitos discursos sobre visão, poucos da administração fazem o esforço necessário para aplicar a visão à vida prática.

O processo da visão, quando executado num todo, evoca uma considerável emoção e o Abismo entre Acreditar e Fazer (A-F) existe, porque os executivos são mal preparados para o engajamento emocional que, de fato, esse processo requer; muitos ficam míopes quando vêm a visão. A visão bem-sucedida não é simplesmente uma questão de poucos parágrafos artísticos de palavras que soam como pensamentos selecionados dos quadrinhos de *Dilbert*. Nem tampouco como John Rock que, quando gerente geral da General Motors da divisão de Oldsmobile, eloqüentemente afirmou: "os funcionários tiram seus ternos e gravatas, vão para um hotel por três dias, colocam suas palavras em um pedaço de papel e depois voltam para suas atividades usuais". A visão é uma paixão pessoal. Sem idéias substantivas e ações concretas, o processo torna-se uma piada, freqüentemente há um bombardeio nas responsabilidades do líder e os outros ficam cínicos. Quando o A-F persiste, raramente há completo comprometimento dos membros organizacionais com a visão, e não serão capazes de comprar a idéia e usá-la para guiar o crescimento da empresa.

A visão é bem-sucedida quando é disseminada em larga escala, quando relata a história de engajamento de pessoas que querem fazer parte, quando desafia as pessoas e cria um de senso de urgência. O sucesso ocorre quando a visão se encaixa nas decisões diárias e passa a fazer parte da tomadas de ações daqueles que você quer liderar. Ela não é meramente um plano estratégico extensivo ou uma missão. Quando percebemos que a visão está funcionado, guiando uma organização e sustentando o crescimento, sabemos que por trás dela há pessoas que lideram confortavelmente com seus corações e suas cabeças. Este artigo descreve o que um líder precisa fazer para sustentar sua visão e o crescimento de uma empresa.

"Walking the Talk (Really!): Why Visions Fail," Mark Lipton, *Ivey Business Journal* 68, no. 3 (January–February 2004) PP. 358–364. Ivey Management Services prohibits any form of reproduction, storage or transmittal of this material without its written permission. This material is not covered under authorization from any reproduction rights organization. To order copies or request permission to reproduce materials, contact Ivey Publishing, Ivey Management Services, c/o Richard Ivey School of Business, The University of Western Ontario, London, Ontario, Canada, N6A 3K7; phone (519) 661-3208, fax (519) 661-3882, e-mail cases@ivey.uwo.ca. Copyright © 2004, Ivey Management Services. One time Permission to reproduce granted by Ivey Management Services on February 15, 2006.

ACREDITAR NÃO É O PROBLEMA; A QUESTÃO É FAZER

Vale a pena considerar dois dados que parecem, à primeira vista, contraditórios. Um estudo demonstrou que 94% dos CEOs relatam que há um grande desconforto em trabalhar com o processo de visão. Um segundo estudo, conduzido pela The Conference Board, analisou 700 CEOs em todo o mundo e descobriu que, nos três anos anteriores à sua chegada, o problema número 1 da gerência na área comercial era engajar os funcionários na visão. Talvez o que ambos os estudos estão dizendo, da perspectiva de um executivo é: Eu acredito na necessidade da visão, mas não posso conseguir que meu mecanismo interno engrene para fazer a coisa acontecer. Não posso conectar meu desejo de criar e implementar a visão com a energia interna necessária para transpor todas as barreiras. Estou frustado!

Durante um jantar na primeira semana de 2004, o CEO de marketing de umas das empresas da *Fortune 50* confidenciou-me como ele se sentiu sozinho no topo:

> Nós batemos nossas metas de lucro, temos uma fatia indecente do mercado na maior parte das áreas que operamos, mas o preço de nossa ação não reflete bem o que estamos fazemos. O outro lado do mundo não entende quem somos, por que somos únicos, como todas as nossas partes se encaixam e o que estamos esperando. No fundo, operamos como 60 diferentes silos. Meu CEO diz que nossa visão é para prover retorno aos acionistas... mas isso não é uma visão; retorno para acionistas é algo que obtemos como recompensa por um resultado executado de acordo com a visão apropriada. Preciso acreditar que ele tem alguma visão de quem somos. (Longa pausa.) Mas ele não pode liberar seus pensamentos e sentimentos sobre isso para nós. E se ele não começar a fazer-nos pensar sobre uma visão real, então ficarei com medo do que virá pela frente.

ACREDITAR NA VISÃO: ISSO FUNCIONA

Eu não acreditava na visão das coisas. Há uma década, considerava a noção organizacional da visão apenas outra mania passageira. Sou inerentemente cético para qualquer nova bala de prata que promete curar uma organização doente. No final de 1980, a idéia de visão tornou-se muito popular. Alguns poucos anos depois, como um consultor cínico, fiquei intrigado pela pobreza de uma pesquisa analítica que deveria apoiar este nível de convicção. Não existiam estudos analisando o impacto da visão. Eu também achava que a visão era uma esquisitice, mas não tinha dados para provar isso.

Assim, como professor de administração, decidi que era tempo de construir o argumento de que a visão realmente não era importante. Depois de um ano na primeira parte da pesquisa sobre o impacto da visão, comecei a ver alguns dados surpreendentes. A minha hipótese, compreendi, estava totalmente errada.

Descobri que uma visão bem articulada, quando implementada em uma organização, tem um impacto positivo profundo. Os dados não mentem e me transformei de cético em um novo convicto. Uma vez que minha pesquisa estava completa, comecei a testar alguns resultados das melhores práticas com algumas organizações privadas, sem fins lucrativos e do setor público. Consistentemente, descobri que, uma vez que os executivos seniores fossem capazes de quebrar a barreira natural de resistência que este processo freqüentemente traz, eles também passariam a acreditar.

Empresas com capital aberto que usam a visão para guiar seu crescimento têm o valor da empresa no mercado acionário significativamente alto, crescimento de vendas e lucratividade acima de seus concorrentes, que não são direcionados pelo processo de visão. Empresas assim eram duas vezes mais rentáveis, de acordo com a S&P 500, e seus preços de estoque cresceram aproximadamente três vezes mais que o dos outros. Uma análise do Retorno Composto Médio Total mostra que essas empresas remuneram seus investidores 17,69% mais do que S&P 500 num total.

Bem concebida e bem implementada, a visão não produz esse tipo de desempenho fantástico magicamente. Isso vem das pessoas que são desafiadas pela visão e permanecem focadas em um claro e talvez distante objetivo. Essas empresas têm alta produtividade por empregado, grande nível de comprometimento do pessoal, alta lealdade para com a empresa, espírito corporativo bem desenvolvido, valores organizacionais e departamentais bem esclarecidos e grande senso de orgulho de suas organizações.

A visão provê direção e nutrição para sustentar o crescimento.

ENCONTRE O APETITE PARA A VISÃO

Na década passada, descobri que líderes que conquistam o Abismo entre Acreditar e Fazer começaram a aderir alargando seus horizontes; eles também viram e ponderaram seus próprios pensamentos e sentimentos em relação ao envolvimento com a visão. A paixão caracteriza suas visões para suas empresas. Eles poderiam articulá-las para eles mesmos e para os outros. Ao encarar a realidade de que se o processo de visão instalado em suas organizações falhasse, isso provavelmente ocorreria porque eles sucumbiram à inércia. O mais importante é que eles estavam desejosos de ser verdadeiros para seus próprios valores e evitar colocar a culpa da não-ação em relação a alguns imperativos institucionais. Por outro lado, eles exploraram a visão desapaixonadamente, mas com completa compreensão de seus pensamentos e sentimentos sobre um futuro distante e o que seria requerido deles para implementá-la.

Pergunte a você mesmo: de onde vem o apetite para a visão, com todo risco inerente em seu desenvolvimento?.

O apetite começa a partir da vivência. Vem dos sentimentos de impacto, pancadas e dores da vida que criam uma variedade emocional que fica conosco consciente e inconscientemente. Vem por meio de eventos que alteram a nossa vida e disparam o gatilho pessoal interno para que surja uma nova solução. Vem do encontro da paixão pessoal com o senso de aproveitamento da oportunidade para segurá-la, antes mesmo que o processo de desenvolvimento da visão esteja a caminho.

Muitas pessoas têm sido forçadas a olhar em seu interior para encontrar significado nas respostas para eventos emocionais como a morte ou doenças sérias de pessoas que amamos, divórcio, crescimento fraco da empresa, rejeição ou as conseqüências dos ataques de 11 de setembro em Nova York – coisas que estão fora do nosso controle.

Alguns se esforçam para externar experiências que podem tê-los deixado com sentimentos profundos de perda, talvez raiva e muito provavelmente desorientação. Para esse tipo de pessoas, que freqüentemente emergem para cargos superiores, há a necessidade de examinar seus valores, metas e normas de conduta. A questão por que isso acontece comigo? evoca energia emocional, que também pode ser usada de uma forma contraprodutiva ou ser aplicada como uma explosão criativa de energia produtiva.

Dois exemplos claros são Andy Grove e Dave Thomas. Grove é o CEO oficial e atual presidente da Intel. Ele escapou da Europa nazista com seus pais, aprendeu novas línguas para sobreviver, veio para os Estados Unidos virtualmente sem nada, formou-se, fez doutorado e venceu a luta contra um câncer de próstata. Thomas, o fundador da Wendy's, foi órfão adotado e, apenas com o colegial, lidera um grupo de 6 mil restaurantes. Ele teve a audácia de pensar que o hambúrguer quadrado poderia ter um sabor melhor e se comprometeu a dedicar sua vida a ajudar crianças abandonadas.

Teorias e pesquisas têm tentado explicar o sucesso organizacional de líderes. A liderança diz menos respeito ao talento do que à introspecção forçada dos eventos que sofremos e que causam grandes desconfortos. Muitas pessoas que construíram seu próprio sucesso e dirigem organizações complexas tiveram experiências pessoais que os transformaram em líderes. Em um momento ou outro, elas tiveram de abandonar algo que lhes era muito importante. Agora, elas procuram esclarecer a diferença entre um conceito altamente definido e um futuro desejável, equilibrado com a insatisfação com o *status quo*. Talvez, elas possam fazer isso para outros porque tiveram de fazer isso para si mesmas. Têm a capacidade de alcançar outra pessoa, porque estão em contato com seus próprios conflitos profundos. Encontram apoio ao longo do caminho devido à intensidade de suas convicções e a consciência das impressões que deixam nos outros.

Em 1987, Elisabet Eklind casou-se e mudou-se para os Estados Unidos, vindo de Estocolmo, Suécia, onde passara toda sua vida. Em março de 1993, seu esposo faleceu depois de uma longa luta contra o câncer. Ela afirmou, logo depois da morte de seu marido, que poderia também morrer, se simplesmente continuasse a viver guiada pelos impulsos da vida, ou poderia reconstruir sua vida, começar de novo, em outras palavras, trabalhar através da dor. Ela escolheu a segunda opção e, mais tarde, disse que havia surgido uma pessoa mais forte e melhor, devido ao esforço realizado:

> Um peixe não sabe o que é água, até que fique fora dela. Antes (dessas duas experiências), eu era como um peixe, não sabia o que era a água. Eu não estava ciente, não tinha o verdadeiro senso de como as nuances de meu ambiente me afetavam e eu respondia a isso. Agora sei o que é a água; sei quando estou fora dela. Estou muito mais ciente das minhas necessidades e acredito que essas experiências também me ajudaram a entender a necessidade dos outros; isso inclui pessoas da minha organização.

Os esforços de Eklind para encontrar uma nova consciência têm modelado sua vida de uma forma que ela nunca havia imaginado. Também modelou o modo que conduz seu trabalho como CEO da Hippy USA, uma empresa sem fins lucrativos que se propõe a aumentar o potencial do sucesso educacional nas crianças de baixa renda. Ela compreendeu que, para reorganizar verdadeiramente os valores de sua organização, teria de trazer os resultados de sua própria jornada pessoal.

Você carrega experiências significantes dentro de si, e elas modelam a forma de você ver o mundo, diz ela. Se você permite, elas podem modelar a forma de conduzir o seu trabalho e pensar nas necessidades de sua empresa. Minha experiência pessoal ajudou-me a ver a Hippy com maior clareza do que jamais havia visto antes.

Aqueles que criam e implementam visões que servem como ferramentas para guiar o crescimento corporativo sabem quem eles são e o que querem para suas empresas. Sua visão articulada nasce não apenas da convicção de que encontra sua necessidade pessoal para ação, mas também faz parte de uma proposta maior.

A VISÃO FALHA POR CAUSA DA MIOPIA

Quando se está executando um plano para crescimento, a maioria dos CEOs conversa e conversa. Os comitês para implementação da visão iniciam o processo, publicam-na em seus sites na internet e fixam-na nas paredes de suas salas de conferências. Geralmente, o processo não vai muito além disso. É aqui onde o cinismo em relação à visão da empresa se enraiza. Ter uma página que articula a visão é extremamente diferente de tecer a visão na vida diária da empresa.

Quando a visão é superficial, a qual chamo de visão míope, usada como discurso para um grupo de pessoas, o *processso* da visão raramente é desencadeado com a força e o poder completo capaz de conquistar. Tristemente, grupos de executivos utilizam poucas vantagens da habilidade da visão para transformar suas empresas, ao dirigir e direcionar suas ações.

Minha experiência com CEOs e grupos de executivos fez-me compreender que é difícil para eles estender seus pensamentos em direção ao futuro. São pessoas realistas, com os pés no chão; caminham em direção à missão, o que lhes possibilita descrever apropriadamente o que a empresa faz agora, mas não seguem em direção à visão, que os força a descrever de fato por que se engajam nessas atividades.

Em jantar com uma empresa da *Fortune 50* consegui o seguinte:

> Apenas porque estamos obcecados com o planejamento, preocupados com nossos projetos o ano todo, e também discutindo com os líderes financeiros para alcançar nossos planos, a comissão executiva tem uma mentalidade coletiva de que somos muito estratégicos. Porque a cultura tem-nos focado dessa forma, em planejar, eles acham que é visionário! Como líder de marketing, preciso posicionar a marca corporativa nos mais longos horizontes, mas estou sem indício de como fazer isso, quando alguém está pensando apenas no próximo ano ou nos próximos cinco anos.

Henry Mintzberg, professor de administração na McGill University, descobriu que os planos de estratégias invariavelmente falham quando não há visão os direcionando. Não apenas falham em motivar outros para ir mais além e tornar-se inovador, mas também como planejamento analítico (*The Rise and Fail of Strategic Planning*, Free Press, 1994).

Conseqüentemente, as visões devem descrever o desejado futuro no longo prazo, um futuro que não é totalmente alcançável, mas também não é tão fantástico para parecer um sonho ridículo e inalcançável.

Visionar requer imaginação, capacidade de sintetização, confiança na intuição e profundo comprometimento emocional com o futuro que se pretende alcançar. Isso porque, por um lado, o processo de desenvolvimento da visão é um ato de equilíbrio da liderança e, por outro, porque existe o Abismo entre Acreditar e Fazer. Visões precisam desafiar as pessoas, evocar sentimentos que as levem a querer fazer parte de alguma coisa completamente especial.

Quando a visão é estruturada como algo alcançável, com a soma dos anos, isso acaba ficando no plano estratégico. Essa é a razão por que a grande maioria das visões empresarias falha em ter qualquer impacto: elas são racionais, muito focadas em um período específico de tempo e altamente impessoais.

REDUZIR O "ABISMO ENTRE ACREDITAR E FAZER"

Descobri que existem três áreas particulares de dissonância emocional no processo da visão. Muito tempo pode ser perdido e a qualidade do resultado final será comprometida, se cada participante-chave do processo não estiver atento para estas três dinâmicas desde o início:

1. *Viver o passado, o presente e o futuro simultaneamente.*
A visão funciona em parte, porque as pessoas que a desenvolvem são capazes de lidar constantemente com o passado, o presente e o futuro. Um estudo com empresas com rápido crescimento sustentado descobriu que os executivos de níveis mais altos parecem estar o tempo todo focados no estado desejado para a empresa no futuro. Além disso, eles também estão atentos para as atividades do dia-a-dia, que continuamente reforçam a visão e a filosofia de seu contexto interno (por exemplo, processos empresariais como estrutura, cultura e processos humanos), o que eu chamo de Estrutura Fundamental da Visão. Com uma visão sólida como guia, eles modificam ou complementam as estruturas e o processo existentes, ao mesmo tempo que reposicionam técnicas antigas que funcionavam bem no passado. A característica principal aqui é sua habilidade para analisar e conciliar continuamente o passado recente da empresa com o futuro que se pretende alcançar.

2. *Reconhecer a emoção e a desorientação.*
A visão estratégica depende da habilidade de sentir. Isso não pode ser desenvolvido observando friamente as palavras e os números em pedaços de papel ou telas de computador. Em nossos trabalhos com executivos, percebemos que aqueles que desejam verdadeiramente criar empresas orientadas para o crescimento iniciam o processo primeiro olhando profundamente dentro de si mesmos. Eles necessitam saber quem são e o que desejam que suas organizações sejam. Dessa forma, quando articulam uma visão, ela surge da convicção de que vai ao encontro de suas necessidades pessoais de ação, mas também faz parte de uma proposta maior. Um comprometimento profundo e visceral demonstra para eles e todos em sua volta que estão abertos para mudar a maneira como vêem e pensam sobre si mesmos e sobre a empresa. Isso está longe de ser fácil, além disso, pode assustar muito. Depois de concluir o esboço final da visão da sua empresa, um líder de uma das maiores empresas de consultoria do mundo observou:

> Era como montar um quebra-cabeças complexo, só que ainda mais difícil. Você não vê todas as peças, não sabe quantas elas são, ou mesmo onde deve ir para as encontrar. Então, descobrimos que algumas peças podiam mudar de forma como resultado de outras peças que colocávamos em volta depois. Estou feliz que concluímos isso, mas foi a atividade que mais testou meu autocontrole, mais desafiou-me para que eu me conhecesse, e também me exigiu uma atitude sensata em minha carreira profissional.

Os líderes que fecham o Abismo entre Acreditar e Fazer não pensam simplesmente neles mesmos, no contexto do futuro que estão definindo. Eles se permitem sentir entusiasmo, e até mesmo paixão pelo futuro. Quando este excitamento flui através deles, conduz a níveis mais elevados de comprometimento e determinação.

Nill Fitzgerald, co-chairmain da Unilever e co-criador de seu processo de transformação orientado para a visão, fala abertamente sobre seu próprio abismo: "Você sente-se cheio de expectativas, ao mesmo tempo com bastante inquietude, mas o excitamento da visão o convida a examinar aquela lacuna, então você constrói uma ponte para os outros... Na Unilever, a ponte que necessitávamos construir tinha a ver com as pessoas: precisávamos apaixoná-las; precisávamos que vissem seu negócio de maneira totalmente nova; e precisávamos que elas desenvolvessem muitos tipos de lideranças diferentes".

Antony Burgmans, co-chairman de Fitzgerald, pensa da mesma maneira: "Assim que lançamos nossa estratégia de crescimento, percebi que não me sentia bem: alguma coisa estava se perdendo... Apesar de termos uma excelente estratégia de mudança e uma visão inspirada, o que realmente era necessário na Unilever para efetivar as mudanças era uma nova cultura, uma nova maneira de pensar dos líderes e novos comportamentos".

Uma nova maneira de pensar dos líderes. Em outras palavras, Burgmans estava lá para descobrir que a Unilever necessitava de paixão desde os níveis mais altos para alimentar o processo em toda a empresa. Inovação e risco são necessários para fechar o abismo; e trazer a visão para a vida diária requer o mesmo nível de paixão necessária para ultrapassar o Abismo entre Acreditar e Fazer.

Outra carga de bagagem emocional que viaja junto com esse processo é o nível de conforto dos executivos com os objetivos e as tentativas de atingi-los. Conceitualizar a visão traz o raciocínio sobre os objetivos para os níveis mais altos, aqueles níveis que podem facilmente induzir a sentimentos de inadequação. Visões são como sonhos do tipo de vida que desejamos, as coisas que queremos criar, ou a parte do mundo a qual queremos chegar. Quando executivos orientados a objetivos conectam a visão com os sonhos, ele ou ela pode distanciar-se da fantasia. Com muita freqüência, os negócios representam algo reservado apenas para práticas reais e frias, e manipulação diária dos problemas da vida real.

3. *Aceitar que o processo é, por sua própria natureza, impreciso, frustante e, algumas vezes, entediante.*
O processo de desenvolver uma visão funciona de modo contrário da maneira como a maior parte das pessoas em uma empresa realmente atua. A visão não pode ocorrer

sem inícios, paradas e algumas confusões. Uma reação natural quando um mapa mental é acionado por novos estímulos externos ou inesperados é a confusão. É sinal de que o cérebro está tentando processar a nova informação. Infelizmente, os seniores em posições mais elevadas também relatam com freqüência confusão em relação à informação que não dominam. Por outro lado, a visão não é um processo fácil, mas pode ajudar a vencer as resistências para uma visão abrangente.

VOCÊ ESTÁ FAZENDO PROGRESSO QUANDO...

A visão de uma empresa deve prover tanto o movimento quanto a direção para modelar a cultura, os processos de pessoas, a estrutura e como as decisões dos executivos continuamente vão reforçar a visão. Isso deve energizar as reuniões, solidificar as aspirações e o comprometimento das pessoas, e mobilizá-las para determinadas ações em direção a um futuro que inclui o crescimento.

À medida que você trabalha no processo de desenvolvimento da visão, pare freqüentemente para questionar-se se o que está criando fará o que se segue:

- Motivará você a unir-se a esta empresa e continuará a motivá-lo uma vez que esteja lá?
- Fornecerá uma luz para guiar os tipos de adaptações e mudanças necessárias para o contínuo crescimento?
- Desafia você?
- Pode servir como base para formular a estratégia que será colocada em ação?
- Servirá como estrutura para manter toda decisão estratégica dentro do contexto?

Visões bem concebidas, aquelas que vêm tanto do coração quanto da cabeça, incluem todos esses itens. Quantidades, metas impessoais não podem criar propostas em um processo que não significa nada. As empresas não podem tornar-se grandes sem ter uma razão para isso, pois simplesmente querer mais é inerentemente insatisfatório. Aumentar o retorno para os acionistas, alcançar outras métricas financeiras ou querer ser o número 1 demonstram uma visão material. Isso é miopia. Se você não encontra nenhum sentido no que está fazendo, se a visão não evoca emoção, então apenas medir o seu progresso não pode fazer dessa atividade algo que valha a pena.

Organizar pessoas a partir de uma proposta é a mais poderosa forma de liderança. E líderes que criam e implementam as visões que impactam o desempenho de longo prazo podem definir a razão de ser de suas empresas, uma estratégia de longo alcance que distingue competências e vantagens competitivas em relação aos outros, e os valores que são a essência da empresa. Esses líderes são visionários, olham para um futuro distante e declaram como suas empresas mudará o mundo. Eles podem fazer isso porque têm também um desconforto pessoal que pode ser convertido em comprometimento, clareza e coragem para criar a ponte no Abismo entre Acreditar e Fazer.

# Leitura 3

O Poder dos *Business Models*

Scott M. Shafer
Wake Forest University

H. Jeff Smith
Wake Forest University

Jane C. Linder
Accenture Institute for Strategic Change

1. BUSINESS MODELS

Durante muitos anos a Sun Microsystems desfrutou de um considerável sucesso ao resistir à tendência da indústria pela adoção de chips e softwares estandardizados (Tam, 2003). A Sun fez a escolha estratégica de oferecer soluções de computador mais potentes e caras baseadas em hardware e software proprietários, a qual funcionou bem enquanto a empresa foi capaz de manter uma vantagem de desempenho. Entretanto, os chips estandardizados tiveram, finalmente, seu desempenho equiparado ao dos chips proprietários da Sun e os softwares estandardizados passaram a oferecer funcionalidade similar. Em conseqüência, a Sun viu suas vendas trimestrais caírem mais de 40% a partir de seu pico, em 2001, e os preços de suas ações caírem abaixo de $4, quando chegavam a ultrapassar $60 por ação.

No final de 2002, depois de uma reunião com o diretor dos negócios de servidores low-end da Sun, seu CEO concordou que a empresa acrescentasse uma linha de servidores mais baratos baseados em chips da Intel. Essa escolha estratégica marcou um claro afastamento do *business model* (o seu modo de fazer negócios; inclui processos operacionais, estrutura, previsões, parcerias etc.) preexistente da Sun, mas não há evidências de que tal mudança tenha auxiliado os negócios da empresa. De fato, as receitas do primeiro trimestre, que se encerrou no dia 30 de junho de 2003, foram 13% menores do que as do ano anterior. Realmente, é possível concluir que o *"business model"* da Sun estava e permanece quebrado. Por certo, os níveis de desorientação e confusão nas organizações de engenharia e vendas da Sun, relatados no *The Wall Street Journal*, sugeriram que a Sun está, no mínimo, enfrentando alguns problemas para comunicar internamente seu novo modelo.

Além disso, há pouca evidência de que os executivos da Sun tenham considerado questões de coerência interna quando avaliaram opções estratégicas alternativas. Em especial, a opção de oferecer servidores mais baratos precisa ser avaliada em termos da maior pressão que isto imporia ao hardware mais caro da Sun. Ainda mais, um elemento fundamental da estratégia tradicional da Sun é reaplicar uma parte significativa da receita em pesquisa e desenvolvimento (P&D), num esforço para manter sua vantagem no que se refere ao desempenho.

Optar pela escolha estratégica de oferecer soluções mais baratas provavelmente terá um impacto significativo sobre a capacidade da Sun de manter seus níveis atuais de financiamento em P&D, o que, por sua vez, repercutirá na capacidade para competir com base em soluções que têm um desempenho superior da empresa.

É difícil argumentar que há uma única resposta estratégica "certa" para a Sun.

Entretanto, é igualmente difícil acreditar que todas as relações de causa e efeito dentro do novo *business model* tenham sido cuidadosamente consideradas. Com base nas reportagens da mídia e nas reclamações dos clientes, torna-se razoavelmente claro que os executivos da Sun não foram bem-sucedidos em explanar seu novo modelo. Embora os *business models* possam ser ferramentas poderosas para analisar, implementar e comunicar escolhas estratégicas, não há evidência alguma de que a Sun tenha feito bom uso desse fato.

Nos últimos anos, a expressão *business model* entrou com considerável força no vocabulário de administração. Em meados da década de 1990, as empresas "ponto com" lançaram *business models* a fim de atrair financiamentos. Agora, empresas de todos os tipos, virtualmente de todas as indústrias, recorrem também ao conceito; de fato, aproximadamente 27% das empresas enumeradas pela

Reimpresso de *Business Horizons*, 48 nº 3 (mai.-jun., 2005), p. 199-207. © Kelley School of Business, Indiana University. Usado com permissão.

Fortune 500 usaram a expressão em seus relatórios anuais de 2001. A mídia certamente também aderiu. Nas principais revistas e periódicos, um só artigo em 1990 usou a expressão *business model* três vezes ou mais; em 2000, um número superior a 500 artigos entrou nessa categoria.

Embora esteja muito em voga discutir *business models*, muitos executivos continuam confusos em relação à utilização do conceito. Por exemplo, em um estudo recente realizado pela Accenture, do qual um dos autores deste livro participou, 70 executivos de 40 empresas foram entrevistados com respeito à lógica central de suas empresas para criar e capturar valor: a base de um *business model*. Curiosamente, 62% tiveram dificuldade para descrever sucintamente como suas empresas obtinham lucro (Linder & Cantrell, 2000), e parece que os executivos da Sun talvez estejam igualmente confusos. O estrategista Michael Porter (2000) referiu-se à expressão *business model* como parte do "léxico destrutivo da internet"; discordamos. Acreditamos que os *business models* podem, de fato, desempenhar papel positivo e poderoso na gestão corporativa. Antes de explorar esse papel mais detalhadamente, é necessário entender com exatidão o que constitui um *business model*.

2. DESESPERADAMENTE À PROCURA DE UMA DEFINIÇÃO: A CRISE DE IDENTIDADE DO *BUSINESS MODEL*

Sem dúvida, muitos autores têm apresentado definições da expressão *business model*. Nossa própria pesquisa da literatura pertinente revelou 12 definições em publicações consagradas de 1998 a 2002. Nenhuma dessas definições, entretanto, parece ter sido plenamente aceita pela comunidade administrativa, e isto talvez se deva à emanação de tantas perspectivas diferentes (e-business, estratégia, tecnologia e sistemas de informação), com a visão de cada autor influenciando a definição da expressão; ao olhar através de lentes diferentes os autores vêem coisas diferentes.

De fato, nestas 12 definições, podem-se encontrar 42 diferentes componentes de *business model*: blocos de construção ou elementos exclusivos. Conforme a Tabela 1 ilustra, alguns desses componentes aparecem em apenas uma definição, ao passo que outros são vistos repetidamente. Para ganhar *insight* adicional, desenvolvemos um diagrama de afinidades (Pyzdeck, 2003) para categorizar os componentes de *business model* que foram citados duas ou mais vezes (os diagramas de afinidade são uma popular ferramenta "Seis Sigma" para organizar idéias em categorias, tendo como base sua similaridade subjacente; os diagramas de afinidade ajudam a identificar padrões e a estabelecer grupos relacionados existentes em conjuntos de dados qualitativos). O diagrama de afinidades resultante (veja a Figura 1) identificou as principais categorias: escolhas estratégicas, criação *vs*. captura de valor e a rede de valores. Para desenvolver o diagrama de afinidades apresentado na Figura 1, dois dos autores, juntamente com um estudante graduado, trabalharam independentemente para (a) agrupar em categorias os componentes do *business model* citados duas ou mais vezes e (b) desenvolver um nome descritivo para cada categoria. Nesse ponto, os agrupamentos preliminares foram compartilhados e dois dos autores discutiram os agrupamentos individuais desenvolvidos a fim de obter um consenso final.

Considerando que não surgiu até hoje uma definição comumente aceita de *business model*, apresentamos uma definição orientada pelos dois princípios a seguir. Primeiro, a definição deve integrar e sintetizar o trabalho anterior nesta área. Segundo, a definição deve ser simples o bastante para poder ser facilmente entendida, comunicada e lembrada.

Como ponto de partida, iniciamos analisando a expressão *business model*. De modo específico, *business* refere-se fundamentalmente a criar valor e obter retornos desta prática, e *model* é, simplesmente, uma representação da realidade. Combinando os conceitos com os resultados resumidos no diagrama de afinidades apresentado na Figura 1, definimos um *business model* como uma representação das escolhas lógicas e estratégicas centrais subjacentes de uma empresa para criar e capturar valor dentro de uma rede de valores.

Essa definição inclui quatro termos-chave. O primeiro termo-chave, *lógica central*, sugere que um *business model* apropriadamente idealizado ajuda a articular e a tornar explícitas as pressuposições fundamentais acerca das relações de causa e efeito e da coerência interna das *escolhas estratégicas*, o segundo termo-chave. Com efeito, o *business model* reflete as escolhas estratégicas que fizemos. Retornaremos a este ponto na próxima seção.

O termo *criar* e a expressão *capturar valor* referem-se a duas funções fundamentais que todas as organizações precisam realizar para manterem-se viáveis durante um intervalo de tempo longo. Empresas bem-sucedidas criam valor substancial fazendo coisas que as diferenciam da competição. Elas podem desenvolver competências básicas, capacidades e vantagens posicionais que são diferentes das de seus concorrentes. Poderiam usar essas competências e capacidades básicas, por exemplo, para realizar atividades de trabalho de uma maneira exclusiva ou combiná-las com processos empresariais de uma maneira que as diferencie dos concorrentes. Poderiam, até mesmo, ter uma abordagem única para assegurar o capital necessário para custear a criação das competências básicas, capacidades e vantagens posicionais.

Tabela 1 **Componentes de um Business Model**

Componentes / Contexto	Timmers (1998) E-business	Hamel (2000) Estratégia	Atuah e Tucci (2001) E-Business	Amit e Zott (2001) E-Business	Well and Vitale (2001) E-Business	Dubosson-Torbay et al. (2002) E-Business	Magretta (2002) Estratégia	Rayport e Jaworski (2002) E-Business	Van der Vorst et al. (2002) E-Business/GCA*	Hoque (2002) Tecnologia	Chesbrouggh (2003) Estratégia	Hedman e Kalling (2003) SI* e Estratégia
Rede de valores (fornecedores)	X	X				X					X	X
Cliente (mercado-alvo escopo)		X	X			X		X	X	X	X	X
Recursos/ativos		X	X	X		X		X		X		X
Proposição de valor		X	X	X		X	X	X	X		X	
Capacidades/competências		X	X			X						X
Processos/atividades		X	X			X			X			X
Receita/preços	X	X	X			X					X	
Concorrentes						X		X		X		X
Custo						X	X				X	
Fluxos de informação	X			X	X							
Resultado (oferta)				X				X				X
Fluxos de produto/serviço	X			X	X							
Estratégia		X				X				X	X	
Branding						X				X		
Informação do cliente		X				X						
Relacionamento com o cliente		X				X						
Diferenciação		X				X				X		
Aspectos financeiros						X		X				
Missão		X				X				X		
Lucro						X						
Oportunidades de negócios				X								

(Continua)

Tabela 1 Continuação

Contexto	Timmers (1998) E-Business	Hamel (2000) Estratégia	Atuah e Tucci (2001) E-Business	Amit e Zott (2001) E-Business	Well and Vitale (2001) E-Business	Dubosson-Torbay et al. (2002) E-Business	Magretta (2002) Estratégia	Rayport e Jaworski (2002) E-Business	Van der Vorst et al. (2002) E-Business/GCA*	Hoque (2002) Tecnologia	Chesbrougph (2003) Estratégia	Hedman e Kalling (2003) SI* e Estratégia
Fluxos de caixa												
Criar valor					X							
Cultura										X		
Benefícios para o cliente								X				
Interface com o cliente		X										
Lógica econômica.							X					
Ambiente										X		
Identidade da empresa										X		
Reputação da empresa										X		
Execução e suporte		X										
Funcionalidades									X			
Implementação			X									
Infra-estrutura – aplicações									X			
Infra-estrutura – administração						X						
Administração						X						X
Inovação de produtos												
Características específicas			X									
Sustentabilidade									X			
Conteúdo das transações				X								
Controle das transações				X								
Estrutura das transações				X								

Gestão da Cadeia de Abastecimento (GCA)

* Sistemas de Informação (*SI)

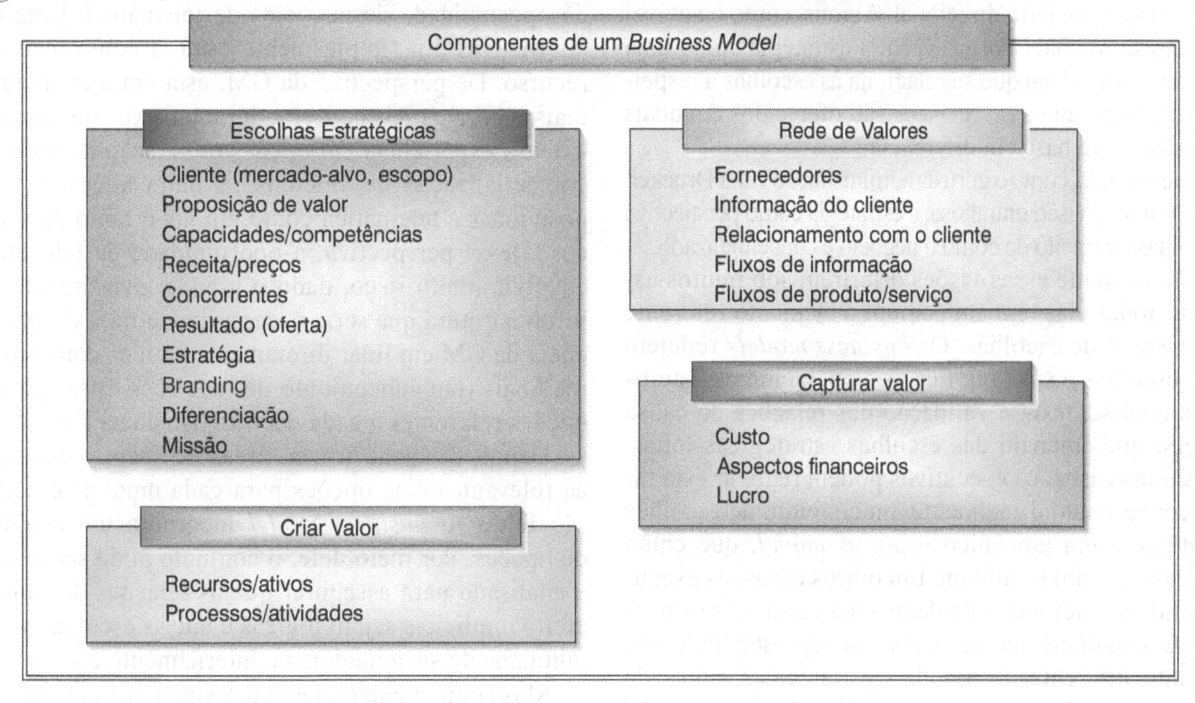

Figura 1 **Componentes do Diagrama de Afinidades de um *Business Model***

Componentes de um *Business Model*

Escolhas Estratégicas
- Cliente (mercado-alvo, escopo)
- Proposição de valor
- Capacidades/competências
- Receita/preços
- Concorrentes
- Resultado (oferta)
- Estratégia
- Branding
- Diferenciação
- Missão

Rede de Valores
- Fornecedores
- Informação do cliente
- Relacionamento com o cliente
- Fluxos de informação
- Fluxos de produto/serviço

Capturar valor
- Custo
- Aspectos financeiros
- Lucro

Criar Valor
- Recursos/ativos
- Processos/atividades

De qualquer forma, as empresas comerciais precisam ganhar dinheiro para sobreviver; desse modo, sua viabilidade está ligada tanto ao valor criado quanto à maneira pela qual geram valor e, conseqüentemente, geram lucros.

Entretanto, nem a criação nem a captura de valor ocorrem no vácuo. Conforme argumenta Hamel (2000), ambas ocorrem dentro de uma rede de valores que pode incluir fornecedores, parceiros, canais de distribuição e coalizões que se estendem além dos recursos da própria empresa. A organização pode ser capaz de criar relacionamentos exclusivos com qualquer uma destas partes ou até mesmo com os seus clientes finais. O papel que uma empresa escolhe desempenhar dentro de sua rede de valores é um elemento importante de seu *business model*.

Note que essa definição não se restringe de forma alguma ao mundo online. Evidentemente, é verdade que o uso da expressão *business model* ganhou impulso durante a era das empresas "ponto com": tempos em que fantoches de meia vendiam comida para cachorro na internet. Mas, conforme observamos no início, o conceito é relevante para empresas de todos os tipos. Embora alguns se refiram a "e-business models" (Chen, 2003; Weill & Vitale, 2001), nossa definição, de forma alguma, exige o prefixo "e-".

3. UM *BUSINESS MODEL* NÃO É UMA ESTRATÉGIA

Tendo agora uma definição à disposição, podemos considerar algo que um *business model* não é: uma estratégia. Embora um *business model* facilite a análise, teste e validação das escolhas estratégicas de uma empresa, ele não é, em si, uma estratégia.

Qual é exatamente a relação entre a estratégia de uma empresa e um *business model*? A resposta a essa pergunta exige que, antes, defina-se o que é *estratégia*, mas, infelizmente, esta não é uma tarefa banal. Conforme Henry Mintzberg (1994) observa em seu livro *The Rise and Fall of Strategic Planning*, a estratégia pode ser vista, no mínimo, de quatro maneiras diferentes: como um padrão, um plano, uma posição ou uma perspectiva. Especificamente, em um contexto retrospectivo, estratégia às vezes é vista como um padrão de escolhas feitas ao longo do tempo. Mais freqüentemente, entretanto, a estratégia é considerada em um sentido voltado ao futuro. Dentro desse domínio voltado ao futuro, alguns vêem a estratégia como um plano — uma visão que se relaciona às escolhas a respeito dos caminhos ou cursos de ação, algo muito similar a um mapa rodoviário direcional. Alguns, como o notável estrategista Michael Porter, vêem a estratégia como uma posição – uma visão que se relaciona às escolhas a respeito de quais produtos ou serviços são oferecidos em quais mercados, com base em diferenciais.

Outros ainda, como o guru da administração Peter Drucker, vêem, em uma visão grandiosa, a estratégia como perspectiva – escolhas a respeito de como o negócio é conceitualizado.

Não obstante essas visões diferirem sob muitos aspectos, todas elas têm em comum o elemento referente à realização de escolhas. Os *business models* refletem estas escolhas e suas implicações operacionais. Facilitam a análise, teste e validação das relações de causa e efeito que emanam das escolhas estratégicas feitas. Em alguns casos, os executivos podem realizar esta tarefa convertendo diretamente um conjunto de escolhas estratégicas em um único *business model*, que então analisam, testam e validam. Em outros casos, os executivos talvez queiram considerar uma faixa de *business models* simultaneamente, cada um representando um conjunto diferente de escolhas estratégicas, antes de tirar uma conclusão acerca do melhor *business model* para suas organizações.

Como uma ilustração da diferença entre uma estratégia e um *business model*, considere a construção de uma casa personalizada. Inicialmente, o arquiteto consulta os futuros proprietários para entender como eles imaginam a casa acabada e como viverão nela. Depois, consideram as opções em uma série de áreas (por exemplo, o andar principal ou o quarto principal no segundo andar) e criam um desenho para concretizar a visão. Em seguida, o arquiteto prepara uma planta baixa detalhada e uma projeção vertical baseando-se nas escolhas feitas durante o processo de desenho; isso corresponde a um *business model*. Da mesma forma que um *business model* pode ser usado para ajudar a analisar e comunicar escolhas estratégicas, a planta baixa pode ser usada para ajudar a entender, analisar e comunicar as escolhas de projeto que foram feitas. De fato, isto poderia até mesmo estimular os futuros proprietários a repensar algumas de suas escolhas estratégicas originais; por exemplo: à medida que o processo avança, eles podem perceber que a escolha de um quarto principal no térreo conflitaria com o único lugar possível para a cozinha, levando-os a reconsiderar suas opções originais e, talvez, a uma modificação.

Aplicada ao contexto de negócios, considere a divisão OnStar da GM (Barabba et al., 2002). No final da década de 1990, a GM criou uma equipe de projetos para desenvolver um *business model* e analisar estrategicamente as oportunidades relacionadas à indústria de telemática (a telemática envolve o uso de tecnologias de comunicação sem fio e sistemas de posicionamento global — *global positioning systems*, GPS — para oferecer uma série de serviços de segurança, seguro, entretenimento e produtividade às pessoas enquanto elas viajam de carro). A equipe estava insegura em relação a como se posicionar diante da oportunidade de negócios de telemática. Uma das alternativas era simplesmente tratá-la como mais um recurso. Da perspectiva da GM, esta era a abordagem mais segura e mais conservadora, uma vez que possuía extensa experiência em opções de fixação de preços e comercialização de veículos. A outra alternativa era posicionar a telemática como um novo ramo de serviços. Dessa perspectiva, a oportunidade de telemática envolvia muito risco, dado o grande investimento em infra-estrutura que seria necessário e a falta de experiência da GM em lidar diretamente com os consumidores finais (um subconjunto de decisões estratégicas e opções referentes a cada decisão listada na Tabela 2).

Depois de identificar as áreas de decisão estratégica relevantes e as opções para cada uma, as escolhas são feitas: o *business model* incorpora um conjunto de opções. Por meio dele, o conjunto pode ser testado e analisado para assegurar que as relações de causa e efeito implícitas sejam lógicas e que as escolhas sejam mutuamente sustentadoras e internamente coerentes.

Mas como a equipe OnStar testaria *business models* que representavam diferentes conjuntos de escolhas estratégicas? A equipe precisava assegurar-se de que as relações de causa e efeito implícitas e explícitas eram lógicas, razoáveis e também garantir que as escolhas eram internamente coerentes e mutuamente sustentadoras. Não foi uma tarefa fácil, porque não havia dados históricos relacionados para esta novíssima indústria. Ao contrário, a equipe de projetos recorreu a uma série

Tabela 2 **Áreas de Decisão Estratégica e Opções Ilustrativas na OnStar**

Decisão Estratégica	Opções
Posição	Novo negócio de serviços Novos recursos para automóveis
Instalação	Fábrica Campo
Escopo interno do produto	Veículos GM seletos Todos os veículos GM
Escopo externo do produto	Somente veículos GM Vender para outras fábricas de automóveis
Call center	Na própria empresa Terceirizar
Desenvolvimento de aplicação	Na própria empresa Terceirizar

de sofisticadas metodologias de ciências administrativas, inclusive dinâmica de sistemas, análise conjunta, otimização dinâmica, modelos de difusão, avaliação de opções reais, simulação e teoria dos jogos.

Usando técnicas de simulação, por exemplo, a equipe foi capaz de analisar como certos fatores, inclusive a aquisição de clientes, escolha do cliente, alianças, atendimento ao cliente, finanças e comportamento dos revendedores impactaria sobre o desempenho empresarial em múltiplas dimensões, inclusive a participação no mercado e o fluxo de caixa.

Como parte dessa análise, a equipe demonstrou que tentar dirigir os call centers como centros de custo resultaria em fracasso empresarial. Além disso, a equipe foi capaz de analisar as opções de instalar o OnStar tanto em veículos na fábrica quanto nos veículos em campo e descobriu que a instalação em fábrica apresentava um resultado superior em todos os aspectos.

Como conseqüência desse tipo de análise, a equipe recomendou que a alta administração adotasse um conjunto de escolhas estratégicas mais agressivas e criasse um novo negócio de serviço ao cliente. O modelo sugerido incluía uma série de posições bastante agressivas, inclusive que o OnStar fosse instalado em todos os carros GM novos, que a GM recrutasse e disponibilizasse o OnStar a outras fábricas de automóveis, que um ano de serviço fosse oferecido gratuitamente e que a GM buscasse agressivamente parcerias com provedores de conteúdo. A alta administração da GM aceitou as recomendações da equipe de projetos e reconheceu formalmente que o processo de integração empregado pela equipe, em que as escolhas estratégicas eram testadas através de *business models*, influenciara enormemente suas decisões.

Apesar de ainda existir questionamentos acerca da capacidade de o OnStar obter lucros consistentemente, os resultados da iniciativa OnStar da GM foram, até agora, bastante impressionantes. No outono de 2001, a GM tinha dois milhões de assinantes do OnStar, representando 80% do mercado de telemática. Alianças com outras grandes fábricas de automóveis — inclusive Toyota, Honda, VW, Audi, Isuzu e Subaru — proporcionam ao OnStar acesso a aproximadamente 50% das vendas totais de veículos novos. A GM também desenvolveu parcerias com provedores de conteúdo importantes, inclusive a Dow Jones e a Fidelity Investments. As previsões internas indicavam que o serviço atingiria um ponto de equilíbrio em 2003, gerando um significativo fluxo de caixa positivo a partir de então. Com base nesses resultados, a Merrill Lynch (2002) avaliou os negócios do OnStar entre $4 e $12 milhões.

Anteriormente, definimos um *business model* como a representação das escolhas lógicas e estratégicas centrais subjacentes de uma empresa para criar e capturar valor dentro de uma rede de valores. A lógica central deve ser o mais abrangente possível, não simplesmente um ou dois componentes, e o *business model* deve refletir as escolhas estratégicas da empresa. Embora os executivos possam usar *business models* para analisar e comunicar escolhas estratégicas, é igualmente importante reconhecer que o uso equivocado do conceito de *business model* pode acarretar problemas, tópico que será abordado agora.

4. QUATRO PROBLEMAS DOS *BUSINESS MODELS*

Um *business model* apropriadamente elaborado tem um grande poder e pode servir como uma ferramenta estratégica essencial para a empresa, mas as preocupações acerca dos *business models* podem remeter a quatro problemas comuns associados à sua criação e uso. Esses problemas, que partem diretamente dos termos-chave apresentados em nossa definição, são os seguintes:

1. Pressuposições falhas subjacentes à lógica central.
2. Limitações nas escolhas estratégicas consideradas.
3. Mal-entendidos acerca da criação de valor e captura de valor.
4. Pressuposições falhas acerca da rede de valores.

4.1 Pressuposições Falhas Subjacentes à Lógica Central

Uma empresa ingressa em uma zona de perigo se a lógica central de seu *business model* se baseia em pressupostos falhos ou não-testados a respeito do futuro. Certa vez, um empreendedor nos falou de uma ótima oportunidade que sua empresa planejava seguir, oferecendo serviços integrados através de redes sem fio em muitas regiões dos Estados Unidos. Seu *business model* parecia ser bem-formado e internamente coerente no sentido de que tinha uma boa percepção de sua lógica central tanto para criar quanto para capturar valor. Entretanto, quando interrogado sobre as incompatibilidades de padrões entre as redes sem fio, ele supôs que haveria um serviço nacional sem rupturas e intercambiável no futuro próximo. Embora concordemos que pode ocorrer essa rede sem rupturas e intercambiável entre os provedores *wireless*, a realidade é que esse tipo de rede não existe agora e não existirá dentro de vários anos; portanto, antevemos que ele enfrentará desafios consideráveis para implementar seu modelo.

É vital que, tão logo um conjunto de escolhas estratégicas seja feito, o *business model* resultante seja checado para assegurar que as relações de causa e efeito implícitas e explícitas tanto sejam bem-fundamentadas quanto lógicas.

Além disso, o *business model* resultante deve ser cuidadosamente examinado para assegurar que o conjunto de escolhas seja internamente coerente e que elas se sustentem mutuamente. Para visualizar isso, considere duas das escolhas estratégicas enfrentadas pelo OnStar: sua posição e seu escopo externo de produto. Uma combinação incompatível de escolhas teria sido posicionar o OnStar simplesmente como um novo recurso para automóveis tornando-o disponível a outras fábricas de automóvel. Se essa combinação de escolhas fosse aceita, quaisquer benefícios em potencial para a GM seriam rapidamente eliminados, uma vez que os competidores seriam capazes de oferecer um recurso idêntico. Alternativamente, optar por posicionar a OnStar como um negócio de serviços independente e tornar o serviço disponível a outras fábricas de automóvel são escolhas bastante compatíveis; nesse caso, a decisão de oferecer o serviço a outras fábricas de automóvel facilita a penetração em um novo mercado.

4.2 Limitações nas Escolhas Estratégicas Consideradas

Um *business model* deve encaminhar toda a lógica central da empresa para criar e capturar valor, não somente parte dessa lógica. De fato, um dos maiores erros da era "ponto com" foi a suposição de que, tendo definido parte da lógica, a empresa tinha um *business model*. Quando se encaminha somente um pequeno subconjunto das linhas da Tabela 1 ou somente um subconjunto das categorias da Figura 1, comete-se um erro ao referir-se a isto como um "*business model*". A definição de um conjunto de clientes (famílias com filhos pequenos, por exemplo) ou uma proposição de valor (como oferecer muito mais valor a um custo mais elevado) não constitui um *business model*. Evidentemente, esse erro de nomenclatura é problemático por si mesmo, pois frustra a comunicação. Entretanto, a maior falha com esse tipo de abordagem é que ela pode induzir o executivo a superestimar a probabilidade de sucesso do seu modelo no mercado.

A eToys serve como um notório exemplo de empresa que cometeu esse erro no mundo "ponto com". Em um esforço para construir sua base de clientes e ganhar conhecimento da marca, a eToys, em 1999 (e seus concorrentes online, como a KBToys), concentrou-se, a princípio, na aquisição de clientes. Não surpreende que isso tenha acarretado guerras de preços implacáveis, enormes descontos e ofertas de remessa gratuita entre as varejistas on-line de brinquedos, cada uma das quais esperava estabelecer um território nos $23 bilhões por ano na indústria de venda de brinquedos a varejo (Bannon, 2000). De fato, a meta da eToys quanto à aquisição de clientes foi realizada com sucesso. Quatro anos depois de abrir as portas virtuais para o negócio e gastar na época até 60% de suas receitas em marketing, a eToys estabeleceu uma base de quase 2 milhões de clientes. Entretanto, a eToys não desenvolveu (ainda que sob amplas ponderações) outro componente importante de seu *business model*: o processo de execução dos pedidos dos clientes. Durante o período de festas de 1999, a eToys recebeu uma quantidade enorme de publicidade negativa resultante do seu desempenho de entrega muito ruim e pouco confiável. Em um esforço para não repetir o fiasco no ano seguinte, a empresa investiu fortemente na execução de pedidos na própria fábrica. Por fim, a eToys não foi capaz de gerar o volume de negócios necessário para sustentar seu investimento em infra-estrutura e foi à falência em 2001. A percepção de que jamais haviam criado um *business model* viável — por terem confiado somente no componente único: aquisição de clientes — chegou tarde demais para possibilitar uma recuperação.

O fato de um conjunto de escolhas estratégicas ser muito limitado pode remontar à tendência da alta administração em considerar as decisões estratégicas de forma fragmentada, o que é especialmente provável em um ambiente empresarial volátil. A Sun certamente cairia nessa armadilha se oferecesse servidor *low-end* independentemente de outras decisões estratégicas. O problema também é exemplificado pela tentativa inicial da eToys de se concentrar, quase que exclusivamente, na aquisição de clientes, com um subseqüente desvio para a execução dos pedidos.

Um *business model* constitui uma poderosa ferramenta para evitar essa cilada por duas razões: primeiro, considerando que o *business model* é um reflexo das escolhas estratégicas feitas, ele realça a necessidade de se considerar elasticamente uma variedade de decisões estratégicas; segundo, o *business model* exige que a alta administração considere coletivamente a lógica e a coerência interna das decisões estratégicas.

4.3 Mal-entendidos acerca da Criação de Valor e Captura de Valor

Muitos executivos têm a tendência de se concentrar de tal forma na parte de criação de valor do modelo a ponto de ignorar a captura de valor ou, no mínimo, relegá-la a segundo plano. Nessas situações, as organizações são incapazes de capturar os correspondentes retornos econômicos em relação ao valor que criam.

Como um exemplo de criação de valor, mas não de captura de valor, considere o portal online Yahoo. Para muitas pessoas, a crescente variedade de ofertas, incluindo mecanismo de busca na internet, contas de e-mail, cotações de ações, informações financeiras, cartões comemorativos, mapas, orientações para motoristas etc. criam uma enorme quantidade de valor. O fato de o Yahoo estar solidamente entre os maiores sites, em termos de visitantes individuais por mês, é um indicador adicional do seu apelo. Mas, durante muitos anos, o Yahoo lutou para transformar este valor em lucro; de fato, seu prejuízo líquido mais que duplicou desde o ano fiscal encerrado em 1997 até o de 2001. Entretanto, sob a batuta do CEO Terry S. Semet, que se integrou ao Yahoo em maio de 2001, a empresa aparentemente encontrou uma maneira de capturar uma quantidade maior desse valor, com as receitas vindo agora de "música digital e jogos online a listagens de emprego e contas de e-mail especiais com espaço de armazenamento extra... o Yahoo agora atrai um terço das receitas dessas ofertas e espera impulsioná-las em até 50% em 2004", de acordo com uma reportagem na *Business Week* (Elgin & Glover, 2003).

Os executivos podem se deparar com essa armadilha quando confundem valor potencial com valor real. Poucos anos atrás, os analistas de investimento profissionais argumentavam que o desempenho de uma empresa deveria ser medido por seu número de clientes e não pelo *free cash-flow* (lucro depois dos impostos). Parece tolice agora, mas muitos líderes empresariais competentes já confundiram valor potencial com valor real ao projetar seus *business models*. Por exemplo, um grande banco comercial gastou milhões de dólares para adquirir uma *investment-banking boutique* e ter acesso ao fluxo de negócios de Wall Street, vindo a descobrir depois que seu modelo não funcionava. Os bancos de investimento recém-adquiridos recusaram-se a compartilhar informações e resistiram à interferência dos bancos comerciais nos negócios de seus clientes. Em especial, não se entusiasmaram a fazer contatos de vendas conjuntos para ajudar a vender serviços bancários comerciais com margens que não sustentavam suas estruturas de bonificações.

4.4 Confiar em Pressuposições Falhas acerca da Rede de Valores

Às vezes, um modelo presume equivocadamente que a rede de valores existente permanecerá inalterada. Por exemplo, as empresas petrolíferas estão acostumadas a vender gasolina no varejo através de postos de suas próprias bandeiras no Reino Unido. Quando redes de supermercado, como a Tescos e Safeway U.K., começaram a atrair clientes para suas lojas ao vender gasolina a um preço baixo, algumas empresas petrolíferas simplesmente acrescentaram produtos alimentícios aos estoques de seus postos de gasolina. Essa escolha manteve a rede de valores atual. Os concorrentes da Cagier, como a BP, fizeram uma jogada diferente. Fecharam parcerias com as melhores redes de supermercados sob a premissa de que a empresa petrolífera gerenciaria a venda de gasolina a varejo e a empresa de supermercados gerenciaria a venda de produtos alimentícios a varejo em todos os pontos-de-venda de suas respectivas redes conjuntas.

Em outro exemplo, os ouvintes de estações de rádio comerciais nos Estados Unidos estão acostumados a receber gratuitamente as transmissões em troca de ouvirem anúncios publicitários; de fato, isto ocorre há várias décadas. Entretanto, construir um *business model* baseando-se no pressuposto de longo prazo de que esse arranjo persistirá pode ser um erro. Não obstante estarmos somente começando a passar da infância para a adolescência, as transmissões de rádio por satélite (agora com dois grandes provedores nos Estados Unidos, como o XM e o Sirius, cada um oferecendo dezenas de estações de rádio sem comerciais mediante o pagamento de uma taxa) pode virar de cabeça para baixo a antiga estrutura de programação gratuita com comerciais. *Business models* que presumem a continuação do estado de coisas atual como, por exemplo, o de um intermediário que faz o intercâmbio de espaço publicitário entre estações locais em troca de serviços, poderiam ser bem falhos.

Certamente, alguns integrantes da indústria de radiodifusão já consideraram o surgimento das transmissões de rádio por satélite mas amenizaram a ameaça às estações locais argumentando que os ouvintes esperam receber informações locais (e.g., reportagens sobre o trânsito, sobre o tempo e notícias), as quais a tecnologia por satélite não está bem equipada para entregar. Deve-se notar, contudo, que os sinais da XM e da Sirius não são transmitidos apenas por satélite, mas também através de estações repetidoras locais que as empresas instalaram em diversas áreas urbanas dos Estados Unidos. A intenção declarada delas é usar as repetidoras para melhorar a recepção dentro de aglomerados urbanos, visto que a recepção das transmissões por satélite pode ser pouco confiável em meio a prédios altos. Atualmente, essas repetidoras transmitem programações nacionais, sem nenhuma customização local; entretanto, é possível concluir que essas repetidoras permitirão algum dia que as empresas de transmissão por satélite possam competir com a programação local divulgando propaganda local (Flynn, 2003).

5. PENSAMENTOS FINAIS

A sobrevivência e prosperidade de todas as organizações com fins lucrativos estão diretamente ligadas tanto à capacidade de criarem valor quanto de capturarem valor; portanto, *business models* são aplicáveis a todas elas. Evidentemente, as áreas de decisão estratégica com as quais cada organização se defronta variam em função de inúmeros fatores como, por exemplo, a idade da empresa, a indústria, a concentração da indústria, o tipo de cliente, as regulamentações do governo etc. Simultaneamente, o *business model* de uma organização nunca está completo, uma vez que o processo de fazer escolhas estratégicas e testar os *business models* deve ser contínuo e interativo. Embora não haja, certamente, nenhuma garantia, sustentamos que a probabilidade de sucesso em longo prazo aumenta com a rigorosidade e formalidade com que uma organização testa suas opções estratégicas mediante *business models*.

Os *business models* constituem uma poderosa maneira de os executivos analisarem e comunicarem suas escolhas estratégicas. Apesar de haver alguma possibilidade de empresas com *business models* negligentemente formulados serem bem-sucedidas no mercado, a probabilidade é baixa, uma vez que a lógica central para a criação e captura de valor não foi claramente ponderada. Conforme sugere um antigo ditado: "esquilos cegos ocasionalmente encontram nozes; mas, até conseguirem fazer isso, há um bocado de esforço desperdiçado". Exatamente como empresas que exaurem seu capital de trabalho, os esquilos talvez esgotem suas energias antes de desfrutarem seu prêmio.

AGRADECIMENTOS

Somos gratos aos comentários construtivos de Ram Baliga e dos participantes da Research Seminar Series da Babcock Graduate School of Management. Esta pesquisa teve o apoio do Research Fellowship Program da Babcock Graduate School of Management.

Referências

Afuah, A & Tucci, C. L. *Internet business models and strategies*. Boston: McGraw-Hill, Irwin, 2000.

Amit, R. & Zott, C. Value creation in e-business. *Strategic Management Journal, 22,* 2001, 493-520.

Bannon, L. E-commerce (A special report): The lessons we've learned – Toys: Rough play – consumers like buying toys online; but that hasn't made it a great business yet. *The Wall Street Journal*, R1, 23 out. 2000.

Barabba, V. Hubber, C., Cooke, F. Pudar, N., Smith, J & Paich, M. A multimethod approach for creating new business models: The General Motors OnStar project. *Interfaces, 32*(1), 24-34, 2002.

Chen, S. The real value of e-business models. *Business Horizons, 46*(6), 27-33, 2003.

Chesbrough, H. Open innovation. Boston Harvard Business Schoool Press, 2003.

Cox, B. eToys on the ropes. www.internetnews.com, acesso em 26 de janeiro de 2001.

Dubosson-Torbay, M., Osterwalder, A. & Pigneur, Y. E-business model design, classification, and measurements. *Thunderbird International Business Review, 44*(1), 5-23, 2002.

Elgin, B. & Grover, R., Yahoo! Act two. *BusinessWeek, 3.835,* 60-76, 2 jun. 2003.

eToys gets approval to sell assets in smaller pieces. *The Wall Street Journal*, p. B11.

Flynn, L. J. Investors and local broadcasters watch growth of satelite radio. *New York Times*, 7 jan. 2003, p. C7.

Hamel, G. *Leading the revolution*. New York Plume, 2000.

Hedman, J. & Kalling, T. The business model concept: theoretical underpinnings and empirical illustrations. *European Journal of Information Systems, 12,* 49-59, 2003.

Hoque, F. *The alignment effect*. Upper Saddle River, NJ: Prentice Hall, 2002.

Linder, J. & Cantrell, S. Carved in water: Changing business models fluidly. *Accenture Institute for Strategic Change*, 2000.

Magretta, J. Why business models matter. *Harvard Business Review, 80*(5), 86-92, 2002.

Merrill Lynch Equity Research, abril de 2002. New York General Motors.

Mintzberg, H. *The rise and fall of strategic planning*. New York: Free Press, 1994.

Porter, M. E. Strategy and the internet. *Harvard Business School, 79*(3), 62-78, 2000.

Pyzdeck, T. *The six sigma handbook*. New York: McGraw-Hill, 2003.

Rayport, J. E. & Jaworski, B. J. (2002). *Cases in e-Commerce*, Boston: McGraw-Hill.

Tam, P. W. Cloud over Sun Microsystems: plummeting computer prices. *The Wall Street Journal*, 16 out. 2003, A1-A16.

Timmers, O. Business models for electronic markets. *Electronic Markets, 8*(2), 3-9, 1998.

Van Der Vorst, J. G. A. J., Van Dongen, S. Nouguier, S & Hilhorst, R. E-business initiatives in food supply chains; Definition, and typology of electronic business models. *International Journal of Logistics Research and Applications, 5*(2), 119-138, 2002.

Weill, P. & Vitale, M. R. *Place to space: Migrating to eBusiness models*. Boston: Harvard Business School Press, 2001.

Leitura 4

O *Balanced Scorecard:* Adotar ou Não Adotar?

Kevin B. Hendricks
Richard Ivey School of Business

Christine Wiedman
Richard Ivey School of Business

Larry Menor
Richard Ivey School of Business

Ao longo da última década, o *Balanced Scorecard* (BSC) tornou-se uma ferramenta de administração amplamente defendida, associada com as melhores práticas. Como ferramenta de administração, o BSC constitui um aperfeiçoamento do sistema tradicional de planejamento e controle gerencial, ao olhar além das medidas financeiras e incorporar medidas não-financeiras. De acordo com Kaplan e Norton, os desenvolvedores e convictos defensores do BSC:

> O nome refletia o equilíbrio entre os objetivos de curto e longo prazos, entre as medidas financeiras e não-financeiras, entre os indicadores de atraso e de liderança e entre perspectivas de desempenho externo e interno. (Robert S. Kaplan e David P. Norton, The Balanced Scorecard, Boston, MA: Harvard Business School Press, 1996, p. viii)

Desenvolvido pela General Electric na década de 1950, o primeiro sistema do tipo BSC foi projetado para ser um sistema de medição, mas tornou-se uma ferramenta de gestão estratégica crítica para o processo de planejamento de uma organização. O BSC exige que a alta administração traduza a visão e a estratégia da empresa em quatro perspectivas de desempenho: financeira, do cliente, dos negócios internos e da aprendizagem e crescimento (veja o Esquema 1).

Uma pesquisa recente da Bain & Company em mais de 708 empresas de cinco continentes revelou que o BSC era usado por 62% das organizações entrevistadas, um índice de adoção mais elevado em comparação ao de outras ferramentas administrativas famosas, como a Gestão da Qualidade Total (TQM), a Integração da Cadeia de Abastecimento ou a Gestão Baseada em Atividades. Informantes que ocupam postos importantes nestas organizações classificaram o BSC em oitavo lugar globalmente em termos de satisfação (novamente, um nível maior do que qualquer uma das ferramentas administrativas mencionadas aqui) (Darrell Rigby, "Management Tools Survey 2003: Usage Up as Companies Strive to Make Headway in Though Times", *Strategy & Leadership*, 31:5, 2003). O êxito do BSC também se reflete na estimativa amplamente divulgada de que mais de 50% das empresas da *Fortune 1000* o utilizam de alguma forma. De fato, uma série de empresas canadenses integrantes de uma ampla variedade de indústrias adotaram a abordagem BSC, entre as quais incluem-se: o Royal Bank of Canadá, a Molson Inc., a Aliant Inc. e a Nova Scotia Power Inc. (Balanced Scorecard Collaborative, www.bscol.com).

De acordo com os proponentes do BSC, as organizações adotantes que também implementaram com sucesso um BSC integrado contam com uma série de benefícios:

- Melhor compreensão gerencial dos vínculos entre as decisões e ações organizacionais específicas e as metas estratégicas escolhidas.
- Redefinição das relações com os clientes.

"The Balanced Scorecard: To Adopt or not to adopt?" Kevin B. Hendrixks, Larry Menor, Christine Wirdman, *Ivey Business Journal*, vol. 69, n. 12 (nov./dez. 2004), p. 1-9. A Ivey Management Services proíbe qualquer forma de reprodução, armazenamento ou transferência deste material sem sua permissão expressa. Este material não está protegido por direitos autorais de nenhuma organização de direitos de reprodução. Para encomendar cópias ou solicitar permissão para reproduzir o material, entre em contato com a Ivey Publishing, Ivey Management Services, a/c Richard Ivey School of Business, The University of Western Ontario, London, Ontario, Canadá, N6A 3K7; Telefone (519) 661-3208, fax (519) 661-3882, e-mail: cases@ivey.uwo.ca. Copyright @ 2004, Ivey Management Services. Permissão para reproduzir uma vez concedida por Ivey Management Services em 15 de fevereiro de 2006.

Esquema 1 **O Balanced Scorecard**

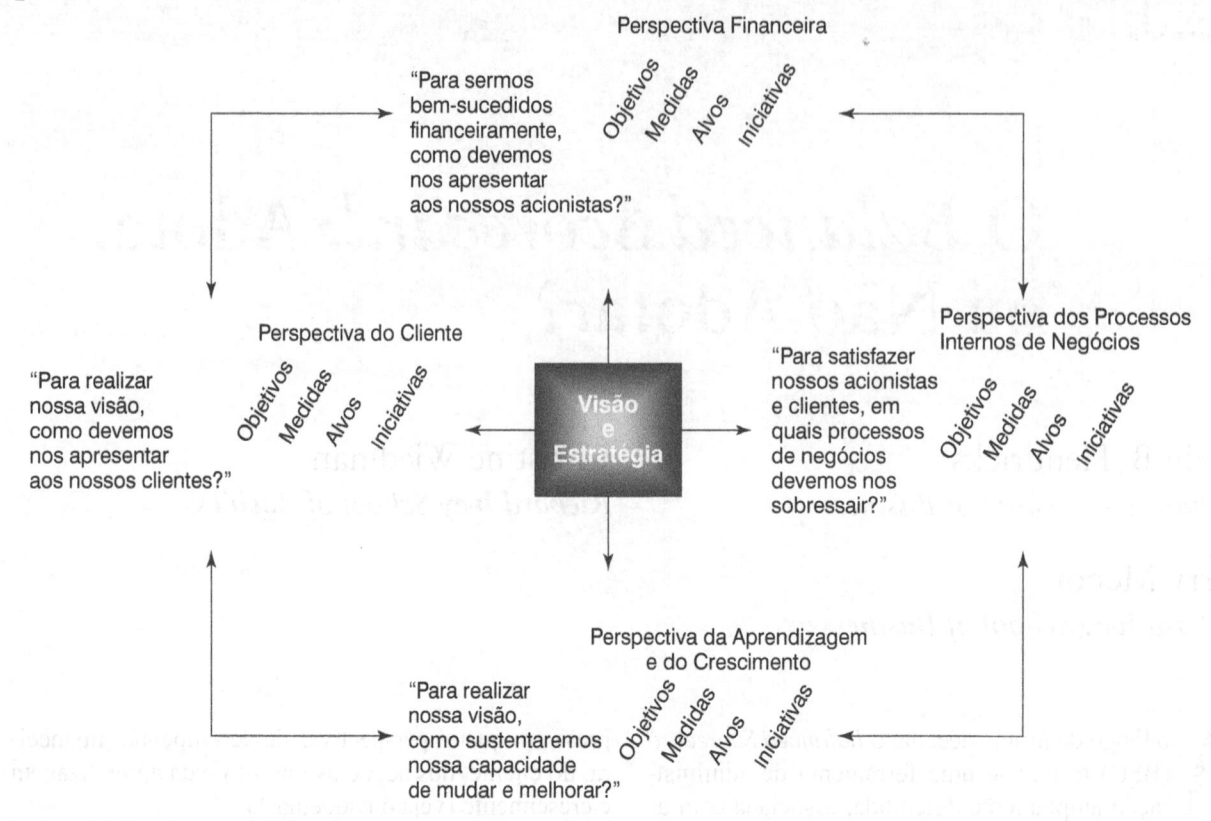

Perspectiva Financeira
"Para sermos bem-sucedidos financeiramente, como devemos nos apresentar aos nossos acionistas?"
Objetivos — Medidas — Alvos — Iniciativas

Perspectiva do Cliente
"Para realizar nossa visão, como devemos nos apresentar aos nossos clientes?"
Objetivos — Medidas — Alvos — Iniciativas

Visão e Estratégia

Perspectiva dos Processos Internos de Negócios
"Para satisfazer nossos acionistas e clientes, em quais processos de negócios devemos nos sobressair?"
Objetivos — Medidas — Alvos — Iniciativas

Perspectiva da Aprendizagem e do Crescimento
"Para realizar nossa visão, como sustentaremos nossa capacidade de mudar e melhorar?"
Objetivos — Medidas — Alvos — Iniciativas

Fonte: Kaplan e Norton (1996).

- A reengenharia dos processos fundamentais de negócios.
- O surgimento de uma nova cultura corporativa que enfatiza o esforço em equipe entre as funções organizacionais para implementar a estratégia da empresa.

Esses benefícios, embora sejam amplamente angariados, mal começaram a ser examinados de maneira rigorosa (Steven Saltério e Alan Webb, "The Balanced Scorecard", *CA Magazine*, 136:6, 2003). Em comparação, a questão gerencialmente crítica de adotar ou não adotar o BSC também carece de análise rigorosa.

A crença de que o BSC representa uma das evoluções mais significativas na contabilidade gerencial e merece atenção rigorosa em termos de pesquisa é generalizada. Entretanto, nossa avaliação dos atuais adeptos e da literatura de pesquisa indica que (1) pouco tem-se examinado sobre os fatores associados à adoção do BSC e (2) ainda há a necessidade de se demonstrar que a adoção e a implementação do BSC estão associadas à melhoria do desempenho financeiro. Concluímos recentemente uma pesquisa que examina especificamente estas duas questões do BSC.

FATORES DE CONTINGÊNCIA DO BSC

Nossa investigação do BSC foi motivada por uma observação feita em uma revisão da literatura de gestão do desempenho contábil:

> As conseqüências do uso e desempenho destas medições [do BSC] parecem ser afetadas pelas estratégias organizacionais e pelos fatores estruturais e ambientais com os quais a organização se depara. Pesquisas futuras podem contribuir significativamente ao apresentar evidências sobre as variáveis de contingência que afetam a previsibilidade, a adoção e as conseqüências do desempenho das várias medidas não-financeiras e dos *Balanced Scorecards*. (Christopher D. Ittner e David F. Larcke, "Innovation in Performance Measurement: Trend and Research Implications", Journal of Management Accounting Research, 10, 1998, p. 223-224)

Especificamente, examinamos os fatores de contingência que incluem a estratégia no nível de negócios, o tamanho da empresa, a incerteza ambiental e o investimento em ativos intangíveis. Por que examinamos estes fatores de contingência? Nossas discussões com executivos de negócios canadenses que estavam intimamente envolvidos na adoção e implementação do BSC em suas respectivas organizações realçam o aspecto crítico de muitos destes fatores acerca de sua adoção. Além disso, a maioria destes fatores tem sido realçada na literatura acadêmica como considerações gerais subjacentes às decisões para se adotar um sistema de controle gerencial (Robert H. Chenhall, "Management Control Systems Design Within Its Organizational Context: Findings from Contingency-based Research and Directions for the Future", *Accounting Organizations and Society*, 28, 2003).

ESCOPO DA PESQUISA

Realizamos uma pesquisa de opinião com altos executivos (principalmente CEOs e diretores financeiros) de organizações canadenses para identificar se suas empresas adotaram o BSC, quando decidiram adotá-lo, quando começaram a usá-lo e se descontinuaram ou não o seu uso a partir de então. A amostra final interindustrial de organizações participantes de nossa pesquisa consiste em 579 empresas canadenses, escolhidas do PC Compustat, com vendas anuais superiores a $ 10 milhões. Obtivemos respostas de pessoas em cargos importantes de 179 empresas, das quais 42 (ou 23,5 %) relataram que adotaram a abordagem BSC. O ano de sua adoção variava de 1996 a 2003, com o maior número de adoções (10) efetuadas em 2002 (Esquema 2). A adoção do BSC também cobria uma ampla variedade de indústrias, com uma representação significativamente maior do que a esperada na faixa 4000-4999 do código SIC (Standard Industrial Classification), a saber: transporte, comunicações e serviços públicos.

Empregando medidas confiáveis e válidas para cada uma de nossas variáveis de contingência e controlando os efeitos da indústria e o desempenho operacional da empresa, usamos a análise de regressão *probit* para estimar a tendência de adoção do BSC. Nossas constatações são discutidas a seguir.

ESTRATÉGIA DE NEGÓCIOS

Embora há muito se argumente na literatura de contabilidade que os sistemas de controle contábil devem ser projetados de acordo com a estratégia de negócios da empresa, esta premissa ainda não foi examinada com o BSC. Utilizamos a tipologia de estratégias abrangente do nível de negócios de Miles e Snow, que inter-relaciona a estratégia, a estrutura e o processo organizacionais (Raymond E. Miles e Charles C. Snow, *Organizational Strategy, Structure, and Processe,* New York: McGraw-Hill, 1978). Esta tipologia,

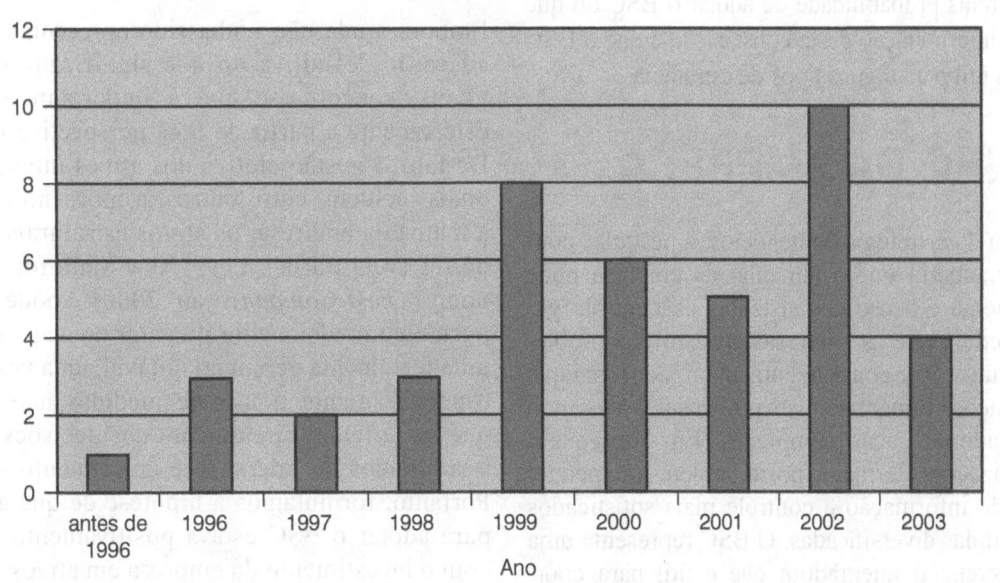

Esquema 2 **Adoção do *Balanced Scorecard* por Ano**

que distingue as diferentes estratégias da empresa em relação aos ambientes competitivos nos quais a organização opera, fornece uma resposta competitiva singular à pergunta: "Como devemos competir em determinada linha de negócios?". Ela identifica quatro estratégias organizacionais:

- **Prospectoras**, que buscam constantemente oportunidades inovadoras de mercado e regularmente fazem experiências com novas respostas a tendências emergentes.
- **Analíticas**, que operam rotineira e eficientemente por estruturas e processos formais enquanto, ao mesmo tempo, observam os concorrentes em busca de novas idéias promissoras que são rapidamente adotadas.
- **Defensoras**, que, devido ao seu estreito domínio de produto-mercado, são altamente especializadas na área de operação de suas respectivas organizações, mas pouco fazem para procurar novas oportunidades fora de seu domínio principal.
- **Reativas**, que são incapazes de responder eficientemente à mudança e à incerteza conhecidas no ambiente de suas organizações.

Dado o escopo mais amplo e a inclusão de medidas não-financeiras prospectivas no BSC, concluímos que é mais provável que o uso desse sistema beneficie empresas que seguem uma estratégia Prospectora ou Analítica do que empresas que seguem uma estratégia Defensora ou Reativa. Portanto, formulou-se a hipótese de que a propensão para adotar o BSC está positivamente relacionada com a escolha de uma estratégia Prospectora ou Analítica por parte de uma organização. Constatamos que a adoção do BSC estava significativamente associada à estratégia: as empresas que seguiam uma estratégia Prospectora ou Analítica tinham mais probabilidade de adotar o BSC do que outras.. Uma interpretação desta constatação é que o BSC pode ser mais útil para alguns tipos de estratégia.

TAMANHO DA EMPRESA

À semelhança da estratégia de negócios, a pesquisa contábil anterior sugeriu que o tamanho da empresa pode afetar o esquema e o uso dos sistemas de controle gerencial. À medida que as empresas crescem, os problemas de comunicação e controle aumentam, de forma que estas organizações tornam-se mais propensas a adotarem sistemas de administração complexos. Em conseqüência, as organizações de maior porte tendem a depender de sistemas de informação e controle mais sofisticados que usam medidas diversificadas. O BSC representa uma ferramenta gerencial integradora que é útil para coordenar decisões entre funções e entre níveis. Portanto, formulamos a hipótese de que a tendência para adotar o BSC estava positivamente relacionada com o tamanho da empresa. Concluímos que as empresas adotantes do BSC eram significativamente maiores do que as não-adotantes. O ativo total médio das adotantes era de $ 3,6 bilhões, em comparação com o ativo total médio de $ 460 milhões das empresas não-adotantes.

INCERTEZA AMBIENTAL

A incerteza ambiental é há muito vista pelos adeptos e pesquisadores como um problema fundamental para as organizações. A pesquisa contábil anterior revelou que a incerteza estava relacionada com a maior utilidade das informações de amplo escopo, e que a demanda por sistemas de informação de base ampla que não incorporam nenhuma medida financeira estava positivamente associada com as percepções de incerteza ambiental. O BSC, que incorpora tanto informações não-financeiras quanto informações orientadas ao futuro, seria particularmente crítico para empresas em que a incerteza ambiental é alta. Portanto, formulamos a hipótese de que a propensão para adotar o BSC estava positivamente relacionada com a incerteza ambiental da empresa. Concluímos que as empresas adotantes do BSC tinham uma demanda significativamente mais volátil (medida como o coeficiente de variação das alterações das vendas anuais) do que as não-adotantes.

INVESTIMENTOS EM ATIVOS INTANGÍVEIS

Embora ainda não tenha sido apresentada uma classificação definitiva do que significam ativos intangíveis, concorda-se que é importante gerenciá-los eficazmente a partir de uma perspectiva de controle. De fato, a gestão efetiva dos ativos intangíveis — os quais incluem, entre outros, a inovação de produtos, a marca da empresa, os ativos estruturais e os monopólios (veja Baruch Lev, "New Math for a New Economy", *Fast Company,* jan. 2000) – pode ser um importante impulsionador do valor do negócio. O BSC é uma ferramenta gerencial notável, uma vez que requer especificamente o uso de medidas não financeiras que se refletem diretamente nas decisões, atividades e resultados de liderança e crescimento da empresa. Portanto, formulamos a hipótese de que a propensão para adotar o BSC estava positivamente relacionada com o investimento da empresa em ativos intangíveis. Entretanto, não encontramos apoio para esta hipótese quando medimos os bens intangíveis como a razão dos ativos intangíveis pelo total dos ativos. Considerando que o modelo de contabilidade financeira é criticado como excessivamente conservador acerca da medição de bens intangíveis, atualmente são estudadas outras métricas que capturem a importância dos bens intangíveis para uma empresa.

O BSC E O DESEMPENHO FINANCEIRO

Kaplan e Norton propõem que o BSC pode ser usado como um mapa estratégico para criar valor dentro de uma organização pela proposição de valor para o cliente, dos processos empresariais internos e do alinhamento dos ativos intangíveis com a estratégia da empresa. Este valor deve se refletir em melhorias nas medições contábeis como, por exemplo, uma melhor estrutura de custos e maior utilização do ativo e, em última análise, um maior valor para o acionista em longo prazo (Robert S. Kaplan e David P. Norton, "The Strategy Map: Guide to Aligning Intangible Assets", *Strategy and Leadership*, 32:5, 2004, p. 10-17). Pesquisas podem adicionar *insight* a esta área ao examinar a relação entre a adoção e implementação do BSC e o desempenho financeiro.

Uma motivação em potencial para a adoção de qualquer sistema novo de controle gerencial é o não-cumprimento das expectativas existentes da administração ou dos acionistas de uma empresa em seu desempenho atual. Foi o que ocorreu com a divisão do Group Insurance da empresa Canadá Life no final da década de 1990, de acordo com Sandy Richardson, que liderou a iniciativa do BSC na divisão (veja o complemento no fim deste artigo). A divisão Casualty adotou o BSC em 1996 — parcialmente devido ao mau desempenho — e a divisão Group Insurance adotou o BSC um ano mais tarde. A divisão adotou o BSC para todas as partes do sistema de controle gerencial. Richardson observou: "Transforma-se na maneira de você trabalhar". Embora os avanços e aperfeiçoamentos do BSC fossem contínuos, Richardson ainda era capaz de ver pontos a serem melhorados. Os funcionários podiam entender melhor os elos entre as atividades de negócios e os objetivos estratégicos da unidade, e o BSC estimulava a comunicação interfuncional. De maneira geral, o esforço BSC foi avaliado como altamente bem-sucedido.

Para examinarmos o desempenho pré-adoção de nossa amostra de 42 adotantes do BSC, medimos e testamos o desempenho financeiro excedente durante um intervalo de três anos que se encerra no ano da adoção do BSC. O desempenho foi medido tanto como retorno sobre o ativo (ROA) quanto o retorno sobre as vendas (ROS). Para as empresas adotantes do sistema que tinham os dados necessários para realizar testes estatísticos, nossos resultados indicaram que a média e a mediana do desempenho excedente no período analisado foram negativas tanto para o ROA quanto para o ROS. Entretanto, a significância estatística destas constatações foi marginal, implicando uma fraca evidência de que o mau desempenho (medido em termos de aumento de custos ou queda das margens de lucro) pode ser um fator relevante na decisão de adotar o BSC.

Analisamos também o desempenho após a implementação de um BSC. Medimos e testamos o desempenho financeiro excedente das adotantes até três anos depois que o BSC foi implementado. Nossos testes preliminares de um subconjunto da amostra global não revelaram nenhuma melhoria significativa de desempenho no ROS ou no ROA após a implementação. Entretanto, desde que uma série de empresas adotantes iniciou a implementação depois de 2003, havia dados insuficientes para se chegar a qualquer conclusão sobre a empresa no que diz respeito ao desempenho pós-implementação. Deixamos esta questão importante para pesquisas futuras.

GERENCIAMENTO DO BSC — DA ADOÇÃO À IMPLEMENTAÇÃO

Acreditamos que a adoção do BSC continuará a crescer no futuro previsível, uma vez que os gerentes das organizações continuam a procurar ferramentas gerenciais que incentivem melhorias contínuas no desempenho organizacional interno e externo. O número de adeptos e a literatura acadêmica de BSC continuam a crescer, assim como a lista de empresas que declaradamente usam o BSC. Nossa pesquisa começou a tratar de uma deficiência importante no estudo dos sistemas de controle gerencial: o exame empírico das variáveis de contingência associadas à adoção do BSC. Com estudos concentrados em empresas canadenses, apresentamos uma evidência interessante acerca de quais fatores motivam as empresas a adotar o BSC e também apresentamos um perfil melhorado do tipo de organização que tem mais propensão a adotar o BSC. Conforme relatado, embora estivéssemos motivados pela necessidade de melhor compreensão sobre a adoção do BSC, acreditamos que não há um esforço de pesquisa suficiente concentrado nas questões de implementação e desempenho do sistema. Nossa análise da adoção e desempenho organizacional sugere a importância de se examinar mais profundamente sua implementação, uma vez que as empresas adotantes que integram a nossa amostra talvez careçam de uma implementação eficaz de seus respectivos BSC.

Os Elementos Fundamentais do Sucesso do *Balanced Scorecard*

By Sandy Richardson

Sandy Richardson é consultora em Administração da Strategy Focused Business Solutions Inc. Ela projetou e implantou recentemente um BSC na Canada Life. A seguir, ela apresenta sugestões fundamentadas em sua experiência na Canada Life e em outras organizações. Pode-se entrar em contato com ela pelo endereço de e-mail sandyrichardson_bsc@yahoo.ca.

As iniciativas de *Balanced Scorecard* têm um histórico confuso. Entretanto, quando se estudam as organizações que tiveram sucesso, notam-se diversos temas recorrentes. Eles fornecem seis lições para o sucesso de todos os adeptos do Balanced Scorecard.

ELEMENTO DE SUCESSO Nº 1

Entender que o *Balanced Scorecard* faz parte de um processo maior que se inicia com a estratégia.

A estrutura do *Balanced Scorecard* constitui um componente (fundamental) do processo integrado de gerenciamento do desempenho empresarial dentro da estratégia de negócios. Este processo é, de fato, um sistema no qual o *Balanced Scorecard* desempenha papel crucial para traduzir a estratégia de negócios em uma ação mensurável. Com isto em mente, as organizações de BSC bem-sucedidas definem uma sólida estratégia de negócios antes do desenvolvimento do BSC. Embora possa parecer evidente aos adeptos do sistema, existem muitas *war stories*[1] sobre organizações que se lançaram em iniciativas de medição sem primeiro despenderem tempo necessário com a estratégia. Geralmente, o resultado destas iniciativas é a subotimização, com resultados que podem apoiar ou não a execução da estratégia de negócios.

Quando procede da estratégia, o arcabouço do BSC constitui uma importante conexão entre o desempenho estratégico de negócios e o desempenho individual do funcionário. Além disso, o BSC ajuda a fechar o laço de *feedback* do sistema de gerenciamento do desempenho dos negócios ao prover um meio para monitorar e gerenciar ativamente o progresso rumo à realização da estratégia de negócios, explorar e entender mais profundamente as relações de causa e efeito dentro do negócio, e gerenciar/alterar dinamicamente a estratégia de negócios com base nos insights internos ou nos desvios no ambiente operacional externo.

Lição nº 1: Incorporar o BSC em um processo de gerenciamento de desempenho iniciado com a criação da estratégia de negócios ativa a formação do alinhamento estratégico desde o princípio.

ELEMENTO DE SUCESSO Nº 2

O envolvimento da alta administração é **crucial**!

O envolvimento visível e autêntico da alta administração é crucial para o sucesso de qualquer iniciativa de BSC. Ou seja, é preciso garantir a participação objetiva dos executivos no desenvolvimento, implementação e gerenciamento do *Balanced Scorecard*. O compromisso da alta administração é tão importante que as organizações de BSC bem-sucedidas tratam-no como um *show stopper*[2] – concentrando-se primeiro em resolver as questões de obtenção de apoio antes de prosseguir.

A conquista do apoio da alta administração é a preocupação mais freqüente enfrentada pelos adeptos do *Balanced Scorecard*. A maioria das empreitadas de BSC não se inicia com o apoio dos executivos desde o princípio – muito freqüentemente, o impulso para uma iniciativa de *Balanced Scorecard* se inicia na linha de frente. A chave para "vender" a idéia do BSC aos executivos é assumir uma abordagem individual. Ou seja, procure primeiro uma *burning platform*[3] ou oportunidades de melhoria do negócio-chave que possam ser encaminhadas para a aplicação bem-sucedida de uma abordagem de gestão do desempenho dos negócios, como o *Balanced Scorecard*. Depois, conclua sua pesquisa sobre o BSC (nota: existem informações que podem ajudá-lo a apoiar sua situação) e construa um *case* de negócios com o *Balanced Scorecard* que demonstre claramente os benefícios necessários para resolver a questão crítica de negócios de sua organização. Insista nele até que os executivos de sua organização o entendam.

Lição nº 2: A falta de apoio da alta administração pode destruir sua iniciativa de *Balanced Scorecard*. Desse modo, não prossiga em sua empreitada sem o seu suporte.

ELEMENTO DE SUCESSO Nº 3

Inicie com uma visão clara de seu *Balanced Scorecard*.

Uma visão ou filosofia de *Balanced Scorecard* é simplesmente uma declaração clara que descreva como será o seu BSC, como funcionará, como será construído e como a organização o utilizará. Quando criada logo no início do processo de desenvolvimento do seu *Balanced Scorecard*, sua visão constitui uma qualidade valiosa antes de prosseguir, fornecendo o foco e facilitando a obtenção de um rápido consenso quando decisões cruciais sobre o BSC são necessárias.

Lição nº 3: Estabeleça sua visão do BSC cedo e use-a para o roteiro da gestão do desempenho de seu negócio.

---

1. **War story:** Literalmente, "história de guerra", algo pessoal ocorrido durante uma batalha. (Figurativamente, a expressão se refere a uma situação perigosa ou a um desafio enfrentado.)
2. **Show Stopper:** Barreira legal para impedir que uma tentativa de tomada agressiva do controle acionário seja bem-sucedida. Por exemplo, a empresa-alvo pode assumir uma "política de terra arrasada" (p. ex., endividamento crescente), o que a torna pouco atraente ao pleiteante.
3. **Burning platform:** Crise natural ou engendrada que obriga à mudança. [A origem da expressão: um homem que trabalhava em uma plataforma petrolífera no Mar do Norte foi acordado certa noite por uma grande explosão. Em meio ao caos, conseguiu chegar à borda da plataforma em chamas e decidiu saltar no mar gelado, cheio de destroços e a 45m de altura. Quando lhe perguntaram como teve coragem de fazê-lo, respondeu: "Melhor a morte provável do que a morte certa".]

ELEMENTO DE SUCESSO Nº 4

Maximize a utilização do *Balanced Scorecard* aplicando-o plenamente em todos os níveis da organização.

Organizações que utilizam o sistema de maneira bem-sucedida tornam seus *Balanced Scorecards* amplamente disponíveis a fim de que todos possam tornar a estratégia a sua função. Disponibilizar o *Balanced Scorecard* em toda a organização ajuda a desenvolver a consciência estratégica entre os funcionários. Isto é importante porque a implementação bem-sucedida da estratégia exige a ativa contribuição de todo funcionário ao tomar decisões em seu dia-a-dia de trabalho, as quais podem contribuir ou afastar-se da estratégia de negócios. Muitos dirigentes de empresas manifestam preocupação em compartilhar tão amplamente suas estratégias de negócios com toda a organização. As preocupações incluem a exposição de informações estratégicas críticas a competidores. Embora sejam preocupações válidas, as organizações de BSC bem-sucedidas sabem que os benefícios de uma filosofia de ampla exposição e de construção de níveis de satisfação e fidelidade dos funcionários superam o risco de vazamentos sérios de informação.

Lição nº 4: Implemente o BSC em todos os níveis da organização para maximizar o alinhamento e a execução organizacionais.

ELEMENTO DE SUCESSO Nº 5

Comunicar, comunicar e comunicar!

Para apoiar a implementação do BSC e seu uso contínuo, as organizações de BSC bem-sucedidas enxergam a comunicação e a aplicação da estratégia de negócios e do *Balanced Scorecard* como uma importante campanha de marketing interno. Em conseqüência, poucas destas organizações usam um único modo de comunicação com a força de trabalho. Na verdade, usam praticamente todo método de comunicação disponível, desde métodos de comunicação geral (por exemplo, grandes reuniões grupais e distribuição maciça de e-mails) até aqueles muito personalizados, com mensagens customizadas (por exemplo, discussões diretas e pessoais) para garantir o sucesso da comunicação.

Lição nº 5: Certifique-se de planejar e fazer o orçamento das atividades de comunicação de BSC, porque a experiência mostra que estas atividades são críticas e precisam ser realizadas, e elas não serão executadas sem um sólido planejamento e financiamento exclusivo.

ELEMENTO DE SUCESSO Nº 6

Amplie o BSC e transforme-o na "maneira de trabalharmos".

As organizações de BSC bem-sucedidas aprofundam o alinhamento ao espelhar suas estruturas e categorias de *Balanced Scorecard* no maior número possível de atividades empresariais: programas de recompensa e reconhecimento, formatos de planos de metas estratégicos e praticamente qualquer coisa que possam imaginar! Elas maximizam o alinhamento com o *Balanced Scorecard* até que ele se torne uma parte tão integrante dos negócios que seja automaticamente incorporado a todo trabalho diário.

Lição nº 6: Melhore o seu sistema integrado de gestão de desempenho dos negócios até que o BSC deixe de ser apenas uma estrutura de medição e passe a ser uma estrutura pela qual opera.

Uma série de guias relacionados à formulação e à implementação do BSC são apresentados na literatura profissional. Entre as recomendações para a efetiva formulação e implementação do BSC incluem-se:

- Obter o envolvimento da alta administração.
- Articular a visão e a estratégia de negócios da empresa.
- Identificar as categorias de desempenho que ligam a visão e a estratégia aos resultados.
- Transmitir o *scorecard* à equipe, à divisão e aos níveis funcionais.
- Desenvolver medidas eficazes e padrões significativos (tanto de curto como de longo prazos, de liderança e de retardo).
- Dispor o orçamento apropriado, a tecnologia de informação (IT), a comunicação e sistemas de recompensa.
- Visualizar o BSC como um processo contínuo que exige manutenção, reavaliação e atualização.
- Acreditar no BSC como um facilitador da mudança organizacional e cultural.

Algumas destas recomendações se baseiam em observações incidentais desenvolvidas durante a adoção e implementação do BSC em empresas específicas e individuais. Embora ainda haja pouca concordância sobre o que constitui a efetiva implementação do BSC, admite-se que nem todas as ferramentas de BSC são criadas de maneira similar. Nossos contínuos esforços de pesquisa se concentrarão no uso do BSC após a decisão de se adotar esse sistema, desenvolvendo um entendimento mais rigoroso das questões de sua formulação e implementação.

Leitura 5

Expansão do Pensamento Estratégico

Stan Abraham
California Polytechnic, Pomona

Por que o pensamento estratégico é uma parte tão importante do trabalho de todo gerente? Uma empresa não necessitaria de uma estratégia se não tivesse de competir — poderia fazê-lo simplesmente com um plano. Mas estratégia implica competir e superar os concorrentes. Depreende-se que o pensamento estratégico é o processo de encontrar maneiras alternativas de competir e oferecer valor ao cliente. Desse modo, pode-se definir pensamento estratégico como o ato de identificar estratégias alternativas ou modelos de negócios viáveis que proporcionem valor ao cliente.

É impossível formular uma estratégia, muito menos uma estratégia "melhor" ou preferível, sem envolver-se com o pensamento estratégico. A busca por estratégias alternativas apropriadas, freqüentemente realizada como parte de um processo de planejamento estratégico é, na realidade, o pensamento estratégico em ação. Encontrar a estratégia "certa" para uma empresa, que possa aumentar o valor para os interessados, torná-la um competidor mais forte ou encontrar um cenário competitivo em que ela predomine é algo feito pelo pensamento estratégico.

Para expandir o *pensamento* da empresa acerca de maneiras diferentes e melhores de competir, proporcionar valor ao cliente e crescer, a alta administração pode explorar cinco abordagens:

- Ser diferente de maneira bem-sucedida.
- Estimular empreendedores.
- Encontrar novas oportunidades.
- Ser orientada para o futuro.
- Ser cooperativa.

COMO SER DIFERENTE DE MANEIRA BEM-SUCEDIDA

Estratégia trata-se de ser diferente dos seus concorrentes — encontrar o seu jeito de participar da corrida e vencê-la. Parafraseando Michael Porter: embora tornar-se melhor naquilo que faz seja desejável, isto não lhe trará benefícios de longo prazo se for algo que outros concorrentes também podem fazer[1].

Reimpresso de "Stretching Strategic Thinking", Stan Abraham, *Strategy & Leadership* 33, n.5 (2005), p. 5-12. © Emerald Group Publishing Limited. Usado com permissão.

A partir do momento em que é relativamente simples que outros o imitem ou alcancem, é porque você não tem uma vantagem competitiva sustentável; portanto, não preparou uma boa estratégia. Considere a concentração, uma estratégia legítima, em que a empresa continua a aperfeiçoar seu produto e expandir seu mercado. Se outros concorrentes estiverem seguindo o mesmo caminho para obter lucros e todos estiverem fazendo o mesmo "jogo" — ou seja, se tiverem *modelos de negócio* similares — uma empresa poderá, no máximo, obter vantagem limitada ou temporária (com um novo produto ou publicidade mais eficaz). Porter insiste em que isso não é uma *estratégia*[2]. A exceção seria se a empresa conseguisse diferenciar-se de maneira bem-sucedida, de forma tal que fosse difícil para os concorrentes imitá-la. Diferenciar-se é jogar um jogo *diferente* ou de jogar o mesmo jogo diferentemente, de uma maneira que, esperançosamente, somente a sua empresa possa vencer.

Um dos desafios do pensamento estratégico é encontrar uma maneira diferente de fazer aquilo que a organização já faz ou adotar um modelo de negócio diferente do praticado por seus concorrentes.

Carmike. Na década de 1980, a Carmike Cinemas era a quinta maior rede de cinemas nos Estados Unidos e dominava a região sudeste do país. Ela cresceu adquirindo redes de cinema falidas a preços inferiores aos de mercado, remodelando-as a baixos custos e gerenciando-as pelo rígido controle de custos. Por que a Carmike obteve sucesso e, por fim, tornou-se a líder do mercado? Muitas outras grandes redes tinham um *modelo de ngócios* similar — crescer pelas aquisições e remodelar cinemas de uma única tela para transformá-los em complexos com múltiplas salas de exibição. Como a Carmike se diferenciou? Ela optou por localizar-se em pequenas cidades e vilas, não em regiões urbanas. Ela encontrou um nicho. Ao fazê-lo, freqüentemente era a única sala de cinema da cidade (sem concorrentes) e desenvolveu uma clientela de cinéfilos leais. No entanto, à medida que cresceu, adquiriu o poder de compra de uma grande rede de cinemas, garantindo que suas salas pudessem se dar ao luxo de exibir filmes recém-lançados.

Trader Joe's. Um dos melhores exemplos de diferenciação é a rede de supermercados sofisticados Trader Joe's. Ela se desenvolveu a partir de dezenas de lojas de conveniência do sul da Califórnia, chegando a 174 lojas nos Estados Unidos e $2,4 bilhões em receitas em 2001. O fundador, Joe Coulombe, logo reconheceu que não podia competir como loja de conveniência contra grandes redes, como a 7-Eleven, ou como supermercado contra gigantes como o Safeway. Ele sabia que tinha de ser diferente; desse modo, transformou o seu prazer em viajar para a França e saborear comida e vinho franceses em viagens de compra às suas lojas. Hoje, a Trader Joe's se diferencia de cinco maneiras: produtos seletivos com rápida rotatividade; produtos *private label* (a marca é do revendedor e não do fabricante) exclusivos que têm boa vendagem porque a marca é confiável; clima intimista das lojas, onde a experiência de comprar transforma-se em uma experiência social; atenção àquilo que o cliente quer e gosta e oferta de um valor extraordinário[3]. Em essência, a Trader Joe's joga seu próprio jogo de acordo com suas próprias regras, e está vencendo. Seu *modelo de negócios* é inimitável. Sua marca se destaca por algo sólido e exclusivo — e tem a confiança de seus clientes. Realmente, ela tem clientes leais, algo que poucas outras lojas de supermercado têm. Por fim, a Trader Joe's escolhe os produtos que estoca e vende, ao passo que os supermercados comuns estocam produtos de marca de outros fabricantes que têm poder de barganha sobre eles. Eis também por que ela é mais lucrativa.

Então, um dos desafios do pensamento estratégico é encontrar uma maneira diferente de fazer aquilo que a organização já faz e adotar um modelo de negócios diferente de seus concorrentes. A diferenciação assume muitas formas como, por exemplo, ser melhor ou diferente dos concorrentes de uma maneira que seja valorizada pelos clientes: maior qualidade, mais recursos, melhor desempenho, melhor confiabilidade, mais fácil de usar, mais forte, menor, mais simples, com melhor aparência etc. Quando feita corretamente, a diferenciação pode melhorar a imagem de marca da empresa, criar clientes fiéis e ajudar a empresa a obter lucros acima da média da indústria.

IMITAR OS EMPREENDEDORES

O que há de tão especial nos empreendedores e em ser empreendedor? A diferença irrefutável entre eles e as outras pessoas é a capacidade que os primeiros têm de ver oportunidades em todo lugar para onde olham. Têm uma capacidade inata para vasculhar o mundo em busca de oportunidades e enxergar além do convencional.

O que significa ver oportunidades em todo lugar? Significa estar estrategicamente posicionado para notar que algo pode ser feito de um jeito melhor, mais rápido, diferente, conveniente, rápido, confiável ou _____ _____ (complete com suas próprias palavras). Os empreendedores estão em sintonia com a geração de valor e tentam constantemente encontrar maneiras de criar e entregar valor. Demora demais para ser feito? Tem de haver uma maneira mais rápida. Estraga em muito pouco tempo? Poderia ser produzido de maneira mais confiável. O problema é muito complexo? Talvez haja uma solução mais simples.

Em cada caso, o nível de insatisfação é visto pelo prisma do cliente, o que é uma distinção crucial. Na realidade, é uma *necessidade* do cliente que é identificada e a que o empreendedor tenta atender. Literalmente, ele "veste a camisa" do cliente", detectando onde está o valor e se organizando, então, para entregá-lo.

Os estrategistas, dirigentes organizacionais e o pessoal de marketing devem aprender a encarar o mundo com uma visão empreendedora. O pensamento estratégico preocupa-se não somente em como ser diferente, mas também em como identificar possibilidades alternativas e factíveis de gerar valor para o cliente.

Nas indústrias de alta-tecnologia, as empresas precisam estar permanentemente vigilantes às *upstarts* (que surgem de repente) que, mediante novos produtos ou melhor tecnologia, "derrubam-nas", ou seja, tomam sua fatia de mercado e derrubam-nas da posição de liderança. Nesses casos, as outras empresas encontraram a oportunidade antes de suas rivais.

A solução, oposta à intuição, é encontrar a oportunidade *antes de realmente precisar dela*. Embora as empresas subitamente atacadas ou "derrubadas" por outras — como a Digital Equipment Corp. pela Compaq, a IBM pela Oracle, ou todos os fabricantes de computadores pela Dell — fossem inovadoras e tivessem boas idéias, faltava-lhes um processo robusto e reproduzível para criar e cultivar novos negócios de expansão[4]. A questão é que quando é necessário ser empreendedor e encontrar uma oportunidade adequada, é infinitamente mais fácil quando existe um processo para criar e cultivar novos negócios de expansão que já estão em andamento. Para que esse processo seja usado repetidamente, o responsável por ele deve ser um grupo dedicado que possa aplicar eficientemente o aprendizado adquirido.

ENCONTRAR NOVAS OPORTUNIDADES

Quando as empresas não estão se saindo bem, habitualmente tentam corrigir o problema gerado ao diminuir os custos e aumentar a receita usando seu modelo de negócios *existente*. Por alguma razão, seu raciocínio raramente se estende à análise de seu modelo de obtenção de receitas. Há uma maneira melhor de gerar receitas? E, em vez de identificar oportunidades somente uma vez por ano durante o processo de planejamento estratégico, por que não operar um *mecanismo de descoberta de oportunidades* o tempo todo? Por que não formalizá-lo e usá-lo para gerar idéias e propostas valiosas o tempo todo?

> *Os estrategistas, dirigentes organizacionais e o pessoal de marketing devem aprender a olhar para o mundo com uma visão empreendedora.*

Muitas empresas têm *comissões de desenvolvimento de novos produtos* pelas quais fazem a triagem de propostas de novos produtos. Essas comissões estimulam a apresentação de propostas promissoras solicitando informações detalhadas ou exigindo a apresentação de um protótipo, além de oferecer um suporte maior, quando necessário, em cada etapa de desenvolvimento. Esse tipo de suporte inclui: mais tempo livre do trabalho habitual para empenhar-se no novo projeto, ajudar a formar uma equipe multidisciplinar e prover financiamento para a construção de protótipos ou para realizar pesquisa de mercado. Infelizmente, em muitas empresas, as perspectivas de um crescimento significativo com base no desenvolvimento de novos produtos não são encorajadoras.

Por que não pedir sugestões aos clientes e tornar a aprendizagem adquirida com tal prática uma parte da cultura da empresa? Muito poucas empresas fazem isso. Por que não estimular a participação de todos da empresa em vez de apenas a dos engenheiros? E por que não ampliar as sugestões para que elas envolvam todo tipo de melhoria ou inovação, em vez de voltar-se apenas a idéias de novos produtos? Dessa maneira, o foco permanente da empresa seria o reconhecimento das oportunidades, e seu modelo de obtenção de receitas se renovaria continuamente.

As seis questões seguintes de busca de oportunidades servem para acionar um processo de *brainstorming* voltado ao cliente:

- Que outro tipo de cliente poderia beneficiar-se de nosso produto, mesmo utilizando-o de maneira diferente?
- Que outros produtos ou serviços complementares poderíamos produzir para os mesmos clientes?
- Que outros produtos poderíamos produzir, para quaisquer clientes, que usem as habilidades, técnicas, tecnologias e o nosso *know-how*?
- Há uma maneira de reinventar nosso modelo de negócio que propicie uma margem competitiva?
- Quais necessidades não-atendidas as pessoas ou as empresas têm e a que poderíamos atender, mesmo que isto signifique adquirir o *know-how* e perícia necessários?
- Quais são as indústrias com mais rápido crescimento, atual ou esperado, nas quais poderíamos entrar?

SER ORIENTADO PARA O FUTURO

Os métodos de olhar ou de analisar o futuro são chamados de *pesquisa de futuros*. Um método útil é o *planejamento de cenários*. Ele requer a facilitação, o envolvimento e a educação de muitas pessoas e um intervalo de tempo que varia de semanas a meses[5]. Contudo, apesar do envolvimento, as empresas que dele fazem uso beneficiam-se do processo educacional e da aprendizagem compartilhada resultantes e dos cenários de futuros alternativos que auxiliam os gerentes a aprimorar, dirigir ou modificar seu pensamento. O especialista em cenários, Liam Fahey, sugere os seguintes princípios de aprendizagem sobre cenários:

- Os cenários são somente um meio para se atingir um fim. Eles têm valor somente à medida que informam o tomador de decisões e influenciam seu papel. Os cenários precisam ser relevantes para as questões-chave enfrentadas pela empresa e para as decisões que os líderes corporativos precisam contemplar e tomar.
- Os cenários somente adicionam valor à tomada de decisões quando os gerentes e outras pessoas os usam

para modelar sistematicamente as questões a respeito do presente e do futuro e para orientar a maneira como serão respondidas.

- Em cada etapa do desenvolvimento de cenários, a ênfase deve ser em identificar, desafiar e aprimorar a essência da mentalidade e o conhecimento dos gerentes — aquilo que existe entre suas orelhas — e não em refinar e aperfeiçoar o conteúdo do cenário.
- As projeções alternativas acerca de determinado futuro devem desafiar os modelos mentais atuais dos gerentes ao criar tensão acerca de idéias, hipóteses, perspectivas e pressupostos.
- O diálogo e a discussão motivados pela consideração de futuros alternativos afeta diretamente o conhecimento tácito dos gerentes.
- Os cenários não são um evento ocasional. Eles geram indicadores que permitem aos gerentes acompanhar como o futuro evoluirá. Desse modo, a aprendizagem induzida pelos cenários é infinita[6].

Os cenários podem ser usados de maneiras que vão além da criação de um contexto para a tomada de decisões como, por exemplo, ajudar a escolher entre estratégias alternativas. Mas o valor do método de cenários reside em sua capacidade de ampliar o pensamento dos participantes, contestar pressupostos há muito existentes, atualizar modelos mentais, constituir veículos de aprendizagem valiosos e entendimento compartilhado e, freqüentemente, embasar a tomada de decisões estratégicas.

SER OU NÃO SER COOPERATIVO: ALIANÇAS ESTRATÉGIAS, AQUISIÇÕES E FUSÕES

A complexidade da mudança e o imperativo de competir mais eficiente ou diferentemente têm levado uma série de empresas a considerar outras oportunidades e maneiras de crescer e competir, em diferentes níveis de cooperação, até mesmo com concorrentes. Essas oportunidades variam de minimamente cooperativas e não integrativas à aquisição (integração total) de outra empresa. O *continuum* e as etapas principais são apresentados na Figura 1.

O espectro inclui várias alianças estratégicas, *joint-ventures* (uma aliança estratégica altamente comprometida), fusões e aquisições.

Figura 1 **O Consórcio de Alianças Estratégicas**

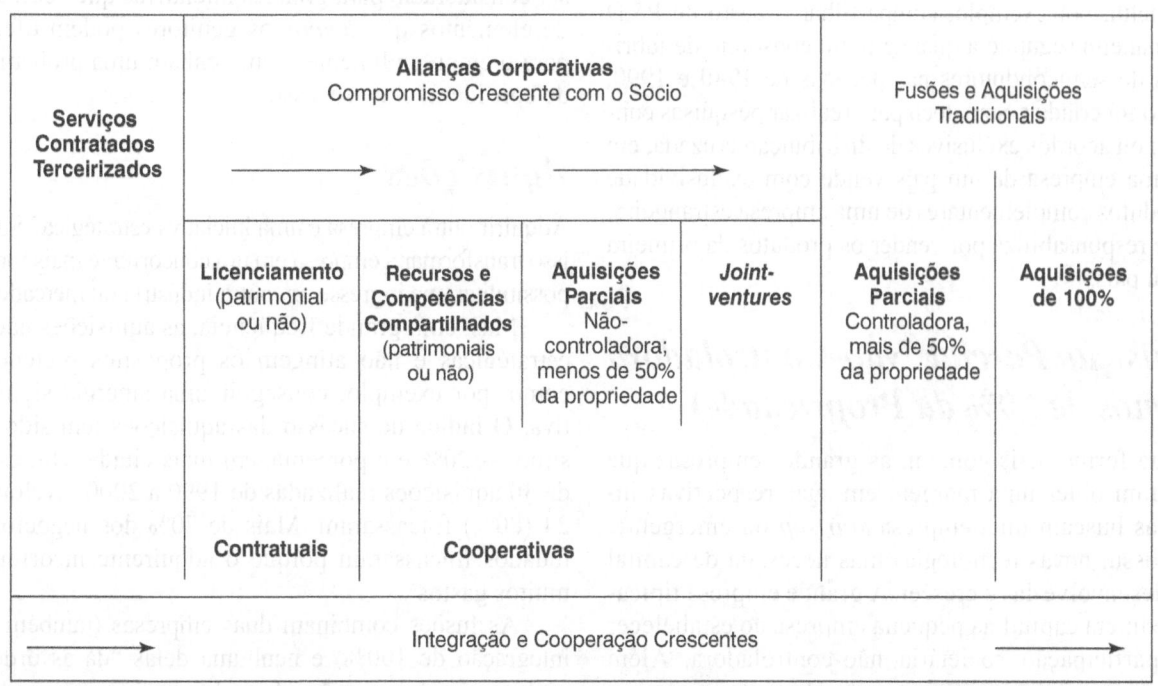

Serviços Contratados Terceirizados	Alianças Corporativas — Compromisso Crescente com o Sócio				Fusões e Aquisições Tradicionais	
	Licenciamento (patrimonial ou não)	Recursos e Competências Compartilhados (patrimoniais ou não)	Aquisições Parciais Não-controladora; menos de 50% da propriedade	Joint-ventures	Aquisições Parciais Controladora, mais de 50% da propriedade	Aquisições de 100%
	Contratuais	Cooperativas				
Integração e Cooperação Crescentes →						

Fonte: Peter Pekár Jr., "The Value of Strategic Alliances", apresentação na primeira conferência anual da Association for Strategic Planning, *New Strategies for a Rapidly Changing Worlds*, 2001.

Embora as várias formas de aliança e aquisições estratégicas não constituam o pensamento estratégico por si mesmas, elas quase sempre compõem o *resultado* do pensamento estratégico: propor alternativas que envolvam a formação de alianças estratégicas ou a aquisição de outra empresa. Por essa razão, uma breve discussão sobre elas possibilitará ao estrategista considerar tais alternativas enquanto estiver envolvido em pensamento estratégico.

Terceirização

As empresas podem terceirizar toda a sua produção e manufatura a outra empresa; sua pesquisa e desenvolvimento (P&D) a uma universidade ou empresa de P&D, sua função de marketing e vendas, sua função financeira, sua distribuição etc. Essas iniciativas têm benefícios estratégicos? Sim, se tornarem a empresa um competidor mais forte.

Licenciamento (Patrimonial ou Não)

Isto inclui licenciar o uso de tecnologia de outra empresa — ou licenciar sua própria ou o uso de uma marca registrada (logotipo) a outras empresas.

Recursos e Competências Compartilhados (Patrimoniais ou Não)

Isto inclui, por exemplo, compartilhar o custo de P&D — a maneira segundo a qual agiu um consórcio de fabricantes de semicondutores nas décadas de 1980 e 1990, quando foi criada a Sematech para realizar pesquisas conjuntas; ou acordos exclusivos de distribuição cruzada, em que uma empresa de um país vende com exclusividade os produtos complementares de uma empresa estrangeira, que se responsabiliza por vender os produtos da primeira em seu país.

Aquisição Parcial, Não-Controladora (Menos de 50% da Propriedade)

Em sua forma mais comum, as grandes empresas que procuram obter uma margem em suas respectivas indústrias buscam uma empresa *start-up* ou emergente, que possui novas tecnologias mas necessita de capital para desenvolvê-las e crescer. A grande empresa tipicamente injeta capital na pequena empresa ao estabelecer uma participação societária não-controladora. Além disso, o investimento permite que ela tenha representação na diretoria da pequena empresa e privilégios quanto à tecnologia ou inovação que está sendo desenvolvida. A grande empresa pode adquirir ou não uma participação controladora da pequena empresa por um investimento adicional.

Joint-ventures

Há uma classe especial de aliança estratégica com um grau elevado de compromisso, embora mantenha separadas as duas empresas que formam a aliança. O elevado grau de compromisso entra na formação de uma entidade corporativa separada (chamada, na literatura, de "dois genitores que dão à luz um filho") por um acordo complexo e abrangente entre os dois genitores. O acordo envolve a divisão da propriedade (50-50, 60-40 etc.), qual é a contribuição de cada genitor para o filho como, por exemplo, tecnologia e patentes, dinheiro, administração, distribuição, instalações e afins; o propósito e os objetivos do filho, a equipe administrativa para o filho, quanto tempo o acordo perdurará e sob quais termos cada uma das partes pode encerrar o acordo e a *joint-venture*, bem como outras considerações legais. Pesquisas têm demonstrado que as *joint-ventures* em que a equipe administrativa provém de um dos genitores — tipicamente o predominante — têm mais probabilidade de ser bem-sucedidas do que aquelas em que ambos os genitores fornecem gerentes, especialmente com *joint-ventures* internacionais em países desenvolvidos[7]. Uma vez que a formação de uma *joint-venture* é uma empreitada significativa, ela deve ser considerada para grandes iniciativas que necessitam de elementos que *ambos* os genitores podem oferecer para o empreendimento e que tenham uma probabilidade considerável de sucesso.

Aquisições

Adquirir outra empresa é uma iniciativa estratégica? Sim, se isso transformar a empresa em um concorrente mais forte ou possibilitar que ingresse em outra indústria ou mercado.

Mas, com grande freqüência, as aquisições não são estratégicas e não atingem os propósitos pretendidos como, por exemplo, conseguir uma sinergia significativa. O índice de sucesso das aquisições tem sido péssimo — 20% é a porcentagem mais citada. Um estudo de 30 aquisições realizadas de 1990 a 2000 revelou que 24 (80%) fracassaram. Mais de 70% dos negócios estudados fracassaram porque o adquirente incorreu em muitos gastos[8].

As fusões combinam duas empresas (também uma integração de 100%) e nenhuma delas "dá as ordens", como em uma aquisição. O quadro de diretores resultante é composto de representantes de ambas as diretorias; o presidente do Conselho habitualmente é de uma empresa, o CEO é da outra, cabendo os demais cargos ao pessoal mais qualificado de ambas as empresas.

As questões estratégicas para as quais uma aliança estratégica, aquisição ou fusão poderiam ser a solução — ou resultado do pensamento estratégico — incluem:

- Nós nos tornaremos um competidor mais forte?
- Enquadra-se em nossa estratégia existente?
- Melhorará a nossa situação?
- Dar-nos-á a margem competitiva ou a competência distintiva que nos falta?
- Qual é o risco e vale a pena assumi-lo?
- É um meio de adquirirmos uma inovação realmente avassaladora que possa sustentar a empresa no longo prazo e que não poderíamos desenvolver em nossa própria empresa?

COOPERAÇÃO COM OS CLIENTES

A internet foi responsável pelas profundas mudanças experimentadas pelas organizações em virtualmente todos os tipos de interação com os clientes na década de 1990. O poder dos consumidores está aumentando porque eles estão munidos de mais informação. Eles são capazes de fazer escolhas que se enquadram às suas necessidades e mais rapidamente. Em seu livro recente, *The Future of Competition*, C. K. Prahalad e Venkat Ramaswamy caracterizam os consumidores como alguém que passa do "isolado para o conectado, do desconhecedor para o informado, do passivo para o ativo"[9]. Estes consumidores estão desenvolvendo "comunidades temáticas de consumo" (conforme é evidenciado pelas resenhas de livros e listas de livros favoritos disponíveis a consumidores em potencial na Amazon.com), que experimentam (como ocorre com o MP3 e o compartilhamento de arquivos) e tornam-se política e socialmente ativos.

Quais são as maneiras de cooperar com os clientes? Considere o seguinte:

- *No cenário de P&D.* Aproximadamente 600 mil pessoas testaram a versão beta do Windows NT. Isto se traduz em um valor de $ 600 milhões em testes feitos pelos clientes — gratuitamente. Foram também os consumidores, em outro exemplo, que co-desenvolveram o PlayStation2 da Sony.
- *Nas operações.* A certa altura, o *call center* da FedEx ficou superlotado de consultas de acompanhamento de encomendas, resultando em clientes extremamente descontentes. Agora, seus clientes podem acompanhar a situação de suas entregas (*tracking*). O custo de seu call center caiu drasticamente e a satisfação dos clientes aumentou. Com efeito, ele tornou-se o parceiro de seus clientes no transporte de encomendas.

O desafio do pensamento estratégico é encontrar maneiras inovadoras de criar valor para os clientes, que é uma técnica para encontrar uma vantagem competitiva única.

- *Ao criar experiências.* Em vez de apenas fornecer marca-passos para pessoas com problemas cardíacos, a fabricante de equipamentos médicos Medtronic cria valor para o paciente com o marca-passo *e com a informação que ele registra*. O valor do marca-passo em si aumentou porque ele pode ser constantemente monitorado pelo médico do paciente ou, em uma emergência, seus dados podem ser compartilhados com um hospital e um especialista.
- *Ao adicionar valor à experiência de usar o produto.* Considere o OnStar, o avançado sistema de comunicações automotivas da General Motors que, mediante o pagamento de uma taxa, pode ajudar a fazer reservas, encontrar um lugar para comer, obter reportagens sobre o tempo, contatar serviços de emergência, transmitir mensagens à sua família e prover uma grande variedade de outros serviços. O OnStar permite à GM vender uma "experiência" diferenciada em vez de apenas um automóvel equipado com recursos[10].

Para serem bem-sucedidas na criação conjunta de valor, as empresas precisam focar em um novo conjunto de práticas, as quais Prahalad e Ramaswamy chamam de DART, ou seja, **D**iálogo em profundidade com os clientes, novos tipos de **A**cesso à informação, a liberdade para trocar informações para realizar avaliações do **R**isco e **T**ransparência para facilitar a interação. Quando combinadas de diferentes maneiras, as oportunidades de cooperação com os clientes são incrementadas. Considere:

- Acesso *e* transparência — por exemplo, para obter os tipos certos de informação confiável para a tomada de decisões de investimento em ações.
- Diálogo *e* avaliação do risco — por exemplo, na crescente capacidade do público de influenciar a política tabagista.
- Acesso *e* diálogo — por exemplo, a New Line Cinema alcançar mais de 400 sites não-oficiais de fãs na internet para saber quais eram suas opiniões sobre detalhes da trilogia cinematográfica *O Senhor dos Anéis*.
- Transparência *e* avaliação do risco — por exemplo, as fábricas de automóveis e pneus revelarem informações ao público sobre os riscos associados ao

projeto do veículo, pressão dos pneus e condições de direção[11].

O desafio do pensamento estratégico é encontrar maneiras inovadoras de criar valor para os clientes, que é uma técnica para encontrar uma vantagem competitiva única.

O PENSAMENTO ESTRATÉGICO JAMAIS SE INTERROMPE

A tarefa de procurar e propor melhores maneiras de oferecer valor ao cliente e competir — a tarefa do pensamento estratégico — é interminável. Há maneiras de a empresa diferenciar-se (ou a seus produtos) e obter uma vantagem competitiva? Ela é capaz de criar jogo e regras próprios e vencer?

- Ao "vestir a camisa do cliente" — como fazem os empreendedores — há produtos ou serviços atualmente oferecidos passíveis de melhoria? Quais são as insatisfações dos clientes? E a empresa poderia encontrar a solução?
- A busca de oportunidades praticada pela empresa é feita de modo suficientemente amplo? Ela examina todas as combinações de necessidades dos clientes, capacidades atuais e avanços tecnológicos? Há oportunidades em outras indústrias em crescimento? Ela pode reinventar seu *business model*? A empresa investe em P&D e experimenta agora aquilo que, com o tempo, tornar-se-á um dos seus negócios centrais?
- Quais são as providências que a empresa está tomando para lidar com a incerteza futura? Ela mapeou uma série de futuros prováveis? Ela supõe que determinado futuro ocorrerá, mas tem planos de contingência para o caso de as coisas saírem de modo diferente? A empresa depende de "seja qual for" o futuro ou está tentando "definir e projetar" seu próprio futuro? Há um futuro preferível que ela gostaria de realizar?
- A empresa tem buscado beneficiar-se de oportunidades que somente se tornam viáveis pela formação de uma aliança estratégica ou fusão — ou aquisição — com outra empresa? Há maneiras pelas quais ela poderá criar valor para seus clientes?[12]

Se a empresa tem uma pessoa, um grupo ou a coletividade desenvolvendo pensamento estratégico, o importante é que isto seja feito de maneira contínua e que as oportunidades, estratégias alternativas ou modelo de negócios diferentes sejam periodicamente compartilhados com outras pessoas-chave da empresa. Somente desse modo é que a empresa estará em posição para colocar em prática as ações apropriadas e poderá, então, colher os enormes benefícios do pensamento estratégico[14].

NOTAS

1. Michael Porter, "What Is Strategy?", *Harvard Business Review* 74 (novembro-dezembro de 1996), p. 61-78.
2. Ibid.
3. Stan Abraham, "Talking Strategy: Dan Bane, CEO of Trader Joe's", *Strategy & Leadership* 30 n° 6 (2002), p. 30-32.
4. Clayton M. Christensen, Mark W. Johnson e Darrell K. Rigby, "Foundations for Growth: How to Identify and Build Disruptive New Businesses", *MIT Sloan Management Review* 43 (2002), p. 30.
5. Peter Schwartz, *The Art of the Long View: Planning for the Future in na Uncertain World*, ed. Ver. (New York: Currency Doubleday, 1996), p. 241-248.
6. Liam Fahey, "How Corporation Learn from Scenarios", *Strategy & Leadership* 31, n° 2 (2003), p. 9. Veja também estes outros excelentes artigos sobre cenários na mesma edição de *Strategy & Leadership*, Stephen M. Millett, "The Future of Scenários: Challenges and Opportunities", p. 16-24; David Mason, "Tailoring Scenario Planning to the Company Culture", p. 25-28; e Betty S. Flowers, "The Art and Strategy of Scenario Writing", p. 29-33.
7. J. Peter Killing, *Strategies for Joint Venture Success*, (Praeger Publications, 1983), p. 124.
8. Carol Ackatcherian, "Mergers and Acquisitions: Why Do They Fail?", Unpublished MBA Project Final Report, Cal Poly Pomona, maio de 2001, p. 34.
9. C. K. Prahalad e Venkad Ramaswamy, *The Future of Competition: Co-Creating Unique Value with Customers*, (New York: HBS, 2004), p. 2-5.
10. C. K. Prahalad, Discurso programático na Terceira Conferência Anual da Association for Strategic Planning em 14 de outrubro de 2003, in Stan Abraham, "Conference Report — Cocreating Unique Value with Customers: C.K. Prahalad Introduces a Novel Approach to Competitive Advantage", *Strategy & Leadership* 32, n° 3 (2004), p. 41-45.
11. Ibid.
12. Embora estas questões resumam as diferentes maneiras pelas quais uma empresa poderia levar a efeito o pensamento estratégico que discutimos neste artigo, não se deve presumir que a lista é conclusiva ou que não existam outras maneiras de realizar o pensamento estratégico.

Leitura 6

Uma Nova Ferramenta para Análise Estratégica: O Modelo de Oportunidade

Donald Morris
Eastern New México University

Poucas vezes fui capaz de ver uma oportunidade até que deixasse de sê-la.
— Mark Twain

Em seu recente livro sobre liderança e mudança, os autores afirmam que, para muitas empresas, "o maior obstáculo para um crescimento mais intenso é fazer que os colaboradores (incluindo os executivos do primeiro escalão) vislumbrem novas oportunidades" (Black e Gregersen, 2003, p. 114). O motivo disso torna-se claro se dedicamos algum tempo para uma melhor compreensão do que seja oportunidade. De modo idêntico a muitos termos empregados excessivamente, a falta de precisão envolve sua aplicação. Considere o seguinte exemplo: "A demanda por serviços de telecomunicação, quando combinada com desregulamentação, foi vista como uma enorme oportunidade para as novas empresas entrarem no setor de serviços de telecoms e concorrer com as empresas existentes para captar as receitas do setor" (Hill e Jones, 2004, p. 37). No entanto, "a demanda crescente por serviços de telecomunicação" não é uma oportunidade, mas um catalisador desempenhando a função de uma parteira no nascimento de uma oportunidade; porém, a parteira não é a oportunidade. Trata-se de uma mudança no ambiente empresarial que exige uma reavaliação das metas, estratégias e opções da empresa para atingir tais metas. Designando-a como oportunidade, de acordo com o modelo apresentado neste artigo, significa que é a solução de um problema; entretanto, demanda e desregulamentação não são soluções específicas para os problemas de uma organização. Podem ser consideradas soluções para um macroproblema na economia, porém as oportunidades, conforme mostrarei, são específicas para a empresa.

Muitas vezes, as ameaças a uma empresa também são denominadas oportunidades, do mesmo modo que os retrocessos e as catástrofes, mas estes constituem problemas e não oportunidades. Uma oportunidade é a solução favorável de um problema, não o problema em si. Mesmo as opções sob consideração para resolver um problema são designadas freqüentemente oportunidades — conduzindo à busca da melhor "oportunidade" entre as "oportunidades". Não é de admirar que os colaboradores, incluindo os executivos seniores, possuam dificuldade para reconhecer novas oportunidades — não existe um consenso sobre o objetivo da procura. Para atingir essa finalidade, os elementos que constituem uma oportunidade precisam ser explícitos, pois assim sabemos pelo menos o que estamos buscando.

Apresento neste estudo um modelo para compreender quando uma circunstância constitui uma oportunidade. O modelo descreve seus elementos e analisa o aspecto único da oportunidade como uma vantagem almejada nos negócios. Para ilustrar a eficácia desse modelo, vou aplicá-lo conforme descrito na análise SWOT (pontos fortes, pontos fracos, oportunidades e ameaças). Mostrarei que a confusão para se reconhecer a oportunidade também pode dificultar a aplicação dessa ferramenta estratégica.

Quando as pessoas mencionam oportunidades elas podem se referir a uma entre três idéias relacionadas, sem distinguir: possíveis opções para se resolver um problema, decisão com limitação de tempo a partir de opções vistas e avaliadas, ou a solução

---

Reproduzido de "A new tool for strategy analysis: the opportunity model", Donald Morris, *Journal of Business Strategy*, 26, n. 3 (2005), p. 50-56. Copyright Emerald Group Publishing Limited. Autorização concedida pelos editores.

realmente encontrada. Por exemplo, em 1986, tive a oportunidade de concorrer a um cargo público. Ouvindo essa declaração poderia supor-se razoavelmente que concorri de fato, porém ter uma oportunidade de concorrer a um cargo público e realmente concorrer são situações diferentes. Posso indicar somente que concorrer a um cargo era uma opção. Alternativamente, posso dizer que, por um certo período, avaliei minhas opções, e concorrer a um cargo público estava entre as escolhas consideradas. Ou posso ter realmente selecionado essa opção e concorrido.

> *Muitas vezes, as ameaças a uma empresa também são denominadas oportunidades, como são as derrotas e catástrofes, porém esses são problemas e não oportunidades.*

De modo análogo, quando uma empresa industrial se refere a seu estoque, pode estar se referindo a matérias-primas, bens em processo ou bens acabados. Todos são denominados estoque, mas existe uma grande diferença naquilo que denominamos estoque se nos referimos a matérias-primas em oposição a produtos acabados. No contexto de oportunidades, opções são matérias-primas. São selecionadas como soluções possíveis de um problema, mas ainda não são processadas por meio dos critérios de seleção que resultam em uma escolha final, o produto acabado ou a opção escolhida. Uma oportunidade, conforme citada aqui, é uma plataforma de decisões limitada pelo tempo a partir da qual as opções são avaliadas. O fato de nenhuma das opções ser escolhida não indica que existia uma oportunidade. Se eu tivesse escolhido não concorrer a um mandato eletivo, ainda seria verdadeiro que tive uma oportunidade.

Toda opção não é uma oportunidade, da mesma maneira que todo estoque não são produtos acabados. Oportunidade é uma confluência de circunstâncias conduzindo à escolha ou à rejeição de opções. No meu caso, concorrer a um cargo público foi uma opção considerada e avaliada durante o processo de oportunidade e também foi o produto final — realmente concorri embora não saísse vencedor. A oportunidade não é meramente uma escolha, mas uma categoria especial de escolha. Oportunidades são ocasiões valiosas para melhorar o desempenho organizacional para atingir suas metas. É uma situação proveitosa por abrir o caminho para outras oportunidades, porque uma condição aperfeiçoada contém as sementes de melhorias adicionais, mais opções e ocasiões futuras. Uma escolha que impeça uma empresa de almejar a concretização de suas metas ou conduza a um impasse não é uma oportunidade. Uma maneira de considerar esse último aspecto consiste em analisar as escolhas ou seus resultados que tendam a eliminar oportunidades futuras, como uma reputação por produtos de qualidade inferior, negociações desonestas ou quebra de confiança. Condições como essas restringem o campo de ação das opções e oportunidades futuras.

Existe algo valioso, porém efêmero na oportunidade: nela não há um obstáculo prejudicando ou impedindo uma ação ou escolha. "A empresa teve a oportunidade de associar-se a uma entidade de classe" ou "a diretora de marketing teve oportunidade de expressar sua opinião livremente na reunião" são exemplos que representam essa liberação da limitação.

O CONTEXTO E OS ELEMENTOS DA OPORTUNIDADE

O contexto é o seguinte:

- *Problema*. A condição fundamental da oportunidade é um problema, o desafio, a adversidade, uma insatisfação, um obstáculo ou uma ameaça. O problema pode ser crônico ou agudo, e é determinado pela organização e suas metas. Para limitar a discussão, focalizaremos os problemas que se originam na missão ou no plano estratégico da organização.

- *Escolha*. A oportunidade envolve uma escolha entre duas ou mais alternativas para solucionar um problema. As alternativas precisam ser soluções eficazes para o problema e não meros sonhos sem uma maneira conhecida para realizá-los. Não há oportunidade, se há somente uma opção.

- *Valor*. Oportunidades são ocasiões raras durante as quais buscamos melhorar a condição da organização, identificando uma solução vantajosa para o problema. Embora elas existam em todos os lugares, não são sempre visíveis e, uma vez não aproveitadas, estão perdidas.

- *Missão organizacional*. A missão ou o plano estratégico de uma organização ou uma alteração ou reconfiguração dessas metas estabelece os parâmetros da oportunidade.

Os elementos são os seguintes:

- *Limitação de tempo*. Uma organização, quando lhe é oferecida uma oportunidade, possui um tempo limitado para tomar uma decisão.

- *Sacrifício*. Aceitar a necessidade de sacrifício faz parte do reconhecimento da oportunidade. Se o custo é esforço adicional, desconsideração de outras metas, esgotamento de recursos (ativos ou tempo) ou consentimento com as restrições impostas às ações, estamos trocando o que temos por aquilo que desejamos. Os economistas se referem ao sacrifício como custo de oportunidade. Ao se buscar uma oportunidade existe uma troca, porém esperamos receber mais valor do que tivemos de abrir mão.

- *Risco*. Incorrer em risco é parte integrante da busca de oportunidade — algo sempre pode dar errado. Se estamos em busca de uma oportunidade, o fracasso pode ser uma possibilidade.
- *Catalisador*. Um catalisador não está sob nosso controle, porém é algo que nos motiva a ver um problema sob uma nova luz. Mudança, circunstância alterada, desconexões, deslocamento do ponto de apoio, anomalia, eventos não previstos ou incerteza que alterem como avaliamos os problemas e suas possíveis soluções podem criar oportunidades.
- *Possibilidade de arrependimento*. Agir com base naquilo que se acredita ser uma oportunidade, ou deixar de reconhecer ou de agir em face de uma oportunidade para levar ao arrependimento.

Essas características formam um modelo de oportunidade, são um conjunto de condições que determinam quando a ocasião é uma oportunidade.

APLICAÇÃO DO MODELO

No início de minha carreira como contador, trabalhei para uma empresa de auditoria que atuava nos setores de construção civil e de incorporação imobiliária. Um dia, um incorporador, que não era cliente, perguntou se poderíamos nos reunir para conversar sobre suas necessidades contábeis. Ficou claro na reunião que ele não desejava tornar-se um cliente de meu empregador, mas queria que eu formasse minha própria empresa tendo sua empresa como principal cliente. Inicialmente, disse-lhe "não" e expliquei os benefícios da empresa para a qual eu trabalhava; porém, ele permaneceu inflexível. Disse-me que conhecia outros incorporadores e empreiteiros que estavam insatisfeitos com suas atuais consultorias contábeis e provavelmente passariam a ser meus clientes, se administrasse minha própria empresa. Discuti o assunto com o sócio executivo da empresa para a qual eu trabalhava. Ele demonstrou ceticismo, pensando que talvez eu estivesse tentando atrair os clientes potenciais legítimos da empresa. Esforcei-me e empenhei-me para chegar a um acordo, porém nada deu certo. Finalmente, decidi que a situação representava uma oportunidade para mim e deixei meu emprego para iniciar minha própria empresa de contabilidade. Reuni-me com o incorporador e recebi dele numerosas indicações, consolidando uma empresa de contabilidade bem-sucedida. Também fui processado por meu antigo empregador.

OS ELEMENTOS DO MODELO

Os elementos do modelo são os seguintes:

- *Limitação de tempo*. Soube que a oferta do incorporador não duraria para sempre — entretanto, se continuasse negando, ele encontraria outra pessoa para realizar o trabalho.
- *Sacrifício*. Tive de abrir mão de um emprego seguro no qual gerenciava o departamento de impostos e era um sócio potencial. Eu tinha uma família, uma hipoteca e economias limitadas, se os resultados fossem ruins.
- *Risco*. Além dos riscos óbvios de que minha nova empresa tivesse menos sucesso do que esperava, havia assinado um acordo com meu empregador estipulando que, se me demitisse, não levaria junto os clientes da empresa. Estava em uma área de prejuízo potencial e um tribunal poderia decidir que rompi esse acordo, trabalhando para um cliente que conheci enquanto estava empregado em minha antiga empresa.
- *Catalisador*. O contato com o incorporador solicitando-me que passasse a ter minha própria empresa foi catalisador, pois não havia dedicado anteriormente a essa opção uma reflexão séria.
- *Arrependimento possível*. Sabia muito bem que um ou dois anos mais à frente, se meus planos não dessem bom resultado, poderia refletir novamente sobre minha decisão de sair de meu antigo emprego.

APLICAÇÃO DO MODELO À ANÁLISE SWOT — UMA CRÍTICA

Uma estratégia é um plano de ações visando a atingir uma ou mais metas organizacionais. "A tarefa de criação de uma estratégia é conseguir uma combinação, por um lado, entre as aptidões internas, as capacidades e os recursos da organização, e, por outro, todas as considerações externas relevantes" (Thompson e Strickland, 1986, p. 74). Uma meta institucional para uma empresa poderia ser aumentar sua receita a um ritmo moderado mas constante, ou diversificar sua base de clientes. A compilação das metas institucionais de uma organização e os meios para realizá-las formam um plano estratégico. A análise SWOT é uma ferramenta usada freqüentemente para desenvolver um plano estratégico. O foco central da análise SWOT consiste em reconhecer oportunidades e evitar ameaças, levando em conta ao mesmo tempo os pontos fortes e os pontos fracos de uma organização.

A empresa, ao se empenhar na identificação de oportunidades, analisa seus pontos fortes e fracos específicos em relação à concorrência ou a um ideal existente. O que ela pode fazer que seus concorrentes não conseguem; o que a concorrência pode fazer que a organização não consegue? Os pontos fortes de uma empresa podem incluir uma maior participação de mercado, recursos financeiros consideráveis, histórico de produtos inovadores ou uma reputação favorável entre seus clientes. Os pontos fracos podem incluir falta de aptidão gerencial, rede de distribuição inadequada, ser ultrapassado em pesquisa e desenvolvimento ou instalações obsoletas. Ameaças são condições fora do controle direto que representam um obstáculo para as metas de longo prazo. "Ameaças surgem, quando as condições no ambiente externo põem em risco a integridade e a lucratividade dos negócios da empresa" (Hill e Jones, 2004, p. 37). Uma ameaça poderia ser a venda crescente de produtos substitutos, produtos estrangeiros mais econômicos introduzidos no mercado ou a incapacidade para aumentar preços a fim de cobrir custos.

De modo análogo às ameaças, as oportunidades em uma análise SWOT são externas à empresa. "O objetivo [na análise SWOT] consiste em selecionar as estratégias que assegurem o melhor alinhamento, ou adequação, entre oportunidades e ameaças do ambiente externo e forças e fraquezas internas da organização" (Hill e Jones, 1989, p. 12; Thompson e Strickland, 1992, p. 89). Porém, as oportunidades, conforme o modelo indica, são soluções para problemas, e restringir nosso pensamento àquilo que é externo ou interno a uma organização é limitante. Assim, é fácil constatar por que as pessoas ficam confusas ao buscar oportunidades e permanecem à margem, focalizando opções e catalisadores.

Catalisadores são mudanças externas que nos levam a reconhecer novas opções, reavaliar as antigas ou reexaminar aquelas previamente abandonadas. Acreditar que os catalisadores são oportunidades é o que leva a análise SWOT a supor que essas também são externas. A internet constitui um exemplo dessa confusão. É um catalisador, não uma oportunidade. Quando as empresas começaram a reconhecer o potencial da internet, foi natural, aplicando a análise SWOT tradicional, considerá-la uma oportunidade. No entanto, este modo de pensar turva as idéias, por impedir uma análise mais precisa quanto ao uso da internet para solucionar os problemas de uma empresa. Referir-se a uma oportunidade como um catalisador dá a impressão de que descobrimos a solução para um problema.

A internet é uma mudança importante no ambiente de negócios e essa inovação, vista como um catalisador, deve impulsionar a busca de novas opções ou a reavaliação das antigas. "Oportunidades surgem, quando uma empresa pode aproveitar as condições em seu ambiente para formular e implementar estratégias que lhe permitem tornar-se mais lucrativa" (Hill e Jones, 2004, p. 37). A internet apresenta novas opções de marketing, comunicação, vendas, propaganda, compras e entrega, e essas podem ser soluções para os problemas de algumas empresas, porém, não de todas. Uma análise SWOT que inclua a internet como uma oportunidade simplesmente levanta as perguntas: Como podemos usar a internet para resolver os problemas específicos de nossa empresa? Quais novas opções ela cria? Que opções antigas deveríamos reexaminar?

CONFUSÃO ENTRE CATALISADORES E OPORTUNIDADES

Confundir catalisadores com oportunidades é muito comum. Peter Drucker, por exemplo, analisou o que ele denomina oportunidade inovadora. "A inovação intencional e sistemática inicia-se com a análise das oportunidades. Principia pensando em... fontes de oportunidade inovadora", como sucessos e fracassos inesperados, incongruências, mudanças nas estruturas do setor e do mercado, alterações demográficas, mudanças de significado e percepção e novos conhecimentos (Drucker, 1993). Outras pessoas identificam oportunidades a condições negativas como fracasso, desapontamento ou cataclisma.

Em termos do modelo de oportunidade, essas não são oportunidades, mas catalisadores, acionando mecanismos no ambiente representado pela mudança. Eles incluem conflito, novas circunstâncias, desconexão, deslocamento do ponto de apoio, anomalia, eventos imprevistos ou incertezas que alteram o modo como avaliamos as soluções possíveis de um problema. Designar catalisadores como oportunidades confunde as condições que nos levam a reavaliar nossas opções com as soluções do problema. Grande parte dessa confusão pode ser evitada identificando, no início e de modo claro, as opções, os catalisadores e as oportunidades.

CONFUSÃO ENTRE OPÇÕES E OPORTUNIDADES

Para uma empresa, as principais metas usualmente são expressas com base em uma determinada taxa de crescimento, participação de mercado crescente, porcentagem crescente do lucro bruto ou atendimento de um mercado em mudança. Se a meta consiste em aumentar sua receita, a empresa pode considerar algumas alternativas incluindo: penetração em novos mercados com os produtos existentes, ampliação de uma linha de produtos para atender a uma faixa maior de necessidades dos clientes ou diversificar os produtos relacionados. Embora a análise SWOT usual se refira a cada uma dessas como oportunidades, elas representam uma lista de opções não selecionadas de soluções possíveis para o problema considerado. Ao rever as soluções propostas para o problema — no processo de oportunidade — a empresa está determinando se alguma das opções constitui uma oportunidade e, depois, precisa aplicar o modelo de oportunidade. Existe uma limitação de tempo? Qual é o sacrifício exigido para fazer essa escolha em vez de outra? Quais são os riscos associados a cada opção que ameaçam o resultado? Existe um catalisador? E, finalmente, qual é o potencial de arrependimento?

O modelo de oportunidade projeta luz na questão "de o processo de formulação da estratégia ter de iniciar com uma identificação das oportunidades atraentes ou com a definição dos negócios e a fixação de objetivos" (Thompson e Strickland, 1986, p. 74-75). Em virtude de o modelo vislumbrar a oportunidade como originária de um problema, a idéia de simplesmente "procurar oportunidades" em um vazio faz pouco sentido. Alguém que aparenta identificar uma oportunidade, sem primeiro determinar em que negócio atua, encontrou a solução para um problema e determinou implicitamente que tipo de negócio forma o contexto do problema. Oportunidades são geradas por problemas; esses são necessários para dar origem àquelas e surgem de circunstâncias concretas dos negócios.

DESFAZENDO A CONFUSÃO EM TORNO DA SWOT

A análise SWOT usual emprega dois conjuntos de três "tipos de oportunidades". Em uma dimensão, as oportunidades são classificadas naquelas relacionadas a forças, fraquezas ou ameaças. Em outra dimensão, elas são classificadas naquelas que surgem em nível amplo do ambiente, do setor ou da empresa, incluindo seus grupos de interesse. As forças são características de uma empresa que lhe permitirão aproveitar as oportunidades reconhecidas. Fraquezas são características que prejudicam sua capacidade de aproveitar as oportunidades existentes. Ameaças são as condições externas que impedem a busca de oportunidades específicas. No entanto, este modo de encarar a análise SWOT causa dois problemas.

Primeiro, quando oportunidades são apresentadas em termos dos três elementos da análise SWOT, ficamos com um número excessivo de possibilidades. Temos oportunidades para usar as forças da empresa, oportunidades para superar as fraquezas e outras para neutralizar ameaças, e também aquelas que podem englobar dois ou todos os três elementos ao mesmo tempo (Harrison e St. John, 2002, p. 159-160). A análise usual afirma que, ao buscar uma oportunidade, procuramos uma solução que maximize as forças da organização, minimize suas fraquezas e evite possíveis ameaças. Em virtude de todos esses tipos poderem ser encontrados na "mesma oportunidade", eles não são tipos diferentes, mas considerações diferentes em nossa tentativa para identificar uma oportunidade. Em vez de se referir a uma oportunidade para aproveitar as forças da empresa, é mais proveitoso se referir a problemas solucionados da melhor maneira aproveitando as forças de uma empresa. De modo similar às fraquezas e ameaças, uma oportunidade é a junção de todos os elementos do modelo, resultando em uma solução para um problema que melhore a condição da empresa utilizando suas forças, minimizando suas fraquezas e evitando ameaças.

O segundo problema relacionado a esse modo de encarar a análise SWOT é sua circularidade. Como sabemos quais são as forças de uma empresa? Somos informados de que suas forças são aquilo que lhe permite aproveitar certas oportunidades. E como reconhecemos essas oportunidades? Refletindo sobre as forças da empresa, as quais lhe permitem aproveitar as oportunidades. É um processo de pensamento circular, fazendo que a agulha da bússola da organização gire sem se fixar em um ponto.

Oportunidades existem não em sentido absoluto, mas somente em relação a um problema específico, em determinada ocasião. Elas não são *commodities* genéricas. A determinação de que um conjunto de condições representa uma oportunidade somente pode ser feita examinando as forças da empresa naquela ocasião, e essas precisam ser identificáveis sem referência às oportunidades específicas que permitem ser exploradas pela empresa. O mesmo ocorre com as fraquezas e as ameaças. Cada uma pode ser definida circularmente em termos de oportunidade, porém, esta tentação precisa ser evitada para que uma análise SWOT seja eficaz.

Na segunda dimensão, as oportunidades são classificadas em três tipos com base na sua fonte. De acordo com este esquema, um tipo de oportunidade é uma resposta aos fatores ambientais mais abrangentes com que as empresas se defrontam, um outro, às condições específicas do setor e um terceiro, àquelas oportunidades que surgem na empresa e em seus grupos de interesse.

As fontes ambientais mais abrangentes são indicadas de diversas maneiras: o macroambiente, o ambiente geral (Harrison e St. John, 2002, p. 81-82) ou simplesmente oportunidades ambientais (Grant e King, 1982, p. 8). Esta categoria inclui fatores como taxas de inflação ou de juros, medidas governamentais como alteração de tarifas alfandegárias ou subsídios, e mudanças na tecnologia não limitadas ao setor da empresa (como a internet). "O macroambiente é formado por forças ambientais internas e globais como as tendências socioculturais, tecnológicas, políticas e econômicas" (Harrison e St. John, 2002, p. 5). Ao se aplicar o modelo de oportunidade, esses fatores são reconhecíveis como catalisadores de preferência a oportunidades. Que outros fatores alteram-se como resultado e que impacto exercerão em nosso setor e em nossa empresa? O reconhecimento de um catalisador externo deveria nos motivar a buscar novas opções e a reavaliar outras que se encontravam disponíveis numa ocasião anterior.

O nível do setor é a segunda categoria de fatores ambientais vista como geradora de oportunidades (Thompson e Strickland, 1992, p. 90). "Ao se considerar o papel da oportunidade no processo de formação da estratégia é importante distinguir entre oportunidades do setor e oportunidades da empresa" (Thompson e Strickland, 1986, p. 75). Essas são condições que surgem no ambiente setorial que estimulam o surgimento de oportunidades potenciais para a empresa.

No entanto, essa reflexão revela dois problemas. Primeiro, se aceitamos que existem oportunidades no setor distintas daquelas no ambiente ou na empresa, na realidade, essas são catalisadores, porque são eventos que ocorrem no setor e exigem reavaliação no nível organizacional. Eventos que afetam um setor ou parte dele como alterações na demanda dos clientes ou desregulamentação por parte do governo são razões que exigem o reexame das opções e estratégias. Segundo, a crença nas oportunidades do setor se baseia em uma inferência errônea. Na lógica, isto é denominado "falácia da composição" — inferir o que é verdadeiro para as partes deve sê-lo para o todo. Um setor é simplesmente um conjunto de empresas produzindo ou provendo o mesmo tipo de produto ou serviço que os consumidores podem substituir por outros. O setor não possui metas ou estratégias ou problemas além daqueles das empresas individuais. Referir-se a problemas que afetam um setor constitui um modo limitado de falar sobre problemas com que se defrontam individualmente as empresas nesse setor. Se dizemos "O exercício da medicina está passando por uma crise" estamos nos referindo a um setor e generalizando os problemas enfrentados pelos participantes individuais. Porém, o setor não tem problemas específicos que não sejam também os problemas dos membros componentes.

Os tipos mais específicos de oportunidade nessa dimensão da classificação são aqueles identificados na empresa e em seus grupos de interesse, denominados algumas vezes "oportunidades de tarefa". Esse é o nível em que se possui opções e possivelmente oportunidades, e onde ocorrem os problemas. Um evento externo no macroambiente ou no setor pode provocar a reanálise da relação entre a empresa e seus grupos de interesse dando origem a novas opções. A aplicação dos elementos do modelo de oportunidade a essas opções determinará se alguma delas é uma oportunidade.

EVITANDO CONFUSÃO

Em virtude de as oportunidades serem o que, em última instância, buscamos em uma análise SWOT, o primeiro passo para direcionar o processo consiste em definir oportunidades aplicando o modelo de oportunidade. Catalisadores são importantes porém não são considerados na análise SWOT, porque não representam oportunidades ou ameaças, sendo neutros. Porém, ao se considerar de modo independente as forças e fraquezas de uma empresa, a ocorrência do catalisador é um sinal para avaliar novas opções e reexaminar outras descartadas anteriormente.

Como a análise SWOT visa a reconhecer oportunidades, é lastimável que o O foi atribuído originalmente à oportunidade e não à opção. Isto leva a buscar oportunidades entre as oportunidades. As opções precisam ser selecionadas inicialmente aplicando-se o modelo antes da identificação significativa como oportunidades. Se o SWOT for considerado uma ferramenta para reconhecer oportunidades e seu uso for integrado ao modelo de oportunidade, a análise das forças, fraquezas e das ameaças será vista como um componente da análise dos riscos e sacrifícios associados às opções individuais. O modelo de oportunidade forma uma base para uma análise SWOT eficaz e incentiva a integridade do pensamento em sua utilização.

REFERÊNCIAS

Black, S. J. e Gregersen, H. B. *Leading Strategic Change*, Upper Saddle River (NJ): Prentice Hall, 2003.

Coulter, M. *Strategic Management in Action,* 2ª ed., Upper Saddler River (NJ): Prentice Hall, 2002.

Drucker, P. F. *Innovation and Entrepreneurship*, Nova York (NY): HarperCollins Publishers, Inc., 1993.

Grant, J. H. e King, W. R. *The Logic of Strategic Planning*, Boston (MA): Little, Brown & Co., 1982.

Harrison, J. S. e St. John, C. H. *Foundations in Strategic Management*, 2ª ed., Cincinnati (OH): South-Westen College Publishing, 2002.

Hill, C. W. L. e Jones, G. R. *Strategic Management*, 1ª ed., Boston (MA): Houghton Mifflin Co, 1989.

_____. *Strategic Management*, 6ª ed., Boston (MA): Houghton Mifflin Co., 2004.

Thompson, A. A. Jr. e Strickland, A. J. III. *Strategy Formulation and Implementation,* 3ª ed., Homewood (IL): Richard D. Irwin, Inc., (1986), *Strategy Formulation and Implementation,* 5ª ed., Homewood (IL): Richard D. Irwin, Inc., 1992.

Leituras Adicionais

Berkeley, G. *Philosophical Works*, Londres (GB): Everyman, 1975.

Drucker, P. F. *The Essential Drucker*, Nova York (NY): Harper Collins Publishers, 2001.

Participando de um Jogo Duro: Por Que a Estratégia Ainda é Importante

George Stalk
The Boston Consulting Group

Houve um período no qual parecia que a estratégia não possuía mais importância, particularmente durante o ápice do comércio eletrônico. A promessa tentadora dos negócios pela Internet cegou temporariamente muitos gerentes, acadêmicos e investidores que utilizavam os fundamentos da estratégia. Esta sempre alocou recursos visando a estimular a demanda dos clientes e criar vantagem competitiva. Quanto maior a vantagem, mais rápido uma empresa pode crescer, mais lucrativa pode ser e maior o valor que pode criar. Entretanto, a primeira onda do comércio eletrônico lembrou a todos, de um modo muito contundente, que a estratégia sempre tem importância e, atualmente, mais do que nunca. A intensidade da concorrência está em um patamar mais elevado como resultado da globalização, da tecnologia, de grupos de consumidores fragmentados e do deslocamento do poder ao longo da cadeia de suprimento/demanda. Entretanto, ainda que obter uma vantagem competitiva seja mais difícil do que no passado, a estratégia está sendo novamente alijada da agenda do gerenciamento — não pelo comércio eletrônico, mas por demandas "gerencialmente corretas". Mesmo quando os gerentes desejam concentrar-se na criação e no reforço da vantagem competitiva, desviam-se por um grande número de temas "fáceis". Eles precisam não somente equacionar o intenso escrutínio e as demandas desgastantes da administração corporativa, mas também lidar com as recriminações feitas por causa da terceirização e da produção em outros países, demandas para motivar os funcionários em épocas de incerteza crescente e pressão incessante a produzir resultados rápidos ou arriscarem-se a ser substituídos. Chegou a época de colocarmos novamente a estratégia na agenda. É por isto que escrevemos *Jogo Duro*.

OS CINCO PRINCÍPIOS DO JOGO DURO

Existem atualmente dois extremos na concorrência entre empresas. As empresas podem agir menos agressivamente, apoiando-se em táticas fracas que parecem estratégias, mas, assim, fazem pouco mais do que manter a empresa no jogo no curto prazo. Ou podem usar um jogo duro, adotando estratégias agressivas planejadas para destruir, e não somente vencer, os concorrentes. Quais das atuais empresas participam de um jogo duro? Que estratégias estão utilizando para vencer? E o que será necessário para as empresas adotarem e executarem essas estratégias com sucesso?

1. *Os participantes de um jogo duro concentram-se incansavelmente na vantagem competitiva*. A vantagem competitiva é algo que eu tenho e você não. Pior para você; porém, pior para mim também. Quando eu tiver a vantagem, você será forçado a aceitar a derrota ou encontrar uma maneira de evitar minha vantagem e criar a sua própria. Portanto, os participantes de um jogo duro não estão satisfeitos com a atual vantagem competitiva — eles querem aquela do futuro.

2. *Os concorrentes em um jogo duro esforçam-se para converter uma vantagem competitiva em uma van-*

tagem decisiva. A vantagem competitiva, por mais essencial que seja, pode ser efêmera. É por isto que os participantes de um jogo duro procuram posicionar-se fora do alcance de seus concorrentes, fazendo que sua vantagem competitiva se torne uma vantagem decisiva, reforçando o sistema. Quanto melhor for, mais difícil se tornará para concorrer contra ela ou eliminá-la. E é maior a probabilidade de que seus concorrentes desistirão e deixarão de atuar nessa área específica.

3. *Os participantes de um jogo duro adotam o ataque indireto*. Quando uma empresa faz um ataque direto, procede exatamente como aquilo que seu opositor espera e para o qual está preparado. O atacante espera que recursos superiores e persistência acabem por vencer. Um ataque indireto significa pegar de surpresa o concorrente com suas ações e aplicar recursos onde o oponente é menos capaz de se defender.

4. *Os participantes de um jogo duro exploram a vontade de vencer seus colaboradores*. Para obter vantagem competitiva, as pessoas precisam ser orientadas à ação e estar sempre descontentes com o *status quo*. A vontade de triunfar pode ser incentivada; os participantes de um jogo sem agressividade podem ser transformados em participantes de um jogo duro. Porém, à medida que a vantagem competitiva aumenta, torna-se mais difícil explorar a vontade de vencer dos funcionários.

5. *Os participantes de um jogo duro traçam uma linha bem visível no limite da zona de atenção*. Participar de um jogo duro significa ter consciência de quando a empresa está entrando na "zona de atenção", aquela área com tantas possibilidades que se encontra entre o lugar onde a sociedade diz claramente que a empresa pode participar do jogo e onde a sociedade indica não ser possível.

Geralmente, as estratégias do jogo duro não exigem entrada na zona de atenção. Os líderes da empresa são responsáveis por traçar uma linha visível que define a fronteira, e por informar a todos quando estiverem dela se aproximando.

No entanto, em raras ocasiões, um participante do jogo duro entrará deliberadamente na zona de atenção. Quando isto ocorrer, ele precisará tomar cuidado adicional. Toda ação precisa ser avaliada à luz das seguintes perguntas:

• A ação proposta violará alguma lei?
• A ação proposta será ruim para o cliente?
• Os concorrentes serão prejudicados diretamente por uma ação?
• A ação atingirá um ponto sensível de um grupo de interesse especial de modo que poderia prejudicar a empresa?
• A ação prejudicará o setor ou a sociedade?

Se a resposta a qualquer uma dessas perguntas é "sim", significa que a empresa entrou muito a fundo na zona de atenção. O líder deve executar uma ação corretiva imediatamente.

SEIS ESTRATÉGIAS CLÁSSICAS DE JOGO DURO

Toda estratégia que proporciona uma vantagem competitiva decisiva é uma estratégia de jogo duro. Em nosso livro, descrevemos seis estratégias clássicas de jogo duro que provaram ser, ao longo de décadas, particularmente eficazes para a geração de vantagem competitiva.

1. *Liberar uma força massiva e dominante*. Embora os participantes do jogo duro prefiram o ataque indireto, algumas vezes, eles surpreendem e suplantam seus concorrentes com um assalto frontal pleno. Uma força massiva e dominante precisa ser aplicada como o golpe de um martelo preciso, direto e ágil. Não pode ser usado até que a empresa esteja preparada para apoiá-la com toda sua energia. A empresa precisa também assegurar-se de que a vantagem competitiva que acredita possuir esteja pronta para ser posta em ação.

Quando uma empresa opta pela estratégia de ataque direto, pode ser necessária uma reorganização completa a fim de liberar a força. O processo pode parecer como uma reviravolta de uma empresa bem-sucedida, uma situação paradoxal que é desconfortável para líderes muito bem posicionados. Somente aquelas com visão e coragem deveriam participar dessa estratégia de jogo duro ousada e muitas vezes pública. E as empresas precisam ser cuidadosas para não fazer que seus concorrentes deixem de atuar e entrem em concordata, da qual podem sair mais fortes do que nunca.

Quando Roger Enrico, o presidente da Frito-Lay, não quis mais tolerar a invasão da Eagle Snack em seu mercado de salgadinhos, sua primeira reação foi diminuir o tamanho da empresa para reduzir custos e concentrar os investimentos. Em seguida, lançou um ataque contundente às fortalezas dominadas pela Eagle, os supermercados, aumentando as promoções e a propaganda, melhorando o atendimento nas lojas e, onde necessário, reduzindo preços. Gastou muito mais do que a Eagle poderia dispor para competir. A Eagle foi derrotada e se retirou.

> *Os executivos que participam do jogo duro apreciam anomalias, porque essas guardam oportunidades que podem ser exploradas.*

2. *Explorar anomalias.* Algumas vezes, uma oportunidade de crescimento permanece oculta em um fenômeno que, à primeira vista, parece irrelevante para a empresa ou em oposição à prática usual. Porém, as anomalias — como preferências idiossincráticas dos clientes, comportamentos inesperados dos colaboradores ou impressões não esperadas de um outro setor — podem indicar o caminho para a vantagem competitiva e até mesmo a vantagem decisiva.

   Quando Rose Marie Bravo assumiu o controle da Burberry, a fabricante inglesa de capas de chuvas que estava enfrentando dificuldades, ela notou que as vendas da empresa na Espanha eram inexplicavelmente elevadas. Seu interesse foi despertado porque, conforme observou, "Não chove na Espanha". Ela constatou que o gerente responsável pelas vendas no país havia estendido a marca Burberry a muitas outras categorias. Assim, ela aplicou esta constatação aos Estados Unidos, à Ásia e a toda a Europa. As vendas da Burberry mais do que triplicaram, e sua linha EBITDA obteve vendas sete vezes maior.

   Os participantes de um jogo sem agressividade querem desprezar as anomalias ou suprimi-las por não se enquadrarem à prática usual. Os executivos que participam do jogo duro apreciam anomalias porque essas guardam oportunidades que podem ser exploradas.

3. *Ameaçar os santuários de lucro da concorrente.* Santuários de lucro são as partes dos negócios em que a empresa obtém o maior lucro e acumula continuamente vantagem. Em certas circunstâncias, o adepto do jogo duro pode influenciar o comportamento de um concorrente e obter vantagem competitiva atacando os santuários de lucro deste concorrente.

   Esta estratégia é arriscada. Pode fazê-lo penetrar profundamente na zona de atenção e, portanto, cada utilização precisa ser avaliada em razão de seus próprios méritos legais. O concorrente tem probabilidade de retaliar, atacando os santuários de lucro da empresa. E pode possuir maiores recursos financeiros que a empresa imaginou, ou ter um "protetor e financiador" nos bastidores para salvar sua situação.

   A Toyota invadiu os santuários de seus oponentes. Os santuários de lucro da GM, Ford e Chrysler são os caminhões leves e os veículos utilitários esportivos, com os quais lucram de 10 mil a 15 mil dólares por unidade. A Toyota oferece atualmente veículos equivalentes e possui recursos financeiros suficientes até para entregá-los graciosamente. Como alternativa, está investindo seus lucros nos carros híbridos e na expansão da capacidade instalada. A Toyota controla eficazmente as estratégias das 3 Grandes pela ocupação de seus santuários de lucro.

4. *Aproveitar uma idéia e desenvolvê-la.* Os concorrentes que agem sem agressividade gostam de pensar que suas boas idéias são sagradas. Os participantes de um jogo duro têm mais discernimento. Estão dispostos a aproveitar qualquer boa idéia que observarem (toda idéia que não esteja patenteada ou tenha outra cobertura legal) e usá-la para criar vantagem competitiva para si mesmos.

   Isso não precisa ficar restrito a tomar idéias emprestadas dos concorrentes. É possível aproveitar idéias de um mercado geográfico e transportá-las para outro. Idéias também podem ser transplantadas entre setores. Porém, o ato de "torná-las propriedade da empresa" é tão importante como "assumi-las". Toda empresa que joga duro encontra uma maneira para se basear na idéia emprestada, aprimorá-la e customizá-la de modo que não seja somente uma cópia.

   A Batesville Casket é a maior fabricante mundial de caixões de aço soldados. Nos anos 1970, a empresa empenhou-se em reduzir seus custos industriais transplantando para o seu setor técnicas de produção automotivas. O impacto nos concorrentes menos sofisticados da Batesville foi considerável. Nos anos 1990, a empresa começou a interessar-se por aqueles concorrentes posicionados nos principais mercados metropolitanos. Para atingi-los, ela ofereceu uma maior variedade e um tempo de reação mais rápido com preços acessíveis, e realizou isso com enorme sucesso, transplantando o sistema de produção da Toyota.

5. *Levar os concorrentes e se retirar.* Algumas vezes, por meio de uma grande compreensão de seus negócios e do setor, é possível empreender ações que confundam os concorrentes e os levem a agir de uma maneira que eles acreditam ser-lhes benéfica, mas na realidade os enfraquecerá. Esta oportunidade gira em torno da existência de certos clientes que não vale a pena atender, porque o custo seria excessivo. Estes são os clientes que a empresa deseja que pertençam aos concorrentes.

   A Federal Mogul descobriu que as empresas menores produtoras de motores não eram tão lucrativas quanto as maiores usuárias, apesar de gerarem margens brutas maiores. O impacto do custo de lotes de produção menores e maior necessidade de manutenção estavam ocultos dos dirigentes pelo sistema de custeio padrão da empresa. A Federal Mogul recalculou os preços para essas empresas menores em um nível suficiente para lucrar com a venda, porém suficientemente reduzido para assegurar que todo concorrente que fizesse vendas não recuperasse seus custos reais. Ao longo do tempo, a posição de custos dos concorrentes da Federal Mogul piorou, à medida que continuaram a realizar mais vendas a essas empresas menores.

Fazer os concorrentes se concentrarem em negócios que aumentem seus custos é uma das estratégias mais complexas da concorrência no jogo duro. A empresa precisa ter um excelente domínio de seus próprios custos e conhecer como os clientes tomam decisões de compra. Por exemplo, é possível fixar preços para que os concorrentes reajam procurando negócios que consideram ser lucrativo para eles, mas na realidade aumentarão seus custos e diminuirão seus lucros. Esta é uma estratégia arriscada e que compromete a empresa. Dá mais resultado nas empresas complexas, onde os custos podem estar alocados erroneamente. Existe um grande potencial de erro. A análise de custos real *versus* orçado, associados a um produto, serviço ou cliente — e a estratégia que surge dessa análise — tem de estar correta.

6. *Romper compromissos*. Quando uma empresa adepta do jogo duro deseja obter um crescimento explosivo, ela procura romper um compromisso. O compromisso é uma concessão que um setor força aos seus clientes, que muitas vezes o aceitam por terem passado a acreditar que é permanente — "o modo como as coisas devem ser" — como o horário de saída dos hotéis (15h), que nunca se altera.

A Wausau Paper apostou que a prática usual no setor de exigir de seus revendedores de papel a aceitação de entregas demoradas e sem confiabilidade, e de pedidos com quantidade mínima, era um enorme compromisso, resultando em maiores estoques e maiores custos para os revendedores. A empresa reestruturou seu negócio a fim de proporcionar aos revendedores um tempo de entrega dez vezes menor, uma variedade três vezes maior, e pedidos com quantidade mínima 1/20 da exigida anteriormente. Os revendedores da Wausau apreciaram o novo modelo e a empresa teve grande crescimento; nos últimos 15 anos, criou mais valor para o acionista do que para qualquer outra empresa de papel.

Se compromissos puderem ser identificados e empresas alterarem-se para criar um novo modelo, o resultado, muitas vezes, será um crescimento rápido e lucrativo. Livrar-se de um compromisso normalmente confunde os concorrentes, porque ainda estão presos ao modo de pensar que gerou os compromissos.

FUSÕES E AQUISIÇÕES MEDIANTE JOGO DURO

Apesar de seu índice elevado de fracassos, fusões e aquisições podem ser um meio poderoso para adotar mais rapidamente uma estratégia de jogo duro ou, um uma escala muito maior do que poderia ser feito organicamente. Fusões realizadas sem base estratégica e aquisições feitas por capricho do CEO são ações sem agressividade. Um bom negócio de fusão e aquisição cria vantagem competitiva; um ótimo negócio pode ajudar uma empresa a obter uma vantagem decisiva, permitindo-lhe vincular ativos importantes ou alcançar uma posição econômica superior.

As empresas, muitas vezes, valem-se de fusões e aquisições para expandir-se rapidamente, nacional ou globalmente, ou anexar um rival e diminuir a concorrência. As que jogam duro, fazendo aquisições sucessivas, possuem uma idéia clara de como obter vantagem competitiva e têm capacidade para realizar transações e absorver aquisições a fim de obter um benefício estratégico máximo. Muitas vezes, iniciam sua atividade de fusão e aquisição como um modo de cumprir uma meta estratégica modesta, mas acabam obtendo uma vantagem competitiva decisiva. E as lições dessas empresas são imediatas em termos de conceito, mas difíceis de executar:

- adquirir somente se a oportunidade se enquadrar na estratégia;
- não ter a tentação de afastar-se do processo já aprovado;
- criar capacidade interna para fusões e aquisições;
- buscar consultoria e auxílio externos;
- usar um método rigoroso para a avaliação;
- investir na capacidade de integração pós-fusão.

MUDANÇAS NO CAMPO DE AÇÃO

As estratégias do *Jogo Duro* são clássicas, porém "clássicas" não deve ser empregada como "estáticas"; o jogo duro é dinâmico e sempre evolui. Surgem novas barreiras para se conseguir vantagem competitiva e são criados novos obstáculos para a obtenção de vantagem decisiva. Diversas questões afetarão o modo como o jogo duro precisa acontecer no futuro. Elas mudarão as regras para os participantes que desejam ser vencedores, especialmente no campo global.

Tirar vantagem do jogo com a China. Ao longo da próxima década, a China será a questão de maior importância e mais discutida para as empresas que participam do jogo duro, mesmo que elas próprias não sejam empresas globais. A questão mais importante não é este país ser uma fonte da produção a custo baixo ou mesmo ser um mercado gigantesco para as empresas. A questão crítica atualmente é que ela será a fonte dos concorrentes mais aguerridos do futuro, que serão um espinho na carne para todas as empresas ocidentais como os japoneses foram nos anos 1980. A Nokia e a Motorola sabem disso e intensificaram consideravelmente seus investimentos em telefones celulares na China para reter posições de liderança no país.

Preso a uma situação desconfortável. Durante a ultima década, a economia dos Estados Unidos passou de orientação à produção para orientação ao consumidor. Isto tem-se tornado uma questão importante para as empresas em todo segmento de negócios, porém muitas empresas ainda não reconheceram esse fato ou têm líderes que se recusam a acreditar nessa realidade.

Como resultado das mudanças na demografia e no comportamento dos consumidores, juntamente com mudanças no varejo, o mercado para bens de consumo tem-se tornado polarizado. Na ponta mais sofisticada, algumas marcas de luxo continuam a ter sucesso vendendo produtos extremamente caros com margens muito altas e em quantidades muito pequenas.

Na ponta dos produtos econômicos, uma grande variedade de marcas de *commodities* e de itens utilitários — incluindo produtos para o lar e escritório, alimentos básicos, produtos eletrônicos, brinquedos e equipamentos — concorre entre si em termos de preço e diferenciação mínima nos produtos. Essas marcas, incluindo as próprias ou as genéricas, podem crescer em volume, mas precisam lutar muito para reter ou obter lucros maiores.

Existe também o ponto intermediário, em que nenhum consumid or ou fabricante deseja posicionar-se — o território onde centenas de empresa e marcas se atolaram. Empresas como Kmart, Mitsubishi Motors, General Electric (divisão de utensílios) e Samsonite estão paralisadas por concorrentes que estão roubando clientes nas faixas de preços econômicos e elevados.

O segmento de maior crescimento no mercado é o de produtos caros que ainda são acessíveis para o mercado de consumidores de poder de compra mediano. Trata-se de bens e serviços com preço 20% a 200% acima das ofertas de preço médio, e que oferecem diferenças técnicas e melhorias de desempenho suficientes, juntamente com envolvimento emocional, e que os consumidores estão dispostos a pagar mais por eles. Essas novas marcas de luxo incluem itens pequenos e de preço reduzido como os produtos para cuidados pessoais Aveda, vodca Grey Goose e Belvedene e café Starbucks. Também incluem itens mais caros como um fogão VilCing ou um jogo de tacos de golfe Callaway, ou ainda um cruzeiro marítimo em um navio luxuoso ou um sedã Mercedes classe C.

Lidar com ativos ultrapassados. Um efeito colateral prejudicial na obtenção da vantagem competitiva e na criação de um ciclo virtuoso que gerem uma vantagem decisiva é a obsolescência dos ativos. Isto se dá quando um ativo que antes contribuía para a vantagem competitiva torna-se irrelevante ou, pior ainda, diminui a competitividade. Forças como globalização, mudança tecnológica e auto-interesse corporativo intensificam continuamente a concorrência e tornam ultrapassados muitos tipos de ativos — incluindo fábricas e instalações, bem como clientes e fornecedores.

> *O segmento de maior crescimento no mercado é o de produtos caros que ainda são acessíveis para o mercado de consumidores de poder de compra mediano. Trata-se de bens e serviços com preços 20% a 200% acima das ofertas de preço médio e que oferecem diferenças técnicas e melhorias de desempenho suficientes, juntamente com envolvimento emocional, e que os consumidores estão dispostos a pagar mais por eles.*

Os concorrentes que não atuam agressivamente fixam-se em torno de ativos ultrapassados, tentando retardar o dia do acerto final, ocasião em que ocorrerá a baixa dos ativos. Eles buscam ajuda do governo, tentam transferir o problema para o público, da maneira como a indústria automobilística está tentando fazer com os custos de atendimento médico-hospitalar. Quanto maior a demora, maior será a dificuldade no longo prazo.

Já na década de 1970, o Cadillac e o Lincoln defrontaram-se com os problemas de uma base de clientes que se tornava antiquada e menor. A Ford reverteu a situação: Lincoln era uma marca, depois uma empresa e, posteriormente, parte da Divisão Ford.

A GM, em contraste, investiu em novos designs ousados e arriscados e em melhor qualidade, em uma tentativa de agradar a novos clientes e revitalizar a base de clientes do Cadillac. Os novos modelos do Cadillac receberam muita atenção da mídia e estão vendendo suficientemente bem, a ponto de encorajar a empresa a comercializar seus veículos na Europa. Os concorrentes que jogam duro com a GM empenham-se para eliminar e, quando possível, dar nova destinação a seus ativos ultrapassados.

Agir como o Wal-Mart. O maior varejista do planeta é o Wal-Mart, classificando-se entre os três maiores com produtos em muitas categorias de consumo. Suas vendas superam as do segundo maior, o Carrefour, mais de três vezes. E o Wal-Mart continua a abrir caminho em novas categorias com conseqüências catastróficas para os concorrentes tradicionais. Sua posição de custo é tão forte a ponto de as tentativas de seus concorrentes para igualá-lo nos "preços baixos todos os dias" terminarem em fracasso.

O Wal-Mart é um dilema para os seus fornecedores. É o cliente mais lucrativo para muitos fornecedores, em números absolutos e muitas vezes em termos percentuais, que naturalmente tomam cuidado para não perturbar o Wal-Mart.

Porém, existem alguns problemas. Embora seus clientes encontrem muito valor, também são forçados a um compromisso, quando compram nas lojas. Usualmente têm de percorrer uma grande distância quando compram numa loja, precisam estacionar em um pátio grande e repleto, devem percorrer grandes distâncias de espaço varejista, por corredores projetados para que se dirijam cada vez mais ao fundo da loja. A ajuda prestada é precária e nem sempre com conhecimento de causa. Os preços são excepcionalmente baixos, porém a experiência de compra é medíocre na melhor das hipóteses e desagradável na pior.

Varejistas na internet como Tesco e Grocerygateway. com estão aproveitando a disposição de alguns clientes para pagar preços maiores e ter uma melhor experiência. Os consumidores que conhecem bem a internet valorizam seu tempo e almejam preços competitivos, mas não precisam dos menores preços e, portanto, consideram as compras on-line um substituto perfeitamente aceitável para as compras no Wal-Mart e em outros varejistas de grande porte.

No Grocerygateway.com, os compradores podem adquirir produtos para o lar a preços competitivos; utilidades do Home Depot; bebidas alcoólicas e outros artigos clicando um mouse. As mercadorias são entregues à residência em um tempo preestabelecido. Sem ter de dirigir. Sem ter de estacionar. Sem ter de disputar lugar com muitas pessoas. Sem carregar pacotes. Sem o Wal-Mart.

O MODO DE AGIR DO JOGO DURO

Para participar plenamente do jogo duro, é preciso adotar um modo de agir agressivo. Os participantes possuem algumas características admiráveis. Possuem uma força intelectual que os capacita a defrontar-se com os fatos e ver a realidade. São conscientes emocionalmente, o que significa que se conhecem bem e também o seu pessoal. Estão sempre insatisfeitos com o *status quo*, não importando se tudo parece estar caminhando bem. Possuem a vontade para catalisar a mudança. São rígidos, mas não intimidam. São sérios sobre suas atividades. Têm uma vontade tão grande de triunfar, que acaba contaminando os demais.

O participante de um jogo duro precisa de todas essas qualidades e de outras a fim de realizar sua tarefa mais importante: chegar ao âmago da questão e permanecer nele. O âmago da questão é aquele conjunto de temas fundamentais, muitas vezes sistêmicos, que estão limitando o crescimento e o sucesso da empresa. Esses temas, muitas vezes, são tão desafiantes sob diversos aspectos a ponto de ninguém na empresa ter coragem de equacioná-los ou a capacidade para realmente solucioná-los.

Não é fácil chegar ao âmago da questão; as organizações não apreciam resolver temas a ele relacionados, pois são difíceis, demandam tempo, possuem muitos riscos e tendem a anular os esforços individuais.

Uma empresa que não esteja disposta, ou preparada, para lidar com o âmago da questão está condenada à inércia. Será como um alvo fácil em comparação aos concorrentes capazes de o equacionar. É responsabilidade do líder que pratica um jogo duro obrigar sua empresa a defrontar-se com esses temas fundamentais e, depois, passar a resolvê-los.

Os líderes que participam de um jogo duro alcançam sucesso em permanecer no âmago da questão, mantendo suas empresas em um estado de "reviravolta permanente", não importando o sucesso que alcançaram. Passam a acreditar. O mesmo se aplica aos colaboradores, que estão em perigo constante de perder sua vantagem porque, na realidade, a estão perdendo. Uma equipe gerencial adotando a reviravolta não pode se permitir um desvio de seus objetivos básicos.

Os participantes de um jogo duro, muitas vezes, são falsos na aparência e na conduta. São destemidos, mas não necessariamente arrogantes. São corajosos, mas nunca intimidam. Podem não ter um brilho momentâneo; algumas vezes, podem parecer até brandos. Contudo, aqueles que conquistam uma forte vantagem competitiva, e especialmente aqueles que se propõem a criar uma vantagem decisiva, tendem a uma existência bem-sucedida muito mais longa que seus concorrentes. Não há limite para a duração da vantagem e nem sabemos se existe um tempo médio para as empresas com vantagem. É o líder que usualmente faz uma empresa perder vantagem decisiva, algumas vezes como resultado de um erro sério, porém mais freqüentemente por meio de complacência e fracasso em se adaptar. Se uma empresa é agressiva ao renovar sua vantagem competitiva, pode realmente ter uma longa existência e observar enquanto os participantes sem agressividade afastam-se do campo de ação para nunca mais voltar.

Leitura 8

Inovação do Valor: Um Salto no Oceano Azul

W. Chan Kim
INSEAD

Renée Mauborgne
INSEAD

A estratégia corporativa é influenciada consideravelmente por suas raízes militares. A própria linguagem da estratégia possui referências militares — chief executive "officers", na "sede", "soldados nas "linhas de frente". A estratégia, descrita desse modo, tem relação com o confronto de um oponente e a luta por uma determinada área de terreno que é, ao mesmo tempo, limitado e constante. Tradicionalmente, a estratégia se concentrava em derrotar a concorrência e os planos estratégicos ainda são expressos na terminologia de guerra. Eles exortam as empresas a conquistar vantagem competitiva, batalhar por participações de mercado e lutar pelo preço. A competição é um campo de batalha sangrento.

O problema é que, se o exército inimigo está fazendo exatamente a mesma coisa, tais estratégias, muitas vezes, cancelam-se mutuamente ou dão origem a uma retaliação "dente por dente". A estratégia reverte rapidamente ao oportunismo tático. Portanto, para onde as empresas deveriam se voltar para aplicar uma abordagem mais inovadora da estratégia?

A resposta é dada por algo que denominamos "estratégia oceano azul". A concorrência frontal resulta somente em um oceano vermelho sangrento, à medida que os rivais se debatem por lucros decrescentes. No entanto, o sucesso não acontece ao se enfrentar os concorrentes, mas tornando a concorrência irrelevante por meio da criação de "oceanos azuis" de espaço de mercado incontestado. Os criadores dos oceanos azuis não usam a competição como seu ponto de referência. Como alternativa, seguem uma lógica estratégica diferente que denominamos "inovação do valor", a inovação do oceano azul: em vez de ter como foco derrotar a concorrência no espaço de mercado existente, agora o objetivo é ultrapassar as fronteiras do mercado pela criação de um salto em valor para os compradores e a sua empresa.

Essas idéias desafiam o pensamento estratégico convencional e são apoiadas por extensas pesquisas. Ao longo da última década, criamos um banco de dados que cobre mais de 30 setores abrangendo um período de mais de cem anos.

Acreditamos que o mundo empresarial não tem levado em conta uma das principais lições de criação de valor na História. Nossas pesquisas indicam que a principal fonte de criação de valor ao longo do tempo não é *de per si* o setor em que uma empresa atua. Também não constatamos empresas de grande porte em caráter permanente que criaram e atraíram valor de modo contínuo.

A História revela que não existem nem empresas nem setores perpetuamente excelentes. As empresas e os setores progridem e falham com base nas ações estratégicas empreendidas. Considere *In Search of Excellence*, o livro de negócios best-seller publicado em 1982, que apontou no intervalo de apenas cinco anos, dois terços de empresas modelos decaíram. O mesmo ocorreu às empresas descritas em *Built to Last*, outro best-seller. Constatou-se posteriormente que se o desempenho do setor fosse tirado da equação, algumas das empresas citadas em *Built to Last* não seriam mais excelentes. Conforme Foster e Kaplan ressaltam em seu livro *Creative Destruction*, embora as empresas listadas tenham desempenhado melhor que o mercado, algumas não atuaram tão bem como a concorrência no seu setor e como um todo.

Portanto, caso não exista uma empresa de alto desempenho permanente e se a mesma empresa pode ser

---

Reproduzido do *Journal of Business Strategy*, vol. 26, n. 4 (2005), pp. 22-26, adaptado mediante autorização da Harvard Business School Press. "Blue Ocean Strategy: How to Create Uncontested Market Space and Make the Competition Irrelevant", por W. Chan Kim e Renée Mauborgne. Copyright 2005 The Harvard Business School Publishing Corporation; todos os direitos reservados.

As Conseqüências para o Desempenho dos Oceanos Azuis

Tomamos a iniciativa de quantificar o impacto da criação de oceanos azuis no crescimento de uma empresa em termos de receita e lucro, em um estudo dos lançamentos de produtos de 108 empresas (veja a Figura 1).

Constatamos que 86% dos lançamentos eram extensões de linha, isto é, uma melhoria incremental no ambiente do oceano vermelho do espaço de mercado existente. Representavam, no entanto, somente 62% das receitas totais e apenas 39% dos lucros totais. Os 14% remanescentes dos lançamentos foram direcionados para a criação de novos oceanos azuis. Geraram 38% das receitas totais e 61% dos lucros totais.

Levando-se em conta que os lançamentos incluíam os investimentos totais feitos para criar oceanos vermelhos e azuis (independentemente de suas conseqüências posteriores para a receita e o lucro), os benefícios em termos de desempenho da criação de águas azuis são evidentes.

---

brilhante em uma ocasião e obstinada em outro, parece que a empresa não é a unidade de análise apropriada para examinar as raízes do desempenho elevado. Também não existem setores permanentemente excelentes. Há cinco anos, por exemplo, as pessoas sentiam inveja das empresas do setor de TI e, no entanto, o contrário é hoje em grande parte verdadeiro.

Nossa análise do histórico dos setores mostra que a iniciativa estratégica, e não a empresa ou o setor, constitui a unidade de análise correta para explicar a raiz do crescimento lucrativo. E a iniciativa estratégica que identificamos tem como ponto focal a criação e atração de oceanos azuis.

INICIATIVAS ESTRATÉGICAS

Iniciativas estratégicas são o conjunto de ações e decisões gerenciais envolvidas na operacionalização de uma oferta relevante destinada a criar um mercado. As iniciativas estratégicas que discutimos — iniciativas que resultaram em produtos e serviços que abriram e conquistaram um novo espaço no mercado, com um salto significativo da demanda — contêm excelentes histórias de crescimento lucrativo. Baseamos nosso estudo nessas iniciativas (mais de 150 em mais de 30 setores, cobrindo o período de 1880 a 2000) a fim de compreender o padrão pelo qual são criados e conquistados os oceanos azuis tendo um elevado desempenho.

Um instantâneo do setor automobilístico entre 1900 e 1940 é instrutivo. Em 1908, Henry Ford criou a indústria automobilística como a conhecemos, produzindo o Ford modelo T. Antes do Ford, os consumidores tinham duas escolhas: carruagens puxadas por cavalos ou automóveis caros feitos por encomenda. Ford criou um oceano azul ao tornar o automóvel fácil de usar, confiável e com um preço acessível à maioria dos americanos. A participação de mercado da Ford passou de 9% para 61%. O modelo T foi então a iniciativa estratégica que deu origem à indústria automobilística. Porém, em 1924, foi suplantada por outra iniciativa estratégica, desta vez, pela General Motors. Ao contrário da estratégia da Ford de uma cor, um carro, um único modelo, a GM criou um novo espaço de mercado para carros com apelo emocional e estilizados com "um carro para cada finalidade e cada bolso". O crescimento e a lucratividade da indústria automobilística não atingiam somente novos patamares, mas a participação de mercado da GM saltou de 20% para 50%, enquanto a da Ford diminuiu de 50% para 20%.

A competição acirrada resulta apenas em um oceano vermelho sangrento, à medida que os rivais lutam por lucros decrescentes. O sucesso surge não do confronto com os concorrentes, mas de tornar irrelevante a concorrência, criando "oceanos azuis" de espaço de mercado incontestado.

Passemos agora a analisar os anos 1970, quando as empresas automobilísticas japonesas criaram o oceano azul de carros pequenos e com consumo reduzido de gasolina. Em seguida, nos anos 1980, a Chrysler criou o oceano azul das minivans. Todas essas empresas produziam automóveis, e os oceanos azuis usualmente se adequavam às suas principais atividades. Na realidade, a maioria dos oceanos azuis é gerada internamente e não mais adiante dos oceanos vermelhos dos setores existentes. Isto desafia a visão de que os novos mercados se encontram em

Figura 1 **As Conseqüências para o Lucro e o Crescimento da Estratégia de Oceano Azul**

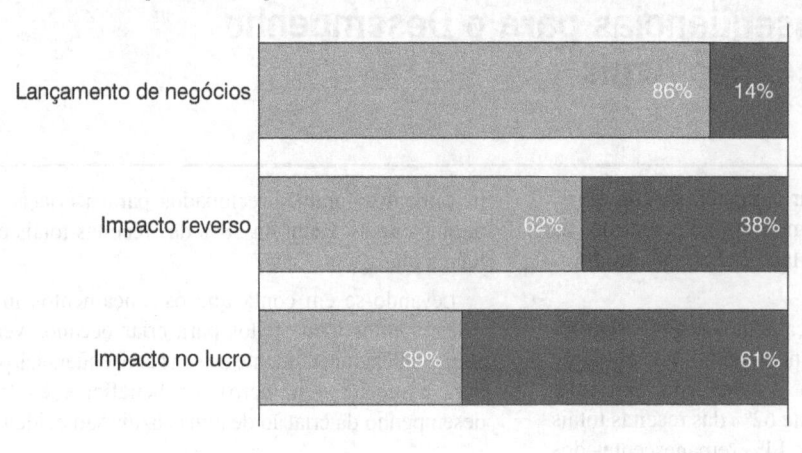

Lançamento de negócios	86%	14%
Impacto reverso	62%	38%
Impacto no lucro	39%	61%

☐ Lançamentos no âmbito de oceanos vermelhos   ■ Lançamentos para a criação de oceanos azuis

águas distantes. Oceanos azuis estão bem a seu lado em todo setor. Os temas de destruição percebida ou de destruição criativa para as empresas estabelecidas também provaram ser exagerado.

Oceanos azuis fomentaram um crescimento lucrativo para toda empresa que os adotou, iniciantes ou já estabelecidas.

Em nosso período de estudo abrangendo mais de cem anos, constatamos um padrão similar em outros setores. Em resumo, a iniciativa estratégica de maior importância para o crescimento lucrativo no longo prazo de um setor e das empresas individuais é a criação repetida ao longo do tempo de um novo espaço no mercado que conquistou um grupo de compradores. A estratégia do oceano azul tem a ver com a criação e execução de tais iniciativas estratégicas que revelam um espaço de mercado incontestado que torna os concorrentes irrelevantes. Em contraste, a estratégia do oceano vermelho tem relação com concorrer melhor no espaço de mercado existente.

NAVEGAÇÃO EM UM OCEANO AZUL

Para compreender o poder das iniciativas estratégicas que criam oceanos azuis, considere o mercado de vinhos dos Estados Unidos. O modo usual de pensar fez as vinícolas concorrerem com base no prestígio e na qualidade do vinho a um determinado preço — a estratégia competitiva tradicional. Prestígio e qualidade eram agregados ao vinho com base nos perfis de sabor que os produtores de vinho possuíam e reforçados pelo sistema de avaliação nas feiras de vinho. Os especialistas concordam que a complexidade — personalidade e características compartilhadas que refletem a exclusividade do solo, a estação e a aptidão dos produtores em taninos e nos processos de envelhecimento em tonéis de carvalho — é igual à qualidade.

Surgiu então a Casella Wines, uma vinícola australiana. Essa redefiniu o problema do setor de vinhos produzindo um vinho agradável e não tradicional que é fácil de beber. Por quê? Ao se examinar o lado da demanda de produtos alternativos como cerveja, bebidas alcoólicas e coquetéis prontos para consumir, que atingiam o triplo das vendas de vinho, a Casella Wines constatou que os adultos americanos encaravam o vinho como um produto sem sabor — era intimidante e pretensioso. A complexidade do sabor — embora fosse onde o setor procurava se destacar — criava um desafio para o paladar inexperiente. Em virtude desses dados, a Casella quis desafiar a lógica estratégica do setor e o modelo de negócios. Para realizá-lo, levou em consideração quatro perguntas básicas descritas em uma ferramenta analítica que denominamos a estrutura das quatro iniciativas.

Primeiro, quais os fatores que o setor pressupõe verdadeiros deveriam ser eliminados? Segundo, que fatores deveriam ser eliminados? Segundo, que fatores deveriam ser reduzidos bem abaixo do padrão do setor? Terceiro, que fatores deveriam ser aumentados bem acima do padrão do setor? Quarto, que fatores deveriam ser criados que o setor nunca ofereceu?

O resultado final dessa análise resultou na criação de um vinho cujo perfil estratégico afastou-se da concorrência e originou um oceano azul. Em vez de oferecer vinho como vinho, a Casella criou uma bebida social acessível a todos. Ao examinar as alternativas de cerveja e coquetéis prontos para consumo, a Casella Wines desenvolveu três novos fatores no setor vinícola norte-americano — facilidade para beber, rapidez para selecionar, divertimento e aventura. Eliminou ou reduziu tudo o mais. O vinho da Casella era uma combinação totalmente diferente das características que formavam a sua estrutura, sem complexidade, e que logo de início atraiu a massa dos apreciadores de bebidas alcoólicas. O resultado foi um vinho fácil de consumir, que não exigia anos para que chegasse a ser apreciado.

Isto permitiu à vinícola reduzir consideravelmente ou eliminar todos os fatores que há muito faziam parte da concorrência no setor de vinhos — ácido tânico, complexidade e envelhecimento. Com a menor necessidade de envelhecimento, o capital de giro exigido também foi reduzido. O setor de vinhos criticou o seu aroma doce, mas os consumidores adoraram o produto.

A Casella também tornou a seleção fácil, oferecendo somente duas opções de vinho: Chardonnay, o vinho branco mais popular nos Estados Unidos, e o Shiraz, tinto. Eliminou todo o jargão técnico da garrafa e adotou, em vez disso, um rótulo marcante e reconhecível instantaneamente, mostrando um canguru em cores vibrantes. Também obteve pontos, transformando embaixadores do do seu produto os atendentes de lojas de vinho, introduzindo alegria e aventura no processo de vendas, dando-lhes vestuário das regiões longínquas da Austrália que incluía chapéus de campanha e jaquetas especiais para usar no trabalho. As recomendações para os consumidores comprarem o vinho da Casella fluíam de seus lábios.

Desde o instante em que seu vinho começou a aparecer nas prateleiras do varejo em julho de 2001, as vendas deslancharam. Surgiu como a marca de maior crescimento na história do setor vinícola na Austrália e nos Estados Unidos, sendo o vinho mais importado, suplantando os da França e da Itália. Em agosto de 2003, era o vinho tinto na garrafa de 750 ml mais vendido na América, superando as marcas da Califórnia. No final de 2004, a média anual móvel das vendas era de 11,2 milhões de caixas. Além disso, enquanto as grandes vinícolas consolidavam marcas fortes ao longo de décadas de investimento em marketing, o vinho suplantou todos os grandes concorrentes sem campanha promocional, mídia de massa ou propaganda dirigida ao consumidor. A empresa não somente conquistou as vendas dos concorrentes, mas fez crescer o mercado. O produto atraiu para o mercado 6 milhões de pessoas que não bebiam vinho — apreciadores de cerveja e de coquetéis prontos para consumo. As pessoas que começavam a beber vinho de mesa passaram a consumi-lo com mais freqüência, aquelas que tomavam vinho servido em jarras passaram à categoria superior e os apreciadores de vinhos mais caros desceram para uma categoria inferior a fim de se tornarem consumidores do vinho da Casella!

UM UNIVERSO DE MERCADO FORMADO POR DOIS OCEANOS

Para entender o que a Casella conquistou, imagine um universo de mercado formado por dois tipos de oceanos — oceanos vermelhos e oceanos azuis. Oceanos vermelhos representam todos os setores existentes atualmente. Este é o espaço de mercado conhecido. Oceanos azuis denotam todos os setores que ainda não existem. Este é o espaço de mercado desconhecido.

Nos oceanos vermelhos, os limites do setor são definidos e aceitos, sendo conhecidas as regras para participar do jogo. Neste caso, as empresas tentam suplantar seus rivais, a fim de obter uma parcela maior da demanda existente. À medida que o espaço do mercado acolhe mais participantes, diminuem as perspectivas de lucro e crescimento. Os produtos tornam-se *commodities*, e uma concorrência sem trégua torna sangrento o oceano vermelho.

Os oceanos azuis, em contraste, são definidos pelo espaço de mercado não explorado, pela criação de demanda e pela oportunidade de um crescimento altamente lucrativo. Embora alguns oceanos azuis sejam criados muito além dos limites dos setores existentes, a maioria é criada no interior dos oceanos vermelhos ampliando os limites do setor existente, conforme fez o vinho. Nos oceanos azuis, a concorrência é irrelevante porque as regras do jogo ainda não foram definidas.

Sempre será importante nadar de modo bem-sucedido no oceano vermelho sobrepujando os rivais. Os oceanos vermelhos sempre terão importância e serão uma realidade da vida empresarial. Porém, com a oferta suplantando a demanda em mais setores, concorrer por uma participação em mercados que se contraem, embora necessário, não é suficiente para manter um alto desempenho. As empresas precisam ir além da concorrência, e criar oceanos azuis para conseguir novas oportunidades de lucro e crescimento.

> *Nosso estudo do histórico do setor mostra que a iniciativa estratégica — e não a empresa ou o setor — é a unidade de análise adequada para explicar a raiz do crescimento lucrativo.*

Infelizmente os oceanos azuis ainda não estão em grande parte mapeados. O foco dominante dos trabalhos sobre estratégia ao longo dos últimos 25 anos tem sido as estratégias de oceano vermelho baseadas na concorrência.

Existem algumas discussões em torno do oceano azul. Porém, até agora, houve pouca orientação prática sobre como criá-los. É por esse motivo que, em nosso livro, *Blue Ocean Strategy,* apresentamos estruturas práticas e analíticas para a busca e a obtenção sistemática de oceanos azuis.

A EXPANSÃO DOS OCEANOS AZUIS

Embora a expressão oceano azul seja nova, sua existência não o é. Representa uma característica da vida empresarial, passado e presente. Olhe para cem anos atrás e pergunte quantos dos atuais setores eram então desconhecidos? A resposta: muitos setores básicos como automobilístico, gravação musical, aviação, petroquímico, saúde e consultoria empresarial eram desconhecidos ou apenas começavam a surgir naquela ocasião. Agora, pense somente em 30 anos atrás. Novamente, um grande número de setores movimentando bilhões de dólares aparece — fundos mútuos, telefones celulares, usinas elétricas acionadas a gás, biotecnologia, varejo a preços baixos, entrega rápida de encomendas, *snowboards*, bares que servem cafés especiais e vídeos para entretenimento familiar, para citar apenas alguns.

Pense agora nos próximos 20 anos — ou talvez 50 anos — e pergunte-se: Quantos novos setores agora desconhecidos provavelmente existirão nesta ocasião? Se a História pode ser um preditor do futuro, novamente a resposta é: muito deles.

A realidade é que os setores nunca permanecem parados. Evoluem continuamente. As operações se aprimoram, os mercados ampliam-se e os participantes chegam e partem. A História ensina-nos que temos uma capacidade fortemente subestimada para criar novos setores e recriar os existentes.

De fato, o sistema de Classificação Setorial Padronizada (SIC, na sigla em inglês) publicado pelo U. S. Census Bureau, criado há 50 anos, foi substituído pelo sistema de Classificação Setorial Padronizada da América do Norte (VAICS, na sigla em inglês). O novo sistema ampliou de 10 para 20 os setores industriais do SIC, refletindo as novas realidades dos setores emergentes. Por exemplo, o setor de serviços no sistema antigo abrange atualmente sete setores empresariais, de informação a cuidados médico-hospitalares e assistência social. Tendo em vista que esses sistemas são criados com base em padronização e continuidade, tal substituição mostra como tem sido importante a expansão dos oceanos azuis.

A IMPORTÂNCIA DA CRIAÇÃO DE OCEANOS AZUIS

Existem diversas forças motoras por trás de um imperativo crescente para criar oceanos azuis. Os avanços tecnológicos acelerados têm melhorado substancialmente a produtividade industrial e permitido aos fornecedores ofertarem uma gama de produtos e serviços sem precedentes. O resultado é que a oferta excede a demanda em um número crescente de setores. A tendência para a globalização confere mais amplitude à situação. À medida que caem as barreiras comerciais entre os países, e as informações sobre produtos e preços ficam disponíveis instantânea e globalmente, os nichos de mercado e as áreas que protegem monopólios continuam a desaparecer.

O resultado tem sido a aceleração da transformação de produtos e serviços em *commodities* — algo de que o setor de serviços financeiros tem pleno conhecimento. O efeito resulta em um aumento da guerra de preços e uma diminuição das margens de lucro. Em setores com um número excessivo de participantes, diferenciar marcas torna-se mais difícil nos períodos econômicos tanto favoráveis como desfavoráveis.

Tudo isso indica que o ambiente empresarial, no qual a maioria dos métodos estratégicos e gerenciais do século XX evoluiu, está desaparecendo cada vez mais. À medida que os oceanos vermelhos ficarem cada vez mais revoltos, os dirigentes demonstrarão maior preocupação pelos oceanos azuis do que tiveram no passado. É por esse motivo que o futuro pertence às empresas que podem criar e executar a estratégia do oceano azul.

A analogia com a guerra ou a batalha competitiva que usamos até agora para a estratégia tem seus limites. Baseia-se na suposição de que existe somente uma certa dimensão do território. Portanto, trata-se da divisão desse território pela concorrência entre as empresas. Tem havido um ganhador e um perdedor. Porém, nossas pesquisas indicam que não se trata de um jogo de soma zero. É possível criar novos territórios. A história das empresas mostra que, ao contrário do pensamento dominante, o número de espaços no mercado que podem ser criados é infinito.

No entanto, existe uma capacidade fortemente subestimada para a criação de novos territórios — novos setores e mercados. O número de setores sempre aumenta e o ritmo está acelerando. As implicações para os CEOs e seus assessores são substanciais. Alguns setores desaparecem, outros persistem. Porém, novos setores estão sendo criados constantemente. É como uma galáxia de estrelas — infinita. Ao se transpor isso para o futuro, a conclusão óbvia é que os maiores setores atualmente têm pouca probabilidade de ser os maiores dentro de 30 anos.

MINIMIZAÇÃO DO RISCO E MAXIMIZAÇÃO DA OPORTUNIDADE

Algumas pessoas poderiam pensar que a estratégia do oceano azul pode ser inerentemente mais arriscada. Muito pelo contrário, a estratégia do oceano azul tem a ver com minimização e aceitação do risco. Evidentemente, não existe estratégia sem risco. Toda estratégia, seja vermelha, seja azul, sempre envolverá risco. Apesar disso, quando é o caso de ultrapassar o oceano vermelho para criar e manter oceanos azuis, existem seis riscos principais com os quais as empresas se defrontam: risco de busca, risco de planejamento, risco de escopo, risco do modelo empresarial, risco organizacional e risco gerencial. Os quatro primeiros riscos posicionam-se em torno da formulação da estratégia e os dois últimos, em torno da execução da estratégia.

O livro *Blue Ocean Strategy* examina expressamente de como diminuir cada um desses riscos. O primeiro princípio do oceano azul — reconstruir os limites do mercado — aborda o risco de busca, que é o modo de identificar de maneira bem-sucedida, entre o grande número de possibilidades existentes, oportunidades comercialmente interessantes de oceano azul. O segundo princípio — foco no contexto geral e não nos números — concentra-se em como diminuir o risco de planejamento associado à dedicação de muitos esforços e de muito tempo, mas resultando apenas em ações táticas do oceano vermelho. O terceiro princípio — ir além da demanda existente — trata do risco de escopo, relacionado a agregar a maior demanda a uma nova oferta.

O quarto princípio — acertar na seqüência de estratégias — aborda como criar um modelo empresarial sólido para assegurar um bom lucro de sua idéia de oceano azul, diminuindo dessa forma o risco de modelo empresarial. O quinto princípio — incluir a execução na estratégia — aborda como motivar as pessoas para executar a estratégia do oceano azul da melhor forma que puderem, dominando o risco gerencial.

Esses seis princípios têm por finalidade tornar a formulação e a execução da estratégia do oceano azul tão sistemática e voltada à ação, de modo análogo a competir nos oceanos vermelhos do espaço de mercado existente. Ao criar oceanos azuis, os princípios orientam as empresas de modo que, ao mesmo tempo, maximizem a oportunidade e minimizem o risco.

A ESTRATÉGIA DO OCEANO AZUL É UM PROCESSO DINÂMICO

A estratégia do oceano azul não deve ser um processo estático. Considere o Body Shop. Nos anos 1980, o Body Shop teve muito sucesso e, em vez de concorrer frontalmente com as grandes empresas de cosméticos, inventou um novo espaço de mercado para produtos de beleza naturais. Mais recentemente, passou por dificuldades, porém, isto não diminuiu o brilho de sua iniciativa estratégica inicial. O problema foi que o Body Shop não entendeu aquilo que o tornou uma iniciativa estratégica brilhante. Sua genialidade reside em criar um novo espaço de mercado em um setor intensamente competitivo que, historicamente, concorreria com base no *glamour*. A empresa, após ter criado um oceano azul, concentrou-se em aproveitar este novo espaço de mercado. Isto era adequado quando poucos participantes o imitavam, porém, à medida que um número cada vez maior de empresas entrava no oceano azul, ele tornou-se vermelho e a empresa envolveu-se em uma batalha aguerrida por participação de mercado. Esta foi a estratégia errada.

Após uma empresa ter criado um oceano azul, deve ampliar seu santuário de lucro e crescimento nadando o mais longe possível no oceano azul, transformando-se em um alvo móvel, que se distancia dos imitadores potenciais e os desincentiva a participar do processo. A finalidade consiste em dominar o oceano azul, em detrimento dos imitadores, pelo maior tempo possível. Porém, à medida que as estratégias de outras empresas convergem no mercado e o oceano azul se torna vermelho em virtude de muita concorrência, as empresas precisam afastar-se novamente da concorrência. É neste aspecto que o Body Shop encontrou obstáculos.

A estratégia do oceano azul mostra às empresas não somente como criar e mantê-lo, mas também como monitorar a ocasião em que se torna necessário ter um novo oceano azul. Desse modo, essa estratégia apresenta um processo repetitivo dinâmico para a criação de um espaço de mercado sem contestação ao longo do tempo.

Leitura 9

Enfrentando Competição de Baixo Custo

Don Potter
Strategy Street.com

Um concorrente de baixo custo é como um tubarão. Pode aparecer inesperadamente vindo de baixo, agitar as águas oferecendo grandes economias para os clientes, aproveitar os grandes lucros e perturbar a maneira tradicional de realizar negócios. E pode deixar uma esteira de destruição: líderes do setor alijados, lucros inferiores e clientes irritados. Nenhuma empresa está imune a tal ataque e a maioria dos dirigentes se defrontará com pelo menos um — e possivelmente muitos — durante suas carreiras. Se existe uma defesa, ela reside no conhecimento: conhecer que forma de ataque tem probabilidade de ocorrer e em que condições. Mais importante, os gerentes devem conhecer suas diferentes opções, incluindo a resposta que tem maior possibilidade de restaurar a calma no mercado do modo menos perturbador possível.

A DINÂMICA DE UM ATAQUE DE BAIXO CUSTO

Todo setor possui um ou mais líderes tradicionais: os grandes concorrentes que determinam os referenciais de desempenho e preço. A General Motors preenche esse papel na indústria automobilística, a Hewlett-Packard em computadores pessoais e a Kellogg nos cereais para o café da manhã. Normalmente, um líder tradicional vende um conjunto de produtos que reflete aproximadamente aqueles do setor como um todo e seus preços são seguidos com pouca variação pelas demais empresas. Juntos, os líderes de um mercado controlam uma grande parte da ação: usualmente entre 35% a 80% das vendas totais do setor.

São esses líderes tradicionais — ou, mais precisamente, seu volume de vendas — que os competidores de baixo custo escolhem como alvo, muitas vezes oferecendo descontos mais de 20% menores do que o preço usado no varejo. A EMC Corp., líder no armazenamento de dados em computadores de grande porte, fincou sua posição por meio de reduções de preços de 20%. Os clones de PCs bem-sucedidos do final dos anos 1980 tinham um preço pelo menos 30% menor que o da IBM Corp. A Cott vende bebidas do tipo cola com marca do varejista e outros refrigerantes por preços 25% inferiores, no mínimo, do que a Coca-Cola e a Pepsi. Quando os descontos são inferiores a 20%, os concorrentes que atuam no baixo custo usualmente têm de oferecer outros benefícios, seja na aquisição, seja no uso do produto, seja no serviço. Em meados da década de 1980, por exemplo, a Minit Lube Ltd., sediada em Calgary, oferecia troca de óleo a um preço apenas ligeiramente inferior ao dos postos de serviço, porém o atendimento durava somente 10 minutos, evitando aos clientes a inconveniência de ter de sair do carro e posteriormente entrar no veículo.

Evidentemente, um concorrente de baixo custo quase sempre precisa reduzir alguns benefícios para o cliente, a fim de diminuir custos (e portanto permitir que a empresa lucre). Existem três tipos de benefícios que potencialmente podem ser reduzidos — função, conveniência ou confiabilidade — porém somente os dois primeiros oferecem oportunidades significativas.

Reproduzido de "Confronting Low-End Competition", Don Potter, *MIT Sloan Management Rewiew*, vol. 45, n. 4, verão 2004, p. 73-78 mediante autorização do editor. Copyright 2004 by Massachusetts Institute of Technology. Todos os direitos reservados.

Função refere-se às características de uma oferta que afetam o modo de o consumidor usá-la. Em um produto manufaturado ou na prestação de um serviço, inclui aspectos como tamanho, potência, velocidade e estilo — pense na injeção eletrônica de combustível para um motor marítimo, a velocidade de processamento de um PC, uma vista para o oceano em um *resort*. Em um negócio varejista ou de distribuição, a função inclui a escolha dos produtos que os clientes podem comprar e o ambiente de uma loja física. Na produção, oferecer funcionalidade acarreta o custo da compra de materiais, mão-de-obra e investimento de capital. No varejo ou na distribuição, engloba o custo dos produtos oferecidos e as melhorias na loja para criar um ambiente favorável — todos esses fatores podem ser significativos.

Conveniência refere-se à facilidade de aquisição e instalação, de modo que os clientes movimentam-se rapidamente para usar um produto. Para acelerar esse processo, as empresas aplicam recursos em propaganda para criar conscientização do cliente e para diferenciar seus produtos dos demais. Elas também tornam seus produtos prontamente disponíveis, mantendo uma equipe de vendas disseminada e distribuição especializada ou operando canais varejistas próximos ao cliente. Tais canais incorrem em custos significativos.

Confiabilidade refere-se ao modo como uma empresa mantém suas promessas. Com relação aos produtos manufaturados, os itens precisam ser entregues ao canal de distribuição conforme o prometido; precisam desempenhar conforme o esperado; e o produtor precisa manter uma presença constante no mercado com relação aos usuários finais e os canais. No ramo de varejo e distribuição, a gama de produtos precisa estar sempre disponível; produtos esgotados precisam ter um nível mínimo; e as devoluções e os créditos precisam ser processados eficientemente ou mesmo amigavelmente.

Uma empresa não pode cortar facilmente os custos de confiabilidade. Caso o faça, arrisca perder credibilidade — um erro potencialmente fatal para toda empresa tentando penetrar em um mercado. Um concorrente de custo baixo tem, portanto, maior possibilidade de cortar custos, diminuindo a funcionalidade, a conveniência ou ambos. Existem numerosas estratégias desse tipo, com diversas combinações de preço, funcionalidade e conveniência. Para identificar os diferentes métodos, analisei as operações de mais de 250 concorrentes de baixo custo, incluindo alta tecnologia, *fast-food*, serviços financeiros e varejo. Um resultado importante dessa pesquisa, que incluiu uma análise dos dados disponíveis ao público para os últimos 15 anos, é que os concorrentes de custo baixo bem-sucedidos tendem a usar uma das quatro abordagens: redutor, predador, reformador ou transformador.

Redutores

Os redutores entram no mercado com uma oferta que possui os elementos essenciais, reduzida em função e, usualmente, em conveniência. As reduções de preço substanciais desses produtos apelam apenas aos consumidores mais sensíveis ao preço, e os redutores normalmente conquistam somente uma participação de mercado modesta. Como um grupo, raramente conseguem 30% do mercado; mais freqüentemente sua participação cai abaixo de 15%.

Os redutores parecem ser os mais comuns nos setores de serviço e de distribuição, particularmente quando os líderes tradicionais estão comprometidos com maneiras tradicionais de realizar negócios. A Jet Blue Airways é um caso. A empresa oferece uma escolha muito limitada de vôos; voa para aeroportos secundários em grandes mercados e atende somente uma pequena porção do mercado interno. Um outro exemplo é a rede de descontos Costco Wholesale Corp. As lojas em forma de armazéns são disponíveis somente para clientes cadastrados, vendem mercadorias de alta qualidade (principalmente com marcas nacionais) a preços muito baixos, porém a seleção de produtos é uma fração daquela do Wal-Mart Stores, Inc. ou mesmo do supermercado médio.

Predadores

Os predadores oferecem produtos com funções equivalentes àquelas dos do líder tradicional, porém a preços menores. Eles se apóiam em várias táticas para atuar desse modo.

Os predadores, em muitos casos, são capazes de aproveitar as oportunidades que surgem quando um setor possui um custo fixo exagerado (como despesas elevadas de P&D ou os custos excessivos para manter uma marca) ou expectativas exigentes para a lucratividade do produto. Ocasionalmente, um líder tradicional de longa data pode ter permitido que seus preços subam a ponto de uma empresa relativamente desconhecida entrar no mercado simplesmente produzindo e vendendo um produto comparável com sua própria marca a preços significativamente menores. No início da década de 1990, por exemplo, os fabricantes de clones de PCs ofereciam benefícios funcionais comparáveis a preços 25% a 50% menores que o líder tradicional IBM. Exemplos atuais incluem Advanced Micro Devices em semicondutores, Drypers em fraldas descartáveis, e Men´s Wearhouse no varejo de vestuário. Muitas vezes, um predador fará uma parceria com um distribuidor poderoso, economizando desse modo em propaganda e outras despesas. Indústrias que usam marca própria como a Dean Foods em laticínios, Ralcorp Holdings em cereais para o café da manhã e Perrigo para medicamentos sem tarja adotam esse método. Algumas vezes, um predador encontra uma maneira mais econômica para produzir certos produtos, especialmente aqueles de baixo custo. No decorrer dos anos 1980 e 1990, por exemplo, a Nucor Corp. tornou-se uma potência na indústria do aço, adotando um processo de fabricação a custo baixo que usava refugos metálicos para produzir produtos básicos como barras de reforço. Outros predadores dependem de terceiros ou de subsídios do governo para produzir a custos abaixo daqueles do líder tradicional. E um outro método — usado por muitas empresas terceirizadas — consiste em agregar demanda para obter melhores economias de escala (e, portanto, custos menores).

> *Reformadores oferecem uma nova conveniência à custa de alguma característica funcional ou outro benefício de conveniência. O exemplo clássico é a Amazon.*

Os diferentes métodos normalmente exigem clientes que obtenham alguns benefícios de conveniência em troca dos preços baixos. Desse modo, muitos predadores passam a atuar almejando inicialmente os clientes mais fracos no mercado (e mais sensíveis aos preços), similar ao que fazem os redutores. No entanto, à medida que os predadores continuam a crescer, podem atrair os maiores e mais valiosos clientes. Por exemplo, em 1987, o predador Sprint já havia se tornado um concorrente sério da AT&T atraindo como cliente a Sears, Roebuck e desafiando a AT&T pelos negócios da GM.

Reformadores

Ao contrário dos redutores ou predadores, os reformadores não concorrem somente ou mesmo principalmente em termos de preço. Como alternativa, os reformadores deixam sua marca, oferecendo uma nova conveniência à custa de alguma funcionalidade ou de outro benefício de conveniência do produto de um líder tradicional. A combinação entre preço competitivo (e usualmente menor) adicionado a uma maior conveniência pode tornar os produtos do reformador extremamente atrativos. O termo *reformador* refere-se ao modo como essas empresas realizam negócios em um determinado segmento de mercado.

O exemplo clássico de um reformador é a Amazon. com Inc. Em uma época em que as livrarias tradicionais estão oferecendo mais amenidades funcionais — recantos de leitura, cafés e assim por diante — a Amazon oferece a conveniência da compra de livros e de outros produtos pela internet em alguns minutos, literalmente com o clique de um mouse. Outros reformadores incluem Jiffy Lube International Inc. e Minit Lube, pioneiros na troca de óleo rápida nos anos 1980. A Domino's Pizza Inc. desempenhou papel similar no negócio de pizzas. Um outro exemplo é a Dollar General Corp., que limita suas escolhas de produto ao mínimo possível para exibi-los em lojas pequenas que podem ser localizadas mais facilmente perto de seus clientes de menor renda.

Reformadores tendem a surgir em três situações: quando o produto pode ser pedido e entregue on-line, quando o produto pode ser pedido por telefone ou on-line e entregue pelo correio e quando o produto pode ser desmembrado em benefícios funcionais e de conveniência de custo elevado e reduzido e alguns clientes estão dispostos a abrir mão de certos benefícios de custo elevado para maior conveniência. Reformadores podem agradar aos clientes atuais e aos novos que são atraídos por conveniência adicional. Desse modo, os reformadores podem expandir setores, criando novos segmentos de mercado.

Transformadores

Transformadores, de modo análogo aos reformadores, oferecem aos clientes um novo benefício, porém a vantagem reside na funcionalidade. Muitas vezes, os transformadores também oferecem preços menores, usando um método novo para atender o mercado ou disponibilizando tecnologia que não existia. O termo *transformador* refere-se ao modo pelo qual essas empresas podem alterar radicalmente setores completos.

A maioria das redes varejistas, que dominam determinadas categorias de produtos, foram originalmente transformadores, incluindo Toys "R" Us, Home Depot e Staples. As lojas dessas empresas oferecem uma seleção de produtos muito maior do que os líderes tradicionais, mas para manter seus preços baixos, suas localizações são menos convenientes e oferecem menos benefícios aos clientes. Outros transformadores criaram conceitos de mercado que reduzem o tempo e o custo para vender e comprar produtos.

Um outro exemplo de um transformador é a Powerware Technologies Inc. de Santa Ana, Califórnia, que vende amplificadores usados pelas empresas de telefone celular para ampliar os sinais de suas estações transmissoras. Os produtos inovadores da Powerware possuem operações multicanais, o que é mais versátil e eficiente do que o modo de canal único. A Powerware alterou o modo como os amplificadores são cotados, de um custo por amplificador (que fazia sentido para produtos de canal único) a um preço por capacidade de amplificação oferecida. Como resultado, as estações transmissoras operando perto de sua capacidade descobriram que os amplificadores Powerware poderiam ajudá-las a reduzir seus custos de amplificação por assinante em mais de 40% e a Powerware tornou-se rapidamente um fornecedor importante no setor.

Transformadores como Powerware empregaram a tecnologia para poupar tempo, espaço ou capacidade dos clientes (pense nas enciclopédias em CD-ROM). Ou podem permitir às pessoas evitarem uma cirurgia onerosa ou invasiva (pense nas técnicas cirúrgicas de litotripsia ou artroscopia). O aparecimento de tais transformadores pode facilmente pegar desprevenido um líder tradicional, porque disponibilizam novas tecnologias que são difíceis de prever.

DESENVOLVIMENTO DE UMA ESTRATÉGIA

Apesar de todas as vantagens que possuem, os concorrentes de baixo custo também têm sua parcela de vulnerabilidade. Primeiro, um desafiante precisa conscientizar e educar os clientes. Independentemente de sua estratégia

— redutor, predador, reformador ou transformador —, normalmente terá de investir uma soma considerável logo de início para tornar-se conhecido e obter pelo menos níveis mínimos de acessibilidade. E os gastos podem ter de continuar durante algum tempo. Os clientes sensíveis ao preço tendem a ser volúveis, passando rapidamente a comprar de outro fornecedor em busca do menor preço do setor. Na extensão em que a atração de um desafiante fundamenta-se principalmente em preço, ele precisa assegurar constantemente que possui a oferta mais econômica e então divulgar este fato. O processo pode resultar facilmente em despesas de marketing elevadas, reduzindo toda vantagem de custo auferida em outras áreas.

Da mesma forma, muitos concorrentes de baixo custo possuem margens reduzidas e precisam manter volumes elevados de venda a fim de permanecer rentáveis. Em outras palavras, não podem suportar muita concorrência em seus segmentos de clientes sensíveis ao preço. Para tornar a situação mais complicada, seu mercado natural tende a ser pequeno. Os redutores, predadores, reformadores e transformadores, em graus variados, eliminaram ou diminuíram algum aspecto da função, conveniência ou confiabilidade que agrada ao cliente médio, tornando difícil conquistar grande parte do mercado, onde reside a maioria do volume de compras.

Além disso, até se estabelecerem firmemente em um setor, os concorrentes de baixo custo valem-se principalmente dos clientes mais fracos do mercado, que muitas vezes precisam de preços baixos para sobreviver. Em contraste, os líderes tradicionais tendem a conquistar vendas dos clientes de maior porte (e melhores) que, muitas vezes, relegam um concorrente de baixo custo ao status de fornecedor secundário até haver atingido a escala e o histórico de desempenho que justifiquem a confiança dos compradores.

Ao mesmo tempo que o desafiante possui vulnerabilidades, o líder tradicional tem vantagens inerentes. Possui a marca conhecida, que muitas vezes é um nome familiar. Moldou as expectativas dos clientes em relação aos benefícios funcionais e estabeleceu sua reputação em termos de conveniência e confiabilidade. Em resumo, o líder tradicional oferece o produto ou serviço que a maioria dos clientes prefere. Adicionalmente, em virtude de os líderes tradicionais normalmente serem grandes e terem economias de escala favoráveis, muitas vezes podem vender a um bom preço ou oferecer um benefício adicional (para igualar a oferta de um concorrente de baixo custo), incorrendo ao mesmo tempo somente em custos marginais. E alguns líderes tradicionais podem subsidiar a batalha com um concorrente de baixo custo com os lucros de outras partes de suas empresas.

Os líderes tradicionais, com tais vantagens, parecem ser inalcançáveis, e pode parecer que o desafiante existe somente por ser tolerado por aqueles. No entanto, os líderes tradicionais possuem uma fraqueza perigosa, algumas vezes fatal: um grande empenho para proteger os lucros atuais. Um grande número de líderes tradicionais despreza os concorrentes de baixo custo, escolhendo como alternativa continuar com os negócios do modo usual. Porém, isso somente oferece aos desafiantes a oportunidade de ficarem mais fortes, criando uma ameaça até maior no futuro.

É óbvio que as empresas dificilmente podem ser culpadas por desejarem preservar seus lucros a curto prazo. Também não deveriam ser criticadas por hesitarem em incorrer em qualquer risco indevido ao se defender contra um ataque de baixo custo. O desafio, então, consiste em determinar a resposta ótima que tem possibilidade de maximizar os lucros, incluindo aqueles a longo prazo, minimizando ao mesmo tempo os riscos. As alternativas estratégicas incluem as seguintes (relacionadas da menos para a mais perturbadora para as operações de uma empresa): superar o desafio desprezando, bloqueando ou adquirindo o concorrente de baixo custo ou reforçando a própria proposição de valor da empresa aumentando o preço no varejo, aumentando os benefícios ou diminuindo os preços.

Superação do Desafio

Quando um concorrente de baixo custo entra no mercado, a reação facilmente previsível consiste em usar as mesmas armas, igualando ou diminuindo os preços reduzidos. Entretanto, muitas vezes, a melhor (e certamente menos arriscada resposta) consiste em superar o desafio.

Desprezar o Concorrente de Baixo Custo Um líder tradicional pode optar por desprezar aqueles concorrentes de baixo custo que não têm possibilidade de obter uma participação de mercado significativa por faltar-lhe os recursos para ampliar suas linhas de produtos. Considere a Graymont Inc., um líder tradicional no setor de mineração, que opera no Canadá e nos Estados Unidos. Há algum tempo, a Graymont defrontou-se com um concorrente de baixo custo que vendia cal a preços menores. O concorrente era uma cooperativa de propriedade de diversos clientes. Havia transferido a maior parte de sua produção às operações de seus proprietários e, em seguida, vendiam o remanescente a preços muito baixos. Em virtude de a cooperativa ter pouco potencial para passar a vender produtos na ponta sofisticada — a qualidade de suas matérias-primas era ruim —, a Graymont manteve seus próprios preços em um nível atrativo, aceitando uma participação de mercado menor em retorno por uma melhor lucratividade.

> *Um líder tradicional pode reconquistar todos os seus clientes, caso reduza os preços ao nível do desafio. Porém, poucos desejam ou querem dar um desconto tão grande.*

Em outros casos, um concorrente de baixo custo possui acesso às matérias-primas necessárias, mas não tem os fundos exigidos para apoiar a expansão. Realmente, muitos desafiantes de baixo custo enfrentam dificuldades financeiras, porque suas operações exigem um equilíbrio sutil. Uma grande diferença entre o preço reduzido e o preço do líder tradicional pode ser atrativa para os clientes, porém as margens de lucro resultantes serão exíguas. No entanto, quanto menor a defasagem entre os dois preços, menor o incentivo para os clientes mudarem. Esta é uma razão por que o setor de supermercados desprezou em grande parte o desafio de concorrentes on-line como o Webvan Group Inc. Muito embora o Webvan oferecesse um atendimento reformador, que permitia aos clientes realizar compras de suas residências, os preços da empresa eram aproximadamente os mesmos daqueles das redes nacionais dos líderes tradicionais. O resultado: o Webvan foi capaz de atrair alguns consumidores entusiasmados, porém não em número suficiente para dar sustentação à sua estrutura de custos. Simplesmente não conseguia gerar um lucro operacional e terminou esgotando seu capital inicial.

Barrar o Concorrente de Baixo Custo Quando um concorrente não pode ser desprezado, os líderes tradicionais podem buscar maneiras para barrar a empresa. Muitas vezes, podem usar seu tamanho para obter vantagem, ameaçando boicotar todo fornecedor ou distribuidor que tenha negócios com o concorrente de baixo custo. Evidentemente, tais táticas devem permanecer dentro dos limites legais; ao mesmo tempo, os líderes tradicionais não deveriam esquecer o poder considerável que possuem. Os optometristas, por exemplo, representam mais de 50% do mercado para lentes de contato e o receio de perturbá-los é uma das razões por que alguns fabricantes de lentes recusaram-se a vender seus produtos por meio de empresas redutoras que vendem diretamente, como a 1-800-CONTACTS Inc. de Draper, Utah.

Ocasionalmente, a lei pode ser uma aliada importante. Durante os anos 1980, a indústria do aço e diversos setores nos Estados Unidos convenceram a International Trade Commission a afirmar que certos concorrentes de baixo custo estavam praticando o *dumping* de produtos no mercado interno. O resultado foi a imposição de tarifas de importação que efetivamente mantiveram concorrentes estrangeiros à distância. A lei de patentes e marcas comerciais também pode ser eficaz para prejudicar certos tipos de concorrência de baixo custo. A Parrigo Co., sediada em Michigan, uma fabricante predadora de medicamentos não-tarjados, foi alvo de diversos processos judiciais, que alegavam que a empresa havia copiado deliberadamente o aspecto e o conteúdo de alguns produtos com marca.

Adquirir o Concorrente de Baixo Custo O método definitivo para suplantar uma ameaça de baixo custo consiste em adquirir o desafiante. Evidentemente, o líder tradicional precisa ter capital suficiente e os custos de aquisição devem ser razoáveis. Adicionalmente, o líder tradicional precisa ter um plano detalhado para gerenciar a empresa do concorrente após a aquisição. Há alguns anos, o Shaw Group Inc., um líder tradicional no setor de fabricação de tubos com sede em Baton Rouge, Louisiana, adquiriu um rival que vendia mais barato em certas transações. Após a aquisição, o Shaw renegociou os pedidos em carteira, visando margens maiores e mudou seu método de cotação de preços para transações futuras.

Reforçar a Proposição de Valor da Empresa

Muitas vezes, vencer o desafio não é uma opção e o líder tradicional, confrontado por um concorrente forte, precisa considerar outras alternativas. O objetivo consiste em reduzir o volume de vendas do concorrente de baixo custo para que perca lucratividade e não consiga continuar crescendo. Para realizar isso, o líder tradicional pode precisar sacrificar uma parte dos lucros a curto prazo para proteger sua participação de mercado e lucratividade a longo prazo. Novamente, entretanto, a melhor resposta é aquela com o risco mínimo, portanto, os métodos a seguir estão relacionados iniciando com o menos perturbador.

Praticar um Novo Preço no Varejo Alguns concorrentes de baixo custo realmente fazem um favor aos líderes tradicionais aproveitando uma fonte oculta de novos clientes que pode alimentar o crescimento do mercado. Um líder tradicional pode então introduzir seu próprio produto econômico, igualando o preço com desconto no varejo, mas oferecendo um nível mais elevado de confiabilidade e conveniência. Em tais casos, o líder tradicional pode conquistar os novos clientes, agregando mais receita do que custo.

No final dos anos 1990, por exemplo, redutores como o People PC Inc., sediado em San Francisco, e eMachines Inc., de Irvine, Califórnia, introduziram o computador pessoal vendido por menos de mil dólares, que atraía muito os clientes na ponta econômica, incluindo pessoas que desejavam um segundo PC, econômico, em suas residências. Durante dois anos, os líderes tradicionais Compaq, Dell e Hewlett-Packard evitaram concorrer no preço do varejo, porque desejavam manter seus preços médios e suas margens de venda. Porém, finalmente, passaram a atuar na ponta econômica do mercado e descobriram que seus lucros eram maiores que os dos redutores, porque possuíam melhores economias de escala e foram capazes de cobrar preços ligeiramente maiores por suas marcas e canais de distribuição convenientes.

Aumentar o Nível de Benefícios Suponha, entretanto, que o concorrente de baixo custo não crie um novo segmento de mercado, mas avance nos principais negócios do líder tradicional. O líder pode considerar então ajustar a proposição de valor de sua atual linha de produtos, iniciando com mudanças no desempenho. Essa tática pode ser eficaz, especialmente quando os descontos de preço são inferiores a 20% e quando o líder consegue pôr em relevo benefícios de função e conveniência que os clientes notarão prontamente.

Os shopping-centers, por exemplo, se defrontaram com diversos desafios na ponta econômica de iniciativa dos redutores (como as lojas de desconto de grande porte), reformadores (varejistas eletrônicos) e transformadores (lojas imbatíveis na categoria). Em resposta, o Mills Corp., um incorporador regional de shoppings com sede em Arlington, Virginia, criou o conceito de *shopping com entretenimento*, que promove alguns benefícios de função adicionais como facilitar a realização das compras (por exemplo, quiosques eletrônicos que permitem aos clientes localizar itens difíceis de encontrar e que estão indisponíveis em uma loja). Porém, a maior parte dos benefícios tem por foco tornar a experiência de compra mais interessante de modo que, por exemplo, algumas lojas de artigos esportivos incluíram em seus negócios lagos de pesca, parques de patinação ou pistas exclusivas para ciclismo.

Outros líderes tradicionais reagiram por meio de melhorias funcionais que representam ou reformulam seus produtos, como a embalagem prática de ketchup da H.J.Heinz Co. e as fraldas descartáveis mais finas da Procter & Gamble Co. E as inovações de conveniência também podem ser eficazes. Para afastar a concorrência das empresas de desconto que atuam na internet, a Banana Republic Inc. agregou entrega gratuita durante os feriados e transporte gratuito às residências para alguns de seus clientes.

Diminuir os Preços O último bastião de defesa consiste em os líderes tradicionais baixarem seus preços. Porém até que ponto as reduções devem ser feitas? Teoricamente, um líder tradicional pode reconquistar todos os seus clientes, caso diminua seus preços ao nível praticado pelo desafiante, porque terá função superior, conveniência e confiabilidade. Porém, poucos líderes tradicionais desejam — ou precisam — diminuir tão acentuadamente seus preços. O líder tradicional Caterpillar, Inc. repeliu um ataque da Komatsu Ltd. na década de 1980, fazendo com que a diferença de preços fosse inferior a 10%. A AT&T igualmente reduziu suas tarifas de serviços telefônicos interurbanos, fixando-os na faixa de 10% abaixo dos predadores MCI e Sprint. Porém, a Compaq Computer Corp. teve de reduzir seus preços em mais de 30% para combater os fabricantes de PCs predadores no início da década de 1990.

Em todos esses casos, os líderes tradicionais foram capazes de bloquear (ou mesmo reverter) sua perda de negócios sem ter de igualar os preços na ponta econômica. Algumas vezes, entretanto, um concorrente de baixo custo está muito bem posicionado — os clientes já começaram a considerar a empresa como igual ao líder tradicional em termos de função, conveniência e confiabilidade. Quando isto acontece, o líder tradicional pode ter de igualar os preços do desafiante.

A EMPRESA SOBREVIVERÁ — PARA LUTAR NOVAMENTE?

Antes de um líder tradicional cortar seus preços — ou, na verdade, canalizar quaisquer recursos em resposta a um concorrente de baixo custo — deve formular uma pergunta fundamental: Estou participando de uma batalha que, mesmo que a vença, terei simplesmente de lutar novamente?

Quando os Ataques de Baixo Custo São Inevitáveis

É inteiramente possível os líderes tradicionais repelirem um concorrente de baixo custo e assim mesmo fazer com que permaneçam as condições que lhe permitiram destacar-se inicialmente. Portanto, antes de partir para a ação, os líderes tradicionais deveriam considerar os três impulsionadores básicos que levam a um desafio vindo de baixo.

O primeiro é um nível de preços elevado no setor, que muitas vezes conduz a uma demanda geral declinante. Por exemplo, na área de serviços fúnebres, anos de consolidação resultaram em preços mais elevados. Como resultado, o setor está perdendo gradualmente sua participação de mercado nos enterros a favor das cremações mais baratas (e menos rentáveis).

O segundo impulsionador é um canal de distribuição em busca de um produto, particularmente se esse canal atende ao mercado de massa e sente necessidade de uma oferta a custo reduzido que o líder tradicional não oferece. Esta situação ocorreu no mercado de PCs no início dos anos 1990, quando os líderes tradicionais recusaram-se a vender seus produtos a grandes varejistas, valendo-se como alternativa de vendas diretas ou de revendedores especializados em computadores. Essa possibilidade foi então atendida por concorrentes de baixo custo, como os agora inexistentes Packard Bell e AST Computer, que estavam muito dispostos a oferecer produtos aos canais do mercado de massa. Como regra prática geral, um líder tradicional no mercado de produtos de consumo deveria considerar a utilização de canais de mercado de massa, quando um setor estiver chegando à maturidade no ponto em que a facilidade de uso e o valor acessível se tornaram compatíveis com as aptidões e o orçamento do consumidor médio.

O impulsionador final é a grande estrutura de custos do líder tradicional. Para manter essa estrutura, o líder tradicional precisa manter os preços elevados, o que, por sua vez, aumenta o valor de cada cliente individual, de modo que a empresa precisa oferecer mais benefícios (a custos adicionais) para satisfazer cada um deles. Custos e preços podem continuar esta espiral ascendente até que os redutores e os predadores apareçam para contestar o conjunto de benefícios e oferecer um produto com preço menor. Este tipo de situação ocorre repetidamente com muitas empresas de bens de consumo industrializados. Um líder tradicional desenvolve múltiplas ampliações da linha de produtos, passa a oferecer novos benefícios para o consumidor e o canal, agregando custos e elevando preços, até que uma empresa com marca própria passe a atuar captando a ponta inferior do mercado.

Tipos Diferentes de Retiradas Estratégicas

As empresas que se defrontam com qualquer das condições citadas até aqui possuem algumas possibilidades corretivas. Por exemplo, para lidar com uma estrutura de custo interno elevada, um líder tradicional pode segmentar novamente seu mercado e oferecer um preço de varejo àqueles clientes dispostos a pagá-lo — e reduzir benefícios e preços para aqueles que não estiverem. A longo prazo, entretanto, se os custos do líder tradicional permanecerem elevados, a empresa poderá se encontrar em uma posição para segmentar novamente seus mercados.

Para evitar lutar a mesma batalha repetidamente, um líder tradicional deveria examinar detalhadamente a dinâmica do setor, bem como suas próprias operações. Muitas vezes, o auto-exame revelará um problema fundamental que não pode ser resolvido facilmente. Em tais casos, o líder tradicional poderia estar em melhor posição, caso se retirasse.

Um líder tradicional pode eliminar apenas a parte de sua estrutura de custos que é problemática. Em 1999, após anos de luta com concorrentes de baixo custo no negócio de bicicletas, o líder tradicional Huffy Corp. deixou de produzir e terceirizou as atividades industriais para fornecedores com custos menores. A Huffy optou por concentrar sua capacitação em projeto, marketing e distribuição.

Uma outra opção consiste em retirar-se somente da área de produtos econômicos, especialmente quando normalmente não são adquiridos pelos principais clientes. No final da década de 1980 o líder tradicional May Department Stores Co. possuía algumas marcas, cobrindo uma ampla gama de preços, do sofisticado Lord & Taylor a lojas de desconto. Em virtude de os lucros de duas de suas marcas mais econômicas — Caldor e Ventura — serem vulneráveis aos concorrentes de baixo custo, a empresa decidiu vender essas marcas.

O líder tradicional também pode deixar de atender a um segmento de clientes específico. No final dos anos 1990, à medida que os concorrentes de baixo custo estavam se consolidando no mercado de ligações interurbanas, a AT&T deixou de dar atenção aos pequenos usuários. Portanto, a empresa começou a cobrar uma taxa mensal mínima de cada usuário e tentou fazer com que alguns consumidores passassem a usar cartões pré-pagos.

Em casos extremos, um líder tradicional pode retirar-se totalmente. Em meados dos anos 1980, o Salomon Brothers dominava o mercado de apólices municipais. Ao longo do tempo, no entanto, a empresa viu-se sob pressão cada vez maior dos bancos comerciais que possuíam custos menores e ofereciam cotações melhores. A Salomon Brothers concluiu, relutantemente, que os bancos tinham uma vantagem de custo permanente, deixando simplesmente de vender apólices municipais. De modo surpreendente, naquela ocasião a Salomon Brothers possuía a maior participação de mercado no setor.

Ao analisar mais de 400 setores, constatei que menos de uma em 10 empresas de capital aberto apresentava margens acima de 20% antes do imposto de renda das vendas; e a média é de 9%. Desse modo, poucas empresas podem permitir-se simplesmente reduzir preços para todos os produtos em até 10% sem prejudicar seus resultados financeiros. Em outras palavras, quando se vêem confrontados pela concorrência de baixo custo, os líderes tradicionais precisam agir com cautela de modo seletivo; caso contrário arriscam provocar um dano substancial a suas próprias operações. Precisam, em particular, conhecer os tipos diferentes de concorrência de baixo custo e as condições que tendem a originar tais ataques. Além disso, deveriam ser bem versados nas várias táticas para combater os desafios de baixo custo.

Leitura 10

Estratégias para o Novo Jogo Competitivo da Ásia

Peter J. Williamson
INSEAD

Uma reanálise estratégica fundamental torna-se necessária, tanto por parte das empresas asiáticas quanto das multinacionais ocidentais que operam na Ásia, porque o ambiente competitivo deste continente está passando por grandes mudanças. Repetir o que deu certo no passado tem pouca possibilidade de obter sucesso em face dessas novas realidades. A mudança está sendo impulsionada pelo desenvolvimento acelerado da China, pelo impacto cumulativo da desregulamentação gradual porém contínua, pela liberalização do intercâmbio comercial na Ásia e pelas implicações de um novo conjunto de forças econômicas, demográficas e sociais que estão começando a moldar o futuro asiático. Essas tendências são todas de longo prazo, porém até agora seu impacto sobre a concorrência asiática tem sido bloqueado pelo fato de que muitas empresas asiáticas foram atingidas pelos efeitos da crise financeira de 1997. Apenas recentemente esses grilhões foram removidos, à medida que foi concluída a reestruturação das dívidas ou os empréstimos foram finalmente amortizados, dando a essas corporações condições para responder a tais pressões por mudança. As multinacionais ocidentais, defrontadas com esse novo ambiente econômico na Ásia e com seus concorrentes refeitos da crise, terão de elaborar novas estratégias, se vierem a participar do novo ciclo de crescimento asiático que está ocorrendo. Em vez de clonar suas estratégias globais ou adaptá-las relutantemente à Ásia, as multinacionais ocidentais bem-sucedidas adotarão estratégias inovadoras nesse mercado que lhes permitirão apontar mais precisamente seus próprios pontos fortes específicos para depois explorá-los integralmente.

Este artigo discute as pressões fundamentais por mudança no novo jogo competitivo da Ásia e como as novas estratégias precisam desenvolver-se para serem bem-sucedidas. Isso implica a compreensão dos desafios e o aproveitamento das oportunidades que a mudança da competição asiática está trazendo em sua esteira.

QUATRO ALTERAÇÕES IMPORTANTES NO AMBIENTE COMPETITIVO ASIÁTICO

Entender os impulsionadores de mudança no ambiente asiático e o que significam para o modo como a concorrência asiática operará na próxima rodada, constitui o primeiro passo para a criação de novos tipos de estratégias e de empresas que terão sucesso no futuro. Quatro alterações que estão ocorrendo na Ásia da atualidade são particularmente significativas: o desaparecimento dos especuladores de ativos, a disseminação do padrão do desenvolvimento asiático denominado "gansos voadores", o desmembramento de "baronatos" econômicos nacionais e o declínio das estratégias copiadas.

O Desaparecimento dos Especuladores de Ativos

Supõe-se que as estratégias lucrativas tenham como alicerce a criação de novo valor ao encontrar maneiras para oferecer aos clientes bens e serviços mais adequados às suas necessidades, ou atuar de modo mais eficiente que os concorrentes. Se formos honestos, no entanto, esse não foi o modo como muitas empresas na Ásia obtiveram lucro durante o boom dos anos 1990. Como alternativa, ficaram ricas por meio de especulação de ativos: aquisição de ati-

---

Reproduzido de "Strategies for Asia's new competitive game", Peter J. Williamson, em *The Journal of Business Strategy* 26, n.2 (2005), p. 37-43. Copyright Emerald Group Publishing Limited. Autorização concedida pelos editores.

vos variando de imóveis e aquisição de empresas rivais, a construção de grandes instalações industriais, e permitindo que os preços em elevação desses ativos inflassem o valor de mercado de suas empresas. Mesmo ao continuar se beneficiando da inflação do preço dos ativos, muitos executivos seniores nas empresas asiáticas ficaram felizes por viver na ilusão de que estavam criando novo valor por meio de uma competitividade imbatível no mundo e avançando em um mercado dinâmico e aberto. O mesmo era válido para muitos de seus concorrentes multinacionais operando na região, cujos dirigentes estavam mais propensos a atribuir seu sucesso a estratégias brilhantes e sua execução, do que às condições de mercado favoráveis.

A crise financeira asiática de 1997 destruiu essas ilusões porque, quase de imediato, eliminou a onda de preços crescentes dos ativos que haviam sido o segredo não revelado do sucesso de muitas empresas asiáticas. Em vez de ganhos de capital à medida que os preços dos ativos se elevavam ano após ano, os executivos asiáticos se defrontaram com um período contínuo de deflação dos preços dos ativos. Em virtude de os bancos e as empresas de gerenciamento de ativos terem sido forçados a compartilhar o encargo, o impacto foi retardado por muitos anos. Porém, agora, por causa de os balanços patrimoniais asiáticos terem sido reelaborados, punindo a comunidade de investimentos, o domínio da situação está passando para aqueles que conseguem agregar o maior valor aos ativos e recursos que utilizam, em vez de simplesmente agregar nova capacidade. O próximo ciclo premiará aqueles que conseguem fazer mais com menos, e fazem-no de modo diferente; e não aqueles que constroem os maiores impérios corporativos na Ásia ou juntam os maiores grupos de ativos para fins especulativos. O impulso por mero volume está sendo substituído pelo impulso por valor agregado.

A China Dissemina os "Gansos Voadores"

Uma segunda força importante da mudança no próximo ciclo de concorrência na Ásia é o fator China. O modelo de desenvolvimento econômico tradicional da Ásia, muitas vezes, foi descrito como "voadores" em formação. Cada país começou produzindo e exportando produtos simples e de mão-de-obra intensiva como vestuário, calçados e montagem de produtos populares. À medida que acumulava mais capital e know-how, passou a fabricar produtos de complexidade intermediária e, posteriormente produtos e serviços com alto valor agregado. Quando um país passava para o próximo nível de valor agregado, outro país em desenvolvimento tomava seu lugar na ponta dos produtos econômicos. O Japão foi o pioneiro, seguido por Hong Kong, Cingapura, Coréia do Sul e Taiwan. Vieram em seguida Malásia, Tailândia, Filipinas, Indonésia e Vietnã por último. Embora um tanto simplista, esse conceito de gansos nacionais voando em formação estava na base de muitas políticas oficiais e de estratégias corporativas. Moldou o padrão daquilo em que as empresas asiáticas diversificadas investiram em seguida e onde as multinacionais localizavam suas atividades na Ásia.

Surgiu então a atuação da China. A revista *The Economist* resumiu de modo muito feliz o resultado por meio de um cartum. Mostrava um avião a jato, pilotado por um urso panda, passando aceleradamente sobre um bando de gansos asiáticos.[1] A China não estava voando na formação disciplinada; ao surgir o novo milênio, estava assumindo atividades que variavam da simples fabricação a projetos e produção de componentes e equipamentos de alta tecnologia, da fabricação de bonecas de pano e moldagem de brinquedos de plástico à produção de semicondutores e maquinaria especializada. E a China está realizando isso em uma escala suficientemente grande para retraçar o mapa competitivo.

Agora que o modelo dos cisnes voadores de onde localizar as operações envolvendo produtos econômicos e sofisticados, respectivamente, foi implodido e a formação ordenada encontra-se desalinhada, as empresas terão de reavaliar os papéis de cada uma de suas subsidiárias em território asiático. A China é atualmente um elemento importante do jogo asiático. Os ganhadores serão aqueles que conseguirem reestruturar suas operações em um quebra-cabeça asiático mais integrado, onde cada subsidiária na Ásia fornece componentes especializados ou se concentra nas atividades específicas no âmbito da cadeia de suprimentos geral.

Essa situação representa uma mudança fundamental no ambiente competitivo asiático. Quando as empresas reanalisam a característica de suas operações existentes, usando a nova lente de uma cadeia de suprimentos asiática mais integrada, muitas vezes descobrirão que suas atuais subsidiárias estão nos lugares errados com um excesso de integração vertical e se especializando possivelmente nos produtos errados.

> *Uma reanálise estratégica fundamental é necessária atualmente por parte tanto das empresas asiáticas quanto das multinacionais ocidentais, porque o ambiente competitivo da Ásia está passando por grande mudança.*

As empresas que fabricam semicondutores constituem um bom exemplo do tipo de nova estratégia que será necessária. Empresas importantes nesse setor tiveram de abandonar as configurações históricas em que produziam chips elaborados em um país, e econômicos em outro.

Tiveram de substituí-las por uma nova estrutura na qual uma subsidiária em outro país asiático faz o projeto do circuito, outra faz a fotolitografia e uma terceira faz a montagem final do chip. Esses tipos de pressão para redesenhar o mapa da Ásia possuem grandes implicações para as estratégias que alcançarão o sucesso no futuro.

O Desdobramento dos Baronatos Econômicos Tradicionais

A divisão da Ásia em mercados nacionais altamente segregados, separados entre si por uma mescla de barreiras tarifárias e não-tarifárias, diferenças culturais e de idioma, escolhas divergentes sobre padrões locais e diferenças reguladoras entre os países é legendária. No contexto desse ambiente, fazia sentido as empresas abordarem cada mercado nacional como se fosse em grande parte um campo distinto de atuação competitiva. Esse comportamento foi reforçado por várias formas de preferência outorgadas por governos a suas empresas locais, por meio da concessão de licenças, do acesso preferencial a financiamento e de outros tipos de apoio direto e indireto. De modo análogo, as multinacionais abordaram historicamente a Ásia como um conjunto de mercados nacionais distintos.

Nesse ambiente, os gerentes locais, muitas vezes, tornavam-se barões locais: cada um responsável por uma subsidiária fortemente autônoma no âmbito da rede asiática. Cada barão se empenhava no investimento de maiores recursos em sua unidade de negócios e argumentava contra o compartilhamento de funções — de compras a produção e de distribuição a marketing — alegando que quaisquer dessas ações reduziria sua capacidade para responder às peculiaridades do mercado local. O resultado foi um conjunto de subsidiárias altamente independentes cobrindo a Ásia sob o manto protetor de uma controladora "global".

Atualmente, cada uma dessas subsidiárias nacionais está sob ameaça do crescimento rápido da concorrência além fronteiras na Ásia. Uma mescla poderosa de barreiras comerciais declinantes, desregulamentação dos mercados nacionais e custos menores de transporte e comunicação estão agora abrindo o caminho para novas fontes de vantagem competitiva com base em economias de escala e de coordenação abrangentes. Os resultados são impressionantes. O intercâmbio comercial entre os países asiáticos encontra-se crescendo atualmente a um ritmo superior a duas vezes o intercâmbio da área com o resto do mundo, refletindo um crescimento rápido na concorrência direta entre os países. E, talvez de modo até mais significativo, as empresas asiáticas investiram, em média, quase 50 bilhões de dólares todos os anos para implementar ou adquirir operações em outros países desde 1995 (apesar do retrocesso representado pela crise financeira de 1997).[2] Grande parte desse investimento foi aplicado na construção de pontas de lança em outros mercados asiáticos, a partir dos quais seriam planejados ataques aos baronatos nacionais anteriores. Em face desse extermínio, as estratégias asiáticas fragmentadas do passado se tornarão insustentáveis.

O Declínio das Estratégias Copiadas

A demanda primária dos consumidores — daqueles que adquirem pela primeira vez os produtos, de carros a máquinas de lavar roupa e telefones celulares — representa uma grande parte do mercado, quando o crescimento econômico em uma economia está deslanchando. Durante esta fase, os consumidores estão dispostos a aceitar bens de consumo padronizados e básicos. Se você nunca possuiu um refrigerador antes, torna-se aceitável um produto mais básico que mantenha os alimentos e as bebidas frios a um custo razoável. Porém, quando os consumidores passam a comprar pela segunda ou terceira vez, procuram características como desempenho preciso, estilo, cor e assim por diante, que atendam às suas necessidades individuais. Os consumidores começam a exigir maior qualidade e variedade do produto e não simplesmente mais volume. A experiência da Whirlpool, quando entrou no mercado chinês de utensílios domésticos há alguns anos, constitui um bom exemplo dessa mudança. Ao contrário de suas expectativas iniciais, logo constatou que os consumidores asiáticos rejeitavam os estilos e as tecnologias adotados anteriormente nos Estados Unidos. Exigiam, como alternativa, refrigeradores sem clorofluorcarbono, máquinas de lavar roupa com controles eletrônicos de última geração e aparelhos de ar-condicionado integrados e instalados nas paredes, em vez do tipo padrão que instalados no exterior de uma janela.

> Os consumidores asiáticos rejeitavam os estilos e as tecnologias adotadas anteriormente nos Estados Unidos. Exigiam, como alternativa, refrigeradores sem clorofluorcarbono, máquinas de lavar roupa com controles eletrônicos estado-da-arte e aparelhos de ar condicionado integrados e instalados nas paredes.

O mesmo é válido para bens de consumo de circulação rápida como alimentos ou cosméticos e serviços: após as necessidades básicas de uma pessoa estarem atendidas pela gama de produtos e serviços consumidos, ela passa a buscar variedade, sabores, tamanhos e apresentações ou serviços especificamente personalizados para as necessidades individuais. Até mesmo o humilde macarrão instantâneo da Ásia agora é apresentado em mais de 20 diferentes sabores e uma gama de embalagens, de papel a produtos descartáveis, sem mencionar as variedades rosa para o "Dia dos Namorados" e a "edição limitada do Ano Novo Chinês" em vermelho e dourado.[4] Essas tendências são simples realidades que remontam à hierarquia de necessidades de Maslow: à medida que os consumidores tornam-se mais afluentes, desejam ofertas melhores e mais customizadas e não "mais do mesmo".

Essas tendências estão atingindo um público muito além da elite rica da Ásia. Em grande parte do continente, o mercado de massa alcançou hoje um estágio de desenvolvimento no qual os consumidores não se encontram mais satisfeitos com produtos e serviços confiáveis, muitas vezes entediantes. Mesmo na China e na Índia, países com grande população rural (estimada em 900 milhões e 700 milhões, respectivamente) que foi pouco influenciada pelo consumismo, existem centenas de milhões de consumidores urbanos que se tornaram compradores sofisticados e que demandam bens e serviços com características inovadoras, variedade e personalização que atendam às suas necessidades individuais. As empresas que não conseguirem oferecer produtos mais inovadores e flexíveis ficarão marginalizadas.

Uma nova geração de consumidores asiáticos está entrando simultaneamente no mercado. Ao contrário de seus pais, as atuais gerações, denominadas "X" e "Y", nunca enfrentaram dificuldades reais; nasceram em uma sociedade de consumo. Como resultado, consideram basicamente como um fato natural a abundância de bens e serviços. Suas escolhas refletem uma mescla complexa de demandas por maior qualidade, moda, um desejo para expressar mais individualismo e uma mentalidade voltada para novidades.

Embora as implicações precisas do atendimento dessa nova geração de consumidores varie por setor, é seguro afirmar que demandarão até mais variedade, personalização e inovação dos fornecedores do que os atuais clientes usuais.

Apesar de todas essas mudanças, o(a) consumidor(a) asiático (a) provavelmente não abandonará sua tradicional percepção do valor. E os compradores corporativos asiáticos não esquecerão sua ênfase histórica em custos. Porém, na próxima rodada de concorrência na Ásia, uma estratégia baseada unicamente na produção de grandes volumes de produtos altamente padronizados dificilmente terá sucesso — mesmo se o preço for baixo. O novo ambiente exigirá que as empresas vencedoras tenham sucesso em adotar a estratégia de diferenciação dos concorrentes, bem como de superá-los, posicionando-os decisivamente à parte da concorrência com uma gama maior de opções do produto, melhor segmentação dos clientes, ofertas mais personalizadas e marcas mais fortes para sinalizar a diferenciação dos concorrentes.

RESPOSTAS ESTRATÉGICAS

As mudanças fundamentais no ambiente competitivo da Ásia descritas aqui exigem, em conjunto, novas estratégias. Nitidamente não existe uma receita única para ser vencedor no novo jogo competitivo na Ásia. Porém, a nova realidade do continente exige que os gestores demarquem seu território com base em quatro elementos essenciais: melhor produtividade, marca e atendimento locais, inovação e internacionalização objetivando reconfigurar o campo de ação asiático e obter sinergias além fronteiras. A Figura 1 mostra as opções estratégicas.

Figura 1 **Escolhas Estratégicas para Ganhar a Próxima Rodada de Concorrência na Ásia**

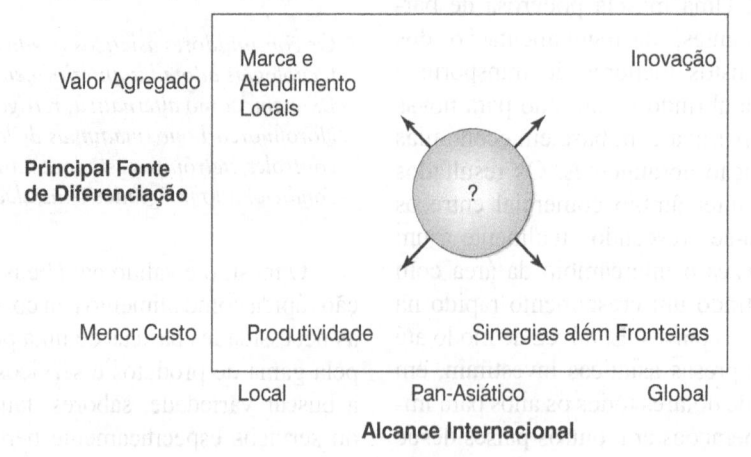

Um Novo Impulsionador da Produtividade

Em virtude do desaparecimento da especulação de ativos como um modo para servir de apoio aos lucros asiáticos, a concorrência cada vez mais intensa de empresas locais na China e a rivalidade entre os diversos países da Ásia, um elemento básico da futura estratégia será o aumento da eficiência das operações asiáticas por meio de ganhos de produtividade — especialmente em áreas relacionadas a custos fixos (como administração, vendas e distribuição) que se estendem para além da área industrial.

Em um estudo recente que conduzi envolvendo uma amostra de multinacionais de bens de consumo operando na Ásia, constatei que, em um nível médio de vendas de 75 milhões de dólares, seu custo fixo unitário era 300% superior (um percentual impressionante) do que o dos rivais chineses de tamanho comparável. Na realidade, em alguns casos, a carga de custos fixos que uma subsidiária estrangeira suportava apenas para se relacionar com sua matriz era maior do que o custo fixo total dos concorrentes chineses locais!

Em muitas multinacionais, a carga de custos fixos aumentou durante os anos 1990, quando a expansão era o que importava, a quase qualquer custo. As empresas recrutavam grandes contingentes de colaboradores a fim de assegurar que as funções de apoio como vendas, administração e distribuição não criassem gargalos ou prejudicassem o funcionamento de suas novas fábricas caras. Porém, à medida que entramos em um novo ciclo de concorrência asiática, não será suficiente as empresas se apoiarem somente em produtividade elevada na produção e nas operações rotineiras. As multinacionais terão de ser mais presentes na mobilização de sistemas avançados — no gerenciamento de relações com os clientes, na logística e na administração: "tecnologias usuais" para conduzir suas operações asiáticas em um nível de produtividade das melhores práticas adotadas mundialmente fora da área de produção básica e operações de atendimento correntes. Não serão mais capazes de seguir o antigo adágio de que "a Ásia é diferente" como uma desculpa para a administração ineficiente e atividades de apoio e atendimento de baixa produtividade.

Foco Renovado na Consolidação da Marca e na Qualidade do Atendimento

À medida que as estratégias de imitação decaem e os consumidores asiáticos passam a exigir mais variedade, personalização e atendimento, haverá necessidade crescente da capacidade para oferecer um produto ou serviço melhor "localmente" para cada um dos clientes asiáticos. Simultaneamente, haverá necessidade de sinalizar para os consumidores melhor qualidade de atendimento e diferenciar a oferta daquelas dos concorrentes, reforçando o valor das marcas mercado por mercado e cliente por cliente na Ásia. A necessidade de estratégias para reforçar a diferenciação da marca terá maior impulso à medida que as empresas asiáticas locais começarem a consolidar ou a adquirir suas próprias marcas — uma tendência que já se encontra bem avançada.

Na próxima etapa de competição, as multinacionais não poderão confiar apenas nas suas marcas premium. Para explorar sua vantagem potencial, as multinacionais terão de aumentar investimentos em marcas na Ásia. Será necessária uma melhor localização da marca e melhores marketing e serviços.

Obter Sinergias Além-Fronteiras e Impulsionar a Consolidação

A pressão competitiva implacável sobre os baronatos nacionais protegidos de ontem no novo jogo competitivo asiático exigirá melhor aproveitamento de sinergias além-fronteiras entre diferentes subsidiárias na Ásia. Isto significará acelerar a integração pan-asiática e global, deixando para trás o conjunto anterior de subsidiárias nacionais isoladas e reconhecer os barões que resistem à perda de independência.

À medida que a China continuar a dispersar os gansos voadores, as empresas precisarão reanalisar o papel das diferentes subsidiárias e localizações no âmbito do jogo asiático como um todo. Em vez de um portfólio pouco coeso de empresas nacionais auto-suficientes, cada subsidiária precisará focar nos conjuntos de atividades mais especializadas na nova rede asiática que alavanca as vantagens e os conhecimentos específicos de cada localização.

Em muitos setores, ter sucesso no novo jogo competitivo também significará aproveitar uma janela de oportunidade que está se abrindo para impulsionar a consolidação da base de oferta fragmentada da Ásia. Essa janela para a consolidação dos setores está se abrindo, porque a concorrência mais intensa da China e a eliminação das barreiras protecionistas em torno dos mercados nacionais exercem uma pressão cada vez maior para que as empresas asiáticas tornem-se mais eficientes e focalizem mais diretamente os locais onde pretendem investir seus recursos no futuro. Isto significa que um número cada vez maior de empresas serão forçadas, embora relutantemente, a abrir mão de negócios para os quais não possuem a escala e a perspectiva de criação de capacidades com conteúdo suficiente para concorrer na próxima rodada. Isto criará uma nova oferta de negócios para que os consolidadores possam efetivar o que não existia no passado. Neste ponto, se tornarão importantes as estratégias para identificar, avaliar e executar rapidamente as aquisições no exterior e depois reconfigurá-las em uma empresa totalmente integrada.

Inovação na Ásia

Com o desaparecimento das estratégias de imitação e a conseqüente maior ênfase na inovação entre os concorrentes locais, as multinacionais terão não apenas de explorar a transferência para a Ásia de tecnologias e produtos inovadores mais rapidamente, mas também levar adiante de modo resoluto suas próprias atividades de inovação na Ásia. Em vez de simplesmente exportar inovações e novas tecnologias desenvolvidas no país de origem, as multinacionais terão de reestruturar seus processos para valer-se da disponibilidade de pesquisadores e engenheiros de alta qualidade a um custo menor, bem como aprender mais com suas operações asiáticas.[6]

As multinacionais, com muita freqüência no passado, somente consideravam a Ásia como uma base de produção ou fonte de clientes em um mercado crescente. Poucas empresas perceberam o potencial de alavancar inovações para outros mercados aproveitando suas operações asiáticas. Mesmo aquelas que o fizeram com freqüência falharam em reconhecer a Ásia como uma fonte de inovação importante e contínua. O primado do país de origem e da organização da "matriz" como origem da inovação custa a desaparecer.

As multinacionais com visão do futuro estão, no entanto, começando a reavaliar o potencial da Ásia em suas estratégias de inovação globais. A Johnson & Johnson começou a transferir processos produtivos inovadores criados na Ásia para suas subsidiárias na região, em vez de implementar soluções criadas no Ocidente. Ao longo dos últimos anos, mais de cem centros globais de P&D foram estabelecidos na China por multinacionais importantes como HP, Microsoft e Motorola. Outros precisam seguir esses pioneiros.

> A nova realidade da Ásia exige que os gerentes delimitem seu território com base em quatro elementos centrais: melhor produtividade; marca e atendimento locais; inovação; e internacionalização, para reconfigurar o campo de atuação asiático e resultar em sinergias além-fronteiras.

Não deve restar dúvida de que será necessário um tipo diferente de empresa para ter sucesso na nova rodada de concorrência asiática. Inquestionavelmente, exigirá esforços determinados entre as multinacionais que operam na Ásia para que se comprometam mais com as quatro áreas fundamentais da estratégia discutidas aqui: um novo impulso voltado à produtividade, foco renovado na consolidação da marca e na qualidade do atendimento, obtenção de sinergias além-fronteiras e consolidação e inovação na Ásia. A mescla dessas estratégias variará de acordo com o setor e cada empresa. Porém, seja qual for o percurso que a empresa escolher para atuar no futuro da Ásia, a nova realidade da concorrência na Ásia é inevitável — em meio a novas oportunidades, haverá uma brecha mais acentuada entre os ganhadores e os perdedores. Permanece em aberto somente uma pergunta: em que grupo sua empresa ficará?

Notas

1. Veja "A panda breaks the formation", *The Economist*, 25 de agosto de 2001, p. 65.
2. Relatório *World Investment*, 2003.
3. D. Clyde-Smith e P. J. Willianson, *Whirlpool in China (A): Entering the World's Largest Market*. Caso INSEAD nº 08/2001-4950, INSEAD, Paris.
4. S. Donnan, "Indofood wants us to say it with noodles", *Financial Times*, 14 de fevereiro de 2000, p. 24.
5. A. Mody e S. Negishi, "Cross-border mergers and acquisitions in East Asia", *Finance and Development*, março de 2001, p. 6-11.
6. Veja de Y. Doz, J. Santos e P. Williamson *From Global to Metanational: How Companies Win in the Knowledge Economy*, Harvard Business School Press, Boston, MA, 2001.

Leitura 11

A Corrida para Chegar em Segundo: A Conquista dos Setores do Futuro

Costas Markides
London Business School

Paul A. Geroski
London Business School

Nos últimos 50 anos, foram desenvolvidas muitas idéias a respeito de como empresas de grande porte e consolidadas poderiam criar mercados inteiramente novos. Essa orientação foi discutida com grande ênfase por tais corporações, bem como por empresas menores. Afinal de contas, que empresa não deseja se tornar mais inovadora, e que CEO não sonha em conduzir sua organização por territórios virgens, descobrindo no processo novos mercados interessantes?

No entanto, apesar dessa orientação e das boas intenções, é muito raro encontrar uma empresa de grande porte, consolidada entre os inovadores que criam novos mercados radicais. Por que não?

> *É virtualmente impossível oferecer orientação adequada a respeito de como criar ou desenvolver mercados radicalmente novos sem compreender inicialmente de onde surgem esses tipos de mercados.*

A resposta simples é que a orientação dada é inadequada ou plenamente errada. O que as pessoas esquecem com freqüência é que "inovação" não é uma entidade. Existem tipos diferentes de inovações, com efeitos competitivos distintos. Por exemplo, o que uma empresa deve fazer para conseguir inovação do produto pode ser inteiramente distinto do que precisa fazer para obter inovação no processo. Juntar ambas é como misturar óleo com água.

A conseqüência disso é que a pergunta genérica "Como a corporação moderna pode ser mais inovadora e criar novos mercados?" somente nos oferece respostas genéricas — e essas respostas podem ajudar ou não a empresa a conseguir o tipo de inovação que cria mercados radicalmente novos. Em outras palavras, as prescrições para ajudar uma empresa a tornar-se mais "inovadora" podem ou não ser aquelas que conduzem à criação radical de novos mercados.

É virtualmente impossível oferecer orientação adequada a respeito de como criar ou desenvolver mercados radicalmente novos sem compreender inicialmente de onde surgem esses tipos de mercados, como aparentam ser, quais são suas características estruturais e que aptidões são necessárias para criar e concorrer eficazmente neles. "Isso nos ajuda a identificar as aptidões e as capacitações necessárias — e as estratégias que precisam ser adotadas — se uma empresa pretender dominar de modo bem-sucedido mercados radicalmente novos."

Na realidade, conforme demonstramos em nosso livro *Fast Second: How Smart Companies Bypass Radical Innovation to Enter and Dominate New Markets*, a extensão total em que as empresas estabelecidas precisam mudar para se tornarem pioneiras é um desafio assustador, a ponto de muitas delas ficarem em melhor situação se ao menos tentarem.

DE ONDE SURGEM MERCADOS RADICALMENTE NOVOS?

Mercados radicalmente novos são criados por meio de inovação radical. É importante levar em conta esse aspecto, porque é somente promovendo esse tipo específico de inovação dentro de uma empresa que é possível ter a expectativa de criar novos mercados radicais.

Reproduzido de "Racing to be 2nd: Conquering the industries of the future", Costas Markides, Paul A. Geroski, *Business Strategy Review*, vol.15, n. 4, 2004, p. 25-31. © Copyright 2004 Blackwell Publishing Ltd. Autorização concedida pelos editores.

As inovações são consideradas radicais se atenderem a duas condições: primeiro, devem introduzir novas proposições de valor significativos que rompam com hábitos e comportamentos existentes do consumidor — o que nossos ancestrais faziam à noite sem televisão? E, segundo, os mercados que criam conseguem solapar as competências e os ativos complementares a partir dos quais os concorrentes existentes criaram seu sucesso?

Nem todas as inovações são radicais. Quando classificamos as inovações ao longo das duas dimensões mencionadas — interromper as atividades dos consumidores e solapar os concorrentes — obtemos quatro tipos de inovação, conforme mostra a Figura 1. Os pontos divisores na matriz são subjetivos e nossa intenção não é defender os limites de uma definição específica. Nossa meta, preferencialmente, consiste em simplesmente sugerir que a inovação pode ter significados diferentes para pessoas diferentes, que existem diversos tipos de inovação e que uma inovação específica pode ser mais ou menos radical que outra.

Focamos em inovações radicais, porque rompem com as práticas e os costumes estabelecidos de clientes e produtores. São fundamentadas em um conjunto de princípios científicos diferentes dos usados correntemente, criam novos mercados radicais, exigem novos comportamentos do consumidor e apresentam desafios importantes aos concorrentes existentes. A introdução do carro no final do século 19 constitui um exemplo de renovação radical.

> *Nem todas as inovações são radicais. Classificamos as inovações ao longo de duas dimensões: interromper as atividades dos clientes e ultrapassar os concorrentes.*

Os acadêmicos têm estudado a inovação radical durante os últimos 50 anos. Assim, viemos a conhecer os seguintes aspectos:

- As inovações radicais que criam mercados inteiramente novos acarretam uma ruptura para clientes e produtores.
- Esses tipos de inovações raramente são impulsionados pela demanda ou por necessidades imediatas do cliente. Resultam, preferencialmente, de um processo de oferta dinâmico que se origina daqueles responsáveis pelo desenvolvimento da nova tecnologia.
- Tais inovações normalmente não possuem empresas que se destacam, seja na forma de clientes importantes ou de líderes de mercado existentes.
- As inovações com oferta dinâmica partilham de certas características. São desenvolvidas de modo casual, sem uma necessidade objetiva de ser impulsionada pelo

Figura 1 **Tipos Diferentes de Inovação**

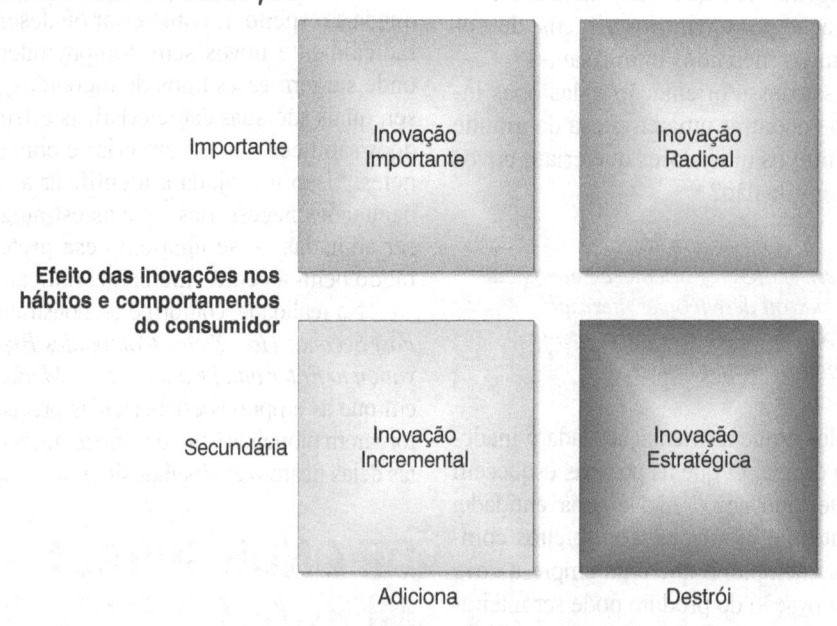

Efeito das inovações nos hábitos e comportamentos do consumidor	Adiciona	Destrói
Importante	Inovação Importante	Inovação Radical
Secundária	Inovação Incremental	Inovação Estratégica

Efeito da inovação sobre as competências e os ativos complementares de empresas estabelecidas cliente; surgem dos esforços de um grande número de cientistas trabalhando independentemente em projetos de pesquisa sem qualquer relação, que criam a tecnologia para seu próprio uso; e passam por um longo processo de gestação quando aparentemente nada acontece até que, subitamente, aparecem no mercado.

- Esse tipo de inovação cria pequenos nichos na periferia de mercados bem consolidados, tornando-o sem atração para as empresas estabelecidas.

O fato de as inovações radicais resultarem de um processo casual de oferta dinâmica possui uma séria implicação para a corporação moderna. Especificamente, em virtude de esse processo não poder ser reproduzido facilmente nas instalações de P&D de uma única empresa, é muito improvável que mercados inteiramente novos sejam criados por uma única empresa.

Considere o desenvolvimento da Internet ao longo dos últimos 40 anos. A tecnologia associada — o hardware e o software — foi desenvolvida de modo casual, sem uma necessidade clara de um cliente a estar impulsionando. Ninguém envolvido com a tecnologia nos primeiros dias tinha qualquer idéia de que tudo levaria ao cenário que existe atualmente; não havia um plano básico, vinculando o desenvolvimento de novas relações cliente-servidor entre usuários e computadores de grande porte para possibilitar a reserva um apartamento em um hotel por computador, a partir de um telefone celular.

Esse desenvolvimento não planejado e não sistematizado da tecnologia subjacente parece ter sido em grande parte conseqüência de como o trabalho foi feito e por quem — cientistas e engenheiros em institutos de pesquisa e universidades, nesse caso. Mesmo o principal pioneiro em sua utilização, o Departamento de Defesa dos Estados Unidos, assumiu uma atitude notadamente descomprometida em relação ao trabalho de pesquisa patrocinado pelo Darpa, raramente insistindo para que fosse vinculado explicitamente às necessidades de defesa, mas, como alternativa, atribuindo-lhe um mandato irrealista e sem praticidade. Além disso, as iniciativas de pesquisa que culminaram "repentinamente" na Internet foram assumidas por muitos cientistas provenientes de algumas instituições e agências do governo ao longo de um período de tempo muito extenso. Tal processo dificilmente pode ser planejado ou coordenado.

> *Esse tipo de inovação cria pequenos nichos na periferia de mercados bem consolidados, tornando-o sem atração para as empresas estabelecidas.*

OFERTA DINÂMICA E O SURGIMENTO DE NOVOS MERCADOS

Inovações diferentes produzem tipos distintos de mercados. A Figura 2 relaciona alguns mercados que foram criados por meio da inovação. Os relacionados à esquerda surgiram de inovação radical, ao passo que aqueles à direita surgiram de inovação estratégica. Nosso interesse neste ponto é com os mercados criados pelo processo de oferta dinâmica da inovação radical — como e quando surgem e como as empresas deveriam concorrer nesses mercados.

Figura 2 **Novos Mercados Criados pela Inovação**

Novos Mercados Criados pela Inovação Radical	Novos Mercados Criados pela Inovação Estratégica
Televisão	Operações bancárias pela Internet
Computadores pessoais	Vôos com tarifa econômica
Personal Digital Assistants (PDAs)	Bens de consumo com marca própria
Carros	Sistemas eletrônicos de negociação com base em telas
Supercomputadores	Medicamentos genéricos
Semicondutores	Compra on-line de artigos de supermercados
Telefones celulares	Varejo por catálogo
VCRs	Lojas de departamento
Aparelhos para diagnóstico médico por imagem	Miniusinas de aço
Sistemas informatizados	Universidades on-line

Portanto, que tipos de mercados produzem os processos de inovação por oferta dinâmica? Quais são suas características estruturais e que aptidões e capacitações são necessárias para concorrer eficazmente?

Os processos de inovação por oferta dinâmica possuem uma propriedade muito importante, que exerce um impacto profundo no modo como os novos mercados se desenvolvem. Em virtude de os consumidores dos novos produtos ou serviços que incorporam uma nova tecnologia radical normalmente possuírem muito pouco conhecimento daquilo que os produtos podem lhes oferecer e de como se sentiriam a respeito deles, a corrida para introduzir no mercado as aplicações da nova tecnologia é bem aberta.

Ninguém sabe o que os consumidores realmente desejam nem o que a nova tecnologia pode realizar e como produzi-la economicamente, seja o que resultar da inovação. Portanto, sua intuição é tão boa quanto a nossa. Em virtude de não existirem barreiras reais à entrada em um novo mercado (ainda) subaproveitado, em princípio, não faltarão empreendedores que estejam dispostos a pôr em prática sua visão particular daquilo que a nova tecnologia pode oferecer. Qualquer empresa que compreenda a nova tecnologia é um novo participante potencial; qualquer empresa suficientemente confiante naquilo que a nova tecnologia poderia proporcionar tentará se tornar um participante efetivo.

Isso é o que acontece em todos os novos mercados criados pela inovação radical. Considere o mercado da televisão. Trinta empresas produziam aparelhos de TV nos Estados Unidos em 1947, mais 40 entraram no ano seguinte e outras 71 entre 1949 e 1953. O número máximo de fabricantes de televisores era de 71 em 1951, maior que todo o número de produtores de aparelhos de TV existente atualmente. Essa onda maciça de entrada é um fenômeno que sempre ocorre nos primeiros dias de um novo mercado. Como todas essas empresas que entraram oferecem ao mercado suas próprias variações do produto, o grande aumento do número de produtores usualmente é igualado por uma ampliação da gama de produtos diversificados, o que não é absolutamente igualado por qualquer evento que ocorra posteriormente.

No final, a onda de entrada diminui e é seguida, por sua vez, por aquilo que algumas vezes é uma reconfiguração do mercado penetrante, repentina e de grande dimensão que conduz ao desaparecimento da maioria dos pioneiros. A reconfiguração é associada com a emergência de um projeto dominante no mercado; este é um evento que sinaliza o início do crescimento no setor.

O projeto dominante é um paradigma básico ou um produto fundamental que define o que é o produto e o que ele faz. Trata-se de um produto de consenso que faz jus ao apoio de uma ampla gama de primeiros consumidores (mesmo que não seja sua primeira preferência). É um padrão de produto que envia sinais aos fornecedores da cadeia de suprimentos, aos varejistas na ponta de comercialização e aos produtores de bens complementares em todos os locais. Finalmente, é um produto de plataforma que permite a fabricantes distintos oferecer versões diferenciadas sem abalar o consenso ou exigir novos bens complementares.

O surgimento de um projeto dominante constitui o passo decisivo para o estabelecimento de um novo mercado. Sinaliza o surgimento de um produto padrão capaz de formar a base de um mercado de massa. Para os muitos consumidores potenciais que ainda não entraram e devem fazer uma escolha, sinaliza o fim da escolha e, portanto, reduz seu risco. Um projeto dominante bem-sucedido quase sempre acarreta a entrada massiva dos consumidores no mercado e anuncia a fase inicial de grande crescimento pela qual passa a maior parte dos mercados.

> Observe que a maioria desses assim denominados pioneiros não foram, na realidade, os primeiros a entrar no mercado. Todos eles foram precedidos por muitas empresas iniciantes empreendedoras e atualmente esquecidas, cujo trabalho formou a base na qual se apoiaram esses novos participantes que entraram um pouco mais tarde.

O aparecimento de um projeto dominante é importante por uma segunda razão. As centenas de pioneiros que entraram no novo mercado com base em diferentes projetos do produto desaparecem logo após o surgimento do projeto dominante. Por outro lado, o empreendedor cujo produto forma a base do projeto dominante desenvolve, muitas vezes, vantagens substanciais e de grande permanência no tempo por ser seu criador. Observe que a maioria desses assim denominados pioneiros não foram, na realidade, os primeiros a entrar no mercado. Todos eles foram precedidos por muitas empresas iniciantes empreendedoras e atualmente esquecidas, cujo trabalho formou a base na qual se apoiaram esses novos participantes que entraram um pouco mais tarde. Esses "pioneiros" foram os primeiros somente porque foram os primeiros a criar a variedade específica do produto que se tornou o projeto dominante. Foram os primeiros quando surgiu o mercado, e não o produto — e é por esse motivo que auferiram a maior parte dos lucros.

É importante enfatizar três aspectos que surgem dessa constatação.

- Poucos dos primeiros a entrar (os pioneiros) sobrevivem à consolidação do mercado. A maioria desaparece e nunca mais se ouve falar dessas empresas.

- As empresas consolidadoras que, no final, triunfam, raramente são as primeiras no novo mercado. Seu sucesso baseia-se precisamente em não agir com rapidez e sim em escolher a ocasião certa para agir.
- As atividades das consolidadoras — entrar na ocasião certa, padronizar o produto, diminuir preços, aumentar a produção, criar redes de distribuição, segmentar o mercado, investir em propaganda e marketing — criam aquilo que denominamos um tanto imprecisamente "vantagens do pioneiro". Os movimentos ágeis das consolidadoras geram fidelidade do cliente, realizam um controle preventivo de ativos escassos, criam marcas e reputação e se valem dos benefícios de economias de escala, todos resultando em vantagens que novos participantes potenciais não possuem. Desse modo, muito embora os pioneiros sejam cronologicamente os primeiros a entrar no mercado, as empresas consolidadoras são os "reais" pioneiros. Elas são as primeiras a entrar no mercado que é importante — o mercado de massa!

O resultado de tudo isso é que as empresas que terminam conquistando e dominando os novos mercados nunca são aquelas que criam estes mercados. Henry Ford não inventou o mercado de automóveis, porém sua empresa acabou conquistando a maior parte do valor nesse mercado em seu primeiro século de existência. A Procter & Gamble não criou o mercado de fraldas descartáveis, porém obtete a maior parte do valor do mercado de massa. E a General Electric não criou o mercado de scanners CAT e, no entanto, foi a GE que obteve a maior parte dos lucros.

O resultado é que, quando se trata de mercados radicalmente novos, essa é mais a regra do que a exceção. Portanto — tendo em vista esse fato — por que uma empresa desejaria criar um novo mercado? Seguramente a orientação que deveríamos dar às empresas consiste em como aumentar e consolidar novos mercados e não como criá-los.

COMO "CRIAR" OS SETORES DO FUTURO

Todos esses fatores possuem sérias implicações para as grandes empresas estabelecidas. Especificamente:

- O processo de inovação que gera mercados radicalmente novos não pode ser reproduzido no interior da corporação moderna.
- As empresas que criam mercados totalmente novos nunca são aquelas que acabam se consolidando e dominando esses mercados.
- Esses dois fatos sugerem-nos que empresas de grande porte e estabelecidas deveriam deixar a tarefa de criação para "o mercado" — as milhares de empresas iniciantes de pequeno porte ao redor do planeta que possuem as aptidões e atitudes necessárias para triunfar nesse jogo. As empresas estabelecidas deveriam, como alternativa, concentrar-se naquilo que fazem bem — transformar mercados novos em grandes mercados de massa.

Poderiam realizar isso fomentando uma rede de empresas auxiliares — empresas novas e empreendedoras que se dedicam a desenvolver novos nichos. A empresa estabelecida, por meio de sua função de desenvolvimento de negócios, poderia atuar como um capitalista de risco para essas empresas auxiliares. Tpambém poderia ajudá-las com seu próprio P&D, mais para manter-se próxima do avanço tecnológico do que por qualquer outra razão. Assim, quando chegar a ocasião de consolidar o mercado, poderia formar uma nova empresa direcionada ao mercado de massa a partir da plataforma que essas empresas auxiliares proporcionaram. Em virtude de as novas empresas não terem os recursos, o poder, o marketing e a distribuição para dar volume ao que criaram, deveriam — em princípio — ficar satisfeitas em terceirizar essa atividade para as empresas de maior porte, sujeito a uma divisão razoável dos resultados.

As empresas estabelecidas deveriam concentrar-se naquilo que realizam bem — consolidar novos mercados em grandes mercados de massa.

Estamos propondo neste estudo que a corporação moderna terceirize a elaboração de produtos radicalmente novos para o mercado, e que as empresas iniciantes terceirizem a consolidação desses produtos para as grandes estabelecidas. Isto poderá parecer a algumas uma idéia muito radical, mas trata-se na realidade de um modelo empresarial amplamente aceito nos setores onde as empresas vivem e deixam de existir com base em sua capacidade de lançar continuamente no mercado novos produtos criativos. Estamos nos referindo a setores criativos como filmes, peças de teatro, galerias de arte, edição de livros e publicação de músicas.

Pense a respeito disso. Uma editora importante não tenta criar internamente qualquer de seus "novos produtos" (os livros). Poderia, evidentemente, tentá-lo. Envolveria a contratação de milhares de funcionários, dando-lhes espaço físico e um computador, e solicitando-lhes que produzam novos livros em retorno por um salário fixo. Porém quão ridículo isso parece? Uma estrutura organizacional desse tipo seria o modo mais rápido para destruir a própria criatividade e inovação que procura gerar!

> *Estamos propondo neste estudo que a corporação moderna terceirize a criação de produtos radicalmente novos para o mercado e que as empresas iniciantes terceirizem a consolidação desses produtos para as grandes empresas estabelecidas.*

Em vez de tentar fazer tudo internamente, uma editora de livros importante vai ao mercado, identifica criadores potenciais do produto (autores) e os contrata para escrevê-los. Após a criação do produto (externamente à burocracia da grande empresa), o(a) autor(a) terceiriza o marketing, a promoção e a distribuição de sua criação à editora. Do mesmo modo que seria uma tolice a grande editora tentar criar os novos produtos internamente, seria igualmente um ato impensável um autor individual tentar vender e promover seu livro por conta própria. A divisão de trabalho vale-se dos pontos fortes de cada participante, sendo uma solução que maximiza a satisfação de todos os envolvidos. Pode haver discordâncias e problemas entre o editor e o autor, mas é para isso que existem os administradores.

Devemos agradecer ao professor Richard Caves por essa contribuição. Caves alertou-nos para a grande similaridade entre o que estamos propondo (divisão de trabalho entre empresas iniciantes e estabelecidas) e o que ele estava observando em seu estudo dos setores criativos. Essa é uma configuração que parece ser a norma em diversos setores criativos. Quantas galerias de arte você conhece que criam seus próprios "produtos" (quadros) todos os anos? Igualmente, quantos pintores famosos você conhece que costumavam ser empregados em período integral de galerias de arte importantes? A imagem de Picasso ou van Gogh empenhando-se no laboratório de P&D de uma grande galeria, esforçando-se por criar sua próxima obra-prima é tão risível que ninguém a levaria a sério. Entretanto, é exatamente desse modo que organizamos a corporação moderna, tendo em vista oferecer produtos radicalmente novos.

Como exemplo final, considere a indústria de discos. Seria difícil imaginar cantores famosos trabalhando efetivamente como funcionários em período integral nas grandes gravadoras. A pesquisa do professor Cave sobre o tema mostrou que existe uma divisão de trabalho muito nítida nesse mercado: "Empresas grandes e pequenas desempenham papéis diferentes no recrutamento de artistas e na promoção de seus álbuns. A capacitação diferenciada das grandes empresas reside na promoção e na distribuição de discos em grande escala — cada vez mais em âmbito internacional. A empresa pequena ou independente exerce a função monitoradora de recrutar novos artistas e, particularmente, identificar e promover novos estilos de música e categorias de artistas. A distinção é muito similar àquela entre galerias de arte contemporânea que se concentram na identificação e no desenvolvimento de artistas promissores, e as dedicadas à promoção de artistas bem-sucedidos".

Uma proposição similar à nossa foi desenvolvida por Reid McRae Watts. Em *The Slingshot Syndrome,* ele faz a mesma ligação entre setores criativos e produtos radicalmente novos, mostrando como a corporação moderna poderia estruturar-se nos termos que se pode perceber nos setores criativos. O leitor interessado deve consultar ambos os livros.

Algumas pessoas poderiam objetar que a divisão de trabalho entre criadores e promotores que observamos nos setores criativos é fácil de obter porque os criadores do produto são principalmente indivíduos (autores, cantores, pintores). Portanto, de acordo com o argumento, é fácil permitir-lhe operar como agentes independentes e simplesmente contratá-los sempre que tiverem algo para oferecer. Em contraste, a criação de um produto radicalmente novo exige freqüentemente que muitos cientistas trabalhem juntos, valendo-se do conhecimento e da especialização da organização. Isso exige alguma coordenação e supervisão do trabalho.

Embora essa seja uma preocupação válida, somente temos de observar a indústria cinematográfica para compreender como a divisão do trabalho que estamos propondo poderia ser realizada quando houver muitas pessoas evolvidas na criação do produto e a coordenação for necessária. Nessa indústria, um produto novo (um filme) inicia com um roteiro, muitas vezes escrito por um agente independente (o autor), que contata vários produtores em busca de financiamento. Os produtores podem ser independentes ou funcionários de empresas distribuidoras como Disney, Sony ou Time Warner. Após um produtor adquirir os direitos do roteiro, é sua função oferecer o financiamento bem como o diretor e os atores para rodar o filme.

> *A imagem de Picasso ou van Gogh empenhando-se no laboratório de P&D de uma grande galeria, esforçando-se por criar sua próxima obra-prima é tão risível que ninguém a levaria a sério. Entretanto, é exatamente desse modo que organizamos a corporação moderna, tendo em vista oferecer produtos radicalmente novos.*

Uma vez mais, todos esses são agentes independentes, dispostos a oferecer seus serviços para um projeto específico mediante um pagamento específico. Somente quando o produto for finalmente criado que a grande empresa estabelecida — o estúdio — passa a atuar. O estúdio adquire os direitos para distribuir o novo produto e usa seu enorme poder de marketing e a infra-estrutura de distribuição existente para vender, promover e distribuir o filme.

Portanto, em diversos setores criativos, observamos uma separação nítida entre as pessoas que criam o produto e aquelas que o promovem, distribuem e vendem. Desnecessário afirmar que os "promotores" precisam ter conhecimento a respeito da tecnologia e de produtos mais recentes para que possam fazer uma avaliação ponderada de um quadro, um livro ou um disco ser suficientemente bom para promoverem. Porém, não precisam estar envolvidos ativamente em sua criação. Se a organização do trabalho funciona bem em setores criativos, não deveríamos ao menos tentar transferi-la a outros setores que aspiram tornar-se mais criativos?

Na realidade, quando comparamos os princípios econômicos básicos dos setores criativos com os parâmetros que caracterizam mercados radicalmente novos, os dois tipos de mercado são surpreendentemente familiares. Dado esse fato, ficaríamos surpresos se a estrutura organizacional que caracteriza os setores criativos não pudesse ser transferida prontamente a qualquer setor que aspira a criar mercados radicalmente novos.

Referências para Consulta

MarKides, Costas e Geroski, Paul A. (2004), *Fast Second: How Smart Companies By_ pass Radical Innovation to Enter and Dominate New Markets*, San Francisco: Jossey Bass.

Caves, Richard (2000), *Creative Industries: Contracts between Art and Commerce*, Harvard University Press.

Watts, Reid McRae (2000), *The Slingshot Syndrome: Why America's Leading Technology Firms Fail at Innovation*, Writers Club Press.

Leitura 12

Estratégias de Terceirização: Oportunidades e Riscos

Brian Leavy
Dublin City University Business School

Uma característica da estratégia corporativa em países desenvolvidos nos últimos 20 anos tem sido um interesse crescente na terceirização como fonte potencial de competitividade e criação de valor. As primeiras estratégias de terceirização eram impulsionadas em grande parte pelo empenho em diminuir custos ante a uma concorrência global crescente, normalmente transferindo ao exterior atividades de pouca complexidade e de mão-de-obra intensiva para o sudeste da Ásia e outras localizações de baixo custo. Em anos mais recentes, surgiu uma preocupação crescente a respeito do potencial para apoiar uma gama de estratégias além daquela do menor custo.

Os estrategistas corporativos podem não estar totalmente familiarizados com quatro das oportunidades mais promissoras para o uso de estratégias de terceirização — foco, escala sem massificação, inovação com ruptura e reposicionamento estratégico. Embora avaliem o potencial dessas oportunidades em situações corporativas específicas, os estrategistas também precisam analisar dois dos riscos mais importantes associados — perder aptidões que poderiam ser fundamentais para concorrer no futuro e voltar-se para a terceirização no estágio errado da evolução de um setor. Minha meta consiste em ampliar a perspectiva que os gerentes possuem das alternativas estratégicas que a terceirização pode ser usada para apoiar, tornando ao mesmo tempo os gerentes conscientes dos principais riscos a ser avaliados.

QUATRO ESTRATÉGIAS PROMISSORAS DE TERCEIRIZAÇÃO

Foco — Nike e Dell

Em ambientes intensamente competitivos, muitas empresas encaram a terceirização como um meio para contratar as empresas líderes em sua categoria a fim de executar as operações rotineiras e dpois se concentrar nas principais atividades em sua cadeia de valor, onde o impacto será mais sentido pelo cliente. Esta é a estratégia que tem ajudado a Nike a conquistar e manter a liderança no setor de tênis e vestuário durante a maior parte das últimas três décadas.

As operações da Nike iniciaram como uma empresa de atletas vendendo tênis japoneses de qualidade importados para outros atletas e, ao final de sua primeira década em 1972, as vendas haviam alcançado apenas 2 milhões de dólares. Apesar do crescimento relativamente lento desses primeiros tempos, os fundadores continuaram a experimentar novos designs e protótipos voltados ao desempenho, com base em seu conhecimento íntimo do mercado. Ao final de sua primeira década, já haviam desenvolvido a capacidade necessária de fixação da marca e design para se tornar o alicerce do crescimento rápido da Nike. A empresa decidiu concentrar-se principalmente nessas atividades e terceirizar a maior parte de sua produção e vendas e distribuição. Como conseqüência, ao final de sua segunda década, suas vendas haviam disparado para 700 milhões de dólares, com margens brutas chegando a quase 40%. Mesmo antes de a noção de terceirização focalizada fosse entendida de um modo geral, a Nike havia demonstrado o poder potencial de tal estratégia. A empresa continuou a fazê-lo atualmente, mantendo uma participação de 39% no mercado de 7,8 bilhões de dólares de tênis com marca nos Estados Unidos e manteve esse desempenho enfrentando uma concorrência muito acirrada.

A estratégia de concentração dos recursos corporativos, principalmente naquelas atividades onde pode

---

Reproduzido de "Outsourcing Strategies: Opportunities and Risks", Brian Leavy, *Strategy and Leadership* 32, nº 6 (2004), copyright Emerald Group Publishing Limited. Reproduzido mediante autorização do Emerald Group Publishing Ltd.

ser desenvolvida uma diferenciação nítida e terceirizado grande parte do remanescente, também tem atendido bem muitas outras empresas. A chave, muitas vezes, reside em conhecer em qual dos principais impulsionadores do valor se concentrar — intimidade com o cliente, liderança do produto ou excelência operacional. Todos os três fatores são básicos para oferecer valor ao cliente, porém a capacidade e a cultura organizacional que os promovem não são as mesmas e, muitas vezes, tendem a agir em direções diferentes.[1] Portanto, a Nike tem demonstrado a tendência de se concentrar principalmente na liderança do produto, na excelência operacional e no gerenciamento de relacionamento com os clientes, apoiando-se na capacitação de outras empresas para auxiliá-las a oferecer valor em outras áreas. A atração de uma tal estratégia continua a aumentar, mesmo em algumas das áreas mais tradicionais. Atualmente, muitos jornais tendem a concentrar-se principalmente na área de relacionamento com os clientes, terceirizando grande parte de seu conteúdo e a maior parte da impressão e distribuição.

Aumento sem Massificação — Nokia e Nortel

Uma outra característica atraente da terceirização é o fato de oferecer às empresas a oportunidade de aumentar sua presença no mercado sem uma expansão correspondente no tamanho organizacional ou na burocracia. A terceirização estratégica pode ajudar uma empresa em crescimento acelerado a evitar uma transição interna prematura de sua fase empreendedora a um esquema de operação mais burocrático. Desse modo, ela permite reter sua velocidade e agilidade empresariais, que de outro modo sacrificariam, a fim de tornar-se eficientes à medida que se expandissem consideravelmente.

Esse é um dos principais benefícios que empresas como a Nike, optando inicialmente por uma estratégia focalizada em terceirização extensiva, tendem a usufruir desde o início. Por exemplo, ao longo do período 1978-1982, durante a fase mais marcante do crescimento inicial da Nike, a receita aumentou quase dez vezes, variando de 71 milhões para 690 milhões de dólares, ao passo que o número de colaboradores cresceu de 720 para 3.600, apenas metade da taxa de crescimento da receita. Na realidade, a Nike continuou a reter muitas das características de uma empresa empreendedora até se tornar uma organização com quase 1 bilhão de dólares de vendas. Somente após ter alcançado esse patamar, é que a falta de sistemas formais de gerenciamento se tornou um obstáculo sério para um desenvolvimento adicional.

No entanto, a perspectiva de ser capaz de crescer sem um aumento proporcional no conjunto e na complexidade organizacionais constitui uma nova razão atrativa para considerar a terceirização em qualquer estágio do desenvolvimento de uma empresa e não somente na fase inicial. Por exemplo, no início de 2000, quando o número de colaboradores na Nokia estava aumentando à razão de 1.000 por mês, e se aproximado da marca de 60 mil, o CEO Jorma Ollila decidiu terceirizar uma parcela significativa de sua produção de equipamentos para redes e telefones celulares, a fim de ajudar a diminuir o crescimento do número de colaboradores sem prejudicar o impulso da empresa no mercado. Foi uma estratégia que auxiliou a diminuir os efeitos de uma reviravolta subseqüente, porém a principal consideração foi o receio de que um crescimento muito rápido abateria o espírito da Nokia e solaparia a integridade organizacional. Na ocasião, a Nokia era amplamente conhecida como uma das corporações globais menos burocráticas e Ollila adotou a terceirização para mantê-la dessa forma.

Em um outro exemplo, envolvendo uma grande corporação, na Nortel Networks em 1999, os dirigentes reconheceram que estavam no ponto de transição de uma mudança de mercado que ocorre "uma vez na vida", com oportunidade para dobrar de 20 bilhões para 40 bilhões de dólares a receita de sua empresa no intervalo de 24 meses, se pudesse operar com um modelo empresarial adequado. Também entenderam que não poderiam almejar o aproveitamento dessa oportunidade permanecendo um fabricante tradicional. A compreensão criou um mantra gerencial: "Por que as empresas fracassam? Fracassam porque seus processos não se adaptam". Esta percepção levou a equipe gerencial da Nortel a concluir que "nunca seríamos uma empresa com vendas de 40 bilhões de dólares operando com os processos existentes", conforme o diretor financeiro da empresa Frank Dunn relembrou posteriormente. Na ocasião, o retorno do capital investido era de aproximadamente metade daquele do líder de mercado, a Cisco. A Nortel, ao longo do período 1999-2001, vendeu 15 fábricas e transferiu 9 mil colaboradores para empresas terceirizadas como Solectron e Sanmina. Isso fazia parte de uma ação mais ampla direcionada a uma estratégia mais centrada no cliente, terceirizando a produção e criando ao mesmo tempo equipes internas de gerenciamento da cadeia de suprimentos para cada cliente importante. Todo o sistema era direcionado a proporcionar uma operação eficiente de ponta a ponta usando sistemas de gerenciamento de recursos por meio da Internet.[2]

Inovação com Ruptura — IKEA, Canon e Ryanair

A terceirização é um elemento básico na maior parte dos exemplos marcantes de inovação com ruptura até hoje.

Exemplos típicos incluem a entrada da IKEA no varejo de móveis, da Canon no mercado de copiadoras e da Ryanair no setor de aviação civil. A meta principal da maioria das inovações com ruptura consiste em criar todo um novo segmento a um preço no varejo abaixo do piso de mercado atual e, em seguida, dominar esse segmento, à medida que crescer. Isso usualmente exige o desenvolvimento de um modelo de negócios inovador capaz de gerar retornos gerais pelo menos tão bons quanto aqueles das empresas — líderes, porém, podem consegui-los a um custo significativamente menor por meio de uma produtividade dos ativos.[3] IKEA, Canon e Ryanair entraram tarde em seus respectivos setores, porém todas tiveram sucesso na criação de uma posição de mercado substancial por meio de tal estratégia, e a terceirização foi um elemento comum no desenvolvimento de uma fórmula custo menor/produtividade maior dos ativos.

Por ocasião da fundação da IKEA, no início da década de 1950, o setor mobiliário europeu era fortemente fragmentado sob o aspecto geográfico. As lojas de departamento nacionais estabeleceram relacionamentos exclusivos com fabricantes locais para lhes permitir oferecer linhas de produto diferenciadas que refletissem as preferências e tradições locais. Móveis novos de qualidade normalmente tinham um preço fora do alcance de todos, com exceção dos relativamente afluentes, e a maioria dos jovens que se propunha a mobiliar sua primeira residência tinha de depender do mercado de móveis usados ou de móveis doados por seus pais. Ingvar Kamprad e sua empresa IKEA propuseram-se a "democratizar" esse mercado oferecendo móveis novos de qualidade ao alcance de muitos e não apenas de poucos. A empresa desenvolveu uma gama de estilos simples, elegantes e "modernos", usando madeira de lei de cor clara. Isto agradou aos clientes jovens de todos os países. A chave para oferecer tais móveis atraentes a preços muito abaixo dos praticados era um projeto orientado à facilidade de produção e de transporte, e não apenas a agradar aos clientes. A IKEA revolucionou o setor de mobiliário europeu por meio de um novo modelo de negócios de "produção orientada ao varejo", cuja competitividade dependia não somente da terceirização da produção, mas também da "terceirização" da montagem final e da entrega aos próprios clientes. O princípio de "produção orientada ao varejo" permanece fundamental para o modelo de negócios da IKEA à medida que continua a expandir-se internacionalmente, e, independentemente da força exercida na ponta do varejo, a empresa somente produzirá novas linhas de mobiliário que sejam adequadas a seu esquema orientado à produção.

A terceirização tem sido, ao longo dos anos, uma característica importante nos modelos de negócios de outros inovadores com ruptura clássicos, e não somente a IKEA. Por exemplo, no caso da Canon, ela foi sempre um elemento básico de sua estratégia no mercado de copiadoras, com 80% do produto montado com peças compradas e somente os tambores e os toners fabricados internamente. A terceirização também é importante no modelo de negócios da Ryanair, a inovadora com ruptura no setor aeroviário europeu (a autodenominada "Southwest Airlines da Europa"), pelo qual a empresa terceiriza a maior parte do gerenciamento de seus aviões, da manutenção integral e do manuseio de bagagens, a fim de evitar complexidade, manter os custos baixos e a produtividade em níveis bem acima da norma do setor.

Reposicionamento Estratégico — IBM

O reposicionamento estratégico raramente é fácil, em especial quando se trata de um líder de longa data no setor como a IBM. Entretanto, uma das maiores apostas estratégicas que Lou Gerstner fez como parte da reviravolta, em meados dos anos 1990, foi que os serviços, e não a tecnologia, seria a principal área de crescimento a ser adotada, particularmente no mercado corporativo de computação. "Se os clientes fossem buscar um integrador para ajudá-los a vislumbrar, projetar e elaborar soluções de ponta a ponta, então as empresas desempenhando esse papel exerceriam uma enorme influência sobre a gama completa das decisões relativas à tecnologia — da arquitetura e das aplicações às escolhas de hardware e software".[4] Tradicionalmente, a estratégia da IBM sempre enfatizou o atendimento como uma característica diferenciadora de sua proposição de valor, porém isso era prestação de serviços vinculados a produtos. O que Gerstner tinha em mente era a integração entre consultoria e soluções como principal impulsionador dos negócios por seus próprios méritos. Em 1992, os serviços representavam negócios no valor de 9,2 bilhões de dólares — no intervalo de dez anos, a IBM Global Services havia alcançado uma receita de 30 bilhões de dólares, empregando metade do número de recursos humanos da corporação. Recentemente, a IBM intensificou seu compromisso com esse reposicionamento estratégico como parte da visão de e-business "sob demanda" do CEO Sam Palmisano.

A terceirização encontra-se no núcleo do reposicionamento da IBM — como impulsionador e capacitador. Sob a nova estratégia, ela tornou-se um provedor extensivo de serviços terceirizados para outras empresas como parte de sua atuação na área de integração de soluções (principalmente na área de TI) e, ao mesmo tempo, também, uma usuária mais extensiva de serviços terceirizados (fundamentalmente na área de produtos fabricados por terceiros). Por exemplo, os próprios serviços de terceirização de TI da

IBM são atualmente um dos principais impulsionadores de receita na nova estratégia de e-business sob demanda da empresa, gerando 13 bilhões de dólares somente no mercado europeu em 2002. Ao longo da cadeia de valor, a decisão de terceirizar uma parcela crescente de sua própria produção está ajudando a acelerar sua mudança contínua para um modelo fundamentado em serviços e reconfigurando seus recursos para apoiar essa estratégia. No intervalo dos dois últimos anos, a IBM firmou um contrato de terceirização com a Sanmina — SCI Corporation no valor de bilhões de dólares para fabricar sua linha de computadores pessoais Net Vista, ampliada posteriormente para incluir uma parte significativa de suas linhas de servidores e de estações de trabalho na gama inferior — média, juntamente com atividades de distribuição e finalização. Transferências substanciais de ativos e custos fixos foram incluídas nessas negociações, permitindo-lhe "alavancar as aptidões do setor onde faz sentido melhorar nossos custos e concentrar nossos investimentos em áreas que proporcionem maior valor para nossos clientes".[5]

OS RISCOS DA TERCEIRIZAÇÃO

A terceirização também aumenta certos riscos estratégicos. Dois dos mais importantes são o risco de perder aptidões fundamentais para concorrer no futuro e o risco de fazer a terceirização na ocasião menos adequada na evolução de um setor.

Hipotecando o Futuro: Perda de Aptidões e de Capacidades Básicas

Muitas vezes, as pessoas podem ficar atraídas pela terceirização como um meio para aliviar a pressão competitiva crescente. No entanto, se deixarem de considerar as implicações de longo prazo, podem comprometer involuntariamente suas oportunidades futuras por uma vantagem de curto prazo. Por exemplo, não faz muito tempo que os executivos da Eastman Kodak tomaram a decisão de sair do negócio de *camcorders*, porque o investimento necessário naquela ocasião parecia muito elevado para continuar no mercado. Anos mais tarde, entretanto, acabaram reconhecendo que as aptidões e o conhecimento que teriam desenvolvido na produção dos principais subcomponentes poderiam ter sido utilizados para apoiar uma gama mais ampla de aplicações das principais tecnologias, indo além do mercado de consumo e atuando na área de aparelhos de diagnóstico médico por imagens e outras áreas. De um modo similar, a Bulova foi lenta em perceber as aplicações mais amplas que as aptidões de produção desenvolvidas na área de tecnologia de componentes miniaturizados poderiam ter além do mercado de relógios, uma percepção captada pela Citizen. Em contraste, a Canon optou por assumir uma visão mais de longo prazo e permanecer no negócio de semicondutores, após seu fracasso em exercer o impacto almejado no mercado de calculadoras, uma decisão que, ao longo do tempo, a deixaria bem posicionada para atuar no mercado de produtos para escritório, quando a produção eletrônica de imagens surgiu posteriormente como uma tecnologia importante.

De modo análogo a sair prematuramente de um mercado, a terceirização apressada e sem visão futura pode resultar na perda ou na transferência não pretendida de oportunidades importantes de aprendizado, conforme ocorreu com a General Electric em seu acordo de terceirização com a Samsung, no mercado de microondas. No início dos anos 1990, a General Electric ainda investia quantias vultuosas em suas próprias instalações produtivas em Columbia, Maryland, quando decidiu terceirizar para a Samsung alguns de seus modelos na faixa de produtos de pequeno a médio porte, na ocasião uma empresa pequena e pouco conhecida fora da Coréia. O contrato inicial cobria apenas 15 mil unidades. No entanto, a GE logo viu-se em uma espiral ascendente de dependência que, no final, teve de transferir à Samsung a maior parte de seu investimento e iniciativas de desenvolvimento de aptidões na produção de fornos microondas, no intervalo de apenas dois anos. Para a Samsung, o acordo lhe permitiu aumentar sua produção e sua engenharia a níveis que não teriam sido possíveis sem o acesso aos clientes americanos da GE. Este pequeno contrato de terceirização preparou o terreno para o surgimento da Samsung como uma potência global na área de utensílios domésticos.[6] A lição desse exemplo e de outros similares é que compensa ter em mente que as capacidades estratégicas raramente são sinônimos de funções distintas como engenharia e produção, mas tendem a ser profundamente integradas no know-how coletivo que reflete sua integração.[7] É por esse motivo que muitas empresas que terceirizam extensivamente, como a Nike, ainda desejam reter alguma atividade industrial e relacioná-la de perto à engenharia e ao marketing, a fim de preservar a capacidade multifuncional que vislumbram como fundamental para seu futuro sucesso.

Opção por Terceirizar na Época Errada da Evolução de um Mercado

Os estrategistas também precisam conhecer quando, na evolução de um setor e onde, ao longo de sua cadeia de valor, os cálculos econômicos pendem para a terceirização. Também precisam estar cientes da maneira como isso tende a mudar ao longo do tempo, particularmente em mercados de tecnologia. De acordo com Clayton Christensen, uma autoridade na área de inovação com ruptura, a transição crítica ocorre quando o mercado muda do estágio onde a maioria dos clientes continua a desejar mais funcionalidade do que é correntemente oferecida, e a maioria dos clientes passa a considerar que os produtos possuem um excesso de características. Este é o ponto de confluência no qual o produto torna-se rapidamente uma *commodity* e onde a base principal da concorrência altera-se para aspectos da proposição de valor situados além da tecnologia, tais como preço, rapidez, conveniência e personalização.

No mercado de PCs, por exemplo, é amplamente reconhecido que a IBM terceirizou muito cedo devido à sua ansiedade por retardar o avanço da Apple Computer e, desse modo, permitiu que a iniciativa no estágio impulsionado pelas características fluísse principalmente para a Intel e a Microsoft. Mais tarde, quando o computador pessoal tornou-se uma *commodity*, o mercado favoreceu o modelo de negócios da Dell, que focalizava em grande parte o gerenciamento do relacionamento com os clientes e o atendimento eficiente, e utilizou extensivamente a terceirização. Realmente, ao transferir seu modelo para outros segmentos, o sucesso da Dell continua a se apoiar no reconhecimento de quando a evolução de um mercado avançou para além do estágio orientado pelas características e impulsionado pela tecnologia. Até nossos dias a empresa tem obtido sucesso em aplicar esse principio aos mercados de PCs e de servidores na faixa média. A empresa acredita atualmente que a ocasião é mais do que propícia para aplicar seu modelo a impressoras jato de tinta, em que a líder de mercado, Hewlett-Packard, continua a apostar em sua tecnologia superior e características exclusivas. Ao se decidir a fazer tal aposta, é importante que os gestores reconheçam que a principal competência, conforme entendido por muitas empresas, pode ser uma "noção perigosamente voltada para o interior". Os gestores têm maior probabilidade de ganhar sua aposta se compreenderem que a competitividade "tem muito mais a ver com aquilo que os clientes valorizam do que com o que a empresa considera realizar bem".[8] Conhecer a diferença constitui um dos segredos para determinar corretamente a ocasião para seguir a estratégia de terceirização, conforme o seguinte comentário de um executivo sênior da cadeia de suprimentos da Hewlett-Packard esclarece:

"Como percebemos logo de início que a empresa está perdendo a diferenciação protegida em relação ao cliente em termos de produto, processo ou desempenho? Toda empresa gosta de acreditar que possui um produto superior. É preciso ter aptidão para reconhecer que outros estão chegando perto. No mercado de impressoras a jato de tinta, sempre temos de nos perguntar se ainda estamos fabricando os produtos que o cliente valoriza continuamente. As coisas estão no mesmo nível? Mais cedo ou mais tarde, a empresa chega ao ponto de rendimentos decrescentes, quando o mercado valoriza mais integralmente, por exemplo, um aumento na velocidade de 25 para 30 páginas por minuto, ou onde o próximo avanço na qualidade da resolução da fotografia chega a um ponto no qual somente um instrumento de medição o detectará. Quando os avanços adicionais exercerem um impacto baixo no cliente em termos de valor percebido, a empresa não se encontra muito distante de ter uma *commodity* ou operar no mesmo nível. De que modo então operar em um padrão diferente? Como fazer a transição para um modelo diferente? É neste ponto que a terceirização tende a se tornar uma opção séria para uma empresa considerar.[9]

CONHECER AS OPÇÕES DISPONÍVEIS E ANALISAR A OCASIÃO E O RISCO

A terceirização como estratégia tem o potencial de direcionar a competitividade e a criação de valor de muitas maneiras para além da meta restrita de redução de custos. Obter maior foco, aumentar o volume de produção sem massificação, incentivar a inovação com ruptura e permitir um reposicionamento estratégico são apenas quatro das opções muito promissoras que a terceirização como estratégia pode oferecer e apoiar. No entanto, os gerentes que analisam quaisquer dessas opções sempre precisarão questionar se a ocasião é apropriada e também quais as aptidões e capacidades estratégicas que podem colocar em risco.

Notas

1. Para uma discussão completa desses motivadores de valor consulte Treacy, M. e Wiersema, F. (1993), "Customer intimacy and other value disciplines", *Harvard Business Review,* jan.-fev., p. 84-93. Para um estudo mais detalhado das tensões entre eles, consulte também de Hagel, J. e Singer, M. (1999), "Unbundling the corporation", *Harvard Business Review*, mar.-abr., p. 133-141.
2. Para mais detalhes sobre o caso Nortel, veja de Fisher, L. M. (2001), "From vertical to virtual: how Nortel's supplier alliances extend the enterprise", *Strategy + Business*, 1º trimestre.
3. A expressão inovação com ruptura é empregada aqui no sentido definido por Clayton Christen — veja de Christensen, C. M. e Raynor, M. E. (2003), *The Innovator's Solution*, Harvard Business School Press, Boston, MA.
4. Citação de Gerstner, L.V. (2003), *Who Says Elephants Can't Dance?*, HarperBusiness, Nova Iorque, NY.

5. Bob Moffat, gerente geral do Grupo de Sistemas Pessoais e de Impressão da IBM, afirmou em um comunicado de imprensa que "A IBM assina um acordo com Sanmina — SCI para a produção de seus PCs desktops NetVista nos EUA e na Europa" (8 de janeiro de 2002).
6. Para mais detalhes sobre o caso GE/Samsung veja de Magaziner, I.C. e Patinkin, M. (1989), "Fast heat: how Korea won the microware war", *Harvard Business Review*, jan.-fev., p. 83-91. Para mais exemplos do risco de perder apitões (aptidões) e oportunidades de aprendizado importantes, veja de Lei, D. e Slocum, J. W. (1992), "Global strategy, competence-building and strategic alliances", *California Management Review*, p. 81-97.
7. Para mais detalhes sobre a natureza internalizada e integrada da capacitação básica, veja de Prahalad, C. K., Fahey, L. e Randall, R. M. (2001), "Creating and leveraging core competencies", em F ahey, L. e Randall, R.M. (organizadores), The Portable MBA in Strategy, 2ª ed., Wiley, Nova Iorque, NY, p. 236-252.
8. Para maiores detalhes sobre este risco, veja de Christensen, C. M. e Raynor, M. E. (2003), *The Innovator's Solution*, Harvard Business School Press, Boston, Boston, MA (especialmente os "Capítulos 5 e 6 — a citação é do Capítulo 6).
9. Maurice O'Connel, diretor de materiais da Divisão de Impressoras a Jato de Tinta da Hewlett-Packard, em conversa com o autor na fábrica da HP, em Dublin, em 2 de julho de 2004.

Leitura 13

Insights dos Novos Conglomerados

Gerry Kerr
University of Windsor

James Durroch
York University

1. ANÁLISE DO CONGLOMERADO

O conglomerado, quando não é completamente desprezado nas mídias impressas acadêmica e de negócios, é ridicularizado como uma criação do modo de pensar antigo. Em virtude dos custos elevados de organização, a justificativa é que a empresa amplamente diversificada e que atua em muitos setores está condenada a liquidar valor para os acionistas. No entanto, toda organização que foi capaz de dominar os desafios inegáveis do gerenciamento de tais operações distintas oferece a oportunidade de descobrir indicações sobre o que dá certo (e o que não dá) na estratégia corporativa. Identificamos quatro arquétipos de conglomerados bem-sucedidos.

Ao realizar nossa análise, constatamos que uma estrutura simples facilitava a compreensão das estratégias corporativas e da maneira pela qual eram postas em ação. Primeiro, a matriz funciona para influenciar a estrutura do conjunto de empresas e as relações horizontais em seu interior, incluindo a criação de práticas, regras e regulamentos. Segundo, a matriz, muitas vezes, abarca recursos comuns, tais como assessoria jurídica e tributária sobre fusões e aquisições, que são compartilhadas pelas empresas em uma relação vertical. Finalmente, gerenciar o conteúdo em evolução do conjunto de empresas forma a terceira dimensão da estratégia corporativa. As principais atividades da matriz incluem aquisições, a criação interna de novas empresas, reestruturação e alienação.

Descobrimos que cada uma das estratégias sustentáveis do conglomerado tinha como alvo metas diferentes de valor agregado e conseguia coesão envolvendo as três dimensões por meios contrastantes, aproveitando oportunidades distintas. Uma das identidades básicas do gerenciamento estratégico encontra-se nitidamente em evidência nos conglomerados de alto desempenho: um "ajuste" é obtido entre o nível corporativo e suas unidades, bem como entre a organização e seu ambiente. No entanto, a história verdadeira é como se conseguiu a coesão por meio dos arquétipos criados pelos gerentes para vincular as organizações e as oportunidades. Ficamos ansiosos para descobrir o que os gerentes corporativos poderiam fazer, possivelmente para agregar valor a tais conjuntos de negócios diferenciados.

As fontes e o perfil de nossos dados foram controlados cuidadosamente de duas maneiras. Primeiro, examinamos a lista de empresas amplamente diversificadas, denominadas "empresas multisetoriais", contidas no Business Week Global 1000. A lista Global 1000 foi publicada de forma idêntica entre 1988 e 2000, representando os exercícios fiscais precedentes. O grupo de empresas reflete as avaliações dos conglomerados por executivos e acadêmicos, sendo que todas possuem grande diversidade de atuação e níveis reduzidos de relação com o conjunto. Nosso grupo de estudo inclui algumas das maiores empresas do mundo, conforme avaliadas pela capitalização de mercado. Segundo, optamos por analisar somente as que foram classificadas como multissetorias durante cinco ou mais anos, por causa dos

Reproduzido de *Business Horizons* 48, nº 4 (jul.-ago. 2005), pp. 347-361. Copyright 2005 Kelly School of Business, Indiana University. Autorização concedida pelos editores.

custos da diversidade das empresas e da falta de oportunidades para sinergias. O uso do grupo nos permitiu isolar entidades com um compromisso sustentável com a diversificação não relacionada. Pudemos eliminar, igualmente, a possibilidade de as empresas se valerem de períodos curtos de desempenho elevado antes de se firmarem os custos da burocracia.

Exatamente cem empresas multissetoriais apareceram na lista Global 1000 entre 1988 e 2000. No entanto, 59 não permaneceram como multissetoriais por no mínimo cinco anos consecutivos, restando 41 empresas para serem analisadas. Dessas, a maioria era formada por conglomerados de longa data. Somente quatro estiveram presentes na lista pelo período mínimo de 5 anos, ao passo que 24 permaneceram por 8 ou mais anos e 7 presentes durante todo o período de 13 anos. O grupo representa matrizes situadas em 11 países diferentes; no entanto, nosso foco se dirigiu mais constantemente às empresas sediadas nos Estados Unidos e na Grã-Bretanha, porque se defrontam com o cenário e os mercados mais aguerridamente competitivos para o controle corporativo. A Tabela 1 apresenta o conjunto de conglomerados denominados "empresas multisetorias", presentes no Global 1000.

2. ESTRATÉGIAS CORPORATIVAS E AMBIENTE EMPRESARIAL

Cinco tipos básicos de estratégias corporativas foram identificados nas empresas que estudamos, sendo quatro deles vinculados a pelo menos à possibilidade de um alto desempenho sustentável. A *estratégia de propagação*, conforme o nome indica, é direcionada à criação de novos produtos e empresas. As *estratégias de reestruturação* orientam a aquisição e a racionalização de empresas com desempenho inferior, algumas vezes independentemente do setor. (Veja o artigo escrito por Michael Porter em 1987 para ter uma descrição de reestruturação, bem como uma discussão da transferência de aptidões e do compartilhamento como base para uma estratégia corporativa bem-sucedida.) A *estratégia de acréscimo* tem por finalidade o aumento da atuação e, muitas vezes, uma presença internacional, em setores fragmentados selecionados. Também foram identificadas estratégias mescladas combinando de modo bem-sucedido as estratégias de propagação, acréscimo e reestruturação, bem como subconjuntos dos arquétipos disponíveis. Finalmente, a *estratégia de portfólio* envolve a aquisição, a posse e a alienação de empresas como investimentos de longo prazo (algumas vezes, como no caso da Loews, após períodos curtos de reestruturação ou acréscimos). A Tabela 2 descreve as características gerais das cincos estratégias dos conglomerados, que são examinados em maior detalhe a seguir.

2.1 Estratégia do Portfólio

A estratégia do portfólio, o componente menos promissor do grupo, será descrita e posta de lado inicialmente. A estratégia do portfólio apóia-se principalmente nos princípios de redução do risco da posse de um conjunto de empresas. Ela busca obter benefícios que podem ser conquistados de modo mais econômico por investidores individuais, que não precisam pagar ágios por aquisições e não absorvem os custos da organização. A participação acionária pode ser parcial ou integral, sendo que a primeira somente torna mais evidente a orientação financeira da estratégia. Realmente, muitas das empresas que adotam a estratégia do portfólio, em sua forma pura ou como parte predominante de uma estratégia de reestruturação ou de acréscimo, possuem grandes divisões bancárias ou seguradoras. Este foi especialmente o caso nos mercados europeus menos competitivos e grandemente regulamentados durante os anos 1980 e o início da década de 1990. Podem se encontrar igualmente exemplos em empresas com controle acionário exercido pela família dos empreendedores fundadores (que era o caso na Loews). Seja qual for o cenário, as oportunidades limitadas para o acréscimo de valor e os custos da prática causam um desempenho ruim, associado muito de perto à estratégia do portfólio. Nossas constatações coincidem com as de Rumelt (1974) e do artigo de Porter mencionado anteriormente, confirmando que a estratégia do portfólio passiva contribui pouco para nossa compreensão da estratégia corporativa bem-sucedida, salvo indicar que seja evitada.

2.2 Estratégia de Propagação

A estratégia de propagação depende do trabalho dos empreendedores corporativos para desenvolver seus novos produtos e negócios. A matriz apóia este crescimento orgânico, proporcionando um grande suporte em termos de projeto e supervisão, e pela criação de uma cultura que fomenta a aceitação de riscos e perdoa as falhas inevitáveis. Ao longo do tempo, os portfólios de empresas que adotam a propagação possuem conjuntos de empreendimentos que têm por base uma ampla plataforma de especialização em

Tabela 1 Empresas Multissetoriais

Nome da Empresa	Matriz	Empresa Multissetorial no Global 1000	Vendas Totais (milhões de dólares)	Ativo Total (milhões de dólares)	Valor de Mercado (milhões de dólares)
CSR	Austrália	1988-1997	$ 5.932	$ 4.663	$ 3.703
Pacific Dunlop	Austrália	1988-1994	4.760	4.653	3.578
General de Belgique	Bélgica	1988-1998	160.901	NA	12.112
Groupe Bruxelles	Bélgica	1988-1995, 1997-2000	5.629	NA	5.846
Tractabel	Bélgica	1988-1997	18.824	9.779	6.130
B.A.T. Industries	Grã-Bretanha	1992-1998	83.440	24.175	27.951
BET	Grã-Bretanha	1988-1992	3.266	4.888	1.951
BTR	Grã-Bretanha	1988-1998	12.524	13.194	10.915
Grand Metropolitan	Grã-Bretanha	1988-1994	14.144	12.266	13.956
Hanson Trust	Grã-Bretanha	1988-1996	36.617	17.328	14.987
Pearson	Grã-Bretanha	1988-1993	3.356	2.554	3.745
Siebe	Grã-Bretanha	1992-1996	4.034	3.325	6.193
TI Group	Grã-Bretanha	1992-1998	2.275	3.050	4.614
TomKins	Grã-Bretanha	1992-1998	5.119	7.483	6.809
Canadian Pacific	Canadá	1988-2000	13.566	7.590	7.616
Imasco	Canadá	1992-1999	34.890	5.813	9.899
Compagnie de Navigation Mixte	França	1990-1995	8.936	NA	3.001
Suez Lyonnaise des Eaux	França	1991-1995, 1998	79.101	31.828	21.544
Citic Pacific	Hong Kong	1995-2000	8.780	3.391	10.600
Hutchison Whampoa	Hong Kong	1988-2000	48.206	7.115	49.244
Jardine Matheson Holdings	Hong Kong/ Cingapura	1990-1997	14.285	11.605	5.018
Jardine Strategic Holdings	Hong Kong/ Cingapura	1992-1997	9.501	NA	3.886
Swire Pacific	Hong Kong	1988-2000	11.596	2.164	8.963
Montedison	Itália	1991-1992, 1994-1999	17.242	13.395	4.891
Sime Danby	Malásia	1988-1994	2.822	2.730	3.950
Compagnie Financiere Richemont	Suíça	1994-2000	10.417	6.887	12.935
Allied Signal	EUA	1988-1999	15.560	15.128	32.090
Berkshire Hathaway	EUA	1990-1998, 2000	131.416	24.028	89.131
Dover	EUA	1995-2000	4.132	4.446	9.440
General Electric	EUA	1988-2000	405.200	111.630	520.247
ITT	EUA	1988-1995	100.854	23.620	11.822
Loews	EUA	1988-2000	69.464	15.906	6.986
Minnesota Mining and Mnufacturing	EUA	1988-2000	13.896	15.659	34.055
Paramount Communications	EUA	1989-1994	7.054	4.265	5.165

Tabela 1 Continuação

Nome da Empresa	Matriz	Empresa Multissetorial no Global 1000	Vendas Totais (milhões de dólares)	Ativo Total (milhões de dólares)	Valor de Mercado (milhões de dólares)
Rockweel International	EUA	1988-1996	$12,505	$12,981	$12,691
Tenneco	EUA	1988-1998	8,332	7,220	7,061
Textron	EUA	1988-2000	13,721	11,579	9,333
TRW	EUA	1988-1996	5,890	10,172	6,155
Tyco International	EUA	1990-1991,	32,362	22,497	79,441
Preussag	Alemanha	1995-2000	7,829	16,667	5,858
Viag	Alemanha	1990-2000	28,217	27,690	10,230

Fonte: *BusinessWeek Global 1000*, 1988-2000. Os dados se referem ao exercício fiscal mais recente das empresas com atuação multis-setorial.

pesquisa e desenvolvimento. Se forem bem-sucedidas, as iniciativas principais de empreendedorismo corporativo podem fornecer barreiras intransponíveis para os concorrentes e para bons lucros. No entanto, o processo exige tempo e dinheiro. A matriz precisa chegar a um bom equilíbrio, contendo custos sem eliminar projetos válidos, e acelerando a colocação de produtos no mercado sem empurrar antigos de qualidade inferior a clientes sem disposição para comprá-los. Em termos gerais, a estratégia de propagação se expande mais lentamente do que aquelas que fazem uso de aquisições, mas também exige uma racionalização menos freqüente do portfólio.

2.3 Estratégias de Reestruturação e de Acréscimo

As estratégias de reestruturação e de acréscimo apresentam similaridades, porém são claramente diferenciadas em suas ações de criação de valor e dos portfólios que produzem. As similaridades se relacionam com a prática intensiva de aquisições e incluem as aptidões necessárias na matriz para a identificação de alvos, a atenção devida e a negociação. Os perfis de crescimento também são comparavelmente acelerados para as duas estratégias, com um aumento de pressão para aumentar o ritmo ou a proporção das aquisições, à medida que as empresas crescem. Porém, as similaridades entre as duas estratégias terminam nesse ponto. A estratégia de reestruturação visa foco, e eficiência direcionados aos alvos das aquisições em um grande conjunto de setores. A estratégia de acréscimo, em comparação, busca alvos em um número limitado de setores, cada um possuindo uma estrutura fragmentada e oportunidades para efetivar conexões internacionais. As aquisições são escolhidas cuidadosamente pelos estrategistas do acréscimo como um meio para ampliar a linha de produtos e para uma eficiência cada vez maior na produção e/ou no marketing. Portanto, em resumo, a estratégia de acréscimo gera valor juntando núcleos de empresas que possuem um determinado perfil, ao passo que a estratégia de reestruturação busca obter lucros pela transformação dos ativos empresariais e por sua venda final. Os portfólios das empresas que se reestruturam novamente são mais diversificados e encontram-se sujeitos a um número muito maior de alterações do que aqueles vinculados à estratégia de acréscimo.

2.4 Estratégia Mesclada

O alto escalão corporativo, ao utilizar a estratégia mesclada de conglomerado, combina estratégias que ajudam a ampliar a capacitação organizacional e o potencial de crescimento estável. Um fato digno de nota é que comparativamente poucos dos conglomerados que estudamos adotavam versões "puras" dos arquétipos. A estratégia mesclada estava presente em muitas trocas nas empresas que examinamos, tornando difícil de expressar afirmativas gerais sobre a estratégia; no entanto, algumas características ficaram em evidência. Em todos os casos, exigia investimentos mais elevados em pessoas e recursos de apoio e envolvia uma supervisão mais desafiadora. Essa estratégia foi detectada em algumas das maiores empresas e naquelas com o compromisso mais antigo com a forma do conglomerado, como a General Electric e Allied Signal. Nossas constatações também estão de acordo

Tabela 2 Arquétipos da Estratégia do Conglomerado

	Estratégia de Propagação	Estratégia de Reestruturação	Estratégia de Acréscimo	Estratégia Mesclada	Estratégia de Portfólio
Principal Atividade	A criação bem-sucedida de novos produtos e, especialmente, novas empresas	A melhoria, reconfiguração e venda de ativos empresariais	O aumento da participação em setores selecionados, resultando em poder de mercado e excelente perfil de custo	A combinação da estratégias mencionadas	A criação de um conjunto diversificado de empresas
Forma Predominante de Crescimento	Empreendedorismo corporativo	Aquisições	Aquisições	Aquisições ou mescla	Aquisições
Papel da Matriz	Aprovação e apoio ao projeto Formação de recursos humanos e de pesquisas	Identificação dos alvos de aquisição e das metas de transformação	Identificação dos alvos de aquisição e das metas de transformação Negociação Ssupervisão dos fluxos de recursos e da fixação de metas financeiras	Formulação e implementação das estratégias contribuídas pelo conglomerado	Identificação de investimentos Negociações (conforme aplicável)
Conjunto típico de empresas	Grupos de empresas autocriadas, unidades em termos amplos por mercados e tecnologia de apoio	Grande conjunto de empresas com intensidade tecnológica geralmente reduzida à média Alienação constante de empresas	Conjunto concentrado de empresas, com intensidade tecnológica geralmente reduzida à tecnologia de nível médio Índice elevado de alienação após as aquisições, porém marcado por estabilidade divisional	Ampla variedade de empresas muitas vezes com plena intensidade tecnológica; Índice de alienação variado	Ampla variedade de empresas, com investimentos variando de participação acionária parcial a total
Vulnerabilidades	Contenção de custos Demora no lançamento de produtos Perfil de crescimento lento	Grande sensibilidade ao preço pago e às economias projetadas Muitas vezes portfólios mal estruturados com racionalização dependendo do capricho do mercado para a alienação Dificuldade para manter perfis de crescimentos em grandes empresas	Grande sensibilidade ao preço pago e às economias projetadas Dificuldade para manter perfis de crescimento em grandes empresas	A implementação da estratégia exige muitas vezes uma base de recursos ampla e onerosa A implementação é complexa e muitas vezes difícil de entender	O gerenciamento do portfólio é realizado mais eficientemente por investidores individuais Base extremamente reduzida para criação de valor organizacional É necessário ter conhecimento antecipado das movimentações no mercado
Exemplos	3M	Hanson Trust BTR	TIGroup; Tyco International	General Electric	Lowes

com o trabalho pioneiro de Goold e Campbell (1987): nas empresas de grande desempenho, a matriz tornou-se adepta de exercer o tipo correto de controle sobre as empresas individuais do portfólio. Por exemplo, em empresas industriais mais consolidadas, seriam utilizados meios financeiros de controle. Inversamente, em empresas novas ou de maior crescimento (especialmente em setores de base tecnológica cuidadosamente escolhidos), um planejamento estratégico ou controles estratégicos mais amplos.(Para mais informações sobre todas as estratégias dos conglomerados, consulte a seção 9, denominada "Estratégias do Conglomerado em Ação". As descrições feitas nesta seção também ajudam a compreender como as estratégias foram implementadas de modo bem-sucedido.)

3. CONTINGÊNCIA E CONTROLE POR PARTE DO NÍVEL CORPORATIVO

De que modo os dirigentes enfrentaram o desafio da criação de conglomerados? A implementação bem-sucedida da estratégia dependeu da obtenção de uma coesão ampla da matriz com as empresas. As principais preocupações foram o estabelecimento de recursos exclusivos na matriz e uma maneira focada e bem definida de interação com portfólios. A interação que agregou valor foi principalmente vertical, atuando em papéis de apoio importantes.

A implementação somente pode ser totalmente compreendida por meio de um exame sistemático das três dimensões da estratégia corporativa. Os arquétipos estratégicos foram implementados por intermédio de um controle atento e constante dos relacionamentos entre as empresas, da influência da matriz e do gerenciamento do conjunto de empresas. Por meio desses instrumentos, os arquétipos corporativos foram definidos e geraram valor. As Tabelas 3 a 5 descrevem as quatro principais estratégias corporativas entre as empresas, a influência da matriz e o conteúdo do portfólio corporativo.

Para ajudar a compreender os relacionamentos entre as empresas, incluímos uma análise da estrutura corporativa, a existência de compartilhamento de atividades e/ou de transferência de conhecimento e a possível ocorrência de outros tipos de compartilhamento ou coordenação (como o uso de marcas comuns, a transferência de recursos humanos etc.). A influência da matriz é examinada pela análise dos recursos ou competências existentes na matriz e por um exame dos meios de controle e coordenação comumente exercidos pela matriz.

Tabela 3 **O Relacionamento entre as Empresas**

	Estratégia de Propagação	Estratégia de Reestruturação	Estratégia de Acréscimo	Estratégia Mesclada
Estrutura	Uma estrutura simples assegurando a presença de plataformas de tecnologia nas divisões	Uma estrutura simples com base no setor	Após a racionalização, as empresas simplesmente se organizaram em grupos de produtos (por marca ou setor)	Uma estrutura formal simples, organizada principalmente por setor e geografia
Compartilhamento de atividades	Um conjunto focalizado de serviços compartilhados (tecnologia ambiental e da informação, recursos humanos etc.) conduzindo por P&D	Poucas conexões exploradas entre as empresas	Separação nítida das divisões com poucas atividades compartilhadas	Relativamente poucas atividades compartilhadas entre as divisões
Outros recursos compartilhados	Presença de uma cultura forte nas divisões Compartilhamento da marca entre as divisões Compartilhamento ativo de talento gerencial	Presença de uma cultura forte nas divisões Compartilhamento ativo de talento gerencial	Presença de uma cultura forte nas divisões Compartilhamento ativo de talento gerencial	Presença de uma cultura forte nas divisões Compartilhamento da marca entre as divisões Compartilhamento ativo de talento gerencial

Tabela 4 **A Influência da Matriz**

	Estratégia de Propagação	Estratégia de Reestruturação	Estratégia de Acréscimo	Estratégia Mesclada
Recursos na Matriz	Ampla gama de recursos na matriz, compatibilizados com ênfases estratégicas como fixação de metas, direção do projeto e controle dos recursos	Matriz pequena com ênfase no apoio às fusões e aquisições e na supervisão financeira	Matriz pequena com os principais recursos investidos no apoio às fusões e aquisições, supervisão financeira e gerencial	Conjunto de recursos na matriz fortemente controlados, com recursos importantes investidos em fusões e aquisições, supervisão financeira e gerencial
Coordenação e Controle	Mecanismos múltiplos e orientados a projetos para unir os níveis organizacionais	Empresas fortemente descentralizadas Controle exercido por meio de fixação de metas, remuneração, cultura e auditoria Gerenciamento direto somente por exceções	Empresas descentralizadas (sujeitas a fusões com aquisições) com os principais mecanismos de controle sendo fixação de metas, remuneração e auditoria Gerenciamento direto somente por exceção	Alto nível de autonomia nas empresas, com a matriz supervisionando a fixação de metas e a criação da missão, a cultura (por meio do gerenciamento de recursos humanos) e atividades de fusão e aquisição Gerenciamento direto somente por exceção

O gerenciamento do portfólio se concentra nos critérios que decidem o conteúdo do portfólio, os principais meios pelos quais foi criado e a natureza da alienação e da reestruturação.

4. OS RELACIONAMENTOS ENTRE AS EMPRESAS

4.1 Estrutura

A estrutura nas empresas de maior desempenho seguiu a estratégia, refletindo outro dos princípios básicos do gerenciamento estratégico. No caso da 3M, a estrutura multidivisional é fundamentada na continuidade do acesso ao conhecimento tecnológico, um corolário natural de uma estratégia de propagação. Nas empresas Hanson Trust, BTR, TI Group e General Electric, por comparação, as estratégias de reestruturação, de acréscimo e mesclada exigiram estruturas divisionais simples nas quais as tarefas complexas de incentivo ao crescimento orgânico e da racionalização das fusões e aquisições podem ser realizadas de modo independente.

4.2 Compartilhamento de Atividades ou Transferência de Conhecimento

A estrutura divisional das empresas também foi fortemente compatibilizada às iniciativas de compartilhamento. Na 3M, o uso intensivo de equipes multifuncionais para realizarem a pesquisa de novos produtos exigiu a distribuição dos recursos necessários no ambiente de cada divisão no maior grau possível. Além disso, criar um grande número de ampliações da linha e adaptar os produtos existentes a novos mercados levaram os dirigentes da 3M a assumir o ônus de participar na transferência de conhecimento avançados e de informações. Nas divisões, as operações no TI Group e na General Electric, e especialmente no Hanson Trust e no BTR, foram mantidas muito mais separadas. O centro corporativo possuía o conhecimento-chave para construir a profundidade e a extensão das divisões individuais por meio de aquisições, e as

Tabela 5 **Gerenciamento do Portfólio**

	Estratégia de Propagação	Estratégia de Reestruturação	Estratégia de Acréscimo	Estratégia Mesclada
Conteúdo do Portfólio	Empresas fortemente diversificadas nos mercados de consumo, industrial e internacional	Diversificação extremamente ampla Portfólio formado por grupos de ativos reestruturados	Ampla diversificação, porém controlada rigidamente por tipo de setor e pela aplicação de critérios de aquisição rigorosos	Com muita freqüência, uma diversificação extremamente ampla, porém controlada rigidamente por tipo de setor e pela aplicação de critérios de aquisição rigorosos
Crescimento do portfólio	Empresas criadas internamente por meio de P&D Na maior parte, entidades atuantes em nichos com base em projetos e tecnologias únicos	Aquisições constituem a principal ferramenta para formação do portfólio	Todos os aspectos de fusões e aquisições controlados internamente O crescimento orgânico também pode ser uma meta	Equilíbrio entre aquisições e crescimento orgânico
Alienação e reestruturação	Presença de empresas autodesenvolvidas e inovação constante nas unidades de negócios complicam os processos de alienação e reestruturação	Preservação do tamanho e do perfil de crescimento (especialmente em grandes empresas) e temas culturais prejudicam o processo de alienação A reestruturação pode ser impedida pela enorme separação das empresas (caso se tenha em mente o compartilhamento das atividades ou a transferência de conhecimento)	Preservação do tamanho e do perfil de crescimento (especialmente em grandes empresas) e temas culturais prejudicam o processo de alienação A reestruturação pode ser impedida pela enorme separação das empresas (caso se tenha em mente o compartilhamento das atividades ou a transferência de conhecimento)	Preservação do tamanho e do perfil de crescimento (especialmente em grandes empresas) e temas culturais prejudicam o processo de alienação A reestruturação pode ser impedida pela enorme separação das empresas (caso se tenha em mente o compartilhamento das atividades ou a transferência do conhecimento)

empresas eram responsáveis em grande parte por suas próprias operações. As unidades de negócios, com poucas exceções, ofereciam pouca oportunidade para o compartilhamento de atividades por causa das diferenças substanciais em suas capacidades e operações. Todas as empresas, entretanto, concentraram-se consideravelmente no desenvolvimento dos executivos de primeira linha, valendo-se da rotatividade entre cargos e outros procedimentos comuns de recursos humanos e na criação de uma cultura forte aberta à mudança, à inovação e ao aperfeiçoamento do processo.

4.3 Compartilhamento/ Coordenação Adicionais

Realmente, em termos mais gerais, as políticas de recursos humanos foram adaptadas para apoiar as premissas de agregação de valor. Na 3M, foram desenvolvidas políticas para incentivar a aceitação do risco de empreendedorismo e desenvolver as aptidões necessárias. Foi desenvolvida uma cultura agressiva na BTR que reconhecia consideravelmente o risco assumido, afastando aqueles que tinham fracassos contínuos ou que não conseguiam trabalhar bem nessas condições. No TI Group e na General Electric, as políticas de recursos humanos foram criadas para produzir dois resultados diferentes elas foram elaboradas para o desenvolvimento de talentos do primeiro escalão em dirigentes com experiência integral. Uma parte importante do treinamento consistia em fazer a rotação dos cargos assumidos por meio de funções diferentes. Igualmente, o uso intensivo da inovação e do crescimento orgânico na GE e, em grau menor, no TI Group, exerceu pressão nos dirigentes para o desenvolvimento de uma cultura que apoiasse a aceitação do risco e a experimentação. As políticas de recursos humanos foram moldadas para proporcionar incentivos aos que assumiam riscos e para desenvolver aptidões em toda a empresa de uma maneira direcionada e com alto grau de sofisticação. Nas empresas que possuíam pouco a ser compartilhado, a cultura organizacional foi moldada ativamente como um meio para a implementação da estratégia, reconhecendo e concretizando oportunidades, atribuindo uma identidade ao trabalho e criando o significado da organização.

5. A INFLUÊNCIA DA MATRIZ

5.1 Recursos e Competências

Nas companhias de alto desempenho, as intromissões da matriz nas atividades das empresas eram rigorosamente controladas. A fixação de metas era de primordial importância para os líderes corporativos, principalmente para vincular metas universais à missão. Os dirigentes corporativos geralmente posicionavam as metas financeiras no primeiro plano das discussões, porém as uniam intimamente às metas estratégicas previstas para gerar valor. O exemplo da 3M foi, talvez, o melhor para ilustrar a maneira pela qual o cumprimento das metas financeiras foi usado para provar a validade da estratégia da empresa, porém esta característica pode ser observada em todas as empresas com desempenho excelente. A importância de se medir os resultados financeiros é comum nas empresas de capital aberto, contudo seu uso agressivo nos conglomerados provavelmente é o que melhor reflete a complexidade de suas operações e a dificuldade para acompanhar e compreender suas partes.

A matriz também possuía recursos compartilhados importantes, novamente ditados pelas necessidades das estratégias individuais. Na 3M, recursos corporativos importantes incluíam as finanças e a infra-estrutura para apoiar todo o ciclo de desenvolvimento do produto, da ciência pura ao lançamento do produto e mais além. No Hanson Trust e no BTR, as principais tarefas corporativas que precisavam de apoio eram aquisições, reestruturações e fusões. A matriz funcionava, portanto, como um banco de investimento. Após a reestruturação, ocorria uma intensa supervisão financeira e estratégica. No TI Group e na General Electric, as exigências de suas estratégias resultaram em formações mais amplas de recursos na matriz, com capacitação criada para apoiar os processos de inovação e aquisição e o desenvolvimento de grande amplitude dos dirigentes. Em um exemplo de destaque, Jack Welch na GE afirmou ser a última tarefa a mais importante, dedicando-lhe a maior parte de seu tempo e de seus esforços.

5.2 Meios de Controle/Coordenação

Todas as empresas de excelente desempenho enfatizaram a criação de um tipo específico de modalidade de trabalho e de cultura. Conforme indicado, a 3M fez uso contínuo e extensivo de projetos multifuncionais fundamentados em equipes. As plataformas tecnológicas e de conhecimento múltiplas na 3M faziam exigências diferenciadas dos empreendedores para que cruzassem fronteiras. As soluções criativas para as necessidades dos clientes originaram-se de recursos existentes em toda a organização. A cultura na 3M era influenciada, portanto, pela matriz, para que proporcionasse apoio, sem enredar os empreendedores em uma rede de burocracia, antes que suas idéias pudessem ser concretizadas. O sucesso era celebrado de várias maneiras na 3M, ao passo que os efeitos debilitantes do fracasso eram eliminados em grande parte. No Hanson Trust e no BTR, foi feita uma tentativa bem-sucedida para estabelecer uma cultura forte, direta e eficiente com base na redução agressiva de custos e na preservação da margem de lucro. Foram feitos, ao mesmo tempo, esforços consideráveis na BTR para ir além das divisões e unir os funcionários em funções de caridade de natureza variada. Assim, foi criada uma cultura forte. No TI Group e na General Eletric, as mudanças fundamentais que ocorreram durante os anos 1980 incluíram algumas atividades direcionadas a provocar a transformação cultural. No Grupo TI, a matriz chegou até mesmo a ser transferida de Birmingham para Londres, em uma iniciativa calculada para realinhar a orientação da empresa. A remuneração e o treinamento foram reforçados simultaneamente em ambas as empresas, para que os candidatos aos cargos elevados pudessem ser contratados e retidos. O poder também foi fortemente descentralizado, permitindo aos gerentes mais liberdade para se dedicarem às idéias.

6. GERENCIAMENTO DO PORTFÓLIO

6.1 Critérios para a Formação do Portfólio

Todas as empresas, em termos de suas estratégias, comunicavam claramente uma visão, que incluía um conjunto de metas, resultados e atividades interligados. Uma das diferenças mais importantes entre as mais bem-sucedidas e as que tiveram desempenho sofrível foi a profundidade com que a estratégia corporativa foi comunicada. Direções estratégicas e seus resultados esperados na 3M, BTR, Hanson Trust, TI Group e GE estiveram muito mais prontamente disponíveis, como também foi o caso na grande maioria das empresas mais bem-sucedidas, por meio de documentos, da liderança e de fontes externas.

A principal lógica utilizada pelas estratégias corporativas era nítida e simples, criada com um longo horizonte de tempo em mente. Dois mecanismos estavam disponíveis para unir ambiente e organização: as empresas foram desenvolvidas para inovar e abrir novos mercados e/ou identificar e agir cuidadosamente em setores específicos. As que adotaram estratégias mescladas optaram por combinar os dois mecanismos.

As empresas em cada divisão eram relacionadas por uma marca comum, como no TI Group durante a etapa posterior ao período estudado; ou por setor ou por mercados finais, como foi o caso da 3M, Hanson Trust, BTR e GE durante todo o período. No entanto, mesmo associações mais sólidas estiveram em evidência no interior das divisões das empresas mais bem-sucedidas. As empresas também estavam relacionadas por processos e tecnologias de desenvolvimento comuns, no exemplo da 3M e do histórico inicial do BRT e da GE, ou estavam unidas por estruturas setoriais fragmentadas de modo similar nas empresas, conforme ocorria no TI Group. Com exceção de Hanson Trust e BTR, as que formavam os portfólios eram na maior parte das vezes a número 1 ou a número 2 em seus respectivos setores. De maneira geral, elas ofereciam produtos diferenciados que não estavam sujeitos a uma concorrência intensa e direta ou eram apoiadas por funções de atendimento bem estruturadas ou por custos de mudanças elevados. Cada uma das empresas com desempenho excelente ampliou em certo grau o alcance internacional de seus portfólios. As iniciativas na GE e, especialmente, na 3M, eram de longa data, iniciadas há muitas décadas na história dessas empresas. Porém, o TI Group também fez grandes progressos na abertura de seu portfólio ao intercâmbio global, fazendo uso particularmente eficaz de suas aquisições para atingir novos mercados e ampliar seu centro de gravidade.

6.2 Formação do Portfólio

O portfólio de empresas também foi formado de um modo que apoiava e definia as estratégias corporativas nos conglomerados com melhor desempenho. Na 3M, o crescimento foi efetivado por meio da criação de novas empresas, processo que exigiu uma padronização da organização e um sistema de supervisão e planejamento baseado em grupos e projetos, que juntou habilmente a experiência gerencial e a vocação empreendedora. Das empresas remanescentes, somente Hanson Trust e BTR fizeram uso quase exclusivo de aquisições. Os dirigentes no TI Group utilizaram um método equilibrado de crescimento, utilizando aquisições estratégicas "aceleradas". Essas aquisições foram fortemente disciplinadas, trazendo para o portfólio aptidões e/ou linhas de produtos complementares. A crença era de que as aquisições representavam outro método para obter crescimento orgânico. As ações na GE foram comparáveis àquelas no TI Group, porém foi feito maior uso de aquisições maiores, dependendo da finalidade geral para o grupo de empresas.

Dos resultados que, de maneira geral, suportam o trabalho esclarecedor de Joseph Bower publicado em 2001, as matrizes das empresas bem-sucedidas relacionavam claramente a finalidade estratégica de suas aquisições com as exigências de integração que vieram em seguida. Além disso, os tipos de aquisições, sua finalidade estratégica e as aptidões para gerenciar os processos de aquisição e integração eram coordenados e controlados de perto pela matriz nas empresas com melhor desempenho. Em todos os casos, as empresas realizaram análises sofisticadas de seus alvos de aquisição, fazendo uso intensivo de aquisições "pacíficas" de controle acionário como uma maneira para aumentar o fluxo de informações, diminuir a duração da operação, facilitar a fusão e/ou reestruturação iminentes e reter o núcleo do gerenciamento.

Três tipos de fusões e aquisições foram enfatizados. Até mesmo a 3M, que implementou somente algumas poucas aquisições durante o período estudado, utilizou as mesmas práticas básicas das empresas adquirentes: o Hanson Trust, o

BTR, o TI Group e a General Eletric. Elas demonstraram de modo bem-sucedido exemplos bem planejados de aquisições como extensões de linha (em todas as empresas), pesquisa e desenvolvimento (BTR, TI Group e GE) e um método para conseguir consolidação geográfica em um setor fragmentado (Hanson Trust, BTR, TI Group e GE).

6.3 Alienação e Reestruturação

No entanto, não deve ser transmitida a impressão de que a implementação da estratégia sempre foi fácil e que não existiram desafios constantes. De todas as preocupações da matriz, a alienação parecia estar sujeita, mesmo nas empresas de melhor desempenho, à estratégia mais intensamente *ad hoc*; reação em vez de previsão. Hanson Trust e GE foram os mais ativos na alienação. Hanson vendeu algumas unidades em 1995 antes de ser desmembrado em quatro partes no ano seguinte. A General Electric, igualmente, foi muito ativa, especialmente no início da gestão de Jack Welch. A premissa simples de que as empresas fossem a número 1 ou a número 2 em seus respectivos setores também proporcionou uma justificativa clara para a venda de ativos. Entretanto, mesmo na GE, também foram feitas alienações motivadas por preocupações estratégicas e financeiras mais amplas, com a venda controvertida da unidade de pequenos utensílios domésticos que era líder no setor, servindo como principal exemplo. Na maior parte dos casos, as vendas de ativos em todas as empresas que examinamos foram o resultado da racionalização das aquisições, de ações comparativamente tardias para reestruturar o portfólio ou foram exemplos de aquisições fracassadas.

Realmente muitas das únicas queixas expressas pelos líderes que estudamos diziam respeito a aquisições que terminaram como alienações com prejuízo. Muitos esquecem a compra do banco de investimento Kidder Peabody logo no início da gestão de Jack Welch. Entretanto, ele não esqueceu, simplesmente denominou a aquisição "meu maior erro". A razão para o erro, de acordo com Welch, começou com uma falta de empenho, mas também incluiu uma crença errônea na capacidade da organização para suplantar quaisquer desafios nas operações de fusão. No BTR, os problemas pareciam ser mais agudos. Os dirigentes corporativos não selecionaram sistematicamente e em profundidade seu portfólio ao longo do tempo e tornaram-se vinculados emocionalmente a algumas das empresas no portfólio, o que fez que o conjunto se tornasse cada vez mais vago. Parte da resistência provavelmente pode ser explicada pelas principais iniciativas do BTR para formar uma cultura forte, o que, muitas vezes, é incompatível com a alienação em grande escala.

A decisão de vender ativos importantes, muitas vezes, foi influenciada por questões culturais mais sensíveis. Como exemplo, basta simplesmente observar a 3M que, ao longo dos anos 1990, preocupou-se com sua divisão de armazenamento de dados cada vez mais problemática e estrategicamente desvinculada. No decorrer do tempo, a liderança em custos de uma empresa independente, denominada posteriormente Imation, foi considerada a solução. No entanto, a matriz investiu anos e milhões de dólares tentando conter custos e defender uma posição privilegiada em um setor, cujos produtos estavam sendo transformados inevitavelmente em *commodities*. Na GE, a grande reação negativa à venda da unidade de pequenos utensílios domésticos foi atribuída em grande parte à percepção de muitos membros da organização de que a unidade era parte integrante da história e do perfil da organização. (Uma confirmação e uma explicação mais amplas de muitos dos tópicos desenvolvidos nesta seção resumida, bem como as opções dos dirigentes para desenvolver uma estratégia de alienação mais pró-ativa, podem ser encontradas no artigo de Dranikoff, Koller e Schneider: 2002.)

A crise ou a instabilidade organizacional foi uma outra característica dos históricos de todas as empresas que estudamos. A crise do BTR desenrolou-se durante todo o período. Conforme está indicado, o BTR manteve uma estratégia corporativa e um grupo de empresas que se tornaram gradualmente defasadas em relação à economia. Como reação, foram feitos e implementados planos para criar inicialmente uma "empresa industrial e de engenharia internacional" e, em seguida, uma "empresa de engenharia global líder". Apesar disso, elementos de forte inércia cultural, resistência dos dirigentes e a enorme escala de mudanças desejadas atuaram contra a implementação, e a paciência logo diminuiu drasticamente nos mercados para a concessão de empréstimos e garantias que a mantinham em atividade. Uma empresa fortemente descentralizada e diversificada simplesmente não poderia disponibilizar o tempo e os fundos necessários para se tornar menor e mais focada, cujas unidades precisavam trabalhar muito unidas.

O TI Group também esteve sujeito a enormes pressões externas e quase sucumbiu a elas em meados dos anos 1980. Como resultado, um portfólio anteriormente muito diversificado foi reduzido rapidamente e métodos fortemente disciplinadores foram implementados para estabilizar e dar sustentação ao crescimento.

Mesmo a General Electric, sob muitos aspectos o conglomerado mais típico, passou por uma longa fase descrita geralmente como de "crescimento sem lucro". Os elementos da transformação conduzidos finalmente por Jack Welch são famosos e elogiados e não serão repetidos aqui. No entanto, implícito nas ações de Welch e sua eficácia estava a crença mais importante de que a empresa estava se valendo de um tempo precioso.

7. GERENCIAMENTO DO NOVO CONGLOMERADO

7.1 Uma Forma Viável?

Em virtude das opiniões externas hostis e das dificuldades internas para gerenciar tais operações amplas e complexas, a forma do conglomerado faz sentido? Afinal de contas, os mercados de capitais, os analistas dos setores e os resultados de diversas pesquisas parecem opinar frontalmente contra a prática. No entanto, a resposta à pergunta do conglomerado parece ser um "sim" fortemente limitado. As razões que justificam tornar-se amplamente diversificado são poucas, incluindo somente a capacidade de criar novos negócios e/ou transformar ativos ou setores. Uma variedade de recursos, capacidades e ações deve ser combinada em razão das três dimensões descritas de uma maneira mutuamente acentuada e estrategicamente focada. As barreiras para o desenvolvimento e a integração bem-sucedidos dos muitos elementos exigidos para o domínio de uma diversificação não relacionada podem parecer assustadoras, porém os requisitos necessários, uma vez atendidos, oferecem alguma proteção contra a imitação.

As principais tarefas para os dirigentes se relacionam com o estabelecimento, a comunicação e a implementação claros dos meios pelos quais o nível corporativo agregará valor às empresas existentes. O método para agregar valor precisa orientar os ativos e as atividades da empresa com melhor desempenho e incluir oportunidades que se estendem bem além do futuro previsível. Nas empresas bem-sucedidas, mudanças no ambiente, especialmente condições relevantes no setor, foram conduzidas ativamente ou monitoradas continuamente e incluídas na estratégia, conforme justificado.

A obtenção de "ajustamento" não pode ser reduzida a uma postura reativa, não importando quão ágil. Todas as empresas que estudamos influenciaram ativamente seus ambientes. Por exemplo, as estratégias de reestruturação do BTR, do Hanson Trust e de outros conglomerados foram participantes dinâmicos na transformação industrial da Grã-Bretanha durante as décadas de 1970 e 1980. Realmente, as empresas britânicas reestruturadas foram tão bem-sucedidas que o conjunto de empresas candidatas viáveis foi fortemente reduzido no fim do período estudado. O TI Group e a General Electric, em diversos setores, também conquistaram ativamente escala e aumentaram seu nível de integração internacional. Em vez de reagir à concentração e globalização dos setores, uma observação muito mais precisa é que algumas empresas como o TI Group e a GE aprovaram essas mudanças por meio de estratégias poderosas que também asseguraram seus benefícios. (O livro de Weick [1979] oferece uma discussão da aprovação pelas organizações, ao passo que o artigo de Smircich e Stubbart [1985] aplica o conceito ao gerenciamento estratégico). As inovações da 3M podem proporcionar os exemplos mais claros da estratégia que cria, em vez de simplesmente reagir às variações do universo empresarial. Setores inteiros, como os de armazenamento de dados, equipamento de diagnóstico médico e áreas completas de apoio às empresas têm sido criados ou moldados consideravelmente pelas iniciativas da 3M.

No entanto, os insights proporcionados por nosso grupo de conglomerados não ocorreram em uma única direção. Os pontos fortes das estratégias individuais também indicavam pontos de fraqueza. Por exemplo, a estratégia de propagação da 3M parece criar problemas com a contenção de custos e a rapidez em lançar produtos no mercado. Igualmente, a trajetória de crescimento associada à criação de unidades internas não pode ser comparada favoravelmente com estratégias orientadas ou dominadas por aquisições. A estratégia de acréscimo, especialmente praticada por empresas como Tyco International, a expôs às pressões quase avassaladoras de manutenção do crescimento e a um estilo de vida sem restrições, que provou ser difícil de controlar e resultou finalmente em acusações criminais contra sua diretoria anterior. Números crescentes de aquisições foram necessários para simplesmente manter a elevada taxa de expansão. Os mesmos problemas com a sustentação do crescimento também foram notados na estratégia de reestruturação. Hanson

Trust e BTR tornaram-se fortemente diversificados ao mesmo tempo em que almejavam e aperfeiçoavam ativos sem gerenciamento suficiente. Além disso, os critérios e o processo para alienações não estavam definidos claramente ou aplicados continuamente por um longo período em ambas as empresas. Como poderia ser razoavelmente concluído, existe uma relação positiva entre a taxa de crescimento e a necessidade de definir a estratégia de diminuição do portfólio. Os benefícios do equilíbrio entre aquisições e crescimento orgânico são ilustrados pelas estratégias do TI Group e da GE. Ao mesmo tempo, entretanto, a amplitude da diversidade parece exigir uma base mais ampla para o valor agregado conduzido pela corporação. As exigências feitas aos gerentes também foram especialmente amplas e rigorosas. Realmente, a grande expansão dos negócios da General Electric deu origem a seu modelo de "economia interna", exigindo que iniciativas e vetores básicos de mudança fossem implementados nas empresas, prevendo seus efeitos econômicos gerais. Havia pouco espaço para erro.

7.2 Os Eventos Recentes Contribuem com Alguns Novos Insights?

Alguns outros conhecimentos sobre o gerenciamento de conglomerados surgiram durante os últimos anos. As histórias recentes de nossas empresas (após levarmos em conta o período mais curto sendo considerado e, portanto, os dados mais escassos) oferecem alguma prova de que as capacidades mais desenvolvidas para enfrentar desafios e determinar eventos futuros ocorrem às empresas que mesclam com aptidão suas estratégias corporativas. Por exemplo, o desempenho elevado sustentável da 3M demonstra a viabilidade da estratégia de propagação. Porém, a escolha de Joy McNerney (um antigo executivo da GE), o movimento em direção a uma maior eficiência (após um desempenho medíocre recente) e o uso limitado recente de aquisições encontram-se todos fortemente ligados à junção lucrativa das formas de estratégia do conglomerado. As estratégias de reestruturação no BTR e no Hanson Trust suportaram inegavelmente um longo período sustentado de grande desempenho e de retornos para os acionistas. No entanto, a prática parece exigir níveis de crescimento rigorosamente controlados e critérios bem elaborados para manter o portfólio. Alternativamente, algum tipo de atividade secundária de criação de valor também pode ser utilizado, como a internacionalização da empresa e/ou o aumento de escala em um setor fragmentado. Evidentemente, os acontecimentos e resultados em ambos o Smiths Group (o resultado da fusão em 2000 do TI Group e da Smiths Industries) e a General Electric oferecem as evidências mais convincentes da eficácia do crescimento equilibrado e da estratégia corporativa mesclada, respectivamente. As histórias da Allied Signal (Atualmente, Homeywell), Dover e empresas relativamente novas como Donaher também merecem uma análise cuidadosa.

8. RESPOSTA ÀS DEMANDAS DA FORMA DE CONGLOMERADO

As estratégias corporativas dos atuais conglomerados oferecem aos gestores algumas orientações claras. Os principais temas para lembrar ao se elaborar a estratégia corporativa nas empresas amplamente diversificadas, consistem em manter atenção concentrada e comunicar os planos para a empresa de modo tão freqüente e eficaz quanto possível. Após essa fase, a implementação se apóia na integração eficaz das três dimensões da estratégia corporativa (veja a Tabela 6).

Os efeitos da visão empreendedora na matriz serão sentidos por meio da escolha de áreas para inovação, a orientação para o desenvolvimento das aptidões essenciais e/ou a identificação de setores para transformação, cada uma proporcionando numerosas oportunidades e perspectivas sólidas de uma estratégia sustentada. Em todos os casos, serão necessários investimentos vultosos. Igualmente, precisa ser mantida uma disciplina rigorosa. A ampla diversidade produto-mercado nos conglomerados de melhor desempenho pede a presença de um sistema simples e coordenado para agregação de valor que emana da matriz.

No entanto, deve-se ter em mente um aspecto final. As empresas multisetoriais oferecem efetivamente questões muito mais complexas do que as que atuam em um único setor ou que tenham pouca diversificação, sendo que as estratégias mescladas somente aumentam a complexidade. A atenção crítica dedicada pelos líderes corporativos às empresas de melhor desempenho com relação aos retornos financeiros constitui um reconhecimento explícito da dificuldade de compreender suas estratégias e organizações. Os acionistas de empresas fortemente diversificadas exigem claramente retornos maiores para as demandas adicionais de possuir ações nessas empresas.

Tabela 6 **Gerenciamento do Conglomerado de Melhor Desempenho**

Formulação da Estratégia	
Definição	• Definir um sistema convincente e economicamente viável para a geração de valor nas empresas.
Premissa estratégica	• Transformar ativos subutilizados ou de desempenho inferior e/ou criar novos produtos ou empresas melhores que os dos concorrentes.
Foco das atividades	• Foco e comunicação extensiva dos tipos de empresas a serem transformadas e/ou a natureza de aparecimento de tecnologias de conhecimentos que apóiam a inovação.

Gerenciamento da implementação	
Foco	• Facilitar um programa de criação de valor para a matriz desenvolvendo recursos e políticas que estão integrados a esses aspectos e os apóiam.
Relacionamento e/ou o entre as empresas	• Estabelecer uma estrutura simples que facilite a inclusão das aquisições compartilhamento de conhecimento, produção e pessoas. • Controlar rigidamente a obtenção de economias por meio da junção de empresas. • Unir o fluxo de conhecimento, o pessoal de alto escalão, fundos e tecnologia como parte do mesmo processo de geração de valor.
A interação entre matriz e portfólio	• Estabelecer unidade de comando entre as empresas e a matriz. O conjunto de recursos e aptidões da matriz precisa ser, no entanto, sólido e uma fonte real de vantagem competitiva.
Gerenciamento do conteúdo do portfólio	• Definir os parâmetros para entrada, crescimento e saída como uma parte explícita da estratégia corporativa geral.

Nossa análise mostrou que as expectativas produziram bons resultados ao longo de décadas em muitas empresas por meio de um número finito de estratégias controladas muito de perto que coordenaram efeitos ambientais, as atividades da matriz e as preocupações do portfólio.

9. ESTRATÉGIAS DO CONGLOMERADO EM AÇÃO

Para compreender as estratégias em maior profundidade, torna-se útil recordar resumidamente uma parte da história recente. Devemos nos lembrar que as empresas se defrontaram com três tendências principais no mundo industrializado, no período entre 1987 e 1999. Primeiro, caíram as barreiras internacionais ao comércio e ao investimento, o período estudado apresentava uma concorrência internacional muito maior e, em alguns setores, consolidação crescente. Relacionadas às transformações, as políticas passaram por alterações, com uma faceta importante sendo a supervisão liberal das fusões e aquisições. Realmente, essas ocorreram no interior de um mercado cada vez mais internacional e interconectado. Finalmente, a inflação diminuiu em todo o período examinado em um movimento geral, nas principais economias industrializadas.

A Estratégia de Propagação na 3M

Partes da história da 3M já são amplamente compreendidas. Um grupo de aproximadamente 30 plataformas de tecnologia, a maioria criada pela própria empresa, estava na base de tudo o que a 3M produzia. O conglomerado 3M, por meio de suas inovações, gerou receitas dispersas geograficamente e envolveu produtos distribuídos a grupos variados de usuários finais, englobando consumidores e clientes industriais de praticamente todos os tipos. As empresas incluíam, igualmente, entradas vultosas de negócios menos cíclicos, como tecnologia médica, e de fontes de receita mais constantes, como contratos de serviço aos clientes. A grande parte das receitas da 3M vinha de produtos com marca que tinham margens elevadas por causa de seu status e qualidade únicos.

A estratégia de propagação praticada pela diretoria na 3M enquadrava-se muito bem nas condições ambientais com que se defrontava a empresa. Primeiro, a redução das barreiras ao comércio internacional facilitou o processo de globalização, no qual a empresa havia se envolvido consideravelmente desde o fim da Segunda Guerra Mundial. Segundo, as estratégias de nicho protegeram parcialmente a 3M da competitividade crescente do setor. Os produtos diferenciados da empresa foram difíceis de ser suplantados, em alguns casos, devido à singularidade dos projetos e da proteção de patentes que muitos possuíam. Terceiro, a consolidação do setor afetou com menos intensidade a empresa por causa das posições de nicho que possuía e da grande escala em que os produtos podiam ser fabricados e distribuídos. A 3M também trabalhou de perto com seus clientes, desenvolvendo soluções para problemas para os quais os clientes, muitas vezes, estavam dispostos a pagar mais. No geral, a tendência declinante da inflação exerceu menos efeito na 3M. A empresa era uma das mais admiradas na comunidade empresarial, mantendo posições de liderança em alguns setores valorizados durante todo o período estudado.

A Estratégia de Reestruturação no Hanson Trust e no BTR

O primeiro período de ouro do conglomerado que adquiria empresas ocorreu durante os anos 1960, centralizado principalmente nos Estados Unidos. Fatores externos e internos às empresas ajudaram a aumentar a criação de conglomerados. O fenômeno pode ser relacionado, em parte, à severa fiscalização antitruste e à nova dominância das aptidões de "gerenciamento geral" ensinadas nas principais faculdades de administração.

O período mais recente que estudamos incluiu a segunda fase de maior sucesso do conglomerado. Desta vez, o fenômeno ocorreu principalmente na Grã-Bretanha (porém envolveu investimentos vultosos em outros países, especialmente nos Estados Unidos) e surgiu novamente após um período prolongado de grande intervenção do governo e de concorrência ineficaz. As condições foram criadas para as empresas que tinham por meta reestruturar um grande número de ativos subgerenciados e subavaliados.

Dois conglomerados de destaque, Hanson Trust e BTR, dominaram o período. Aproveitando as muitas oportunidades disponíveis, ambas as empresas acumularam receitas e lucros crescentes durante décadas. O Hanson Trust excedeu os retornos das cem principais empresas da Grã-Bretanha por uma porcentagem excepcionalmente grande de 368% durante os anos 1980. O desempenho no BTR foi comparável ao do Hanson Trust, sendo a empresa incluída e reconhecida rotineiramente entre as mais bem administradas da Grã-Bretanha, o que se prolongou até o final dos anos 1990.

Nem o Hanson Trust nem o BTR permaneceram na fase de reestruturação até o final da década. Realmente nenhuma empresa foi sequer remotamente similar. O Hanson Trust desmembrou-se em quatro partes em 1996, deixando o nome Hanson associado somente à divisão de materiais de construção. No entanto, a empresa continuou efetivamente a fazer aquisições, crescendo a ponto de ser incluída novamente na lista Global 1000 em 1999. Em 1998, o BTR decaiu um pouco mais, realizando a fusão, a partir da posição inferior, com a empresa de engenharia britânica Siebe e, finalmente, formando uma nova empresa, a Invensys. Os diretores foram fortemente pressionados por grupos de interesse externos, que perderam a confiança após uma pretensa redução e reorientação estratégica que duraram tempo demais.

O que havia mudado? Forças internas e externas às empresas conspiraram contra elas. Internamente, o tamanho de ambas levou se os gerentes a efetivar um número crescente de aquisições menores ou identificar alvos cada vez maiores simplesmente para manter as taxas de crescimento históricas. Simultaneamente, a alienação não foi empreendida de modo tão vigoroso como poderia ter sido feito, especialmente no BTR. A estratégia de reestruturação não é, como seus detratores a descreveram, a simples redução de ativos, mas é uma ação empreendedora em seu núcleo. Os resultados são novas combinações de ativos que geram maior valor de modo mais eficiente. Não é de admirar, portanto, o fato de ambas as empresas serem controladas por alguns dos empreendedores mais talentosos de sua geração: James Hanson e Gordon White no Hanson Trust e David Nicholson, Owen Green e Norman Irefand no BTR. No entanto, em meados dos anos 1990, em ambos os grupos, o tempo havia produzido um efeito inexorável e a sucessão da diretoria não havia sido bem realizada.

As pressões externas também aumentaram, concorrentes em reestruturação apareceram em cena. Empresas como Tomkins, Wassall e TT Group agiram agressivamente contra Hanson Trust e BTR, aumentando preços para os clientes-alvo e eliminando alguma disponibilidade. De modo análogo, a estratégia ficou defasada gradualmente em relação a algumas tendências básicas. Nem Hanson Trust nem BTR foram muito agressivos na internacionalização de seus negócios, perdendo conseqüentemente oportunidades significativas. O nível corporativo também não foi muito ativo na obtenção de escala em muitos dos setores nos quais suas empresas participavam. Igualmente, em muitos casos, os gerentes corporativos continuaram a pressionar suas empresas para obter aumentos de margem no curto prazo. A ação persistiu, apesar da tendência externa de que muitos relacionamentos com os fornecedores estavam sendo transformados em contratos de longo prazo que se apoiavam em relacionamentos de trabalho mais próximos, maior conhecimento, inovação conjunta e grande comunicação. Em resumo, as empresas estavam sendo ultrapassadas ao permanecerem as mesmas; no final do período estudado, muitos concorrentes eram bem maiores, projetando, produzindo e vendendo seus produtos em escala mundial.

Em face das diversas mudanças, a estratégia de reestruturação permanece viável? O fato é que esta estratégia não foi criada para reagir a muitas das tendências descritas há pouco. Os hiatos impõem que a reestruturação seja incorporada ao acréscimo ou a alguma combinação dos outros arquétipos? A resposta resumida é: não necessariamente. A reestruturação, inegavelmente, pode acarretar uma diversidade confusa no portfólio. Além disso, quando plenamente implementada, a estratégia de reestruturação não permite uma interpretação convencional de frases como "negócio principal" ou "cuidar da própria vida". Como alternativa, ela acarreta o processo de transformação iniciando com uma aquisição e terminando em uma venda. Opiniões contra a diversificação não-relacionada e uma falta de compreensão da estratégia provavelmente contribuem para o fato de que a maior parte das empresas importantes que praticam a estratégia de reestruturação, como Kohlberg Kravis Roberts and Co. (KKR) e o Carlyle Group, são presentemente empresas de capital fechado.

A Estratégia de Acréscimo no TI Group

O portfólio no TI Group, um outro conglomerado britânico, era um amplo conjunto de empresas com base em engenharia, tais como engenharia especializada, juntas e tubulações. Ao longo do tempo, foram desenvolvidas posições cada vez mais favoráveis nos setores fragmentados atendidos pelas divisões. Cada divisão possuía uma identidade distinta e uma marca, e incluía muitos produtos de nicho bem-sucedidos.

A estratégia corporativa do TI Group empregou técnicas de portfólio em algumas dimensões para compensar as limitações e os riscos da estratégia de nicho. Exemplos importantes incluíam o John Crane Group, que fornecia projetos de juntas para múltiplos usos industriais, o grupo Bundy, que fornecia tubulações especializadas para os setores de refrigeração e automobilístico, e o Dowty Group, um produtor extremamente diversificado de aplicações aeroespaciais. Primeiramente, por sua natureza, os produtos de nicho, muitas vezes, são limitados com relação ao crescimento e ao tamanho geral dos mercados aos quais agradam. Um fornecedor, muitas vezes se depara igualmente com uma posição de monopsônio ou de oligopsônio, se somente um único comprador ou poucos grandes clientes usarem seus produtos de nicho. Em ambos os casos, o poder de negociação do cliente pode ser extremamente grande. Portanto, a decisão da matriz em manter um portfólio de posições de nicho diminuiu os riscos do poder de negociação dos clientes individuais e conduziu o potencial de crescimento da entidade corporativa a níveis muito mais elevados. Em segundo lugar, a diversidade geográfica das empresas do TI Group oferecia menos exposição às vicissitudes de qualquer mercado específico e permitiu um maior crescimento. Em terceiro lugar, a empresa operava três e depois quatro divisões, cada uma apresentando uma seleção diversificada de atividades de engenharia que, por sua vez, possuía um excelente portfólio de produtos de nicho. Deste modo, o portfólio estava protegido por possuir um "portfólio de portfólios", todos com posições consolidadas nos negócios. Em último lugar, as empresas foram consolidadas usando duas maneiras distintas, aquisição e crescimento orgânico, que se combinavam a fim de oferecer um método mais equilibrado para ampliar a empresa.

As ações dos dirigentes corporativos foram integradas novamente de perto para aproveitar as oportunidades existentes no ambiente mais amplo. A intenção dos dirigentes corporativos era introduzir seus produtos de nicho em escala internacional em uma época de liberalização dos mercados, ampliando o escopo das oportunidades oferecidas por cada inovação. Os relacionamentos entre fornecedores como o TI Group e seus clientes, em grande parte globais, foram igualmente estruturados com maior cuidado. No longo prazo, os dirigentes do TI Group integraram ativamente em sua estratégia os contratos que haviam se tornado a norma em setores relevantes, especialmente o automobilístico e o aeroespacial.

A empresa ampliou suas linhas de produto e aumentou a escala de produção simultaneamente. Exemplos importantes incluíram a absorção pela John Crane da empresa de engenharia de polímeros Dowty em 1992 e do desmembramento em larga escala da aquisição da EIS em 1998. John Crane adquiriu as empresas com tecnologia de fluidos, ao passo que a Dowty foi integrada às unidades de aeroestruturas (denominadas Hamble). Aquisições e inovações foram realizadas cuidadosamente. Os clientes valorizavam a flexibilidade e a capacitação representadas por uma maior oferta de produtos e serviços. Ao mesmo tempo, a escala ampliada de produção resultante da internacionalização e das maiores compras por parte de clientes em crescimento conduziu a custos menores de produção. Empresas como o TI Group combinaram suas estratégias com as exigências ocasionadas por maior consolidação nas empresas de seus clientes, determinando ao mesmo tempo a tendência por meio de suas próprias aquisições. Portanto, o TI Group uniu de modo bem-sucedido aspectos da estratégia de propagação por meio de suas iniciativas de pesquisa e de crescimento orgânico, com atuação predominante de sua estratégia de acréscimo.

A Estratégia Corporativa Mesclada na General Electric

A mescla de estratégias atingiu seu ápice na General Electric. As empresas da GE formavam o mais amplo e variado dos conglomerados bem-sucedidos, e talvez o mais conhecido. As divisões cobriam uma gama de atividades, serviços financeiros a rádio e teletransmissão, a turbinas, a plásticos e a produtos médicos. As 12 empresas tinham a famosa exigência de ser a número 1 ou a número 2 em seus respectivos setores, ter planos factíveis para atingir essas posições ou ser vendidas. Simultaneamente, Jack Welch e seus executivos graduados identificaram e vincularam seus principais impulsionadores existentes no ambiente (globalização, Internet e e-business, crescimento dos serviços e empenho por maior qualidade do produto por meio do Seis Sigma) a seus próprios planos para cada uma de suas empresas.

O modelo antigo do conglomerado, o "mercado de capitais internalizado", descreveu como os dirigentes corporativos fizeram uso das excelentes informações contidas em relatórios de suas divisões, em comparação à eficiência menor do sistema financeiro nos anos 1970. Efetivamente, sob Welch, os altos executivos aumentaram a aposta, pela qual as principais características do ambiente em transformação foram identificadas e internalizadas de modo mais rápido e eficiente do que no sistema econômico geral.

Em vez de simplesmente concentrar-se no fluxo de fundos e maximizar o retorno do investimento, o que certamente era importante, a matriz da General Electric também enfatizou o movimento de pessoas, o empenho em compartilhar conhecimento e treinar empregados de todos os tipos. A matriz supervisionou uma ampla economia organizacional, controlou o desenvolvimento e o fluxo dos principais recursos, manteve o crescimento sustentável por meio de reestruturação, acréscimo e propagação, e contribuiu amplamente para estimular o desenvolvimento que combinava tendências dominantes antes que fossem adotadas universalmente fora da organização. No processo, a idéia de "adequação" estava sendo empregada pela GE em um nível muito mais exigente.

Referências

Bower, J. L. (2001). "Not all M and As are alike, and that matters". *Harvard Business Review,* 79(3), p. 93-101.

Dranikoff, L, Koller, T. & Schneider, A. (2002). Divestiture: Strategy's missing link. *Harvard Business Review,* 80(5), p. 74-83.

Goold, M. C. & Campbell, A. (1987). *Strategies and styles.* Oxford, Inglaterra: Blackwell.

Porter, M. E. (1987). "From competitive strategy to corporate advantage". *Harvard Business Review,* 65(3), p. 43-59.

Rumelt, R. (1974). *Strategy, structure and economic performance.* Cambridge, MA: Harvard Business School — Divisão de Pesquisas.

Smircich, L. & Stubbart, C. (1985). "Strategic management in an enacted world". *Academy of Management Review,* 10(4), p. 724-736.

Weick, K. (1979). *The social psychology of organizing,* 2ª ed. Reading, MA: Addison-Wesley.

Leitura 14

A Transformação de uma Grande Estratégia em um Grande Desempenho

Michael C. Mankins
Marakon Associates

Richard Steele
Marakon Associates

As empresas normalmente efetivam somente cerca de 60% do valor potencial de suas estratégias por causa das imperfeições e interrupções no planejamento e execução. Ao seguir rigorosamente sete regras simples, você pode conseguir muito mais do que isso.

Há três anos, a equipe sênior de uma indústria importante passou meses desenvolvendo uma nova estratégia para suas empresas européias. Ao longo de metade da década anterior, seis novos concorrentes entraram no mercado, operando com a tecnologia de fabricação mais avançada em termos de custos baixos e diminuindo preços para conquistar participações de mercado. O desempenho da unidade européia — anteriormente a jóia da coroa do portfólio da empresa — havia se deteriorado a ponto de os principais executivos estarem considerando seriamente sua alienação.

Para não realizar a operação, os líderes da unidade haviam recomendado uma nova "estratégia de soluções" ousada, que alavancaria a base instalada da empresa para incentivar o crescimento nos serviços pós-venda e no financiamento de equipamentos. As previsões financeiras eram promissoras — a estratégia prometia restaurar o retorno ao crescimento que a empresa liderava no setor. O alto escalão, impressionado, aprovou rapidamente o plano, concordando em proporcionar à unidade todos os recursos de que necessitava para tornar a reviravolta uma realidade.

Hoje, entretanto, o desempenho da unidade está distante daquilo que sua equipe de dirigentes havia projetado. Os retornos, embora melhores do que anteriormente, permanecem muito abaixo do custo de capital da empresa. As receitas e os lucros que os gestores haviam esperado dos serviços e do financiamento não se materializaram, e a posição dos custos da empresa ainda deixa a desejar quando comparada a de seus principais concorrentes.

Reproduzido mediante autorização da *Harvard Business Review*, de "Turming Great Strategy into Great Performance" por Michael C. Mankins e Richard Steele, julho – agosto de 2005, p. 64-72. © Copyright by Harvard Business School Publishing Corporation. Todos os direitos reservados.

Na conclusão de uma análise recente da estratégia e do desempenho da empresa, realizada durante meio período, em um dia, a gerente geral da unidade permaneceu inflexível e comprometeu-se a continuar pressionando. "Tem tudo a ver com execução", ela afirmou. "A estratégia que almejamos é a correta. Não estamos apenas apresentando os números. Tudo que precisamos fazer é trabalhar com mais afinco e de modo mais inteligente."

O CEO da matriz não estava tão seguro. Ele pensou: O desempenho medíocre da unidade poderia ter maior relação com uma estratégia errônea do que com uma execução ruim? E o mais importante: o que ele deveria fazer para conseguir melhor desempenho da unidade? Ele deveria proceder como a gerente geral insistiu e manter-se no rumo traçado — focando a organização mais intensamente na área da execução — ou deveria incentivar a equipe sênior a analisar novas opções de estratégia? Se execução era a questão, o que deveria fazer para ajudar a empresa a desempenhar melhor? Ou simplesmente deveria eliminar seus prejuízos e vender a empresa? Ele saiu da sessão de análise operacional frustrado e confuso — nem um pouco confiante de que a empresa viesse a ter o desempenho que seus gerentes haviam previsto em seu plano estratégico.

Converse com quase todos os CEOs e provavelmente ouvirá as mesmas frustrações. Porque, apesar do grande dispêndio de tempo e energia aplicados no desenvolvimento da estratégia na maioria das empresas, muitas conseguem pouco resultado pelo esforço empreendido. Nossa pesquisa indica que as empresas obtêm em média somente 63% do desempenho financeiro que suas estratégias prometem. Pior ainda, as causas dessa

551

defasagem entre estratégia e desempenho são praticamente invisíveis para o alto escalão. Os líderes passam então a acionar as alavancas erradas em suas tentativas para reverter o desempenho — pressionando por melhor execução, quando na realidade precisam de melhor estratégia, ou optando por mudar de direção quando realmente deveriam focar a organização sob o aspecto da execução. O resultado: energia desperdiçada, tempo perdido e desempenho medíocre contínuo.

Entretanto, conforme nossa pesquisa também indica, um grupo selecionado de empresas de alto desempenho conseguiu eliminar o hiato entre estratégia e desempenho por meio de melhor planejamento *e* execução. Essas empresas — Barclays, Cisco Systems, Dow Chemical, 3M e Roche, para citar apenas algumas — estão solidamente estabelecidas na economia básica de seus mercados e então usam os planejamentos para impulsionar a execução. Seus processos de planejamento e execução disciplinados tornam muito menos provável que tenham de enfrentar uma diminuição de seu desempenho real. E, se isso ocorrer, seus processos lhes permitem perceber a causa rapidamente e empreender ação corretiva. Embora as práticas dessas empresas sejam amplas em termos de escopo, variando de formas diferenciadas de planejamento a processos integrados para mobilizar e localizar recursos, nossa experiência indica que podem ser aplicadas por qualquer empresa para auxiliar na elaboração de planos importantes e transformá-los em grande desempenho.

O HIATO ENTRE ESTRATÉGIA E DESENVOLVIMENTO

No outono de 2004, nossa empresa, Marakon Associates, em colaboração com a Economist Intelligence Unit, entrevistou executivos sêniores de 197 empresas de todo o mundo com vendas superiores a 500 milhões de dólares. Desejávamos saber como as empresas bem-sucedidas transformam suas estratégias em desempenho. Especificamente, quão eficazes são no cumprimento das projeções financeiras fixadas em seus planos estratégicos? E quando deixam a desejar, quais são as causas mais comuns e que ações são mais eficazes para eliminar o hiato entre estratégia e desempenho? Nossas constatações foram reveladoras — e perturbadoras.

Embora os executivos que entrevistamos concorram em mercados de produto e condições geográficas muito diferentes, compartilham muitas preocupações sobre planejamento e execução. Praticamente todos eles se empenham para indicar as previsões de desempenho financeiro em seus planos de longo prazo. Além disso, os processos que utilizam para desenvolver planos e controlar o desempenho tornam difícil discernir se o hiato entre estratégia e desempenho origina-se de mau planejamento, de má execução, de ambos ou de nenhum. Descobrimos, especificamente:

As Empresas Raramente Comparam o Desempenho em Relação aos Planos de Longo Prazo

Pela nossa experiência, menos de 15% das empresas adotam como prática regular voltar no tempo para comparar os resultados da empresa com a previsão de desempenho para cada unidade nos planos estratégicos de anos anteriores. Como resultado, os altos executivos não conseguem saber com rapidez se as projeções na base de suas decisões de investimento de capital e de estratégia são, de alguma forma, preditora de desempenho real. Mais importante, correm o risco de incluir o mesmo descompasso entre resultados e previsões em suas decisões de investimento futuras. Realmente, o fato de que tão poucas empresas controlam rotineiramente o real *versus* o planejamento, pode ajudar a explicar por que tantas empresas parecem continuar investindo em projetos ruins — continuando a financiar estratégias perdedoras em vez de buscar novas e melhores opções.

Os Resultados de Diversos Anos Raramente Correspondem às Projeções

Quando as empresas acompanham efetivamente o desempenho em relação às projeções ao longo de alguns anos, o que comumente surge é um quadro que um de nossos clientes descreveu recentemente como uma série de "persianas diagonais" nas quais as projeções de desempenho para cada ano são traçadas diagonalmente (veja a Figura 1). Se as coisas estiverem indo razoavelmente bem, o ponto inicial para a "persiana" de cada ano pode estar um pouco mais acima que o do ano anterior, porém raramente o desempenho se iguala à projeção do ano anterior. A implicação óbvia: anos seguidos de desempenho abaixo do previsto no plano.

O fenômeno das persianas cria alguns problemas relacionados. Primeiro, sendo as previsões financeiras do plano sem confiabilidade, o alto escalão não pode vincular confiantemente a aprovação de investimento de capital ao planejamento estratégico. Conseqüentemente, o desenvolvimento da estratégia e a alocação de recursos tornam-se desconexos e o plano operacional anual (ou orçamento) acaba direcionando os investimentos e a estratégia a longo prazo da empresa. Segundo, o gerenciamento do portfólio é interrompido. Sem previsões financeiras confiáveis, o alto escalão não pode saber se uma empresa específica vale mais para a empresa e seus acionistas do que para os compradores potenciais. Como resultado, as empresas que diminuem o valor do acionista permanecem no portfólio muito tempo (na expectativa

Figura 1 **As Persianas da Empresa**

Este gráfico ilustra uma dinâmica comum a muitas empresas. Em janeiro de 2001, os dirigentes aprovam um plano estratégico (Plano 2001) que projeta um desempenho modesto para o primeiro ano e um índice de desempenho elevado daí em diante, conforme mostrado pela primeira linha contínua. Por suplantar a projeção do primeiro ano, a direção da unidade é elogiada e fortemente recompensada. Um novo plano é preparado em seguida, projetando resultados modestos para o primeiro ano e prometendo, uma vez mais, um índice de desempenho acelerado daí em diante, conforme mostrado pela segunda linha contínua (Plano 2002). Este, igualmente, tem um sucesso apenas parcial, portanto é elaborado um outro plano e assim por diante. A melhoria real do índice de desempenho pode ser vista unindo os pontos iniciais de cada plano (a linha interrompida).

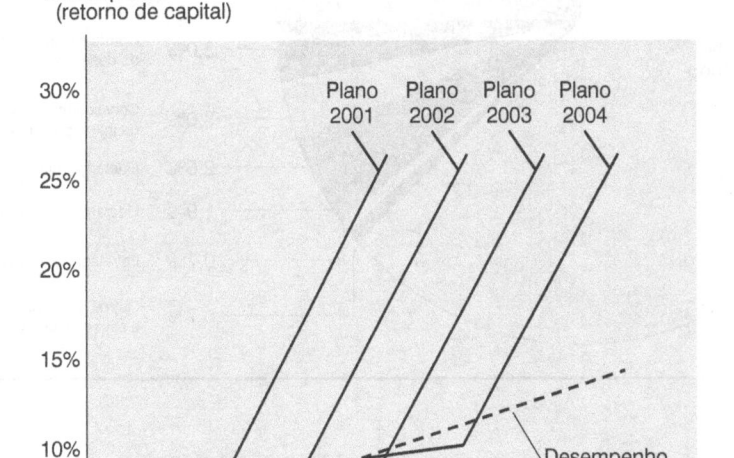

de que seu desempenho no final se reverterá) e as empresas que criam valor têm grande necessidade de capital e de outros recursos. Terceiro, previsões financeiras ruins complicam as comunicações com a comunidade de investimentos. Realmente, para evitar um resultado inferior no final do trimestre, o diretor financeiro e o responsável pelas relações com os investidores freqüentemente incluem uma "contingência" ou "margem de segurança" acima da previsão criada pela consolidação dos planos das unidades de negócios. Em virtude dessa contingência de alto para baixo estar errada com a mesma freqüência com que está certa, previsões financeiras ruins correm o risco de prejudicar a reputação de uma empresa perante analistas e investidores

Muito Valor é Perdido na Transformação

Tendo em vista a má qualidade das previsões financeiras na maior parte dos planos estratégicos, provavelmente não causa surpresa o fato de a maioria das empresas deixar de compreender o valor potencial de suas estratégias. Conforme

Figura 2 Para Onde Vai o Desempenho

Este gráfico mostra a perda de desempenho médio indicada pelas avaliações de importância que os gerentes em nossa pesquisa atribuíram a detalhes do processo de planejamento e execução.

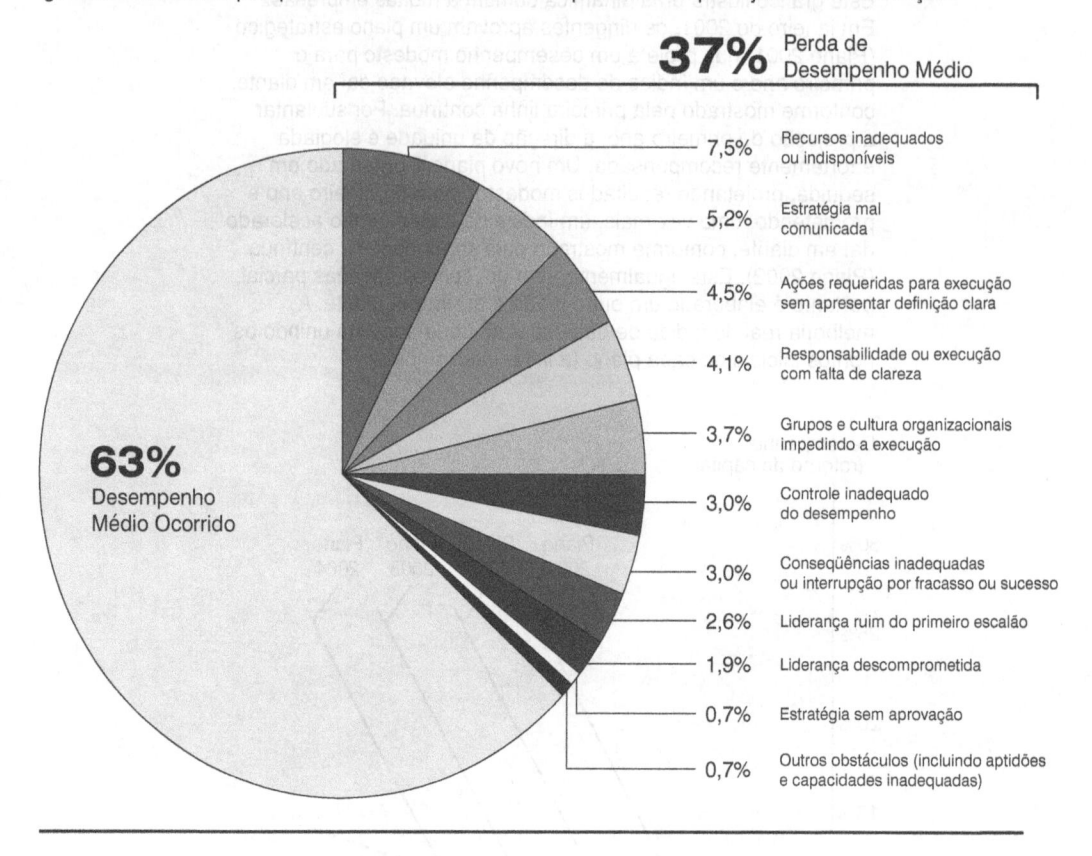

37% Perda de Desempenho Médio

- 7,5% Recursos inadequados ou indisponíveis
- 5,2% Estratégia mal comunicada
- 4,5% Ações requeridas para execução sem apresentar definição clara
- 4,1% Responsabilidade ou execução com falta de clareza
- 3,7% Grupos e cultura organizacionais impedindo a execução
- 3,0% Controle inadequado do desempenho
- 3,0% Conseqüências inadequadas ou interrupção por fracasso ou sucesso
- 2,6% Liderança ruim do primeiro escalão
- 1,9% Liderança descomprometida
- 0,7% Estratégia sem aprovação
- 0,7% Outros obstáculos (incluindo aptidões e capacidades inadequadas)

63% Desempenho Médio Ocorrido

---

mencionamos, a maioria das estratégias produz apenas 63% de seu desempenho financeiro potencial. E mais de um terço dos executivos entrevistados indicou a porcentagem como inferior a 50%. Em outros termos, se os dirigentes fossem compreender o potencial pleno de sua atual estratégia, o aumento em valor poderia atingir 60% a 100%!

Conforme ilustrado na Figura 2, o hiato entre estratégia e desempenho pode ser atribuído a uma combinação de fatores, como planos mal formulados, interrupções de comunicação e responsabilidade limitada pelos resultados. Para efetivar, os dirigentes começam com uma estratégia que acreditam irá gerar um certo nível de desempenho financeiro e de valor ao longo do tempo (100%, conforme indicado na figura).

Porém, de acordo com os executivos que entrevistamos, a impossibilidade de conseguir os recursos certos no local certo na ocasião certa diminui cerca de 7,5% do valor potencial da estratégia. Cerca de 5,2% é perdido por má comunicação, 4,5% por más ações de planejamento, 4,1% por responsabilidade sem clareza e assim por diante. Evidentemente, essas estimativas refletem a experiência média dos executivos que entrevistamos e podem não ser representativas de toda empresa ou de toda estratégia. No entanto, ressaltam efetivamente as questões que os gerentes precisam focar, à medida que analisam os processos adotados por suas empresas para planejar e executar as estratégias.

O que surge dos resultados de nossa pesquisa é uma seqüência de eventos que se desenrolam aproximadamente da seguinte maneira: As estratégias são aprovadas, porém mal comunicadas. Isto, por sua vez, torna a transformação da estratégia em ações específicas e planos operacionais praticamente impossíveis de realizar. Níveis inferiores da organização não sabem aquilo que precisam fazer, quando precisam fazê-lo ou que recursos serão necessários para a obtenção do desempenho que o alto escalão espera. Conseqüentemente, os resultados esperados nunca se materializam. E, em virtude de ninguém ser considerado responsável pela falha, o ciclo de desempenho ruim se repete freqüentemente por muitos anos.

Gargalos de Desempenho Muitas Vezes São Invisíveis para o Alto Escalão

Os processos que a maioria das empresas utilizam para desenvolver planos, alocar recursos e acompanhar o desempenho independem de o hiato entre estratégia e desempenho originar-se de mau planejamento, má execução, ambos ou nenhum. Em virtude de tantos planos incorporarem projeções exageradamente ambiciosas, as empresas freqüentemente consideram a falha no desempenho como "apenas mais uma projeção equivocada". E quando os planos são realistas e o desempenho deixa a desejar, os executivos possuem poucos sinais de alerta antecipados. Muitas vezes, não têm como saber se as ações críticas foram executadas conforme o esperado, se os recursos foram mobilizados de acordo com a programação, se os concorrentes reagiram conforme previsto e assim por diante. Infelizmente, sem informação clara a respeito de como e por que o desempenho está diminuindo, é praticamente impossível o alto escalão realizar uma ação corretiva apropriada.

O Hiato entre Estratégia e Desempenho Incentiva uma Cultura de Desempenho Inadequado

Em muitas empresas, o desmembramento de planejamento e da execução é reforçado — mesmo ampliado — por uma alteração enganadora da cultura. De acordo com nossa experiência, essa mudança ocorre sutilmente, porém de modo rápido, e, após ter assentado raízes, é muito difícil de reverter. Primeiro, planos irrealistas criam a expectativa em toda a organização de que os planos simplesmente não se materializarão. Em seguida, à medida que a expectativa se transforma em experiência, torna-se norma que os compromissos de desempenho não serão mantidos. Portanto, os compromissos deixam de ser promessas assumidas com conseqüências reais. Em vez de estender para assegurar que os compromissos sejam mantidos, os gerentes, na expectativa de fracasso, procuram proteger-se do efeito colateral final. Empregam tempo ocultando suas ações, em vez de identificar ações para melhorar o desempenho. A organização torna-se menos autocrítica e menos honesta intelectualmente a respeito de suas deficiências.

ELIMINAÇÃO DO HIATO ENTRE ESTRATÉGIA E DESEMPENHO

Por mais significativo que seja o hiato entre estratégia e desempenho, os dirigentes podem eliminá-lo. Algumas empresas de grande desempenho encontraram maneiras para obter resultados acima do potencial de suas estratégias. Em vez de concentrar-se na melhoria de seus processos de planejamento e execução separadamente para eliminar a defasagem, essas empresas operam em ambos os lados da equação, aumentando simultaneamente os padrões de planejamento e execução e criando vínculos claros entre eles.

Nossa pesquisa e experiência trabalhando com muitas dessas empresas indicam que elas seguem sete regras que se aplicam ao planejamento e à execução. Seguir essas regras lhes capacita a avaliarem objetivamente qualquer falha de desempenho e determinar se a origem está na estratégia, no plano, na execução ou no conhecimento dos funcionários. E as mesmas regras que lhes permitem identificar problemas logo no início também as ajudam a evitar falhas de desempenho em primeiro lugar. Essas regras podem parecer simples — até mesmo óbvias — porém, quando analisadas de modo estrito e conjunto, podem transformar a qualidade da estratégia de uma empresa e sua capacidade para produzir resultados.

1ª Regra: Manter a Estratégia Simples e Concreta

Na maior parte das empresas, a estratégia é um conceito altamente abstrato — muitas vezes confundido com visão e aspiração — e não representa algo que possa ser facilmente comunicado ou transformado em ação. Porém, sem um sentido claro da trajetória da empresa e do motivo para esse direcionamento, os níveis inferiores na organização não conseguem criar planos que podem ser executados. Em poucas palavras, o elo entre estratégia e desempenho não pode ser determinado, porque a própria estratégia não é suficientemente concreta.

Para que o processo de planejamento e execução inicie de modo correto, as empresas de desempenho elevado evitam descrições extensas e alongadas de metas grandiosas e, em vez disso, limitam-se a uma linguagem clara descrevendo o caminho a ser percorrido. Bob Diamond, o CEO do Barclays Capital, um dos bancos de investimento de maior crescimento e melhor desempenho na Europa, coloca a questão nos seguintes termos: "Fomos muito claros a respeito do que faremos e do que não faremos. Sabíamos que não iríamos concorrer frontalmente com um grupo de instituições dos EUA em posição vantajosa. Comunicamos que não competiríamos desse modo e que não atuaríamos em segmentos não lucrativos nos mercados financeiros, mas, como alternativa, investiríamos para obter uma posição em euros, a necessidade crescente de aplicações em renda fixa e o fim do Glass-Steigel. Ao nos certificarmos de que todos conhecessem a estratégia e a maneira como era diferente, fomos capazes de dedicar mais tempo a tarefas importantes para a execução dessa estratégia".

Ao serem claras a respeito daquilo que uma estratégia é ou não é, instituições como o Barclays mantêm todos seguindo na mesma direção. Mais importante ainda, elas mantêm o desempenho que as outras empresas perdem por causa de comunicação ineficaz; seu planejamento de recursos e de ações torna-se mais eficaz e as responsabilidades são mais fáceis de especificar.

2ª Regra: Suposições nos Debates, Não Previsões

Em muitas empresas, o plano estratégico de uma unidade de negócios é pouco mais do que um acordo negociado — o resultado de uma negociação cuidadosa com o núcleo corporativo a respeito das metas de desempenho e das previsões financeiras. O planejamento, portanto, é em grande parte um processo político — com a direção da unidade defendendo projeções menores para o lucro a curto prazo (a fim de garantis gratificações anuais maiores) e o alto escalão pressionando para uma extensão a mais longo prazo (para satisfazer o Conselho de Administração e outros grupos externos). Não causa surpresa o fato de as previsões que surgem dessas negociações sempre definirem o menor daquilo que cada unidade de negócios pode realizar a curto prazo e exagerar aquilo que pode ser realisticamente esperado a longo prazo

Mesmo nas empresas em que o processo de planejamento é distante das preocupações políticas da avaliação do desempenho e da remuneração, o método usado para gerar projeções financeiras possui, muitas vezes, distorções. Realmente, a previsão financeira ocorre, de modo freqüente, completamente distante das funções de marketing e da estratégia. As funções financeiras de uma unidade de negócios preparam uma previsão detalhada (por linha e por item), cujas suposições a curto prazo podem ser realistas, se conservadoras, mas cujas suposições a longo prazo são em grande parte sem fundamentação. Por exemplo, as previsões de receitas normalmente são fundamentadas em estimativas gerais sobre preços médios, crescimento do mercado e participação de mercado. As projeções de custos a longo prazo e de necessidades de capital de giro fundamentam-se em uma suposição sobre ganhos de produtividade anuais — talvez relacionados convenientemente a algum programa de eficiência para toda a empresa. Essas previsões são difíceis de ser criticadas severamente pelo alto escalão. Cada item de uma linha pode ser totalmente justificado, mas o plano e as projeções gerais incluem um viés nitidamente para cima, tornando-os inúteis para orientar a execução da estratégia.

As empresas de desempenho elevado encaram o planejamento de modo totalmente diferente. Desejam que suas previsões orientem o trabalho que realmente executam. Para tornar isso possível, precisam assegurar que as suposições na base de seus planos de longo prazo reflitam os fatores econômicos reais de seus mercados e sua experiência de desempenho em relação aos concorrentes. O CEO Ed Breen da Tyco, contratado em julho de 2002 para reverter a tendência da companhia, atribui a recuperação excepcional da Tyco a um processo de elaboração de planos renovados. Quando Breen entrou para a empresa, a Tyco era um labirinto de 42 unidades de negócios e de diversas centenas de centros de lucros, acumulados ao longo de muitos anos por meio de inumeráveis aquisições. Poucas empresas da Tyco possuíam planejamentos completos e praticamente nenhuma tinha previsões financeiras confiáveis.

Para controlar as operações complexas do conglomerado, Breen indicou equipes interfuncionais originadas nas áreas de estratégia, marketing e finanças, para desenvolver informações detalhadas sobre a lucratividade dos principais mercados da Tyco bem como das ofertas de produtos e serviços, custos e posicionamento dos preços em relação à concorrência. As empresas se reuniam quinzenalmente com os executivos corporativos durante os primeiros 6 meses da gestão de Breen para analisar e discutir as constatações. Essas discussões se concentravam nas suposições que orientariam o desempenho financeiro a longo prazo de cada unidade de negócios e não nas próprias previsões financeiras. Na realidade, após chegar a um acordo sobre as suposições relativas às tendências do mercado, foi relativamente fácil para a área central de finanças da Tyco preparar previsões orientadas externamente e internamente coerentes para cada unidade.

Separar o processo de elaboração das suposições das projeções financeiras ajuda a fincar na realidade econômica o diálogo entre unidade de negócios e centro corporativo. As unidades não podem ocultar-se por trás de detalhes enganadores e os executivos corporativos não podem impor metas irrealistas. Adicionalmente, a discussão com base em fatos, resultante desse tipo de abordagem, cria confiança entre o alto escalão e cada unidade, eliminando barreiras à execução rápida e eficaz. "Quando você compreende os aspectos fundamentais e os impulsionadores do desempenho de modo detalhado, consegue manter-se à parte e não precisa gerenciar os detalhes. A equipe sabe quais questões adotar, quais precisa comunicar e quais questões realmente precisamos desenvolver juntos."

3ª Regra: Usar uma Estrutura Rigorosa, Falar uma Linguagem Comum

Para ser produtivo, o diálogo entre a matriz e as unidades de negócios, versando sobre tendências e suposições sobre o mercado, precisa ser conduzido no âmbito de uma estrutura rigorosa. Muitas das empresas que assessoramos usam o conceito de fundo de lucros, com base nas teorias da concorrência de Michael Porter e de outros. Nessa estrutura, o desempenho financeiro de uma empresa a longo prazo encontra-se relacionado ao fundo de lucros total disponível em cada um dos mercados que atende e de sua participação em cada fundo de lucros, a qual, por sua vez, tem relação com a participação de mercado e a lucratividade relativa em comparação aos concorrentes em cada mercado.

Nessa abordagem, o primeiro passo consiste na matriz e a equipe da unidade concordarem sobre o tamanho e o crescimento de cada fundo de lucros. Mercados onde há competição acirrada, como o de papel e celulose, possuem um fundo de lucros total pequeno (ou negativo). Mercados menos competitivos, como o de refrigerantes ou o de medicamentos, possuem um grande fundo de lucros total. Consideramos útil estimar diretamente o tamanho de cada fundo de lucros — por meio de um benchmarking detalhado — e então prever mudanças no tamanho e no crescimento do fundo. Cada unidade de negócios avalia, a seguir, que parte do fundo de lucros total pode realmente conquistar ao longo do tempo, tendo em vista seu modelo e posicionamento empresariais. Empresas com vantagem competitiva podem conseguir uma grande parcela do fundo de lucros, ganhando ou preservando uma grande participação de mercado, gerando lucratividade acima da média ou ambas. Empresas sem vantagem competitiva, em contraste, normalmente obtêm uma parcela desprezível do fundo de lucros. Após a unidade e a matriz concordarem com a parte provável do fundo que a empresa obterá ao longo do tempo, a matriz pode criar facilmente as projeções financeiras que atuarão como roteiro para a unidade.

Em nossa opinião, a estrutura específica que uma empresa usa como base para seus planos estratégicos não é tão importante. O aspecto crítico consiste em a estrutura estabelecer uma linguagem comum para o diálogo entre a matriz e as unidades — um diálogo que as equipes de estratégia, marketing e finanças compreendam e utilizem. Sem uma estrutura rigorosa para vincular o desempenho de uma empresa nos mercados de produto a seu desempenho financeiro ao longo do tempo, é muito difícil para o alto escalão determinar se as projeções financeiras que fazem parte do plano estratégico de uma unidade de negócios são razoáveis e podem ser concretizadas realisticamente. Como resultado, os dirigentes não conseguem saber com confiança se um desempenho inferior origina-se de uma má execução ou de um plano irrealista e sem base.

4ª Regra: Discutir Logo no Início as Alocações de Recursos

As empresas podem elaborar previsões mais realistas e planos mais executáveis, caso discutam logo no início o nível e o *timing* das alocações de recursos importantes. Na Cisco Systems, por exemplo, uma equipe multifuncional analisa o nível e o *timing* das alocações de recursos no início do estágio de planejamento. Essas equipes se reúnem regularmente com John Chambers (CEO), Dennis Powell (diretor financeiro), Randy Pond (vice-presidente de operações) e os demais membros do escalão executivo da Cisco para discutir suas constatações e fazer recomendações. Após chegarem a um acordo sobre a alocação e a programação de recursos ao nível da unidade, esses elementos são incluídos no plano bianual da empresa. A Cisco controla, em seguida, a alocação de recursos real de cada unidade (bem como seu desempenho) em base mensal, a fim de assegurar que tudo caminhe de acordo com o plano e que este gere os resultados esperados.

Questionar as unidades de negócios a respeito de quando novos recursos precisam estar disponíveis concentra o diálogo de planejamento naquilo que realmente precisa acontecer na empresa a fim de executar a estratégia de cada unidade. Surgem invariavelmente perguntas importantes, por exemplo: quanto tempo levará para alterarmos os padrões de compra dos clientes? Com que rapidez podemos colocar em campo nossa nova equipe de vendas? Com que presteza os concorrentes reagirão? Estas são perguntas difíceis, porém respondê-las torna mais viáveis as previsões e os planos que as acompanham.

Adicionalmente, uma avaliação da necessidade de recursos conduzida logo no início também traz subsídios a discussões sobre tendências e impulsionadores do mercado, melhorando a qualidade do plano estratégico e tornando-o muito mais executável. Por exemplo, durante as discussões a respeito dos recursos necessários para a expansão do mercado de redes a cabo em crescimento acelerado, a Cisco finalmente entendeu que o crescimento adicional exigiria engenheiros mais treinados para aperfeiçoar os produtos existentes e desenvolver novas características. Portanto, em vez de se apoiar nas funções para fornecer esses recursos a partir do nível inferior, o alto escalão indicou um número específico de engenheiros treinados para apoiar o crescimento do mercado de redes a cabo. A organização do planejamento financeiro da Cisco controla cuidadosamente o número de pessoas que trabalham na engenharia, o ritmo do desenvolvimento das características e as receitas geradas pela empresa, visando assegurar que a estratégia siga o caminho certo.

5ª Regra: Identificar Claramente as Prioridades

Para que uma estratégia se concretize de modo bem-sucedido, os gestores precisam tomar milhares de decisões táticas e colocá-las em ação. Porém, nem todas as táticas são igualmente importantes. Na maior parte dos casos, alguns passos importantes precisam ocorrer — no tempo certo e do modo certo — para atender ao desempenho planejado. Empresas líderes tornam essas prioridades explícitas, de modo que cada executivo tenha uma percepção clara da direção que deve imprimir a suas iniciativas.

Na Textron, um conglomerado formado por muitas empresas com vendas de 10 bilhões de dólares, cada unidade de negócios identifica "prioridades de melhoria" que devem receber sua atenção para efetivar o desempenho descrito em seu plano estratégico. Cada prioridade de melhoria é traduzida em itens de ação com responsabilidades claramente definidas, cronogramas e indicadores básicos de desempenho, que permitem aos executivos verificar como uma unidade está lidando com a prioridade. As prioridades de melhoria e os itens de ação são transferidos a todos os níveis da empresa — do comitê de direção (formado pelos cinco executivos mais graduados da Textron) até os níveis mais inferiores, em cada uma das 10 unidades de negócios da empresa: "Todos precisam saber: 'Se tenho somente uma hora de trabalho, eis no que irei me concentrar'. Nosso processo de execução de metas torna claras as responsabilidades e prioridades de cada indivíduo".

A gigante farmacêutica suíça Roche avança até o ponto de transformar seus planos de negócios em contratos de desempenho detalhado que especificam os passos necessários e os riscos que precisam ser gerenciados para concretizar os planos. Esses contratos incluem uma "programação e realização" que relaciona 5 a 10 prioridades importantes que exercem maior impacto no desempenho. Ao manter a programação de realização em cada nível da empresa, o presidente do Conselho e CEO Franz Humer e sua equipe dirigente asseguram que "todos na Roche compreendam exatamente aquilo que concordamos em fazer em um nível estratégico e que nossa estratégia seja traduzida em prioridades de execução claras. Nossa programação de realização nos auxilia a manter decisões de estratégia para que a execução realmente possa acontecer. Não podemos controlar a implementação a partir da matriz, mas podemos concordar com as prioridades, comunicar continuamente e atribuir responsabilidade aos gerentes pela execução em função dos compromissos assumidos".

6ª Regra: Controlar Continuamente o Desempenho

Executivos experientes sabem quase instintivamente se uma empresa pediu recursos excessivos, muito limitados ou apenas o suficiente para vender os produtos. Eles desenvolvem essa capacidade ao longo do tempo — essencialmente por tentativa e erro. Empresas de grande desempenho utilizam o acompanhamento em tempo real do desempenho para ajudar a acelerar esse processo de tentativa e erro. Eles comparam continuamente os padrões de alocação de recursos e os resultados em relação ao plano, usando um *feedback* contínuo para reajustar as suposições do planejamento e realocar recursos. Essas informações em tempo real permitem aos dirigentes identificar e retificar falhas no plano, deficiência na execução e evitar confundir um com outro.

Na Textron, por exemplo, cada indicador básico de desempenho é cuidadosamente controlado e análises operacionais regulares informam as deficiências no desempenho — ou eventos de "luz vermelha" — até o nível do alto escalão. Isso proporciona ao CEO Lewis Campbell, ao diretor financeiro Ted French e aos outros membros do comitê de direção da Textron as informações que precisam para identificar e retificar falhas de execução.

Um método similar tem desempenhado um papel importante na reativação expressiva do desempenho da Dow Chemical. Em dezembro de 2001, com o desempenho em queda livre, o Conselho de Administração da Dow solicitou a Bill Stavropoulos (CEO da Dow no período de 1993 a 1999) que retornasse ao comando. Stavropoulos e Andrew Liveris (o atual CEO, diretor de operações naquela ocasião) concentraram imediatamente toda a equipe executiva de primeira linha na execução por meio de um projeto que denominaram Impulso para Melhoria do Desempenho. Eles começaram definindo parâmetros de desempenho precisos para cada uma das 79 unidades de negócios da Dow. O desempenho, de acordo com esses parâmetros básicos, era comparado em base semanal e todo o alto escalão discutia alguma discrepância séria toda segunda-feira de manhã. Conforme Liveris nos relatou, as sessões de acompanhamento semanais "forçaram todos a vivenciar os detalhes da execução" e permitiu que "toda a organização saiba como estamos desempenhando".

O monitoramento contínuo do desempenho é particularmente importante em setores altamente voláteis, nos quais eventos fora do controle de todos podem tornar um plano irrelevante. Sob o CEO Alan Mulally, a equipe dirigente da Boeing Commercial Airplanes realiza avaliações semanais dos negócios para acompanhar os resultados da divisão em relação a seu plano plurianual. Ao acompanhar a alocação de recursos como um indicador importante da execução eficaz de um plano, a diretoria da BCA pode fazer correções de rumo a cada semana, em vez de esperar a realização dos resultados trimestrais.

Adicionalmente, ao monitorar de modo pró-ativo os principais impulsionadores do desempenho (como padrão de afluência de passageiros, fatores de rendimento e de capacidade operacional das empresas aéreas e novos pedidos de aviões), a BCA está melhor preparada para desenvolver e empreender medidas corretivas eficazes, quando os eventos impedirem a realização dos planos. Durante a epidemia SARS no final de 2002, por exemplo, o alto escalão tomou medidas para atenuar as conseqüências adversas da doença no plano operacional da empresa uma semana após o surto inicial. O declínio acentuado no tráfego aéreo para Hong Kong, Cingapura e outros centros empresariais asiáticos sinalizou que diminuiria o número de entregas futuras de aeronaves para a região — talvez de modo acelerado. A BCA, correspondentemente, reduziu seus planos de produção a médio prazo (retardando a implementação programada de alguns programas e acelerando a descontinuidade de outros) e ajustou seu plano de operações plurianual para refletir o impacto financeiro previsto.

7ª Regra: Reconhecer e Desenvolver a Capacidade de Execução

Nenhum elenco de regras sobre esse tópico seria completo sem lembrar que as empresas precisam motivar e desenvolver seus colaboradores; no final do dia, nenhum processo pode ser melhor do que as pessoas que devem fazê-lo operar. Portanto, não causa surpresa que quase todas as empresas que estudamos tenham insistido que a seleção e o desenvolvimento dos líderes era uma parte essencial de seu sucesso. E embora melhorar a capacidade da equipe de trabalho de uma empresa não seja uma tarefa fácil — freqüentemente levando muitos anos — essa capacidade, uma vez consolidada, pode impulsionar planejamento e execução excelentes durante décadas.

Para Bob Diamond do Barclays, nada é mais importante do que assegurar que [a empresa] contrate somente pessoal altamente qualificado. Em sua opinião, "os custos ocultos das decisões erradas de contratação são enormes, portanto, apesar do fato de estarmos dobrando o tamanho, insistimos que a equipe dirigente assuma a responsabilidade por toda contratação. O julgamento de seus pares é o mais severo, portanto, avaliamos cuidadosamente os candidatos potenciais de cada executivo e nos desafiamos mutuamente a elevar o padrão". É igualmente importante assegurar que os contratados talentosos sejam reconhecidos por sua excelente execução. Para reforçar seus valores básicos de "cliente", "meritocracia", "equipe" e "integridade", o Barclays Capital possui esquemas de remuneração inovadores que enfatizam o reconhecimento. Os executivos excelentes não perdem porque a empresa está entrando em novos mercados com retornos menores durante a fase de crescimento. Diamond afirma: "É muito ruim para a cultura se você não cumpre o que prometeu às pessoas que o realizaram... Você precisa certificar-se de ser constante e justo, a não ser que queira perder seu pessoal mais produtivo".

As empresas que são fortes na execução também enfatizam o desenvolvimento. Logo após ter-se tornado CEO da 3M, Jim McNerney e seu alto escalão levaram 18 meses discutindo cuidadosamente um novo modelo de liderança para a empresa. Debates desafiadores entre membros do alto escalão resultaram em um acordo sobre seis "atributos de liderança" — ou seja, a capacidade para "traçar a rota, energizar e inspirar outras pessoas", "demonstrar ética, integridade e conformidade", "produzir resultados", "elevar o padrão" e "inovar de modo eficaz". O alto escalão da 3M concordou que esses seis atributos eram essenciais para a empresa tornar-se apta para executar e conhecida por assumir responsabilidades. Atualmente, os líderes atribuem a esse modelo o auxílio prestado à 3M para manter e até mesmo melhorar seu excelente desempenho contínuo.

O prêmio por eliminar o hiato entre estratégia e desempenho é considerável — um aumento de desempenho entre 60% e 100% para a maioria das empresas. Porém, isso quase certamente não revela tudo sobre os verdadeiros benefícios. As empresas que criam elos fortes entre suas estratégias, seus planos e, em termos finais, seu desempenho, muitas vezes se deparam com um efeito cultural multiplicador. Ao longo do tempo, à medida que transformam suas estratégias em excelente desempenho, os líderes nessas organizações tornam-se muito mais confiantes em suas próprias capacidades e muito mais dispostos a assumir os compromissos mais amplos que inspiram e transformam as grandes empresas. Por sua vez, os gerentes que mantêm seus compromissos são reconhecidos — com progressão mais rápida e maiores salários — reforçando os comportamentos necessários para impulsionar a empresa.

> *O prêmio por eliminar o hiato entre estratégia e desempenho é considerável — um aumento de desempenho entre 60% e 100% para a maioria das empresas.*

Finalmente, surge uma cultura de desempenho superior. Os investidores começam a atribuir aos gestores o benefício da dúvida, quando se trata de passos ousados e realização de desempenho. O resultado é um aumento do desempenho das ações da empresa — um aumento que reconhece mais ainda os compromissos ampliados e a realização do desempenho. A curto prazo, aumenta a reputação da empresa entre candidatos potenciais e cria-se um círculo virtuoso no qual o talento cria desempenho, o desempenho origina o reconhecimento e o reconhecimento gera até mais talentos. Em poucas palavras, eliminar o hiato entre estratégia e desempenho, não constitui somente uma fonte de melhoria imediata do desempenho, mas também um impulsionador importante da mudança cultural com um impacto considerável e duradouro na capacidade, nas estratégias e na competitividade da organização.

Leitura 15

Além das Melhores Práticas

Lynda Gratton
London Business School

Sumantra Ghoshal
London Business School

Os executivos preparados reconhecem que os processos organizacionais e operacionais básicos de uma empresa são fundamentais para efetivar seu potencial competitivo. Esses processos integram as metas da empresa às atividades diárias de seus funcionários por meio das rotinas. Os executivos também sabem que um primeiro caminho para o desenvolvimento de tais processos é a escolha da melhor prática. A capacidade de o empreendimento progredir depende em parte de sua qualificação para captar e internalizar as melhores práticas de sua própria empresa e de outras. Sem mecanismos que facilitem o compartilhamento do conhecimento das boas práticas — tais como visitas a empresas-modelo, comunidades de práticas e o emprego de especialistas — elas estariam sujeitas a cometer os mesmos erros seguidamente. Procurar e então articular, refinar e internalizar idéias de melhores práticas faz as empresas de um determinado setor se inserirem no ambiente da concorrência. Aquelas que deixam de adotar os processos de melhores práticas tornam-se rapidamente retardatárias complacentes.[1]

Entretanto, nossa pesquisa com empresas de alto desempenho mostra que, embora a busca e a adoção dos processos de melhores práticas sejam realmente necessárias, não são suficientes (veja "Sobre a Pesquisa"). Outros tipos de processos, que denominamos "processos característicos", também podem ser importantes. Constatamos que todo um conjunto de processos característicos combinado com a melhor prática de setor capacitam uma empresa a prosperar e a concorrer.

Os processos característicos surgem do entusiasmo e dos interesses no *interior* da empresa; em contraste, os conceitos de melhor prática originam-se do seu *exterior*. Portanto, embora seja tarefa de todo executivo encontrar e adaptar a melhor prática, em certo sentido *internalizando o exterior*, uma tarefa adicional crítica dos dirigentes consiste em aprender a identificar e a manter os processos característicos da empresa. Esse dever adicional pode ser considerado como *exteriorizar o interior*.

No entanto, a distinção entre um processo característico e a boa prática em um setor não é absoluta. Se os processos característicos de uma empresa provam ser especialmente vantajosos, podem ser imitados por outras com tal freqüência que, no final, tornam-se conhecidos como as melhores práticas. A produção "enxuta" da Toyota Motors Corp. constitui um exemplo de processo que se iniciou como característico para a empresa. Portanto, adotou os valores e aspirações dos líderes da Toyota e contribuiu para uma vantagem competitiva significativa da empresa por um longo período de tempo. Diversas outras empresas procuraram adotar, algumas vezes com sucesso limitado, o processo de fabricação enxuta. Neste artigo, usamos a expressão *processos característicos* para nos referir àqueles que evoluíram internamente com base nos valores e aspirações dos executivos, e a expressão melhor prática para as idéias desenvolvidas fora dos limites de uma unidade de negócios ou de uma empresa.

As diferenças sutis, porém, fundamentais entre os processos de melhor prática, padrões e os processos característicos diferenciados, tornaram-se claras inicialmente em nossa pesquisa. Identificamos práticas e processos surpreendentes e curiosos em muitas das empresas de alto desempenho. Eis três exemplos:

- O CEO de uma empresa grande e dinâmica exige que todos os participantes da equipe do alto escalão se reúnam todas as manhãs, de segunda a sexta, entre 9h30 e 10h30 para discutir os

---

Reproduzido de "Beyond Best Practice" por Lynda Gratton e Sumantra Ghoshal, *MIT Sloan Management Review* 46, nº 3 (2005), pp. 49-57. Reproduzido mediante autorização. Copyright 2005 by Massachusetts Institute of Technology. Todos os direitos reservados. Sumantra Ghoshal faleceu em março de 2004, enquanto trabalhava nesse projeto de pesquisa.

eventos do dia anterior. Existem cerca de dez participantes nessa equipe; aqueles que não se encontram presentes fisicamente tomam parte por meio de videoconferência. A reunião não possui uma agenda previamente estabelecida, preferindo discutir os temas predominantes para a equipe de executivos.

- Os colaboradores de uma segunda empresa multinacional fazem parte de uma estrutura modular que é realinhada freqüentemente. Essas reestruturações ocorrem em geral durante o fim de semana. Embora esses realinhamentos resultem em novos grupos de empresas, deixam intactos muitos dos relacionamentos de trabalho que ocorrem no interior das equipes modulares.
- Os responsáveis pelas unidades de negócios de uma terceira grande empresa são solicitados a empregar um tempo considerável apoiando o desempenho de seus pares em outras empresas, particularmente aquelas que estão crescendo abaixo do padrão. Uma proporção significativa das gratificações dos líderes daquelas mais bem-sucedidas depende de melhores resultados por parte das empresas com desempenho ruim.

Cada um desses processos é fortemente idiossincrático. Não testemunhamos nenhum deles em diversas outras empresas que estudamos ao longo da última década. Na realidade, eles se opõem àquilo que geralmente é aceito como melhor prática. Por exemplo, a boa prática sugere que o papel do CEO consiste em reunir-se, talvez toda semana ou mesmo mensalmente, com o alto escalão e discutir a pauta de uma agenda previamente acertada. Portanto, por que envolver todos os executivos de primeira linha em reuniões diárias pela manhã sem agendas estabelecidas? De modo similar, a melhor prática sobre reestruturação organizacional sugere que essa deveria ocorrer com a menor freqüência possível a fim de criar estruturas organizacionais relativamente estáveis e minimizar confusões. Então, por que reestruturar freqüentemente? Por fim, a melhor prática dos dirigentes com bom desempenho exige que os gerentes sejam responsáveis por aquilo em que podem influir pessoalmente. Portanto, por que premiar as pessoas com base no desempenho de outros que não pertencem à sua linha de responsabilidade direta?

No entanto, as três empresas nas quais esses processos evoluem não são retardatárias corporativas: cada uma teve um desempenho superior a muitos concorrentes ao longo dos últimos cinco anos. E nem se encontram agrupadas em um único setor conhecido por excentricidades, como o setor criativo ou de TI. As empresas em questão operam no varejo bancário, na fabricação e no marketing de equipamentos de alta tecnologia, e na exploração e distribuição de petróleo. Esses processos e práticas não são aqueles de que os altos executivos gostariam de se livrar. Pelo contrário, os executivos em cada empresa consideram a prática em questão como única; sua idiossincrasia é elogiada e vista como um aspecto fundamental do sucesso da empresa. Considera-se que os procedimentos em questão atendam, um dos elos principais entre os processos da organização e a visão, aos valores e ao comportamento do alto escalão. Eles possuem energia e entusiasmo.

As reuniões nas manhãs ocorrem na matriz em Edimburgo do Royal Bank of Scotland Group com o CEO do grupo Fred Goodwin. Fundado por concessão real em 1727, o RBS era um banco pequeno até o início da década de 1990, mesmo para os padrões do Reino Unido. Entretanto, em 2003, o RBS crescera para se tornar o quinto maior banco no mundo em termos de capitalização de mercado, à frente de nomes tão conhecidos como Merrill Lynch, Goldman Sachs e UBS. Isso foi facilitado por um grande número de aquisições, incluindo a do National Westminster Bank Plc com sede em Londres e a do Citizens Financial Group de Rhode Island. O crescimento orgânico recorde do RBS entre 1997 e 2002 foi o maior de todos os principais bancos europeus. Ao mesmo tempo, seu índice custo-receita de 45%, talvez a medida de eficiência e produtividade mais amplamente utilizada no setor bancário, era um dos menores entre as empresas comparáveis.

Por que três empresas muito bem-sucedidas adotaram processos que diferem significativamente da visão geral da melhor prática? As respostas encontram-se na idiossincrasia dos processos.

As reestruturações freqüentes ocorrem na Nokia Corp., cujo alto escalão é liderado pelo presidente do Conselho e CEO, Jorma Ollila. A história da empresa remonta há mais de 140 anos. Até o início da década de 1990, a Nokia era um conglomerado com empresas tão diversificadas como produtos de borracha, papel, produtos eletrônicos de consumo e computadores.

No entanto, a Nokia transformou-se durante aquela década em uma empresa especializada em telecomunicações que fornecia equipamentos e sistemas para redes de telecomunicação e telefones celulares. Seu desempenho entre 1997 e 2003 foi superior ao de seus concorrentes e sua marca — praticamente desconhecida na década anterior — foi classificada como uma das dez mais valiosas no mundo pela Interbrand Corp., uma consultoria de marcas globais com sede em Nova York.

A política de "auxílio dos pares" existe na BP Plc, o maior empreendimento industrial do Reino Unido, sob a orientação do CEO do grupo, John Browne.

Sobre a Pesquisa

Este artigo baseia-se em nossa pesquisa de casos conduzida ao longo dos últimos cinco anos sobre como a capacitação dinâmica resulta em vantagem competitiva. Concentramo-nos em empresas que haviam demonstrado desempenho superior, entre 1997 e 2002, em comparação a outras. No entanto, o desempenho superior pode ser o resultado de outros fatores como monopólio, regulamentação abrangente ou grande uso de patentes. Escolhemos empresas cujo sucesso não era devido a esses fatores. Estudamos oito empresas e usamos dados de três delas neste artigo. Foram obtidos dados em dois estágios para cada empresa. Primeiro, foi empregada uma ampla gama de fontes secundárias, a fim de criar um quadro preliminar da empresa e do setor. Em seguida, conduzimos entrevistas estruturadas com o CEO, com 20 a 30 participantes do comitê executivo e com outros dirigentes importantes. Além disso, entrevistamos executivos de diferentes funções e níveis, incluindo os gerentes de nível operacional que estavam envolvidos efetivamente nas atividades do dia-a-dia relacionadas à área que havíamos escolhido.

Ambos os autores estavam presentes durante todas as entrevistas e tiveram o apoio de um assistente de pesquisa. Nossa pesquisa tinha por base a colaboração e a participação. Participamos de discussões com gerentes na qualidade de co-pesquisadores competentes e confiáveis, tentando chegar a uma interpretação conjunta dos dados. Havendo identificado as melhores práticas, procuramos formar uma perspectiva histórica e discutimos isso em profundidade com os executivos.

Em 1992, enfrentando deterioração rápida de resultados por causa de dívidas crescentes, custos unitários em elevação e queda nos preços do petróleo após a Guerra do Golfo, o Conselho da BP não pagou o dividendo da empresa e substituiu o CEO. A situação havia mudado consideravelmente em 2003. A BP havia adquirido e integrado com sucesso a Amoco, a Arco e a Castrol e conseguido o menor custo unitário de operações entre empresas comparáveis e o maior retorno do capital empregado. A BP auferiu um lucro após o imposto de renda de mais de US$1 bilhão por mês.

Por que três empresas muito bem-sucedidas adotaram processos que diferem significativamente da visão geral da melhor prática? E, talvez de modo até mais surpreendente, por que os executivos envolvidos acreditam que esses processos constituem parte fundamental do sucesso de sua empresa?

As respostas encontram-se na idiossincrasia desses processos significativos e de seu potencial para criar a energia para impulsionar o desempenho elevado. Essa idiossincrasia é uma incorporação direta, uma "característica", da história, dos valores e do primeiro escalão de cada empresa. A combinação de valores, experiências e entusiasmo permite que esses processos idiossincráticos avancem apesar de todos os obstáculos.

A adoção dos processos de melhor prática leva uma empresa a se adaptar às condições da concorrência. Porém, a própria natureza da melhor prática, originária de um conjunto comum de conhecimentos do setor, implica que adeptos sempre estão suscetíveis de serem copiados por outras empresas que as alcançam. Em contraste, os processos característicos nessas três organizações são tão idiossincráticos e fazem parte tão intimamente de sua herança e valores organizacionais que os concorrentes têm dificuldade de os reproduzir. Esses processos característicos certamente parecem fascinantes para o observador; por exemplo, os grupos de empresas da BP têm sido amplamente discutidos pela comunidade multinacional que adota as melhores práticas. Porém, mesmo que sejam matéria de apresentações interessantes e capítulos de livros instigantes, o processo com apoio dos pares visivelmente não é apreciado pela maioria das empresas e não conhecemos nenhuma que tenha reproduzido os grupos de empresas da BP.

Os processos característicos são aceitáveis dentro das empresas nas quais se desenvolvem, porque muito freqüentemente se avolumaram, à medida que a empresa cresceu e estão associados ao entusiasmo e aos valores da equipe executiva: fazem parte do tecido da empresa, da maneira de se comportar, do "modo como as coisas são feitas aqui". Portanto, embora a tarefa de todo executivo consista em identificar e adaptar processos de melhores práticas do mercado a fim de fortificar a organização, uma tarefa adicional importante dos dirigentes consiste em ser capaz de articular os processos característicos.

Essa é uma tarefa difícil. Os executivos precisam ter conhecimento para desenvolver e incentivar processos de melhor prática e característicos. No entanto, grande parte daquilo que os executivos foram ensinados a fazer para o desenvolvimento da boa prática convencional desafia a criação dos processos característicos. Nossas recomendações para a criação de processos característicos, na realidade, invertem algumas das próprias prescrições de melhor prática. Para estimular o desenvolvimento do processo característico, os executivos deveriam redescobrir a herança de sua empresa e pôr à mostra os tesouros que haviam permanecido um pouco esquecidos no interior de sua organização, em vez de buscar externamente, como é feito para os processos de melhor prática. Os gerentes deveriam tornar-se sensíveis e dedicar-se àqueles processos na empresa em relação aos quais as pessoas demonstram entusiasmo, e tornar-se mais sintonizados com os valores e as crenças da organização.

Os processos característicos desenvolvidos internamente pela Nokia, pelo RBS e pela BP contrastam com alguns de seus melhores processos de boas práticas com base em idéias adaptadas do exterior da organização. Em todas as três, os processos de melhor prática e característicos diferem em suas origens, seus mecanismos de desenvolvimento e seu núcleo (veja o Quadro 1).

Origens da Melhor Prática: Busca Externa

Um processo de boa prática importante no RBS é a abordagem do banco do gerenciamento no dia-a-dia de muitos de seus projetos. Ao longo da última década, suas equipes desenvolveram um método de gerenciamento por meio de buscas externa e interna detalhadas sobre qual a melhor prática. Compartilharam melhores práticas em toda a organização, contrataram ocasionalmente consultores externos para aumentar seu conhecimento e enviaram executivos a programas externos sobre gerenciamento de projetos. Do compartilhamento de conhecimento externo e interno, desenvolveram e documentaram o modo de o RBS gerenciar projetos. A melhor prática foi adaptada cuidadosamente a algo alinhado mais de perto com as metas e o contexto empresarial, particularmente em relação à condução de projetos com maior velocidade e um maior número de equipes de projeto.

Essa adaptação da melhor prática de gerenciamento de projetos resultou na aquisição do NatWest, feita em 1999. Em 2002, a equipe do RBS anunciou que a compra do NatWest havia finalizado e que 446 sistemas pertencentes à plataforma de TI do NatWest haviam sido transferidos com sucesso para a plataforma do RBS, que tinha um quarto do tamanho. Esse foi o maior projeto de integração de TI de seu tipo no setor financeiro. Conforme os analistas de uma empresa afirmaram: "A integração do NatWest se tornará um exemplo descrito em livros didáticos a respeito de como realizar negociações".

Desenvolvimento da Melhor Prática: Adaptação

A Nokia adota um processo de planejamento estratégico que emprega muitos dos elementos da melhor prática na criação de estratégias. A cada seis meses, um número máximo de 400 pessoas são escolhidas na empresa e divididas em equipes. As equipes são solicitadas a debater de 5 a 15 temas que os principais executivos julgam ser os mais importantes para o futuro da empresa. Durante um período de dois meses, os participantes das equipes entrevistam um grande número de especialistas internos e externos. Em seguida,

Quadro 1 **Compreensão dos Processos de Melhor Prática e Característicos**

As empresas precisam de técnicas de melhor prática, padrões e processos característicos diferenciados, os quais são desenvolvidos internamente. A origem, o desenvolvimento e o núcleo dos dois diferem consideravelmente.		
	Melhor Prática	**Processos Característicos**
Origem	"Internalizar o externo": inicia-se com a pesquisa externa e interna dos processos de melhor prática	"Exteriorizar o interno": surge da história específica de uma empresa
Desenvolvimento	Necessita de adaptação cuidadosa e de alinhamento à meta da empresa e ao contexto do setor	Precisa do apoio dos executivos
Núcleo	Conhecimento compartilhado vindo do setor	Valores

eles se reúnem durante dois dias para consolidar suas constatações e identificar qualquer informação adicional de que necessitam. No final da segunda rodada de pesquisa, as equipes preparam um relatório e uma apresentação para o conselho executivo. As informações nesses relatórios são incorporadas naquilo que a Nokia denomina seus "mapas da estrada de estratégia", que serão depois compartilhados com colaboradores importantes.

Crenças amplamente aceitas sobre a melhor prática na criação da estratégia indicam que o processo deveria ser, ao mesmo tempo, de cima para baixo e do escalão inferior para o superior, e deveria se concentrar no curto prazo, bem como considerar os desafios e cenários do prazo mais longo. O plano deveria ser redigido e comunicado àqueles designados para implementá-lo. Em outras palavras, os elementos básicos do processo de criação de estratégia na Nokia podem ser encontrados em livros sobre estratégia empresarial e nas práticas de empresas ao redor do globo.

O processo de criação de estratégias da Nokia desenvolveu e adaptou essa compreensão externa da melhor prática para as metas empresariais da empresa. A adaptação ocorreu em duas áreas principais que, no caso do RBS, tem a ver com rapidez e envolvimento. Primeiro, a norma da criação da estratégia da melhor prática é um ciclo de tempo acelerado de seu setor. Segundo, a norma da melhor prática para a criação de estratégias indica o envolvimento de um grupo de pessoas relativamente pequeno. A Nokia envolve mais de 400 pessoas em toda a empresa, uma adaptação da complexidade de sua tecnologia que requer múltiplas visões tecnológicas.

Núcleo da Melhor Prática: Conhecimento Obtido do Setor

A BP também possui sua parte dos processos clássicos de melhor prática. Considere, por exemplo, seu processo de desenvolvimento de liderança. Ao longo das últimas duas décadas, o alto escalão da BP identificou sistematicamente colaboradores com alto potencial e os incluiu em um "Programa de Desenvolvimento Individual". Muitos membros do atual alto escalão, incluindo Browne, passaram pelo processo PDI. Os participantes têm acesso a funções desafiantes e interessantes e possuem oportunidades para desenvolver uma ampla gama de competências e redes extensas. No entanto, embora esse processo de liderança seja importante para a BP, não passa de um reflexo da melhor prática do setor. Os executivos responsáveis pelo processo de liderança reúnem-se freqüentemente com seus colegas de outras multinacionais. Compareçem a conferências sobre desenvolvimento de liderança e lêem alguns dos livros sobre o tópico. A BP possui um processo de liderança que proporciona um fluxo constante de pessoas jovens talentosas, conforme está previsto no processo. Esse é de natureza clássica, quase indistingüível dos programas de liderança em outras grandes empresas multinacionais.

> *A origem das reuniões matinais no Royal Bank of Scotland [pode estar] relacionada à fundação do banco em 1727, [quando] a função bancária era um negócio entre cavalheiros e executada em ritmo pausado.*

Existe um grande número de boas empresas com processos de melhor prática. O processo de gerenciamento de projetos do RBS, o processo de planejamento estratégico da Nokia e o processo de desenvolvimento de liderança da BP nada mais são do que exemplos específicos de portfólios amplos de melhor prática que cada empresa desenvolveu. Esses processos são elaborados por meio de ferramentas e técnicas valiosas em toda a organização, sendo fundamentais para o dinamismo da concorrência. Porém, não são diferenciados e podem ser reproduzidos facilmente por outras empresas. Em outras palavras, não são processos característicos.

COMO OS PROCESSOS CARACTERÍSTICOS EVOLUEM

Descobrimos em nossa pesquisa que os processos de melhor prática e os característicos desenvolvem-se ao longo de linhas diferentes. A origem do gerenciamento de projetos do RBS, dos mapas de estratégia da Nokia e do desenvolvimento de liderança da BP possui como base uma busca externa e interna pela melhor prática. Em contraste, constatamos que as origens do processo característico — as reuniões matinais no RBS, a estrutura modular da Nokia e o processo de apoio pelos pares da BP — eram diferentes. Cada um desses processos característicos estava firmemente incorporado na história e nos valores da empresa e dos executivos que a dirigiram. No núcleo da melhor prática, encontra-se um conhecimento compartilhado do setor, seja relativo ao modo como os planos estratégicos são criados, aos executivos desenvolvidos ou aos projetos gerenciados. No núcleo dos processos característicos situam-se os valores de cada empresa.[3]

Os processos característicos não são iguais às boas práticas. Esses possuem o potencial para avançar a posição competitiva da empresa, além das condições usuais de concorrência. Porém, para dominar esse potencial, os executivos precisam compreender a origem, o desenvolvimento e o núcleo dos processos característicos. Os gerentes precisam, na realidade, desenvolver toda uma nova forma de pensamento sobre processos (veja o Quadro 2).

Origens do Processo Característico: História de uma Empresa Específica

Quando os executivos na BP, na Nokia e no RBS descreveram e mapearam como se desenvolveram seus processos característicos, as descrições estavam profundamente enraizadas na herança e nas próprias crenças e valores da empresa.

Considere, por exemplo, a origem das reuniões matinais no RBS, que o alto escalão pode relacionar à fundação do banco em 1727. O banco originalmente era um dos muitos bancos regionais que atendiam aos cidadãos locais, nesse caso, na cidade escocesa de Edimburgo. A função bancária era um negócio entre cavalheiros e executada em ritmo pausado nos séculos XVIII e XIX: os banqueiros normalmente se reuniam com sua equipe durante as manhãs, e as tardes eram reservadas para atividades mais amenas. A prática de reuniões matinais desapareceu na década de 1930, na maioria dos bancos, porque agora o ritmo se acelerara e ficara desordenado. No entanto, a prática permaneceu no RBS e evoluiu para um processo característico.

A origem da estrutura modular na Nokia pode estar relacionada à herança de tecnologia de software nos anos 1980. Naquela ocasião, a tecnologia de software na Nokia se baseava em dois elementos centrais: o mantra de reutilização do software e a padronização por meio da criação de uma plataforma comum compartilhada. A reutilização é considerada fundamental para o desenvolvimento do software. Quando os programadores da Nokia criaram novos programas de software, até 75% do programa normalmente era elaborado, reconfigurando módulos de software desenvolvidos anteriormente. Isso acelerou o processo de desenvolvimento, reduziu o custo da criação de novos programas e assegurou que o conhecimento pudesse ser compartilhado rapidamente. O crescimento tecnológico que a Nokia conseguiu por meio da reutilização e da reconfiguração dependeu das aptidões dos programadores para desmembrar e seqüenciar os módulos da programação anterior.

A competência e a filosofia para reutilizar módulos, que tiveram início nos anos 1980 como elementos de sua tecnologia, tornaram-se a base do projeto da arquitetura modular da estrutura da empresa. Nos programas de software, as unidades modulares que foram reconfiguradas eram parte do software escrito. Na arquitetura da empresa, as unidades modulares eram equipes de pessoas com competências e aptidões similares. Do mesmo modo que as reconfigurações modulares asseguravam que o software de valor não fosse perdido, a arquitetura modular assegurava que as aptidões, as competências e os relacionamentos de equipes — todos possuindo valor e fazendo parte das equipes de pessoas — não fossem perdidos ou desperdiçados. Na realidade, o processo característico da modularidade estrutural possui suas raízes no processo de produção de software de reutilização por meio da modularidade e reconfiguração.

O processo característico de modularidade estrutural da Nokia possui suas raízes em uma filosofia de tecnologia de plataformas compartilhadas comumente e de padronização. Reconfigurar módulos de software diferentes exige que cada modelo seja desenvolvido de modo semelhante com arquitetura básica similar, isto é, exige alto grau de padronização. Durante mais de 20 anos um modo de pensar, uma disciplina e uma filosofia de reutilização e padronização estavam presentes na Nokia. Entendia-se muito bem que, somente por meio de ferramentas, plataformas, tecnologias e linguagens comuns seria possível obter rapidez. Isso se tornou o pano de fundo para o processo característico da empresa: a capacidade para criar uma estrutura corporativa modular.

A qualidade desse processo característico foi testada em janeiro de 2004, quando a Nokia anunciou e implementou em seguida aquilo que viria a representar um rearranjo organizacional básico para a maioria das empresas. A fim de focar mais de perto as aspirações mutáveis dos clientes, as nove unidades de negócios foram reestruturadas em quatro. Ao mesmo tempo, a fim de assegurar rapidez de inovação e produção ao redor do globo, todas as operações voltadas ao cliente e ao mercado, ao desenvolvimento do produto e às atividades de fabricação, de logística e de apoio foram reorganizadas dentro da empresa em três unidades de negócios horizontais. Essa mudança organizacional tornou-se plenamente efetiva no intervalo de uma semana e envolveu cerca de cem pessoas assumindo novas funções. O restante dos funcionários não passou por essa mudança, porque as equipes modulares às quais pertenciam simplesmente foram reconfiguradas. A disciplina, a filosofia e o modo de considerar a reconfiguração por meio de padronização e plataformas compartilhadas, que haviam sido desenvolvidas inicialmente com base no histórico tecnológico da empresa, asseguraram que a Nokia pudesse reconfigurar de modo adequado e rápido seus recursos humanos a fim de atender às necessidades mutáveis dos clientes.

Desenvolvimento do Processo Característico: Apoio dos Executivos

Os processos característicos se desenvolvem pela herança e pelos valores da empresa, e são moldados pela filosofia e pelo conhecimento do alto escalão. O processo característico de apoio pelos pares da BP não foi formado mediante um amálgama das melhores práticas, mas surgiu como alternativa há mais de 15 anos, da mente e da filosofia de um jovem gerente de uma unidade de negócios, que acreditava entusiasticamente que as empresas deveriam se concentrar mais em cooperação e respeito e menos em hierarquia e controle. Esse jovem executivo começou a colocar suas idéias em prática, inicialmente em suas próprias atividades na empresa, em seguida em uma área de negócios importante e, finalmente, quando se tornou CEO, em toda a BP. O processo característico de apoio pelos pares possui sua herança não na melhor prática do setor, mas nos valores e crenças do CEO Browne e sua equipe.[4] Browne explicou as três premissas básicas de sua filosofia: "as pessoas trabalhavam melhor em unidades menores... toda organização de escala deveria criar conhecimento exclusivo por meio de aprendizado... existe uma interação muito diferente entre as pessoas de posições iguais".

Foram criados grupos com componentes semelhantes, desfazendo o monólito da antiga BP de 150 unidades de negócios, o que permitiu às pessoas trabalharem em unidades menores. O processo de apoio pelos pares criou oportunidades sem precedentes para o aprendizado, à medida que pessoas de partes diferentes da empresa compartilhavam idéias e conhecimento. Ao criar uma estrutura organizacional que era mais horizontal do que vertical, Browne foi capaz de transformar muitas interações anteriores — que teriam sido predominantemente dos executivos graduados para os gerentes de nível médio — em relações entre pares de posições iguais.

A filosofia e o entusiasmo de Browne são claramente visíveis no processo da BP. O mesmo grau de filosofia e entusiasmo é visível no modo como o escalão executivo da Nokia havia se referido e então criado seu processo característico de modularidade estrutural que reflete a herança, o conhecimento e a filosofia pessoais da equipe de altos executivos da empresa.

> Os executivos finlandeses da Nokia dividem uma herança de educação técnica e um "gosto pela complexidade" que permitiram a criação de um processo tão complexo como a estrutura modular da Nokia.

Até recentemente, a equipe executiva da Nokia, formada por pessoas que entraram para a empresa no final dos anos 1970 e início dos anos 1980, era, com uma exceção,

Quadro 2 **Como o Processo Característico Evoluiu**

Empresa	RBS	Nokia	BP
	Ao contrário das idéias de melhores práticas adotadas de fora da organização, os processos característicos estão enraizados na história e nos valores da empresa.		
Origem do Processo Característico (específico da empresa)	Reuniões matinais Tradição bancária datando de 1727	Estrutura modular Herança da tecnologia dos anos 1980: • Reutilização por meio de reconfiguração • Padronização	Apoio pelos pares Criado inicialmente em meados dos anos 1990
Desenvolvimento (com apoio dos executivos)	• O CEO é um gerente rigoroso • Valores e tomada de decisões da equipe executiva	Educação compartilhada do alto escalão: • "Gosto pela complexidade" • Foco técnico	Filosofia do CEO John Browne: • Pequena escala • Aprendizado • Ausência de hierarquia
Núcleo (valores)	Respeito Responsabilidade	Renovação Respeito	Aprendizado Responsabilidade

de origem finlandesa. (A empresa contratou recentemente para sua equipe outros dois executivos que não são finlandeses.) Os executivos finlandeses da Nokia compartilham de um conjunto muito similar de experiências de desenvolvimento. A maioria completou grande parte de sua formação no sistema educacional finlandês, que é altamente respeitado, e muitos foram treinados na Helsinki School of Economics ou na Helsinki University of Technology, ambas instituições técnicas de classe mundial. Essa herança da educação técnica criou, no âmbito da equipe executiva, uma base de experiência compartilhada pela qual poderia ser criada uma visão. Pekka Ala-Pietila, atualmente presidente da Nokia Corp. e responsável pelas operações de clientes e mercado, descreveu essa experiência do seguinte modo: "O que une o primeiro escalão é a capacidade de pensar em termos abstratos, compreender temas complexos e usar o reconhecimento de padrões. Podemos compreender o que é importante e aquilo que é menos importante. Trata-se de um desafio intelectual. Muitos possuem formação em pesquisa; existe um gosto pela complexidade".

Esse "gosto pela complexidade" permitiu a criação de um processo tão complexo como a estrutura modular da Nokia. Os executivos graduados, possuindo formações tecnológicas similares, compreenderam a necessidade de padronização e de plataformas comuns, e, portanto, foram capazes de criar plataformas globais padronizadas, enquanto outras empresas construíram uma nova variedade em diversos países. Eles compreenderam a noção de modularidade e a necessidade de manter pessoas no âmbito de equipes modulares ao longo do tempo, mesmo quando fosse reestruturada. Suas suposições tácitas, originadas de uma história compartilhada e do modo de ver o mundo, criaram a base sobre qual esse processo característico poderia se desenvolver.

O mesmo envolvimento profundo dos executivos graduados é visível no processo característico do RBS, ou seja, nas reuniões matinais que vieram incorporar as características e os valores do CEO Fred Goodwin e do alto escalão. A prática e a disciplina das reuniões matinais são vistas como parte importante do modo pelo qual os principais executivos trabalham em equipe. Trata-se de um processo que tem significado para eles e os capacita a articularem seus valores a respeito da necessidade de rapidez e da tomada de decisões. Em relação às reuniões matinais no RBS, Johnny Cameron, membro da equipe executiva, fez o seguinte comentário: "Fred adora a reunião matinal. É a oportunidade de colocar sua marca naquilo que estiver ocorrendo...

Fred é mais rigoroso como gerente do que qualquer outra pessoa que cheguei a conhecer. Ele é extraordinariamente exigente. Por exemplo, na reunião matinal ele examinará um orçamento, irá direto à página 23 e perguntará algo a respeito. As pessoas dizem: se Fred visse isto, o que ele diria?".

O RBS não é o único a ter um processo característico que expressa os valores da empresa. Nas organizações que estudamos, os valores do CEO e do alto escalão estavam no núcleo do processo característico e esse alinhamento rigoroso entre os valores e o processo criou entusiasmo e energia que impulsionaram o progresso da empresa.

Núcleo do Processo Característico: Valores da empresa

O aprendizado é um valor importante na BP. "A fim de gerar valor extraordinário para os acionistas", explica Browne, "uma empresa tem de aprender melhor que seus concorrentes e aplicar esse conhecimento em todos os seus negócios de um modo mais rápido e amplo do que os concorrentes".[5] Para a BP, o valor do aprendizado é compensado por um segundo valor importante: responsabilidade. As idiossincrasias do processo de apoio pelos pares florescem porque realçam esse equilíbrio.

Esse processo cria a expectativa de que as pessoas aprenderão entre si em toda a empresa. Polly Flinn, uma antiga funcionária da Ameco que é vice-presidente de marketing de varejo da BP, aprendeu rapidamente os valores e a filosofia da empresa. Enquanto atuava como gerente da unidade de negócios de varejo na Polônia em 1999, ela pediu auxílio de quatro altos executivos da BP, que se juntaram em uma equipe de apoio pelos pares a fim de analisar a estratégia para a Polônia e assessorar Flinn. Após ela ter implementado as sugestões, a empresa de marketing de varejo tornou-se lucrativa pela primeira vez. Ela ativou novamente o processo de apoio pelos pares, quando se defrontou com a tarefa desafiadora de supervisionar o desenvolvimento e a efetivação da nova oferta de varejo da BP, a BP Connect. Flinn lembrou-se de que "das 300 pessoas envolvidas no processo, somente 10% realmente possuíam metas de desempenho compromissadas, relacionadas ao lançamento da BP Connect; no entanto, por causa de seu desejo de compartilhar suas aptidões e expectativas de comportamento conjunto, as pessoas contribuíram". O processo de apoio pelos pares incorpora os valores básicos da BP. Exemplifica a organização de aprendizado e assegura ao mesmo tempo que os gerentes das unidades de negócios sejam responsabilizados por seu desempenho.

De modo similar, as reuniões matinais no RBS exemplificam os valores centrais do banco quanto a respeito e responsabilidade. Esses valores, que os executivos consideram originários das raízes presbiterianas escocesas, enfatizam as virtudes do pragmatismo, da honestidade e do tratamento igualitário respeitoso que é prático, realista, direto e orientado à ação. As reuniões matinais proporcionam uma oportunidade para que esses valores históricos se tornem uma realidade no dia-a-dia; os participantes da equipe executiva são capazes de reunir-se diariamente e de conversar francamente. O respeito pela equipe coletiva é vital para o bom andamento dessas reuniões. Os executivos trabalham entre si em colaboração e com respeito, e as reuniões reforçam a responsabilidade coletiva perante o alto escalão. Também refletem a grande preocupação na cultura do banco pela responsabilidade e pela efetivação de ações; quando um executivo concorda em efetivar uma ação, presume-se que o acordo seja vinculante. As ações são discutidas e aprovadas e a reunião passa a discutir o próximo item. A responsabilidade reside no núcleo do modo como são conduzidas as reuniões matinais.

As pessoas que participam de processos característicos estão "em movimentação". A energia que demonstram é palpável porque, bem no fundo, o processo expressa quem elas são e o que valorizam.

O processo característico de modularidade da Nokia, como o processo de apoio pelos pares da BP, e as reuniões matinais do RBS incorporam essencialmente os valores da empresa. Os executivos afirmam que os valores culturais finlandeses desempenharam papel fundamental para moldar o ambiente da Nokia. A cultura finlandesa originou-se historicamente dos valores de confiança, ação direta e inclusão nos relacionamentos sociais. De modo análogo a outros escandinavos, os finlandeses refutam a autoridade hierárquica e possuem uma crença fundamental no respeito pelo indivíduo.[6] A Finlândia é, ao mesmo tempo, um país de renovação. Possui um dos maiores índices educacionais no mundo e uma das populações mais preparadas tecnicamente. É um país que tem-se renovado e a Nokia tem-se empenhado para fazer o mesmo. Durante a história da Nokia, os valores finlandeses de respeito pelo indivíduo e de renovação tornaram-se profundamente enraizados em uma empresa que tem sido, em sua equipe executiva, essencialmente finlandesa. Esses valores permeiam a sua estrutura modular, que inclui respeito pelas pessoas, permitindo que trabalhem principalmente em equipes colegiadas para as quais contribuem com suas próprias qualificações. Ao mesmo tempo, a capacidade da estrutura para absorver uma reconfiguração rápida assegura que a renovação ocorra.

O PAPEL DOS EXECUTIVOS NOS PROCESSOS CARACTERÍSTICOS

Três CEOs e suas equipes localizam-se no núcleo do apoio pelos pares da BP, das reuniões matinais do RBS e da arquitetura modular da Nokia. Cada CEO julga que o processo característico em questão é fundamental para o sucesso no longo prazo da organização, e cada um deles tem o compromisso de manter o processo característico. O que os outros executivos podem aprender dessas empresas?

A maioria dos executivos sabe que valores são importantes em seu comportamento no dia-a-dia; poucos entendem que esses valores podem ser integrados a suas metas de negócios e ao comportamento dos funcionários individuais, por meio de um pequeno número de processos característicos. Aquilo que aprendemos com John Browne, Jorma Ollila e Fred Goodwin é que esses CEOs excepcionais usam processos como um meio para comunicar seus valores e os valores de suas organizações. Realizar isso exige que os CEOs sejam muito claros a respeito do que são esses valores.

O papel dos executivos na identificação da melhor prática desenvolvida externamente é essencialmente racional e analítico; em contraste, o papel dos executivos nos processos característicos é baseado em valor e na percepção. O CEO Goodwin do RBS "adora" as reuniões matinais. Podíamos perceber o orgulho na voz do executivo sênior Mikko Kosonen quando falava sobre a estrutura modular da Nokia: "Uma das características diferenciadoras é a arquitetura organizacional. É avançada". Durante horas de discussão, os executivos da Nokia descreveram a estrutura, suas idéias por trás dela, como operava e o que significava. Indicavam números, eram feitas analogias e fornecidos exemplos, tudo com entusiasmo e atenção. E na BP, existe um grande orgulho pela filosofia na base do processo de apoio pelos pares. Conforme o vice-CEO Rodney Chase observou: "Em nossas vidas pessoais, reconhecemos quanta satisfação há em ajudar outras pessoas, seja um parente próximo ou um amigo; obtemos grande satisfação por ajudar outros a se tornarem bem-sucedidos. Por que não acreditamos que o mesmo pode ser verdade nos negócios? Historicamente não acreditamos. Contudo, pode-se alcançar esse ponto — quando as pessoas na empresa quase conseguem obter satisfação com o sucesso de outros e não somente com seu próprio sucesso".

Vimos que as pessoas, quando estão participando dos processos característicos nessas três empresas, estão "em movimentação". A energia que demonstram é palpável e se esquecem do tempo.[7] Quando as pessoas participam dos processos característicos sentem-se bem, precisamente porque, de fato, o processo expressa algo em que acreditam. Elas julgam que aquilo que fazem ressoa profundamente com quem são e o que valorizam.

Os processos de melhor prática são planejados com rigor e elaborados a partir de uma programação clara. Em contraste, a criação de processos característicos é mais voltada ao acaso e, por isso, sua natureza é mais lenta, mais complexa e expressa melhor os valores. É essa distinção que torna o reforço dos processos característicos no dia-a-dia uma das oportunidades mais valiosas que os executivos possuem para vincular continuamente as metas de uma empresa e seus valores. Essa vinculação é energizante e pode proporcionar significado para um empreendimento de um modo que as melhores práticas nunca conseguem.

AGRADECIMENTOS

Os autores agradecem a Felipe Monteiro e Michelle Rogan, alunos do curso de doutorado da London Business School, bem como a Alison Donaldson, Ph.D., o seu apoio na pesquisa. O estudo mais amplo em que esta análise se baseia teve apoio financeiro do ESCR/EOSRC Advanced Institute of Management Research.

Referências

1. Muitos especialistas estudaram o desenvolvimento dos processos de melhores práticas. Veja, por exemplo, J. Lowe, R. Delbridge e N. Oliver, "High performance manufacturing: evidence from the automotive components industry", *Organizational Studies* 18, n. 5 (1997), pp. 783-798. Para uma visão de conjunto do desenvolvimento dos processos de melhores práticas, tais como produção enxuta, veja K. Clark e T. Fujimoto, "Product development performance: strategy, organization and management in the world auto industry" (Boston: Harvard Business School Press, 1991).

2. Nossa idéia original tinha por base o conceito de capacidade dinâmica. Para uma visão das características da capacidade dinâmica, ver K. M. Eisenhardt e J. A. Martin, "Dynamic capabilities: what are they?", *Strategic Management Journal* 21 (out.-nov. 2000), pp. 1.105-1.121 e D. J. Teece, G. Pisano e A. Shuen, "Dynamic capabilities and strategic management", *Strategic Management Journal* 18 (agosto de 1997), pp. 509-533.

3. A idéia de que a cultura e os valores podem ser uma fonte de vantagem competitiva foi debatida durante certo tempo. Essa é uma tese central de T. E. Deal e A. A. Kennedy, "Corporate cultures: the rites and rituals of corporate life" (Reading, Massachusetts: Addison — Wesley, 1982); foi elaborado na obra de E. Schein "Organizational culture and leadership" (San Francisco: Jossey-Bass, 1985). O elo potencial com o desempenho foi discutido na teoria da empresa baseada em recursos; veja J. B. Barney "Organizational culture: can it be a source of sustained competitive advantage?", *Academy of Management Review* 11, n. 3 (1986), pp. 656-665.

4. Descrevemos apoio pelos pares como um mecanismo integrador na obra de S. Ghoshal e L. Gratton, "Integrating the enterprise", *MIT Sloan Management Review* 44, n. 1 (2002), pp. 31-38. O processo também foi descrito sob uma perspectiva de aprendizado na obra de M. T. Hansen e B. V. Oetinger "Introducing t-shaped managers: knowledge management's next generation", *Harvard Business Review* 79 (março de 2001), pp. 107-116.

5. Uma descrição mais detalhada da filosofia de aprendizado de John Browne pode ser encontrada na análise de S. E. Prokesvh, "Unleashing the power of learning: an interview with british petroleum's John Brown", *Harvard Business Review* 75 (set.-out. 1997), pp.5-19.

6. Os valores finlandeses encontram-se descritos no estudo de G. Hofstede, "Culture's consequences: international differences in work-related values" (Newbury Park, California: Sage, 1980) e de A. Laurent "National and corporate cultures: a study of six european countries", estudo adotado pelo Insead, Fontainebleau, França, 1982.

7. A idéia de "movimentação" foi descrita na obra de M. Csikszentmihalyi, "Finding flow: the psychology of engagement with everyday life" (Nova York: Basic Books, 1997).

Leitura 16

A Integração do Gerenciamento Enxuto e do Seis Sigma

Eduard D. Arnheiter
Rensselaer Polytechnic Institute

John Maleyeff s
Rensselaer Polytechnic Institute

INTRODUÇÃO

Ao longo das últimas duas décadas, as organizações industriais americanas adotaram uma grande variedade de programas de gerenciamento que, eles esperam, aumentará a competitividade. Atualmente, dois dos programas mais difundidos são o Seis Sigma e o gerenciamento enxuto. O Seis Sigma foi introduzido pela Motorola Corporation e adotado subseqüentemente por muitas empresas dos Estados Unidos, incluindo a GE e a Allied Signal. O gerenciamento enxuto originou-se na Toyota, no Japão, e foi implementado pelas principais empresas dos Estados Unidos, incluindo a Danaher Corporation e a Harley-Davidson. O Seis Sigma e o gerenciamento enxuto possuem raízes diferentes. A questão básica impulsionadora do desenvolvimento do Seis Sigma foi a necessidade de melhoria da qualidade na fabricação de produtos complexos, com um grande número de componentes que, muitas vezes, resultava em uma probabilidade correspondente elevada de produtos finais defeituosos. A força motriz por trás do desenvolvimento do gerenciamento enxuto foi a eliminação do desperdício, especialmente no Japão, um país com poucos recursos naturais.

O Seis Sigma e o gerenciamento enxuto evoluíram para sistemas de gerenciamento abrangentes. Sua implementação eficaz, em cada caso, envolve mudanças culturais nas organizações, novos métodos de produção e de atendimento aos clientes e um alto grau de treinamento e de formação educacional dos colaboradores, do alto escalão ao pessoal de fábrica. Ambos os sistemas englobam características comuns, tais como uma ênfase na satisfação do cliente, qualidade elevada, treinamento e preparo abrangentes dos colaboradores.

Tendo raízes distintas, mas metas similares, o Seis Sigma e o gerenciamento enxuto são eficazes *per si*. No entanto, algumas organizações que adotaram o Seis Sigma ou o gerenciamento enxuto puderam constatar que, no final, chegariam a um ponto de rendimentos decrescentes, isto é, após a reengenharia de seus sistemas operacionais e de apoio, visando a aperfeiçoamentos pela resolução dos principais problemas e equacionando as deficiências básicas, melhorias adicionais não são facilmente geradas, conforme está ilustrado na Figura 1. Essas organizações começaram a procurar, em outros lugares, fontes de vantagem competitiva. Naturalmente, as empresas enxutas estão examinando o Seis Sigma, assim como as organizações Seis Sigma estão aplicando o gerenciamento enxuto. A expressão *Sigma enxuto* foi usada recentemente para descrever um sistema de gerenciamento que combina os dois sistemas (Sheridan, 2000). Neste estudo, a expressão "*organização enxuta e Seis Sigma*" (LSS, na sigla em inglês) será usada para descrever uma entidade que integra os dois sistemas.

A finalidade deste estudo consiste em eliminar muitas concepções erradas a respeito do Seis Sigma e do gerenciamento enxuto, descrevendo cada sistema e os principais conceitos e técnicas que se encontram na base de sua implementação. Como essas concepções errôneas podem tender a desencorajar o entendimento necessário dos proponentes de um sistema nos principais elementos do outro sistema, as concepções erradas serão examinadas individualmente. Essa discussão será seguida por uma descrição daquilo que as empresas enxutas podem ganhar com o Seis Sigma e o que as organizações Seis Sigma podem ganhar com o gerenciamento enxuto. Finalmente, serão feitas algumas sugestões sobre os conceitos e métodos que formariam uma organização enxuta e Seis Sigma.

Reproduzido de "The integration of lean management and Six Sigma", de Edward D. Arnheiter e John Maleyeff, *The TQM Magazine,* vol. 17, 2005. Usado mediante autorização do Emerald Group Publishing Ltd.

Figura 1 **Melhorias ao Longo do Tempo, com o Seis Sigma ou com o Gerenciamento Enxuto, Isoladamente**

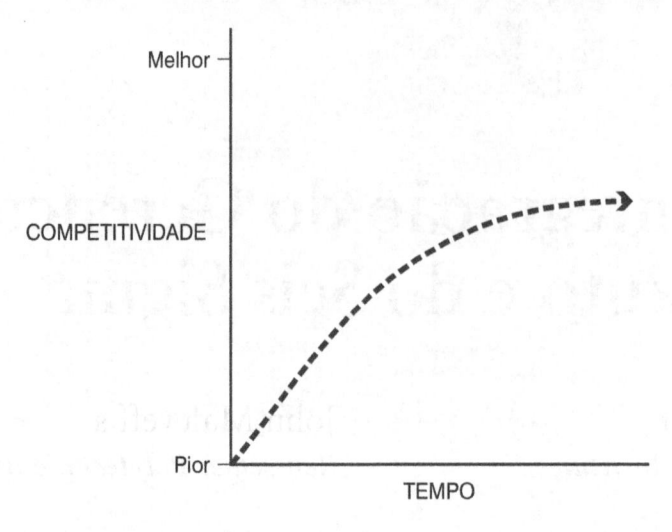

VISÃO GERAL DO SEIS SIGMA

As raízes do Seis Sigma surgiram de duas fontes principais: gerenciamento da qualidade total (GQT) e as medidas estatísticas Seis Sigma que se originaram na Motorola Corporation. Atualmente, o Seis Sigma é uma estratégia empresarial ampla de longo prazo para a tomada de decisões, em vez de um programa de gerenciamento da qualidade de aplicação limitada.

Do GQT, o Seis Sigma preservou o conceito de que todos em uma organização são responsáveis pela qualidade dos bens e serviços produzidos pela organização. Outros componentes do Seis Sigma com origem no GQT incluem o foco na satisfação do cliente ao se tomar decisões de gerenciamento e um investimento significativo na formação e no treinamento em estatística, análise das causas iniciais e outras metodologias de resolução de problemas. Com o GQT, a qualidade era a primeira prioridade. As principais ferramentas do GQT incluíam as sete ferramentas da qualidade: gráficos de controle, histogramas, folhas de verificação, diagramas de dispersão, diagramas de causa e efeito, fluxogramas de dispersão, gráficos de Pareto; e as sete ferramentas de gerenciamento da qualidade: diagramas de afinidade, árvores de decisão, gráficos de inter-relacionamento, diagramas de matriz, matrizes de priorização, gráficos de programa envolvendo o processo de decisão, e diagramas de atividade de rede (Sower *et al.*, 1999).

As medições do Seis Sigma foram desenvolvidas na Motorola em 1987, em resposta a uma qualidade do produto abaixo do padrão, cujas origens, em muitos casos, remontam a decisões tomadas por engenheiros quando projetavam peças. Tradicionalmente, os engenheiros de projeto usavam a regra "três sigma", ao avaliar se uma proporção aceitável dos componentes fabricados estaria dentro das tolerâncias. Quando as tolerâncias de um componente eram coerentes com um intervalo de seis unidades de desvio-padrão da variação do processo, cerca de 99,7% dos componentes de um processo centralizado teriam a expectativa de estar conforme as tolerâncias. Em outras palavras, somente 0,3% das peças não teriam conformidade com as tolerâncias, o que significa 3 mil peças discrepantes por milhão.

Na Motorola, à medida que os produtos tornavam-se mais complexos, aqueles com defeito estavam tornando-se mais comuns, enquanto, ao mesmo tempo, os clientes exigiam maior qualidade. Por exemplo, um *pager* ou um telefone celular incluíam centenas de componentes. Cada componente normalmente incluía numerosas características de qualidade importantes. Não era incomum um produto incluir milhares de oportunidades para defeitos (OPDs) em cada unidade vendida (Harry e Schroeder, 2000). A qualidade "três sigma" tradicional para cada OPD não era mais aceitável. Considere, por exemplo, um produto que contenha mil OPDs. Se, para cada OPD, fossem atingidos os níveis de qualidade "três sigma", somente cerca de 5% dos produtos estariam sem defeito. O cálculo usado para obter essa probabilidade requer aumentar a fração (0,997) para a potência de 1.000, e baseia-se na distribuição binomial de probabilidade (Devore, 2000).

A fórmula usada para determinar a probabilidade de produtos sem defeito proporciona somente uma orientação aproximada por duas razões. Em virtude de o três sigma

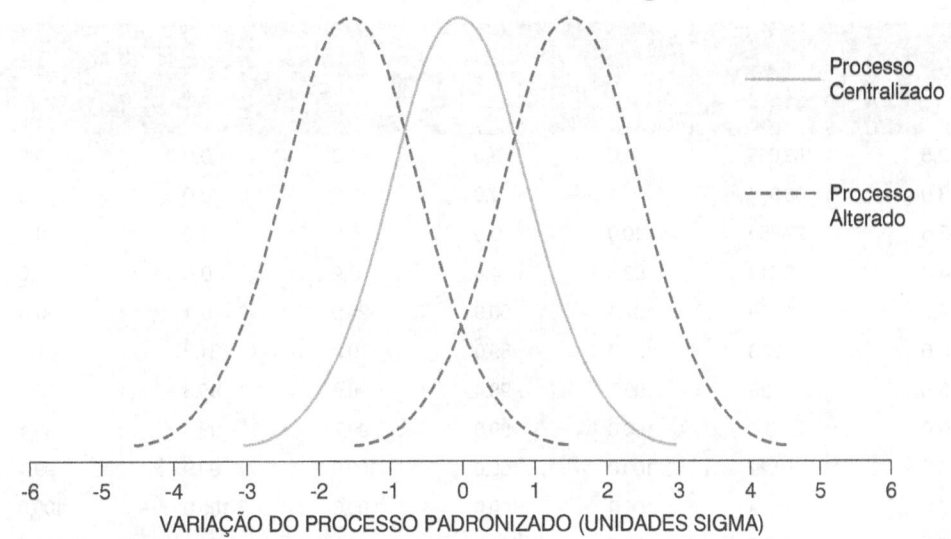

Figura 2 **Média do Processo Alterando-se ± 1,5 Unidade Sigma**

——— Processo Centralizado

- - - - Processo Alterado

VARIAÇÃO DO PROCESSO PADRONIZADO (UNIDADES SIGMA)

ser o padrão mínimo de projeto, a expectativa seria que muitos produtos superariam esse padrão. Por um lado, a probabilidade de conformidade de 0,997 supõe um processo centralizado, e se esperaria que muitos processos não seriam centralizados todas as vezes que um componente fosse produzido. O cálculo, no entanto, ilustra eficazmente o desafio inerente à fabricação de produtos sem defeito. Supondo mil OPDs, somente 37% dos produtos não teriam defeitos se o nível de qualidade para cada OPD fosse de 99,9%, e 90% dos produtos seriam livres de defeito se o nível de qualidade para cada OPD fosse 99,99%, em média.

Outros setores defrontam-se com desafios similares para atingir uma qualidade superior. Além do setor de eletrônicos de consumo, outros produtos com um grande número de OPDs incluem automóveis, motores, fuselagem de aviões e computadores. Muitos setores nos quais os produtos são menos complexos também se defrontam com desafios similares. Os fabricantes de dispositivos médicos, e de outros produtos cujos defeitos durante o funcionamento podem causar dano, precisam atingir uma qualidade quase perfeita. As empresas que fabricam produtos menos complexos, porém os vendem em volumes muito grandes, também precisam empenhar-se para atingir uma qualidade superior.

Na Motorola, quando se estudou a relação entre a qualidade dos componentes e a qualidade do produto final, constatou-se que, de lote para lote, um processo tendia a se alterar um máximo de 1,5 unidade sigma (McFadden, 1993). Esse conceito é mostrado graficamente na Figura 2, que indica um processo centralizado e os processos alterados 1,5 unidade sigma em ambas as direções. A Tabela 1 indica a relação entre a qualidade do componente e a do produto final, supondo que ocorra a alteração integral de 1,5 sigma. Na Tabela 1, o nível sigma é a variação do processo padronizado (veja a Figura 2), a qualidade OPD é o número de peças discrepantes por milhão, se o processo se alterar 1,5 unidade sigma e as probabilidades na tabela indicarem a proporção de produtos finais que não terão defeitos. Por exemplo, se a companhia estabeleceu uma meta de 99,7% para a qualidade do produto final e os produtos incluíssem cerca de mil OPDs, então os 3,4 produtos com defeito por milhão correspondentes à avaliação pelo Seis Sigma se tornariam o padrão em relação ao qual todas as decisões seriam tomadas.

No final de 1999, a Ford Motor Company tornou-se a primeira indústria automobilística a adotar a estratégia Seis Sigma. Na Ford, cada carro possui aproximadamente 20 mil OPDs. Portanto, se a Ford fosse atingir a qualidade Seis Sigma, aproximadamente um carro em cada 15 produzidos conteria um defeito (Truby, 2000). É interessante observar na Tabela 1 que, se a Ford operava a um nível 5,5 sigma, cerca de 50% de seus carros incluíram pelo menos um defeito.

Atualmente, o Seis Sigma é uma combinação das medidas estatísticas Seis Sigma e de GQT, com inovações adicionais que aumentam a eficácia do programa ampliando ao mesmo tempo o seu foco. Os principais componentes do Seis Sigma aproveitados do GQT incluem um foco no cliente, o reconhecimento de que a qualidade é responsabilidade de todos os funcionários e a ênfase no treinamento dos funcionários. A medição Seis Sigma também é empregada, porém de um modo ampliado.

Com o Seis Sigma, o valor da produção de uma organização inclui não apenas qualidade, mas disponibilidade, confiabilidade, desempenho da entrega e serviço

Tabela 1 **Nível de Qualidade do Produto Final (Porcentagem de Conformidade)**

Nível Sigma	Qualidade OPD	Número de OPDs por Produto				
		100 (%)	500 (%)	1.000 (%)	5.000 (%)	20.000 (%)
2,5	158,655	0,0	0,0	0,0	0,0	0,0
3,0	66,807	0,1	0,0	0,0	0,0	0,0
3,5	22,750	10,0	0,0	0,0	0,0	0,0
4,0	6,210	53,6	4,4	0,2	0,0	0,0
4,5	1,350	87,4	50,9	25,9	0,1	0,0
5,0	233	97,7	89,0	79,2	31,2	1,0
5,5	32	99,7	98,4	96,9	85,3	53,1
6,0	3,4	100,0	99,8	99,7	98,3	93,4
6,5	0,29	100,0	100,0	100,0	99,9	99,4
7,0	0,019	100,0	100,0	100,0	100,0	100,0
7,5	0,0010	100,0	100,0	100,0	100,0	100,0

pós-mercado. O desempenho de cada um dos componentes da equação de valor do cliente deve ser superior. Portanto, a medida Seis Sigma é aplicada de modo amplo, empenhando-se por um desempenho quase perfeito no nível mais inferior de atividade. Adicionalmente, os programas Seis Sigma geralmente criam uma estrutura sob a qual o treinamento de funcionários é formalizado e apoiado para assegurar sua eficácia. Todos os funcionários envolvidos em atividades que produzem um impacto na satisfação do cliente devem ser treinados para adquirir aptidões básicas para a resolução de problemas. Outros empregados recebem treinamento avançado e são solicitados a atuar como mentores para outros, em apoio a projetos de melhoria de qualidade.

VISÃO GERAL DO GERENCIAMENTO ENXUTO

O conceito de gerenciamento enxuto teve sua origem no sistema de produção da Toyota (SPT), uma filosofia de fabricação introduzida pelos engenheiros japoneses Taiichi Ohno e Shigeo Shingo (Inman, 1999). No entanto, é um fato muito conhecido que Henry Ford obteve grande produção com estoques reduzidos e praticava a produção de ciclo rápido já no final da década de 1910. Ohno admirava muito e estudava as práticas de Ford por causa de suas realizações e da diminuição geral do desperdício nas primeiras linhas de montagem da Ford (Hopp e Spearman, 2001). O SPT também é reconhecido como o lugar de origem dos métodos de produção *just-in-time* (JIT), um elemento básico da produção enxuta e, por essa razão, um modelo de excelência para os defensores do gerenciamento enxuto.

Ao contrário, o sistema de produção tradicional dos Estados Unidos baseava-se no conceito de "lote e fila de espera". Volumes de produção elevados, grandes lotes e longos tempos de espera sem agregação de valor entre operações caracterizam a produção lote e fila de espera. As técnicas de lote e fila de espera surgiram dos princípios de economia de escala, que supunham implicitamente que o custo de preparo e mudança da máquina torna os lotes pequenos sem vantagem econômica. Esses métodos resultam normalmente em menor qualidade, pois os defeitos usualmente não são descobertos até as operações subseqüentes ou no produto acabado.

O gerenciamento enxuto enfatiza lotes pequenos e, em termos finais, o fluxo de peças individuais (isto é, tamanho do lote de transferência = 1). A expressão impulso inicial é usada para indicar que nada é produzido até que seja necessário para um cliente final, e a adoção do método de produção por encomenda (PPE) sempre que possível. Em alguns setores, como o de computadores pessoais, o método PPE tornou-se um modelo empresarial *de facto*. O "modelo de venda direta" da Dell, por exemplo, converte rapidamente pedidos dos clientes em computadores pessoais prontos para despacho (Sheridan, 1999). O impulso inicial na linha de produção da Dell é a chamada telefônica ou o pedido eletrônico do cliente. O modelo de venda direta também permite à Dell personalizar cada unidade do cliente.

A meta de produção enxuta de eliminação do desperdício (*muda*, em japonês) para que todas as atividades ao longo do fluxo de valor criem valor é conhecida como perfeição.

As iniciativas direcionadas à redução do desperdício são levadas adiante por meio da melhoria contínua ou eventos *Kaizen*, bem como as atividades de melhoria radical ou *Kaikaku*. Ambos, *Kaizen* e *Kaikaku*, reduzem o *muda*, embora o termo *Kaikaku* geralmente seja reservado para a reanálise inicial de um processo. Portanto, a perfeição é a meta, e o caminho para a perfeição nunca chega ao final (Wornack e Jones, 1996).

Um outro elemento do gerenciamento enxuto é a redução da variabilidade em todas as oportunidades, incluindo a variabilidade da demanda, da produção e do fornecedor. A variabilidade da produção inclui não apenas a variação das características da qualidade do produto (por exemplo, comprimento, largura, peso), mas também a variação que ocorre na duração da tarefa (por exemplo, duração de tempo das interrupções, absenteísmo, níveis de aptidão do operador). O gerenciamento enxuto tenta reduzir a variação do tempo de duração de uma tarefa estabelecendo procedimentos de trabalho padronizados. A variabilidade dos fornecedores inclui incertezas na qualidade e no prazo de entrega. A redução da variabilidade dos fornecedores, muitas vezes, é obtida por meio de parcerias e de outras formas de cooperação entre fornecedor e produtor. As práticas de produção enxuta, muitas vezes, reduzirão os prazos de entrega programados tão drasticamente, a ponto de tornar-se factível adotar a PPE e ainda assim oferecer entregas com pontualidade. Mesmo quando um método de produção para estocagem (PPEs) é necessário (por exemplo, uma companhia que fabrica grandes volumes de produtos de consumo, atendendo canais de oferta e distribuição), a redução dos prazos de entrega programados melhora o tempo de reposição, reduzindo desse modo os estoques em toda a rede de suprimentos e tornando a cadeia de suprimentos mais ágil para reagir às incertezas da demanda.

Deve ser mencionado que existem efetivamente processos individuais para os quais os sistemas de lote e fila de espera ainda são necessários hoje. Esse é freqüentemente o caso quando na execução de operações do tipo de revestimento com cromo, no qual grandes lotes são colocados em tanques de cromagem. Na fabricação de chaves inglesas, por exemplo, peças de aço forjadas podem se movimentar em um fluxo de peças individuais por meio de uma célula de usinagem em forma de U e, depois, acumularem-se em um lote grande no final da célula, antes da passagem para a etapa de cromagem. Na realidade, poucos fabricantes enxutos possuem sistemas puros de fluxo de produtos individuais ao longo de toda a operação.

O gerenciamento enxuto também se aplica às atividades indiretas e de apoio. Qualquer política ou procedimento que possui como meta a otimização de uma determinada porção de uma companhia arrisca desobedecer às regras do gerenciamento enxuto. Por exemplo, um(a) gerente de compras que é recompensado(a) por diminuir custos de componentes pode sacrificar a qualidade para cumprir sua meta.

Os sistemas contábeis que medem a eficiência da produção por pessoas ou por departamentos podem incentivar a geração de produtos quando não houver demanda.

As práticas de gerenciamento da qualidade na produção enxuta enfatizam o conceito de controle de qualidade zero defeito (CQZ). Um sistema CQZ inclui a prova da ocorrência de erros "poka-yoke", a inspeção da fonte (operadores verificando seu próprio trabalho), a inspeção 100% automatizada, a paralisação instantânea de operações quando é cometido um erro e a segurança da qualidade do preparo (Shingo, 1986). Normalmente as inspeções usam dispositivos mais rápidos e precisos, em vez de métodos de medição variáveis que consomem mais tempo.

As práticas de qualidade no método lote e fila de espera geralmente enfatizam a amostragem para aprovação executada por inspetores especialmente treinados, auditorias da qualidade do produto e controle estatístico do processo (CEP). Desse modo, para níveis equivalentes da qualidade do processo, a má qualidade em um sistema de produção enxuto causaria custos internos elevados de falhas (veja a Figura 3).

CONCEPÇÕES ERRÔNEAS SOBRE GERENCIAMENTO ENXUTO E SEIS SIGMA

Está claro que o gerenciamento enxuto e o Seis Sigma originaram-se de dois pontos de vista diferentes. A produção enxuta originou-se da necessidade de aumentar a velocidade do fluxo do produto por meio da eliminação de todas as atividades que não agregam valor. O Seis Sigma surgiu da necessidade final concentrando-se na obtenção de uma conformidade muito elevada com o nível de OPD. A fim de que os proponentes de um programa aprendam com o outro programa, algumas concepções errôneas deveriam ser dissipadas. As principais concepções errôneas encontram-se descritas a seguir.

Principais Concepções Errôneas a Respeito do Gerenciamento Enxuto

A concepção errônea mais comum do gerenciamento enxuto é que ele significa cortes de pessoal. Embora a concepção errônea possa ser devida ao termo *enxuto* (especialmente no contexto de *enxuto e mediano*), ainda assim é uma interpretação errônea do termo. No gerenciamento enxuto, se um funcionário estivesse desempenhando atividades que não agregassem valor, o gerente e o funcionário trabalhariam

Figura 3 Sistemas de Lote e Fila de Espera *versus* Qualidade Enxuta

Sistemas de Qualidade de Lote e Fila de Espera

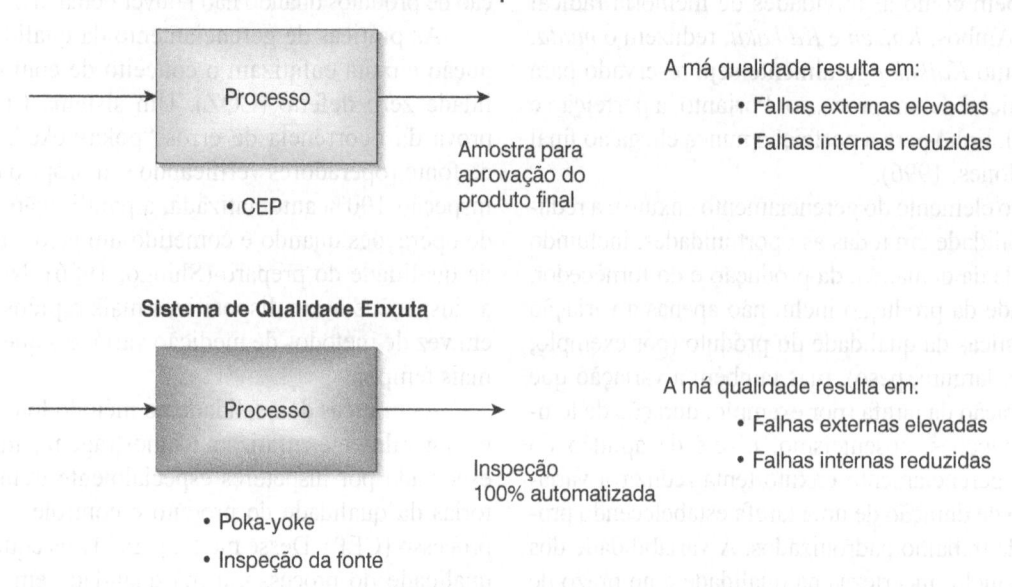

Processo → Amostra para aprovação do produto final
- CEP

A má qualidade resulta em:
- Falhas externas elevadas
- Falhas internas reduzidas

Sistema de Qualidade Enxuta

Processo → Inspeção 100% automatizada
- Poka-yoke
- Inspeção da fonte

A má qualidade resulta em:
- Falhas externas elevadas
- Falhas internas reduzidas

a fim de encontrar uma maneira melhor para executar a função, eliminando as atividades que não agregam valor. Dispensar o funcionário seria contraproducente, pois uma pessoa preparada deixaria de estar disponível e os funcionários remanescentes ficariam relutantes em tomar parte de projetos futuros de eliminação do desperdício. Portanto, os cortes de pessoal não podem ocorrer no contexto do gerenciamento enxuto, a não ser que se torne uma necessidade absoluta e falhe toda iniciativa para realocar ou retreinar o funcionário (Emiliani, 2001).

Uma outra concepção errônea é que "enxuto" somente dá certo no Japão, por causa da cultura diferenciada do país. Na realidade, o gerenciamento enxuto não é um sistema universal no Japão e algumas das implementações mais bem-sucedidas do gerenciamento enxuto ocorreram no interior de empresas não japonesas (Emiliani, 2003). A fonte da concepção errônea pode ser a crença de que os trabalhadores japoneses são por natureza mais econômicos do que seus equivalentes internacionais. Mesmo que essa afirmativa seja verdadeira, eliminar desperdício e ser econômico muitas vezes entram em conflito, como no caso em que um engenheiro projeta uma peça inferior para economizar.

Uma outra concepção errônea importante é que enxuto se aplica somente à fabricação. Mesmo em um ambiente de produção, o gerenciamento enxuto considera cada passo no processo como um passo de atendimento, no qual o valor para o cliente é agregado com o mínimo de desperdício. Sob esse referencial, o processamento de reclamações de seguro no setor segurador, a avaliação da concessão de empréstimos em um banco e o tratamento de pacientes em um hospital envolvem a todos na realização de atividades que seguem o mesmo ponto de vista do gerenciamento enxuto.

O gerenciamento enxuto pode ser praticado de modo bem-sucedido em qualquer empresa que possua clientes, e as atividades ocorrem para satisfazer esses clientes.

Uma última concepção errônea é que enxuto somente dá certo no interior de certos ambientes. Essa visão é difundida por gerentes em operações que tradicionalmente envolvem grandes lotes, bem como por gerentes de diversas operações realizadas em oficinas. Embora esses tipos de operações nunca possam se adequar ao princípio de "lote de um", o gerenciamento enxuto engloba muito mais do que o projeto de processo de fabricação. Se fossem feitas tentativas para identificar e eliminar todas as atividades que não agregam valor em toda a organização, essas empresas estariam praticando aspectos importantes do gerenciamento enxuto. Essas empresas também podem adotar outros elementos do gerenciamento enxuto ao tentar seguir continuamente princípios enxutos, quando adotam novas tecnologias de produção. Por exemplo, tornarem disponíveis novas tecnologias que permitem lotes pequenos em processos que tradicionalmente requerem um ajuste ou ciclos de duração longos, incluindo a limpeza (Lester, 2000), o revestimento/laminação (Friedman, 2000) e o teste químico (Anne, 2000) de *wafers* de semicondutores.

Principais Concepções Errôneas sobre o Seis Sigma

A concepção errônea mais comum sobre o Seis Sigma é que se trata de um modismo, difundido por consultores de qualidade de um modo similar ao Gerenciamento Deming, ao CQT, à reengenharia do processo empresarial e a ISO 9000 adotados no passado recente. Infelizmente, sempre haverá consultores que seguem qualquer técnica apresentada em dada ocasião, assistem a um seminário e se consideram especialistas em um programa. O Seis Sigma deve ser visto como o conhecimento de estado-da-arte em termos de gerenciamento da qualidade, pois aproveita o conteúdo de programas anteriores, especialmente a filosofia de gerenciamento de Deming e o foco no cliente do GQT, agregando novas características como uma estrutura de treinamento abrangente e uma definição ampla de valor sob a perspectiva do cliente, a fim de incluir não somente a qualidade, mas o atendimento e a satisfação. É razoável afirmar que embora a designação Seis Sigma possa mudar no futuro, as principais características serão transferidas para programas subseqüentes, e surgirão versões novas e aperfeiçoadas.

Uma outra concepção errônea a respeito do Seis Sigma é a meta de 3,4 peças defeituosas por milhão ser absoluta e ter de ser aplicada a toda tolerância e especificação, independentemente de sua importância final na expressão de valor do cliente. Embora o parâmetro de 3,4 defeitos por milhão tenha surgido na Motorola com base nas características de seus produtos, os programas Seis Sigma não usam essa medida como uma meta absoluta em todos os casos. O princípio de Pareto, como parte do Seis Sigma, é aplicado de tal modo que os projetos de melhoria focalizarão a "oportunidade imediata" e farão melhorias onde possuem mais importância. Como nenhuma companhia permanece estática por muito tempo, novos produtos e serviços proporcionam uma fonte interminável de oportunidades mais imediatas. De outro modo, podem ser indicados exemplos nos quais uma meta de 3,4 peças defeituosas por milhão nunca será suficientemente boa, e o alvo precisará ser fixado em um nível sigma superior. Por exemplo, os setores de energia nuclear, dispositivos médicos e aeroespacial requerem todos a adoção de qualidade excepcional para evitar perdas catastróficas de vidas humanas.

Como aspecto relacionado, os proponentes dos sistemas CQZ podem concluir que ele é preferível ao Seis Sigma, visto que o CQZ resulta em zero peça por milhão em vez da "aceitação" de 3,4 peças defeituosas por milhão. Primeiro, conforme mostra a Figura 4, a medida Seis Sigma é aplicada à produção de um processo antes que ocorra a inspeção. O "zero" no sistema CQZ aplica-se à produção dos processos após ocorrer uma inspeção. Segundo, muitos sistemas de inspeção estão sujeitos a erros de inspeção. Estudos demonstraram que alguns sistemas de inspeção deixam passar itens defeituosos em índices alarmantes. Esses erros de inspeção serão especialmente dominantes nas inspeções sensoriais. Por exemplo, um estudo em uma indústria automobilística constatou que inspetores treinados aprovaram 73% de itens defeituosos com base na inspeção sensorial (Burke *et al.*, 1995). Portanto, o CQZ não significa necessariamente zero defeito escapando da inspeção.

Uma concepção errônea final sobre o Seis Sigma é concluir que se trata apenas de um programa de qualidade. Conforme descrito anteriormente, o conceito de qualidade Seis Sigma relaciona-se à toda equação de valor do cliente. Sua aplicabilidade é ampla, englobando componentes de fabricação, entrega, serviço e manutenção.

INTEGRAÇÃO ENTRE GERENCIAMENTO ENXUTO E SEIS SIGMA

Foi ressaltado anteriormente que as empresas que praticam somente o gerenciamento enxuto ou o Seis Sigma poderiam atingir um ponto de rendimentos decrescentes. Nesta seção encontram-se descritos os benefícios que podem

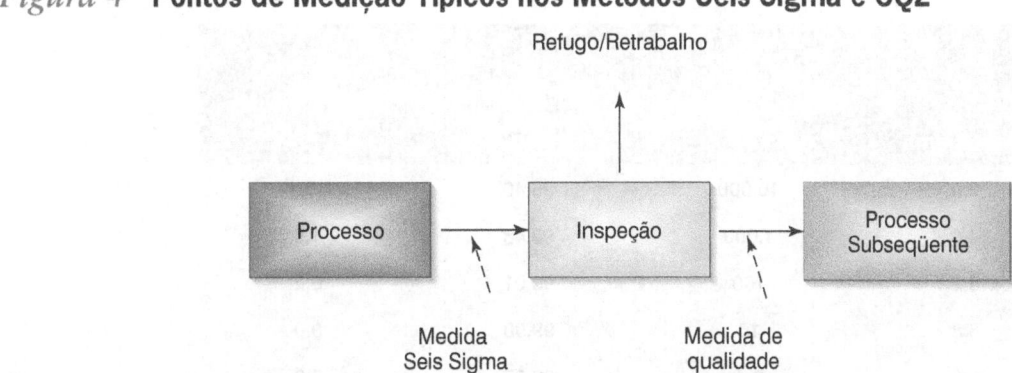

Figura 4 **Pontos de Medição Típicos nos Métodos Seis Sigma e CQZ**

ser obtidos combinando os programas. Além disso, são feitas recomendações que auxiliarão as empresas praticantes de um dos programas a integrá-los por meio de alterações que evoluem com o tempo, em vez de serem revolucionárias.

Como as Organizações Enxutas Podem se Beneficiar com o Seis Sigma?

As organizações enxutas deveriam fazer maior uso de dados na tomada de decisões e usar metodologias que promovam uma abordagem mais científica da qualidade. Por exemplo, quando ocorrem problemas de qualidade em um sistema de gerenciamento enxuto, existe a possibilidade de identificar os defeitos internamente por meio do sistema CQZ, e o desperdício aparece de diversas maneiras. Primeiro, existe uma perda de oportunidade para a produção daquele componente, pois os tempos de operação são sincronizados com a demanda por meio do sistema de controle da produção. Segundo, o custo aumenta por causa do retrabalho ou do refugo. Terceiro, o pessoal indireto e outras formas de apoio precisam estar disponíveis para lidar com o refugo e o retrabalho, por exemplo, a existência de um departamento de reparos.

Considere uma célula de produção com um ciclo de dois minutos. A célula opera durante dois turnos de oito horas, resultando em uma meta de produção de 480 unidades por dia. O trabalho na célula é formado por 20 tarefas individuais e cada unidade de produto possui um total de cem OPDs. Nessa célula, quando a meta diária de 480 unidades não é atingida devido à variação do sistema (por exemplo, defeitos, máquina parada, corte de energia elétrica), é preciso usar horas adicionais. A Tabela 2 relaciona o número médio de horas extras diárias que precisariam ser programadas para corresponder ao nível de qualidade indicado. Por exemplo, se a qualidade do componente ao nível OPD fosse de mil por milhão (0,1%), então seria necessária em média 1,5 hora de hora extra por dia. Se esse fosse o caso, a companhia poderia autorizar a pré-produção de quantidades de reserva, porém essa prática também cria desperdício e é indesejável.

O sistema CQZ também possui o potencial de causar problemas de confiabilidade e de qualidade por causa da interação das tolerâncias em produtos complexos. Um exemplo envolvendo transmissões Ford ilustra o problema causado pela dependência de critérios de aprovação/rejeição baseados na tolerância durante inspeções. A Ford tinha um problema com reclamações de garantia das transmissões automáticas. As transmissões eram fabricadas na fábrica Ford Batavia (Ohio, EUA) e nas instalações da Mazda, no Japão. Os dados demonstraram que a satisfação do cliente era maior para as transmissões produzidas pela Mazda. Subseqüentemente, amostras das transmissões Ford e Mazda foram desmontadas e cada peça componente foi medida (Gunter, 1987). As transmissões Ford estavam todas de acordo com as tolerâncias, mas possuíam um nível muito maior de variação dimensional do que as transmissões Mazda. Em um produto tão complexo como a transmissão, a interação das partes causava mais falhas nas transmissões Ford. Para um produtor enxuto assegurar-se de que esse problema não se repetirá, será necessário menos dependência das inspeções do atributo aprovação/rejeição e mais dependência em manter os processos de acordo com a meta.

O exemplo da transmissão Ford ilustra um fenômeno provável de ocorrer sempre que inspeções de atributos são usadas para julgar a qualidade, como é freqüente o caso nos sistemas CQZ. Ao se obter e analisar medições variáveis usando métodos gráficos de controle, os processos podem ser mantidos eficazmente dentro da meta. Nos casos em que as medições variáveis são onerosas ou exigirem

Tabela 2 **Número Médio de Horas Extras *versus* Níveis de Qualidade**

Nível Sigma	Nível de Qualidade OPD	Porcentagem de Produtos sem Defeito	Média de Horas Extras/Dia
3,8	10.000	36,40	10,1
4,6	1.000	90,48	1,5
5,2	100	99,01	0,2
5,8	10	99,90	0,0
6,0	3,4	99,97	0,0
6,3	1	99,99	0,0

tempo, pode ser usada uma medição de limite reduzido para manter os processos de conformidade com a meta (Ott e Schilling, 1990). De outro modo, o pré-controle, também conhecido como controle de luz de alerta, pode ser usado no contexto do CQZ (Salvia, 1988). Uma comparação entre gráficos de controle e de pré-controle indica que, na maior parte das condições, os gráficos de controle são mais adequados para manter os processos de acordo com a meta (Maleyeff e Lewis, 1993).

Como as Empresas Seis Sigma Podem se Beneficiar com o Gerenciamento Enxuto?

Uma empresa competitiva precisa ter produtos de alta qualidade e prover serviço de alta qualidade. Por exemplo, se ela opera no esquema de lote e fila de espera corre o risco de oferecer um atendimento ruim aos clientes mesmo que a qualidade se situe nos níveis Seis Sigma. Ao reduzir os prazos de entrega programados da produção, uma empresa produzindo de acordo com os pedidos ressaltará a competitividade, conseguindo realizar entregas mais rápidas ou cumprindo as datas prometidas na maior parte das vezes. Aquela que está produzindo para estocagem se beneficiará com menores prazos de entrega programados, diminuindo o horizonte de suas previsões e repondo os estoques com mais freqüência, elevando desse modo as receitas e o giro de estoques. As organizações Seis Sigma deveriam incluir o treinamento nos métodos de gerenciamento enxuto e eliminar todas as formas de desperdício, tais como *Kaizen*, redução do tempo de ajuste e mapeamento do fluxo de valor. Serão usados dois exemplos para mostrar como as organizações Seis Sigma podem chegar ao ponto de rendimentos decrescentes (ilustrado na Figura 1) devido à não-utilização de certas metodologias de gerenciamento enxuto.

Considere o cenário a seguir, adaptado de um estudo de caso da Harvard Business School (Wong e Hammond, 1991). Uma empresa que inclui uma divisão de malharia infantil está usando um *layout* orientado ao processo (isto é, a planta é organizada por tipo de máquina). Para esse produto, o número médio de operações é dez e o tempo médio de processamento por operação é de um minuto. Como muitas outras empresas que adotam esse método tradicional de lote e fila de espera, o processamento é feito em lotes, pois os tempos de ajuste das máquinas e a relutância em deixar máquinas paradas fazem com que se acumule no chão de fábrica um grande estoque de produtos em processo. No caso, existe estocada no chão de fábrica uma média de 30 mil peças de vestuário em processo de produção, e o prazo de entrega programado médio de produção é de 15 dias. Esse prazo resulta em um tempo de valor agregado de 0,174%.

A Tabela 3 mostra que, reduzindo o estoque de produtos em processo, aumentando desse modo a proporção de tempo de valor agregado, o prazo de entrega programado pode ser diminuído consideravelmente. Por exemplo, o prazo de entrega programado pode ser reduzido para 17 horas, aumentando a proporção de valor agregado em apenas 1%. É com o gerenciamento enxuto que as organizações Seis Sigma aprenderão como aumentar o tempo de valor agregado de suas operações.

Considere um exemplo alternativo envolvendo um projeto de melhoria Seis Sigma típico no qual uma organização não está cumprindo com muitas datas compromissadas. As iniciativas para equacionar o problema poderiam ter início com a análise dos motivos causadores (os "cinco porquês"), uma abordagem também adotada com freqüência em uma organização enxuta. Os resultados dos "cinco porquês" são o seguinte:

1. O problema é o não-cumprimento das datas. Por quê?
2. Os prazos de entrega programados são longos. Por quê?
3. Não há capacidade suficiente. Por quê?
4. Tempos de ajuste demorados. Por quê?
5. Os ajustes dos moldes consomem tempo. Por quê?

Nesse ponto, dois tipos de decisões são possíveis:

1. Aumentar a capacidade adquirindo máquinas adicionais.
2. Aumentar a capacidade diminuindo os tempos de ajuste.

A segunda alternativa é preferível em termos de custo e seria a escolha óbvia em uma organização enxuta. Nesse caso, a causa primeira real dessa situação pode ser a falta de conhecimento sobre a produção enxuta na organização e a institucionalização de tempos de ajuste longos.

Tabela 3 Efeito da Porcentagem de Tempo de Valor Agregado sobre o Prazo de Entrega Programado da Fabricação

Porcentagem de Tempo de Valor Agregado	Prazo de Entrega (horas)	Programado (dias)
0,14	119,9	15,0
0,5	33,3	4,2
1	16,7	2,1
5	3,3	0,4
10	1,7	0,2
25	0,7	0,1

A Interseção entre o Gerenciamento e o Seis Sigma

O desempenho de uma empresa é determinado pelas interações complexas de pessoas, materiais, equipamentos e recursos no contexto do programa que gerencia essas interações. É razoável afirmar que a teoria da administração relativa aos sistemas operacionais ainda está evoluindo. Embora o Seis Sigma e o gerenciamento enxuto representem o estado-da-arte, cada sistema atribui prioridade a certas facetas de desempenho organizacional. Portanto, em um ambiente altamente competitivo, podem resultar rendimentos decrescentes quando cada programa é implementado isoladamente. Uma análise abrangente dos dois programas proporciona algumas razões prováveis por que os programas individualmente podem deixar de atingir a perfeição absoluta.

A Figura 5 resume a natureza das melhorias que podem ocorrer nas organizações que praticam o gerenciamento enxuto ou o Seis Sigma e as melhorias correspondentes que um programa integrado poderia oferecer. O eixo horizontal representa a perspectiva que o cliente possui do valor, incluindo qualidade e desempenho. E o eixo vertical representa o custo do produtor para oferecer o produto ou serviço ao cliente. Em ambos os sistemas serão feitas melhorias, as quais começarão a se estabilizar em um certo momento. Somente com o Seis Sigma, a estabilização das melhorias pode ser devida à ênfase na otimização da qualidade mensurável e da medida da satisfação, mas não levando em consideração as mudanças nos sistemas operacionais básicos, a fim de eliminar as atividades que causam desperdício. Somente com o gerenciamento enxuto, a estabilização das melhorias pode ser devida à ênfase na racionalização do fluxo de produtos, porém realizando isso de uma maneira que não seja científica em relação ao uso de dados e de métodos de controle estatístico da qualidade.

CONCLUSÕES

Uma organização enxuta e Seis Sigma (LSS) aproveitaria os pontos fortes do gerenciamento enxuto e do Seis Sigma; ela incluiria os três princípios básicos do gerenciamento enxuto:

1. Incorporaria uma filosofia de maior importância que buscasse maximizar o conteúdo de valor agregado de todas as operações.
2. Avaliaria constantemente todos os sistemas de incentivos existentes, para assegurar que resultassem na otimização global em vez de local.
3. Incorporaria um processo de tomada de decisões gerenciais que baseasse cada decisão em termos de seu impacto relativo no cliente.

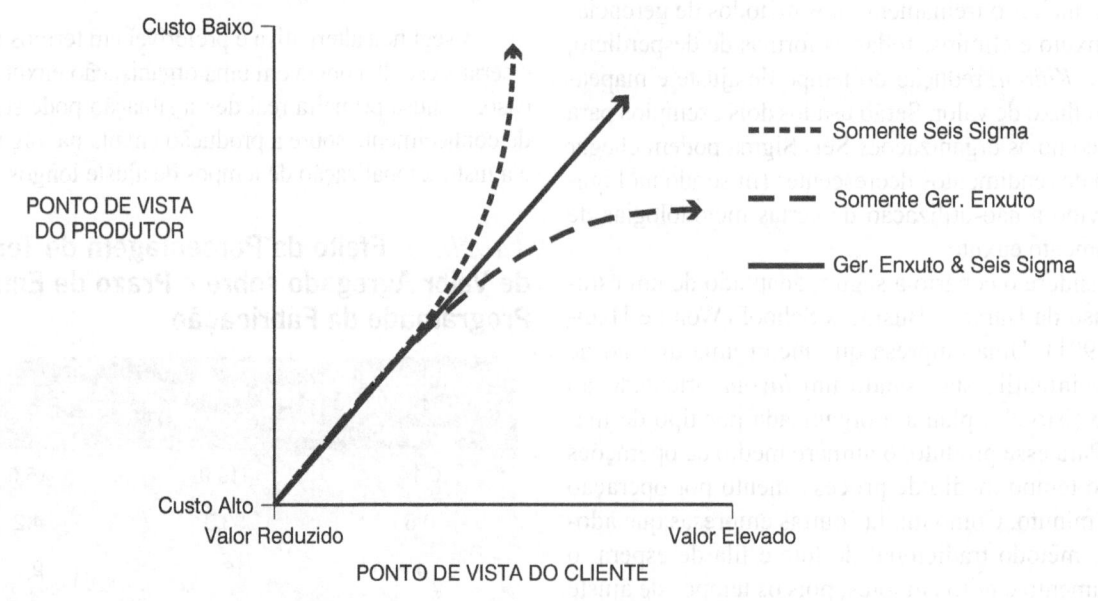

Figura 5 **Natureza da Vantagem Competitiva**

Uma organização LSS incluiria os três princípios básicos do Seis Sigma:

1. Enfatizaria as metodologias de dados em toda a tomada de decisões, de modo que as mudanças tivessem como base os estudos científicos *ad hoc*, de preferência.
2. Promoveria metodologias direcionadas a minimizar a variação das características de qualidade.
3. Planejaria e implementaria um sistema educacional e de treinamento, grandemente estruturado, para toda a companhia.

Referências

Anné, D. C. (2000), "Modern mobile laboratories", *Pollution Engineering*, vol. 32, n. 8, p. 37-39.

Burke, R. J., Davis, R. D., Kaminsky, F. C. e Roberts, A. E. P. (1995), "The effect of inspector errors on the true fraction nonconforming: an industrial experiment", *Quality Engineering*, vol.7, n. 3, p. 543-550.

Devore, J. L. (2000), *Probability and Statistics for Engineering and the Sciences*, 5ª ed., Duxbury Press, Pacific Grove, CA, p. 119-126.

Emiliani, M. L. (2001), "Redefining the focus of investment analysts", *The TQM Magazine*, vol. 13, n. 1, p. 34-50.

Emiliani, M. L. (2003), *Better Thinking, Better Results,* The Center for Lean Business Management, Kensington, CT.

Friedman, S. (2000), "Where materials and minds meet", *Package Printing and Converting*, vol. 47, n. 2, p. 24-25.

Gunter, B. (1987), "A perspective on the Taguchi methods", *Quality Progress*, vol. 20, n. 6, p. 44-52.

Harry, M. e Schroeder, R. (2000), *Six Sigma*, Doubleday, Nova York, NY, p. 65.

Hopp, W. J. e Spearman, M. L. (2001), *Factory Physics*, 2ª ed., Irwin/McGraw Hill, Nova York, NY, p. 25.

Inman, R.R. (1999), "Are you implementing a pull system by putting the cart before the horse?", *Production and Inventory Management Journal,* vol. 40, n. 2, p. 67-71.

Lester, M. A. (2000), "Quick drying enables single-wafer cleans", *Semiconductor International,* vol. 23, n. 12, p. 54.

McFadden, F. R. (1993), "Six-Sigma quality programs", *Quality Progress,* vol. 26, n. 6, p. 37-42.

Maleyeff, J. e Lewis, D. A. (1993), D. A. (1993), "Pre-control or X-bar charts: an economic evaluation using alternative cost models", *International Journal of Production Research*, vol. 31, n. 2, p. 471-482.

Ott, E. R. e Schilling, E. G. (1990), *Process Quality Control*, capítulo 7, McGraw Hill, Nova York, NY.

Salvia, A. A. (1988), "Stoplight control", *Quality Progress*, vol. 21, n. 9, p. 39-42.

Sheridan, J. H. (1999), "Focused on flow", *Industry Week*, vol. 248, n. 19, p. 46-48.

Sheridan J. H. (2000), "Lean Sigma synergy", *Industry Week*, vol. 249, n. 17, p. 81-82.

Shingo, S. (1986), Zero Quality Control — Source Inspection and the poka-yoke System, *Productivity Press*, Cambridge, MA.

Sower, V. E., Savoie, M. J. e Renick, S. (1999), *An Introduction to Quality Management and Engineering*, Prentice hall, Upper Saddle River, Nd, p. 33-45.

Truby, M., "Nasser, Ford embrace data-driven quality plan", *Detroit News*, 26 de janeiro de 2000, p. F1.

Womack, J. P. e Jones, D. T. (1996), *Lean Thinking*, Simon & Schuster, Nova York, NY, p. 90-98.

Wong, A. e Hammond. J. H. (1991), *Doré-Doré*, Harvard Business School publishing, Cambridge, MA.

Leitura 17

Unindo Metas a Incentivos Monetários

Edwin A. Locke
University of Maryland

Todo executivo experiente sabe a importância de reconhecer o bom desempenho e também como é difícil elaborar um sistema de incentivos que atue do modo esperado. Um artigo recente no *The Wall Street Journal*[1] informou que a Hewitt Associates constatou que 83% das empresas com um sistema de remuneração por desempenho afirmaram que seu plano de incentivos tinha "apenas certo grau de sucesso ou não estava produzindo resultados".

Considere somente algumas idéias que precisam ser analisadas na elaboração de um sistema de incentivos:

- Qual deve ser a forma do sistema de incentivos? Ou seja, como, especificamente, a remuneração deve ser vinculada ao desempenho?
- Como evitar que os empregados procurem soluções fáceis ou enganem, a fim de obter suas gratificações?
- Para quais ações ou resultados devem-se pagar gratificações?
- Qual será o efeito dos incentivos sobre as ações ou os resultados que não estão incluídos no plano de incentivos?
- Quantas ações ou resultados diferentes um empregado consegue realmente gerenciar?
- Se mais de uma ação ou resultado faz parte do plano, como devem ser todos combinados ou balanceados?
- O que fazer quando as condições de mercado mudarem radicalmente e tornarem o sistema de incentivos ineficaz ou sem significado?

Não é por acaso que a maior parte das empresas faz tentativas e freqüentemente reelaboram radicalmente seus planos de incentivo. Muitas parecem nunca acertar. Este artigo tentará oferecer algumas respostas a essas perguntas, porém iniciaremos examinando uma questão fundamental. A pesquisa da Hewitt indica que uma causa importante do fracasso dos planos de incentivo é a falta de metas claras.

A teoria da fixação de metas, conforme analisada por Gary Latham no artigo anterior, afirma que as pessoas precisam ter metas que sejam ao mesmo tempo claras e desafiadoras, para motivar um desempenho elevado. Surge então a pergunta: Como combinar a fixação de metas com os incentivos?

Descreverei quatro métodos diferentes e os prós e os contras de cada um.

1º MÉTODO: AMPLIAR AS METAS PAGANDO GRATIFICAÇÕES PELO SUCESSO

Este método envolve atribuir às pessoas metas difíceis ou ampliadas, concedendo-lhes uma gratificação substancial caso as cumpram, e não pagando a gratificação em caso contrário. As respectivas vantagens e desvantagens desse método incluem as seguintes:

Prós. Este método oferece um grande incentivo para o cumprimento das metas. Existe uma enorme diferença de reconhecimento entre cumprir as metas e deixar de cumpri-las, mesmo que seja por uma pequena margem. Além disso, não deixa dúvida a respeito do que é exigido da pessoa para que receba a gratificação.

Contras. Um ponto fraco deste método é, ironicamente, o resultado de seu ponto forte. Precisamente porque a motivação para o cumprimento da meta é tão

---

Reproduzido de "Linking goals to monetary incentives", Edwin A. Locke, *Academy of Management Executive*, vol. 18, n. 4, 2004, pp. 130-133. Publicado mediante autorização da Academy of Management por meio de The Copyright Clearance Center.

grande, existe uma grande tentação de a pessoa pensar em termos de curto prazo, por exemplo, forçar a venda do excesso de estoques para os clientes (que voltarão a atormentar a companhia no próximo trimestre), adotar medidas paliativas (por exemplo, menor qualidade, desprezar a manutenção, aumentar o risco) e ludibriar (por exemplo, exagerar ou forjar resultados totalmente falsos, manipular a contabilidade), a fim de receber a gratificação.

Para evitar esses e outros resultados disfuncionais, a organização precisa de regras de conduta: normas ou padrões éticos que sejam comunicados claramente e fiscalizados de modo constante. A atmosfera ou o clima moral de uma organização é determinado pelo CEO e pelo alto escalão, que precisam ser não apenas modelos de comportamento impecáveis, mas também assegurar que os padrões éticos da companhia sejam rigorosamente observados (por exemplo, aqueles que os desprezam precisam ser demitidos). Se o CEO e os principais dirigentes não são pessoalmente honestos, isso conduz à desmoralização e à descrença por parte dos colaboradores. Por sua vez, essa situação pode conduzir a toda uma cultura de desonestidade.

Uma outra desvantagem deste método é que o desempenho muito elevado, mas que não consegue cumprir a meta, não resulta em gratificação. Isso pode ser muito desmoralizador para os colaboradores competentes e dedicados ao trabalho. Pode plantar as sementes da desonestidade futura.

2º MÉTODO: NÍVEIS MÚLTIPLOS DA META COM NÍVEIS MÚLTIPLOS DE GRATIFICAÇÃO

Este método evita alguns dos problemas do 1º método. Em vez de um único nível da meta com a gratificação do tipo "tudo ou nada", existem múltiplos níveis da meta (por exemplo, cinco), e um nível diferente de gratificação é atribuído a cada um deles – quanto maior o nível da meta atingido, maior o reconhecimento.

Prós. Neste caso, existem menos tentações para os colaboradores procurarem soluções fáceis ou enganarem, porque mesmo que não atinjam o nível mais elevado da meta, podem ganhar uma gratificação por se enquadrarem no nível inferior mais próximo. Colaboradores altamente competentes que não conseguem atingir um nível elevado da meta ainda assim são reconhecidos.

Contras. Em virtude de existirem diversos níveis de metas e de gratificações, os colaboradores podem ficar menos motivados para tentarem o nível mais elevado no caso do 1º método. Pode ocorrer um problema, se os colaboradores estão satisfeitos em tentar o menor nível da meta que é recompensado. Para que esse sistema de gratificação seja eficaz, o CEO ou o alto escalão precisa fixar alguma meta mínima, abaixo da qual o desempenho é considerado inadequado. Portanto, o nível múltiplo da meta pode iniciar a partir de um nível acima desse mínimo. Essa abordagem, no entanto, ainda não motiva todos a tentarem a meta mais elevada. Além disso, não há uma motivação tangível para suplantar a meta máxima, porque ela não implicaria uma gratificação adicional. Evidentemente, o orgulho e o reconhecimento são motivadores poderosos, independentemente do dinheiro, porém a maioria dos empregados espera coerência entre o reconhecimento tangível e o intangível.

3º MÉTODO: UM SISTEMA LINEAR

Este método é recomendado por Michael Jensen da Harvard Business School.[2] É uma variação do 2º método, o qual envolve incrementos. Considere cinco níveis de metas de vendas, por exemplo, +5%, +10%, +15%, +20% e +25%. O colaborador que atingir 24,5% será recompensado, mas somente por atingir a meta de 20%, e, portanto, ainda pode sentir-se desapontado por aproximar-se, mas não alcançar, da meta de 25%. A solução mais simples nesse caso consiste em transformar este método em um sistema de gratificações contínuas, por exemplo, uma gratificação de 2% para cada 1% de aumento das vendas. (Obviamente 1% ainda é um aumento, porém muito pequeno.)

Prós. Este método elimina duas desvantagens do 1º e do 2º métodos. Primeiro, não existe uma "perda" por se aproximar de um nível maior da meta e deixar de atingi-lo; um colaborador recebe pagamento por exatamente aquilo que é realizado. Isso, de acordo com Jensen, diminui ainda mais a tentação de enganar ou de procurar soluções fáceis. Segundo, não há limite superior para a gratificação. No 1º e o 2º métodos, se uma pessoa alcançasse a meta mais elevada de um aumento das vendas (por exemplo, 25%), o colaborador receberia igual gratificação mesmo que alcançasse um aumento de +50% ou +100% nas vendas. Portanto, haveria pouco incentivo tangível para exceder 25%. No 3º método, contudo, se a pessoa consegue um aumento de 50% nas vendas, a gratificação é de 2 x 50%, ou 100%.

Contras. Existe ainda o problema inerente ao 2º método: menor pressão para o empregado "estender". Fixar uma meta mínima ajudaria como no caso do 2º método, porém muitas pessoas podem não ter motivação financeira para ir muito além do mínimo. Algumas empresas também poderiam enfrentar um problema com a remuneração sem limite para os empregados; poderia parecer injusto para as pessoas de outros setores da companhia (por exemplo, em cargos não relacionados a vendas), para os quais um sistema linear expressivo seria difícil de elaborar.

4º MÉTODO: MOTIVAR POR METAS, MAS PAGAR POR DESEMPENHO

Este método, sugerido por Gary Lathan da Rotmam Business School (University of Toronto), faz a união entre metas e desempenho um pouco menos rigorosa do que nos outros métodos. Atribuem-se ao empregado metas específicas e desafiadoras, porém a decisão sobre o direito à gratificação é tomada após o fato, a fim de levar em conta o contexto integral no qual a meta é almejada. Os fatores contextuais relevantes incluem, por exemplo, quanto realmente foi atingido, independentemente de quais foram as metas, de que modo a empresa como um todo desempenhou, quão difíceis as metas *realmente* eram à luz de fatores como recursos, obstáculos e condições de mercado, bem como os métodos que o funcionário usou para atingir as metas (por exemplo, comportamento ético). Muitas vezes, as decisões envolvendo gratificações serão tomadas por um grupo de gerentes, porque possuem mais conhecimento do que todo executivo.

Prós. O principal benefício deste método é a sua flexibilidade e a abrangência. Por exemplo, um empregado que tenta atingir uma meta rígida sob circunstâncias muito difíceis, porém não chega a atingi-la, ainda pode ser bem recompensado, ao passo que um empregado que atinge uma meta alegadamente rígida que acabou não sendo tão rígida em termos retrospectivos receberia menos (ou seria penalizado ou demitido, se a meta fosse atingida de modo antiético). Este método evidentemente é similar àquilo que é chamado de "pagamento baseado em mérito", mas exigiria que metas claras fossem fixadas para cada ação ou resultado que fosse importante para a organização.

Contras. Este método exige que o superior hierárquico tenha conhecimento do contexto integral e também seja objetivo, a fim de minimizar favoritismo ou distorção. Muitas pessoas em nível de CEO e de alto escalão não possuem essas qualidades. Evidentemente, como uma liderança de má qualidade, os demais planos de incentivos também podem não dar certo, porque nenhum método é melhor do que as pessoas que o aplicam.

QUAL MÉTODO É O MELHOR?

Pelo que conhecemos, não têm ocorrido estudos de campo publicados ou experimentos de laboratório comparando a eficácia dos quatro sistemas descritos ou mesmo comparando dois deles. Portanto, não existe uma base para afirmar que um método é necessariamente melhor que os demais. Grande parte pode depender da natureza da empresa e da qualidade dos dirigentes. Este tópico está aberto a estudo ou experimentos adicionais.

Observe, no artigo de Kerr e Landauer, que a GE decidiu fazer uma distinção entre metas que eram absolutamente essenciais para a organização e as que não eram. As metas ampliadas, que incluíam espaço para falhas, foram usadas principalmente no segundo caso. Isso implica que diferentes regras de incentivo poderiam ser aplicadas a cada tipo de meta.

Enganar ou procurar soluções fáceis pode ocorrer sob qualquer plano de incentivos; portanto, conforme observado anteriormente, todas as empresas precisam de um código de ética rigoroso (e imposto) e de sistemas de controle bem elaborados. (A GE era conhecida por possuir excelentes sistemas de controle.)

PARA QUE ATIVIDADES DEVERIAM SER ESTABELECIDAS METAS?

Para tudo que for importante; isto certamente envolverá resultados do desempenho e, muitas vezes, a fixação de metas para as ações críticas que conduzem a esses resultados. Por exemplo, vendas, especificamente as vendas repetidas, dependem da satisfação do cliente, e existem ações específicas que podem ser realizadas para satisfazer aos clientes (por exemplo, entrega pontual, produtos de alta qualidade, mudança de políticas como resultados de informações obtidas de clientes etc.). A satisfação do cliente é uma medida *soft*, no entanto pode ser avaliada quantitativamente. O compartilhamento de informações com outros gerentes, executivos, empregados e assim por diante é uma outra ação desejável que, muitas vezes, pode beneficiar toda a organização. O compartilhamento de informações poderia ser medido por meio da avaliação dos pares. Desenvolver subordinados é uma outra atividade importante exigida para o sucesso organizacional no longo prazo.

É possível elaborar mapas causais que indicam a relação entre comportamentos e resultados. Considere este exemplo: compartilhamento de conhecimento no interior da companhia e com clientes × melhor atendimento ao cliente e melhores produtos × melhor retenção de clientes e de vendas × aumento dos lucros. Observe que as metas podem ser estabelecidas para qualquer parte ou para todas as partes dessa seqüência. Observe também que o benefício do mapa causal consiste em forçar a pessoa a formular o plano para melhorar o resultado final: os lucros. Os insumos causais constituem um plano.

Ações e resultados para os quais não são fixadas metas e que não são recompensados em termos monetários provavelmente receberão atenção mínima, a não ser que tenham relação causal com as ações e os resultados que são medidos e recompensados. Um sistema de gratificações mal elaborado pode criar uma "visão de túnel" – um foco somente naquilo que é recompensado, negligenciando-se outros resultados importantes. Evidentemente, supõe-se que os sistemas de incentivos concentrem atenção e esforços em uma certa direção com exclusão das demais. Portanto, é fundamental pensar muito a respeito de que ações e resultados são importantes, antes de elaborar um sistema de metas e de reconhecimento.

É fundamental pensar muito a respeito de que ações e resultados são importantes, antes de elaborar um sistema de metas e de reconhecimento.

QUANTAS METAS DEVEM EXISTIR?

É importante evitar a sobrecarga cognitiva. Nenhum gerente, por exemplo, poderia progredir bem se tivesse de cumprir 17 metas diferentes, a não ser que a maior parte delas pudesse ser delegada e o gerente sequer tivesse tempo para acompanhar o andamento. Uma pessoa sozinha provavelmente poderia dar conta de algo entre três e sete metas, dependendo do grau de dificuldade e de complexidade que tivesse para o cumprimento.

Se os empregados estão tentando atingir diversas metas, isso cria um problema com relação à elaboração do sistema de reconhecimento. Os *sistemas de reconhecimento ideais* são simples e o sistema mais simples possui somente um resultado ou uma meta reconhecida. O problema é que um sistema de meta única usualmente é muito limitado em termos do escopo de um cargo. Quando um sistema de meta única não é adequado, o quarto método possui uma vantagem, pois pode levar em consideração o número de metas que o superior hierárquico ou o alto escalão considerar relevante. Se o primeiro, o segundo ou o terceiro método for usado com metas múltiplas, essas precisam ser avaliadas em termos de importância.

INTEGRAÇÃO DAS METAS

Em toda organização praticamente tudo o que acontece afeta o restante, seja qual for o resultado. Idealmente, as metas deveriam estar integradas em toda a organização, porém isso, usualmente, é impossível devido a limitações de tempo. No entanto, por meio do compartilhamento do conhecimento em cada nível organizacional, e por todos eles, é possível coordenar atividades essenciais (por exemplo, vendas, marketing e produção precisam ter envolvimento, caso se pretenda lançar um novo produto). Tal coordenação representa aquilo que as equipes multifuncionais têm por meta alcançar.

A integração das metas, incluindo o compartilhamento do conhecimento, pode ser facilitada se uma parte da gratificação é paga com base na avaliação e/ou no sucesso que a empresa como um todo alcança.

AS METAS DEVEM SER ALTERADAS, QUANDO AS CONDIÇÕES SE ALTERAM?

Se as metas são alteradas constantemente (por exemplo, a cada três meses), o perigo é que ninguém as levará a sério. Porém, se a direção estratégica de uma empresa se altera, as metas precisam refletir tais alterações. Por exemplo, quando Jack Welch decidiu que a GE adotaria o processo de controle de qualidade Seis Sigma, foram atribuídas metas a todo executivo para treinamento dos empregados nos princípios Seis Sigma e para o início de projetos Seis Sigma. As gratificações foram definidas com base, em parte, no desempenho em relação a essas metas.

Se as metas são alteradas constantemente (por exemplo, a cada três meses), o perigo é que ninguém as levará a sério.

E se a economia ou o setor passarem por uma crise? Na Nucor, os trabalhadores da fábrica recebem pela produtividade da equipe. Se a demanda por aço diminui, eles recebem menos. O mesmo princípio se aplica aos gerentes da fábrica e executivos da Nucor. Em alguns anos, os lucros diminuem e não são pagas gratificações. A filosofia da empresa é: por que os empregados da fábrica e os executivos receberiam gratificações, quando os acionistas estão perdendo dinheiro? Na Nucor, eles precisam permanecer firmes até que os negócios melhorem. Uma recessão poderia ser um sinal para o desenvolvimento de melhores estratégias de negócios, redução de custos e fixação de novas metas.

O SISTEMA DE INCENTIVOS EFICAZ

Planos de gratificações eficazes são extraordinariamente difíceis de elaborar e de manter. Foi afirmado que é melhor não possuir um sistema de gratificações, além do simples pagamento por mérito, do que ter um ruim. Planos ruins de incentivos encorajam as pessoas a fazer as coisas erradas de modo errado e conduzem à descrença, à irritação e à indiferença. O primeiro passo a ser tomado quando se considera a criação de um sistema de gratificações consiste em perguntar: o que realmente desejamos que as pessoas façam ou realizem? Conforme Steve Kerr, um ex-executivo da GE, afirmou muitos anos atrás, não há justificativa em recompensar A se aquilo que se quer é B.[3] Este tema provavelmente exige mais reflexão do que qualquer outro aspecto de um sistema de incentivos.

O segundo passo consiste em fixar metas para os resultados desejados. Torne-as claras e desafiadoras. Se necessário, inclua metas para as ações que conduzem aos resultados desejados e não apenas aos próprios resultados. Assegure-se de que o número de metas atribuídas seja factível. E não altere as metas com muita rapidez.

O terceiro passo é analisar que metas terão necessidade de ser integradas em cada nível e em todas as divisões.

O quarto passo consiste em escolher o tipo de sistema de incentivos que seja adequado para a companhia, considerando o que foi apresentado nos três primeiros passos, com conhecimento total dos prós e dos contras de cada método.

Seguir esses passos não garantirá a criação de um sistema de gratificações bem-sucedido, mas seguramente aumentará a probabilidade de isso ocorrer.

Leitura 18

Roteiro do Líder para a Criação de uma Cultura de Inovação

Brian Leavy
Dublin City University Business School

Atualmente, os CEOs estão sob pressão constante para identificar novas fontes de crescimento em um ambiente empresarial cada vez mais exigente e competitivo. Para enfrentar esse desafio, eles precisam aprender a inspirar suas organizações a atingirem novos níveis de inventividade em tudo que fazem, não somente no marketing ou no desenvolvimento de novos produtos.

Muito pode ser feito pela maior parte das empresas para incentivar sua inovação em termos gerais. O processo se inicia aprendendo como aproveitar o potencial criativo de todos os colaboradores e do conhecimento que possuem a respeito de clientes, concorrentes e processos, e tem por finalidade estabelecer o clima organizacional adequado. Além disso, muitas organizações também precisam aprender a tornar-se mais atrativas ao talento mais diversificado e não convencional. Tradicionalmente, essas não têm sido as mais abertas à pessoa incomum com uma visão diferente do mundo. No entanto, ao tentar fazer com que suas organizações sejam mais impulsionadas por novas idéias e novos métodos, os CEOs não deveriam ficar tentados a considerar as tentativas de inovação e criatividade como uma disputa desordenada em que todos participam. Transformar idéias em realidade comercial exige persistência e disciplina, e a eficácia do todo depende, em última instância, de o alto escalão ser capaz de encontrar o equilíbrio certo entre a criatividade corporativa e a eficiência.

GERAÇÃO DO CLIMA CERTO NA ORGANIZAÇÃO

Poucas organizações atualmente nem sequer chegam a aproveitar todo o potencial de inovação já à sua disposição.

Reproduzido de "A leader's guide to creating an innovation culture", Brian Leavy, *Strategy and Leadership*, vol. 36, n. 4, 2005, pp. 38-45. Autorização concedida pelo Emerald Group Publishing Ltd.

Elas podem aprender muito de um exemplo como o Wal-Mart. O Wal-Mart é particularmente eficaz em aproveitar a engenhosidade de seu pessoal impulsionando o crescimento e a competitividade. Toda loja é tratada como um minilaboratório, onde todo dia um número ilimitado de pequenos experimentos está ocorrendo em relação à fixação de preços, à seleção de produtos e aos *displays*, pois os colaboradores são incentivados a apresentar novas idéias para aumentar os resultados. As idéias mais promissoras são aceitas rapidamente e reproduzidas na rede Wal-Mart, usando um sistema de comunicações por satélite de última geração, de modo que seu impacto seja integralmente amplificado por toda a operação. Mesmo em um setor como varejo de massa, o poder das idéias pode ser usado para orientar um crescimento significativo pelas empresas que sabem como aproveitá-lo.

Atualmente, como a tendência de fusões e aquisições está diminuindo, muitas empresas, como a P&G e a Glaxo, estão retomando a inovação como principal estratégia para alcançar um novo crescimento e realizá-lo com resultado palpável. Na Glaxo, por exemplo, a empresa começou a reestruturar suas atividades de P&D em unidades multidisciplinares em uma escala mais "humana" e observando um aumento considerável de prováveis compostos químicos, surgindo "de local, colaboradores, pessoas, publicações, concorrentes idênticos e, em grande parte, das mesmas bibliotecas de temas químicos como anteriormente". Na P&G, a principal influência incentivando sua última onda de crescimento impulsionado pela inovação é a transformação do ambiente de trabalho e do modo de encarar a P&D, por meio de seu amplo programa de "conectar e desenvolver", para um que incentive um fluxo de idéias muito mais livre no interior e além das fronteiras da empresa. Os exemplos da P&G e da Glaxo foram aproveitados de Buckley (2005) e Jack (2005).

> *Transformar idéias em realidade comercial exige persistência e disciplina, e a eficácia do todo depende, em última instância, de o alto escalão ser capaz de encontrar o equilíbrio certo entre a criatividade corporativa e a eficiência.*

Aquilo que muitos desses inovadores estão redescobrindo são alguns dos *insights* mais permanentes a respeito do elo entre clima organizacional e eficácia da inovação, que há muito tem sido visível nas práticas de alguns exemplos clássicos. Poucas empresas têm sido tão eficazes ao longo dos anos no aproveitamento do potencial criativo de seus colaboradores como a 3M. Embora ela tivesse seus problemas no final dos anos 1990, em 2003 estava novamente operando bem, gerando 18 bilhões de dólares de receita de mais de 60 mil produtos, com base em 34 plataformas tecnológicas. É a empresa mais representativa impulsionada por idéias e ainda permanece amplamente reconhecida como um referencial para outras grandes corporações que buscam manter viva a chama da inovação em escala. De modo análogo à 3M, muitas empresas incluem em sua declaração de missão um compromisso com a inovação. No entanto, poucas dedicam-se a essa aspiração de modo tão concreto e mensurável. O valor fundamental que molda a cultura na 3M é uma crença inabalável no poder das idéias e da iniciativa individual. A empresa também reconhece que o comportamento empreendedor continuará a florescer somente se os dirigentes estiverem dispostos a aceitar e mesmo reconhecer o "fracasso bem-intencionado". Na 3M, a tendência consiste em perguntar à pessoa não o motivo da falha, mas o que foi aprendido. Os inovadores são incentivados continuamente a aplicar seu conhecimento em benefício de todos na empresa; pouco é desperdiçado, pouco é esquecido. Ao gerenciar e aproveitar seu aprendizado organizacional, a 3M ainda é pouco igualada.

Entretanto, o erro que muitas empresas tenderam a seguir ao observar a 3M consiste em focar excessivamente as práticas e as políticas específicas de inovação, e não suficientemente a filosofia e os valores que se encontram em sua base. Há muito foi reconhecido que "manter um clima no qual a inovação floresce pode ser o maior fator individual considerado em termos gerais". O que a 3M e outras empresas inovadoras bem conhecidas, como a empresa de projetos IDEO (o novo "parceiro estratégico de classe mundial da P&G para ajudar a regenerar sua cultura de inovação") e a Nokia, têm em comum são pelo menos quatro fatores determinantes e que são fundamentais para o seu sucesso:

1. Inserção de pessoas e de idéias no núcleo da filosofia de gerenciamento.
2. Oferecer às pessoas espaço para crescer, tentar inovar e aprender com seus erros.
3. Consolidar um sentido forte de abertura, confiança e comunidade em toda a organização.
4. Facilitar a mobilidade interna do talento.

Todos os quatro fatores são fundamentais para o desenvolvimento de um clima interno no qual a criatividade e a iniciativa individuais possam florescer e o talento e as idéias circularem livremente, a fim de que o capital intelectual possa ser aproveitado ao máximo.

Na 3M, a mensagem de que a inspiração e o esforço individuais são o coração e a alma da inovação da empresa é real e difundida, do mesmo modo que ocorre com a visão na Nokia de que "isto é uma meritocracia" e "um lugar onde é permitido ao colaborador divertir-se um pouco, pensar em termos diferentes da norma e poder cometer um erro". A ênfase na comunidade e na mobilidade interna de talento, bem como de idéias em todas as três empresas, ajuda a incentivar o aprendizado organizacional e a inovação que ocorrem por acaso. O sentido de comunidade na Nokia significa ser possível confiar nos colegas, nos pares e nas pessoas em volta, e que "torna possível assumir riscos bem grandes", ao passo que na 3M significa que "dez em cada dez" colegas estarão abertos para ajudar ou propor idéias, promovendo os conflitos eventuais de "problemas em busca de soluções" e "soluções em busca de problemas", que constituem uma característica usual da empresa. O sentido de comunidade, confiança e abertura também incentiva o aprendizado organizacional na IDEO, onde os dirigentes acreditam que a empresa é bem-sucedida na inovação menos por causa "de nossos intelectos sem falha" do que "por termos feito milhares de produtos e permanecido atentos". As principais considerações ao direcionar as pessoas aos projetos na IDEO são "quem está disponível, quem é mais adequado e quem precisa deste tipo de experiência", ao passo que na Nokia a mobilidade interna de talento é apoiada por um "sistema aberto e flexível de atribuição de cargos com base na intranet". (A maior parte das citações sobre 3M, Nokia e IDEO originam-se das seguintes fontes: Gundling, 2000; Bartlette e Mohammed, 1995; Steinbock, 2001; Crawford *et al.*, 2003; Thomke e Nimgade, 2000; Nussbaum, 2004 e de Geus, 1997.)

> *Toda loja Wal-Mart é tratada como um minilaboratório, onde todo dia um número ilimitado de pequenos experimentos está ocorrendo em relação à fixação de preços, à seleção de produtos e aos displays, pois os colaboradores são incentivados a apresentar novas idéias para aumentar os resultados.*

ATRAÇÃO E RETENÇÃO DE MAIS TALENTO CRIATIVO

Um dos temas mais controvertidos entre os especialistas é se a vantagem da inovação possui sua base principal no talento ou na organização. De acordo com Peter Drucker, a inovação é "trabalho organizado, sistemático e racional" pela qual "todos que podem reconhecer as dificuldades de tomada de decisões" podem aprender a tornar-se empreendedores, ao passo que Andrew Hargadon e Robert Sulton argumentam que a inovação tem "tudo a ver com organização e atitude" e muito pouco com o incentivo à genialidade. Apoiando o outro argumento, Howard Schneiderman, ex-vice-presidente de pesquisa e desenvolvimento da Monsanto, mantinha a visão de que "a maioria das descobertas seminais é realizada por poucos pesquisadores excepcionais. Bill Gates concordou com essa visão, quando afirmou em uma ocasião: "Afaste nossas 20 melhores pessoas e lhe direi que a Microsoft se tornará uma companhia sem importância". (As citações nesta seção provêm de Drucker, 1985; Hargadon e Sulton, 2000; Schneiderman, 1991 e Stross, 1996.)

Inovação depende de idéias e a principal fonte de idéias são as pessoas talentosas. A maior parte das organizações ainda tem muito a aprender a respeito de como se tornar "aberta à pessoa incomum com idéias incomuns" e as retribuições podem ser consideráveis. A Sony proporciona um exemplo clássico. Durante seu tempo como líder, o legendário Akio Morita permaneceu à espreita de talento potencial em lugares incomuns e persuadiu muitas de tais pessoas a mudarem de carreira e entrarem para sua empresa. O exemplo que mais se destaca é o de Noria Ohga, que sucederia, posteriormente, Morita como CEO e conduziria a Sony para o negócio de videogames, contrariamente à opinião do conselho de administração. Durante os 13 anos de permanência de Ohga no cargo mais elevado, as receitas na Sony cresceram de 15 bilhões para 45 bilhões de dólares.

Como um jovem estudante universitário treinando para ser um cantor de ópera, Ohga impressionou inicialmente os fundadores da Sony com sua capacidade de criticar a altura do som e a qualidade tonal do equipamento de gravação que a companhia estava tentando vender à Tokyo University. Logo a direção da universidade determinou que nenhum protótipo fosse produzido antes de o artista promissor opinar. Morita percebeu rapidamente no jovem impetuoso Ohga uma combinação rara de conhecimento empresarial e sensibilidade artística e o acompanhou incansavelmente durante os primeiros seis anos de sua carreira na ópera, antes de finalmente persuadi-lo a entrar para a empresa em período integral, ocupando uma posição muito elevada para um jovem ainda na faixa de 20 anos. Ohga, ao rememorar posteriormente sua contribuição inicial à Sony afirmou:

> Quando entrei em cena, realmente não era uma companhia moderna. E eu dizia durante muitos anos a Morita que o que precisávamos fazer era criar produtos que parecessem atraentes, possuíssem estilo, fossem internacionais e começássemos a criar anúncios com estilo, e foi isso que me propus a fazer, sendo surpreendente como Morita permitiu que eu fizesse tudo isso, apesar de minha pouca idade. (Nathan, 1999; De Pree, 1989)

Os líderes, na busca por talento criativo, precisam reconhecer que criatividade e inteligência não são o mesmo. Existem pessoas excepcionalmente inteligentes que são moderadamente criativas e vice-versa. As pessoas criativas se distinguem pela capacidade de pensamento discordante, caracterizado por originalidade, fluidez de idéias, flexibilidade e pela capacidade para elaborar e refinar. Também tendem a ser "motivadas até o ponto de obsessão", de acordo com David Webster, da empresa de projetos notavelmente criativa IDEO. A maior parte da produção criativa origina-se, muitas vezes, de tendências emocionais ainda sem finalização, e o impulso criativo, muitas vezes, pode ser mais bem compreendido como a tentativa de criar uma ordem simbólica externa, seja em palavras, matemática, música, arte, seja pela invenção de algum caos interno ("Uma pessoa deve experimentar o caos a fim de criar uma estrela da dança" — Nietzsche). De acordo com o falecido psicólogo Anthony Storr, "algum hiato entre o mundo interior e o mundo exterior é comum a todos os seres humanos" e "a necessidade para suplantar esse hiato constitui a fonte do esforço criativo" (Storr, 1991; Barron *et al.*, 1997). A personalidade criativa, muitas vezes, é caracterizada por divisões internas profundas, mas também pela força emocional para orientá-las a finalidades produtivas.

Essa noção do eu partido também ajuda a explicar como trabalha a personalidade criativa. De acordo com a psicologia junguiana, cada um de nós possui duas personalidades, uma que revelamos ao mundo e aquela que mantemos oculta, invisível, porém longe de estar inerte. O desenvolvimento humano é um processo de adaptações múltiplas às expectativas de pais, professores, pares, empregados e muitos outros, e um grande número de instintos e desejos permanecem reprimidos ao longo do processo. As pessoas criativas, à medida que crescem e se desenvolvem, tendem a ficar menos reclusas em suas personalidades ocultas. De acordo com Mihaly Csikszentmihalyi, as pessoas criativas normalmente são orientadas para o interior, no entanto são suficientemente tranquilas para persuadir e esperar pela inspiração. São espertas e, no entanto, ingênuas, céticas porém crédulas, divertidas porém disciplinadas, entusiasmadas, mas objetivas. São uma junção de opostos marcados por sua capacidade para fazer uso das duas polaridades de suas personalidades e por viver em meio a "incertezas, mistérios, dúvidas" sem "alguma busca irritante" em função de fato, razão ou conclusão prematura. (Para mais detalhes sobre o conceito da face oculta e da capacidade das pessoas criativas para fazer uso das polaridades de suas personalidades, consulte Bly, 1991; Csikszentimihalyi, 1996.) Esse é o tipo de qualidade que Andy Law costumava procurar ao recrutar talento criativo durante seu período áureo na St. Luke's, a empresa de projetos premiada:

> Quero sentir que as pessoas realmente atingiram algo perigoso em si mesmas... todos possuímos espaços como esse dentro de nós, e na St. Luke's é preciso ser capaz de acessá-los facilmente... Nossos colaboradores... precisam desfazer-se de todos os níveis de suas personalidades para se tornarem quem realmente são... É aterrador não ter nenhuma pretensão e, no entanto, é isso que proporciona à pessoa os recursos psicológicos para questionar todas as regras. (Coutu, 2000)

Muito a respeito do gerenciamento da inovação é paradoxal, ainda mais a exigência de identificar talento com um traço de individualismo que também dará bons resultados nos contextos organizacionais. Existem, entretanto, pelos menos três diretrizes úteis que os líderes podem seguir, quando for o caso de recrutar e motivar um talento criativo:

1. Contratar pessoas com uma variedade de capacidades e interesses (aquilo que apreciam denominar "largura de banda", na Microsoft).
2. Contratar pessoas de diversas formações e personalidades.
3. Envolver consideravelmente os pares no processo de seleção.

Uma característica básica das empresas inovadoras é que "adoram o talento e sabem onde encontrá-lo" (Bennis e Biederman, 1997), e usualmente dedicam muita atenção ao processo de recrutamento. Há pouco mais de uma década, os recrutados da 3M fizeram uma tentativa sistemática para definir o perfil do "inovador da 3M" com base em entrevistas com 25 de seus inventores mais prolíficos. Além de sua capacidade para o pensamento discordante, conforme descrito anteriormente, os inovadores também foram caracterizados por sua gama de interesses além de sua especialização, sua predisposição para fazer experiências com o incomum e equacioná-lo, seu entusiasmo por aquilo que faziam, sua tenacidade e engenhosidade. Os recrutadores na IDEO também tendem a procurar pessoas com "aptidões excepcionais em suas especializações escolhidas", cujos interesses são "ecléticos e cobrem uma ampla gama", pessoas não definíveis facilmente por designações ocupacionais convencionais, como Ade Adekola, um profissional com MBA e artista conceitual apaixonado, ou Ilya Prokopoff, formado pela Academia Naval dos Estados Unidos, diplomado em História, mestrado em Arquitetura, e uma paixão por criar mobiliário e tentar recuperar carros antigos.

A inovação prospera com a diversidade de talento e de pontos de vista, e empresas inovadoras como a 3M e a IDEO normalmente procuram aproveitar ainda mais esse *insight* na composição de suas equipes de projeto. A Nissan Design International (NDI) desenvolveu uma política de recrutamento em "pares discordantes" que surgiu de um experimento inicial inspirado. Os dois primeiros *designers* que o CEO Jerry Hirschberg selecionou para ajudar a organização a operar e a se firmar eram muito diferentes. Al Flowers tendia a considerar o *design* como inventor/engenheiro, iniciando com um foco nas principais peças e nas suas possibilidades funcionais, ao passo que Tom Semple tendia a considerar o *design* mais como um artista, tendo a estética geral na base de suas preocupações. Conforme Hirshberg explicou posteriormente:

> Aproximar essas duas pessoas logo após o início do NDI criou vitalidade imediata e uma intensidade marcante. Cada um abordava um projeto mediante prioridades e estilos de trabalho totalmente diferentes. Eles se pressionavam e se

inspiraram e irritavam um ao outro... À medida que pensávamos sobre o restante de nossa necessidade de pessoal, comecei a procurar pares de *designers*, modeladores e engenheiros discordantes que, considerados em conjunto, não somente atenderiam a uma gama mais ampla de exigências, mas também formariam uma mescla estimulante e intencional. (Hirschberg, 1999)

Assegurar-se de que o ajuste está correto constitui uma das considerações mais importantes ao se agregar talento criativo a toda equipe existente. Na IDEO, as possíveis contratações estão sujeitas a 12 ou mais entrevistas em que as personalidades e aptidões são examinadas cuidadosamente e os pares se envolvem profundamente no processo de recrutamento. O processo é igualmente intensivo na 3M e na Nokia, onde se "temperam" os novos talentos e não apenas os recrutam. No entanto, o "ajuste" em empresas inovadoras não deve ser confundido com facilidade e afabilidade. Espera-se que as pessoas na IDEO sejam "desagradavelmente seguras de si em suas próprias especializações", e a maioria de tais organizações inovadoras reconhece valor no conflito construtivo, no choque de idéias e na pressão competitiva para se destacar em termos externos ou internos. Nas organizações criativas, a obsessão e o orgulho compartilhados da associação proporcionam a principal coesão e não a benevolência. O que as pessoas criativas mais buscam é a oportunidade para trabalhar com pessoas com alta reputação e, por esse motivo, precisam estar envolvidas no processo de seleção. Nas organizações como a 3M e a IDEO, o reconhecimento dos pares tende a ser o motivador mais poderoso de todos.

ENCONTRAR O EQUILÍBRIO CERTO ENTRE INOVAÇÃO E EFICIÊNCIA

A inovação eficaz também requer um ato de equilíbrio sutil entre informalidade e disciplina, prática e processo, criatividade e eficiência, situações em que a empresa precisa "aprender a levar em conta a linha tênue entre a rigidez — que sufoca a criatividade — e o caos — no qual a criatividade não possui disciplina e nada chega a ser lançado no mercado". Os líderes empresariais precisam estabelecer o equilíbrio certo em pelo menos três níveis diferentes:

1. No âmbito do próprio processo de inovação.
2. Entre as principais funções no interior da organização.
3. Em sua abordagem geral do gerenciamento corporativo.

A necessidade de um equilíbrio entre criatividade e disciplina começa com a tentativa de criar o equilíbrio certo entre informalidade e procedimento no próprio processo de inovação. É amplamente reconhecido que a inovação é essencialmente um processo probabilístico de "caos controlado", no qual a única maneira segura de conseguir as melhores idéias consiste em "ter muitas idéias e livrar-se das más", conforme Linus Pauling, o cientista laureado pelo prêmio Nobel, gostava de afirmar. É um processo que prospera com a experimentação múltipla, variada, independente e ágil, em um ambiente que tolera o fracasso, valorizando e se adaptando ao conflito construtivo. Conforme Bill Gates da Microsoft o descreveu:

> É preciso ouvir cuidadosamente todas as pessoas inteligentes na organização. É por esse motivo que uma empresa como a nossa precisa atrair pessoas que pensam de modo diferente, tem de permitir muita discordância e, em seguida, reconhecer as idéias certas e insuflá-las com energia real...

> *O erro que muitas empresas tenderam a seguir ao observar a 3M foi focar excessivamente em práticas e políticas específicas de inovação, e não suficientemente na filosofia e nos valores que se encontram na sua base.*
>
> *Uma das principais aptidões na liderança da dinâmica de grupo inovadora consiste em saber quando deixar a hierarquia fora do processo e quando considerá-la novamente.*

Uma das metáforas mais populares para o grupo criativo é a pequena banda de jazz, na qual a liderança, muitas vezes, muda dinamicamente, à medida que diferentes músicos impulsionam o desempenho em diversos estágios. Participantes diferentes também tendem a destacar-se em vários papéis, alguns como pensadores altamente originais e outros mais como intermediários ou promotores de idéias. Todos esses papéis precisam ser reconhecidos e valorizados. Uma das principais aptidões na liderança da dinâmica de grupo inovadora consiste em saber quando deixar a hierarquia fora do processo e quando considerá-la novamente. Na Intel, eles encaram esse processo alternando entre "deixar o caos reinar" e então "dominar o caos". A Honda usa um fórum específico para gerar idéias e legitimar a discordância, a sessão *waigaya*, que qualquer pessoa pode convocar, na qual a posição hierárquica não é levada em consideração. A IDEO, ao longo do tempo, elaborou uma metodologia restrita em cinco fases (um "modo IDEO") com um equilíbrio sem amarras, que tem ajudado a produzir um fluxo constante de projetos industriais altamente inovadores e soluções para as necessidades dos consumidores. Exemplos de práticas como essas podem indicar a direção para outras.

Além do processo de inovação, muitas vezes, as empresas precisam encontrar o equilíbrio certo entre as principais funções básicas para a sua operação geral. É isso que a Intel sempre tentou fazer, conforme explicou, de modo característico, em uma ocasião Andy Grove, ex-CEO da empresa:

> Sendo um fabricante de dispositivos de alta tecnologia, a Intel precisava de uma mescla especial de dois tipos de pessoas. Os rapazes geniais de olhos arregalados e cabeludos, que dominam os laboratórios, nunca poderiam ter introduzido a tecnologia no estágio de produção em massa dos produtos. Porém, os operadores industriais excessivamente rígidos e de cabelo curto da indústria convencional nunca teriam gerado inicialmente a tecnologia.

Em uma empresa em crescimento, o ato de equilíbrio precisa ser estendido ao nível da própria corporação, quando os limites da informalidade relativa na coordenação geral são suplantados mais cedo ou mais tarde. A Microsoft reconheceu pela primeira vez essa realidade em 1994, quando o número total de colaboradores havia se elevado rapidamente para alcançar a marca de 15 mil. Robert Henbold, que trabalhava na Procter & Gamble, naquela ocasião mais orientada ao processo, foi contratado para se tornar o primeiro CEO da Microsoft, com a missão de melhorar a lucratividade geral "compatibilizando a disciplina centralizada com a inovação individual". A Nokia, de modo similar, acabou reconhecendo, em 1998, uma necessidade urgente de restabelecer a cultura impulsionada por idéias, que havia criado cuidadosamente durante sua fase de revitalização do empreendedorismo em 1992-1996, com um gerenciamento com base mais em fatos, a fim de obter vantagem comercial integral de sua ascensão à liderança do mercado.

A decisão recente da 3M de indicar James McNerney, seu primeiro CEO originário de fora da organização, é o reconhecimento de que uma empresa com receita de 18 bilhões de dólares não pode mais depender somente da criação de baixo para cima de milhares de mercados de nicho para continuar impulsionando o crescimento corporativo, mas precisa consolidar sua atuação em posições de mercado mais poderosas e protegê-la por meio de eficiências e não somente inovação. Em concordância com esse critério, a empresa adotou uma formulação nova e mais equilibrada para orientar o desenvolvimento corporativo (global + rapidez + inovação = crescimento), e cinco principais iniciativas corporativas integradas unidas para promover o desenvolvimento (Seis Sigma, Aceleração da 3M, Produtividade, Eficácia do Provisionamento Global e Controle de Custos Indireto). Até agora, o novo CEO conseguiu impulsionar novamente o crescimento da 3M por meio da introdução de uma maior disciplina, foco mais preciso e reposicionamento inteligente do portfólio de empresas. Ainda deve ser constatado o modo como essas iniciativas impulsionadas pela produtividade provocarão um impacto na cultura inovadora da 3M no prazo mais longo. Conforme recente editorial do *BusinessWeek Online*, McNearney ainda não demonstrou que também "possui o DNA da inovação".

Escolher a ocasião certa constitui a chave do processo. Há muitos anos, a Xerox restringiu muito cedo o avanço do processo após o desenvolvimento da copiadora 914, ao passo que mais recentemente a Netscape introduziu muito tarde a disciplina empresarial em sua concorrência com a Microsoft, no mercado de navegadores. Durante a derrocada das ponto.com, muitas empresas novas e exuberantes pagaram o preço final por acreditar exageradamente na criatividade e muito pouco no valor da disciplina empresarial tradicional e na experiência.

Finalmente, manter o equilíbrio entre inovação e eficiência constitui um desafio dinâmico na maior parte das organizações, à medida que continuam a crescer e a se desenvolver, e a maioria das empresas tende a oscilar entre as duas. Na General Electric (GE), o pêndulo oscilou entre rígido e flexível nas eras Cordiner, Borch, Vones e Welch. A GE que Jack Welch herdou era forte financeiramente, porém uma empresa na qual os procedimentos eram dominantes e a cultura impregnada pelo controle. Welch passou grande parte de sua gestão reduzindo e simplificando o modelo de gerenciamento corporativo da GE, à medida que tentava insuflar o espírito da pequena empresa inovadora de volta para toda a organização da empresa. O maior retorno dessa iniciativa foi menos a economia de 40 milhões de dólares em custos fixos burocráticos do que "a liberação repentina de talento e energia que surgiu em abundância após todos os registros, válvulas e barreiras terem sido removidos", e a ênfase em inovação e aceitação de riscos na GE ter sido elevada a um novo nível, por meio de iniciativas em toda a corporação do tipo "avanço da imaginação", nos primeiros anos da gestão de Jeffrey Immelt. (As citações nesta seção provêm, pela ordem, de Brown e Duguid, 2001; Csikszentimihalyi, 1996; Schlender, 1998; Bartlett e Ashish, 1994; Herbold, 2002; *BusinessWeek Online*, 2004; Brown e Duguid, 2001; Lowe, 1998. Para mais detalhes sobre a importância da intermediação de idéias, consulte Hargadon, 2003 e Davenport *et al.*, 2003.) Por mais marcante que a experiência recente da GE tenha sido, e continua sendo, todo afrouxamento do processo de gerenciamento corporativo sempre tenderá a ter seus limites. A ABB que, sob a liderança de Percy Barnevik, valeu-se de uma liberação similar de talento e energia, foi forçada desde então a enfatizar novamente a disciplina corporativa, a fim de trazer de volta mais coerência ao seu processo de desenvolvimento corporativo geral.

Referências

Barron, F., Montuori, A. e Barron, A. (1997), *Creators on Creating,* Tarcher — Putnam, Nova York, NI.

Bartlett, C. A. e Ashish, N. (1994), *Intel Corporation: Leveraging Capabilities for Strategic Renewal,* caso n. 394-141, Harvard Business School, Boston, MA.

Barlett, C. A. e Mohammed, A., *3M: Profile of an Innovating Company,* estudo de caso n. 9-395-016, janeiro de 1995, Harvard Business School, Boston, MA.

Bennis, W. e Biederman, P. (1997), *Organizing Genius: The Secrets of Creative Collaboration,* Nicholas Brealey, Londres.

Bly, R. (1991), "The long bag that we drag behind us", em Zweig, C. e Abrams, J. (orgs.), *Meeting the Shadow,* Tarcher — Putnam, Nova York, NI.

Brown, J. S. e Duguid, P. (2001), "Creativity versus structure: a useful tension", *Sloan Management Review,* vol. 42, n. 4, pp. 93-94.

Buckley, N., "The power of original thinking", *Financial Times,* 14 de janeiro de 2005.

BusinessWeek Online, "Innovation is job one", 12 de abril de 2004.

Coutu, D., "Creating the most frightening company on earth: an interview with Andy Law of St. Luke's, *Harvard Business Review,* set.-out. 2000, pp. 143-150.

Crawford, R.J., Boyston, A. e Fischer, B. (2003), *IDEO: An "Idea — Intensive" Organization at Work,* caso IMD n. IMD-3-1311, IMD International, Lausanne.

Csikszentmigalyi, M. (1996), *Creativity,* GarperPerennial, Nova York, NY.

Davenport, T. H., Prusak, L. e Wilson, H. J. (2003), "Who's Bringing you hot ideas and how are you responding?", *Harvard Business Review,* vol. 81, n. 2, pp. 58-64.

DeGens, A. (1997), *The Living Company,* Nicholas Brealey, Londres.

De Pree, M. (1989), *Leadership Is an Art,* Doubleday, Nova York, NI.

Doornik, K. e Roberts, J. (2001), *Nokia Corporation: Innovation and Efficiency in a High — Growth Global Firm,* caso n. S-IB-23, Graduate School of business, Stanford University, CA.

Drucker, P. (1985), *Innovation and Entrepreneurship,* William Heinemann, Londres.

Fox, J., "Nokia's secret code", *Fortune,* 1º de maio de 2000, pp. 31-38.

Gundling, E. (2000), *The 3M Way to Innovation,* Kodansha International, Tóquio.

Hargadon, A. (2003), *How Breakthroughs Happen,* Harvard Business School Press, Boston, MA.

Hargadon, A. Sutton, R. I., "Building an innovation factory", *Harvard Business Review,* mai.-jun. 2000, pp. 157-166.

Herbold, R. (2002), "Inside Microsoft: balancing creativity and discipline", *Harvard Business Review,* vol. 80, n. 1, pp. 72-79.

Hirschberg, J. (1999), *The Creative Priority,* Penguin, Londres.

Jack, A., "Glaxo's catalysts for creativity", *Financial Times,* 18 de março de 2005.

Lowe, J. (1998), *Jack Welch Speaks,* Wiley, Nova York, NI.

Nathan, J. (1999), *Sony: The Private Life,* Mariner Book's, Boston, MA.

Nussbaum, B., "The power of design", *BusinessWeek Online,* 17 de maio de 2004.

Schlender, B., "In a meeting of incomparable minds, Buffet an Gates muse about taking risks, motivating employees, confronting mistakes and giving back", *Fortune,* 20 de julho de 1998, pp. 41-47.

Schneiderman, H. A., "Managing R&D: a perspective from the top", *Sloan Management Review,* 1991, pp. 53-58.

Steinbock, D. (2001), *The Nokia Revolution,* Anacom, Nova York, NI.

Storr, A. (1991), *The Dynamics of Creation,* Penguin, Harmondsworth.

Stross, R. E. (1996), *The Microsoft Way,* Addison — Wesley, Reading, MA.

Thomke, S. e Nimgade, A. (2000), *IDEO Product Development,* caso n. 9-600-143, Harvard Business School, Boston, MA.

Leitura 19

Os Sete Hábitos dos Executivos Notoriamente Malsucedidos

Sydney Finkeslstein
Dartmouth College

Os últimos anos têm testemunhado alguns sucessos empresariais admiráveis — e alguns fracassos excepcionais. Entre as empresas que se viram em dificuldade, encontram-se poucos dos nomes mais conhecidos na área empresarial — pense em Arthur Andersen, Rubbermaid e Schwinn Bicycle — e também um conjunto de empresas com ações valorizadas, como Enron, Tyco e WorldCom. Nos bastidores de cada um desses fracassos, existe uma personalidade imponente, um CEO ou um líder nos negócios que será lembrado durante muito tempo por ser notoriamente malsucedido.

A verdade é que se faz necessário ter algumas qualidades pessoais especiais, para ser notoriamente malsucedido. Estou me referindo às pessoas que administraram empresas de renome mundial e as tornaram quase sem valor. O notável é que as pessoas portadoras dessas qualidades pessoais para concretizar essa magnitude de destruição possuem outras qualidades, genuinamente admiráveis. Isso faz sentido: dificilmente alguém tem uma oportunidade para destruir tanto valor sem demonstrar o potencial para criá-lo. A maioria dos grandes destruidores de valor são pessoas de inteligência e talento excepcionais que exibem magnetismo pessoal. São líderes que aparecem nas capas da *Fortune* e *Forbes*.

Entretanto, quando surge uma confrontação definitiva, essas pessoas fracassam — e de modo monumental. Qual é o segredo de seus poderes destrutivos? Após passar seis anos estudando mais de 50 empresas e conduzindo cerca de 200 entrevistas, constatei que as pessoas que foram notoriamente malsucedidas possuíam sete características em comum. Quase todos os líderes responsáveis por grandes fracassos empresariais possuem quatro ou cinco desses hábitos. Os verdadeiramente bem-dotados possuem todos os sete. Porém, eis o que é realmente notável: cada um desses hábitos representa uma qualidade amplamente admirada no mundo empresarial. A área empresarial não apenas tolera as qualidades que tornam esses líderes notoriamente malsucedidos, mas as exaltam.

Eis, portanto, os sete hábitos de pessoas notoriamente malsucedidas, juntamente com alguns sinais de alerta para serem observados. Esses hábitos são mais destrutivos quando um CEO os demonstra, porém qualquer gerente que os possui pode fazer um mal terrível — incluindo você. Estude-os. Aprenda a reconhecê-los. E tente aprender a lição desses sinais de alerta antes de o fracasso notório atingi-lo.

Reproduzido de "The Seven Habits of Spectacularly Unsuccessful Executives", de Sydney Finkelstein, *Ivey Business Journal*, n. 3 (jan.-fev. 2004), pp. 438-444. O Ivey Management Services proíbe qualquer forma de reprodução, armazenamento ou transmissão deste material sem sua permissão por escrito. Este material não está coberto por autorização de qualquer organização de direitos de reprodução. Para solicitar exemplares ou pedir permissão para reprodução, contate Ivey Publishing, Ivey Management Services, a/c Richard Ivey School of Business, The University of Western Ontario, London, Ontario, Canada, N6A 3K7, telefone (519) 661-3208, fax (519) 661-3882, e-mail cases@ivey.uwo.ca. Copyright 2004 by Ivey Management Services. Uma autorização única para publicação foi concedida por Ivey Management Services em 15 de fevereiro de 2006.

HÁBITO Nº 1: ELES CONSIDERAM A SI MESMOS E SUAS EMPRESAS POSSUIDORES DE DOMÍNIO SOBRE SEU AMBIENTE

Este primeiro hábito pode ser o mais insidioso, pois parece ser altamente desejável. Uma empresa não deveria tentar dominar seu ambiente de negócios, moldar o futuro de seus mercados e regular a marcha em seu interior? Sim, mas existe uma cilada. Ao contrário dos líderes bem-sucedidos, os líderes fracassados que nunca questionam seu domínio deixam de compreender que estão à mercê de circunstâncias mutáveis. Eles superestimam exageradamente a extensão em que realmente controlam os eventos e subestimam consideravelmente o papel do acaso e das circunstâncias em seu sucesso.

Os CEOs que acabam sendo vítimas dessa crença sofrem da ilusão da importância pessoal: de modo análogo a certos diretores de filmes, eles se consideram como criadores de suas empresas. No que diz respeito à sua visão, todos os demais na empresa estão presentes para executar sua visão pessoal. O CEO Kun-Hee Lee da Samsung teve tanto sucesso com os produtos eletrônicos a ponto de ter pensado que poderia repetir esse sucesso com automóveis. Ele investiu 5 bilhões de dólares em um mercado automobilístico já excessivamente saturado. Por quê? Não havia justificativa. Lee simplesmente apreciava carros e havia sonhado em atuar na produção de automóveis.

Sinal de Alerta: Uma Falta de Respeito

Os líderes que sofrem da ilusão da importância pessoal tendem a acreditar que suas empresas são indispensáveis para seus fornecedores e clientes. Em vez de empenharem-se para satisfazer às necessidades dos clientes, os CEOs que acreditam administrar empresas de destaque atuam como se os seus clientes fossem privilegiados. Quando perguntados como a Johnson & Johnson perdeu sua liderança aparentemente insuperável na área de *stent* médicos, os cardiologistas e administradores de hospitais ressaltaram a arrogância da empresa e a falta de respeito pelas idéias dos clientes. A Motorola teve a mesma arrogância, quando continuou a produzir telefones analógicos sofisticados em vez da variedade digital que seus clientes estavam exigindo.

HÁBITO Nº 2: ELES SE IDENTIFICAM TÃO COMPLETAMENTE COM A EMPRESA A PONTO DE NÃO HAVER UMA SEPARAÇÃO CLARA ENTRE SEUS INTERESSES PESSOAIS E OS DE SUA CORPORAÇÃO

De modo idêntico ao primeiro hábito, este parece inócuo, talvez até mesmo benéfico. Desejamos que os líderes empresariais dediquem-se integralmente a suas empresas, com seus interesses alinhados bem de perto com os da empresa. Porém, analisando mais a fundo, percebe-se que os executivos fracassados estavam se identificando excessivamente com a empresa. Em vez de considerá-las um empreendimento que precisavam apoiar, os líderes fracassados consideravam-nas extensões de si mesmos e, nesse contexto, dominava uma mentalidade de "império pessoal".

Os CEOs que possuem esse perfil, muitas vezes, usam suas empresas para levar adiante ambições pessoais. O terreno mais escorregadio em que se movem é usar fundos corporativos por razões pessoais. CEOs que possuem um histórico de permanência e bons resultados podem julgar que ganharam tanto dinheiro para suas empresas que os gastos pessoais, mesmo extravagantes, são pequenos em comparação. Essa lógica distorcida parece ter sido um dos fatores que moldaram o comportamento de Dennis Kozlowski da Tyco. Seu orgulho da empresa e seu orgulho do próprio exagero parecem ter sido reforçados mutuamente. É por esse motivo que conseguia ser tão sincero ao fazer discursos sobre ética e, ao mesmo tempo, usar fundos corporativos para finalidades pessoais. Atualmente, ser o CEO de uma corporação de grande porte é provavelmente o que existe de mais próximo a ser rei de seu próprio país, e esse é um título perigoso de assumir.

Sinal de Alerta: Uma Questão de Caráter

Quando se chega ao foco do problema, o maior sinal de alerta do fracasso de um CEO é uma questão de caráter.

Poderíamos desejar acreditar que líderes de empresas como Adelphia, Tyco e ImClone fossem gestores confiáveis dessas empresas, porém seu comportamento sugere o contrário. No entanto, as questões sobre caráter não precisam ser limitadas a atos duvidosos ou antiéticos. Na realidade, a maioria dos líderes que analisei eram escrupulosamente honestos. A negação e a defensiva é que apresentam, preferencialmente, sinais de alerta. Conforme Tony Galban da seguradora Chubb disse para mim, "sempre ouça as opiniões dos analistas, porque isso lhe dá uma idéia de como uma pessoa pensa quando ancorado na realidade. Eles lhe oferecem um sentido da posição que assumem: não estão de acordo ou estão sendo profissionais". Resume-se ao seguinte: Você realmente confia nessa pessoa?

HÁBITO Nº 3: ELES PENSAM TER TODAS AS RESPOSTAS

Eis a imagem da competência dos executivos que fomos ensinados a admirar durante décadas: um líder dinâmico tomando 12 decisões por minuto, lidando com muitas crises simultaneamente e levando apenas segundos para entender situações que perturbaram todos os demais durante dias. O problema com esse quadro é que se trata de um engodo. Os líderes que invariavelmente são firmes e decisivos tendem a resolver os assuntos de modo tão rápido que não possuem tempo para perceber as conseqüências. Pior ainda, em virtude de precisarem sentir que possuem todas as respostas, eles não estão abertos ao aprendizado de novas respostas.

O CEO Wolfgang Schmitt da Rubbermaid apreciava demonstrar sua capacidade para equacionar assuntos difíceis em poucos segundos. Um antigo colega lembra-se de que sobre Schmitt, "a piada era que Wolf conhece tudo a respeito de tudo". Em uma discussão na qual conversávamos sobre uma aquisição particularmente complexa que fizemos na Europa, Wolf, sem escutar pontos de vista diferentes, simplesmente disse "Bem, é isso que vamos fazer". Os líderes que precisam ter todas as respostas impedem outros pontos de vista. Quando uma empresa é administrada por alguém assim, é melhor ter a expectativa de que as respostas que ele oferece venham a ser as certas. Na Rubbermaid, não eram. A empresa, que foi considerada pela *Fortune* a mais admirada na América, em 1993, foi adquirida pelo conglomerado Newell alguns anos mais tarde.

Sinal de Alerta: Um Líder Sem Adeptos

John Keogh, outro executivo de sucesso do setor de seguros, ressaltou o que procura conhecer quando os CEOs estão sendo entrevistados pelos analistas: "A equipe dirigente foi incrivelmente arrogante? O CEO ou o diretor financeiro possui todas as respostas e tem um bom domínio de sua atuação?". Os executivos que acreditam possuir todas as respostas realmente não precisam de outras pessoas, exceto para fazer aquilo que ordenam. Um dos efeitos colaterais importantes da insistência em estar certo é que a oposição pode ficar velada, eliminando eficazmente a discordância. À medida que os gerentes de nível médio começam a compreender que suas contribuições pessoais não são importantes, toda uma organização pode ficar paralisada. Quando a perspectiva de um líder e a da equipe dirigente diferem drasticamente, acautele-se. A diferença de percepção entre Schmitt e seu pessoal na Rubbermaid era marcante e característica dos apuros de muitos executivos. Ele era um líder sem adeptos.

HÁBITO Nº 4: ELES ELIMINAM IMPLACAVELMENTE TODA PESSOA QUE NÃO OS APÓIA INTEGRALMENTE

Os CEOs que consideram ser sua função instilar a crença em sua visão também crêem que sua função é fazer com que todos a aceitem. Toda pessoa que não aceita os princípios está prejudicando a visão. Os gerentes hesitantes têm uma escolha: aceitarem o plano ou se demitirem.

O problema com essa abordagem é que é desnecessária e destrutiva. Os CEOs não precisam que todos endossem de maneira unânime sua visão para que seja efetivada de modo bem-sucedido. Na realidade, ao eliminar todos os pontos de vista discordantes ou contrastantes, os CEOs destrutivos afastam-se de sua melhor oportunidade para perceber e corrigir problemas, à medida que surgem. Algumas vezes, os que procuram eliminar a discordância simplesmente a tornam oculta. Quando isso acontece, toda a organização vacila. Na Mattel, Jill Barad afastava seus gerentes graduados, se julgasse que eles possuíam sérias reservas a respeito do modo como administrava.

Conversas Consigo Mesmo: Sete Pensamentos Desastrosos dos Líderes Fracassados

Hábito nº 1: "Nossos produtos são superiores e eu também sou. Somos intocáveis. Minha empresa tem sucesso por causa de minha liderança e do meu intelecto — eu fui o autor."

Hábito nº 2: "Sou o único proprietário. Esta empresa me pertence. Obviamente, meus desejos e necessidades são do melhor interesse da minha empresa e seus acionistas."

Hábito nº 3: "Sou um gênio. Acredito em mim e você também deveria. Não se preocupe, conheço todas as respostas. Não estou fazendo o microgerenciamento, estou sendo atento. Não preciso de nenhuma outra pessoa e certamente não de uma equipe."

Hábito nº 4: "Se você não me apóia, está contra mim! Leve adiante o plano ou saia do caminho. Onde está sua lealdade?"

Hábito nº 5: "Sou o porta-voz. Tudo tem a ver com a imagem. Sou um gênio da promoção e das relações públicas. Adoro fazer apresentações públicas — é por esse motivo que apareço em nossos comerciais. É minha função ser visível socialmente; é por esse motivo que faço discursos freqüentes e tenho cobertura constante da mídia."

Hábito nº 6: "Trata-se apenas de um obstáculo menor. Vamos em frente, a pleno vapor! Vamos denominar essa divisão uma empresa parceira, para que tenhamos de incluí-la em nossa contabilidade."

Hábito nº 7: "Sempre deu certo deste modo no passado. Nós o fizemos anteriormente e podemos fazê-lo agora."

Schmitt criou uma atmosfera tão ameaçadora na Rubbermaid, a ponto de as dispensas serem muitas vezes desnecessárias. Quando os novos executivos compreenderam que não conseguiriam apoio do CEO, muitos deles saíram quase tão rapidamente quanto entraram. Finalmente, esses CEOs tinham todas suas equipes os apoiando totalmente. Porém, estavam se encaminhando para o fracasso. E não ficou ninguém para adverti-los.

Sinal de Alerta: Saída de Executivos

Uma entrada e saída contínua no alto escalão é um dos sinais mais evidentes de que os executivos falharam em uma empresa. Se os executivos saem por alegações falsas ou são enviados a algum porto distante onde deixarão de influenciar a matriz, o padrão de saída de executivos diz muito a respeito do que está ocorrendo em uma empresa. Na Mattel, além de dispensar no ato auxiliares graduados, Jill Barad fez seis subordinados diretos se desligarem por "razões pessoais". O mesmo ocorreu no ano passado, na Sun Microsystems. Um êxodo em massa pode ser uma indicação de que o CEO está disposto a eliminar opiniões contrárias ou pode refletir informações privilegiadas sendo usadas pelos executivos. Trata-se, em ambos os casos, de um sinal de alerta significativo. Analistas e muitos investidores acompanham regularmente as vendas de ações com informações privilegiadas, porém as saídas dos executivos podem proporcionar uma visão até mais clara da empresa. Afinal de contas, que afirmação mais contundente um(a) executivo(a) pode fazer do que deixar suas funções e a empresa?

HÁBITO Nº 5: ELES SÃO PORTA-VOZES PERFEITOS, OBCECADOS COM A IMAGEM DA EMPRESA

Você conhece estes CEOs: executivos de grande visibilidade que são vistos constantemente pelo público. O problema é que com toda exaltação e os elogios da mídia, as iniciativas de gerenciamento desses líderes tornam-se superficiais e ineficazes. Em vez de realmente produzir resultados, eles se contentam, muitas vezes, com a aparência de produzir resultados.

Nos bastidores desses preferidos da mídia ocorre um fato simples da vida executiva: os CEOs não conseguem um nível elevado de atenção da mídia sem se dedicarem assiduamente a relações públicas. Quando os CEOs ficam obcecados com sua imagem, possuem pouco tempo para detalhes operacionais. Dennis Kozlowski, da Tyco, interveio, algumas vezes, em assuntos notadamente secundários, porém deixou sem supervisão a maior parte das operações diárias da empresa.

Como traço negativo final, quando os CEOs tornam a imagem da empresa sua maior prioridade, correm o risco de usar práticas de relatórios financeiros para promover essa imagem. Em vez de tratar seus indicadores financeiros como uma ferramenta de controle, os consideram uma ferramenta de relações públicas. A contabilidade criativa que era adotada visivelmente por executivos como Jeffrey Skilling, da Enron, ou Kozlowski, da Tyco, constitui uma tentativa idêntica ou maior de promoção da imagem da empresa do mesmo modo que enganar o público: na visão desses CEOs, tudo o que a empresa faz é relações públicas.

Sinal de Alerta: Busca de Atenção Exagerada

Os tipos de comportamento demonstrados por CEOs napoleônicos tendem a ser tão gritantes a ponto de não deixarem de ser notados. Os sinais de alerta iniciam com o estilo de vida do executivo — eles podem começar a se relacionar com pessoas muito em evidência, comprar objetos de arte caros e ter intimidade com políticos e celebridades. O CEO parecerá dedicar mais tempo ao pessoal de relações públicas e a aparecer em público do que fazer algo tão comum como visitar clientes. Em outras ocasiões, uma empresa construirá uma nova matriz exuberante, projetada para servir como símbolo corporativo. Em casos mais extremos, o CEO tentará adquirir o direito de indicar o nome da empresa em ginásios ou estádios esportivos.

HÁBITO Nº 6: ELES SUBESTIMAM OS OBSTÁCULOS

Parte da atração de ser um CEO é a oportunidade de adotar uma visão. No entanto, quando se tornam tão seduzidos por sua visão, muitas vezes não prestam atenção ou subestimam a dificuldade para realmente atingir o ponto. E quando os obstáculos que casualmente puseram de lado são mais problemáticos do que haviam previsto, esses executivos têm o hábito de mergulhar de corpo inteiro no abismo. Por exemplo, quando a principal atividade do Webvan estava acumulando grandes perdas, o CEO George Shaheen empenhava-se em expandir essas operações a um ritmo impressionante.

Por que os CEOs nessa situação não reavaliam os passos a ser seguidos ou, pelo menos, esperam durante um período até se tornar mais claro se suas políticas darão certo? Alguns sentem uma enorme necessidade de estar certo em toda decisão importante que tomam, porque se admitissem ser falíveis, sua posição poderia parecer frágil. Após um(a) CEO admitir que tomou a decisão errada, sempre haverá pessoas afirmando que ele(a) não fazia jus ao cargo. Essas expectativas irrealistas tornam-lhe extremamente difícil reverter uma determinada decisão, o que, de modo não surpreendente, faz que eles a imponham com muito mais ênfase. É por esse motivo que os líderes da Iridium e da Motorola continuaram investindo bilhões de dólares para lançar satélites, mesmo após ter ficado visível que os telefones celulares operados a partir de bases terrestres eram a melhor alternativa.

Sinal de Alerta: Publicidade Excessiva

Uma das coisas que aprendemos com a bolha da internet é o perigo da publicidade excessiva, que pode ocultar problemas ou mascarar intenções que, caso fiquem conhecidos, levariam as pessoas a tomar decisões diferentes. Em termos simples: quando algo parece muito bom para ser verdade, usualmente não o é, de fato. Um dos melhores sinais da empresa que se apóia na publicidade excessiva é o acontecimento importante que não é ressaltado. Sempre que uma empresa anuncia que seu lucro trimestral é inferior ao previsto, o mercado reage negativamente à notícia. Um outro sinal de alerta importante a ser observado é quando as empresas evitam analisar dados de mercado persuasivos. Quando Barneys estava planejando sua expansão geográfica fracassada, alguém sugeriu que a empresa fizesse um estudo de mercado para assegurar-se de que sua oferta daria certo fora de Nova York. O CEO Bob Pressman considerou a idéia risível. "Estudos de mercado?", ele exclamou, de modo incrédulo. "Por que temos de fazer estudos de mercado? Somos a Barneys!"

HÁBITO Nº 7: ELES INSISTEM TEIMOSAMENTE NAQUILO QUE NO PASSADO DEU CERTO PARA ELES

Muitos CEOs encaminhando-se para se tornarem notoriamente malsucedidos aceleram o declínio de sua empresa adotando aquilo que consideram métodos provados e bem-sucedidos. Em seu desejo de obter o máximo daquilo que julgam ser seus principais pontos fortes, se apegam a um modelo empresarial estático. Eles insistem em oferecer um produto a um mercado que deixou de existir, ou não levam em consideração inovações em áreas diferentes bem-sucedidas no passado. Em vez de levarem em conta uma gama de opções que se ajusta às novas circunstâncias, usam suas próprias carreiras como único ponto de referência e refazem aquilo que os tornou bem-sucedidos no passado. Por exemplo, quando estava tentando promover um *software* educacional na Mattel, Jill Barad usou as técnicas promocionais que demonstraram ser eficazes para a empresa na época em que promovia as bonecas Barbie, apesar do fato de o *software* não ser distribuído ou adquirido do mesmo modo que as bonecas.

Freqüentemente, os CEOs que se tornam vítimas desse hábito devem suas carreiras a algum "momento definidor", uma decisão crítica ou a escolha de uma política que resultou em seu sucesso mais notável. Usualmente é o aspecto pelo qual são mais conhecidos e aquilo que lhes permite conquistar todos os cargos subseqüentes. O problema é que após as pessoas terem passado pela experiência daquele momento definidor, caso se tornem CEO de uma grande empresa, permitem que seu momento definidor também defina a empresa — não importando quão irreal isso tenha se tornado.

Sinal de Alerta: Referir-se Constantemente Àquilo Que Deu Certo no Passado

Quando os CEOs usam continuamente o mesmo modelo ou tomam repetidamente a mesma decisão, apesar de sua inadequação, isso pode conduzir a um fracasso significativo. Esse tipo de pensamento, muitas vezes, é evidente nos comentários de executivos graduados que se concentram nas similaridades das situações, desprezando ao mesmo tempo diferenças mais importantes. Considere o caso da aquisição da Snapple pela Quaker Oats. A Quaker pagou 1,7 bilhão de dólares pelo Snapple, supondo erroneamente que a bebida seria um outro sucesso arrasador como o Gatorade. O presidente da divisão de bebidas fez comentários do tipo: "Possuímos uma excelente equipe no Gatorade. Acreditamos realmente saber como consolidar marcas; conhecemos como elevar o Snapple bem como o Gatorade ao próximo nível". Infelizmente, eles não entenderam que o Snapple não era uma bebida tradicional do mercado de massa, mas uma bebida "diferenciada, *cult*". Além disso, enquanto o Gatorade era distribuído por meio de um sistema de armazéns, o Snapple dependia de distribuidoras controladas por famílias que tinham pouco interesse em cooperar com a Quaker. Em 1997, a Quaker vendeu o Snapple por meros 300 milhões de dólares.

Esses sete hábitos das pessoas notoriamente malsucedidas são advertências importantes de como os líderes organizacionais não são apenas instrumentos de crescimento e sucesso, mas, algumas vezes também, arquitetos do fracasso. O fato de cada um dos hábitos possuir elementos valiosos para líderes serve somente para ressaltar como as pessoas que passam a atuar em torno de um líder devem ficar alertas, sejam elas outros executivos, membros do Conselho, gerentes do escalão inferior e empregados, autoridades reguladoras, ou mesmo fornecedores, clientes e concorrentes. Cada um dos hábitos, em doses pequenas, pode fazer parte de uma fórmula vencedora, porém, quando os executivos abusam, os hábitos podem tornar-se rapidamente prejudiciais. Essa é uma lição que todos os líderes atuais e futuros deveriam levar a sério.

Leitura 20

Competir de Maneira Responsável

Bert van de Ven
University of Tilburg

Ronald Jeurissen
Nyenrode Business University

Sumário: Examinamos neste estudo os efeitos de condições competitivas diferentes na determinação e avaliação das estratégias de responsabilidade social corporativa (RSC). Embora a idéia predominante do pensamento atual a respeito da ética empresarial reconheça que uma empresa deveria investir em responsabilidade social, a teoria normativa sobre o modo como condições competitivas específicas afetam a responsabilidade social de uma empresa permanece pouco desenvolvida. A intensidade da concorrência, os riscos para a reputação e o ambiente regulatório determinam as condições competitivas de uma empresa. Nossa tese central é que a força diferencial da concorrência produz uma legitimação moral diferenciada do comportamento da empresa. Quando a concorrência é acirrada ou fraca, atos ou estratégias diferentes tornam-se moralmente aceitáveis, bem como economicamente racionais. Uma empresa deve desenvolver sua própria estratégia de responsabilidade social bem como as considerações éticas.

1. INTRODUÇÃO

É amplamente aceito pela ética empresarial que uma avaliação moral da atuação da empresa deveria se concentrar no impacto da empresa sobre os direitos e interesses legítimos de seus grupos de interesse. A RSC também é definida em termos de grupos de interesse. A Comissão Européia, por exemplo, define a RSC como "um conceito pelo qual as empresas integram em base voluntária preocupações sociais e ambientais em suas operações empresariais e em sua interação com os grupos de interesse, por estarem cada vez mais conscientes de que o comportamento responsável resulta em sucesso empresarial sustentável".

Quando definimos as responsabilidades de uma empresa em termos de grupos de interesse, devemos compreender que ela é um núcleo de grupos de interesse. A empresa é um empreendimento cooperativo para benefício mútuo, uma coalização entre participantes (clientes, empregados, acionistas, fornecedores) em que todos possuem interesse econômico entre si e dependem da continuidade da empresa para sua afluência e bem-estar. Portanto, a sua capacidade para sobreviver constitui uma meta moral *instrumental* importante, tendo em vista os interesses e direitos legítimos de muitos grupos de interesse. Isso significa que as políticas e estratégias direcionadas à continuidade da empresa (operacionalizadas em termos de lucratividade, participação de mercado, crescimento, fluxos de caixa futuros etc.) precisam ser consideradas atividades moralmente justificadas logo de início. A continuidade da empresa é um valor moral importante, embora de natureza instrumental.

Isso tem relação com a RSC. Ao contrário do que a Comissão Européia indica, na citação anterior, não existe sempre uma relação positiva entre comportamento responsável e sucesso empresarial sustentável. A relação depende de muitos fatores, os importantes são as condições competitivas de uma empresa; dependendo dessas, algumas iniciativas de RSC podem ser benéficas, outras não. Portanto, nem todas as formas de RSC são factíveis para uma empresa em virtude do mercado real no qual ela precisa ter sucesso. As condições competitivas constituem uma variável interveniente, influenciando o relacionamento entre a RSC e o sucesso empresarial, e até mesmo decidindo se esse relacionamento é positivo ou negativo.

De acordo com a nossa visão, as condições competitivas afetam a responsabilidade social, bem como têm relação com a estratégia de RSC que uma empresa pode ou deveria adotar. Isso ocorre porque as condições competitivas são determinantes para a sua capacidade

Reproduzido de "Competing Responsibly", Bert van de Ven e Ronald Jeurissen, *Business Ethics Quarterly*, vol. 15, n. 2 (abril de 2005), pp. 299-317. Autorização concedida pelo Philosophy Documentation Center.

de sobrevivência, a qual representa um valor moral experimental. Por isso, os gerentes possuem a obrigação de levar em conta as condições competitivas de sua empresa em todas as decisões estratégicas que tomam, incluindo decisões sobre a RSC. No entanto, não resulta a partir daí que a capacidade de sobrevivência de uma empresa deva sempre prevalecer sobre outras considerações. Leve em conta, por exemplo, que a produção de CFCs destroem a camada de ozônio. Todas as criaturas vivas no planeta Terra possuem compromisso de evitar a produção de CFCs. Portanto, uma lei que proíba a sua produção, do modo como foi instituída nos Estados Unidos, entre outros países, é normalmente desejável, mesmo se isso significar que certas empresas geradoras de CFC não sobrevivam como resultado. Além disso, algumas vezes, o fechamento oportuno de uma empresa é legítimo, a fim de assegurar os interesses financeiros dos grupos de interesse. Finalmente, se uma determinada organização não respeita direitos humanos para continuar operando, isso não poderia ser legitimado, fazendo-se referência ao valor moral instrumental da sua capacidade de sobrevivência. Em outras palavras, se o mal de colocar em perigo a continuidade de uma empresa representa o mal menor, a sua sobrevivência será rejeitada por outras considerações morais.

Seguindo John Kay, definimos estratégia empresarial como o plano de uma corporação para cuidar dos relacionamentos com seu ambiente. Tal plano inclui decisões sobre entrada no mercado, decisões envolvendo posicionamento do produto e métodos para consolidar o relacionamento com os grupos de interesse. Um esquema pode ser articulado ou implícito, pré-programado ou emergente. O nível de elaboração consciente de um esquema por parte dos dirigentes pode variar, pois todas as estratégias são articuladas com base em uma mescla de cálculo e oportunidade, visão e experimento. A RSC como estratégia direciona-se particularmente aos aspectos sociais e ambientais da atividade empresarial. Avaliar a RSC sob a perspectiva estratégica pode parecer implicar que as responsabilidades éticas estão subordinadas a imperativos econômicos. Pode parecer que a RSC não estivesse sendo valorizada de modo intrínseco, mas apenas instrumentalmente. Surge a suspeita de que a motivação das empresas para apoiar a RSC não é verdadeiramente ética, pois não atende a seu próprio interesse. Não podemos abordar esse problema integralmente no âmbito deste estudo, porque teríamos então de nos deparar com a questão filosófica que constitui exatamente o valor moral de uma ação. Trata-se do respeito pela lei moral, conforme Kant sugeriu? Ou sentimentos morais como empatia e simpatia são condições necessárias para uma motivação verdadeiramente ética? Para fins deste estudo, é suficiente supor que, para uma estratégia de RSC ser considerada ética ou moral, não é necessário que razões de interesse próprio estejam totalmente ausentes. Além desse ponto, enfatizamos o valor moral instrumental da continuidade de uma empresa com relação ao atendimento das expectativas legítimas dos grupos de interesse. Sob a perspectiva da responsabilidade social, algo somente pode ser considerado bom quando a ética contribui para a continuidade da empresa, pois desse modo ela contribui mais para o bem-estar dos grupos de interesse e daqueles não relacionados a estes, como o ambiente. Além disso, o fato de que a RSC pode atender a finalidades estratégicas nada afirma sobre as motivações que sustentem essa responsabilidade. Talvez os membros do conselho de administração sejam motivados verdadeiramente por um senso de dever moral, talvez estejam apenas apoiando as iniciativas de RSC por serem boas para a empresa ou para eles. Provavelmente, possuem diversos motivos para integrar a RSC à sua estratégia corporativa. Sugerimos que a indicação de uma estratégia como sendo de RSC não deveria depender da motivação dos gerentes, mas somente das metas e dos resultados, do mesmo modo que ocorre em qualquer outra estratégia empresarial.

A RSC deveria fazer sentido sob a perspectiva da estratégia de competição geral de uma empresa (e de modo inverso) e teria de ser tratada como parte integrante; não somente porque isso favorece a sobrevivência de uma empresa no longo prazo, mas também porque desse modo as imposições morais dos grupos de interesse possuem a melhor probabilidade de ser tornar uma parte aceita da estrutura de tomada de decisões de uma empresa e de uma cultura organizacional. Desse modo, a relação entre ética e economia torna-se, em larga medida, uma questão de escolha estratégica, em vez de descoberta, conforme argumentou Lynn Sharp Paine.[6]

Muitos estudiosos da ética empresarial concordam que, independentemente daquilo que uma empresa faz para melhorar seu desempenho social e assumir suas responsabilidades morais, também deve ser lucrativa no longo prazo. Na maior parte das vezes, entretanto, esse relacionamento é discutido somente em termos gerais. Pouca atenção é dedicada ao relacionamento entre condições competitivas *específicas* e as possibilidades de uma empresa adotar uma estratégia específica de RSC. Sethi e Sama desenvolveram um modelo descritivo do efeito da concorrência no mercado, da estrutura do setor e dos recursos da empresa sobre a conduta empresarial ética.[7]

É importante descrever como as condições competitivas influenciam o comportamento empresarial ético, porém isso não nos informa em que extensão e em que sentido é moralmente aceitável que as condições de mercado influenciem os resultados do processo de tomada de decisões. Para responder a essa questão, teremos de examinar mais especificamente o relacionamento entre as condições competitivas e a RSC. Isso nos conduz à seguinte pergunta a ser analisada:

> Como as empresas podem competir de um modo moralmente aceitável, tendo em vista que precisam sobreviver em um ambiente no qual a concorrência é (a) mais ou menos intensa, (b) mais ou menos regulamentada e (c) mais ou menos suscetível ao escrutínio de grupos de interesse influentes?

Ao se especificar os relacionamentos entre condições competitivas específicas e estratégia de RSC, justiça maior pode ser feita às circunstâncias especiais com que se defronta uma empresa que procura compatibilizar sua responsabilidade social com a necessidade de ser lucrativa.

Para desenvolver um modelo que especifique a relação entre a RSC e a concorrência, discutiremos inicialmente a premissa de concorrência perfeita na teoria econômica. Essa premissa paralisa totalmente o debate sobre a RSC sob uma perspectiva econômica, portanto teremos de mostrar inicialmente por que, de um ponto de vista ético, a premissa precisa ser desconsiderada. Em seguida, na Seção 3, introduziremos uma conceitualização das forças competitivas e das estratégias competitivas, com base no trabalho de Porter. Nas Seções 4 a 6, examinaremos que estratégias de RSC são viáveis para empresas sob condições competitivas diferentes. Na Seção 7, chegaremos a algumas conclusões.

2. INTENSIDADE DA CONCORRÊNCIA E DAS ESTRATÉGIAS DE RSC

Por que as empresas devem almejar a lucratividade? Os lucros não são a finalidade de uma atividade empresarial, mas um meio de consolidar a empresa e remunerar colaboradores, executivos e investidores, afirma Solomon. De acordo com Peter Drucker, lucros não são a explicação, a causa ou a justificativa para o comportamento de uma empresa e as decisões dos dirigentes, mas o teste de sua validade. Steinmann e Lohr expressam uma visão similar, quando consideram a lucratividade o critério formal de sucesso das atividades empresariais. Esse critério nada afirma sobre *como* uma empresa pode ou deveria se tornar lucrativa. Embora o sistema de mercado funcione de tal modo que somente as rentáveis sobreviverão no final, isso não indica aos dirigentes que caminhos conduzirão ao sucesso corporativo. O mundo das empresas, como parte do mundo social, é construído socialmente, em vez de ser determinado economicamente. As estratégias corporativas são formadas por processos que fazem sentido, o que envolve um grau de liberdade. Portanto, uma empresa pode optar por integrar a responsabilidade social à sua estratégia corporativa. Se agir desse modo, os dirigentes provavelmente ficarão convencidos de que isso é bom para os negócios. Se uma determinada estratégia de RSC é realmente boa para a empresa, depende de como o mercado e outros grupos de interesse reagirão.

Ninguém pode apontar antecipadamente as pressões competitivas como uma condição que elimina completamente a responsabilidade social da empresa. Somente o caso hipotético da *concorrência perfeita* possivelmente seria considerado uma desculpa para não adotar a RSC. A teoria econômica tradicional afirma que, na condição de concorrência perfeita, as empresas não possuem os meios financeiros para suportar custos que são unilaterais ou que não podem ser recuperados fixando-se um preço elevado. Portanto, as iniciativas de RSC que resultem em aumentos do custo marginal simplesmente não são uma opção viável na condição de concorrência perfeita. Quando as iniciativas de RSC resultam em economia de custos ou em novas oportunidades de negócios lucrativos, como muitas vezes acontece, a concorrência perfeita não apenas permite esses tipos de iniciativas, mas são necessárias, pois resultarão na maximização dos lucros. O dilema entre lucros e moralidade é limitado, portanto, àquelas iniciativas de RSC que não conduzem a uma situação em que todas se beneficiam.

Porém, mesmo quando as iniciativas de RSC não resultarem em uma situação em que todos se beneficiam, argumentaríamos que a responsabilidade corporativa não está completamente eliminada. Uma empresa tem o dever moral de evitar uma ameaça séria à saúde, à segurança e ao ambiente, mesmo que isso signifique que vá à falência. Condições de mercado severas não são desculpas, nesse caso. Se não tiver tomado medidas unilaterais, uma empresa poderá, por exemplo, incentivar a regulamentação governamental ou a auto-regulação do setor, a fim de assegurar que todo concorrente no ramo de negócios possua os mesmos custos. As empresas sempre possuem a responsabilidade moral de ajudar a se contrapor a uma situação de mercado na qual a imoralidade conduza a uma vantagem competitiva por meio da busca de uma solução em um nível institucional superior. Esse é um caso daquilo que De George denominou "o princípio da substituição ética".[13] Em nossa opinião, esse é um dos mais importantes princípios éticos da RSC, pois desse modo uma empresa ajuda a neutralizar os efeitos colaterais negativos (ou os custos externos, conforme diriam os economistas) do sistema de livre mercado. Cada empresa, sendo uma das participantes no mercado, assume uma parte da responsabilidade coletiva de todos os participantes para promover o funcionamento ético de seu mercado.

Uma organização, em uma situação de concorrência perfeita, não possui espaço para enfrentar as responsabilidades morais que envolvem mais custos e benefícios dos concorrentes. No entanto, por ser a concorrência perfeita um tipo ideal que não possui muito em comum com a maior parte dos mercados reais, não é justificável simplesmente assumir que as empresas precisam lidar com as condições extremas dos mercados perfeitos.[14] É por esse motivo que rejeitamos a visão de Milton Friedman, que baseia parte de sua crítica da RSC nessa descrição ideal do mercado, conforme se depreende da citação: "O participante em um mercado competitivo não possui poder apreciável para alterar os termos do intercâmbio; nem sequer é visível como uma entidade distinta; portanto, é difícil argumentar que possui alguma responsabilidade social exceto aquela compartilhada por todos os cidadãos — obedecer às leis de seu país e viver de acordo com seus preceitos". Esta visão da empresa como uma entidade que possui pouca visibilidade e não tem poder para alterar as situações para melhor ou para pior é claramente falha como teoria geral. Não reconhece que as multinacionais em particular estão se tornando cada vez mais visíveis para um público global e que, em muitos mercados, as empresas possuem o poder de influenciar os termos do intercâmbio. A suposição de Friedman de que a maioria dos mercados poderia ser tratada como se não fosse perfeitamente competitiva não é, portanto, uma suposição metodologicamente apropriada de se fazer para as finalidades presentes. Sua conclusão também não é aceitável — a de que uma empresa não pode ter nenhuma responsabilidade além de aumentar seus lucros dentro dos limites da lei e do costume moral. Em virtude de a concorrência ser menos do que perfeita na maioria dos mercados reais, podemos concluir que as empresas em geral possuem efetivamente algum poder de mercado e, portanto, alguma possibilidade financeira para ampliar a RSC.

Embora não estejamos de acordo com Friedman de que, em geral, não existe espaço para uma empresa adotar iniciativas de RSC que envolvam mais custos do que benefícios em relação aos concorrentes, desejamos reconhecer, no entanto, que o funcionamento dos mercados impõe limitações naquilo que ela pode fazer com relação à RSC. Isso conduz a algumas perguntas de natureza ética. É moralmente relevante que algumas empresas tenham de se defrontar com uma concorrência feroz, ao passo que outras se valham de vantagem de uma concorrência menos intensa, quando se trata de determinar as responsabilidades morais? Faz diferença, do ponto de vista moral, o fato de uma organização arcar com custos consideráveis a fim de obedecer às leis, ao passo que a maioria de seus concorrentes não arca porque as leis não são fiscalizadas continuamente? Por fim, qual é a relevância da reputação corporativa para a RSC? A reputação como um mecanismo de coordenação sempre estimula o comportamento socialmente responsável? Propomos-nos a responder a essas perguntas nas seções a seguir.

3. FORÇAS COMPETITIVAS E ESTRATÉGIAS COMPETITIVAS

Faremos nossa análise com base na relação entre a concorrência e a RSC na pesquisa seminal de Porter sobre estratégias competitivas das empresas. Porter introduziu uma distinção entre *forças competitivas* e *estratégias competitivas*.[16] As forças competitivas determinam o grau de competitividade em um setor. São as seguintes: a entrada de novos concorrentes, a ameaça de substitutos, o poder de barganha dos compradores e fornecedores e a rivalidade entre os concorrentes.[17] Estas cinco forças influenciam os preços, custos e investimentos requeridos para uma empresa, os quais são os componentes do retorno do investimento. A entrada de novos concorrentes depende das economias de escala, da identidade da marca e das necessidades de capital. A ameaça de produtos substitutos depende do desempenho do preço relativo dos bens substitutos e da tendência do comprador para a substituição. O poder de barganha dos compradores depende, entre outros fatores, da concentração dos compradores *versus* concentração das empresas, do volume adquirido pelos compradores e da capacidade dos compradores em integrar sua cadeia de suprimentos, bem como da sensibilidade dos compradores ao preço. O poder de barganha do fornecedor depende, entre outros fatores, da concentração de fornecedores *versus* concentração de empresas, da importância do volume para o fornecedor e da existência de insumos substitutos. Finalmente, a rivalidade entre os atuais concorrentes depende de fatores como o crescimento do setor, excesso de capacidade intermitente, diferenças do produto, identidade da marca e custos de mudança.

É importante observar que, para nossas finalidades, de acordo com Porter, uma organização usualmente não é prisioneira da estrutura de seu setor. "As empresas, por meio de suas estratégias, podem influenciar as cinco forças. Se consegue moldar a estrutura, fundamentalmente pode mudar a atratividade de um setor, para melhor ou para pior. Muitas estratégias bem-sucedidas alteraram as regras da concorrência atuando desse modo."[18] As estratégias competitivas representam maneiras de uma empresa aumentar sua competitividade em um setor. Porter distingue três dessas estratégias — liderança em custos, diferenciação e foco.[19]

Na liderança em custos, a empresa empenha-se em se tornar a produtora de custo baixo em seu setor e para atingir esse status, precisa identificar e explorar todas as fontes da vantagem de custo. Normalmente, os produtores de custo baixo vendem um produto padronizado e enfatizam a obtenção de escala ou de vantagens de custo absolutas. Ter uma posição de custo baixo produz para a empresa retornos acima da média em seu setor, apesar da presença de forças competitivas intensas. Sua posição lhe proporciona defesa contra a rivalidade de seus concorrentes, porque seus custos menores significam que ainda pode auferir retornos, após seus concorrentes terem perdido seus lucros por causa da rivalidade.

Uma empresa se diferencia de seus concorrentes se é única em algo que seja amplamente valorizado pelos compradores. Seleciona um ou mais atributos que muitos compradores em um setor percebem como importantes e se posiciona de modo diferenciado para realizá-los. Se a empresa empenha-se em adotar formas únicas que os compradores não valorizam, pode ser diferente de seus concorrentes, porém não diferenciada. A melhor maneira para conhecer se um produto é verdadeiramente diferenciado consiste em observar se possui reconhecimento pela sua unicidade por meio de um preço elevado.

A estratégia do foco se apóia na escolha de um escopo competitivo limitado dentro de um setor. A empresa que adota essa estratégia seleciona um segmento ou grupo específico de compradores, um segmento da linha de produtos ou uma região de mercado específica. A estratégia se baseia na premissa de que a empresa é, portanto, capaz de atingir seu alvo estratégico limitado de modo mais eficaz ou eficiente do que os concorrentes que estão competindo mais amplamente.

Se as estratégias de RSC qualificam-se efetivamente como (parte de) uma estratégia competitiva, então possuímos um excelente argumento para apoiar a afirmativa de que a RSC pode contribuir para uma vantagem competitiva sustentável e, portanto, para a lucratividade. Para investigar isso, examinaremos alguns mercados com graus variados de concorrência e analisaremos resumidamente algumas maneiras pelas quais as estratégias de RSC podem resultar em vantagem competitiva, ou são afetados pelas características competitivas desses tipos de mercado. Para determinar que estratégias de RSC poderiam ter sucesso, também levaremos em consideração algumas características do ambiente legal e o efeito da estratégia na reputação. A combinação dessas três condições competitivas — intensidade da concorrência, ambiente legal e o efeito na reputação — determina que estratégia de RSC é apropriada comercialmente.

Vamos supor que uma determinada estrutura de um setor resultará em concorrência mais ou menos intensa, dependendo das cinco forças competitivas. É preciso uma análise extensa e trabalhosa para apresentar um quadro completo das forças competitivas em um setor. Não necessitamos de tal nível de detalhe para a finalidade teórica desse estudo. Portanto, por razões práticas, distinguiremos entre três tipos ideais ou retratos de mercados que captam a intensidade da concorrência para uma empresa imaginária em uma determinada ocasião. Vamos nos referir aos três níveis de competitividade como "acirrado", "forte" e "fraco". Essa distinção se baseia em premissas que são, evidentemente, artificiais. Empiricamente a intensidade da concorrência varia de modo gradual em função das cinco forças competitivas.

Investigaremos, para cada nível de competitividade, as oportunidades e limitações estratégicas para as empresas adotarem a RSC e lidarem com os problemas e dilemas morais. Podemos afirmar, em geral, que uma estratégia de custos baixos constitui a estratégia competitiva dominante sob a concorrência acirrada. Somente as formas de RSC que são reconciliáveis com uma estratégia de custo baixo são viáveis competitivamente na concorrência acirrada. A diferenciação é a estratégia dominante sob concorrência forte. As estratégias de RSC que auxiliam uma empresa a diferenciar-se de seus concorrentes são apropriadas na concorrência forte. Não existe uma estratégia dominante na concorrência fraca. Esse mercado não possui pressão competitiva, de modo que estratégias muito diferentes podem conduzir ao sucesso nos negócios. O Quadro 1 indica as estratégias específicas de RSC que se encontram disponíveis para as empresas sob diferentes níveis de competitividade. Explicaremos essas estratégias em maiores detalhes nas Seções 4 a 6.

4. ESTRATÉGIAS DE RSC NAS CONDIÇÕES DE CONCORRÊNCIA ACIRRADA

Definimos concorrência acirrada como um mercado no qual uma empresa possui pouco ou nenhum poder para influenciar preços, porque diversas ou todas as características da estrutura do setor enumeradas a seguir tornam as forças da concorrência muito fortes: (I) existem poucos obstáculos à entrada, por exemplo, por causa de pouca necessidade de capital e pelo fato de a identidade da marca não ser importante, (II) o produto poder ser substituído facilmente por existir uma grande propensão dos compradores para a substituição, (III) os compradores possuem grande poder de barganha, porque sua concentração é relativamente elevada, (IV) o poder de barganha dos

Quadro 1 **Estratégias Específicas de RSC em Níveis Diferentes de Competitividade no Setor**

Intensidade da concorrência	Acirrada	Forte	Fraca
Estratégia competitiva genérica dominante	Estratégia de custo baixo	Estratégia de diferenciação do produto	Custo baixo ou diferenciação do produto
Estratégia específica de RSC	Estratégia de substituição ética	Observação do espírito da lei	Todas as estratégias de RSC são possíveis
	Auto-regulação Observação da lei	Gerenciamento dos grupos de interesse	
	Proteção de reputação	Gerenciamento da reputação da marca e divulgação ética	

fornecedores é relativamente elevado devido a uma falta de insumos substitutos e (V) a concentração no setor é baixa, ao passo que o produto é (quase) homogêneo (não existe diferenciação do produto), causando grande rivalidade entre os concorrentes. Em geral, pode-se afirmar que a concorrência acirrada conduz a uma baixa rentabilidade e força as empresas a seguir a estratégia de custo baixo.

Na concorrência acirrada, as empresas não têm condições de investir em RSC, se isso resultar em custos maiores daqueles dos concorrentes, porque os compradores passarão a comprar imediatamente de um concorrente mais barato. Nas condições de concorrência feroz, uma empresa não possui capacidade financeira para absorver custos que são estruturalmente mais elevados do que aqueles dos concorrentes. Mesmo sob essas condições, existem algumas estratégias de RSC recomendáveis para as empresas. Essas são estratégias que, embora onerosas em curto prazo, são suficientemente benéficas para torná-las a opção racional na concorrência acirrada. Consideraremos três delas: substituição ética, observação da lei e proteção da reputação.

Substituição Ética

Substituição ética significa que se um conflito ético não pode ser resolvido em um certo nível de agregação social (o indivíduo, a organização, o setor ou o nível político nacional/internacional), então deve-se procurar uma solução em um nível diferente daquele no qual ocorre o dilema. A substituição ética não é relevante apenas para um mercado com concorrência perfeita, mas também para aquele com concorrência acirrada, pois as empresas individuais não podem arcar com investimentos unilaterais elevados em RSC. Nessa situação, têm o dever de buscar meios competitivamente neutros para promover a RSC no nível do setor. Um sistema de auto-regulação do setor deveria impor os mesmos custos a todos os concorrentes. Desse modo, nenhuma empresa individual corre o risco de uma desvantagem competitiva. Em um mercado com concorrência acirrada, torna-se, portanto, uma forma viável de RSC tomar a iniciativa para a auto-regulação do setor.

Obediência à Lei

Nas condições de concorrência acirrada, uma empresa usualmente precisa fixar metas modestas em relação à sua estratégia de RSC. Ela pode começar tentando cumprir as leis. Carroll identifica as responsabilidades legais como uma das dimensões da RSC.[20] Lynn Sharp Paine considera a observância à lei uma estratégia importante para o gerenciamento da ética. Ambos os autores concordam que a observância da lei não é a maior realização possível na ética empresarial, mas representa um início importante. Gostaríamos de ressaltar neste ponto que mesmo esse começo pode ser difícil para as empresas, e apresenta, algumas vezes, um sério desafio ético e competitivo.

Sob uma perspectiva ética (supondo o valor moral instrumental), uma empresa precisa assegurar-se de que mesmo o nível mínimo legal de RSC não resultará em uma desvantagem competitiva. Sem dúvida, nem todas as desvantagens de custo constituem uma desvantagem competitiva. Para tornar-se uma desvantagem competitiva, os custos adicionais teriam de ser tão elevados ou tão persistentes a ponto de ela arriscar a perder vendas para os concorrentes. Se o cumprimento da lei resultará em uma desvantagem competitiva dependerá em grande parte de certas características do ambiente legal. A obediência à lei provavelmente levará a uma desvantagem competitiva, quando os concorrentes apresentarem estruturalmente custos menores, usando brechas na lei ou quando a lei não for fiscalizada eficazmente. Em uma situação de concorrência acirrada, um grau aceitável de fiscalização teria de ser determinado pelas probabilidades de detecção e convicção e o valor da multa comparado à vantagem de custo resultante da transgressão.

Na concorrência acirrada, uma empresa pode ser fortemente pressionada a valer-se das brechas na lei, quando não seguir esse caminho resultar em desvantagem de custo relativa considerável. De modo análogo, ela poderá ser pressionada a não acatar a lei, quando não for fiscalizada eficazmente em grau suficiente para criar um ambiente satisfatoriamente igualitário entre as concorrentes.[21] Em ambos os casos, a obediência à lei poderia resultar em falência. Portanto, se uma organização deseja assegurar sua própria sobrevivência, a condição competitiva de concorrência acirrada pode forçá-la a escolher entre sua própria sobrevivência e a obrigação de cumprir a lei; sob tais condições extremas, ela se vê diante de um dilema moral. Conforme argumentamos na Seção 1, a continuidade da empresa apresenta um valor moral instrumental para todos os grupos de interesse. Assegurar a sua sobrevivência é, portanto, moralmente desejável, desde que o próprio negócio não seja de natureza imoral.[22] Por outro lado, assegurar a continuidade implicaria descumprir a obrigação moral e legal de obediência à lei. De que modo uma empresa deveria lidar com esse dilema? A *eqüidade das condições competitivas* oferece uma indicação importante para responder a essa pergunta.

As instituições legais podem criar circunstâncias que acarretem desvantagens competitivas injustas para algumas empresas. Um exemplo seria a legislação que as proíbe de pagar propinas a autoridades do governo em outros países. Os Estados Unidos possuem tal legislação com base na Lei de Práticas Corruptas no Estrangeiro, de 1977. Uma legislação similar também foi aprovada recentemente nos Países Baixos. Até o presente, o conselho de acusação investigou somente alguns casos de propina. Isso acontece não porque os gerentes holandeses obedecem tão estritamente à lei, quando se trata de corrupção. Pelo contrário, oferecer dinheiro ou dar presentes a autoridades do governo, a fim de fazê-los agir em certa direção (o que seria uma forma de extorsão), é amplamente considerado uma parte desagradável e inevitável dos negócios em algumas regiões do mundo. A fiscalização relativamente fraca das leis anticorrupção nos Países Baixos cria uma desvantagem de custo para as empresas que cumprem a lei. Essas estão em situação pior, como resultado de seu comportamento legalmente correto, ao contrário daquelas que descumprem a lei e acabam se beneficiando. Uma ausência de fiscalização da lei que crie uma desvantagem competitiva para as empresas que obedecem à lei constitui um exemplo de concorrência desleal. Se isso ocorre em um ambiente de concorrência acirrada, então julgamos que a responsabilidade das empresas por não pagar propinas poderia ser atenuada em certo grau. Nesse caso, apoiamo-nos na regra estabelecida por Velásquez de que a responsabilidade moral por um ato é atenuada (porém não eliminada) pela dificuldade de evitar o ato, entre outros fatores.[23] Compete principalmente ao governo assegurar que o ambiente legal não crie concorrência desleal. Entretanto, de acordo com o princípio da substituição ética, as entidades patronais e as organizações setoriais têm responsabilidade por exercer *lobby*, visando a aperfeiçoamentos legais nesse contexto.

Uma situação de concorrência desleal e acirrada geralmente não justifica a corrupção. Pagar propinas, seja ou não por iniciativa da empresa, cria um problema moral sério, por contribuir para a corrupção e tornar os mercados menos eficientes. Portanto, é moralmente melhor se uma empresa tentar realizar negócios sem pagar propinas. O único aspecto que desejamos ressaltar aqui é que, quando a concorrência for acirrada, acatar o valor moral de cumprimento da lei pode ter seu custo. Os gerentes podem se confrontar com escolhas morais difíceis, quando a obediência à lei tem de ser julgada em função da sobrevivência da empresa. Em virtude de o cumprimento da lei em um mercado competitivo acirrado envolver um compromisso moral e escolhas morais por parte dos dirigentes, acreditamos que essa estratégia pode ser considerada corretamente uma forma de RSC.

Proteção da Reputação

Outra estratégia de RSC possível em um mercado com concorrência acirrada é a proteção de uma boa reputação entre os clientes. Chamamos isso de uma forma de RSC porque a proteção da reputação envolve cuidar dos aspectos sociais do relacionamento que não podem ser completamente previstos em um contrato. Embora a reputação de uma empresa não esteja restrita à avaliação do desempenho passado pelos clientes (pelas pessoas e/ou por setor), mas inclui o julgamento de todos os grupos de interesse, nos limitaremos à reputação da empresa entre os seus clientes. Esse foco no cliente é motivado pelo fato de, em um mercado acirradamente competitivo, a relação entre a reputação corporativa e o comportamento de compra real ser muito importante para a continuidade da empresa. Definimos efeito sobre a reputação como o efeito cumulativo de um determinado tema nas crenças dos clientes em relação àquelas características de uma organização e de seu produto que influenciam seu comportamento na compra. As oportunidades de as empresas se valerem da proteção da reputação como uma estratégia de RSC dependem dos interesses dos clientes, que podem envolver características do principal produto, mas também políticas da companhia.

A condição de concorrência acirrada envolve a identidade da marca não ser tão importante e o produto ser quase homogêneo. Os interesses dos clientes, no que diz respeito ao próprio produto, encontram-se relacionados com as características do produto principal como qualidade, preço e disponibilidade. O produto precisa ser confiável e o preço estar em um nível comparável aos preços praticados pelos concorrentes, caso contrário os clientes comprarão um produto do concorrente, na próxima vez. Podemos afirmar, em geral, que na condição de concorrência acirrada, a reputação será afetada negativamente, se uma certa inobservância da moralidade tiver repercussões para as características do produto principal, tais como sua confiabilidade e segurança, e se os clientes estiverem cientes dessas repercussões. A magnitude do efeito negativo dependerá, evidentemente, da importância percebida dos impactos sobre a saúde ou a segurança. Se, por exemplo, houver suspeitas de a carne conter hormônios de crescimento, alguns consumidores buscarão esse produto de outra procedência. Mesmo na concorrência acirrada tais riscos à reputação devem ser evitados.

As políticas da empresa, mesmo quando não afetam a qualidade dos produtos, podem causar efeitos negativos à reputação entre os clientes, quando eles percebem que a política é imoral ou indecente. Isso poderia ser uma razão para os clientes boicotarem um produto ou uma empresa, mesmo que nenhum interesse dos clientes esteja sendo prejudicado diretamente. Empresas como Heineken, Ikea, Nike e Shell experimentaram, cada uma a seu modo, o que os riscos de uma percepção pública da irresponsabilidade social podem significar para a empresa, especialmente quando organizações não-governamentais (ONGs) escolhem uma empresa como alvo de sua campanha.

As percepções públicas de desempenho social e ambiental de uma empresa influenciam consideravelmente, algumas vezes, o comportamento de compra dos consumidores, porém a pressão da percepção pública é sentida menos intensamente no mercado *business-to-business*. Nesse caso, outros consumidores entram em cena, os quais muitas vezes estão menos preocupados com os temas sociais e ambientais. Os mercados *business-to-business* também podem ser acirradamente competitivos. Uma empresa sob tais condições nem sempre consegue preocupar-se muito a respeito de uma reputação declinante aos olhos do grande público, quando seus clientes empresariais são insensíveis a temas morais ou, mesmo, que se beneficiam com eles. Nos mercados *business-to-business*, essa distância entre ansiedade pública e interesses dos consumidores pode ser observada freqüentemente. Um exemplo disso é o caso da empresa sediada na Holanda, IHC Caland, e Premier Oil, em Mianmar (quando ainda era chamado de Birmânia). A IHC Caland havia concordado em produzir um sistema de armazenamento e de desembarque de petróleo e gás para a Premier Oil, na costa de Mianmar. Naquela ocasião, o acordo não era ilegal nos termos da legislação da União Européia. A IHC Caland, como muitas outras empresas, foi criticada por grupos de pressão por causa de sua presença em Mianmar. De acordo com esses grupos, ela estaria apoiando o regime daquele país ao contribuir para a economia e, portanto, para os meios de existência do regime. A IHC Caland, no entanto, poderia ter a expectativa de apenas alguns contratos desse volume a cada ano. Não cumprir com um deles poderia prejudicar seriamente seus resultados, além disso, ela já havia firmado um contrato com a Premier Oil. Sair de Mianmar resultaria em um descumprimento do contrato que seria prejudicial para a sua reputação no seu setor, seria uma ameaça à continuidade da sua existência em um mercado no qual os compradores possuem grande poder de negociação. A conclusão da IHC Caland a respeito do negócio em Mianmar é que somente sairia se fosse obrigada pelo governo. A IHC Caland, ao encaminhar a disputa para a resolução por um nível (político) mais elevado de organização social, invocou na realidade o princípio da substituição ética.

Concluímos que, mesmo na concorrência acirrada, diversas estratégias de RSC encontram-se disponíveis para as empresas. O cumprimento da lei também é exigido na concorrência acirrada, embora nesse caso deva haver um melhor entendimento dos custos que a obediência à lei algumas vezes impõe às empresas. A substituição ética é uma estratégia de RSC que envolve custos relativamente baixos, pois pretende igualar os custos entre os concorrentes. Interessar-se pelo potencial de resolução de problemas relativos à substituição ética sempre deve ser considerado moralmente imperativo para as empresas, quando a concorrência acirrada torna sem atração as iniciativas de RSC. Finalmente, a proteção da reputação é um meio para evitar custos elevados para as empresas, o que não é apenas economicamente viável, mas até economicamente imperativo na concorrência acirrada. No mercado *business-to-business*, entretanto, o mecanismo de reputação pode nem sempre fazer que uma empresa se alinhe com as expectativas de RSC do grande público. As empresas na concorrência acirrada inevitavelmente desapontarão o público, algumas vezes, sob uma perspectiva de RSC. Acreditamos que uma análise competitiva ajuda a compreender por que esses desapontamentos nem sempre são justificados.

5. ESTRATÉGIAS DE RSC EM CONDIÇÕES DE CONCORRÊNCIA FORTE

A expressão "concorrência forte" refere-se a mercados em que os concorrentes possuem mais condições financeiras para suportar custos devido a escolhas feitas como resultado de suas responsabilidades morais e sociais. A concorrência é forte, em vez de acirrada, se uma ou duas das cinco forças da concorrência são fracas, ao passo que as outras permanecem fortes. Por exemplo, as barreiras à entrada são elevadas por causa da importância da identidade da marca e dos custos envolvidos para desenvolvê-la. A concorrência ainda é forte em virtude das outras forças da concorrência. Nesses tipos de mercados, as margens de lucro não precisam ser tão pequenas como são naqueles com concorrência acirrada. Quando se tratar de explorar as possibilidades das estratégias de RSC, os mercados fortemente competitivos serão menos limitantes.

A estratégia genérica dominante em um mercado com concorrência forte é a diferenciação do produto. As empresas tentarão diferenciar seus produtos ou serviços perante os clientes para justificar um preço elevado. As capacidades distintas da arquitetura do contrato relacional, da reputação, da inovação, bem como dos ativos estratégicos de uma empresa (como os contratos de exclusividade comercial), constituem a base para a diferenciação do produto.[25] John Kay define arquitetura como uma rede de contratos relacionais no interior ou em torno da empresa. As arquiteturas dependem da capacidade da empresa de criar e manter relacionamentos em longo prazo e para estabelecer um ambiente que penalize o comportamento oportunista.[26]

Se uma estratégia de diferenciação do produto tem sucesso, a concorrência no mercado torna-se menos intensa do que em um mercado com concorrência acirrada, porque a diferenciação do produto resulta em uma maior barreira à entrada. Desse modo, uma empresa pode evitar a estratégia de custo baixo dominante em um mercado com concorrência acirrada. As iniciativas de RSC podem contribuir para uma estratégia de diferenciação do produto e, portanto, são apropriadas para um mercado com concorrência forte. Algumas vezes, chegam a situar-se no núcleo da própria estratégia de diferenciação. A estratégia escolhida de RSC pode apoiar-se em uma capacidade diferenciada já desenvolvida da empresa, tal como reputação ou a alta qualidade dos contratos relacionais. Uma boa reputação e uma arquitetura de alta qualidade, entretanto, também podem ser o resultado de um comprometimento no longo prazo com temas morais e as preocupações dos grupos de interesse da empresa. Discutiremos a seguir quatro maneiras pelas quais a RSC pode tornar-se uma parte integrante da estratégia empresarial na condição de concorrência forte: obediência ao espírito da lei, gerenciamento dos grupos de interesse, gerenciamento da reputação da marca e da divulgação ética e diferenciação ética do produto.

Obediência ao Espírito da Lei

Na condição de concorrência forte, uma empresa possui recursos financeiros para não somente obedecer aos ditames da lei, mas também para observar o espírito da lei. Isso requer prestar atenção aos fundamentos da lei, a fim de interpretá-la corretamente e obter uma compreensão apropriada de como a lei deve ser interpretada em situações novas.[27] Um exemplo disso é como as empresas reagem às brechas na legislação tributária. Se a intenção do legislador é conhecida, porém expressa de modo imperfeito na redação da lei, a empresa pode considerar ser sua responsabilidade social obedecer ao espírito da lei. Igualmente, uma empresa tem mais a ganhar com essa estratégia, pois capacidades distintas como uma rede sustentável de relacionamentos de longo prazo (arquitetura) e a reputação pressupõem, pelo menos, que é capaz e está disposta a cumprir seus contratos de modo não oportunista, visando ao estabelecimento de relacionamentos no longo prazo. Além disso, as adaptações da estrutura de tomada de decisões e de cultura organizacional necessárias para permitir a observância do espírito da lei são os primeiros passos na direção de um método plenamente desenvolvido para integrar as considerações morais à tomada de decisões da empresa. O gerenciamento dos grupos de interesse é um desses métodos e será discutido em seguida.

Gerenciamento dos Grupos de Interesse

O gerenciamento e a proteção das preocupações dos grupos de interesse é essencial se uma empresa deseja reforçar sua arquitetura. De acordo com Kay, a arquitetura é uma das capacidades diferenciadoras com a qual se pode obter uma vantagem competitiva. Uma das maneiras pela qual a arquitetura agrega valor às contribuições individuais é por meio da criação de uma ética cooperativa. Em nossa opinião, o gerenciamento dos grupos de interesse pode contribuir para criar um ambiente que penaliza o comportamento oportunista, monitorando-se o relacionamento da empresa com cada grupo de interesse, de modo que uma ação apropriada possa ser efetivada se algo der errado. As medidas que poderiam ser tomadas para cumprir essa meta são a auditoria social e ética, a criação de um comitê ético ou de um supervisor ético e um procedimento para lidar com as queixas, entre outros aspectos.

Pode parecer que grupos de interesse correntemente sem poder sejam irrelevantes sob uma perspectiva estratégica. Mitchell, Agle e Wood argumentaram, entretanto, que os grupos de interesse desprovidos de poder que são afetados em seus interesses pretenderão ter poder em relação à empresa para promover seus interesses.[29] Nunca se pode afirmar antecipadamente se um grupo de interesse que não possui nenhum poder para agir contra uma determinada empresa um dia não encontrará os meios para fazê-lo. Muitas vezes, tais grupos de interesse sem poder são auxiliados por ONGs para promover suas aspirações. Essa possibilidade sempre será de alguma importância para a sustentabilidade de uma empresa no longo prazo. Considere, por exemplo, as vítimas pelo regime nazista de roubo de ouro e de outros bens durante a Segunda Guerra Mundial. Os bancos que cooperaram com os nazistas durante a guerra tiveram de lidar com as reivindicações dos sobreviventes do Holocausto em uma data muito posterior. Mais recentemente, pode-se pensar no protesto do Ogoni contra as atividades da Shell na Nigéria. O movimento ambientalista não parecia suficientemente poderoso para influenciar a política da Shell. Foi somente após a execução de Ken Saro-Wiwa, pelo regime nigeriano, que a Shell foi forçada a enfrentar o problema Ogoni de uma nova maneira.

Gerenciamento da Reputação da Marca e Divulgação Ética

Outra capacidade distinta que pode ser empregada amplamente em mercados fortemente competitivos é o gerenciamento da reputação da marca. A importância da reputação da marca como uma capacidade diferenciada pode ser vista em mercados em que a qualidade dos produtos é importante, mas somente pode ser identificada por meio da experiência de longo prazo. O mercado de serviços de contabilidade oferece um bom exemplo. Um contador com registro agrega valor se representa uma empresa que possui uma reputação consolidada de independência e confiabilidade. Quando uma empresa de auditoria perde sua reputação entre os usuários de relatórios financeiros, desaparece o valor agregado da auditoria para o cliente. Somente as empresas de auditoria que têm sucesso em manter a reputação de independência e confiabilidade se manterão em atividade no longo prazo. Esse exemplo mostra-nos como a responsabilidade social de uma empresa pode ser tratada no nível estratégico de tomada de decisões.

As marcas podem ter diversas funções estratégicas. Elas são um meio pelo qual o produtor pode estabelecer a reputação do produto. Podem proporcionar continuidade. E o consumo de produtos com marca pode ser um meio pelo qual os consumidores podem expressar sua identidade. A RSC torna-se importante sob a perspectiva da marca, quando muitos consumidores valorizam uma imagem da RSC da corporação. Marcas globais como Motorola, Nike e Heineken correm grandes riscos financeiros se se associam ao trabalho infantil, à violação dos direitos humanos ou à discriminação racial. Os consumidores parecem ser excessivamente críticos do desempenho da RSC de uma empresa, quando esta representa uma marca famosa. Entretanto, não se deve superestimar o impacto da soberania do consumidor na avaliação das qualidades de um produto ou de temas éticos. Os consumidores estão sujeitos a limitações cognitivas e motivacionais e a oportunidades limitadas para obter informações sobre os produtos ou as empresas.[33]

Algumas marcas globais reagiram ao escrutínio do grande público criando um sistema de divulgação ética e social. Por exemplo, a Shell e a British Telecom publicam relatórios que incluem o parecer de auditores independentes cobrindo temas como impacto ambiental, saúde, trabalho infantil e corrupção. A divulgação pode ser uma ferramenta importante de gerenciamento da marca e também do gerenciamento dos grupos de interesse, juntando informações sobre as necessidades desses grupos e sobre o próprio desempenho da empresa. Ao divulgar seu desempenho ético e social, uma empresa pode pelo menos parecer estar se empenhando para informar seus grupos de interesse. Não importando quão imperfeita possa ser a qualidade ética da auditoria e da divulgação, será considerada mais aberta e confiável. A garantia de que é confiável já surge do mero fato de ela publicar relatórios éticos e sociais. A sinalização para os grupos de interesse é clara: uma empresa que investe em relatórios éticos e sociais não apenas se compromete com o mercado, mas reconhece que precisa obter a aprovação do grande público ao mostrar que tenta assumir suas responsabilidades. Se realmente leva ou não suas responsabilidades a sério, evidentemente, não existe a garantia da divulgação ética e social como tais. Para responder a essa questão, permanece necessário o monitoramento independente do seu comportamento. No entanto, a divulgação social e ética proporciona informações aos grupos de interesse a respeito das políticas e medidas de uma empresa em relação à RSC e é um bom começo para um diálogo posterior entre os grupos de interesse e a empresa.

Do ponto de vista estratégico, um investimento na divulgação social e ética faz sentido para as marcas globais em particular. Primeiro, são as que possuem a maior probabilidade de se tornar alvo do escrutínio público. Em segundo lugar, essas marcas se apóiam em sua reputação e, portanto, não somente têm muito a perder, mas também muito a ganhar de uma reputação de boa cidadania corporativa.

Diferenciação Ética do Produto

É possível diferenciar um produto com base em alguma qualidade ou aspecto ético, se o consumidor está disposto a pagar um preço elevado por valorizar a estratégia específica de RSC que uma empresa pretende seguir. Existem muitos exemplos dessas estratégias. Considere, por exemplo, as empresas que usam marcas associadas ao comércio justo para vender café ou bananas a um preço alto, alegando que parte do sobrepreço beneficiará pequenos agricultores que dependem de tal valor para uma "renda razoável e justa". Ao convencer os clientes do valor social oferecido pelo preço elevado, as empresas obtêm sucesso ao diferenciar seu produto "justo" do intercâmbio "injusto" usual.

Embora a estratégia da diferenciação ética do produto possa ser apropriada no caso da concorrência forte, ela também é arriscada. Se o cliente não atribui valor à afirmação ética sobre o produto, a empresa perde negócios para os concorrentes. O preço elevado será considerado injustificado. Além disso, é arriscado afirmar que um produto possui alguma qualidade ética que não existe nos outros concorrentes. Conforme o The Body Shop vivenciou, a empresa que alega seguir valores éticos no processo de produção recebe atenção crítica adicional de jornalistas e consumidores. Essa empresa foi acusada de enganar o público, pois, entre outros fatores, somente uma fração dos ingredientes dos produtos era adquirida realmente de canais de fornecimento que adotavam práticas comerciais justas, ao passo que grande parte dos ingredientes era comprada de canais de suprimento usuais (pretensamente injustos). O The Body Shop, para contrapor-se a esse tipo de crítica, investia em auditoria e divulgação social e ética.

6. ESTRATÉGIAS DE RSC EM CONDIÇÕES DE CONCORRÊNCIA FRACA

Um mercado com concorrência fraca possui diversas características que alteram a importância estratégica da RSC. A concorrência em um mercado é fraca quando todas as cinco forças da concorrência são fracas ou tendem a ser fracas: (I) a ameaça de entrada de novos concorrentes é pequena, por causa das economias de escala e de uma identidade do produto bem consolidada, (II) o produto não pode ser substituído facilmente por causa de custos de mudança elevados, (III) os compradores possuem pouco poder de barganha por sua concentração ser relativamente reduzida, (IV) o poder de barganha dos fornecedores é relativamente pequeno devido à ameaça de integração da cadeia produtiva e (V) a concentração no setor é elevada, tornando a rivalidade entre concorrentes pequena. Essas cinco forças, consideradas em conjunto, conduzem a uma concorrência fraca.

Os mercados com concorrência fraca podem ser oligopolistas ou monopolistas. Por causa de falta de concorrência em tais mercados, as organizações possuem poder de mercado, significando que podem atuar com preços maiores ou reduzir sua qualidade, sem perder muitos negócios. Em razão da falta de eficiência e de qualidade em muitos mercados com concorrência fraca, ocorre muitas vezes a intervenção do governo por meio de legislação antitruste e de órgãos controladores para proteger os interesses dos consumidores e do público. O poder de mercado, entretanto, também pode ter alguns efeitos positivos, permitindo a uma empresa investir em RSC. Uma empresa em um mercado fracamente competitivo possui condições financeiras e gerenciais para escolher quaisquer das estratégias de RSC descritas nos capítulos anteriores. Trata-se de uma outra questão se essas estratégias seriam escolhas igualmente inteligentes.

A observância do espírito da lei faz sentido em um mercado com concorrência fraca, porque desse modo uma empresa pode evitar ou reduzir a possibilidade de intervenção (adicional) do governo. A maior parte considera ser de seu interesse evitar a intervenção do governo, porque desse modo possuem maior controle da situação. Se uma empresa em um mercado com concorrência fraca se abstém de usar erroneamente seu poder de mercado, realmente elimina a necessidade de intervenção do governo. No entanto, quando interesses importantes dos consumidores ou do grande público estão em jogo, por exemplo no transporte público ou no fornecimento de energia, a observância da lei pode não ser o suficiente. Se interesses importantes estão em jogo, a insatisfação dos consumidores ou do público pode se tornar facilmente um tema político. É por esse motivo que nesses tipos de mercado é do interesse da empresa manter satisfeitos, pelo menos, seus principais acionistas, usando a estratégia de gerenciamento dos grupos de interesse ou alguma maneira de divulgação ética. Afinal, essas ferramentas do gerenciamento ético beneficiam não apenas os grupos de interesse, mas também melhoram a qualidade geral do gerenciamento, ao permanecer alerta às expectativas sociais em alteração.

7. CONCLUSÕES

Neste estudo, analisamos a questão de como as condições competitivas específicas afetam a RSC e quais estratégias de RSC são viáveis para uma empresa em diferentes condições competitivas. A condição competitiva pode ser definida por três características: a intensidade da concorrência, o ambiente legal e os riscos à reputação.

O principal argumento moral em que se baseia nossa análise é o de que, em geral, a continuidade de uma empresa possui valor moral instrumental, porque normalmente todos os grupos de interesse possuem uma preocupação legítima com essa continuidade. Se, no entanto, uma pessoa ou um grupo está em melhor situação, caso uma atividade empresarial seja encerrada, os dirigentes precisam levar em conta direitos e obrigações de tal modo que opte pelo mal menor. Se isso significar que a empresa não será capaz de sobreviver, esse é o mal menor em tal caso. Se, entretanto, a maioria dos grupos de interesse com preocupações legítimas possui um interesse na continuidade da empresa a fim de assegurar seus direitos, e se essa continuidade significa que seus interesses não podem ser plenamente assegurados, esse poderia ser o mal menor que deveria ser escolhido. Por exemplo, de uma perspectiva ética dos direitos e obrigações, as preocupações de todos os grupos de interesse não se sobrepõem aos direitos fundamentais à liberdade, à vida e à propriedade. Partindo dessas premissas, concluímos que a concorrência acirrada pode ser um fator de alívio moral por fazer uso de brechas na lei ou violar a lei. Essa situação, evidentemente, depende dos temas morais em torno de uma determinada lei. Concluímos que a observância legal já pode ser uma estratégia de RSC ambiciosa para as empresas que têm de lidar com a concorrência acirrada.

No caso da concorrência forte, existe mais espaço para outras estratégias de RSC que podem contribuir para a diferenciação do produto. Analisamos brevemente as estratégias de observância do espírito da lei, de gerenciamento dos grupos de interesse e da reputação da marca, e da divulgação ética e da diferenciação ética do produto. Essas estratégias, em um grau elevado, são uma resposta necessária às demandas de diversos grupos de interesse que possuem a opção de passar a comprar de um concorrente.

Constitui uma característica definidora de um mercado com concorrência fraca simplesmente não possuir esse tipo de pressão competitiva. O ambiente legal, no entanto, oferece efetivamente uma razão para que as empresas nesse mercado adotem alguma forma de RSC, por causa do risco de intervenção do governo. Outras razões para que as empresas em um mercado com concorrência fraca adotem uma estratégia de RSC mais ambiciosa são de natureza mais intrínseca, como o desejo dos dirigentes de fazer parte de uma "boa" ou "bem gerenciada" empresa.

Analisamos as relações entre a estratégia de RSC escolhida e as condições competitivas com as quais se defronta uma empresa. Isso, de uma perspectiva estratégica, pode parecer auto-evidente no entanto, de uma perspectiva moral, é tudo menos auto-evidente, enfatizar o valor moral da sobrevivência de uma empresa. Não estaríamos priorizando o interesse próprio organizacional acima de todos as demais preocupações dos grupos de interesse, e, portanto, acima das obrigações morais que se sobrepõem ao interesse próprio? De certo modo sim, mas somente até o ponto em que desejamos reconhecer que todo sistema em operação precisa se reproduzir, a fim de ser capaz de cumprir qualquer dever que lhe seja imposto ("dever significa ser"). Somente se a moralidade é mais bem observada pela cessão imediata das atividades da empresa, essa prioridade perde sua validade. Afinal, as razões para priorizar a sua sobrevivência são de natureza moral.

Descrevemos as principais características de uma estrutura normativa que especifica como as empresas podem competir de um modo moralmente aceitável em função das características de seu ambiente competitivo. Pesquisas empíricas adicionais poderiam proporcionar informações mais detalhadas sobre os mecanismos por meio dos quais as condições competitivas realmente influenciam as estratégias de RSC que as empresas implementam. Uma hipótese derivada de nossa estrutura é que quanto mais as empresas integrarem a RSC à sua estratégia corporativa, em melhor situação estarão para atender às demandas legítimas de seus grupos de interesse. Também tornam-se necessárias mais pesquisas aprofundadas, de uma perspectiva moral e estratégica, sobre os potenciais estratégicos de RSC diferentes em várias condições competitivas. Desse modo, a ética empresarial poderia desenvolver uma abordagem eventual da RSC, em vez de procurar uma melhor ética para todas as empresas.

Notas

1. R. E. Freeman, *Strategic Management: A Stakeholder Approach* (Boston: Pittman, 1984); R. E. Freeman e W. M. Evan, "Corporate governance: a stakeholder approach", *Journal of Behavioral Economics*, n. 19, 1990, pp.337-359; A. Wicks, D. Gilbert e E. Freeman, "A feminist reinterpretation of the stakeholder concept", *Business Ethics Quarterly*, 4(4), outubro de 1994; Th. Donaldson e L. E. Preston, "The stakeholder theory of the corporation: Concepts, Evidence and Implications", *Academy of Management Review* 20(1), 1995, pp. 65-61; N. E. Bowie, *Business Ethics: a Kantian Perspective* (Malden, Mass.: Blackwell, 1999); R. K. Mitchell, B. R. Agle e D. J. Wood, "Toward a theory of stakeholder identification and salience: the principle of who and what really counts", *Academy of Mangement Review* 22(4), 1997, pp. 853-886.
2. Comissão das Comunidades Européias, *Communication from the Commission Concerning Corporate Social Responsibility: A Business Contribution to Sustainable Development* (Bruxelas: COM), 2002, final do n. 347, p. 3 (http:www.europa.eu.int/comm/employment_social/soc_dial/csr/csr_index.htm).
3. S. Douma e H. Schreuder, *Economic Approaches to Organizations* (Nova York: Prentice Hall, 1991), p. 66.
4. J. Kay, *Foundations of Corporate Success* (Oxford: Oxford University Press, 1993), pp. 8-9.
5. Compare C. W. Hill e T. M. Jones, "Stakeholder — Agency Theory", *Journal of Management Studies* 29 (1992), p. 145: "Obviamente as demandas de grupos diferentes podem estar em conflito... No entanto, em um nível mais geral, cada grupo pode ser considerado tendo um interesse na existência contínua da empresa". Esse trecho também é citado com aprovação no artigo recente de R. Phillips, R. E. Freeman e A. C. Wicks "What stakeholder theory is not", *Business Ethics Quarterly* 13(4), 2003, p. 484.
6. L. Sharp Paine, "Does ethics pay?", *Business Ethics Quartely* 10(1), 2000, pp. 319-330.
7. S. P. Sethi e L. M. Sama, "Ethical behavior as a strategic choice by large corporations: the interactive effect of marketplace competition, industry structure, and firm resources, *Business Ethics Quarterly* 8(1), 1998, pp. 85-104.
8. R. Solomon, *Ethics and Excellence. Cooperation and Integrity in Business* (Oxford: Oxford University Press, 1992), p. 44.
9. P. Drucker, *Management: Tasks, Responsabilities, Practices* (Nova York: Harper & Row, 1974), p. 60.
10. H. Steinmann e A. Lohr, "Unternehmensethik: ein republikanisches Programm in der Kritik", em *Markt und Moral: Die Diskussion um die Unternehmensethik,* organizado por S. Blasche, W. Kohler e P. Rohs (Berna: Haupt, 1994), p. 156.
11. Steinmann e Lohr, "Unternehmensethik", p. 147.
12. W. Baumol, "(Almost) perfect competition (contestability) and business ethics" em W. Baumol e S. Batey Blackman, *Perfect Markets and Easy Virtues: Business Ethics and the Invisible Hand,* (Cambridge, Mass.: Blackwell, 1991), pp. 1-23; Kihomann e F. Blome — Drees, *Wirtschafts und Unternehmensethik* (Gottingen: Vandenhoeck und Ruprecht, 1992), p. 42; Sethi e Sama, "Ethical behavior as a strategic choice by large corporations", p. 90.
13. R. De George, *Competing with Integrity in International Business* (Oxford: Oxford University Press, 1993), p. 97.
14. Steinmann e Lohr, "Unternehmensethik", p. 170.
15. M. Friedman, *Capitalism and Freedom* (Chicago: University of Chicago Press, 1962), p.120.
16. M. E. Porter, *Competitive Strategy: Techniques for Analyzing Industries and Competitors* (Nova York: Free Press, 1980); M. E. Porter, *Competitive Advantage: Creating and Sustaining Superior Performance* (Nova York: Free Press, 1985).
17. Porter, *Competitive Advantage,* p. 4. 17.
18. Idem, p. 7.
19. Porter, *Competitive Strategy,* p. 35.
20. A. Carroll, *Business and Society* (Boston: Lihle Brown, 1981); L. Sharp Paine, "Managing for organizational integrity", *Harvard Business Review,* mar.-abr. 1994, pp. 106-117.
21. Sethi e Sama, "Ethical behavior as a strategic choice by large corporations", p. 90.
22. Pode-se discordar que a falência também poderia significar que os interesses de alguns grupos de interesse estão protegidos. Embora a falência possa ser a melhor solução no caso de insolvência, também significa que os interesses dos grupos de interesse deixam de existir. Seria possível argumentar que esse não é um problema moral, pois após a falência os ativos passarão a ter uso mais eficiente. Portanto, a utilidade total se beneficiaria com a falência.

Esse argumento, entretanto, é baseado na suposição de que o mercado é eficiente. Isso significa, entre outras coisas, que as regras que controlam o mercado afetam todos os concorrentes da mesma maneira. No entanto, conforme argumentamos, uma ausência de fiscalização da lei pune a observância legal e beneficia as empresas que não a obedecem. Nessas circunstâncias pode ocorrer que uma empresa eficiente e cumpridora da lei entre em falência, ao passo que uma ineficiente e não cumpridora sobreviva. Como resultado, a otimização social não será atingida.

23. M.Velasquez, *Business Ethics: Concepts and Cases*, 3ª ed. (Englewood Cliffs, N. J.: Prentice Hall, 1992), p. 40.
24. Fombrun e Rindova definem reputação corporativa da seguinte maneira: "A reputação corporativa é uma representação coletiva das ações e dos resultados passados de uma empresa que descreve a capacidade de ela oferecer resultados com valor para os diversos grupos de interesse. Ela avalia a posição relativa de uma empresa internamente com os colaboradores e externamente com seus grupos de interesse nos ambientes competitivos e institucional". C. Fombrun e C. van Riel, "The Reputational Landscape", em *Revealing the Corporation. Perspectives on Identity, Image, Reputation, Corporate Branding, and Corporate-Level Marketing*, organizado por J. Balmer e S. Greyser (Londres-Nova York: Routledge, 2003), p. 230.
25. Key, *Foundations of Corporate Success*.
26. Idem, pp. 66-86.
27. Steinmann e T. Albrich, "Business ethics in U. S. corporations: results from an interview series", em P. Ulrich e J. Wieland, *Unternehmensethik in der Praxis. Impulse aus den USA, Deutschland und der Schweiz* (Berma: Haupt, 1998), p. 75.
28. Steinmann e Olbrich, "Business ethics in U. S. Corporations", p. 75.
29. "Sugerimos que uma teoria de identificação e destaque do grupo de interesse precisa de algum modo levar em conta prováveis grupos de interesse caso seja abrangente e útil, porque tal identificação pode, no mínimo, ajudar as organizações a evitar problemas e talvez até mesmo aumentar a eficácia." Mitchell, Agle e Wood, "Toward a theory of stakeholder identification and salience", p. 859.
30. Kay, *Foundations of Corporate Success*, p. 87.
31. Idem, p. 263.
32. N. Klein, *No Logo: No Space, No Choice, No Jobs: Taking Aim at the Brand Bullies* (Londres: Flamingo, 2000).
33. M. J. Sirgy e C. Su, "The ethics of consumer sovereignty in an age of high tech", *Journal of Business Ethics* 28 (2000), pp. 1-4 e 2-9.
34. Consulte, por exemplo, os artigos de John Entine, que acompanhou The Body Shop sob o aspecto crítico durante uma década até o presente: J. Entine, "The Body Shop: Truth and Consequences", *Drugs and Cosmetics Industry* (janeiro de 1995), pp. 57-60; J. Entine, "Body flop: Anita Roddick proclaimed that business could be caring as well as capitalist. Today the Body Shop is struggling an both counts", *R.O.B: Toronto Globe and Mail's Report on Business Magazine,* 31 de maio de 2002.

> # Leitura 21

O Processo de Compromisso Ético: Sustentabilidade por Meio da Ética com Base em Valores

Jacquelyn B. Gates
Soaring, LLC

Embora a maioria das organizações decida adotar um programa formal de ética, as manchetes recentes indicam uma situação muito diferente, divulgando histórias de escândalos financeiros disseminados e de práticas empresariais desprovidas de ética que tornam a designação *código de ética nos negócios* um paradoxo.

O risco de exposição vergonhosa parece desaparecer em comparação ao atrativo do ganho financeiro imediato. As camadas de cobertura e os anos de engano gradual atestam uma audácia sem receio por parte dos colaboradores e executivos. É evidente que as atuais estratégias de ética nos negócios são ineficazes. Além disso, a saúde ética geral da sociedade como um todo parece estar em crise. Existe alguma força da consciência individual motivando os funcionários a aderirem a valores e à ética, não importando o custo?

David Callahan, em seu livro *The Cheating Culture*, alega que hoje os norte-americanos estão enganando mais do que nunca, para progredirem. Em outras situações, empregados honestos caem na armadilha da desonestidade quando se tornam frustrados após tentar obedecer às regras e ser suplantados continuamente por desonestos que raramente são punidos, ou o são de modo superficial. Surge um entendimento de que não existe uma verdadeira "oportunidade igual" e aparece, portanto, a necessidade de enganar para progredir. Callahan cita exemplos de desonestos corporativos que "receberam uma punição leve, enquanto criminosos pouco conhecidos cumprem longas sentenças na prisão". Portanto, ele afirma, os desonestos norte-americanos se classificam em uma de duas categorias: uma "Classe Vencedora", que possui dinheiro e influência suficientes para enganar sem ser apanhada, e uma "Classe Ansiosa", que acredita que não ser desonesto os fará perder uma oportunidade valiosa para alcançar o sucesso.

O resultado? Uma cultura difundida de desonestidade que cria seu próprio cálculo ético — substituir integridade por aquilo que parece dar certo. Callahan formula questões instigantes, perguntando como trabalhadores, alunos, atletas e outros continuarão a fazer aquilo que é correto se a única garantia evidente é a de que serão suplantados? Que aluno competitivo do ensino médio tolerará uma classificação inferior à de outros alunos que estão progredindo sendo desonestos? Que advogado de um escritório de advocacia ansioso por tornar-se sócio deseja cobrar honestamente por seu tempo, quando outros estão cobrando por mais horas do que trabalharam, tornando assim mais fácil suas promoções?

O tema das estratégias de ética corporativa ineficazes parece ser fortemente ofuscado pela necessidade de incentivar uma cultura de "o vencedor leva tudo". As empresas norte-americanas, mais do que reinventar as políticas, os programas e as penalidades associadas à ética, precisam começar a fazer sua parte para incentivar uma mudança de comportamento, uma transformação do caráter e uma reintrodução da consciência da responsabilidade e dos valores pessoais.

Tarefa difícil? Não se os Estados Unidos se juntarem aos educadores, ao governo e às famílias em uma ampla iniciativa para inspirar uma reforma. A mudança precisa acontecer de alto a baixo, e uma colaboração abrangente é o que se torna necessário para se unir contra o desaparecimento da "confiança social" e do "sacrifício coletivo", que Callahan usa para descrever os Estados Unidos *antes da cobiça*.

Reproduzido de "The Ethics Commitment Process: Sustainability through Value – Based Ethics", Jacquelyn B. Gates, *Business and Society Review*, vol. 109, n. 4, dezembro de 2004, pp. 493-505. Copyright 2004 by Blackwell Publishing Ltd. Autorização concedida para esta publicação.

As empresas precisam começar olhando internamente e tornando-se ativamente introspectivas, formulando perguntas difíceis e fazendo mudanças ousadas. O próprio caráter norte-americano deve se concentrar em torno de valores há muito esquecidos, integrando esse pensamento em todos os aspectos da organização.

Após uma empresa ter optado por aliar-se à luta contra uma "cultura de desonestidade", existem alguns passos básicos que pode adotar visando à reforma. Esta análise investigará como as organizações podem cultivar uma cultura de ética com base em valores, consolidar a reputação corporativa por meio do caráter e da confiança e aumentar a participação de mercado pelo valor ético agregado.

VALORES EM AÇÃO

Em 1992, a empreendedora Rosemary Jordano se propôs a desenvolver um centro corporativo modelo, de cuidados emergenciais para as crianças. Sua pesquisa detalhada revelou uma lista de qualidades que os clientes do empregador, os pais, professores e crianças consideravam ser mais importante para oferecer melhores serviços e atendimento. Essas cinco qualidades tornaram-se o fundamento da "Iniciativa de Qualidades Humanas", *um empenho contínuo para dar mais clareza sobre quem somos, a quem atendemos e como os atendemos. Nossos clientes, crianças, pais e corporações vêem refletidos em nossos centros não somente aptidões profissionais muito eficazes, mas também as manifestações tangíveis dessas qualidades humanas essenciais para uma formação excepcional. Ao focar essas qualidades humanas, continuamos a ressaltar o modo como atendemos cada criança e cada família.*[1]

Em 1992, a empresa Childrenfirst foi instituída em Boston e, desde essa época, tem-se ampliado para atender mais de 260 clientes em 32 centros. Durante toda a história da Childrenfirst, a Iniciativa de Qualidades Humanas foi integrada a todas as facetas da empresa, da contratação ao treinamento, comunicações diárias, reuniões locais e regionais, resolução de conflitos e padrões de desempenho e incentivo. A Iniciativa de Qualidades Humanas forma a base para todas as interações e representa a medida do sucesso verdadeiro da empresa.

A Iniciativa de Qualidades Humanas, mais do que um código de conduta, inspirou um senso de propósito, responsabilidade e integridade na Childrenfirst. Ela forma um padrão de comportamento, mas também capacita os colaboradores a pensar criticamente sobre como suas ações os afetam e, também, a seus pares, clientes e crianças atendidas. Existe uma expectativa em todo o ambiente empresarial de que os funcionários realizam sua parte para influenciar a cultura e, se não o fizerem, deixam expostas áreas de vulnerabilidade perigosa. Há um sentido de propriedade, uma percepção aguçada de que cada funcionário(a) "possui" uma parte da cultura geral da empresa com responsabilidade para cuidar, incentivar e ser responsável por sua parte na realização da visão corporativa.

O compromisso da Childrenfirst com seus valores comprovados tem inspirado um sucesso contínuo e sustentável.

MAIS DO QUE UM CÓDIGO

Um código de conduta com base meramente no cumprimento dos preceitos não possui a força ou a substância para produzir uma mudança da cultura. Sozinho, possui autoridade estagnada que não incentiva um pensamento analítico por parte do colaborador. A existência do código de conduta indica que simplesmente acatar as regras constitui um comportamento ético. Porém, o verdadeiro comportamento ético é mais do que observar a lei; é a compreensão do valor da lei e do que a lei está tentando efetivar. A lei é somente um meio para um fim, e quando uma empresa baseia suas estratégias de ética na lei, em vez de nos valores que ela representa, não produzirá uma cultura na qual a responsabilidade pessoal impulsiona o pensamento crítico e a tomada de decisões.

Por outro lado, as organizações que baseiam seu processo de ética somente em uma lista de valores têm o mesmo problema. Mesmo que os valores sejam importantes para a liderança e o sucesso da empresa, se os líderes fizeram pouco para disseminar como esses valores deveriam manifestar-se nas atividades diárias, restará aos funcionários tomar decisões medianamente não fundamentadas, com pouca ou nenhuma responsabilidade.

Quando a lei (ou as regras com base na obediência) e os valores se fundem em um conjunto de princípios que se influenciam mutuamente, tornam-se ferramentas úteis que ajudam a obter maior compreensão e responsabilidade dentro da organização. Um programa de ética bem-sucedido é o produto de uma junção adequada dos dois princípios.

O diagrama a seguir ilustra como os valores, a obediência e a sinergia dos dois princípios operando juntos criam um programa bem-sucedido.

Vértice 1 do triângulo: As organizações são formadas por pessoas — colaboradores que, ao exemplificar valores

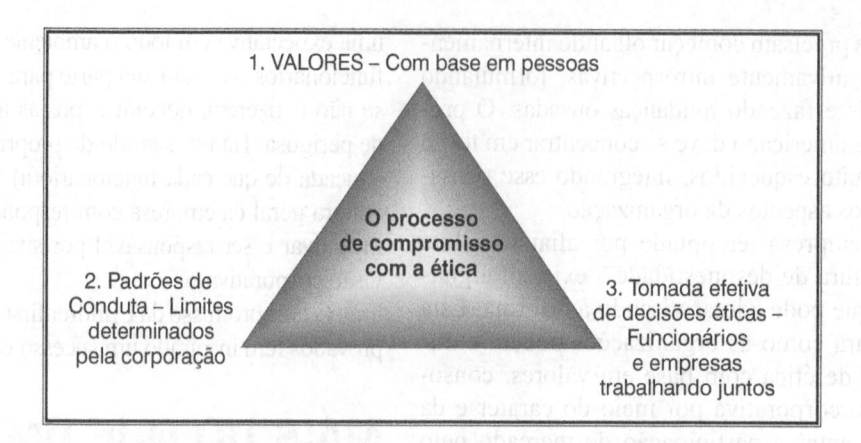

```
                    1. VALORES – Com base em pessoas

                              O processo
                           de compromisso
                             com a ética

      2. Padrões de                              3. Tomada efetiva
      Conduta – Limites                          de decisões éticas –
      determinados                                  Funcionários
      pela corporação                                e empresas
                                                 trabalhando juntos
```

compartilhados, constituem a maior demonstração do valor e do potencial da empresa.

Vértice 2 do Triângulo: Os padrões empresariais devem operar como "limites seguros", que oferecem orientação de modo muito parecido a faixas que orientam os carros nas rodovias, à medida que eles se dirigem ao seu destino.

Vértice 3 do Triângulo: Os funcionários, ao integrar os valores da empresa em suas rotinas diárias e acatar os padrões empresariais, estarão mais bem preparados para a tomada de decisões éticas. O funcionário deve comprometer-se com a empresa e a empresa, com seus funcionários. Juntos, devem (1) ter compromisso em incorporar continuamente os valores a todos os aspectos da empresa, (2) ter permissão para a tomada de decisões autônoma com base na implementação dos valores e (3) proporcionar padrões de conduta razoáveis com reforço contínuo.

Qualquer um desses elementos sem o outro resultará em uma perspectiva desequilibrada — seja um excesso de ênfase nas pessoas sem existir uma estrutura, seja muita estrutura sem dar aos colaboradores autoridade e uma oportunidade para o desenvolvimento crítico de soluções realizáveis para os dilemas éticos.

Juntos, os três elementos — valores, padrões e tomada efetiva de decisões éticas — formam um "Processo de Compromisso com a Ética". Quando todas as três partes têm o compromisso de trabalhar juntas para desenvolver uma corporação ética, a empresa posiciona-se para o sucesso de longo prazo.

Esse processo é mais do que uma tendência, mais do que uma obediência e mais do que um esforço reativo. Tem a ver com a conquista da excelência corporativa por meio do processo de ética como um compromisso contínuo com valores corporativos e pessoais. Os valores de confiança, integridade e qualidade são os fundamentos para demonstrar aos grupos de interesse que uma empresa está "fazendo a coisa certa". No final, a confiança será tal qual a participação de mercado.

PENETRAÇÃO MAIS PROFUNDA — INFLUÊNCIA PERMANENTE

Um sistema de ética não consegue influenciar a mudança a não ser que seja:

- Motivado por um conjunto de valores básicos inspirados.
- Explicado por comunicações e materiais de treinamento contínuos.
- Apoiado por um sistema de reconhecimento e incentivos constantes e de penalidades imediatas.

Tom Peters e Bob Waterman escrevem em seu livro *In Search of Excellence*: "Toda empresa que estudamos, que prima pela excelência, tem clareza quanto às suas finalidades e leva a sério o processo de formação de valores. Na realidade, indagamos se é possível ser uma empresa que prima pela excelência sem clareza quanto aos valores e sem possuir os tipos certos de valores".

Valores constituem características de organização que são visionárias, claras, realizáveis e focadas no elemento humano. Eles promovem integridade, defendem o respeito por outros e revitalizam um senso de comunidade entre os colaboradores.

A tomada de decisões éticas baseia-se em ações que refletem os valores da empresa. Escolher entre dois direitos torna-se uma questão de "que solução reflete mais de perto nossos valores e nos proporciona a maior sustentabilidade no longo prazo"? Em pouco tempo, os valores tornam-se o próprio caráter da organização.

A palavra caráter origina-se do grego *charakter*, que significa "ferramenta para gravar". Essa definição traz à tona a noção de que nossas experiências deixam uma marca indelével em nossas atitudes e opções na vida. Elas moldam nosso caráter. De modo idêntico, nosso caráter molda e influencia nossas ações, exerce um impacto em nosso trabalho e afeta a tomada de decisões.

A integridade é um dos valores mais essenciais. A palavra integridade origina-se do latim *integer*, que significa "inteiro" ou "completo". Constitui o alinhamento de crenças profundamente arraigadas (isto é, valores) com ações e decisões do dia-a-dia. Integridade é a qualidade que preenche o hiato entre idéias e ação e motiva os colaboradores a obedecerem. Na realidade, as organizações e as pessoas formam o caráter exercendo a integridade.

À medida que os valores corporativos se transformam no caráter da organização, vão deixando uma marca na reputação corporativa, na liderança, nos colaboradores e nos grupos de interesse.

Uma ênfase corporativa nos valores incentivará uma atmosfera de confiança e capacidade para ação dentro da organização. Quando os colaboradores sentem-se na posição de que estão trabalhando para um ditador, ou um conjunto de regras ditatoriais, são menos produtivos, há mais rotatividade de pessoal e menos oportunidade para a resolução criativa de conflitos.

O PAPEL DA LIDERANÇA

Todas as empresas possuem uma missão — uma declaração ou idéia *daquilo* que desejam realizar. Os valores da empresa descrevem *como* ela cumprirá essas metas e esses objetivos.

A fim de obter o apoio dos colaboradores, incentivar um ambiente de trabalho produtivo e criar sustentabilidade, a liderança precisa exemplificar e comunicar os valores básicos da empresa.

À medida que a liderança incorporar valores — de modo contínuo e privado — os colaboradores encontrarão segurança e terão responsabilidade ao saber que existem expectativas razoáveis e padrões claros sem exceção.

A liderança que motiva os colaboradores a serem éticos os auxilia a aceitar a visão da empresa como se fosse sua. Quando os colaboradores conhecem o seu lugar e compreendem como as suas funções contribuem para a visão geral da empresa, estão dispostos a aceitar os valores e padrões como um meio de realizar um "destino" comum. Desse modo, os valores não são um conjunto de ideais distante. Os colaboradores, preferencialmente, "possuem" a visão e os valores que dão credibilidade à visão!

ELEMENTOS DO PROCESSO DE COMPROMISSO ÉTICO

Um processo de ética bem-sucedido e visionário inclui os seguintes elementos:

- Um conjunto desenvolvido de valores provados e compartilhados tendo em mente todos os grupos de interesse.
- Princípios orientadores que indicam como os valores se tornarão operacionais.
- Padrões de obediência e responsabilidade.
- Aptidões para o pensamento crítico.
- "Autonomia moral" — exercer reflexão ética usando o padrão de pensamento: parar — pensar — perguntar — decidir — agir.
- Um meio de apoio concreto, isto é, uma linha telefônica de atendimento, preferencialmente confidencial e terceirizada, de modo que os colaboradores não tenham receio de exposição ou punição.
- Treinamento e discussão.
- Comunicações constantes — valores, princípios e padrões devem ser conhecidos, discutidos regularmente e integrados nas comunicações interdepartamentais bem como nas comunicações externas.
- Uma revisão pela liderança da ética em ação dentro da empresa, para demonstrar o compromisso da liderança com a ética (uma das maneiras possíveis, não a única).
- Uma avaliação do risco da ética — um processo efetivado com todo cuidado para avaliar a coerência entre as oportunidades de negócios e os valores.
- Um análise periódica da eficiência (isto é, pesquisas, grupos de discussão). Os programas de ética devem possuir flexibilidade interna e evoluir com o tamanho, o escopo e a finalidade da empresa. A auto-avaliação deve ser realizada objetivamente por meio do auxílio periódico de terceiros.

As organizações devem iniciar o processo, fazendo a liderança desenvolver um conjunto de valores básicos a partir das contribuições de funcionários, clientes e grupos de interesse. Obter a aceitação pelo empregado é fundamental, e isso é feito ajudando os colaboradores a considerarem a visão corporativa como a sua própria, incentivando uma cultura onde participam de um ambiente que valoriza o trabalho em equipe e a responsabilidade.

A aceitação também é facilitada ao longo do tempo por meio de comunicações regulares e de treinamento constante. O treinamento não deve ser visto somente como um exercício de aperfeiçoamento das aptidões, mas uma mudança comportamental implementada por metodologias de mudança comprovadas.

Políticas e programas práticos são ampliados por uma estrutura organizacional da ética poderosa e estratégica. Existe um número de elementos que auxiliam, incluindo um executivo confiável e responsável perante o público, pela ética da empresa, subordinado diretamente ao alto escalão, preferencialmente ao CEO; reconhecimento público e medidas de responsabilidade; e parcerias interdepartamentais sólidas, incluindo Segurança, Jurídico, Recursos Humanos, Relações Trabalhistas, Segurança Ocupacional e Auditoria Interna, apenas para citar alguns exemplos.

Quando esses processos e estruturas são implementados de modo contínuo, as empresas posicionam-se para enfrentar os desafios do tempo e do crescimento no longo prazo, para serem organizações sustentáveis.

SUSTENTABILIDADE: A CHAVE PARA O SUCESSO E A LUCRATIVIDADE NO LONGO PRAZO

Existe um princípio na natureza denominado Lei de Plantar e Colher, afirmando que o tipo de semente espalhada hoje resultará em um fruto de qualidade amanhã.

Há uma força similar atuando na empresa, de que aquilo que é determinado, investido, organizado e implementado hoje produzirá um resultado análogo em uma ocasião futura. Uma organização pode preparar-se para enfrentar desafios imprevistos, assegurar a integridade em suas promessas e um futuro lucrativo para seus grupos de interesse, dedicando interesses e recursos aos fatores que criarão a sustentabilidade no longo prazo.

Em 2002, a Pricewaterhouse Coopers (PwC) pesquisou 140 empresas de grande porte, sediadas nos Estados Unidos, para constatar com que sucesso as empresas norte-americanas estavam reagindo ao desafio de elevar a sustentabilidade no longo prazo.

A PwC descobriu que, em geral, os entrevistados compreendiam que (desde o grande número de escândalos contábeis) o público agora considerava as empresas "até mais responsáveis por suas atividades ambientais, sociais e econômicas — e por seus efeitos. Porém, *menos de 30%* possuíam programas para identificar e avaliar sistematicamente esses riscos relacionados à sustentabilidade".[3] Sem esses programas, existe um risco e um encargo significativos para a empresa.

No outono de 1982, morreram sete pessoas no West Side de Chicago porque cada uma delas havia ingerido um Tylenol Extra-Strength revestido com cianeto. A notícia causou um pânico geral em todo o país.

Logo que foi descoberta a relação entre as mortes e o Tylenol, a polícia começou a percorrer toda a cidade de Chicago anunciando o perigo por alto-falantes. As redes nacionais de televisão divulgaram as mortes e, no dia seguinte, a Food and Drug Administration alertou os consumidores para simplesmente evitarem as cápsulas de Tylenol. Logo, transgressores acostumados a imitar produtos tentaram comprometer ainda mais os medicamentos vendidos sem prescrição médica. Quem compraria novamente um frasco de Tylenol?

Em 1984, o vazamento químico da Union Carbide, em Bhopal, na Índia, vitimou mortalmente mais de 22 mil pessoas. Inicialmente, a empresa negou qualquer ação lesiva e não admitiu diretamente a extensão do dano. A Union Carbide nunca se recuperou plenamente de seus problemas financeiros e da perda de confiança do público por causa do modo como o incidente foi administrado.

Quando a Source Perrier detectou traços de benzeno em suas águas engarrafadas, a empresa alegou que a contaminação resultou de um evento isolado. Tornou-se evidente, posteriormente, que isso se baseava em uma análise limitada do evento. Como resultado, a empresa recolheu apenas algumas garrafas de Perrier na América do Norte. Quando o benzeno foi detectado na água Perrier engarrafada na Europa, uma empresa constrangida teve de anunciar o recolhimento em escala mundial. Quando os consumidores ao redor do globo constataram que tinham bebido água contaminada, a empresa foi atacada energicamente pela mídia. Afirmou-se que a empresa teve pouca integridade ao demonstrar descaso com a segurança do público, cuidando apenas de seus próprios interesses.

Em 2000, a Firestone teve de fazer o *recall* de 6,5 milhões de pneus que causaram aproximadamente 400 acidentes, incluindo 46 mortes. A Firestone e a Ford gastaram as duas primeiras semanas, após o episódio tornar-se público, discutindo de quem era realmente a culpa. Enquanto isso, as pessoas estavam morrendo e as famílias perdiam seus entes queridos. Ninguém se importou a respeito da culpa que *não* cabia a alguém — as empresas simplesmente desejavam saber que soluções estavam em curso.

Esse tempo crítico perdido representou um golpe severo para a credibilidade de ambas as empresas. Na ocasião em que Jacques Nasser, CEO da Ford, começou a participar de comerciais na TV, a fim de reconquistar a aprovação pública, muitos disseram que era muito pouco e muito tarde. As dúvidas contínuas em torno dos fabricantes de automóveis e de pneus ainda obscurecem suas reputações.

Em cada um desses incidentes, os sinais de alerta surgiram suficientemente cedo para as empresas implementarem ações preventivas e corretivas. No entanto, esses sinais foram desprezados, suprimidos ou gerenciados erroneamente, causando resultados devastadores.

Um exame mais detalhado revela que as empresas que sobreviveram haviam tomado decisões e estabelecido uma base de apoio antes de a crise ter ocorrido. Elas compartilhavam uma prioridade comum: posicionar-se em longo prazo, criando valores e processos relevantes e aderindo a eles sem questionamento.

Conquistaram, desse modo, VAE... Valor Agregado Ético, contribuindo para a reputação corporativa e a lucratividade, pela utilização de seus processos de ética, a fim de prevenirem-se contra prejuízos.

A SOMA DO SUCESSO: VALOR AGREGADO ÉTICO

Investir no VAE significa criar um fundamento sólido para a ética dentro da organização. Consiste em analisar honestamente o que representam, na verdade, as crenças básicas, os valores e as respostas — não apenas de modo aparente — em operação dentro da organização, e trabalhar para evitar pontos de fuga. A ideologia resultante é um conjunto de objetivos básicos que agem como patamar para toda a atividade corporativa — não apenas os termos de ética e obediência, mas negócios, marketing, relações públicas, suprimentos, finanças, fusões, aquisições e assim por diante.

As empresas que suplantaram grandes dificuldades têm aplicado esse princípio com muito foco e dedicação. Analisaram honestamente seus valores empresariais, aperfeiçoaram-nos tendo em mente as épocas de crise e os programaram integralmente em meio à "tempestade", aproveitando plenamente o valor do VAE.

A tragédia do Tylenol, da Johnson & Johnson, é um exemplo importante. Robert Wood Johnson desenvolveu, logo de início, um documento denominado "O Credo", estabelecendo os valores pelos quais a J&J sempre operaria. O Credo tornou-se uma parte da tomada de decisões diárias, à medida que a J&J o integrou às comunicações da empresa. Os colaboradores foram instruídos a respeito de seus princípios e a liderança empenhou-se em incorporar seus valores — pública e privadamente.

Durante a crise do Tylenol, o fabricante admitiu abertamente o problema e prometeu substituição para todo frasco devolvido pelos clientes. A liderança, de acordo com o Credo, tomou a decisão de cumprir sua promessa ao cliente; a empresa arcou com uma despesa de 100 milhões de dólares para recolher os produtos Tylenol e o valor da ação da empresa diminuiu 17%.

Após iniciar um programa de relações públicas para ajudar a salvar a integridade de seu produto e da corporação, a J&J recuperou o valor de sua ação — e o suplantou — no intervalo de um mês. Em três meses, o Tylenol havia recuperado 95% de sua participação de mercado.

Esse resultado foi um momento definidor — imbuído de Valor Agregado Ético — contribuindo para o sucesso contínuo da J&J. O elemento VAE foi talvez o maior fator para o crescimento e a sustentabilidade em longo prazo da empresa. O retorno do investimento da ética em ação é que o VAE, certamente, gerará Valor Agregado Econômico quando implementado continuamente.

CARÁTER EM CRISE

Empresas sólidas e sustentáveis florescem com base no valor da "insatisfação". Collins e Porras, autores de *Built to Last*, explicam assim: Empresas "visionárias" compreendem que a satisfação leva à complacência, que inevitavelmente leva ao declínio, e assim, precisam encontrar uma maneira de evitar isso, permanecer auto-disciplinados e continuar a melhorar a forma como a organização funciona e seguir adiante. Tais empresas constróem esses processos e métodos para testar periodicamente a eficiência dos seus padrões de negócios.

Collins e Porras denominam isso um "mecanismo de inquietação", um modo para combater a doença da complacência em uma corporação. Empresas visionárias incluem propositadamente esses mecanismos de inquietação para que não se tornem acostumadas com a maneira usual de realizar negócios ou desenvolvam uma atitude de *laissez-faire.*

As empresas visionárias especularão e tentarão vislumbrar o futuro — elas imaginam diversos cenários que poderiam ocorrer em suas instalações, com fornecedores, provedores ou empregados, escândalos que poderiam surgir com as notícias e assim por diante. Evidentemente, é impossível prever o futuro ou o que ocorrerá exatamente. Entretanto, a empresa atenta às armadilhas potenciais e às violações éticas pode estar mais preparada para sobrepujar uma crise quando esta ocorrer, e não "se" ocorrer.

CONCLUSÃO

Já é tempo para que as empresas comecem a liderar uma reforma cultural e o restabelecimento de práticas empresariais éticas. O comportamento institucional e individual precisa ser transformado para que ocorra a verdadeira mudança. Nossas ações em público são um reflexo de crenças e práticas privadas profundamente enraizadas, as quais, diante das atuais manchetes, demonstram existir uma grande necessidade de uma reforma abrangente.

O que as empresas podem fazer? Externamente, podem desenvolver redes de colaboração poderosas para certificarem-se de que o pensamento e o caráter corporativos avançam sem exceção. Os Estados Unidos precisam aumentar os incentivos, a fim de que as coisas certas sejam feitas, e assegurar penalidades idênticas para as transgressões.

Internamente, as empresas precisam assumir um compromisso contínuo com o reforço, a comunicação, a fiscalização e o reconhecimento dos valores corporativos e pessoais. A medida dos sistemas de ética eficazes é o grau em que influenciam a mudança e inspiram uma alteração do comportamento.

Um programa de ética bem-sucedido forma o caráter corporativo com base em um conjunto de valores básicos, e opera como um contrato entre o empregador e o funcionário. Juntos, os três elementos — valores, padrões e tomada efetiva de decisões éticas — constituem um "Processo de Compromisso com a Ética", posicionando a empresa para o sucesso no longo prazo.

O Processo de Compromisso facilita a formação do caráter da empresa, buscando incutir integridade nas ações e atitudes. A integridade motiva os colaboradores a acatar os padrões da empresa e a tomar decisões éticas, porque eles internalizaram os valores e a importância de aplicá-los.

A liderança desempenha papel primordial para que um processo de ética dê certo. Sua função consiste em ajudar os funcionários a se apossar da visão e dos valores e a considerá-los como se fossem seus. Desse modo, toda decisão é uma escolha pessoal para "fazer a coisa certa". Os momentos de crise e concorrência são os dois melhores espelhos para identificar a verdade crua sobre os valores verdadeiros e os padrões éticos de uma organização. À medida que as empresas visionárias e sustentáveis incorporam "mecanismos de inquietação", elas se preparam, posicionam e estabelecem o caminho para o sucesso, mesmo em meio a um problema.

Vale a pena ser ético. A sustentabilidade em longo prazo apóia-se na lei de plantar e colher — aquilo que uma empresa realiza hoje determinará seu sucesso no futuro. O investimento no Valor Agregado Ético sempre trará um retorno econômico.

Respeitar o caráter durante a crise é fundamental para criar e manter a confiança dos grupos de interesse. A confiança melhorará a reputação corporativa e, no final, aumentará a participação de mercado. No longo prazo, *fazer a coisa certa* sempre resultará em um reconhecimento proveitoso e preparará o caminho para a verdadeira mudança nas gerações futuras.

Notas

1. http://www.childrenfirst.com/about/qualities.php.
2. As qualidades humanas são: perseverança, tolerância, otimismo, compromisso e paciência.
3. Savitz, A. "Sustainable business practices: managing risk and opportunity". PrincewaterhouseCoopers. www.pwcglobal.com/rebusiness.

NOTAS BIBLIOGRÁFICAS

Capítulo 1

[1] Costas Markides, "What Is Strategy and How Do You Know If You Have One?", *Business Strategy Review* 15, n° 2 (2004), p. 5–6.

[2] Para uma dicussão sobre as diferentes maneiras nas quais as empresas podem posicionar-se no mercado de trabalho, veja "What Is Strategy?", *Harvard Business Review* 74, n° 6 (nov.–dez. 1996), p. 65–67.

[3] Para um tratamento excelente dos desafios estratégicos em mudanças de alta velocidade, veja Shona L. Brown and Kathleen M. Eisenhardt, *Competing on the Edge: Strategy as Structured Chaos* (Boston: Harvard Business School Press, 1998), Cap. 1.

[4] Veja Henry Mintzberg e Joseph Lampel, "Reflecting on the Strategy Process, *Sloan Management Review* 40, n° 3 (1999), p. 21–30; Henry Mintzberg e J. A. Waters, "Of Strategies, Deliberate and Emergent", *Strategic Management Journal* 6 (1985), p. 257–72; Costas Markides, "Strategy as Balance: From 'Either-Or' to 'And'", *Business Strategy Review* 12, n° 3 (set. 2001), p. 1–10; Henry Mintzberg, Bruce Ahlstrand e Joseph Lampel, *Strategy Safari: A Guided Tour through the Wilds of Strategic Management* (New York: Free Press, 1998), 7; e C. K. Prahalad e Gary Hamel, "The Core Competence of the Corporation", *Harvard Business Review* 70, n° 3 (maio–jun. 1990), p. 79–93.

[5] Joseph L. Badaracco, "The Discipline of Building Character", *Harvard Business Review* 76, n° 2 (mar.–abr. 1998), p. 115–24.

[6] Joan Magretta, "Why Business Models Matter", *Harvard Business Review* 80, n° 5 (maio 2002), p. 87.

Capítulo 2

[1] Para uma discussão dos desafios de desenvolver uma visão bem concebida, assim como bons exemplos, veja Hugh Davidson, *The Committed Enterprise: How to Make Vision and Values Work* (Oxford: Butterworth Heinemann, 2002), Capítulo 2; W. Chan Kim e Renée Mauborgne, "Charting Your Company's Future", *Harvard Business Review* 80, n° 6 (jun. 2002), p. 77–83; James C. Collins e Jerry I. Porras, "Building Your Company's Vision", *Harvard Business Review* 74, n° 5 (set.–out. 1996), p. 65–77; James C. Collins e Jerry I. Porras, *Built to Last: Successful Habits of Visionary Companies* (New York: HarperCollins, 1994), Capítulo 11; e Michel Robert, *Strategy Pure and Simple II* (New York: McGraw-Hill, 1998), Capítulos 2, 3 e 6.

[2] Davidson, *Committed Enterprise*, p. 20, 54.

[3] Ibid., p. 36, 54.

[4] Jeffrey K. Liker, *The Toyota Way* (New York: McGraw-Hill, 2004), e Steve Hamm, "Taking a Page from Toyota's Playbook", *BusinessWeek*, ago. 22/29, 2005, p. 72.

[5] Como citado em Charles H. House e Raymond L. Price, "The Return Map: Tracking Product Teams", *Harvard Business Review* 60, n° 1 (jan.–fev. 1991), p. 93.

[6] Robert S. Kaplan e David P. Norton, *The Strategy-Focused Organization* (Boston: Harvard Business School Press, 2001), p. 3.

[7] Ibid., p. 7. Veja também Kevin B. Hendricks, Larry Menor e Christine Wiedman, "The Balanced Scorecard: To Adopt or Not to Adopt", *Ivey Business Journal* 69, n° 2 (nov.–dez. 2004), p. 1–7; e Sandy Richardson, "The Key Elements of Balanced Scorecard Success", *Ivey Business Journal* 69, n° 2 (nov.–dez. 2004), p. 7–9.

[8] Informação do site do Balanced Scorecard Institute, www.balancedscorecard.org (accessado em 22 ago., 2005).

[9] Darrell Rigby, "Management Tools Survey 2003: Usage Up as Companies Strive to Make Headway in Tough Times", *Strategy & Leadership* 31, n° 5 (maio 2003), p. 6.

[10] Informação postada no site do Balanced Scorecard Collaborative, www.bscol.com (accessado em 22 de agosto 2005). Este site foi criado pelos co-criadores do conceito de balanced scorecard, os professores Robert S. Kaplan e David P. Norton, Harvard Business School.

[11] O conceito de intenção estratégica está descrito em mais detalhes no Gary Hamel e C. K. Prahalad, "Strategic Intent", *Harvard Business Review* 89, n° 3 (maio–jun. 1989), p. 63–76; esta seção foi inspirada na sua discussão pioneira. Veja também Michael A. Hitt, Beverly B. Tyler, Camilla Hardee e Daewoo Park, "Understanding Strategic Intent in the Global Marketplace", *Academy of Management Executive* 9, n° 2 (maio 1995), p. 12–19.

[12] Para uma discussão completa de estratégia em um processo de empreendedorismo, veja Henry Mintzberg, Bruce Ahlstrand e Joseph Lampel, *Strategy Safari: A Guided Tour through the Wilds of Strategic Management* (New York: Free Press, 1998), Capítulo 5. Veja também Bruce Barringer e Allen C. Bluedorn, "The Relationship between Corporate Entrepreneurship and Strategic Management", *Strategic Management Journal* 20 (1999), p. 421–444, e Jeffrey G. Covin e Morgan P. Miles, "Corporate Entrepreneurship and the Pursuit of Competitive Advantage", *Entrepreneurship: Theory and Practice* 23, n° 3 (1999), p. 47–63.

[13] A estratégia de decisão e a estratégia de implementação dos papéis do gestores são exaustivamente discutidas e documentadas em Steven W. Floyd e Bill Wooldridge, *The Strategic Middle Manager* (San Francisco: Jossey-Bass Publishers, 1996), Capítulos 2 e 3.

[14] "Strategic Planning", *Business Week* 26, ago., 1996, p. 51–52.

[15] Para uma discussão excelente de por que um plano estratégico necessita ser mais que uma lista e deve, de fato, contar uma história envolvente, perspicaz e definitiva, que define a indústria e a situação competitiva, bem como a visão, os objetivos e a estratégia, veja Gordon Shaw, Robert Brown e Philip Bromiley, "Strategic Stories: How 3M Is Rewriting Business Planning", *Harvard Business Review* 76, n° 3 (maio–jun. 1998), p. 41–50.

[16] Para uma discussão de como um sistema de governança corporativa deve funcionar apropriadamente, veja David A. Nadler, "Building Better Boards", *Harvard Business Review* 82, n° 5 (maio 2004), p. 102–05; Cynthia A. Montgomery e Rhonda Kaufman, "The Board's Missing Link", *Harvard Business Review* 81, n° 3 (março 2003), p. 86–93; e John Carver, "What Continues to Be Wrong with Corporate Governance and How to Fix It", *Ivey Business Journal* 68, n° 1 (set.–out. 2003), p. 1–5. Veja também Gordon Donaldson, "A New Tool for Boards: The Strategic Audit", *Harvard Business Review* 73, n° 4 (jul.–ago. 1995), p. 99–107.

Capítulo 3

[1] Há uma grande quantidade de estudos do tamanho da redução do custo associado com a experiência; a redução média de custo associada com a duplicação do volume de produção acumulada é de aproximadamente 15%, mas existe uma grande variação de setor para setor. Para uma boa discussão das economias de experiência e aprendizado, veja Pankaj Ghemawat, "Building Strategy on the Experience Curve", *Harvard Business Review 64*, n° 2 (mar.–abr. 1985), p. 143–49.

[2] O modelo das cinco forças competitivas é criação do professor da Harvard Business School. Para ver a apresentação original do modelo, veja Michael E. Porter, "How Competitive Forces Shape Strategy", *Harvard Business Review* 57, n° 2 (mar.–abr. 1979), p. 137–45. Uma discussão mais minunciosa pode ser encontrada em Michael E. Porter, *Competitive Strategy: Techniques for Analyzing Industries and Competitors* (New York: Free Press, 1980), Capítulo 1.

[3] Muitos desses indicadores são baseados em Porter, *Competitive Strategy*, p. 17–21.

[4] O papel das barreiras à entrada em um mercado particular tem sido um tópico padrão na literatura microeconômica. Para uma discussão de como as barreiras à entrada afetam as pressões competitivas associadas com a entrada potencial, veja J. S. Bain, *Barriers to New Competition* (Cambridge: Harvard University Press, 1956); F. M. Scherer, *Industrial Market Structure and Economic Performance* (Chicago: Rand McNally, 1971), p. 216–20, 226–33; e Porter, *Competitive Strategy*, p. 7–17.

[5] Porter, "How Competitive Forces Shape Strategy", p. 140, e Porter, *Competitive Strategy*, p. 14–15.

[6] Para uma boa discussão desse ponto, veja George S. Yip, "Gateways to Entry", *Harvard Business Review* 60, n° 5 (set.–out. 1982), p. 85–93.

[7] Porter, "How Competitive Forces Shape Strategy", p. 142, e Porter, *Competitive Strategy*, p. 23–24.

[8] Porter, *Competitive Strategy*, p. 10.

[9] Ibid., p. 27–28.

[10] Ibid., p. 24–27.

[11] Para uma discussão mais detalhada dos problemas com o ciclo de vida, veja ibid., p. 157–62.

[12] Ibid. p. 162.

[13] A maioria das forças descritas aqui são baseadas na discussão em ibid., p. 164–83.

[14] Ibid., Capítulo 7.

[15] Ibid., p. 129–30.

[16] Para uma discussão excelente de como identificar os fatores que definem os grupos estratégicos, veja Mary Ellen Gordon e George R. Milne, "Selecting the Dimensions that Define Strategic Groups: A Novel Market-Driven Approach", *Journal of Managerial Issues* 11, n° 2 (1999), p. 213–33.

[17] Porter, *Competitive Strategy*, p. 152–54.

[18] Grupos estratégicos atuam como bons pontos de referência para prever a evolução da estrutura competitiva de um setor. Veja Avi Fiegenbaum e Howard Thomas, "Strategic Groups as Reference Groups: Theory, Modeling and Empirical Examination of Industry and Competitive Strategy", *Strategic Management Journal* 16 (1995), p. 461–76. Para um estudo de como a análise de um grupo estratégico ajuda a identificar as variáveis que conduzem a uma vantagem competitiva sustentável, veja S. Ade Olusoga, Michael P. Mokwa, and Charles H. Noble, "Strategic Groups, Mobility Barriers, and Competitive Advantage", *Journal of Business Research* 33 (1995), p. 153–64.

[19] Porter, *Competitive Strategy*, p. 130, 132–38 e 154–55.

[20] Para uma discussão sobre mecanismos éticos e legais de inteligência competitiva sobre as empresas concorrentes, veja Larry Kahaner, *Competitive Intelligence* (New York: Simon & Schuster, 1996).

[21] Ibid., p. 84–85.

[22] Alguns especialistas contestam a estratégia de valor dos principais fatores de sucesso. O professor Pankaj Ghemawat tem alegado que "a idéia de identificar um fator de sucesso e, em seguida, persegui-lo parece ter algo em comum com a procura medieval irracional pela *pedra filosofal*, uma substância que transformaria tudo o que tocasse em outro". Pankaj Ghemawat, *Commitment: The Dynamic of Strategy* (New York: Free Press, 1991), p. 11.

Capítulo 4

[1] Muitas organizações estão começando a ver os conhecimentos e recursos intelectuais do seu pessoal como um valioso trunfo competitivo, e têm concluído que administrar diretamente esses ativos é uma parte essencial da sua estratégia. Veja Michael H. Zack, "Developing a Knowledge Strategy", *California Management Review* 41, n° 3 (1999), p. 125–45, e Shaker A. Zahra, Anders P. Nielsen e William C. Bogner, "Corporate Entrepreneurship, Knowledge, and Competence Development", *Entrepreneurship Theory and Practice*, 1999, p. 169–89.

[2] Na década anterior, houve considerável quantidade de pesquisa sobre o papel dos recursos e das capacidades competitivas da empresa em relação à execução da estratégia e à lucratividade. Os resultados e conclusões caminham para aquilo que se convencionou chamar de os recursos com base na visão da empresa. Estre os artigos mais perspicazes estão Birger Wernerfelt, "A Resource-Based View of the Firm", *Strategic Management Journal*, set.–out. 1984, p. 171–80; Jay Barney, "Firm Resources and Sustained Competitive Advantage", *Journal of Management* 17, n° 1 (1991), p. 99–120; Margaret

A. Peteraf, "The Cornerstones of Competitive Advantage: A Resource-Based View", *Strategic Management Journal*, março 1993, p. 179–91; Birger Wernerfelt, "The Resource-Based View of the Firm: Ten Years After", *Strategic Management Journal* 16 (1995), p. 171–74; Jay Barney, "Looking Inside for Competitive Advantage", *Academy of Management Executive* 9, n° 4 (nov. 1995), p. 49–61; Christopher A. Bartlett e Sumantra Ghoshal, "Building Competitive Advantage through People", *MIT Sloan Management Review* 43, n° 2 (2002), p. 34–41; e Danny Miller, Russell Eisenstat, e Nathaniel Foote, "Strategy from the Inside Out: Building Capability-Creating Organizations", *California Management Review* 44, n° 3 (2002), p. 37–54.

[3] George Stalk Jr. e Rob Lachenauer, "Hard Ball: Five Killer Strategies for Trouncing the Competition", *Harvard Business Review* 82, n° 4 (abril 2004), p. 65.

[4] Para uma discussão mais extensa sobre como identificar e avaliar o poder competitivo das capacidades de uma empresa, veja David W. Birchall e George Tovstiga, "The Strategic Potential of a Firm's Knowledge Portfolio", *Journal of General Management* 25, n° 1 (1999), p. 1–16, e Nick Bontis, Nicola C. Dragonetti, Kristine Jacobsen e Goran Roos, "The Knowledge Toolbox: A Review of the Tools Available to Measure and Manage Intangible Resources", *European Management Journal* 17, n° 4 (agosto, 1999), p. 391–401. Veja também David Teece, "Capturing Value from Knowledge Assets: The New Economy, Markets for Know-How, and Intangible Assets", *California Management Review* 40, n° 3 (1998), p. 55–79.

[5] Veja Barney, "Firm Resources", p. 105–09, e David J. Collis e Cynthia A. Montgomery, "Competing on Resources: Strategy in the 1990s", *Harvard Business Review* 73, n° 4 (jul.–ago. 1995), p. 120–23.

[6] Donald Sull, "Strategy as Active Waiting", *Harvard Business Review* 83, n° 9 (set. 2005), p. 121–22.

[7] Ibid., p. 122.

[8] Ibid., p. 124–26.

[9] Veja Jack W. Duncan, Peter Ginter e Linda E. Swayne, "Competitive Advantage and Internal Organizational Assessment", *Academy of Management Executive* 12, n° 3 (ago 1998), p. 6–16.

[10] O conceito da cadeia de valor foi desenvolvido pelo professor Michael Porter na Harvard Business School e está descrito de forma bastante pormenorizada em Michael E. Porter, *Competitive Advantage* (New York: Free Press, 1985), Capítulos 2 e 3.

[11] Ibid., p. 36.

[12] Ibid., p. 34.

[13] A importância estratégica do gerenciamento da cadeia de suprimentos é discutida em Hau L. Lee, "The Triple-A Supply Chain", *Harvard Business Review* 82, n° 10 (out. 2004), p. 102–12.

[14] M. Hegert e D. Morris, "Accounting Data for Value Chain Analysis", *Strategic Management Journal* 10 (1989), p. 180; Robin Cooper e Robert S. Kaplan, "Measure Costs Right: Make the Right Decisions", *Harvard Business Review* 66, n° 5 (set.–out., 1988), p. 96–103; e John K. Shank e Vijay Govindarajan, *Strategic Cost Management* (New York: Free Press, 1993), especialmente os Capítulos 2–6, 10.

[15] Para obter mais informação sobre como e por que o agrupamento de fornecedores e outros suportes à empresa são importantes para o custo e a competitividade de uma empresa, veja Michael E. Porter, "Clusters and the New Economics of Competition", *Harvard Business Review* 76, n° 6 (nov.–dez. 1998), p. 77–90.

[16] Para dicussão do aspecto contábil no cálculo das atividades da cadeia de valor, veja Shank e Govindarajan, *Strategic Cost Management*, especialmente os Capítulos 2–6, 10 e 11; Cooper e Kaplan, "Measure Costs Right"; e Joseph A. Ness e Thomas G. Cucuzza, "Tapping the Full Potential of ABC", *Harvard Business Review* 73, n° 4 (jul.–ago 1995), p. 130–38.

[17] Para mais detalhes, veja Gregory H. Watson, *Strategic Benchmarking: How to Rate Your Company's Performance against the World's Best* (New York: John Wiley, 1993); Robert C. Camp, *Benchmarking: The Search for Industry Best Practices that Lead to Superior Performance* (Milwaukee: ASQC Quality Press, 1989); Christopher E. Bogan e Michael J. English, *Benchmarking for Best Practices: Winning through Innovative Adaptation* (New York: McGraw-Hill, 1994); e Dawn Iacobucci e Christie Nordhielm, "Creative Benchmarking", *Harvard Business Review* 78, n° 6 (nov.–dez. 2000), p. 24–25.

[18] Jeremy Main, "How to Steal the Best Ideas around", *Fortune*, out. 19, 1992, p. 102–03.

[19] Shank e Govindarajan, *Strategic Cost Management*, p. 50.

[20] Algumas dessas opções são discutidas com mais detalhes em Porter, *Competitive Advantage*, Capítulo 3.

[21] Um exemplo de como a Whirlpool Corporation transformou sua cadeia de suprimento de um problema competitivo para uma vantagem competitiva, veja Reuben E. Stone, "Leading a Supply Chain Turnaround", *Harvard Business Review* 82, n° 10 (out. 2004), p. 114–21.

[22] James Brian Quinn, *Intelligent Enterprise* (New York: Free Press, 1993), p. 54.

[23] Ibid., p. 34.

Capítulo 5

[1] Este esquema de classificação é uma adaptação de uma classificação mais restrita de três itens apresentado em Michael E. Porter, *Competitive Strategy: Techniques for Analyzing Industries and Competitors* (New York: Free Press, 1980), Capítulo 2, especialmente p. 35–40 e 44–46. Para uma discussão das diferentes maneiras que uma empresa pode se posicionar no mercado, veja Michael E. Porter, "What Is Strategy?" *Harvard Business Review* 74, n° 6 (nov.–dez. 1996), p. 65–67.

[2] Porter, *Competitive Advantage*, p. 97.

[3] A cadeia de valor da Iowa Beef Packers' foi relatada a primeira vez em ibid., p. 109. Desde então, a empresa tem aumentado com êxito seus esforços para reconfigurar a cadeia de valor da carne, incluindo a entrada no segmento porco. A IBP foi adquirida em 2001 pela Tyson Foods depois de uma guerra acalorada com a Smithfield Foods que resultou na aquisição da Tyson por mais de $14 bilhões. Tyson está agora aplicando muitos dos mesmos princípios da cadeia de valor, renovando a do frango, da carne bovina e da carne de porco.

[4] Ibid., p. 135–38.

[5] Para uma dicussão mais detalhada, veja George Stalk, Philip Evans e Lawrence E. Schulman, "Competing on Capabilities: The New Rules of Corporate Strategy", *Harvard Business Review* 70, n° 2 (mar.–abr. 1992), p. 57–69.

[6] A relevância do valor percebido e sinalização pode ser visto com mais detalhes em Porter, *Competitive Advantage*, p. 138–42.

[7] Ibid., p. 160–62.

[8] Gary Hamal, "Strategy as Revolution", *Harvard Business Review* 74, n° 4 (jul.–ago. 1996), p. 72.

Capítulo 6

[1] Yves L. Doz e Gary Hamel, *Alliance Advantage: The Art of Creating Value through Partnering* (Boston: Harvard Business School Press, 1998), p. xiii, xiv.

[2] Jason Wakeam, "The Five Factors of a Strategic Alliance", *Ivey Business Journal* 68, n° 3 (maio–jun. 2003), p. 1–4.

[3] Jeffrey H. Dyer, Prashant Kale e Harbir Singh, "When to Ally and When to Acquire", *Harvard Business Review* 82, n° 7/8 (jul.–ago. 2004), p. 109.

[4] Salvatore Parise e Lisa Sasson, "Leveraging Knowledge Management across Strategic Alliances", *Ivey Business Journal* 66, n° 4 (mar.–abr. 2002), p. 42.

[5] David Ernst e James Bamford, "Your Alliances Are too Stable", *Harvard Business Review* 83, n° 6 (jun. 2005), p. 133.

[6] Uma excelente discussão da abordagem do portfólio para gerenciar múltipas alianças e como reestruturar uma aliança falha está apresentada nas p. 133–41.

[7] Michael E. Porter, *The Competitive Advantage of Nations* (New York: Free Press, 1990), p. 66. Para uma discussão de como perceber as vantagens de uma parceria estratégica, veja Nancy J. Kaplan e Jonathan Hurd, "Realizing the Promise of Partnerships", *Journal of Business Strategy* 23, n° 3 (maio–jun. 2002), p. 38–42; Parise e Sasson, "Leveraging Knowledge Management", p. 41–47; e Ernst e Bamford, "Your Alliances Are Too Stable", p. 133–41.

[8] A. Inkpen, "Learning, Knowledge Acquisition, and Strategic Alliances", *European Management Journal* 16, n° 2 (abr. 1998), p. 223–29.

[9] Para uma discussão de como aumentar as chances de que uma aliança estratégica produza resultados estrategicamente importantes, veja M. Koza and A. Lewin, "Managing Partnerships and Strategic Alliances: Raising the Odds of Success", *European Management Journal* 18, n° 2 (abr. 2000), p. 146–51.

[10] Doz e Hamel, *Alliance Advantage*, Capítulos 4–8; Patricia Anslinger e Justin Jenk, "Creating Successful Alliances", *Journal of Business Strategy* 25, n° 2 (2004), p. 18–23; Rosabeth Moss Kanter, "Collaborative Advantage: The Art of the Alliance", *Harvard Business Review* 72, n° 4 (jul.–ago. 1994), p. 96–108; Joel Bleeke e David Ernst, "The Way to Win in Cross-Border Alliances", *Harvard Business Review* 69, n° 6 (nov.–dez. 1991), p. 127–35 e Gary Hamel, Yves L. Doz e C. K. Prahalad, "Collaborate with Your Competitors—and Win", *Harvard Business Review* 67, n° 1 (jan.–fev. 1989), p. 133–39.

[11] Este mesmo percentual de 50% de sucesso para alianças também foi citado em Ernst e Bamford, "Your Alliances Are too Stable", p. 133; ambos os co-autores desse artigo eram pessoal da *HBR*.

[12] Doz e Hamel, *Alliance Advantage*, p. 16–18.

[13] Dyer, Kale e Singh, "When to Ally and When to Acquire", p. 109.

[14] Para uma excelente discussão dos prós e contras de parceria *versus* aquisição, veja ibid., p. 109–15.

[15] Para uma excelente revisão dos objetivos estratégicos de vários tipos de fusões e aquisições, e os problemas administrativos que diferentes tipos de fusões e aquisições geram, veja Joseph L. Bower, "Not All M&As Are Alike—and that Matters", *Harvard Business Review* 79, n° 3 (mar. 2001), p. 93–101.

[16] Para uma discussão mais extensa, veja Dyer, Kale e Singh, "When to Ally and When to Acquire", p. 109–10.

[17] Veja Kathryn R. Harrigan, "Matching Vertical Integration Strategies to Competitive Conditions", *Strategic Management Journal* 7, n° 6 (nov.–dez. 1986), p. 535–56; para uma discussão mais extensa das vantagens e desvantagens de uma integração vertical, veja John Stuckey e David White, "When and When Not to Vertically Integrate", *Sloan Management Review* (1993), p. 71–83.

[18] A resiliência das estratégias de integração vertical, apesar de suas desvantagens, é discutida em Thomas Osegowitsch e Anoop Madhok, "Vertical Integration Is Dead or Is It?" *Business Horizons* 46, n° 2 (mar.–abr. 2003), p. 25–35.

[19] Este ponto é explorado em grandes detalhes em James Brian Quinn, "Strategic Outsourcing: Leveraging Knowledge Capabilities", *Sloan Management Review* 40, n° 4 (1999), p. 9–21.

[20] Dean Foust, "Big Brown's New Bag", *BusinessWeek*, jul. 19, 2004, p. 54–55.

[21] "The Internet Age", *BusinessWeek*, out. 4, 1999, p. 104.

[22] Para uma boa explanação dos problemas que podem ocorrer devido à terceirização, veja Jérôme Barthélemy, "The Seven Deadly Sins of Outsourcing", *Academy of Management Executive* 17, n° 2 (maio 2003), p. 87–100.

[23] Para uma discussão excelente sobre estratégias agressivas e ofensivas, veja George Stalk Jr. e Rob Lachenauer, "Hardball: Five Killer Strategies for Trouncing the Competition", *Harvard Business Review* 82, n° 4 (abril 2004), p. 62–71. Uma discussão de estratégias ofensivas particularmente adequadas para líderes do setor é apresentada em Richard D'Aveni, "The Empire Strikes Back: Counterrevolutionary Strategies for Industry Leaders", *Harvard Business Review* 80, n° 11 (nov. 2002), p. 66–74.

[24] George Stalk, "Playing Hardball: Why Strategy Still Matters", *Ivey Business Journal* 69, n° 2 (nov.–dez. 2004), p. 1–2.

[25] Ian C. MacMillan, "How Long Can You Sustain a Competitive Advantage?" in *The Strategic Planning Management Reader*, ed. Liam Fahey (Englewood Cliffs, NJ: Prentice Hall, 1989), p. 23–24.

[26] Ian C. MacMillan, Alexander B. van Putten e Rita Gunther McGrath, "Global Gamesmanship", *Harvard Business Review* 81, n° 5 (maio 2003), p. 66–67; veja também Askay R. Rao, Mark E. Bergen e Scott Davis, "How to Fight a Price War", *Harvard Business Review* 78, n° 2 (mar.–abr., 2000), p. 107–16.

[27] Stalk e Lachenauer, "Hardball", p. 64.

[28] Stalk, "Playing Hardball", p. 4.

[29] Stalk e Lachenauer, "Hardball", p. 67.

[30] Para um estudo interessante de como pequenas empresas podem utilizar

táticas de guerrilha, veja Ming-Jer Chen e Donald C. Hambrick, "Speed, Stealth, and Selective Attack: How Small Firms Differ from Large Firms in Competitive Behavior", *Academy of Management Journal* 38, n° 2 (abril 1995), p. 453–82. Outras discussões sobre ofensivas de guerrilhas podem ser encontradas em Ian MacMillan, "How Business Strategists Can Use Guerrilla Warfare Tactics", *Journal of Business Strategy* 1, n° 2 (1980), p. 63–65; William E. Rothschild, "Surprise and the Competitive Advantage", *Journal of Business Strategy* 4, n° 3 (1984), p. 10–18; Kathryn R. Harrigan, *Strategic Flexibility* (Lexington, MA: Lexington Books, 1985), p. 30–45; e Liam Fahey, "Guerrilla Strategy: The Hit-and-Run Attack", in *The Strategic Management Planning Reader*, ed. Liam Fahey (Englewood Cliffs, NJ: Prentice Hall, 1989), p. 194–97.

[31]O uso de greves ofensivas é tratado extensivamente em Ian MacMillan, "Preemptive Strategies", *Journal of Business Strategy* 14, n° 2 (1983), p. 16–26.

[32]W. Chan Kim e Renée Mauborgne, "Blue Ocean Strategy", *Harvard Business Review* 82, n° 10 (out. 2004), p. 76–84.

[33]Philip Kotler, *Marketing Management*, 5ª ed. (Englewood Cliffs, N.J.: Prentice Hall, 1984), p. 400.

[34]Michael E. Porter, *Competitive Advantage* (New York: Free Press, 1985), p. 518.

[35]Para uma excelente discussão sobre salários contra fortes rivais, veja David B. Yoffie e Mary Kwak, "Mastering Balance: How to Meet and Beat a Stronger Opponent", *California Management Review* 44, n° 2 (2002), p. 8–24.

[36]Stalk, "Playing Hardball", p. 1–2.

[37]Porter, *Competitive Advantage*, p. 489–94.

[38]Ibid., p. 495–97. A lista aqui é seletiva; Porter oferece um grande número de opções.

[39]Para uma discussão mais extensa sobre o impacto da Internet sobre a estratégia, veja Michael E. Porter, "Strategy and the Internet", *Harvard Business Review* 79, n° 3 (mar. 2001), p. 63–78.

[40]Porter, *Competitive Advantage*, p. 232–33.

[41]Para evidência de pesquisa sobre os efeitos de ser pioneiro *versus* seguidor, veja Jeffrey G. Covin, Dennis P. Slevin e Michael B. Heeley, "Pioneers and Followers: Competitive Tactics, Environment, and Growth", *Journal of Business Venturing* 15, n° 2 (mar. 1999), p. 175–210, e Christopher A. Bartlett e Sumantra Ghoshal, "Going Global: Lessons from Late-Movers", *Harvard Business Review* 78, n° 2 (mar.–abr. 2000), p. 132–45.

[42]Para uma discussão mais detalhada sobre este assunto, veja Fernando Suarez e Gianvito Lanzolla, "The Half-Truth of First-Mover Advantage", *Harvard Business Review* 83, n° 4 (abr. 2005), p. 121–27.

[43]Gary Hamel, "Smart Mover, Dumb Mover", *Fortune*, set. 3, 2001, p. 195.

[44]Ibid., p. 192.

[45]Costas Markides e Paul A. Geroski, "Racing to be 2nd: Conquering the Industries of the Future", *Business Strategy Review* 15, n° 4 (2004), p. 25–31.

Capítulo 7

[1]Para uma discussão visionária do significado desses tipos de dados demográficos e diferenças de mercados, veja C. K. Prahalad e Kenneth Lieberthal, "The End of Corporate Imperialism", *Harvard Business Review* 76, n° 4 (jul.–ago. 1998), p. 68–79.

[2]Joseph Caron, "The Business of Doing Business with China: An Ambassador Reflects", *Ivey Business Journal* 69, n° 5 (maio–jun. 2005), p. 2.

[3]Extraído de estatísticas de 2002 relatadas pelo U.S. Department of Labor.

[4]Michael E. Porter, *The Competitive Advantage of Nations* (New York: Free Press, 1990), p. 53–54.

[5]Ibid., p. 61.

[6]Para mais detalhes dos méritos e oportunidades para transferência entre países de experimentos de sucesso na estratégia, veja C. A. Bartlett e S. Ghoshal, *Managing across Borders: The Transnational Solution*, 2ª ed. (Boston: Harvard Business School Press, 1998), p. 79–80 e Capítulo 9.

[7]H. Kurt Christensen, "Corporate Strategy: Managing a Set of Businesses", in *The Portable MBA in Strategy*, ed. Liam Fahey e Robert M. Randall (New York: Wiley, 2001), p. 42.

[8]Porter, *Competitive Advantage*, p. 53–55.

[9]Ibid., p. 55–58.

[10]C. K. Prahalad e Yves L. Doz, *The Multinational Mission* (New York: Free Press, 1987), p. 60.

[11]Porter, *Competitive Advantage*, p. 57.

[12]Ibid., p. 58–60.

[13]Muitos outros tipos de estratégias ofensivas que as empresas ocasionalmente empregam em situações específicas nos mercados estrangeiros, são discutidos em Ian C. MacMillan, Alexander B. van Putten e Rita Gunther McGrath, "Global Gamesmanship", *Harvard Business Review* 81, n° 5 (maio 2003), p. 63–68.

[14]Canadian International Trade Tribunal, em jun. 16, 2005, e publicado em www.citttcce.gc.ca (accessado em 28 set., 2005).

[15]George Stalk, "Playing Hardball: Why Strategy Still Matters", *Ivey Business Journal* 69, n° 2 (nov.–dez. 2004), p. 1–2.

[16]Dois estudos especiais de experiências de alianças empresariais entre fronteiras são: Joel Bleeke e David Ernst, "The Way to Win in Cross-Border Alliances", *Harvard Business Review* 69, n° 6 (nov.–dez. 1991), p. 127–35, e Gary Hamel, Yves L. Doz e C. K. Prahalad, "Collaborate with Your Competitors—and Win", *Harvard Business Review* 67, n° 1 (jan.–fev. 1989), p. 133–39.

[17]Veja Yves L. Doz e Gary Hamel, *Alliance Advantage* (Boston, MA: Harvard Business School Press, 1998), especialmente os Capítulos 2–4; Bleeke e Ernst, "The Way to Win", p. 127–33; Hamel, Doz, e Prahalad, "Collaborate with Your Competitors", p. 134–35; e Porter, *Competitive Advantage*, p. 66.

[18]Christensen, "Corporate Strategy", p. 43.

[19]Para uma excelente apresentação sobre os prós e os contras de alianças *versus* aquisições, veja Jeffrey H. Dyer, Prashant Kale e Harbir Singh, "When to Ally and When to Acquire", *Harvard Business Review* 82, n° 7/8 (jul.–ago. 2004), p. 109–15.

[20]Para uma discussão adicional das experiências das empresas com alianças e parcerias, veja Doz e Hamel, *Alliance Advantage*, Capítulos 2–7, e Rosabeth Moss Kanter, "Collaborative Advantage: The Art of the Alliance", *Harvard Business Review* 72, n° 4 (jul.–ago. 1994), p. 96–108.

[21]Detalhes estão relatados em Shawn Tully, "The Alliance from Hell", *Fortune* jun. 24, 1996, p. 64–72.

[22]Jeremy Main, "Making Global Alliances Work", *Fortune*, dez. 19, 1990, p. 125.

²³Prahalad e Lieberthal, "The End of Corporate Imperialism", p. 77.

²⁴Ibid.

²⁵Esse ponto é discutido com muitos pormenores por Prahalad e Lieberthal, "The End of Corporate Imperialism", p. 68–79; veja também David J. Arnold e John A. Quelch, "New Strategies in Emerging Markets", *Sloan Management Review* 40, n° 1 (1998), p. 7–20. Para uma discussão mais extensa de estratégias em mercados emergentes, veja C. K. Prahalad, *The Fortune at the Bottom of the Pyramid: Eradicating Poverty through Profits* (Upper Saddle River, NJ: Wharton, 2005), especialmente os Capítulos 1–3.

²⁶Brenda Cherry, "What China Eats (and Drinks and…)", *Fortune*, out. 4, 2004, p. 152–53.

²⁷Prahalad e Lieberthal, "The End of Corporate Imperialism", p. 72–73.

²⁸Tarun Khanna, Krishna G. Palepu e Jayant Sinha, "Strategies that Fit Emerging Markets", *Harvard Business Review* 83, n° 6 (jun. 2005), p. 63.

²⁹Prahalad e Lieberthal, "The End of Corporate Imperialism", p. 72.

³⁰Khanna, Palepu e Sinha, "Strategies that Fit Emerging Markets", p. 73–74.

³¹Ibid., p. 74.

³²Ibid., p. 76.

³³Niroj Dawar e Tony Frost, "Competing with Giants: Survival Strategies for Local Companies in Emerging Markets", *Harvard Business Review* 77, n° 1 (jan.–fev. 1999), p. 122; veja também Guitz Ger, "Localizing in the Global Village: Local Firms Competing in Global Markets", *California Management Review* 41, n° 4 (1999), p. 64–84.

³⁴Dawar e Frost, "Competing with Giants", p. 124.

³⁵Ibid., p. 125.

³⁶Steve Hamm, "Tech's Future", *BusinessWeek*, set. 27, 2004, p. 88.

³⁷Dawar and Frost, "Competing with Giants", p. 126.

³⁸Hamm, "Tech's Future", p. 89.

Capítulo 8

¹Michael E. Porter, *Competitive Strategy: Techniques for Analyzing Industries and Competitors* (New York: Free Press, 1980), p. 216–23.

²Phillip Kotler, *Marketing Management*, 5ª ed. (Englewood Cliffs, NJ: Prentice Hall, 1984), p. 366, e Porter, *Competitive Strategy*, Capítulo 10.

³Muitos desses foram apontados e discutidos por Charles W. Hofer e Dan Schendel, em *Strategy Formulation: Analytical Concepts* (St. Paul, MN: West, 1978), p. 164–65.

⁴Ibid., p. 164–65.

⁵Porter, *Competitive Strategy*, p. 238–40.

⁶A discussão seguinte está em ibid., p. 241–46.

⁷Kathryn R. Harrigan e Michael E. Porter, "End-Game Strategies for Declining Industries", *Harvard Business Review* 61, n° 4 (jul.–ago. 1983), p. 112–13.

⁸R. G. Hamermesh e S. B. Silk, "How to Compete in Stagnant Industries", *Harvard Business Review* 57, n° 5 (set.–out. 1979), p. 161, e Kathryn R. Harrigan, *Strategies for Declining Businesses* (Lexington, MA: Heath, 1980).

⁹Hamermesh e Silk, "How to Compete", p. 162; Harrigan e Porter, "End-Game Strategies", p. 118.

¹⁰Hamermesh e Silk, "How to Compete", p. 165.

¹¹Harrigan e Porter, "End-Game Strategies", p. 111–21; Harrigan, *Strategies for Declining Businesses;* e Phillip Kotler, "Harvesting Strategies for Weak Products", *Business Horizons* 21, n° 5 (ago. 1978), p. 17–18.

¹²As questões estratégicas que as empresas devem tratar em mercados de mudança rápida são exaustivamente abordadas em Gary Hamel e Liisa Välikangas, "The Quest for Resilence", *Harvard Business Review* 81, n° 9 (set. 2003), p. 52–63; Shona L. Brown e Kathleen M. Eisenhardt, *Competing on the Edge: Strategy as Structured Chaos* (Boston: Harvard Business School Press, 1998); e Richard A. D'Aveni, *Hyper-Competition: Managing the Dynamics of Strategic Maneuvering* (New York: Free Press, 1994). Veja também Richard A. D'Aveni, "Coping with Hypercompetition: Utilizing the New 7S's Framework", *Academy of Management Executive* 9, n° 3 (ago. 1995), p. 45–56, e Bala Chakravarthy, "A New Strategy Framework for Coping with Turbulence", *Sloan Management Review* (1997), p. 69–82.

¹³Brown e Eisenhardt, *Competing on the Edge*, p. 4–5.

¹⁴Ibid., p. 4.

¹⁵Para uma abordagem mais aprofundada sobre a construção de vantagem competitiva através de P&D e da inovação tecnológica veja Shaker A. Zahra, Sarah Nash e Deborah J. Bickford, "Transforming Technological Pioneering into Competitive Advantage", *Academy of Management Executive* 9, n° 1 (fev. 1995), p. 32–41.

¹⁶Brown e Eisenhardt, *Competing on the Edge*, p. 14–15. Veja também Kathleen M. Eisenhardt e Shona L. Brown, "Time Pacing: Competing in Markets that Won't Stand Still", *Harvard Business Review* 76, n° 2 (mar.–abr. 1998), p. 59–69.

¹⁷As circunstâncias de competir em um setor fragmentado são discutidas por Porter, *Competitive Strategy*, Capítulo 9; esta seção fundamenta-se na abordagem de Porter.

¹⁸O assunto a seguir está baseado na discussão feita por Eric D. Beinhocker em "Robust Adaptive Strategies", *Sloan Management Review* 40, n° 3 (1999), p. 101.

¹⁹Gary Hamel, "Bringing Silicon Valley Inside", *Harvard Business Review* 77, n° 5 (set.–out. 1999), p. 73.

²⁰Beinhocker, "Robust Adaptive Strategies", p. 101.

²¹Kotler, *Marketing Management*, Capítulo 23; Michael E. Porter, *Competitive Advantage* (New York: Free Press, 1985), Capítulo 14; e Ian C. MacMillan, "Seizing Competitive Initiative", *Journal of Business Strategy* 2, n° 4 (1982), p. 43–57. Para uma perspectiva do que os líderes do setor podem fazer quando confrontados com mudanças revolucionárias no mercado, veja Richard D'Aveni, "The Empire Strikes Back: Counter Revolutionary Strategies for Industry Leaders", *Harvard Business Review* 80, n° 11 (nov. 2002), p. 66–74.

²²O valor de se tornar um freqüente primeiro-a-mover-se e liderar a mudança está documentado em Walter J. Ferrier, Ken G. Smith e Curtis M. Grimm, "The Role of Competitive Action in Market Share Erosion and Industry Dethronement: A Study of Industry Leaders and Challengers", *Academy of Management Journal* 42, n° 4 (ago. 1999), p. 372–88.

²³George Stalk Jr. e Rob Lachenauer, "Five Killer Strategies for Trouncing

the Competition", *Harvard Business Review* 82, n° 4 (abr. 2004), p. 64-65.

²⁴Ibid., p. 67-68.

²⁵Para mais detalhes, veja R. G. Hamermesh, M. J. Anderson e J. E. Harris, "Strategies for Low Market Share Businesses", *Harvard Business Review* 56, n° 3 (maio-jun. 1978), p. 95-96.

²⁶Porter, *Competitive Advantage*, p. 514.

²⁷Algumas dessas opções são originadas de Kotler, *Marketing Management*, p. 397-412; Hamermesh, Anderson, e Harris, "Strategies for Low Market Share Businesses", p. 97-102; e Porter, *Competitive Advantage*, Capítulo 15.

²⁸William K. Hall, "Survival Strategies in a Hostile Environment", *Harvard Business Review* 58, n° 5 (set.-out. 1980), p. 75-85. Veja também Frederick M. Zimmerman, *The Turnaround Experience: Real-World Lessons in Revitalizing Corporations* (New York: McGraw-Hill, 1991), e Gary J. Castrogiovanni, B. R. Baliga e Roland E. Kidwell, "Curing Sick Businesses: Changing CEOs in Turnaround Efforts", *Academy of Management Executive* 6, n° 3 (ago. 1992), p. 26-41.

²⁹Um estudo desempenhado por Crest Advisors, uma empresa de investimento (butique), está relatado em Leigh Gallagher, "Avoiding the Pitfalls of Orphan Stocks", www.forbes.com, abr. 24, 2003.

³⁰Phillip Kotler, "Harvesting Strategies for Weak Products", *Business Horizons* 21, n° 5 (ago. 1978), p. 17-18.

Capítulo 9

¹Para uma maior discussão de quando a diversificação pode estrategicamente fazer sentido, veja Constantinos C. Markides, "To Diversify or Not to Diversify", *Harvard Business Review* 75, n° 6 (nov.-dez. 1997), p. 93-99.

²Michael E. Porter, "From Competitive Advantage to Corporate Strategy", *Harvard Business Review* 45, n° 3 (maio-jun. 1987), p. 46-49.

³Michael E. Porter, *Competitive Strategy: Techniques for Analyzing Industries and Competitors* (New York: Free Press, 1980), p. 354-55.

⁴Ibid., p. 344-45.

⁵Yves L. Doz e Gary Hamel, *Alliance Advantage: The Art of Creating Value through Partnering* (Boston: Harvard Business School Press, 1998), Capítulos 1 e 2.

⁶Michael E. Porter, *Competitive Advantage* (New York: Free Press, 1985), p. 318-19 e p. 337-53, e Porter, "From Competitive Advantage", p. 53-57. Para um estudo empírico confirmando que os aspectos estratégicos são capazes de melhorar o desempenho (desde que os recursos fortes resultantes sejam competitivos, valiosos e difíceis de serem copiados pelos concorrentes), veja Constantinos C. Markides e Peter J. Williamson, "Corporate Diversification and Organization Structure: A Resource-Based View", *Academy of Management Journal* 39, n° 2 (abril 1996), p. 340-67.

⁷Para uma discussão do significado estratégico da coordenação entre unidades de negócios das atividades da cadeia de valor, veja Jeanne M. Liedtka, "Collaboration across Lines of Business for Competitive Advantage", *Academy of Management Executive* 10, n° 2 (maio 1996), p. 20-34.

⁸"Beyond Knowledge Management: How Companies Mobilize Experience", *Financial Times*, fev. 8, 1999, p. 5.

⁹Para uma discussão do que está realmente envolvido em relação aos benefícios reais, veja Kathleen M. Eisenhardt e D. Charles Galunic, "Coevolving: At Last, a Way to Make Synergies Work", *Harvard Business Review* 78, n° 1 (jan.-fev. 2000), p. 91-101. Adotar uma estratégia entre negócios causa impacto positivo no desempenho; veja Constantinos C. Markides e Peter J. Williamson, "Related Diversification, Core Competences and Corporate Performance", *Strategic Management Journal* 15 (1994), p. 149-65.

¹⁰Peter Drucker, *Management: Tasks, Responsibilities, Practices* (New York: Harper & Row, 1974), p. 692-93.

¹¹Enquanto os argumentos de que a diversificação não relacionada é um meio superior de diversificar o risco financeiro têm apelo lógico, há uma pesquisa mostrando que a diversificação relacionada é menos arriscada de uma perspectiva financeira que a diversificação não relacionada, veja Michael Lubatkin e Sayan Chatterjee, "Extending Modern Portfolio Theory into the Domain of Corporate Diversification: Does It Apply?" *Academy of Management Journal* 37, n° 1 (fev. 1994), p. 109-36.

¹²Para uma revisão das experiências das empresas que possuem sucesso na diversificação não relacionada, veja Patricia L. Anslinger e Thomas E. Copeland, "Growth through Acquisitions: A Fresh Look", *Harvard Business Review* 74, n° 1 (jan.-fev. 1996), p. 126-35.

¹³Com certeza, a administração pode estar disposta a assumir o risco de que o problema não ocorrerá antes que eles tenham tempo para aprender o negócio bem o suficiente a fim de superar qualquer dificuldade. Mas há pesquisas mostrando que é muito arriscado do ponto de vista financeiro; veja, por exemplo Lubatkin e Chatterjee, "Extending Modern Portfolio Theory", p. 132-33.

¹⁴Como prova do fracasso da diversificação ampla e a tendência das empresas de concentrar seus esforços em diversificação mais restrita, veja Lawrence G. Franko, "The Death of Diversification? The Focusing of the World's Industrial Firms, 1980-2000", *Business Horizons* 47, n° 4 (jul.-ago. 2004), p. 41-50.

¹⁵Para uma excelente discussão do que observar na apreciação dessas adequações, veja Andrew Campbell, Michael Gould e Marcus Alexander, "Corporate Strategy: The Quest for Parenting Advantage", *Harvard Business Review* 73, n° 2 (mar.-abr. 1995), p. 120-32.

¹⁶Ibid., p. 128.

¹⁷Ibid., p. 123.

¹⁸Uma boa discussão da importância de ter recursos adequados e também de atualizar os recursos e capacidades corporativos pode ser encontrada em David J. Collis e Cynthia A. Montgomery, "Competing on Resources: Strategy in the 90s", *Harvard Business Review* 73, n° 4 (jul.-ago. 1995), p. 118-28.

¹⁹Ibid., p. 121-22.

²⁰Drucker, *Management*, p. 709.

²¹Veja, por exemplo, Constantinos C. Markides, "Diversification, Restructuring, and Economic Performance", *Strategic Management Journal* 16 (fev. 1995), p. 101-18.

²²Para uma discussão de por que a alienação tem de fazer parte da estratégia de diversificação de qualquer empresa, veja Lee Dranikoff, Tim Koller e Antoon Schneider, "Divestiture: Strategy's Missing Link", *Harvard Business Review* 80, n° 5 (maio 2002), p. 74-83.

²³Drucker, *Management*, p. 94.

²⁴Veja David J. Collis e Cynthia A. Montgomery, "Creating Corporate Advantage", *Harvard Business Review* 76, n° 3 (maio–jun. 1998), p. 72–80.

²⁵Drucker, *Management*, p. 719.

²⁶Evidências de que a reestruturação da estratégia tende a resultar em altos níveis de desempenho está em Markides, "Diversification, Restructuring", p. 101–18.

²⁷Press-release da empresa, out. 6, 2005.

²⁸Dranikoff, Koller e Schneider, "Divestiture", p. 76.

²⁹C. K. Prahalad e Yves L. Doz, *The Multinational Mission* (New York: Free Press, 1987), p. 2.

³⁰Ibid., p. 15.

³¹Ibid., p. 62–63.

³²Para uma discussão fascinante do jogo quando DMNC's disputam cabeça-a-cabeça em um mercado global, veja Ian C. MacMillan, Alexander B. van Putten e Rita Gunther McGrath, "Global Gamesmanship", *Harvard Business Review* 81, n° 5 (maio 2003), p. 62–71.

Capítulo 10

¹James E. Post, Anne T. Lawrence e James Weber, *Business and Society: Corporate Strategy, Public Policy, Ethics,* 10ª ed. (Burr Ridge, IL: McGraw-Hill/Irwin, 2002), p. 103.

²Para estudo de quais são os valores morais universais (são identificado seis — confiança, respeito, responsabilidade, eqüidade, cuidados com os filhos e cidadania), veja Mark S. Schwartz, "Universal Moral Values for Corporate Codes of Ethics", *Journal of Business Ethics* 59, n° 1 (jun. 2005), p. 27–44.

³Veja, por exemplo, Mark. S. Schwartz, "A Code of Ethics for Corporate Codes of Ethics", *Journal of Business Ethics* 41, nᵒˢ. 1–2 (nov.–dez. 2002), p. 27–43.

⁴Para mais discussão deste ponto, veja ibid., p. 29–30.

⁵T. L. Beauchamp e N. E. Bowie, *Ethical Theory and Business* (Upper Saddle River, NJ: Prentice Hall, 2001), p. 8.

⁶Fundamentado em informações do U. S. Department of Labor, "The Department of Labor's 2002 Findings on the Worst Forms of Child Labor", www.dol.gov/ILAB/media/reports, 2003.

⁷ILO-IPEC (SIMPOC), *Every Child Counts: New Global Estimates on Child Labour,* www.ilo.org/public/english/standards/ipec/simpoc/others/globalest.pdf, abr.

2002. A estimativa do número de crianças trabalhando tem como base a definição de "população economicamente ativa", que restringe a força de trabalho infantil como trabalho "pago" e "não pago", militares e desempregados. A definição não inclui trabalho informal, atividades não econômicas, formas ocultas de trabalho, ou trabalho que é definido pela ILO Convention 182 como a pior forma de trabalho infantil.

⁸W. M. Greenfield, "In the Name of Corporate Social Responsibility", *Business Horizons* 47, n° 1 (jan.–fev. 2004), p. 22.

⁹Para um estudo de por que baixa renda *per capita*, má distribuição da renda e diversas diferenças culturais são muitas vezes associadas ao alto índice de suborno, veja Rajib Sanyal, "Determinants of Bribery in International Business: The Cultural and Economic Factors", *Journal of Business Ethics* 59, n° 1 (jun. 2005), p. 139–45.

¹⁰Para um estudo do pagamento de suborno em diferentes países, veja *Transparency International, 2003 Global Corruption Report,* p. 267; este relatório pode ser acessado em www.globalcorruptionreport.org.

¹¹Roger Chen e Chia-Pei Chen, "Chinese Professional Managers and the Issue of Ethical Behavior", *Ivey Business Journal* 69, n°, 5 (maio–jun. 2005), p. 1.

¹²Thomas Donaldson e Thomas W. Dunfee, "When Ethics Travel: The Promise and Peril of Global Business Ethics", *California Management Review* 41, n° 4 (1999), p. 53.

¹³John Reed e Erik Portanger, "Bribery, Corruption Are Rampant in Eastern Europe, Survey Finds", *Wall Street Journal,* nov. 9, 1999, p. A21.

¹⁴Veja a Transparency International, *Global Corruption Report* para 2003, 2004 e 2005; esses relatórios podem ser acessados em www.globalcorruptionreport.org.

¹⁵Para um estudo sobre "facilitação" de pagamentos visando a obter um favor (como expedir um processo administrativo, obter uma licença ou permissão, ou evitar abuso de autoridade), que são por vezes consideradas como inevitáveis ou são realizadas em razão dos baixos salários e da falta de profissionalismo de funcionários públicos, veja

Antonio Argandoña, "Corruption and Companies: The Use of Facilitating Payments", *Journal of Business Ethics* 60, n° 3 (set. 2005), p. 251–64.

¹⁶Donaldson e Dunfee, "When Ethics Travel", p. 59.

¹⁷Thomas Donaldson e Thomas W. Dunfee, *Ties that Bind: A Social Contracts Approach to Business Ethics* (Boston: Harvard Business School Press, 1999), p. 35, 83.

¹⁸Com base em um relatório M. J. Satchell, "Deadly Trade in Toxics", *U. S. News and World Report,* mar. 7, 1994 p. 64, citado em Donaldson e Dunfee, "When Ethics Travel", p. 46.

¹⁹Chen e Chen, "Chinese Professional Managers", p. 1.

²⁰Dois dos tratamentos definitivos da teoria dos contratos sociais integrados aplicados à ética são Thomas Donaldson e Thomas W. Dunfee, "Towards a Unified Conception of Business Ethics: Integrative Social Contracts Theory", *Academy of Management Review* 19, n° 2 (abril 1994), p. 252–84, e Donaldson e Dunfee, *Ties that Bind,* especialmente os Capítulos 3, 4 e 6. Veja também Andrew Spicer, Thomas W. Dunfee e Wendy J. Bailey, "Does National Context Matter in Ethical Decision Making? An Empirical Test of Integrative Social Contracts Theory", *Academy of Management Journal* 47, n° 4 (ago. 2004), p. 610.

²¹P. M. Nichols, "Outlawing Transnational Bribery through the World Trade Organization", *Law and Policy in International Business* 28, n° 2 (1997), p. 321–22.

²²Donaldson e Dunfee, "When Ethics Travel", p. 55–56.

²³Archie B. Carroll, "Models of Management Morality for the New Millennium", *Business Ethics Quarterly* 11, n° 2 (abr. 2001), p. 367–69.

²⁴Ibid., p. 369–70.

²⁵John R. Wilke e Don Clark, "Samsung to Pay Fine for Price-Fixing", *The Wall Street Journal,* out. 14, 2005, p. A3.

²⁶Para dados de pesquisa sobre o que os gerentes dizem em relação ao seu comportamento não ético em algumas situações, veja John F. Veiga, Timothy D. Golden e Kathleen Dechant, "Why Managers Bend Company Rules", *Academy of Management Executive* 18, n° 2 (maio 2004), p. 84–89.

²⁷Para mais detalhes veja Ronald R. Sims e Johannes Brinkmann, "Enron

Ethics (Or: Culture Matters more than Codes)", *Journal of Business Ethics* 45, n° 3 (jul. 2003), p. 244–46.

[28] Como relatado em Gardiner Harris, "At Bristol-Myers, Ex-Executives Tell of Numbers Games", *The Wall Street Journal*, dez. 12, 2002, p. A1, A13.

[29] Ibid., p. A13.

[30] Veiga, Golden e Dechant, "Why Managers Bend the Rules", p. 36.

[31] A conta seguinte é grandemente fundamentada na análise e discussão de Sims e Brinkmann, "Enron Ethics", p. 245–52. Talvez o livro definitivo sobre a corrupção na Enron seja Kurt Eichenwald, *Conspiracy of Fools: A True Story* (New York: Broadway Books, 2005).

[32] Chip Cummins e Almar Latour, "How Shell's Move to Revamp Culture Ended in Scandal", *The Wall Street Journal*, nov. 2, 2004, p. A14.

[33] Gedeon J. Rossouw e Leon J. van Vuuren, "Modes of Managing Morality: A Descriptive Model of Strategies for Managing Ethics", *Journal of Business Ethics*, 46, n° 4 (set. 2003), p. 389–400.

[34] Evidência empírica de que a aborgagem da cultura ética produz melhores resultados que a abordagem de aceitação está apresentada em Terry Thomas, John R. Schermerhorn e John W. Dienhart, "Strategic Leadership of Ethical Behavior", *Academy of Management Executive* 18, n° 2 (maio 2004), p. 64.

[35] Anna Wilde Mathews e Barbara Martinez, "E-Mails Suggest Merck Knew Vioxx's Dangers at Early Stage", *The Wall Street Journal*, nov. 1, 2004, p. A1 e A10.

[36] Archie B. Carroll, "The Four Faces of Corporate Citizenship", *Business and Society Review* 100/101 (set. 1998), p. 6.

[37] Business Roundtable, "Statement on Corporate Responsibility", New York, out. 1981, p. 9.

[38] Sarah Roberts, Justin Keeble e David Brown, "The Business Case for Corporate Citizenship", um estudo para o World Economic Forum, www.weforum.org/corporatecitizenship, out. 14, 2003, p. 3.

[39] N. Craig Smith, "Corporate Responsibility: Whether and How", *California Management Review* 45, n° 4 (2003), p. 63.

[40] Jeffrey Hollender, "What Matters Most: Corporate Values and Social Responsibility", *California Management Review* 46, n° 4 (2004), p. 112. Para um estudo dos relatórios da responsabilidade corporativa social de empresas líderes na Europa, veja Simon Knox, Stan Maklan e Paul French, "Corporate Social Responsibility: Exploring Stakeholder Relationships and Program Reporting across Leading FTSE Companies", *Journal of Business Ethics* 61, n° 1 (set. 2005), p. 7–28.

[41] World Business Council for Sustainable Development, "Corporate Social Responsibility: Making Good Business Sense", www.wbscd.ch, jan. 2000 (acessado em out. 10, 2003), p. 7. Para uma discussão de como as empresas estão conectando iniciativas sociais a seus valores-chave veja David Hess, Nikolai Rogovsky, e Thomas W. Dunfee, "The Next Wave of Corporate Community Involvement: Corporate Social Initiatives", *California Management Review* 44, n° 2 (2002), p. 110–25, e Susan Ariel Aaronson, "Corporate Responsibility in the Global Village: The British Role Model and the American Laggard", *Business and Society Review*, 108, n° 3 (set. 2003), p. 323.

[42] www.chick-fil-a.com (acessado em nov. 4, 2005).

[43] Smith, "Corporate Responsibility", p. 63. Veja também World Economic Forum, "Findings of a Survey on Global Corporate Leadership", www.weforum.org/corporatecitizenship (acessado em out. 11, 2003).

[44] Roberts, Keeble, e Brown, "The Business Case", p. 6.

[45] Ibid., p. 3.

[46] Wallace N. Davidson, Abuzar El-Jelly, e Dan L. Worrell, "Influencing Managers to Change Unpopular Corporate Behavior through Boycotts e Divestitures: A Stock Market Test", *Business and Society*, 34, n° 2 (1995), p. 171–196.

[47] Tom McCawley, "Racing to Improve Its Reputation: Nike Has Fought to Shed Its Image as an Exploiter of Third-World Labor, Yet It Is Still a Target of Activists", *Financial Times*, dez. 2000, p. 14, e Smith, "Corporate Social Responsibility", p. 61.

[48] Com base em dados de Amy Aronson, "Corporate Diversity, Integration, and Market Penetration", *BusinessWeek*, out. 20, 2003, p. 138 ff.

[49] Smith, "Corporate Social Responsibility", p. 62.

[50] Veja Social Investment Forum, *2001 Report on Socially Responsible Investing Trends in the United States* (Washington, DC: Social Investment Forum, 2001).

[51] Smith, "Corporate Social Responsibility", p. 63.

[52] Veja James C. Collins e Jerry I. Porras, *Built to Last: Successful Habits of Visionary Companies*, 3ª ed. (Londres: HarperBusiness, 2002); Roberts, Keeble, e Brown, "The Business Case", p. 4; e Smith, "Corporate Social Responsibility", p. 63.

[53] Roberts, Keeble e Brown, "The Business Case", p. 4.

[54] Smith, "Corporate Social Responsibility", p. 65; Lee E. Preston e Douglas P. O'Bannon, "The Corporate Social-Financial Performance Relationship", *Business and Society* 36, n° 4 (dez. 1997), p. 419–29; Ronald M. Roman, Sefa Hayibor e Bradley R. Agle, "The Relationship between Social and Financial Performance: Repainting a Portrait", *Business and Society* 38, n° 1 (março 1999), p. 109–25; e Joshua D. Margolis e James P. Walsh, *People and Profits* (Mahwah, NJ: Lawrence Erlbaum, 2001).

[55] Smith, "Corporate Social Responsibility", p. 71.

[56] Business Roundtable, "Statement on Corporate Governance", Washington, DC, set. 1997, p. 3.

[57] Henry Mintzberg, Robert Simons, e Kunal Basu, "Beyond Selfishness", *MIT Sloan Management Review* 44, n° 1 (2002), p. 69.

[58] Para uma boa discussão do debate entre maximizar o valor para o acionista e equilibrar o interesse dos interessados, veja H. Jeff Smith, "The Shareholders *versus* Stakeholders Debate", *MIT Sloan Management Review* 44, n° 4 (2003), p. 85–91.

[59] Smith, "Corporate Social Responsibility", p. 70.

[60] Com base em informações de Edna Gundersen, "Rights Issue Rocks the Music World", *USA Today*, set. 16, 2002, p. D1, D2.

[61] Esta informação fundamenta-se em Charles Gasparino, "Salomon Probe Includes Senior Executives", *The Wall Street Journal*, set. 3, 2002, p. C1; Randall Smith and Susan Pulliam,

"How a Star Banker Pressed for IPOs", *The Wall Street Journal*, set. 4, 2002, p. C1, C14; Randall Smith e Susan Pulliam, "How a Technology-Banking Star Doled out Shares of Hot IPOs", *The Wall Street Journal*, set. 23; 2002, p. A1, A10; e Randall Smith, "Goldman Sachs Faces Scrutiny for IPO-Allocation Practices", *The Wall Street Journal*, out. 3, 2002, p. A1, A6.

Capítulo 11

[1] Conforme citado em W. Floyd e Bill Wooldridge, "Managing Strategic Consensus: The Foundation of Effective Implementation", *Academy of Management Executive* 6, n° 4 (nov. 1992), p. 27.

[2] Jack Welch com Suzy Welch, *Winning* (New York: HarperBusiness, 2005), p. 135.

[3] Para uma excelente e bastante pragmátiva discussão desse ponto, veja Larry Bossidy e Ram Charan, *Execution: The Discipline of Getting Things Done* (New York: Crown Business, 2002), Capítulo 1.

[4] Para uma discussão perspicaz de quão importante é uma organização com as pessoas certas, veja Christopher A. Bartlett e Sumantra Ghoshal, "Building Competitive Advantage through People", *MIT Sloan Management Review* 43, n° 2 (2002), p. 34–41.

[5] A importância de montar uma equipe executiva com habilidade excepcional para ver o que precisa ser feito e um talento instintivo para realizar o que for discutido está em Justin Menkes, "Hiring for Smarts", *Harvard Business Review* 83, n° 11 (nov. 2005), p. 100–09, e Justin Menkes, *Executive Intelligence* (New York: HarperCollins, 2005), especialmente os Capítulos 1–4.

[6] Welch com Welch, *Winning*, p. 139.

[7] Veja Bossidy e Charan, *Execution: The Discipline of Getting Things Done*, Capítulo 1.

[8] Menkes, *Executive Intelligence*, p. 68, 76.

[9] Bossidy e Charan, *Execution;* Capítulo 5.

[10] Welch com Welch, *Winning*, p. 141–42.

[11] Menkes, *Executive Intelligence*, p. 65–71.

[12] Jim Collins, *Good to Great* (New York: HarperBusiness, 2001), p. 44.

[13] John Byrne, "The Search for the Young and Gifted", *BusinessWeek,* out. 4, 1999, p. 108.

[14] James Brian Quinn, *Intelligent Enterprise* (New York: Free Press, 1992), p. 52–53, 55, 73–74, 76. Veja também Christine Soo, Timothy Devinney, David Midgley e Anne Deering, "Knowledge Management: Philosophy, Processes, and Pitfalls", *California Management Review* 44, n° 4 (2002), p. 129–51, e Julian Birkinshaw, "Why Is Knowledge Management So Difficult?" *Business Strategy Review* 12, n° 1 (mar. 2001), p. 11–18.

[15] Robert H. Hayes, Gary P. Pisano e David M. Upton, *Strategic Operations: Competing through Capabilities* (New York: Free Press, 1996), p. 503–07. Veja também Jonas Ridderstråle, "Cashing in on Corporate Competencies", *Business Strategy Review* 14, n° 1 (2003), p. 27–38, e Danny Miller, Russell Eisenstat e Nathaniel Foote, "Strategy from the Inside Out: Building Capability-Creating Organizations", *California Management Review* 44, n° 3 (2002), p. 37–55.

[16] Quinn, *Intelligent Enterprise*, p. 43.

[17] Quinn, *Intelligent Enterprise*, p. 33, 89; James Brian Quinn e Frederick G. Hilmer, "Strategic Outsourcing", *Sloan Management Review* 35, n° 4 (1994), p. 43–55; Jussi Heikkilä e Carlos Cordon, "Outsourcing: A Core or Non-Core Strategic Management Decision", *Strategic Change* 11, n° 3 (jun.–jul. 2002), p. 183–93; e James Brian Quinn, "Strategic Outsourcing: Leveraging Knowledge Capabilities", *Sloan Management Review* 40, n° 4 (1999), p. 9–22. Um caso forte de terceirização é apresentado em C. K. Prahalad, "The Art of Outsourcing", *The Wall Street Journal*, jun. 8, 2005, p. A13. Para uma discussão de por que as iniciativas de terceirização ficam aquém das expectativas, veja Jérôme Barthélemy, "The Seven Deadly Sins of Outsourcing", *Academy of Management Executive* 17, n° 2 (maio 2003), p. 87–98.

[18] Quinn, "Strategic Outsourcing", p. 17.

[19] Para uma discussão das razões de construir alianças cooperativas e parcerias com outras empresas, veja James F. Moore, *The Death of Competition* (New York: HarperBusiness, 1996), especialmente o Capítulo 3; Quinn e Hilmer, "Strategic Outsourcing"; e Quinn, "Strategic Outsourcing."

[20] Quinn, *Intelligent Enterprise*, p. 39–40; veja também Barthélemy, "The Seven Deadly Sins".

[21] A importância de combinar o projeto e a estrutura da empresa com as necessidades particulares da estratégia foi primeiro trazido por um estudo de 70 empresas conduzido pelo professor Alfred Chandler da Harvard University. A pesquisa de Chandler revelou que mudanças na estratégia de uma empresa traz novos problemas administrativos que requerem uma nova estrutura para que ela seja implantada com sucesso. Ele verificou que a estrutura tende a seguir o crescimento da estratégia – mas freqüentemente até que a ineficiência e os problemas de operação internos provoquem um ajuste na estrutura. As experiências dessas empresas seguem um padrão sequencial: criação da nova estratégia, emergência de novos problemas administrativos, declínio no lucro e no desempenho e uma mudança para uma forma mais adequada de estrutura organizacional; em seguida, dá-se uma melhora na execução da estratégia e a recuperação para níveis mais rentáveis. Veja Alfred Chandler, *Strategy and Structure* (Cambridge, MA: MIT Press, 1962).

[22] A importância de capacitar os funcionários para a execução da estratégia e o valor de criar um excelente ambiente de trabalho são discutidos em Stanley E. Fawcett, Gary K. Rhoads e Phillip Burnah, "People as the Bridge to Competitiveness: Benchmarking the 'ABCs' of an Empowered Workforce", *Benchmarking: An International Journal* 11, n° 4 (2004), p. 346–60.

[23] Iain Somerville e John Edward Mroz, "New Competencies for a New World", in *The Organization of the Future,* ed. Frances Hesselbein, Marshall Goldsmith, e Richard Beckard (San Francisco: Jossey-Bass, 1997), p. 70.

[24] Exercer um controle adequado sobre funcionários com poderes é uma questão séria. Por exemplo, uma proeminente empresa de seguros de Wall Street perdeu $ 350 milhões quando um comerciante alegou lucros fictícios; Sears tomou uma multa de $ 60 milhões depois que admitiu que seus funcionários recomendavam aos clientes consertos desnecessários em seu departamento de oficina de automóveis. Vários fabricantes de chips de memória pagaram cerca de $ 500 milhões quando 12 de seus funcionários conspiraram para fixar preços e operar um cartel global — alguns desses funcionários foram parar na cadeia. Para uma discussão

dos problemas e possíveos soluções, veja Robert Simons, "Control in an Age of Empowerment", *Harvard Business Review* 73 (mar.–abr. 1995), p. 80–88.

[25]Para uma discussão da importância da coordenação entre negócios, veja Jeanne M. Liedtka, "Collaboration across Lines of Business for Competitive Advantage", *Academy of Management Executive* 10, n° 2 (maio 1996), p. 20–34.

[26]Michael Hammer e James Champy, *Reengineering the Corporation* (New York: HarperBusiness, 1993), p. 26–27.

[27]Ibid. Apesar de empresas funcionais seguirem o princípio da divisão do trabalho de Adam Smith (cada pessoa/departamento envolvido tem responsabilidade específica para o desempenho de uma missão claramente definida, e permite um controle rígido do gerenciamento (todos no processo são responsáveis perante a liderança do departamento e devem aderir eficientemente aos procedimentos), *ninguém supervisiona o processo completo e os seus resultados*.

[28]Rosabeth Moss Kanter, "Collaborative Advantage: The Art of the Alliance", *Harvard Business Review* 72, n° 4 (jul.–ago. 1994), p. 105–06.

[29]Para uma revisão excelente das maneiras de gerenciar efetivamente o relacionamento entre parceiros de alianças, veja Kanter, "Collaborative Advantage", p. 96–108.

Capítulo 12

[1]Para uma discussão do valor do *benchmarking* na implementação da estratégia, veja Christopher E. Bogan e Michael J. English, *Benchmarking for Best Practices: Winning through Innovative Adaptation* (New York: McGraw-Hill, 1994), Capítulos 2 e 6; Mustafa Ungan, "Factors Affecting the Adoption of Manufacturing Best Practices", *Benchmarking: An International Journal* 11, n° 5 (2004), p., 504–20; e Paul Hyland e Ron Beckett, "Learning to Compete: The Value of Internal Benchmarking", *Benchmarking: An International Journal* 9, n° 3 (2002), p. 293–304; e Yoshinobu Ohinata, "Benchmarking: The Japanese Experience", *Long-Range Planning* 27, n° 4 (ago. 1994), p. 48–53.

[2]Michael Hammer e James Champy, *Reengineering the Corporation* (New York: HarperBusiness, 1993), p. 26–27.

[3]Gene Hall, Jim Rosenthal e Judy Wade, "How to Make Reengineering Really Work", *Harvard Business Review* 71, n° 6 (nov.–dez. 1993), p. 119–131.

[4]Para mais informações sobre o processo de reengenharia e quão bem tem funcionado em várias empresas, veja James Brian Quinn, *Intelligent Enterprise* (New York: Free Press, 1992), p. 162; Ann Majchrzak e Qianwei Wang, "Breaking the Functional Mind-Set in Process Organizations", *Harvard Business Review* 74, n° 5 (set.–out. 1996), p. 93–99; Stephen L. Walston, Lawton R. Burns, e John R. Kimberly, "Does Reengineering Really Work? An Examination of the Context and Outcomes of Hospital Reengineering Initiatives", *Health Services Research* 34, n° 6 (fev. 2000), p. 1363–88; e Allessio Ascari, Melinda Rock, e Soumitra Dutta, "Reengineering and Organizational Change: Lessons from a Comparative Analysis of Company Experiences", *European Management Journal* 13, n° 1 (mar. 1995), p. 1–13. Para uma revisão de por que algumas empresas abraçam o processo de reengenharia e outras não, veja Ronald J. Burke, "Process Reengineering: Who Embraces It and Why?", *TQM Magazine* 16, n° 2 (2004), p. 114–19.

[5]Para algumas discussões do que é TQM e como funciona, escrito por ardorosos defensores da técnica, veja M. Walton, *The Deming Management Method* (New York: Pedigree, 1986); J. Juran, *Juran on Quality by Design* (New York: Free Press, 1992); Philip Crosby, *Quality Is Free: The Act of Making Quality Certain* (New York: McGraw-Hill, 1979); e S. George, *The Baldrige Quality System* (New York: Wiley, 1992). Para uma crítica ao TQM, veja Mark J. Zbaracki, "The Rhetoric and Reality of Total Quality Management", *Administrative Science Quarterly* 43, n° 3 (set. 1998), p. 602–36.

[6]Para uma discussão sobre a mudança no ambiente de trabalho e na cultura que a TQM implica, veja Robert T. Amsden, Thomas W. Ferratt e Davida M. Amsden, "TQM: Core Paradigm Changes", *Business Horizons* 39, n° 6 (nov.–dez. 1996), p. 6–14.

[7] Para uma visão geral e de fácil compreensão do Seis Sigma, veja Peter S. Pande e Larry Holpp, *What Is Six Sigma?* (New York: McGraw-Hill, 2002); Jiju Antony, "Some Pros and Cons of Six Sigma: An Academic Perspective", *TQM Magazine* 16, n° 4 (2004), p. 303–06; Peter S. Pande, Robert P. Neuman e Roland R. Cavanagh, *The Six Sigma Way: How GE, Motorola and Other Top Companies Are Honing Their Performance* (New York: McGraw-Hill, 2000); e Joseph Gordon e M. Joseph Gordon Jr., *Six Sigma Quality for Business and Manufacture* (New York: Elsevier, 2002). Para como o Seis Sigma pode ser usado em pequenas empresas, veja Godecke Wessel e Peter Burcher, "Six Sigma for Small and Medium-sized Enterprises", *TQM Magazine* 16, n° 4 (2004), p. 264–72.

[8]Com base em informações postadas em www.isixsigma.com, nov. 4, 2002.

[9]Kennedy Smith, "Six Sigma for the Service Sector", *Quality Digest Magazine,* maio 2003, postada em www.qualitydigest.com (acessado em set. 28, 2003).

[10]Del Jones, "Taking the Six Sigma Approach", *USA Today,* out. 31, 2002, p. 5B.

[11]Pande, Neuman, e Cavanagh, *The Six Sigma Way,* p. 5–6.

[12]Smith, "Six Sigma for the Service Sector".

[13]Jones, "Taking the Six Sigma Approach", p. 5B.

[14]Terry Nels Lee, Stanley E. Fawcett, e Jason Briscoe, "Benchmarking the Challenge to Quality Program Implementation", *Benchmarking: An International Journal* 9, n° 4 (2002), p. 374–87.

[15]Para um estudo recente que documenta o imperativo de construir uma cultura de suporte, veja Milan Ambroz, "Total Quality System as a Product of the Empowered Corporate Culture", *TQM Magazine,* 16, n° 2 (2004), p. 93–104. Pesquisa confirmando os fatores que são importantes para um programa TQM de sucesso, tanto na Europa como nos Estados Unidos, é apresentada em Nick A. Dayton, "The Demise of Total Quality Management", *TQM Magazine,* 15, n° 6 (2003), p. 391–96.

[16]Judy D. Olian e Sara L. Rynes, "Making Total Quality Work: Aligning Organizational Processes, Performance Measures, and Stakeholders", *Human*

Resource Management 30, n° 3 (1991), p. 310–11, e Paul S. Goodman e Eric D. Darr, "Exchanging Best Practices Information through Computer-Aided Systems", *Academy of Management Executive* 10, n° 2 (maio 1996), p. 7.

[17] Thomas C. Powell, "Total Quality Management as Competitive Advantage", *Strategic Management Journal* 16 (1995), p. 15–37. Veja também Richard M. Hodgetts, "Quality Lessons from America's Baldrige Winners", *Business Horizons* 37, n° 4 (jul.-ago. 1994), p. 74–79; e Richard Reed, David J. Lemak, e Joseph C. Montgomery, "Beyond Process: TQM Content and Firm Performance", *Academy of Management Review* 21, n° 1 (jan. 1996), p. 173–202.

[18] Com base em informação em www.utc.com and www.otiselevator.com (acessado em nov. 14, 2005).

[19] Fred Vogelstein, "Winning the Amazon Way", *Fortune*, maio 26, 2003, p. 70, 74.

[20] *BusinessWeek*, nov. 21, 2005, p. 87–88.

[21] Tais sistemas aceleram o aprendizado organizacional fornecendo comunicação rápida e eficiente, criando uma memória organizacional para coletar e manter as melhores práticas de informação, e permitindo a pessoas em toda a organização trocar informações e soluções atualizadas. Veja Goodman e Darr, "Exchanging Best Practices Information", p. 7–17.

[22] *BusinessWeek*, nov. 21, 2005, p. 85–90.

[23] Vogelstein, "Winning the Amazon Way", p. 64.

[24] Para uma discussão da necessidade de colocar limites nas ações de funcionários com poderes e os eventuais sistemas de controle que podem ser utilizados, veja Robert Simons, "Control in an Age of Empowerment", *Harvard Business Review* 73 (mar.-abr. 1995), p. 80–88.

[25] Ibid. Veja também David C. Band e Gerald Scanlan, "Strategic Control through Core Competencies", *Long Range Planning* 28, n° 2 (abr. 1995), p. 102–14.

[26] A importância de motivar e capacitar funcionários assim como criar um ambiente de trabalho altamente favorável a uma boa estratégia está em Stanley E. Fawcett, Gary K. Rhoads e Phillip Burnah, "People as the Bridge to Competitiveness: Benchmarking the 'ABCs' of an Empowered Workforce", *Benchmarking: An International Journal* 11, n° 4 (2004), p. 346–60.

[27] Jeffrey Pfeffer e John F. Veiga, "Putting People First for Organizational Success", *Academy of Management Executive* 13, n° 2 (maio 1999), p. 37–45; Linda K. Stroh e Paula M. Caliguiri, "Increasing Global Competitiveness through Effective People Management", *Journal of World Business* 33, n° 1 (1998), p. 1–16; e artigos na *Fortune* sobre as melhores 100 empresas para trabalhar (várias questões).

[28] Como citado em John P. Kotter e James L. Heskett, *Corporate Culture and Performance* (New York: Free Press, 1992), p. 91.

[29] Para uma discussão provocativa de porque incentivos e prêmios são contraprodutivos, veja Alfie Kohn, "Why Incentive Plans Cannot Work", *Harvard Business Review* 71, n° 6 (set.-out. 1993), p. 54–63.

[30] Veja Steven Kerr, "On the Folly of Rewarding A While Hoping for B", *Academy of Management Executive* 9, n° 1 (fev. 1995), p. 7–14; Steven Kerr, "Risky Business: The New Pay Game", *Fortune*, jul. 22, 1996, p. 93–96; e Doran Twer, "Linking Pay to Business Objectives", *Journal of Business Strategy* 15, n° 4 (jul.-ago. 1994), p. 15–18.

[31] Kerr, "Risky Business", p. 96.

Capítulo 13

[1] Joanne Reid e Victoria Hubbell, "Creating a Performance Culture", *Ivey Business Journal* 69, n°4 (mar.-abr. 2005), p. 1.

[2] John P. Kotter e James L. Heskett, *Corporate Culture and Performance* (New York: Free Press, 1992), p. 7. Veja também Robert Goffee e Gareth Jones, *The Character of a Corporation* (New York: HarperCollins, 1998).

[3] Kotter e Heskett, *Corporate Culture and Performance*, p. 7–8.

[4] Ibid., p. 5.

[5] John Alexander e Meena S. Wilson, "Leading across Cultures: Five Vital Capabilities", in *The Organization of the Future*, ed. Frances Hesselbein, Marshall Goldsmith e Richard Beckard (San Francisco: Jossey-Bass, 1997), p. 291–92.

[6] Terrence E. Deal e Allen A. Kennedy, *Corporate Cultures* (Reading, MA: Addison-Wesley, 1982), p. 22. Veja também Terrence E. Deal e Allen A. Kennedy, *The New Corporate Cultures: Revitalizing the Workplace after Downsizing, Mergers, and Reengineering* (Cambridge, MA: Perseus, 1999).

[7] Vijay Sathe, *Culture and Related Corporate Realities* (Homewood, IL: Richard D. Irwin, 1985).

[8] Kotter e Heskett, *Corporate Culture and Performance*, Capítulo 6.

[9] Veja Kurt Eichenwald, *Conspiracy of Fools: A True Story* (New York: Broadways, 2005).

[10] Reid e Hubbell, "Creating a Performance Culture", p. 2 e 5.

[11] Esta seção está fortemente baseada no debate de Kotter e Heskett, *Corporate Culture and Performance*, Capítulo 4.

[12] Não há razões inerentes de por que novas iniciativas estratégicas devem conflitar com valores essenciais e princípios dos negócios. Enquanto o conflito sempre é possível, a maioria dos elaboradores escolhe estratégias que são compatíves com os valores e a cultura da empresa e que não vão contra valores e crenças enraizados. Afinal, a cultura de uma empresa é algo que os decisores esforçaram-se para construir e perpetuar, de forma que na maioria das vezes eles não estão ansiosos para minar valores fundamentais e princípios empresariais sem que alguém justifique fortemente as razões.

[13] Kotter e Heskett, *Corporate Culture and Performance*, p. 52.

[14] Ibid., p. 5.

[15] Avan R. Jassawalla e Hemant C. Sashittal, "Cultures That Support Product-Innovation Processes", *Academy of Management Executive* 16, n° 3 (ago. 2002), p. 42–54.

[16] Kotter e Heskett, *Corporate Culture and Performance*, p. 15–16. Veja também Jennifer A. Chatham e Sandra E. Cha, "Leading by Leveraging Culture", *California Management Review* 45, n° 4 (2003), p. 20–34.

[17] Judy D. Olian e Sara L. Rynes, "Making Total Quality Work: Aligning Organizational Processes, Performance Measures, and Stakeholders", *Human Resource Management* 30, n° 3 (1991), p. 324.

[18] Informação postada em www.dardenrestaurants.com (acessada em 25 nov., 2005); para algo mais específico, veja Robert C. Ford, "Darden Restaurants' CEO Joe Lee on the Importance of Core Values: Integrity and Fairness", *Academy of Management Executive* 16, n° 1 (fev. 2002), p. 31–36.

[19] Muitas perspectivas do papel e da importância dos valores fundamentais e do comportamento ético podem ser vistas em Joseph L. Badaracco, *Defining Moments: When Managers Must Choose between Right and Wrong* (Boston: Harvard Business School Press, 1997); Joe Badaracco e Allen P. Webb, "Business Ethics: A View from the Trenches", *California Management Review* 37, n° 2 (1995), p. 8–28; Patrick E. Murphy, "Corporate Ethics Statements: Current Status and Future Prospects", *Journal of Business Ethics* 14 (1995), p. 727–40; e Lynn Sharp Paine, "Managing for Organizational Integrity", *Harvard Business Review* 72, n° 2 (mar.–abr. 1994), p. 106–17.

[20] Para um estudo sobre códigos formais de ética em grandes empresas veja Emily F. Carasco e Jang B. Singh, "The Content and Focus of the Codes of Ethics of the World's Largest Transnational Corporations", *Business and Society Review* 108, n° 1 (jan. 2003), p. 71–94, e Murphy, "Corporate Ethics Statements". Para uma discussão dos benefícios estratégicos de declarações formais dos valores corporativos, veja John Humble, David Jackson e Alan Thomson, "The Strategic Power of Corporate Values", *Long Range Planning* 27, n° 6 (dez. 1994), p. 28–42. Uma discussão excelente sobre se se deve assumir que o código de ética da empresa seja sempre ético está em Mark S. Schwartz, "A Code of Ethics for Corporate Codes of Ethics", *Journal of Business Ethics* 41, nos 1–2 (nov.–dez. 2002), p. 27–43.

[21] Veja Schwartz, "A Code of Ethics", p. 27.

[22] Ford, "Darden Restaurants' CEO Joe Lee".

[23] Uma discussão excelente sobre os problemas e falhas em liderar a transição para uma nova estratégia e fundamentalmente novas maneiras de fazer negócios, veja Larry Bossidy e Ram Charan, *Confronting Reality: Doing What Matters to Get Things Right* (New York: Crown Business, 2004); Larry Bossidy e Ram Charan, *Execution: The Discipline of Getting Things Done* (New York: Crown Business, 2002), especialmente os Capítulos 3 e 5; John P. Kotter, "Leading Change: Why Transformation Efforts Fail", *Harvard Business Review* 73, n° 2 (mar.–abr. 1995), p. 59–67; Thomas M. Hout e John C. Carter, "Getting It Done: New Roles for Senior Executives", *Harvard Business Review* 73, n° 6 (nov.–dez. 1995), p. 133–45; e Sumantra Ghoshal e Christopher A. Bartlett, "Changing the Role of Top Management: Beyond Structure to Processes", *Harvard Business Review* 73, n° 1 (jan.–fev. 1995), p. 86–96.

[24] Para um tratamento pragmático de por que alguns líderes têm sucesso e outros falham na execução da estratégia, especialmente em um período de rápida mudança no mercado ou em crise organizacional, veja Bossidy e Charan, *Confronting Reality.*

[25] Fred Vogelstein, "Winning the Amazon Way", *Fortune,* 26 maio, 2003, p. 64.

[26] Para uma discussão mais aprofundada do papel do líder em criar uma cultura orientada a resultados e que nutra o sucesso, veja Benjamin Schneider, Sarah K. Gunnarson e Kathryn Niles-Jolly, "Creating the Climate and Culture of Success", *Organizational Dynamics,* 1994, p. 17–29.

[27] Jeffrey Pfeffer, "Producing Sustainable Competitive Advantage through the Effective Management of People", *Academy of Management Executive* 9, n°1 (fev. 1995), p. 55–69.

[28] Para alguns cuidados na aplicação da observância ética, veja Robert J. Rafalko, "A Caution about Trends in Ethics Compliance Programs", *Business and Society Review* 108, n° 1 (jan. 2003), p. 115–26. Uma boa discussão das falhas dos programas éticos pode ser encontrada em Megan Barry, "Why Ethics and Compliance Programs Can Fail", *Journal of Business Strategy* 26, n° 6 (nov.–dez. 2002), p. 37–40.

[29] Para documentação das diferenças entre países no que é considerado ético, veja Robert D. Hirsch, Branko Bucar, e Sevgi Oztark, "A Cross-Cultural Comparison of Business Ethics: Cases of Russia, Slovenia, Turkey, e United States", *Cross Cultural Management* 10, n° 1 (2003), p. 3–28; e P. Maria Joseph Christie, Ik-Whan G. Kwan, Philipp A. Stoeberl e Raymond Baumhart, "A Cross-Cultural Comparison of Ethical Attitudes of Business Managers: India, Korea, and the United States", *Journal of Business Ethics* 46, n° 3 (set. 2003), p. 263–87.

[30] James Brian Quinn, *Strategies for Change: Logical Incrementalism* (Homewood, IL: Richard D. Irwin, 1980), p. 20–22.

[31] Ibid., p. 146.

[32] Para uma boa discussão sobre desafios, veja Daniel Goleman, "What Makes a Leader", *Harvard Business Review* 76, n° 6 (nov.–dez. 1998), p. 92–102; Ronald A. Heifetz e Donald L. Laurie, "The Work of Leadership", *Harvard Business Review* 75, n° 1 (jan.–fev. 1997), p. 124–34; e Charles M. Farkas e Suzy Wetlaufer, "The Ways Chief Executive Officers Lead", *Harvard Business Review* 74, n° 3 (maio–jun. 1996), p. 110–22. Veja também Michael E. Porter, Jay W. Lorsch e Nitin Nohria, "Seven Surprises for New CEOs", *Harvard Business Review* 82, n° 10 (out. 2004), p. 62–72.

ÍNDICE DE EMPRESAS

J. Gallaher & Company, 329
T. Kearney, 117
A&E network, 314
A&W restaurants, 247
ABC network, 314
ABC Outdoor, 170
Accenture, 117, 167, 219
Accuvue, 277
ACE Ltd., 329
Acer Computers, 244
Ackerley Group, 170
Adelphia Communications, 11, 327, 328, 424, 449,
Adidas, 33
Advanced Micro Devices, 56, 178
Aerospatiale, 219, 375
AES, 420
Agilent Technologies, 303
AIG, 329, 449
Airborne Express, 401
Airbus Industrie, 219
Alberto-Culver, 417, 432, 433
Albertson's, 103
Alcan Aluminum, 240, 397
Alcatel, 219
Allied Signal, 397
Altria Group, 298
Amazon.com, 6, 103, 110, 185, 186, 188, 248, 367, 401–402, 403, 407, 426, 440
AMC, 180
American Airlines, 166
American Association of Retired People, 47
American Express, 176
American Productivity and Quality Center, 117, 395
American Standard, 281
American Tobacco, 256
America Online, 169, 171, 188
AmeriHost, 305
Amersham, 307
AM-FM Inc., 170
Amgen, 407
AmSouth, 104
Anaheim Angels, 314
Anheuser-Busch Companies, 71, 251
Animal Planet, 152
AOL-Time Warner, 171
Apple Computer, 103, 112, 256, 259, 326
Arsenal Digital Solutions, 219
Arthur Andersen, 29, 339
Asahi Glass, 240
AT&T, 64, 297
AT&T Broadband, 5
AT&T Canada, 32
Audi, 103, 152, 165
Avid Technology, 152
Avis, 305
Avon Products, 13, 36, 85, 128, 147, 196

Baccarat, 256
Bahama Breeze, 277, 434
Bajaj Auto, 225
Bally shoes, 256
Banana Republic Inc., 83
Bandag, 152
Band-Aids, 277
B&Q (UK), 344
Bank of America, 104, 168–169, 170
Bank One, 409
Barnes & Noble, 64
BB&T Insurance Services, 104, 329
BEA, 166, 219
Beaird-Poulan, 143, 275
Bed, Bath, and Beyound, 419
Bell companies, 190, 331
Bell Labs, 304
Bellsouth, 64
Ben & Jerry's Homemade, 93, 101, 155, 240, 301, 348
Benchmark Exchange, 117, 395
BenchNet, 117, 395
Berkshire Hathaway, 315
Berol, 314
Bertelsmann, 354
Best Buy, 70, 171
Bestfoods, 302
Best Practices LLC, 117, 395
Bic, 143
Biotherm, 277
Birkenstock, 176
Black & Decker, 143, 251
Blockbuster Entertainment, 24, 112, 185
Blue Diamond, 256
Blue Ice, 314
BMW Group, 6, 25, 32, 103, 145, 152, 159, 165, 171, 196, 219, 232, 397
Body Shop, 348
Boeing Company, 219, 375
Bombardier, 275
Borders Group Inc., 303
BP Amoco, 202
Braun, 301
Bridgestone, 112
Bridgestone/Firestone, 70
Briggs & Stratton, 143
Bristol-Myers Squibb, 327, 331
British Aerospace, 219
British Petroleum, 403
Broadcom, 376
Brute, 314
BTR, 297
Budget Rent-a-Car, 305
Buffalo Sabres, 328
Buick, 206
Buy.com, 185, 187
CableLabs, 190

Cadillac, 103, 152
California Pizza Kitchen, 303
Callaway Golf, 251
Calphalon, 314
Campbell's Soup, 145, 251, 302
Cannondale Associates, 152, 256
Canon Inc., 33, 153, 273
Carefree, 277
Carrefour, 213, 251
Carrier heating, 281
Cartier, 147
Castrol, 202, 206
Caterpillar Inc., 23, 47, 145, 199, 397
CDW Computer Centers, 441
Cendant, 305–306
Century 21, 305
CGA Inc., 152
Chanel, 6, 83, 84, 153
Charles Schwab, 26, 145, 187
Cheap Tickets, 305
Chemical Bank, 32
Chevron, 238, 375
Chicago Cutlery, 256
Chick-Fil-A, 346
Chrysler Corporation, 168, 171
Chubb fire detection, 281
Ciba Specialty Chemicals, 368
CIGNA, 32
Circuit City, 64, 184
Cirque du Soleil, 180
Cisco Systems, 169, 177, 196, 219, 226, 302, 367, 376, 426
Citibank, 104
Citicorp, 327
Citigroup, 301, 354, 356
Classic Sports Network, 314
Clear Channel Communications, 170
Clear Channel Worldwide, 170
CNBC, 7, 307
CNN, 147
Coca-Cola Company, 25, 58, 103, 145, 169, 209, 221, 222, 238, 298, 344, 350
Coldwell Banker, 305
Comcast, 4–5, 17, 252
Comcast Digital Voice, 5
Community Coffee, 151–152
Community Pride Food Stores, 346
Compaq Computer, 171, 225, 244
Compass, 104
Conrad Hotels, 156
Continental Airlines, 166, 403, 410–411
Continental tires, 70
Cookware Europe, 314
Coors, 71
Corel, 171
Courtyard by Marriott, 156
Covent Garden Soup, 240
Craftsman, 63
Cray Computer, 370
Credit Suisse First Boston, 330, 354, 356–357
Crest toothbrush, 240
Cuddledown, 256
CVS Pharmacies, 246
Daimler-Benz, 168, 171
Daimler-Benz Aerospace, 219
DaimlerChrysler, 32, 71, 165, 168, 206, 219, 232, 373
Darden Restaurants, 277, 434

Dasani, 169
Dell Inc., 13, 68, 121, 142, 164, 177, 179, 196, 206, 207, 219, 222, 225, 226, 244, 275, 326, 367, 368, 373, 375, 449
Deloitte & Touche, 211
Delta Air Lines, 166
DiaSorin, 281
Dillard's, 83
DirecTV, 5, 252
Disney Channel, 314
Disney Radio, 314
Dollar General, 256
Domino's Pizza, 110, 152, 246
Doubletree Hotels, 156
Dow Jones & Company, 315, 373
Dr Pepper, 145, 256
Dry Idea, 301
Duke Children's Hospital, 32
Dunkin' Donuts, 66
DuPont Corporation, 28, 32, 397
Duracell, 301
E. & J. Gallo Winery, 374
Eastman Kodak, 28, 103, 375, 376, 423
easyJet, 103
eBay, 23, 36, 155, 185, 188, 357, 402
Eberhard Faber, 314
EBSCO, 387
Edward Jones, 441
Electronic Arts, 209, 252
Electronic Data Systems, 37, 366
Eller Media Company, 170
E-Loan, 186
Embassy Suite Hotels, 156
EMC Corporation, 440
Emerson Electric, 275, 397
EMI/Virgin, 354
E! network, 314
Enron Corporation, 11, 29, 327, 328, 330, 332–333, 354
Enterprise Rent-a-Car, 152
Epson, 153
ERA, 305
Ernst & Young, 211, 346, 355
ESPN, 252, 314
ESPN: The Magazine, 252
ESPN Motion, 252
ESPN360, 252
eToys, 188
Exertris Interactive Bikes, 248, 265
Expedia, 166
ExxonMobil, 32, 202, 375
Fairfield Inn, 156
Fanta, 169
Federal Express, 7, 145, 149, 181, 373, 401, 418
Fendi, 83, 84
First Automotive Works, 219
Fleet Boston Financial, 169
Flextronics, 376
Foamy, 301
Ford Motor Company, 20, 24, 33, 71, 145, 171, 219, 221, 232, 265, 357, 373, 375
Four Seasons Hotels, 7
Fox Network, 307
Fox News, 147, 169
Fox Sports, 169
Fox Studios, 169
Frito-Lay, 303, 418
Fuji-Xerox, 116
FX, 169

Gap, Inc., 83
Gardenia, 314
Garner, 277
Gateway Computer, 244
Gatorade, 169
Genentech, 164
General Electric, 36, 143, 281, 296, 307, 314, 366, 395, 397, 406, 416, 420, 440, 442
General Electric Capital Mortgage, 397
General Electric Healthcare, 307
General Electric Medical Systems, 307
General Mills, 302, 346
General Motors, 33, 165–166, 206, 207, 219, 226, 232, 237, 256, 265, 371, 373, 423
Genworth Financial, 307
Gerber, 251
Gillette Company, 13, 301
Giorgio Armani, 277
GlaxoSmithKline, 120
Godiva Chocolates, 153
Gol Airlines, 140
Goldman Sachs, 330, 354, 356, 357
Goodyear, 70, 112–113, 147
Google Inc., 192, 238, 366, 367, 407, 413, 417, 426, 449
Google Scholar, 387
Graco strollers, 314
Granite Construction, 392, 441
Green Mountain Coffee Roasters, 345
Greenpeace, 26
Gucci, 83, 84, 147, 153
H. J. Heinz Company, 23, 28, 33, 47, 71
Häagen-Dazs, 6, 93, 153, 240
Hamilton Sunstrand, 281
Hampton Inns, 66, 156
Handy Dan Home Improvement, 179
Hanson PLC, 307
Harley-Davidson Inc., 6
Harris Corporation, 390
Harrison Drape, 314
HealthSouth, 11, 327, 424, 449
Health Valley, 256
Helena Rubenstein, 277
Hellman's, 302
Herman Miller Company, 448
Hero Group, 225
Hewlett-Packard, 29, 142, 153, 164, 166, 171, 177, 179, 219, 225, 226, 251, 303, 326, 393
Hi-C, 169
Hillenbrand, 179
Hilton Garden Inns, 156
Hilton Hotels Corporation, 23, 156, 202, 204
History Channel, 152
Hitachi, 73
Hollinger International, 424
Home Depot, 28, 70, 104, 138, 145, 179, 180, 193, 223, 344, 387
Homewood Suites, 156
Honda lawn mowers, 213
Honda Motors, 63, 71, 145, 219, 232, 273, 310, 370, 371
Hotel.com, 186
Hotmail, 189
Howard Johnson, 305
Huawei, 226
Hummer, 256
Hynix Semiconductor, 326
IBM, 7, 73, 164, 176, 177, 219, 225, 226, 402, 423
IMC Global, 240
Infineon Technologies, 326

InfoTrac, 387
Intel Corporation, 26, 27, 66, 164, 169, 178, 198, 249, 253–254, 366, 368, 426
Internet Security Systems, 219
Iowa Beef Packers, 140–142
J. D. Power & Associates, 152
J. M. Smucker, 37
J. W. Marriott Hotels, 156
Jaguar, 171
Jani-King International, 204
JCPenney Company, 71
Jeep Grand Cherokee, 206
JetBlue Airways, 103
Jif, 275
JM Family Enterprises, 407
John Deere, 63
Johnson & Johnson, 6, 145, 166, 277, 302, 303, 343, 344, 448
Jollibee Foods, 225
JPMorgan Chase, 104, 409
Kaiser Permanente, 402
Karastan, 145
Kazaa, 128
Kellogg, 222
Kentucky Fried Chicken, 204, 247, 303
Kerastase Paris, 277
Keybank, 104
Kiehl's, 277
Kimberly Clark, 315
Kinko's, 441
Kirsch, 314
KLM Royal Dutch Airlines, 218
Kmart, 6, 83, 84, 171, 275, 303
Knights Inn, 305
Knorr's, 302
Kohl's, 83
Komatsu, 199
KPMG, 211, 355, 424
Kraft Foods, 169, 256, 298, 302, 305
Krispy Kreme Doughnuts, 172
Kroger, 66, 70, 103, 141
L. L. Bean, 6, 71, 147, 256
Lancaster Colony, 281
Lancôme, 277
Lands' End, 256
La Roche-Posay, 277
Lenovo Group Ltd., 226
Lenscrafters, 441
Levi Strauss & Company, 17, 25
Levolor, 314
Lexmark, 138, 153
Lexus, 103, 151, 152
Lifetime network, 314
Lincoln automobile, 84, 103, 152
Lincoln Electric, 143, 407
Linux, 238
Liquid Paper, 314
Listerine, 145
Little Tikes toys, 314
Long John Silver's, 247
L'Oréal, 277
Lowe's, 104
Lucent Technologies, 303, 304, 321
Lucent Worldwide Services, 304
Macy's Department Stores, 71, 83
Magnavox, 212
Marks & Spencer, 298
Marriott Hotels, 156, 202

Marriott International, 441
Marriott Residence Inns, 156
Marsh & McLennan Companies Inc., 327, 329, 339, 354, 424
Maruti-Suzuki, 221
Mary Kay Cosmetics, 85, 147, 256, 432, 442
Matrix, 277
Maxwell House, 152
Maybelline, 277
Mayo Clinic, 26
Maytag, 164
Mazola, 302
MBNA, 169
McAfee, 7
McDonald's Corporation, 12, 25, 33, 66, 104, 204, 213, 222, 223, 225, 251, 343, 375, 392, 441, 442
McKinsey & Company, 167, 250, 308
Media Play, 171
Mercedes-Benz, 6, 84, 103, 145, 152, 171, 206
Mercer Consulting, 329
Merck & Company, 166, 339, 405
Merrill Lynch, 354, 375
Michelin, 70, 112, 145
Micron Technology, 326
Microsoft Corporation, 13, 14, 17, 24, 33, 58, 63, 66, 147, 164, 166, 188, 219, 225, 238, 251, 253, 309, 343, 371, 390, 418
Microsoft Office, 145, 171
Microsoft Windows, 145
Microsoft Word, 171
Microsoft Xbox, 178
Mighty Ducks, 314
Miller Brewing, 298
Minute Maid, 169
Mitsubishi, 164
Mobile ESPN, 252
Monistat, 277
Moody's Investor Services, 259
More Group, 170
Motel 6, 154
Motorola, Inc., 32, 145, 164, 225, 397
Mr. Coffee, 275
MSNBC, 307
Musicland, 112, 171
Nabisco Foods, 305
NASCAR, 209
National Tyre Services, 297
NationsBank, 169
NBC network, 307
NBC Universal, 281
Neiman Marcus, 83, 84
Nestlé, 169, 196, 256, 302, 309
Neutrogena, 277
Newell Rubbermaid, 314
News Corporation, 169, 252, 315
Nike, Inc., 25, 33, 184, 213, 348, 351, 366, 376
Nikki, 202
Nintendo, 25, 63, 309, 311
Nissan Motors, 33, 110, 145, 219
Nokia, 25, 145, 164, 196, 225, 397, 426
Nordstrom, 83, 393, 407, 418
North Carolina National Bank, 169
Northwest Airlines, 166, 218
Northwest Water (UK), 395–396
Nova Scotia Power, 32
NRT, 305
NTT Communications, 219
Nucor Corporation, 77, 135, 136, 240, 409, 410–411, 431
Odwalla, 169

Office Depot, 77, 186
Office Max, 77, 185, 186, 303
Oldsmobile, 237
Olive Garden, 277, 434
Omega-3, 256
On Cue, 171
Oracle Corporation, 166, 219
Oral-B toothbrush, 301
Orbitz, 166, 305
Orvis, 256
Otis Elevator, 281, 401
OtisLine, 401
Overstock.com, 185
Owens Corning, 397
Palm Inc., 305
PalmPilot, 305
Panasonic, 259
Panera Bread, 187
Papa John's International, 246
Paper Mate, 314
Parker Pens, 314
Parmalat, 327, 424
Patagonia, 256
Paxton Communications, 170
Peapod, 188
Pemex, 327
Penske truck leasing, 281
Pep Boys, 30
Pepcid AC, 166, 277
PepsiCo, 58, 103, 145, 169, 221, 277, 298, 303, 350, 366
PerkinElmer, 307
Pfizer, Inc., 344, 405
Philadelphia 76ers, 252
Philip Morris USA, 298, 305, 333, 334
Philips Electronics, 207, 212
Pirelli tires, 70
Pixar Studios, 167
Pizza Hut, 66, 204, 246, 247, 303
PNC, 104
Polaroid Corporation, 376
Polo Ralph Lauren, 83, 93
Porsche, 152, 165
PotashCorp, 240
Powerade, 169
Pratt & Whitney, 281
Priceline.com, 185, 188
PricewaterhouseCoopers, 211, 355
Procter & Gamble, 25, 71, 110, 141, 169, 240, 251, 275, 301, 302, 368
Progressive Insurance, 155
Providian Financial Corporation, 330
Prudential Securities, 330, 354
Publix Super Markets, 441
Putnam Investments, 329
Quaker Oats, 169, 277
Quaker State, 202
Qualcomm, 448
Qualserve Benchmarking Clearinghouse, 117, 118
Qwest Communications, 64, 331, 424
R. J. Reynolds Tobacco, 305
Ralph Lauren, 145, 147, 277
Ramada Inn, 305
Real Networks, 253
Recording Artists' Coalition, 354
Red Hat Linux, 13, 14, 17, 23, 58
Redken, 277
Red Lobster, 277, 434
Refco, 424

Renault, 219
Renault-Nissan, 219
Right Guard, 301
Ringling Brothers and Barnum and Bailey, 180
Rite Aid, 246, 327, 424
Ritz-Carlton Hotels, 7
Rockwell Automation, 164
Rolex, 6, 84, 145, 147
Rolls-Royce, 147, 153
Ronald McDonald House program, 343
Roto-Rooter, 204
Roughneck storage, 314
Royal Ahold, 70, 297
Royal Dutch/Shell, 249, 327, 333, 345, 348, 424
Ryanair, 103, 140, 179
Saab, 237
Saatchi & Saatchi, 32
Safety Components International, 240
Safeway, 66, 70, 103, 141
Saks Fifth Avenue, 83, 84
Salomon Smith Barney, 301, 330, 357
Sam Goody, 171
Sam's American Choice, 71
Samsung Electronics, 145, 164, 225, 259, 309, 326
Samuel Adams, 256
Sanford highlighters, 314
SAP, 166, 219
SAS, 219
SBC Communications, 190
Sci-Fi Channel, 307
Seagate Technology, 33
Sears, 32, 64, 83, 171, 423
Sears/Kmart, 84
Seasons restaurants, 434
Sega, 309, 311
7-Eleven Stores, 204
SFX Entertainment, 170
SGI, 177
Sharp, 259
Shell Oil, 25, 202, 424
Sheraton Hotels, 202
Sherwin-Williams, 171
Shu Uemura, 277
Siebel, 166
Siemens, 32, 309
Sikorsky Helicopters, 281
Silicon Graphics, 177
Sirius Satellite Radio, 84
Six Sigma Academy, 396
Skippy peanut butter, 302
SlimFast, 301
Smokey Bones Barbecue & Grill, 434
Soft & Dry, 301
Soft Sheen/Carson, 277
Solectron, 376
Sony Corporation, 5, 63, 110, 142, 164, 184, 196, 206, 251, 259, 265, 273, 308–309, 310, 311, 354, 355
Southwest Airlines, 6, 103, 121, 138, 140, 142, 179, 419
Sports Authority, 303
Stain Shield, 314
Standard & Poor's, 259
Staples, 70, 77, 186
Starbucks Corporation, 7, 33, 36, 102, 110, 145, 152, 177, 235, 251, 345, 347, 441
Starbucks Foundation, 345
STAR satellite TV, 223
State Street, 104

Stayfree, 277
Stonyfield Farm, 346, 348
Strategic Planning Institute's Council on Benchmarking, 117
Stride Rite Corporation, 143
Subaru, 84
Subway, 104
Summers Group, 297
Sunbeam, 275
Suncoast, 171
Sundaram Fasteners, 226
Sun Microsystems, 219
Super 8 motels, 247
Sure & Natural, 277
Suzuki, 223
Swish, 314
Sylvan Learning Centers, 66
Synovus, 407
T. J. Maxx, 83
Taco Bell, 104, 204, 247, 303, 375
Taiwan Semiconductor, 376
TakeAlongs, 314
Target Stores, 6, 83, 84, 275, 303, 402
Televisa, 225
Tennessee Valley Authority, 32
Tesco, 473, 501
Texas Instruments, 376
3Com, 305
3M Corporation, 33, 101, 145, 245, 442
   Dental Products Division, 23
Tiffany, 147, 256
Time Warner Inc., 169, 170, 171, 297, 307, 354
Timex, 84
Tommy Hilfiger USA, 424
Toon Disney, 314
Toro, 63
Toshiba, 36, 142
Towers Perrin, 117
Toyota Motors Corporation, 7, 28, 33, 102, 145, 151, 152, 164, 177, 179, 196, 206, 219, 265, 368, 371, 372, 373, 407
Toyota Production System, 372
Toys "R" Us, 346, 402
Trader Joe's, 24, 153–154
Trane furnaces, 281
Transparency International, 320, 325
Travelers Group, 301
Travelocity, 166
Travelodge, 305
Tree of Life, 256
Trio cable channel, 307
Tupperware, 442
Twentieth Century Fox, 169
Tyco International, 11, 302–303, 327, 330, 424
Tylenol, 277
Tyson Foods, 140
Ukrop's Super Markets, 407
Unilever, 101, 169, 222, 256, 301, 302
United Airlines, 166
United Parcel Service, 32, 149, 401
United States Postal Service, 401
United Technologies, 281
Universal Outdoor, 170
Universal Studios, 307, 354
UPS Store, 204
USA Network, 307
Verio, 219
Verizon Communications, 190, 352, 375, 445
Viacom/CBS, 170

Vichy Laboratories, 277
Vist, 225
Vivendi Universal Entertainment, 307
Volkswagen, 145, 165, 219, 373, 397
Volkswagen-Porsche, 232
W. L. Gore and Associates, 37, 153, 407, 441
Wachovia, 104
Walgreens, 185, 246
Wal-Mart Stores Inc., 6, 12, 66, 70, 71, 83, 84, 103, 121, 138, 140, 141, 143, 177, 184, 196, 211–212, 251, 275, 303, 397, 431, 440, 441
Walt Disney Company, 7, 167, 314, 368, 441
Waterman pens, 314
Weather Channel, 7, 180
Webvan, 188

Wells Fargo, 23, 32, 104, 168, 329
Wendy's International, 32, 104
Western Digital, 33
Whirlpool, 143, 207, 211, 213, 397, 398
White Rain, 301
Whole Foods Market, 7, 103, 345, 348, 405
Windows Media Player, 253
WordPerfect, 171
WorldCom, 11, 29, 330, 331, 354, 356, 424
Wyndam motels, 305
Xerox Corporation, 33, 116, 188, 397
Xilinx, 407
XM Satellite Radio Holdings Inc., 84
Yahoo!, 29, 30, 164, 185, 187, 188, 265, 357, 367
Yum! Brands, 204

ÍNDICE DE NOMES

Aaronson, Susan Ariel, N-8
Abraham, Stan, 482, 488n
Ackatcherian, Carol, 488n
Adekola, Ade, 590
Afuah, A., 474
Agle, Bradley R., 609, 612n, 613n, N-8
Ahlstrand, Bruce, N-1
Ala-Pietilä, Pekka, 568
Alexander, John, N-10
Alexander, Marcus, 266, N-6
Aleyne, Adrian, 115
Ambroz, Milan, N-10
Amit, R., 474
Amsden, Davida M., N-9
Amsden, Robert T., N-9
Anderson, M. J., N-6
Anné, D. C., 576, 581
Anslinger, Patricia L., N-3, N-6
Ansoff, H. Igor, 458
Antony, Jiju, N-9
Argandoña, Antonio, N-7
Arnheiter, Edward D., 571
Arnold, David J., N-5
Aronson, Amy, N-8
Ascari, Allessio, N-9
Ashish, N., 592, 593
Badaracco, Joseph L., N-1, N-11
Bailey, Wendy J., N-7
Bain, J. S., N-2
Baliga, B. R., N-6
Balmer, J., 613n
Bamford, James, N-3
Band, David C., N-10
Bannon, L., 472, 474
Barabba, V., 470, 474
Barad, Jill, 596, 597, 598
Barnevik, Percy, 593
Barney, J. B., 570n
Barney, Jay, N-2
Barrett, Amy, 302
Barringer, Bruce, N-1
Barron, A., 593
Barron, F., 589, 593
Barry, Megan, N-11
Barthélemy, Jérome, N-4, N-9
Bartlett, Christopher A., 588, 592, 593, N-2, N-4, N-8, N-11
Basu, Kunal, 316, N-8
Baumhart, Raymond, N-11
Baumol, William, 612n
Beauchamp, T. L., N-7
Beckard, Richard, N-9, N-10
Beckett, Ron, N-9
Beinhocker, Eric D., 250, N-5
Bellman, Eric, 221
Bennis, Warren, 590, 593
Bergen, Mark E., N-4

Berkeley, G., 495
Bernick, Carol Lavin, 433
Bezos, Jeff, 403, 440
Bhide, Amar, 160, 414
Bickford, Deborah J., N-5
Biederman, P., 590, 593
Birchall, David W., N-2
Birinyi, Lazslo, 48
Birkenshaw, Julian, N-8
Black, S. J., 489, 494
Blackman, S. Batey, 612n
Blank, Arthur, 179
Blasche, S., 612n
Bleeke, Joel, N-3, N-4, N-5
Blome-Drees, F., 612n
Bluedorn, Allen C., N-1
Bly, R., 590, 593
Bogan, Christopher E., N-3, N-9
Bogner, William C., N-2
Bontis, Nick, N-2
Bossidy, Lawrence, 358, 388, N-8, N-11
Bower, Joseph L., 543, 550, N-3
Bowie, N. E., 612n, N-7
Boyston, A., 593
Brandenburger, Adam M., 160
Bravo, Rose Marie, 498
Brin, Sergey, 417
Brinkman, Johannes, N-7
Briscoe, Jason, N-10
Bromiley, Philip, N-1
Brown, David, N-7, N-8
Brown, J. S., 592, 593
Brown, Michael E., 316
Brown, Robert, N-1
Brown, Shona L., 243, N-1, N-5
Browne, John, 562, 565, 567, 568, 569, 570n
Bucar, Branko, N-11
Buckley, N., 587, 593
Burcher, Peter, N-9
Burgmans, Antony, 463
Burke, Ronald J., 577, 581, N-9
Burnah, Phillip, N-9, N-10
Burns, Lawton R., N-9
Byrne, John A., 366, N-8
Byrnes, Nanette, 334
Caliguiri, Paula M., N-10
Callahan, David, 614
Cameron, Johnny, 568
Camo, Robert C., N-3
Campbell, Andrew, 266, 550, N-6
Campbell, Lewis, 558
Campbell, R., 538
Cantrell, S., 466, 474
Carasco, Emily F., N-11
Caron, Joseph, N-4
Carroll, A., 612n

Carroll, Archie B., N-7
Carter, John C., N-11
Carver, John, N-1
Castrogiovanni, Gary J., N-6
Cavanagh, Roland R., N-9, N-10
Caves, Richard, 526, 527
Cha, Sandra E., N-10
Chakravarthy, Bala, N-5
Chambers, John, 557
Champy, James, N-9
Chandler, Alfred, N-9
Charan, Ram, 358, N-8, N-11
Chase, Rodney, 569
Chatham, Jennifer A., N-10
Chatterjee, Sayan, N-6
Chen, Chia-Pei, N-7
Chen, Ming-Jer, N-4
Chen, Roger, N-7
Chen, S., 469, 474
Chenhall, Robert H., 477
Cherry, Brenda, N-5
Chesbrough, H., 474
Chisholm, Shirley, 316
Christensen, Clayton M., 488n, 532, 533n
Christensen, H. Kurt, N-4, N-5
Christie, P. Maria Joseph, N-11
Chu, K., 586n
Clark, Don, N-7
Clark, K., 570n
Clyde-Smith, D., 520n
Cohen, Ben, 155
Collins, Jim C., 358, 392
Collins, John, 230
Collis, David J., N-2, N-6
Cooke, F., 474
Cooper, Peter, N-3
Cooper, Robin, N-2
Copeland, Thomas E., N-6
Cordon, Carlos, N-8
Coulter, M., 494
Coutu, D., 590, 593
Covin, Jeffrey G., N-1, N-4
Cox, B., 474
Crawford, R. J., 588, 593
Crosby, Philip, N-9
Csikszentmihalyi, Mihaly, 570n, 590, 592, 593
Cucuzza, Thomas G., N-3
Cummins, Chip, N-7
Cusamano, Michael A., 230
Darr, Eric D., N-10
D'Aveni, Richard A., N-4, N-5
Davenport, T. H., 592, 593
Davidson, Hugh, 22, N-1
Davidson, Wallace N., N-8
Davis, R. D., 581
Davis, Scott, N-4
Dawar, Niraj, 194, 224, N-5
Dayton, Nick A., N-10
Deal, Terrence E., 570n, N-10
Dechant, Kathleen, N-7
Deering, Anne, N-8
De George, R., 602, 612n
De Geus, A., 588, 593
De Pree, M., 593
Delbridge, R., 570n
Deming, W. Edwards, 576, 577
Devinney, Timothy, N-8
Devore, J. L., 572, 581

Diamond, Bob, 556, 559
Dienhart, John W., 339, N-7
Dixie Chicks, 355
Donaldson, Alison, 570
Donaldson, Gordon, N-1
Donaldson, Thomas, 612n, N-7
Donnan, S., 520n
Doornik, K., 593
Douma, S., 612n
Doz, Yves L., 219, 520n, N-3, N-4, N-5, N-6
Dragonetti, Nicola C., N-2
Dranikoff, Lee, 544, 550, N-6
Drucker, Peter F., 470, 492, 494, 589, 593, 602, 612n, N-6
Dubosson-Torbay, M., 474
Duguid, P., 592, 593
Duncan, Jack W., N-2
Dunfee, Thomas W., N-7, N-8
Dunn, Frank, 529
Durroch, James, 534
Dutta, Soumitra, N-9
Dyer, Jeffrey H., N-3, N-5
Ebbers, Bernard, 356
Eichenwald, Kurt, N-7, N-10
Eisenhardt, Kathleen M., 243, 570n, N-1, N-5, N-6
Eisenstat, Russell, N-2, N-8
Eklind, Elisabet, 461
Elgin, B., 473, 474
El-Jelly, Abuzar, N-8
Emerson, Ralph Waldo, 16
Emiliani, M. L., 576, 581
English, Michael J., N-3, N-9
Enrico, Roger, 497
Entine, John, 613n
Ernst, David, N-3, N-4, N-5
Evan, W. M., 612n
Evans, Philip, N-3
Fahey, Liam, 484, 488n, 533n, N-4
Farkas, Charles M., N-11
Fastow, Andrew, 328
Fauber, Bernard, 160
Fawcett, Stanley E., N-9, N-10
Ferratt, Thomas W., N-9
Fiegenbaum, Avi, N-2
Finkelstein, Sydney, 594
Fischer, B., 593
Fisher, L. M., 532n
Fitzgerald, Nill, 463
Flinn, Polly, 568
Flowers, Betty S., 488n
Floyd, Steven W., N-1, N-8
Flynn, L. J., 474
Fombrun, C., 613n
Foote, Nathaniel, N-2, N-8
Ford, Henry, 20, 503, 525, 574
Ford, Robert C., N-11
Foust, Dean, N-4
Fox, J., 593
Francis, Theo, 329
Franko, Lawrence G., N-6
Freeman, E., 612n
Freeman, R. E., 612n
French, Paul, N-8
French, Ted, 558
Friedman, Milton, 316, 603, 612n
Friedman, S., 576, 581
Frost, Tony, 194, 224, N-5
Fujimoto, T., 570n
Galban, Tony, 596

Gallagher, Leigh, N-6
Galunic, D. Charles, N-6
Gasparino, Charles, N-8
Gates, Bill, 589, 591
Gates, Jacquelyn B., 614
George, S., N-9
Ger, Guitz, N-5
Geroski, Paul A., 521, 527, N-4
Gerstner, Louis V., 530, 532n
Ghemawat, Pankaj, N-1, N-2
Ghoshal, Sumantra, 561, 570n, N-2, N-4, N-8, N-11
Gilbert, D., 612n
Ginter, Peter, N-2
Goffee, Robert, N-10
Golden, Thomas D., N-7
Goldsmith, Marshall, N-9, N-10
Goleman, Daniel, N-11
Gomez, Alain, 194
Goodman, Paul S., N-10
Goodwin, Fred, 568, 569
Goold, Michael, 266, 538, 550, N-6
Gordon, Joseph, N-9
Gordon, M. Joseph, Jr., N-9
Gordon, Mary Ellen, N-2
Govindarajan, Vijay, N-2 – N-3
Graham, Jefferson, 407
Grant, J. H., 494, 495
Grant, Peter, 190
Gratton, Lynda, 561, 570n
Green, Owen, 548
Greenberg, Jeffrey, 329
Greenfield, Jerry, 155
Greenfield, W. M., N-7
Gregersen, H. B., 489, 494
Greyser, S., 613n
Grimm, Curtis M., N-5
Grove, Andrew S., 26, 27, 194, 461, 592
Grover, R., 473, 474
Grubman, Jack, 356
Gundersen, Edna, N-8
Gundling, E., 588, 593
Gunnarson, Sarah K., N-11
Gunter, B., 578, 581
Gunter, Marc, 5
Gupta, Anil K., 48
Hagel, J., 532n
Hall, Gene, N-9
Hall, William K., N-6
Hambrick, Donald C., N-4
Hamel, Gary, 132, 219, 230, 452, 469, 474, N-1, N-3, N-4, N-5, N-6
Hamermesh, R. G., N-5, N-6
Hamm, Steve, N-1, N-5
Hammer, Michael, 388, N-9
Hammond, J. H., 579, 581
Hansen, M. T., 570n
Hanson, James, 548
Hardee, Camilla, N-1
Hargadon, Andrew, 589, 592, 593
Harrigan, Kathryn R., N-3, N-4, N-5
Harris, Gardiner, N-7
Harris, J. E., N-6
Harrison, J. S., 493, 494, 495
Harry, M., 572, 581
Hayes, Robert H., 94, N-8
Hayibor, Sefa, N-8
Hedman, J., 474
Heeley, Michael B., N-4
Hegert, M., N-2

Heifetz, Ronald A., N-11
Heikkilä, Jussi, N-8
Hendricks, Kevin B., 475, N-1
Herbold, Robert, 592, 593
Herzberg, Frederick, 388
Heskett, James L., N-10
Hess, David, N-8
Hesselbein, Frances, N-9, N-10
Hilhorst, R., 474
Hill, C. W. L., 489, 492, 495, 612n
Hill, Ronald Paul, 343
Hilmer, Frederick G., N-8, N-9
Hirsch, Robert D., N-11
Hirschberg, Jerry, 590, 591, 593
Hitt, Michael A., N-1
Hodgetts, Richard M., N-10
Hofer, Charles W., N-5
Hofstede, Geert, 570n
Hollender, Jeffrey, N-7
Holpp, Larry, N-9
Homann, K., 612n
Hopp, W. J., 574, 581
Hoque, F., 474
House, Charles H., N-1
Hout, Thomas M., N-11
Hubbell, Victoria, N-10
Humble, John, N-11
Humer, Franz, 558
Hurd, Jonathan, N-3
Hyland, Paul, N-9
Iacobucci, Dawn, N-3
Iansiti, Marco, 141
Immelt, Jeffrey R., 36, 307, 316, 414, 592
Inkpen, A., N-3
Inman, R. R., 574, 581
Ireland, Norman, 548
Ittner, Christopher D., 476
Jack, A., 587, 593
Jacobsen, Kristine, N-2
Jassawalla, Avan R., N-10
Jaworski, B. J., 474
Jenk, Justin, N-3
Jensen, Michael, 583, 586n
Jeurissen, Ronald, 600
Johnson, Mark W., 488n
Johnson, Robert Wood, 619
Johnson, William R., 47
Jones, D. T., 575, 581
Jones, Del, N-10
Jones, G. R., 489, 492, 495
Jones, Gareth, N-10
Jones, T. M., 612n
Jordano, Rosemary, 615
Jung, Andrea, 36
Juran, J., N-9
Kageyama, Yuri, 259
Kahaner, Larry, N-2
Kahn, Gabriel, 221
Kale, Prashant, N-3, N-5
Kalling, T., 474
Kami, Michael, 2
Kaminsky, F. C., 581
Kamprad, Ingvar, 530
Kant, Emmanuel, 601
Kanter, Rosabeth Moss, N-3, N-5, N-9
Kaplan, Nancy J., N-3
Kaplan, Robert S., 475, 476, 479, 502, N-1, N-2, N-3
Kaufman, Rhonda, N-1

Kay, John, 601, 608, 609, 612n, 613n
Keeble, Justin, N-7, N-8
Kennedy, Allen A., 570n, N-10
Keogh, John, 596
Kerr, Gerry, 534
Kerr, Steven, 411, 584, 586n, N-10
Khanna, Tarun, N-5
Kidwell, Roland E., N-6
Killing, J. Peter, 488n
Kim, W. Chan, 94, 502, N-1, N-4
Kimberly, John R., N-9
King, W. R., 494, 495
Kipling, Rudyard, 316
Klein, N., 613n
Knight, Phil, 348
Knox, Simon, N-8
Köhler, W., 612n
Kohn, Alfie, N-10
Koller, Tim, 544, 550, N-6
Kosonen, Mikko, 569
Kotler, Philip, N-4, N-5, N-6
Kotter, John P., 22, N-10, N-11
Kovacevich, Richard M., 358
Koza, M., N-3
Kozlowski, Dennis, 595, 597
Kress, Donald, 94
Kwak, Mary, N-4
Kwan, Ik-Whan G., N-11
Lachenauer, Rob, 132, N-2, N-4, N-6
Lampel, Joseph, N-1
Landauer, 584
Langley, Monica, 329
Lanzolla, Gianvito, N-4
Larcke, David F., 476
Latham, Gary, 582, 584
Latour, Almar, N-7
Laurent, A., 570n
Laurie, Donald L., N-11
Law, Andy, 590
Lawrence, Anne T., N-7
Leavy, Brian, 528, 587
Lee, Hau L., N-2
Lee, Kun-Hee, 595
Lee, Terry Nels, N-10
Lei, D., 533n
Leibovitz, Mitchell, 30
Lemak, David J., N-10
Leonard, Wayne, 414
Lester, M. A., 576, 581
Leuchter, Miriam, 366
Lev, Baruch, 478
Levering, Robert, 392
Levien, Roy, 141
Lewin, A., N-3
Lewis, D. A., 579, 581
Lieberthal, Kenneth, N-4, N-5
Liedtka, Jeanne M., N-6, N-9
Liker, Jeffrey K., N-1
Lincoln, Abraham, 18
Linder, Jane C., 465, 466, 474
Lipton, Mark, 459
Liveris, Andrew, 558, 559
Locke, Edwin A., 582
Löhr, A., 612n
Lombardi, Vince, 358
Lorek, Laura, 186
Lorsch, Jay W., N-11
Lowe, J., 570n, 592, 593

Lowry, Tom, 252
Lubatkin, Michael, N-6
MacMillan, Ian C., N-4, N-5, N-6
Madhok, Anoop, N-4
Magaziner, I. C., 533n
Magretta, Joan, 474, N-1
Main, Jeremy, N-3, N-5
Majchrzak, Ann, N-9
Maklan, Stan, N-8
Maleyeff, John, 571, 579, 581
Mankins, Michael C., 551
Marcus, Bernie, 179
Margolis, Joshua D., N-8
Markides, Costas C., 2, 94, 230, 358, 452, 458, 521, 527, N-1, N-4,
    N-6
Martin, J. A., 570n
Martinez, Barbara, N-7
Maslow, Abraham, 518
Mason, David, 488n
Mathews, Anna Wilde, N-7
Mauborgne, Renée, 502, N-1, N-4
Mays, Lowry, 170
McCawley, Tom, N-8
McCombs, Joe, 170
McDonald, Ian, 329
McFadden, F. R., 573, 581
McGrath, Rita Gunther, 132, 155, N-4, N-6
McMillan, Ian C., 132, 155
McNerney, Jim, 546, 559, 592
Mehta, Stephanie N., 5
Menkes, Justin, N-8
Menor, Larry, 475, N-1
Midgley, David, N-8
Miles, Morgan P., N-1
Miles, Raymond E., 477
Miller, Danny, N-2, N-8
Millett, Stephen M., 488n
Milne, A. A., 358
Milne, George R., N-2
Mintzberg, Henry, 316, 458, 462, 469, 474, N-1, N-8
Mitchell, R. K., 609, 612n, 613n
Mody, A., 520n
Moffatt, Bob, 533n
Mohammed, A., 588, 593
Mokwa, Michael P., N-2
Monteiro, Felipe, 570
Montgomery, Cynthia A., N-1, N-2, N-6
Montgomery, Joseph C., N-10
Montuori, A., 593
Moore, Gordon, 27
Moore, James F., N-9
Morita, Akio, 589
Morris, D., N-2
Morris, Donald, 489
Moskowitz, Milton, 392
Mroz, John Edward, N-9
Mulally, Alan, 559
Murdoch, Rupert, 252
Murphy, Patrick E., N-11
Nadler, David A., 458, N-1
Nalebuff, Barry J., 160
Nash, Sarah, N-5
Nasser, Jacques, 619
Nathan, J., 593
Negisji, S., 520n
Neman, Robert P., N-10
Ness, Joseph A., N-3
Neuman, Robert P., N-9

Nichols, P. M., N-7
Nicholson, David, 548
Nielsen, Anders P., N-2
Nietzsche, Friedrich, 589
Niles-Jolly, Kathryn, N-11
Nimgade, A., 588, 593
Noble, Charles H., N-2
Nohria, Nitin, N-11
Nordheim, Christie, N-3
Norton, David P., 475, 476, 479, N-1
Nouguier, S., 474
Nussbaum, B., 588, 593
O'Bannon, Douglas P., N-8
O'Connell, Maurice, 533n
Oetinger, B. V., 570n
Ohga, Noria, 589
Ohinata, Yoshinobu, N-9
Ohmare, Kenichi, 48
Ohno, Taiichi, 372, 574
Olbrich, T., 613n
Olian, Judy D., N-10
Oliver, N., 570n
Ollila, Jorma, 529, 562, 569
Olusaga, S. Ade, N-2
Osegowitsch, Thomas, N-4
Oster, Christopher, 329
Oster, Sharon, 2
Osterwalder, A., 474
Ott, E. R., 579, 581
Oztark, Sevgi, N-11
Page, Larry, 417
Paich, M., 474
Paine, Lynn Sharp, 601, 605, 612n, N-11
Palepu, Krishna G., N-5
Palmisano, Sam, 530
Pande, Peter S., N-9, N-10
Par, Terence P., 115
Parise, Salvatore, N-3
Park, Daewoo, N-1
Patinkin, M., 533n
Pauling, Linus, 591
Pekár, Peter, 485
Peter, Thomas J., 616
Peteraf, Margaret A., N-2
Pfeffer, Jeffrey, N-10, N-11
Phillips, R., 612n
Picasso, Pablo, 526
Pisano, Gary P., 94, N-8
Pond, Randy, 557
Porras, Jerry I., 619, N-1, N-8
Portanger, Erik, N-7
Porter, Michael E., 55, 111, 114, 132, 134, 452, 474, 482, 488n, 535, 550, 557, 603, 612n, N-1, N-2, N-3, N-4, N-5, N-6, N-11
Post, James E., N-7
Potter, Don, 508
Powell, Dennis, 557
Powell, Thomas C., N-10
Prahalad, C. K., 132, 487, 488n, 533n, N-1, N-3, N-4, N-6, N-9
Pressman, Bob, 598
Preston, Lee E., 612n, N-8
Price, Raymond L., N-1
Prokesch, S. E., 570n
Propokoff, Ilya, 590
Prusak, L., 593
Pulliam, Susan, N-8
Pyzdek, T., 466, 474
Quelch, John A., N-5
Quinn, James Brian, N-3, N-4, N-8, N-9, N-11

Rafalko, Robert J., N-11
Ramaswamy, Venkat, 487, 488n
Randall, Robert M., 533n, N-4
Rao, Askay R., N-4
Raynor, M. E., 532n, 533n
Rayport, J. F., 474
Reed, John, N-7
Reed, Richard, N-10
Reid, Joanne, N-10
Renick, S., 581
Rhoads, Gary K., N-9, N-10
Richardson, Sandy, 479, 480, N-1
Ridderstråle, Jonas, N-8
Rigby, Darrell K., 475, 488n, N-1
Robert, Michel, 22, 160, N-1
Roberts, A. E. P., 581
Roberts, J., 593
Roberts, Sarah, N-7, N-8
Rock, John, 459
Rock, Melinda, N-9
Rogan, Michelle, 570
Rogovsky, Nikolai, N-8
Rohs, P., 612n
Roman, Ronald M., N-8
Roos, Goran, N-2
Rosenthal, Jim, N-9
Ross, Joel, 2
Rothschild, William E., N-4
Roussouw, Gedeon J., 335, N-7
Rumelt, R., 535, 550
Rynes, Sara L., N-10
St. John, C. H., 493, 494, 495
Saltério, Steven, 476
Salvia, A. A., 579, 581
Sama, L. M., 612n
Santos, J., 520n
Sanyal, Rajib, N-7
Sapsford, Jathon, 219
Saro-Wiwa, Ken, 609
Sashittal, Hemant C., N-10
Sasson, Lisa, N-3
Satchell, M. J., N-7
Sathe, Vijay, N-10
Savoie, M. J., 581
Scanlan, Gerald, N-10
Schein, Edgar, 570n
Schendel, Dan, N-5
Scherer, F. M., N-2
Schermerhorn, John R., 339, N-7
Schilling, E. G., 579, 581
Schlender, B., 592, 593
Schmitt, Wolfgang, 596, 597
Schneider, Antoon, 544, 550, N-6
Schneider, Benjamin, N-11
Schneiderman, Howard A., 589, 593
Schreuder, H., 612n
Schroeder, R., 572, 581
Schulman, Lawrence E., N-3
Schultz, Howard, 36
Schwartz, Mark S., N-7, N-11
Schwartz, Peter, 488n
Selby, Richard W., 230
Semet, Terry S., 473
Semple, Tom, 590
Sethi, S. P., 601, 612n
Shafer, Scott M., 465
Shaheen, George, 598
Shank, John K., N-2, N-3

Shaw, Gordon, N-1
Sheridan, J. H., 571, 574, 581
Shingo, Shigeo, 574, 575, 581
Shirouzu, Norihiko, 219
Shuen, A., 570n
Silk, S. B., N-5
Simons, Robert, 316, N-8, N-9, N-10
Sims, Ronald R., N-7
Singer, M., 532n
Singh, Harbir, N-3, N-5
Singh, Jang B., N-11
Sinha, Jayant, N-5
Sirgy, M. J., 613n
Skilling, Jeffrey, 597
Slevin, Dennis P., N-4
Slocum, J. W., 533n
Slywotzky, Adrian J., 458
Smircich, L., 550
Smith, Adam, N-9
Smith, H. Jeff, 465, N-8
Smith, Iain, 343
Smith, J., 474
Smith, Kennedy G., N-5, N-10
Smith, N. Craig, N-7, N-8
Smith, Randall, N-8
Snow, Charles C., 477
Solomon, R., 602, 612n
Sommerville, Iain, N-9
Soo, Christine, N-8
Sower, V. E., 572, 581
Spearman, M. L., 574, 581
Stalk Jr., George, 132, 496, N-2, N-3, N-4, N-6
Stavropoulos, Bill, 558
Steele, Richard, 551
Steinbock, D., 588, 593
Steinmann, H., 612n, 613n
Stephens, Debra, 343
Stoeberl, Phillip A., N-11
Stone, Reuben E., N-3
Storr, A., 589, 593
Strickland, A. J. III, 491, 492, 493, 494, 495
Stringer, Howard, 259
Stroh, Linda K., N-10
Srorr, R. E., 589, 593
Stuckey, John, N-3
Su, C., 613n
Suarez, Fernando, N-4
Sull, Donald, N-2
Sun Zi, 414
Sutton, Robert, 589
Swayne, Linda E., N-2
Tam, P. W., 474
Teece, David J., 570n, N-2
Teets, John W., 18
Terry, Robert J., 266
Thomas, Dave, 461
Thomas, Howard, N-2
Thomas, Terry, 339, N-7
Thomke, S., 588, 593
Thompson Jr., Arthur A., 491, 492, 493, 494, 495
Thomson, Alan, N-11
Tichy, Noel, 414
Timmers, O., 474
Torvalds, Linus, 14
Tovstiga, George, N-2
Treacy, M., 532n
Trevi, Linda K., 316
Truby, M., 573, 581
Tucci, C. L., 474

Tucci, Joe, 440
Tully, Shawn, N-5
Tushman, Michael, 458
Twer, Doran, N-10
Tyler, Beverly B., N-1
Ungan, Mustafa, N-9
Upton, David M., 94, N-8
Välikangas, Liisa, 230, N-5
Van Der Vorst, J. G. A. J., 474
Van de Ven, Bert, 600
Van Dongen, S., 474
Van Gogh, Vincent, 526
Van Putten, Alexander B., 155, N-4, N-6
Van Riel, C., 613n
Van Vuuren, Leon J., 335, N-7
Veiga, John R., N-7, N-10
Velásquez, M., 606, 613n
Very, Philippe, 266
Vickers, Marcia, 329
Vitale, M. R., 469, 474
Vogelstein, Fred, 407, N-10, N-11
Wade, Judy, N-9
Waleam, Jason, N-3
Walsh, James P., N-8
Walston, Stephen L., N-9
Walton, M., N-9
Walton, Sam, 440
Wambold, Richard, 266
Wang, Qianwei, N-9
Waterman, Robert H., Jr., 616
Waters, J. A., N-1
Watson, Gregory H., N-3
Watts, Reid McRae, 526, 527
Webb, Alan, 476
Webb, Allen P., N-11
Weber, James, N-7
Webster, David, 589
Weick, K., 545, 550
Weill, P., 469, 474
Welch, Jack, 2, 266, 307, 316, 366, 388, 440, 542, 544, 545, 550, 585, 592, N-8
Welch, Suzy, N-8
Wernerfelt, Birger, N-2
Wessel, Godecke, N-9
Wetlaufer, Suzy, N-11
White, David, N-3
White, Gordon, 548
Whitman, Meg, 36
Wicks, A., 612n
Wiedman, Christine, 475
Wiersema, F., 532n
Wilke, John R., N-7
Williamson, Peter J., 94, 515, 520n, N-6
Wilson, H. J., 593
Wilson, Meena S., N-10
Womack, J. P., 575, 581
Wong, A., 579, 581
Wood, D. J., 609, 612n, 613n
Woods, Tiger, 368
Woolridge, Bill, N-1, N-8
Worrell, Dan L., N-8
Yip, George S., N-2
Yoffie, David B., N-4
Young, Shawn, 190, 304
Zack, Michael H., N-2
Zahra, Shaker A., N-2, N-5
Zbaracki, Mark J., N-9
Zimmerman, Frederick M., N-6
Zott, C., 474

ÍNDICE DE ASSUNTOS

Abordagem competitiva, 95–97
Abordagem da cultura ética, 335t, 337
Abordagem despreocupada, 334–336, 335t
Abordagem do *balanced scorecard*
    configurando objetivos de cima para baixo, 34-35
    de alto nível vs. de baixo nível, 34–35
    esforço de equipe, 34
    exemplos, 33
    intenção estratégica, 32–34
    medições de desempenho, 31–32
    medida de desempenho, 31-32
    na execução da estratégia, 29–35
    natureza dos objetivos, 20–30
    objetivos de empresas grandes, 34
    objetivos de longo prazo vs. de curto prazo, 32
    objetivos estendidos, 30–31
    objetivos financeiros vs. estratégicos, 31
        objetivos de curto e longo prazos, 32
    para vendas, 34–35
    usos de, 32
Abordagem do controle de dano, 335t, 336
Ação Antitruste, 252, 253
Acesso à informação, 487
Acionistas, 350
Ações estratégicas, 161; *veja também* Estratégia competitiva
    alianças estratégicas, 161, 163–168
        capturando benefícios de, 166–167
        definição, 163
        fatores na execução, 163
        instável, 167
        perigos de confiar em, 167–168
        vantagens, 164–166
    da análise SWOT, 108–109
    decisões sobre, 161
    estratégias de área funcional, 161, 187–188
    estratégias de site
        empresas on-line, 185–187
        estratégia tradicional e on-line, 184–185, 186
        lojas on-line, 184
        somente informação de produto, 183–184
    estratégias de terceirização
        definição 175
        riscos, 177
        vantagens, 175–177
    estratégias defensivas
        bases para ataque ofensivo, 181–182
        bloqueando avenidas, 182
        escolhendo rivais para atacar, 181
        estratégia do oceano azul, 180–181
    estratégias ofensivas, 161, 177–182
        princípios e comportamento, 177–178
        sinalizando retaliações, 182–183
        tipos de, 178–180
    ética de, 10–12

fusões e aquisições, 161, 168–171
integração vertical
    definição, 171
    desvantagens, 173–174
    encaminhar, 173
    parcial vs. completa, 171–172
    prós e contras, 175
    retroceder, 172–173
    vantagens, 172–173
padrões éticos e, 341–342
para empresas de rápido crescimento, 249–251
para empresas posicionadas em segundo lugar, 254–257
para incrementar o desempenho, 299–300
para setores amadurecidos, 237–238
para setores emergentes, 233–234
pontos-chave, 191–192
prevendo, 86–87
princípios, 456
questões para, 263
vantagem do pioneiro, 188–191
Ações para a mudança cultural, 428–432, 429t
    ações importantes, 430–431
    ações simbólicas, 431–432
    exemplo, 433
    fator de liderança, 429, 430
    fazendo caso de, 429–430
    o fator tempo, 432
Acompanhando o desempenho, 402–403, 552
Adaptação, 564-565
Adequação cultural, 304–305
Adequação da estratégia, 313
    com flexibilidade, 456
    de unidades de negócios, 290
    em conglomerados, 534
    em diversificação relacionada
        características de, 272–274
        em vendas e marketing, 276
        exemplos, 277
        na distribuição, 275
        na manufatura, 275
        na pesquisa e no desenvolvimento, 274–275
        na tecnologia, 274–275
        nas atividades da cadeia de suprimentos, 275
        suporte administrativo, 276
        vantagem competitiva e, 277–278
    em organizações descentralizadas, 381
    entre negócios, 381
    entre setores, 287
    exemplo, 302
    vantagem competitiva e, 294, 295t
Adequação dos recursos
    alvos de desempenho, 296
    capacidades competitivas, 297
    cuidado na transferência de recursos, 298
    definição, 294

índice de crédito, 297
    recursos financeiros, 294–296
    recursos gerenciais, 297–298
Adequações estratégicas entre setores, 287
Administração
    de conduta ética, 333–338
    de conglomerados, 545–547
    enxuta, 571–581
    na diversificação não relacionada, 283–284
    plano de ação, 3–4
    processo de assinatura defendido por, 567–568
    valores, princípios e padrões, 416
Administração de saúde e segurança ocupacional, 24
Administração dos interessados, 608–609
Administração geral, 111
Administração imoral nos negócios globais, 325–327
    escândalos recentes, 327–332
    reportando infrações, 444
Administradores imorais, 324, 334–336, 352
Administradores/Gerentes
    elaborando e executando a estratégia, 15–16
    ética e, 10–12
    papel na estratégia do negócio, 38
Agentes de mudança, 394
Ajustes corretivos, 19, 43–44
    liderando a execução dos, 445–446
    processo, 446
Aliança de parceiros no canal
    cadeia de valor, 113
    desvantagens de custo, 119–120
Alianças; veja Alianças estratégicas
Alianças entre países, 217–220
Alianças estratégicas, 100, 1635, 165, 191
    capturando benefícios de, 166–167
    com fornecedores/compradores, 290
    construindo uma ponte organizacional, 383
    definição, 163
    em indústrias emergentes, 233
    em mercados de alta velocidade, 244
    em mercados estrangeiros, 227
        exemplos, 219
        motivação para, 217–218
        necessidades questionáveis para, 220
        riscos de, 218–220
    escolhendo um bom parceiro, 166
    exemplos, 164
    fatores em marketing, 163
    instável, 167
    para diversificação, 271–272
    para liderança no mercado global, 165
    para posição na indústria, 165–166
    perigos de confiar em, 167–168
    tipos de, 485–487
    vantagens, 164–166
Alienação de negócios, 305–306
Alocação dos recursos, 42, 298–299, 299t
Alvo de desempenho, 29–30
Ambientais, questões
    atratividade da indústria e, 287
    responsabilidade social e, 344, 346, 348, 445, 607
Ambiente asiático,
    especuladores, 515-516
    estratégia copiada, 517
    fim dos barônatos econômicos, 517
    futuro, de, 520
    pesquisa em
        fator China, 516

    respostas estratégicas, 518
        consolidação dirigida, 518
        construção da marca, 519
        inovação, 520
        nova produtividade, 521
        sinergias entre países, 518
Ambiente competitivo, 51–52
Ambiente de negócios
    análise competente do, 92
    componentes estrategicamente relevantes, 49-51
    correções à estratégia, 43–44
    diagnóstico para elaboração da estratégia, 49
    dirigindo forças, 52, 91
        conceito, 74
        forças mais comuns, 80t
        impacto das forças, 80-81
        identificação 74-80
        unindo com a estratégia, 81
    em mercados estrangeiros, 197-199
    falando estrategicamente sobre, 51-52
    fatores de influência, 49–50
    fatores-chave do sucesso, 52, 87-89, 88t, 92
    forças competitivas, 51, 52, 54-74, 91
        ameaça de novos entrantes, 60-64
        lucratividade e, 72-74
        produtos substitutos, 64-65
        relacionamento comprador-vendedor, 69-71
        relacionamento fornecedor-comprador, 66-69
        rivalidade entre vendedores, 55-60
    inteligência competitiva, 85, 92
        monitorando concorrentes, 85-86
        prevendo o movimento dos concorrentes, 86-87
    macroambiente 49-51
    mudança rápida, 426
    posição no mercado, 52, 81-84, 91-92
        avaliando mapas de grupos estratégicos, 83-84
        efeito da rivalidade, 56
        mapeando o grupo estratégico, 81-83
    recursos econômicos dominantes, 52-54, 53t, 90-91
Ambiente externo; veja Macroambiente
Ambiente industrial
    atratividade relativa, 89–90, 92
    circunstâncias de mudança, 9
    flexibilidade da estratégia e, 456
    opções estratégicas e, 263
    para estratégias focalizadas (nicho de mercado), 154–155
    pensamento estratégico sobre, 51–52
Ambiente organizacional apropriado, 456–457
Analisador estratégico, 478
Análise de diversificação estratégica, 285–300, 312–313
    adequando à estratégia entre negócios, 294, 295t
    adequando recursos
        advertências, 298
        alvos de desempenho, 296
        capacidades competitivas, 297
        nível de crédito, 297
        recursos administrativos, 297–298
        recursos financeiros, 294–296, 299t
    atratividade da indústria
        dificuldade em calcular índices, 288–289
        interpretando índices, 288–296
    força competitiva da unidade de negócios
        calculando índices, 289–391
        interpretando índices, 291–292
        matriz de nove células, 292–294, 293t
    movimento de novas estratégias, 299–300
    prospectos de desempenho, 298–299
Análise estratégica, modelo de oportunidade, 489–495

Anomalias, explorando, 498
Aplicações tecnológicas da Internet, 235
 e-commerce, 383
 gerenciamento da cadeia de suprimento, 139–140
 serviço de banda larga, 5, 190
 venda direta, 139
 voz sobre protocolo da internet (VOIP), 5, 74–75, 76–77, 231–233, 327
Apoio administrativo a funções terceirizadas, 374, 375
 estratégia para, 276
Aprendizado organizacional
 universidades internas, 371–373
 vantagem competitiva e, 120
Aquisição parcial, 486
Aquisições; *veja* Fusões e aquisições
 para executar a estratégia, 361-363
 para implementar estratégia, 42-43
 para incutir valores e ética, 436
 para mudar problemas culturais, 428-432
Aresta, 366
Armas competitivas, 57, 57*t*
Arrependimento, 491
Ascensão e queda, 496
Ativos,
 competitividade, 97-100, 290
 ultrapassados, 500
 venda de, 257
Assinatura digital, 190
Ataque competitivo
 escolhendo bases para 181–182
 escolhendo rivais para, 181
Ataque de guerrilha, 179
Ataque preventivo, 179–180
Atitude verossímil, 71
Atividade com base em custo, 114–116
 avaliação da competitividade do custo, 114–116
 cadeia de valor da indústria, 113–114
 componentes da estrutura dos custos, 110–112
 conceito da cadeia de valor, 110–112
 fazendo o benchmarking na cadeia de valor dos custos, 116, 118
 necessidade de, 109–110
 resolvendo desvantagens de custos, 117–120
 transformando desempenho em vantagem competitiva, 120–122
 variações da cadeia de valor, 112–113
Atividades administrativas de apoio, na cadeia de valor, 111
Atividades de distribuição
 adequando a estratégia, 275
 em estratégias de diferenciação, 146
 na cadeia de valor, 111
 parceria colaborativa, 383
Atividades de marketing
 adequação da estratégia e, 276
 empresas on-line, 187
 inovação e, 77
 na cadeia de valor, 111
 na estratégia de diferenciação, 146
Atividades de preenchimento de pedidos, 186–187
Atividades de produção, globalização e, 75
Atividades de serviço, 111
Atividades de vendas e marketing, 111
Atividades operacionais, cadeia de valor, 111
Atividades primárias da cadeia de valor, 111–112
Atividades relacionadas a compradores, dispersão, 210–211
Atividades secundárias da cadeia de valor, 110–112
Ativistas de direitos humanos, 348
Ativos competitivos, 104
 reduzindo, 107
Ativos humanos, 100

Ativos intangíveis, 100, 478–479
Ativos ociosos, 500
Atratividade da indústria
 condição eompetitiva, 73
 condições para, 89–90, 92
 desempenho de prospectos para, 298
 em diversificação
  calculando parâmetros, 277t, 286–288
  dificuldades no cálculo, 288–289
  interpretando índices, 288
 matriz de nove células para, 292–294, 293*t*
 medidas da, 286–287
Atributos do produto, 146, 149, 232
 correspondente, 290
Auto fabricação, 68
Autoridade
 colocando limites em, 380
 delegação de, 378
Avaliação das forças competitivas, 121–124, 123*t*
 de unidades de negócios
  matriz de nove células para, 292–294, 293*t*
  medidas, 289–291
 interpretando, 123–124
 sistema de avaliação ponderada, 123t, 124
 sistema de avaliação sem ponderação, 122–124, 123*t*
Avaliação de crédito, 297
Avaliação de risco, 487
Avaliação do desempenho, 19, 43–44, 47

Balanced scorecard, 475
 ambiente incerto, 478
 benefícios, 475
 desempenho financeiro e, 479
 diagrama, 476
 estratégia de negócios, 477
 fatores de contingência, 476
 tamanho da empresa e, 478
 uso atual, 475
Baronatos econômicos, 517
Barreiras à entrada
 ascenção e queda, 63-64
 aspectos do canal de distribuição, 62
 capital necessário, 62
 desvantagem de custo/recursos, 61
 diversificação e, 270
 economias de escala, 60-61
 em indústrias emergentes, 232-233
 fidelidade do cliente, 62
 forte preferência pela marca, 62
 forte versus fraca, 63
 fragmentação da cadeia de suprimentos e, 246
 obstáculos dos participantes do setor, 62-63
 políticas regulatórias, 62
 restrições comerciais (trade), 62
Base de mercado, 196
Base de negócios
 expandindo, 300-303
 reduzindo, 303-306
Benchmarking, 116-118
 benefícios sobre a força de trabalho, 347
 cultura corporativa e, 423
 desvantagens de custo e, 118–120
 ética e, 118
 forças competitivas, 122
 organizações de consultoria, 117
 para excelência operacional, 442
 para melhora contínua, 393, 395, 400

Benefícios
　apelando, 406
　benefícios de fórmula, 247
　mercados estrangeiros
　　concentrado, 209–210
　　dispersado, 210–211
　problema de alto nível, 236
　realocação, 140
Benefícios adicionais, 405
Bens terminados, 490
Boicote de produtos, 347–348
Brasil, 199-200
Burocracias, 374, 375
　resistente a mudanças, 423

Campeões, 441
Canais de distribuição
Canais de varejo, 62
Capacidade de resposta rápida, 244
Capacidade distintiva, 608, 609
Capacidade total de operação, 137
Capacidades competitivas, 363, 385, 386
　acesso de fusão e aquisição, 169
　análise SWOT, 107-109
　atualizando e reorganizando, 371
　cara, 373
　colaboração entre unidades, 381–382
　construindo
　　desenvolvimento em três estágios, 368–371
　　emergência de, 369–370
　　grupos de trabalho multifuncional, 369
　　necessidades do cliente, 370
　　papel da liderança, 442–443
　　treinamento do funcionário, 371–373
　　vantagem competitiva, 372, 373
　de encaminhar a integração, 172-173
　de indústrias amadurecidas, 238
　de unidades de negócios, 290
　estágios, 369–370
　estratégias de diferenciação e, 146
　exemplos, 368
　forças, 97
　fusões e aquisições para, 370–371
　identificando, 105*t*
　integração vertical, 172–173
　recursos e, 297
　terceirização, 370
　tranferência entre países, 211–212
Capacidades relacionadas KSFs, 88*t*
Capital intelectual, 100, 101, 367, 370
Cartões eletrônicos, 403
Caso moral
　de estratégia ética, 338
　de responsabilidade social, 346–347, 353
Casos de negócios
　de estratégia ética, 338-341
　de responsabilidade social, 347-349, 352-354
Categorias de despesas, 114–115
Causas sociais, 351
CEO – Diretor presidente, 36
　compensação para, 352
　e o conselho de diretores, 44–45
　iniciativas de responsabilidade social, 445
　liderança ética, 443
　liderando a mudança cultural, 429, 430
　papel na elaboração da estratégia, 35–36
Chief financial officer, 45

China
　acordos de parceria, 165
　como mercado emergente, 220-222
　Google Inc. na, C-326
Choque de mercado, 107
Ciclo de vida do setor, 74
Ciclo do tempo, 375
Cinco "porquês" dos motivos causadores, 579
Cinco forças do modelo competitivo, 54–74, 55t, 91, 603, 610–611
　ameaça de novos entrantes, 60–64
　lucratividade e, 72–74
　poder de negociação do comprador, 69–72
　poder de negociação do fornecedor, 66–69
　pressões competitivas, 54
　rindo de concorrentes, 55–60
　vendedores de produtos substitutos, 64–65
Circunstâncias locais
　acomodação, 222–223
　inaceitável, 223
Classificação setorial padronizada, 506
Clientes; *veja também* Compradores
　alavancagem na negociação com, 290
　aumentando vendas para os, 238
　aumentar o nível de benefícios, 512–513
　cadeia de valor, 113
　colaboração com, 487–488
　diferenças culturais, 197
　em mercados externos, 196
　feedback dos, 82
　mudança tecnológica, 76
　na Ásia, 517–518
　pressionando, 253
　reputação da empresa e os, 607–608
　sugestões do, 484
Clima de trabalho orientado a resultados, 441–442
Cobertura geográfica
Códigos de onduta ética
　construindo o papel da cultura, 435–436
　cultura corporativa e, 434t, 435
　genuidade, 341–342
　normas universais, 323
　subornos e propinas e, 320
Coesão estratégica, 41
Colaboração entre países, 273, 310
Colaboração na elaboração da estratégia, 37
Comando-e-controle, paradigma, 379, 383–384
Combinação de estratégias
　estratégias de reviravolta, 259
　na diversificação, 284–285
Comércio de ações, 350
Comércio internacional entre nações asiáticas, 517
Comissão de câmbio e valores mobiliários, 330, 341, 424
Comitê de auditoria, 45
Comitê de desenvolvimento de novos produtos, 484
Como barreira à entrada, 62
Como força direcionadora, 79
　atratividade da indústria e, 287
　contra dumping, 216
　lei de práticas corruptas no estrangeiro, 320, 606
　lei Sarbones-Oxley, 338, 341
　mercados externos e, 200–201
Companhias somente domésticas, 214
Comparação de custo e preços, 109–122, 127
Compartilhamento de conhecimento, 565
Compartilhamento de mercado
　competição acirrada, 236
　de guerrilha ofensiva, 179

de inovação de produto, 178
de nome de marca forte, 273
em mercados de crescimento rápido, 234–235
estratégia de fortalecer e defender, 252–253
estratégias para construir, 254–255
parentesco, 289–290
pequeno, 254
política antitruste e, 252, 253
taxas de câmbio e, 199
Compartilhando dados, 138
Compartilhando lucros, 98t
Compensação executiva, 409
  para executivos de alto nível, 409
  vinculada a responsabilidades sociais, 352
Competência distintiva, 101–102, 104, 120–121, 147, 369, 370, 374–375, 385
Competências, 99, 100, 165, 174, 369, 531
  análise SWOT, 100–102
  comparado com as competências centrais, 102
  definição, 107–109
  estratégias de diferenciação e, 147
  transferência entre países, 211–212
Competências centrais, 363, 385, 386
  ameaças, 369–370
  atacando, 217
  atualizando e reorganizando, 371
  caras de serem produzidas, 373
  como vantagem competitiva, 120–121
  comparado às competências, 102
  construindo
    desenvolvimento de três estágios, 368–371
      papel da liderança, 442–443
      treinando fucionários, 371–373
      vantagem competitiva, 373
  de colaboração entre unidades, 381–383
  definição, 101
  exemplos, 368
  fusões e aquisições e, 370–371
  mercados externos e, 196
  terceirização e, 370, 375–376
Competências relacionadas a KSFs, 88t
Competências, desenvolvendo, 369, 385
Competição
  ameaça de novos entrantes, 60–64, 61t
  construindo um quadro da, 53
  da inovação do produto, 76
  de mercados estrangeiros, 196
  de produtos substitutos, 64–65
  em indústrias amadurecidas, 236
  em nível global, 226
  em setores fragmentados, 246–247
  fatores chaves de sucesso, 87–89, 88t, 92
  força competitiva dos ratings, 122
  global vs. internacional, 196
  globalização e, 75
  multipaíses vs. global, 201–202
  redução de preços e, 59
  rivalidade fraca, 58
  santuários de lucro e, 213–215
  suplantando, 178
Competição ativa, 100–102, 104, 290
Competição entre países, 201–202, 227
Competição global, 227; *veja também* Conpetição internacional
  versus competição em vários países, 201–202
  versus competição internacional, 196
Competição internacional, 196; *veja também* Competição global; Corporações/empresas multinacionais

em indústrias amadurecidas, 236
global vs. entre países, 201–202
Competição multinacional, 195
Competindo com preços, 56
concorrentes de baixo nível e, 513
em mercados amadurecidos, 238
em mercados emergentes, 222
obstáculos a, 514
pela indústria de novos entrantes, 143–144
produtos de commodities, 143
produtos substitutos, 64–65
Comprador, percepção do, 147
Compradores; *veja também* Clientes
consciência de valor, 151
estratégia de fornecedor de melhor custo e, 151
mudando de marca, 58–59
número de, 53t
parcerias comprador-vendedor, 71–72
pressão competitiva sobre os vendedores, 69–72
responsabilidade social e, 347–348
visão dos atributos do produto, 149
Compradores conscientes de valor, 151
Compradores, necessidades e solicitações,
estratégia de diferenciação, 148
uso do produto, 143
Comprometimento
nas alianças estratégicas, 166
Comunicando a visão estratégica
em slogans, 25–26
pontos de inflexão estratégica, 26, 27
por executivos de alto nível, 41
resistência a mudança e, 26
retorno, 26
valores motivacionais, 25
Concorrência acirrada, 604–608
Concorrentes
aumento em diversidade dos, 59
aumento em número do, 56–57
custos dos, 290
identificando a estratégia dos 85–86
competição de preços, 143
concorrência global vs. interpaíses, 201–202
diferenças na cadeia de valor, 112–113
escolha da estratégia, 4
estratégia defensiva contra, 182
estratégias ofensivas contra, 177–182
forças e fraquezas, 85–86
identificando estratégias dos, 85–86
interfronteiras, 60
posição de mercado dos, 81–82, 91–92
poucos diferenciadores entre, 148
prevendo os próximos movimentos dos, 86–87
produtos de commodities, 143
quatidade de, 53t
recursos fortes dos, 103
sofrendo manobras dos, 369–370
subestimando, 262
vantagem competitiva e, 6–7, 370
Concorrentes de baixo custo
ameaças estratégicas de, 514
benefício reduzido por conveniência, 509
  confiabilidade, 509
  função, 508–509
dinâmicas de ataque por, 508–511
inevitabilidade do ataque por, 513–514
plano de jogo contra
  superando o desafio, 511–512
predadores, 509–510

redutores, 509
reformadores, 510
transformadores, 510–511
vulnerabilidades, 511
Concorrentes entre países, 60
Condições competitivas, 370
Condições da indústria, 53t
ameaça de novos entrantes, 60–64, 61t
flutuação, 502–503
forças competitivas, 54–74
forças direcionadoras, 74–81
fragmentação da cadeia de suprimentos, 245–246
indicadores de rivalidade, 56
monitorando concorrentes, 85–87
necessidade de mudanças na estratégia e, 457–458
objetivos de mudanças a alcançar, 586
poder de compra do comprador, 69–72
poder de negociação do fornecedor, 66–68
posição de mercado dos concorrentes, 81–84, 91–92
produzindo oportunidades, 494
recursos econômicos dominantes, 52–54
união vs. desunião, 66–67
visão geral, 89–90, 92
Condições de concorrência acirrada, 606
Condições de demanda, 53t
Condições de mercado
adaptando para mudanças em, 261
com crescimento lento, 236–237
competição feroz, 604–608
competição fraca, 610–611
competição perfeita, 602–603
em mercados externos, 197–201
flexibilidade estratégica e, 456
forte competição, 608–610
futuro, 106
lidando com variações entre países, 205
volatilidade, 106
Condições econômicas, objetivos de mudança para alcançar, 586
Confiabilidade, 509
Configuração de objetivos, 46
Conformidade
abordagem, 335t, 336–337
com padrões éticos, 443–444
Consciência social
componentes, 342–345, 343t
demonstrando, 345–346
Conselho de Administração e o CEO, 44-45
independência do, 45–46
negligência do, 45
papel na elaboração da estratégia, 44-46, 47
Consolidação da indústria, 519–520
Construindo a organização
capacidades competitivas, 363, 368–373
colaboração com fornecedores, 383
competências chave, 363, 368–373
corrdenação interna entre unidades, 381–383
esforço de trabalho e estrutura, 363, 373–381
para execução da estratégia, 363–364
pessoal, 363, 364–368
tendências atuais, 383–384
Construindo uma ponte organizacional, 383
Contabilidade
atividade com base em versus tradicional, 116t
Contabilidade com base em atividades, 112, 114
comparada com a tradicional, 116t
Contrato social, 322–323, 352
Contratos de desempenho, 558
Contratos de junção de mercados, 165

Contribuições para caridade, 343–344, 351
Controle
da qualidade total, 396
em conglomerados, 539-542
em estruturas descentralizadas, 380–381
programa Seis Sigma, 396–399
sistema de informação para, 402–403
sobre funcionários com autoridade, 403–404
Controle da qualidade
conceito de zero defeito, 575, 577, 578–579
controle estatístico de processo, 575
gerenciamento da qualidade total, 396, 399, 412, 572, 573
oportunidades para defeitos e, 578
partes por milhão, não conformidade de, 572, 573, 577
programa Seis Sigma, 396–399, 412, 571–581
Controle da Qualidade Total, 396, 399
clima cultural para, 438
cultura corporativa e, 423
definição, 393-394
Controle de processo estatístico, 575
Controle de qualidade Seis Sigma, 366, 395, 396–399, 412
análise da causa dos cinco porquês, 579
bônus por objetivos, 585
capturando benefícios, 399–301
e administração enxuta, 571–581
integrando gerenciamento enxuto, 577–581
para excelência operacional, 442
processo DMAMC, 396–399
processo DMAPV, 396
sobre equívocos, 576–577
visão geral de, 572–574
Contruindo blocos organizacionais, 377
Convenção Anti-suborno, 320
Conveniência, 509
Coordenação entre países, 212–213
Coordenação estratégica, 310
Coordenação interna entre fronteiras, 381–383
Corporações multinacionais diversificadas, 308–312
Corporações/empresas multinacionais
adequação estratégia-cultura, 437–438
apelo da estratégia de pós-diversificação, 308–309
efeitos combinados de, 311–312
escopo global de, 308–309
falta de necessidade de alianças, 220
incentivos com base no desempenho, 411–412
mudando mercados locais, 223
na Ásia, 515
relações éticas, 321–323
subculturas da empresa e, 419–420
vencendo na Ásia, 8–520
Corrida para o segundo lugar, 520
Corte de custos
em indústrias em declínio, 240
em mercados de crescimento rápido, 234
estratégia de aumento do lucro, 248
fixando, 144
por empresas no segundo lugar, 255
por fornecedores de baixo custo, 137–138
Crescimento
lento, 236–237
estratégia do oceano azul, 504
Crescimento de mercado, 197, 234
Crescimento rápido da empresa
iniciativas estratégicas, 249–250
perigo de múltiplas estratégias, 250–251
sustentando, 249–251
por aquisição, 255

Crise financeira na Ásia, 515
Cultura corporativa, 416–438
  a psique da, 415–416
  adaptativa, 425–426
  adequando estratégia-cultura em empresas multinacionais, 437–438
  alto desempenho, 424–425
  como aliada ou obstáculo, 426–428
  dando suporte à estratégia, 456–457
  definição, 415
  doentia
    cultura anti-ética e movida pela ganância, 424
    cultura politizada, 422
    culturas insulares e introspectivas, 423–424
    resistência à mudança na cultura, 422–423
  em conglomerados, 542
  ética, 337
  evolução da, 419
  execução da estratégia e, 43
    perigos de conflito entre estratégia e cultura, 428
    promovendo a melhor execução, 426–428
  exemplos, 417, 433
  falha ética na, 332–333
  forte vs. fraca
    empresa de cultura forte, 420–421
    empresa de cultura fraca, 421–422
  fundamentada em valores éticos, 434–437
    benefícios das normas culturais, 426–428, 437t
    papel da construção da cultura, 435–436
    transformando valores e ética, 436
  fundamentada em valores, 437
  identificando valores-chave, 416–420
  mudança de abordagem, 428–432, 429t
    ações importantes, 430–431
    ações simbólicas, 431–432
    caso para mudança, 429–430
    o fator tempo, 432
  o papel das histórias, 418
  orientada a resultados, 438
  perpetuando, 418–419
  subculturas, 419
Cultura corporativa orientada a resultados, 438
Cultura de inovação
  clima certo para, 587–589
  equilibrando inovação com eficiência, 591–593
  talento criativo, 589–591
Cultura de mau desempenho, 555
Cultura e estilo de vida
  compensação e, 410
  em uma comunidade global, 325–327
  operações multinacionais e, 419–420
  pagamento de incentivo, 411–412
  variedade intercultural, 197-198
Culturas
  acordo moral entre, 318
  relativismo ético em, 319–322
Culturas corporativas adaptativas, 425
Culturas corporativas politizadas, 422
Culturas de alto desempenho, 424–425
Culturas de resistência a mudanças, 422–423
Culturas insulares e introspectivas, 423–424
Culturas movidas pela ganância, 424
Curva de penetração no mercado, 189
Curva efetiva de experiência; *veja* Efeito da curva de aprendizado
Custos
  categorias de despesas, 114–115
  competitivos, 109–123
  de falha ética, 338–340, 339t

  redução de, 238
  vantagens do local, 211
  versus custos do concorrente, 290
Custos de manufatura, 198, 209–210
Custos de trabalho
  em mercados estrangeiros, 198
  diferenças nacionais, 75
  união vs. desunião, 66–67
Custos de venda, fornecedores da baixo custo, 137–138

Declaração de missão, 23–25
Declaração de responsabilidade corporativa, 342
Declaração financeira consolidada, 129–131
Deficiências competitivas, identificando, 104, 105t
Definição de objetivos de baixo para cima, 34-35
Demanda
  declínio na, 239
Demanda da indústria, 260
Demanda de administração, 496
Demanda de mercado, 239
Demanda do comprador, 76
  aumento da, 57–58
  crescimento lento, 236
  diminuição da, 58
  sazonal ou cíclica, 287
Demografia dos compradores, 76
Departamento de Defesa, 523
Departamento de pesquisa e desenvolvimento, 381
Departamentos executivos, 597
Departamentos funcionais, 377, 382
Desempenho
  consistência, 369
  de longo ou curto prazo, 32
  estratégia do oceano azul, 502
  estratégia transformada em, 551–560
  indicadores-chave, 558
Desempenho do produto, 146
Desempenho estratégico, 31–32, 95–97
Desempenho financeiro, 31–32
  balanced scorecard e, 479
Desenvolvimento dos líderes de crescimento, 433
Desfechos de desempenho
  associado a prêmios, 407–410
    em empresas multinacionais, 411
    exemplo de, 409
    importância dos resultados, 408–410
    projeto de sistema de compensação, 410–411
  definindo objetivos para, 584–585
Design de produtos para mercados externos, 197–198
Despesas administrativas, 136
Desregulamentação, 79
Desvantagem competitiva da Internet, 124
Desvantagens de custo, 61
  armadilhas, 144
  corrigindo, 118-119
  de canais aliados, 119–120
  de corte de preço, 178, 262
  de diferentes vendedores, 139
  de integração vertical, 138
  de tecnologia on-line, 139–140
  de terceirização, 138
  economias de escala, 278
  em estratégias de fornecedor de baixo custo
    custo eficiente da cadeia de valor, 137–139
    exemplo, 140–142
    reanalisando a cadeia de valor, 139–140
  em mercados estrangeiros, 197

estratégia focada em baixo custo, 153
indústria de aço, 136
interna, 119
relacionadas ao fornecedor, 118
Desvantagem do custo interno, 119
Diagrama de afinidade, 466
Diálogo, 487
Diferenças culturais 197
Diferenças demográficas, 197
Diferenças entre fronteiras
   alianças estratégicas, 217–220
      exemplos, 219
      motivações de, 217–218
      necessidades questionáveis de, 220
      riscos de, 218–220
   busca por vantagem competitiva, 209–213
      coordenação entre fronteiras, 212–213
      transferência entre fronteiras, 211–212
      vantagens de local, 209–211
   competição global vs. multipaíses, 200–201
   competição internacional vs. global, 196
   competindo em mercados estrangeiros, 197–201
      estratégia entre países vs. global, 204–209
      personalização vs. padronização, 197–198
      políticas governamentais, 200–201
      projeto do produto, 197
      risco das alterações nas taxas de câmbio, 199–200
      taxas de crescimento de mercado, 197
      vantagens de local, 198–199
   comprando variações de poder, 197, 221–222
   diferenças de mercado, 198
Diferenças entre países, 197–201
   em alianças entre fronteiras, 218–220
   em alianças inter-fronteiras, 218–220
   entrada em, 79
   estratégias em mercados emergentes, 220–226
      criando produtos para, 221–222
      defendendo contra gigantes globais, 224–226
      estratégias de empresas locais, 224–226
      exemplo de, 221
      opções de estratégias, 222–223
   estratégias ofensivas, 215–217
   expansão em
      por alianças estratégicas, 165
      por setor amadurecido, 238
      razões para, 196
   ganhando vantagem competitiva, 198–199
   global vs. estratégias entre países, 204–209
   opções estratégicas, 202–209
      estratégia de licenciamento, 203–204
      estratégias de exportação, 203
      estratégias de franchising, 204
      exemplos, 209
      localizado vs. global, 204–209
   políticas não governamentais, 200
   pontos-chave, 226–228
   preferências dos compradores, 197–198
   questões estratégicas, 195, 226
   riscos de mudança na taxa de câmbio, 199–200
   santuário de lucro, 213–214, 227
   subsídios entre mercados, 214–215, 227–228
Diferenciação com base em vantagem competitiva, 172–173
Diferenciação de produtos, 53t, 59, 143; *veja também* Estratégias de
   diferenciação
   ética na, 610
   forte competição e, 608
   fraca vs. forte, 149–150
Diferenciação excessiva, 149
Diferenciadores de alto nível, 151
Difusão do conhecimento, 78
Distribuição relacionada a KSFs, 88t
Diversidade dos compradores, 151
Diversificação, 266–315; *veja também* Diversificação relacionada
   adequação cultural e, 304–305
   alternativas estratégicas, 273
   análise estratégica, 285–300, 312–313
      adequando recursos, 294–298
      atratividade da indústria, 286–289
      desempenho e prospectos, 298–299
      estratégia adequada entre fronteiras, 294
      forças competitivas da unidade de negócios, 289–294
      movendo a nova estratégia, 299–300
      prioridade na alocação de recursos, 298–299, 299t
   aspectos na elaboração da estratégia, 267–268
      quando diversificar, 269
   candidato a, 268, 303, 306–307
   combinação entre estratégias, 284–285
   construindo valor compartilhado, 269–270
   de negócios marginais, 299
   em conglomerados, 543–544
   estratégia de pós-diversificação
      base de negócios além fronteiras, 300–303, 301t
      diversificação multinacional, 308–312
      estratégia de diversificação, 303–306
      reestruturando, 306–308
   estratégias para, 270–272
      aquisição, 271
      empresas iniciantes, 271
      joint-ventures, 271–272
   excesso de caixa, 296
   limitada, 303–306
   pontos chave, 312–313
   relacionada vs. não relacionada, 272
   testes de valor adicionado
      melhor do teste, 270
      teste da indústria de atratividade, 270
      teste do custo de entrada, 270
   vendendo ou transformando, 305–306
Diversificação relacionada, 312
   adequação estratégica
      características, 272–274
      economias de escopo, 277–278
      identificando, 274–277
      lucratividade, 278
      valor do acionista, 278
      vantagem competitiva, 277–278
   adequando estratégia entre empresas
      em vendas e marketing, 276
      exemplos, 277
      na distribuição, 275
      na manufatura, 275
      nas atividades da cadeia de valor, 275
      no suporte administrativo, 276
      tecnologia e P&D, 274–275
   apelo estratégico, 274
   caso de, 272–278
   com diversificação não relacionada, 284–285
   opções estratégicas, 273
   vantagem competitiva e, 277–278
      advertências sobre, 278
      economias de escala, 278

lucratividade, 278
    valor do acionista, 278
  versus diversificação relacionada, 272
Downsizing corporativo, 168, 384
Dumping, 512

E-commerce, 183–187, 192, 383
Economias de campo de ação
  em diversificação multinacional, 308–309
  em diversificação relacionada, 277
Economias de escala, 53*t*
  como barreiras à entrada, 60–61
  comparada à economia do campo de ação, 277
  de terceirização, 176
  em diversificação multinacional, 308
  fragmentação do lado do fornecedor, 246
  padronização e produto e, 198
  provedores de baixo custo, 137
  vantagens do local, 210
Economias de escala entre países, 308
Efeito da curva de aprendizado, 53t, 54
  em indústrias emergentes, 233
  fornecedores de baixo custo, 137
  na diversificação internacional, 308
  padronização de produto e, 198
  vantagens do local, 210
Eficiência
  equilibrada com inovação, 591–593
  mudanças, 78
Eficiência de custo
  de fusões, 168
  na análise da cadeia de valor, 112-113
Eficiências operacionais
  eliminando o trabalho desnecessário, 140
  integração vertical, 138
  métodos de economia de trabalho, 138
  software para, 138
  terceirização, 138
Elaborando a estratégia; *veja* Estratégia;
  elementos-chave do sucesso, 480
  em alianças entre fronteiras, 218–220
  em conglomerados, 541–542
  em mercados de crescimento rápido, 235
  em setores fragmentados, 248–249
E-mail, 75
Empreendedores internos, 37
Empreendedorismo, 35, 37
  empresas das multindústrias, 525-527
  emulação do, 483–484
Empresa de negócio simples, 40
  efetividade da estratégia, 95–97
  estratégia empresarial, 267
  plano de ação estratégico, 263–264
Empresa on-line, 185–187
Empresas/Companhias/Organizações,
  administrando a conduta ética, 335*t*
    abordagem da cultura ética, 335t, 337
    abordagem de conformidade, 335t, 336–337
    abordagem de controle de danos, 336
    abordagem preocupar-se/questionar, 333–338, 335*t*
    razões para a mudança de abordagem, 338
  conjunto de opções de estratégias, 162
  efetividade da estratégia, 95–97, 96
  escolha da estratégia, 4
  estratégias vencedoras das, 13
  evolução da estratégia, 8–9
  focada na estratégia, 15
  hierarquia na criação da estratégia, 37–40

indicadores da estratégia, 7–8
intenção estratégica, 32–34
modelo de negócio, 12–13
mudanças no ambiente, 26, 27
prospectos para avaliação de negócios, 3
rápida mudança, 242
Empresas amplamente divesificadas, 284
Empresas avessas a risco, 4
Empresas de alta tecnologia, 367
Empresas de contabilidade Big Four, 211
Empresas de mídia, 170
Empresas de negócios dominantes, 284
Empresas de software, 14
Empresas diversificadas, 284
  adequação de estratégias entre unidades, 381
  autoridade na elaboração de estratégia, 267–268
  construindo blocos de, 377–378
  identificando estratégia para, 285
  opções estratégicas, 301*t*
    base de negócios além fronteira, 300–303
    diversificação limitada, 303–306
    diversificação multinacional, 308–312
    reestruturando, 306–308
  tomador de decisões descentralizadas, 379
Empresas domésticas
  ataque escolhendo rivais, 181
  base de ataque competitiva, 181–182
  estratégia de mercados emergentes, 224–226
    competindo em nível global, 226
    mercados de novos negócios, 225–226
    transferência de especialização, 225
    vantagens do campo local, 224–225
  estratégias defensivas, 182–183
  estratégias ofensivas básicas, 177–181
  mercado cruzado, 214–217
  potencial do santuário de lucro, 214, 215
Empresas em muitos países, 214
Empresas globais, 214
  adequação da cultura e da estratégia, 437–438
  subculturas em, 419–420
Empresas iniciantes (start-ups)
  indústrias emergentes, 231–234
  start-up interna, 271
Empresas inovadoras, 590
Empresas locais, 181
Empresas multiculturais, 419–420
Empresas multi-setores, 536–537
Empresas pequenas, 181
Empresas ponto.com, 185–187
Empresas posicionadas em seundo lugar, 181, 254–257
  abordagens estratégicas, 255–257
    crescimento por aquisição, 255
    estratégia de imagem distintiva, 256
    estratégia de produto superior, 256
    estratégia de vaga de nicho, 256
    estratégia do seguidor feliz, 256–257
    estratégia especialista, 256
  estratégia de compartilhamento de mercado, 254–255
  obstáculos de, 254
Empresas regionais, 181
Empréstimo de idéia, 498
Enchimento de canal, 331
Energia, 366
Entrada de empresas maiores, 77
Entrada de novos competidores, 312
  da inovação, 523
  diversificação não relacionada, 280

significados da entrada, 267, 270–272
testes de valores de acionistas, 270
Envolvimento da comunidade, 343
Equipes, 42, 363, 385
    equipe de administração, 360, 364, 366
    funcionários capazes, 365–368
Equipes interfuncionais, 556
Era ponto.com, 472
Erros estratégicos, 238–239
Escala sem massa, 529
Escândalos de contabilidade, 327-332, 424
    custo do negócio, 338–340, 339t
    direcionadores de estratégias não éticas
        cultura da empresa, 332–333
        ganho pessoal, 328–330
        objetivos de lucro, 330–332
        respostas a, 333–336
    e valores-chave, 29
    em relativismo ético
        padrões éticos e múltiplos, 320–321
        relativismo ético, 321–322
        subornos e ameaças, 319–320
        trabalho infantil, 319
Escolhas estratégicas, 466
    bem fundamentadas, 471–472
    limitações ao considerar, 472
Escrutínio moral, 10–12
Esforçando-se para melhorar os padrões éticos, 443–444
Espaço de mercado, tipos de, 180
Especialistas, 175–176
Especialização, 7, 99–100, 101
    na diversificação, 310
    transferência de, 225
    transferência na diversificação, 272
Especialização de tipo de produto, 247
Especialização estratégica
    em mercados de alta velocidade, 244
    tipo de cliente, 247–248
    tipo de produto, 247
Especialização no tipo de cliente, 247–248
Especuladores de ativos, 515
Estilos de vida diferentes, 197
Estimativas de custos, 115
Estoque, 490
Estrangulamento do desempenho, 555
Estratégia 2–17; *veja também* Estratégia Competitiva
    adaptada às circunstâncias
        empresas de crescimento rápido, 249–251
        empresas posicionadas em segundo lugar, 254–257
        líderes do setor, 251–254
        mandamentos para o sucesso, 261–262
        mercados de alta velocidade, 241–245
        mercados de crescimento rápido, 234–235
        negócios fracos/direcionados a crise, 257–261
        pontos-chave, 262–264
        setores fragmentados, 245–249
        setores em amadurecimento, 236–239
        setores emergentes, 231–234
        setores estagnados/declinantes, 239–241
    adequação e flexibilidade, 456
    ambiente organizacional, 456–457
    combinada com as condições competitivas, 73–74
    combinando escolhas, 455–456
    competição jogo duro, 496–501
    componentes-chave, 95–97, 96
    confusão no significado de, 452
    critério para julgamento, 13
    de concorrentes, 85–86
    de diversificação multinacional, 311 - 312
    de diversificação não relacionada, 280
    definição, 3–4
    diferenciando-se pela, 482–483
    direcionadores de comportamento não-ético, 330–333
    e planejamento estratégico, 41–42
    eficiência, 95–97
    elaborando e executando, 15–16
    em conglomerados, 534, 535–539
    estratégia vencedora, 13, 17
    ética e, 10–12
    evolução, 8–9
    exemplo de, 5
    fatores de sucesso, 4, 7
    identificando, 7–8
    modelo de negócios e, 12–13, 14
    ofensiva vs. conservadora, 4
    para responsabilidade social, 345–346
    parâmetros
        geração de idéias, 453–454
        tomadores de decisão, 454–455
    passos na execução, 35
    pontos-chaves, 16–17
    proativa vs. reativa, 9–10
    raízes militares para, 502
    ransformada pelo desempenho, 551–560
    recursos fortes e, 109
    relacionada ao modelo do negócio, 470–471
    resultados de mudança na, 390
    simples e concreta, 555–556
    temporária e fluida, 9
    tipologia da, 478
    transitoriedade de, 457–458
    vantagem competitiva e, 6–7
    vinculada à ética e aos valores chave, 340–341
Estratégia competitiva, 132–159, 134, 157t
    cinco abordagens distintas, 134–135
    contrastando recursos, 156–158
    definição e proposta, 133
    em mercados estrangeiros, 204–209, 208
    estratégia centrada em um meio-termo versus, 158
    estratégia de área funcional para, 187
    estratégia de baixo custo, 135–144
    estratégia do fornecedor de melhor custo, 150–151
    estratégia focada (nicho de mercado), 151–156
    estratégia multimarcas, 156
    estratégias de diferenciação, 144–150
    para setores emergentes, 233–234
    pontos-chave, 158–159
Estratégia corporativa, 38, 267, 535–539
    coerência estratégica, 41
    empresa de um único setor, 40
    exemplos, 548-550
Estratégia da responsabilidade social, 345–346
Estratégia de ataque direto, 497
Estratégia de baixo êxito, 241, 257
Estratégia de desenvolvimento de produtos, 38
Estratégia de diversificação multinacional, 311
Estratégia de empresas, 38, 39, 267
    e estrutura organizacional, 377-378
    empresa de negócio simples, 40, 95–97
    estratégia de coesão, 41
    na hierarquia da execução da estratégia, 37–40
Estratégia de estágio final, 241, 257
Estratégia de imagem distintiva, 256
Estratégia de jogo duro
    abordagens clássicas
        ameaça aos santuários de lucro, 498
        emprestando idéias, 498

explorando anomalias, 498
força massiva, 497
levar os concorrentes a se retirar, 498–499
rompendo compromissos, 499
fusões e aquisições e, 499
mentalidade, 501
mudanças no ambiente e, 499–501
princípios de, 496–497
zona de perigo, 497
Estratégia de localização em muitos países, 204–209
Estratégia de manter-se na ofensiva, 251–252
Estratégia de marketing, 38
Estratégia de músculo flexível, 253–254
Estratégia de nicho de mercado; *veja* Estratégias focadas (nicho de mercado)
Estratégia de operação, 39, 40
coesão estratégica, 41
Estratégia de portfólio diversificado, 249–251
Estratégia de portfólio, 535, 538t, 539
Estratégia de rápido êxito, 241, 257
Estratégia de reestruturação, 537, 538t, 539, 543–544
exemplo, 548–549
Estratégia de resultados, 260–261
Estratégia de reviravolta de aumento de lucro, 248
Estratégia de venda rápida, 241
Estratégia defensora, 478
Estratégia do oceano azul, 501
Estratégia dos seguidores, 256–257
Estratégia entre países, adequando, 274–278, 295t, 381
exemplo, 302
Estratégia especialista, 256
Estratégia ética
casos de negócio e, 338–340
caso moral e, 338
Estratégia fortificada e defesas, 252–253, 257
Estratégia global, 204–209
Estratégia investir-e-expandir, 296
Estratégia proativa (intencional), 9–10
Estratégia prospectora, 478
Estratégia reativa (adaptativa), 9–10
em mercados de alta velocidade, 242
Estratégias conservadoras, 4
Estratégias de área funcional, 38–40, 162, 192
coesão estratégica, 41
escolhendo, 187–188
Estratégias de compromisso, 262
Estratégias de crescimento
aumento sem massificação, 529
objetivos de lucro, 330–332
para crescimento rápido da empresa, 249–251
Estratégias de diferenciação, 6, 144–150, 157t, 262
armadilhas, 148–150
atividades da cadeia de valor, 145–146
bem-sucedidas, 144–145
condições ótimas de, 148
contrastada com outras estratégias, 156–158
definição, 134
em indústrias em declínio, 240
em mercados de crescimento rápido, 235
empresas no segundo lugar, 255
erros nas, 149–150
exemplo de, 483
focalizadas, 153–156
pontos-chave, 158
preferências do comprador e, 78–79
recursos fáceis de copiar e, 145
significado de, 604
sistemas de recompensa, 408

tipos de temas, 45
valor de sinalização, 147
valor percebido, 147
vantagem de rotas competitivas, 146–147
Estratégias de diversificação multinacionais
atração de, 308–311
características, 308
efeito combinado de, 311–312
Estratégias de dumping, 216
Estratégias de exportação, 203
Estratégias de franchising, 204
Estratégias de licenciamento, 203–204
Estratégias de terceirização
aumento sem massificação, 529
com foco em recursos, 528–529
inovação contínua, 529–530
potencial de, 532
reposicionamento estratégico, 520–531
Estratégias defensivas, 125, 192
bloqueio dos desafiantes, 182
para mercados emergentes
disputa em nível global, 226
especialização em transferência, 225
novos modelos de negócios, 225–226
vantagens de mercsdo interno, 224–225
retaliação, 182–183
Estratégias diferentes de ampliação; *veja* Estratégias diferenciação
Estratégias do fornecedor de baixo custo, 6, 135–144, 157t
chaves para o sucesso, 142–143
ciladas, 144
comparado com estratégia focada em baixo custo, 153
comparado com fornecedores de baixo custo, 150
condições ótimas para, 143–144
constrastada com outras estratégias, 156–158
definição, 134
em indústrias fragmentadas, 247
em mercados estrangeiros, 210
focada (nicho de mercado), 153, 154–156
objetivo de, 604
opções da empresa, 135
pontos-chave, 158
sistemas de premiação, 408
vantagens de custo e, 135–142
exemplos, 140–142
gerenciando com eficiência o custo da cadeia de valor, 137–139
ilustração de, 136
renovando a cadeia de valor, 139–140
Estratégias entre países, 204–209, 205, 208
Estratégias focadas (nicho de mercado), 6–7, 151–156
atratividades de, 154–155
contrastado com outras estratégias, 151–152, 156–158
definição, 135
em indústrias declinantes, 240
estratégia de baixo custo, 153, 157t
estratégia de diferenciação, 153–154, 157t
exemplo, 155
pontos-chave, 159
premissa de, 604
riscos, 156
Estratégias mistas, 535, 537–539
exemplo, 550
Estratégias multimarcas, 156
Estratégias ofensivas, 4, 125, 177–182, 192
base para o ataque, 181–182
competição jogo duro, 496–501
comportamentos e princípios, 177–178
contra forças competitivas, 178
escolhendo alvos, 181

estratégia de manter-se na ofensiva, 251-252
estratégia do oceano azul, 180-181, 502-507
necessidades da equipe para, 178
ofensiva de poder e influência, 255
para construir participação no mercado, 254-255
para mercados externos, 215-217
subsídios entre mercados, 214-215
tipos de, 178-180
Estratégias para o crescimento rápido, 249, 250
Estratégias tradicionais e on-line, 184, 186
Estrutura autoritária, 379
Estrutura de baixo custo, 514
Estrutura divisional, 540-541
Estrutura do setor, responsabilidade social
   sob concorrência feroz, 604-608
   sob forte concorrência, 608-610
   sob fraca concorrência, 610-611
Estrutura modular, 566
Estrutura organizacional, 385
   achatamento, 375
   atividades estratégicas críticas, 376-378
   centralizada vs. descentralizada, 378-379, 378t
   de conglomerados, 540-542
   divisionais, 540-541
   estratégia de execução e, 373-383
     atividades da cadeia de valor, 373-376
     colaboração e alianças, 383
     coordenação entre unidades, 381-383
     delegando autoridade, 378-381
   gerenciamento da cadeia de suprimentos na, 383
   modificada para se adequar à estratégia, 377-378
   processo de assinatura e, 566
   racionalização, 384
   tendências atuais em, 383-384
Estrutura organizacional funcional, 377
   fraquezas, 382
Ética; *veja* Ética nas empresas
Ética nas empresas, 317-342, 352-353; *veja também* Responsabilidade social
   abordagem das empresas, 333-338, 335t
     abordagem da cultura ética, 337
     abordagem de conformidade, 336-337
     abordagem de controle de danos, 336
     abordagem despreocupada, 334-336
     razões para mudar, 338
   caso moral, 338
   casos de negócio de, 338-341
   códigos de ética, 434t, 435
     esforço mundial, 323
     sobre propinas, 320
     veracidade da, 341-342
   cultura corporativa e, 434-437
   definição 317
   escândalos recentes, 327-333
   escolas de pensamento
     relativismo ético, 319-322
     teoria dos contratos sociais integrativos, 322-323
     universalismo ético, 318
   estratégia e, 10-11
   estratégia/valores-chaves e, 341-342
   estratégias de empresas, 327-338
   gerenciando a moralidade
     gestores amorais, 324-325
     gestores imorais, 324
     gestores morais, 323
   imoralidade gerencial em mercados globais, 325-327
   liderança em, 443-444
   no benchmarking, 117
   normais locais versus universais, 321-322
   razões para estratégias anti-éticas
     cultura da empresa, 332-333
     metas de lucro, 330-332
     prossecução de ganhos pessoais, 328-330
   supervisionar, 443-444
   teste de, 340
   valores-chave e, 27-29
Evitando conflitos no canal, 183-184
Excelência operacional, 441-442
Excesso de capacidade, 58
Execução, 366
Execução das capacidades, 559-560
Executivos bem-intencionados, 349-351
Executivos em busca de atenção, 598
Executivos sabe-tudo, 596
Exercer alavancagem, 290
Exigência de recursos, 287
Êxito das empresas maiores, 77
Expansão internacional, 238
Extinção de negócios fracos, 261

Fabricantes
   alianças estratégicas por, 165-166
   eficiência de custo da cadeia de valor, 137-139
   estratégias de exportação, 203
   estratégias de franchising, 204
   estratégias de licenciamento, 203-204
   grupos de compradores on-line, 71
   integração retrospectiva, 71
   poder de negociação do comprador e, 70-71
   poder de negociação do fornecedor, 67-68
   poder sobre os varejistas, 66
   renovando a cadeia de valor, 139-142
   sites, 75
Facilidade de fórmula, 247
Falácia da composição, 494
Falhas éticas, 11-12; *veja também* Ética nas empresas
Fatores-chave de sucesso, 87-89
   adequação de recurso e, 297
   força de avaliação competitiva, 122-124, 123t
   identificando, 89
   no balanced scorecard, 480
   tipos comuns, 88t
   valor com base na ética, 618-619
Fatores cíclicos, 287
Fatores sazonais, 287
Fatores sociais, 287
Federal Communications Commission, 170
Ferramenta de projeto organizacional, 384
Ferramentas administrativas, 475
Fidelidade à marca, 59, 233
Fidelidade do cliente, 62
Financiamento, 389
Fiscalização governamental
Fixação de preço, 326
Flexibilidade organizacional, 176
Flutuações na taxa de câmbio, 199-200
Fluxo de caixa
   diferenças em, 294-296
   gerando, 260
Fluxo de caixa, 99t
Foco, 244
Forbes, 594
Força competitiva, 262
   participação de mercado relativa, 289-290
Força de trabalho desunida,136

Força massiva e esmagadora, 497
Forças sociais, 79-80
Forças direcionadoras
    conceito, 74
    de terceirização, 175
    estratégia e impacto de, 81
    identificando, 74-80
    impacto de, 80-81
    inovação tecnológica, 275
    mais comum, 80t
    mapeando grupos estratégicos, 84
Formato estratégico do plano de ação, 263-264
Fornecedor de melhor custo, estratégia de, 157t
    comparado com fornecedores de baixo custo, 150
    condições, ótimas, 150-151
    em contraste com outras estratégias, 156-158
    exemplo, 152
    pontos-chave, 158
    riscos de, 151
    vantagem competitiva, 150-151
Fornecedores de baixo custo, 137-138
Fortune, 392, 594, 596
Fragmentação da cadeia de suprimentos e, 246
Fraqueza de recursos
    de concorrentes, 85-86
    identificando, 104, 105t
Fraquezas competitivas, 262
    atacando, 179
Fraquezas internas, 104
Friedman, visão, 603
    ambiente de trabalho, 344
    caso moral para, 346, 353-354
    causas sociais, 351
    com competição forte
    com competição fraca, 610-611
    consciência social e, 342-345
    de acordo com o espírito da lei, 608
    diferenciação de produto ético, 610
    diversidade da força de trabalho, 344-345
    em termos dos interessados, 600-602
    gerenciamento do acionista, 608-609
    iniciativas de liderança e, 445
    intensidade da competição e, 602-603
    origem do conceito, 342
    reputação da marca, 609-610
    reputação ética, 609-610
    significado de, 342-345
    valor do acionista e, 342, 351
    vinculada à compensação executiva, 352
Função, 508-509
    melhorias na, 513
Funcionários
    ambiente de trabalho, 344, 346
    como capital intelectual, 367-368
    compartilhando informação com, 405-406
    comprometido com os valores, 616
    de empresas com tecnologia avançada, 367
    diversidade da força de trabalho, 344-345
    em culturas de alto desempenho, 424-425
    em empresas de cultura forte, 420-421
    em empresas de culturas fracas, 421-422
    ética, construindo, 618
    execução da estratégia e, 359-360
    grau de autoridade, 378-381
    interação com gerentes, 416
    perpetuando a cultura, 418-419
    prêmios e incentivos
        equilíbrio entre recompensa e punição, 406-408
        prática motivacional, 404-406
    pressão construtiva sobre, 441-442
    recrutamento e retenção, 347, 365-368
    responsabilidade social e, 347
    talento criativo, 589-591
    trabalho infantil, 319
    trilha de desempenho, 402-403
    vinculado do desempenho, 408-411
Funcionários com poder, 372
    agentes de mudança, 394
    em tomadores de decisão descentralizados, 379-380
    equipes de trabalho, 379-380
    exercitando controle sobre, 403-404
    para incremento da qualidade, 400
    políticas e procedimentos e, 393
Fundos mútuos, 350
Fusões e aquisições, 161, 168-171, 191
    acesso a capacidades competitivas, 169
    acesso a novas tecnologias, 169
    aquisição parcial, 486
    barrando concorrentes, 512
    como questão estratégica, 486-487
    conglomerados, 534-550
    custo da eficiência, 168
    de liderança de mercado, 60
    definição, 168
    em setores amadurecidos, 237
    em setores-alvo, 302-303
    estratégia de acreditação, 537
    estratégia de êxito rápido e, 241
    estratégia de reestruturação, 537
    exemplos, 169-171
    falhas, 171
    gerenciamente do portfólio, 543-544
    jogo duro e, 499
    na indústria financeira, 301
    novas categorias de produtos de, 169
    número de, 168
    para diversificação, 271
    para expandir a cobertura geográfica, 168-169
    para inventar uma nova indústria, 169
    para obter competências chave, 370-371
    por empresas de segundo lugar, 255
    preços de troca, 238
    subcultura da empresa e, 419-420

Ganho pessoal, 328-330
Geração de idéia, 453-454
Gerenciamento da propaganda, 40
Gerenciamento de equipe
    equipe, 364, 366
    escolhas estratégicas, 470-471
    na General Electric, 366
    para execução da estratégia, 360
Gerenciamento de recursos humanos, 111
Gerenciamento do portfólio, 541t
    alienação e reestruturação, 544-545
    construindo o portfólio, 543-544
    critério para conteúdo, 543
Gerenciamento eficiente de custos das atividades da cadeia de valor, 137-139
Gerenciamento enxuto e Seis Sigma, 571
Gerenciamento enxuto
    integração Seis Sigma, 577-581
    origem de, 571
    sobre equívocos, 575-576
    visão geral, 574-575
Gerenciando os lucros, 331
Gerenciar andando por aí, 440

Gerente de planejamento, 40
Gerentes de relacionamento, 383
Gerentes morais, 323, 336–337, 352
Gestores amorais, 324
Global Corruption Report, 326t, 327t
Globalização
    alianças estratégicas e, 163
    como força direcionadora, 75
    opções de estratégia de, 225–226
    transferência tecnológica e, 78
Gosto dos consumidores, 202
Governança corporativa, 44–46
Grupo estratégico, 82
Grupos ativistas, 347-348
Grupos de compradores on-line, 71
Grupos de pressão, 347–348
Grupos de trabalho interfuncionais, 369, 395
Guerrilha ofensiva, 179

Habilidades gerenciais, 359, 361
Harvard Business Review, 452
Histórias, na cultura corporativa, 418
Horas extras, 578
Horizontes de estratégias múltiplas, 250–251

Idéias estratégicas, 453–454
Identificando,106, 105t
    prioridade, 109
Ilusão de proeminência pessoal, 595
Ilustração de, 170
Imagem da marca (reputação)
    concorrência ativa, 290
Imagem distintiva, 262
Imperativos culturais, 433
Impulsionador da produtividade, 519
In Search of Excellence (Peters & Waterman), 502, 616
Incentivos financeiros, 404–405
Incerteza do setor, 287
    redução da, 79
Indicadores de desempenho
    acompanhamento, 403
    estratégia e, 13
    principais, 31–32
Indicadores-chave de desempenho, 558
Indicadores de liderança, 31–32
Indicadores principais, 31–32
Índice atual, 98t
Índice de alavancagem, 98t–99t
Índice de cobertura, 99t
Índice de dias de estoque, 99t
Índice de dívida de longo prazo, 99t
Índice de liquidação, 98t
Índice de liquidez seca, 98
Índice de lucratividade, 98t
Índice de Percepção da Corrupção, 325t
Índice de retorno dos dividendos, 99t
Índice de velocidade, 98t
Índice financeiro, 98t–99t
Índice Global Dow Jones, 348
Índice preço/lucro, 99t
Índices de atividade, 99t
Índices de liquidez, 98t
Índices de retorno, 99t
Indústria automobilística, estratégia do oceano azul e, 502
Indústria da TV a cabo, 5
Indústria de equipamentos de exercícios, 248
Indústria do computador pessoal, 164

Indústrias declinantes
    alternativas estratégicas, 240–241
    declínio na demanda de, 239
    escolhas estratégicas, 239–240
    estratégias de estágio final
        estratégia lenta, 241
        estratégia rápida, 241
Indústrias emergentes, 79
    alianças estratégicas, 234
    características éticas, 232–233
    estratégias para competir em, 231–234
    opções estratégicas, 233–234
Indústrias fragmentadas
    condições competitivas, 246–247
    exemplos, 245
    fragmentação da cadeia de fornecimento, 245–246
    ilustração de, 248
    opções estratégicas, 247–249
Informação
    acesso a, 487
    compartilhada com funcionários, 405–406
    disseminação rápida, 383
    estatística, 403
    para benchmarking, 117
    para liderança, 439–440
Informação de produto, 183–184
Informação estatística, 403
Iniciativa estratégica de longo alcance, 249, 250
Iniciativas estratégicas de curto alcance, 249, 250
Iniciativas estratégicas, portfólio de, 249–250
Iniciativas internas, 35
    em programas de melhoria contínua, 400–401
    fontes de adequação e, 296
    forte pressão para atingir, 330–332
    insuficiências, 96–97
    movimentos estratégicos para alcançar, 299–300
    não satisfeitas, 551–552
    no planejamento estratégico, 42
    responsabilidade social e, 345
    versus resultados de diversos anos, 552–553
    vinculado à compensação, 408–410
Inovação; *veja também* Inovação de produto comprometimento com, 588
    descontinuada, 529–530
    equilibrada com eficiência, 591–593
    estratégica, 458
    na Ásia, 520
    nas indústrias do futuro, 525–527
    novos mercados criados pela, 523
    radical, 522–523
    supply-push, 523–525
    talento criativo e, 589
    tipos de, 522
Inovação com ruptura, 529–530
Inovação de clima e organização, 587–589
Inovação de produto, 53t; *veja também* Inovação
    como estratégia ofensiva, 178
    como força direcionadora, 76
    em mercados de crescimento rápido, 235
    em setores amadurecidos, 236
    em setores declinantes, 240
    nova categoria de produtos, 169
Inovação estratégica, 458
Insumos, 67
    menos especificações, 138–139
    substitutos, 138
Integração completa, 171–172
Integração parcial, 171–172
Integração vertical, 171, 173

Integridade, 617
Inteligência competitiva
    em mercados estrangeiros, 165
    monitorando a concorrência, 85–86
    prevendo o movimento dos concorrentes, 86–87
Intenção estratégica, 32–34
Interesses dos acionistas, 44–45, 346–347, 417–418, 425–426, 434
    responsabilidade social e, 350
Interesses egoístas, 328–330
International Labor Organization, 319
Internet
    como força direcionadora, 74–75, 91
    conduzindo negócios via, 382
    desenvolvimento de, 523
    estratégias de site, 192
        estratégias tradicionais e on-line, 184–185, 186
        canal de distribuição menor, 184
        empresas on-line, 185–187
        somente para informação de produto, 183–184
    para comparação de preços, 70–71
Internet, uso da
    baixo custo, 139
    canal de distribuição menor, 184
    em mercados de rápido crescimento, 235
    empresas on-line, 185–187
    estratégia de vendas tradicionais versus on-line, 184–185, 186
    na pesquisa de produtos, 513–514
    somente para informação de produto, 183–184
Introdução de novos produtos, 382
Investimento
    em ativos intangíveis, 478–479
    prioridades, 268
Investimento de capital
    diversificação não relacionada, 279–280
    estratégia de fortalecer e defender, 252–253
    prioridades, 268

Joint-ventures, 486
    em mercados estrangeiros, 217–220
    para diversificação, 271–272

Kaizen, 396, 575, 579
KSFs relacionados com a manufatura, 88*t*
KSFs; *veja* Fatores-chave de sucesso

Lei de marcas e patentes, 512
Lei de práticas corruptas no estrangeiro, 320, 606
Lei Sarbanes-Oxley, 338, 341
Licenciamento, 486
Liderança; *veja também*; Líderes do setor; Líderes de mercado
    ética para papel com base em valores, 617
    exemplo, 431–432, 443
    líderes de desenvolvimento de crescimento, 441–442
    na execução da estratégia, 359–360, 448
        características, 439
        desenvolvimento de competências, 442–443
        ética, 443–444
        fazendo ajustes corretivos, 445–446
        foco na excelência, 441–442
        fonte de informação para, 439–440
        gerenciando andando por aí, 440
        liderança interna, 43
        pressão competitiva, 441–442
        responsabilidade social, 445
        testes de liderança, 446–447
    na mudança da cultura corporativa, 429, 430
    no gerenciamento do balanced scorecard, 480
    por gerentes locais, 438
    por um conselho de diretores, 44–46
    razões para falha, 594–599
    visão estratégica e, 461–462
Liderança de baixo custo, 6
    chaves para consecução, 142–143
    em indústrias em declínio, 240
    em mercados estrangeiros, 210
    líder do setor e, 251
Líderes de mercado, 169–170, 254, 295–296
Líderes do setor
    ataque de baixo nível aos, 508
    cultura corporativa insular, 423–424
    estratégias para, 251–254
    exemplos, 251
    ilustração de, 252
    inércia estrutural/cultural, 457–458
    inevitabilidade do ataque de baixo nível, 513–514
    predadores, 509–510
    reagindo aos concorrrentes de baixo nível
        adquirindo, 512
        aumentando os benefícios, 513
        barrando, 512
        desprezando, 511–512
        diminuindo preços, 513
        praticando novo preço, 512–513
    tipos de retiradas estratégicas, 513
Linha de produto
    expansão da, 235
    limitada, 140
Lógica central, 466
    pressuposições falhas, 471–472
Lucratividade
    atratividade da indústria e, 287
    cinco forças competitivas e, 72–74
    de unidades de negócios, 290
    de valores com base na ética, 618–619
    diversificação relacionada e, 278
    em setores amadurecidos, 237
    erosão de diferentes estratégias, 149
    identificando ameaças a, 106–107
    integração e, 172–173
    modelo de negócios e, 12–13
    na diversificação não relacionada, 282
    no modelo de cinco forças, 72–74
    vantagem competitiva e, 7
Lucratividade do setor, 287
Lucro, 25
    da estratégia do oceano azul, 504
    no teste do custo de entrada, 270
    perspectivas globais, 90

Macroambiente, 49–51
    ambiente competitivo, 51–52
    ambiente do setor, 51–52
    atratividade da indústria, 89–90
    componentes relevantes, 49–51
    fatores-chave de sucesso, 87–89
    forças competitivas, 54–74
    movimento estratégico dos concorrentes, 85–87
    mudança da indústria, 75–81
    pontos-chave, 90–93
    posição de mercado dos concorrentes, 81–84
    recursos econômicos da indústria, 52–54

Malcolm Baldrige National Quality Award, 392
Mapeando o grupo estratégico, 81–84, 91–92
   construção do mapa, 82–83
   aprendendo de, 83–84
Marca, explorando o nome, 273
Marcas próprias, 71, 153
Marcas globais, 609–610
Margem de lucro bruto, 98*t*
Margem de lucro líquida, 98*t*
Margem de lucro operacional, 98*t*
Marketing on-line, 77
Marketing-relacionado a KSFs, 88*t*
Matriz de força da atratividade, 292, 293*t*
Mecanismo de encontrar oportunidade, 484
Média de coleção do período, 99*t*
Medição do desempenho
   retorno sobre ativos, 479
   retorno sobre vendas, 479
Medição dos objetivos, 29–30; *veja também* Medidas de desempenho
Medidas de desempenho, 29–30
   análise SWOT, 97–109
   estratégica vs. financeira, 31–32
   índices financeiros, 98t–99*t*
   preço das ações, 348–349
Melhores práticas, 43, 238
   e benchmarking, 116
      controle de qualidade Seis Sigma, 396–399
      identificação das melhores práticas, 393–395
      processo de reengenharia do negócio, 395–396
   programas contínuos de melhorias para benefícios para iniciativas, 399-401
Mercado(s); *veja também* Mercados de alta velocidade, 241–245
   como campo de batalha competitivo, 55–56
   crescimento lento vs. rápido, 57–58
   crescimento rápido, 234–235
   novo, 521–527
Mercado de compradores, 70
Mercado de vendedores, 70
Mercados de alta velocidade, 241–245
   copiando com rápida mudança, 242
   opções estratégicas, 242–245
Mercados de rápido crescimento, 234–235
Mercados emergentes, 220–226, 228
   criando produtos para, 221–222
   estratégia de empresas locais
      competindo em nível global, 226
      modelos de novo negócio, 225–226
      transferindo especialização, 225
      vantagem do mercado interno, 224–225
   opções de estratégia para, 222–223, 224
   oportunidades em, 220–221
   taxas de crescimento de mercado, 197
Mercados entre países, transferência de especialização para, 225
Mercados globais, 201
Mesa-redonda de negócios, 342, 350
Métodos de operação de economia do trabalho, 138
Métodos de pesquisa do futuro, 484
Minimização de risco, 507
Missão organizacional, 490
Modelo de negócios, 12-13
   exemplo, 14
   para mercados emergentes, 225-226
Modelo de oportunidade, 489–495
   análise SWOT em, 491–492
   aplicação do, 491
   catalisadores vs. oportunidades, 492–493
   confusão SWOT, 493–494

   elementos, 491
   evitando a confusão SWOT, 495
   opções vs. Oportunidades, 493
Modificações do produto, 382
Monitorando o desempenho, 558–559
Moralidade na administração, 323–325
   gerentes amorais, 324
   gerentes imorais, 324
   gerentes morais, 323
   imoralidade nos negócios globais, 325–327
Motivação; *veja também* Prêmios e incentivos
   de alianças estratégicas, 217–218
   de pessoas criativas, 589–590
   na execução da estratégia, 43
   na visão estratégica, 25
Movimentos estratégicos, 503–504
Mudança; *veja também* Resistência à mudanças
   adaptando-se a, 261
   direcionando forças, 74–81
   em culturas adaptativas, 425–426
   em mercados de alta velocidade, 241–245
   liderando, 242
   na industria ambiental, 9
   prevendo, 242
   reagindo a, 242
Mudança cultural entre países, 437–438
Mudança de alta velocidade, 9
Mudanças agressivas, 262
Mudanças de custo, 78
Mudanças no estilo de vida, 79–80
Mudando de marcas 58-59

Não conformidade por milhão (NCPRM), 572, 573, 577
Necessidades do cliente, mudanças nas, 370
Negócio de seguro de automóveis, 155
Negócios de vendas, 305–306
Negócios estrela, 296
Nicho de mercado, para mercados emergentes, 225–226
Noção de auto-divisão, 590
Normas culturais, 421, 430
   aplicadas estritamente, 436
   com base em valores-chave, 436–437
Normas éticas, 321–322
Nova unidade interna, 271
Novas categorias de produtos, 169
Novos entrantes no setor, 143–144
Novos entrantes, ameaças de, 60–61, 61*t*
Novos mercados
   criação de, 521–523
   indústrias do futuro, 525–527

Objetivo de integração, 585
Objetivos 29–35
   atividades definidas por, 584–585
   com condições de mudanças, 585–586
   curto vs. de longo prazo, 32
   estratégicos, 31
   exemplos, 33
   expandidos com gratificação, 582–583
   financeiros, 31
   múltiplos com gratificação, 583
   número de, 585
   pagamento por desempenho e, 584
   plano estratégico e, 41–42
   quantificáveis, 29
   sistema efetivo de incentivo para, 586
   sistema linear, 583–584

Objetivos de curto prazo, 32
Objetivos de longo prazo, 32
Objetivos de lucros, 330–332
Objetivos estratégicos
    indicadores de sucesso, 96–97
    realização, 35
    tipos de, 31
Objetivos financeiros
    indicadores de sucesso, 96–97
    tipos de 31
Objetivos para a expansão da empresa, 34
Objetivos quantificáveis, 29–30
Ofensivas de poder e influência, 255
Opções de competição gerais, 162
Opções estratégicas complementares, 162
Operações tradicionais e on-line, 75, 185
Operar a plena capacidade, 137
Oportunidade, 106
    contexto, 490
    definição 489–490
    elementos do, 490–491
    emergentes, 286
    fontes de, 494
    maximizando, 507
    negócios entre países, 268
    versus catalisadores, 492–493
    versus opções, 493
Oportunidade da empresa, 106
Oportunidade do setor, 106
Oportunidades para defeitos, 572–573, 578
Oportunidades para subsídios, 311–312
Orçamento
    orientado à estratégia, 389
    realocação, 390
Organização descentralizada
    autoridade para a tomada de decisão, 379–380
    estratégia adequada, 381
    mantendo o controle em, 380–381
    tendências em, 383–384
Organização internacional do trabalho, 512
Organização para cooperação e desenvolvimento econômico, 320
Organizações não-governamentais, 607, 609
Orientação para o futuro, 484–485

Padronização de produtos, 59
    preferências dos compradores e, 78–79
    versus padronização, 197–198
Padrões éticos, 416; *veja também* Ética nas empresas
    escolas de pensamento, 352
    origem de, 319–323
    relativismo, 321–322
    valores-chave e, 341–342
Padrões morais, 318
Pago por desempenho, 584
Parcela relativa do mercado, 289–290
Parcerias, 375
Parcerias colaborativas, 68–69, 161, 191
    com fornecedores, 383
    com fornecedores e compradores, 290
    definição, 163
    em mercados estrangeiros, 217–220
    escolhendo um bom parceiro, 166
    exemplos, 164
    fatores para fazer, 163
    instáveis, 167
    obtendo benefícios de, 166–167
    perigos de iniciar, 167–168
    vantagens, 164–166
Parcerias estratégicas, 68–69
Pensamento estratégico, 482–488
    abordagens do, 482
    cenário de planejamento, 484–485
    colaboração com clientes, 487
    empreendedores, 483–484
    encontrando novas oportunidades, 484
    espectro de alianças estratégicas, 485–487
    exemplos de, 483
    pela diferenciação de estratégias, 482–483
    processo contínuo, 488
Perda de desempenho, 553–555
Perda do valor estratégico, 553–555
Perpetuando a cultura, 418–419
Perspectivas de desempenho, 298–299, 299t, 313
Pesquisa e desenvolvimento, 111
    custos do, 137–138
    em estratégias de diferenciação, 145–146
    em mercados de alta velocidade, 243–244
    estratégia para adequar, 274–275
    recursos compartilhados, 486
    terceirização, 486
    teste do consumidor e, 487
Pesquisa e desenvolvimento do produto, 111
Planejamento de cenário, 484–485
Planejamento dos recursos da empresa, 138
Planilha de balanço estratégico, 104
Plano de ação, 3-4
Plano estratégico, 47
    acompanhando o desempenho contra, 552
    agenda de ação para, 42–43
    desenvolvimento de, 41–42
    previsões vs. orçamentos, 556–557
    quadro rigoroso de, 551
Poder competitivo, de recursos fortes, 102–104
Poder de compra, 348
Poder de compra do asiático-americano, 348
Poder de compra dos afro-americanos, 348
Poder de compra dos hispânicos, 348
Poder de negociação
    de compradores, 69-72, 143
    de fornecedores, 66-68
    de terceiros, 175
    empresa versus fornecedores, 138
    para diminuir preços, 143
Poder do mercado, 610
Política de pagamento no curto prazo, 392
Políticas de gerenciamento de pessoas, 406, 416
Políticas dos governos, 200–201
Políticas e procedimentos antigos, 392
Políticas e procedimentos para a execução da estratégia, 390–393, 412
    clima do trabalho, 391–393
    consistência, 391
    exemplo, 392
    orientação da alta administração, 391
Políticas governamentais, 200–201
Pontos de inflexão estratégica, 26, 27, 189
Posição competitiva, 95–96, 201, 244, 261
    fortalecida pela diversificação, 267
Posição de mercado
    de estratégias ofensivas, 177–182
    de inovação do produto, 76
    fatores chave de sucesso, 89, 92
    mapeando o grupo estratégico, 81–84, 91–92
    matriz de nove células, 293t
    no ambiente de negócios, 81–84

provedor de custo, 295-296
    reforçando, 301-302
    rivalidade e, 58
Posição distintiva estratégica, 453, 455
Posição estratégica, 453, 455, 457
Posição no setor, 263
Prática de contabilidade prática, 45
Prática financeira, 45
Práticas DART, 487
Preço das ações, 348-349
Preço do setor, 513
Preço premium, 149
Preenchendo pedidos, 382
Preferência do comprador, *veja também* Clientes
    como força direcionadora, 78-79
    diferenciação, 148
    em mercados estrangeiros, 197-198
    em setores fragmentados, 246
    fragmentação da cadeia de suprimentos, 246
    lidando com variações entre países, 205
    terceirização e, 176
    vantagem competitiva e, 6
Preferência por marca, 62
Prêmio Business Builder, 433
Prêmios e celebrações,
    como motivação, 407
    em clima orientados a resultados, 442
    na cultura corporativa, 432, 433
    para excelência operacional, 442
Prêmios e incentivos, 404, 412
    capacidade de execução, 559-560
    como ferramenta de administração, 408
    de excelência operacional, 442
    efetivo, 586
    equilíbrio entre recompensa e punição, 406-408
    exemplos, 407
    ideal, 585
    idéias para projeto de, 582
    na execução da estratégia, 43
    práticas motivacionais de facilitação para a estratégia, 404-406, 407
    vinculado ao desempenho
        em empresas multinacionais, 411
        importância de resultados, 408-410
        projeto de sistema de compensação, 410-411
Prêmios monetários, 404-405
Prêmios não monetários, 405, 411, 412
Preocupação de segurança, 79-80
Pressão,
    na cultura corporativa, 416
    para padrões éticos, 337
Pressões competitivas, 55, 84
    ameaça de novos entrantes, 60-64
    de produtos substitutos, 64-65
    lucratividade e, 72-74
    no modelo das cinco forças, 54
    poder de negociação do comprador, 69-72
    poder de negociação do fornecedor, 66-69
    rivalidade entre os concorrentes, 55-60
Previsões
    desenvolvimento de funcionários e, 557-558
    versus resultados, 552-553
Princípio de Paretto, 577
Princípios de contabilidade geralmente aceitáveis, 45
Princípios de negócios, 416
Prioridades, identificadas claramente, 595-596

Problema, 490
Problemas de capacidades, 174
Processo de comprometimento ético, 616-617
    elementos do, 617-618
Processo de reengenharia dos negócios, 395-396, 442
Processos de sinalização, 561-570
    constrastado com melhores práticas, 561-564
    evolução do, 565-569, 567*t*
        defendido por executivos, 567-568
        história de empresa específica, 566
        valor-chave da companhia, 568-569
    origem de, 561
    papel executivo em, 569-570
Processos DMAMC Seis Sigma, 396-399
    componentes, 397
    exemplo, 398
    para variação do desempenho, 399
Processos DMAPV Seis Sigma, 396
Produção enxuta, 574
Produto(s)
    adaptados para mercados emergentes, 221-222
    aplicações do usuário
        em empresas do segundo lugar, 256
        em mercados de rápido crescimento, 235
        em setores amadurecidos, 236
        em setores emergentes, 232-233
    confiabilidade, 509
    conveniência, 509
    diferenciação excessiva, 149
    fragmentação da cadeia de suprimentos e, 245
    função, 508-509
    imitação do concorrente, 148-149
    oferta ampla ou restrita, 186
    padronização vs. diferenciação, 78-79
    personalização versus padronização, 197-198
    próxima geração, 178
    recursos fáceis de copiar, 145
    recursos não econômicos, 147
    reduzindo, 237
    requisitos do usuário, 143
    sem sofisticação, 140
    substituto, 64-65
Produtos da próxima geração, 56, 375
Produtos de commodities, 143
Produtos livres de defeitos, 572-573
Produtos padronizados; *veja* Padronização de produtos
Produtos sem sofisticação, 140
Programas de aperfeiçoamento
    benchmarking para, 394-395
    benefícios dos, 399-401
    comparação do, 399
    Controle Total da Qualidade, 396, 399
    para excelência operacional, 442
    processo de reengenharia do negócio, 395-396
    Seis Sigma, controle de qualidade, 366, 396-399
Programas de desenvolvimento de líderes, 366
Programas de incentivo, 404-411; *veja também* Prêmios e incentivos
Projeções financeiras, 556-557
Projeto dominante, 525-526
Promoção interna, 405
Propagação da estratégia, 535-537, 538t, 539
    exemplo, 548
Propriedade parcial, 305
Proteção ambeintal, 344
Proteção da reputação, 606-608
Punição e recompensa, 406-408

Qualidade de serviço, 519
Qualidade de vida, 344
Qualidade do produto, melhorando, 382
Quatro E's, 366
    adequação estratégica, 276
    áreas estratégicas funcionais, 38–40
    classificação de, 366
    estratégias vencedoras, 13
    interação com funcionários, 416
    local, 438
    movimento estratégico unificado, 40–41
    papel na execução da estratégia, 35–37
    proativa vs. reativa, 9–10
    problemas e questões estratégicas, 125–126
    tarefas na execução da estratégia, 359, 361
    transferência interna, 366
Questões estratégicas
    de empresas on-line, 185–187
    "lista de preocupações", 125–126, 127
    sobre mercados externos, 195, 226
Questões físicas, 100
Questões organizacionais, 100

Reação à estratégia, 478
Realização, 100, 408, 441
Reconhecimento do mercado, 106
Recursos; *veja também* Recursos financeiros
    com foco na estratégia, 528–529
    compartilhados, 486
    da execução da estratégia, 389–390
    de conglomerados, 542
    implantação de, 557–558
Recursos de focalização, 528–529
Recursos fáceis de copiar, 145
Recursos financeiros
    adequação de recursos e, 294–296
    análise de crédito, 297
    diversificação não relacionada, 280
    negócios estelares, 296
    opções de locação, 299*t*
    provedor de custos versus sorvedor de custos, 294–296
Recursos fortes, 313
    análise SWOT, 97–104
    base da estratégia, 109
    combinações de, 104
    competências, 100–102
    de concorrentes, 85–86
    em mercados de alta velocidade, 244
    especialista em estratégia, 256
    estratégia com base em, 7
    formas de, 97–100
    identificando, 105*t*
    poder competitivo do, 102–104
    recurso e adequação e, 297
    transferência entre países, 211–212
    vantagens do local, 210
Redes de telefonia com base na Internet, 76–77
Redução de custos, 258
    agressiva, 144
    concorrentes de baixo nível 3, 513
    estratégia ofensiva, 178
    na estratégia de fornecedor de baixo custo, 135
    pelos concorrentes, 59
    por dumping, 216
    por novos entrantes do setor, 143–144
    vantagens de custo e, 262
Reestruturando o portfólio por diversificação não relacionada, 280

Reestruturando, razões para, 306–308
Reformadores, 510
Regalias, 405
Regras de conteúdo local, 200
Relacionamento entre fronteiras da cadeia de valor, 268
Relacionamentos business-to-business, 71-72
Relacionamentos comprador-vendedor
    colaboração, 383
    pressões competitivas de, 68–72
Relativismo ético, 321–322, 352
    definição, 319
    gerenciando a imoralidade em, 325–327
    múltiplos padrões éticos, 320–321
    quebra do, 321–322
    subornos e ameaças, 319–320
    trabalho infantil, 319
Relatório sobre corrupção global, 320, 325–327, 325t–326*t*
Religiões, 323
Remuneração/Benefícios
    benefícios adicionais, 405
    de executivos, 44–45, 352
    mudança na cultura e, 431
    para executivos de alto nível, 409
    prêmios não monetários, 404–405
    projeto de sistemas e, 410–411, 412
    sistema para atuação em equipes, 136
Rendimento dos dividendos das ações ordinárias, 99*t*
Reposicionamento estratégico, 530–531
Reputação da empresa (imagem)
    reabilitando, 339–340
    responsabilidade social e, 347–348
Requisitos administrativos, 283–284
Requisitos de capital
    barreiras à entrada, 62
    para estratégia de exportação, 203
    requisitos tecnológicos e, 77
Resistência a mudanças
    comunicando a visão estratégica e, 26
    na cultura corporativa, 422–424
Respeito, falta de, 595
Responsabilidade social, 342–354, 600–612
    ações e comportamentos para, 353
    casos de negócios para
        apoio do comprador, 347–348
        benefícios internos, 347
        valor do acionista, 348–349
    com competição feroz, 604–608
        deslocamento ético, 605
        observância legal, 605–606
        proteção da reputação, 606–608
    conclusões sobre, 611–612
    condições competitivas de caridade, 600–601
    contribuições de caridade, 343–344, 351
    estratégia competitiva e, 601–602
    estratégia de negócios e, 601
    estratégias/forças competitivas, 603–604
    evitando prejuízos sociais, 349
    executando a estratégia, 345–346
    executivos bem intencionados, 349–351
    medida da, 351
    proteção ambiental, 344
Responsabilidade social corporativa (CSR); *veja* Responsabilidade social
Resultado multianual, 552–553
Retaliação, 182–183
Retiradas estratégicas, 514
Retorno da declaração da visão, 26
Retorno do patrimônio dos acionistas, 98*t*

Retorno sobre ativos, 479
Retorno sobre ativos totais, 98t
Retorno sobre vendas líquido, 98t
Retorno sobre vendas, 98t, 479
Risco, 491
Risco do negócio
  atração da indústria e, 287
  de estratégia de múltiplos horizontes, 250-251
  de integração vertical, 173-174
  diversificação não relacionada, 289-280
  na terceirização, 177
  pioneiros de setores, 191
  redução do, 79
  reduzido pela terceirização, 176
Rise and Fall of Strategic Planning (Mintzberg), 462, 469
Rivais; *veja* Concorrentes
Rivalidade competitiva
  abrangência da, 53t
  ameaça de novos entrantes, 60-64, 61t
  armas em, 57, 57t
  brutal, 60
  em indústrias amadurecidas, 236-239
  em indústrias em declínio, 239-241
  em mercados de alta velocidade, 241-245
  em mercados emergentes, 231-234
  em setores fragmentados, 245-249
  empresas posicionadas em segundo lugar, 254-257
  enfraquecida, 58
  entre os líderes da indústria, 251-254
  entre vendedores concorrentes, 55-60, 55t, 63t
  fatores que influenciam, 56-60
  forças e fraquezas no negócio de condução, 257-261
  fraqueza, 60
  moderadas, 60
  na indústria de MP3, C-119 to C-129
  no ambiente macro, 53t
  nos mercados de crescimento rápido, 234-235
  nos negócios de crescimento rápido, 249-251
  rivalidade intergrupos, 84
Rivalidade em grupos estratégicos, 84

Sacrifício, 491
Santuários de lucro, 213-215, 227, 311
  ameaças, 498
Satisfação do cliente, política de abatimento, 392
Segmentos de compradores, 153, 156
Segmentos de mercado
  estratégia do oceano azul, 180
  estratégia ofensiva para, 179
Sensibilidade para, 166
Serviço ao clientes, atividades
  análise Seis Sigma, 399
  em setores maduros, 238
  na estratégia de diferenciação, 146, 148
  na estratégia de distinção de imagem, 256
  na estratégia de fornecedor de melhor custo, 150
  para clientes da Ásia, 519
  personalizado, 253
Serviço de banda larga, 190
Serviços de auditoria, 609
Setor de material de escritório, 186
Setores estagnados, 239-241
Setores/indústrias; *veja também* Setores amadurecidos
  alianças estratégicas, 164
  atratividade competitiva, 73
  competição entre países, 201
  competição global, 201-202
  convergência das, 169
  efeitos na curva de aprendizado/experiência, 52
  em mercados de rápido crescimento, 234-235
  emergente, 79
  estratégia de diversificação de mercados, 267-268
  fatores chave de sucesso, 87-89, 88t, 92
  futura, 525-527
  grupos estratégicos, 82
  problema de maturidade, 236
  sistema da cadeia de valor, 113-114
  tipos de espaço do mercado, 180
Setores amadurecidos
  armadilhas estratégicas, 238-239
  de pequeno crescimento, 236-237
  definição, 236
  estratégias para, 237-238
Sinergias entre países, 519-520
Sistema de fabricação executiva (software), 138
Sistemas de informação em tempo real, 403
Sistemas de informação,
  acompanhando o desempenho, 402-403
  áreas cobertas por, 402
  instalando, 401-404
  para controle de funcionários com poder, 403-404
  tempo real, 403
Sistemas de lotes e fila, 574, 576
  adequação da estratégia, 275
  auto produção, 68
  ciclo de vida, 375
  com gerenciamento enxuto, 574-575
  concentrado, 209-210
  coordenação entre países, 212-213
  dispensadas, 210-211
  em estratégias de diferenciação, 146
  em mercados externos, 198-199
  flutuação na taxa de câmbio e, 199-200
  gerenciamento da qualidade total, 396, 399, 412
  inovação e, 76-77
  integração vertical, 173-174
  processo de reengenharia do negócio, 395-396, 412
  produção fazer e vender, 574
  programa Seis Sigma, 396-399, 412, 572-574
Sistemas just-in-time, 140, 574
Sistemas operacionais
  instalando, 401-404
  racionalização, 375
Site da empresa; *veja* Estratégias na Internet
  apenas para informação do produto, 183-184
  canal de distribuição menor, 184
  de fabricantes, 76
  empresas on-line, 184-187
  estratégias de vendas tradicionais e on-line, 184-185, 186
  para comparação de preços, 70-71
  projeto de terceirização de, 375
Situação da competição perfeita, 602-603
Slingshot Syndrome (Watts), 526
Slogans, 25-26
Sobrecarga de débito, 257
Sorvedores de fundos, 294-296
SS *United States,* 321
Subculturas da empresa, 419-420
Suborno
  nos negócios globais, 325-327
  relativismo ético e, 319-322
Subornos e propinas, 319-320, 326
Subsídios entre fronteiras, 311
Subsídios entre mercados, 214-215, 227-228
Substituição ética, 605
Sugestões de funcionários, 405
Superioridade competitiva, 101-103

Talento criativo, atraindo e mantendo, 589–591
Tamanho da empresa, 478
Tamanho de mercado, 53t, 286
Taxa de crescimento da indústria, 53t, 75–76
Taxa do potencial de crescimento, 286
Tecnologia da próxima geração, 178
Tecnologia dominante, 233
Tecnologia on-line, 139–140
Tecnologia proprietária, 232
Televisão de alta definição, 5
Tempo de fabricação, 579
Teoria da configuração de objetivos, 582
Teoria do contrato social integrativo, 322–323, 352
Teoria dos interessados
    continuação das empresas, 611
    responsabilidade social e, 600–602, 608–609
Terceirização, 192, 486
    contra protestos, 348
    das atividades da cadeia de valor
        benefícios, 374–375
        parcerias, 375
        perigos do excesso de, 376
        versus desempenho interno, 373–376
    de competências chaves, 370
    definição, 175
    direcionadores de, 175
    em mercados de alta velocidade, 244
    gerenciamento da cadeia de suprimentos e, 175
    pedidos, 186
    perigos de
        mau tempo, 531–532
        perdendo aptidões e capacidades, 531
    por subcontratação, 525–526
    riscos de, 177
    vantagens, 175–177
    vantagens de custo, 138
Território do mercado, 179
Teste da melhor situação, 270
Teste de atratividade da indústria
    matriz força-atratividade, 292–294, 293t
    para diversificação, 270
Teste do custo de entrada, 270
Teste para diversificação do valor adicionado, 270
The Future of Competition (Prahalad & Ramaswamy), 487–488
Tomada de decisão descentralizada, 379–380
Tomador de decisão centralizador, 378–379, 378t
Tomando decisões
    centralizado vs. descentralizado, 378–381
    em alianças estratégicas, 166
    sobre opções estratégicas, 454–455
    velocidade em, 375
Trabalho infantil, 319
Trabalho recorrente, 418–419
Transferências entre países, 211–212
Transferência de competência, 540–541
Treinamento cultural, 438
Treinamento dos funcionários, 392, 441
    custos do, 347
    e desenvolvimento da liderança, 364, 366
    em valores e ética, 444
    para a execução da estratégia, 367–368, 371–373
    treinando para a cultura, 438

Unidade organizacional geográfica, 377
Unidades de negócios
    cordenação inter-unidades, 381–383
    estratégia de negócios entre países, 381
    estratégia de negócios entre unidades, 381
    execução da estratégia e, 377–378
    força competitiva
        calculando índices, 289-291, 291t
        calculando notas, 289–291, 291t
        interpretando índices, 291–292
        interpretando notas, 291–292
        matriz da céclula nove, 292–294, 293t
    grau de autoridade em, 378–381
    objetivos de desempenho, 408
    ranking de desempenho, 298–299, 299t
Unidades divisionais, 377
Universalismo ético, 318, 352
Universo do mercado, 505–506
Utilização da capacidade, 137

Valor de sinalização, 147
Valor ético adicionado, 619
Valor para o acionista
    diversificação e, 272
        diversificação não relacionada, 282–283
        diversificação relacionada, 278
        testes para, 269–270
    responsabilidade social e, 348–349, 351
Valor percebido, 147
Valor real, 147
Valores culturais, 569
Valores da empresa, 27–29
Valores-chave
    adequando à estratégia, 427
    criação da cultura
        benefícios, 436–437, 437t
        códigos de ética, 434t
        normas culturais, 436
        papel da construção dos valores culturais, 435–436
    em empresas com fortes culturas, 420–421
    em empresas com fracas culturas, 421–422
    exemplo de, 615
    ligados à visão, 27–29
    na cultura corporativa, 416–418
    nas subculturas das empresas, 419–420
    processo característico, 568–569
    versus prática real, 29
    vinculados à estratégia, 341–342
Vantagem competitiva
    análise da cadeia de valor, 119-121
    com base na diferenciação, 172–173
    com foco na diferenciação da estratégia, 153–154
    com foco na estratégia de baixo custo, 153
    construindo competências centrais, 386
    das competências centrais, 373
    de corporações multinacionais, 308–311
    de estratégia entre fronteiras, 294, 295t
    de estratégias ofensivas, 177–182
    diversificação não-relacionada, 284
    em estratégias diferentes, 144
    em mercados estrageiros, 227
        coordenação entre fronteiras, 212–213
        transferência entre fronteiras, 211–212
        vantagem do local, 198–199, 209–211
    empresas on-line, 185–187
    estratégia de provedor de melhor custo, 150–151
    estratégia e, 6–7, 13
    estratégia do oceano azul, 502
    fatores-chave do sucesso, 89
    na diversificação relacionada, 276–277
        economia de escopo, 278
        valor ao acionista, 278

oportunidades em países diversificados, 268
sustentabilidade, 6, 13
terceirização e, 176
Vantagem competitiva com base em custo, 6
Vantagem competitiva da Internet, 122
Vantagem de mercado, 100
Vantagem do pioneiro, 188–191
decisões sobre, 189–191
exemplo de, 190
para empresas posicionadas em segundo lugar, 255
sustentando a vantagem, 188
tempo de, 188
versus vantagem do último seguidor, 189
Vantagem do primeiro seguidor, 188
Vantagens do local da matriz, 224–225
Vantagens do último a se mover, 189
Vantagens dos recursos, 61
Vantagens de localização em mercados estrangeiros, 198–199, 209–211
Varejistas da internet, 501
Varejo
grupos de compradores on-line, 71
marcas de rótulo privado, 71
on-line vs. tradicional, 184–185
Variação no poder de compra, 197, 221–222
Venda direta, 139
Vendas
adequação da estratégia, 276
definindo objetivos, 34–35
direto ao cliente, 139
em estratégias de difrenciação, 146

em mercados amadurecidos, 238
empresas on-line, 185–187
estagnação, 76
estratégia tradicional e on-line, 184–185, 186
loja eletrônicas, 184
Visão estratégica, 19, 46
abismo entre acreditar e fazer, 459–464
apetite para, 460–462
bem conceitualizada, 464
características, 21–23
como ferramenta de administração, 21
como incentivo, 405
compreendendo obstáculos para, 598
comunicando, 25–27
considerações externas/internas, 21
definição, 20
dependência do passado, 598–599
desenvolvendo, 20–39
dissonância emocional e, 462–464
distinta e específica, 20–21
e planejamento estratégico, 41–42
exemplos, 23, 461
falha por miopia, 462
falhas comuns, 22
impacto positivo da, 460
razões para falha, 459–464
resistência a mudança e, 25
versus declaração da missão, 23–25
vinculada com valores da empresa, 27–29, 30
Volume de vendas, 137–138
Vulneráveis, 181